Schwerpunkte Pflichtfach   Schenke · Polizei- und Ordnungsrecht

Schwerpunkte

Eine systematische Darstellung der wichtigsten Rechtsgebiete anhand von Fällen
Begründet von Professor Dr. Harry Westermann †

Polizei- und Ordnungsrecht

von

Dr. Wolf-Rüdiger Schenke

em. o. Professor an der Universität Mannheim

8., neu bearbeitete Auflage

 C.F. Müller

Bibliografische Information der Deutschen Nationalbibliothek
Die Deutsche Nationalbibliothek verzeichnet diese Publikation in der Deutschen Nationalbiblio-
grafie; detaillierte bibliografische Daten sind im Internet über http://dnb.d-nb.de abrufbar.

Bei der Herstellung des Werkes haben wir uns zukunftsbewusst für umweltverträgliche und wie-
derverwertbare Materialien entschieden. Der Inhalt ist auf elementar chlorfreiem Papier gedruckt.

ISBN 978-3-8114-9342-1

E-Mail: kundenservice@hjr-verlag.de
Telefon: +49 6221/489-555
Telefax: +49 6221/489-410

© 2013 C.F. Müller, eine Marke der Verlagsgruppe Hüthig Jehle Rehm GmbH
Heidelberg, München, Landsberg, Frechen, Hamburg

www.cfmueller-campus.de
www.hjr-verlag.de

Satz: Textservice Zink, Schwarzach
Druck: Westermann Druck, Zwickau

Vorwort

Die Neuauflage wurde zu einer weitreichenden Überarbeitung des Lehrbuchs genutzt. Dabei war neben einer Vielzahl polizei- und ordnungsrechtlicher Novellierungen (Stand: Anfang Juli 2013) sowie wichtigen verfassungsgerichtlichen Weichenstellungen neuen Schwerpunkten der polizeirechtlichen Diskussion Rechnung zu tragen. Sie sind inzwischen neben das Dauerthema der Bekämpfung des Terrorismus getreten. Zu erwähnen sind hier ua: Neuentwicklungen im Bereich des Versammlungsrechts, wie sie durch die Fraport-Entscheidung des BVerfG eingeleitet wurden, die Observation entlassener gefährlicher Straftäter, die Abwehr von Gefahren, die von Hooligans ausgehen, die hiermit zusammenhängende Problematik von Gefährderansprachen und Gefährderanschreiben sowie polizeirechtliche Alkoholverbote und Nutzungsbeschränkungen in öffentlichen Räumen. Auch in Verbindung mit all diesen Maßnahmen stellt sich die schwierige Frage einer Ausbalancierung von Freiheit und Sicherheit, die sich an den überkommenen rechtsstaatlichen Strukturen des Polizei- und Ordnungsrechts zu orientieren hat.

Auch in der neuen Auflage wurde auf die Darstellung der engen Verzahnung zwischen Polizei- und Ordnungsrecht sowie dem Allgemeinen Verwaltungsrecht und dem Verwaltungsprozessrecht großen Wert gelegt. Die diesbezüglichen Ausführungen, die bisher schon ein Charakteristikum des Lehrbuchs bildeten, wurden zT noch weiter ausgebaut. Besonderes Augenmerk wird dabei den Rechtsschutzfragen gewidmet, die sich in Bezug auf polizeirechtliche Maßnahmen stellen und die vielfach den Gegenstand polizeirechtlicher Klausuren bilden. Helfen sollen den in der Ausbildung befindlichen Studenten und Referendaren zudem Prüfungsschemata, die sich ua mit den Rechtmäßigkeitsvoraussetzungen polizeilicher Verwaltungsakte und Polizeiverordnungen, aber auch mit den hiermit häufig zugleich aufgeworfenen prozessrechtlichen Aufbaufragen befassen. Wichtig war mir bei der Darstellung – der Zielsetzung der Schwerpunktereihe entsprechend – in dem Sinn Schwerpunkte zu bilden, dass in besonderem Maße prüfungsrelevante Probleme in vertiefter Weise unter eingehender Darstellung des Diskussionsstandes erörtert werden.

Wertvolle Hilfe bei der Überarbeitung des Lehrbuchs hat mir mein früherer Assistent, Herr Staatsawalt *Jochen Schuff*, geleistet. Ihm gilt mein besonderer Dank. Zu danken habe ich für Hilfe und wertvolle Ratschläge auch Herrn *Professor Dr. Josef Ruthig*, Universität Mainz, sowie meinem Sohn Herrn *Professor Dr. Ralf Peter Schenke*, Universität Würzburg. Zu tiefem Dank verpflichtet bin ich aber vor allem meiner Ehefrau *Dr. Marlene Schenke*. Ohne ihre unendliche Geduld und Nachsicht wäre mir die Überarbeitung des Lehrbuchs unmöglich gewesen. Sie hat einmal mehr großzügig und nobel toleriert, dass mein Ruhestand mehr Unruhe- als Ruhestand ist.

Für Kritik und Anregungen insbesondere auch für Hinweise auf Fehler bin ich den Lesern weiterhin dankbar.

Hinweise erbitte ich an meine Mail-Adresse: wolf.schenke@web.de oder an meine Anschrift: Prof. Dr. Wolf-Rüdiger Schenke, Fakultät für Rechtswissenschaft und Volkswirtschaftslehre, 68131 Mannheim.

Mannheim, im Juli 2013   *Wolf-Rüdiger Schenke*

Aus dem Vorwort zur 1. Auflage

Das Buch ist aus meinem Beitrag „Polizei- und Ordnungsrecht" in dem Lehrbuch Steiner (Hrsg), Besonderes Verwaltungsrecht hervorgegangen. Zahlreiche neuere Entwicklungen im Bereich des Polizei- und Ordnungsrechts, die einer eingehenderen Behandlung bedürfen, veranlassten mich, daneben eine umfassendere Darstellung des Polizei- und Ordnungsrechts zu publizieren. Das Buch soll der Vertiefung dienen und damit der wachsenden Bedeutung des Polizei- und Ordnungsrechts im Rahmen der juristischen Ausbildung Rechnung tragen. Dem dient auch die stärkere Einbeziehung spezialgesetzlich geregelter Materien der Gefahrenabwehr. Hierzu gehört insbesondere das bisher in Lehrbüchern kaum thematisierte Recht der Gefahrenabwehr im Internet. Ein besonderes Anliegen war es mir überdies, die spezifischen Verbindungen, die das Polizei- und Ordnungsrecht mit dem allgemeinen Verwaltungsrecht und Verwaltungsprozessrecht, aber auch mit dem Verfassungsrecht aufweist, in einer Weise deutlich zu machen, die über das hinausgeht, das gängigerweise in den zahlreichen, dem Polizeirecht gewidmeten Lehrbüchern zu finden ist. Aus meiner langjährigen Lehr- und Prüfungstätigkeit weiß ich jedenfalls, dass es den Lernenden häufig erhebliche Schwierigkeiten bereitet, hier bestehende Querverbindungen und Zusammenhänge zu verstehen. Eine solche isolierte Sicht des Polizei- und Ordnungsrechts muss sich bei polizeirechtlichen Klausuren und Hausarbeiten, die typischerweise mit Problemen des allgemeinen Verwaltungsrechts und des Verwaltungsprozeßrechts gekoppelt sind, zwangsläufig nachteilig bemerkbar machen.

Ähnlich wie in meinem in derselben Reihe erschienenen Lehrbuch Verwaltungsprozeßrecht, mit dem das vorliegende Buch in den Grenzbereichen von Polizei- und Verwaltungsprozessrecht eng verzahnt ist, geht es auch bei ihm nicht um eine schon aus Raumgründen nicht mögliche, aber auch gar nicht erforderliche flächendeckende Darstellung der Materie. Vielmehr werden bewusst Schwerpunkte gesetzt. Maßgebend für ihre Auswahl ist ihre Examensrelevanz. Dem didaktischen Konzept der Schwerpunktreihe entsprechend dienen eine Vielzahl von Fällen und Lösungen der Anwendung des Gelernten und der Lernkontrolle.

Für wertvolle Hilfe bei der Erstellung des Manuskripts, vor allem bei den Ausführungen zum Internetrecht, danke ich meinem früheren wissenschaftlichen Assistenten, Herrn Universitätsdozenten *Josef Ruhig*. Dank für ihre Unterstützung gebührt auch meinen Mitarbeitern, Frau Assessorin Dr. *Katja Reitzig*, den Rechtsreferendarinnen Frau *Verena Bartsch* und Frau *Alexandra Stadler*, den Rechtsreferendaren Herrn *Andreas Budroweit* und Herrn Dr. *Tobias Spanke*, sowie Herrn stud. iur. *Albrecht Lutterbeck*.

Meine Sekretärinnen, Frau *Ingeborg Kohl* und Frau *Outi Spagerer*, haben sich in der gewohnt sorgfältigen Weise der Schreibarbeiten angenommen, wofür auch ihnen herzlich zu danken ist.

Mein besonderer Dank gilt meiner Frau, Dr. *Marlene Schenke*, die auf vieles verzichtete, um eine baldige Fertigstellung des Buches zu ermöglichen.

Ich widme das Buch dem Andenken meines verstorbenen Vaters, Dr. *Horst Schenke*, und meines früh verstorbenen Bruders, Dr. *Klaus Schenke*, die beide Juristen waren.

Mannheim, im Januar 2002 *Wolf-Rüdiger Schenke*

Inhaltsverzeichnis

X

3. Abschnitt
**Formelles Polizei- und Ordnungsrecht (Organisationsrecht
und das polizeiliche Handlungsinstrumentarium)**

4. Abschnitt
Entschädigungs- und Ersatzansprüche bei polizeilichem Handeln

Literaturverzeichnis

I. Allgemeine Literatur, Bundespolizeirecht und Gesamtdarstellungen zum Polizeirecht[1]

AEPolG	Arbeitskreis Polizei, *Denninger* ua, Alternativentwurf einheitlicher Polizeigesetze des Bundes und der Länder, 1979.
Baldus	Polizeirecht des Bundes mit zwischen- und überstaatlichen Rechtsquellen, 3. Aufl. 2005.
Drewes/Malmberg/ Walter	Bundespolizeigesetz, 5. Aufl. 2012.
Drews/Wacke/ Vogel/Martens	Gefahrenabwehr. Allgemeines Polizeirecht (Ordnungsrecht) des Bundes und der Länder, 9. Aufl. 1986.
Friauf	Polizei- und Ordnungsrecht, in: Schmidt-Aßmann (Hrsg.), Besonderes Verwaltungsrecht, 11. Aufl. 1999.
Geis	Fälle zum Polizei- und Ordnungsrecht, 2011.
Götz	Allgemeines Polizei- und Ordnungsrecht, 15. Aufl. 2013.
Gusy	Polizeirecht, 8. Aufl. 2011.
Gornig/Jahn	Fälle zum Polizei- und Ordnungsrecht, 3. Aufl. 2006.
Habermehl	Polizei- und Ordnungsrecht, 2. Aufl. 1993.
Heesen	Bundespolizeigesetz, 5. Aufl. 2012.
Heise/Riegel	Musterentwurf eines einheitlichen Polizeigesetzes, 2. Aufl. 1978.
Knemeyer	Polizei- und Ordnungsrecht, 11. Aufl. 2007.
Knemeyer	Polizei- und Ordnungsrecht, Prüfe dein Wissen, Heft 23, 3. Aufl. 2003 (zit.: Knemeyer, PdW).
Kugelmann	Polizei- und Ordnungsrecht, 2. Aufl. 2012.
Lisken/Denninger	Handbuch des Polizeirechts, 5. Aufl. 2011 (zit.: *Bearbeiter* in: L/D).
Möller/Warg	Allgemeines Polizei- und Ordnungsrecht, 6. Aufl. 2012.
Möstl	Die staatliche Garantie für die öffentliche Sicherheit und Ordnung, 2002.
Muckel	Klausurenkurs zum Besonderen Verwaltungsrecht, 4. Aufl. 2009.
Pewestorf/Söllner/Tölle	Berliner Kommentar zum Polizei- und Ordnungsrecht, 2009.
Pieroth/Schlink/Kniesel	Polizei- und Ordnungsrecht, 7. Aufl. 2012.
Prümm/Sigrist	Allgemeines Sicherheits- und Ordnungsrecht, 2. Aufl. 2003.
Prümm/Thieß	Allgemeines Polizei- und Ordnungsrecht – Fälle mit Lösungen, 2. Aufl. 2004.
Rasch	Allgemeines Polizei- und Ordnungsrecht, 2. Aufl. 1982.
Rasch	Polizei und Polizeiorganisation, 2. Aufl. 1980 (zit.: Rasch, PuP).
Riegel	Bundespolizeirecht, 1985.
Roggan/Kutscha (Hrsg.)	Handbuch zum Recht der Inneren Sicherheit, 2. Aufl. 2006.
Schenke/Graulich/ Ruthig (Hrsg)	Kommentar zum Bundespolizeirecht, 2013
Schenke/Schenke	Polizei- und Ordnungsrecht, in: Steiner (Hrsg.), Besonderes Verwaltungsrecht, 8. Aufl. 2006.
Schmidt R.	Besonderes Verwaltungsrecht, 14. Aufl. 2013.
Schoch	Polizei- und Ordnungsrecht, in: Schmidt-Aßmann/Schoch (Hrsg.), Besonderes Verwaltungsrecht, 15. Aufl. 2013, S. 127 ff.

---

1 Soweit nichts anderes vermerkt ist, wird diese Literatur jeweils nur mit dem Autorennamen zitiert.

Scholler/Schloer	Grundzüge des Polizei- und Ordnungsrechts in der Bundesrepublik Deutschland, 4. Aufl. 1993.
Stein/Paintner	Fälle und Erläuterungen zum Polizei- und Ordnungsrecht, 2000.
Tettinger/Erbguth/Mann	Besonderes Verwaltungsrecht: Kommunalrecht, Polizei- und Ordnungsrecht, Baurecht, 11. Aufl. 2012.
Wehr	Examens-Repetitorium Polizei- und Ordnungsrecht, 2. Aufl. 2012.
Würtenberger	Polizei- und Ordnungsrecht, in: Achterberg/Püttner/Würtenberger (Hrsg.), Besonderes Verwaltungsrecht Bd. II, 2. Aufl. 2000, § 21.
Zeitler	Allgemeines Verwaltungsrecht für die Polizei, 3. Aufl. 2004.

II. Literatur zum Landesrecht[2]

1. Baden-Württemberg (BW)

Belz/Mußmann	Polizeigesetz für Baden-Württemberg, 7. Aufl. 2009.
Brandt/Schlabach	Polizeirecht; Recht der Gefahrenabwehr in Baden-Württemberg, 1987.
Dittmann	Polizeirecht, in: Maurer/Hendler (Hrsg.), Baden-Württembergisches Staats- und Verwaltungsrecht, 1990, 264 ff.
Gerecke/Schenke	Polizeirecht, Textsammlung Baden-Württemberg mit einer Einführung, 3. Aufl. 1994.
Mußmann	Allgemeines Polizeirecht in Baden-Württemberg, 4. Aufl. 1994.
Pölte/Ruder	Öffentliche Sicherheit und Ordnung in Baden-Württemberg, 2007.
Ruder/Schmitt	Polizeirecht, 7. Aufl. 2011.
Wolf/Stephan/Deger	Polizeigesetz für Baden-Württemberg, Kommentar, 6. Aufl. 2009.
Würtenberger/ Heckmann	Polizeirecht in Baden-Württemberg, 6. Aufl. 2005.
Zeitler/Trurnit	Polizeirecht für Baden-Württemberg, 2. Aufl. 2011.

2. Bayern (Bay)

Berner/Köhler/Käß	Polizeiaufgabengesetz, 20. Aufl. 2010.
Gallwas/Mössle/Wolff	Bayerisches Polizei- und Sicherheitsrecht, 3. Aufl. 2004.
Heckmann	Polizei- und Sicherheitsrecht, in: Becker/Heckmann/Kempen/Manssen, Öffentliches Recht in Bayern, 5. Aufl. 2011, S. 239 ff.
Honnacker/Beinhofer	Polizeiaufgabengesetz – PAG – Gesetz über die Aufgaben und Befugnisse der Bayerischen Staatlichen Polizei, 19. Aufl. 2008.
Schmidbauer/Steiner	Bayerisches Polizeiaufgabengesetz, 3. Aufl. 2011.

3. Berlin (Berl)

Baller/Eiffler/Tschisch	ASOG Berlin 2004.
Knape/Kiworr/Berg/ Hein	Allgemeines Polizei- und Ordnungsrecht für Berlin, 10. Aufl. 2009.
Prümm/Sigrist	Allgemeines Sicherheits- und Ordnungsgesetz, 2. Aufl. 2003.
Schumann	Grundriss des Polizei- und Ordnungsrechts, 1978.
Wagner	Polizeirecht, 2. Aufl. 1985.

---

2 Soweit nichts anderes vermerkt ist, wird diese Literatur jeweils mit dem Autorennamen unter Hinzufügung einer Abkürzung des betreffenden Bundeslandes zitiert.

4. Brandenburg (Brand)

Frings	Das Recht der Gefahrenabwehr im Land Brandenburg, 2. Aufl. 1997.
Helmers/Waldhausen	Ordnungsbehördengesetz des Landes Brandenburg, 1994.
Niehoerster	Brandenburgisches Polizeigesetz, 2. Aufl. 2003.
Pohl/Zahn	Allgemeines Polizei- und Ordnungsrecht in Brandenburg, in: v. Brünneck/Peine, Staats- und Verwaltungsrecht in Brandenburg, 2004, S. 261 ff.

5. Bremen (Brem)

Schmidt R.	Bremisches Polizeirecht, 2006.

6. Hamburg (Hamb)

Geißler/Haase/ Subatzus	Polizei- und Ordnungsrecht in Hamburg, 2001.
Hoffmann-Riem/Eifert	Polizei- und Ordnungsrecht, in: Hoffmann-Riem/Koch, Hamburgisches Staats- und Verwaltungsrecht, 3. Aufl. 2006.
Merten/Merten	Hamburgisches Gesetz zum Schutz der öffentlichen Sicherheit und Ordnung, 2007.

7. Hessen (Hess)

Hebeler	Polizeirecht, in: Hermes/Groß, Landesrecht Hessen, 6. Aufl. 2008, S. 86 ff.
Hornmann	Hessisches Gesetz über die öffentliche Sicherheit und Ordnung, 2. Aufl. 2008.
Kramer	Hessisches Polizei- und Ordnungsrecht, 2004.
Meixner/Friedrich	Hessisches Gesetz über die öffentliche Sicherheit und Ordnung (HSOG), 10. Aufl. 2004.
Mühl/Leggereit/ Hausmann	Polizei- und Ordnungsrecht für Hessen, 3. Aufl 2010.
Pausch/Prillwitz	Polizei- und Ordnungsrecht in Hessen. Systematische Darstellung, 4. Aufl. 2005.
Rasch/Schulze	Hessisches Gesetz über die öffentliche Sicherheit und Ordnung (Loseblattsammlung) 1995 ff.

8. Mecklenburg-Vorpommern (MV)

Heyen	Allgemeines Polizei- und Ordnungsrecht, in: Schütz/Classer (Hrsg.), Landesrecht Mecklenburg-Vorpommern, 2. Aufl. 2010, S. 122 ff.
Krech/Roes	Sicherheits- und Ordnungsrecht des Landes Mecklenburg-Vorpommern, Kommentar (Loseblattsammlung).

9. Niedersachsen (Nds)

Böhrens/Unger/Siefken	Niedersächsisches Gesetz über die öffentliche Sicherheit und Ordnung, 8. Aufl. 2005.
Ipsen	Niedersächsisches Gefahrenabwehrrecht, 3. Aufl. 2004.
Saipa	Niedersächsisches Gefahrenabwehrgesetz (Loseblattsammlung), 1994 ff.
Saipa, PolR	Polizeirecht, in: Faber/Schneider, Niedersächsisches Staats- und Verwaltungsrecht, 1985.
Suckow/Hoge	Niedersächsisches Gefahrenabwehrrecht, 12. Aufl. 1999.
Waechter	Polizei- und Ordnungsrecht, 2000.
Waechter	Polizei- und Ordnungsrecht, in: Brandt/Schinkel (Hrsg.), Staats- und Verwaltungsrecht in Niedersachsen, 2002, S. 173 ff.

10. Nordrhein-Westfalen (NW)

Ahrens	Polizeirecht Nordrhein-Westfalen, 2009.
Altschaffel	Allgemeines Polizei- und Ordnungsrecht für Nordrhein-Westfalen, 2. Aufl. 2000.
Dietlein	Polizei- und Ordnungsrecht, in: Dietlein/Burgi/Hellermann, Öffentliches Recht in Nordrhein-Westfalen, 4. Aufl. 2011, S. 281 ff.
Frings/Spahlholz	Das Recht der Gefahrenabwehr in Nordrhein-Westfalen, 2. Aufl. 2002.
Haurand	Allgemeines Polizei- und Ordnungsrecht in Nordrhein-Westfalen, 5. Aufl. 2010.
Oldiges	Polizeirecht, in: Grimm/Papier, Nordrhein-Westfälisches Staats- und Verwaltungsrecht, 1986.
Rhein	Gesetz über Aufbau und Befugnisse der Ordnungsbehörden – Ordnungsbehördengesetz (OBG NRW), 2004.
Rietdorf/Heise	Handbuch des Ordnungs- und Polizeirechts Nordrhein-Westfalen, 7. Aufl. 1981.
Tegtmeyer/Vahle	Polizeigesetz Nordrhein-Westfalen, 10. Aufl. 2011.
Wolffgang/Hendricks/ Merz	Polizei- und Ordnungsrecht Nordrhein-Westfalen, 3. Aufl. 2011.

11. Rheinland-Pfalz (RhPf)

de Clerck/Schmidt	Polizei- und Ordnungsbehördengesetz (Loseblattsammlung).
Prümm	Polizeirecht, in: Staats- und Verwaltungsrecht für Rheinland-Pfalz, hrsg. von Ley, 4. Aufl. 2005.
Roos	Polizei- und Ordnungsbehördengesetz Rheinland-Pfalz, 3. Aufl. 2004.
Rühle	Polizei- und Ordnungsrecht (Rheinland-Pfälzisches Landesrecht), 4. Aufl. 2007.
Rühle	Polizei- und Ordnungsbehördengesetz für Rheinland-Pfalz, Kommentar, 4. Aufl. 2002.
Ruthig	Polizei- und Ordnungsrecht, in: Hendler/Hufen/Jutzi, Landesrecht Rheinland Pfalz, Studienbuch, 6. Aufl. 2012, § 4.
Stein	Fälle und Erläuterungen zum Polizei- und Ordnungsrecht Rheinland-Pfalz, 2. Aufl. 2004.

12. Saarland (Saar)

Guckelberger	Polizeirecht, in: Gröpl/Guckelberger/Wohlfarth, Landesrecht Saarland, 2. Aufl. 2013, S. 252 ff.
Haus/Wohlfahrt	Allgemeines Polizei- und Ordnungsrecht, 1997.
Mandelartz/Sauer/ Strube	Saarländisches Polizeigesetz, Kommentar, 2002.

13. Sachsen (Sachs)

Belz/Elzermann	Polizeigesetz des Freistaates Sachsen, Kommentar, 4. Aufl. 2009.
Gnant	Polizeigesetz des Freistaates Sachsen, 3. Aufl. 1999.
Rommelfanger/ Rimmele	Polizeigesetz des Freistaates Sachsen, 2. Aufl. 2009.
Wagner/Ruder	Sächsisches Polizeirecht, 1999.

14. Sachsen-Anhalt (SachsAnh)

Kluth	Das Recht der öffentlichen Sicherheit, in: Kluth (Hrsg.), Staats- und Verwaltungsrecht in Sachsen-Anhalt, 2. Aufl. 2010, S. 153 ff.
Meixner/Martell	Gesetz über die öffentliche Sicherheit und Ordnung des Landes Sachsen-Anhalt SOG LSA, 3. Aufl. 2001.

15. Schleswig-Holstein (SchlH)

Förster/Friedersen/ Rohde/Albert	Allgemeines Verwaltungsgesetz für das Land Schleswig-Holstein (Loseblattsammlung).
Kalkschmidt/Lütje	Gefahrenabwehrrecht in Schleswig-Holstein, 2007.
Schipper	(Hrsg.), Polizei- und Ordnungsrecht in Schleswig-Holstein unter Berücksichtigung des Allgemeinen Verwaltungsrechts und des Vollzugsrechts, 4. Aufl. 2003.

16. Thüringen (Thür)

Ebert/Seel/Honnacker	Thüringer Gesetz über die Aufgaben und Befugnisse der Polizei – PAG –, 6. Aufl. 2012.
Krumrey/Schwan	Thüringer Ordnungsbehördengesetz, 1996.
Müller	Ordnungs-Behörden-Gesetz für das Land Thüringen, 1994.
Rücker	Ordnungsbehördengesetz Thüringen, Loseblattausgabe.
Schwan	Polizei- und Ordnungsrecht, in: Huber (Hrsg.), Thüringer Staats- und Verwaltungsrecht, 2000, S. 263.
Schwan	Thüringen OBG, 2. Aufl. 2009.

III. Sonstiges

Hufen	Verwaltungsprozessrecht, 7. Aufl. 2008.
Jarass/Pieroth	Grundgesetz, Kommentar, 13. Aufl. 2011.
Knack/Henneke	Verwaltungsverfahrensgesetz, Kommentar, 9. Aufl. 2010.

Kniesel/Vahle	Polizeiliche Informationsverarbeitung und Datenschutz im künftigen Polizeirecht, Kommentierung zum Vorentwurf zur Änderung des MEPolG, 1990.
Koch	Datenerhebung und -verarbeitung in den Polizeigesetzen der Länder, 1999.
Kopp/Ramsauer	Verwaltungsverfahrensgesetz, Kommentar, 11. Aufl. 2010.
Kopp/Schenke	Verwaltungsgerichtsordnung, Kommentar, 19. Aufl. 2013.
Lorenz D.	Verwaltungsprozessrecht, 2000.
Maurer	Allgemeines Verwaltungsrecht, 18. Aufl. 2011.
Neuner	Zulässigkeit und Grenzen polizeilicher Verweisungsmaßnahmen, 2003.
Peine	Allgemeines Verwaltungsrecht, 10. Aufl. 2011.
Schenke	Verwaltungsprozessrecht, 13. Aufl. 2012.
Schmitt Glaeser/Horn	Verwaltungsprozessrecht, 15. Aufl. 2000.
Schoch/Schneider/ Bier	Verwaltungsgerichtsordnung, Kommentar (Loseblattsammlung).
Schwerdtfeger/ Schwerdtfeger	Öffentliches Recht in der Fallbearbeitung, 14. Aufl. 2012.
Stelkens/Bonk/Sachs	Verwaltungsverfahrensgesetz, Kommentar, 7. Aufl. 2008.
Ule/Laubinger	Verwaltungsverfahrensrecht, 4. Aufl. 1998.
Walter	BGS, Polizei des Bundes, 1983.
Wolff/Bachof	Verwaltungsrecht III, 4. Aufl. 1978, §§ 121 ff.
Wuttke	Polizeirecht und Zitiergebot, 2004.
BKAG: Ahlf/Daub/ Lersch/Störzer	Bundeskriminalamtgesetz, 2000.

1. Abschnitt

Einführung in das Polizei- und Ordnungsrecht

§ 1 Die einzelnen Polizeibegriffe

I. Die verschiedenen Ansätze zur Bestimmung des Polizeibegriffs

Der Begriff der Polizei kann in **unterschiedlicher Bedeutung** gebraucht werden, **1** nämlich **im materiellen, im institutionellen (organisatorischen) und im formellen Sinn**. Maßgebliches Kriterium für den Begriff der Polizei im materiellen Sinn ist die inhaltliche Qualifikation einer staatlichen Tätigkeit, genau gesagt deren Zielsetzung. Ohne Relevanz ist es dabei, welche staatliche Behörde diese Tätigkeit wahrnimmt. Anders hingegen verhält es sich beim Polizeibegriff im institutionellen (organisatorischen) Sinn; entscheidend ist danach ausschließlich, ob die handelnde Behörde den Polizeibehörden zuzuordnen ist. Der dritte Polizeibegriff, der sog. formelle Polizeibegriff, bezeichnet schließlich all jene Tätigkeiten, die von der Polizei im institutionellen (organisatorischen) Sinn wahrgenommen werden, unabhängig davon, wie dieses Handeln materiell zu qualifizieren ist.

II. Der Begriff der Polizei im materiellen Sinn

1. Die geschichtliche Entwicklung des materiellen Polizeibegriffs

Der Begriff der Polizei im materiellen Sinn umfasst nach heute hM jene Tätigkeit, die **2** inhaltlich dadurch gekennzeichnet ist, dass sie der Abwehr von Gefahren für die öffentliche Sicherheit oder Ordnung dient. Dieser **materielle Polizeibegriff ist das Ergebnis eines langen historischen Entwicklungsprozesses**[1]. Der Begriff der Polizei umschrieb in seiner ursprünglichen Bedeutung einen Zustand guter Ordnung des Gemeinwesens. Von diesem Begriff gingen die Reichspolizeiordnungen von 1530, 1548 und 1577 sowie die Landespolizeiordnungen aus, die zur Verwirklichung und Erhaltung eines Zustandes „guter Polizey" für nahezu alle Lebensbereiche der Untertanen umfassende Reglementierungen vorsahen (zB Vorschriften über Handel und Gewerbe, Erb-, Vertrags- und Liegenschaftsrecht, über die Religionsausübung, die allgemeine Sittlichkeit, Kleiderordnungen usw). Hierauf basierend wurde in den absolutistischen deutschen Territorialstaaten die **Polizeigewalt zum Inbegriff der dem Fürsten zustehenden absoluten Staatsgewalt,** des ius politiae. Davon wurden allerdings im Laufe der Zeit einzelne Bereiche abgesondert, nämlich die auswärtigen An-

---

1 Näher hierzu *Knemeyer*, AöR Bd. 92 (1967), 153 ff; *H. Maier*, Die ältere deutsche Staats- und Verwaltungslehre (Polizeiwissenschaft), 2. Aufl. 1980; *Harnischmacher/Semerak*, Deutsche Polizeigeschichte, 1986; *Preu*, Polizeibegriff und Staatszwecklehre, 1983; *Boldt/Stolleis*, in: L/D, A, Rn 1 ff.

gelegenheiten, das Heer- und Finanzwesen sowie die Justiz. Diese Polizeigewalt des Monarchen, die sich in Akten der Gesetzgebung wie der vollziehenden Gewalt artikulierte, unterlag keinen rechtlichen Beschränkungen, sondern gab dem Herrscher die Möglichkeit, in alle Lebensbereiche der Untertanen zur „Beförderung der allgemeinen Wohlfahrt" reglementierend einzugreifen. Man bezeichnete die absolutistischen Staaten des 18. Jahrhunderts deshalb auch als Polizeistaaten und die Tätigkeit, welche durch die Polizeigewalt ausgeübt wurde, als Polizei. Sie umfasste sowohl die Gewährleistung der öffentlichen Sicherheit als auch die Förderung der umfassend verstandenen, durch den Monarchen zu definierenden allgemeinen Wohlfahrt.

3   Gegen diesen weiten materiellen Polizeibegriff und die ihm korrespondierende umfassende Polizeigewalt des Monarchen wandte sich die liberal und individualistisch gesonnene Aufklärungsphilosophie. Bereits 1770 forderte der Göttinger Staatsrechtslehrer **Johann Stephan Pütter** in seinem Werk „Institutiones Iuris Publici Germanici": „Politiae est cura avertendi mala futura; promovendae salutis cura non est proprie politiae" (Aufgabe der Polizei ist die **Sorge für die Abwendung bevorstehender Gefahren; die Wohlfahrt zu fördern ist nicht eigentlich Aufgabe der Polizei**). Von dieser Einschränkung des Polizeibegriffs ging auch das Allgemeine Landrecht für die Preußischen Staaten vom 1.6.1794 (ALR) aus, das in § 10 Teil II Titel 17 (§ 10 II 17) bestimmte: „Die nöthigen Anstalten zur Erhaltung der öffentlichen Ruhe, Sicherheit und Ordnung, und zur Abwendung der dem Publiko, oder einzelnen Mitgliedern desselben bevorstehenden Gefahr zu treffen, ist das Amt der Polizey". Mit dieser Regelung war bezweckt sicherzustellen, dass staatliche Zwangsbefugnisse zur Förderung der Wohlfahrtspflege nicht mehr ohne eine besondere gesetzliche Grundlage ausgeübt werden konnten.

4   Die im ALR vorgesehene Einschränkung der Polizeibefugnisse geriet freilich in der Folgezeit wieder weitgehend in Vergessenheit. Ohne dass § 10 II 17 ALR formell aufgehoben wurde, war in der Praxis – begünstigt durch verschiedene königliche Verordnungen – festzustellen, dass auf Grund der restaurativen Bestrebungen konservativer Kreise die Kompetenzen der Polizei und – hiermit einhergehend – die staatlichen Zwangsbefugnisse wieder ausgeweitet wurden.

5   Einen grundlegenden Wandel, der zu einer tatsächlichen Einschränkung der polizeilichen Befugnisse – und damit des materiellen Polizeibegriffs – führte, bewirkte die Entscheidung des Preußischen Oberverwaltungsgerichts vom 14.6.1882, das berühmte **Kreuzberg-Urteil**[2]. Bei ihm ging es um die Gültigkeit einer Polizeiverordnung, die aus ästhetischen Gründen (Sicherung der Sicht auf ein Siegesdenkmal) die Höhe der Bebauung für bestimmte Grundstücke in Kreuzberg beschränkte. Das PreußOVG hielt diese Verordnung für ungültig. Es stützte sich dabei auf § 10 II 17 ALR, der nach seiner Auffassung die allein in Betracht kommende Ermächtigungsgrundlage war. Da die Verordnung nicht der Gefahrenabwehr diente, sie vielmehr eine Maßnahme der Wohlfahrtspflege darstellte, sei sie von der genannten Vorschrift nicht gedeckt und damit unwirksam. **Das Gericht setzte damit durch, dass die Po-**

---

2   *PreußOVGE* 9, 353 ff; vgl hierzu *Rott*, NVwZ 1982, 363 f.

lizeibefugnisse auf die Gefahrenabwehr begrenzt wurden. In den folgenden Jahrzehnten hielt das PreußOVG im Einklang mit der hM an dieser Judikatur fest und entwickelte auf der Grundlage des § 10 II 17 ALR eine detaillierte Systematik des Polizeirechts.

Im Gegensatz zu Preußen **vollzog in Süddeutschland der Gesetzgeber den Schritt zu einem rechtsstaatlichen Polizeibegriff**. Die von Baden (1863 und 1871), Bayern (1861 und 1871), Hessen (1847) und Württemberg (1839 und 1871) erlassenen Polizeistrafgesetzbücher enthielten sowohl Einzelermächtigungen zur Abwehr von konkreten Gefahren als auch Ermächtigungen zum Erlass von Polizeiverordnungen. Zwar war in diesen Ländern umstritten, ob für die nicht ausdrücklich geregelten Fälle subsidiär eine Generalermächtigung zur Gefahrenabwehr galt, und die Rechtslage war unterschiedlich. Jedoch waren übereinstimmend die polizeilichen Zwangsbefugnisse auf den Bereich der Gefahrenabwehr beschränkt. **6**

Auch unter der Weimarer Reichsverfassung wurde an der liberalen, rechtsstaatlichen Begrenzung des materiellen Polizeibegriffs festgehalten. Einige Länder kodifizierten die Ergebnisse der polizeirechtlichen Rechtsprechung. Andere Länder gingen – mangels positivrechtlicher Normierungen – weiterhin davon aus, dass eine Ermächtigungsgrundlage zur Gefahrenabwehr gewohnheitsrechtlich anzuerkennen war. Von den Kodifikationen seien insbesondere die ThürLVO vom 10.6.1926 sowie das **PreußPVG vom 1.6.1931**[3], das in § 14 eine polizeiliche Generalermächtigung enthielt, erwähnt. In der Zeit des Nationalsozialismus wurde zwar der materielle Polizeibegriff nicht formell beseitigt. In Gestalt der Gestapo besaß das nationalsozialistische Regime jedoch ein Instrument, um seine politischen Ordnungsvorstellungen ohne gesetzliche Bindung durchzusetzen. Nur auf jenen Sektoren, die keine politischen Bezüge aufwiesen, hielten sich noch Reste eines rechtsstaatlichen, auf die Gefahrenabwehr beschränkten Polizeirechts. **7**

Eine ähnliche Deformierung des Polizeirechts war auch in der früheren DDR feststellbar[4]. Zwar galten hier bis zum Erlass des Gesetzes über die Aufgaben und Befugnisse der Volkspolizei vom 11.6.1968 (GBl. I, S. 232) die überkommenen Rechtsgrundlagen, insbesondere das PreußPVG fort. Die polizeiliche Praxis setzte sich jedoch über die Beachtung rechtsstaatlicher Grundsätze hinweg und „interpretierte" die polizeirechtlichen Begriffe „um". Dies galt insbesondere für die Beantwortung der Frage, ob ein bestimmtes Verhalten als eine Störung der öffentlichen Sicherheit oder Ordnung zu qualifizieren war. Hier wurde nunmehr als maßgeblich angesehen, ob ein Sachverhalt dem „gesellschaftlichen Fortschritt" im Wege stand. Im **Volkspolizeigesetz** aus dem Jahre 1968 fand dann der Wandel des Polizeibegriffs hin zu einem **„sozialistischen Polizeibegriff"** seinen ausdrücklichen Niederschlag. Die Beschränkung auf Gefahrenabwehr entfiel; durch die Einbeziehung einer Art „sozialistischer Wohlfahrtspflege" wurde auch die formale Beschränkung auf Gefahrenabwehr aufgegeben. Im Zuge der Wiedervereinigung wurde am 13.9.1990 das „Gesetz über die Aufgaben **8**

---

3 Dazu näher *Götz*, JuS 1991, 805 ff.
4 Näher hierzu *Lüers*, Das Polizeirecht in der DDR, Aufgabe, Befugnisse und Organisation der Deutschen Volkspolizei, 1974.

der Polizei" (NBPAG) erlassen, das sich eng an die polizeigesetzlichen Regelungen der alten Bundesländer anlehnte und später in allen neuen Bundesländern durch eigene landesgesetzliche Regelungen ersetzt wurde.

2. Polizei im materiellen Sinn als die der Gefahrenabwehr dienende staatliche Tätigkeit

a) Die Gefahrenabwehr

9   Die Polizeirechtswissenschaft geht auch heute noch überwiegend von einem **materiellen Polizeibegriff** aus, **der die gesamte der Gefahrenabwehr dienende staatliche Tätigkeit umfasst**[5]. An ihn knüpfen die polizeirechtlichen Regelungen in Baden-Württemberg, Bremen, im Saarland und in Sachsen an. Die Regelungen der anderen Länder verwenden einen engeren Begriff der Polizei im institutionellen (organisatorischen) Sinn (vgl hierzu unter III). Dies führt in der Rechtswissenschaft mitunter dazu, dass als polizeiliche Tätigkeit nur die durch Polizeibehörden vorgenommene Gefahrenabwehr angesehen und davon die der Gefahrenabwehr dienenden Handlungen anderer Verwaltungsbehörden getrennt werden, die man als Ordnungsverwaltung bezeichnet. Damit wird der **Begriff der Polizei** hier sowohl durch ein **materielles** wie auch durch ein **organisatorisches Moment** gekennzeichnet. Die Bedeutung des materiellen Polizeibegriffs wird dadurch jedoch nicht in Frage gestellt, denn der Staat ist je nach der Zielsetzung seines Handelns auf der Basis der einfachgesetzlichen Regelungen – wie bereits durch die Verfassung vorgesehen – in unterschiedlichem Umfang zu Eingriffen ermächtigt. Seine Eingriffsbefugnisse auf dem Sektor der Gefahrenabwehr reichen deutlich weiter als in anderen Bereichen.

b) Die Gefahrenvorsorge

10   Zur Aufgabe der Gefahrenabwehr gehört auch die **Gefahrenvorsorge**[6]. Dabei wird der Staat bereits im Vorfeld konkreter Gefahren[7] aktiv, die zwar zum Zeitpunkt des Handelns noch nicht konkret drohen, die aber später entstehen könnten. Durch das staatliche Handeln soll in diesem Fall entweder das spätere Entstehen einer Gefahr verhindert oder zumindest deren wirksame Bekämpfung ermöglicht werden (s. dazu Rn 71). Die Gefahrenvorsorge umfasst auch die **Verhütung von Straftaten, die noch nicht konkret drohen**. Sie steht in engem Zusammenhang mit der Bekämpfung konkreter Gefahren und wird **traditionell ebenfalls der Aufgabe der Gefahrenabwehr zugerechnet**. Die allgemeine Gefahrenvorsorge unterfällt damit der **ausschließlichen Gesetzgebungskompetenz der Länder** für das allgemeine Polizei- und Ordnungs-

---

5   Für ihn zB *Martens*, DÖV 1982, 89, 92 f mwN.
6   *BVerwG*, NVwZ 2012, 757, 759 mit Anm. *Waldhoff*, JuS 2013, 94, 95; näher *di Fabio*, Jura 1996, 566 ff; *Waechter*, JZ 2002, 854, 855 ff; s. hierzu auch *Gusy*, in: Kugelmann, Polizei- unter dem Grundgesetz, 2010, S. 11 ff.
7   Die Gefahrenvorsorge ist entgegen *Soiné*, DÖV 2000, 173, 174 nicht mit dem Begriff der abstrakten Gefahr gleichzusetzen (zu diesem Rn 70). Das folgt schon daraus, dass für das Vorliegen einer abstrakten Gefahr (insoweit übereinstimmend mit einer konkreten Gefahr) ebenfalls eine hinreichende Wahrscheinlichkeit des Schadenseintritts erforderlich ist (so richtig *BVerwG*, DVBl 2002, 1562, 1564).

recht[8]. Allerdings können daraus, dass die Gefahrenvorsorge zur Aufgabe der Gefahrenabwehr gehört, keine Eingriffsrechte der Polizei- bzw Ordnungsbehörden abgeleitet werden. Ein Eingriff auf Grund der polizei- und ordnungsrechtlichen Ermächtigungsnormen erfordert vielmehr idR (zumindest) das Vorliegen einer konkreten Gefahr (s. unten Rn 70). Soweit der Gesetzgeber ausdrücklich Eingriffsbefugnisse anordnet, die schon im Vorfeld einer konkreten Gefahr, also im Bereich der Gefahrenvorsorge, liegen (s. dazu iVm der Schleierfahndung Rn 121; iVm der Videoüberwachung Rn 186), müssen diese Regelungen anhand des Übermaßverbots (dazu Rn 340) streng überprüft werden. Sie sind allerdings – wie das *BVerfG*[9] zu Recht annimmt – nicht schon deswegen verfassungsrechtlich unzulässig, weil sie für ein polizeiliches Tätigwerden geringere Anforderungen stellen, als dies traditionell sonst bei der Gefahrenabwehr und der Strafverfolgung der Fall ist. Ein polizeiliches Tätigwerden erfordert dort sonst grundsätzlich eine konkrete Gefahr (Gefahrenabwehr) bzw einen Anfangsverdacht (Strafverfolgung).

Durch eine Vielzahl neuerer **Gesetze mit kriminalpräventivem Charakter**, die eine Handlung bereits dann unter Strafe stellen, wenn sie in (weitere) Straftaten des Handelnden und/oder Dritter einzumünden droht, hat sich freilich die **Grenze zwischen der Gefahrenvorsorge** und der **Abwehr konkreter Gefahren** zugunsten Letzterer **verschoben**. Polizeiliche Eingriffsmaßnahmen kommen damit bereits dann in Betracht, wenn die Verwirklichung des Tatbestands einer kriminalpräventiven Norm konkret droht. Damit **erweitern sich die polizeilichen Handlungsbefugnisse** bereits ohne Änderung polizeilicher Normen erheblich[10].

c) Keine Einbeziehung der Strafverfolgungsvorsorge

Nicht zur Gefahrenabwehr zählt die **Strafverfolgungsvorsorge**, die der zukünftigen **11** Verfolgung möglicher späterer bzw später bekannt werdender Straftaten dient. Sie ist der **Strafverfolgung zuzurechnen** und unterfällt damit als Annex der Kompetenz des Bundes für das gerichtliche Verfahren gem. Art. 74 I Nr 1 GG (s. näher Rn 30). Ob eine konkrete Maßnahme der Strafverfolgungsvorsorge oder der Gefahrenvorsorge zuzuordnen ist, richtet sich nach ihrer **Zielrichtung**[11]. Im Einzelfall kann ein polizeiliches Handeln allerdings **sowohl der Strafverfolgungsvorsorge wie auch der Gefahrenvorsorge** zuzuordnen sein[12]. Deshalb kann etwa die Identitätsfeststellung (Rn 119 f) oder die Videoüberwachung (Rn 184 f) sowohl durch den Landesgesetzge-

---

8   Zur Verschränkung von Gefahrenabwehr und Gefahrenvorsorge *Frenz*, DÖV 2006, 718 ff.

9   *BVerfG*, NJW 2000, 55, 63; *BayVerfGH*, NVwZ 2003, 1375, 1378; *SächsVerrfGH*, SächsVBl. 2003, 247 f; zustimmend *Möstl*, DVBl 1999, 1394, 1398. Kritisch gegenüber dieser Vorverlagerung *Trute*, GS Jeand'Heur, 1999, S. 403 ff; s. zur Problematik auch *Kugelmann*, DÖV 2003, 781 ff; *Schoch*, Der Staat 2004, 347 ff; *Schulze-Fielitz*, FS Schmitt Glaeser, 2003, S. 407 ff.

10   S. zur Ausdehnung des kriminalpräventiven Strafrechts und zu den bislang wenig untersuchten weitreichenden polizeirechtlichen Konsequenzen, die sich hieraus ergeben, grundlegend *Bäcker*, FS Schenke, 2011, S. 331, 343 ff.

11   Dazu *Siebrecht*, JZ 1996, 711; nicht maßgeblich ist hingegen (so aber *Kastner*, VerwArch. Bd. 92 [2001], 216, 235), ob die Maßnahme auf einem konkreten Tatverdacht beruht.

12   *BVerwG*, NVwZ 2012, 757, 760; s. zur entsprechenden Problematik der Doppelfunktionalität bei Gefahrenabwehr- und Strafverfolgungsmaßnahmen der Polizei unten Rn 423 f.

ber (zum Zwecke der Gefahrenvorsorge) als auch durch den Bundesgesetzgeber (zum Zwecke der Strafverfolgungsvorsorge) geregelt werden (s. Rn 30) – je nach der Zielsetzung der Maßnahme. Die Polizei kann deswegen entsprechende Maßnahmen auf beide Rechtsgrundlagen stützen. Es spielt dann keine Rolle, wo der „Schwerpunkt" ihres Handelns liegt (dazu Rn 423)[13].

12   Der Bundesgesetzgeber hat die Strafverfolgungsvorsorge bisher nicht abschließend und flächendeckend, sondern nur punktuell geregelt, so zB in § 81b Alt. 2 StPO (erkennungsdienstliche Maßnahmen; dazu unten Rn 126) und in § 81g StPO (DNA-Feststellung, so genannter „genetischer Fingerabdruck"; dazu Rn 125)[14]. Solange das Bundesrecht nur solche punktuellen Regelungen enthält, kann der **Landesgesetzgeber** gem. Art. 72 GG die **Lücken des Bundesrechts auf dem Gebiet der Strafverfolgungsvorsorge ausfüllen** (dazu auch Rn 30). Seine Regelungen kann der Landesgesetzgeber – anknüpfend an § 1 I 2 MEPolG[15] – in sein jeweiliges Polizeigesetz aufnehmen, da die entsprechenden Befugnisse der Polizei zugeordnet sind. Teilweise werden dabei in Anlehnung an § 1 I 2 MEPolG sowohl die Verhütung von Straftaten als auch die Vorsorge für die Verfolgung künftiger Straftaten mit dem einheitlichen Begriff der **vorbeugenden Bekämpfung von Straftaten** umschrieben (so § 1 III BerlASOG; § 2 I 2 ThürPAG, vgl auch § 1 I 2 Nr 1 HambPolDVG). Dies ist wenig glücklich, weil damit verwischt wird, dass **zwischen der Strafverfolgungsvorsorge einerseits und der Abwehr konkreter Gefahren[16] bzw der Gefahrenvorsorge andererseits wesentliche Unterschiede** bestehen. Die entsprechenden Normierungen sind zudem teilweise widersprüchlich, weil sie nach ihrem eindeutigen Wortlaut der Polizei die Strafverfolgungsvorsorge **nur im Rahmen der Gefahrenabwehr** zuweisen.

13   Dass Verwaltungsbehörden Aufgaben der Gefahrenabwehr zugewiesen werden, schließt es nicht aus, diesen Verwaltungsbehörden (insbesondere durch Spezialgesetze) auch Aufgaben der Wohlfahrtspflege zu übertragen. So enthalten etwa die Landesbauordnungen neben Regelungen zur Gefahrenabwehr auch Normen, die die **Wohlfahrtspflege** bezwecken, so zB die Normen zur Baugestaltung[17]. Über den Bereich der Gefahrenabwehr hinaus führt zB auch § 5 I Nr 1 BImSchG, der die Abwehr erheblicher Belästigungen für die Allgemeinheit und die Nachbarschaft zum Gegenstand hat (vgl Rn 74). Eine sozialstaatlich motivierte Ausdehnung der staatlichen Tätigkeit führt ohnehin dazu, dass neue Rechtsgüter geschaffen werden, die durch die Polizei vor möglichen Gefahren geschützt werden müssen, wenn spezialgesetzliche Normen fehlen. So ist zB ein baupolizeiliches Einschreiten möglich, wenn die Regelungen der LBO über die ästhetische Gestaltung eines Bauvorhabens missachtet werden.

---

13   **AA** etwa *Schnekenburger*, BayVBl. 2001, 129, 130.
14   Von der Verfassungswidrigkeit solcher Regelungen gehen ausdrücklich zB *Pieroth/Schlink/Kniesel*, § 5, Rn 6 ff und *Paeffgen*, JZ 1991, 437, 443 aus, weil nach ihrer Auffassung die Strafverfolgungsvorsorge zum Polizeirecht gehört.
15   Vgl zB § 1 III BerlASOG; § 2 I 2 ThürPAG.
16   Dazu, dass unter Verhütung von Straftaten auch solche Fälle fallen, bei denen eine Straftat konkret droht, s. *BrandVerfG*, LKV 1999, 450, 451; *OVG Hamburg*, NVwZ-RR 2009, 878, 883; **aA** *Pieroth/Schlink/Kniesel*, § 14, Rn 125, wonach es hier nur um das Vorfeld konkreter Gefahren gehe und demzufolge ausschließlich die Gefahrenvorsorge geregelt sei.
17   Vgl hierzu *Schenke*, in: Achterberg/Püttner/Würtenberger (Hrsg.), BesVerwR Bd. I, 2. Aufl. 2000, Rn 55 ff.

III. Der Begriff der Polizei im institutionellen (organisatorischen) Sinn

Der Polizeibegriff im institutionellen oder organisatorischen Sinn knüpft an die **Zuge-** **14** **hörigkeit zu einer bestimmten Gruppe von Behörden – nämlich zu den Polizeibe-** **hörden –** an. Polizei im institutionellen (organisatorischen) Sinn bezeichnet demgemäß diejenigen Stellen, die dem Organisationsbereich der Polizei zuzurechnen sind. Der Umfang der Polizei in diesem Sinn differiert in den einzelnen Bundesländern. Dabei lassen sich **zwei Gruppen von Ländern** unterscheiden. Die eine Gruppe, bestehend aus Bayern, Berlin, Brandenburg, Hamburg, Hessen, Mecklenburg-Vorpommern, Niedersachsen, Nordrhein-Westfalen, Rheinland-Pfalz, Sachsen-Anhalt, Schleswig-Holstein und Thüringen, hat das sog. **Trennungs- oder Ordnungsbehördensystem** eingeführt, in dem die Gefahrenabwehr überwiegend von den Behörden der allgemeinen Verwaltung wahrgenommen wird[18]. Diese Behörden werden in Hamburg, Niedersachsen und Sachsen-Anhalt Verwaltungsbehörden der Gefahrenabwehr genannt, in Berlin, Brandenburg, Mecklenburg-Vorpommern, Nordrhein-Westfalen, Rheinland-Pfalz und Schleswig-Holstein Ordnungsbehörden, in Bayern Sicherheitsbehörden und in Hessen Gefahrenabwehrbehörden. Die Zuständigkeit der Polizei beschränkt sich in diesen Ländern grundsätzlich auf die Gefahrenabwehr in Eilfällen, die Mitwirkung bei der Verfolgung von Straftaten und Ordnungswidrigkeiten, die Vollzugshilfe sowie die sonstigen gesetzlich genannten Aufgaben. Man spricht hier von einer **Entpolizeilichung**[19]. Hierdurch meinte man einen Missbrauch der Polizeigewalt, wie er im Dritten Reich insbesondere für die Gestapo typisch war, verhindern zu können. Ob in dieser Verengung des Polizeibegriffs – wie zT behauptet wird – ein bedeutsamer rechtsstaatlicher Fortschritt zu sehen ist, erscheint einigermaßen zweifelhaft[20]. Für das Handeln der allgemeinen Verwaltungsbehörden, die mit Aufgaben der Gefahrenabwehr betraut sind, gelten nämlich im Wesentlichen die allgemeinen polizeirechtlichen Grundsätze, auch wenn diese in eigenständigen rechtlichen Regelungen enthalten sind. Zudem kommt heute angesichts der verfassungsrechtlichen, insbesondere der grundrechtlichen Bindungen der staatlichen Gewalt ohnehin dem Polizeibegriff nicht mehr jene rechtsstaatliche Bedeutung zu, die er in der Vergangenheit besaß. Für eine Verengung des Polizeibegriffs spricht allenfalls, dass insbesondere im Zeichen des sozialen Rechtsstaats die Aufgabe der Gefahrenabwehr vielfach durch andere staatliche Zielsetzungen überlagert wird.

Die Länder Baden-Württemberg, Bremen, Saarland und Sachsen gehen auch heute **15** noch von einem **Einheitssystem** aus. Hier umfasst die Polizei im institutionellen (organisatorischen) Sinn nach wie vor sämtliche Behörden, die polizeiliche Aufgaben im Sinne des materiellen Polizeibegriffs wahrnehmen[21], da dort die Gefahrenabwehr

---

18 Vgl Art. 6 BayLStVG; § 2 BerlASOG; § 1 BrandOBG; § 3 HambSOG; § 1 HessSOG; §§ 1 I, 4 I, 7 MVSOG; § 1 NdsSOG; § 1 NWOBG; § 1 RhPfPOG; §§ 1, 2 SachsAnhSOG; §§ 165, 168 SchlH-VwG; §§ 2 f ThürOBG.

19 Vgl *BVerfGE* 3, 407, 431.

20 Zur Diskussion über den Sinn einer „Entpolizeilichung" s. befürwortend *Honnacker*, BayVBl. 2006, 429 ff; *Knemeyer/Behmer*, BayVBl. 2006, 97 ff; **aA** H.A. *Wolff*, BayVBl. 2004, 737 ff.

21 Vgl § 1 BWPolG; §§ 1, 2 Nr 1 BremPolG; § 1 SaarlPolG; § 1 SächsPolG.

grundsätzlich der Polizei übertragen ist. In diesen vier Ländern ist unter der Polizei im institutionellen (organisatorischen) Sinn daher eine weitaus größere Anzahl von Behörden zu verstehen als in den Ländern mit Trennungssystem. Der Unterschied zwischen Trennungs- und Einheitssystem verringert sich allerdings dadurch, dass auch die Länder mit Einheitssystem eine gewisse Aufteilung der Polizeiorganisation vorgenommen haben, indem sie zwischen Polizeibehörden (im Saarland: Polizeiverwaltungsbehörden[22]) und Polizeivollzugsdienst[23] (im Saarland: Vollzugspolizei[24]), dh zwischen Verwaltungspolizei und Vollzugspolizei, trennen.

IV. Der Begriff der Polizei im formellen Sinn

16 Der Begriff der Polizei im formellen Sinn umschreibt **all jene Aufgaben, die die Polizei im institutionellen (organisatorischen) Sinn wahrnimmt**, unabhängig von ihrer materiellen Qualifikation. Darunter fallen demgemäß nicht nur Aufgaben der Gefahrenabwehr, sondern auch andere Verwaltungstätigkeiten (wie zB die Wohlfahrtspflege), ferner zB auch die Mitwirkung bei der Verfolgung von Straftaten und Ordnungswidrigkeiten (vgl hierzu Rn 412 ff).

§ 2   Das Polizei- und Ordnungsrecht

I.   Der Begriff des Polizei- und Ordnungsrechts

Ausgangsfälle:

17 **Fall 1:** Im Polizeigesetz des Bundeslandes X ist vorgesehen, dass eine polizeiliche Durchsuchung ua auch zum Zwecke der Aufklärung von Straftaten zulässig ist. Ist das Land für eine solche Regelung zuständig? **Rn 33**

18 **Fall 2:** Der Bundesgesetzgeber ergänzt die strafprozessualen Regelungen über die Beschlagnahme dahingehend, dass eine ursprünglich zu strafprozessualen Zwecken erfolgte Beschlagnahme auch dann noch aufrechterhalten werden kann, wenn dies der Unterbindung von Straftaten dient. Das Bundesland X sieht hierin einen verfassungswidrigen Eingriff in die Gesetzgebungskompetenz der Länder. Wie ist die Rechtslage? **Rn 34**

19 **Fall 3:** Ist das Bundesland X befugt, eine Regelung zu treffen, nach der die Polizei zum Zwecke der Gefahrenabwehr erhobene Daten auch für künftige Strafverfahren nutzen darf? **Rn 35**

20 Wenn man den Begriff der Polizei als die der Gefahrenabwehr dienende staatliche Tätigkeit versteht, so ist konsequenterweise das **Polizeirecht das Recht der Gefahrenabwehr**. Von diesem Verständnis des Polizeirechts gehen unbestrittenermaßen die Länder Baden-Württemberg, Bremen, Saarland und Sachsen aus. In den anderen Bun-

---

22   §§ 1 I, 75 ff SaarlPolG.
23   Vgl § 59 BWPolG; §§ 65 I, 70 I BremPolG; § 59 SächsPolG.
24   §§ 1 I, 82 ff SaarlPolG.

desländern führt die Verengung des Begriffs der Polizei im institutionellen (organisatorischen) Sinn vielfach dazu, dass nur die der Gefahrenabwehr dienende Tätigkeit der Polizeibehörden als Gegenstand des Polizeirechts angesehen wird. Davon getrennt wird dann die auf Gefahrenabwehr gerichtete Tätigkeit anderer Behörden (meist als Ordnungsbehörden bezeichnet), die den Gegenstand des **Ordnungsrechts** bildet.

II. Die Gliederung des Polizei- und Ordnungsrechts

Man unterscheidet **allgemeines und besonderes Polizei- und Ordnungsrecht**. Das allgemeine Polizei- und Ordnungsrecht enthält die allgemeinen Vorschriften und Grundsätze des Rechts der Gefahrenabwehr. Das besondere Polizei- und Ordnungsrecht normiert die Gefahrenabwehr für bestimmte Sektoren spezialgesetzlich. Wichtige Bereiche des Polizei- und Ordnungsrechts sind heute spezialgesetzlich geregelt. Man denke etwa an das in den Landesbauordnungen enthaltene Bauordnungsrecht oder an die gewerbepolizeilichen Regelungen im Bundesimmissionsschutzgesetz und der Gewerbeordnung sowie die versammlungspolizeilichen Vorschriften im Versammlungsgesetz. Sofern diese speziellen Regelungen Lücken aufweisen, kann zu deren Schließung vielfach auf allgemeine polizeirechtliche Grundsätze zurückgegriffen werden (s. auch Rn 358).   **21**

Innerhalb des Polizei- und Ordnungsrechts lässt sich ferner zwischen dem **materiellen Polizei- und Ordnungsrecht** (Rn 36 ff), das die staatliche Aufgabe der Gefahrenabwehr und die den Behörden hierzu eingeräumten Befugnisse zum Gegenstand hat, und dem **formellen Polizei- und Ordnungsrecht** (Rn 435 ff) differenzieren. Letzteres umfasst das Organisationsrecht, das die Zuständigkeiten und den Aufbau der Polizei- und Ordnungsbehörden betrifft, und die Formen des polizeilichen Handelns.   **22**

1. Die Gesetzgebungskompetenz der Länder zur Regelung des Polizei- und Ordnungsrechts

Das **allgemeine Polizei- und Ordnungsrecht** gehört in die **ausschließliche Gesetzgebungskompetenz der Länder** (Art. 70 GG), da es im Zuständigkeitskatalog der Art. 73 ff GG nicht aufgeführt ist. Ihm ist grundsätzlich auch die Gefahrenvorsorge einschließlich der Verhütung zu erwartender Straftaten (Rn 10) zuzuordnen, die der Gefahrenabwehr immanent ist. Die Länder haben allgemeine polizei- und ordnungsrechtliche Normen erlassen. Enthalten sind diese Vorschriften in[1]:   **23**

Baden-Württemberg im Polizeigesetz (BWPolG) idF vom 13.1.1992 (GBl. S. 1), zuletzt geändert durch G. v. 4.12.2012 (GBl. S. 657);

Bayern im Gesetz über die Aufgaben und Befugnisse der Bayerischen Staatlichen Polizei (Polizeiaufgabengesetz – BayPAG) idF vom 14.9.1990 (GVBl. S. 397), zuletzt geändert durch G. v.

---

1 Die Klammerzusätze enthalten die in diesem Werk verwendete Abkürzung, die teilweise von der amtlichen Abkürzung abweicht.

24.6.2013 (GVBl. S. 373), im Gesetz über die Organisation der Bayerischen Staatlichen Polizei (Polizeiorganisationsgesetz – BayPOG) idF vom 10.8.1976 (GVBl. S. 303), zuletzt geändert durch G. v. 8.4.2013 (GVBl. S. 174), und im Gesetz über das Landesstrafrecht und das Verordnungsrecht auf dem Gebiet der öffentlichen Sicherheit und Ordnung (BayLStVG) idF vom 13.12.1982 (GVBl. S. 1098), zuletzt geändert durch G. v. 8.4.2013 (GVBl. S. 174);

Berlin im Allgemeinen Gesetz zum Schutz der öffentlichen Sicherheit und Ordnung (BerlASOG) idF vom 11.10.2006 (GVBl. S. 930), zuletzt geändert durch G. v. 7.2.2013 (GVBl. S. 18);

Brandenburg im Gesetz über Aufbau und Befugnisse der Ordnungsbehörden (Ordnungsbehördengesetz – BrandOBG) idF vom 21.8.1996 (GVBl. S. 266), zuletzt geändert durch G. v. 20.12.2010 (GVBl. I/10 Nr 47) und im Gesetz über die Aufgaben, Befugnisse, Organisation und Zuständigkeit der Polizei im Land Brandenburg (Polizeigesetz – BrandPolG) idF vom 19.3.1996 (GVBl. S. 74), zuletzt geändert durch G. v. 16.5.2013 (GVBl. I/13 Nr 18);

Bremen im Bremischen Polizeigesetz (BremPolG) idF vom 28.2.2006 (GBl. S. 99), zuletzt geändert durch G. v. 8.5.2012 (GBl. S. 160);

Hamburg im Gesetz zum Schutz der öffentlichen Sicherheit und Ordnung (HambSOG) idF vom 14.3.1966 (GVBl. S. 77), zuletzt geändert durch G. v. 4.12.2012 (GVBl. S. 510, 518), sowie im Gesetz über die Datenverarbeitung der Polizei (HambPolDVG) idF vom 2.5.1991 (GVBl. S. 187), zuletzt geändert durch G. v. 19.6.2013 (GVBl. S. 293);

Hessen im Hessischen Gesetz über die öffentliche Sicherheit und Ordnung (HessSOG) idF vom 14.1.2005 (GVBl. I S. 14), zuletzt geändert durch G. v. 27.6.2013 (GVBl S. 444);

Mecklenburg-Vorpommern im Gesetz über die öffentliche Sicherheit und Ordnung (MVSOG) idF vom 25.3.1998 (GVBl. S. 335), zuletzt geändert durch G. v. 2.7.2013 (GVBl. S. 434);

Niedersachsen im Niedersächsischen Gesetz über die öffentliche Sicherheit und Ordnung (NdsSOG) idF vom 19.1.2005 (GVBl. S. 9), zuletzt geändert durch G. v. 19.6.2013 (GVBl. S. 158);

Nordrhein-Westfalen im Polizeigesetz (NWPolG) idF vom 25.7.2003 (GVBl. S. 441), zuletzt geändert durch G. v. 21.6.2013 (GV. S. 375), im Gesetz über die Organisation und die Zuständigkeit der Polizei (Polizeiorganisationsgesetz – NWPOG) idF vom 5.7.2002 (GVBl. S. 308), zuletzt geändert durch G. v. 21.6.2013 (GV. S. 375), und im Gesetz über Aufbau und Befugnisse der Ordnungsbehörden (Ordnungsbehördengesetz – NWOBG) idF vom 13.5.1980 (GVBl. S. 528), zuletzt geändert durch G. v. 8.12.2009 (GV. S. 765);

Rheinland-Pfalz im Polizei- und Ordnungsbehördengesetz (RhPfPOG) idF vom 10.11.1993 (GVBl. S. 595), zuletzt geändert durch G. 20.12.2011 (GVBl. S. 427);

Saarland im Saarländischen Polizeigesetz (SaarlPolG) idF vom 26.3.2001 (ABl. S. 1074), zuletzt geändert durch G. v. 26.10.2010 (ABl. I S. 1406);

Sachsen im Polizeigesetz des Freistaates Sachsen (SächsPolG) idF vom 13.8.1999 (GVBl. S. 466), zuletzt geändert durch G. v. 27.1.2012 (GVBl. S. 130, 141), und im Gesetz über die Sächsische Sicherheitswacht (Sicherheitswachtgesetz – SächsSWG) idF vom 12.12.1997 (GVBl. S. 647), zuletzt geändert durch G. v. 4.10.2011 (GVBl. S. 370, 375);

Sachsen-Anhalt im Gesetz über die öffentliche Sicherheit und Ordnung des Landes Sachsen-Anhalt (SachsAnhSOG) idF vom 23.9.2003 (GVBl. S. 214), zuletzt geändert durch G. v. 26.3.2013 (GVBl. S. 145);

Schleswig-Holstein im Allgemeinen Verwaltungsgesetz für das Land Schleswig-Holstein (Landesverwaltungsgesetz – SchlHVwG) idF vom 2.6.1992 (GVBl. S. 243), zuletzt geändert durch G. v. 21.6.2013 (GVOBl. S. 254), und im Gesetz über die Organisation der Polizei in Schleswig-Holstein (Polizeiorganisationsgesetz – SchlHPOG) idF vom 12.11.2004 (GVBl. S. 408);

Thüringen im Gesetz über die Aufgaben und Befugnisse der Polizei (Polizeiaufgabengesetz – ThürPAG) idF vom 4.6.1992 (GVBl. S. 199), zuletzt geändert durch G. v. 14.12.2012 (GVBl.

S. 482), im Gesetz über die Aufgaben und Befugnisse der Ordnungsbehörden (Ordnungsbehördengesetz – ThürOBG) idF vom 18.6.1993 (GVBl. S. 323), zuletzt geändert durch G. v. 9.9.2010 (GVBl. S. 291), und im Gesetz über die Organisation der Polizei des Landes Thüringen (Polizeiorganisationsgesetz – ThürPOG) idF vom 6.1.1998 (GVBl. S. 1), zuletzt geändert durch G. v. 25.10.2011 (GVBl. S. 268).

Die Innenministerkonferenz beschloss am 25.11.1977 einen Musterentwurf eines einheitlichen Polizeigesetzes des Bundes und der Länder (MEPolG), der insbesondere mit den Polizei- und Ordnungsgesetzen in Bremen, Niedersachsen, Nordrhein-Westfalen, Rheinland-Pfalz und im Saarland inhaltlich weitgehend übereinstimmt. Da der MEPolG die polizeiliche Informationserhebung und -verarbeitung nur lückenhaft regelte, wurden 1986 entsprechende Ergänzungen in einen Vorentwurf zur Änderung des MEPolG (VEMEPolG) aufgenommen. Der Text des MEPolG in der Fassung des VEMEPolG ist im Anhang abgedruckt. **24**

2. Die Gesetzgebungskompetenzen des Bundes für Teilbereiche des Polizei- und Ordnungsrechts

Der Bund besitzt Gesetzgebungskompetenzen für eine Reihe spezialpolizeilicher Materien. Sie resultieren teilweise aus ausdrücklichen Zuweisungen (so zB Art. 73 Nr 9a, Nr 10 lit. b, Nr 12 und Nr 14 GG sowie Art. 74 I Nr 24 GG), häufig aber auch aus dem **Gesichtspunkt der Annexkompetenz**. Die Zuständigkeit des Bundes zur Regelung eines bestimmten Sachbereichs umfasst nämlich auch die Kompetenz zum Erlass von Regelungen, welche die Aufrechterhaltung der öffentlichen Sicherheit und Ordnung in diesem Sachbereich bezwecken. „Normen, die der Aufrechterhaltung der öffentlichen Sicherheit und Ordnung dienen, sind daher jeweils dem Sachbereich zuzurechnen, zu dem sie in einem notwendigen Zusammenhang stehen"[2]. So lassen sich zB luftverkehrspolizeiliche Regelungen wie § 29 LuftVG und § 2 LuftSiG auf Art. 73 Nr 6 GG oder gewerbepolizeiliche Regelungen wie § 35 GewO auf Art. 74 I Nr 11 GG stützen. **25**

Der Bundesgesetzgeber hat im Bereich seiner ausschließlichen Gesetzgebungskompetenz (Art. 73 GG) ua erlassen: **26**

Zu Nr 1: Gesetz zur Beschränkung des Brief-, Post- und Fernmeldegeheimnisses (G 10) (unter den Gesichtspunkten der auswärtigen Angelegenheiten und der Verteidigung)[3]; Gesetz über den militärischen Abschirmdienst (MAD-Gesetz – MADG) v. 20.12.1990 (BGBl. I S. 2954, 2977), zuletzt geändert durch G. v. 20.6.2013 (BGBl. I S. 1602);

zu Nr 3: Paßgesetz (PaßG); Melderechtsrahmengesetz (MRRG); Gesetz über Personalausweise (PersAuswG);

zu Nr 5: Gesetz über die Bundespolizei (BPolG) v. 19.10.1994 (BGBl. I S. 2978), zuletzt geändert durch G. v. 20.6.2013 (BGBl. I S. 1602); Gesetz über die Finanzverwaltung (FVG);

zu Nr 6: Luftverkehrsgesetz (LuftVG); Luftsicherheitsgesetz (LuftSiG); Luftverkehrs-Ordnung (LuftVO); Luftverkehrs-Zulassungs-Ordnung (LuftVZO);

---

2   *BVerfGE* 8, 143, 149 f.
3   Zu den Grenzen dieser Regelungskompetenz des Bundes s. *BVerfGE* 100, 313, 368 ff.

zu Nr 8: Bundespolizeibeamtengesetz (BPolBG);

zu Nr 9a: §§ 4a, 20a ff BKAG;

zu Nr 10: Gesetz über das Bundeskriminalamt und die Zusammenarbeit des Bundes und der Länder in kriminalpolizeilichen Angelegenheiten (Bundeskriminalamtgesetz – BKAG) v. 7.7.1997 (BGBl. I S. 1650), zuletzt geändert durch G. v. 20.6.2013 (BGBl. I S. 1602); Gesetz über die Zusammenarbeit des Bundes und der Länder in Angelegenheiten des Verfassungsschutzes und über das Bundesamt für Verfassungsschutz (Bundesverfassungsschutzgesetz – BVerfSchG); v. 20.12.1990 (BGBl. I S. 2954), zuletzt geändert durch G. v. 20.6.2013 (BGBl. I S. 1602); Gesetz über den Bundesnachrichtendienst (BNG-Gesetz – BNDG) v. 20.12.1996 (BGBl. I S. 2954, 2979), zuletzt geändert durch G. v. 20.6.2013 (BGBl. I S. 1602);

zu Nr 12: Waffengesetz (WaffG); Gesetz über explosionsgefährliche Stoffe (SprengG);

zu Nr 14: Gesetz über die friedliche Verwendung der Kernenergie und den Schutz gegen ihre Gefahren (AtomG).

Durch den im Zuge der Föderalismusreform eingeführten Art. 73 Nr 9a[4] hat der Bund ferner die ausschließliche Kompetenz zur Abwehr von Gefahren des internationalen Terrorismus durch das Bundeskriminalamt in Fällen, in denen eine länderübergreifende Gefahr vorliegt, die Zuständigkeit einer Landespolizeibehörde nicht erkennbar ist oder die oberste Landesbehörde um eine Übernahme ersucht. Der Umsetzung dient das Gesetz zur Errichtung gemeinsamer Dateien von Polizeibehörden und Nachrichtendiensten des Bundes und der Länder v. 22.12.2006 (BGBl. I S. 3409), zuletzt geändert durch G. v. 26.2.2008 (BGBl. I S. 215).

27-28 Im Bereich der konkurrierenden Gesetzgebungskompetenz (Art. 74 I GG) sind vom Bund ua erlassen worden:

Zu Nr 2: Personenstandsgesetz (PStG);

zu Nr 3: Gesetz zur Regelung des öffentlichen Vereinsrechts (VereinsG)[5];

zu Nr 4: Gesetz über den Aufenthalt, die Erwerbstätigkeit und die Integration von Ausländern im Bundesgebiet (AufenthG);

zu Nr 7: Jugendschutzgesetz (JuSchG);

zu Nr 11: Gewerbeordnung (GewO); Gesetz zum Schutz vor schädlichen Umwelteinwirkungen durch Luftverunreinigungen, Geräusche, Erschütterungen und ähnliche Vorgänge (BImSchG); Gesetz zur Ordnung des Handwerks (HandwO); Personenbeförderungsgesetz (PBefG); Güterkraftverkehrsgesetz (GüKG)[6];

zu Nr 18: Gesetz zum Schutz vor schädlichen Bodenveränderungen und zur Sanierung von Altlasten (Bundes-Bodenschutzgesetz – BBodSchG)[7];

zu Nr 19: Gesetz zur Verhütung und Bekämpfung von Infektionskrankheiten beim Menschen (IfSG); Gesetz über den Verkehr mit Arzneimitteln (AMG); Tierseuchengesetz (TierSG); Gesetz über den Verkehr mit Betäubungsmitteln (BtMG);

4 Dazu Tams, DÖV 2007, 367 ff.

5 Nicht mehr unter die konkurrierende Gesetzgebungskompetenz nach Art. 74 I Nr 3 GG fällt seit dem Gesetz zur Änderung des Grundgesetzes v. 28.8.2006 (BGBl. I S. 2034 – sog. „Föderalismusreform“) das Versammlungsgesetz (VersG), das jedoch gem. Art. 125a I GG als Bundesrecht fortgilt, bis es durch Landesrecht ersetzt wird.

6 Nicht mehr unter die konkurrierende Gesetzgebungskompetenz nach Art. 74 I Nr 11 GG fallen dagegen seit dem Gesetz zur Änderung des Grundgesetzes v 28.8.2006 (BGBl. I S. 2034 – sog. „Föderalismusreform“) das Gaststättengesetz (GastG) und das Ladenschlussgesetz (LSchlG). Diese gelten jedoch gem. Art. 125a I GG als Bundesrecht fort, bis sie durch Landesrecht ersetzt werden.

7 *BVerwG*, DÖV 2000, 1054, 1055; *Knopp*, DÖV 2001, 441, 443 f (ergänzend Art. 74 I Nrn. 11, 17 u. 24 GG).

zu Nr 20: Lebensmittel-, Bedarfsgegenstände- und Futtermittelgesetzbuch (LFGB);

zu Nr 21: Bundeswasserstraßengesetz (WaStrG); Gesetz über die Aufgaben des Bundes auf dem Gebiet der Seeschiffahrt (SeeSchAufgG); Gesetz über die Aufgaben des Bundes auf dem Gebiet der Binnenschifffahrt (BinSchAufgG);

zu Nr 22: Personenbeförderungsgesetz (PBefG); Straßenverkehrsgesetz (StVG); Straßenverkehrs-Ordnung (StVO); Straßenverkehrs-Zulassungs-Ordnung (StVZO); Fahrerlaubnisverordnung (FeV); Fahrzeug-Zulassungsverordnung (FZV); Güterkraftverkehrsgesetz (GüKG);

zu Nr 24: Gesetz zur Förderung der Kreislaufwirtschaft und Sicherung der umweltverträglichen Beseitigung von Abfällen (Kreislaufwirtschaftsgesetz – KrWG);

zu Nr 32: Gesetz zur Ordnung des Wasserhaushaltes (WHG).

3. Die Gesetzgebungskompetenz für die Strafverfolgung und die Strafverfolgungsvorsorge

Die Polizei wird nicht nur präventiv zur Gefahrenabwehr (zu der auch die Gefahren- **29**
vorsorge zählt, s. Rn 10 u. 71) tätig, sondern auch repressiv bei der **Verfolgung von Straftaten und Ordnungswidrigkeiten**. Rechtsgrundlagen hierzu enthalten ua die vom Bund im Bereich der **konkurrierenden Gesetzgebung (Art. 74 I Nr 1 GG)** erlassene **Strafprozessordnung (StPO)** mit dem **Einführungsgesetz zur Strafprozessordnung (EGStPO)** und das **Gesetz über Ordnungswidrigkeiten (OWiG)**. Hinsichtlich der Strafverfolgung, die bei Bestehen eines Anfangsverdachts iS des § 152 II StPO einsetzt, beinhaltet die StPO gem. **§ 6 EGStPO eine abschließende Regelung** der polizeilichen Befugnisse (sog. **Kodifikationsprinzip**, s. unten Rn 124 u. 416).

Umstritten ist, ob auch die **Strafverfolgungsvorsorge** (zum Begriff Rn 11) zur Regelung des **30**
gerichtlichen Verfahrens iSd Art. 74 I Nr 1 GG zu rechnen ist[8] oder ob sie dem allgemeinen Polizeirecht und damit der ausschließlichen Gesetzgebungskompetenz der Länder unterfällt[9]. Richtigerweise dürfte sie wegen ihres engen Zusammenhangs mit der Strafverfolgung zur **konkurrierenden Gesetzgebungszuständigkeit des Bundes** gehören (s. auch Rn 11). Dem steht – ebenso wie bei anderen strafprozessualen Maßnahmen der Polizei – nicht der Umstand entgegen, dass Maßnahmen, die der Strafverfolgungsvorsorge dienen, häufig präventivpolizeiliche Nebeneffekte mit sich bringen. Fraglich ist allerdings, inwieweit der Bundesgesetzgeber noch Raum für landespolizeirechtliche Regelungen der Strafverfolgungsvorsorge gelassen hat. § 6 EGStPO legt es von seinem Wortlaut her nahe, ihn nur auf solche Maßnahmen zu erstrecken, bei denen bereits der **Anfangsverdacht einer Straftat** besteht. Dies gilt umso mehr, als polizeiliche Maßnahmen

---

8 So *Rachor*, in: L/D, E, Rn 417; *Albers*, Die Determination polizeilicher Tätigkeit in den Bereichen der Straftatenverhütung und der Verfolgungsvorsorge, 2001, S. 265 ff; *Kugelmann*, 5. Kap., Rn 183; *Siebrecht*, JZ 1996, 711 ff; *Son*, Heimliche Eingriffe in das informationelle Selbstbestimmungsrecht, 2006, S. 108 ff; *Waechter*, DÖV 1999, 138, 140; *Wolter*, in: Systematischer Kommentar, StPO, vor § 151, Rn 160 f; *Zöller*, RDV 1997, 163, 164; *BVerfG*, NJW 2001, 879; 2005, 2603, 2605; *BVerwG*, NVwZ 2012, 757, 760; *VGH Kassel*, NVwZ-RR 1994, 652, 653.
9 So zB *BrandVerfG*, LKV 1999, 450, 451; *BayVerfGH*, NVwZ 1996, 166; *MVVerfG*, LKV 2000, 345, 347; *SächsVerfGH*, LKV 1996, 273, 275; *Götz*, § 17, Rn 39; *Knemeyer*, FS Rudolf, 2001, S. 485, 491; *Pieroth/Schlink/Kniesel*, § 5, Rn 6; *Schoch*, JuS 1994, 391, 394; *Würtenberger/Heckmann*, BW, Rn 181. Eine ausschließliche Gesetzgebungskompetenz der Länder muss man auch dann bejahen, wenn man in der Strafverfolgungsvorsorge eine neue Art von Polizeiaufgabe sieht (so *Knemeyer*, GS Tagami, 1993, S. 131 ff; krit. hierzu *Götz*, NVwZ 1994, 652, 656).

der Strafverfolgungsvorsorge dem Gesetzgeber bei Schaffung des § 6 EGStPO fremd waren. Da der Bundesgesetzgeber inzwischen punktuell strafprozessuale Ermächtigungen zur Strafverfolgungsvorsorge geschaffen hat – vgl **§§ 81b Alt. 2, 81g, 100a und 484 StPO** –, können solche Maßnahmen, die bundesgesetzlich geregelt sind, heute nicht mehr auf eine landespolizeigesetzliche Ermächtigungsgrundlage gestützt werden. So lassen sich zB erkennungsdienstliche Maßnahmen, die der Strafverfolgungsvorsorge dienen, wegen § 81b Alt. 2 StPO nicht auf landespolizeirechtliche Bestimmungen gründen (s. Rn 126). Diesbezügliche landesrechtliche Zuständigkeitsregelungen sind allerdings zulässig[10]. Zu beachten ist überdies, dass strafprozessuale Regelungen, die schwerwiegende, tatbestandlich eng begrenzte Grundrechtseingriffe bereits im Vorbereitungsstadium von Straftaten vorsehen, abschließenden Charakter haben und damit eine landesrechtliche Regelung entsprechender Eingriffe zum Zwecke der Strafverfolgungsvorsorge – nicht aber zum Zwecke der Gefahrenvorsorge – ausschließen. Dies ist zB bei der in § 100a StPO geregelten Telekommunikationsüberwachung der Fall (*BVerfG*, NJW 2005, 2603, 2606). Der Bundesgesetzgeber hat aber die Strafverfolgungsvorsorge nicht allgemein abschließend geregelt. Insbesondere lässt sich aus dem Umstand, dass der Bundesgesetzgeber bestimmte strafprozessuale Befugnisse zum Zwecke der Strafverfolgung vorsieht, noch nicht ableiten, dass er damit immer zugleich den Erlass entsprechender oder ähnlicher Strafverfolgungsvorsorgemaßnahmen durch den Landesgesetzgeber konkludent ausschließen wollte (nicht überzeugend daher *Turnit*, VBlBW 2011, 458, 461). Soweit keine abschließenden bundesgesetzlichen Regelungen in Bezug auf bestimmte Strafverfolgungsvorsorgemaßnahmen existieren, bleibt deshalb nach wie vor Raum für landespolizeirechtliche Regelungen, wie sie sich etwa in § 1 III BerlASOG und § 2 I 2 ThürPAG finden. Auch § 484 IV StPO bestimmt ausdrücklich, dass sich die Verwendung personenbezogener Daten, die für Zwecke künftiger Strafverfahren in Dateien der Polizei gespeichert sind oder werden, grundsätzlich nach den Landespolizeigesetzen (s. zB § 37 I MVSOG, § 39 III und § 189 I SchlHVwG) richtet; ausgenommen ist nur die Verwendung für Zwecke eines Strafverfahrens. Zu beachten ist zudem, dass selbst in den Fällen, in denen der Bundesgesetzgeber polizeiliche Befugnisse zur Strafverfolgungsvorsorge normiert hat, der Landesgesetzgeber entsprechende Befugnisse zum Zwecke der Gefahrenvorsorge durchaus regeln darf[11].

**31
-32** Die Abgrenzung der Gesetzgebungskompetenzen von Bund und Ländern bereitet Schwierigkeiten an den Nahtstellen von Strafprozessrecht und Polizeirecht, insbesondere bei der Regelung der Datenverarbeitung. Hier ist davon auszugehen, dass die Gesetzgebungskompetenz des Bundes, die ihn zur Regelung von Datenerhebungen zur Strafverfolgung bzw Strafverfolgungsvorsorge berechtigt, ihm zugleich (unter Beachtung grundrechtlicher Schutzpflichten) die Bestimmung ermöglicht, inwieweit die **gewonnenen Daten zu anderen Zwecken, insbesondere zur Gefahrenabwehr, grundsätzlich zur Verfügung stehen.** Es liegt nämlich aus rechtsstaatlichen Gründen nahe, von vornherein den Rahmen festzulegen, innerhalb dessen erhobene Daten genutzt werden dürfen. Außerdem kann es die Effizienz der Strafverfolgung gefährden, wenn Daten, die im Rah-

---

10   *BVerwG*, JZ 2006, 727 ff u. *Schenke*, JZ 2006, 707 ff.

11   Ebenso nunmehr *BVerwG*, NVwZ 2012, 757, 760. Beispiele hierfür bieten 36 I Nr 2 BWPolG sowie der frühere § 23a VI iVm § 23a I BWPolG. Dort ist unter vorbeugender Bekämpfung einer Straftat – wie sich zumindest im Wege einer verfassungskonformen Auslegung ergibt – (neben der Gefahrenabwehr) nur die Gefahrenvorsorge, nicht aber auch die Strafverfolgungsvorsorge zu verstehen (s. auch Rn 126).Das wird zusätzlich durch § 1 I BWPolG indiziert. Deshalb überzeugt es nicht, wenn *Turnit*, VBlBW 2011, 458, 461 f die Regelungen der § 23a VI 1 iVm § 23a I Nr 2 BWPolG sowie §§ 20 III, 22 II und III Nr 2, 22a I 1 Alt. 2 und § 25 I BWPolG im Hinblick auf die Existenz entsprechender strafprozessualer Regelungen als verfassungswidrig ansieht. Dessen Berufung auf *BVerfG*, NJW 2005, 2603, 2605 ist überdies schon deshalb verfehlt, weil das *BVerfG* hier die Verfassungswidrigkeit von Regelungen annahm, die Eingriffe in die Telekommunikation ausdrücklich auch zum Zwecke der Strafverfolgungsvorsorge vorsahen (so § 33a I Nr 2, 3 NdsSOG aF) und bei denen deshalb eine verfassungskonforme Auslegung ausschied. Das BVerfG betonte aaO sogar ausdrücklich, dass gegen Eingriffe, die der vorbeugenden Bekämpfung von Straftaten dienen, kompetenzrechtlich keine Bedenken bestehen.

men der Strafverfolgung gewonnen wurden, zu anderen Zwecken genutzt werden[12]. Die Entscheidung darüber, ob von einer bundesrechtlich eröffneten Möglichkeit der Nutzung tatsächlich **Gebrauch gemacht** werden darf und die Daten tatsächlich für die Gefahrenabwehr verwendet werden dürfen, hat aber der grundsätzlich für die Gefahrenabwehr zuständige **Landesgesetzgeber zu treffen**[13]. Dieser kann umgekehrt bestimmen, ob die zum Zwecke der Gefahrenabwehr erhobenen Daten auch für die Strafverfolgungsbehörden nutzbar sein sollen. Die Ermächtigung zur tatsächlichen Nutzung dieser Daten für die Strafverfolgung kann sich dann nur aus dem Strafverfahrensrecht ergeben[14]. Die Nutzung polizeilich erhobener Daten für den jeweils anderen polizeilichen Tätigkeitsbereich wird also an das Vorliegen von zwei hintereinandergeschalteten Voraussetzungen geknüpft. Dieses Ineinandergreifen bundesrechtlicher und landesrechtlicher Datenschutzregelungen lässt sich plastisch mit dem Bild der „doppelten Tür" umschreiben.

Lösung der Ausgangsfälle (Rn 17 ff):

Fall 1: Hier handelt es sich um eine strafprozessuale Maßnahme der Polizei, die der Aufklärung einer Straftat dient. Solche Maßnahmen sind in der StPO abschließend bundesrechtlich geregelt. Dies ergibt sich ua aus § 6 EGStPO, der ein Kodifikationsprinzip beinhaltet (Rn 29).   **33**

Fall 2: Diese Regelung dient der Gefahrenabwehr. Sie fällt daher in die ausschließliche Gesetzgebungskompetenz der Länder (Rn 23). Sie lässt sich auch nicht aus dem Gesichtspunkt des Sachzusammenhangs mit dem Strafprozessrecht bzw einer Annexkompetenz legitimieren, da deren Voraussetzungen hier nicht gegeben sind.   **34**

Fall 3: Die Strafverfolgungsvorsorge unterfällt nach umstrittener, aber zutreffender Ansicht (Rn 30) der konkurrierenden Gesetzgebungszuständigkeit des Bundes gem. Art. 74 I Nr 1 GG – wie die Strafverfolgung. Für die Strafverfolgungsvorsorge gilt jedoch – anders als für die Strafverfolgung – nicht das in § 6 EGStPO normierte Kodifikationsprinzip (Rn 30), und der Bund hat bisher von seiner Gesetzgebungskompetenz nicht umfassend, sondern nur vereinzelt Gebrauch gemacht (s. zB §§ 81b Alt. 2, 81g, 100a StPO). Deshalb sind die Länder unter kompetenzrechtlichen Gesichtspunkten befugt, der Polizei im Rahmen der Strafverfolgungsvorsorge zusätzliche, bisher im Bundesrecht nicht vorgesehene Eingriffsbefugnisse einzuräumen (s. auch § 484 IV StPO).   **35**

---

12 Dazu näher *R.P. Schenke*, FG Hilger, 2003, S. 211, 216 ff.
13 Davon ging auch der Bundesgesetzgeber bei der Schaffung des § 481 StPO aus, der hinsichtlich solcher die Umwidmung betreffenden Regelungen eine Gesetzgebungskompetenz des Bundes als Annex zu der materiell verstandenen Materie „gerichtliches Verfahren" bejahte, vgl BT-Drucks. 14/1484, S. 18; s. auch *MVVerfG*, LKV 2000, 345, 347. Gegen eine Kompetenz des Bundes, eine Entscheidung über die Umwidmung von Daten zu treffen, aber *Paeffgen*, FS Roxin, S. 1299, 1306; *Wuttke*, S. 247 ff.
14 Vgl *MVVerfG*, LKV 2000, 345, 347: „Die Gesetzgebungskompetenz des Landes ist auch dafür gegeben, dass das Landesrecht den Weg dazu eröffnet, präventiv erhobene Daten zur Strafverfolgung umzuwidmen. Derartige Vorschriften sind nicht so zu verstehen, dass sie eine Befugnis zur repressiven Nutzung der bei der präventiven Anwendung technischer Mittel gewonnenen Erkenntnisse begründen. Vielmehr kann sich die Befugnis zu einer solchen Nutzung nur aus dem Strafverfahrensrecht ergeben".

2. Abschnitt

Materielles Polizei- und Ordnungsrecht (Rechtsgrundlagen und Rechtsgrundsätze des polizeilichen Handelns)

§ 3 Die Polizeibefugnisse im Rahmen der Gefahrenabwehr

I. Das Erfordernis einer gesetzlichen Ermächtigungsgrundlage für belastende Eingriffe

1. Zuweisung einer Aufgabe rechtfertigt grundsätzlich keine Eingriffsbefugnisse

36 Allein aus der **Zuweisung von Aufgaben** der Gefahrenabwehr an die Polizei- und Ordnungsbehörden folgt noch **nicht die Befugnis dieser Behörden, Maßnahmen zu ergreifen, die den Bürger rechtlich belasten.** Dies entspricht einem heute allgemein anerkannten rechtsstaatlichen Grundsatz (s. hierzu näher *F. Reimer*, FS Würtenberger, 2013, S. 1047 ff). Aus der Zuweisung einer Aufgabe könnte nur dann die konkludente Ermächtigung zu belastenden Eingriffen abgeleitet werden, wenn die Aufgabe ohne solche Eingriffe überhaupt nicht realisiert werden könnte. In einem solchen Fall wäre die Aufgabenzuweisung nämlich nur dann sinnvoll, wenn sie zugleich konkludent zu belastenden Eingriffen ermächtigte. Bei der Gefahrenabwehr liegt ein solcher Fall aber nicht vor. Vielmehr verlangt die Erfüllung der Aufgabe der Gefahrenabwehr nicht notwendigerweise Eingriffe in Rechte des Bürgers. So dient zB eine polizeiliche Warnung vor Glatteis der Gefahrenabwehr, stellt aber keinen Eingriff dar. Allein auf die Aufgabennorm lassen sich daher nur solche Maßnahmen stützen, die nicht in Rechte des Bürgers eingreifen.

37 Für belastende Maßnahmen bedarf es dagegen einer zusätzlichen Ermächtigungsgrundlage, die neben die Aufgabenzuweisung tritt und die gemäß dem Prinzip des Gesetzesvorbehalts (Art. 20 III GG) die möglichen Eingriffe nach Inhalt, Zweck und Ausmaß hinreichend bestimmen muss. Eine derartige Ermächtigungsgrundlage kann allerdings gesetzestechnisch mit der polizeilichen Aufgabenzuweisung in einer Vorschrift zusammengefasst sein. Dieser Weg wird bei den polizei- und ordnungsbehördlichen Generalklauseln häufig beschritten[1]. Dies liegt nahe, weil sich die Tatbestandsmerkmale, die den polizeilichen Aufgabenbereich umschreiben (Abwehr von Gefahren für die öffentliche Sicherheit und Ordnung), mit den Tatbestandsvoraussetzungen der polizei- und ordnungsbehördlichen Generalermächtigungen zur Gefahren-

---

1 So schon bei § 14 PreußPVG; ebenso § 3 I HambSOG; § 168 SchlHVwG.

abwehr weitgehend decken (zum **Unterschied hinsichtlich des Erfordernisses der konkreten Gefahr** s. unten Rn 70). Aus diesem Grund wird im Folgenden die nähere Umschreibung des Aufgabenbereichs der Polizei- und Ordnungsbehörden im Rahmen der Tatbestandsvoraussetzungen der polizeilichen Generalklausel dargelegt (dazu II).

2. Generalermächtigungen und Spezialermächtigungen

Neben der Generalklausel kennt das allgemeine Polizei- und Ordnungsrecht eine **38** Reihe von Spezialermächtigungen (dazu III) zur Erfüllung bestimmter Aufgaben der Gefahrenabwehr (sog. Standardmaßnahmen). Diese **Spezialermächtigungen gehen in ihrem Anwendungsbereich der Generalermächtigung vor**[2]. Wenn zB ein Obdachloser gegen den Willen des Eigentümers in einer Wohnung untergebracht wird, kann der Eingriff in die Rechte des Eigentümers nicht auf die Generalermächtigung, sondern nur auf die Spezialermächtigung zur Sicherstellung bzw Beschlagnahme gestützt werden, wenn das einschlägige Polizeigesetz eine solche Spezialermächtigung enthält[3] (s. unten Rn 162). Die Spezialermächtigungen regeln die in ihnen vorgesehenen Maßnahmen abschließend. Deswegen schließen sie insoweit einen Rückgriff auf die Generalermächtigung **selbst dann aus, wenn im konkreten Einzelfall der Tatbestand der Spezialermächtigung nicht erfüllt ist**. Folglich ist zB eine der Gefahrenabwehr dienende Durchsuchung einer Wohnung nur dann zulässig, wenn die Voraussetzungen der Spezialermächtigungen erfüllt sind, die eine solche Durchsuchung in den Polizeigesetzen regeln[4]. Auch für ein auf Spezialermächtigungen gestütztes polizeiliches Handeln ist es freilich grundsätzlich Voraussetzung, dass es der Abwehr von Gefahren für die öffentliche Sicherheit oder Ordnung dient.

Die Spezialermächtigungen **schließen** es außerdem **aus, polizeiliche Maßnahmen, die den speziell geregelten Maßnahmen ähneln, aber weiter reichen**, auf die Generalermächtigung zu stützen[5]. Wenn zB in einem Polizeigesetz lediglich der nur kurzfristig geltende Platzverweis spezialgesetzlich geregelt ist, ist es nicht möglich, ein längerfristiges und damit schwerer wiegendes Aufenthaltsverbot mit der polizeilichen Generalklausel zu rechtfertigen (s. Rn 133 f). Aus der Regelung eines Aufenthaltsverbots ergibt sich, dass eine schwerer wiegende Wohnungsverweisung nicht auf die Generalklausel gestützt werden kann (Rn 135), ebenso aus der Regelung einer körperlichen Durchsuchung von Personen die Unzulässigkeit ihrer körperlichen Untersuchung (Rn 150). Zur (zu verneinenden) Frage, ob die Stützung von Meldeaufla-

---

2 Ausdrücklich hervorgehoben wird dies in § 8 I NWPolG.
3 **AA** *Erichsen/Biermann*, Jura 1998, 371, 376; *Ewer/v. Detten*, NJW 1995, 353; *Muckel*, S. 140; *R. Schmidt*, Rn 572; zutreffend *VGH Mannheim*, NVwZ-RR 1990, 476; NJW 1997, 2832, 2833; *H.-J. Cremer*, VBlBW 1996, 241; *Götz*, § 8, Rn 61; *Deger*, in: Wolf/Stephan/Deger, BWPolG, § 33, Rn 2; *Rachor*, in: L/D, E, Rn 751. Von der gegenüber dem Eigentümer ergehenden Sicherstellungsverfügung (Beschlagnahme) ist die an den Obdachlosen adressierte, auf die Generalklausel gestützte Einweisungsverfügung zu trennen, welche dem Obdachlosen ein Nutzungsrecht an den Räumlichkeiten einräumt (s. auch *Rachor*, in: L/D E, Rn 748 f; *Ruder*, NVwZ 2012, 1283, 1286; *Schoch*, JuS 1995, 30, 34; *Wollensak*, BWVPr. 1995, 6, 8).
4 Eingehend zu den sich hier stellenden Konkurrenzproblemen *Butzer*, VerwArch. Bd. 93 (2002), 506, 519 ff.
5 So auch *Gusy*, Rn 282; *Rachor*, in: L/D, E, Rn 718, **aA** *Möstl*, Jura 2011, 840, 844.

gen auf die Generalermächtigungen durch die polizeigesetzliche Regelung von Vorladungen ausgeschlossen wird, s. Rn 50a.

39 Weitere Befugnisse der Polizei- und Ordnungsbehörden auf dem Gebiet der Gefahrenabwehr sind schließlich außerhalb der allgemeinen Polizei- und Ordnungsgesetze spezialgesetzlich normiert (dazu Rn 354 ff). Spezialgesetzliche Regelungen verbieten einen Rückgriff auf das allgemeine Polizei- und Ordnungsrecht, sofern sie abschließend sind und kein Fall einer Notzuständigkeit[6] (dazu Rn 451) gegeben ist. Sofern sie allerdings nicht abschließend sind, stehen den Polizei- und Ordnungsbehörden die Befugnisse zu, die ihnen vom allgemeinen Polizei- und Ordnungsrecht eingeräumt werden[7]. Dies ist insbesondere dann der Fall, wenn die Spezialgesetze der Polizei im Wesentlichen nur Aufgaben zuweisen. Ausdrücklich geregelt ist dies in § 8 II 2 MEPolG und in einer Reihe landespolizeigesetzlicher Vorschriften[8]. Es gilt aber auch, soweit eine solche Regelung fehlt. In den Bereichen der Strafverfolgung (anders bezüglich der Strafverfolgungsvorsorge, oben Rn 30) und der Verfolgung von Ordnungswidrigkeiten (bei denen es ohnehin nicht unmittelbar um Gefahrenabwehr geht) können wegen der abschließenden bundesrechtlichen Regelung allerdings keine polizeilichen Befugnisse auf diesem Wege begründet werden (s. unten Rn 416, 429).

3. Keine Rechtsgrundlage durch allgemeine Rechtfertigungsgründe

40 **Keine Rechtsgrundlage für belastende polizeiliche Eingriffe bilden die allgemeinen Rechtfertigungsgründe** (so ausdrücklich § 8 III SaarlPolG; s. auch unten Rn 562). Sie genügen nicht den Erfordernissen des Prinzips des Gesetzesvorbehalts (Art. 20 III GG), das eine nach Inhalt, Zweck und Ausmaß hinreichend bestimmte gesetzliche Ermächtigung verlangt. Zudem tragen die allgemeinen Rechtfertigungsgründe, da sie auf das Bürger-Bürger-Verhältnis zugeschnitten sind, nicht den verfassungsrechtlichen Erfordernissen des Übermaßverbots und den sonstigen grundrechtlichen Begrenzungen staatlichen Handelns Rechnung. Deshalb lässt sich zB ein „Großer Lauschangriff" (dazu unten Rn 193 ff) nicht von den Voraussetzungen des Art. 13 IV GG lösen und auf Nothilfevorschriften stützen. Auch eine analoge Anwendung der Vorschriften über die Geschäftsführung ohne Auftrag (§§ 677 ff BGB), insbesondere des **§ 679 BGB**, kann **keine Rechtsgrundlage** für ein polizeiliches Handeln begründen[9]. Ihr steht bereits entgegen, dass die Polizei kein fremdes Geschäft führt, wenn sie ihre gesetzlichen Aufgaben erfüllt. Zudem kollidierte eine sol-

---

6 § 2 I BWPolG; Art. 3 BayPAG; § 4 BerlASOG; § 81 BrandPolG; § 3 II HambSOG; § 1 II NdsSOG; § 1 I 3 NWPolG; § 1 VIII RhPfPOG; § 2 I SächsPolG; § 168 I Nr 3 SchlHVwG; § 3 ThürPAG; bei einem derartigen Einschreiten werden idR nur die unmittelbar notwendigen – dh vorläufige – Maßnahmen in Betracht kommen.

7 Zur Anwendung des allgem. Polizeirechts neben dem BImSchG s. zB *BVerwGE* 55, 118, 120 ff; zum Verhältnis des VersG und entspr. landesrechtlichen Vorschriften zum allgem. Polizeirecht s. unten Rn 377 ff.

8 § 17 II 2 BerlASOG; § 10 II 2 BremPolG; § 12 II MVSOG; § 8 II 2 NWPolG; § 9 II 2 RhPfPOG; § 8 II 2 SaarlPolG; § 163 II 2 SchlHVwG; § 12 III ThürPAG.

9 *Schenke*, FS Bartlsperger, 2006, S. 529, 534 ff; *Schoch*, JK 6/04, BGB, § 677/I; *Staake*, JA 2004, 800, 803; **aA** *Linke*, DVBl 2006, 148, 152.

che Analogie, die die Befugnisse der Polizei stark erweiterte, sowohl mit den speziellen polizei- und ordnungsrechtlichen Vorschriften und damit dem Grundsatz des Vorrangs des Gesetzes als auch mit dem Grundsatz des Vorbehalts des Gesetzes.

4. Ermächtigungsgrundlage für grundrechtsrelevante Informationen der Bundes- bzw Landesregierung

Umstritten ist, ob es einer gesetzlichen Grundlage bedarf, wenn die Bundesregierung   **41** bzw eine Landesregierung die Öffentlichkeit über bestimmte grundrechtsrelevante Sachverhalte informiert, zB vor der Verwendung von Produkten eines bestimmten Herstellers warnt oder kritisch über eine bestimmte religiöse Sekte berichtet.

Allgemein anerkannt ist zwar, dass der Bundesregierung bzw den Landesregierungen die Aufgabe der **Öffentlichkeitsinformation** obliegt. Die Zuweisung dieser Aufgabe bildet aber **keine Ermächtigungsgrundlage für Eingriffe in Grundrechte**, insbesondere in das Grundrecht der informationellen Selbstbestimmung (Art. 2 I iVm Art. 1 GG; s. hierzu unten Rn 176)[10]. Der Schluss von der Aufgabe auf eine Eingriffsbefugnis scheidet auch hier aus, da die Erfüllung der Aufgabe nicht notwendigerweise Eingriffsbefugnisse voraussetzt. Angesichts der Weite und Konturenlosigkeit des Begriffs der Öffentlichkeitsarbeit ergäbe sich sonst im Übrigen eine grundrechts- und kompetenzsprengende Generalermächtigung. Deswegen war zB nach richtiger Auffassung der Bundesgesundheitsminister mangels bundesgesetzlicher Ermächtigungsgrundlage[11] nicht dazu befugt, eine Liste mit Weinen und ihren jeweiligen Herstellern zu veröffentlichen, die – wie bei Kontrollen festgestellt wurde – mit Glykol „gepanscht" worden waren.

Das Bundesverfassungsgericht teilte diese Auffassung allerdings in seiner „Glykolwein-Entscheidung"[12] nicht. Es sah in der oben geschilderten Öffentlichkeitsinformation – wenig überzeugend – keinen Eingriff in Grundrechte und hielt deswegen eine gesetzliche Ermächtigungsgrundlage für nicht notwendig. Das Grundrecht der betroffenen Hersteller aus Art. 12 I GG sei durch marktbezogene Informationen des Staates an die Öffentlichkeit nicht beeinträchtigt, sofern der Einfluss auf wettbewerbsrechtliche Faktoren ohne Verzerrung der Marktverhältnisse nach Maßgabe der rechtlichen Vorgaben für staatliches Informationshandeln erfolge. Ein Eingriff in das Recht am eingerichteten und ausgeübten Gewerbebetrieb oder in sonstige Grundrechte fehle ebenfalls.

Dieses Ergebnis ist mit der bundesverfassungsgerichtlichen Rechtsprechung zum Grundrecht der **informationellen Selbstbestimmung** (dazu Rn 176) schwerlich zu vereinbaren. In dieses Grundrecht wird nämlich mit der Veröffentlichung gefahrrele-

---

10   S. demgegenüber aber in Bezug auf die Bundesregierung *BVerwGE* 87, 37, 47; 90, 112, 122 f; bzgl der Landesregierung *BVerwG*, NVwZ 1994, 162, 163.

11   Inzwischen existiert eine spezialgesetzliche Rechtsgrundlage in § 40 LFGB.

12   *BVerfG*, NJW 2002, 2621 ff; krit zu dieser Entscheidung sowie zu *BVerfG*, NJW 2002, 2626 ff auch *Bethge*, Jura 2003, 327 ff; *H.-J. Cremer*, JuS 2003, 747 ff; *Hellmann*, NVwZ 2005, 163 ff; *P. Huber*, JZ 2003, 290 ff; *Murswiek*, NVwZ 2003, 1 ff; *Ruge*, ThürVBl. 2003, 49 ff.

vanter personenbezogener Daten eingegriffen, weswegen sich jedenfalls insoweit die Verneinung eines Eingriffs **nicht überzeugend begründen** lässt. Sie kann auch nicht damit gerechtfertigt werden, dass ein Privater – der nicht unmittelbar grundrechtsgebunden ist! – dazu berechtigt wäre, solche Informationen zu veröffentlichen[13].

Darüber hinaus stellt sich unter **bundesstaatlichen Gesichtspunkten ein Kompetenzproblem**[14]. Das Bundesverfassungsgericht vertrat in der „Glykolwein-Entscheidung" die Ansicht, dass die Bundesregierung aufgrund ihrer Aufgabe der Staatsleitung überall dort neben den eigentlich zuständigen Landespolizeibehörden zur Information berechtigt sei, wo ihr eine gesamtstaatliche Verantwortung zukomme, die mittels Informationen wahrgenommen werden könne. Diese Auffassung erscheint unter rechtsstaatlichen wie auch bundesstaatlichen Gesichtspunkten fragwürdig, weil hierdurch in die Zuständigkeit der Länder für die Gefahrenabwehr eingegriffen wird[15] und es zu **Doppelzuständigkeiten** kommt.

Noch weitergehend vertrat das Bundesverfassungsgericht in einer Entscheidung, die parallel zur „Glykolwein-Entscheidung" erging und die die Informationstätigkeit der Bundesregierung in Bezug auf religiöse und weltanschauliche Vereinigungen (namentlich der Bhagwan- bzw Osho-Bewegung) betraf, die These, für das Informationshandeln der Bundesregierung im Rahmen der Staatsleitung bedürfe es auch dann keiner besonderen gesetzlichen Ermächtigung, wenn es zu „mittelbar-faktischen" Grundrechtsbeeinträchtigungen führe.[16] Dieser Auffassung kann auf keinen Fall gefolgt werden. Zwar bedürfen „mittelbar-faktische" Grundrechtsbeeinträchtigungen dann keiner gesetzlichen Ermächtigungsgrundlage, wenn ihnen der Bezug auf bestimmte Personen fehlt und sie diese Personen nur unbeabsichtigt und nicht voraussehbar beeinträchtigen. Diese Einschränkung des Gesetzesvorbehalts ergibt sich aus der Natur der Sache, kann aber dann nicht gelten, wenn die öffentliche Gewalt wünscht oder zumindest voraussieht und beabsichtigt, dass durch die Information Grundrechte des Betroffenen, über den informiert wird, beeinträchtigt werden. So war es bei der „Bhagwan-Entscheidung", wo die Bhagwan-Bewegung in der angegriffenen Broschüre namentlich genannt worden war[17]. Eine Stützung solcher Eingriffe allein auf ein Informationsrecht der Bundesregierung verbietet sich umso mehr, als das Bundesverfassungsgericht den Vorbehalt des Gesetzes sonst bei Eingriffen in das informationelle Selbstbestimmungsrecht sehr ernst nimmt (s. Rn 49) und nicht einmal die polizeiliche Generalklausel als Ermächtigungsgrundlage ausreichen lässt. Zudem hat dieses Erfordernis im vorliegenden Zusammenhang auch unter bundesstaatlichen

---

13 So aber *BVerfG*, NJW 2002, 2621 ff; krit dazu auch *P. Huber*, JZ 2003, 290, 292; *Murswiek*, NVwZ 2003, 1, 4.
14 Dazu auch *Bethge*, Jura 2003, 327, 331; *Hellmann*, NVwZ 2005, 163, 166.
15 Krit zur Annahme, die Veröffentlichung der Glykolweinliste sei nicht eine Aufgabe der Gefahrenabwehr, sondern der Staatsleitung, auch *Murswiek*, NVwZ 2003, 1, 7 u. *H.-J. Cremer*, JuS 2003, 747, 750 („Merkwürdig …, dass … eine Warnung, von der Polizei gegeben ‚Verwaltung' darstellt, aus dem Mund der Bundesregierung verkündet aber zum Akt der Staatsleitung mutiert").
16 *BVerfG*, NJW 2002, 2626.
17 Nicht überzeugend daher *BVerfG*, NJW 2002, 2629 f, das auch hier von der Nichtnormierbarkeit einer solchen Informationstätigkeit ausgeht; krit hierzu *H.-J. Cremer*, JuS 2003, 747, 750; *P. Huber*, JZ 2003, 290, 294 f; *Murswiek*, NVwZ 2003, 1, 8.

Aspekten eine wichtige kompetenzrechtliche Abgrenzungsfunktion. Zu erwägen wäre allenfalls, auf das Erfordernis einer gesetzlichen Ermächtigungsgrundlage dort zu verzichten, wo die Bundesregierung eine gegenüber dem Bundestag bestehende Informationspflicht erfüllt (s. Art. 43 GG)[18]. Selbst dies überzeugte aber nicht, da die Informationspflichten der Bundesregierung nicht weiter reichen können als ihre Informationsrechte[19]. Im Einklang mit der hier vertretenen Auffassung entschied das *BVerwG*[20], dass die Aufgabe der Staatsleitung und die daraus abgeleitete Befugnis zum staatlichen Informationshandeln den Staat nicht dazu ermächtigt, Dritten zur Verwendung im Geschäftsverkehr vorformulierte Erklärungen (sog. Schutzerklärungen) zu überlassen, die Geschäftspartner des Dritten zur Auskunft über eine Sekte (hier: Scientology) veranlassen sollen.

5. Keine Ermächtigung durch grundrechtliche Schutzpflichten

Keine Ermächtigungsgrundlage für Grundrechtseingriffe lässt sich ferner aus den **41a**
durch die **Grundrechte begründeten staatlichen Schutzpflichten** ableiten[21]. Diese können allenfalls den zuständigen Gesetzgeber verpflichten, entsprechende Rechtsgrundlagen zu schaffen. Die Gegenansicht widerspricht dem grundrechtlichen Gesetzesvorbehalt, der eine nach Inhalt, Zweck und Ausmaß hinreichend bestimmte gesetzliche Ermächtigungsgrundlage verlangt. Dem Gesetzesvorbehalt kann schon aus funktionellrechtlichen Gründen nicht dadurch genügt werden, dass auf nicht näher spezifizierte, erst durch die Judikative zu konkretisierende grundrechtliche Schutzpflichten zurückgegriffen wird. Dies wäre auch mit dem Prinzip der Rechtssicherheit schwerlich in Einklang zu bringen.

6. Keine Ermächtigung durch staatliche Notrechte

Ein Eingriff in Grundrechte lässt sich schließlich nicht mit einem ungeschriebenen **42**
Notrecht des Staates rechtfertigen[22]. Der Gesetzgeber hat – wie sich aus den Gesetzgebungsmaterialien eindeutig belegen lässt[23] – mit der Schaffung der **Notstandsverfassung** (Art. 115a ff GG) **eine abschließende verfassungsgesetzliche Vorsorge für Not- und Ausnahmesituationen geschaffen**. Es fehlt daher eine Lücke, die durch Rückgriff auf ein ungeschriebenes Notrecht ausgefüllt werden könnte.

---

18 So *P. Huber*, JZ 2003, 290, 295.
19 So auch *Bethge*, Jura 2003, 2003, 327, 330 f.
20 *BVerwG*, NJW 2006, 1303 ff.
21 Dazu näher *Wahl/Masing*, JZ 1990, 553 ff; *Isensee*, in: Isensee/Kirchhof, Handbuch des Staatsrechts IX, 2011, § 191, Rn 308 ff; s. auch *Kugelmann*, 5. Kap., Rn 10 ff; **aA** *Brugger*, VBlBW 1995, 446, 449.
22 **AA** *Stern*, in: Verfassungsschutz und Rechtsstaat, 1981, S. 171 ff; vgl dazu auch *Depenheuer*, Selbstbehauptung des Rechtsstaates, 2. Aufl. 2008, S. 40 ff; *Heinze*, BayVBl. 2009, 385 ff.
23 Schriftl. Bericht des Rechtsausschusses, BT-Drucks. 5/2873.

II. Die polizei- und ordnungsbehördlichen Generalklauseln

Ausgangsfälle:

43   **Fall 1:** Die Untreu (U) teilt ihrem bisherigen Freund Wüterich (W) mit, sie wolle sich von ihm trennen. W beginnt daraufhin, ihre Wohnung zu zertrümmern. Der Aufforderung der U, unverzüglich die Wohnung zu verlassen, leistet W keine Folge. U ruft deswegen die Polizei zur Hilfe. Liegen die Voraussetzungen für ein polizeiliches Einschreiten vor oder stehen der U nur zivilgerichtliche Rechtsschutzmöglichkeiten zur Verfügung? **Rn 105**

44   **Fall 2:** Tourist Nassforsch (N) hat vor, ein Höhlensystem zu erforschen. Da starke Niederschläge drohen, besteht mit großer Wahrscheinlichkeit die Gefahr, dass die Höhle überschwemmt wird. Eine Überschwemmung führte dazu, dass der unerfahrene und nicht entsprechend ausgerüstete N sich nicht mehr aus der Höhle zurückziehen könnte und ertrinken würde. Als er zur Höhle aufbricht, verbietet die zuständige Polizeibehörde daher dem N das Betreten der Höhle solange, wie die Überschwemmungsgefahr noch besteht. Zu Recht? **Rn 106**

45   **Fall 3:** Künstler Pinsel (P) veranstaltet ein Happening, bei dem er in einer kleinen, ländlich geprägten Gemeinde ein nur spärlich bekleidetes Modell öffentlich bunt anmalt. Die ländliche Bevölkerung hält dieses Treiben für obszön und fordert deshalb die Polizei zum Einschreiten auf. Ist die Polizei hierzu befugt? **Rn 107**

46   **Fall 4:** In den vergangenen Monaten wurden in der Stadt S wiederholt terroristische Bombenanschläge verübt. Nunmehr geht bei der Polizei ein anonymer Anruf ein, demzufolge in einem bestimmten Hochhaus in wenigen Minuten eine Bombe explodieren soll. Die Polizei ordnet deswegen die unverzügliche Räumung des Hauses an. Wie sich später herausstellt, war der Anruf ein übler Scherz. Lag eine Gefahr für die öffentliche Sicherheit vor? **Rn 108**

47   **Fall 5:** Reich (R) gehört ein altes Haus, das von Personen besetzt ist, die ihm nicht bekannt sind und ständig wechseln. Vor der Besetzung stand das Haus leer. R möchte das Haus in nächster Zeit abreißen lassen, um an seiner Stelle einen Neubau zu errichten. Er verlangt deswegen von der Polizei, die Besetzer aus dem Haus zu entfernen. Die Polizei weigert sich, da es nicht ihre Aufgabe sei, zur Durchsetzung privater Rechte einzuschreiten. Ist das polizeiliche Verhalten rechtmäßig? Wenn nicht, hat R einen Anspruch auf ein polizeiliches Handeln? **Rn 109**

48   Die **klassische Formulierung der polizeilichen Generalklausel findet sich in § 14 I PreußPVG** von 1931. Dieser bestimmte: „Die Polizeibehörden haben im Rahmen der geltenden Gesetze die nach pflichtmäßigen Ermessen notwendigen Maßnahmen zu treffen, um von der Allgemeinheit oder dem Einzelnen Gefahren abzuwehren, durch die die öffentliche Sicherheit oder Ordnung bedroht wird." An diese Normierung knüpfen auch die heutigen Polizei- und Ordnungsgesetze an. Einige Gesetze differenzieren dabei allerdings – anders als § 14 PreußPVG – zwischen der Umschreibung des polizeirechtlichen Aufgabenbereichs und der Generalermächtigung für polizeiliche, in die Rechtssphäre des Bürgers eingreifende Maßnahmen[24].

---

24   S. zB §§ 1, 3 BWPolG; Art. 2 I, 11 I BayPAG; §§ 1 I, 17 I BerlASOG; §§ 1, 10 BrandPolG; §§ 1 I, 13 I BrandOBG; §§ 1 I, 11 HessSOG; §§ 1, 13 MVSOG; §§ 1 I, 11 NdsSOG; §§ 1, 14 I NWOBG; §§ 1 I, 9 I 1 RhPfPOG; §§ 1, 13 SachsAnhSOG; §§ 1, 3 SächsPolG; §§ 2 I, 5 I ThürOBG; §§ 2, 5 ThürPAG; §§ 1, 8 MEPolG; s. auch §§ 1, 14 BPolG. Ähnlich §§ 1, 10 I BremPolG; §§ 1 I, 8 I NW-PolG; §§ 1 II, 8 I SaarlPolG, die aber nur von Gefahren für die öffentliche Sicherheit sprechen; s. auch §§ 4a, 20a BKAG.

1. Keine grundsätzlichen verfassungsrechtlichen Bedenken gegen Generalklausel

In der neueren Gesetzgebung zeichnet sich zwar zunehmend die Tendenz ab, zur Be- **49**
kämpfung einzelner polizeilicher Gefahren Spezialgesetze zu schaffen. Ungeachtet
dessen kann aber auf eine polizeirechtliche Generalermächtigung nicht gänzlich verzichtet werden, schon weil sich durch die Fortschritte der Technik ständig neue, durch
den Gesetzgeber häufig nicht voraussehbare polizeiliche Gefahrenlagen ergeben und
sich die sozialen Verhältnisse und Anschauungen fortlaufend wandeln.

Gegen die Generalklausel werden immer wieder **verfassungsrechtliche Bedenken**
im Hinblick auf das rechtsstaatliche Bestimmtheitsgebot geäußert. Diese Bedenken
sind **nicht durchschlagend.** Die Generalklauseln sind jedenfalls heute durch Judikatur und Literatur so präzisiert, dass die in ihnen enthaltenen Ermächtigungen nach Inhalt, Zweck und Ausmaß **hinreichend bestimmt** sind[25]. Allerdings können sich in bestimmten Fällen **Einschränkungen der Anwendbarkeit der Generalklauseln**
ergeben, insbesondere aus den **Grundrechten** bei schwerwiegenden Eingriffen – namentlich dann, wenn die betroffenen Grundrechte nur unter qualifizierten verfahrensrechtlichen und materiellrechtlichen Voraussetzungen einschränkbar sind – sowie aus
der **Kompetenzaufteilung** zwischen Bund und Ländern. Diesen Einschränkungen
kann aber durch verfassungskonforme Auslegung der Generalklauseln Rechnung getragen werden. So muss die polizeiliche Generalklausel zwar angesichts der unvorher-
sehbaren Vielgestaltigkeit aller Lebenserscheinungen grundsätzlich als ein Gesetz angesehen werden, das die Berufsausübung iSd Art. 12 I 2 GG regelt. Das gilt aber dann
nicht mehr, wenn die Entscheidung, ob eine bestimmte berufliche Tätigkeit die öffentliche Ordnung verletzte, „von einer verwickelten, in das Gebiet der Weltanschauun-
gen hineinreichenden abwägenden Wertung einer Mehrzahl verschiedener Schutzin-
teressen abhängt". Die Generalklausel darf nicht auf Einzelfälle angewandt werden,
wenn dadurch der Sache nach das getan würde, was der Gesetzgeber hätte tun müssen,
nämlich eine verbreitete neue Erscheinungsform der Berufsausübung zu regeln[26].

Zu weit geht allerdings eine in der Literatur vertretene Ansicht[27], wonach die Generalklausel generell nur für atypische Gefahrensituationen eine Rechtsgrundlage für Eingriffe beinhalten könne.
Wenn sich bestimmte Gefahren- und Störungslagen regelmäßig einstellten und bestimmte Formen der Gefahrenabwehr verlangten, seien die damit verbundenen Grundrechtseingriffe so wesentlich, dass der Gesetzgeber immer spezialgesetzliche Ermächtigungen zur Verfügung stellen
müsse. Diese Auffassung **überdehnt den grundrechtlichen Parlamentsvorbehalt.** Rechtspolitisch mag es dahinstehen, ob es wirklich wünschenswert ist, die Gesetzesflut weiter zu vergrö-
ßern, wie es mit einer Ausdehnung polizeilicher Standardmaßnahmen bzw spezialgesetzlicher
Befugnisse verbunden wäre. Verfassungsrechtlich besteht insoweit jedenfalls kein allgemeiner
Handlungsbedarf. Es genügt, dass dem Gesetzgeber bekannt ist, dass die Generalklausel als Basis
für bestimmte Grundrechtseingriffe herangezogen wird. Dies nochmals ausdrücklich festzu-

---

25   *BVerfGE* 54, 143, 144 f; *BVerfG*, DVBl 2001, 558.
26   So *BVerwG*, NVwZ 2002, 598, 601 mwN im Zusammenhang mit Laserdromspielen. Das *BVerwG*
     ging allerdings davon aus, dass diese Spiele noch keine solche Verbreitung gefunden hätten, dass die
     Leistungsfähigkeit der Generalermächtigung zur Regelung von Einzelfällen überfordert worden wäre.
27   So *Butzer*, VerwArch. Bd. 93 (2002), 506, 523; *Pieroth/Schlink/Kniesel*, § 7, Rn 20; **aA** zutreffend
     BVerwG, NVwZ 2007, 1439, 1440; *Schoch*, Rn 99.

schreiben, bringt jedenfalls dann keinen rechtsstaatlichen Fortschritt, wenn eine neu geschaffene Spezialermächtigung inhaltlich nur die Tatbestandsvoraussetzungen der Generalermächtigung wiederholte. Die Forderung, bei typischen Gefahrensituationen neue Spezialermächtigungen zu schaffen, führte im Übrigen zu erheblichen Abgrenzungsproblemen bei der Frage, was als typische, was als atypische Gefahrensituation zu bewerten ist. Dies beeinträchtigte die – verfassungsrechtlich gebotene – Rechtssicherheit und erzeugte damit sogar neue verfassungsrechtliche Probleme.

2. Ausnahmsweise Erfordernis spezialgesetzlicher Ermächtigungen

50 Nicht auf die polizeiliche Generalklausel gestützt werden kann die **Erhebung personenbezogener Daten** (s. dazu Rn 176 u. für V-Leute Rn 201). Dies ist eine Konsequenz der bundesverfassungsgerichtlichen Rechtsprechung zum informationellen Selbstbestimmungsrecht, das hierfür bereichsspezifische Regelungen verlangt.

Nicht auf die polizeiliche Generalklausel gestützt werden können außerdem besonders schwerwiegende Grundrechtseingriffe. Für solche Eingriffe muss der Gesetzgeber die tatbestandlichen Voraussetzungen selbst näher ausgestalten. Er darf dies nicht der Polizei und der Judikative überlassen, wie dies bei der Anwendung der Generalermächtigung der Fall wäre. Das gilt etwa für die heimliche Überwachung von Wohnräumen (Rn 193 ff) und der Telekommunikation (s. Rn 197a ff), ebenso für die **Bestimmung des Standorts** eines momentan nicht kommunizierenden Besitzers eines Mobiltelefons (dazu Rn 197a und 343) sowie für eine längerfristige Observation (Rn 187 und 202a). Soweit sich neuartige Anwendungsbereiche für bestimmte Formen der Observation ergeben, so etwa für eine offene längerfristige Observation höchstgefährlicher Straftäter, bei denen die Anordnung einer nachträglichen Sicherungsverwahrung nach der Rechtsprechung des EGMR ausscheidet (s. Rn 202a), muss dem Gesetzgeber allerdings noch eine Übergangsfrist zur Schaffung einer spezialgesetzlichen Ermächtigungsgrundlage eingeräumt werden (Rn 202a und *BVerfG*, LKV 2013, 30, 31). Nicht mehr auf die Generalermächtigung stützbar sind schon heute Aufenthaltsverbote und Wohnungsverweisungen (s. Rn 135 ff). Auch **Ausgangssperren** dürften wegen der Schwere des Eingriffs nicht auf die polizeiliche Generalklausel stützbar sein[28].

Zu beachten ist im Übrigen, dass die Normierung einer bestimmten Spezialermächtigung in den Polizei- und Ordnungsgesetzen zugleich andere ähnliche oder schwerwiegendere Maßnahmen konkludent ausschließen kann, so dass sich solche Maßnahmen auch nicht mehr auf die Generalklausel stützen lassen (s. Rn 38).

3. Rechtsgrundlage für belastende Verwaltungsakte und Realakte

50a Die Generalklauseln bieten eine Rechtsgrundlage sowohl für **Verwaltungsakte** wie auch für **Realakte** der Polizei[29]. **Verwaltungsakte**, die auf die Generalklausel gestützt werden, sind zB polizeiliche **Meldeauflagen**, mit denen Fußballhooligans dazu verpflichtet werden, sich zu einem bestimmten Zeitpunkt auf einer Polizeidienststelle einzufinden, damit sie nicht an einem gleichzeitig stattfindenden Fußballspiel und einer hier drohenden gewaltsamen Auseinandersetzung teilnehmen können (s. aber in RhPf die Spezialermächtigung in § 12a RhPfPOG)[30]. Das-

---

28 *Herzmann*, DÖV 2006, 678, 680 f.
29 Näher zu den Generalklauseln auch *v. Mutius*, Jura 1986, 649 ff.
30 Dazu *BVerwG*, NVwZ 2007, 1439; *OVG Lüneburg*, NVwZ-RR 2006, 613; *VGH Mannheim*, NJW 2000, 3658, 3660; *Breucker*, NJW 2004, 1631, 1632 f; *Deusch*, Die Polizei 2006, 145, 146; *Franz/ Günther*, NWVBl. 2006, 201, 206; *Krahm*, Polizeiliche Maßnahmen zur Eindämmung von Hooligangewalt, 2008, S. 325 ff; *Schucht*, NVwZ 2011, 709 ff; *Siegel*, NJW 2013, 1035, 1037. Bedenken gegen

selbe gilt für das **Verbot einer Musikveranstaltung** wegen Brandgefahr in den für die Veranstaltung vorgesehenen Räumen[31] wie zB auch für die **Anordnung eines Maulkorbzwangs** für einen gefährlichen Hund. Ein auf die Generalklausel gestützter **Realakt** liegt etwa in einer **Gefährderansprach**e bzw einem **Gefährderanschreiben** (s. Rn 652) oder in einer polizeilichen **Warnung** vor einem gefährlichen Straftäter. Für den Erlass von Rechtsverordnungen zur Gefahrenabwehr beinhalten die Polizei- und Ordnungsgesetze meist eigene gesetzliche Ermächtigungen (Beispiele s. Rn 610).

4. Uneingeschränkte Justitiablilität der in der Generalklausel verwandten unbestimmten Rechtsbegriffe

Inhaltlich stimmen die Generalklauseln der Polizei- und Ordnungsgesetze im Wesentlichen überein. Sie ermächtigen die Polizei- und Ordnungsbehörden zu einem Einschreiten dort, wo **für die öffentliche Sicherheit (5) oder öffentliche Ordnung (6) eine Gefahr (7) besteht oder bereits eine Störung (8) eingetreten ist.** Nicht in den Generalklauseln geregelt ist, gegen wen sich die der Gefahrenabwehr dienenden Maßnahmen und Verordnungen richten. Insoweit werden die Generalklauseln durch die Vorschriften über die **polizeirechtliche Verantwortlichkeit** (Rn 222 ff) sowie die (ausnahmsweise) **Inanspruchnahme Nichtverantwortlicher** (Rn 310 ff) ergänzt. Die Tatbestandsvoraussetzungen „Gefahr" und „Störung" sind **unbestimmte Rechtsbegriffe**. Bezüglich der Frage, ob sie im Einzelfall erfüllt sind oder nicht, besitzen die Polizei- und Ordnungsbehörden aber **weder einen Beurteilungs- noch einen Ermessensspielraum**[32]. Ein Beurteilungsspielraum lässt sich insbesondere nicht aus dem Umstand ableiten, dass bei unbestimmten Rechtsbegriffen für die Beantwortung der Frage, ob die damit umschriebene Tatbestandsvoraussetzung (zB eine Gefahr) vorliegt, zT prognostische Urteile gefällt werden müssen. Die Einräumung der Möglichkeit, solche prognostischen Urteile zu fällen, bedeutet nämlich noch nicht dass die richterliche Kontrolle hinter den rechtlichen Bindungen der Verwaltung zurückbleibt[33]. Dies wäre mit Art. 19 IV GG prinzipiell unvereinbar. Wenn die Tatbestandsvoraussetzungen der Generalklausel gegeben sind, steht es allerdings grundsätzlich im Ermessen der Behörden, ob und in welcher Weise sie tätig werden (dazu Rn 93 ff).

51

Für ein Einschreiten nach der Generalklausel genügt es, wenn eine Gefahr entweder für die öffentliche Sicherheit oder für die öffentliche Ordnung vorliegt. Dies gilt auch

52

---

die Heranziehung der Generalklausel bei *Pieroth/Schlink/Kniesel*, § 16, Rn 11; *Rachor*, in: L/D, E, Rn 773; *Schucht*, NVwZ 2011, 709, 712 f. Da sich die Bedenken gegen die Anwendung der Generalklausel nicht darauf stützen lassen, dass es sich hier um eine typische polizeiliche Aufgabe handele (s. oben Rn 49 und *BVerwG*, NVwZ 2007, 1439; das konzediert auch *Schucht*, NVwZ 2011, 713), könnte die Anwendung der Generalklausel allenfalls durch die in allen Polizeigesetzen geregelte Vorladung ausgeschlossen sein. Da die Meldeauflage aber eine ganz andere Zielsetzung als die Vorladung verfolgt, schließt die gesetzliche Regelung Letzterer nicht zugleich Meldeauflagen aus (s. auch Rn 38).

31   *Trurnit*, Jura 2012, 365, 367; *VGH Mannheim*, VBlBW 2010, 468, 473 f.

32   Vgl für viele *Drews/Wacke/Vogel/Martens*, § 17; **aA** *Rasch*, § 1 MEPolG, Rn 49; *Ossenbühl*, DÖV 1976, 463 ff; zur verfassungsrechtlichen Problematik von Beurteilungsspielräumen *Schenke*, in: Bonner Kommentar (Drittbearb.), GG, Art. 19 IV, Rn 515 ff.

33   Vgl hierzu näher *Lingemann*, Die Gefahrenprognose als Basis eines polizeilichen Beurteilungsprogramms?, 1985.

dann, wenn diese Begriffe kumulativ aufgeführt sind (s. Art. 6 BayLStVG; vgl ferner Art. 13 VII GG)[34].

5. Der Begriff der öffentlichen Sicherheit

53 Unter öffentlicher Sicherheit ist in Anlehnung an die amtliche Begründung zu § 14 PreußPVG die Unversehrtheit von Leben, Gesundheit, Freiheit, Ehre und Vermögen des Einzelnen sowie der Bestand und das Funktionieren des Staates und seiner Einrichtungen zu verstehen[35]. Geschützt werden demnach sowohl Individual- wie auch Gemeinschaftsrechtsgüter[36].

54 Der **Schutz von Individualrechtsgütern** ist dabei allerdings **unter zweierlei Gesichtspunkten einzuschränken**: Soweit Individualrechtsgüter in subjektiven Privatrechten ihren Ausdruck gefunden haben, sind für die Verfolgung dieser Rechte in erster Linie die ordentlichen Gerichte zuständig[37]. Wenn zB eine privatrechtliche Geldforderung nicht beglichen wird, sind die ordentlichen Gerichte für die Entscheidung zuständig, ob diese Forderung besteht und ob und ggf. wie sie zwangsweise durchzusetzen ist. Insoweit verdrängt also nach der staatlichen Kompetenzordnung die Zuständigkeit der Gerichte prinzipiell die Zuständigkeit der Polizei- und Ordnungsbehörden. Diese **Subsidiarität des polizeilichen und ordnungsbehördlichen Handelns** gilt nicht nur, wenn sie im Gesetz ausdrücklich vorgesehen ist[38]. Sie greift jedoch dann nicht, wenn die Gerichte im Einzelfall **Individualrechte** nicht – auch nicht im Wege des vorläufigen Rechtsschutzes – schützen können[39] und die polizeiliche Hilfe dem **Willen des Rechtsinhabers** entspricht[40]. ZT wird das polizeiliche Handeln zusätzlich von einem Antrag abhängig gemacht[41]. Unabdingbar für ein polizeiliches Handeln ist zudem, dass das **Bestehen der Privatrechte zumindest glaubhaft gemacht** wird[42]. Soweit die Polizei- bzw Ordnungsbehörde zum Einschreiten befugt ist, darf sie allerdings **grundsätzlich nur vorläufige Maßnahmen** treffen, die die Si-

---

34 Vgl hierzu *Schloer*, BayVBl. 1991, 257 ff.
35 Vgl *Drews/Wacke/Vogel/Martens*, § 15, 2; entsprechende Legaldefinitionen enthalten § 54 Nr 1 ThürOBG; § 2 Nr 2 BremPolG; § 3 Nr 1 SachsAnhSOG; ähnlich *Schoch*, Jura 2006, 664, 667; zum Rechtsgüterschutz als Staatsaufgabe s. *Gusy*, DÖV 1996, 573 ff.
36 Zur Frage des Schutzes der Sicherheit durch das Strafrecht s. *Frisch*, GS Schlüchter, 2002, S. 669 ff.
37 S. dazu eingehend *Schoch*, Jura 2013, 468 ff.
38 Vgl § 2 II BWPolG; Art. 2 II BayPAG; § 1 IV BerlASOG; § 1 II BrandPolG; § 1 II BremPolG; § 3 III HambSOG; § 1 III HessSOG; § 1 III NdsSOG; § 1 II NWPolG; § 1 III RhPfPOG; § 1 III SaarlPolG; § 1 II SachsAnhSOG; § 2 II SächsPolG; § 162 II SchlHVwG; § 2 II ThürOBG; § 2 II ThürPAG; § 1 II MEPolG; zum Begriff der öffentlichen Sicherheit s. *Erbel*, DVBl 2001, 1714, 1719 ff.
39 *PreußOVGE* 77, 333, 337; s. auch *VGH Mannheim*, NVwZ-RR 2008, 700, 701: Unbefugtes Fotografieren einer Person, auch wenn sie sich in der Öffentlichkeit aufhält; *Waldhoff*, JuS 2009, 170 ff. Ausnahmsweise ist ein polizeiliches Einschreiten auch dann zulässig, wenn die Rechtsverfolgung vor den Zivilgerichten unzumutbar ist, *VGH Mannheim*, NJW 2011, 2532, 2534 und sehr einschränkend auch *Schoch*, Jura 2013, 468, 472.
40 Das Erfordernis des Einverständnisses ist eine Konsequenz der Privatautonomie. Dies gilt auch dann, wenn es nicht ausdrücklich normiert ist. Ausdrückliche Normierungen enthalten § 2 II BWPolG und § 2 II SächsPolG.
41 So in § 2 II BWPolG und § 2 II SächsPolG.
42 *Pieroth/Schlink/Kniesel*, § 5, Rn 47; *Schoch*, Jura 2013, 468, 472.

cherung des Rechts ermöglichen[43]. Wenn zB der Gläubiger einer privatrechtlichen Forderung auf der Straße unverhofft seinem flüchtigen Schuldner begegnet, so ist die Polizei auf Verlangen des Gläubigers befugt, bei dem Schuldner dessen sonst nicht in Erfahrung zu bringende Adresse festzustellen[44]. Ausnahmsweise können auch endgültige Maßnahmen getroffen werden[45]. Beispielsweise ist die Polizei berechtigt, die dem Geschädigten unbekannte Identität einer Person festzustellen, die eine ihm gehörende Sache fahrlässig beschädigt hat. Nur so kann er einen zivilgerichtlichen Titel gegen diese erwirken. Der Rechtmäßigkeit des polizeilichen Handelns steht es nicht entgegen, wenn sich der Rechtsinhaber gegen die Verletzung seines Rechts uU mit Hilfe zivilrechtlicher Rechtfertigungsgründe zur Wehr setzen kann. Ihm kann **nicht zugemutet werden**, von diesen **Rechtfertigungsgründen**, die Ausnahmen vom staatlichen Gewaltmonopol beinhalten, **Gebrauch zu machen**[46]. Außerhalb der polizeilichen Zuständigkeit liegt aber auf jeden Fall die Sicherung von Beweismitteln für die Geltendmachung eines privatrechtlichen Anspruchs. Sie obliegt ausschließlich dem Anspruchsinhaber.

Der Gesichtspunkt der Subsidiarität steht einem polizeilichen Handeln iÜ dann nicht entgegen, wenn nicht nur privatrechtlich geschützte Individualrechtsgüter gefährdet, sondern zugleich auch **öffentlichrechtliche Normen** (s. hierzu näher unten), insbesondere Straftat- und Ordnungswidrigkeitentatbestände, **missachtet** werden[47]. Der Subsidiaritätsgrundsatz gilt nur für private Rechte und deren Durchsetzung. Für die Verletzung öffentlichrechtlicher Normen ist er bedeutungslos. Deshalb darf die Polizei zB bei einer Verletzung der Unterhaltspflicht (§ 170 StGB), beim Parken vor einer privaten Grundstückseinfahrt (§§ 12 III Nr 3, 49 I Nr 12 StVO)[48] oder bei einem Hausfriedensbruch (§ 123 StGB)[49] Gefahrenabwehrmaßnahmen treffen. Ebenso schließt die Möglichkeit eines Stadionbetreibers, gegenüber gewaltbereiten Hooligans ein Stadionverbot auszusprechen (dazu *BGH*, NJW 2010, 534 ff mit Anm. *Heermann*), polizeiliche Maßnahmen gegenüber Hooligans nicht aus[50]. Ob eine Straftat nur auf Antrag verfolgt wird, ist grundsätzlich ohne Relevanz, weil der Verstoß gegen Straftatbestände (wie auch der Verstoß gegen andere öffentlich-rechtliche

55

---

43 S. auch *VGH Mannheim*, VBlBW 2001, 102 ff: Beschlagnahme von Pressefotos, die unter Verletzung der Rechte Dritter verbreitet oder öffentlich zur Schau gestellt werden sollen; s. dazu auch *Eckstein*, VBlBW 2001, 97 ff.

44 § 26 I Nr 1 BWPolG; Art. 13 I Nr 6 BayPAG; § 21 BerlASOG; § 12 I Nr 7 BrandPolG; § 11 I Nr 1 BremPolG; § 18 I HessSOG; § 29 I 1 MVSOG; § 13 I Nr 1 NdsSOG; § 12 I Nr 1 NWPolG; § 10 I 1 RhPfPOG; § 9 I Nr 1 SaarlPolG; § 20 I SachsAnhSOG; § 19 I Nr 1 SächsPolG; § 180 I SchlHVwG; § 15 I ThürOBG; § 14 I Nr 6 ThürPAG; § 9 I Nr 1 MEPolG.

45 Zu dem Beispiel eines „Zuparkens" eines Pkw s. *Schoch*, Jura 2003, 177, 179.

46 *Schmidbauer*, in: Schmidbauer/Steiner, BayPAG, Art. 2, Rn 32; *VG Freiburg*, NJW 1979, 2060; vgl auch *Deger*, in: Wolf/Stephan/Deger, BWPolG, § 2, Rn 21; **aA** *VG Saarlouis*, NZV 1990, 47.

47 Ebenso zB *Frotscher*, DVBl 1976, 695, 699; *Götz*, § 4, Rn 22; *Schoch*, Jura 2013, 468, 470; **aA** mwN *Rasch*, § 1 MEPolG, Rn 58.

48 *Finger*, DVP 2006, 361, 362; *OVG Saarlouis*, NJW 1994, 878 f.

49 Nicht beachtet wird dies von *Degenhart*, JuS 1982, 330 ff; zur Problematik von Hausbesetzungen s. auch *Schlink*, NVwZ 1982, 529 ff.

50 *Siegel*, NJW 2013, 1035 ff; dort auch näher zu den hier in Betracht kommenden polizeilichen Maßnahmen; s. zu diesen auch Rn 50a, 132, 315; 652.

Normen) stets öffentliche Interessen verletzt. Das Vorliegen eines Strafantrags ist grundsätzlich[51] nur für das Strafverfolgungsinteresse bedeutsam.

Nach einer in der Literatur[52] zT vertretenen Auffassung soll der Gesichtspunkt der Subsidiarität außerdem dann nicht greifen, wenn das betroffene private Recht einen gesteigerten Wert hat und schwere Schäden drohen. Diese Fallgruppe dürfte aber keine praktische Bedeutung haben, weil die Rechtsgüter, bei denen sie einschlägig ist, ohnehin durch Straftatbestände geschützt sein dürften. So droht zB bei drohenden Schäden für Leben und/oder Gesundheit zugleich eine Verletzung der Straftatbestände der §§ 211 ff StGB und/oder §§ 223 ff StGB.

56 Eine **zweite Einschränkung des Individualrechtsgüterschutzes** besteht darin, dass Individualrechtsgüter nur polizeirechtlich geschützt sind, **wenn hieran ein öffentliches Interesse besteht**[53]. Dies wird in den Polizeigesetzen Baden-Württembergs und Sachsens ausdrücklich hervorgehoben (§ 1 I 1 BWPolG; § 1 I 1 SächsPolG), folgt aber unabhängig hiervon schon aus dem Begriff der öffentlichen Sicherheit. Ein öffentliches Interesse ist dabei zum einen immer dann gegeben, wenn die Individualrechtsgüter einer unbestimmten Vielzahl von Personen bedroht werden. Zum anderen liegt es auch dann vor, wenn eine Einzelperson unabhängig von ihrer Individualität, quasi als **Repräsentant der Allgemeinheit**, gefährdet ist[54]. Letzteres wird in der Regel zu bejahen sein. Kein öffentliches Interesse besteht freilich dann, wenn ein Bürger durch sein Handeln (nur) eigene – vermögenswerte oder immaterielle – Rechtsgüter gefährdet, so zB sein Vermögen durch verschwenderische Lebensführung oder seine Gesundheit durch übermäßigen Alkoholgenuss[55]. Kein öffentliches Interesse besteht zB auch, wenn sich ein Landstreicher freiwillig für die Obdachlosigkeit entscheidet[56].

57 Der Grund für diese Ausnahme ist, dass die **Befugnis, eigene Rechtsgüter zu gefährden**, in gewissem Umfang zu der **Freiheit** gehört, die von den **Grundrechten**, insbesondere von Art. 2 I GG, geschützt wird. Diese Freiheit findet freilich konsequenterweise ihre Grenzen, wenn sich derjenige, der sich selbst gefährdet, in einem die freie Willensbestimmung ausschließenden Geisteszustand[57] oder in hilfloser Lage befindet. Dies muss jedenfalls bei der Gefährdung hochwertiger Rechtsgüter gelten, insbesondere bei einer Gefahr für Leib und Leben. Bei einer solchen Gefahr erlauben die Poli-

---

51 Es ist allerdings nicht ausgeschlossen, dem Fehlen eines Strafantrags für die Ausübung des polizeilichen Entschließungsermessens (Rn 99 ff) Bedeutung beizumessen, s. *Denninger*, in: L/D, D, Rn 18.
52 *Drews/Wacke/Vogel/Martens*, § 14; *Muckel*, S. 76.
53 Vgl hierzu *Gusy*, Rn 81; *Möller/Warg*, Rn 82; *Rasch*, § 1 MEPolG, Rn 50; **aA** *Schoch*, Rn 119 und *ders.*, Jura 2013, 468, 469. Nach *Pieroth/Schlink/Kniesel*, § 5, Rn 15 soll die Gefahrenabwehr per se im öffentlichen Interesse liegen, weswegen es der zusätzlichen Voraussetzung eines öffentlichen Interesses nicht bedürfe. Damit wird aber die Funktion dieses Kriteriums verkannt. Dessen Hauptbedeutung besteht darin, bei Selbstgefährdungen ein polizeiliches Handeln grundsätzlich auszuschließen. Im Ergebnis erkennen dies iÜ auch *Pieroth/Schlink/Kniesel*, § 8, Rn 27 ff an.
54 *Beljin/Micker*, JuS 2003, 556, 558 f; *Wolff/Bachof*, Verwaltungsrecht III, § 125, Rn 16.
55 ZB *PreußOVGE* 39, 390 ff; *Martens*, DÖV 1976, 457, 459 f. Etwas anderes gilt selbstverständlich bei einem Verstoß gegen Rechtsnormen, zB bei Drogenkonsum mit vorherigem Erwerb.
56 *VGH Mannheim*, NVwZ-RR 1995, 328; *OVG Lüneburg*, NVwZ 1992, 502, 503; *Würtenberger/Heckmann*, BW, Rn 477.
57 Beispiel: Der Geisteskranke verteilt Hunderteuroscheine an vorbeigehende Passanten.

zei- und Ordnungsgesetze dementsprechend eine Ingewahrsamnahme[58]. Ein öffentliches Interesse wird stets bejaht, wenn eine **Selbsttötung droht**[59]. Dies rechtfertigt sich daraus, dass sich zum einen der Suizidgefährdete meist in einem psychischen Ausnahmezustand befindet, dass zum anderen hier die Pflicht zur Hilfeleistung zum Tragen kommt, die § 323c StGB zu Grunde liegt[60]. Der Selbsttötung gleichzusetzen ist die Selbstgefährdung, sofern sie mit an Sicherheit grenzender oder jedenfalls **hoher Wahrscheinlichkeit unmittelbar zum Tode führte**. So darf die Polizei zB einem Amateurforscher den Verzehr einer „Knollenblätterpilzmahlzeit" untersagen, mit der jener nachweisen möchte, dass ein bestimmter Stoff gegen eine Knollenblätterpilzvergiftung schützt, obwohl dies nach medizinischen Erkenntnissen nicht der Fall ist und der „Genuss" tödliche Folgen hätte. Ein öffentliches Interesse ist ferner zu bejahen, wenn mit der Selbstgefährdung eine Fremdgefährdung einhergeht[61]. So ist es etwa zulässig, an einer besonders gefährlichen Stelle eines Sees[62] ein Tauchverbot anzuordnen, wenn das Tauchen an dieser Stelle mit hinreichender Wahrscheinlichkeit Rettungsaktionen erforderlich machte, bei denen auch das Leben der Retter gefährdet wäre.

Der **Schutz von Gemeinschaftsrechtsgütern** hat zur Konsequenz, dass die polizeiliche Generalklausel die **gesamte Rechtsordnung** schützt[63]. Diese umfasst sowohl geschriebenes als auch ungeschriebenes Recht. Zur Rechtsordnung gehören damit auch Richterrecht und Gewohnheitsrecht, nicht jedoch Regeln der Sitte und Moral (s. Rn 63). Der Grund für die Einbeziehung der gesamten Rechtsordnung in den Anwendungsbereich der Generalklausel ist, dass ohne die grundsätzliche Beachtung der Rechtsordnung der Bestand und die Funktionsfähigkeit des Staates und seiner Einrichtungen nicht gewährleistet werden könnten. Die Hauptbedeutung der Einbeziehung liegt in der Sicherung öffentlichrechtlicher Normen, da sich der Schutz privatrechtlicher Normen schon aus dem Individualrechtsgüterschutz ergibt und auch beim Schutz privatrechtlicher Normen die bereits erläuterten Einschränkungen gelten.

58

Ein Verstoß gegen öffentlichrechtliche Normen beeinträchtigt stets die öffentliche Sicherheit. Die Relevanz der polizeirechtlichen Generalklausel zeigt sich in diesem Zusammenhang insbesondere dort, wo öffentlichrechtliche Gebots- oder Verbotsnormen keine Ermächtigung enthalten, die Gebote oder Verbote mittels Verwaltungsakts durchzusetzen. In diesen Fällen gibt die Generalklausel den Polizei- und Ordnungsbehörden eine **Rechtsgrundlage, die gesetzliche Verpflichtung mittels vollstreckungsfähigen Verwaltungsakts durchzusetzen**.

---

58 Vgl im Einzelnen § 28 I Nr 2 BWPolG; Art. 17 I Nr 1 BayPAG; § 30 I Nr 1 BerlASOG; § 17 I Nr 1 BrandPolG; § 15 I Nr 1 BremPolG; § 13 I Nr 1 HambSOG; § 32 I Nr 1 HessSOG; § 55 I Nr 1 MV-SOG; § 18 I Nr 1 NdsSOG; § 35 I Nr 1 NWPolG, § 24 Nr 13 NWOBG; § 14 I Nr 1 RhPfPOG; § 13 I Nr 1 SaarlPolG; § 37 I Nr 1 SachsAnhSOG; § 22 I Nr 2 SächsPolG; § 204 I Nr 1 SchlHVwG; § 19 I Nr 1 ThürPAG; § 13 I Nr 1 MEPolG.
59 Vgl für viele *Rasch*, § 1 MEPolG, Rn 52; *Ruthig*, RhPf, § 4, Rn 33.
60 S. BGHSt 6, 147 ff; *Tettinger/Erbguth/Mann*, Rn 449.
61 *BGH*, VerwRspr 5, 319 ff: Blindgänger in einem Garten.
62 Vgl zum Tauchverbot am „Teufelstisch am Bodensee" *VGH Mannheim*, VBlBW 1998, 25.
63 Vgl für viele *Drews/Wacke/Vogel/Martens*, § 15, 2c; *Poscher/Rusteberg*, JuS 2011, 984, 985.

59 Das **gesetzliche Gebot oder Verbot** bildet für sich gesehen nämlich noch **keine Rechtsgrundlage** für den Erlass eines Verwaltungsakts, der die gesetzliche Verpflichtung konkretisiert[64]. So enthält zB § 1 I HeilpraktikerG – der es untersagt, ohne behördliche Erlaubnis die „Heilkunde" auszuüben – keine Ermächtigungsgrundlage für ein Verbot einer entsprechenden Tätigkeit, die ohne Erlaubnis ausgeübt wird[65]. Auch sonst enthält das HeilpraktikerG zwar einen Straftatbestand für einen Verstoß gegen § 1 I HeilpraktikerG (nämlich § 5 HeilpraktikerG), aber keine Ermächtigungsgrundlage für ein Einschreiten gegen einen solchen Verstoß. Das nicht abschließende Instrumentarium dieses Spezialgesetzes wird aber durch das allgemeine Polizeirecht ergänzt. Die polizeilichen Generalklauseln ermächtigen die Polizei, gegen die rechtswidrige Ausübung der „Heilkunde" einzuschreiten[66].

59a Die öffentliche Sicherheit umfasst auch den **Schutz von Grundrechten**[67]. Der Gesetzgeber stellt dies zT ausdrücklich klar (s. zB § 1 I 2 BWPolG; § 1 I 2 SächsPolG). Die Grundrechte sind unmittelbar verbindliche öffentlichrechtliche Normen.

Zu beachten ist allerdings, dass sie grundsätzlich nur die Träger öffentlicher Gewalt unmittelbar binden (Art. 1 III GG). Private können deswegen Grundrechte grundsätzlich nicht verletzen. Zwar kommt den Grundrechten eine mittelbare Drittwirkung zu. Diese entfaltet sich aber erst mit Hilfe privatrechtlicher Normen, insbesondere der privatrechtlichen Generalklauseln. Wenn privatrechtliche Normen nicht beachtet werden, werden nur diese Normen verletzt, nicht aber Grundrechte. Auch auf grundrechtliche Schutzpflichten lässt sich das polizeiliche Handeln nicht stützen, da deren Schutz nur über das Zivilrecht bewerkstelligt wird[68]. In diesen Fällen greift deswegen der Grundsatz der Subsidiarität des polizeilichen Handelns, weswegen die Polizei nur unter eng begrenzten Voraussetzungen handeln darf (s. Rn 54).

Zu beachten ist außerdem, dass die Polizei nicht gegen einen staatlichen Hoheitsträger einschreiten darf, wenn jener gegen Grundrechte verstößt. Zwar verletzt es die öffentliche Sicherheit, wenn ein staatlicher Hoheitsträger gegen Grundrechte verstößt[69]. Daraus ergibt sich auch eine materielle Polizeipflicht des Hoheitsträgers. Diese Pflicht hat aber neben der Grundrechtsverletzung keine eigenständige praktische Bedeutung. Sie führt nur zu einer Verdoppelung der Pflichten von Hoheitsträgern. Der grundrechtsgebundene Hoheitsträger ist nämlich schon selbst – ohne polizeiliches Einschreiten – dazu verpflichtet, seine materiellen Polizeipflichten zu beachten. Deswegen kann die Polizei einen Hoheitsträger prinzipiell nicht zur Erfüllung seiner ma-

---

64 Dazu näher mit weiteren Beispielen *Butzer*, VerwArch. Bd. 93 (2002), 506, 529 ff; s. auch *Maurer*, AllgVerwR, § 10, Rn 5.
65 Vgl *BVerwG*, NJW 1994, 3024, 3027.
66 Zu einem ähnlichen Fall iVm dem GastG *VGH Mannheim*, VBlBW 1982, 405 ff. Zur Bedeutung der polizei- und ordnungsrechtlichen Generalermächtigungen für die Durchsetzung der Sonn- und Feiertagsgesetze mit ihren Tätigkeitsverboten s. *OVG Bautzen*, SächsVBl. 2002, 269; *Schoch*, Jura 2003, 177, 179.
67 **AA** aber *Pieroth/Schlink/Kniesel*, § 8, Rn 17 ff; *Aubel*, DV 2004, 229, 235 f.
68 *Schoch*, Jura 2013, 468, 470, Fn 25.
69 Soweit der einfache Gesetzgeber Grundrechte konkretisiert hat, ist allerdings auf die einschlägigen einfachgesetzlichen Regelungen zurückzugreifen.

teriellen Polizeipflicht anhalten (zur fehlenden formellen Polizeipflicht von Hoheitsträgern s. Rn 234).

Eine Verletzung der öffentlichen Sicherheit durch Private ist allerdings zu bejahen, soweit Grundrechte ausnahmsweise unmittelbar Drittwirkung entfalten, wie dies hinsichtlich des Art. 1 GG **(Grundrecht der menschlichen Würde)** heute überwiegend vertreten wird[70]. Dieses Grundrecht unterliegt nicht der Disposition des Bürgers und enthält deswegen kein privates Recht, bei dem das Subsidiaritätsprinzip ein Handeln der Polizei grundsätzlich ausschlösse. Ein menschenverachtendes und damit die menschliche Würde verletzendes Verhalten Privater (zB simulierte Tötungshandlungen, s. Rn 66) führt ohnehin keineswegs notwendigerweise zu einer Verletzung Privater. Dass die menschliche Würde als Teil der öffentlichen Sicherheit geschützt wird, ist von Bedeutung, weil in einem Teil der Fälle, in denen die hM ein polizeiliches Handeln unter dem Gesichtspunkt der öffentlichen Ordnung für zulässig hält (dazu Rn 68), tatsächlich ein Handeln unter dem Gesichtspunkt der öffentlichen Sicherheit legitimierbar ist (s. dazu auch *Aubel*, DV 2004, 229, 240 ff).

Als Teil der öffentlichen Sicherheit schützt das Polizei- und Ordnungsrecht auch **59b** Rechtsgüter, die durch das **Europäische Gemeinschaftsrecht** sowie die **EMRK** gewährleistet werden[71]. Dazu zählt auch die öffentliche Ordnung iS des Gemeinschaftsrechts und der EMRK. Der Begriff der **öffentlichen Ordnung** wird dort in einem **anderen Sinn verstanden** als im deutschen Recht (dazu Rn 62 ff) und umfasst auch den Schutz der Rechtsordnung. Funktion der öffentlichen Ordnung im Europarecht ist nicht die Durchsetzung einer europäischen Moral, sondern die Wahrung der Rechtsordnung[72].

Der Schutz des Staates und seiner Einrichtungen, der vom Begriff der öffentlichen Si- **60** cherheit mit erfasst wird, reicht über den Schutz der Rechtsordnung noch hinaus. **Staatliche Organe und Einrichtungen** werden nämlich auch dann geschützt, **wenn spezielle Normverstöße nicht vorliegen**[73]. Dies gilt unabhängig davon, welcher staatlichen Gewalt die Organe und Einrichtungen zuzuordnen sind und ob sie unmittelbare oder mittelbare staatliche Gewalt ausüben. Dabei ist allerdings zu sehen, dass staatliche Organe und Einrichtungen heute schon in weitem Umfang durch Rechtsvorschriften geschützt werden, insbesondere durch allgemeine Strafrechtsnormen, zT auch durch spezielle, zu ihrem Schutz erlassene Gesetze. So ist es zB als Nötigung bzw Hausfriedensbruch anzusehen, wenn der Zugang zu Kasernen blockiert oder in Verwaltungsgebäude widerrechtlich eingedrungen und dort verweilt wird. Insofern rechtfertig schon der Verstoß gegen strafrechtliche Normen ein polizeiliches Ein-

---

70 So zB von *Kunig*, in: v. Münch/Kunig, Grundgesetz-Kommentar I, 6. Aufl. 2012, Art. 1 GG, 27; *Stern*, Das Staatsrecht der Bundesrepublik Deutschland III/1, 1988, § 58 II, 6.
71 Eingehend dazu *Kugelmann*, 14. Kap., Rn 57 ff.
72 *Kugelmann*, 14. Kap., Rn 66.
73 S. auch *Schoch*, JuS 1994, 571; **aA** *Kugelmann*, 5. Kap., Rn 46 (kein Schutz über das gesetzlich geregelte Maß hinaus).

schreiten zum Schutz der öffentlichen Sicherheit[74]. Gleiches gilt zB für die Nötigung von Verfassungsorganen (§§ 105 ff StGB) oder den Widerstand gegen Vollstreckungsbeamte (§ 113 StGB). Eine Verletzung von öffentlichrechtlichen Bestimmungen – hier: der Prüfungsordnung – droht auch, wenn ein juristischer Repetitor die in einer universitären Übung ausgegebenen Hausarbeiten vor dem Abgabetermin mit Repetitoriumsteilnehmern bespricht[75].

Angesichts dieses umfassenden Netzes von Normen, das sich hier nicht im Einzelnen aufzählen lässt, fällt es schwer, einen Fall zu finden, bei dem die Bedrohung staatlicher Einrichtungen und Organe nicht zugleich Rechtsnormen gefährdet. Der Lehrbuchfall, bei dem jemand am Straßenrand ein Schild mit der Aufschrift „Vorsicht Radarfalle!" zeigt und damit auf eine Geschwindigkeitskontrolle der Polizei aufmerksam macht, dürfte entgegen der hM[76] hierzu gerade nicht zählen. Diese Warnung, die nicht gegen Normen verstößt, trägt nämlich – ebenso wie die polizeiliche Aktivität – dazu bei, Rechtsverstöße zu vermeiden. Bezeichnenderweise teilt selbst die Polizei zunehmend die Radarüberwachung bestimmter Straßen vorher mit. IÜ werden gegenüber entsprechenden Warnungen im Hörfunk keine rechtlichen Bedenken geäußert.

Nicht zu den polizeirechtlich geschützten Gemeinschaftsrechtsgütern gehören das Gemeinwohl, da ihm die Bestimmtheit fehlt (s. auch *OVG Hamburg*, NVwZ-RR 2009, 878, 881), und das allgemeine Sicherheitsgefühl der Bürger[77]. Gesetzliche Regelungen, die der Konkretisierung des Gemeinwohls und der Stärkung des öffentlichen Sicherheitsgefühls dienen, werden dadurch selbstverständlich nicht ausgeschlossen.

61 Ein „echter" Fall der Funktionsbeeinträchtigung staatlicher Organe ist aber dann gegeben, wenn eine Person versehentlich einen Fehlalarm auslöst oder eigenmächtig eine gemeindliche Obdachlosenunterkunft bezieht[78]; uU auch dann, wenn das polizeiliche Einsatzverhalten ausgespäht[79] oder die Ermittlungstätigkeit von Staatsanwaltschaft und/oder Polizei von unbeteiligten Dritten

---

74 Für ein Hausverbot zur Abwehr von Störungen des Dienstbetriebes ist allerdings der Inhaber des Hausrechts an Verwaltungsgebäuden zuständig (zum Verhältnis des Hausrechts zu polizeilichen Befugnissen s. näher *Ramm*, DVBl 2011, 1506 ff). Diese Kompetenz ist ein (meist ungeschriebener) Annex jener Tätigkeit, zu deren Schutz sie ausgeübt wird. Wegen dieses Zusammenhangs ist auch die Ausübung des Hausrechts, die dem Schutz einer öffentlichrechtlichen Tätigkeit dient, entgegen der Rechtsprechung (*BGHZ* 33, 230 ff; *BVerwGE* 35, 103 ff) stets als öffentlichrechtlich anzusehen, vgl hierzu näher *Schenke*, Verwaltungsprozessrecht, Rn 119 f. Daneben kommt auch ein privatrechtliches Hausverbot in Betracht, das auf die Störung des privatrechtlichen Eigentums bzw Besitzes gestützt wird. Letzteres ist allerdings dann ausgeschlossen, wenn der Betroffene dadurch bei der Wahrnehmung öffentlichrechtlicher Befugnisse beeinträchtigt wird (s. näher *U. Stelkens*, Jura 2010, 363 ff). Neben diesen Hausverboten dürfte für ein auf Polizeirecht gestütztes Hausverbot idR kein Raum mehr sein (so auch *Pieroth/Schlink/Kniesel*, § 5, Rn 40). Dadurch wird selbstverständlich nicht ausgeschlossen, dass der Inhaber des Hausrechts die Polizei im Wege der Vollzugshilfe (*Ramm*, DVBl 2011, 506, 509; vgl auch Rn 408 ff) in Anspruch nimmt, um ein öffentlichrechtliches Hausverbot zwangsweise durchzusetzen.

75 S. näher *Gromitsaris*, JuS 1997, 49 ff.

76 Vgl zB *Bertrams*, NWVBl. 2003, 289, 292; *Drews/Wacke/Vogel/Martens*, § 15, 2a; *Götz*, § 4, Rn 41; *Scholler/Schloer*, S. 66; *OVG Münster*, NJW 1997, 1596; *VGH Mannheim*, NVwZ-RR 2003, 117; wie hier dagegen *Gusy*, Rn 83; *Kugelmann*, 5. Kap., Rn 57; *Pieroth/Schlink/Kniesel*, § 8, Rn 42; *Schoch*, JuS 1994, 572.

77 *Gusy*, VerwArch. Bd. 72 (2001), 359 ff; JZ 2009, 217, 219 ff; *Pieroth/Schlink/Kniesel*, § 8, Rn 9a.

78 *VGH Mannheim*, VBlBW 1992, 25 f; *Poscher*, Jura 2007, 800, 807.

79 Vgl hierzu *OVG Münster*, DVBl 1979, 733 ff.

beeinträchtigt wird[80]. IÜ sollte – soweit nicht Normverstöße in Betracht kommen – ein Verstoß gegen die öffentliche Sicherheit wegen Beeinträchtigung staatlicher Organe und Einrichtungen nur restriktiv bejaht werden, da sich sonst das Polizei- und Ordnungsrecht als eine gefährliche Einbruchstelle obrigkeitsstaatlicher Vorstellungen in unser Rechtssystem erwiese.

Ganz sicher keine Beeinträchtigung der öffentlichen Sicherheit liegt deswegen zB dann vor, wenn das Verhalten staatlicher Organe und Einrichtungen öffentlich scharf kritisiert wird[81]. Das ergibt sich schon aus Art. 5 I und Art. 8 GG. Dies rechtfertigt selbstverständlich keine Gewaltanwendung gegenüber staatlichen Organen und Einrichtungen. Nicht zulässig ist es mE auch, wenn die Polizei von Personen, die gewalttätige Auseinandersetzungen zwischen Polizeibeamten und Demonstranten fotografieren, die Herausgabe der Bilder verlangt[82]. Bei einem solchen Verlangen verkennt die Polizei, dass die Öffentlichkeit ein rechtlich geschütztes Interesse an der Information über solche Vorgänge besitzt, das sich sowohl aus Art. 5 I GG als auch aus dem Demokratie- und Rechtsstaatsprinzip ergibt. Ein solches Verlangen kann im Regelfall auch nicht darauf gestützt werden, das dem einzelnen Polizeibeamten ein Recht auf Schutz des eigenen Bildes zusteht, das durch § 22 KunstUrhG begründet wird (iE grundsätzlich auch *BVerwG*, NVwZ 2000, 63; *Penz*, NWVBl. 2012, 8 ff). § 23 I Nr 1 KunstUrhG, der § 22 KunstUrhG einschränkt, erkennt nämlich das bereits dargelegte Informationsinteresse der Öffentlichkeit an. Außerdem dürfte § 22 KunstUrhG ohnehin nur dem zivilrechtlichen Schutz von Privatpersonen dienen, nicht hingegen dem Schutz von Personen, die ein öffentliches Amt wahrnehmen (s. auch Rn 347 Fn). Fotografierverbote zum Schutz der Funktionsfähigkeit staatlicher Einrichtungen ließen sich allenfalls erwägen, wenn besondere öffentliche Geheimhaltungsinteressen bestehen (zB Schutz der Angehörigen eines Spezialeinsatzkommandos der Polizei)[83], Selbst dies dürfte aber idR ausgeschlossen sein, weil hier die Sicherstellung der Bilder ein milderes Mittel darstellt[84]. Zu einem gegenüber Presseangehörigen ausgesprochenen Verbot, einen Polizeieinsatz zu fotografieren, s. auch Rn 347.

6. Der Begriff der öffentlichen Ordnung

Außer Bremen (s. § 1 I BremPolG) und Schleswig-Holstein (s. § 162 I SchlHVwG) nennen alle Polizei- und Ordnungsgesetze als Schutzgut neben der öffentlichen Sicherheit die öffentliche Ordnung[85, 86]. **62**

Unter öffentlicher Ordnung ist im Anschluss an die amtliche Begründung zu § 14 PreußPVG der Inbegriff der Regeln zu verstehen, „deren Befolgung nach den jeweils herrschenden sozialen und ethischen Anschauungen als unentbehrliche Voraussetzung für ein gedeihliches Miteinanderleben der innerhalb eines Polizeibezirks wohnenden Menschen angesehen wird"[87]. Bei den hier angesprochenen Regeln handelt es sich nicht um Rechtsnormen – deren Einhaltung wäre ja ohnehin schon unter dem Aspekt der öffentlichen Sicherheit gewährleistet –, sondern um Regeln der Sitte und der **63**

---

80 *Haurand/Vahle*, NVwZ 2003, 513, 520.
81 Vgl auch *Götz*, § 4, Rn 40; *Pieroth/Schlink/Kniesel*, § 8, Rn 42.
82 S. hierzu näher *Jarass*, JZ 1983, 280 ff. S. auch *Hans*, Jura 1986, 159 ff. Anderes gilt, wenn es sich um eine Portraitaufnahme eines Polizisten ohne Informationswert für die Öffentlichkeit handelt, vgl *OVG Koblenz*, NVwZ-RR 1998, 237.
83 Vgl näher *v. Zezschwitz*, FS E. Stein, 1983, S. 395 ff.
84 Vgl auch *BVerwG*, NJW 2012, 2676, 2678; *Schoch*, Jura 2013, 468, 476.
85 Zum Begriff der öffentlichen Ordnung s. *Erbel*, DVBl 2001, 1714, 1717 ff.
86 In Nordrhein-Westfalen ist in § 1 NWPolG als Schutzgut nur noch die öffentliche Sicherheit genannt, während sich § 1 I 1 NWOBG auch auf die öffentliche Ordnung bezieht.
87 Vgl *Drews/Wacke/Vogel/Martens*, § 16, 1; s. auch die Legaldefinition in § 3 Nr 2 SachsAnhSOG und § 54 Nr 2 ThürOBG.

Moral, in denen die Wertvorstellungen einer Gemeinschaft ihren Niederschlag gefunden haben. Sie können mit der Verletzung von Rechtsgütern einhergehen, die durch die öffentliche Sicherheit geschützt sind. So bejahte die früher ganz hM bei einer unfreiwilligen Obdachlosigkeit nicht nur eine Störung der öffentlichen Sicherheit unter dem Gesichtspunkt des Gesundheitsschutzes, sondern zugleich auch einen Verstoß gegen die öffentliche Ordnung, weil die Nichtsesshaftigkeit mit herrschenden gesellschaftlichen Anschauungen unvereinbar sei (s. auch Rn 66). Keineswegs jeder Verstoß gegen Normen verletzt aber zugleich die öffentliche Ordnung.

Liegt eine Gefahr für die öffentliche Sicherheit vor, so scheidet ohnehin ein polizeiliches Vorgehen zum Schutz der öffentlichen Ordnung aus. Der öffentlichen Ordnung kommt nämlich im Verhältnis zur öffentlichen Sicherheit nur noch eine Reservefunktion zu. Deswegen können bestimmte Güter nicht mehr durch die öffentliche Ordnung geschützt werden, wenn sie bereits anderweitig gesetzlich geschützt sind[88]. Aus diesem Grund ist dort, wo bereits eine Beeinträchtigung der öffentlichen Sicherheit vorliegt, ein Handeln zum Schutz der öffentlichen Ordnung ausgeschlossen. Außerdem scheidet ein Rückgriff auf die öffentliche Ordnung aus, wenn der Gesetzgeber für einen bestimmten Lebensbereich **abschließende Verhaltensregeln** aufgestellt hat. Erst recht können diese gesetzlichen Regeln nicht unter Rückgriff auf die öffentliche Ordnung erweitert werden. Andernfalls stünden die gesetzlichen Normierungen zur Disposition der Wertvorstellungen der Gesellschaft. Auch ist es nicht möglich, Wertvorstellungen, die der Rechtsordnung zu Grunde liegen, vollinhaltlich als gesellschaftliche Regeln anzusehen, die durch die öffentliche Ordnung geschützt werden, also etwa die grundgesetzliche Wertordnung als Inhalt der öffentlichen Ordnung auszugeben (s. dazu Rn 373)[89]. Aus funktionellrechtlichen Gründen obliegt der Schutz solcher Werte dem Gesetzgeber und nicht den Polizei- und Ordnungsbehörden[90]. Wenn die menschliche Würde verletzt wird, darf die Polizei allerdings auch ohne ein Handeln des Gesetzgebers unter dem Gesichtspunkt der öffentlichen Sicherheit tätig werden (s. Rn 59a).

64 Naturgemäß unterliegen die Regeln, die die öffentliche Ordnung bilden, sowohl in zeitlicher wie in örtlicher Hinsicht **starken Veränderungen**. In einem pluralistischen Staatswesen werden eine Vielfalt von Wertvorstellungen anzutreffen sein, so dass herrschende soziale und ethische Anschauungen zwangsläufig zurückgehen. Sofern solche Regeln dem Staat bedeutsam erscheinen, wird er sie überdies häufig gesetzlich positivieren[91], womit sie dann unter dem Aspekt der öffentlichen Sicherheit bereits ausreichend geschützt werden.

65 Zu weit gehen dürfte es aber, wenn in der Literatur heute ein Vorgehen der Polizei- und Ordnungsbehörden unter dem Gesichtspunkt der öffentlichen Ordnung zT über-

---

88 So auch *Gusy*, Rn 100. Die von mir noch in früheren Auflagen vertretene Ansicht wird aufgegeben.
89 S. auch *Jestaedt*, Jura 2006, 127, 128; *A. Roth*, VBlBW 2003, 41, 42 f; *Rühl*, NVwZ 2003, 531 ff.
90 S. auch *BVerfG*, NJW 2001, 2076, 2077 f; NJW 2001, 2072, 2074; NJW 2001, 2069, 2070 f; *A. Roth*, VBlBW 2003, 41, 43.
91 Vgl zB die mit einer Geldbuße bewehrten Verstöße gegen die öffentliche Ordnung in den §§ 116 ff OWiG.

haupt nicht mehr für zulässig angesehen wird[92]. Zur Begründung hierfür wird angeführt, Wertvorstellungen könnten nur durch ihre gesetzliche Normierung verbindlich
gemacht werden. Dies beachtet aber zu wenig, dass der **Gesetzgeber** vielfach (zB in
den §§ 138, 242 BGB) Regelungen getroffen hat, die an **gesellschaftliche Anschauungen anknüpfen**, ohne dass hiergegen bisher rechtliche Bedenken angemeldet wurden. Inkonsequent ist insbesondere, dass gegen Spezialregelungen keine Einwände erhoben werden, die ebenfalls ein polizeiliches Einschreiten wegen Verstoßes gegen
gesellschaftliche Wertvorstellungen zulassen (so zB § 33a II Nr 2 GewO). Der Ord-
nungswidrigkeitstatbestand des § 118 OWiG knüpft sogar ausdrücklich an eine Beeinträchtigung der öffentlichen Ordnung an. Die Verweisung auf ungeschriebene Verhaltensregeln erscheint zudem gerade unter dem Gesichtspunkt der Friedensfunktion
des Polizeirechts gerechtfertigt. Sogar das GG sieht ausdrücklich Grundrechtseingriffe unter dem Aspekt der öffentlichen Ordnung vor (Art. 13 VII GG; ferner
Art. 35 II 1 GG). Dass herrschende Wertvorstellungen, die die öffentliche Ordnung
konstituieren, oft nur schwer feststellbar sind, steht einer Einbeziehung der öffentlichen Ordnung in den Schutzbereich der Generalklausel nicht entgegen. Es sollte lediglich Anlass geben, **bei der Feststellung von herrschenden Wertvorstellungen
vorsichtig und restriktiv** zu verfahren. IÜ dürfen sich diese Wertvorstellungen ohnehin nicht in Widerspruch zu den staatlichen Gesetzen, insbesondere zur Verfassung,
setzen. Zu beachten ist ferner, dass vorbehaltlos gewährte Grundrechte (s. zB
Art. 5 III GG) unter dem Aspekt der öffentlichen Ordnung überhaupt nicht eingeschränkt werden dürfen[93]. Vergleichbare Grenzen können sich aus dem europäischen
Unionsrecht ergeben[94]. Schließlich kann ein bestimmtes Verhalten, das durch eine gesetzlichen Regelung erlaubt wird, nicht unter dem Aspekt der öffentlichen Ordnung
beanstandet werden[95].

Gegen die öffentliche Ordnung verstoßen kann es etwa – vorbehaltlich spezialgesetzlicher **66**
Regelungen –, wenn die religiösen Gefühle anderer Menschen verletzt und herabgewürdigt werden, wenn Dummheit und Aberglauben ausgenutzt oder alte, kranke oder hilflose Personen ver-
spottet werden. Gegen die öffentliche Ordnung verstoßen kann außerdem zB die Werbung für ent-
geltliche sexuelle Handlungen, wenn sie nicht in der gebotenen Zurückhaltung erfolgt (*OVG
Münster*, DÖV 2009, 772). Auch Geräuscheinwirkungen können die öffentliche Ordnung verletzen, selbst wenn sie noch nicht die Gesundheit gefährden, gleichwohl aber nach allgemeiner An-
schauung das zumutbare Maß überschreiten[96]. In der **Selbsttötung** wird ebenfalls vielfach ein

---

92 So zB *Finger*, DV 2007, 105, 108 ff; *Pieroth/Schlink/Kniesel*, § 8, Rn 48 ff; ähnl. krit. *Denninger*, JZ
    1970, 145, 148; *Götz*, § 5, Rn 5 ff; *Hebeler*, JA 2002, 521 ff; *Kugelmann*, 5. Kap., Rn 94; *Peine*, DV
    1979, 25 ff; *Störmer*, DV 1997, 233 ff; wie hier dagegen *Erbel*, DVBl 1972, 475 ff u. DVBl 2001,
    1714, 1717 f; *Fechner*, JuS 2003, 734 ff; *J. Ipsen*, NdsVBl. 2003, 281, 282 f; *H.H. Klein*, DVBl 1971,
    233 ff; *Martens*, DÖV 1982, 89, 91 f; *Poscher*, FS Würtenberger, 2013, S. 1029, 1035 f; *Schoch*, Jura
    2003, 177, 180; s. dazu auch *Tettinger/Erbguth/Mann*, Rn 452 ff. Für überflüssig hält *Waechter*,
    NVwZ 1997, 729 ff den Begriff der öffentlichen Ordnung, weil er rückstandslos im Begriff der öffent-
    lichen Sicherheit aufgehe.
93 *BVerwGE* 1, 303 ff u. *Martens*, DÖV 1982, 89, 91.
94 S. dazu (verneinend) *EuGH*, NVwZ 2004, 1471 für die Veranstaltung eines Tötungsspiels in Laserdro-
    mes; s. hierzu auch *BVerwG*, NVwZ 2002, 598 ff sowie *Beaucamp*, DVBl 2005, 1174 ff; *Jestaedt*, Jura
    1006, 127 ff.
95 S. zu dieser Sperrwirkung des positiven Gesetzesrechts *Enders*, Jura 2003, 103, 105; *Poscher*, FS Wür-
    tenberger, 2013, S. 1039 ff.
96 *BVerwG*, NJW 1980, 1640, 1641.

Verstoß gegen die öffentliche Ordnung gesehen, da diese gegen das Sittengesetz verstoße[97]. Ob dieser Auffassung heute noch in dieser Allgemeinheit gefolgt werden kann, erscheint freilich zweifelhaft, da sich insoweit ein erheblicher Wertewandel abzeichnet. Für das polizeiliche Handeln ist dies aber letztlich nicht von ausschlaggebender Bedeutung, weil bei drohender Selbsttötung eine Gefahr für die öffentliche Sicherheit besteht (s. oben Rn 57) und der Gesetzgeber teilweise sogar ausdrücklich ein polizeiliches Einschreiten (so zB nach § 28 I Nr 2 lit. c BWPolG) vorsieht.

Nach früher vertretener Auffassung sollte auch die **Obdachlosigkeit** die öffentliche Ordnung beeinträchtigen[98]. Indes erscheint diese Ansicht heute kaum noch haltbar, zumal der Gesetzgeber schon seit langem den Straftatbestand der Landstreicherei aufgehoben hat[99]. Angesichts der zunehmenden Toleranz gegenüber Minderheiten und alternativen Lebensformen sowie der gebotenen restriktiven Auslegung des Begriffs der öffentlichen Ordnung (s. oben Rn 65) dürfte freiwillige Obdachlosigkeit herrschenden sozialen und ethischen Anschauungen nicht mehr widersprechen[100]. Deswegen dürfte es grundsätzlich unzulässig sein, einen Obdachlosen zum Einzug in eine sichergestellte bzw beschlagnahmte Wohnung zu verpflichten. Der hierin liegende Eingriff in Art. 11 GG kann ohnehin nicht durch den Schutz der öffentlichen Ordnung gerechtfertigt werden[101]. Gegen die öffentliche Ordnung verstoßen können aber bestimmte Modalitäten der freiwilligen Obdachlosigkeit. Deswegen darf zB das Lagern auf Bänken eines öffentlichen Parks untersagt werden. Ein Fall unfreiwilliger Obdachlosigkeit ist schon unter dem Aspekt der öffentlichen Sicherheit fassbar, da es um den Schutz von Gesundheit, Leben sowie Menschenwürde geht[102]. Deshalb scheidet hier ein Einschreiten unter dem Gesichtspunkt der öffentlichen Ordnung aus (s. auch Rn 63).

Gegen die öffentliche Ordnung dürfte es auch verstoßen, wenn der eigene nackte Körper in der Öffentlichkeit zur Schau gestellt wird, selbst wenn die §§ 183 StGB, 118 OWiG tatbestandlich noch nicht einschlägig sind[103]. Ein Verstoß liegt ferner bei aggressivem Betteln vor[104]. Keinen Verstoß gegen die öffentliche Ordnung begründet der öffentliche Alkoholkonsum (s. auch Rn 625). Damenboxkämpfe sollen nach der Rechtsprechung – sofern nur Erwachsenen zugänglich – selbst „oben ohne" zulässig sein. Ob die Veranstaltung eines Spiels, in dem Tötungshandlungen simuliert werden, gegen die öffentliche Ordnung verstößt, erscheint zweifelhaft. Die Rspr[105] nimmt dies in Bezug auf sog. Laserdromes an. Allerdings beeinträchtigt ein solches Spiel die öffentliche Sicherheit, sofern man mit der Rspr (s. dazu *BVerwG*, GewArch. 2007, 247 ff) einen Verstoß gegen die durch Art. 1 I GG geschützte menschliche Würde bejaht (s. Rn 59a)[106].

---

97 Vgl dazu mwN *Deger*, in: Wolf/Stephan/Deger, BWPolG, § 28, Rn 22; *BGHSt* 6, 147.

98 *BVerwGE* 17, 83, 86; *Eichert*, BWVPr. 1983, 211, 212.

99 Vgl BT-Drucks. 5/4095, S. 8; Ruder, NVwZ 2011, 1283, 1284.

100 *VGH Mannheim*, VBlBW 1984, 507, 509; *Erichsen/Biermann*, Jura 1998, 371, 372; *Finger*, DV 2007, 105, 113; *Gusy*, Rn 343; *Kohl*, NVwZ 1991, 620, 622.

101 S. auch *Reitzig*, Die polizeiliche Beschlagnahme von Wohnraum zur Unterbringung Obdachloser, 2003, S. 171 ff.

102 *Ruder/Schmitt*, BW, Rn 316 sowie *Ruder*, NVwZ 2011, 1283, 1284.

103 Vgl *OVG Münster*, NJW 1997, 1180.

104 *Holzkämper*, NVwZ 1994, 146, 149; zum Begriff des „aggressiven Bettelns" *Finger*, DV 2007, 105, 114 f. Das Betteln in seiner „stillen" Erscheinungsform soll hingegen keine Gefahr für die öffentliche Ordnung darstellen, vgl *VGH Mannheim*, DÖV 1998, 1015 ff. Näher zur Problematik „bettelfreier" Innenstadtbereiche *Höfling*, DV 2000, 207 ff.

105 *BVerwG*, NVwZ 2002, 598, 601 (dazu auch oben Rn 59a); *OVG Koblenz*, DÖV 1994, 965 f; *OVG Münster*, NWVBl. 2001, 94 f; s. auch *EuGH*, NVwZ 2004, 1471; **aA** *Aubel*, Jura 2004, 255 ff; *Beaucamp*, DVBl 2005, 1174 ff; *Jestaedt*, Jura 2006, 127, 128; *VGH München*, GewArch. 1994, 376; *Erbel*, DVBl 2001, 1714, 1718; *Fechner*, JuS 2003, 734, 736; *Gröpl/Brandt*, VerwArch. Bd. 95 (2004), 223 ff; *Schoch*, Jura 2003, 177, 180. S. zur Problematik auch den Klausurfall *Groh/Kaplonek*, Jura 2006, 304 ff.

106 Zur Vereinbarkeit des Paintball-Spieles mit der menschlichen Würde *VGH München*, DVBl 2013, 525, 526 ff.

Auf dem **Gebiet der Sexualität** wird ein Verstoß gegen die öffentliche Ordnung heute angesichts **67** der geänderten gesellschaftlichen Wertvorstellungen nur noch selten in Betracht kommen. Die veränderten Wertvorstellungen haben insbesondere in der Liberalisierung des Sexualstrafrechts ihren Ausdruck gefunden. Zwar schließt der Umstand, dass der Gesetzgeber eine strafrechtliche Sanktionierung bestimmter sexueller Verhaltensweisen (wie zB der Prostitution oder der Homosexualität) abgeschafft hat, keineswegs notwendigerweise eine entsprechende Verletzung der öffentlichen Ordnung aus[107]. Die Aufhebung von Strafrechtsnormen widerspiegelt jedoch auch ein verändertes Wertbewusstsein der Gesellschaft. Spätestens nachdem der Gesetzgeber gleichgeschlechtliche Lebensgemeinschaften durch das LPartG ausdrücklich anerkannt hat, verbietet sich ein Einschreiten gegen Homosexualität unter dem Gesichtspunkt der öffentlichen Ordnung. Gleiches gilt grundsätzlich für die Prostitution[108], zumal sich hier ebenfalls in der Gesetzgebung ein Wertewandel widerspiegelt, wie an dem Prostitutionsgesetz vom 20.12.2001 (BGBl. I, S. 3983) deutlich wird (dazu näher *Caspar*, NVwZ 2002, 1322 ff). Gegen bestimmte Modalitäten der Prostitution darf die Polizei allerdings weiterhin unter dem Gesichtspunkt der öffentlichen Ordnung einschreiten. So darf sie zB den Betrieb eines Bordells neben einer Schule verbieten[109]. Wenn im Sperrbezirk Prostitution ausgeübt wird, verstößt dies ohnehin gegen gesetzliche Bestimmungen, weswegen schon unter dem Aspekt der öffentlichen Sicherheit eingeschritten werden darf[110]. Der Betrieb eines „Swinger-Clubs" verstößt dagegen mangels Öffentlichkeit des Geschehens nicht gegen die öffentliche Ordnung[111].

Auch in Spezialnormen, die der Gefahrenabwehr dienen, gibt es Regelungen, die an den Verstoß **68** gegen Wertvorstellungen (gute Sitten) anknüpfen, wie zB § 33a II Nr 2 GewO (Schaustellungen von Personen)[112]. Bedenklich ist es allerdings, dass es nach dem *BVerwG*[113] allein aus dem Gesichtspunkt der grundrechtlich geschützten Menschenwürde generell gerechtfertigt ist, die Erlaubnis für eine „Peepshow" zu versagen. Zu Recht ist in der Literatur eingewandt worden, dass eine solche Veranstaltung nicht gegen die Menschenwürde verstößt, da die sich zur Schau stellende Frau eingewilligt hat. Es ist nicht zu rechtfertigen, dass diese Frau vor sich selbst geschützt werden soll, da die Menschenwürde auch das Recht auf Selbstbestimmung einschließt.

7. Der Begriff der Gefahr

a) Gefahr als hinreichende Wahrscheinlichkeit des Schadenseintritts

Ein polizeiliches bzw ordnungsbehördliches Handeln ist nach der Generalklausel erst **69** dann zulässig, wenn eine konkrete Gefahr für die öffentliche Sicherheit oder Ordnung besteht[114]. Eine **konkrete Gefahr ist eine Sachlage, die im Einzelfall tatsächlich**

---

107   So auch *Finger*, DV 2007, 105, 110.
108   S. dazu *Erbel*, DVBl 2001, 1714, 1719 u. *VG Berlin*, NJW 2001, 985 f.
109   *VGH Mannheim*, VBlBW 1984, 178; *Fechner*, JuS 2003, 734, 736; s. auch *VGH Kassel*, DÖV 1984, 521 f. Kritisch demgegenüber *Götz*, NVwZ 1984, 858, 861.
110   Gem. Art. 297 I Nr 1, II EGStGB kann zum Schutz der Jugend oder des öffentlichen Anstands für das ganze Gebiet einer Gemeinde bis zu 50 000 Einwohnern die Prostitution verboten werden, *BVerwG*, NVwZ 2004, 743.
111   *BVerwG*, NVwZ 2003, 603, 604; *Schoch*, Jura 2006, 664, 667.
112   Dazu *VG Neustadt* („Zwergenweitwurf"), NVwZ 1993, 98 ff m. Klausurbespr. *Stock*, NWVBl. 1994, 195 ff.
113   *BVerwG*, NJW 1982, 664 f; treffend hiergegen *v. Olshausen*, NJW 1982, 2221 ff; *Fechner*, JuS 2003, 734, 736.
114   Zur Gefahr s. näher *Brandt/Smeddinck*, Jura 1994, 225 ff; *Darnstädt*, Gefahrenabwehr und Gefahrenvorsorge, 1983; *Gromitsaris*, DÖV 2005, 535; *Hansen-Dix*, Die Gefahr im Polizeirecht, im Ordnungsrecht und im Technischen Sicherheitsrecht, 1982; *A. Leisner*, DÖV 2002, 326 ff; *Martens*, DÖV 1982, 89 ff; *Möstl*, Jura 2005, 48; *Pils*, DÖV 2008, 941 ff; *Poscher*, Gefahrenabwehr, 1999; *O. Schneider*, DVBl 1980, 406 ff; *Schoch*, Jura 2003, 473 ff; *Voßkuhle*, JuS 2007, 408 f.

oder jedenfalls aus der (ex-ante-)Sicht des für die Polizei handelnden Amtswalters bei verständiger Würdigung in absehbarer Zeit die hinreichende Wahrscheinlichkeit eines Schadenseintritts in sich birgt[115]. **Nicht erforderlich** ist, dass **der Schadenseintritt in besonderer zeitlicher Nähe** zu erwarten ist. Dies ist nur für eine gegenwärtige oder unmittelbar bevorstehende Gefahr zu fordern (s. Rn 78). Nicht ausreichend ist es aber, wenn der Schaden zeitlich erst in weiter Ferne droht (s. Rn 79). **Schaden** meint die **Minderung eines vorhandenen normalen Bestands von Rechtsgütern durch von außen kommende Einflüsse** oder – im Falle des Schutzes der öffentlichen Ordnung (Rn 62 ff) – die **Nichteinhaltung** der durch den Begriff der öffentlichen Ordnung erfassten ungeschriebenen **Regeln der Moral und der Sitte**. **Ohne Bedeutung** ist, ob es bereits möglich ist, die **Verursachung des Schadens bestimmten Personen zuzurechnen**[116]. Eine konkrete Gefahr kann auch dann gegeben sein, wenn noch kein konkreter Anhaltspunkt dafür besteht, wer für den Schaden verantwortlich ist, oder wenn für den Schaden niemand verantwortlich ist (etwa bei einer Naturkatastrophe). Wenn man im erstgenannten Fall das Vorliegen einer konkreten Gefahr von der vorherigen Ermittlung der verantwortlichen Person abhängig machte, schränkte dies die Effektivität des polizeilichen Handelns in einer Art und Weise ein, die unter dem Aspekt der grundrechtlichen Schutzpflichten nicht zu vertreten wäre.

70 Dass belastende Maßnahmen, die auf die polizei- bzw ordnungsbehördliche Generalklausel gestützt werden, eine konkrete, dh im Einzelfall bestehende Gefahr voraussetzen, ist in den meisten Polizei- und Ordnungsgesetzen in Anlehnung an § 8 I MEPolG[117] ausdrücklich vorgeschrieben. Es gilt aber auch dann, wenn eine ausdrückliche gesetzliche Regelung fehlt. Dies ergibt sich im Wege der verfassungskonformen Auslegung, insbesondere unter Berücksichtigung des Verhältnismäßigkeitsprinzips. Das Erfordernis einer konkreten Gefahr bewirkt eine Einschränkung des polizeilichen Handelns, die unter rechtsstaatlichen Gesichtspunkten bedeutsam ist[118]. Soweit in neueren Gesetzen bei bestimmten polizeilichen Maßnahmen auf dieses Erfordernis verzichtet wird (so etwa bei der sog. Schleierfahndung – dazu Rn 121 – und der Videoüberwachung – dazu Rn 184 ff), bedürfen diese Regelungen einer besonderen Rechtfertigung und erfordern jedenfalls tlw eine verfahrensrechtliche Kompensation (s. dazu Rn 340)[119].

Die konkrete Gefahr ist **zu unterscheiden von der abstrakten Gefahr**, die für den Erlass einer Polizeiverordnung gefordert wird. Bei der Beurteilung, ob eine konkrete

---

115   Vgl § 2 Nr 1a NdsSOG: „Im Sinne dieses Gesetzes ist Gefahr eine konkrete Gefahr, dh eine Sachlage, bei der im einzelnen Falle die hinreichende Wahrscheinlichkeit besteht, dass in absehbarer Zeit ein Schaden für die öffentliche Sicherheit oder Ordnung eintreten wird"; ähnlich § 2 Nr 3a BremPolG; § 3 Nr 3a SachsAnhSOG; § 54 Nr 3a ThürOBG. Diese Definitionen lassen aber die Frage offen, auf wessen Wahrscheinlichkeitsurteil es ankommt.

116   Zumindest missverständlich daher *BVerfGE* 120, 274, 328 f, Abs. Nr 231 und dem folgend *OVG Hamburg*, NVwZ-RR 2009, 878, 880; **krit.** zu Recht *Möstl*, DVBl 2010, 808, 810.

117   Art. 2 I BayPAG; § 17 BerlASOG; § 10 I BrandPolG; § 13 I BrandOBG; § 10 I BremPolG; § 3 I HambSOG; § 11 HessSOG; § 16 I MVSOG; § 11 iVm § 2 Nr 1a NdsSOG; § 8 I NWPolG; § 14 I NWOBG; § 9 I RhPfPOG; § 8 I SaarlPolG; § 13 iVm § Nr 3 lit. a SachsAnhSOG; § 5 I ThürOBG; § 12 I ThürPAG; § 14 II BPolG; § 20a II BKAG.

118   S. auch *Möstl*, S. 193 ff.

119   S. dazu näher *Kugelmann*, DÖV 2003, 781 ff.

Gefahr vorliegt, wird auf die **Wahrscheinlichkeit eines Schadenseintritts in einem bestimmten Einzelfall** abgestellt, dh es werden alle schadensrelevanten Merkmale in dieser konkreten Situation berücksichtigt. Die abstrakte Gefahr knüpft dagegen an eine **typischerweise bestehende Wahrscheinlichkeit eines Schadenseintritts bei nach allgemeinen Merkmalen umschriebenen Fallgestaltungen** an[120]. Eine abstrakte Gefahr ist demnach dann gegeben, „wenn eine generell-abstrakte Betrachtung für bestimmte Arten von Verhaltensweisen oder Zuständen zu dem Ergebnis führt, dass mit hinreichender Wahrscheinlichkeit ein Schaden im Einzelfall einzutreten pflegt und daher Anlass besteht, diese Gefahr mit generell-abstrakten Mitteln, also einem Rechtssatz, insbesondere einer Polizeiverordnung, zu bekämpfen, was wiederum zur Folge hat, dass auf den Nachweis eines Schadens im Einzelfall verzichtet werden kann"[121]. Häufig werden sowohl eine abstrakte als auch eine konkrete Gefahr vorliegen. Wenn jedoch ein im Allgemeinen gefährlicher Sachverhalt in einem Einzelfall auf Grund der dort erkennbaren Umstände nicht geeignet ist, einen Schaden herbeizuführen, so scheidet mangels Konkretheit der Gefahr die Generalklausel als Rechtsgrundlage für polizeiliche Einzelmaßnahmen aus (sofern keine Polizeiverordnung oder eine entsprechende Regelung vorliegt). Zu beachten ist dabei allerdings, dass ein Verhalten, das im Allgemeinen gefährlich ist, zum Gegenstand einer Polizeiverordnung oder einer sonstigen Verbots- oder Gebotsnorm gemacht werden kann. Wenn dies geschehen ist, begründet allein schon der Verstoß gegen die Norm eine konkrete Gefahr, weil mit diesem Verstoß schon die Rechtsordnung (und damit ein Schutzgut der polizeilichen Generalklausel) missachtet wird. Es ist dann ohne Bedeutung, ob die Rechtsgüter, zu deren Schutz die Norm geschaffen wurde, durch den Normverstoß im Einzelfall gefährdet sind oder nicht. So ist eine konkrete Gefahr zB auch dann zu bejahen, wenn ein Verkehrsteilnehmer nachts auf einer völlig menschenleeren Straße ein Ampelzeichen nicht beachtet (Verstoß gegen §§ 37, 49 III Nr 2 StVO), oder wenn er ein Parkverbotsschild missachtet, ohne dass sich daraus in concreto irgendeine Verkehrsbeeinträchtigung ergibt.

Eine konkrete Gefahr ist für Eingriffe in die Freiheitssphäre des Bürgers nach der Generalklausel erforderlich. Keine konkrete Gefahr ist dagegen für polizeiliche Tätigkeiten notwendig, die zwar ebenfalls der Gefahrenabwehr dienen, die aber nicht in subjektive Rechte des Bürgers eingreifen und die deswegen auf die Aufgabenzuweisung an die Polizei- und Ordnungsbehörden gestützt werden (vgl oben Rn 36). Insoweit genügt es vielmehr, dass diese Tätigkeiten allgemein der Gefahrenabwehr dienen. Dies gilt auch für die Gefahrenvorsorge, die sich noch im Vorfeld zukünftiger konkreter **71**

---

120 S. auch *Poscher*, DV 2008, 345, 360, 363.
121 *BVerwG*, DÖV 1970, 713, 715 und ebenso *BVerwG*, DVBl 2002, 1562, 1564; vgl auch *Götz*, § 6, Rn 19. § 2 Nr 2 NdsSOG, § 3 Nr 3 f SachsAnhSOG und ebenso § 54 Nr 3e ThürOBG definieren eine abstrakte Gefahr wenig glücklich und missverständlich als nach allgemeiner Lebenserfahrung oder den Erkenntnissen fachkundiger Stellen mögliche Sachlage, die im Fall ihres Eintritts eine (konkrete) Gefahr darstellt. Zu Recht geht *BVerwG*, DVBl 2002, 1562, 1564 davon aus, dass hierdurch keine Abweichung von dem überkommen Begriff der Gefahr begründet werden kann. Nicht überzeugend *BayVerfGH*, NVwZ 2006, 1287, wo der Begriff der abstrakten Gefahr so umschrieben wird, dass hier eine Sachlage vorliege, „aus der nach allgemeiner Lebenserfahrung konkrete Gefahren im Einzelfall erst entstehen können", s. auch Rn 71.

Gefahren bewegt und bei der noch die hinreichende Wahrscheinlichkeit des Schadenseintritts (Rn 77) fehlt, die für eine konkreten Gefahr notwendig ist[122]. Bei der Gefahrenvorsorge spricht man zT von einer allgemeinen Gefahr[123]. Die Gefahrenvorsorge soll den Eintritt einer konkreten Gefahr verhindern bzw im Falle des späteren Eintritts einer konkreten Gefahr deren Bekämpfung erleichtern. Die Zulässigkeit der Gefahrenvorsorge ergibt sich aus dem engen und untrennbaren Zusammenhang mit der Gefahrenabwehr, die schon aus praktischen Gründen ohne eine solche Vorverlegung nicht in effizienter Weise betrieben werden könnte[124]. So ist es seit jeher anerkannt, dass die Gefahrenvorsorge (zB Streifengänge, Entgegennahme von Informationen, polizeiliche Beobachtungen) noch unter die Zielsetzung der Gefahrenabwehr subsumiert werden kann. Das gilt prinzipiell auch für die Verhütung von Straftaten, wie sie in § 1 I 2 MEPolG[125] angesprochen ist. An diesem Bezug zur Gefahrenabwehr fehlt es dagegen hinsichtlich der Vorsorge für die Verfolgung künftiger Straftaten. Sie ist der Strafverfolgung zuzurechnen. Nur soweit der Bund von seiner insoweit bestehenden Gesetzgebungskompetenz aus Art. 74 Nr 1 GG noch keinen Gebrauch gemacht hat, bestehen deshalb keine kompetenzrechtlichhen Bedenken gegen eine Einbeziehung der Strafverfolgungsvorsorge in den Aufgabenbereich der Polizei[126] (s. dazu im Einzelnen oben Rn 30).

72 Einschränkungen der polizeilichen Gefahrenvorsorgetätigkeit können sich allerdings daraus ergeben, dass diese nach heute hM uU **bereits in subjektive Rechte des Bürgers eingreift**, so zB die gezielte planmäßige Beobachtung[127] einzelner Personen. Dies ergibt sich vor allem aus den Grundsätzen, die in der Rechtsprechung des *BVerfG*[128], insbesondere im Volkszählungsurteil, zum informationellen Selbstbestimmungsrecht entwickelt wurden. Bei einem solchen Eingriff in subjektive Rechte reicht die polizei- und ordnungsbehördliche Aufgabenzuweisung allein schon aus diesem Grund nicht mehr aus, um eine Befugnis zu einem polizeilichen Handeln zu begründen. Selbst die polizeilichen Generalermächtigungen scheiden nach der Rechtsprechung des *BVerfG* als Ermächtigungsgrundlage für Eingriffe in das informationelle Selbstbestimmungsrecht aus (s. Rn 50). Soweit eine spezifische Ermächtigungsgrundlage für einen Eingriff in das informationelle Selbstbestimmungsrecht im Vorfeld von Gefahren fehlt, sind entsprechende Maßnahmen deshalb unzulässig.

73 Für den Schadens- und damit für den Gefahrenbegriff ist es essenziell, dass Rechtsgüter und Werte beeinträchtigt bzw gemindert werden. Dies hat zur Folge, dass die

---

122 Die durch eine geringere Wahrscheinlichkeit des Schadenseintritts gekennzeichnete Gefahrenlage darf nicht mit der abstrakten Gefahr (Rn 70) gleichgesetzt werden, welche auf die Typizität eines hinreichend wahrscheinlichen Schadenseintritts abstellt (so zutreffend auch *Knemeyer*, Rn 72; *Möstl*, BayVBl. 2005, 483; Jura 2005, 48 ff; **aA** *BayVerfGH*, NVwZ 2006, 1284, 1287).
123 So in Anlehnung an Art. 2 I BayPAG *H.A. Wolff*, BayVBl. 2006, 661, 663.
124 Vgl auch *VGH Mannheim*, NVwZ 1989, 279, 280 mwN; krit. aber *Staats*, DÖV 1979, 155 ff.
125 Entsprechend: § 1 III BerlASOG; § 1 I 2 BrandPolG; § 1 I 2 Nr 1 HambPolDVG; § 1 IV HessSOG; § 1 I 3 NdsSOG; § 1 I 2 NWPolG; § 1 I 3 RhPfPOG; § 2 I 2 ThürPAG.
126 Vgl hierzu *Götz*, NVwZ 1990, 725, 726 ff.
127 Dazu *Vahle*, Aufklärungs- und Observationsmaßnahmen, 1983.
128 *BVerfGE* 65, 1, 43.

Polizei- und Ordnungsbehörden **zur Mehrung von Gütern und Werten** – also insbesondere zu Maßnahmen der Wohlfahrtspflege – **nicht ermächtigt** sind. Die Beeinträchtigung bzw Minderung von Schutzgütern muss an dem vorhandenen Bestand eintreten[129]. Entgangener Gewinn fällt nicht hierunter[130].

Keine Minderung sind bloße Nachteilen, Belästigungen oder Unbequemlichkei- 74 ten[131]. Deren Abgrenzung von einer Gefahr bereitet allerdings – zumal jene von Zeit und Ort abhängig ist – häufig Schwierigkeiten. So kann etwa ein gewisser Lärm, der zur Tageszeit nur eine Belästigung ist, nachts schon das Rechtsgut Gesundheit mindern bzw wegen seiner Unzumutbarkeit mit der öffentlichen Ordnung unvereinbar sein und damit eine Gefahr bzw Störung begründen. Eine Gefahr bzw Störung kann außerdem aus einer Summierung von Nachteilen und Belästigungen resultieren. ZT hat der Gesetzgeber iÜ in Spezialgesetzen (zB § 5 I Nr 1 BImSchG) vorgesehen, dass die zuständigen Behörden schon bei erheblichen Belästigungen einschreiten dürfen.

Aus dem Umstand, dass von einem Schaden nur bei einer Minderung eines normalen 75 Bestands von Rechtsgütern gesprochen werden kann, ergibt sich, dass Nachteile und Belästigungen **kein Einschreiten der Polizei** nach der Generalklausel rechtfertigen, wenn sie im Einzelfall nur auf Grund der **besonderen Empfindlichkeit einer Person** zu einer Minderung von Rechtsgütern führen[132].

Dem Begriff des Schadens und damit dem an ihn anknüpfenden Begriff der Gefahr ist 76 es immanent, dass die Minderung des Rechtsguts **durch von außen kommende Einflüsse herbeigeführt werden muss**[133]. Soweit die Minderung eines Rechtsgutes auf dessen eigener Beschaffenheit beruht oder durch den regelmäßigen Ablauf eines Naturgeschehens hervorgerufen wird, begründet dies keine Gefahr bezüglich dieses Rechtsgutes (Beispiel: Verderben von Ware). Dies schließt es nicht aus, dass hierdurch andere Rechtsgüter beeinträchtigt werden können und insofern eine Gefahr besteht (im Beispiel: die verdorbenen Waren werden verkauft und gefährden damit die Gesundheit anderer Personen).

Eine konkrete Gefahr setzt voraus, dass im Zeitpunkt des zu beurteilenden polizeili- 77 chen Verhaltens tatsächlich (s. Rn 79a) oder zumindest aus der Sicht der handelnden Polizei- bzw Ordnungsbehörde (s. Rn 80 ff) bei verständiger Würdigung der Sach- und Rechtslage eine hinreichende Wahrscheinlichkeit[134] für einen Schadenseintritt bestand. Ob dies der Fall war, kann trotz des prognostischen Charakters des Gefahrenbegriffs in vollem Umfang gerichtlich überprüft werden (Rn 51). Von wesentlicher Bedeutung für die dabei anzustellende Beurteilung ist, welchem Rechtsgut ein Schaden droht. **Je höherrangiger ein Rechtsgut und je größer der ihm drohende Schaden ist, desto geringere Anforderungen sind an die Wahrscheinlichkeit ei-**

---

129 Vgl *Wolff/Bachof*, Verwaltungsrecht III, § 125, Rn 19.
130 Vgl *Drews/Wacke/Vogel/Martens*, § 13, 2a.
131 *BVerwG*, DVBl 1969, 586 f.
132 Vgl *Wolff/Bachof*, Verwaltungsrecht III, § 125, Rn 21; *VGH Mannheim*, ESVGH 24, 213, 215.
133 Vgl *Drews/Wacke/Vogel/Martens*, § 13, 2a.
134 Zur Struktur von Wahrscheinlichkeitsurteilen s. instruktiv *Poscher*, DV 2008, 345, 352 ff.

nes Schadenseintritts zu stellen[135]. Wenn zB ein Schaden für Leib und Leben droht, ist die erforderliche Wahrscheinlichkeit niedriger wie bei einer Gefahr (nur) für unbedeutende Vermögenswerte. Relevant für die Beurteilung ist ferner der **Zeitraum**, der der Polizei **zur Verfügung steht, um die Wahrscheinlichkeit eines Schadenseintritts einzuschätzen**[136]. Wenn ein möglicherweise unmittelbar bevorstehender Eintritt eines Schadens vollendete Tatsachen (irreparable Schäden) zu schaffen droht, genügt bereits eine geringere Wahrscheinlichkeit des Schadenseintritts für die Bejahung einer Gefahr[137]. Bedeutsam ist ferner, inwieweit die Rechtsordnung bestimmte Risiken, die mit einem Verhalten oder dem Zustand einer Sache verbunden sind, toleriert, zB indem sie dieses Verhalten (wie zB das Autofahren), durch das seinerseits Grundrechte ausgeübt werden, trotz seiner „Gefährlichkeit" grundsätzlich duldet. Damit wird die Beantwortung der Frage, ob ein Schadenseintritt hinreichend wahrscheinlich ist, auch durch die gesetzgeberische Ausbalancierung miteinander kollidierender Grundrechte beeinflusst. In diesem Zusammenhang spielt für die Entscheidung, ob eine Gefahr vorliegt, schließlich das Maß der Beeinträchtigung eine Rolle, welche sich aus einer polizeilichen Maßnahme für den hierdurch Belasteten ergäbe[138]. Dies macht zusätzlich deutlich, dass sich die hinreichende Wahrscheinlichkeit nach normativen und nicht allein nach statistischen Gesichtspunkten bemisst[139]. Auch gesellschaftlichen Normen, welche die Sozialadäquanz von Verhaltensweisen prägen, sind von Bedeutung für die Beurteilung, ob ein Risiko bereits als konkrete Gefahr zu bewerten ist[140].

78 In Spezialnormen wird zT für bestimmte Maßnahmen eine **qualifizierte Gefahr** gefordert. So spricht etwa Art. 13 IV u. VII GG von **„dringenden Gefahren"** und verlangt damit eine erhöhte Wahrscheinlichkeit des Schadenseintritts[141]. **„Unmittelbare Gefährdung"** (§ 15 I VersG), **„unmittelbar drohende Gefahr", „unmittelbar bevorstehende Störung"** und **„gegenwärtige Gefahr"** (vgl hierzu die Legaldefinition in § 2 Nr 1b NdsSOG; § 3 Nr 3b SachsAnhSOG; § 54 Nr 3b ThürOBG) markieren

---

135 Vgl *BVerwGE* 45, 51, 61; 47, 31, 40. S. dazu eingehend (tlw kritisch) *A. Leisner*, DÖV 2002, 326 ff.
136 So auch richtig *Möstl*, S. 189.
137 Deshalb liegt zB bereits bei einem Verdacht der Verseuchung des Bodens durch eine Chemikalie eine Gefahr vor; s. auch *Schink*, DVBl 1989, 1182, 1187.
138 S. auch *VGH München*, BayVBl. 1993, 84. Insoweit ist eine Güterabwägung nicht nur in Verbindung mit dem Verhältnismäßigkeitsgrundsatz, sondern – diesem vorgelagert – schon in Verbindung mit der Entscheidung über das Vorliegen einer Gefahr von Bedeutung; s. hierzu auch *Schmidtbauer/Steiner*, Bay, Art. 11 PAG, Rn 35.
139 S. dazu auch *A. Leisner*, DÖV 2002, 326, 333.
140 Die Bedeutung der Sozialadäquanz für das Vorliegen einer konkreten Gefahr betont auch *Gusy*, Rn 110.
141 **Str**. Ähnlich wie hier *Gornig*, in: v. Mangoldt/Klein/Starck, GG, Bd. 1, 6. Aufl. 2010, Art. 13, Rn 124; *Krugmann*, NVwZ 2006, 152, 154. Nach hM (vgl *BVerwGE* 47, 31, 40 und dem folgend *BbgVerfGH*, LKV 1999, 450, 463 u. *MVVerfG*, LKV 2000, 345, 350; *Jarass*, in: Jarass/Pieroth, GG, Art. 13, Rn 30; *Ruthig*, RhPf, § 4, Rn 43; *Schoch*, Rn 150) soll dagegen eine dringende Gefahr iS von Art. 13 III GG aF vorliegen, wenn eine Sachlage oder ein Verhalten bei ungehindertem Ablauf des objektiv zu erwartenden Geschehens mit hinreichender Wahrscheinlichkeit ein wichtiges Rechtsgut schädigen wird. Das Erfordernis der Gefahr für ein besonders hochrangiges Rechtsgut ergibt sich bei schwerwiegenden Eingriffen wie dem großen Lauschangriff gem. Art. 13 IV GG und entsprechenden landesverfassungsrechtlichen Bestimmungen jedoch nicht schon aus dem Begriff der dringenden Gefahr, sondern aus dem systematischen Zusammenhang mit den anderen in Art. 13 IV GG genannten Rechtsgütern sowie aus dem Verhältnismäßigkeitsgrundsatz.

eine besondere zeitliche Nähe der Gefahrenverwirklichung und ein gesteigertes Maß der Wahrscheinlichkeit des Schadenseintritts[142]. Sie sind dann gegeben, wenn ein Schaden sofort oder in nächster Zukunft mit großer Wahrscheinlichkeit zu erwarten ist. Die **„erhebliche Gefahr"**, die vielfach für ein polizeiliches Einschreiten gegen einen Nichtstörer verlangt wird, knüpft an die Schwere der Rechtsgutsverletzung an; notwendig ist damit eine Gefahr für ein bedeutsames Rechtsgut[143]. Eine **„gemeine Gefahr"** (s. zB Art. 13 IV u. VII GG) liegt vor, wenn ein Schaden für eine unbestimmte Vielzahl von Personen oder erhebliche Sachwerte droht und ein unüberschaubares Gefahrenpotenzial gegeben ist[144]. Von **„Gefahr im Verzug"**[145] wird gesprochen, wenn zur Verhinderung eines Schadens sofort eingegriffen werden muss und ein Abwarten (etwa bis zum Handeln der sonst prinzipiell zuständigen Behörde) die Effektivität der Gefahrenbekämpfung in Frage stellte oder jedenfalls einschränkte.

Für das Vorliegen einer Gefahr im Sinne der Generalklausel ist es weiter erforderlich, **79** dass ein Schaden **in absehbarer Zeit** wahrscheinlich eintritt. Ein Schadenseintritt erst zu irgendeinem, noch in der Ferne liegenden späteren Zeitpunkt reicht dagegen nicht aus. Keine konkrete Gefahr liegt deshalb zB dann vor, wenn eine Schweinemästerei oder ein sonstiger Emissionen verursachender Betrieb erst zukünftig Schäden hervorrufen könnte, wenn auf den benachbarten Grundstücken bauliche Veränderungen vorgenommen werden, indem dort zB eine Wohnbebauung zugelassen wird[146]. Der **Terminus einer sog. „latenten Gefahr" oder „latenten Störung"**, der von der hM zur Charakterisierung solcher Fallgestaltungen verwendet wird, **verdunkelt deshalb die Rechtslage** nur, weil in Wahrheit – wie iE fast einhellig anerkannt wird – weder eine Gefahr noch eine Störung vorliegen[147] (s. auch Rn 249 f).

Wenn tatsächlich (objektiv) ein Schadenseintritt droht, so ist es für das Vorliegen einer **79a** konkreten Gefahr ohne Bedeutung, ob aus der Sicht der handelnden Polizei- bzw Ordnungsbehörde bereits ausreichende Anhaltspunkte für die Annahme einer hinreichen-

---

142 *BVerfG*, NJW 2000, 3051, 3052; *Geis*, Rn 743; *Tölle*, NVwZ 2001, 153, 155. Nach *MVVerfG*, LKV 2000, 345, 349 und *SächsVerfGH*, DVBl 1996, 1423, 1427 soll gegenwärtige Gefahr bedeuten, dass ein Schaden in unmittelbarem Zusammenhang, in allernächster Zukunft zu erwarten ist, wenn nicht in die Entwicklung eingegriffen wird. Dazu, dass der Begriff der unmittelbar bevorstehenden und der der gegenwärtigen Gefahr sich entsprechen, s. *BVerwGE* 45, 51, 57 und *OVG Bremen*, NVwZ 2001, 221. Nicht überzeugend und zu weitgehend *VGH Mannheim*, VBlBW 1993, 343, 344 sowie *Laubinger/Repkewitz*, VerwArch. Bd. 93 (2002), 149, 172 mwN, wonach für eine unmittelbare Gefährdung iSd § 15 Abs. 1 VersG erforderlich sein soll, dass ein Schaden mit an Sicherheit grenzender Wahrscheinlichkeit bevorsteht. Demgegenüber sieht das *OVG Bautzen* (SächsVBl. 1998, 6, 8 und Sächs-VBl. 2001, 82) den Begriff der unmittelbaren Gefährdung in diesem Zusammenhang sowohl durch die zeitliche Nähe wie auch durch die hohe Wahrscheinlichkeit des Schadenseintritts als gekennzeichnet an.
143 S. auch § 7 I Nr 1 BrandPolG; § 2 Nr 1c NdsSOG; § 7 I Nr 1 RhPfPOG; § 3 Nr 3c SachsAnhSOG; § 10 I Nr 1 ThürPAG und § 54 Nr 3c ThürOBG.
144 Ähnlich *Hermes*, in: Dreier, GG, 2004, Art. 13, Rn 78; *MVVerfG*, LKV 2000, 345, 350 mwN.
145 Vgl zB § 20 I 1 MEPolG; § 2 V BerlASOG; § 39 I HessSOG; § 20 I 1 SaarlPolG; § 54 Nr 5 ThürOBG.
146 Vgl hierzu *Schenke*, JuS 1977, 789 ff u. *R. Schmidt*, Rn 675.
147 Vgl statt vieler *Poscher*, Jura 2007, 801, 807; *Sendler*, WiVerw. 1977, 94 ff; **aA** nur *Schmelz*, BayVBl. 2001, 550, 552 ff.

den Wahrscheinlichkeit des Schadenseintritts bestanden[148]. Dafür spricht bereits die grammatische Auslegung der Generalermächtigung. Auch eine (zunächst) nicht erkennbare Gefahr stellt nämlich nach dem allgemeinen Sprachgebrauch eine Gefahr dar. Bestätigt wird dies durch eine teleologische Interpretation der Generalermächtigung, die insbesondere der Erfüllung grundrechtlicher Schutzpflichten des Staates in Bezug auf Individualrechtsgüter dient. Diese Zielsetzung wäre gefährdet, wenn ein mit Rechtseingriffen verbundenes Handeln der Polizei auch dann rechtswidrig wäre, wenn der Schadenseintritt zwar aus der polizeilichen ex-ante-Sicht noch nicht hinreichend wahrscheinlich war, bei Kenntnis aller Umstände aber sehr wohl die hinreichende Wahrscheinlichkeit eines Schadenseintritts bestand oder ein Schaden ohne polizeiliches Handeln sogar mit Sicherheit eingetreten wäre (s. hierzu in Verbindung mit den Gefahrenverdachtsfällen Rn 83 ff). Der Zielsetzung des Polizeirechts liefe es strikt zuwider, wenn man das Vorliegen einer Gefahr nur deswegen leugnete und ein polizeiliches Handeln nur deswegen als rechtswidrig ansähe, weil die Polizei nicht alle gefahrenbegründenden Umstände kennt – obwohl sogar objektiv ein Schaden droht. Die Polizei geht allerdings ein hohes Risiko ein, wenn sie ohne ausreichende Anhaltspunkte zu einer Gefahrenbekämpfung schreitet, die mit Rechtseingriffen verbunden ist. Wenn nämlich in diesem Falle auch objektiv gar kein Schaden droht, ist ihr Handeln selbstverständlich rechtswidrig. Zu beachten ist außerdem, dass sich im Einzelfall ein polizeiliches Handeln als ermessensfehlerhaft (s. Rn 93 ff) erweisen kann, obwohl tatsächlich ein (für die Polizei noch nicht ausreichend prognostizierbarer) Schaden droht und damit eine Gefahr vorliegt. Das kommt dann in Betracht, wenn kein Fall einer Ermessensreduktion auf Null (s. hierzu unten Rn 100 f) vorliegt und der tatsächlich drohende Schaden nicht mit dem von der Polizei prognostizierten Schaden übereinstimmt, insbesondere wenn er geringer ausfällt oder an einem anderen Rechtsgut eintritt.

b) Anscheinsgefahr

80 Lebhaft umstritten ist, unter welchen Voraussetzungen auch dann von einer Gefahr gesprochen werden kann (und damit ein polizeiliches Einschreiten möglich ist), wenn aus der Sicht ex ante bei verständiger Würdigung des Sachverhalts von einem drohenden Schaden auszugehen war, sich aber nachträglich (ex post) herausstellt, dass **ein Schaden tatsächlich nicht drohte** (sog. **Anscheinsgefahr**). Für die Bejahung einer Gefahr in einer solchen Fallkonstellation spricht, dass einer Gefahrenabwehrmaßnahme typischerweise eine behördliche Prognoseentscheidung vorauszugehen hat[149].

---

148 So wohl auch die hM, nach der ein objektiv drohender Schadenseintritt für das Vorliegen einer Gefahr ausreicht, s. zB *Poscher*, NVwZ 2001, 141 ff; *Schlink*, Jura 1999, 169 ff; *Schwabe*, DVBl 1982, 655 ff; *ders.*, GS Martens, 1987, S. 419, 426 ff. Nicht überzeugend hingegen *Durner*, JA 2009, 158, 160; *Di Fabio*, DÖV 1991, 629, 632 und *Kickartz*, Ermittlungsmaßnahmen zur Gefahrerforschung und einstweilige polizeiliche Anordnungen: das Vorfeld der Polizeigefahr (Gefahrabwehr), 1984, S. 96 ff, die insoweit nur die ex-ante-Sicht der handelnden Polizei als maßgeblich ansehen.

149 Dass die polizeilichen Ermächtigungsnormen mit dem Begriff der Gefahr an ein prognostisches Urteil anknüpfen, unterscheidet sie wesentlich von solchen Normen, bei denen eine Rechtsfolge tatbestandlich an das Vorliegen eines realen Sachverhalts anknüpft und bei denen es deshalb nicht auf das Urteil einer Person über einen mutmaßlichen Sachverhalt ankommen kann, sondern auf die tatsächliche Sachlage.

Eine solche Entscheidung ist notwendigerweise davon geprägt, dass der Schadenseintritt ungewiss ist[150]. Deshalb wäre es widersprüchlich, die Richtigkeit der Prognose aufgrund von Erkenntnissen in Frage zu stellen, die ex post gewonnen wurden[151]. Auch **teleologische Erwägungen** sprechen für diesen hier vertretenen Standpunkt. Es schränkte die Wirksamkeit der Gefahrenabwehr nämlich erheblich ein, wenn die Rechtmäßigkeit des polizeilichen Handelns stets daran gebunden wäre, dass der Eintritt eines Schadens tatsächlich (nach einem rein objektiv zu verstehenden Maßstab) drohte. Insbesondere steht die Polizei bei ihren Entscheidungen häufig unter besonderem Zeitdruck, und es ist ihr – damit zusammenhängend – oftmals nicht möglich, zuerst näher zu ermitteln, ob tatsächlich ein Schaden droht (s. auch Rn 77). Eine Gefahrenabwehr, die erst nach solchen Ermittlungsmaßnahmen begänne, käme nämlich häufig zu spät[152]. Soweit allerdings die Einschätzung der Polizei auf fehlenden oder fehlerhaften Erforschungsmaßnahmen beruht, fehlt es an einer verständigen Würdigung des Sachverhalts, so dass keine Anscheinsgefahr und damit keine Gefahr vorliegt (*Gromitsaris*, DVBl 2005, 535, 538).

Im Ergebnis spricht damit eine Vielzahl von Gründen dafür, dass die **Anscheinsgefahr** eine **echte Gefahr ist**[153, 154]. Wenn deshalb zB ein Polizist bei einem Streifengang einen Mann sieht, der sich mit gezücktem Messer und wutverzerrtem Gesichtsausdruck auf eine andere Person stürzt, und der Polizist keine Anhaltspunkte dafür hat, dass es sich nur um eine gestellte Szene handelt, so kann (bzw muss – im Hinblick auf den Wert der bedrohten Rechtsgüter Leben und Gesundheit, s. unten Rn 101 –) der Polizist einschreiten und den „Messerhelden" überwältigen, um ihn an seinem Angriff zu hindern. Es fehlt hier die Zeit aufzuklären, ob es sich um einen echten oder einen gestellten Überfall handelt (vgl auch oben Rn 77). Wenn sich nachträglich herausstellt, dass der vermeintliche Überfall nur gespielt wurde, zB im Rahmen von Filmdreharbeiten, ändert dies nichts an der Rechtmäßigkeit des polizeilichen Einschreitens. Für die Qualifikation einer Anscheinsgefahr als echter Gefahr ist es ferner ohne

81

---

150 Dem Wahrscheinlichkeitsurteil, das bei einer Prognoseentscheidung getroffen wird, ist es wesenseigen, dass statt des (mit einem gewissen Grad an Wahrscheinlichkeit) Prognostizierten auch dessen Gegenteil eintreten kann, selbst wenn die Wahrscheinlichkeit 99,9 % betrug.

151 S. im strafrechtlichen Zusammenhang *Rudolphi*, NStZ 1991, 237, 238; *Frisch*, Vorsatz und Risiko, 1983, S. 126.

152 Bei der Anscheinsgefahr auf das tatsächliche Drohen eines Schadenseintrittes zu verzichten, bedeutet keineswegs, dass auch die Störereigenschaft eines sog. Anscheinsstörers schon dann bejaht werden kann, wenn aus der ex-ante-Sicht der Polizei bei vernünftiger Würdigung der Sachlage davon ausgegangen werden musste, dass der sog. Anscheinsstörer eine Gefahr verursacht hat. Dies wird von den Anhängern eines rein objektiven Gefahrenbegriffs nicht immer ausreichend beachtet (deutlich zB bei *Poscher/Rusteberg*, JuS 2011, 1082, 1084; *Schlink*, Jura 1999, 169, 170). Dazu näher Rn 251 ff.

153 So auch *Beaucamp*, JA 2009, 279, 282; *Brandt/Smeddinck*, Jura 1994, 225, 231; *Breuer*, GS Martens, 1987, S. 317, 333 ff; *Drews/Wacke/Vogel/Martens*, § 13, 2b; *Erichsen/Wernsmann*, Jura 1995, 219 ff; *Gerhardt*, Jura 1987, 521 ff; *Hoffmann-Riem*, FS Wacke, 1972, S. 327 ff; *Kötter*, JuS 2011, 1016, 1019; *Martensen*, DVBl 1996, 286 ff; *Möstl*, S. 169 ff; *Riegel*, S. 33; *Schenke*, FS Friauf, 1996, S. 455 ff; *Schoch*, JuS 1994, 668; *Schumann*, Berl. S. 32; *Tettinger/Erbguth/Mann*, Rn 474; *Waldhoff*, JuS 2013, 189, 190; *Würtenberger*, Rn 197 f; *BGHZ* 5, 144 ff; *BVerwG*, DVBl 1960, 725 ff; *BVerwGE* 39, 190 ff; *OVG Lüneburg*, DVBl 1983, 464, 465; *Götz*, Rn 153; **aA** *Schwabe*, DVBl 1982, 655 ff; *ders.*, GS Martens, 1987, S. 419, 426 ff; *Pieroth/Schlink/Kniesel*, § 4, Rn 35 ff; s auch *Poscher*, NVwZ 2001, 141 ff.

154 Die Anscheinsgefahr ist entschädigungsrechtlich als echte Gefahr zu behandeln, vgl dazu Rn 685.

Bedeutung, wenn dem handelnden Amtswalter bewusst ist, dass möglicherweise gar kein Schaden entstehen wird, und später tatsächlich kein Schaden entsteht[155]. Die Möglichkeit, dass später kein Schaden entsteht, ist dem Begriff der Gefahr immanent, so dass der Amtswalter damit vernünftigerweise praktisch immer rechnen muss[156].

c) Scheingefahr

82   Weitgehend einig ist man sich darin, dass nicht jede subjektive Vorstellung der Behörde ausreicht, um eine Gefahr zu bejahen. Es gibt keinen „subjektiven Gefahrbegriff"[157]. Für die Beurteilung der Frage, ob eine Gefahr vorlag, ist deswegen nicht auf die (subjektive) Einschätzung des konkret handelnden Beamten abzustellen, sondern darauf, wie (objektiv) ein **gewissenhafter, besonnener und sachkundiger Beamter** die Lage zum **Zeitpunkt des polizeilichen Handelns** eingeschätzt hätte[158]. Wenn ein solcher „objektivierter" Beamter eine Gefahr nicht angenommen hätte, der tatsächlich handelnde Beamte aber subjektiv von einer Gefahr ausging, spricht man von einer **„Scheingefahr" oder „Putativgefahr"**[159]. Hier kann ein Handeln nach unbestrittener Auffassung nicht auf die Generalklausel gestützt werden[160]. Die „Scheingefahr" ist also **keine Gefahr**. Eine Scheingefahr läge zB dann vor, wenn in dem oben genannten Beispiel (Rn 81) für den Polizisten bei verständiger Würdigung der Sachlage erkennbar gewesen wäre, dass es sich nur um eine Filmszene handelte, so etwa, wenn ein Schild „Dreharbeiten, bitte nicht stören" angebracht gewesen wäre oder Filmkameras deutlich sichtbar gewesen wären.

d) Gefahrenverdacht

83   Umstritten ist, wie sich die Polizei in den Fällen zu verhalten hat, in denen nur ein **Gefahrenverdacht**[161] besteht. Von den Gesetzgebern wird dieser Begriff im Bereich des allgemeinen Polizei- und Ordnungsrechts[162] nicht verwendet. Die höchst kontroverse Diskussion leidet bereits daran, dass sich ihre Teilnehmer schon nicht einig sind, welchen Inhalt dieser Begriff hat, weswegen vielfach aneinander „vorbeidiskutiert" wird.

---

155   **AA** *Knemeyer*, Rn 96 und *Poscher*, NVwZ 2001, 141, 143, die in diesen Fällen von einem Gefahrenverdacht ausgehen. *Knemeyer* bejaht allerdings auf Grund einer Definition des Gefahrenverdachts, die von der hier vertretenen Auffassung abweicht (dazu unten Rn 83), im Ergebnis dann doch eine konkrete Gefahr.

156   Bezeichnenderweise geht *Poscher*, NVwZ 2001, 141, 143 – nach seinem Verständnis der Anscheinsgefahr durchaus folgerichtig – davon aus, dass es Fälle der Anscheinsgefahr (anders als Fälle des Gefahrenverdachts) kaum gäbe.

157   Missverständlich daher *Denninger*, in: L/D, D, Rn 46; *Poscher/Rusteberg*, JuS 2011, 1082, 1084; *O. Schneider*, DVBl 1980, 406, 407 f.

158   *Drews/Wacke/Vogel/Martens*, § 13, 2b; *Schoch*, JuS 1994, 668; *Scholler/Schloer*, S. 69 f; *Würtenberger*, Rn 193; *VGH Mannheim*, NVwZ 1991, 493.

159   Den – begrifflich eindeutigeren, aber weniger verbreiteten – Terminus Putativgefahr verwenden *Drews/Wacke/Vogel/Martens*, § 13, 2b.

160   Vgl für viele *BGH*, DVBl 1954, 812 f.

161   Zum Gefahrenverdacht und seiner Problematik s. eingeh. *Schenke*, FS Friauf, 1996, S. 455 ff mwN.; *Brandt/Smeddinck*, Jura 1994, 225, 230 und (von einer grundsätzlich anderen Position ausgehend) *Poscher*, Gefahrenabwehr, 1999, 151 ff sowie *ders.*, NVwZ 2001, 141 ff.

162   Im besonderen Polizei- und Ordnungsrecht wird in § 9 II BBodSchG vom „hinreichenden Verdacht einer schädlichen Bodenveränderung" gesprochen.

Sinnvollerweise kann von einem Gefahrenverdacht nur dann gesprochen werden, wenn die Polizei- oder Ordnungsbehörde **Anhaltspunkte** hat, die auf eine **Gefahr hindeuten**, die Anhaltspunkte aber bei verständiger Würdigung der Sachlage noch keine hinreichend sichere Prognose dahingehend zulassen, dass ein Schaden tatsächlich eintreten wird oder jedenfalls mit hinreichender Wahrscheinlichkeit zu erwarten ist[163]. Die frühere Rechtsprechung des *BVerwG* und einige Stimmen in der Literatur[164] erstrecken den Begriff des Gefahrenverdachts dagegen auch auf solche Fälle, in denen aus der Sicht des handelnden Amtswalters bei verständiger Würdigung der Sachlage bereits mit hinreichender Wahrscheinlichkeit ein Schaden droht. In diesen Fällen ist aber richtigerweise nicht nur ein Gefahrenverdacht, sondern immer schon eine Gefahr zu bejahen (uU in der Form einer Anscheinsgefahr; s. dazu Rn 80)[165]. Die frühere Ansicht des BVerwG kollidierte damit nicht nur mit dem Sprachgebrauch, demzufolge der Begriff „Gefahren*verdacht*" beinhaltet, dass eine Gefahr vorliegen kann, aber nicht vorliegen muss. Sie verschleierte außerdem wesentliche Unterschiede zu den „echten" Gefahrenverdachtsfällen. Nur in den „echten" Gefahrenverdachtsfällen – dh in den Fällen, in denen auch nach der hier vertretenen (engeren) Auffassung ein Gefahrenverdacht vorliegt – stellen sich die spezifischen Rechtsprobleme in Verbindung mit Gefahrerforschungseingriffen, die im Folgenden (Rn 86 ff) näher erörtert werden. Auf die Fälle, in denen bereits eine Gefahr vorliegt, sind dagegen die allgemeinen polizeirechtlichen Vorschriften über die Erforschung und Abwehr konkreter Gefahren anzuwenden. Es ist deshalb sehr zu begrüßen, dass das *BVerwG* in seiner jüngeren Rechtsprechung[166] den Begriff des Gefahrenverdachts in der hier vertretenen Bedeutung versteht. Dementsprechend sieht das *BVerwG* einen Gefahrenverdacht nur noch in solchen Fällen, in denen es aus **polizeilicher Sicht** trotz Anhaltspunkten für das Bestehen einer Gefahr noch an der **hinreichenden Wahrscheinlichkeit eines Schadenseintritts mangelt**.

---

163 Nicht zutreffend daher *Poscher/Rusteberg*, JuS 2011, 984, die behaupten, unter Zugrundelegung des hier vertretenen Gefahrenbegriffs (s. Rn 69) liege in den Gefahrverdachtsfällen (genauso wie in den Fällen der Anscheinsgefahr) eine Gefahr vor.

164 So zB *BVerwGE* 39 190, 193 f. In diese Richtung tendierend (zumindest aber missverständlich) heute noch *Pieroth/Schlink/Kniesel*, § 4, Rn 59, wonach die Besonderheit des Gefahrenverdachts nicht auf der Tatbestands-, sondern auf der Rechtsfolgeseite liegen soll. Unklar ferner *Poscher*, NVwZ 2001, 141, 143, wonach sich „viele Gefahren und Anscheinsgefahren als Gefahrenverdachtsfälle" erwiesen.

165 Mit dem Sprachgebrauch nicht in Einklang zu bringen ist es auf jeden Fall, wenn man zT den Begriff des Gefahrenverdachts synonym mit dem Begriff der Anscheinsgefahr verwendet und beide als einen Unterfall der Gefahr ansieht (so aber zB *Schumann*, Berl, S. 32; krit. hierzu auch *Schoch*, JuS 1994, 669). Auch § 9 II BBodSchG, in dem bewusst nicht auf den tradierten Begriff der Gefahr zurückgegriffen, sondern von einem hinreichenden Verdacht gesprochen wird, zeigt deutlich, dass ein Gefahrenverdacht etwas anderes ist als eine Gefahr (so nunmehr auch *Gusy*, Rn 197). *Würtenberger/Heckmann*, BW, Rn 425, setzen Gefahr und Gefahrenverdacht gleich und versuchen, dieses Ergebnis mit einer Pflicht zur Vermeidung eines Gefahrenverdachts zu begründen. Damit gelangen sie jedoch durch eine fragwürdige rechtsdogmatische Konstruktion letztlich zu einer unter rechtsstaatlichen Gesichtspunkten bedenklichen Vorverlagerung von Gefahrerforschungseingriffen.

166 *BVerwG*, DVBl 2002, 1562; ebenso *Ruthig*, RhPf, § 4, Rn 40 ff; die Notwendigkeit einer Trennung von Gefahr und Gefahrenverdacht betont auch *Götz*, Rn 155, der der Sache nach aber den Gefahrenverdacht in Bezug auf Gefahrerforschungsmaßnahmen im Wesentlichen so wie die Gefahr behandelt.

Abzulehnen ist demgegenüber schließlich eine Auffassung, die danach differenziert, ob der Behörde bei ihrer Prognoseentscheidung bewusst ist, dass ihr Wahrscheinlichkeitsurteil noch mit Unsicherheiten behaftet ist[167]. Solche Unsicherheiten bestehen typischerweise auch bei echten Gefahren (s. oben Rn 81).

84 In praxi fallen die Übergänge zwischen den Fällen, bei denen aus der Sicht der handelnden Polizei- und Ordnungsbehörde ein Gefahrenverdacht vorliegt, und jenen, bei denen bereits die Annahme einer Gefahr gerechtfertigt ist, oftmals fließend aus. Die Grenzziehung fällt deshalb häufig schwer. Das gilt insbesondere im Umweltschutzrecht. Dort drohen nicht selten große Schäden für hochrangige Rechtsgüter wie Leben und Gesundheit, sodass geringere Anforderungen an die für das Vorliegen einer Gefahr erforderliche Wahrscheinlichkeit des Schadenseintritts zu stellen sind. Diese Abgrenzungsprobleme sprechen aber nicht gegen das hier zu Grunde gelegte Verständnis des Gefahrenverdachts. Im Bodenschutzrecht stellen sie sich ohnehin insoweit nicht mehr, als hier der Gesetzgeber in § 9 II BBodSchG eine Rechtsgrundlage geschaffen hat, die zu polizeilichen Maßnahmen schon bei „hinreichende[m] Verdacht einer schädlichen Bodenveränderung oder einer Altlast" ermächtigt, also sowohl bei einem Gefahrenverdacht wie auch – wie sich zumindest im Wege eines argumentum a minore ad maius ergibt – bei einer Gefahr.

85 In den Fällen, die hier mit dem Begriff des Gefahrenverdachts umschrieben werden, kann sich durch weitere Ermittlungen ergeben, dass ein Schadenseintritt zumindest mit hinreichender Wahrscheinlichkeit droht und deshalb eine Gefahr vorliegt (dazu oben Rn 69). Es kann sich aber auch herausstellen, dass keine Gefahr besteht. Von entscheidender Bedeutung ist damit, in welchem Umfang die Polizei- bzw Ordnungsbehörde zu Maßnahmen zur weiteren Sachverhaltsaufklärung (sog. Gefahrerforschungsmaßnahmen) berechtigt ist, um feststellen zu können, ob tatsächlich eine Gefahr vorliegt, und ggf. die erforderlichen Maßnahmen zu ihrer Abwehr treffen zu können. Unproblematisch sind dabei solche Gefahrerforschungsmaßnahmen, die nicht in Rechte des Bürgers eingreifen und die sich auf die polizeiliche Aufgabennorm stützen. Insoweit wird sogar regelmäßig von einer Verpflichtung zur Sachverhaltsaufklärung auszugehen sein, wenn ein Gefahrenverdacht aufzuklären ist, der besonders hochwertige Rechtsgüter betrifft (s. auch Rn 101). Fraglich ist hingegen, inwieweit Gefahrerforschungseingriffe zulässig sind, die in Rechte des Bürgers eingreifen. Ob hierfür eine Ermächtigungsgrundlage besteht, wird damit beim Gefahrenverdacht zum zentralen Problem (dazu in Folgenden Rn 86 ff).

e) Gefahrerforschungseingriff

86 **Gefahrerforschungseingriffe** sind **vorläufige Maßnahmen**, die mit der Belastung von Personen verbunden sind und die nicht unmittelbar der Gefahrenbeseitigung dienen, sondern der **weiteren Erforschung des Sachverhalts und der Vorbereitung** endgültiger Abwehrmaßnahmen[168]. Beispiele hierfür sind polizeilich angeordnete Untersuchungen und Messungen, mit denen aufgeklärt werden soll, ob und in welchem Umfang von einem bestimmten Verhalten oder einer Sache Gefahren für die Umwelt ausgehen. Soweit spezialgesetzliche Eingriffsgrundlagen (wie zB § 9 II 1 BBodSchG)

---

167 So aber *Knemeyer*, Rn 96, der unter den Begriff des Gefahrenverdachts auch solche Fälle subsumiert, bei denen eine Gefahr gegeben ist (s. oben Rn 81), aber erkennt, dass dies keineswegs immer zutreffen muss und deshalb – im Ergebnis mit der hier vertretenen Ansicht übereinstimmend – nur in den Fällen, in denen der von ihm definierte Gefahrenverdacht bereits die Kriterien einer Gefahr erfüllt, von der Zulässigkeit von Gefahrerforschungseingriffen (dazu unten Rn 86 ff) ausgeht.

168 Eingehend zu Gefahrerforschungseingriffen *Schenke*, FS Friauf, 1996, S. 496 ff; *Schenke/Ruthig*, VerwArch. Bd. 87 (1996), 329 ff; s. auch Bull, FS *Selmer*, 2004, S. 29, 41 ff; ferner iE tlw abweichend *Kniesel*, DÖV 1997, 907 f; *ders.*, NJ 1997, 399; *Martensen*, DVBl 1996, 286 ff; *Petri*, DÖV 1996, 443 ff; *Weiß*, NVwZ 1997, 737 ff.

fehlen, kommt es für die **rechtliche Beurteilung nach allgemeinem Polizei- und Ordnungsrecht** grundsätzlich **darauf an, ob eine konkrete Gefahr zu bejahen ist oder nicht.**

Unproblematisch sind die Fälle, in denen eine solche Gefahr (einschließlich einer An-   **87** scheinsgefahr) vorliegt, die Polizei sich aber noch nähere Informationen über Art und Ausmaß des drohenden Schadens und/oder die Möglichkeiten zur Gefahrenabwehr verschaffen möchte. In diesen Fällen sind Gefahrerforschungseingriffe von den **polizeirechtlichen Ermächtigungsgrundlagen** gedeckt. Dies gilt nach allgemeinen Grundsätzen (dazu oben Rn 80 ff) auch dann, wenn sich auf Grund der Ergebnisse des Gefahrerforschungseingriffs (also bei der Betrachtung ex post) ergibt, dass ein Schaden tatsächlich nicht drohte. Wenn zwar die Wahrscheinlichkeit eines Schadenseintritts schon so groß ist, dass eine Gefahr zu bejahen ist, aber noch nicht abschließend geklärt ist, ob tatsächlich ein Schaden droht, führt der **Grundsatz des Übermaßverbots** (Grundsatz des geringsten Eingriffs) häufig dazu, dass die Polizei noch keine endgültigen Maßnahmen treffen darf, sondern sich zunächst **auf Gefahrerforschungsmaßnahmen beschränken** muss. Dies trifft insbesondere dann zu, wenn ein zeitnaher Eintritt des Schadens noch nicht zu erwarten ist und endgültige Maßnahmen mit schwerwiegenden Eingriffen in Rechte des Bürgers verbunden (und damit unverhältnismäßig) wären. Die Polizei muss in solchen Fällen zunächst einmal aufklären, ob wirklich ein Schaden droht.

Beispiel: Auf einem Grundstück lagern Fässer, deren Beschriftung auf gefährlichen Giftmüll hindeutet. Die Entsorgung dieses Giftmülls wäre sehr kostspielig. Die Fässer sind noch in gutem Zustand. – Bei verständiger Würdigung der Sachlage droht hier bereits ein Schaden, so dass eine Gefahr zu bejahen ist. Mit einem zeitnahen Eintreten des Schadens ist allerdings nicht zu rechnen, und eine Verpflichtung zur Entsorgung der – möglicherweise doch harmlosen – Fässer auf einer Sondermülldeponie wäre wegen der hohen Kosten ein schwerwiegender Eingriff in die Rechte des Betroffenen. Deswegen ist es geboten, dem Betroffenen zunächst nur aufzugeben, den Inhalt der Fässer untersuchen zu lassen, und ihm eine Verpflichtung zur Entsorgung auf einer Sondermülldeponie erst aufzuerlegen, nachdem die Untersuchung ergeben hat, dass sich in den Fässern tatsächlich Giftmüll befindet.

Umstritten und vieldiskutiert sind dagegen die Fälle, in denen eine konkrete Gefahr   **88** noch nicht angenommen werden kann, weil bei verständiger Würdigung der polizeilich bekannten Sachlage noch nicht hinreichend sicher feststeht, ob tatsächlich ein Schadenseintritt droht. In diesen Fällen des **Gefahrenverdachts** (Rn 83) stellt sich die Frage, ob und ggf. inwieweit die Polizei zu Gefahrerforschungseingriffen ermächtigt ist. Hier fehlt nämlich, wenn tatsächlich kein Schaden droht, eine konkrete Gefahr. Eine solche Gefahr ist aber nach dem Wortlaut bzw herkömmlichen Verständnis der polizei- und ordnungsrechtlichen Generalermächtigungen grundsätzlich für polizeiliche Maßnahmen erforderlich, die den Bürger belasten. **Unproblematisch** sind zwar auch in diesen Fällen solche **Gefahrerforschungsmaßnahmen, die nicht in Rechte des Betroffenen eingreifen.** Sie gehören zur Aufgabe der Gefahrenabwehr, und die Polizei- und Ordnungsbehörden dürfen sie schon im Hinblick auf den Untersuchungsgrundsatz (§ 24 VwVfG) grundsätzlich vornehmen. **Problematisch** bei Gefahrenverdacht ohne tatsächlich drohende Gefahr sind jedoch **Maßnahmen, die mit Eingriffen**

verbunden sind. Sie bedürfen nach richtiger Auffassung aufgrund des Vorbehalts des Gesetzes (Art. 20 III GG) und der grundrechtlichen Gesetzesvorbehalte einer gesonderten Ermächtigungsgrundlage. Die hM hält diese aber mit unterschiedlichen Begründungen für nicht erforderlich.

88a Mitunter wird eine gesonderte gesetzliche Ermächtigungsgrundlage deshalb als nicht erforderlich angesehen, weil die **polizeilichen Generalermächtigungen** für die Fälle des Gefahrensverdachts eine **stillschweigende Ermächtigung zu Gefahrerforschungseingriffen bereitstellten**[169]. Dabei wird aber nicht ausreichend beachtet, dass die polizeilichen Generalermächtigungen Eingriffe zwecks Gefahrenabwehr nach ihrem eindeutigen Wortlaut bzw gängigem Verständnis vom Vorliegen einer konkreten Gefahr abhängig machen. Zudem fordern die Normen über die Adressaten polizeilichen Handelns, dass ein in Anspruch genommener Störer eine konkrete Gefahr unmittelbar verursacht haben muss (s. zB §§ 6, 7 BWPolG, dazu Rn 241 ff). Bei einem in Anspruch genommenen Nichtstörer wird sogar eine qualifizierte konkrete Gefahr verlangt (s. zB § 9 BWPolG, Rn 314). Diese Regelungen sind **abschließend**. Sie **schließen es damit aus, auf eine paragesetzliche Ermächtigung zu Gefahrerforschungseingriffen unterhalb der Schwelle einer konkreten Gefahr zurückzugreifen**. Dafür spricht auch, dass die Gegenauffassung zu **Abgrenzungsschwierigkeiten** führt. Sie beruhen darauf, dass der Begriff des Gefahrenverdachts – anders als der der konkreten Gefahr – nicht ausreichend konturiert ist. Es liegt auf der Hand, dass nicht jede nur ganz entfernte Möglichkeit eines Schadenseintritts Gefahrerforschungseingriffe rechtfertigen kann. Die Grenze aber, ab wann ein Gefahrenverdacht hierfür stark genug ist, lässt sich nicht hinreichend klar ziehen, zumal der Begriff des Gefahrenverdachts im allgemeinen Polizei- und Ordnungsrecht gar nicht erwähnt ist und sich damit auch aus dem systematischen Zusammenhang nicht erschließen lässt[170]. IÜ läuft der Versuch, belastende Gefahrerforschungsmaßnahmen auf eine Gefahrerforschungsbefugnis zu stützen, letztlich darauf hinaus, **aus einer Aufgabe**, die der Polizei zugewiesen wird, auf **ihre Befugnis zu schließen, in Grundrechte einzugreifen**. Ein solcher Schluss ist aber unter **rechtsstaatlichen Gesichtspunkten unhaltbar** und wird sonst zu recht allgemein abgelehnt (s. oben Rn 36).

---

169 So zB *Götz*, NVwZ 1994, 652, 655; *Schoch*, Rn 147; **krit.** *Schenke*, FS Friauf, 1996, S. 472 ff; *Kniesel*, DÖV 1997, 905, 907 u. *ders.*, NJ 1997, 397, 399; *Kugelmann*, 5. Kap., Rn 131; *Möstl*, S. 184 ff; *ders.*, Jura 2005, 48, 52 f; *Wapler*, DVBl 2012, 86, 88; *Wolffgang/Hendricks/Merz*, NW, Rn 259. Ebenso wenig überzeugt der Lösungsversuch von *Schmidbauer-Steiner*, Bay, Art. 11 PAG, Rn 39. Danach soll ein Gefahrenverdacht eine konkrete Gefahr sein, bis der Sachverhalt geklärt ist. Damit wird der Sache nach der Unterschied zwischen Gefahrenverdacht und konkreter Gefahr völlig eingeebnet.

170 Wenn man sich die Fälle näher ansieht, die unter dem Stichwort „Gefahrenverdacht" erörtert (zB *BVerwGE* 39, 190, 193 f; *Knemeyer*, Rn 96; *Möller/Warg*, Rn 106 ff; *Oldiges*, NW, S. 259) in denen im Ergebnis belastende polizeiliche Eingriffe für zulässig gehalten werden, so wird deutlich, dass in Wahrheit meist doch die Kriterien abgestellt wird, die für das Vorliegen einer konkreten Gefahr maßgeblich sind. Dass dort Gefahrerforschungseingriffe schon im Falle eines (dort so genannten) Gefahrenverdachts für zulässig gehalten werden, beruht mithin nur darauf, dass der Begriff des Gefahrenverdachts dort in einem anderen Sinne (nämlich weiter) verstanden wird als hier. Die Unterschiede liegen insoweit damit letztlich in der Begrifflichkeit, nicht in der Sache.

Im Schrifttum[171] wird außerdem der Versuch unternommen, eine Eingriffsbefugnis bei Gefahr- **89**
verdachtsfällen mittels der **Rechtsfigur des vorläufigen Verwaltungsakts** zu begründen. Ein
solcher Verwaltungsakt lasse einstweilige Regelungen bei ungewissem Sachverhalt bis zur endgültigen Klärung zu. Auch diese Auffassung ist zurückzuweisen. Die Rechtsfigur des vorläufigen Verwaltungsakts bildet keine gesetzliche Grundlage für belastendes Verwaltungshandeln.
Sie mag zwar im Bereich der Leistungsverwaltung, die nicht in vollem Umfang dem Gesetzesvorbehalt unterfällt, einen Anwendungsbereich haben[172]. Im Bereich der Eingriffsverwaltung
stehen ihr dagegen – sofern nicht ausnahmsweise spezielle Regelungen existieren – sowohl der
Vorbehalt des Gesetzes wie auch der **Vorrang des Gesetzes entgegen**. Die polizeirechtlichen
Eingriffsermächtigungen knüpfen typischerweise tatbestandlich daran an, dass ein Sachverhalt
und seine zukünftige Entwicklung ungewiss sind. Sie verlangen aber dennoch, dass ein Schadenseintritt hinreichend wahrscheinlich ist. Damit enthalten sie eine abschließende Regelung
und weisen keine ungewollten Regelungslücken auf[173]. Diese gesetzlichen Regelungen können
deswegen nicht durch die Rechtsfigur eines vorläufigen Verwaltungsakts, deren Konstruktion
begriffsjuristisch anmutet, ergänzt und verändert werden. Den Polizeibehörden ist es verwehrt,
sich über Regelungen hinwegzusetzen, die nach dem Willen des Gesetzgebers abschließend sein
sollen. Es ist alleine die Aufgabe des Gesetzgebers, neue Ermächtigungsgrundlagen für Gefahr-
verdachtsfälle zu schaffen, wenn er insoweit Lücken im polizeilichen Handlungsinstrumentarium sieht[174].

Kniesel[175] möchte Gefahrerforschungseingriffe auf die **sinngemäße Anwendung der Not-** **89a**
standsbestimmungen stützen, um berechtigten Anforderungen der Praxis gerecht zu werden.
Auch dieser Weg ist jedoch nicht gangbar. *Kniesel* vertritt hier eine Analogie zum Nachteil des
Bürgers, die mit dem Vorbehalt des Gesetzes nicht vereinbar ist[176]. Darüber hinaus fehlt eine
vergleichbare Sachlage, weil die polizeirechtlichen Notstandsbestimmungen (s. zB § 6 ME-
PolG u. unten Rn 314) ausdrücklich eine Gefahr (sogar eine qualifizierte Gefahr) verlangen.
Nach richtiger Auffassung können die polizeirechtlichen Notstandsbestimmungen damit nur
dann – und zwar unmittelbar – angewendet werden, wenn der Gefahrenverdacht sich bereits als
Gefahr darstellt, es aber unklar ist, ob die in Anspruch genommene Person für die Gefahr verantwortlich ist[177].

Ferner lassen sich Gefahrerforschungseingriffe auch nicht auf **Gewohnheitsrecht** stützen[178]. Es **89b**
erscheint bereits fraglich, ob dieses – seine Existenz unterstellt – dem Gesetzesvorbehalt genügte.
Zudem fehlt es aber auch an den Voraussetzungen für die Bildung von Gewohnheitsrecht, zumal
unklar bliebe, in welchem Umfang dieses zu Gefahrerforschungseingriffen ermächtigte.

---

171 Dahin tendierend *Losch*, DVBl 1994, 781 ff u. *Götz*, Rn 155; vorsichtiger *Di Fabio*, DÖV 1991,
629 ff; **krit.** demgegenüber *Wolfgang/Hendricks/Merz*, NW, Rn 260.

172 Dementsprechend beziehen sich die Entscheidungen BVerwGE 67, 99 ff und 81, 84 ff auf die Leistungsverwaltung.

173 Etwas anderes wäre nur dann anzunehmen, wenn die polizeigesetzlichen Regelungen im Hinblick
auf grundrechtliche Schutzpflichten (dazu *Isensee*, Grundrecht auf Sicherheit, 1983, S. 34 ff;
Schenke, FS E. Lorenz, 1994, S. 473, 492 ff) lückenhaft und verfassungswidrig wären (vgl hierzu
Lücke, Vorläufige Staatsakte, 1991, S. 229). Dies ist aber nicht der Fall, weil der Gefahrenbegriff zumindest verfassungskonform interpretiert werden kann. Von einer solchen verfassungskonformen Interpretation geht auch *Seibert*, Die Bindungswirkung von Verwaltungsakten, 1988, S. 562, aus, auf
den sich *Di Fabio*, DÖV 1991, 636 beruft.

174 So auch zutreffend *Wapler*, DVBl 2012, 86, 88 ff.

175 *Kniesel*, DÖV 1997, 905, 907 f; **krit.** hierzu auch *Pils*, DÖV 2008, 941, 947.

176 S. allgemein zu dieser Problematik BVerfG, DVBl 1997, 351 mit Anm. *Schwabe*.

177 Vgl *Schenke/Ruthig*, VerwArch. Bd. 87 (1996), 359 f, u. unten Rn 251 ff.

178 **AA** – für eine gewohnheitsrechtliche Rechtsgrundlage – *Kickartz*, Ermittlungsmaßnahmen zur Ge-
fahrenerforschung und einstweilige polizeiliche Anordnungen, 1984, S. 253 ff; **krit.** wie hier dagegen *Pils*, DÖV 2008, 941, 947.

90 Häufig wird schließlich aus dem **Untersuchungsgrundsatz** (§ 24 LVwVfG) eine **Pflicht** abgeleitet, behördliche Gefahrerforschungsmaßnahmen **zu dulden**[179]. Auch diese Auffassung ist problematisch und im Ergebnis abzulehnen. Ein Eingriff in Rechte des Betroffenen liegt auch dann vor, wenn ihm Duldungspflichten auferlegt werden, so zB, wenn der Betroffene bei Gefahrerforschungsmaßnahmen das Betreten seiner Geschäftsräume oder von Produktionsanlage dulden muss, was ihn uU sogar zu einer vorübergehenden Stillage der Produktionsanlagen zwingt. Richtig ist zwar, dass die Behörde häufig ohne Duldung des Betroffenen den Sachverhalt überhaupt nicht aufklären und nach § 24 I 2 LVwVfG Art und Umfang ihrer Ermittlungen selbst bestimmen kann. Der Gesetzgeber hat sich aber in § 26 II LVwVfG gerade gegen eine Mitwirkungspflicht entschieden. Der Bürger **soll** zwar an der Erforschung des Sachverhalts mitwirken. Wenn er dies aber trotz „Aufforderung"[180] verweigert, können Zwangsmittel, mit denen seine Mitwirkung (auch in Form der Duldung) erzwungen werden soll, nur bei Vorliegen einer ausdrücklichen gesetzlichen Ermächtigungsgrundlage angewendet werden. § 26 II LVwVfG enthält nur eine bloße **Mitwirkungsobliegenheit**[181]. Wenn der Bürger dieser Obliegenheit nicht nachkommt, ermächtigt § 26 II LVwVfG die Behörde nicht zur Anwendung von Zwangsmitteln. Die Behörde kann allerdings aus der Verletzung der Obliegenheit im Rahmen der Beweiswürdigung negative Schlüsse ziehen[182]. Dies kann im Polizeirecht bedeuten, dass die Behörde nunmehr bei verständiger Würdigung der Sachlage davon ausgehen kann, dass eine Gefahr vorliegt, und ihr weiteres Handeln auf die polizeirechtlichen Eingriffsermächtigungen stützen darf[183]. Zu weit reichte es allerdings, bei einer Verletzung der Mitwirkungsobliegenheit generell anzunehmen, dass dadurch die öffentliche Sicherheit verletzt, namentlich die Funktionsfähigkeit des Staates beeinträchtigt werde. Diese Annahme setzte nämlich voraus, dass das Unterlassen eines Verdächtigen, an der Aufklärung des Sachverhalts mitzuwirken, Pflichten verletzte. Dadurch würde aus der Mitwirkungsobliegenheit nach § 26 II (L)VwVfG eine Mitwirkungspflicht. Das widerspräche dem Willen des Gesetzgebers, der eine Mitwirkungsobliegenheit als ausreichend ansah, um die Funktionsfähigkeit der Verwaltung zu sichern. Diese gesetzgeberische Entscheidung darf nicht unter Rückgriff auf das wenig konturenscharfe Rechtsgut der staatlichen Funktionsfähigkeit überspielt werden (so auch *Wolffgang/Hendricks/Merz*, NW, Rn 263). Damit bleibt es dabei, dass die Polizei **vor dem Eintreten einer konkreten Gefahr** grundsätzlich – dh sofern nicht eine spezialgesetzliche Regelung einschlägig ist[184] – **mangels Rechtsgrundlage nicht zu Eingriffen in Rechte des Bürgers ermächtigt** ist und ihm insbesondere auch ein Dulden nicht aufgeben darf.

91 Die hier vertretene Ansicht scheint in den Fällen des Gefahrenverdachts zu unbefriedigenden Konsequenzen zu führen. Zwar ist auch nach der hier vertretenen Ansicht keineswegs jeder Gefahrerforschungseingriff rechtswidrig, denn ein solcher Eingriff kann rechtlich nicht beanstandet werden, wenn **tatsächlich** – wenngleich für die Polizei- bzw Ordnungsbehörde zunächst nicht ersichtlich – mit hinreichender Wahrscheinlichkeit ein **Schaden drohte** (Rn 79a). In diesem Fall be-

---

179 Vgl *Breuer*, NVwZ 1987, 751, 755 mwN in Fn 41; *Kugelmann*, 5. Kap., Rn 131; *Ruthig*, RhPf, § 4, Rn 44; *Schoch*, JuS 1994, 670; *Tettinger/Erbguth/Mann*, Rn 480. In der Rechtsprechung zB *OVG Koblenz*, NVwZ 1992, 499, 501; *VGH Kassel*, NVwZ 1993, 1009, 1010; **krit.** *Schenke*, FS Friauf, 1996, S. 464; *Dietlein*, NW, Rn 64; *Kniesel*, DÖV 1997, 905, 907; *Möller/Warg*, Rn 109; *Wolffgang/ Hendricks/Merz*, NW, Rn 261. *Petri*, DÖV 1996, 443, 447 möchte die §§ 24 ff LVwVfG neben der Generalklausel heranziehen. Dies geht aber daran vorbei, dass die Generalklausel hier gerade nicht anwendbar ist und die §§ 24 ff LVwVfG keine Ermächtigungsgrundlage darstellen. Damit kann auch die Kombination dieser Rechtsvorschriften dem Gesetzesvorbehalt nicht genügen.

180 Diese ist kein Verwaltungsakt, *Schenke*, Verwaltungsprozessrecht, Rn 200.

181 *Kallerhoff*, in: Stelkens/Bonk/Sachs, VwVfG, § 26, Rn 46 mwN; *OVG Bautzen*, SächsVBl. 1994, 107.

182 *Schenke*, Verwaltungsprozessrecht, Rn 200; *ders.*, Beamtenrecht, 2. Aufl. 1990, 19 ff.

183 Wenn eine Anscheinsgefahr (und damit eine echte Gefahr) vorliegt, ist die Polizei nicht notwendigerweise auf Gefahrerforschungsmaßnahmen bzw die Auferlegung von Duldungspflichten beschränkt. Eine solche Limitierung kann sich nur aus dem Gesichtspunkt der Verhältnismäßigkeit ergeben.

184 Vgl etwa § 9 I Nr 1 iVm § 8 BWBodSchG.

stand von Anfang an eine konkrete Gefahr. Es bleibt allerdings das Problem, dass die Polizei bei einem Gefahrerforschungseingriff in einem Gefahrenverdachtsfall nicht weiß, ob tatsächlich eine Gefahr besteht oder nicht und ob damit ihr Verhalten ggf. rechtswidrig ist. Jedoch sind solche Fälle in praxi recht selten. Wenn nämlich bei einem Gefahrerforschungseingriff ein Schaden für ein **besonders hochwertiges Rechtsgut** droht, reicht bereits eine verhältnismäßig **geringe Wahrscheinlichkeit des Schadens** aus, um eine **Gefahr zu begründen**. Deshalb besteht in vielen so genannten „Verdachtsfällen" in Wahrheit gerade nicht nur ein Gefahrenverdacht, sondern bereits eine Gefahr, die Gefahrerforschungseingriffe erlaubt. Dies gilt umso mehr, als die **Gefahrenschwelle noch zusätzlich herabgesetzt** wird, wenn der Polizei **keine ausreichende Zeit zur Sachverhaltsaufklärung bleibt** (oben Rn 77). In den (wenigen) echten Gefahrenverdachtsfällen, die nach dem Gesagten noch verbleiben, müssen Gefahrerforschungseingriffe allerdings in der Tat vom Gesetzgeber ausdrücklich geregelt werden. Dies ist für den besonders bedeutsamen Fall des Schutzes vor schädlichen Bodenveränderungen in § 9 II BBodSchG geschehen. Gerade diese Regelung macht iÜ deutlich, dass der Gesetzgeber die bisherigen Versuche, die Zulässigkeit von Gefahrerforschungseingriffen bei Fehlen einer konkreten Gefahr auch ohne eine ausdrückliche Rechtsgrundlage zu begründen, als nicht ausreichend ansieht[185].

8. Der Begriff der Störung

Ein polizeiliches Handeln ist nicht nur dann zulässig, wenn eine Gefahr besteht, sondern erst recht, wenn die Gefahr sich bereits verwirklicht hat, dh **die Minderung eines vorhandenen normalen Bestands von Rechtsgütern oder die Verletzung der vom Begriff der öffentlichen Ordnung umfassten sozialen Normen eingetreten ist und fortdauert, also eine Störung vorliegt**[186]. Auch hier reicht es aus, wenn aus der Sicht des handelnden Polizeibeamten bei verständiger Würdigung der Sachlage eine fortdauernde Beeinträchtigung zu erwarten ist (s. Rn 69; nicht überzeugend *Schwabe*, DVBl 2001, 968 f). Da die Störung einen Unterfall der Gefahr darstellt, wird sie auch dann, wenn sie nicht ausdrücklich erwähnt wird[187], von der Generalklausel erfasst[188]. Die Maßnahmen, die der Beseitigung der Störung dienen, haben **repressiven** Charakter – anders als die Maßnahmen zur **Gefahrenabwehr im engeren Sinne**, die einen **präventiven** Charakter aufweisen. Soweit die Störung mit einem Verstoß gegen Strafgesetze verbunden ist[189], kann die Polizei nicht nur sicherheitspolizeilich, sondern auch zur Strafverfolgung tätig werden. Sicherheitspolizeiliches Handeln soll das strafbare Verhalten unterbinden. Strafverfolgungsmaßnahmen sollen ein gerichtliches Strafverfahren ermöglichen und vorbereiten. Wenn allerdings eine Straftat bereits beendet ist und sich aus ihr keine fortdauernde rechtswidrige Minde-

92

---

185   Der Sache nach wie hier *Knemeyer*, Rn 96, der zwar einen (zumindest auch) Gefahren umfassenden Gefahrenverdachtsbegriff zu Grunde legt, dabei aber in Übereinstimmung mit der hier vertretenen Ansicht davon ausgeht, dass Gefahrerforschungseingriffe nur beim Vorliegen einer konkreten Gefahr zulässig sind.

186   S. dazu *Drews/Wacke/Vogel/Martens*, § 13, 1.

187   Erwähnt wird die Störung in § 1 I BWPolG; Art. 6 BayLStVG; § 3 I HambSOG; § 176 I Nr 1 SchlH-VwG; s. auch Art. 11 II Nr 3 BayPAG.

188   Die Begründung zu § 8 I MEPolG – der Generalklausel – führt dazu aus: „Zur Abwehr einer Gefahr in diesem Sinne gehört auch … die Beseitigung einer bereits eingetretenen Störung … Eine Störung ist nämlich unter dem Gesichtspunkt präventiven Handelns der Polizei nur dann relevant, wenn von ihr eine in die Zukunft wirkende Gefährdung ausgeht. Dann aber liegt eine Gefahr … vor, sodass die ‚Beseitigung einer bereits eingetretenen Störung' nicht besonders erwähnt zu werden braucht."

189   Entsprechendes gilt bei einem Verstoß gegen Ordnungswidrigkeitstatbestände.

rung von Rechtsgütern ergibt, darf die Polizei (mangels noch bestehender Störung) nur noch unter dem Gesichtspunkt der Strafverfolgung bzw ggf der Verfolgung von Ordnungswidrigkeiten handeln. Eine Störung fehlt zB bei einem abgeschlossenen Verstoß gegen Geschwindigkeitsvorschriften. Dagegen kann zB nach Beendigung eines Diebstahls weiterhin eine Störung vorliegen, wenn zB das Diebesgut sicherheitspolizeilich für den Eigentümer sichergestellt werden soll.

9. Das Ermessen der Polizei

93   Die Polizei- und Ordnungsbehörden sind nicht stets zum Handeln verpflichtet, wenn die Tatbestandsvoraussetzungen der polizei- und ordnungsrechtlichen Generalklauseln gegeben sind. Im Bereich der Gefahrenabwehr gilt für das Handeln dieser Behörden vielmehr das **Opportunitätsprinzip**[190, 191], welches sowohl der Generalklausel als auch idR polizeirechtlichen Spezialermächtigungen zu Grunde liegt. Dies unterscheidet die Gefahrenabwehr von der Strafverfolgung. Im Bereich der Strafverfolgung ist die Polizei gem. § 163 I 1 StPO grundsätzlich zur Erforschung und Aufklärung von Straftaten verpflichtet (sog. Legalitätsprinzip)[192].

94   Das **Ermessen**, das den Polizei- und Ordnungsbehörden bei der Gefahrenabwehr eingeräumt wird, ist **zweistufig**. Ein Ermessen besteht zum einen grundsätzlich bezüglich der Frage, ob die Polizei überhaupt tätig wird (**„Ob" des Handelns – sog. Entschließungsermessen**). Es besteht zum anderen bezüglich der Frage, welche Maßnahmen die Polizei trifft, nachdem sie sich grundsätzlich zum Handeln entschlossen hat (**„Wie" des Handelns – sog. Auswahlermessen**). Ein Verhalten der Polizei- und Ordnungsbehörden, das sich innerhalb dieses Ermessensspielraums bewegt, ist rechtmäßig und muss von den Gerichten respektiert werden. Die Gerichte dürfen insbesondere nicht darüber entscheiden, ob das Verhalten zweckmäßig war. Ein Verhalten, das zwar unzweckmäßig ist, sich aber innerhalb des Ermessensspielraums bewegt, ist objektiv rechtmäßig und verletzt damit keine subjektiven Rechte.

95   In der Literatur wird zT die Ansicht vertreten, selbst Ermessensentscheidungen der Verwaltung müssten in vollem Umfang gerichtlich überprüfbar sein[193]. Diese Auffassung überzeugt nicht. Sie beachtet zu wenig, dass das Gewaltenteilungsprinzip (Art. 20 II GG) die Eigenständigkeit der Verwaltung garantiert und – damit korrespondierend – die Befugnisse der Judikative begrenzt[194]. Gemäß den Grundsätzen, die allgemein für die Kontrolle von Ermessensentscheidungen gelten (s. § 114 VwGO), dürfen die Gerichte lediglich kontrollieren, ob die Polizei- und Ordnungsbehörden bei der Ausübung ihres Ermessens ihre rechtlichen Bindungen respektiert haben. Es kann

---

190   S. zB § 3 BWPolG; Art. 5 I BayPAG, Art. 7 II BayLStVG; § 12 I BerlASOG; § 4 I BrandPolG, § 15 BrandOBG; § 4 I BremPolG; § 3 I HambSOG; § 5 I HessSOG; § 14 MVSOG; § 5 I NdsSOG; § 3 I NWPolG, § 16 NWOBG; § 3 I RhPfPOG; § 3 I SaarlPolG; § 6 I SachsAnhSOG; § 3 I SächsPolG, § 9 I 1 SächsSWG; § 174 SchlHVwG; § 7 I ThürOBG; § 5 ThürPAG; § 3 I MEPolG; §§ 14 I, 16 I BPolG; § 20a I BKAG.

191   Vgl hierzu näher *Ossenbühl*, DÖV 1976, 463 ff; *Schmatz*, Die Grenzen des Opportunitätsprinzips im heutigen deutschen Polizeirecht, 1966; *Waechter*, VerwArch. Bd. 88 (1997), 298 ff.

192   Dagegen gilt das Opportunitätsprinzip gem. § 53 OWiG bei der Verfolgung von Ordnungswidrigkeiten (Rn 428).

193   So zB *H.H. Rupp*, NJW 1969, 1273 ff.

194   Vgl hierzu näher *Schenke*, in: Bonner Kommentar (Drittbearb.), GG, Art. 19 IV, Rn 496 ff.

also nur überprüft werden, ob sie ihr Ermessen überhaupt ausgeübt haben **(Verbot des Ermessensnichtgebrauchs)**, ob sie es überschritten **(Ermessensüberschreitung)** oder ob sie davon in einer dem Zweck der Ermächtigung nicht entsprechenden Weise Gebrauch gemacht haben[195] **(Ermessensfehlgebrauch)**.

Ein **Ermessensnichtgebrauch** liegt dann vor, wenn die Polizei- oder Ordnungsbe- **96** hörde gar **nicht erkannt hat, dass die Tatbestandsvoraussetzungen einer polizeirechtlichen Ermächtigungsnorm gegeben** sind. Dies ist insbesondere dann zu bejahen, wenn sie auf Grund eines tatsächlichen Irrtums (Sachverhaltsirrtums) oder auf Grund einer rechtlich fehlerhaften Bewertung eines richtig erkannten Sachverhalts (Rechtsirrtums) gar nicht weiß, dass eine Gefahr für die öffentliche Sicherheit besteht und sie nach ihrem Ermessen Maßnahmen ergreifen kann.

Beispiel: Eine Polizeiverordnung schreibt für bestimmte Hunderassen einen Maulkorbzwang vor. Ein Hundehalter missachtet dieses Verbot beim Gassigehen mit seinem Hund. Ein Polizeibeamter bemerkt dies, schreitet aber nicht ein, weil er über die Rasse des Hundes irrt oder weil er irrtümlich annimmt, dass sich die Polizeiverordnung nicht auf die Rasse des Hundes erstreckt.

Ein Ermessensnichtgebrauch liegt außerdem dann vor, wenn die Behörde **fälschlich annimmt, zum Handeln verpflichtet** zu sein, obwohl ihr ein **Ermessensspielraum zusteht**.

Eine **Ermessensüberschreitung** ist dann anzunehmen, wenn die Behörde eine von **97** der Rechtsordnung **im Ergebnis missbilligte Entscheidung** trifft. Das ist dann der Fall, wenn zwar die Tatbestandsvoraussetzungen für ein polizeiliches Handeln vorliegen, die von der Polizei- bzw Ordnungsbehörde in concreto vorgenommene Maßnahme aber nicht mehr durch die Ermächtigungsnorm gedeckt ist.

Beispiel: Eine verwaltungsvollstreckungsrechtliche Regelung sieht vor, dass die Behörde bei Nichtbefolgung eines Verwaltungsakts ein Zwangsgeld zwischen 20 und 500 EUR verhängen darf. Die Behörde setzt aber ein Zwangsgeld in Höhe von 1000 EUR fest.

Darüber hinaus können andere Rechtsvorschriften, insbesondere **Grundrechte**, zu einer **Ermessensschrumpfung (Ermessensreduktion)** führen. Wenn die Behörde die Grenzen dieses so verengten Ermessensspielraums missachtet, hat dies eine Ermessensüberschreitung zur Folge. Besondere Bedeutung haben in diesem Zusammenhang der Gleichheitssatz, der eine **Selbstbindung der Verwaltung** begründet, und das **Übermaßverbot** (s. Rn 331 ff). Eine Ermessensreduktion können darüber hinaus die in den **Grundrechten angelegten Schutzpflichten** des Staates bewirken, insbesondere unter dem Gesichtspunkt des **Untermaßverbots**, wenn **besonders hochwertige Rechtsgüter** gefährdet sind und die Schädlichkeitsgrenze überschritten wird (dazu unten Rn 101).

Beispiel: Die Polizei erfährt, dass ein Hund gefährlich ist und schon mehreren Personen schwere Bissverletzungen zugefügt hat. Sie bleibt dennoch untätig und schreitet gegenüber dem Hundehalter nicht ein (indem sie zB eine Maulkorbpflicht anordnet). Dieses Verhalten stellt eine Ermessensüberschreitung dar.

---

195 Vgl hierzu ausführlich *Schenke*, in: Bonner Kommentar (Drittbearb.), GG, Art. 19 IV, Rn 514.

Eine Ermessensreduzierung wird zT auch aus dem Gesichtspunkt der Folgenbeseitigung abgeleitet (dazu unten Rn 321 f).

98   Ein **Ermessensfehlgebrauch** liegt zum einen dann vor, wenn die Polizei- oder Ordnungsbehörde sich bei ihrer Entscheidung von **sachfremden Erwägungen** leiten ließ, die vom Gesichtspunkt der Gefahrenabwehr nicht mehr gedeckt sind (**Ermessensmissbrauch**).

Beispiel: Die Polizei geht nur deswegen gegen Personen vor, die unter Missachtung öffentlich-rechtlicher Vorschriften zelten, weil sie das heimische Beherbergungsgewerbe fördern möchte.

Ein Ermessensfehlgebrauch ist zum anderen dann gegeben, wenn die Behörde bei ihrer Willensbildung wesentliche, für die Ermessensentscheidung **relevante Aspekte nicht berücksichtigte (Ermessensdefizit)** oder nicht in einer Weise gewichtete, die ihrer Bedeutung entsprach (**Ermessensdisproportionalität**).

Beispiel: Eine polizeiliche Allgemeinverfügung spricht undifferenziert für einen größeren Personenkreis Verbote aus, ohne auf die Besonderheiten des Einzelfalls abzustellen. Sie statuiert zB ein Aufenthaltsverbot für einen näher bezeichneten Bereich, das für alle „offenkundig der Drogenszene zuzurechnenden Personen"[196] oder für „Personen, die der so genannten Punkszene zuzuordnen sind"[197], gilt.

a)   Das Entschließungsermessen

99   Wenn eine Gefahr für die öffentliche Sicherheit oder Ordnung gegeben ist, haben die Polizei- und Ordnungsbehörden nach herrschender und zutreffender Auffassung zunächst nach ihrem Ermessen zu entscheiden, ob sie handeln wollen.

In der Literatur wird demgegenüber zT – so von *Knemeyer*[198] – die Ansicht vertreten, ein Entschließungsermessen bestehe nicht. Die Polizei sei vielmehr zum Handeln verpflichtet. Dieser Auffassung kann nicht gefolgt werden. Dass der Polizei Aufgaben zugewiesen werden, bedeutet nicht, dass sie dadurch zum Handeln verpflichtet wird. Vielmehr ist sie lediglich dazu verpflichtet, beim Vorliegen von Gefahren in ermessensfehlerfreier Weise **zu überprüfen, ob sie einschreitet**. Aus dem Umstand, dass die Polizei beim Vorliegen von Gefahren verpflichtet ist zu prüfen, ob sie einschreitet, lässt sich noch nicht ableiten[199], dass die Polizei kein Ermessen besitzt. Eine solche Prüfungspflicht besteht nämlich bei jeder behördlichen Ermessensentscheidung. Wenn die Behörde auf eine Prüfung verzichtete, läge deshalb ein rechtswidriger Ermessensnichtgebrauch vor (Rn 96). Das Entschließungsermessen lässt sich auch nicht über die Rechtsfigur des „intendierten Ermessens" einschränken, die das *BVerwG*[200] in

---

196   Dazu *VGH Mannheim*, VBlBW 1997, 66, 67; *Haseloff-Grupp*, VBlBW 1997, 161, 162; *Deger*, VBlBW 2004, 96, 97 f.
197   *VGH Mannheim*, NVwZ 2003, 115, 116.
198   VVDStRL Bd. 35 (1977), 221, 236 ff; krit. hierzu *Martens*, DÖV 1982, 89, 97, der darauf hinweist, dass sich auf der Basis dieser Auffassung ein permanentes Vollzugsdefizit ergeben müsste.
199   Missverständlich insoweit *Knemeyer*, Rn 129 f.
200   Vgl *BVerwGE* 72, 1, 6; krit. demgegenüber *Maurer*, AllgVerwR, § 7, Rn 12 u. *Volkmann*, DÖV 1996, 282, 285 ff; s. hierzu näher *Kopp/Schenke*, VwGO, § 114, Rn 21b. S. zum intendierten Ermessen *Beuermann*, Intendiertes Ermessen, 2002; *Pabst*, VerwArch. Bd. 93 (2002), 540 ff.

anderem Zusammenhang benutzt, um Ermessensspielräume einzuschränken. Ein solches „intendiertes Ermessen" läge nur dann vor, wenn die Auslegung der polizeirechtlichen Bestimmungen ergäbe, dass jene für den Regelfall eine bestimmte Entscheidung vorsehen. Dies ist aber gerade nicht der Fall. Ein „intendiertes Ermessen" zu bejahen, mündete deswegen hier in einen Zirkelschluss.

Es ist deshalb festzuhalten, dass ein Nichthandeln der Polizei rechtmäßig sein kann, obwohl eine Gefahr oder Störung für die öffentliche Sicherheit oder Ordnung vorliegt. Aus diesem Grund **verbietet sich eine Polizeistrategie**, die sich an das in New York entwickelte Konzept des „High Performance Policing" anlehnt und nach dem Motto **„zero tolerance"** ein Einschreiten bei jedem Rechtsverstoß fordert[201]. Ansätze zu einer solchen Strategie finden sich in der „Aktion Sicherheitsnetz" (ASN), die zT als deutsche Kopie und Variante des amerikanischen „Community Policing" (CP) bezeichnet wurde[202]. Diese Strategien beruhen auf den experimental-psychologischen Erkenntnissen der sog. **„broken windows" – Theorie**. Danach sollen geringfügige Delikte, die nicht geahndet werden (zB das Zerstören von Fenstern eines verlassenen Gebäudes), die Hemmschwelle für weitere, auch schwerwiegendere Delikte senken. Die Forderung, gegen jeden Rechtsverstoß vorzugehen, bedeutet eine **faktischen Preisgabe des Opportunitätsprinzips** und ist mit den verfassungsrechtlichen Grenzen, die das Übermaßverbot (Rn 331 ff) setzt, unvereinbar.

Der Ermessensspielraum der Polizei kann sich allerdings im Einzelfall so weit reduzieren, dass ein Nichthandeln rechtswidrig wäre und sie einschreiten muss. Eine solche **Ermessensschrumpfung auf Null** nehmen die Rechtsprechung und die Literatur[203] – ähnlich wie früher schon *W. Jellinek* – jedenfalls dann an, wenn eine Gefahr oder Störung für die öffentliche Sicherheit oder Ordnung so schädlich ist, dass sie die Grenzen der noch tolerierbaren Schädlichkeit überschreitet (**sog. Schädlichkeitsgrenze**). Diese vage Formel lässt allerdings offen, unter welchen Umständen dies der Fall ist, unter welchen Umständen mithin – in eine moderne Terminologie übersetzt – die polizeiliche Untätigkeit gegen das Untermaßverbot verstößt (s. hierzu auch Rn 104). Nach *Jellinek*[204] soll die Schädlichkeitsgrenze überschritten sein, „wenn die Polizei nach gesellschaftlichen Anschauungen einschreiten muss". Diese Formel liefert einen Gesichtspunkt für die Entscheidung, ob eine Handlungsverpflichtung besteht. Sie bietet aber für sich gesehen schon deshalb kein taugliches Abgrenzungskriterium, weil die gesellschaftlichen Anschauungen allein keine normative Kraft haben. Ob die Schädlichkeitsgrenze überschritten ist, dürfte richtigerweise in erster Linie davon abhängen, welchen **Wert das bedrohte Rechtsgut hat**[205], aber auch davon, wie intensiv die Gefahr ist[206] und mit welchen Risiken das polizeiliche Handeln verbunden

100

---

201 Dazu *Erbel*, DVBl 2001, 1714, 1722; s. auch *Dolderer*, NVwZ 2001, 113 ff; *Kugelmann*, 10. Kap., Rn 6; *Volkmann*, NVwZ 1999, 225 ff.
202 *Erbel*, DVBl 2001, 1714, 1722.
203 *Wolff/Bachof*, Verwaltungsrecht III, § 125, Rn 36; s. auch *Di Fabio*, VerwArch. Bd. 86 (1995), 214, 220 ff.
204 *Jellinek*, Verwaltungsrecht, 3. Aufl. 1931, § 20 III 2b.
205 *Poscher/Rusteberg*, JuS 2011, 1082, 1086.
206 Je intensiver die Gefährdung ist, umso mehr verengt sich der behördliche Ermessensspielraum, vgl *OVG Münster*, NVwZ 1983, 101, 102.

ist[207]. Von Bedeutung für die Ermessensausübung kann es auch sein, wenn das polizeiliche Einschreiten **keinen nennenswerten Aufwand** erfordert und dabei keine anderen polizeilichen Pflichten vernachlässigt werden müssen[208]. Von Bedeutung kann es zB ferner sein, dass das drohende rechtswidrige Verhalten strafbar ist und dass ggf. – bei einem Antragsdelikt – ein Strafantrag gestellt wurde (Rn 55).

101 Eine **Handlungsverpflichtung** der Polizei- und Ordnungsbehörden besteht regelmäßig, wenn **besonders hochwertige Rechtsgüter**, wie Leben und Gesundheit, bedroht werden. So sah es die Rechtsprechung zu Recht als rechtswidrig an, dass es die Polizei unterließ, vor einer 5 km langen Ölspur zu warnen[209] oder Minen in einem Garten zu beseitigen[210]. Eine Handlungsverpflichtung besteht auch bei einem unfreiwillig Obdachlosen, dem die Polizei unter dem Aspekt des Gesundheitsschutzes eine Unterkunft zur Verfügung stellen muss[211]. Eine solche Verpflichtung existiert ferner grundsätzlich, wenn bedeutende Vermögenswerte beeinträchtigt werden.

In der neueren Literatur zeichnet sich eine Tendenz ab, den Kreis der Fälle, bei denen die Polizei- und Ordnungsbehörden handeln müssen, noch weiter auszudehnen. Dieser Tendenz ist zu widersprechen. So überzeugt es nicht, wenn nach Auffassung von *Götz*[212] die Polizei nur dann nicht zum Handeln verpflichtet sein soll, wenn wegen der Begrenzung ihrer personellen und sachlichen Mittel die Gefahrenbekämpfung im Einzelfall zeitlich und räumlich mit der Behebung gravierender Gefahren kollidiert, wenn es sich um Bagatellen handelt oder wenn der Schutz der Sicherheit und Ordnung auch ohne ihr Einschreiten auf andere Weise gewährleistet ist. Diese Ansicht liefe in praxi darauf hinaus, dass die Polizei im Regelfall zum Handeln verpflichtet wäre[213]. Dies wäre jedoch gesetzeswidrig, denn wenn der Gesetzgeber die Polizei im Regelfall zum Handeln hätte verpflichten wollen, hätte er eine Sollvorschrift gewählt. Überdies wird bei dieser Ausdehnung der polizeilichen Handlungsverpflichtung zu wenig beachtet, dass dadurch auch die Interessen derjenigen tangiert werden, in deren Rechtssphäre eingegriffen wird, um die Gefahr zu bekämpfen.

Eine Handlungspflicht der Polizei- und Ordnungsbehörden kann sich aus europäischem Gemeinschaftsrecht ergeben. Dieses kann dazu verpflichten, mit polizeilichen Mitteln gegen Störungen des freien Warenverkehrs (zB bei Straßenblockaden) vorzugehen[214].

b) Das Auswahlermessen

102 Wenn sich die Polizei- und Ordnungsbehörden zum Einschreiten entschlossen haben, bedeutet dies idR noch nicht, dass sie eine ganz bestimmte Maßnahme ergreifen müssen. **Meist kommen vielmehr verschiedene Mittel für die Gefahrenbekämpfung**

---

207 Zu diesem Gesichtspunkt iVm Hausbesetzungen *Schlink*, NVwZ 1982, 529, 532 ff; *VG Berlin*, NJW 1981, 1748 f; krit. hierzu *Martens*, DÖV 1982, 89, 97, im Hinblick darauf, dass hier die Durchsetzung des Rechts zur Disposition der Rechtsunterworfenen gestellt werde. Rechtswidrig ist es aber jedenfalls, wenn aus Gründen politischer Opportunität permanent Rechtsbrüche zugelassen werden.
208 S. auch *Schoch*, Rn 160.
209 *BGH*, VRS 7, 87 ff.
210 *BGH*, VerwRspr 5, 319 ff.
211 *OVG Lüneburg*, NVwZ 1992, 502 f; *OVG Berlin*, NJW 1980, 2484; *Erichsen/Biermann*, Jura 1998, 371, 375; *Rachor*, in: L/D, E, Rn 749; *Ruder*, NVwZ 2011, 1283, 1286.
212 *Götz*, § 11, Rn 4; krit. hierzu auch *Möller/Warg*, Rn 156.
213 In der dritten Fallgruppe, die *Götz* nennt, gesteht er der Polizei iÜ faktisch ohnehin keinen Ermessensspielraum zu. In dieser Fallgruppe verböte nämlich das Subsidiaritätsprinzip ohnehin meist ein polizeiliches Einschreiten.
214 *EuGH* Slg. 1997, I-6959; dazu *Göppl*, VBlBW 2002, 1, 4 f; *Lindner*, JuS 2005, 302, 306 f; *Szczekalla*, DVBl 1998, 219 ff.

in **Betracht**[215], deren Einsatz in zulässiger Weise ua durch **polizeitaktische Erwägungen** bestimmt sein kann. Dies gilt insbesondere für den Zeitpunkt des Einschreitens. Rechtliche Begrenzungen ergeben sich zT aus dem Übermaßverbot (vgl näher Rn 331 ff). *Knemeyer*[216] überschätzt freilich die Tragweite dieses – für jedes Verwaltungshandeln geltenden – Grundsatzes, wenn er daraus ableitet, die Polizei- und Ordnungsbehörden besäßen kein Auswahlermessen. Umstritten ist, ob die Polizei an bestimmte Rechtsgrundsätze gebunden ist, wenn mehrere Störer eine Gefahr verursacht haben und die Polizei darüber entscheiden muss, welchen dieser Störer sie in Anspruch nimmt. Insoweit gibt es – entgegen einer zT vertretenen Auffassung – keinen allgemeinen Grundsatz, dass der Verhaltensstörer prinzipiell vor dem Zustandsstörer in Anspruch zu nehmen ist (dazu näher Rn 284 ff).

c) Der Anspruch auf ermessensfehlerfreie Entscheidung

Aus der den Polizei- und Ordnungsbehörden obliegenden Pflicht zur ermessensfehlerfreien Entscheidung über das Ob und Wie des polizeilichen Handelns folgt, dass Eingriffe in die Rechte eines Bürgers dessen grundrechtlich geschützte Freiheit verletzen, wenn sie unter Missachtung der für die Ausübung des Ermessens geltenden Grundsätze vorgenommen werden[217].   **103**

Von der – zu bejahenden – Frage, ob ein ermessensfehlerhaftes polizeiliches Handeln Rechte eines hierdurch belasteten Bürgers verletzt, ist die Frage zu unterscheiden, ob und inwieweit ein Dritter einen Anspruch auf eine ermessensfehlerfreie Entscheidung über ein polizeiliches Handeln besitzt. Aus der Pflicht zu ermessensfehlerfreier Entscheidung lässt sich noch nicht ableiten, dass einem Dritter, der durch ein polizeiliches Handeln begünstigt würde, ein subjektives Recht auf eine ermessensfehlerfreie Entscheidung über ein solches Handeln zusteht. Die bis in die 50er-Jahre ganz hM nahm an, dass polizeiliches Handeln nur im öffentlichen Interesse liege, weswegen es keine subjektiven Rechte auf ein solches Handeln gebe. Heute bejaht dagegen die überwiegende Meinung[218] **dann subjektive Rechte, wenn sich die Gefahr für die öffentliche Sicherheit oder Ordnung daraus ergibt, dass Rechtsgüter einzelner Bürger beeinträchtigt** werden. Dies ist eine Konsequenz der veränderten Stellung des Bürgers zum Staat, wie sie insbesondere im Grundrechtskatalog des GG ihren Ausdruck gefunden hat. Eine solche Anerkennung subjektiver Rechte wird vornehmlich durch die staatliche **Schutzpflicht** indiziert, die in den Grundrechten angelegt ist[219]. Die Inhaber   **104**

---

215 Vgl hierzu zB *Rasch*, § 3 MEPolG, Rn 13 ff.
216 *Knemeyer*, Rn 129 f u. 339.
217 Das ergibt sich daraus, dass jede Belastung des Bürgers in dessen Freiheitsgrundrechte eingreift. Soweit nicht ein spezielles Freiheitsgrundrecht einschlägig ist, liegt jedenfalls ein Eingriff in die allgemeine Handlungsfreiheit (Art. 2 I GG) vor. Die Freiheitsgrundrechte schützen aber nach der durch BVerfGE 6, 32, 40 ff eingeleiteten Rechtsprechung vor jedem Eingriff in ihren Schutzbereich, der nicht formell oder materiell mit der Rechtsordnung im Einklang steht.
218 Vgl hierzu *Dietlein*, DVBl 1991, 685 ff; *Martens*, JuS 1962, 245 ff; *Pietzcker*, JuS 1982, 106 ff; *Wilke*, FS Scupin, 1983, S. 831 ff; *BVerwGE* 11, 95 ff; 37, 112, 113; *OVG Münster*, NVwZ 1983, 101 f.
219 Zur Subjektivierung grundrechtlicher Schutzpflichten näher *Schenke*, FS E. Lorenz, 1994, S. 473, 495 ff m. eingeh. Nachw.; *J. Dietlein*, Die Lehre von den grundrechtlichen Schutzpflichten, 1992; *Di Fabio*, VerwArch. Bd. 86 (1995), 220 ff.

subjektiver Rechte haben einen Anspruch auf ermessensfehlerfreie Entscheidung über ein polizeiliches Einschreiten **(formelles subjektives öffentliches Recht)**, den sie im Wege der Bescheidungsklage gem. § 113 V 2 VwGO verfolgen können. Bei einer **Ermessensschrumpfung auf Null** kann der Rechtsinhaber sogar einen Anspruch auf ein polizeiliches Handeln besitzen **(materielles subjektives öffentliches Recht)**[220].

Beispiele: Die Teilnehmer einer Parteiversammlung haben einen Anspruch darauf, dass sie die Polizei vor tätlichen Angriffen durch Gegendemonstranten schützt[221]. Ein Eigentümer, der durch eine Hausbesetzung in seinem Eigentumsrecht verletzt wird, besitzt – jedenfalls im Falle eines Hausfriedensbruchs (§ 123 StGB) – im Regelfall einen Anspruch darauf, dass die Polizei das Haus räumt[222]; dies schließt es nicht aus, dass der Polizei – aus taktischen Gründen – bei der Entscheidung über den Zeitpunkt ihres Einschreitens ein Spielraum einzuräumen ist. Eine Person, die durch eine wissentliche Falschaussage gegenüber der Polizei denunziert worden ist, kann einen Anspruch darauf haben, dass ihr die Personendaten des Verleumders mitgeteilt werden[223]. Wenn die Polizei sich grundsätzlich weigert, den Schutz einer Person zu übernehmen, weil auch private Sicherheitsdienste eingesetzt werden könnten, so ist diese Entscheidung ermessensfehlerhaft (dazu Rn 474).

Lösung der Ausgangsfälle (Rn 43 ff):

105 **Fall 1:** In diesem Fall darf die Polizei einschreiten. Zwar darf sie wegen des Grundsatzes der Subsidiarität des polizeilichen Handelns (s. zB § 1 II MEPolG; § 2 II BWPolG[224]) idR nicht zum Schutze privater Rechte eingreifen. Etwas anderes gilt aber dann (s. Rn 54), wenn – wie hier – gerichtlicher Schutz nicht rechtzeitig zu erlangen ist und ohne polizeiliche Hilfe die Verwirklichung des Rechts vereitelt oder wesentlich erschwert würde (§ 1 II MEPolG[225]). Zusätzlich ergibt sich die Befugnis zum Einschreiten im vorliegenden Fall daraus, dass der Grundsatz der Subsidiarität ohnehin nicht gilt, wenn nicht nur privatrechtliche Vorschriften, sondern zugleich auch öffentlichrechtliche Normen verletzt werden. Dies trifft hier zu, weil das Verhalten des W auch Straftatbestände (Sachbeschädigung, Hausfriedensbruch) erfüllt.

106 **Fall 2:** Ein Einschreiten der Polizei könnte hier daran scheitern, dass Individualrechtsgüter – wie die Gesundheit – nur insoweit polizeirechtlich geschützt sind, wie hieran ein öffentliches Interesse besteht (s. zB § 1 I BWPolG; s. auch Rn 56 f). Ein öffentliches Interesse fehlt, wenn eine Person ihre Rechtsgüter freiwillig selbst gefährdet und damit ihr Grundrecht auf allgemeine Handlungsfreiheit ausübt. Die Polizei darf allerdings Personen vor sich selbst schützen, wenn deren Leben akut gefährdet ist. Die Polizei darf außerdem dann einschreiten, wenn eine

---

220 Eine Ermessensschrumpfung auf Null kann sich insbesondere aus dem Untermaßverbot ergeben, das den grundrechtlichen Schutzpflichten zu entnehmen ist (dazu *BVerfGE* 88, 203, 254 ff; *Isensee*, in: Isensee/Kirchhof, Handbuch des Staatsrechts V, 1992, § 111, Rn 167 und *Merten*, in: Hochschule für Verwaltungswissenschaften Speyer, Akademische Gedächtnisfeier Willi Geiger 1994, S. 15, 25 ff). Aus dem Untermaßverbot ergibt sich ein Rechtsanspruch (materielles subjektives öffentliches Recht) auf ein polizeiliches Einschreiten, wenn eine besonders schwerwiegende Beeinträchtigung grundrechtlich geschützter Rechtsgüter droht (dazu oben Rn 100 f).
221 Vgl *Broß*, DVBl 1981, 208, 213.
222 Vgl hierzu *Martens*, DÖV 1982, 89, 97 u. *Schlink*, NVwZ 1982, 529, 532 ff; sowie *VG Freiburg*, VBlBW 1987, 349 ff.
223 Vgl *VGH München*, BayVBl. 1987, 146 f.
224 Vgl auch Art. 2 II BayPAG; § 1 IV BerlASOG; § 1 II BrandPolG; § 1 II BremPolG; § 1 III HessSOG; § 1 III MVSOG; § 1 III NdsSOG; § 1 II NWPolG; § 1 III RhPfPOG; § 1 III SaarlPolG; § 1 II SachsAnhSOG; § 2 II SächsPolG; § 162 II SchlHVwG; § 2 II ThürPAG.
225 § 2 II BWPolG und § 2 II SächsPolG verlangen zusätzlich einen Antrag des Rechtsinhabers. Ein solcher Antrag wurde hier gestellt.

Person durch ihr Verhalten nicht nur ihr eigenes Leben, sondern auch das Leben Dritter gefährdet. Letzteres ist hier der Fall, weil das Verhalten des N auch das Leben von Rettungskräften gefährdet, die möglicherweise später versuchen müssten, ihn aus der überschwemmten Höhle zu retten.

Fall 3: Ein polizeiliches Einschreiten kommt hier nur unter dem Gesichtspunkt des Schutzes der öffentlichen Ordnung in Betracht. Es ist damit von vornherein nur in den Bundesländern möglich, in denen die öffentliche Ordnung ein polizeirechtliches Schutzgut ist (dazu Rn 62 ff). Verfassungsrechtliche Bedenken gegen den Schutz der öffentlichen Ordnung sind – entgegen einer in der Literatur vertretenen Auffassung – zwar grundsätzlich nicht durchschlagend. Wertvorstellungen, die Bestandteil der öffentlichen Ordnung sind, können jedoch in einer pluralistischen Gesellschaft nur mit größter Zurückhaltung angenommen werden. Ob angesichts der heutigen Wertvorstellungen im vorliegenden Fall noch ein Verstoß gegen die öffentliche Ordnung angenommen werden kann, kann hier freilich letztlich offen bleiben. Das Happening des P ist nämlich unter den Kunstbegriff zu subsumieren, der von Rspr und hM weit verstanden wird. Die Kunstfreiheit gem. Art. 5 III GG unterliegt aber keinem Gesetzesvorbehalt. Sie weist nur immanente Schranken auf und kann deshalb nur zum Schutz anderer Rechtsgüter mit Verfassungsrang eingeschränkt werden. Die öffentliche Ordnung ist kein solches Rechtsgut (dazu Rn 65 u. unten Rn 345). **107**

Fall 4: Hier ist eine Gefahr für die öffentliche Sicherheit, die ein polizeiliches Einschreiten rechtfertigt, zu befürworten. Zwar drohte objektiv kein Schaden. Aus der ex-ante-Sicht der handelnden Polizei bestand aber bei vernünftiger Würdigung der Sachlage eine hinreichende Wahrscheinlichkeit dafür, dass ein Schaden für Leib und Leben drohte, zumal in der Vergangenheit bereits terroristische Anschläge begangen worden waren (Rn 69). Hinzu kommt, dass bei so hochwertigen Rechtsgütern wie Leib und Leben ohnehin an die Wahrscheinlichkeit eines Schadenseintritts geringere Anforderungen zu stellen sind (Rn 77). Es lag damit eine als Gefahr zu qualifizierende Anscheinsgefahr vor, die ein unverzügliches polizeiliches Handeln erforderte und auch keine Zeit mehr für vorherige Gefahrerforschungsmaßnahmen ließ (Rn 80 ff, 86 ff). **108**

Fall 5: Das polizeiliche Unterlassen war rechtswidrig. Die Polizei hat schon das Subsidiaritätsprinzip falsch angewendet und übersehen, dass sie unter dem Aspekt der öffentlichen Sicherheit handeln durfte, weil die Hausbesetzungen einen Straftatbestand (Hausfriedensbruch, § 123 StGB) erfüllten. Überdies hatte R keine Möglichkeit, gegen die Hausbesetzer, die ihm namentlich nicht bekannt waren und die ständig wechselten, wirksamen zivilgerichtlichen Rechtsschutz zu erlangen. Die Polizei hat mithin schon verkannt, dass ihr ein Entschließungsermessen zustand, und dieses Ermessen folglich nicht ausgeübt. Dieser Ermessensnichtgebrauch ist ein Ermessensfehler. Zudem dürfte die strafbare Beeinträchtigung des Eigentumsrechts des H hier so schwerwiegend sein, dass die Schädlichkeitsgrenze (dazu Rn 100) überschritten und das Entschließungsermessen deswegen auf Null reduziert ist. Nur hinsichtlich des Auswahlermessens stand der Polizei noch ein Ermessensspielraum zu; insoweit war sie befugt, unter polizeitaktischen Gesichtspunkten den günstigsten Zeitpunkt für die Räumung des Hauses zu bestimmen. Da hier subjektive Rechte des R zu schützen sind, hat R grundsätzlich einen Rechtsanspruch (Rn 104) auf Räumung des Hauses. Nur hinsichtlich des Zeitpunkts der Räumung stand ihm lediglich ein Recht auf eine ermessensfehlerfreie Entscheidung zu. **109**

III. Traditionelle Standardmaßnahmen (Einzelmaßnahmen) in allgemeinen Polizei- und Ordnungsgesetzen (Standardmaßnahmen)

Ausgangsfälle:

110 **Fall 1:** Die Polizei will eine größere Menge Spargel bei dem Landwirt Land (L) beschlagnahmen. Es sprechen nämlich schwerwiegende Indizien dafür, dass dieser Spargel vergiftet ist, weil ein hochgiftiges Pflanzenschutzmittel übermäßig eingesetzt wurde.

a) Kann die Polizei den L notfalls dazu zwingen, den Spargel herauszugeben? **Rn 167**

b) Angenommen, die Polizei hätte den Spargel beschlagnahmt. Bei einer späteren Untersuchung stellt sich heraus, dass der Spargel doch nicht zu beanstanden ist. Trotzdem verweigert die Polizei dessen Herausgabe. Besteht für L eine Möglichkeit, die Herausgabe des Spargels zu verlangen? **Rn 168**

c) Hat der L einen Anspruch auf Schadensersatz, wenn der Spargel wegen unsachgemäßer Lagerung verdirbt? Wo wäre der Anspruch ggf. gerichtlich geltend zu machen? **Rn 169**

Anmerkung: Der Fall ist nach allgemeinem Polizei- und Ordnungsrecht zu lösen.

111 **Fall 2:** Die Polizei führt auf einer Bundesautobahn nachts um 23.30 Uhr eine Personenkontrolle durch. Diese Kontrolle ist dadurch veranlasst, dass in letzter Zeit wiederholt gestohlene Autos auf dieser Strecke in das Ausland überführt wurden. Unter anderem wird Fjodor (F) überprüft, der kein Deutsch spricht und ein Luxusauto mit osteuropäischem Kennzeichen fährt. Weil er sich weder durch einen Ausweis noch durch Kraftfahrzeugpapiere ausweisen kann, nimmt ihn die Polizei zur Dienststelle mit und hält ihn dort bis zur Klärung seiner Identität fest. Letzteres dauert 26 Stunden. In dieser Zeit werden auch Bildaufnahmen zu erkennungsdienstlichen Zwecken angefertigt. Wie sich später herausstellt, ist F unbescholten. Seine Ausweis- und Kfz-Papiere waren ihm unterwegs von einem Anhalter, den er vorübergehend mitgenommen hatte, gestohlen worden. F hält

a) die Identitätskontrolle, **Rn 170**,

b) sein Festhalten auf der Wache, **Rn 171**, sowie

c) die Anfertigung der Lichtbildaufnahmen, deren Vernichtung er verlangt, **Rn 172**,

für rechtswidrig und möchte wissen, welche Rechtsschutzmöglichkeiten für ihn bestehen. Wie ist die Rechtslage?

112 **Fall 3:** Der X-Platz einer Großstadt ist seit langem ein Treffpunkt für Rauschgiftsüchtige und Dealer. Die zuständige Behörde verbietet deshalb dem amtsbekannten Rauschgiftsüchtigen Rauscher (R), sich auf dem Platz aufzuhalten. Ist das Verbot rechtmäßig? **Rn 173**

113 **Fall 4:** Die Polizei durchsucht die Wohnung des bereits mehrfach wegen Hehlerei vorbestraften Horter (H), da sie H länger observiert hat und deswegen weiß, dass er bei sich eine umfangreiche Diebesbeute lagert. Die Observation wurde vom Polizeivollzugsbeamten P durchgeführt, ohne den Polizeipräsidenten einzuschalten. Die Durchsuchung der Wohnung erfolgt ohne richterliche Anordnung. H hält sowohl die Observation als auch die Wohnungsdurchsuchung für rechtswidrig. Sind die Maßnahmen rechtmäßig? **Rn 174**

Die allgemeinen Polizei- und Ordnungsgesetze enthalten eine Reihe von **Spezialer-** **114** **mächtigungen** zu Einzelmaßnahmen, die man als polizeiliche **Standardmaßnah-men** bezeichnet[226]. Einige dieser Maßnahmen, mit denen die Polizei in Freiheit und Eigentum des Bürgers eingreift, waren bereits im Preußischen Polizeirecht ausdrücklich geregelt. In den neueren Polizei- und Ordnungsgesetzen hat sich – in Anlehnung an den MEPolG – der Trend noch verstärkt, detaillierte Einzelermächtigungen zu normieren. Soweit die Polizei- und Ordnungsgesetze Einzelermächtigungen für bestimmte Maßnahmen enthalten, sind diese **Regelungen abschließend**, sodass insoweit nicht mehr auf die Generalklausel zurückgegriffen werden kann (vgl hierzu oben Rn 38).

Standardmaßnahmen sind meist als Verwaltungsakte zu qualifizieren[227, 228]. Die **115** Regelung, die für einen Verwaltungsakt erforderlich ist, liegt in der Anordnung der Maßnahmen gegenüber dem Betroffenen. Durch diese Anordnung wird der Betroffene zu einem Handeln, Dulden oder Unterlassen verpflichtet. Verwaltungsakte sind unzweifelhaft solche Standardmaßnahmen, die sich in einem Befehl (Gebot oder Verbot) erschöpfen (sog. anordnende Standardbefugnisse[229] oder Befehlsermächtigungen[230]), so zB der Platzverweis (Rn 132 ff)[231]. Verwaltungsakte sind darüber hinaus Standardmaßnahmen, die neben einer Anordnung zugleich tatsächliche polizeiliche Vollziehungshandlungen zum Gegenstand haben (sog. Ausführungsermächtigungen[232]), so zB die Durchsuchung und die Beschlagnahme (str). Bei Letzteren wird eine Regelung, die meist auf Duldung der Vollziehungshandlung gerichtet ist, mit einer **tatsächlichen Ausführungshandlung (Vollziehung)** gekoppelt. Diese Ausführungshandlung ist – isoliert betrachtet – meist ein Realakt. So verpflichtet zB die Anordnung einer Durchsuchung den Betroffenen dazu, die Durchführung der Durchsuchung zu dulden, so dass es sich um einen Verwaltungsakt handelt. Die tatsächliche Durchführung stellt dagegen einen Realakt dar[233]. Verfahrensökonomische wie auch darüber hinausreichende teleologische Gründe sprechen dafür, die betreffende Standardmaßnahme als eine einheitliche Maßnahme anzusehen, die wegen ihres Regelungselements einen Verwaltungsakt beinhaltet. Die Vollziehungshandlung ist dann nur ein Annex, der im Verhältnis zur Regelung unselbstständig ist[234].

---

226 *Götz*, Rn 278; *Kugelmann*, 6. Kap., Rn 17. Zu Standardmaßnahmen näher *Erichsen*, Jura 1993, 45 ff; *Möstl*, Jura 2011, 840 ff; *Schmitt-Kammler*, NWVBl. 1995, 166 ff.
227 AA *Schoch*, Rn 258.
228 Dies gilt zB für die Beschlagnahme. Keine Verwaltungsakte sind dagegen die Sicherstellung gem § 32 BWPolG, soweit sie in Abwesenheit des Eigentümers erfolgt und seinem Schutz dient, und die heimliche Observation, vgl unten Rn 158 u. 188.
229 So *Würtenberger/Heckmann*, BW, Rn 315.
230 So *Pieroth/Schlink/Kniesel*, § 12, Rn 10.
231 Nicht überzeugend *Heintzen*, DÖV 2005, 1038, 1040, der zwar einen Platzverweis idR auch als Verwaltungsakt qualifiziert, etwas anderes aber dann annimmt, wenn der Platzverweis gegenüber einem nicht nach § 12 I Nr 1 VwVfG Handlungsfähigen vorgenommen wird. Damit werden entweder die Rechtmäßigkeit einer Maßnahme und deren Rechtsnatur fälschlich miteinander vermengt, oder es liegt eine unmittelbare Ausführung bzw ein Sofortvollzug vor (Rn 492), die beide keine Verwaltungsakte darstellen (Rn 566 f).
232 So *Pieroth/Schlink/Kniesel*, § 12, Rn 10.
233 Ebenso *Kugelmann*, 12. Kap., Rn 10; *Poscher/Rusteberg*, JuS 2012, 26, 27; *Rachor*, in: L/D, E, Rn 49; *R. Schmidt*, Rn 121; *Hoffmann-Riem/Koch*, Hamb, S. 176.
234 Dem folgend *Poscher/Rusteberg*, JuS 2012, 26, 27.

116 In der Literatur[235] wird teilweise die Auffassung vertreten, Standardmaßnahmen, die eine Ausführungsermächtigung beinhalten (wie zB Beschlagnahme und Durchsuchung), seien nur Realakte. Diese Ansicht überzeugt nicht, weil sie ausblendet, dass **neben die Vollziehung** der Standardmaßnahme, die in der Tat einen Realakt beinhaltet, auch ein **Regelungselement** tritt. Eine solche begriffliche Verengung der Standardmaßnahme auf ihre Durchführung ist unhaltbar. Dies wird hinsichtlich der Durchsuchung zB schon an Art. 13 II GG („Anordnung" der Durchsuchung) und dessen polizeigesetzlichen Konkretisierungen deutlich. Eine Standardmaßnahme nur als einen Vollziehungsakt zu verstehen, wirkte sich außerdem zulasten des Bürgers aus, weil dann zB die Beschlagnahme oder die Durchsuchung einer Sache ohne Kenntnis des Gewahrsaminhabers möglich wären, ohne dass die Voraussetzungen eines Sofortvollzugs bzw einer unmittelbaren Ausführung vorliegen müssten (vgl hierzu unten Rn 564 ff). Die Vorschriften, die Sofortvollzug bzw unmittelbare Ausführung nur unter bestimmten Voraussetzungen zulassen, konkretisieren aber das Übermaßverbot[236, 237]. Dass die genannte Ansicht nicht überzeugt, wird zusätzlich an folgender Überlegung deutlich: Realakte sind (naturgemäß) nicht vollstreckbar. Deswegen bedürfte es nach der genannten Ansicht zusätzlich noch einer Duldungsverfügung[238], wenn der Betroffene mit der Durchführung der Standardmaßnahme nicht einverstanden wäre. Diese Duldungsverfügung wiederum müsste vom Standpunkt der hier abgelehnten Auffassung aus auf den Generalermächtigungen basieren[239] und hätte uU gänzlich andere Tatbestandsvoraussetzungen als die jeweilige Standardmaßnahme[240]. Diese Konstruktion wirkt gekünstelt und ist mit der gesetzlichen Ausgestaltung von Standardmaßnahmen schwerlich in Einklang zu bringen. Sie ist entbehrlich, wenn man – mit der hier vertretenen Auffassung – die Standardmaßnahme

---

235 *Drews/Wacke/Vogel/Martens*, § 12, 12c; *Finger*, JuS 2005, 116, 117 f; tlw auch *Schwabe*, NJW 1983, 371; für Doppelnatur *Möller/Warg*, Rn 276; krit dazu *Dolderer*, VBlBW 2003, 222; *Ruthig*, RhPf, § 4, Rn 181.

236 Vgl *Kirchhof*, in: Isensee/Kirchhof, Handbuch des Staatsrechts III, 1988, § 59 Rn 171.

237 Auch nach der hier vertretenen Auffassung dürfen Standardmaßnahmen nicht durchgeführt werden, wenn der Betroffene davon nichts weiß. Ohne Kenntnis des Betroffenen sind nur Sofortvollzug oder unmittelbare Ausführung zulässig, bei denen es sich dann um Realakte handelt. Deswegen trifft die Behauptung von *Finger*, JuS 2005, 116, 118, die hier vertretene Auffassung führe zu „dogmatischen Widersprüchen" und müsse adressatenlose Verwaltungsakte anerkennen, nicht zu.

238 **AA** *Schmitt-Kammler*, NWVBl. 1995, 166 ff und *Heintzen*, DÖV 2005, 1038, 1040 f, nach denen die polizeirechtlichen Standardbefugnisse auch die Befugnis beinhalten sollen, sie zwangsweise durchzusetzen. Dies überzeugt nicht, weil es nicht nur von allgemeinen Grundsätzen abweicht, sondern außerdem wichtige vollstreckungsrechtliche Folgen, die das Rechtsstaatsprinzip konkretisieren, ohne tragfähigen Grund umgeht. Dagegen treffend *Dolderer*, VBlBW 2003, 222, *Möstl*, Jura 2011, 840, 849 und *Finger*, JuS 2005, 116, 118. *Finger* möchte allerdings – widersprüchlich und nicht überzeugend – Standardmaßnahmen als Realakte qualifizieren und nimmt überdies fälschlich an, deren Rechtsnatur müsse genauso bestimmt werden wie die Rechtsnatur der die Anwendung unmittelbaren Zwangs. Dies verkannt, dass die Anwendung unmittelbaren Zwangs selbst eine Vollstreckungsmaßnahme ist, damit naturgemäß keiner Vollstreckung bedarf und deswegen auch kein Anlass besteht, sie als Verwaltungsakt zu qualifizieren.

239 So in der Tat *Heckmann*, Bay, Rn 306.

240 Nicht überzeugend daher *Würtenberger/Heckmann*, BW, Rn 317 (dem folgend *Neumann*, Jura 2013, 139, 144), die der Ansicht sind, zum gleichen Ergebnis müsse man auch dann kommen, wenn man die Befugnis zur Durchsetzung einer Standardmaßnahme nicht auf die betreffende Spezialermächtigung, sondern auf die polizeiliche Generalklausel stütze.

als Verwaltungsakt betrachtet, der den Betroffenen zur Duldung des mit ihr verbundenen Realakts verpflichtet.

Die Vollziehungshandlungen, die mit einigen Standardmaßnahmen – wie zB Durchsuchung und Beschlagnahme – verbunden sind, sind **keine Vollstreckungshandlungen**. Die Vollziehungshandlungen selbst brechen noch nicht den Willen eines Betroffenen, der sich einer staatlichen Anordnung entgegenstellt – wie es für Vollstreckungshandlungen charakteristisch ist[241]. Standardmaßnahmen beinhalten vielmehr nur einen Vollstreckungstitel. Wenn der Betroffene seine Pflicht verletzt, die Vollziehungshandlung zu dulden (zB indem er bei einer Wohnungsdurchsuchung die Suche nach Personen oder Sachen behindert), ermächtigt dieser Vollstreckungstitel die Polizei, den Willen des Betroffenen mit den Mitteln der Verwaltungsvollstreckung zu brechen und so die Standardmaßnahme zwangsweise durchzusetzen. Die Vollstreckung richtet sich dabei nach den einschlägigen vollstreckungsrechtlichen Vorschriften. Standardmaßnahmen unterscheiden sich insoweit nicht von anderen befehlenden Verwaltungsakten.

Teilweise wird die Ansicht vertreten[242], die Standardmaßnahmen berechtigten bereits ihrerseits (allein) zu Vollstreckungsmaßnahmen. Auch diese Auffassung ist abzulehnen. Sie führte dazu, dass wesentliche rechtsstaatliche Funktionen des Vollstreckungsverfahrens, das die Anwendung von staatlicher Gewalt an einschränkende Voraussetzungen bindet, nicht angewendet würden.

Nach der hier vertretenen Auffassung kann mithin auch bei sogenannten Ausführungsermächtigungen nicht angenommen werden, dass sie alleine schon die zwangsweise Durchsetzung erlaubten. So umfasst zB bei der Durchsuchung die Befugnis, die Wohnung zu betreten und zu durchsuchen, noch nicht das Recht, die Wohnungstür gewaltsam zu öffnen[243].

Soweit sich aus der Durchführung einer Maßnahme fortdauernde Beeinträchtigungen für den Betroffenen ergeben (so zB bei einer Beschlagnahme) und die Maßnahme rechtswidrig war, hat der Betroffene nicht nur ein Recht auf Aufhebung der Standardmaßnahme, das er mittels einer Anfechtungsklage durchsetzen kann. Darüber hinaus steht ihm auch ein **Folgenbeseitigungsanspruch** zu, den er über § 113 I 2 VwGO vereinfacht durchsetzen kann. § 113 I 2 VwGO stellt dabei keine Rechtsgrundlage für den Folgenbeseitigungsanspruch dar, sondern setzt voraus, dass es einen solche Anspruch gibt. Die Rechtsgrundlage für den Folgenbeseitigungsanspruch ist umstritten. Sie wird zT im **Prinzip der Gesetzmäßigkeit der Verwaltung (Art. 20 III GG)**, zT in **Art. 19 IV GG,** zT im **Rechtsstaatsprinzip**[244], zT in einer **Analogie zu den §§ 12, 862, 1004 BGB** zT **in der subjektiven Rechtsqualität der Freiheitsgrundrechte** gesehen[245, 246]. Letzteres

117

---

241 *Pieroth/Schlink/Kniesel*, § 12, Rn 14 qualifizieren zwar Vollziehungshandlungen als Vollstreckungsmaßnahmen. Bezeichnenderweise nehmen sie jedoch an, diese Vollziehungsmaßnahmen ermächtigten zum körperlichen Einwirken auf Personen oder Sachen nur, soweit kein Widerstand einer Person gebrochen bzw die Funktionsfähigkeit einer Sache nicht gestört werde. Der Sache nach unterscheiden sie sich damit nicht von der hier vertretenen Ansicht. Sie gehen lediglich von einem unüblichen, nicht überzeugenden Begriff der Vollstreckungsmaßnahme aus.

242 So zB *Schmitt-Kammler*, NWVBl, 1995, 166 ff.

243 S. auch *Puttler*, JA 2001, 669, 672; **aA** *Gusy*, Rn 182 und *Würtenberger/Heckmann*, BW, Rn 317. Auch die Befugnis, die Wohnung mittels eines Dietrichs zu öffnen, lässt sich – entgegen *Würtenberger/Heckmann*, BW, Rn 317 – nicht allein auf die Standardermächtigung stützen.

244 So *BVerwG*, NJW 1985, 817 ff; krit. hierzu *Bender*, VBlBW 1985, 201 ff.

245 Hierzu und zu den weiteren Begründungsversuchen näher *Schenke*, Verwaltungsprozessrecht, Rn 508; *ders.*, JuS 1990, 371 ff; *Kopp/Schenke*, VwGO, § 113, Rn 81; *Schoch*, VerwArch. Bd. 79 (1988), 32 ff; *ders.*, Jura 1993, 478 f. S. zum Folgenbeseitigungsanspruch auch *Bumke*, JuS 2005, 22 ff.

246 Ein Folgenbeseitigungsanspruch kommt nach heute hM nicht nur beim rechtswidrigen Vollzug eines Verwaltungsakts, sondern bei allen fortdauernden rechtswidrigen Beeinträchtigungen, die durch ein Verwaltungshandeln verursacht wurden, in Betracht. Zur Anwendbarkeit des Folgenbeseitigungsanspruchs auf Verwaltungsakte mit Drittwirkung s. Rn 321 ff.

erscheint am überzeugendsten. Nach der – bedenklichen – Auffassung des *BVerwG*[247] soll ein **mitwirkendes Verschulden** des Verletzten **analog § 254 BGB** dazu führen, dass der Folgenbeseitigungsanspruch gemindert, uU sogar ausgeschlossen wird. Ein Folgenbeseitigungsanspruch besteht auch dann, wenn eine polizeiliche Maßnahme erst nachträglich rechtswidrig wird, weil die Gefahrenlage, die sie ursprünglich rechtfertigte, später entfällt. Allerdings regeln insoweit meist spezialgesetzliche Rechtsgrundlagen ausdrücklich den Folgenbeseitigungsanspruch (vgl etwa § 24 I 1 MEPolG).

118 Sofern Folgenbeseitigungsansprüche nicht über § 113 I 2 VwGO gerichtlich durchgesetzt werden, kommt es für die Art und Weise des gerichtlichen Rechtsschutzes darauf an, welche Rechtsnatur die begehrte Rückgängigmachung der Vollziehung hat. Da die Vollziehung von Standardmaßnahmen (zB die Inbesitznahme einer beschlagnahmten Sache) und damit auch deren Rückgängigmachung (zB die Herausgabe der Sache) einen Realakt darstellt, ist der Rechtsschutz über eine **allgemeine Leistungsklage** zu gewähren[248] (dazu auch Rn 663 ff).

1. Die Identitätsfeststellung und die Prüfung von Berechtigungsscheinen

119 Nach § 9 I MEPolG[249] kann die Polizei die Identität einer Person feststellen[250], und zwar zur Abwehr einer Gefahr (Nr 1) oder dann, wenn sich die Person an einem der in Nr 2 näher bezeichneten Orte aufhält. § 9 I Nr 2 MEPolG bildet die wichtigste Rechtsgrundlage für eine sog. **Razzia**, dh eine planmäßig vorbereitete, überraschende Absperrung bestimmter Örtlichkeiten durch ein Polizeiaufgebot, wobei an alle Personen die Aufforderung ergeht, sich zu legitimieren, und alle Verdächtigen eingehender untersucht werden[251]. Weiterhin ist eine Identitätsfeststellung bei Personen zulässig, die sich in oder in unmittelbarer Nähe bestimmter, in § 9 I Nr 3 MEPolG aufgezählter gefährdeter Objekte aufhalten[252], wenn „Tatsachen die Annahme rechtfertigen, dass in oder an Objekten dieser Art Straftaten begangen werden sollen, durch die in oder an diesen Objekten befindliche Personen oder diese Objekte selbst unmittelbar gefährdet sind". Ferner ist eine Feststellung der Identität an Kontrollstellen zulässig, die von der Polizei zum Zwecke der Verhinderung von Straftaten iSd § 111 StPO oder § 27 VersG eingerichtet wurden (§ 9 I Nr 4 MEPolG; s. auch § 21 II Nr 4 BerlASOG). Voraussetzung für die Einrichtung von Kontrollstellen ist eine auf Tatsachen beruhende Einschätzung, dass Personen, die entsprechende Straftaten verüben wollen, an der Kontrollstelle festgestellt und an der Begehung von Straftaten gehindert werden können[253].

---

247 *BVerwG*, DVBl 1971, 858 ff; krit. *Schenke*, JuS 1990, 373 ff. Wenn die Leistung unteilbar ist, geht das *BVerwG* davon aus, dass sich der auf Naturalrestitution gerichtete Folgenbeseitigungsanspruch in einen Geldersatzanspruch analog § 251 BGB umwandelt. Das *BVerwG* ermöglicht auf diese Weise eine Minderung des Folgenbeseitigungsanspruchs und vermeidet die Alternative eines „Alles oder Nichts", vgl *BVerwG*, NJW 1989, 2484; krit. *Schenke*, JuS 1990, 376 ff.

248 *Tettinger/Erbguth/Mann*, Rn 578; näher hierzu auch *Schenke*, Verwaltungsprozessrecht, Rn 346 ff.

249 Ebenso oder ähnlich § 26 BWPolG; Art. 13 BayPAG; §§ 21 f BerlASOG; § 12 BrandPolG; § 11 BremPolG; § 12 HambSOG, § 4 HambPolDVG; § 18 HessSOG; §§ 29 f MVSOG; § 13 NdsSOG; § 12 NWPolG, § 24 NWOBG; § 10 RhPfPOG; § 9 SaarlPolG; § 20 SachsAnhSOG; § 19 SächsPolG, § 5 SächsSWG; § 181 SchlHVwG; § 15 ThürOBG; §§ 14 f ThürPAG; § 23 BPolG; § 20d BKAG.

250 Vgl hierzu näher *Kurth*, NJW 1979, 1377 ff; *Schwan*, AöR Bd. 102 (1977), 243 ff; *Sigrist*, JR 1976, 397 ff.

251 *Rachor*, in: L/D, E, Rn 339 ff.

252 Eine Person hält sich nicht schon dann an einem gefährlichen Ort auf, wenn sie ihn passiert. Vielmehr muss sie dort verweilen; *OVG Hamburg*, NVwZ-RR 2003, 276, 277.

253 Näher hierzu *Rachor*, in: L/D, E, Rn 347 ff.

Einige landesrechtliche Vorschriften – wie zB § 26 I Nr 4 u. 5 BWPolG – lassen eine Identitätsfeststellung auch bei solchen Personen zu, die an Kontrollstellen oder in Kontrollbereichen angetroffen werden, die zur Fahndung nach Straftätern eingerichtet wurden. Solche Vorschriften sind verfassungsrechtlich fragwürdig. Nach Polizeirecht ist eine Identitätsfeststellung nur zulässig, soweit sie zu Zwecken der Gefahrenabwehr erfolgt. Dazu zählt die Ergreifung von Straftätern nicht, wenn die Tat bereits beendet ist und sich aus ihr auch keine fortdauernde rechtswidrige Minderung von Rechtsgütern ergibt (s. Rn 92). Für eine Identitätsfeststellung zum Zweck der Strafverfolgung fehlt dem Landesgesetzgeber in diesem Fall die Gesetzgebungskompetenz, weil der Bund insoweit von seiner konkurrierenden Gesetzgebungskompetenz gem Art. 72, 74 I Nr 1 GG abschließend Gebrauch gemacht hat, wie sich aus § 6 EGStPO ergibt[254]. Soweit die Identitätsfeststellung auf die Verhinderung von Straftaten[255] zielt, bestehen zwar keine verfassungsrechtlichen Bedenken, da der Terminus „Fahndung nach Straftätern" (s. etwa § 26 I Nr 4, 5 BWPolG) einen präventivpolizeilichen Anwendungsbereich nicht generell ausschließt[256]. Insoweit ergibt sich aber die Rechtsgrundlage bereits aus § 26 I Nr 1 BWPolG, so dass § 26 I Nr 4 u 5 BWPolG bei verfassungskonformer Auslegung leerliefe[257].

In einigen Bundesländern[258] ist eine Identitätsfeststellung darüber hinaus zulässig, um **120** **die grenzüberschreitende Kriminalität** in **öffentlichen Einrichtungen** sowie auf **Durchgangsstraßen** (zB Bundesautobahnen, Europastraßen) zu bekämpfen. Bemerkenswert an diesen Vorschriften ist, dass sie **keine konkrete Gefahr verlangen**, sondern eine Identitätsfeststellung ohne eine solche Gefahr zulassen (sog. **Schleierfahndung**). Damit zusammenhängend erfordern diese Vorschriften nicht, dass es sich bei den Betroffenen um Störer handelt (s. dazu unten Rn 228).

Solche Maßnahmen, die im Vorfeld der konkreten Gefahrenabwehr stattfinden, sind **121** unter dem Gesichtspunkt des Übermaßverbots prinzipiell nicht zu beanstanden. Für ihre Zulässigkeit sprechen sachliche Gründe. Bedeutsam ist in diesem Zusammenhang, dass die Identitätsfeststellung nur vergleichbar geringfügig in Rechte des Nichtstörers eingreift (s. hierzu auch Rn 340), gleichzeitig aber erheblich zur Bekämpfung der grenzüberschreitenden Kriminalität beiträgt. Letzteres bestätigen die bisher vorliegenden polizeilichen Erfahrungen[259].

---

254 So für § 19 I Nr 6b SächsPolG aF *SächsVerfGH*, SächsVBl. 2003, 247 L.
255 Dazu können auch die Verhinderung der Fortsetzung von Straftaten sowie die Verhinderung der Beendigung bereits begangener Straftaten gerechnet werden.
256 *SächsVerfGH*, SächsVBl. 2003, 247 (amtl. Umdruck S. 54).
257 Für Verfassungswidrigkeit des § 26 I Nr 4 und 5 BWPolG auch *Kugelmann*, 7. Kap., Rn83.
258 S. zB § 26 I Nr 6 BWPolG; ähnlich Art. 13 I Nr 5 BayPAG; § 27a MVSOG; § 12 VI NdsSOG; § 14 I Nr 5 ThürPAG.
259 Wie hier *Engelken*, DVBl 2000, 269 ff; *Götz*, NVwZ 1998, 679, 683 f; *Graf*, Verdachts- und ereignisunabhängige Personenkontrollen – Polizeirechtliche und verfassungsrechtliche Aspekte der Schleierfahndung, 2006, 218 ff; *Horn*, BayVBl. 2003, 545 ff; *Kastner*, VerwArch. Bd. 92 (2001), 216, 240 ff; *Moser v. Filseck*, BWVPr 1996, 272 ff; *Pieroth/Schlink/Kniesel*, § 14, Rn 42 und *BayVerfGH*, NVwZ 2003, 1375 ff; 2006, 1284, 1285; *SächsVerfGH*, SächsVBl. 2003, 247; **aA** *Lisken*, NVwZ 1998, 22 u. *Stephan*, DVBl 1998, 81 ff und mit Einschränkungen *MVVerfG*, DVBl 2000, 262 ff (dazu im Folgenden); s. allgemein krit. zu derartigen „Vorfeldermittlungen" *O. Müller*, StrVert. 1995, 602 ff. Zur Problematik ferner *Krane*, „Schleierfahndung" – Rechtliche Anforderungen an die Gefahrenabwehr durch

Das *MVVerfG*[260] hält es dagegen für verfassungswidrig, der Polizei eine Befugnis für die Identitätsfeststellung auf Durchgangsstraßen einzuräumen, um jegliche grenz-überschreitende Kriminalität vorbeugend zu bekämpfen. Vielmehr könne eine solche Ermächtigung nur für die organisierte grenzüberschreitende Kriminalität geschaffen werden, und es müsse – anknüpfend an § 22 BPolG – gesetzlich sichergestellt werden, dass die Maßnahmen auf Grund von Lageerkenntnissen und polizeilicher Erfahrung erfolgten. Diese Auffassung überzeugt nicht. Sie überdehnt die Verfassung[261]. Dass eine Identitätsfeststellung nicht willkürlich erfolgen darf, sondern nur auf Grund sach-licher, durch polizeiliche Erfahrungen geleiteter Erwägungen[262], ergibt sich auch ohne gesetzliche Regelung aus dem Gleichheitssatz und dem Übermaßverbot. So wäre es zB unzulässig, eine Person, die offenbar als Störer ausscheidet, zwecks Identitätsfest-stellung anzuhalten. Überdies ist die Polizei verpflichtet, die Identitätsfeststellung planmäßig zu handhaben und die dafür relevanten Gründe zu offenbaren.

Die erweiterten Möglichkeiten zur Identitätsfeststellung verstoßen auch nicht gegen das Schengener Abkommen (vgl Rn 468 f)[263].

Soweit sich aus einer Identitätsfeststellung ein Sonderopfer für eine Person ergibt, die als Nichtstörer zu qualifizieren ist (zB ein finanzieller Schaden durch Versäumung ei-nes Termins), besteht ein **Entschädigungsanspruch**. Dies gilt auch dann, wenn aus-drückliche Entschädigungsregelungen für diese Fälle fehlen. Der Entschädigungsan-spruch ergibt sich dann entweder aus den allgemeinen Bestimmungen über die Entschädigung von Nichtstörern oder jedenfalls aus dem verfassungsgewohnheits-rechtlich anerkannten Rechtsinstitut der Aufopferung (Rn 692)[264].

Von den bisher angesprochenen Standardmaßnahmen zur isolierten Identitätsfeststel-lung ist die in anderen Vorschriften geregelte Identitätsfeststellung zu unterscheiden, die in Verbindung mit der Befragung einer Person erfolgt (s. zB § 20 BWPolG und dazu Rn 181 f).

---

ergebnisunabhängige Personenkontrollen, 2003; *Castillon*, Dogmatik und Verfassungsmäßigkeit neuer Befugnisse zur verdachts- und anlassunabhängigen Personenkontrolle, 2003.

260 *MVVerfG*, DVBl 2000, 262 ff; noch weitergehend *Waechter*, DÖV 1999, 138 ff. *Wächter* erhebt zu-sätzlich unter Kompetenzgesichtspunkten Bedenken, weil die Regelung der Strafverfolgungsvor-sorge diene, für die nur die Gesetzgebungskompetenz des Bundes bestehe. Dies überzeugt nicht, weil die sog. „Schleierfahndung" zugleich der Gefahrenvorsorge dient, die in die ausschließliche Ge-setzgebungskompetenz der Länder fällt (s. Rn 23 u. 30). Von der Zulässigkeit der Schleierfahndung gehen hingegen *BayVerfGH*, NVwZ 2003, 1375 ff und *SächsVerfGH*, SächsVBl. 2003, 247 aus.

261 Zu Recht kritisch *Engelken*, DVBl 2000, 269 ff; *Horn*, BayVBl. 2003, 545, 548; *Kastner*, VerwArch. Bd. 92 (2001), 216, 240 ff; *BayVerfGH*, NVwZ 2003, 1375, 1377.

262 *BayVerfGH*, NVwZ 2006, 1284, 1285 f.

263 *Moser v. Filseck*, BWVPr 1996, 272. Art. 21 der Verordnung (EG) Nr 562/2006 des Europäischen Parlaments und des Rates vom 15.3.2006 über einen Gemeinschaftskodex für das Überschreiten der Grenzen durch Personen (ABl. EG L Nr 105/1) stellt ausdrücklich klar, dass die Ausübung polizeili-cher Befugnisse nach nationalem Recht nicht berührt wird, sofern sie nicht die gleiche Wirkung wie Grenzübertrittskontrollen hat.

264 *Möller*, NVwZ 2000, 382, 386; *Mußmann*, BW, Rn 527; s. auch *Waechter*, DÖV 1999, 138, 147. *Rie-gel*, S. 202 bejaht hier eine analoge Anwendung der Entschädigungsvorschriften, die sonst bei Inan-spruchnahme eines Nichtstörers gelten. Gegen einen Entschädigungsanspruch sprechen sich *Würten-berger/Heckmann*, BW, Rn 871 aus. Zum Anwendungsbereich des Aufopferungsanspruchs s. *Schenke*, NJW 1991, 1777 ff.

Zur Feststellung der Identität kann der Betroffene ua angehalten, nach seinen Perso-   **122**
nalien befragt und von ihm verlangt werden, dass er mitgeführte Ausweispapiere zur
Prüfung aushändigt. Falls der Betroffene dem berechtigten Verlangen, sich auszuwei-
sen, nicht folgt, ist dies eine Ordnungswidrigkeit gem. § 5 I Nr 2 iVm § 1 I 1 Pers-
AuswG[265]. Wenn die Identität auf andere Weise nicht oder nur unter erheblichen
Schwierigkeiten festgestellt werden kann, kann der Betroffene unter Beachtung des
Verhältnismäßigkeitsgrundsatzes[266] auch **festgehalten** und einschließlich seiner mitgeführten Sachen **durchsucht** werden (§ 9 II MEPolG). Bei Festhalten einer Person
hat die Polizei nach näherer Maßgabe des § 14 MEPolG (dazu Rn 144) unverzüglich
eine richterliche Entscheidung über die Zulässigkeit und Fortdauer der Freiheitsentziehung herbeizuführen (§ 14 I 1 MEPolG).

Bezüglich der Prüfung von Berechtigungsscheinen regelt § 9 III MEPolG lediglich   **123**
die Zuständigkeit der Polizei[267]. Die jeweilige Ermächtigungsgrundlage muss sich
hingegen aus Spezialgesetzen ergeben (s. etwa § 4 II 2 FeV, § 11 V FZV, § 36 V
StVO).

Landesrechtliche Vorschriften (zB § 21 I BerlASOG) sehen zT eine Identitätsfeststel-   **124**
lung nicht nur für die Gefahrenabwehr, sondern auch zur Erfüllung von Aufgaben vor,
die der Polizei durch andere Vorschriften übertragen werden. Soweit solche Vorschriften eine Identitätsfeststellung zum Zwecke der Strafverfolgung erfassen und eine verfassungskonforme Restriktion ausscheidet, verstoßen sie gegen die konkurrierende
Gesetzgebungskompetenz aus Art. 72, 74 I Nr 1 GG, von der der Bund abschließend
Gebrauch gemacht hat (s. das Kodifikationsprinzip des § 6 EGStPO). Sie sind damit
insoweit nichtig (s. auch Rn 29)[268]. Soweit solche Vorschriften eine Identitätsfeststellung zum Zwecke der Gefahrenabwehr regeln, besteht dieses Problem dagegen nicht,
so dass die landesrechtlichen Vorschriften insoweit nicht hinter § 46 OWiG, § 163b I
2 StPO zurücktreten[269]. Etwas anders gilt nur dann, wenn es um die Strafverfolgungsvorsorge geht.

2. Erkennungsdienstliche Maßnahmen

§ 10 MEPolG[270] regelt (offene) erkennungsdienstliche Maßnahmen[271]. Darunter fallen   **125**
nach § 10 III MEPolG insbesondere die Abnahme von Finger- und Handflächenabdrücken, die Aufnahme von Lichtbildern, die Feststellung äußerer körperlicher Merkmale sowie Messungen. Nicht erfasst wird dagegen der sog. **„genetische Fingerab-**

---

265   Vgl hierzu *OLG Düsseldorf*, NVwZ 1986, 247 f.
266   S. auch *BayVerfGH*, NVwZ 2003, 1375, 1379; *Horn*, BayVBl. 2003, 545, 548 f.
267   Ebenso § 10 III RhPfPOG.
268   Vgl hierzu *Schenke*, JR 1970, 48 ff.
269   Anders *BayVerfGH*, NVwZ 2003, 1375, 1378.
270   Ebenso Art. 14 BayPAG; § 23 BerlASOG; § 13 BrandPolG; § 11b BremPolG; § 31 MVSOG; § 15
      NdsSOG; § 14 NWPolG; § 11 RhPfPOG; § 16 ThürPAG; sehr ähnlich § 36 BWPolG; s. iÜ § 7
      HambPolDVG; § 19 HessSOG; § 10 SaarlPolG; § 21 SachsAnhSOG; § 183 SchlHVwG; § 24
      BPolG; § 20e BKAG.
271   Vgl hierzu näher *Dreier*, JZ 1987, 1009 ff; *Fugmann*, NJW 1981, 2227 ff; *Fuss*, FS Wacke, 1972,
      S. 305 ff; *Riegel*, DÖV 1978, 17 ff; *Vahle*, DuD 1996, 397 ff.

druck", die Genomanalyse (**DNA-Analyse**). Dabei werden nämlich keine äußeren körperlichen Merkmale festgestellt. Zudem enthält die DNA-Analyse einen schwerwiegenden Eingriff in das informationelle Selbstbestimmungsrecht, der ausdrücklich gesetzlich geregelt werden muss[272]. Solche Regelungen gibt es nur teilweise. So gestattet § 19 III-V HessSOG unter bestimmten Voraussetzungen eine DNA-Analyse bei Personen, die noch nicht das 14. Lebensjahr vollendet haben (und damit strafunmündig sind), die verdächtig sind, eine Straftat von erheblicher Bedeutung begangen zu haben und bei denen zu befürchten ist, dass sie auch künftig solche Straftaten begehen werden. Einige Polizeigesetze erlauben eine DNA-Analyse, um die Identität Verstorbener bzw Hilfloser festzustellen[273]. Die Maßnahme bedarf jeweils – außer bei Gefahr im Verzug – einer richterlichen Anordnung (s. auch Rn 150). Bei der Strafverfolgung sind DNA-Analysen[274] – als eine Form einer molekulargenetischen Untersuchung (s. auch Rn 150) – nach Maßgabe der §§ 81e, 81f StPO zulässig. Darüber hinaus gestattet § 81g StPO bei Beschuldigten, die einer Straftat von erheblicher Bedeutung oder einer Sexualstraftat verdächtig sind, eine DNA-Analyse auch zum Zweck der Identitätsfeststellung in künftigen Strafverfahren. Schließlich erlaubt § 81h StPO bei bestimmten Straftaten eine molekulargenetische Reihenuntersuchung zum Zweck der Strafverfolgung, sofern die Betroffenen schriftlich einwilligen

Erkennungsdienstliche Maßnahmen sind nach § 10 MEPolG in zwei Fällen möglich: Das trifft zum einen zu, wenn eine nach § 9 MEPolG zulässige Identitätsfeststellung (s. Rn 119 ff) auf andere Weise nicht oder nur unter erheblichen Schwierigkeiten möglich ist. Zum anderen sind sie zulässig, soweit sie zur vorbeugenden Bekämpfung von Straftaten erforderlich sind und der Betroffene einer Straftat verdächtig ist, bei der wegen deren Art und Ausführung Wiederholungsgefahr besteht. Insoweit ergeben sich allerdings Einschränkungen aus § 81b StPO, der hinsichtlich der Strafverfolgungsvorsorge abschließend ist (s. unten Rn 126). Erkennungsdienstliche Maßnahmen gem. § 10 MEPolG sind – wie andere Standardmaßnahmen – Verwaltungsakte (Rn 115). Sie müssen **grundsätzlich offen** erfolgen[275]. Ausnahmen gelten nur, wenn die Voraussetzungen einer unmittelbaren Ausführung bzw eines Sofortvollzugs vorliegen (Rn 564 ff) oder andere Vorschriften (zB § 8c II Nr 2 MEPolG, s. Rn 188 ff) eine verdeckte Datenerhebung (zB heimliche Bildaufnahmen) gestatten.

126 **§ 81b StPO** bleibt von § 10 MEPolG und den entsprechenden landesrechtlichen Regelungen **unberührt** (dazu Rn 414). Dies wird in § 108 SachsAnhSOG ausdrücklich

---

272 S. auch *Becker/Ambrock*, JA 2011, 561, 564; *Rachor*, in: L/D, E, Rn 397. Nicht überzeugend ist die Ansicht von *Pieroth/Schlink/Kniesel*, § 14, Rn 57, die eine DNA-Analyse dann als eine erkennungsdienstliche Maßnahme iS des § 10 MEPolG bzw entsprechender Vorschriften qualifizieren, wenn sie nicht mit einem Eingriff in die körperliche Unversehrtheit verbunden ist (zB Untersuchung eines verlorenen Haars). Damit tragen sie dem eigentlichen Eingriff in das informationelle Selbstbestimmungsrecht nicht ausreichend Rechnung.

273 § 21a II-III BerlASOG; § 15a NdsSOG; § 14a NWPolG; § 11a II-III RhPfPOG; § 10a SaarPolG; § 183a II-III SchlHVwG.

274 S. dazu auch *BVerfG*, NJW 2001, 879 und NJW 2001 2320; *Busch*, NJW 2002, 1334 ff; *Neubacher/Walther*, StV 2001, 584 ff und *Wollweber*, NJW 2001, 2304 f.

275 So auch *Deutsch*, Die heimliche Erhebung von Informationen und deren Aufbewahrung durch die Polizei, 1992, S. 197 ff; **aA** *Pieroth/Schlink/Kniesel*, § 14, Rn 67.

klargestellt. § 81b StPO erlaubt erkennungsdienstliche Maßnahmen gegen den **Beschuldigten**[276] auch gegen seinen Willen, soweit es für die Zwecke der Durchführung des Strafverfahrens oder für die Zwecke des Erkennungsdienstes notwendig ist[277].

§ 81b StPO wirft Probleme unter kompetenzrechtlichen Gesichtspunkten auf (s. dazu schon Rn 30). Soweit § 81b StPO der **Strafverfolgungsvorsorge dient**, hat der Bund eine konkurrierende Gesetzgebungskompetenz aus Art. 74 I Nr 1 GG, von der er abschließend Gebrauch gemacht hat[278]. Regeln landesrechtliche Vorschriften erkennungsdienstliche Maßnahmen, müssen sie deswegen zumindest unter dem Aspekt der verfassungskonformen Auslegung so verstanden werden, dass sie sich nicht auf die Strafverfolgungsvorsorge[279], sondern nur auf die Verhütung von Straftaten beziehen (s. auch Rn 10 u. 30). § 15 I Nr 2 NdsSOG trägt dem ausdrücklich Rechnung. Für die Verhütung von Straftaten steht dem Landesgesetzgeber eine ausschließliche Gesetzgebungskompetenz zu (s. Rn 10)[280]. § 81b StPO kann sich deswegen aus kompetenzrechtlichen Gründen nicht auf die Verhütung von Straftaten erstrecken[281].

Offene Bildaufzeichnungen sind in der Regel in speziellen Vorschriften geregelt. Solche Vorschriften gehen in ihrem Anwendungsbereich den allgemeinen Vorschriften über erkennungsdienstliche Maßnahmen vor (Rn 184 ff). Soweit Bildaufnahmen bei öffentlichen Versammlungen angefertigt werden, sind die noch spezielleren Regelungen der §§ 12a, 19a VersG bzw der entspr. landesrechtlichen Vorschriften vorrangig (Rn 184). Von den offenen Bildaufnahmen zu unterscheiden sind Bildaufnahmen durch den Einsatz verdeckter Ermittler (Rn 187 ff). **127**

---

276 Beschuldigter ist diejenige Person, gegen die sich das Ermittlungsverfahren richtet.

277 Der Abschluss des Strafverfahrens allein macht die Aufbewahrung der Unterlagen nicht rechtswidrig (vgl *BVerwG*, NJW 1983, 772 ff u. NJW 1983, 1338 f sowie *VGH Mannheim*, VBlBW 1987, 425 ff). Wenn allerdings keine Anhaltspunkte mehr vorliegen, dass die erkennungsdienstlich behandelte Person künftig Straftaten begehen wird und die Unterlagen entsprechende Ermittlungen fördern könnten (vgl *BVerwGE* 26, 169, 171), ist ihre Aufbewahrung nicht mehr gerechtfertigt. Es besteht dann ein Anspruch auf Vernichtung der Unterlagen unter dem Gesichtspunkt des Folgenbeseitigungsanspruchs.

278 Dazu, dass § 81b Alt. 2 StPO in Bezug auf die Strafverfolgungsvorsorge ein intendiertes Ermessen vorsieht, dh hier im Regelfall erkennungsdienstliche Maßnahmen getroffen werden müssen, s. *OVG Lüneburg*, DVBl 2013, 529 ff.

279 *VGH Kassel*, NVwZ-RR 1994, 652, 653 ff; *OVG Lüneburg*, DÖV 2009, 504; s. auch *BVerwG*, JZ 2006, 727 ff; *VGH Kassel*, DÖV 2005, 523, 524; *Schenke*, JZ 2006, 707 ff; *Kugelmann*, 7. Kap., Rn 103.

280 Deswegen überzeugt es nicht, wenn zT die landesrechtlichen Regelungen der erkennungsdienstlichen Maßnahmen wegen des angeblich abschließenden Charakters des § 81b StPO für unwirksam gehalten werden (so aber *Fugmann*, NJW 1981, 2227, 2228 f; *Götz*, NVwZ 1984, 216; aA – wie hier – *Rachor*, in: L/D, E, Rn 416 ff). Zu weit gehen auch *OVG Münster*, DVBl 1999, 1228 u. *VGH Mannheim*, DÖV 2004, 440, 441, die die landesrechtlichen Regelungen nur dann für anwendbar halten, wenn nicht schon § 81b Alt. 2 StPO erkennungsdienstliche Maßnahmen ermöglicht. Dies beachtet die ausschließliche Gesetzgebungskompetenz der Länder für die Verhütung von Straftaten nicht ausreichend. Im Ergebnis bedeutete es außerdem, dass landesrechtliche Regelungen nur auf solche erkennungsdienstlichen Maßnahmen anzuwenden wären, die sich gegen nicht „Beschuldigte", also etwa Strafunmündige, richten (so konsequent *VGH Mannheim*, DÖV 2004, 440, 441 mwN; *OVG Münster*, DVBl 1999, 1228).

281 Vgl hierzu auch *BVerwG*, JZ 2006, 727 ff; *Eisenberg/Puschke*, JZ 2006, 729 ff; *Waldhoff*, JuS 2006, 1039.

128 Nachdem durch erkennungsdienstliche Maßnahmen die Identität einer Person festgestellt worden ist, sind nach § 10 II MEPolG[282] grundsätzlich die damit zusammenhängenden Unterlagen zu vernichten[283]. Dies gilt insbesondere in den Fällen des § 10 I Nr 1 MEPolG. Eine weitere Aufbewahrung ist nur dann zulässig, wenn dies zur vorbeugenden Bekämpfung von Straftaten erforderlich ist (§ 10 II iVm § 10 I Nr 2 MEPolG) oder andere Vorschriften[284] dies gestatten.

Die Aufbewahrung erkennungsdienstlicher Unterlagen zum Zwecke der Strafverfolgungsvorsorge darf landesrechtlich geregelt werden. Gegen eine entsprechende Regelung bestehen wegen § 484 IV StPO keine kompetenzrechtlichen Bedenken.

Wenn eine Rechtsgrundlage für die Aufbewahrung erkennungsdienstlicher Unterlagen fehlt, müssen sie vernichtet werden. Dies gilt auch dann, wenn eine solche Verpflichtung gesetzlich nicht geregelt ist. In solchen Fällen ergibt sich die Verpflichtung zur Vernichtung bereits **aus Art. 1, 2 I GG in Verbindung mit dem Gesichtspunkt der Folgenbeseitigung**[285] (dazu auch Rn 117). Ein Anspruch auf Folgenbeseitigung besteht nicht nur dann, wenn ein Eingriff von Anfang an rechtswidrig war, sondern auch dann, wenn die Aufrechterhaltung einer ursprünglich rechtmäßigen, weiterhin belastenden Maßnahme dadurch rechtswidrig wird[286], dass sie nicht mehr durch Gründe der Gefahrenabwehr gerechtfertigt ist.

129 Der Folgenbeseitigungsanspruch ist im Verwaltungsrechtsweg geltend zu machen. Dies gilt selbst dann, wenn die erkennungsdienstlichen Unterlagen – wie im Falle des § 81b Alt. 2 StPO – ursprünglich der Durchführung eines Strafverfahrens dienten. Eine auf Vernichtung gerichtete Klage ist – entgegen der Auffassung des *BVerwG* – als **allgemeine Leistungsklage** zu qualifizieren, weil die Vernichtung ein Realakt ist (vgl auch Rn 118 u. Rn 663 ff).

3. Vorladung

130 Nach § 11 I MEPolG[287] kann die Polizei eine Person mündlich oder schriftlich (nach Landesrecht zT auch elektronisch, s. zB § 15 I BrandPolG) vorladen, wenn entweder

---

282 Ebenso oder ähnlich § 36 III BWPolG; Art. 14 II BayPAG; § 23 II BerlASOG; § 13 III BrandPolG; § 11a II BremPolG; § 7 II HambPolDVG; § 19 IV HessSOG; § 31 III MVSOG; § 15 II NdsSOG; § 14 II NWPolG; § 11 II RhPfPOG; § 10 II SaarlPolG; § 21 III SachsAnhSOG; § 20 III SächsPolG; § 183 III SchlHVwG; § 16 II ThürPAG.

283 Soweit landesrechtliche Vorschriften (zB Art. 14 II BayPAG) nur vorsehen, dass der Betroffene die Vernichtung der erkennungsdienstlichen Unterlagen verlangen kann, müssen diese Vorschriften verfassungskonform so ausgelegt werden, dass die Unterlagen auch ohne ein solches Verlangen vernichtet werden müssen. Durch diese Auslegung erledigen sich die Bedenken von *Knemeyer*, Rn 181.

284 Wenn die Aufbewahrung erkennungsdienstlicher Unterlagen nicht spezialgesetzlich geregelt ist, richtet sie sich nach den allgemeinen Regelungen über die Speicherung von Daten zu polizeilichen Aufgaben (*Kugelmann*, 7. Kap., Rn 111; *VGH Mannheim*, DÖV 2004, 439, 443).

285 Vgl auch *OVG Münster*, NJW 1983, 1340.

286 Zum nachträglichen Rechtswidrigwerden eines Verwaltungsakts *Schenke/Baumeister*, JuS 1991, 547 ff.

287 Ebenso oder ähnlich § 27 BWPolG; Art. 15 BayPAG; § 20 BerlASOG; § 15 BrandPolG; § 12 BremPolG; § 30 HessSOG; § 50 MVSOG; § 16 NdsSOG; § 10 NWPolG, § 24 NWOBG; § 12 RhPfPOG; § 11 II-IV SaarlPolG; § 35 SachsAnhSOG; § 18 SächsPolG; § 17 ThürPAG; § 25 BPolG; s. ferner § 11 HambSOG; § 199 SchlHVwG; § 16 IV-VI ThürOBG; § 20f BKAG.

Tatsachen die Annahme rechtfertigen, dass die Person sachdienliche Angaben machen kann, die für die Erfüllung einer bestimmten polizeilichen Aufgabe erforderlich sind, oder die Vorladung zur Durchführung erkennungsdienstlicher Maßnahmen erforderlich ist. Bei der Vorladung[288] soll ihr Grund angegeben werden (§ 11 II MEPolG). Dies stellt insbesondere klar, dass eine Vorladung zum Zwecke der Ausforschung unzulässig ist.

Gem. § 11 III MEPolG[289] kann die Vorladung nur dann zwangsweise durchgesetzt **131** werden (sog. **Vorführung**), wenn die zu erwartenden Angaben zur Abwehr einer Gefahr für Leib, Leben oder Freiheit einer Person erforderlich sind oder die Vorladung der Durchführung erkennungsdienstlicher Maßnahmen dient[290]. Gem. § 14 I 1 MEPolG hat die Polizei unverzüglich eine **richterliche Entscheidung** über Zulässigkeit und Fortdauer der Freiheitsentziehung herbeizuführen. § 35 V SachsAnhSOG sieht eine Entschädigung oder Vergütung von Personen vor, die auf Vorladung als Zeugen erscheinen oder die als Sachverständige oder Dolmetscher herangezogen werden. Soweit eine vergleichbare Regelung fehlt, kommt eine Entschädigung nach den allgemeinen Vorschriften über die Entschädigung von Nichtstörern (s. Rn 684 ff) oder nach dem Rechtsinstitut der Aufopferung (s. Rn 121 und 692) in Betracht, wenn ein Nichtstörer vorgeladen und ihm dadurch ein Sonderopfer auferlegt wird. Zu beachten ist, dass sich aus der Pflicht, einer Vorladung zu folgen, noch **keine Pflicht zur Aussage** ergibt. Eine solche Pflicht muss vielmehr spezialgesetzlich geregelt werden, was in den Polizeigesetzen der Länder geschehen ist (vgl Rn 181 f). Eine Pflicht zur Aussage besteht nach diesen spezialgesetzlichen Regelungen nur unter bestimmten Voraussetzungen. Für einzelne Materien gibt es auch bundesrechtliche Regelungen, so zB § 12 I 3–4, V 1 Nr 1 GüKG, § 42 II Nr 4 LFGB u. § 33 I WaStrG.

4. Platzverweisung, Aufenthaltsverbot und Wohnungsverweisung

In den Polizei- und Ordnungsgesetzen sind als Standardmaßnahmen Platzverweisun- **132** gen, meist auch Aufenthaltsverbote und Wohnungsverweisungen vorgesehen[291].

Zum Zweck der Gefahrenabwehr kann die Polizei nach § 12 MEPolG[292] eine **Platzverweisung** (einen Platzverweis) aussprechen, dh vorübergehend eine Person von ei-

---

288 Sie stellt keine Freiheitsentziehung iSd Art. 104 II GG dar (vgl *OVG Münster*, DVBl 1982, 658 f).
289 Ebenso § 27 III BWPolG; Art. 15 III BayPAG; § 20 III BerlASOG; § 30 HessSOG; § 50 III MV-SOG; § 16 III NdsSOG; § 10 III NWPolG; § 35 III SachsAnhSOG; § 199 III SchlHVwG; § 16 V ThürOBG; § 17 III ThürPAG; § 15 III BrandPolG; § 12 III RhPfPOG; § 11 IV SaarlPolG; § 18 V SächsPolG; ähnlich § 12 III BremPolG; § 24 Nr 2 NWOBG iVm § 10 III NWPolG.
290 Die zwangsweise Vorführung zu erkennungsdienstlichen Maßnahmen ist im Regelfall nur eine Freiheitsbeschränkung, nicht eine Freiheitsentziehung (für die nach Art. 104 II GG der Richtervorbehalt gälte), s. *BayObLG*, DVBl 1983, 1069 f.
291 Eingehend zu den sich hier stellenden zahlreichen Problemen *Neuner*, Zulässigkeit und Grenzen polizeilicher Verweisungsmaßnahmen, 2003. Dort auf S. 157 ff auch zu spezialgesetzlichen Regelungen von Verweisungsmaßnahmen. S. zu Verweisungsmaßnahmen auch *Bösch*, Jura 2009, 650 ff.
292 Ebenso oder ähnlich Art. 16 BayPAG; § 29 I BerlASOG; § 16 I BrandPolG; § 14 I BremPolG; § 12a HambSOG; § 31 HessSOG; § 52 I MVSOG; § 17 I NdsSOG; § 34 NWPolG, § 24 NWOBG; § 13 RhPfPOG; § 12 I SaarlPolG; § 36 I SachsAnhSOG; § 21 I SächsPolG, § 6 SächsSWG; § 201 SchlHVwG; § 18 I ThürPAG.

nem Ort verweisen oder ihr das Betreten eines Ortes verbieten. Diese **Spezialermächtigung**, die inzwischen in allen Bundesländern vorgesehen ist, schließt den **Rückgriff auf die polizeiliche Generalermächtigung** aus. Der Begriff des Orts kann nicht mit „Ortschaft" oder „Gemeinde" gleichgesetzt werden, sondern umfasst – wie schon die Bezeichnung Platzverweis nahelegt – nur eine eng begrenzte, überschaubare Örtlichkeit, deren genaue räumliche Abgrenzung durch die Natur der jeweiligen Gefahr mitbestimmt wird[293]. Kein Platzverweis ist dagegen das Gebot, sich an einen bestimmten Ort zu begeben[294].

Da es sich beim Platzverweis um eine **vorübergehende Maßnahme** handelt, stellt sich die – für die Abgrenzung von einem **Aufenthaltsverbot** (vgl unten Rn 133 f) bedeutsame – Frage, wie lange er andauern darf. Die Ansichten gehen hier weit auseinander. Zum Teil wird vertreten, der Platzverweis sei nur für wenige Stunden zulässig. Zum Teil wird eine Dauer von bis zu zwei Wochen für zulässig gehalten[295]. Zum Teil wird sogar angenommen, dass ein Platzverweis solange andauern dürfe, bis die Gefahr abgewehrt ist oder feststeht, dass sie von Dauer ist oder mit einem Platzverweis gar nicht abgewehrt werden kann[296]. Richtigerweise erzwingt Art. 11 GG eine restriktive verfassungskonforme Interpretation[297]. Jedenfalls bei einer Maßnahme, die **länger als 24 Stunden** andauert, kommt deswegen **kein Platzverweis** mehr in Betracht, sondern es liegt ein Aufenthaltsverbot vor[298]. So kann zB einem gewaltbereiten Fußballfan mit einem Platzverweis verboten werden, ein bestimmtes Fußballspiel zu besuchen. Nicht auf einen Platzverweis stützen lässt sich dagegen ein längerfristiges Stadionverbot. Hier kommt nur ein Aufenthaltsverbot in Betracht (*Siegel*, NJW 2013, 1035, 1036 f). Ein privater Sportveranstalter oder der Stadioneigentümer können ein solches Verbot jedoch auf ihr privates Hausrecht stützen[299]. Zur zwangsweisen Durchsetzung eines Platzverweises s. näher Rn 139 ff.

132a Soweit in den Polizeigesetzen nicht anderes normiert ist, haben sich Platzverweise **primär gegen den Störer zu richten**[300]. Nur unter den Voraussetzungen des polizeilichen Notstands dürfen sie an einen Nichtstörer adressiert sein[301]. Wenn das einschlä-

---

293   *Rachor*, in: L/D, E, Rn 434 ff; *Robrecht/Petersen-Thrö*, SächsVBl. 2006, 29, 31.
294   *Herzmann*, DÖV 2006, 678, 679; *Scholler/Schloer*, S. 96.
295   So *Latzel/Lustina*, Die Polizei 1995, 131, 134.
296   So *Schmidbauer*, BayVBl. 2002, 257, 263 u. *Berner/Köhler/Käß*, BayPAG, Art. 16, Rn 3. Gegen eine solche Definition bestehen zum einen verfassungsrechtliche Bedenken (dazu unten Rn 133 ff). Zum anderen liefe nach dieser Auffassung die gesetzlich vorgesehene Begrenzung des Platzverweises auf vorübergehende Maßnahmen weitgehend leer (**krit.** insoweit auch Möstl Jura 2011, 840, 843). Eine präzise Abgrenzung von Aufenthaltsverboten wäre nicht mehr möglich. Dass eine Platzverweisung aufzuheben ist, wenn die Gefahr entfällt, ist ohnehin selbstverständlich.
297   S. auch *Neuner*, S. 75, wonach ein Platzverweis idR nicht über ein bis zwei Tage hinausreichen darf.
298   So auch *Kugelmann*, 6. Kap., Rn 25; *Lang*, VerwArch. Bd. 96 (2005), 283, 299; ähnlich *Rachor*, in: L/D, E, Rn 436.
299   Dazu näher *Franz/Günther*, NWVBl. 2006, 201, 203; *Siegel*, NJW 2013, 1035 ff. S. auch *VGH München*, BayVBl. 2006, 671. Die Möglichkeit eines privatrechtlichen Stadionverbots (dazu *BGH*, NJW 2010, 534 ff) schließt polizeiliches Vorgehen nicht aus, wenn strafbare Handlungen drohen (s. Rn 55).
300   *Neuner*, S. 85 ff; *Robrecht/Petersen-Thrö*, SächsVBl. 2006, 29, 34 mwN; *Schloer*, DÖV 1991, 955, 960; **aA** *Pieroth/Schlink/Kniesel*, § 16, Rn 16 ff.
301   Nicht überzeugend *Knemeyer*, Rn 218, wonach eine Inanspruchnahme eines Nichtstörers nie zulässig sein soll.

gige Polizeigesetz anordnet, dass „jede Person" Adressat eines Platzverweises sein kann (so § 14 I BremPolG und § 17 I NdsSOG), ist trotzdem grundsätzlich der Störer in Anspruch zu nehmen, soweit ein Störer ohne Schwierigkeiten bestimmt werden kann und durch seine Inanspruchnahme die Gefahr wirksam bekämpft werden kann. Dies ergibt sich aus dem Grundsatz der Verhältnismäßigkeit. So wäre es etwa unverhältnismäßig, wenn bei einer Schlägerei zwischen verschiedenen Gruppen von Fußballfans nicht diejenige Gruppe des Platzes verwiesen würde, die als Angreifer erkennbar ist, sondern gleichermaßen die Gruppe, die angegriffen wird. Im praktischen Ergebnis bestehen deshalb kaum Unterschiede zwischen den Bundesländern, in denen ein Platzverweis kraft ausdrücklicher gesetzlicher Regelung gegen „jede Person" zulässig ist, und den Bundesländern, in denen sich der Adressat eines Platzverweises aus den allgemeinen Vorschriften ergibt. Im letztgenannten Falle darf zwar ein Nichtstörer nur in Anspruch genommen werden, wenn die Voraussetzungen des polizeilichen Notstands (§ 6 MEPolG) vorliegen, insbesondere eine qualifizierte Gefahr besteht. In der Praxis wird allerdings in den Fällen, in denen ein Platzverweis erforderlich ist, meist eine solche qualifizierte Gefahr gegeben sein. In den Fällen, in denen – wie zB bei einer Schlägerei – ein schnelles Handeln geboten ist und die Polizei in der Kürze der Zeit nicht feststellen kann, wer für die Gefahr verantwortlich ist, darf sie iÜ idR alle Beteiligten – zB alle in eine Schlägerei verwickelten Personen – des Platzes verweisen.

Längerfristige Aufenthaltsverbote werden durch die Vorschriften über den Platzverweis nicht erfasst (vgl zur Abgrenzung oben Rn 132). Solche Aufenthaltsverbote werden insbesondere zur Bekämpfung der Drogenszene, die sich auf bestimmte Ortsteile konzentriert, oder bei einem Treffen gewalttätiger Gruppen („Chaostage", „Hooligans") ausgesprochen. Sie sind zur Verhütung von Straftaten heute in fast allen Bundesländern[302] – mit Ausnahme von Bayern – für einen befristeten Zeitraum ausdrücklich vorgesehen. Sie dürfen nicht den Zugang zur eigenen Wohnung bzw den dortigen Aufenthalt untersagen (dazu auch unten Rn 135). Ein Aufenthaltsverbot ist – anders als ein Platzverweis – nicht auf eine eng umgrenzte Örtlichkeit beschränkt, sondern kann sich (unter Beachtung des Übermaßverbots) zB auf das ganze Gemeindegebiet erstrecken[303]. Für die Wahrnehmung berechtigter Interessen (zB für Arzt- und Behördenbesuche sowie beruflich notwendige Aufenthalte) müssen allerdings Ausnahmen von dem Aufenthaltsverbot möglich sein (*Bösch*, Jura 2009, 650, 651). Kein Aufenthaltsverbot iS des Polizei- und Ordnungsrechts ist ein Ausreiseverbot, das in den §§ 7 ff PaßG speziell geregelt ist. **133**

In Bayern, wo lediglich ein Platzverweis geregelt ist (Art. 16 BayPAG), stellt sich die Frage, ob durch diese Regelung ein weiterreichendes Aufenthaltsverbot ausgeschlossen wird[304] oder ob dafür auf die Generalklausel zurückgegriffen werden **134**

---

302 § 27a II BWPolG; § 29 II BerlASOG; § 16 II BrandPolG; § 14 II BremPolG; § 12b II HambSOG; § 31 III HessSOG; § 52 III MVSOG; § 17 IV NdsSOG; § 34 II 1 NWPolG; § 13 III RhPfPOG; § 12 III SaarlPolG; § 36 II 1 SachsAnhSOG; § 21 III SächsPolG; § 18 II ThürPAG und § 17 II ThürOBG.

303 *Rachor*, in: L/D, E, Rn 441.

304 So *Butzer*, VerwArch. Bd. 93 (2002), 506, 537; *W. Cremer*, NVwZ 2001, 1218, 1220 f; *Hecker*, JuS 1998, 575; *ders.*, NJW 2003, 1334, 1335; *R. Schmidt*, Rn 430; *Siegel*, NJW 2013, 1035, 1037; *Volk-*

kann[305]. Richtigerweise muss aus der Tatsache, dass nur ein Platzverweis geregelt wird, geschlossen werden, dass ein **Aufenthaltsverbot ausscheidet** (Rn 38). Das Aufenthaltsverbot beinhaltet nämlich eine schwerwiegendere Beeinträchtigung als ein Platzverweis, stellt also im Verhältnis dazu ein maius dar. Zudem wirft ein Aufenthaltsverbot spezifische grundrechtliche und kompetenzrechtliche Probleme auf (Rn 136). Die Generalklausel kann keine taugliche Ermächtigungsgrundlage für ein Aufenthaltsverbot liefern. Ein Rückgriff auf die Generalklausel käme allenfalls dann in Betracht, wenn man diese so auslegte, dass sie für ein auf sie gestütztes Aufenthaltsverbot höhere Anforderungen als für einen Platzverweis stellte. Einer solchen Auslegung steht aber der rechtsstaatliche Grundsatz der Normenklarheit entgegen, der eine nähere Konturierung der Voraussetzungen eines Aufenthaltsverbotes verlangt. Es beinhaltete zudem einen gravierenden Wertungswiderspruch, wenn der Gesetzgeber zwar die Voraussetzungen für einen Platzverweis, nicht aber die Voraussetzungen für ein – viel weiter reichendes – Aufenthaltsverbot regelte (*Siegel*, NJW 2013, 1035, 1037).

135 In den polizeigesetzlichen Regelungen über Aufenthaltsverbote werden die sog. **Wohnungsverweisungen** und die hiermit regelmäßig einhergehenden **Betretungsverbote** ausdrücklich ausgenommen. Für solche schwerwiegenden Grundrechtsbeeinträchtigungen[306] besteht aber dann ein Bedürfnis, wenn eine Person gegenüber einer anderen Person Gewalt anwendet, die in derselben Wohnung wohnt (zB Ehefrau oder Kind), und die gefährdete Person geschützt werden muss. Diesem Bedürfnis wird zwar teilweise durch das Gewaltschutzgesetz (GewSchG) Rechnung getragen. Für den Fall, dass eine Person vorsätzlich Körper, Gesundheit oder Freiheit einer anderen Person widerrechtlich verletzt hat, sieht § 1 I 1 GewSchG nämlich vor, dass ein Gericht auf Antrag der verletzten Person die zur Abwendung weiterer Verletzungen erforderlichen Maßnahmen zu treffen hat. Nach § 1 I 3 GewSchG kann das Gericht ua anordnen, dass der Täter es unterlassen muss, die Wohnung der verletzten Person zu betreten (s. auch § 2 VI GewSchG). Ein praktisches Bedürfnis für ein polizeiliches Handeln besteht aber nach wie vor für den Zeitraum vor dem Erlass derartiger gerichtlicher Anordnungen. Die polizeigesetzlichen Regelungen des Platzverweises reichen hierfür nicht aus, weil ein Platzverweis nur zeitlich eng befristet zulässig ist (Rn 132). Ein Bedürfnis für ein polizeiliches Handeln kann darüber hinaus grundsätzlich auch dann bestehen, **wenn die gefährdete bzw verletzte Person nicht nach § 1 I GewSchG vorgehen will**, sie aber durch strafbare Handlungen verletzt wird oder dies gegenwärtig droht (s. Rn 55)[307]. Der Wille der gefährdeten bzw verletzten Person ist allerdings bei der polizeilichen Ermessensentscheidung über die Wohnungsverweisung

---

mann, NVwZ 2000, 361, 365, *Wohlfarth*, VR 1999, 232, 235; *Wuttke*, S. 90 ff; s. auch (allerdings durch § 31 III HessSOG überholt) *VGH Kassel*, NVwZ 2003, 1400 ff; *VG Frankfurt*, NVwZ-RR 2002, 575 f.

305   So *Götz*, NVwZ 1998, 679, 683; *Micker*, VR 2003, 89 ff; *Möstl*, Jura 2011, 840, 844; *OVG Bremen*, NVwZ 1999, 314, 315; *OVG Münster*, NWVBl. 2001, 93, 94; *VGH München*, NVwZ 2000, 454 (m. Einschränkungen).

306   Zu den betroffenen Grundrechten s. unten Rn 135a.

307   *Bösch*, Jura 2009, 650 f; *Petersen-Thrö*, SächsVBl. 2004, 173, 180; teilw. **aA** *Storr*, ThürVBl. 2005, 97, 101).

zu berücksichtigen[308]. Fast alle Polizei- und Ordnungsgesetze[309] der Länder – mit Ausnahme von Bayern – sehen für solche Fälle eine befristete Wohnungsverweisung und ein Betretungsverbot vor, für die meist eine gegenwärtige Gefahr für Leib, Leben oder Freiheit verlangt wird[310]. Die polizeiliche Wohnungsverweisung und das Betretungsverbot enden spätestens, wenn ein Zivilgericht über einen Antrag auf Erlass einer einstweiligen Anordnung entscheidet (s. zB § 34a V 2 NWPolG).

Da in Bayern eine Wohnungsverweisung nicht ausdrücklich geregelt ist, kommt dort **135a** allenfalls ein Rückgriff auf die Generalklausel in Betracht (vgl ausführlich *Wuttke*, S. 105 ff). Aus der Tatsache, dass nur ein Platzverweis gesetzlich geregelt ist, muss aber – ebenso wie beim Aufenthaltsverbot, s. Rn 134 – gefolgert werden, dass dadurch eine länger andauernde und schwerwiegendere Wohnungsverweisung ausgeschlossen wird (Rn 38) und in der Generalklausel keine Basis findet[311]. Darüber hinaus verlangt der Parlamentsvorbehalt eine spezialgesetzliche Rechtsgrundlage für einen so schwerwiegenden Eingriff in die Grundrechte der Art. 11[312], 14 und 6 I GG[313] (s. auch Rn 49).

ZT werden gegen landesrechtliche Vorschriften, die Aufenthaltsbeschränkungen und Wohnungs- **136** verweisungen regeln, kompetenzrechtliche Bedenken geltend gemacht. Solche Maßnahmen beeinträchtigen nämlich die Freizügigkeit, und Art. 73 Nr 3 GG weist die ausschließliche Gesetzgebungskompetenz für Regelungen der Freizügigkeit dem Bund zu. Die hM lehnt diesbezügliche Einwände aber ab, weil diese landesrechtlichen Vorschriften die öffentliche Sicherheit schützten und deswegen als polizeirechtliche Regelungen anzusehen seien, welche in den **Zuständigkeitsbereich des Landesgesetzgebers** fielen[314]. Für diese Ansicht spricht, dass solche Vorschriften traditionell als zulässig angesehen wurden, da die Freizügigkeit bundesrechtlich nur sehr rudimentär normiert ist (s. § 3 Abs. 1 FreizügigkeitsG, BGBl. III, 2181–1). Dieser historischen Auslegung kommt im Falle des Art. 73 Nr 3 GG eine besondere Bedeutung zu. Für eine restriktive Interpretation des Art. 73 Nr 3 GG sprechen auch, wie der Zusammenhang mit den anderen in Art. 73 Nr 3 GG genannten Materien zeigt, systematisch-teleologische Aspekte[315] sowie der Umstand, dass andernfalls der Gesetzesvorbehalt des Art. 11 II GG weitgehend leerliefe[316].

---

308 **AA** *Petersen-Thrö*, SächsVBl. 2004, 173, 180; s. demgegenüber richtig *Storr*, ThürVBl. 2005, 97, 101).

309 § 27a III, IV BWPolG; § 29a BerlASOG; § 16a BrandPolG; § 14a BremPolG; § 12a HambSOG; § 31 II HessSOG; § 52 II MVSOG; § 17 II NdsSOG; § 34a NWPolG; § 13 II RhPfPOG; § 12 II SaarlPolG; § 21 III SächsPolG; § 201a SchlHVwG; § 36 SachsAnhSOG; § 18 II ThürPAG.

310 Nach § 13 II RhPfPOG genügt auch eine gegenwärtige Gefahr für bedeutende Sach- oder Vermögenswerte.

311 So auch *Wuttke*, JuS 2005, 779, 780; **aA** *Berner/Köhler/Käß*, Art. 16, Rn 5; *Möstl*, Jura 2011, 840, 850.

312 Zur Einschlägigkeit des Art. 11 GG s. *Bösch*, Jura 2009, 650, 652 f. Eine Wohnungsverweisung greift dagegen nicht in Art. 13 GG ein (*Lang*, VerwArch. Bd. 96 (2005), 283, 288 f; *Neuner*, S. 51 ff; *Pieroth/Schlink/Kniesel*, § 16, Rn 7; *Wuttke*, S. 101 f; *VGH Mannheim*, JZ 2005, 353; **aA** *Krugmann*, NVwZ 2006, 152, 154), da die durch Art. 13 GG geschützte Privatsphäre unangetastet bleibt. Ein Aufenthaltsverbot berührt außerdem nicht den Schutzbereich des Art. 2 II GG, s. *Bösch*, Jura 2009, 650, 653. Der Entzug des Besitzes, der mit einer Wohnungsverweisung verbunden ist, stellt aber einen Eingriff in das Eigentumsgrundrecht dar (vgl *Lang*, VerwArch. Bd. 96 (2005), 298, 294 f).

313 Dazu *Petersen-Thrö*, SächsVBl. 2004, 173, 175 f; *Storr*, ThürVBl. 2005, 97, 99.

314 Vgl hierzu m. eingeh. Nachw. *Ziekow*, Über Freizügigkeit und Aufenthalt, 1997, S. 561 ff sowie *Wuttke*, S. 53 ff.

315 Nach *Würtenberger/Heckmann*, BW, Rn 308 und *Wuttke*, JuS 2005, 779, 781 soll die Gesetzgebungskompetenz des Bundes nur die Freizügigkeit zwischen den Ländern betreffen.

316 *Lang*, VerwArch. Bd. 96 (2005), 283, 291. Zu Einschränkungen von Aufenthaltsverboten durch Art. 11 GG s. *Bösch*, Jura 2009, 650, 652 f.

137 Ein besonderes Problem stellt sich, wenn für einen Platzverweis bzw ein Aufenthaltsverbot nicht der Polizeivollzugsdienst, sondern die Polizei- und Ordnungsbehörden zuständig sind. In diesen Fällen ist umstritten, ob die Polizei- und Ordnungsbehörden eine **Blanko-Einzelverfügung** ausstellen und den Polizeivollzugsdienst dazu ermächtigen dürfen, diese Verfügung zu vervollständigen, indem in die Verfügung eine Person eingesetzt wird, bei der die Voraussetzungen für Platzverweis bzw Aufenthaltsverbot vorliegen, und dieser Person die komplettierte Verfügung ausgehändigt wird[317]. Das wäre unproblematisch, wenn der Vollzugsbeamte nur als Bote bzw Gehilfe der zuständigen Behörde aufträte und lediglich deren Entscheidung übermittelte[318]. Dies ist jedoch nicht der Fall. Der Vollzugsbeamte trifft vielmehr eine **eigenständige Entscheidung** darüber, ob die tatbestandlichen Voraussetzungen für einen Platzverweis bzw ein Aufenthaltsverbot vorliegen. Es liegt damit ein **zwischenbehördliches organisationsrechtliches Mandat** vor. Ein solches Mandat darf nur ausgeübt werden, wenn eine gesetzliche Ermächtigung vorhanden ist. Da eine gesetzliche Ermächtigung für die geschilderte Vorgehensweise fehlt, ist sie unzulässig[319] (s. Rn 457).

138 Eine gesetzliche Ermächtigung ist auch nicht deswegen entbehrlich, weil der Polizei- bzw Ordnungsbehörde ein Weisungsrecht gegenüber den Vollzugsbeamten zusteht. In den Fällen des zwischenbehördlichen Mandats wird dieses Weisungsrecht nämlich gerade nicht ausgeübt[320]. Eine Parallele zum – grundsätzlich zulässigen – innerbehördlichen Mandat kann wegen wesentlicher Unterschiede nicht gezogen werden. Wenn die Zuständigkeit einer Behörde gesetzlich begründet wird, wird damit zugleich konkludent ein innerbehördliches Mandat gestattet, weil der Behördenleiter die Zuständigkeiten seiner Behörde nicht effektiv wahrnehmen kann, ohne dem ihm nachgeordneten Behördenbediensteten Vertretungsbefugnis zu erteilen. Dies liegt auf der Hand. Dagegen versteht es sich keineswegs von selbst, dass an Stelle der gesetzlich zuständigen Behörde eine andere Behörde bzw ein anderes Rechtssubjekt vertretungsbefugt ist. Hierfür bedarf es deswegen einer besonderen normativen Ermächtigung[321]. Darüber hinaus verstieße es gegen den Grundsatz des Vorrangs des Gesetzes, wenn die zuständige Polizei- und Ordnungsbehörde dem Polizeivollzugsdienst ein zwischenbehördliches Mandat erteilen könnte. Der Vollzugspolizei steht nämlich nach den gesetzlichen Regelungen nur bei unaufschiebbaren Maßnahmen der Gefahrenabwehr eine eigene Entscheidungsbefugnis zu (vgl unten Rn 448).

139 Wenn ein Platzverweis zwangsweise durchgesetzt wird, indem Personen zur polizeilichen Dienststelle mitgenommen werden, so stellt dies wegen der Kurzfristigkeit der Maßnahme keine Ingewahrsamnahme – die dem Art. 104 II GG unterfiele (vgl unten Rn 141 ff) – dar. Eine solche Maßnahme beinhaltet eine **Anwendung unmittelbaren Zwangs**, ohne den eine Platzverweisung häufig nicht wirksam durchgesetzt werden

---

317 Dazu näher *Hufeld*, VBlBW 1999, 130 ff.
318 Dahin tendierend *VGH Mannheim*, VBlBW 1997, 66, 67 f.
319 So zutreffend *VGH Mannheim*, VBlBW 1996, 418, 419; *VG Sigmaringen*, VBlBW 1995, 289, 290; *Haseloff-Grupp*, VBlBW 1997, 161. Zum Erfordernis einer gesetzlichen Ermächtigung für ein zwischenbehördliches Mandat s. näher *Schenke*, VerwArch. Bd. 68 (1977), 118, 153, 158, 161 und DÖV 1985, 452 ff: *Reinhardt*, Delegation und Mandat im öffentlichen Recht, 2006, S. 177 ff; ferner *Horn*, NVwZ 1986, 808 ff; *Ule/Laubinger*, Verwaltungsverfahrensrecht, § 10, Rn 19; *BDiszG*, DÖV 1985, 450 ff; **aA** *Hufeld*, VBlBW 1999, 130, 132; *ders.*, Die Vertretung der Behörde, 2003, S. 227 f; *Rasch*, DVBl 1983, 617, 619 f; *BVerwGE* 63, 258, 260.
320 Bei Ausübung des Weisungsrechts läge kein zwischenbehördliches Mandat, sondern ein Fall der Botenschaft vor.
321 Abzulehnen deshalb *Hufeld*, VBlBW 1999, 130, 132, der das zwischenbehördliche Mandat als „Variante des innerbehördlichen Mandats" ansieht. Einschränkend nunmehr *Hufeld*, Die Vertretung der Behörde, S. 227, auf die Fälle, in denen der externe Mandatar in die mandatierende Behörde inkorporiert wird. Dann liegt freilich mE kein zwischenbehördliches Mandat vor.

kann[322]. Nicht mehr durch die Ermächtigung zur Platzverweisung gedeckt ist es allerdings, wenn der Betroffene an einen Ort verbracht wird, der in größerer Entfernung von dem Ort liegt, von dem er verwiesen wurde, und dort abgesetzt wird. Ein solcher **Verbringungsgewahrsam**[323] beinhaltet nicht nur die zwangsweise Durchsetzung des Platzverweises, sondern zusätzlich eine „Versetzung" des Betroffenen, die nur auf die polizeiliche Generalklausel[324] gestützt werden kann und eigenständig im Wege des unmittelbaren Zwangs durchgesetzt wird. Eine solche „Versetzung" ist jedoch nur dann zulässig, wenn konkrete Anhaltspunkte dafür vorliegen, dass die zwangsweise Durchsetzung des Platzverweises allein noch nicht genügt, um die Gefahr zu unterbinden, weil zu erwarten ist, dass der Betroffene ohne die „Versetzung" zeitnah wieder zu dem Ort zurückkehrte, von dem er verwiesen worden war.

Teilweise wird demgegenüber die Ansicht vertreten, der sog. Verbringungsgewahrsam sei eine besondere Form der Ingewahrsamnahme, die gesetzlich nicht vorgesehen und deswegen unzulässig sei[325]. Diese Auffassung vermag nicht zu überzeugen. **140**

Meist ist ein sog. Verbringungsgewahrsam, der der Durchsetzung einer Platzverweisung[326] dient, schon wegen seiner Kurzfristigkeit[327] keine Freiheitsentziehung (Ingewahrsamnahme) iSd Art. 104 II GG und der einschlägigen polizeirechtlichen Vorschriften (s. Rn 142). Selbst wenn der sog. Verbringungsgewahrsam eine längere Zeit in Anspruch nähme und deswegen als Ingewahrsamnahme zu beurteilen wäre, wäre eine solche durch die Vorschriften über den Gewahrsam tatbestandlich gedeckt[328]. De-

---

322 Nicht überzeugend deshalb die Bedenken von *Maaß*, NVwZ 1985, 151, 154 und *Rachor*, in: L/D, E, Rn 437, die fälschlich annehmen, die Platzverweisung selbst sei die Rechtsgrundlage für solche Maßnahmen.

323 Dazu *Deusch*, Die Polizei 2006, 145, 148; *Hans*, Jura 1985, 431 ff; *Hasse/Mordas*, ThürVBl. 2002, 101 ff; 130 ff; *Kappeler*, DÖV 2000, 227 ff; *Schucht*, DÖV 2011, 553 ff; *Wuttke*, S. 64 ff sowie *OVG Bremen*, NVwZ 1987, 235, 237.

324 *Götz*, NVwZ 1998, 679, 683; *Möller/Warg*, Rn 352; *Stoermer*, Der polizeirechtliche Gewahrsam, 1998, 131 f; **aA** *Finger*, NordÖR 2006, 423, 428; *Gusy*, NWVBl. 2004, 1, 8 f; *Schucht*, DÖV 2011, 553, 559.

325 So ausführlich *LG Hamburg*, NVwZ-RR 1997, 537 ff; *Kappeler*, DÖV 2000, 227 ff; *Rachor*, in: L/D, E, Rn 501 ff; *Schoch*, Rn 299; *Schucht*, DÖV 2011, 553, 559 f; *Trurnit*, Jura 2012, 365, 372; wie hier dagegen *Götz*, NVwZ 1998, 679, 682 f; *Leggereit*, NVwZ 1999, 263 ff; als Gewahrsam iSd Polizeigesetze sehen *Hasse/Mordas*, ThürVBl. 2002, 130, 132 und *Pieroth/Schlink/Kniesel*, § 17, Rn 4 den Verbringungsgewahrsam an.

326 Anderes gilt allerdings häufig bei der Durchsetzung von Aufenthaltsverboten und Wohnungsverweisungen.

327 Soweit die Ingewahrsamnahme nicht nur kurzfristig erfolgt, unterfällt sie dem § 13 MEPolG, wobei nach der zweifelhaften Ansicht des *SächsVerfGH* in diesem Zusammenhang eine Ingewahrsamnahme von 14 Tagen ausnahmslos unzulässig sein soll, *SächsVerfGH*, LKV 1996, 273, 278; **aA** *Schenke*, DVBl 1996, 1393 f.

328 Eine Ingewahrsamnahme wird, soweit sie zur Durchsetzung eines Platzverweises, eines Aufenthaltsverbotes oder einer Wohnungsverweisung mit Rückkehrverbot unerlässlich ist, in § 30 I Nr 3 BerlASOG; § 17 I Nr 3 u. 4 BrandPolG; § 15 I Nr 3 u. 4 BremPolG; § 13 I Nr 3 u. 4 HambSOG; § 32 I Nr 3 HessSOG; § 55 I Nr 5 MVSOG; § 18 I Nr 3 NdsSOG; § 35 I Nr 3 u. 4 NWPolG; § 14 I Nr 3 RhPfPOG; § 37 I Nr 3 SachsAnhSOG; § 22 I Nr 4 SächsPolG; § 204 I Nr 4 u. 5 SchlHVwG; § 19 I Nr 3 ThürPAG; § 20p I Nr 1 BKAG für zulässig erklärt. Eine Ingewahrsamnahme zur Durchsetzung eines Platzverweises regelt Art. 17 I Nr 3 BayPAG. § 13 SaarlPolG sowie § 28 BWPolG enthalten diesbezüglich keine ausdrücklichen Regelungen; insoweit kann aber – insbesondere bei der Verhütung von Straftaten – auf die allgemeinen Regeln der Ingewahrsamnahme (s. Rn 141 ff) zurückgegriffen werden.

ren Anwendung stünde insbesondere nicht entgegen, dass der Verbringungsgewahrsam mit einer „Versetzung" gekoppelt ist, die auf die Generalklausel gestützt wird[329]. Zwar verstieße die „Versetzung" dann gegen den im Übermaßverbot enthaltenen Grundsatz des geringsten Eingriffs (Rn 335 ff), wenn eine Ingewahrsamnahme allein bereits für die Gefahrenbekämpfung ausreichte (Rn 141). Das rechtfertigt aber nicht die Annahme, ein als Freiheitsentziehung zu qualifizierender Verbringungsgewahrsam sei stets unzulässig. Er ist vielmehr in den (seltenen) Fällen gerechtfertigt, in denen die Verbringung an einen anderen Ort neben der Freiheitsentziehung erforderlich ist, um die Gefahr wirksam zu bekämpfen.

5. Ingewahrsamnahme von Personen

141 Nach § 13 I MEPolG kann eine Person nur dann in Gewahrsam genommen werden[330], wenn dies zum Schutz von Leib und Leben dieser Person selbst (Nr 1) oder zur Verhinderung der unmittelbar bevorstehenden Begehung oder Fortsetzung einer Straftat oder Ordnungswidrigkeit[331] von erheblicher Gefahr notwendig ist (Nr 2). Im Falle von § 13 I Nr 1 MEPolG spricht man vom **Schutzgewahrsam**, im Falle des § 13 I Nr 2 MEPolG vom **Präventivgewahrsam (Unterbringungs- oder Sicherungsgewahrsam)**[332]. Der sog. Schutzgewahrsam ist in allen Polizeigesetzen vorgesehen. Teilweise ist ausdrücklich geregelt, dass er auch bei Selbstmordgefahr oder auf eigenes Verlangen des Betroffenen zulässig ist[333]. Zum sogenannten **Identitätsgewahrsam** s. unten Rn 142. Zur Ingewahrsamnahme iVm **Platzverweisen, Aufenthaltsverboten** und **Wohnungsverweisungen** s. bereits Rn 140.

Gegen die Zulässigkeit eines Präventivgewahrsams aus polizeirechtlichen Gründen sind allerdings **vom EGMR Bedenken geltend gemacht** worden, Sie stützten sich auf Art. 5 I 2 lit. c EMRK. Die Ansicht des Gerichts, derzufolge Freiheitsentziehungen nach lit. c nur in Verbindung mit einem Strafverfahren zulässig" seien[334] bzw ausschließlich im Rahmen von Strafverfahren erlaubt würden[335], überzeugt nicht. Wenn

---

329 Da die Verbringung im Verhältnis zur Ingewahrsamnahme kein minus, sondern ein aliud darstellt, kann sie auch nicht auf die Vorschriften über die Ingewahrsamnahme gestützt werden; so zutreffend *Finger*, NordÖR 2006, 423, 427; **aA** *Berner/Köhler/Käß*, BayPAG, Art. 17, Rn 25; *Leggereit*, NVwZ 1999, 263 ff.

330 Den §§ 13–16 MEPolG entsprechende Regelungen finden sich in § 28 BWPolG; Art. 17–20 BayPAG; §§ 30–33 BerlASOG; §§ 17–20 BrandPolG; 23 Nr 1 BrandOBG; §§ 15–18 BremPolG; §§ 13–13c HambSOG; §§ 32–35 HessSOG; § 55 f MVSOG; §§ 18–21 NdsSOG; §§ 35–38 NWPolG, § 24 NWOBG; §§ 14–17 RhPfPOG; §§ 13–16 SaarlPolG; §§ 37–40 SachsAnhSOG; § 22 SächsPolG; §§ 204 f SchlHVwG; §§ 19–22 ThürPAG; §§ 39–42 BPolG; § 20p BKAG. Zur Verfassungsmäßigkeit von Regelungen, die dem § 13 MEPolG entsprechen, s. *BVerwGE*, 45, 51 ff; zur Verfassungsmäßigkeit des Art. 20 BayPAG (früher: Art. 19 BayPAG), der eine längere Freiheitsentziehung vorsieht, *BayVerfGH*, NVwZ 1991, 664.

331 Auch Art. 5 I c EMRK lässt eine Freiheitsentziehung zur Verhinderung von Ordnungswidrigkeiten zu, wenn diese mit erheblichen Gefahren für ein geschütztes Rechtsgut verbunden sind, s. *VGH Mannheim*, DÖV 2005, 165 ff.

332 *R. Schmidt*, Rn 460 ff.

333 § 28 I Nr 2 BWPolG; § 15 I Nr 1 BremPolG; § 13 I Nr 1 SaarlPolG; § 22 I Nr 2 SächsPolG; § 180 I Nr 2 lit. a, c SchlHVwG.

334 *EGMR*, EuGRZ 2012, 142 = NVwZ 2012, 1089 ff mit Besprechung von *Scheidler*, NVwZ 2012, 1083 ff.

335 *EGMR*, NVwZ 2006, 797.

nach Art. 5 I 2 lit. c EMRG eine Festnahme und Freiheitsentziehung voraussetzt, dass die betroffene Person eine Straftat begangen hat oder begründeter Anlass zu der Annahme besteht, sie an der Begehung einer Straftat oder an der Flucht nach Begehung einer Straftat zu hindern, so kann dies sinnvollerweise nur so verstanden werden, dass damit auch ein Präventivgewahrsam erlaubt wird, bei dem noch keine strafbare Handlung vorliegt. Dass ergibt sich nicht nur aus dem Wortlaut dieser Bestimmung, sondern auch daraus, dass diese andernfalls neben Art. 5 I 1 lit. c Alt. 2 EMRK leerliefe[336]. Den diesbezüglichen Ausführungen des EGMR kommt jedenfalls keine Bindungswirkung zu, weil sie lediglich obiter dicta beinhalten und überdies die Rechtsprechung des EGMR durch die nationalen Gerichte nur zu berücksichtigen ist[337]. Diese Berücksichtigungspflicht vermag die aus Art. 2 II 1 GG resultierenden Schutzpflichten, die durch die § 13 I Nr 2 MEPolG entsprechenden Vorschriften erfüllt werden, nicht beiseite zu schieben[338].

Eine Ingewahrsamnahme, die dem § 13 MEPolG unterfällt, liegt dann vor, wenn eine **142** Person **nicht nur ganz kurzfristig verwahrt** und daran gehindert wird, sich fortzubewegen. Eine Ingewahrsamnahme ist eine Freiheitsentziehung und damit eine besonders intensive Form der Freiheitsbeschränkung gem. Art. 2 II 2 GG. Für sie stellt deswegen Art. 104 II GG zusätzliche Erfordernisse auf. Dem Grundsatz der Verhältnismäßigkeit kommt eine gesteigerte Bedeutung zu. Eine Ingewahrsamnahme setzt nicht voraus, dass sie in einem hierfür vorgesehenen Raum erfolgt. Deswegen liegt zB auch eine Ingewahrsamnahme vor, wenn eine Person für längere Zeit in einem Fahrzeug festgehalten wird oder wenn die Teilnehmer einer Demonstration eingekesselt werden[339, 340]. Die vollständige Abriegelung eines Ortes für mehrere Stunden anlässlich eines Castor-Transports bewertete das *OVG Lüneburg*[341] demgegenüber noch nicht als eine Ingewahrsamnahme, sondern stützte sie auf die polizeiliche Generalklausel. Die Unzulässigkeit einer solchen Maßnahme kann sich dann allerdings aus Art. 2 II GG iVm dem Verhältnismäßigkeitsgrundsatz ergeben, insbesondere, wenn davon Nichtstörer betroffen sind. **Kein Fall der Ingewahrsamnahme** ist die sog. **Verbringung**, mit der Verwaltungsakte zwangsweise durchgesetzt werden (s. oben Rn 139), soweit sie nur für eine ganz kurze Zeit[342] erfolgt und auf die Maßnahmen begrenzt wird, die zur zwangsweisen Durchsetzung des Verwaltungsakts erforderlich ist[343]. So ist es zB idR

---

336 *VG Hannover*, NVwZ-RR 2012, 925, 926.
337 *BVerfGE* 111, 307, 322.
338 *VG Hannover*, NVwZRR 2012, 926; *Heinemann/Hilker*, DVBl 2012, 1467 ff; **aA** *Hoffmann*, NVwZ 2013, 266 ff.
339 Vgl *Kniesel/Poscher*, in: L/D, K, Rn 399 mwN; *Kilian/Meinel*, JuS 1997, 440, 446; *Hoffmann-Riem/Koch*, Hamb, S. 204; *van der Schoot*, Jura 2009, 382, 387.
340 Dies gilt auch bei einem sich bewegenden Kessel (sog. „Wanderkessel"), sofern es den Teilnehmern nicht erlaubt wird, den Kessel zu verlassen; dazu auch Rn 373. **AA** insoweit *van der Schoot*, Jura 2009, 382, 387 f.
341 *OVG Lüneburg*, NVwZ-RR 2007, 103, 104.
342 Faustregel: Nicht länger als 2 Stunden, vgl *Rachor*, in: L/D, E, Rn 496.
343 Wenn eine Person für einen längeren Zeitraum festgehalten wird, die Voraussetzungen für eine Ingewahrsamnahme vorliegen und schon alleine durch eine solche Ingewahrsamnahme die Gefahr wirksam bekämpft werden kann, so scheidet ein Verbringungsgewahrsam aus. Die Verbringung an einen anderen Ort, die über die Ingewahrsamnahme hinausreicht, ist dann nämlich nicht erforderlich und kann deshalb nicht auf die polizeiliche Generalklausel gestützt werden (s. auch oben Rn 140).

nicht als Ingewahrsamnahme und Freiheitsentziehung iSd Art. 104 II 1 GG anzusehen, wenn ein Betroffener zwangsweise in einem Auto zum Flughafen verbracht wird, um eine Abschiebungsanordnung durchzusetzen[344]. Gleiches gilt für die Verbringung von „Stadtstreichern" zur Durchsetzung eines Platzverweises[345]. Ein (nicht nur ganz kurzfristiger) **Hausarrest** stellt demgegenüber dann eine Ingewahrsamnahme dar, wenn der Betroffene unter polizeiliche Bewachung gestellt oder durch Verschließen der Zugänge am Verlassen der Räume gehindert wird[346]. Das kurzfristige Festhalten einer Person, deren Identität festgestellt werden soll oder die eine Vorladung nicht befolgt hat, stellt wiederum keine Ingewahrsamnahme iSd § 13 MEPolG und des Art. 104 II GG dar[347]. Diese Maßnahmen werden aber – ohne dass dies verfassungsrechtlich gefordert ist – von § 14 I 1 MEPolG[348] erfasst, so dass hier grundsätzlich unverzüglich eine richterliche Entscheidung herbeizuführen ist. Soweit eine Regelung fehlt, die § 14 I 1 MEPolG entspricht – so in Baden-Württemberg, Sachsen und dem Saarland[349] – muss für ein kurzfristiges Festhalten keine richterliche Entscheidung herbeigeführt werden. Wenn eine Person zur Feststellung ihrer Identität nicht nur kurzfristig festgehalten wird, liegt allerdings ein **Identitätsgewahrsam** vor, der als eine Freiheitsentziehung iSd Art. 104 II GG zu bewerten ist und der deshalb in §§ 28 I Nr 3 BWPolG, 22 I Nr 3 SächsPolG und 14 I 1 SaarlPolG als Unterfall des Gewahrsams geregelt wird.

143   Nach § 13 II MEPolG kann die Polizei Minderjährige, die sich der Obhut der Sorgeberechtigten entzogen haben, in Gewahrsam nehmen, um sie den Sorgeberechtigten oder dem Jugendamt zuzuführen. § 13 III MEPolG regelt die Ingewahrsamnahme von Personen, die aus dem Vollzug von Untersuchungshaft, Freiheitsstrafen oder freiheitsentziehenden Maßregeln der Besserung und Sicherung entwichen sind oder sich sonst ohne Erlaubnis außerhalb der Justizvollzugsanstalt aufhalten. Die Rechtmäßigkeit des § 13 III MEPolG wird in der Literatur zT mit dem Argument angezweifelt, in den bundesrechtlichen Normierungen des § 457 II 2 StPO und des § 87 StVollzG seien die Befugnisse und Voraussetzungen zur Wiederergreifung Entwichener abschließend geregelt[350]. Diese Bedenken schlagen aber schon deshalb nicht durch, weil es sich dabei (jedenfalls auch) um eine Aufgabe der Gefahrenabwehr handelt, für welche der Bun-

---

344   S. auch *BVerwGE* 62, 325, 327 u. oben Rn 131; **aA** *Kugelmann*, 6. Kap., Rn 60. Bewertet man eine solche Verbringung als Freiheitsentziehung, so muss sie (entgegen *Maaß*, NVwZ 1985, 151, 156) jedenfalls auf die Vorschriften über die Ingewahrsamnahme gestützt werden können.

345   *Götz*, NVwZ 1998, 679, 683; *Roscher*, BWVPr 1981, 61 ff.

346   Weitergehend *Pieroth/Schlink/Kniesel*, § 17, Rn 6. Nach deren Auffassung soll es für eine Ingewahrsamnahme bereits genügen, dass ein Verbot ausgesprochen wird, das Haus zu verlassen, ohne dass Vorkehrungen getroffen werden, um dies zu verhindern. Dies überzeugt nicht. Im Einklang mit dem Sprachgebrauch kann man eine Freiheitsentziehung nur dann angenommen werden, wenn solche Vorkehrungen getroffen werden, so zB *Jarass*, in: Jarass/Pieroth, GG, Art. 2, Rn 114 sowie *Kunig*, in: v. Münch/Kunig, GG, Bd. I, 6. Aufl. 2012, Art. 2, Rn 76.

347   Soweit solche Maßnahmen allerdings länger als wenige Stunden dauern, sind sie als Freiheitsentziehungen zu qualifizieren, die dem Art. 104 II GG unterfallen und die deswegen aus verfassungsrechtlichen Gründen grundsätzlich einer richterlichen Anordnung bedürfen.

348   Entprechende oder ähnliche Regelungen in Art. 18 I 1 BayPAG; § 31 I 1 BerlASOG; § 18 I 1 BrandPolG; § 16 I BremPolG; § 33 I 1 HessSOG; §§ 51 III, 56 V MVSOG; § 19 I NdsSOG; § 36 I 1 NWPolG; § 15 I 1 RhPfPOG; § 38 I 1 SachsAnhSOG; §§ 181 IV, 200 IV SchlHVwG; § 20 I 1 ThürPAG.

349   In § 14 I 1 SaarlPolG ist dies für ein nicht nur kurzfristiges Festhalten ausdrücklich bestimmt.

350   So *Seebode*, FS H.J. Bruns, 1978, S. 487 ff und AEPolG, Anm. 6 zu § 20.

desgesetzgeber bezüglich der polizeilichen Befugnisse zumindest keine abschließende Regelung treffen durfte[351].

Gegen wen sich die Ingewahrsamnahme richten darf, ergibt sich aus den einschlägigen Vorschriften selbst, so dass nicht auf die Vorschriften über die polizeirechtliche
Verantwortlichkeit zurückzugreifen ist[352].

Da die Ingewahrsamnahme gem. § 13 MEPolG eine Freiheitsentziehung iSd Art. 104 **144**
GG ist, regeln die §§ 14–16 MEPolG das insoweit erforderliche Verfahren (s. auch
Rn 142). Diese Vorschriften tragen dem Umstand Rechnung, dass **bei nichtrichterli-
cher Freiheitsentziehung eine richterliche Entscheidung**[353] **unverzüglich herbeizuführen ist**. Um dem verfassungsrechtlich geforderten Richtervorbehalt zur vollen
Wirksamkeit zu verhelfen, müssen die organisatorischen Voraussetzungen geschaffen
werden, um die richterliche Zuständigkeit zeit- und sachangemessen wahrnehmen zu
können[354]. So ist zB ein richterlicher Bereitschaftsdienst auch für die Nachtzeit erforderlich, wenn wegen einer bevorstehenden Massendemonstration mit Masseninge-
wahrsamnahmen zu rechnen ist, die tagsüber nicht zu bewältigen sind[355]. Unverzüglich bedeutet iÜ nur, dass die richterliche Entscheidung ohne sachlich begründete
Verzögerung herbeizuführen ist[356]. Es bedeutet nicht, dass eine richterliche Entscheidung in jedem Fall ergehen muss. Sie ist insbesondere dann entbehrlich, wenn der Betroffene zwischenzeitlich entlassen worden ist[357]. Es widerspräche dem Sinn des Richtervorbehalts, durch die Herbeiführung der richterlichen Entscheidung den
Gewahrsam zu verlängern[358].

Dementsprechend formuliert § 14 I 2 MEPolG, dass es einer richterlichen Ent- **145**
scheidung nicht bedarf, wenn anzunehmen ist, dass diese erst nach Wegfall des
Grundes für die Freiheitsentziehung erginge. Der Umstand, dass die Polizei den in
Gewahrsam Genommenen ohnehin nach Ablauf der Frist des Art. 104 II 3 GG frei-
lassen muss, kann es freilich allein noch nicht rechtfertigen, keinen Richter einzuschalten. Ebenso ist die Herbeiführung einer richterlichen Entscheidung nicht entbehrlich, wenn eine persönliche Anhörung infolge Trunkenheit des Betroffenen
unmöglich ist[359].

Der Richter kontrolliert bei seiner Entscheidung nicht die Rechtmäßigkeit des polizeilichen Handelns[360], sondern befindet – vorbehaltlich abweichender gesetzlicher Rege-

---

351 S. hierzu aber auch *Riegel*, DÖV 1979, 201 ff.
352 *Knemeyer*, Rn 228.
353 Zur Problematik der Richtervorbehalte im Polizeirecht, insbesondere zur Möglichkeit eines Rechts-
     schutzes gegen richterliche Entscheidungen, s. *Wolter*, DÖV 1997, 939 ff.
354 *BVerfGE* 105, 239, 248.
355 *BVerfG*, NVwZ 2006, 579.
356 *BVerwGE* 45, 51, 63. Nicht maßgeblich ist § 121 BGB, vgl auch *BVerfGE* 105, 239, 249.
357 Vgl *BVerwGE* 45, 51, 62; *KG*, DVBl 1968, 470 ff; **aA** *Rachor*, in: L/D, E, Rn 541.
358 Die Möglichkeit einer gerichtlichen Kontrolle des erledigten polizeilichen Freiheitsentzugs besteht
     ohnehin über § 113 I 4 VwGO (vgl *Schenke*, Jura 1980, 133 ff).
359 *VGH Mannheim*, NVwZ-RR 2012, 346.
360 So richtig *Rasch*, § 15 MEPolG, Rn 3; **aA** *Honnacker*, in: Honnacker/Beinhofer, BayPAG, Art. 18,
     Rn 8.

lungen – darüber, ob im Zeitpunkt der Entscheidung die Voraussetzungen für eine richterliche Ingewahrsamnahme gegeben sind. Die Einschaltung des Richters schließt deswegen eine verwaltungsgerichtliche Feststellung der Rechtswidrigkeit der polizeilichen Ingewahrsamnahme analog § 113 I 4 VwGO nicht aus[361, 362]. Grundsätzlich zulässig ist eine Fortsetzungsfeststellungsklage analog § 113 I 4 VwGO zudem dann, wenn sich die polizeiliche Ingewahrsamnahme vor der richterlichen Entscheidung erledigt hat und es deswegen nicht mehr zu einer richterlichen Entscheidung gekommen ist[363]. Anderes gilt nur dann, wenn das Landesrecht ausdrücklich vorsieht, dass das Amtsgericht noch nachträglich die Rechtswidrigkeit der polizeilichen Freiheitsentziehung feststellen kann. Entsprechende Regelungen gibt es zB in Bayern und Berlin (vgl Art. 18 II 1 BayPAG; § 31 II BerlASOG). Wenn solche Regelungen fehlen, ist für die Feststellung der Rechtswidrigkeit nur der Verwaltungsrechtsweg begründet. Eine Zuständigkeit der ordentlichen Gerichte lässt sich insbesondere nicht mit einer Analogie zu § 14 II MEPolG bzw entsprechenden landesrechtlichen Vorschriften begründen[364], denn diese Vorschriften haben Ausnahmecharakter und erstrecken sich bewusst nicht auf die Feststellung der Rechtswidrigkeit einer polizeilichen Ingewahrsamnahme.

146 § 14 II MEPolG ordnet an, dass die Amtsgerichte für die Entscheidung nach § 14 I MEPolG zuständig sind[365]. Nach den Polizeigesetzen der Länder richtet sich das Verfahren, das bei der gerichtlichen Entscheidung über die Ingewahrsamnahme anzuwenden ist, nach dem Gesetz über das Verfahren in Familiensachen und in Angelegenheiten der freiwilligen Gerichtsbarkeit[366]. Nach § 15 MEPolG[367] ist der festgehaltenen

---

361 Wie hier wohl *Würtenberger/Heckmann*, BW, Rn 363, Fn 278; *Gusy*, JZ 1998, 167, 173 f; *BVerfGE* 96, 27 ff; *OVG Bremen*, NVwZ-RR 2012, 272 (mit Einschränkungen auf Grund von § 16 III BremPolG); *OLG Karlsruhe*, VBlBW 1999, 234; s. auch den Klausurfall *Ruthig*, ZJS 2011, 63 mwN zur neueren Rechtsprechung. Nicht überzeugend demgegenüber *VGH Kassel*, DÖV 1984, 522 f und *VGH München*, BayVBl. 1986, 666. Zur Rechtslage in Bayern *BayObLG*, NVwZ 1990, 194, 196. Zur Zulässigkeit einer Fortsetzungsfeststellungsklage wegen des hier bestehenden Rehabilitationsinteresses *VGH Mannheim*, VBlBW 1986, 308 f.

362 Zu einem ähnlichen Problem unten Rn 425. Der Verwaltungsrechtsweg ist natürlich nicht eröffnet, wenn abdrängende Sonderzuweisungen eine Zuständigkeit der ordentlichen Gerichte auch für die Feststellung der Rechtswidrigkeit des polizeilichen Handelns vorsehen.

363 *Götz*, Rn 559; *Würtenberger/Heckmann*, BW, Rn 363, Fn 278, *VGH Mannheim*, VBlBW 1986, 308; *OVG Greifswald*, NordÖR 2009, 24; *OVG Weimar*, DÖV 1999, 879. Zum verfassungsrechtlichen Erfordernis effektiven gerichtlichen Rechtsschutzes wegen des diskriminierenden Charakters einer solchen Maßnahme *BVerfGE* 104, 220, 234.

364 So auch *Wolter*, DÖV 1997, 939, 944; aA *BVerwG*, DÖV 1982, 32: Analogie zu § 13 II FEVG.

365 § 28 IV 1 BWPolG; Art. 18 II 2, III 2 BayPAG; § 31 III 1 BerlASOG; § 18 II 1 BrandPolG; § 16 III BremPolG; § 13a II 1 HambSOG; § 33 II 1 HessSOG; § 56 V 4 MVSOG; § 19 III 1 NdsSOG; § 36 II 1 NWPolG; § 15 II 1 RhPfPOG; § 14 II 1 SaarlPolG; § 38 II 1 SachsAnhSOG; § 204 VI iVm § 181 IV 3 SchlHVwG; vgl auch § 20 II 1 ThürPAG.

366 S. hierzu § 28 IV 2 BWPolG; Art. 18 III 3 BayPAG; § 31 III 2 BerlASOG; § 18 II 2 BrandPolG; § 16 III 2 BremPolG; § 13a II 2 HambSOG; § 33 II 2 HessSOG; § 56 V 5 MVSOG; § 36 II 2 NWPolG; § 15 II 2 RhPfPOG; § 38 II 2 SachsAnhSOG; § 22 VIII 2 SächsPolG; § 204 VI iVm § 181 IV 4 SchlHVwG; § 20 II 2 ThürPAG.

367 Ebenso oder ähnlich § 28 II BWPolG; Art. 19 BayPAG; § 32 I BerlASOG; § 19 I 1 BrandPolG; § 17 I 1 BremPolG; § 13b I HambSOG; § 34 I HessSOG; § 56 I MVSOG; § 20 I NdsSOG; § 37 NWPolG; § 16 I RhPfPOG; § 15 I 1 SaarlPolG; § 39 I SachsAnhSoG; § 205 I SchlHVwG; § 21 I ThürPAG; § 41 I BPolG.

Person unverzüglich der Grund für das Festhalten bekannt zu geben[368]. Ferner muss es ihr ermöglicht werden, einen Angehörigen oder eine Vertrauensperson zu benachrichtigen, sofern dadurch nicht der Zweck der Freiheitsentziehung gefährdet wird. Bei Minderjährigen oder Personen, für die ein Betreuer bestellt ist, ist stets unverzüglich derjenige zu benachrichtigen, dem das Sorgerecht oder die Betreuung obliegt[369]. Ohne ihre Einwilligung soll die in Gewahrsam genommene Person nicht mit Straf- oder Untersuchungsgefangenen untergebracht werden. § 16 MEPolG[370] regelt die Dauer der Freiheitsentziehung. Die festgehaltene Person ist zu entlassen, wenn der Grund für die Maßnahme entfallen ist oder die Fortdauer der Freiheitsentziehung durch richterliche Entscheidung für unzulässig erklärt wird, in jedem Fall **spätestens am Ende des folgenden Tages**, wenn nicht der Richter die Fortdauer auf Grund eines anderen Gesetzes anordnet (s. auch Art. 104 II 3 GG).

Die meisten Polizei- und Ordnungsgesetze regeln – allerdings zT mit erheblichen Unterschieden – die Höchstdauer des Gewahrsams[371]. Lediglich das Landesrecht in Bremen (Ausnahme § 18 II BremPolG) und Schleswig-Holstein enthält keine solche Regelung. Zum Teil wird vertreten, dass Vorschriften verfassungswidrig seien, die eine Höchstdauer von mehr als vier Tagen vorsähen[372]. Diese Auffassung überzeugt in dieser Allgemeinheit nicht. Zwar war die frühere Regelung des § 22 VII 3 SächsPolG in der Tat bedenklich, weil sie einen Polizeigewahrsam von bis zu zwei Wochen auch zum Schutz einer Person vor Eigengefährdung von Leib und Leben, zur Identitätsfeststellung[373] und zur Durchsetzung eines Platzverweises zuließ. Der *SächsVerfGH* hielt diese Vorschrift wegen Verstoßes gegen das Übermaßverbot für verfassungswidrig[374].

---

368 In Schleswig-Holstein gilt eine Einschränkung: Keine Bekanntgabe, wenn sich diese nachteilig auf die Person auswirkt, § 205 I SchlHVwG. Gleiches gilt in Mecklenburg-Vorpommern, § 56 I MVSOG.

369 Vgl zB Art. 19 II 4 BayPAG; § 32 II 4 BerlASOG; § 19 II 4 BrandPnlG; § 17 III 2 BremPolG; § 13b II 4 und 5 HambSOG; § 34 II 4 HessSOG, § 56 II 3 MVSOG; § 20 II 3 NdsSOG; § 37 II 4 NWPolG; § 16 II 4 RhPfPOG; § 15 II 4 SaarlPolG; § 22 V 3 SächsPolG; § 39 II 4 SachsAnhSOG; § 21 II 4 ThürPAG.

370 Ebenso oder ähnlich § 28 III BWPolG; Art. 20 BayPAG; § 33 I BerlASOG; § 20 BrandPolG; § 18 BremPolG; § 13c HambSOG; § 35 HessSOG; § 55 V MVSOG; § 21 NdsSOG; § 38 NWPolG; § 17 RhPfPOG; § 16 SaarlPolG; § 40 SachsAnhSOG; § 22 VII SächsPolG; § 204 V SchlHVwG; § 22 ThürPAG; § 42 BPolG.

371 Regelungen über die Höchstdauer des Schutz- und Präventivgewahrsams finden sich in: § 17 I Nr 3 RhPfPOG (bis zum Ende des der Ergreifung folgenden Tages; auf Grund einer richterlichen Entscheidung bis zu 7 Tagen; § 17 II 2 RhPfPOG); § 20 I Nr 3 BrandPolG; § 40 I Nr 3 SachsAnhSOG; § 42 I 3 BPolG (jeweils 4 Tage); § 16 I Nr 3 SaarlPolG (8 Tage); § 22 Nr 3 ThürPAG (10 Tage); Art. 20 Nr 3 BayPAG; § 28 III BWPolG (jeweils 2 Wochen); § 35 I Nr 4 HessSOG (je nach Schutzgut zwischen 2 und 6 Tagen); § 56 V 3 MVSOG (je nach Schutzgut zwischen 3 bzw 10 Tagen); § 21 I 2 NdsSOG (je nach Schutzgut zwischen 4 und 10 Tagen); § 22 VII 3 SächsPolG (je nach Schutzgut zwischen 3 Tagen und 2 Wochen). Zu den vielfach geregelten kürzeren Fristen bei einer der Identitätsfeststellung dienenden Gewahrsamnahme s. unten.

372 So *Blankenagel*, DÖV 1989, 689; *Pieroth/Schlink/Kniesel*, § 17, Rn 28; **aA** *Knemeyer/Keller*, SächsVBl. 1996, 197, 198; *Schenke*, DVBl 1996, 1393.

373 Bei einer Gewahrsamnahme, die der Identitätsfeststellung dient, wird die Höchstdauer vielfach auf 12 Stunden begrenzt, so in § 33 II BerlASOG; § 20 II BrandPolG; § 18 II BremPolG; § 13c II Hamb-SOG; § 35 II HessSOG; § 38 II NWPolG; § 16 II SaarlPolG; § 40 II SachsAnhSOG; § 42 II BPolG und § 21 VII 2 BKAG iVm § 42 II BPolG. Nach § 21 S. 3 NdsSOG soll die Feiheitsentziehung in diesen Fällen höchstens sechs Stunden dauern.

374 Vgl *SächsVerfGH*, LKV 1996, 273, 278; krit. demgegenüber *Knemeyer/Keller*, SächsVBl. 1996, 197, 198; *Schenke*, DVBl 1996, 1393 f; s. auch *BayVerfGH*, BayVBl. 1990, 685, 690.

Jedoch kann jedenfalls ein länger andauernder Sicherheitsgewahrsam, der dem Schutz vor schweren Gefahren für Leben und Gesundheit dient, verfassungsrechtlich nicht beanstandet werden[375]. Vielmehr kann der Staat sogar zu entsprechenden Regelungen verpflichtet sein, um seine grundrechtlichen Schutzpflichten zu erfüllen.

Landesrechtliche Regelungen, die eine Unterbringung besonders rückfallgefährdeter Straftäter vorsahen, sind nach Auffassung des *BVerfG* allerdings verfassungswidrig. Es handele sich insoweit um Strafrecht iS des Art. 74 I Nr 1 GG, und der Bundesgesetzgeber habe insoweit von seiner konkurrierenden Gesetzgebungskompetenz abschließend Gebrauch gemacht[376].

6. Durchsuchung und Untersuchung von Personen

147 Nach § 17 I Nr 1 MEPolG[377] ist eine Durchsuchung einer Person – neben den Fällen des § 9 II 4 MEPolG – in allen Fällen zulässig, in denen „sie nach diesem Gesetz oder anderen Rechtsvorschriften festgehalten werden kann". Eine Durchsuchung, die der Verfolgung von Straftaten und Ordnungswidrigkeiten dient, kann allerdings nicht auf diese Regelung gestützt werden, weil insoweit abschließende bundesrechtliche Regelungen existieren (vgl auch unten Rn 416). Gem. § 17 I Nr 2 u 3 MEPolG darf eine Durchsuchung außerdem durchgeführt werden, wenn Tatsachen die Annahme rechtfertigen, dass eine Person Sachen mit sich führt, die sichergestellt werden dürfen, oder sie sich erkennbar in einem die freie Willensbildung ausschließenden Zustand oder sonst in hilfloser Lage befindet. Gem. § 17 I Nr 4, 5 MEPolG ist eine Durchsuchung weiterhin bei Personen zulässig, die sich an einem Ort, an dem gem. § 9 I Nr 2 MEPolG Identitätsfeststellungen durchgeführt werden dürfen, oder an einem besonders gefährdeten Objekt iSd § 9 I Nr 3 MEPolG aufhalten. Im letztgenannten Fall müssen Tatsachen die Annahme rechtfertigen, dass in oder an Objekten dieser Art Straftaten begangen werden sollen.

148 Gem. § 17 II MEPolG kann die Polizei schließlich eine Person, deren Identität festgestellt werden soll, nach Waffen, anderen gefährlichen Werkzeugen sowie Explosivmitteln durchsuchen, wenn dies nach den Umständen zum Schutz des Polizeibeamten oder eines Dritten gegen eine Gefahr für Leib oder Leben erforderlich ist. Die Befugnis, eine Person zum Zwecke der Auffindung von Identitätspapieren zu durchsuchen, kann dagegen weder auf § 17 I MEPolG noch auf § 17 II MEPolG gestützt

---

375 Das konzediert auch *SächsVerfGH*, DVBl 1996, 1423; zu verfassungsrechtlichen Grenzen s. *v. Denkowski*, Kriminalistik 2006, 11 ff.

376 *BVerfG*, NJW 2004, 750 ff; dazu *Gärditz*, BayVBl. 2006, 231 ff; *Pestalozza*, JZ 2004, 605 ff; s. nunmehr auch § 66b StGB. Auch diese Regelung sieht *BVerfGE* 128, 326 ff als verfassungswidrig an, da der Abstand zum regulären Strafvollzug nicht ausreichend verdeutlicht werde, und der Gesetzgeber zu weite Beurteilungs- und Ermessensspielräume einräume. Zu Versuchen, die Problematik entlassener gefährlicher Straftäter durch eine auf polizeirechtliche Bestimmungen gestützte langfristige Observation zu lösen, s. näher Rn 202a.

377 Ebenso oder ähnlich § 29 BWPolG; Art. 21 BayPAG; § 34 II Nr 1 BerlASOG; § 21 I 1 Nr 1 BrandPolG; § 19 BremPolG; § 15 I Nr 1 HambSOG; § 36 I-II HessSOG; §§ 53 f MVSOG; § 22 NdsSOG; § 39 NWPolG; § 18 RhPfPOG; § 17 SaarlPolG; § 41 SachsAnhSOG; § 23 SächsPolG; §§ 202 f SchlHVwG; § 18 ThürOBG; § 23 ThürPAG; § 43 I Nr 1 BPolG; § 20q BKAG.

werden. Sie ergibt sich schon aus § 9 II 4 MEPolG und entsprechenden landesrechtlichen Bestimmungen[378], die solche Durchsuchungen bei Identitätsfeststellungen ausdrücklich gestatten[379]. Eine Durchsuchung nach § 17 I Nr 3 MEPolG lässt sich aber nicht allein darauf stützen, dass sich die Person an einem gefährlichen Ort aufhält[380].

Gegen wen sich eine Durchsuchung richten darf, ergibt sich unmittelbar aus § 17 MEPolG, so dass es eines Rückgriffs auf die allgemeinen Vorschriften des §§ 4 ff MEPolG (Rn 222 ff) nicht bedarf.

Nicht alle Bundesländer regeln Durchsuchungen zur Identitätsfeststellung und beim Objektschutz oder die Durchsuchung bewusstloser und hilfloser Personen. IÜ entspricht der MEPolG aber weitgehend dem geltendem Recht. Die Regelung, dass Personen nur von Personen gleichen Geschlechts oder von Ärzten durchsucht werden dürfen (§ 17 III MEPolG bzw entsprechende landesrechtliche Vorschriften, zB § 29 III BWPolG), ist nicht durch Art. 1 I GG geboten[381]. **149**

Die **Durchsuchung ist von der Untersuchung abzugrenzen**. Die Durchsuchung bezieht sich lediglich auf die Kleidung, die Körperoberfläche und die ohne weiteres zugänglichen Körperhöhlen (Mund, Ohren), nicht hingegen den Genitalbereich[382]. Die schwerwiegendere körperliche Untersuchung hat den körperlichen Zustand einer Person bzw das Körperinnere zum Gegenstand (*BayVGH*, NVwZ-RR 1999, 310) und umfasst auch die Entnahme von Blutproben. Sie ist in § 36 V 1 HessSOG und § 41 V 1 SachsAnhSOG bei Gefahr für Leib, Leben oder Freiheit vorgesehen, in § 15 IV 1 HambSOG, § 18 III 1 RhPfPOG und § 17a SaarlPolG (mit weiteren Einschränkungen auch in § 22 IV NdsSOG und § 53 IV 1 MVSOG) bei Gefahr für Leib oder Leben. Die Anordnung einer Untersuchung bedarf grundsätzlich – außer bei Gefahr im Verzug – einer richterlichen Anordnung[383]. Eine medizinische Untersuchung zur Identitätsfeststellung einer verstorbenen oder hilflosen Person regelt § 11a I RhPfPOG. Nach näherer Maßgabe der §§ 21a BerlASOG, 15a NdsSOG, 14a NWPolG, 11a II RhPfPOG, 10a SaarlPolG kann eine Identitätsfeststellung mittels einer **molekulargenetischen Untersuchung** durchgeführt werden, was aber einer richterlichen Anordnung bedarf. **150**

---

378 So etwa Art. 13 II 4 iVm Art. 13 II 3 BayPAG; § 21 III 4 iVm § 21 III 3 BerlASOG; § 12 II 4 iVm § 12 II 3 BrandPolG; § 18 IV HessSOG; § 12 II 4 iVm § 12 II 3 NWPolG; § 10 II 4 RhPfPOG; § 9 II 2 Nr 5 SaarlPolG; § 20 IV SachsAnhSOG; § 14 II 4 iVm § 14 II 3 ThürPAG.

379 In Baden-Württemberg lässt § 29 I Nr 3 BWPolG eine Durchsuchung zur Identitätsfeststellung nur zu, wenn dies zur Identitätsfeststellung erforderlich ist und sich die betroffene Person in einem die freie Willensbildung ausschließenden Zustand oder in einer hilflosen Lage befindet. Daraus folgt, dass in anderen Fällen eine Durchsuchung zum Zwecke der Identitätsfeststellung nicht zulässig ist; so auch *Würtenberger/Heckmann*, BW, Rn 332. Zur ähnlichen Rechtslage in Sachsen s. *Robrecht*, LKV 2001, 391, 392 ff.

380 *VGH München*, BeckRS 2012, 58287; *Waldhoff*, JuS 2013, 189 ff.

381 Pieroth/Schlink/Kniesel, § 18, Rn 5.

382 *VGH München*, NVwZ-RR 1999, 310. §203 III 2 SchlHVwG hebt ausdrücklich hervor, dass Eingriffe in die körperliche Unversehrtheit im Rahmen der Durchsuchung einer Person unzulässig sind.

383 § 15 IV 3 HambSOG; § 36 V 2 HessSOG; § 53 IV 5 MVSOG; § 22 IV 3 NdsSOG; § 18 III 3 RhPfPOG; § 17a S. 3 SaarlPolG; § 41 V 2 SachsAnhSOG.

In den Bundesländern, die eine körperliche Untersuchung nicht regeln, kann eine solche nicht auf die Generalklausel gestützt werden (s. auch Rn 38)[384]. Insbesondere ist eine molekulargenetische Untersuchung ohne eine ausdrückliche gesetzliche Ermächtigungsgrundlage ausgeschlossen. Eine solche Genomanalyse reicht in ihrer Bedeutung weit über einen körperlichen Eingriff hinaus und stellt eine schwerwiegende Beeinträchtigung des durch Art. 2 I GG iVm Art. 1 GG geschützten Persönlichkeitsrechte dar (s. auch Rn 176).

Zum Zwecke der Strafverfolgung sind körperliche Untersuchungen aber in den §§ 81a, 81c StPO zugelassen, DNA-Untersuchungen in den §§ 81e – 81h StPO, wobei § 81g StPO eine DNA-Untersuchung auch zum Zwecke der Identitätsfeststellung in zukünftigen Strafverfahren gestattet. Insoweit bestehende Lücken für strafunmündige Personen unter 14 Jahren, die von den §§ 81g, 81h StPO nicht erfasst werden, schließt in Hessen § 19 III-V HessSOG[385].

7. Durchsuchung von Sachen

151 Eine Durchsuchung einer Sache[386] ist – neben den Fällen des § 9 II 4 MEPolG – nach § 18 I MEPolG dann zulässig, wenn sie von einer Person mitgeführt wird, die nach § 17 MEPolG durchsucht werden darf (Nr 1), wenn Tatsachen die Annahme rechtfertigen, dass sich in ihr eine Person befindet, die in Gewahrsam genommen werden darf, widerrechtlich festgehalten wird oder hilflos ist (Nr 2), oder wenn Tatsachen die Annahme rechtfertigen, dass sich in ihr eine andere Sache befindet, die sichergestellt werden darf (Nr 3). Insoweit entspricht der MEPolG weitgehend geltendem Recht. Nach § 18 I Nr 4–6 MEPolG[387] darf eine Sache ferner unter bestimmten Voraussetzungen im Rahmen einer Identitätsfeststellung, beim Objektschutz oder an einer Kontrollstelle durchsucht werden (dazu oben Rn 119 f). Art. 22 I Nr 1 iVm Art. 21 I Nr 3 und Art. 13 I Nr 5 BayPAG sowie § 24 I Nr 4 iVm § 14 I Nr 5 ThürPAG lassen eine polizeiliche Durchsuchung von Sachen im Rahmen der **Schleierfahndung** (Rn 120 f) nicht nur zum Zwecke der Identitätsfeststellung zu. Die Vorschriften des BayPAG legte der *BayVerfGH*[388] zu Recht verfassungskonform so aus, dass sie einen durch besondere Anhaltspunkte indizierten erhöhten Verdachtsgrad verlangen, der aber noch keine konkrete Gefahr begründen muss. Wegen der stigmatisierenden Wirkung einer solchen Durchsuchung unterliegt sie aus Gründen der Verhältnismäßigkeit weiterrei-

---

384 *Robrecht*, LKV 2001, 391, 392 f; **aA** bei atypischen Situationen *Pieroth/Schlink/Kniesel*, § 18, Rn 3.

385 *Graulich*, NVwZ 2005, 271, 274, hält diese Regelung für unbedenklich.

386 Dazu § 30 BWPolG; Art. 22 BayPAG; § 35 BerlASOG; § 22 BrandPolG; § 20 BremPolG; § 15a HambSOG; § 37 HessSOG; §§ 57 f MVSOG; § 23 NdsSOG; § 40 NWPolG; § 24 NWOBG; § 19 RhPfPOG; § 18 SaarlPolG; § 42 SachsAnhSOG; § 25 SächsPolG; §§ 206 ff SchlHVwG; § 19 ThürOBG; § 24 ThürPAG; § 44 BPolG; § 20r BKAG.

387 Ebenso oder ähnlich die Regelungen in Baden-Württemberg, Bayern, Brandenburg, Niedersachsen, Nordrhein-Westfalen, Rheinland-Pfalz und Sachsen; einschränkend demgegenüber die Vorschriften in Berlin, Bremen, Hamburg, Hessen, Mecklenburg-Vorpommern, Saarland, Schleswig-Holstein und Thüringen.

388 *BayVerfGH*, JZ 2006, 617 ff m. Anm. *Krane* sowie Anm. *H.A. Wolff*, BayVBl. 2006, 661 ff; *Korber*, BayVBl. 2006, 344 ff.

chenden Einschränkungen als eine Identitätsfeststellung und bedarf zusätzlicher Verdachtsmomente[389].

Eine **„Online-Durchsuchung"** eines Computers („informationstechnischen Systems") ist schon deshalb keine Durchsuchung iSd § 18 MEPolG, weil sie nicht offen erfolgt (*Käß*, BayVBl. 2010, 1). S. zur „Online-Durchsuchung" näher Rn 197i ff.

8. Betreten und Durchsuchung von Wohnungen

Das (präventivpolizeiliche) Betreten und Durchsuchen von Wohnungen ist in allen Polizei- und Ordnungsgesetzen geregelt[390]. Die entsprechenden Vorschriften verpflichten die Betroffenen, nicht nur das Betreten und Durchsuchen, sondern auch das Öffnen ihrer Wohnung zu dulden[391]. Dabei ist unter Betreten das Eintreten, Verweilen und Besichtigen der Wohnung zu verstehen. Durchsuchen meint hingegen die **ziel- und zweckgerichtete Suche nach Personen und Sachen in der Wohnung**. Insoweit gelten wegen der verfassungsrechtlichen Vorgabe in Art. 13 GG unterschiedliche Anforderungen[392]. Stets muss aber der Grundsatz der Verhältnismäßigkeit gewahrt bleiben, was wegen der Schwere des Eingriffs vor allem bei Durchsuchungen bedeutsam wird[393]. Im Hinblick auf den besonderen Schutz der Pressefreiheit, die durch Art. 5 I 2 GG institutionell gewährleistet wird, sind Durchsuchungen (ebenso wie Beschlagnahmen) verfassungsrechtlich unzulässig, wenn sie ausschließlich oder vorwiegend dem Zweck dienen, die Person eines Presseinformanten zu ermitteln[394]. Die Durchsuchung ist wegen Art. 13 II GG grundsätzlich (Ausnahme: bei Gefahr im Verzug) nur auf Grund richterlicher Anordnung zulässig. Sonstige Eingriffe, insbesondere das bloße Betreten[395], sind dagegen unter den Voraussetzungen des Art. 13 VII GG gestattet. Art. 13 VII Alt. 1 GG **ermächtigt** iÜ nach hM **die zuständige Polizeibehörde unmittelbar**, in das Wohnungsgrundrecht einzugreifen und es zu beschränken, sofern dies der Abwehr einer gemeinen Gefahr oder einer Lebensgefahr für einzelne Personen dient[396]. Sonst sind Eingriffe zwar zur Verhütung dringender Gefahren für die öf-

152

---

389 Unglücklich und irreführend ist es freilich, wenn *BayVerfGH*, JZ 2006, 617 hier vom Erfordernis einer „erhöhten abstrakten Gefahr" spricht (dazu Rn 70 f).
390 Vgl § 31 BWPolG; Art. 23, 24 BayPAG; §§ 36, 37 BerlASOG; §§ 23, 24 BrandPolG; §§ 21, 22 BremPolG; §§ 16, 16a HambSOG; §§ 38, 39 HessSOG; §§ 59, 60 MVSOG; §§ 24, 25 NdsSOG; §§ 41, 42 NWPolG, § 24 NWOBG; §§ 20, 21 RhPfPOG; §§ 19, 20 SaarlPolG; §§ 43, 44 SachsAnh-SOG; § 25 SächsPolG; §§ 208 f SchlHVwG; §§ 20 f ThürOBG; §§ 25, 26 ThürPAG; §§ 19, 20 ME-PolG; §§ 45, 46 BPolG; § 20t BKAG. Für Betretungsrechte existieren ferner eine Reihe von spezialgesetzlichen Regelungen, zB im Wirtschaftsaufsichts- und Umweltrecht, vgl *Kunig*, in: v. Münch/Kunig, GG, 6. Aufl. 2012, GG, Bd. I, Art. 13, Rn 58 mwN.
391 Davon geht zB der Sache nach auch *Gusy*, Rn 181 aus; **aA** *Puttler*, JA 2001, 669, 672 (nur Duldungspflicht).
392 Zum Schutz durch Art. 13 GG s. näher *Schoch*, Jura 2010, 22 ff.
393 Zur Unzulässigkeit der Durchsuchung einer Anwaltskanzlei wegen geringfügiger Ordnungswidrigkeiten *BVerfG*, NJW 2006, 3411; vgl allgemein zu einer strafprozessualen Durchsuchung bei einem Anwalt und zur Bedeutung des Verhältnismäßigkeitsgrundsatzes *BVerfG*, NJW 2008, 2422 ff.
394 *BVerfG*, NJW 2007, 1117 ff.
395 *BVerwGE* 47, 31 ff.
396 *Kunig*, in: v. Münch/Kunig, 5. Aufl. 2000, GG, Bd. I, Art. 13, Rn 57.

fentliche Sicherheit oder Ordnung zulässig, bedürfen aber einer gesetzlichen Grundlage (Art. 13 VII Alt. 2 GG).

153 Die Abgrenzung zwischen Durchsuchung und bloßem Betreten kann im Einzelfall schwierig sein[397]. Die Rechtsprechung verlangt für die Durchsuchung **systematische und gezielte Nachforschungen**. Im Rahmen einer Durchsuchung sind nicht nur das systematische Durchkämmen eines Gebäudes erlaubt, sondern auch zB das Öffnen von Schränken und sogar das Aufreißen von Wänden und Fußböden[398]. Keine Durchsuchung liegt vor, wenn Personen kontrolliert werden, die sich in Räumlichkeiten nicht verbergen, sondern dort offen anwesend sind[399]. Ebenso wenig stellt das baupolizeiliche Besichtigen einer Wohnung eine Durchsuchung dar[400].

Kein Fall der Durchsuchung ist der in Art. 13 III, IV GG geregelte sog. „**Große Lauschangriff**", dh die heimliche akustische und optische Wohnraumüberwachung durch Einsatz technischer Mittel, ohne dass ein ermittelnder Beamter anwesend ist[401] (vgl unten Rn 193 ff). Keine Wohnungsdurchsuchung ist ferner eine „**Online-Durchsuchung**" (s. Rn 151 und 197i). Eine Wohnungsdurchsuchung kann aber der Beschlagnahme eines Geräts dienen, auf dem elektronische Daten gespeichert sind (dazu auch Rn 158).

154 Nach § 19 I MEPolG kann die Polizei eine Wohnung ohne Einwilligung des Inhabers betreten und durchsuchen, wenn Tatsachen die Annahme rechtfertigen, dass sich in der Wohnung eine Person befindet, die vorgeführt oder in Gewahrsam genommen werden darf, oder eine Sache, die sichergestellt werden darf. Gleiches ist zulässig zur Abwehr gegenwärtiger Gefahren für Leib, Leben oder Freiheit einer Person oder für Sachen von bedeutendem Wert. Eine Durchsuchung ist unzulässig, wenn ihr Zweck durch ein milderes Mittel erreicht werden kann. So kann es zB ein milderes Mittel darstellen, statt einer Durchsuchung den Inhaber der fraglichen Wohnung zur Herausgabe eines dort befindlichen Gegenstandes aufzufordern, wenn nach den Umständen des Einzelfalls zu erwarten ist, dass der Inhaber diese Aufforderung befolgen wird (*BVerfG*, NJW 2005, 1640, 1641 f).

Der Begriff der **Wohnung** wird im Einklang mit der Rechtsprechung des *BVerfG*[402] in § 19 I Nr 3 S. 2 MEPolG weit definiert. Er umfasst die **Wohn- und Nebenräume, Arbeits-, Betriebs- und Geschäftsräume sowie anderes befriedetes Besitztum**, soweit es (auch) **als Medium zur Entfaltung von Privatheit** dient (zB Campingwagen, Zelt, Hausboot; nicht jedoch ein gewöhnlicher Pkw)[403]. Allein die Einzäunung eines

---

397 Vgl den Studentenwohnheimfall *BVerwGE* 47, 31; *Götz*, Rn 304 f; *Ruthig*, JuS 1998, 506, 507; *Schoch*, JuS 1994, 484.
398 Vgl ausdrücklich § 47 V 2 HessSOG sowie *Rasch*, § 19 MEPolG, Rn 4; *Ruthig*, JuS 1998, 506, 508.
399 *BVerwG*, NJW 2005, 454, 455; *Hermes*, JZ 2005, 461 ff; **aA** *Mittag*, NVwZ 2005, 649, 650.
400 *BVerwG*, NJW 2006, 2504.
401 Vgl *Gornig*, in: v. Mangoldt/Klein/Starck, GG, 4. Aufl. 1999, Bd. 1, Art. 13, Rn 67. Der Unterschied zum sog. „Kleinen Lauschangriff" besteht darin, dass sich beim „Kleinen Lauschangriff" der Ermittler in der Wohnung befindet und mittels technischer Mittel heimlich Aufzeichnungen anfertigt (s. auch Rn 194).
402 *BVerfGE* 32, 54, 68 ff; 65, 1, 40; 89, 1, 12.
403 Vgl *Ruthig*, JuS 1998, 506, 508, 511 f; zu einem Wohn- und Bauwagen sowie einer Wagenburg als Wohnung s. *VGH Mannheim*, DVBl 1998, 96: im Erg. offen gelassen, aber tendenziell bejahend.

Grundstücks (zB eines Feldes) genügt nicht, wenn ein Bezug zu Aufenthaltsräumen fehlt. Sammelunterkünfte genießen nur dann den Schutz des Art. 13 GG, wenn dem Einzelnen Privatsphäre eingeräumt wird[404].

§ 19 II MEPolG enthält Sondervorschriften für das Betreten und Durchsuchen von Wohnungen während der Nachtzeit. § 19 III MEPolG sieht vor, dass bestimmte, in besonderer Weise als Gefahrenherde in Betracht kommende „verrufene" Wohnungen jederzeit zur Abwehr dringender Gefahren betreten, allerdings nicht durchsucht werden dürfen. § 19 IV MEPolG regelt, dass Arbeits-, Betriebs- und Geschäftsräume sowie andere Räume und Grundstücke, die der Öffentlichkeit zugänglich sind oder zugänglich waren und den Anwesenden zum weiteren Aufenthalt zur Verfügung stehen, während der Arbeits-, Geschäfts- oder Aufenthaltszeit zum Zwecke der Gefahrenabwehr betreten werden dürfen. Dies entspricht der Rechtsprechung des *BVerfG*. Das *BVerfG* hält bei solchen Räumen ein Betreten und Besichtigen auch ohne die einschränkenden Voraussetzungen des Art. 13 VII GG für zulässig, weil solche Räume einen stärkeren Öffentlichkeitsbezug aufweisen[405]. **155**

§ 20 MEPolG regelt das Verfahren bei der Durchsuchung von Wohnungen. Nach der Rechtsprechung[406] fallen solche Durchsuchungen auch dann, wenn sie der Gefahrenabwehr dienen, unter Art. 13 II GG. Sie können deswegen grundsätzlich (Ausnahme: bei Gefahr im Verzug) nur **durch den Richter**[407] angeordnet werden. Gem. § 20 I 2 MEPolG ist das Amtsgericht zuständig. Die richterliche Anordnung soll, insbesondere durch die Formulierung des Durchsuchungsbeschlusses, sicherstellen, dass der Eingriff „messbar und kontrollierbar" bleibt[408]. Der Begriff **„Gefahr im Verzug" in Art. 13 II GG** ist nach der Rechtsprechung des *BVerfG*[409] **eng auszulegen**. Die grundsätzliche richterliche Zuständigkeit zur Anordnung einer Durchsuchung müsse gewahrt bleiben, eine nichtrichterliche Anordnung müsse die Ausnahme bleiben. Die Gerichte und die Polizei müssen deshalb im Rahmen der tatsächlichen und rechtlichen Möglichkeiten dafür sorgen, dass die verfassungsrechtliche Regelzuständigkeit des Richters in der Masse der Alltagsfälle gewahrt bleibt. Dazu gehört, dass ein Richter bei Tag uneingeschränkt erreichbar sein muss, auch außerhalt der üblichen Dienststunden. Während der Nachtzeit muss ein Richter jedenfalls erreichbar sein, wenn ein praktischer Bedarf besteht (*BVerfG*, NJW 2005, 1637, 1638). Auslegung und Anwendung des Begriffs „Gefahr im Verzug" werden gerichtlich uneingeschränkt kontrol- **156**

---

404 Vgl *Ruthig*, JuS 1998, 506, 512; für Hafträume den Schutz des Art. 13 GG verneinend *BVerfG*, NJW 1996, 2643; ebenso für den Besuchsraum einer Untersuchungshaftanstalt *BGH*, NJW 1998, 3284.

405 *BVerfGE* 32, 54, 75 ff; *BVerwG*, NJW 2005, 454, 455 f. Hier dürfte bereits ein Eingriff in den Schutzbereich des Art. 13 GG fehlen, soweit der Inhaber die Räume öffentlich zugänglich macht, vgl *Ruthig*, JuS 1998, 506, 509 f; **aA** *Mittag*, NVwZ 2005, 649, 650 f.

406 Vgl *BVerwGE* 28, 285 ff; *BVerfGE* 51, 97, 106.

407 Art. 13 II GG dürfte allerdings von seiner ratio her dann keine Anwendung finden, wenn es sich um rechtswidrig besetzte Wohnungen handelt, welche die Polizei räumen könnte (so auch *Jaeschke*, NJW 1983, 434; **aA** *Werwigk*, NJW 1983, 2366 ff).

408 St. Rspr, vgl *BVerfGE* 42, 212, 220; NJW 1994, 2079; NJW 1997, 2165, 2166.

409 *BVerfG*, NJW 2001, 1121 ff; 2005, 1637 ff. Die Entscheidungen befassten sich mit strafprozessualen Durchsuchungen. Sie sind aber für Durchsuchungen zur Gefahrenabwehr entsprechend zu beachten. Zur Problematik außerdem *Amelung*, NStZ 2001, 337 ff; *Einmahl*, NJW 2001, 1393 ff; *Lepsius*, Jura 2002, 259 ff; *Schaefer*, NJW 2001, 1396 f.

liert[410]. Um eine solche Kontrolle zu ermöglichen, müssen dann, wenn Gefahr im Verzug angenommen wird, sowohl das **Ergebnis** als auch die **Grundlagen der Entscheidung** in unmittelbarem zeitlichem Zusammenhang mit der Durchsuchung in den **Akten niedergelegt** werden.

157 Nach Beendigung einer Durchsuchung, die ohne richterliche Anordnung durchgeführt wurde, bedarf es keiner richterlichen Entscheidung mehr. Rechtsschutz wird hier dadurch gewährleistet, dass der Betroffene regelmäßig eine eventuelle Rechtswidrigkeit der Durchsuchung analog § 113 I 4 VwGO feststellen lassen kann[411].

Nach § 20 II MEPolG hat der Inhaber einer zu durchsuchenden Wohnung das Recht, bei der Durchsuchung anwesend zu sein. Wenn er abwesend ist, müssen möglichst sein Vertreter oder ein erwachsener Angehöriger, Hausgenosse oder Nachbar hinzugezogen werden. Dem Wohnungsinhaber bzw seinem Vertreter ist der Grund der Durchsuchung gem. § 20 III MEPolG unverzüglich bekannt zu geben, sofern dadurch nicht ihr Zweck vereitelt wird. § 20 IV und V MEPolG regeln, dass eine Niederschrift über die Durchsuchung zu fertigen ist.

9. Sicherstellung und Beschlagnahme

158 Bei einer Sicherstellung iSd § 21 MEPolG begründet die Polizei ihren Gewahrsam an einer Sache und stellt grundsätzlich eine **alleinige hoheitliche Herrschaft über diese Sache (Verstrickung)** her[412]. Diese Sachherrschaft schließt die Verpflichtung des bisherigen Gewahrsamsinhabers ein, die Sache herauszugeben bzw die Begründung des Gewahrsams zu dulden. In diesem Sinne wird der Begriff der Sicherstellung in der Mehrzahl der Polizei- und Ordnungsgesetze verwendet. Die Terminologie ist aber nicht einheitlich. So unterscheiden zB §§ 32, 33 BWPolG zwischen der Sicherstellung einerseits, die dem Interesse des Eigentümers oder des rechtmäßigen Inhabers der tatsächlichen Gewalt dient[413], und der Beschlagnahme andererseits[414]. Im Folgen-

---

410 Zum Rechtsschutz gegenüber einer richterlichen Durchsuchungsanordnung auch nach deren Erledigung *OVG Bremen*, NVwZ-RR 2006, 692 (Feststellung der Rechtswidrigkeit analog § 113 I 4 VerwGO).

411 *OVG Münster*, NJW 1992, 2172 (betr. Durchsuchung); *Ruthig*, RhPf, § 4, Rn 131; *Wolter*, DÖV 1997, 939, 944; zur Frage eines Rechtsschutzes gegen die richterliche Anordnung einer Durchsuchung auch nach deren späterer Erledigung s. *Wolter*, DÖV 1997, 939, 941 ff, 945 f, der sich mit beachtlichen Argumenten für die verfassungsrechtliche Notwendigkeit eines solchen Rechtsschutzes ausspricht. S. zum Rechtsschutz gegen eine erledigte richterliche Durchsuchungsanordnung auch *BVerfG*, EuGRZ 1997, 372 ff und zur strafprozessualen Variante *BVerfG*, NJW 1997, 2163 f.

412 Ähnlich *Würtenberger/Heckmann*, BW, Rn 392; *Rachor*, in: L/D, E, Rn 667 mwN; s. auch *Schieferdecker*, Die Entfernung von Kraftfahrzeugen als Mittel staatlicher Gefahrenabwehr, 1998, S. 100 ff mwN.

413 Soweit der Eigentümer (bzw der rechtmäßige Inhaber der tatsächlichen Gewalt) bei der Durchführung der Sicherstellung iS des § 32 BWPolG nicht anwesend oder jedenfalls nicht ansprechbar ist – wie dies im Regelfall zutreffen wird –, handelt es sich bei der Sicherstellung nicht um einen Verwaltungsakt. Sie wird nicht dadurch zu einem Verwaltungsakt, dass sie dem Eigentümer nachträglich mitgeteilt wird (**aA** *Würtenberger/Heckmann*, BW, Rn 385 mwN; vgl zu einer ähnlichen Problematik bei unmittelbarer Ausführung und Sofortvollzug unten Rn 566 f).

414 Zur Sicherstellung bzw Beschlagnahme s. §§ 32, 33 BWPolG; Art. 25, 26, 28 BayPAG; §§ 38, 39, 41 BerlASOG; §§ 25, 26, 28 BrandPolG; §§ 23, 24, 26 BremPolG; § 14 HambSOG; §§ 40, 41, 43 Hess-

den wird einheitlich der Begriff der Sicherstellung gebraucht. Spezialvorschriften für die Sicherstellung finden sich in den Landespressegesetzen[415]. Diese Vorschriften verbieten wegen ihres abschließenden Charakters einen Rückgriff auf das allgemeine Polizei- und Ordnungsrecht. Art. 47 S. 2 GG enthält ein Sicherstellungsverbot. Danach dürfen Schriftstücke in den Räumlichkeiten des Bundestags bei Mitarbeitern eines Abgeordneten nicht sichergestellt (beschlagnahmt) werden (s. dazu *BVerfG*, NJW 2003, 3401 ff).

Nach § 21 MEPolG kann eine Sache sichergestellt werden, um eine gegenwärtige Gefahr abzuwenden[416] und um den Eigentümer oder rechtmäßigen Besitzer vor Verlust oder Beschädigung zu schützen[417,418]. Weiter darf eine Sache dann sichergestellt werden, wenn sie von einer Person mitgeführt wird, die rechtmäßig festgehalten wird, und die Sache verwendet werden kann, um sich zu töten oder zu verletzen, Leben oder Gesundheit anderer zu schädigen, fremde Sachen zu beschädigen oder die Flucht zu ermöglichen oder zu erleichtern. Diese Vorschrift des MEPolG entspricht – mit kleineren Abweichungen – dem geltenden Recht. Nachdem der Grund für die Sicherstellung weggefallen ist, ist sie aufzuheben und die Sache dem Berechtigten herauszugeben (§ 24 MEPolG[419]). Dies ist eine Konsequenz des Folgenbeseitigungsanspruchs. ZT ist sogar eine Höchstdauer für die Sicherstellung vorgesehen (s. zB § 33 III 2 BWPolG). Die Verpflichtung, die Sicherstellung nach Wegfall ihres Grundes aufzuheben, besteht unabhängig davon, ob sie unbefristet oder befristet ausgesprochen wurde. Deswegen überzeugt es nicht, wenn der *VGH Mannheim* aus dem Grundsatz der Verhältnismäßigkeit ableitet[420], die Beschlagnahme sei zeitlich unbestimmt anzuordnen und mit dem Hinweis zu versehen, dass sie längstens sechs Monate gelte, während eine Befristung auf die gesetzlich zulässige Höchstdauer (s. § 33 III 2 BWPolG) unzulässig sei. Da Sicherstellungen grundsätzlich offen erfolgen, fällt schon aus diesem Grund

159

SOG; §§ 61 ff MVSOG; §§ 26, 27, 29 NdsSOG; §§ 43, 44, 46 NWPolG, § 24 NWOBG; §§ 22, 23, 25 RhPfPOG; §§ 21, 22, 24 SaarlPolG; §§ 45, 46, 48 SachsAnhSOG; §§ 26, 27 SächsPolG, § 7 SächsSWG; §§ 210 ff SchlHVwG; §§ 22 f ThürOBG; §§ 27, 28 ThürPAG; §§ 21, 22, 24 MEPolG; §§ 47, 48, 50 BPolG; § 20s BKAG.

415 Vgl hierzu *VGH München*, NJW 1983, 1339 f.

416 Zur Sicherstellung von Bargeld, das zum Drogenhandel benutzt werden soll, s. *OVG Lüneburg*, DVBl 2009, 1056; *Söllner*, DVBl 2009, 1320 ff; *Waechter*, NordÖR 2008, 473 ff; *Hunsecker*, NordÖR 2009, 62 ff.

417 Nach *VGH München*, NVwZ-RR 2012, 686 soll eine Sicherstellung von Geld nach Art. 25 Nr 2 BayPAG im Hinblick auf die gesetzliche Vermutungsregelung des § 1006 BGB nur dann rechtmäßig sein, wenn zur vollen Überzeugung des Gerichts feststeht, dass der Betroffene weder Eigentümer noch rechtmäßiger Besitzer des Geldes ist. Richtigerweise dürfte eine (vorläufige) Sicherstellung aber bereits dann zulässig sein, wenn diesbezüglich erhebliche Zweifel bestehen (kritisch auch *Söllner*, DVBl 2012, 659 ff). Zur Sicherstellung von Bargeld zum Schutz eines unbekannten Eigentümers s. auch *BVerfG*, NVwZ 2012, 239.

418 Zur Rechtmäßigkeit der Sicherstellung eines PKW, der im Flughafengebäude mit geöffnetem Seitenfenster aufgefunden wurde, s. *OVG Bautzen*, LKV 2011, 564.

419 Ebenso Art. 28 I BayPAG; § 41 I BerlASOG; § 28 I BrandPolG; § 26 I BremPolG; § 14 III HambSOG; § 43 I HessSOG; § 61 II MVSOG; § 29 I NdsSOG; § 46 I NWPolG; § 25 I RhPfPOG; § 24 I SaarlPolG; § 48 I SachsAnhSOG; § 30 I ThürOBG. § 33 III 1 BWPolG und § 27 III 1 SächsPolG regeln nur die Aufhebung der Beschlagnahme; der Anspruch auf Herausgabe ergibt sich dort unmittelbar aus dem Folgenbeseitigungsanspruch.

420 So aber *VGH Mannheim*, DVBl 1998, 96, 97.

eine „**Online-Durchsuchung**" (s. auch Rn 151, 197i) nicht hierunter. Eine solche führte auch nicht zu einer öffentlichrechtlichen Verstrickung einer Sache (s. Rn 158).

160 Eine Sicherstellung wird grundsätzlich durch **amtliches Verwahren** durchgeführt (§ 22 MEPolG). Dadurch wird ein **öffentlichrechtliches Verwahrungsverhältnis** begründet, welches ein verwaltungsrechtliches Schuldverhältnis darstellt. Aus diesem Verwahrungsverhältnis ergeben sich quasivertragliche öffentlichrechtliche Verpflichtungen. Wenn diese Verpflichtungen schuldhaft verletzt werden, haftet die öffentliche Hand analog den **zivilrechtlichen Vorschriften über Leistungsstörungen** (zB wegen Verletzung quasivertraglicher Pflichten analog § 280 BGB). Insoweit gilt auch die Verschuldensvermutung analog § 280 I 2 BGB[421]. § 690 BGB, wonach der Verwahrer nur für Sorgfalt in eigenen Angelegenheiten (diligentia quam in suis) haftet, ist nicht analog anzuwenden, weil die Interessenlage bei einem zwangsweise begründeten öffentlichrechtlichen Verwahrungsverhältnis ganz anders gelagert ist[422]. Der Schadensersatzanspruch ist gem. § 40 II 1 Alt. 2 VwGO vor den ordentlichen Gerichten geltend zu machen[423]. Ein Amtshaftungsanspruch, der daneben besteht, wird dadurch trotz § 839 I 2 BGB nicht ausgeschlossen (s. Rn 689). Der Haftung aus einem öffentlichrechtlichen Verwahrungsverhältnis bzw aus Amtshaftung steht es nach der neueren Rechtsprechung des *BGH*[424] nicht entgegen, dass sich die Polizei eines Privaten bedient, um eine Sache zu verwahren (zB um ein verbotswidrig geparktes und deswegen abgeschlepptes Kfz zu lagern; vgl Rn 555). Der Träger der Polizei kann sich seiner Amtshaftung nicht dadurch entziehen, dass er einen Privaten einsetzt, statt selbst tätig zu werden.

161 § 24 III 1–2 MEPolG sieht vor, dass die Kosten der Sicherstellung bzw Verwahrung den Störern zur Last fallen, die als Gesamtschuldner haften. Die Herausgabe der Sache kann davon abhängig gemacht werden, dass die Kosten gezahlt werden. § 24 III 3 MEPolG[425] normiert ein entsprechendes Zurückbehaltungsrecht. Die Ausübung dieses Zurückbehaltungsrechts ist **kein Verwaltungsakt**, sondern eine **öffentlichrechtliche Willenserklärung**[426]. Der Träger der Polizei kann ein privates Unternehmen, das mit der Durchführung der Sicherstellung beauftragt wurde[427] und bei dem die sichergestellte Sache für die Polizei verwahrt wird, dazu ermächtigen, das polizeiliche Zurückbehaltungsrecht gegenüber dem Eigentümer oder einem anderen Berechtigten geltend zu machen. Das Unternehmen handelt dann **nicht** – was mangels gesetzlicher Ermächtigung unzulässig wäre – **als Beliehener, sondern als Bote der Polizei**. Der Ausübung des Zurückbehaltungsrechts steht es – auch unter Berücksichtigung des

---

421 So auch *Dolderer*, VBlBW 2003, 222, 223.
422 Ebenso *Dolderer*, VBlBW 2003, 222, 223 f.
423 Vgl *Schenke*, Verwaltungsprozessrecht, Rn 146.
424 *BGH*, JZ 1993, 1001 ff m. Anm. *Würtenberger*.
425 § 83a BWPolG; Art. 28 III 3 BayPAG; § 41 III 3 BerlASOG; § 28 III 5 BrandPolG; § 43 III Hess-SOG; § 29 III 3 NdsSOG; § 46 III 4 NWPolG; § 25 III 3 RhPfPOG; § 24 III 3 SaarlPolG; § 48 III 4 SachsAnhSOG; § 34a SächsPolG; § 25 III 3 ThürOBG; § 30 III 4 ThürPAG; § 50 III 3 BPolG.
426 *OVG Münster*, DVBl 1983, 1074 f; *Kopp/Schenke*, VwGO, Anh. § 42, Rn 15.
427 Das Unternehmen kann aber nicht selbstständig über die Sicherstellung entscheiden und damit das polizeiliche Ermessen ausüben (s. auch *VG München*, NVwZ 1988, 667 f u. *VGH München*, NVwZ 1990, 180, 181 sowie BayVBl. 1991, 443 ff).

Übermaßverbots – nicht entgegen, dass die zurückbehaltene Sache in der Regel einen erheblich höheren Wert hat als die Kostenforderung der öffentlichen Hand. Dabei ist zu sehen, dass die Ausübung des Zurückbehaltungsrechts vom Eigentümer oder einem anderen Berechtigten dadurch verhindert werden kann, dass er eine Sicherheitsleistung hinterlegt, die der Kostenforderung entspricht. Dies ergibt sich nicht erst aus einer analogen Anwendung des § 273 III BGB, sondern bereits aus dem Übermaßverbot (s. zum Zurückbehaltungsrecht auch Rn 726).

Wenn die Polizei zu Lasten des Eigentümers über Wohnräume verfügt, um einen Obdachlosen zum Schutz seiner Gesundheit und Menschenwürde dort einzuweisen (s. oben Rn 38), stellt dies einen Fall der Sicherstellung dar. Eine solche Maßnahme begründet polizeilichen Gewahrsam und schränkt die Verfügungsbefugnis des Eigentümers ein[428]. Dem steht nicht entgegen, dass die Polizei die Ausübung des Gewahrsams dem eingewiesenen Obdachlosen überlässt[429]. Sozialrechtliche Normen schließen schon wegen ihrer ganz anderen Zielsetzung eine polizeiliche Sicherstellung nicht aus[430]. Von der Sicherstellungsverfügung gegenüber dem Eigentümer zu trennen ist iÜ die Begründung des Rechts des Obdachlosen, den sichergestellten Wohnraum zu nutzen, die nur auf die polizeiliche bzw ordnungsbehördliche Generalklausel gestützt werden kann. Eine Pflicht des Obdachlosen, eine sichergestellte Wohnung zu nutzen, kann grundsätzlich nicht begründet werden (s. Rn 66). **162**

Bezüglich des „Ob" der Sicherstellung besteht bei (unfreiwilliger) Obdachlosigkeit grundsätzlich eine Rechtspflicht (s. Rn 101), sofern sich keine anderweitige Unterbringungsmöglichkeit anbietet (s. Rn 317). Im Übrigen – also bezüglich des „Wie" der Sicherstellung – besteht ein Auswahlermessen. Ob der Eigentümer im Falle rechtswidriger Sicherstellung (zB bei fehlender Befristung, s. Rn 159 u. 320) oder bei Ablauf der Sicherstellungsfrist eine polizeiliche Räumungsverfügung verlangen kann, ist umstritten; s. dazu näher Rn 321 f[431]. Wenn die eingewiesene Person schuldhaft Schäden an den sichergestellten Wohnräumen verursacht, haftet der Polizeiträger in analoger Anwendung des § 278 BGB wegen Verletzung quasivertraglicher Pflichten (§ 280 I BGB analog) aus dem bestehenden öffentlichrechtlichen Verwahrungsverhältnis[432]. Daneben kommen uU eine Amtshaftung des Polizeiträgers wegen fehlerhafter Ausübung des Auswahlermessens sowie eine Entschädigungspflicht unter dem Aspekt des polizeilichen Notstands (s. Rn 689 f) in Betracht. **163**

Das **Abschleppen eines Kfz** beinhaltet in der Regel keine Sicherstellung (s. Rn 715). Das ist ganz eindeutig, wenn ein verkehrswidrig abgestelltes Kfz nur um wenige Meter versetzt wird, um es rechtmäßig zu parken. In einem solchen Fall fehlt es schon **164**

---

428 Zur Problematik der Obdachlosigkeit umfassend *Reitzig*, Die polizeirechtliche Beschlagnahme von Wohnraum zur Unterbringung Obdachloser, 2004.

429 **AA** *Erichsen/Biermann*, Jura 1998, 371, 376, die aus diesem Grund auf die Generalklausel zurückgreifen wollen; für Heranziehung der Generalklausel auch *Masing*, DÖV 1999, 573, 574.

430 S. auch *Erichsen/Biermann*, Jura 1998, 371, 374; tlw aA *Ruder*, NVwZ 2001, 1223, 1227 f hinsichtlich einer Dauerunterbringung.

431 Zum besonders gelagerten Fall der polizeilichen Einweisung des bisherigen Mieters s. Rn 323.

432 S. hierzu näher *H.-J. Cremer*, VBlBW 1996, 241 ff; s. auch *Schliesky/Hansen*, JuS 1998, 49, 54; eine solche Haftung grundsätzlich ablehnend *BGH*, NVwZ 2006, 963 f.

deshalb an einer Sicherstellung, weil kein polizeilicher Gewahrsam begründet wird. Nicht so eindeutig ist der Fall, wenn das Kfz bei der Polizei oder bei einem beauftragten Unternehmen abgestellt wird, weil eine bloße Versetzung nicht möglich war, da in der Nähe des bisherigen Standorts eine Abstellmöglichkeit fehlte. In dem Abschleppvorgang als solchem kann auch hier keine Sicherstellung iSd § 21 MEPolG gesehen werden, da der Zweck des Abschleppens sicher nicht primär darin zu sehen ist, eine alleinige hoheitliche Sachherrschaft über das Kfz zu begründen. Vielmehr geht es in erster Linie darum, die rechtswidrige Situation zu beheben, die durch das Abstellen verursacht worden war. Eher erwogen werden kann, in dem Unterstellen des Kfz, das sich an das Abschleppen anschließt, eine Sicherstellung zu sehen[433]. In der Regel fehlt es jedoch an der Begründung einer **alleinigen hoheitlichen Sachherrschaft** (Rn 158), die für eine Sicherstellung erforderlich ist, da der Fahrzeughalter nach wie vor Zugriff auf das Kfz hat. Das Abstellen dürfte daher als die Begründung von Mitgewahrsam zu qualifizieren sein, der über den Wegfahrvorgang hinausreicht. Die Begründung dieses Mitgewahrsams ist auf die polizeiliche Generalklausel zu stützen. Sie lässt ein öffentlichrechtliches Verwahrungsverhältnis entstehen[434]. Nur in Ausnahmefällen kann ein Abschleppen eines Kfz als eine Sicherstellung zu qualifizieren sein. Das trifft etwa dann zu, wenn das Kfz der Verfügungsmacht seines Halters entzogen werden soll, weil es sich in einem verkehrsgefährdenden Zustand befindet und der Halter trotz Betriebsuntersagung und Entziehung der Zulassung (§ 17 StVZO) das Kfz weiter benutzt[435]. Selbst ein erheblicher Verstoß gegen die StVO rechtfertigt es jedoch nicht generell, Fahrzeuge für einen oder mehrere Tage sicherzustellen (*VGH München*, DÖV 2009, 334).

10. Verwertung, Einziehung, Vernichtung

165 § 23 MEPolG fasst – ungeachtet unterschiedlicher Regelungen in Einzelheiten – den Rechtszustand bezüglich der Verwertung in etwa zusammen[436]. Danach ist eine Verwertung einer sichergestellten Sache in fünf Fällen zulässig, nämlich dann, wenn ihr Verderb oder eine wesentliche Wertminderung droht, ihre ordnungsgemäße Verwahrung unverhältnismäßig teuer oder schwierig ist, durch die Verwahrung weitere Gefahren für die öffentliche Sicherheit oder Ordnung nicht ausgeschlossen werden können, die Sache nach einer Frist von einem Jahr nicht an einen Berechtigten herausgegeben werden kann, ohne dass die Voraussetzungen für eine Sicherstellung erneut einträten, oder die Sache trotz Mitteilung nicht nach einer ausreichend bemessenen Frist abgeholt wurde[437]. Die Verwertung erfolgt idR durch **öffentliche Verstei-**

---

433 § 14 I 2 HambSOG geht im Regelfall von einer Sicherstellung aus.

434 So überzeugend *Schieferdecker*, Die Entfernung von Kraftfahrzeugen als Mittel staatlicher Gefahrenabwehr, 1998, S. 96; ähnlich *Würtenberger/Heckmann*, BW, Rn 815.

435 Dazu *Geppert*, DAR 1988, 12, 15 mwN; s. aber auch *VGH Mannheim*, DAR 1993, 363 f.

436 Entsprechende Vorschriften enthalten § 34 BWPolG; Art. 27 BayPAG; § 40 BerlASOG; § 27 BrandPolG; § 25 BremPolG; § 14 HambSOG; § 42 HessSOG; § 64 MVSOG; § 28 NdsSOG; § 45 NW-PolG, § 24 NWOBG; § 24 RhPfPOG; § 23 SaarlPolG; § 47 SachsAnhSOG; § 28 SächsPolG; § 213 SchlHVwG; § 24 ThürOBG; § 29 ThürPAG; § 23 MEPolG; § 49 BPolG.

437 Zur polizeilichen Ingebrauchnahme sichergestellter Sachen *Finger*, Die Polizei 2006, 259 ff.

gerung (vgl § 25 III MEPolG). Der Erlös steht im Falle des § 24 MEPolG nach Abzug der Kosten dem Betroffenen zu.

Nach § 23 IV MEPolG (ebenso § 49 IV BPolG) können sichergestellte Sachen unbrauchbar gemacht oder **vernichtet** werden[438], wenn sie entweder nach der Verwertung erneut oder immer noch sichergestellt werden könnten oder die Verwertung aus anderen Gründen nicht möglich ist. Teilweise regeln die Polizei- und Ordnungsgesetze auch die **Einziehung**, also den Eigentumsübergang auf den Staat. In Baden-Württemberg[439] ist die Einziehung Voraussetzung für Vernichtung oder Unbrauchbarmachung[440], in Bremen, Hamburg und Schleswig-Holstein ist sie neben diesen zulässig[441]. Unbrauchbarmachung, Vernichtung und Einziehung sind **nicht als Enteignung**, sondern als **Sozialbindung** anzusehen[442]. Wegen des grundrechtlichen Schutzes des Eigentums sind diese Maßnahmen aber stets nur als Ultima Ratio zulässig.

166

Lösung der Ausgangsfälle (Rn 110 ff):

Fall 1: a) Der Spargel durfte mittels Sicherstellung bzw Beschlagnahme (s. zB §§ 21 Nr 1 MEPolG bzw 33 I Nr 1 BWPolG[443]) zwangsweise in Besitz genommen werden, weil aus der ex-ante-Sicht der zuständigen Polizei- bzw Ordnungsbehörde bei verständiger Würdigung der Sachlage eine gegenwärtige Gefahr vorlag (§ 21 Nr 1 MEPolG) bzw eine Störung der öffentlichen Sicherheit (Beeinträchtigung der Gesundheit von Konsumenten) unmittelbar bevorstand (§ 33 I Nr 1 BWPolG). Dass sich diese Einschätzung später als falsch herausstellte, ist unbeachtlich, weil auch eine Anscheinsgefahr eine Gefahr darstellt (Rn 80). Die Sicherstellung beinhaltete nach zutreffender, aber umstrittener Auffassung einen (mit einem Realakt gekoppelten) Verwaltungsakt. Dieser Verwaltungsakt verpflichtete den L dazu, den Spargel an die Behörde herauszugeben bzw es zu dulden, dass die Behörde den Spargel in Besitz nahm. Der Verwaltungsakt konnte im Wege der Verwaltungsvollstreckung zwangsweise durchgesetzt werden (vgl Rn 115 f). Wenn man in der Sicherstellung nur einen Realakt sähe, wäre die Polizei gezwungen, auf die polizeiliche Generalklausel zurückzugreifen, um sich einen Titel zur zwangsweisen Durchsetzung zu beschaffen. Dies wäre wenig befriedigend (Rn 116).

167

---

438 Auf entsprechende Vorschriften kann in Nordrhein-Westfalen (s. §§ 18 I 2, 24 Nr 13 NWOBG iVm § 45 IV NWPolG) die Tötung eines Hundes gestützt werden, der durch gravierende Beißvorfälle aufgefallen ist, wenn dieser Hund weder an seinen bisherigen Halter zurückgegeben noch an einen neuen Halter vermittelt werden kann, vgl *OVG Münster*, NVwZ 2001, 227 f.

439 § 34 BWPolG. Voraussetzung für die Einziehung ist danach ua eine vorherige Beschlagnahme. Das Eigentum an der Sache geht bei einer Einziehung, die zusammen mit der Beschlagnahme angeordnet wird, erst dann über, wenn die Beschlagnahme vollzogen worden ist und die Behörde amtlichen Gewahrsam begründet hat (*VGH Mannheim*, VBlBW 2010, 240). Die Rechtswidrigkeit der Beschlagnahme kann nicht im Rahmen der Anfechtung der Einziehung geltend gemacht werden (vgl *VGH Mannheim*, DÖV 1988, 81, 82), sondern nur durch Anfechtung der Beschlagnahme, die sich deshalb auch nach Einziehung nicht erledigt hat (**aA** *Dolderer*, VBlBW 2003, 222, 225).

440 Vgl *Dolderer*, VBlBW 2003, 222.

441 Vgl § 25 IV BremPolG; § 14 VI HambSOG; § 213 IV SchlHVwG.

442 *BVerfGE* 20, 351 ff.

443 Vgl auch Art. 25 Nr 1 BayPAG; § 38 Nr 1 BerlASOG; § 25 Nr 1 BrandPolG; § 23 Nr 2 BremPolG; § 14 I a HambSOG; § 40 Nr 1 HessSOG; § 61 I Nr 1 MVSOG; § 26 Nr 1 NdsSOG; § 43 Nr 1 NWPolG; § 22 Nr 1 RhPfPOG; § 21 Nr 1 SaarlPolG; § 45 Nr 1 SachsAnhSOG; § 27 I Nr 1 SächsPolG; § 210 I Nr 1 SchlHVwG; § 27 Nr 1 ThürPAG.

168   **b)** Nachdem sich herausgestellt hatte, dass der Spargel nicht vergiftet war, und deshalb keine Gefahr mehr bestand, war die Polizei verpflichtet, die Sicherstellung aufzuheben und den Spargel herauszugeben. Das ist zT spezialgesetzlich geregelt (s. § 24 I 1 MEPolG[444]), ergibt sich aber auch ohne eine gesetzliche Regelung aus dem Folgenbeseitigungsanspruch (Rn 117 u. 159).

169   **c)** Durch die unsachgemäße Aufbewahrung des Spargels verletzte die Polizei schuldhaft ihre gegenüber L bestehende Pflicht, Wertminderungen möglichst vorzubeugen (§ 22 III 1 MEPolG; § 3 I 2 iVm III BWDVOPolG[445]). Für den Schaden, der daraus entstand, schuldet das Land (als Träger der Polizei) Ersatz. Entsprechende Ansprüche ergeben sich aus der Verletzung quasivertraglicher Pflichten aus einem öffentlichrechtlichen Verwahrungsverhältnis (§ 280 I BGB analog) sowie aus Amtshaftung gem. § 839 BGB iVm Art. 34 GG (Rn 160). Beide Schadensersatzansprüche umfassen auch den entgangenen Gewinn. Sie sind vor den ordentlichen Gerichten (Rn 160) geltend zu machen (§ 40 II 1 Alt. 2 VwGO; Art. 34 S. 3 GG). Zu Entschädigungsansprüchen s. Rn 690.

170   **Fall 2: a)** Eine Identitätsfeststellung (dazu näher Rn 119 ff) ist nach neueren Polizeigesetzen (anders der MEPolG) auf den Bundesautobahnen auch dann zulässig, wenn keine konkrete Gefahr besteht (so zB § 26 I Nr 6 BWPolG[446]). Anhaltspunkte für ein willkürliches Verhalten fehlen. Bei einem Luxusauto mit osteuropäischem Kennzeichen ist die Möglichkeit eines Autodiebstahls nämlich – selbst wenn von einer konkreten Gefahr noch nicht ausgegangen werden kann – nicht von der Hand zu weisen, und die Kontrolle war durch die polizeilichen Erfahrungen der jüngeren Vergangenheit veranlasst.

171   **b)** Dass F zur Dienststelle mitgenommen wurde, war rechtlich nicht zu beanstanden, weil seine Identität auf andere Weise nicht festgestellt werden konnte (vgl § 26 II 3 BWPolG[447]; §§ 11, 10 II I Nr 2 MEPolG). Hinzu kommt, dass sich F dadurch verdächtig gemacht hatte, dass er keine Ausweispapiere und sogar keine Kfz-Papiere mit sich führte. Rechtswidrig war jedoch die Dauer des Festhaltens. Ein Festhalten zur Identitätsfeststellung ist nämlich ohne richterliche Anordnung unzulässig, wenn es sich nicht nur um eine ganz kurzfristige Verbringung (Rn 142), sondern um eine länger andauernde Ingewahrsamnahme (§§ 13 f MEPolG; § 28 BWPolG[448]) handelt, die als Freiheitsentziehung iSd Art. 104 II GG zu qualifizieren ist. Eine solche Freiheitsentziehung lag hier auf jeden Fall vor, da die Maßnahme länger als bis zum Ablauf des nächsten Tages andauerte (s. Art. 104 II 3 GG).

---

444   Ebenso Art. 28 I BayPAG; § 41 I BerlASOG; § 28 I BrandPolG; § 26 I BremPolG; § 14 III HambSOG; § 43 I HessSOG; § 61 II MVSOG; § 29 I NdsSOG; § 46 I NWPolG; § 25 I RhPfPOG; § 24 I SaarlPolG; § 48 I SachsAnhSOG; § 30 I ThürOBG. § 33 III 1 BWPolG und § 27 III 1 SächsPolG regeln nur die Aufhebung der Beschlagnahme, der Anspruch auf Herausgabe ergibt sich aber aus dem Folgenbeseitigungsanspruch.

445   Vgl ferner Art. 26 III 1 BayPAG; § 39 III 1 BerlASOG; § 26 III 1 BrandPolG; § 24 III 1 BremPolG; § 41 III 1 HessSOG; § 63 I 1 MVSOG; § 44 III 1 NWPolG; § 23 III 1 RhPfPOG; § 22 III 1 SaarlPolG; § 46 III 1 SachsAnhSOG; § 29 III, I 1 SächsPolG; § 212 I 1 SchlHVwG; § 28 III 1 ThürPAG.

446   Vgl auch Art. 13 I Nr 5 BayPAG; § 18 II Nr 6 HessSOG; § 19 I Nr 5 SächsPolG; § 14 I Nr 5 ThürPAG.

447   Vgl auch § 21 III 3 BerlASOG; § 11 II Nr 8 BremPolG; § 12 II HambSOG; § 18 IV HessSOG; § 29 III MVSOG; § 9 II Nr 6 SaarlPolG; § 20 IV, V 1 SachsAnhSOG; § 19 II 3 SächsPolG; § 181 III 2 SchlHVwG.

448   Ebenso oder ähnlich Art. 17 BayPAG; § 30 BerlASOG; § 17 BrandPolG; § 15 BremPolG; § 13 HambSOG; § 32 HessSOG; § 55 MVSOG; § 18 NdsSOG; § 35 NWPolG; § 14 RhPfPOG; § 13 SaarlPolG; § 37 SachsAnhSOG; § 22 SächsPolG; § 204 SchlHVwG; § 19 ThürPAG.

a) und **b)** Identitätsfeststellung und Ingewahrsamnahme haben sich vor Anrufung des Gerichts erledigt. F kann aber analog § 113 I 4 VwGO verwaltungsgerichtlich feststellen lassen, dass die Maßnahmen – die Verwaltungsakte darstellen (Rn 115 f) – rechtswidrig waren. Der verwaltungsgerichtliche Rechtsschutz gegen die Ingewahrsamnahme analog § 113 I 4 VwGO wird – vorbehaltlich abweichender landesrechtlicher Regelungen (s. Art. 18 BayPAG; § 31 II BerlASOG) – nicht durch die Kompetenz der ordentlichen Gerichte verdrängt, über die Fortdauer einer polizeilichen Freiheitsentziehung (§ 14 MEPolG; § 28 III 2, IV BWPolG[449]) zu entscheiden. Diese richterliche Entscheidung ist nämlich nach den einschlägigen gesetzlichen Regelungen grundsätzlich nur bis zur Beendigung der Freiheitsentziehung statthaft. Die entsprechenden Vorschriften sind keiner Analogie zugänglich (vgl Rn 145). Ein Rechtsschutzbedürfnis ist sowohl wegen des Rehabilitationsinteresses wie auch wegen der kurzfristigen Erledigung der Freiheitsentziehung als einem besonders schwerwiegenden Grundrechtseingriff zu bejahen.

c) Die Aufnahme von Bildern stellt sich als Anfertigung erkennungsdienstlicher Unterlagen dar, die auf § 10 I Nr 1 MEPolG bzw § 36 I Nr 1 BWPolG[450] zu stützen ist. Diese Rechtsgrundlagen werden durch § 81b StPO nicht berührt (Rn 126). Nach Feststellung der Identität hat F einen Anspruch auf Vernichtung der erkennungsdienstlichen Unterlagen, der im Wege der verwaltungsgerichtlichen allgemeinen Leistungsklage (Rn 129) durchsetzbar ist. Dieser Anspruch ist in § 11 II MEPolG bzw § 36 III BWPolG[451] geregelt; wo entsprechende Regelungen fehlen, lässt er sich aus dem Folgenbeseitigungsanspruch ableiten (Rn 128). **172**

Fall 3: Diese Maßnahme ist kein Platzverweis, sondern ein für einen längeren Zeitraum geltendes Aufenthaltsverbot (dazu näher Rn 133 ff). Soweit solche Aufenthaltsverbote ausdrücklich als Standardmaßnahmen vorgesehen sind, sind sie zeitlich zu befristen. Die unbefristete Verhängung eines Aufenthaltsverbotes – wie hier – verstößt gegen das Übermaßverbot und ist damit – trotz Vorliegens seiner sonstigen Voraussetzungen – unzulässig (vgl Rn 135). Soweit Polizei- und Ordnungsgesetze nur einen Platzverweis regeln (wie Art. 16 BayPAG; § 12 MEPolG), schließen sie nach richtiger, aber umstrittener Auffassung damit zugleich ein Aufenthaltsverbot als die schwerwiegendere Maßnahme aus (Rn 134) und verbieten zugleich dessen Stützung auf die Generalklausel. **173**

Fall 4: Rechtsgrundlage für die längerfristige Observation ist § 8c II Nr 1 MEPolG bzw § 22 VI 1 BWPolG[452]. Die materiellrechtlichen Voraussetzungen des § 8c I 1 Nr 1 u. Nr 2 MEPolG **174**

---

449 Ebenso oder ähnlich Art. 18 I 1, III BayPAG; § 31 I 1, III BerlASOG; § 18 I 1, II BrandPolG; § 16 I, III BremPolG; § 13a HambSOG; § 33 I 1, II HessSOG; § 56 V MVSOG; § 19 I 1, III NdsSOG; § 36 I 1, II NWPolG; § 15 I 1, II RhPfPOG; § 14 I 1, II SaarlPolG; § 38 I 1, II SachsAnhSOG; § 22 VII 1, VIIII SächsPolG; §§ 204 VI, 181 IV SchlHVwG; § 20 I 1, II ThürPAG.

450 Ebenso oder ähnlich § 13 II Nr 1 BrandPolG; §§ 11 II Nr 7, IV, 11b BremPolG; §§ 4 III Nr 7, 7 I Nr 1 HambPolDVG; §§ 18 III 2, 19 II Nr 1 HessSOG; § 31 I I MVSOG; § 15 I Nr 1 NdsSOG; § 14 I Nr 1 NWPolG; § 11 III Nr 2 RhPfPOG; § 10 I Nr 1 SaarlPolG; §§ 20 III, 21 I Nr 1 SachsAnhSOG; § 20 I Nr 1 SächsPolG; § 183 I 1 SchlHVwG; § 16 I Nr 1 ThürPAG.

451 Ebenso oder ähnlich § 36 III BWPolG; Art. 14 II BayPAG; § 23 II BerlASOG; § 13 III BrandPolG; § 11b II BremPolG; § 7 II HambPolDVG; § 19 IV HessSOG; § 31 III MVSOG; § 15 II NdsSOG; § 14 III NWPolG; § 11 II RhPfPOG; § 10 II SaarlPolG; § 21 III SachsAnhSOG; § 20 III SächsPolG; § 183 III SchlHVwG; § 16 II ThürPAG; § 20g I Nr 1 BKAG.

452 Ebenso oder ähnlich Art. 33 I Nr 1 BayPAG; § 25 I Nr 1 BerlASOG; § 32 I 1 BrandPolG; § 9 I HambPolDVG; § 15 I Nr 1 HessSOG; § 33 I Nr 1 MVSOG; § 34 I NdsSOG; § 16a I NWPolG; § 28 I, II Nr 1 RhPfPOG; § 28 II Nr 1, SaarlPolG; § 17 II, III Nr 1 SachsAnhSOG; § 38 I Nr 2 SächsPolG; § 185 I Nr 1 SchlHVwG; § 34 I Nr 1 ThürPAG.

bzw des § 22 III, V BWPolG[453] (Abwehr einer Gefahr für bedeutende fremde Sach- und Vermögenswerte sowie vorbeugende Bekämpfung von Straftaten mit erheblicher Bedeutung) sind
zwar gegeben. Es fehlt aber an der Anordnung durch einen Regierungspräsidenten, Leiter des
Landeskriminalamtes, eines Polizeipräsidiums, einer Polizeidirektion oder eines Abschnittes
bzw eines durch diese besonders beauftragten Beamten des höheren Dienstes, die nach § 8c I
3 MEPolG bzw § 22 VI BWPolG[454] grundsätzlich (Ausnahme: bei Gefahr im Verzug) erforderlich ist. Auch die Anordnung der Durchsuchung ist aus verfahrensrechtlichen Gründen
rechtswidrig, da die dafür nötige richterliche Anordnung fehlte (§ 20 I 1 MEPolG; § 31 V 1
BWPolG[455]). Gefahr im Verzug lag hier weder hinsichtlich der Observation noch hinsichtlich
der Durchsuchung vor, weil genügend Zeit bestand, die erforderlichen Anordnungen einzuho-
len. Das Tatbestandsmerkmal „Gefahr im Verzug" ist, wie das *BVerfG* bezüglich einer Durchsuchung festgestellt hat, sehr restriktiv zu interpretieren (Rn 156).

IV. Datenerhebung und Datenverarbeitung

Ausgangsfall:

175   Die Telekommunikation des Rinaldini (R) wird nach § 100a StPO strafprozessual überwacht.
Dabei ergeben sich schwerwiegende Anhaltspunkte dafür, dass R in naher Zukunft einen
Banküberfall plant. Kann auf Grund dieser Erkenntnisse eine Observation durch die Polizei
angeordnet werden, die der Verhütung eines solchen Verbrechens dient ? **Rn 221**

1. Allgemeines

176   **Moderne Informationstechniken** eröffnen den Gefahrenabwehrbehörden neue
Möglichkeiten, Gefahren zu erkennen und zu bekämpfen. Die Forderung, von diesen
Möglichkeiten Gebrauch zu machen, bekommt dadurch besonderes Gewicht, dass
sich die **organisierte Kriminalität** und der **internationale Terrorismus** ebenfalls
moderner Informationstechniken bedienen. Der Einsatz moderner Informationstechniken durch die Behörden verlangt freilich, die damit verbundenen Eingriffe in das informationelle Selbstbestimmungsrecht der Bürger rechtlich zu kanalisieren. Erste
wichtige Wegweisungen für den Gesetzgeber ergaben sich dabei aus dem **Volkszählungsurteil** des *BVerfG*. Die damit begonnene Rechtsprechung wurde durch weitere
Entscheidungen fortgeführt, um dem hier bestehenden besonderen Schutzbedürfnis

---

453 Ebenso oder ähnlich § 25 I, II BerlASOG; §§ 32 I Nr 2, 10 III BrandPolG; §§ 9 I Nr 2, 1 IV Nr 3a
     HambPolDVG; § 15 HessSOG; §§ 33 II 1, 49 Nr 3a MVSOG; § 34 I Nr 2 NdsSOG; § 16a Nrn 1
     und 2 NWPolG; § 28 II Nr 1, I Nr 1, Nr 2 RhPfPOG; § 28 I Nr 2, II Nr 1 SaarlPolG; § 17 II 1, 2
     SachsAnhSOG; § 38 II SächsPolG; § 185 II 1 SchlHVwG.
454 Ebenso oder ähnlich Art. 33 V BayPAG; § 25 III BerlASOG; § 32 II 1 BrandPolG; § 9 II Hamb-
     PolDVG; § 15 III HessSOG; § 34 I MVSOG; § 34 II NdsSOG; § 16a II NWPolG; § 28 III 4 Saarl-
     PolG; § 17 II 3 SachsAnhSOG; § 38 IV 1 SächsPolG; § 34 VI 1 ThürPAG.
455 Ebenso oder ähnlich Art. 24 I 1 BayPAG; § 37 I 1 BerlASOG; § 24 I 1 BrandPolG; § 22 I 1 Brem-
     PolG; § 16a I 1 HambSOG; § 39 I 1 HessSOG; § 59 V 1 MVSOG; § 25 I NdsSOG; § 42 I 1 NW-
     PolG; § 21 I 1 RhPfPOG; § 20 I 1 SaarlPolG; § 44 I 1 SachsAnhSOG; § 25 V 1 SächsPolG; § 208 V
     1 SchlHVwG; § 26 I 1 ThürPAG.

des Bürgers Rechnung zu tragen und dem Schreckensbild eines „gläsernen Menschen" entgegenzuwirken.

Im **Volkszählungsurteil**[456] entwickelte das *BVerfG* ein in Art. 2 I iVm Art. 1 I GG verankertes Grundrecht auf **informationelle Selbstbestimmung** über **personenbezogene Daten**[457]. Personenbezogene Daten sind dabei Einzelangaben über persönliche oder sachliche Verhältnisse einer bestimmten oder bestimmbaren natürlichen Person, s. § 3 I BDSG. In Konsequenz dieser Rechtsprechung enthalten die heutigen Polizei- und Ordnungsgesetze umfassende Regelungen der polizeilichen Informationsgewinnung und -verarbeitung (Datenverarbeitung)[458]. Damit erfüllen sie die Forderung des *BVerfG*[459] nach **bereichsspezifischen Datenschutzregelungen**[460]. Die Datenschutzregelungen orientieren sich dabei mehr oder weniger stark an dem VEMEPolG, der im Anhang in den dort abgedruckten MEPolG eingearbeitet ist und im Folgenden als Bestandteil des MEPolG zitiert wird. Sie betreffen, soweit der Bund noch keine entsprechenden Regelungen erlassen hat (vgl Rn 30), auch die Vorsorge für die Verfolgung von Straftaten (s. § 1 I 2 MEPolG), daneben aber auch die vorsorgende Verhütung von Straftaten (s. § 1 I 2 MEPolG), die als polizeirechtliche Materie der Gesetzgebungszuständigkeit der Länder unterfällt (s. oben Rn 10), bei der sich aber Schranken aus dem Übermaßverbot ergeben[461]. In den neueren gesetzlichen Regelungen finden sich Ermächtigungsgrundlagen für Eingriffe in das informationelle Selbstbestimmungsrecht, die über die „traditionellen" Standardmaßnahmen (zB Identitätsfeststellungen) hinausreichen, sowie damit in Verbindung stehende Regelungen zur Verarbeitung und Nutzung personenbezogener Daten[462]. Ergänzend gelten, wie zT ausdrücklich klargestellt wird, die allgemeinen datenschutzrechtlichen Bestimmungen zum Schutz personenbezogener Daten (s. zB § 13a SachsAnhSOG). Die gesetzlichen Regelungen über die polizeiliche Informationsgewinnung und -verarbeitung sind dabei sehr ausführlich und umfangreich[463], so dass vielfach eine Regelungsflut beklagt wird[464]. Diese Flut hat in den letzten Jahren im Hinblick auf die Terrorismusgefahr noch zugenommen und

---

456 *BVerfGE* 65, 1 ff.
457 *Petri*, in L/D, G, Rn 2.
458 Vgl hierzu allgemein *Becker/Ambrock*, JA 2011, 561 ff; *Deutsch*, Die heimliche Erhebung von Informationen und deren Aufbewahrung durch die Polizei, 1992; *Knemeyer*, NVwZ 1988, 193 ff; *Kniesel/ Vahle*, Polizeiliche Informationsverarbeitung und Datenschutz im künftigen Polizeirecht, 1990; *Kowalczyk*, Datenschutz im Polizeirecht, 1989; *Meyer*, Rechtsfragen im Zusammenhang mit polizeilichen Beobachtungen und Observationsmaßnahmen, 1983; *Dix*, Jura 1993, 571 ff; *Peitsch*, ZRP 1992, 127 ff; *Schoch*, Jura 2008, 352 ff; *Trute*, DV 2009, 85 ff; zu den Regelungen im Strafprozessrecht vgl *Wolter*, Jura 1992, 520 ff; s.auch die ausführliche Darstellung bei *Würtenberger/Heckmann*, BW, Rn 536 ff; *Heckmann*, VBlBW 1992, 164 ff, 203 ff.
459 Vgl *BVerfGE* 65, 1, 46; zur Kritik der Rechtsprechung s. auch *Schenke*, NJW 1987, 2777 ff.
460 Vgl nur BW LT-Drucks. 10/5230, S. 1, 30. Hier wird im Hinblick auf die Einfügung datenschutzrechtlicher Regelungen in das BWPolG ausdrücklich auf das Volkszählungsurteil Bezug genommen.
461 Zu weitgehend *O. Müller*, StrVert. 1995, 602 ff, der solche Regelungen als generell verfassungswidrig ansieht, weil sie keine konkrete Gefahr verlangen. S. zu dieser Problematik auch oben Rn 120 f.
462 Zu rechtsstaatlichen Bedenken gegen die hier oft anzutreffenden gesetzlichen Kettenverweisungen *Denning*, in: L/D, D, Rn 209.
463 Spezialrechtliche Regelungen, die zur Datenerhebung ermächtigen, finden sich zT auch außerhalb der allgemeinen Polizeigesetze, so zB in § 36 V StVO (Verkehrskontrollen). Zur Datenerhebung und -verarbeitung im Straßenverkehrsrecht *Arzt*, SVR 2006, 10 ff.
464 Vgl zB *Würtenberger/Heckmann/Riggert*, BW, 4. Aufl. 1999, Rn 354.

zugleich zu einer Verschärfung der Eingriffe in das informationelle Selbstbestimmungsrecht geführt[465]. Sowohl der Umfang dieser gesetzlichen Regelungen als auch zahlreiche landesspezifische Besonderheiten machen es unmöglich, die datenschutzrechtlichen Fragen hier umfassend abzuhandeln. Deshalb wird im Folgenden versucht, sich auf die Herausstellung der wesentlichen Grundsätze zu beschränken.

177 Grundlage der Informations- bzw Datenverarbeitung ist zunächst die **Datenerhebung**[466] (dazu Rn 179 ff), dh das **Beschaffen von personenbezogenen Daten** (§ 3 III BDSG; § 3 II Nr 1 BWLDSG). Hieran schließt sich die eigentliche **Datenverarbeitung** (dazu Rn 205 ff) in Form der **Speicherung, Veränderung, Nutzung**[467] und **Übermittlung**[468] sowie der **Löschung, Berichtigung** und **Sperrung** von Daten[469] an (dazu Rn 218 ff); zT wird dabei in den datenschutzrechtlichen Regelungen die **Nutzung** personenbezogener Daten (§ 3 V BDSG; § 3 II Nr 5 BWLDSG) noch von der Datenverarbeitung unterschieden. Dabei meint die **Speicherung** das Erfassen, Aufnehmen oder Aufbewahren personenbezogener Daten auf einem Datenträger zum Zwecke ihrer weiteren Verarbeitung oder Nutzung (§ 3 IV Nr 1 BDSG; s. auch § 3 II Nr 2 BWLDSG). Unter **Veränderung** versteht man das inhaltliche Umgestalten personenbezogener Daten (§ 3 IV Nr 2 BDSG; § 3 II Nr 3 BWLDSG), worunter insbesondere das Zusammenführen von Daten mit anderen Daten fällt, aus dem sich häufig weitere Informationen gewinnen lassen. Das **Übermitteln** meint das Bekanntgeben personenbezogener Daten an einen Dritten in der Weise, dass die Daten an den Dritten weitergegeben werden oder der Dritte bereitgehaltene Daten einsieht oder abruft (§ 3 IV Nr 3 BDSG; § 3 II Nr 4 BWLDSG). Das **Löschen** hat die Unkenntlichmachung gespeicherter personenbezogener Daten zum Gegenstand (§ 3 IV Nr 5 BDSG; § 3 II Nr 7 BWLDSG). **Sperren** ist das Kennzeichnen gespeicherter personenbezogener Daten, um ihre weitere Verarbeitung oder Nutzung einzuschränken (§ 3 IV Nr 4 BDSG; s. auch § 3 II Nr 6 BWLDSG). **Nutzung** von Daten ist nach § 3 V BDSG jede sonstige Verwendung personenbezogener Daten, soweit es sich nicht um Speichern,

---

465 Zu rechtsstaatlichen Problemen iVm der Terrorismusbekämpfung *Roellecke*, JZ 2006, 265 ff. Dort wird richtig gesehen, dass sich der Rechtsstaat nicht auf Kriegsrecht berufen kann. Zugleich wird aber in mE bedenklicher Weise davon ausgegangen, dass die Prinzipien des Polizeirechts nicht anwendbar sind, obwohl sich diese als eine „geronnene Rechtsstaatlichkeit" darstellen. Zum Verhältnis von Polizeirecht und Kriegsrecht auch *Waechter*, JZ 2007, 61 ff.

466 Vgl zB § 8a MEPolG; §§ 19 ff BWPolG; Art. 30 ff BayPAG; §§ 18 f BerlASOG; §§ 29–36a BrandPolG; §§ 27 ff BremPolG; §§ 2 ff HambPolDVG; §§ 11 ff HessSOG; §§ 26 ff MVSOG; §§ 30 ff NdsSOG; §§ 9 ff NWPolG; §§ 26 ff RhPfPOG; §§ 26 ff SaarlPolG; §§ 15 ff SachsAnhSOG; §§ 36 ff SächsPolG; §§ 178 ff SchlHVwG; §§ 31 ff ThürPAG. Zu den Regelungen in NRW s. *Kniesel/Vahle*, DÖV 1990, 646 u. *Tegtmeyer*, NWVBl. 1989, 196 ff.

467 Vgl §§ 37 f BWPolG; Art. 37 ff BayPAG; §§ 42 f BerlASOG; §§ 37–40 BrandPolG; §§ 36a, 36b BremPolG; §§ 14 ff HambPolDVG; § 20 HessSOG; §§ 36 f MVSOG; §§ 38, 39 NdsSOG; §§ 22 ff NWPolG; § 33 RhPfPOG; §§ 30 f SaarlPolG; §§ 22 ff SachsAnhSOG; § 43 SächsPolG; §§ 188 ff SchlHVwG; §§ 38 ff ThürPAG.

468 Vgl §§ 41 ff BWPolG; Art. 39 ff BayPAG; §§ 44 ff BerlASOG; §§ 41–46 BrandPolG; §§ 36c-g BremPolG; §§ 19 ff HambPolDVG; §§ 21 ff HessSOG; §§ 39 ff MVSOG; §§ 40 ff NdsSOG; §§ 26 ff NWPolG; §§ 34–36 RhPfPOG; §§ 32 ff SaarlPolG; §§ 26 ff SachsAnhSOG; §§ 44 f SächsPolG; §§ 191 ff SchlHVwG; §§ 41 ff ThürPAG.

469 Vgl § 46 BWPolG; Art. 45 BayPAG; § 48 BerlASOG; § 47 BrandPolG; § 36k BremPolG; § 24 HambPolDVG; § 27 HessSOG; § 45 MVSOG; § 39a NdsSOG; §§ 32 NWPolG; § 39 RhPfPOG; § 38 SaarlPolG; § 32 SachsAnhSOG; §§ 49, 51 SächsPolG; § 196 SchlHVwG; § 45 ThürPAG.

Verändern, Übermitteln, Löschen und Sperren personenbezogener Daten handelt. Darunter fallen auch der **Datenabgleich**[470] (dazu unten Rn 211 ff) sowie das Kopieren und jeder zweckbestimmte „Gebrauch" von Daten[471] (s. auch Rn 207 ff) einschließlich der zielgerichteten Kenntnisnahme. Unter **automatisierter Verarbeitung** versteht man nach § 3 II 1 BDSG die Erhebung, Verarbeitung oder Nutzung personenbezogener Daten unter Einsatz von **Datenverarbeitungsanlagen**.

Auch bei polizeilichen Maßnahmen, die der Datenerhebung und der Datenverarbeitung dienen, stellt sich die Frage ihrer Rechtsnatur. Wenn solche Maßnahmen Pflichten für den Betroffenen begründen, sind sie als Verwaltungsakte zu qualifizieren. Deshalb ist das polizeiliche Auskunftsverlangen bei einer Befragung dann ein Verwaltungsakt, wenn es um die Erhebung solcher Daten geht, hinsichtlich derer eine Auskunftspflicht besteht (dazu Rn 181). Anderes gilt dann, wenn nur ein Hinweis auf eine gesetzliche Mitwirkungspflicht gegeben wird oder die Befragung solche Daten betrifft, bezüglich derer keine Auskunftspflicht besteht[472]. In den letztgenannten Fällen **fehlt** es nämlich an dem für einen Verwaltungsakt essenziellen Kriterium einer **rechtsverbindlichen Regelung**. **Kein Verwaltungsakt** liegt ferner dann vor, wenn Daten zunächst **ohne Kenntnisnahme des Betroffenen** erhoben und verarbeitet werden (etwa bei einer heimlichen Überwachungsmaßnahme), da in einem solchen Fall die Bekanntgabe fehlt, die für einen Verwaltungsakt wesensnotwendig ist[473]. Der hier anzunehmende Realakt verwandelt sich auch durch die nachträgliche Information des Betroffenen nicht in einen Verwaltungsakt. **178**

2. Die Datenerhebung

Die **Datenerhebung** (Rn 177) setzt – wie Wortlaut und Teleologie des § 3 III BDSG und entsprechender landesrechtlicher Bestimmungen indizieren – ein Handeln voraus, das **zielgerichtet** ist, nämlich darauf abzielt, über personenbezogene Daten Kenntnis zu erlangen[474]. Deshalb werden durch die zufällige Wahrnehmung von Personen bei einem polizeilichen Streifengang noch keine Daten bezüglich dieser Personen erhoben. Nicht für eine Datenerhebung erforderlich ist hingegen, dass zielgerichtet erlangte Kenntnisse schriftlich, bildlich oder elektronisch fixiert werden[475]. **179**

a) Allgemeine Grundsätze

Bei der Erhebung von Daten sind verschiedene **allgemeine Grundsätze** zu beachten, die zB in § 19 BWPolG[476] gesetzlich geregelt sind: Die Erhebung muss grundsätzlich **180**

---

470 *Bergmann/Möhrle/Herb*, Datenschutzrecht, § 3 BDSG, Rn 124.
471 *Gola/Schomerus*, Bundesdatenschutzgesetz, 8. Aufl. 2005, § 3 Rn 41 f.
472 *U. Stelkens*, in: Stelkens/Bonk/Sachs, VwVfG, § 35, Rn 83.
473 *Kopp/Schenke*, VwGO, Anh. § 42, Rn 36; so zB zur Rasterfahndung *Geis/Möller*, DV 2004, 431, 447.
474 So zutreffend *Schwabe*, DVBl 2000, 1815, 1817; *Petri*, in: L/D, G, Rn 149.
475 So überzeugend *Schwabe*, DVBl 2000, 1817 m. Nachw. der gegenteiligen Ansicht; *Petri*, in: L/D, G, Rn 149.
476 Ähnlich Art. 30 BayPAG; § 18 BerlASOG; § 29 BrandPolG; § 2 HambPolDVG; § 13 HessSOG; § 26 MVSOG; § 30 NdsSOG; § 9 NWPolG; § 26 V RhPfPOG; § 25 SaarlPolG; § 36 SächsPolG; § 15 SachsAnhSOG; § 178 SchlHVwG; § 31 ThürPAG.

bei den Betroffenen erfolgen (sog. **unmittelbare Datenerhebung**). Betroffen sind diejenigen Personen, zu denen personenbezogene Daten eingeholt werden sollen (vgl § 3 I BDSG, § 3 I BWLDSG). Die Erhebung ist grundsätzlich – vorbehaltlich anderweitiger gesetzlicher Regelungen – **offen** durchzuführen[477] und unterliegt teilweise näheren inhaltlichen Begrenzungen[478]. Die Betroffenen sind grundsätzlich in geeigneter Weise auf die **Rechtsgrundlage** für die Datenerhebung sowie auf eine möglicherweise bestehende **Auskunftspflicht** oder auf die **Freiwilligkeit** der Auskunft **hinzuweisen**[479].

b) Die allgemeine Ermächtigung zur Datenerhebung

181 Alle Polizei- und Ordnungsgesetze enthalten eine allgemeine Ermächtigung, personenbezogene Daten zum Zwecke der Gefahrenabwehr zu erheben[480]. Sie geht der allgemeinen polizeilichen Generalklausel vor, wird aber ihrerseits durch speziellere Ermächtigungen zur Datenerhebung verdrängt. Danach ist es – unter Beachtung der allgemeinen Grundsätze für die Datenerhebung (Rn 180) – zur Gefahrenabwehr zulässig, Daten von den polizeirechtlich Verantwortlichen oder – unter den Voraussetzungen des polizeilichen Notstands – von Nichtverantwortlichen zu erheben (§ 8a I MEPolG; ebenso zB § 20 II BWPolG). Betroffene können auch geschädigte, hilflose oder vermisste Personen sowie deren Angehörige, gesetzliche Vertreter oder Vertrauenspersonen sein (s. zB § 8a I Nr 2 MEPolG), außerdem gefährdete Personen (§ 8 I Nr 3 MEPolG) oder Zeugen, Hinweisgeber oder sonstige Auskunftspersonen (§ 8a I Nr 3 MEPolG), soweit dies zur Abwehr einer Gefahr oder – unter Beachtung des Grundsatzes der Subsidiarität – zum Schutz privater Rechte oder zur polizeilichen Vollzugshilfe erforderlich ist. Nach § 8 II MEPolG kann die Polizei ferner personenbezogene Daten von Personen erheben, bei denen Anhaltspunkte bestehen, dass sie künftig Straftaten begehen werden, soweit dies zur vorbeugenden Bekämpfung von Straftaten erforderlich ist. Gleiches gilt für Kontakt- oder Begleitpersonen solcher Personen sowie für Personen, bei denen Anhaltspunkte bestehen, dass sie Opfer von Straftaten werden könnten, ferner für Zeugen, Hinweisgeber oder sonstige Auskunftspersonen. Verschiedene Polizei- und Ordnungsgesetze gestatten ausdrücklich die po-

---

477 S. § 19 II BWPolG; Art. 30 III BayPAG; § 18 II 1 BerlASOG; § 29 III 1. HS BrandPolG; § 27 II 1 BremPolG; § 2 III HambPolDVG; § 13 VII HessSOG; § 26 II MVSOG; § 9 IV NWPolG; § 26 V RhPfPOG; § 25 III SaarlPolG; § 15 VI SachsAnhSOG; § 36 V 1 SächsPolG; § 178 II SchlHVwG; § 31 III ThürPAG.

478 S. zB § 9 V NWPolG; § 13 V HessSOG. Keine offene, sondern eine verdeckte Datenerhebung (vgl die Legaldefinition in § 19 III BWPolG), die nur unter einschränkenden Voraussetzungen zulässig ist, liegt dann vor, wenn die Datenerhebung weder für den Betroffenen noch für Dritte als polizeiliche Maßnahme erkennbar war (so auch *Pieroth/Schlink/Kniesel*, § 13, Rn 1; *Gusy*, NVwZ 1991, 614, 616, Fn 12).

479 S. § 19 III BWPolG; Art. 30 IV BayPAG; § 18 V BerlASOG; § 29 IV 1 BrandPolG; § 27 I BremPolG; § 2 IV HambPolDVG; § 13 VIII HessSOG; § 26 III MVSOG; § 12 V NdsSOG; § 9 VI NWPolG; §§ 11 I, 25 V SaarlPolG; § 15 VII SachsAnhSOG; § 36 II 3 SächsPolG; § 178 III SchlHVwG; § 31 IV 1 ThürPAG.

480 § 8a MEPolG; § 20 II-V BWPolG; Art. 31 I, II BayPAG; § 18 I 2, 3 BerlASOG; § 30 I, II BrandPolG; § 28 I-IV BremPolG; § 6 HambPolDVG; § 13 I, II HessSOG; § 27 I-III MVSOG; § 31 I-III NdsSOG; § 9 I, III 2 NWPolG; § 26 RhPfPOG; § 26 I-III SaarlPolG; § 36 SächsPolG; § 15 I, II SachsAnhSOG; § 179 I, III, IV SchlHVwG; § 32 I, II ThürPAG; § 21 I, II BPolG; § 20b BKAG.

lizeiliche Erhebung von Daten zur Vorsorge für die Hilfeleistung und das Handeln im Gefahrenfall[481]. Damit tragen sie dem Umstand Rechnung, dass insbesondere bei Unglücksfällen eine wirksame Gefahrenabwehr häufig nur möglich ist, wenn zuvor entsprechende Vorsorgemaßnahmen getroffen wurden. Die Adressaten solcher Vorfeldmaßnahmen (zB Firmen, die sich auf die Bekämpfung bestimmter Gefahren spezialisiert haben) sind naturgemäß keine Störer.

c) Die Befragung

Ein wichtiges Mittel der **Datenerhebung** stellt die **Befragung von Personen** dar, die eine klassische Form der polizeilichen Informationsgewinnung ist[482]. Sie ist zulässig, wenn Tatsachen die Annahme rechtfertigen, dass die befragte Person sachdienliche Angaben machen könnte, die für die Erfüllung einer polizeilichen Aufgabe erforderlich sind. Wichtig ist hierbei die Klärung der Frage, inwieweit nicht nur ein Befragungsrecht der Polizei, sondern auch eine **Auskunftspflicht** des Betroffenen besteht (zur Bedeutung für die Rechtsnatur der Befragung s. Rn 178). Dabei ist wie folgt zu differenzieren: Die Befragten müssen in der Regel nur **Name, Vorname, Tag und Ort der Geburt, Wohnanschrift und Staatsangehörigkeit angeben**[483]. **Angaben zur Sache** müssen sie meist nur **unter engeren Voraussetzungen** machen. Eine Auskunftspflicht zur Sache besteht zB gem. § 20 I 3 BWPolG[484], wenn dies zur Abwehr einer Gefahr für Leben, Gesundheit oder Freiheit einer Person oder für bedeutende fremde Sach- oder Vermögenswerte erforderlich ist. Zur Frage der Durchsetzung von Auskunftsrechten durch Anwendung unmittelbaren Zwangs s. Rn 558a.

§§ 20 I 4 u. 5, 9a BWPolG und vergleichbare Vorschriften[485] räumen dem Betroffenen in entsprechender Anwendung der §§ 52 I, 53, 53a und 55 StPO ein **Recht ein, die Auskunft zu verweigern**. Er ist nicht zur Auskunft verpflichtet, soweit er dadurch sich selbst oder einen Angehörigen der Gefahr aussetzte, wegen einer Straftat oder Ordnungswidrigkeit verfolgt zu werden, oder wenn ihm auf Grund seines Berufes ein Zeugnisverweigerungsrecht zusteht. ZT wird dieses Auskunftsverweigerungsrecht allerdings eingeschränkt und besteht dann nicht, wenn die Auskunft zur Abwehr einer

182

183

---

481   Vgl § 20 IV BWPolG; Art. 31 II BayPAG; § 19 BerlASOG; § 30 II 1 BrandPolG; § 28 III BremPolG; § 5 HambPolDVG; § 27 II MVSOG; § 31 II NdsSOG; § 11 NWPolG; § 26 IV RhPfPOG; § 26 III SaarlPolG; § 179 IV SchlHVwG; § 32 II ThürPAG; s. auch *Petri*, in: L/D, G, Rn 185.

482   Eingehend dazu *Gusy*, NVwZ 1991, 614 ff; *Rolf-Georg Müller*, Polizeiliche Datenerhebung durch Befragung, 1997.

483   Vgl § 20 I 2 BWPolG; Art. 12 BayPAG; § 18 III 3 BerlASOG; § 3 II 1 HambPolDVG; § 28 II 1 MVSOG; § 12 II NdsSOG; § 9 II 1 NWPolG; § 18 III SächsPolG; § 180 II 1 SchlHVwG; § 13 II 1 ThürPAG; § 22 I 2 BPolG; § 20c II 1 BKAG. Vgl ferner § 14 II SachsAnhSOG.

484   S. auch § 18 VI 1, V Nr 1 SächsPolG. In den meisten Bundesländern genügt es grundsätzlich bereits, wenn die Angaben zur Abwehr einer Gefahr erforderlich sind (vgl § 3 II 2 HambPolDVG; § 12 II HessSOG; § 28 II 4 MVSOG; § 12 III NdsSOG; § 9a II 2 RhPfPOG; § 11 I 2 SaarlPolG; § 180 II SchlHVwG; § 14 II 1 SachsAnhSOG). Mitunter werden über Personalangaben hinausreichende Auskunftspflichten nur anerkannt, wenn sie ausdrücklich gesetzlich angeordnet werden (vgl Art. 12 S. 2 BayPAG; § 11 II 2 BrandPolG; § 18 III 4 BerlASOG; § 13 II 2 ThürPAG).

485   § 18 VI BerlASOG; § 3 III HambPolDVG; § 12 II HessSOG (problematisch, soweit hier Heilberufe ausgenommen werden, s. Rn 191); § 28 II 3 MVSOG; § 12 V 2 NdsSOG; § 9a III RhPfPOG; § 11 I 3, 4 SaarlPolG; § 18 VI 2 SächsPolG; § 14 II 2 SachsAnhSOG; § 180 II 3 SchlHVwG; § 5 II ThürPAG.

Gefahr für Leib oder Leben oder ähnlich schutzwürdige Belange erforderlich ist[486]. Wenn die Polizei- und Ordnungsgesetze Aussagepflichten begründen, jedoch keine Auskunfts- und Zeugnisverweigerungsrechte in Anlehnung an die §§ 52 ff StPO regeln, ist problematisch, ob sich solche Rechte aus allgemeinen Vorschriften der Landesverwaltungsverfahrensgesetze ergeben. Von Bedeutung ist dies etwa in Nordrhein-Westfalen. Dessen Polizeigesetz normiert kein Auskunftsverweigerungsrecht. § 26 II 4 NWLVwVfG bestimmt aber, dass der Pflichtige die Auskunft auf Fragen, zu deren Beantwortung er durch Rechtsvorschrift verpflichtet ist, verweigern kann, wenn die Beantwortung ihn selbst oder einer der in § 383 I Nrn. 1 bis 3 ZPO bezeichneten Angehörigen der Gefahr strafgerichtlicher Verfolgung oder eines Verfahrens nach dem OWiG aussetzte. Fraglich ist hier, ob das NWPolG ein Auskunftsverweigerungsrecht konkludent ausschließt und insoweit dem NWLVwVfG vorgeht[487] oder ob das NWPolG insoweit eine Lücke beinhaltet, die durch Rückgriff auf § 26 II 4 NWLVwVfG zu schließen ist[488]. Die letztgenannte Auffassung erscheint wegen des hohen verfassungsrechtlichen Stellenwerts des informationellen Selbstbestimmungsrechts vorzugswürdig. Eine analoge Anwendung der §§ 52 ff StPO scheidet aus, da die Polizeigesetze und die StPO unterschiedliche Ziele (Gefahrenabwehr einerseits, Strafverfolgung andererseits) verfolgen und für sie unterschiedliche Gesetzgebungskompetenzen bestehen. Wenn man – entgegen der hier vertretenen Auffassung – bei Polizeigesetzen, die keine Auskunfts- und Zeugnisverweigerungsrechte regeln, eine uneingeschränkte Auskunftpflicht bejahte, spräche viel dafür, dass für die erteilten Auskünfte ein strafprozessuales Verwertungsverbot analog §§ 52 ff StPO besteht. Zur Durchsetzung von Auskunftsansprüchen s. unten Rn 558a und *Stohrer*, BayVBl. 2005, 489 ff.

d) Offene Bild- und Tonaufzeichnungen (Videoüberwachung)

184 Die Datenerhebung mittels offener[489] Bild- und Tonaufzeichnungen (Videoüberwachung) ist mittlerweile in allen Polizei- und Ordnungsgesetzen vorgesehen[490]. Beson-

---

486 So in §§ 9a, 20 I 6 BWPolG; § 12 II 3 HessSOG; § 28 II 4 MVSOG; § 12 V 2 NdsSOG; § 9 III 2 Rh-PfPOG; § 18 VI 3 SächsPolG; § 180 II 4 SchlHVwG. Dabei wird – außer in Sachsen – zugleich bestimmt, dass in diesen Fällen die Auskunft nur zur Gefahrenabwehr verwendet werden darf. Insoweit verschließt der Landesgesetzgeber bereits ausdrücklich eine strafprozessuale Nutzung, die er aus kompetenzrechtlichen Gründen ohnehin nicht regeln dürfte (s. auch Rn 29 ff). Das SächsPolG schreibt nicht vor, dass die Auskunft nur zur Gefahrenabwehr genutzt werden darf. Hier bestimmt ausschließlich die StPO darüber, inwieweit eine Auskunft strafprozessual verwertet werden darf. Ein Verwertungsverbot ist aber in analoger Anwendung der §§ 52 ff StPO zu bejahen.
487 So *Scholler/Schloer*, S. 104 f.
488 So *Gusy*, NVwZ 1991, 618; *Haurand/Vahle*, NVwZ 2003, 513, 517. *R.-G. Müller*, Polizeiliche Datenerhebung durch Befragung, S. 106 ff bejaht ein Auskunftsverweigerungsrecht als Ausdruck eines allgemeinen Rechtsprinzips, soweit der Befragte nicht dazu verpflichtet ist, sich selbst oder Angehörige einer Straftat oder Ordnungswidrigkeit zu bezichtigen.
489 Die Offenheit ist nur dann hergestellt, wenn der von der Videoüberwachung im öffentlichen Raum erfasste Überwachungsbereich am Ort der Überwachung für die Betroffenen erkennbar ist (*VG Hannover*, NVwZ-RR 2011, 943).
490 § 21 BWPolG; Art. 32 BayPAG; §§ 24, 24a, 24b BerlASOG; § 31 BrandPolG; § 29 BremPolG; § 8 HambPolDVG; § 14 HessSOG; § 32 MVSOG; § 32 NdsSOG; §§ 15, 15a, 15b NWPolG; § 27 RhPf-POG; § 27 SaarlPolG; § 37 SächsPolG; § 16 SachsAnhSOG; § 184 SchlHVwG, § 33 ThürPAG; §§ 26, 27 BPolG; s auch § 8b MEPolG.

dere Bedeutung hat sie bei öffentlichen Veranstaltungen und Ansammlungen sowie an gefährlichen und gefährdeten Orten. Teilweise erlauben die Polizei- und Ordnungsgesetze auch Bild- und Tonaufnahmen zur Eigensicherung von Polizeibediensteten, insbesondere iVm Anhalte- und Kontrollsituationen[491], oder von Personen, die sich in amtlichem Gewahrsam befinden (§ 8 IV HambPolDVG; § 34 III HessSOG). ZT gestattet ist ferner die Erhebung von Kraftfahrzeugkennzeichen zum Zwecke des Datenabgleichs (s. dazu Rn 213d)[492]. Die polizeirechtlichen Ermächtigungen zu Bild- und Tonaufzeichnungen, die zugleich die Löschung der auf diesem Weg gewonnenen Daten regeln (vgl zB § 21 V 2 BWPolG und § 15b S. 3 NWPolG), gelten allerdings nicht für öffentliche Versammlungen. Insoweit enthalten nämlich die §§ 12a, 19a VersG bzw entsprechende landesrechtliche Vorschriften spezialgesetzliche Regelungen[493], die abschließenden Charakter haben[494] (s. auch unten Rn 376).

Von der Möglichkeit einer **Videoüberwachung** machen heute vor allem größere Städte vielfach **185** Gebrauch. Eine solche Videoüberwachung wird verschiedentlich als verfassungsrechtlich unzulässig angesehen[495]. Soweit solche Einwände auf **kompetenzrechtliche Gründe**, namentlich die konkurrierende Gesetzgebungskompetenz des Bundes aus Art. 74 I Nr 1 GG, gestützt werden, ist dem entgegenzuhalten, dass es sich hier um Gefahrenabwehr handelt, die in die ausschließliche Gesetzgebungskompetenz der Länder fällt. Zur Gefahrenabwehr gehört auch die Gefahrenvorsorge (s. Rn 10 u. 29)[496]. Zweifel könnten nur im Hinblick darauf bestehen, dass solche Aufnahmen auch für die Strafverfolgungsvorsorge genutzt werden können. Diesbezügliche Bedenken schlagen jedoch schon deswegen nicht durch, weil der Bund von seiner Möglichkeit, entsprechende Regelungen zum Zwecke der Strafverfolgungsvorsorge zu erlassen, bisher keinen Gebrauch gemacht hat.[497] § 100f StPO betrifft nicht die Strafverfolgungsvorsorge und regelt iÜ – an-

---

491   § 19a BerlASOG; § 31a BrandPolG; § 8 V HambPolDVG; § 32 V MVSOG; § 15b NWPolG.
492   Zur Videoüberwachung in Hochschulen *Degenhart/Haack*, SächsVBl. 2007, 1 ff.
493   Vgl dazu auch *Würtenberger/Heckmann*, BW, Rn 599.
494   § 14 II 1 HessSOG, der eine Datenerhebung auch bei öffentlichen Versammlungen zulässt, ist deshalb verfassungswidrig (so auch *Pieroth/Schlink/Kniesel*, § 14, Rn 86; *Götz*, NVwZ 1990, 725, 729; **aA** *Hornmann*, Hess, § 14, Rn 7), und zwar unabhängig davon, dass nach der Föderalismusreform die Gesetzgebungskompetenz für das Versammlungsrecht nunmehr bei den Ländern liegt (Rn 27). § 31 I 1 BrandPolG; § 27 II 1 RhPfPOG und § 37 I 1 SächsPolG regeln ausdrücklich, dass sich entsprechende Datenerhebungsbefugnisse nicht auf öffentliche Versammlungen erstrecken. Soweit es in anderen Bundesländern an entsprechenden Klarstellungen fehlt, ergibt sich dies aus einer verfassungskonformen Interpretation der einschlägigen Vorschriften.
495   Vgl etwa *Roggan*, NVwZ 2001, 134, 138 f; *ders.*, in: Roggan/Kutscha, Handbuch zum Recht der Inneren Sicherheit, 2006, S. 207, 215 ff; *Vahle*, NVwZ 2001, 165, 166 f; Bedenken auch bei *Fetzer/Zöller*, NVwZ 2007, 775, 778; *Volkmann*, NVwZ 2009, 216, 220; *Zöller*, NVwZ 2005, 1235, 1238 ff; VG Hannover, NVwZ-RR 2011, 943; **aA** *Maske*, NVwZ 2001, 1248 ff; *Röger/Stephan*, NWVBl. 2001, 201, 205 f; *VGH Mannheim*, VBlBW 2004, 20 ff; S. zu entsprechenden Vorschriften auch näher *Büllesfeld*, Polizeiliche Videoüberwachung öffentlicher Straßen und Plätze zur Kriminalitätsvorsorge, 2002; *K. Fischer*, VBlBW 2002, 89 ff; *Hasse*, ThürVBl. 2000, 169 ff u 197 ff; *Robrecht*, NJ 2000, 348 ff; *Zöller*, NVwZ 2005, 1235 ff und eingehend *Bartsch*, Rechtsvergleichende Betrachtung präventiv-polizeilicher Videoüberwachung öffentlich zugänglicher Orte in Deutschland und den USA, 2004.
496   *VGH Mannheim*, VBlBW 2004, 20, 21; *Collin*, JuS 2006, 494, 495; *Glaser*, Jura 2009, 742; *Kugelmann*, 7. Kap., Rn 142.
497   *BVerwG*, NVwZ 2012, 757, 760; s. auch *Siegel*, NVwZ 2012, 738, 740. Nicht überzeugend deswegen *Schewe*, NWVBl. 2004, 415, 419 f, nach dessen Auffassung dem Land die Gesetzgebungskompetenz für § 15a NWPolG fehle, weil diese Vorschrift eine dauerhafte Aufzeichnung nicht nur beim Vorliegen einer Gefahr ermögliche und deswegen der Strafverfolgung diene. Dies verkennt, dass die Aufnahmen in aller Regel (nämlich dann, wenn – wie meist – Tatsachen die Annahme rechtfertigen, dass an dem zu überwachenden Ort weitere Straftaten begangen werden könnten) jedenfalls auch der Ge-

ders als die landespolizeirechtlichen Bestimmungen – nicht die offene, sondern die verdeckte Erstellung von Bildaufzeichnungen. Es handelt sich um verschiedene Maßnahmen mit unterschiedlicher Zielsetzung. Zudem ist es unserem Recht durchaus geläufig, dass eine Maßnahme sowohl auf eine polizeirechtliche wie auch auf eine strafprozessuale Ermächtigungsgrundlage gestützt werden kann (zu solchen sog. doppelfunktionalen Maßnahmen s. Rn 424) und hierfür unterschiedliche Tatbestandsvoraussetzungen gelten[498]. Zu Recht geht deshalb das *BVerwG*[499] davon aus, dass selbst in den Fällen, in denen der Bundesgesetzgeber polizeiliche Befugnisse auf dem Gebiet der Strafverfolgungsvorsorge normiert hat, dies nicht ausschließt, dass der Landesgesetzgeber entsprechende Befugnisse zum Zwecke der mit der Strafverfolgungsvorsorge häufig parallel laufenden Gefahrenvorsorge vorsieht. Die Daten, die auf polizeirechtlicher Grundlage erhoben wurden, dürfen nur auf der Grundlage einer strafprozessualen Ermächtigungsnorm für die Strafverfolgung verwendet werden (s. § 484 IV StPO). Die Verwendung personenbezogener Daten, die für Zwecke künftiger Strafverfahren (Strafverfolgungsvorsorge) in Dateien der Polizei gespeichert sind, richtet sich nach den Polizeigesetzen (§ 484 IV StPO).

186 Gewichtiger als kompetenzrechtliche Bedenken wiegen **materiellrechtliche Einwände** gegen offene Bild- und Tonaufnahmen[500]. Bereits die Bildübertragung, die mit einer Videoaufnahme verbunden ist, und die dadurch herbeigeführte Beobachtungsmöglichkeit – sog. Kamera-Monitor-Prinzip – dürfte in das allgemeine Persönlichkeitsrecht (Art. 2 I GG iVm Art. 1 I GG) eingreifen[501]. Die Übertragung ermöglicht durch Zoom-, Standbild- und Einzelbildaufnahmen eine Individualisierung der Beobachtung, die über eine reine Übersichtsfunktion hinausreicht. Sie erlaubt damit eine Beobachtung, die nicht nur permanent, sondern auch intensiver ist als eine polizeiliche Beobachtung ohne den Einsatz technischer Mittel. Erst recht gilt dies für Videoaufnahmen, die aufgezeichnet werden und bei denen die Möglichkeit besteht, sie durch eine Vergrößerung so zu individualisieren, dass auf ihnen einzelne Personen zu erkennen sind. Jedenfalls solche Aufnahmen sind bereits als ein Eingriff in das informationelle Selbstbestimmungsrecht zu bewerten[502]. Das gilt unabhängig davon, ob eine Individualisierung bereits erfolgt ist oder nicht[503]. Einem Grundrechtseingriff steht nicht entgegen, dass lediglich Verhaltensweisen im öffentlichen Raum aufge-

---

fahrenvorsorge dienen. Eine Verwendung der nach § 15a NWPolG aufgezeichneten Bildaufnahmen für die Strafverfolgung lässt sich allerdings nicht auf § 15a II NWPolG stützen (s im Folgenden und oben Rn 31).

498 Deshalb schlagen die von *Vahle*, NVwZ 2001, 165, 166 f geäußerten Bedenken gegen die Gültigkeit des § 15a NWPolG nicht durch.

499 *BVerwG*, NVwZ 2012, 757, 760; s. auch oben Rn 30.

500 Nur offene Aufnahmen sind auf der Basis der Polizei- und Ordnungsgesetze als zulässig anzusehen, vgl *VG Halle*, LKV 2000, 164 f.

501 So auch *Bartsch*, Rechtsvergleichende Betrachtung, aaO, S. 92; *Fetzer/Zöller*, NVwZ 2007, 775, 776 f; *Fischer*, VBlBW 2002, 89, 92; *Glaser*, Jura 2009, 742; *Roggan*, NVwZ 2001, 134, 136; *Siegel*, NVwZ 2012, 738, 739; *Stephan*, VBlBW 2004, 28; *Waechter*, NdsVBl. 2001, 77, 79; *Zöller*, NVwZ 2005, 1235, 1238; *VGH Mannheim*, NVwZ 2004, 498, 500 mwN; **aA** *Dolderer*, NVwZ 2001, 130, 131; *Henrichs*, BayVBl. 2005, 289, 291. S. zur Problematik des Vorliegens eines Grundrechtseingriffs auch *Gusy*, FS Schenke, 2011, 395, 401 f.

502 BVerfG, NVwZ 2007, 688, 690.

503 So zutreffend *Dolderer*, NVwZ 2001, 130, 131; *Henrichs*, BayVBl. 2005, 289, 295 f; *Höfling*, in: Möller/v. Zezschwitz (Hrsg.), Videoüberwachung – Wohltat oder Plage?, 2000, S. 29, 35 f; *Kloepfer/Breitkreutz*, DVBl 1998, 1149, 1152; *Lang*, BayVBl. 2006, 522, 523 f; *Robrecht*, NJ 2000, 348, 349; *Röger/Stephan*, NWVBl. 2001, 201, 206 f; *Roggan*, NVwZ 2001, 134, 136 f; *Schewe*, NWVBl. 2004, 415, 417; *BVerwG*, DVBl 1989, 200, 201; *VGH Mannheim*, VBlBW 2004, 20, 22; *SächsVerfGH*, SächsVBl. 2003, 247, 248.

zeichnet werden. Ebenso wenig kann aus dem Umstand, dass die Betroffenen durch Hinweisschilder von der Videoüberwachung wissen, auf eine rechtfertigende Einwilligung geschlossen werden (*BVerfG*, NVwZ 2007, 688, 690). Für einen Grundrechtseingriff spricht ferner, dass allein das Wissen um eine Aufzeichnung die Handlungsfreiheit der Betroffenen einschränkt[504]. Für solche Videoaufnahmen besteht deswegen ein besonderer Rechtfertigungsbedarf[505]. Unproblematisch sind Regelungen, die die Zulässigkeit von Videoaufnahmen daran knüpfen, dass Tatsachen die Annahme rechtfertigen, dass an der überwachten Örtlichkeit eine deutlich erhöhte Wahrscheinlichkeit für Ordnungswidrigkeiten mit erheblicher Bedeutung oder Straftaten besteht (vgl zB 21 BWPolG), es sich also um einen Kriminalitätsbrennpunkt handelt[506]. Damit kann aber immer nur eine punktuelle, nicht hingegen eine „flächendeckende", große Teile des Gemeindegebiets erfassende Überwachung gerechtfertigt werden[507]. Nicht gestützt werden kann eine Videoüberwachung auf allgemeine datenschutzrechtlichen Bestimmungen wie Art. 16 Abs. 1 und Art. 17 Abs. 1 BayDSchG, da diese die Voraussetzungen einer solchen Datenerhebung nicht bereichsspezifisch regeln[508]. Der Rechtsschutz gegen Videoüberwachung und -aufzeichnung erfolgt mittels einer allgemeinen Leistungsklage, die auf Unterlassung bzw Beseitigung gerichtet ist (Rn 663 und *Collin*, JuS 2006, 494, 496 f).

3. Besondere Mittel der Datenerhebung

Darüber hinaus sind in den neueren Polizeigesetzen vielfach **besondere Mittel** der **Datenerhebung**[509] geregelt, die typischerweise heimlich bzw verdeckt erfolgen[510]. Darunter fallen

187

– die **längerfristige Observation**[511], wobei „längerfristig" nach den Polizei- und Ordnungsgesetzen unterschiedlich definiert wird (s. näher Rn 202a),

---

504 Das Aufstellen von Attrappen bzw nicht funktionsfähigen Kameras greift zwar nicht in das informationelle Selbstbestimmungsrecht ein (*Lang*, BayVBl. 2006, 522, 525). Auch hier kommt aber – wegen des Anpassungsdrucks – ein Eingriff in Freiheitsrechte in Betracht.

505 Die Verbesserung des Sicherheitsgefühls vermag eine Überwachung schon deshalb nicht zu rechtfertigen, weil das Sicherheitsgefühl nicht zur öffentlichen Sicherheit gehört (Rn 60).

506 *VGH Mannheim*, VBlBW 2004, 22, 25 f; *Gusy*, NWVBl. 2012, 1, 4; *Siegel*, NVwZ 2012, 738, 741. Der Einwand, derartige Maßnahmen seien ungeeignet, da sie nur zu einer Verlagerung der Kriminalität führten, überzeugt schon wegen der Einschätzungsprärogative des Gesetzgebers nicht (zutreffend *Glaser*, Jura 2009, 742, 743; *Siegel*, NVwZ 2012, 738, 741; s. zur Problematik auch *Gusy*, JZ 2009, 217, 223). Nicht unproblematisch ist § 14 II 3 HessSOG, nach dem fest installierte Anlagen zwei Jahre betrieben werden dürfen – unabhängig davon, ob ihre Voraussetzungen noch vorliegen (s. *Hornmann*, NVwZ 2010, 292, 293).

507 So richtig *K. Fischer*, VBlBW 2002, 89, 93 f; *Siegel*, NVwZ 2012, 738, 741.

508 *BVerfG*, DVBl 2007, 497, 501; *Fetzer/Zoeller*, NVwZ 2007, 775 ff.

509 Vgl zB die Legaldefinitionen der § 8c II MEPolG; § 22 I BWPolG; Art. 33 I BayPAG; § 34 I Thür-PAG; früher auch in § 36 II aF SächsPolG.

510 Dazu eingehend *Son*, Heimliche Eingriffe in das informationelle Selbstbestimmungsrecht, 2006.

511 Vgl § 22 I Nr 1 BWPolG; Art. 33 I Nr 1 BayPAG; § 25 I Nr 1 BerlASOG; § 32 BrandPolG; § 32 BremPolG; § 9 HambPolDVG; § 15 I Nr 1 HessSOG; § 33 I Nr 1 MVSOG; § 34 NdsSOG; § 16a NWPolG; § 28 II Nr 1 RhPfPOG; § 28 II Nr 1 SaarlPolG; § 17 I Nr 1 SachsAnhSOG; § 38 I Nr 1 SächsPolG; § 185 I Nr 1 SchlHVwG; § 34 I Nr 1 ThürPAG.

– der verdeckte Einsatz technischer Mittel zur Anfertigung von Bildaufnahmen und -aufzeichnungen[512],

– der **verdeckte Einsatz technischer Mittel** zur Feststellung des Standorts einer Person oder eines Fahrzeugs[513] (Rn 197g und 203),

– der **verdeckte Einsatz technischer Mittel** zum **Abhören** und **Aufzeichnen des gesprochenen Wortes**[514], insbesondere in und aus Wohnungen (sog. „Großer Lauschangriff", Rn 193 ff),

– der **verdeckte Einsatz technischer Mittel** zur Überwachung der Telekommunikation (Rn 197d),

– der Einsatz von **Verdeckten Ermittlern** (Rn 198 f),

– der Einsatz von **V-Leuten** (Rn 200 f),

– in Sachsen nach § 36 II Nr 4 aF SächsPolG die Ausschreibung einer Person zur **polizeiliche Beobachtung** (Rn 203 f).

Diese spezialgesetzlichen Befugnisse schließen einen Rückgriff auf die Generalermächtigungen aus. Angesichts der Schwere dieser Eingriffe[515] wäre dies auch dann der Fall, wenn spezielle Regeln fehlten (Rn 49).

a) Allgemeines

188 **aa) Die Rechtsnatur heimlicher Datenerhebungen.** Heimliche Datenerhebungen sind keine auf Duldung gerichtete Verwaltungsakte, sondern **Realakte**[516]. Da sie heimlich oder verdeckt erfolgen, fehlt schon die für einen Verwaltungsakt erforderliche Bekanntgabe. Die gesetzlich vorgeschriebene **nachträgliche Unterrichtung des Betroffenen**[517] macht aus der Maßnahme nicht nachträglich einen Verwaltungsakt (s. auch Rn 178). Gleichwohl ist die nachträgliche Unterrichtung von erheblicher Bedeutung, weil sie allein es dem Betroffenen ermöglicht, die polizeiliche Maßnahme gerichtlich – sofern spezialgesetzliche Regelungen fehlen: mittels verwaltungsge-

---

512   Vgl § 22 I Nr 2 BWPolG; Art. 33 I Nr 2a BayPAG; § 25 I Nr 2 BerlASOG; § 33 BrandPolG; § 33 I BremPolG; § 10 HambPolDVG; § 15 I Nr 2 HessSOG; § 33 I Nr 2 MVSOG; § 17 NWPolG; § 35 NdsSOG; § 28 II Nr 2 RhPfPOG; § 28 II Nr 2 SaarlPolG; § 17 I Nr 2 SachsAnhSOG; § 38 II Nr 2 SächsPolG; § 185 I Nr 2a SchlHVwG; § 34 I Nr 2 ThürPAG.

513   § 9 V HambPolDVG; § 28 II Nr 5 RhPfPOG. Hierfür wird das GPS (Global Positioning System) genutzt, ein satellitengestütztes Ortungssystem, durch das zB der jeweilige Standort eines Kfz lückenlos nachvollzogen werden kann. Zur Verfassungsmäßigkeit einer auf § 100f I Nr 2 StPO gestützten Überwachung mittels GPS *BVerfG*, NJW 2005, 1338 ff und dazu *Wunderlich/Beck*, JA 2006, 93 ff).

514   Vgl 22 I Nr 2 BWPolG; Art. 33 I Nr 2c BayPAG; § 25 I Nr 2 BerlASOG; §§ 33 ff BrandPolG; § 33 I BremPolG; § 10 HambPolDVG; § 15 I Nr 2 HessSOG; § 33 I Nr 2 MVSOG; § 35 NdsSOG; § 18 NWPolG; § 28 II Nr 2 RhPfPOG; § 28 II Nr 2 SaarlPolG; § 17 I Nr 2 SachsAnhSOG; § 38 II Nr 2 SächsPolG; § 185 I Nr 2b SchlHVwG; § 34 I Nr 2 ThürPAG.

515   ZB bei einer längerfristigen Observation; s. dazu *Pieroth/Schlink/Kniesel*, § 13, Rn 24 f; *M. Koch*, Datenerhebung und -verarbeitung in den Polizeigesetzen der Länder, 1999, 145 f.

516   Dazu *Schenke*, Jura 1988, 257 ff; anders aber *VG Bremen*, NVwZ 1989, 895; wie hier *Son*, Heimliche Eingriffe in das informationelle Selbstbestimmungsrecht, 2006, 96 f; *Würtenberger/Heckmann/BW*, Rn 686.

517   S. zB § 22 VIII BWPolG; Art. 33 VII 1 BayPAG; § 25 VII BerlASOG; § 34 III BrandPolG; § 9 III HambPolDVG; § 34 V MVSOG; § 30 IV NdsSOG; §§ 16a III, 17 V NWPolG; § 40 V RhPfPOG; § 28 VI SaarlPolG; § 17 VII SachsAnhSOG; § 38 VIII SächsPolG; § 186 IV SchlHVwG; § 34 IX ThürPAG.

richtlicher Feststellungsklage (§ 43 VwGO)[518] – kontrollieren zu lassen (s. unten Rn 189, 194 und 196). Einschränkungen der Unterrichtungspflicht, wie sie zB § 22 VIII BWPolG vorsieht, sind daher verfassungsrechtlich bedenklich, soweit sie die Benachrichtigung auch dann noch ausschließen, wenn dadurch der Zweck der Maßnahme nicht mehr gefährdet wird (dazu iVm Art. 13 GG näher unten Rn 196). Verfassungsrechtliche Bedenken ergeben sich dabei nicht nur im Hinblick auf das Grundrecht auf informationelle Selbstbestimmung und seine speziellen Ausprägungen in Art. 10 GG und Art. 13 GG, sondern auch im Hinblick auf Art. 19 IV GG[519].

bb) Verfahrensrechtliche und materiellrechtliche Voraussetzungen einer Datenerhebung mit besonderen Mitteln. Die **Datenerhebung** mit **besonderen Mitteln** ist an das Vorliegen **spezieller Voraussetzungen** geknüpft, weil sie mit einem erheblichen, intensiven Eingriff in Grundrechte verbunden ist. So werden an sie vielfach bereits besondere verfahrensrechtliche Anforderungen gestellt. So muss die Datenerhebung zT **vom Behördenleiter** bzw von durch ihre herausgehobene berufliche Stellung oder Ausbildung **besonders qualifizierten Personen angeordnet werden**[520], zT – bei der Aufzeichnung des nichtöffentlich gesprochenen Wortes oder beim Einsatz technischer Mittel zur Überwachung von Wohnungen[521] **von einem Richter**[522, 523].

Eine **verfahrensrechtliche Besonderheit** ist ferner die **Benachrichtigungspflicht nach dem Abschluss heimlicher Maßnahmen**, die bereits verfassungsrechtlich geboten ist (s. oben Rn 188). Sie kann unter dem Vorbehalt stehen, dass die Benachrichtigung nicht den Zweck der Datenerhebung gefährden darf[524] (s. auch Rn 194 und 196).

Verfahrensrechtliche Besonderheiten sind schließlich **Evaluationspflichten** (§ 70 BerlASOG) sowie **Berichtspflichten gegenüber dem Parlament** (vgl zB § 23 V BWPolG; § 36 BremPOLG; § 34 VII MVSOG, § 20a VI NWPolG; § 186b Schl-

190

---

518 Dazu *Kopp/Schenke*, VwGO, § 43, Rn 5 und § 113, Rn 116.

519 Vgl hierzu ausf. *Würtenberger/Heckmann*, BW, Rn 689 ff; s. ferner *SächsVerfGH*, LKV 1996, 273, 287; *Schenke*, DVBl 1996, 1393, 1395; *Schenke*, in: BK (Drittbearb.), GG, Art. 19 IV, Rn 722; nicht überzeugend die Ablehnung einer verfassungsrechtlich gebotenen nachträglichen Benachrichtigungspflicht durch *BayVerfGH*, DVBl 1995, 347, 353.

520 Vgl etwa § 22 VI BWPolG, Art. 33 V BayPAG; §§ 32 II 1, 34 II, 35 IV, 36 II BrandPolG; § 30 BremPolG; § 9 II HambPolDVG; §§ 16 V, 17 IV HessSOG; §§ 16a I 1, 17 II, 18 II 5, 19 II 1, 20 IV 1 NWPolG; § 28 IV 1 RhPfPOG; § 38 IV 1 SächsPolG; § 34 VII ThürPAG. Zusätzliche verfahrensrechtliche Erfordernisse leitete der *SächsVerfGH*, LKV 1996, 273, 290 aus Art. 83 SächsVerf ab.

521 Zur Zulässigkeit eines Abhörens von Telefongesprächen auf Grund von Landespolizeirecht s. unten Rn 197a ff sowie 343.

522 § 23 BWPolG; Art. 34 IV BayPAG; § 25 V BerlASOG; §§ 33a IV, 33b V BrandPolG; § 33 III 1 BremPolG; § 10 III HambPolDVG; § 15 V 1 HessSOG; § 34 III MVSOG; § 35 III NdsSOG; § 18 II NWPolG; § 29 III RhPfPOG; § 28 IV SaarlPolG; § 17 V SachsAnhSOG; § 38 IV, 41 III 1 SächsPolG; § 186 I 1 SchlHVwG; § 35 IV 1 ThürPAG.

523 Zu Richter- und Behördenleitervorbehalten im neuen Polizeirecht *Lisken/Mokros*, NVwZ 1991, 609 ff.

524 Vgl zB § 22 VIII BWPolG; Art. 33 VII, 34 VI BayPAG; § 25 VII BerlASOG; §§ 32 III, 33a VI iVm §§ 29 VI u VII, 33b VII iVm §§ 33a VI, 29 VI u. VII, 34 III, 35 V, 36 IV BrandPolG; §§ 11 II, 12 IV iVm § 9 III HambPolDVG; §§ 34 V, VI, 34a VII, 34b VIII, IX MVSOG; §§ 19 III, 20 V NWPolG; § 40 V RhPfPOG; § 28 VI SaarlPolG; § 18 V, VI iVm § 17 VII SachsAnhSOG; § 38 VIII SächsPolG; § 186 IV SchlHVwG; § 34 IX-XII ThürPAG; § 28 V BPolG; § 20w BKAG.

HVwG), die teilweise verfassungsrechtlich vorgeschrieben sind (vgl zB Art. 13 VI GG und Art. 83 III 2 SächsVerf[525]).

190 In **materiellrechtlicher** Hinsicht wird vielfach verlangt, dass eine gegenwärtige Gefahr für Leib, Leben oder Freiheit einer Person oder eine Straftat von erheblicher Bedeutung abzuwehren ist[526]. Verboten sind ferner **verdeckte (heimliche) Eingriffe in den Kernbereich privater Lebensgestaltung** (s. dazu näher iV mit dem „Großen Lauschangriff" auch Rn 194a). Das *BVerfG* postulierte dieses Verbot erstmals ausdrücklich für den sog. „Großen Lauschangriff" (s Rn 194). Es gilt aber ebenso für andere heimliche Datenerhebungen. Es ergibt sich bereits aus den Grundrechten (Art. 13 GG, Art. 10 GG bzw Art. 2 I iVm Art. 1 I GG) und wird durch den Gesetzgeber in den Regelungen, die verdeckte Eingriffe in den Kernbereich privater Lebensgestaltung sowie deren Verwertung verbieten (zB § 16 NWPolG, § 39a RhPfPOG) ausdrücklich klargestellt. Der Kernbereich privater Lebensgestaltung ist **absolut geschützt** und einer **Relativierung durch den Verhältnismäßigkeitsgrundsatz entzogen**[527]. Der Gesetzgeber hat diesen Kernbereich durch ein umfassendes Erhebungsverbot zu schützen, dessen konkrete Ausgestaltung von der Art der Datenerhebung abhängt (*ThürVerfGH*, DVBl 2013, 111, 112). Unklar ist allerdings, der genaue Inhalt dieses Kernbereichs. Nur beispielhaft erwähnt werden durch das BVerfG „Äußerungen innerster Gefühle oder von Ausdrucksformen der Sexualität"[528]. Eine gewisse Einigkeit besteht zudem insoweit, als der Kernbereichsschutz jedenfalls grundsätzlich die Sphäre des absolut Privaten (Tagebuch und Selbstgespräch) sowie den Kontakt innerhalb besonderer Vertrauensverhältnisse betrifft[529]. Selbst dies ist aber insoweit einzuschränken, als zB eine Tagebucheintragung oder der Kontakt mit einer besonderen Vertrauenspersonen dann nicht zum absoluten Kernbereich privater Lebensgestaltung gehört, wenn entsprechende Äußerungen einen unmittelbaren Bezug zu Straftaten aufweisen[530]. § 5 VII ThürPAG versucht den „Kernbereich privater Lebensgestaltung" in Anlehnung an die Rechtsprechung des BVerfG zu umschreiben. Er umfasst danach „innere Vorgänge wie Empfindungen, Gefühle, Überlegungen, Ansichten und Erlebnisse höchstpersönlicher Art, aber auch Gefühlsäußerungen, Äußerungen des unbewussten Erlebens, Ausdruckformen der Sexualität sowie die Kommunikation mit Personen des besonderen Vertrauens, wie 1. engsten Familienangehörigen, beispielsweise Ehepartnern, Lebenspartnern, Geschwistern oder Verwandten in gerader Linie, 2. sonstigen engsten Vertrauten über derartige Inhalte, soweit

---

525 Dazu auch *SächsVerfGH*, LKV 1996, 273, 288 f und darüber hinaus zur Zusammensetzung parlamentarischer Kontrollgremien *BayVerfGH*, NVwZ 2002, 1372 ff.

526 Vgl mit Unterschieden im Einzelnen zB § 22 III BWPolG; Art. 34 I 1BayPAG; § 25 IV BerlASOG; §§ 32–35 BrandPolG, jeweils Abs. 1; § 11 I iVm §§ 9 I, 12 I HambPolDVG; § 16 I, II HessSOG; § 33 II-IV MVSOG; § 34 I 1 Nr 1, 35 II Nr 1, 36 I, 36a I NdsSOG; §§ 17 I u. 18 I NWPolG; § 28 I Nr 1 RhPfPOG; § 28 I SaarlPolG; §§ 38 II Nr 1 u. Nr 2, 41 I SächsPolG; § 185 II 1 SchlHVwG; ähnlich § 18 I, II SachsAnhSOG u. § 34 III ThürPAG.

527 *BVerfGE* 109, 279 = NJW 2004, 999, 1003 f; 120, 274, 333 = NJW 2008, 822, 834; *Petri*, in: L/D, G, Rn 25; *Ruthig*, FS Schenke, 2013, S. 499, 503 ff; aA *Baldus*, JZ 2008, 269 ff; *Poscher*, JZ 2009, 269, 273 ff, krit. gegenübe r dem vom BVerfG befürworteten Kernbereichsschutz mit beachtlichen Argumenten auch *Son*, in: Festschrift für Schenke, 2011, s. 525, 531 ff,

528 *BVerfGE* 109, 279, 313.

529 *Ruthig*, FS Schenke, S. 499, 505.

530 *BVerfG*, NJW 2004, 993, 1003 f.

diese keine Hinweise auf konkret begangene oder geplante Straftaten enthalten und keinen unmittelbaren Bezug zu Gefahren haben". Obwohl sich diese Definition nur auf den im ThürPAG verwandten Begriff des Kernbereichs privater Lebensgestaltung bezieht und den der Verfassung zu Grunde liegenden Begriff des Kernbereichs naturgemäß nicht definieren kann, liefert sie doch wichtige Anhaltspunkte auch für die Konkretisierung des verfassungsrechtlichen „Kernbereichs der privaten Lebensgestaltung"[531]. „Für alle heimlichen Datenerhebungen ist durch klare und bestimmte Regelungen sicherzustellen, dass im Fall der Verletzung des Kernbereichs die Maßnahme abgebrochen wird und die erlangten Daten gelöscht und nicht verwertet oder verwendet werden dürfen. Zu diesen notwendigen verfahrensrechtlichen Vorkehrungen gehört auch eine gesetzliche Bestimmung, nach der die Erlangung dieser Daten und ihre Löschung zu dokumentieren sind" (so ThürVerfGH, DVBl 2013, 111, 112).

cc) Schutz von Vertrauensverhältnissen. Bestimmte Vertrauensverhältnisse begrenzen **191** auch bei der verdeckten Datenerhebung – ähnlich wie bei der offenen Befragung (Rn 183) – das Recht zur Datenerhebung bzw -verwendung[532]. Ein Schutz solcher Vertrauensverhältnisse ist zT ausdrücklich vorgesehen, zT ergibt er sich aus einzelnen Grundrechten (Rn 194a und 197f). Vorschriften zum Schutz bestimmter Vertrauensverhältnisse – namentlich von Vertrauensverhältnissen iS der §§ 53, 53a StPO – enthalten zB § 9a BWPolG; Art. 34a I 3, 34d I Nr 4 BayPAG; §§ 32 I 5 u. 6, 33 I 5, 33a II 5 u. 6, 33b II 3, 34 I 4 BrandPolG; §§ 15 IV 2–3, 12 II, 15a I 2, 15b IV HessSOG[533]; §§ 33 VI 1, 34b IV MVSOG; § 39b RhPfPOG; § 41 VI Nr 2 SächsPolG[534]; § 5 III-V, 35 II 2 ThürPAG. Alle Bundesländer nehmen zudem Daten, die einem Berufs- oder Amtsgeheimnis unterliegen, von der **Rasterfahndung** aus (s. unten Rn 213a). Wie die genannten Vorschriften bereits indizieren, ist ein **uneingeschränkter Schutz von Vertrauensverhältnissen** aber grundsätzlich – mit Ausnahme von Eingriffen gem. Art. 13 IV GG (sog. „Großer Lauschangriff"; s. Rn 194) und heimlichen Eingriffen in die Telekommunikation (Rn 197a) – nicht zwingend vorgeschrieben. Er lässt sich insbesondere **nicht aus der Verfassung ableiten**[535]. Es obliegt vielmehr in weitem Umfang der **politischen Entscheidung des einfachen Gesetzgebers**[536], ob und ggf. in welchem Umfang er im Rahmen einer Abwägung den Schutz von Vertrauensverhältnissen höher gewichtet als die Gefahrenabwehr. Dafür spricht auch das Strafprozessrecht. Dort stellt sich ebenfalls die Frage, ob Zeugnisverweigerungsrechte vor ihrer Aushöhlung durch heimliche bzw verdeckte Datenerhebungen zu schützen sind. Dort besteht lediglich in Verbindung mit sog. „Lauschangriffen" in einer Wohnung (§ 100c VI 1 StPO) ein striktes Datenerhebungsverbot für die Fälle des § 53 StPO, ein eingeschränktes Datenerhebungsverbot für die Fälle der §§ 52, 53a StPO.

---

531 Näher zur Kernbereichsdogmatik des BVerfG wie auch zu ihren Grenzen *Ruthig*, FS Schenke, S. 499 ff sowie *Son*, FS Schenke, S. 525 ff.

532 Dazu näher *Ruthig*, in: Wolter/Schenke, Zeugnisverweigerungsrechte bei (verdeckten) Ermittlungsmaßnahmen, 2002, S. 247; *Würtemberger/R.P. Schenke*, JZ 1999, 548 ff. Zu Zeugnisverweigerungsrechten bei (verdeckten) Maßnahmen im Strafprozessrecht und Polizeirecht *Wolter*, FS Riess, 2002, S. 633 ff.

533 Im Hinblick auf den allgemeinen Gleichheitssatz (Art. 3 I GG) ist es problematisch, dass § 15 IV 2 HessSOG Heilberufe vom Schutz ausnimmt, s. *Hornmann*, NVwZ 2010, 292, 298.

534 Vgl auch *SächsVerfGH*, LKV 1996, 273, 285.

535 So auch *BbgVerfG*, LKV 1999, 450, 456; *MVVerfG*, LKV 2000, 345, 352; **aA** iVm der sich bei V-Leuten stellenden Problematik *Waechter*, NdsVBl. 1996, 49, 52.

536 Zu weitgehend allerdings *SächsVerfGH*, LKV 1996, 273, 285 u. *Würtenberger/R.P. Schenke*, JZ 1999, 548, 549 f, wonach eine ausdrückliche gesetzliche Regelung des polizeilichen Eingriffs in Vertrauensverhältnisse geboten sei; krit. gegenüber dieser Annahme *Schenke*, DVBl 1996, 1393, 1397 f u. *BbgVerfG*, LKV 1999, 450, 456 f. Nach *BVerfG*, NVwZ 2001, 1261, 1262 hat die Polizei den besonderen Schutz des Vertrauensverhältnisses zwischen dem Rechtsanwalt und seinem Mandanten bei der Auslegung und Anwendung von Normen, die die Datenerhebung regeln, zu respektieren.

Diese Regelungen, die auf Besonderheiten des Art. 13 III-IV GG beruhen, lassen sich selbst im Bereich der Strafverfolgung nicht verallgemeinern. Erst recht verbietet sich ihre Übertragung auf das Polizeirecht, das als Recht der Gefahrenabwehr einen weit stärkeren Bezug zu grundrechtlichen Schutzpflichten aufweist als die Strafverfolgung. Das Polizeirecht, das – anders als die Strafverfolgung – vom Opportunitätsprinzip beherrscht wird, bietet außerdem ausreichende Möglichkeiten, der Schutzwürdigkeit von Vertrauensverhältnissen im Rahmen der Ermessensausübung unter Beachtung des Verhältnismäßigkeitsgrundsatzes[537] Rechnung zu tragen. So ist ein Eingriff in ein Vertrauensverhältnis nachrangig gegenüber einer ebenso wirksamen Maßnahme, durch die Vertrauensverhältnisse nicht berührt werden[538]. Zudem ist zB ein verdeckter Eingriff in das zwischen Presse- bzw Rundfunkangehörigen und ihren Informanten bestehende Vertrauensverhältnis im Hinblick auf den durch Art. 5 I 2 GG prinzipiell gewährleisteten Informantenschutz von Presse und Rundfunk nur zur Abwehr erheblicher Gefahren für höherwertige Rechtsgüter zulässig[539]. Den Regelungen, die einen Schutz von Vertrauensverhältnissen zum Gegenstand haben, muss mit **hinreichender Klarheit entnehmbar** sein, **wie weit die Eingriffsbefugnisse der Polizei in solche Vertrauensverhältnisse zulässig** sind. Eine Norm, die die Polizei zwingt, die Grenze ihres Handelns selbst festzulegen, ist mit dem rechtsstaatlichen Gebot der Klarheit nicht vereinbar (*ThürVerfGH*, DVBl 2013, 111, 113 f).

192 **dd) Heimliche Maßnahmen und gerichtlicher Rechtsschutz.** Bei heimlichen Maßnahmen kommt dem nachträglichen Rechtsschutz besondere Bedeutung zu. Dieser Rechtsschutz wird über eine **verwaltungsgerichtliche Feststellungsklage** (§ 43 VwGO) gewährt (näher Rn 669). Problematisch ist, ob es im Falle einer richterlichen Anordnung heimlicher Maßnahmen noch eines späteren gerichtlichen Rechtsschutzes bedarf, mit welchem bei Vorliegen eines berechtigten Interesses nachträglich festgestellt werden kann, dass die Maßnahme rechtswidrig war. Für die verfassungsrechtliche Notwendigkeit eines nachträglichen Rechtsschutzes spricht viel, weil die richterliche Anordnung gem. Art. 13 IV GG und vergleichbaren Vorschriften nicht den Erfordernissen eines gerichtlichen Rechtsschutzes iSd **Art. 19 IV GG** genügt, da ihr wesentliche Verfahrensgarantien (insbesondere das Recht auf rechtliches Gehör) fehlen[540]. Unumgänglich ist ein nachträglicher Rechtsschutz jedenfalls dann, wenn nicht die Verfassung, sondern nur das einfache Gesetz einen Richtervorbehalt vorsieht. Insoweit kann nämlich Art. 19 IV GG nicht durch eine speziellere verfassungsgesetzliche Regelung des Richtervorbehalts verdrängt werden – was freilich auch sonst höchst problematisch erscheint. Selbst wenn man – entgegen der hier vertretenen Auffassung – der Ansicht wäre, ein nachträglicher Rechtsschutz gegen heimliche richterliche Anordnungen sei nicht durch Art. 19 IV GG garantiert, müsste jedenfalls wegen **Art. 103 I GG** dem Gericht die Möglichkeit eröffnet sein, nachträglich rechtliches Gehör zu gewähren, die frühere Anordnung ggf. zu korrigieren und zumindest deren Rechtswidrigkeit festzustellen. Um es dem Betroffenen zu ermöglichen, nachträglichen Rechtsschutz zu erlangen, muss er grundsätzlich nachträglich über heimliche Maßnahmen gegen ihn informiert werden; s. dazu näher oben Rn 188 f.

---

537 Dazu auch *Schenke*, DVBl 1996, 1393, 1397 f; eingehend *Son*, Heimliche Eingriffe in das informationelle Selbstbestimmungsrecht, 2006, 175 ff.

538 *MVVerfG*, LKV 2000, 345 LS 9; 352 f; ebenso schon *Ruthig*, JuS 1998, 506, 515.

539 Zur Bedeutung des Verhältnismäßigkeitsgrundsatzes bei einer strafprozessualen Überwachung der Telekommunikation einer Rundfunkanstalt, die in das Vertrauensverhältnis zu Informanten eingreift, *BVerfG*, NJW 2003, 1787 ff und dazu *Gusy*, NStZ 2003, 399 ff sowie *Kugelmann*, NJW 2003, 1777 ff. Allgemein zur Problematik *Wolter/Schenke* (Hrsg.), Zeugnisverweigerungsrechte bei (verdeckten) Ermittlungsmaßnahmen, 2002.

540 S. näher *Wolter*, DÖV 1997, 939, 945 ff und *Schenke*, JZ 2005, 116 ff.

b) **Der Einsatz von technischen Mitteln zur Überwachung von Wohnungen (sog. „Großer Lauschangriff")**

aa) Der Schutz durch Art. 13 III und IV GG. Durch verfassungsänderndes Gesetz **193** v. 26.3.1998 (BGBl I, S. 610) wurde der so genannte „Große Lauschangriff" (zum Begriff Rn 153) in Art. 13 GG geregelt. **Art. 13 III GG** regelt den „Großen Lauschangriff" zu **strafprozessualen Zwecken.** Insoweit dürfen technische Mittel nur zur **akustischen Überwachung** von Wohnungen eingesetzt werden. **Art. 13 IV GG** normiert den „Großen Lauschangriff" zu präventivpolizeilichen Zwecken. Danach sind – freilich nur unter **engen verfahrensrechtlichen** (Rn 194) und **materiellrechtlichen Voraussetzungen** (Rn 194a) – nicht nur eine **akustische**, sondern auch eine **optische Überwachung** mit technischen Mitteln zulässig, sofern dadurch **nicht der Kernbereich privater Lebensgestaltung berührt** wird (s. dazu Rn 194a).

Art. 13 GG schützt die räumliche Privatsphäre und verdrängt in seinem Anwendungsbereich den Art. 2 I iVm Art. 1 I GG. Sein persönlicher Schutzbereich umfasst **jeden Inhaber oder Bewohner eines Wohnraums,** unabhängig davon, auf welchem Rechtsverhältnis die Nutzung des Wohnraums beruht. Art. 13 GG schützt hingegen nicht andere Personen, die sich in der Wohnung aufhalten, insbesondere nicht Besucher. Sie werden aber durch Art. 2 I GG iVm Art. 1 I GG vor einer Wohnraumüberwachung geschützt.

Ein Einsatz technischer Mittel iS des Art. 13 III u. IV GG ist unabhängig davon zu bejahen, ob die technischen Mittel innerhalb der Wohnung angebracht oder von außerhalb der Wohnung eingesetzt werden, zB durch Nutzung von Richtmikrofonen (*BVerfG*, NJW 2004, 999, 1005). Art. 13 GG schützt jedoch nicht solche Kommunikation, die aus der Wohnung nach außen dringt und ohne technische Mittel gehört werden kann, denn insoweit ermöglicht der Betroffene selbst die Wahrnehmbarkeit seiner Kommunikation nach außen und nützt die räumliche Privatsphäre gerade nicht zu seinem Schutz (*BVerfG*, NJW 2004, 999, 1006).

bb) Verfahrensrechtliche Vorgaben des Art. 13 IV GG. Art. 13 IV GG enthält be- **194** sondere **verfahrensrechtliche Vorkehrungen**, um die durch eine Wohnraumüberwachung Betroffenen zu schützen. So bedürfen Wohnraumüberwachungen im Rahmen eines sog. „Großen Lauschangriffs" grundsätzlich einer **richterlichen Anordnung** (Art. 13 IV 1 GG)[541]. Nur bei Gefahr im Verzug können sie durch eine andere gesetzlich bestimmte Stelle angeordnet werden, wobei dann eine richterliche Entscheidung unverzüglich nachzuholen ist (Art. 13 IV 2 GG). Eine Ausnahme vom Richtervorbehalt normiert Art. 13 V 1 GG ferner für den Fall, dass technische Mittel ausschließlich die bei einem Eingriff in Wohnungen tätigen Personen schützen sollen (sog. „Kleiner Lauschangriff").

---

541 Eine solche richterliche Entscheidung stellt – ebenso wie eine heimliche Überwachung der Telekommunikation – kein Urteil in einer Rechtssache iS des § 839 II BGB dar, da es an der Gewährung rechtlichen Gehörs fehlt, *BGH*, JZ 2004, 454, 456; *Gusy*, JZ 2004, 459 f.

Eine richterliche Anordnung nach Art. 13 IV GG erfordert eine sorgfältige Prüfung der Eingriffsvoraussetzungen und eine **umfassende Abwägung** der für die Entscheidung maßgeblichen Gesichtspunkte. Die maßgeblichen **Erwägungen** des Gerichts sind in der Begründung der Anordnung hinreichend zu **dokumentieren**; zudem ist im Rahmen des Möglichen und Zumutbaren sicherzustellen, dass der Eingriff messbar und kontrollierbar bleibt (*BVerfG*, NJW 2004, 999, 1014)

Dem verfahrensrechtlichen Schutz der Betroffenen dient auch ihre **nachträgliche Unterrichtung**. Dadurch wird es ihnen erst ermöglicht, in einem gerichtlichen Verfahren die Rechtswidrigkeit der Maßnahme feststellen zu lassen. Die Pflicht zur Unterrichtung besteht zum einen gegenüber den **Zielpersonen**, dh gegenüber denjenigen Personen, gegen die sich die Überwachung gerichtet hat. Sie besteht darüber hinaus aber auch gegenüber **sonstigen Betroffenen**, über die durch die Überwachung personenbezogene Daten erlangt wurden, zB Personen, die sich als Gäste in der überwachten Wohnung aufhielten. Sonstige Betroffene werden durch die Überwachung zwar nicht in ihrem Grundrecht aus Art. 13 GG, wohl aber in ihren Grundrechten aus Art. 2 I GG iVm Art. 1 I GG (Recht am gesprochenen Wort, informationelles Selbstbestimmungsrecht) tangiert. Die Pflicht Zielpersonen einer heimlichen Wohnraumüberwachung nachträglich darüber zu unterrichten, ist in Art. 13 IV GG – ebenso wie im vergleichbaren Fall des Art. 10 GG – zwar nicht ausdrücklich vorgesehen. Sie ergibt sich aber aus Art. 13 I iVm Art. 19 IV GG (s. zu Art. 13 III GG *BVerfG*, NJW 2004, 999, 1016 f; zu Art. 10 GG s. auch *BVerfGE* 30, 1, 19 ff). Für sonstige Betroffene folgt sie aus Art. 2 I GG iVm Art. 1 I GG und Art. 19 IV GG.

Die Benachrichtigungspflicht kann aber unter Beachtung des Verhältnismäßigkeitsgrundsatzes durch eine gesetzliche Regelung zurückgestellt oder ausgeschlossen werden. Zulässig ist es, wenn eine Benachrichtigung bis zu dem Zeitpunkt **zurückgestellt** werden darf, zu dem sie **ohne eine Gefährdung des Zwecks der Maßnahme möglich ist** und die für die Polizei tätigen Personen dadurch nicht gefährdet werden. Weiterhin darf die Benachrichtigung dann **ausgeschlossen** werden, wenn dadurch Leib oder Leben einer Person oder überwiegende Interessen der Person, gegen die sich die Maßnahme gerichtet hat, gefährdet würden. Zulässig ist es außerdem, eine Benachrichtigung sonstiger Betroffener dann auszuschließen, wenn die Benachrichtigung den Eingriff in Grundrechte der Zielperson weiter vertiefte oder wenn die Identität der sonstigen Betroffenen nicht bekannt ist und entsprechende Nachforschungen den Eingriff in Grundrechte der Zielperson oder der sonstigen Betroffenen weiter vertiefte (*BVerfG*, NJW 2004, 999, 1016). Die Gefährdung der weiteren Verwendung nicht offen ermittelnder Beamten soll es nach Auffassung des BVerfG hingegen nicht rechtfertigen, die Benachrichtigung zu unterlassen (*BVerfG*, NJW 2004, 999, 1016). Zur Problematik anderer weiterreichender Einschränkungen der Benachrichtigungspflicht s. Rn 188 und 196.

Um sicherzustellen, dass eine Benachrichtigung nur dann zurückgestellt oder ausgeschlossen wird, wenn dies unbedingt erforderlich ist, muss dies **in gewissen zeitlichen Abständen gerichtlich überprüft** werden (s. zu Art. 13 III GG *BVerfG*, NJW 2004, 999, 1016 f). Die erhobenen Daten müssen zunächst auch dann grundsätzlich aufbewahrt werden, wenn sie für die festgelegten Zwecke nicht mehr benötigt werden, um später zur Information des Betroffenen und zur gerichtlichen Kontrolle verwendet werden zu können. Sie müssen gesperrt werden, um später diese Zwecke erfüllen zu können. Sie dürfen erst dann vernichtet werden, wenn sie zur Erfüllung dieser Zwecke nicht mehr benötigt werden (s. zu Art. 13 III GG *BVerfG*, NJW 2004, 999, 1020). Zum nachträglichen gerichtlichen Rechtsschutz s. oben Rn 192.

Die Pflicht zur Unterrichtung Betroffener tritt bei Lauschangriffen des Bundes neben eine Pflicht der Bundesregierung zur Unterrichtung des Bundestages, die sich aus Art. 13 VI GG ergibt. Eine entsprechende parlamentarische Kontrolle ist bei Lauschangriffen der Länder zu gewähren.

cc) Materiellrechtliche Vorgaben des Art. 13 IV 4 GG. Art. 13 IV GG lässt seinem **194a** Wortlaut nach eine Wohnraumüberwachung zur **Abwehr dringender Gefahren für die öffentliche Sicherheit**, insbesondere einer **gemeinen Gefahr** oder einer **Lebensgefahr**, zu. Wie sich aus dem Erfordernis einer dringenden Gefahr für die öffentliche Sicherheit ergibt, bedarf es einer **erhöhten Wahrscheinlichkeit des Schadenseintritts** (Rn 78)[542]. Aus der exemplarischen Erwähnung einer gemeinen Gefahr oder einer Lebensgefahr lässt sich außerdem schließen, dass der Schaden ein **besonders hochwertiges Rechtsgut**[543] betreffen muss. Ein besonders hochwertiges Rechtsgut ist unproblematisch dann betroffen, wenn eine besonders schwere Straftat iS des Art. 13 III GG droht. Dies ergibt sich aus der Systematik des Art. 13 GG sowie aus allgemeinen grundrechtsdogmatischen Erwägungen, denn die Eingriffsbefugnisse zur Gefahrenabwehr – die der Erfüllung grundrechtlicher Schutzpflichten dienen – dürfen nicht hinter den Eingriffsbefugnissen zur Strafverfolgung zurückbleiben. Eine besonders schwere Straftat soll nach dem *BVerfG* (*BVerfG*, NJW 2004, 999, 1011) voraussetzen, dass der Gesetzgeber ein oberes Strafmaß festgesetzt hat, das fünf Jahre übersteigt.

Freilich muss immer im Einzelfall überprüft werden, ob der Verhältnismäßigkeitsgrundsatz gewahrt ist. Dabei ist insbesondere zu beachten, dass Eingriffe nach Art. 13 IV GG in Konsequenz des Grundsatzes des geringsten Eingriffs (Rn 335 ff) immer nur als Ultima Ratio in Betracht kommen. Bezüglich der möglichen Adressaten einer Wohnraumüberwachung kommt eine unmittelbare Anknüpfung an die Entscheidung des *BVerfG*, wonach nur Beschuldigte Zielperson sein könnten (*BVerfG*, NJW 2004, 999, 1012), bei der Gefahrenabwehr nicht in Betracht. Schon aus allgemeinen polizeirechtlichen Grundsätzen ergibt sich aber, dass Nichtstörer nur unter eng begrenzten Voraussetzungen Zielpersonen sein dürfen.

Über die in Art. 13 IV GG ausdrücklich genannten Schranken bejaht das BVerfG[544] zusätzlich noch eine absolute Grenze einer Wohnraumüberwachung gem. Art. 13 III

---

542 Das Tatbestandsmerkmal schließt Eingriffe im Vorfeld einer Gefahr aus, nicht hingegen eine vorbeugende Straftatenbekämpfung beim Vorliegen einer konkreten Gefahr (*BrandVerfG*, LKV 2000, 450, 462 f; s. auch *Schenke*, DVBl 1996, 1393, 1400; **aA** *MVVerfG*, LKV 2000, 345, 350) mit erhöhter Wahrscheinlichkeit. Die Tatbestandsvoraussetzung „dringend" allein erfordert nicht, dass der Eingriff nur zum Schutz besonders hochwertiger Rechtsgüter zulässig ist (s. Rn 78, **aA** *MVVerfG*, LKV 2000, 345 LS 6 b).

543 S. auch *MVVerfG*, LKV 2000, 345 LS 6 a.

544 *BVerfG*, NJW 2004, 999 ff; ähnlich *SächsVerfGH*, NVwZ 2005, 1310 ff; s. auch *Denninger*, ZRP 2004, 101 ff; *Geis*, CR 2004, 338 ff; *Gusy*, JuS 2004, 457 ff; *Haas*, NJW 2004, 3082 ff; *Kutscha*,

und IV GG. Es hat aus einer an Art. 1 I GG orientierten verfassungskonformen Interpretation des Art. 13 III GG abgeleitet, dass ein „Großer Lauschangriff" nur unter **zusätzlichen, dem Wortlaut des Art. 13 III GG nicht zu entnehmenden Einschränkungen verfassungsrechtlich zulässig ist.** Die Entscheidung des *BVerfG* hatte zwar nur einen Lauschangriff zum Zwecke der Strafverfolgung zum Gegenstand, der gegenüber einem Lauschangriff zur Gefahrenabwehr verfassungsrechtlich noch stärker limitiert wird. Die Entscheidung erlaubt aber Rückschlüsse für die Auslegung des Art. 13 IV GG[545].

Sowohl bei Art. 13 III GG als auch bei Art. 13 IV GG ist deswegen nach dem *BVerfG* davon auszugehen, dass es einen **absolut geschützten Kernbereich privater Lebensgestaltung** gibt, der einer Relativierung durch den Verhältnismäßigkeitsgrundsatz entzogen ist (s. dazu auch Rn 190). In diesen Kernbereich (s. dazu auch Rn 197) darf deshalb **selbst dann nicht eingegriffen werden, wenn die in Art. 13 IV GG ausdrücklich genannten tatbestandlichen Voraussetzungen vorliegen.** Der Kernbereich lässt sich nach dem *BVerfG* allerdings nicht dahingehend konkretisieren, dass er bestimmte Räume innerhalb einer Wohnung generell von einer Überwachung ausnimmt. Er wird vielmehr so umschrieben, dass ein Lauschangriff dann zu unterbleiben hat, „wenn sich jemand allein oder ausschließlich mit Personen in einer Wohnung aufhält, zu denen er in einem besonderen, den Kernbereich betreffenden Vertrauensverhältnis steht – etwa mit Familienangehörigen oder sonstigen engsten Vertrauten – und es keine konkreten Anhaltspunkte dafür gibt, dass die zu erwartenden Gespräche nach ihrem Inhalt einen unmittelbaren Bezug zu Straftaten aufweisen. Zwar gehören nicht sämtliche Gespräche, die ein Einzelner mit seinen engsten Vertrauten in der Wohnung führt, zum Kernbereich privater Lebensgestaltung. Im Interesse der Effektivität des Schutzes der Menschenwürde spricht aber eine Vermutung dafür. Abhörmaßnahmen sind ausgeschlossen, wenn es wahrscheinlich ist, dass mit ihnen absolut geschützte Gespräche erfasst werden"[546].

NJW 2005, 20 ff; *Lepsius*, Jura 2005, 433 ff, 586 ff; *Ruthig*, GA 2004, 587 ff; *ders.*, FS Schenke, 2011, S. 499 f; *Sachs*, JuS 2004, 522 ff; *Son*, Heimliche polizeiliche Eingriffe in das informationelle Selbstbestimmungsrecht, 2006, 159 ff; *ders.*, FS Schenke, S. 525 ff; *Weichert*, MMR 2004, 209.

545 So auch *Denninger*, ZRP 2004, 101, 104; *Kötter*, DÖV 2005, 225, 228; *Kutscha*, NJW 2005, 20 ff; *Ruthig*, GA 2004, 587, 606 ff; **aA** *Haas*, NJW 2004, 3082, 3084.

546 *BVerfG*, NJW 2004, 999, 1003 f. Allerdings ergeben sich bei der Umsetzung dieser Grundsätze in die Praxis erhebliche Probleme. So kann die Frage, ob in den Kernbereich der privaten Lebensgestaltung eingegriffen wird, häufig erst durch eine (dann sofort abzubrechende) Wohnungsüberwachung geklärt werden. Zudem fragt sich, wie festgestellt werden soll, ob es sich bei dem Gesprächspartner um einen „sonstigen engsten Vertrauten" handelt. Das *BVerfG* macht nicht hinreichend deutlich, wer unter diese Personengruppe fallen soll. Da es wohl auch solche Personen einbeziehen möchte (*BVerfG*, NJW 2004, 999, 1004), denen kein Zeugnisverweigerungsrecht zusteht, bedürften konsequenterweise die einschlägigen strafprozessualen Regelungen über Zeugnisverweigerungsrechte allgemein einer entsprechenden Erweiterung. All diese Probleme stellen sich nicht, wenn man mit dem Minderheitsvotum (*BVerfG*, NJW 2004, 999, 1020 ff; zustimmend *Lepsius*, Jura 2005, 586, 592) – unter Bejahung der Verfassungswidrigkeit des Art. 13 III GG – den Kernbereich anhand räumlicher Kriterien bestimmt und damit eine Wohnraumüberwachung von Privatwohnungen generell ausschließt. Beizupflichten ist dem Minderheitsvotum auch insoweit, als es der Mehrheitsentscheidung vorwirft, die Grenzen „verfassungskonformer Auslegung" überschritten zu haben (s. zur entspr. Problematik iVm Art. 10 GG *Schenke*, in: BK [Drittbearb.], GG Art. 19 IV, Rn 119 ff).

Anhaltspunkte zur Einschätzung der Situation ergäben sich aus der **Art der zu über-wachenden Räumlichkeiten**[547] und aus der **Beziehung des Abgehörten zu seinen Kommunikationspartnern.** So seien grundsätzlich Gespräche mit dem Ehegatten oder engsten Familienangehörigen zum Kernbereich zu rechnen, aber auch die Kommunikation mit anderen Personen des besonderen Vertrauens, zB mit Geistlichen, dem Strafverteidiger, uU dem Arzt. Nicht zum Kernbereich privater Lebensgestaltung gehörten Äußerungen, die sich unmittelbar auf eine konkrete Straftat bezögen (*BVerfG*, NJW 2004, 999, 1003). Eine **zeitliche und räumliche Rundumüberwa-chung** sei regelmäßig schon deshalb **unzulässig**, weil die Wahrscheinlichkeit groß sei, dass dabei höchstpersönliche Gespräche abgehört würden; das könne es erforderlich machen, auf eine nur automatische Aufzeichnung der Gespräche zu verzichten, um jederzeit die Ermittlungsmaßnahme unterbinden zu können (*BVerfG*, NJW 2004, 999, 1004 f). Soweit im Rahmen einer Wohnraumüberwachung nach Art. 13 IV GG dennoch unvorhersehbar der **unantastbare Kernbereich privater Lebensgestaltung betroffen** wird, müsse die **Überwachung sofort abgebrochen** werden (vgl zu Art. 13 III GG *BVerfG*, NJW 2004, 999, 1006 f). Dagegen verstoßende Aufzeichnungen seien zu vernichten und unterlägen einem **absoluten Verwertungsverbot** (aA *Baldus*, JZ 2008, 218, 226). Sie dürften nicht einmal als Spurenansätze verwendet werden (zur verfahrensmäßigen Sicherung s. Rn 194).

dd) Die anderweitige Verwertung gewonnener Daten. Daten, die aus einem sog. **195** „Großen Lauschangriff" gewonnen wurden, dürfen zu Zwecken, zu denen sie nicht erhoben wurden, nur verwertet werden, wenn dafür eine gesetzliche Grundlage existiert. Diese Grundlage muss ebenfalls den Erfordernissen genügen, die Art. 13 GG für die Datenerhebung aufstellt. Bei der **Verwertung für andere präventivpo-lizeiliche Zwecke muss also auch insoweit Art. 13 IV GG** beachtet werden, bei der Verwertung für Zwecke der Strafverfolgung Art. 13 III GG (*MVVerfG*, LKV 2000, 345 LS 16, 357; s. auch Rn 207). Insbesondere gilt grundsätzlich auch inso-weit ein Richtervorbehalt[548]. Daten, die aus einem Lauschangriff stammen, dürfen zu Zwecken, zu denen sie nicht erhoben wurden, nur unter Einschränkungen ver-wertet werden. Um diese Einschränkungen zu sichern, müssen die **Daten gekenn-zeichnet** werden[549].

ee) Die gesetzliche Ausgestaltung der Wohnraumüberwachung. Die Polizei- und **196** Ordnungsgesetze tragen den verfahrensrechtlichen Anforderungen, die Art. 13 IV GG an die Wohnraumüberwachung stellt grundsätzlich Rechnung. In allen Polizei- und Ordnungsgesetzen steht die Datenerhebung in oder aus Wohnungen unter Richtervor-

---

547 Gespräche in Privatwohnungen gehören regelmäßig zum Kernbereich privater Lebensgestaltung, Ge-spräche in Betriebs- und Geschäftsräumen regelmäßig nicht.

548 Da sich dieser Richtervorbehalt bereits aus der Verfassung ergibt, haben entsprechende einfachge-setzliche Regelungen (s. zB § 39 IV 2 NdsSOG) nur klarstellende Wirkung.

549 S. zu Eingriffen nach Art. 13 IV GG *BVerfG*, NJW 2004, 999, 1020 und zB Art. 34 V 1 BayPAG; § 29 V RhPfPOG; § 34 VII, VIII; s. zu Eingriffen in Art. 10 GG *BVerfGE* 100, 313, 360 f. und zB §§ 31 VI 1, 29 V RhPfPOG; § 34 VII, VIII; s. auch Rn 208 f.

behalt[550]. In einzelnen Bundesländern bestehen lediglich in Bezug auf die gesetzliche Ausgestaltung der Pflicht zur nachträglichen Benachrichtigung Betroffener verfassungsrechtliche Bedenken (s. auch Rn 188 f). Soweit eine Benachrichtigung in den Fällen ausgeschlossen wird, in denen sich ein Ermittlungsverfahren gegen den Betroffenen anschließt[551], lassen sich entsprechende Vorschriften aber noch verfassungskonform dahingehend auslegen, dass sie nur die (Regel-)Fälle erfassen, in denen eine Benachrichtigung später im Ermittlungsverfahren erfolgt und in denen eine frühere Benachrichtigung die sachgerechte Durchführung des Ermittlungsverfahrens beeinträchtigt[552]. Nicht zulässig dürfte es dagegen sein, wenn eine Benachrichtigung dann ausgeschlossen wird, wenn seit Beendigung der Maßnahme ein längerer Zeitraum verstrichen ist[553]. Nicht unbedenklich ist es ferner, wenn in den Fällen eine Ausnahme von der Benachrichtigungspflicht gemacht wird, in denen keine Aufzeichnungen mit personenbezogenen Daten erstellt oder solche Aufzeichnungen unverzüglich nach Beendigung der Maßnahme vernichtet wurden sind[554].

Die materiellrechtlichen Voraussetzungen einer Wohnraumüberwachung differieren in den Polizei- und Ordnungsgesetzen. ZT lassen sie entsprechende Eingriffe nur bei einer gegenwärtigen Gefahr für Leib oder Leben zu[555], zT zusätzlich bei einer Gefahr für die Freiheit von Personen[556], zT zusätzlich bei unmittelbar bevorstehenden Gefahren für den Bestand oder die Sicherheit des Bundes oder eines Landes[557] oder bei einer Gefahr für bedeutende fremde Sach- oder Vermögenswerte[558] oder bei Gefahren, die sich aus der Begehung bestimmter Straftaten von erheblicher Bedeutung ergeben[559],

---

550 Art. 34 IV 1 BayPAG; § 33 a IV BrandPolG; § 25 V 1 BerlASOG; § 33 III 1 BremPolG; § 10a III 1 HambPolDVG; § 15 V 1 HessSOG; § 34 b V 1 MVSOG; § 35 a NdsSOG; § 18 II NWPolG; § 29 III 1 RhPfPOG; § 28 a III 1 SaarlPolG; § 17 V 1 SachsAnhSOG; § 41 III 1 SächsPolG; § 186 I 1 SchlH-VwG; § 35 IV 1 ThürPAG. Mitunter wird sogar die Anordnung des Landgerichts oder des OVG verlangt (§ 23 III 1 BWPolG; § 18 II 1 NWPolG; § 29 VI RhPfPOG.

551 Vgl § 22 VIII 2 BWPolG; Art. 34 VI 2 BayPAG; § 33a VI 2 u. 3 BrandPolG; § 10a VI 5 iVm § 9 III 2 HambPolDVG; § 34 VI MVSOG; § 30 V Nr 1 NdsSOG; § 18 VII iVm § 17 V 4 NWPolG; § 40 VI Nr 1 RhPf-POG; § 28 VII SaarlPolG; § 17 VII SachsAnhSOG; § 41 VIII SächsPolG; § 186 V SchlH-VwG; § 34 X 3 Thür PAG. Nach § 25 VII 8 BerlASOG, § 29 VII HessSOG und §§ 34a VIII 4, 34b VII 4 MVSOG entscheidet bei einem anschließenden Ermittlungsverfahren der Staatsanwalt über den Zeitpunkt der Unterrichtung.

552 Vgl *MVVerfG*, LKV 2000, 345, 355. In diese Richtung ausdrücklich § 33a VI 3 BrandPolG.

553 So aber § 22 VIII 2 BWPolG (fünf Jahre). Zu einer ähnlichen früheren Regelung in § 34 V MVSOG aF s. *MVVerfG*, LKV 2000, 345, 355 f.

554 So aber § 40 VI Nr 3 RhPfPOG. Zu einer ähnlichen früheren Regelung in § 34 VI 1 MVSOG aF s. *MVVerfG*, LKV 2000, 344, 355, der – nicht überzeugend – eine verfassungskonforme Auslegung für möglich hält. Zu beachten ist, dass eine unterlassene Benachrichtigung nicht zu beanstanden ist, wenn die Aufzeichnung unterblieb, weil in den Kernbereich der privaten Lebensgestaltung eingegriffen wurde (s. Rn 194).

555 So § 185 III SchlHVwG.

556 So §§ 10a II HambPolDVG; § 15 IV HessSOG; § 18 I 1 NWPolG; § 17 IV SachsAnhSOG.

557 So § 23 I BWPolG; Art. 34 I 1 BayAG; s. auch § 20h BKAG.

558 So § 41 I 1 SächsPolG (zur früheren Regelung s. *SächsVerfGH*, LKV 1996, 273, 282 f). Eine Wohnraumüberwachung, die bereits zur Abwehr von Gefahren für bedeutende Sach- oder Vermögenswerte zugelassen wird, bedarf freilich im Hinblick auf den Grundsatz der Verhältnismäßigkeit zumindest einer sehr restriktiven Interpretation; s. auch *Denninger*, ZRP 2004, 101, 104 und *Kötter*, DÖV 2005, 225, 226. § 34 III Nr 1 ThürPAG fordert, dass die Gefahr für Sachen mit einer gemeinen Gefahr einhergeht.

559 So § 32 I Nr 2 BremPolG; §§ 35 II Nr 2 iVm § 2 Nr 10 NdsSOG; ähnlich § 28 I SaarlPolG u. § 18 I 1 Nr 2 NWPolG.

zT bei einer dringenden Gefahr für die öffentliche Sicherheit, insbesondere einer gemeinen Gefahr oder einer Lebensgefahr[560]. Eine Wohnraumüberwachung bei Nichtstörern ist grundsätzlich nur dann zulässig, wenn die Voraussetzungen des polizeilichen Notstands vorliegen[561]. ZT wird sie allerdings unter einschränkenden Voraussetzungen auch gegenüber Kontakt- oder Begleitpersonen zugelassen[562].

Eine Reihe von Polizei- und Ordnungsgesetzen normiert in Anlehnung an die Rspr **197** des BVerfG ausdrücklich, dass ein Eingriff in den Kernbereich privater Lebensgestaltung unzulässig ist[563], und sieht (zT mit Einschränkungen) ergänzend diesbezügliche Verwertungsverbote vor[564]. Andere Polizei- und Ordnungsgesetze regeln nur, dass Erkenntnisse aus dem Kernbereich privater Lebensgestaltung einem Löschungsgebot und Verwertungsverbot unterliegen[565]. Daraus kann gefolgert werden, dass eine zielgerichtete Datenerhebung aus diesem Bereich ausgeschlossen ist[566]. ZT wird der Kernbereich privater Lebensgestaltung noch näher konkretisiert (so in § 5 VII Thür-PAG; s. dazu näher Rn 190).

c) Die Telekommunikationsüberwachung

aa) Die durch Art. 10 GG geschützte Telekommunikation. Unter der von Art. 10 **197a** GG geschützten Telekommunikation versteht man den technischen Vorgang des Aussendens, Übermittelns oder Empfangens von Signalen mittels technischer Einrichtungen oder Systeme, die als Nachrichten identifizierbare elektromagnetische oder optische Signale senden, übertragen, vermitteln, empfangen, steuern oder kontrollieren können (vgl § 3 Nr 22 und Nr 23 TKG). Darunter fallen nicht nur herkömmliche Telefongespräche und der Telefaxverkehr, sondern auch andere Kommunikationsformen wie E-Mails, Sprachübertragung mittels Voice-over-IP-Technik und SMS-Kurzmitteilungen. In den Schutzbereich des Art. 10 GG wird darüber hinaus eingegriffen, wenn

---

560 So § 29 I Nr Nr 1 RhPfPOG, der insoweit dem Wortlaut des Art. 13 IV GG entspricht, für die Datenerhebung bei Störern sowie bei Nichtstörern unter den Voraussetzungen des polizeilichen Notstandes (§ 7 RhPfPOG). Die Datenerhebung bei sonstigen Personen ist nur unter den engeren Voraussetzungen des § 29 I Nr 2 RhPfPOG zulässig.

561 So ausdrücklich zB § 23 I BWPolG; § 10a I 2 HambPolDVG, § 18 II iVm § 18 I 1 NWPolG; § 29 I Nr 1 RhPfPOG; § 28a II 1 SaarlPolG; § 41 I 2 SächsPolG. Soweit eine ausdrückliche Regelung fehlt, ergibt sich diese Einschränkung bereits aus allgemeinen polizeirechtlichen Grundsätzen und dem Verhältnismäßigkeitsgrundsatz, vgl *SächsVerfGH*, LKV 1996, 273, 292; *MVVerfG*, LKV 2000, 345, 349.

562 S. zB § 29 I Nr 2 RhPfPOG; §§ 33 I 3, 33a II 3, 33b II 1 iV mit 33a II 3 BrandPolG. Amts- und Berufsgeheimnisträger können, soweit das geschützte Vertrauensverhältnis reicht, keine Kontakt- oder Begleitpersonen sein, vgl *BrandVerfG*, LKV 1999, 450, 457 f; *BVerfG*, NVwZ 2001, 126 ff. Soweit diese Einschränkung nicht ausdrücklich geregelt ist, dürfte sie sich jedenfalls aus einer verfassungskonformen Auslegung ergeben, s. auch *Pieroth/Schlink/Kniesel*, § 14, Rn 117. Nach § 23 I 2 BW-PolG; § 41 I 3 SächsPolG darf eine Datenerhebung auch dann durchgeführt werden, wenn Dritte unvermeidbar betroffen werden (vgl auch § 15 II 3 HessSOG).

563 § 23 II 1, V BWPolG; Art. 34 II und VII BayPAG; § 25 IVa 1, 4 BerlASOG; §§ 33 III, 33a V 1 BrandPolG; § 10a II, 10 III HambDVG; § 15 IV 4 HessSOG; § 34b II, III MVSOG; § 16 NWPolG; §§ 29 I 2, 39a II RhPfPOG; § 28a II SaarlPolG; § 41 VI Nr 1 SächsPolG; § 186a I 1–3, III 1 SchlH-VwG; § 20h V BKAG.

564 So zT mit Einschränkungen zB § 34 V 3 BayPAG; § 33a V 3 BrandPolG; § 16 IV 1 NWPolG; § 39a I 3 RhPfPOG.

565 So § 33 IV BremPolG; § 35 II NdsPolG.

566 Zur nicht zielgerichteten Datenerhebung s. *Poscher*, JZ 2009, 269, 275 ff.

vom Betreiber eines Mobilfunknetzes Auskunft über die Verbindungsdaten (Rn 343) eines Gesprächs verlangt wird[567].

197b **bb) Die Rechtslage beim Fehlen spezieller Ermächtigungsgrundlagen.** Bezüglich der Regelung von Eingriffen in Art. 10 GG, insbesondere der Telekommunikationsüberwachung, sind zwei Gruppen von Bundesländern zu unterscheiden. Die **erste Gruppe von Bundesländern** sieht in ihren Polizei- und Ordnungsgesetzen **keine Eingriffe in Art. 10 GG** (insbesondere keine Telekommunikationsüberwachung) vor und nennt Art. 10 GG deshalb nicht als einschränkbares Grundrecht (vgl Art. 19 I 2 GG und dazu unten Rn 343). Diese Bundesländer sind Berlin (§ 66 BerlASOG), Bremen (§ 9 BremPolG) und Sachsen (§ 79 SächsPolG). Die **zweite Gruppe von Bundesländern nennt** in ihren Polizei- Ordnungsgesetzen hingegen **Art. 10 GG als einschränkbares Grundrecht** und statuiert **spezielle Ermächtigungsgrundlagen** für polizeiliche Eingriffe in die Telekommunikation (s. hierzu näher Rn 197d ff). Entsprechende Ermächtigungsgrundlagen sahen in Verbindung mit der dem **Bundeskriminalamt obliegenden Aufgabe der Abwehr von Gefahren des internationalen Terrorismus** auch bisher schon die § 20l ff BKAG vor. Neuerdings werden auch der Bundespolizei, dem Bundesnachrichtendienst sowie dem Bundesamt für Verfassungsschutz und dem Militärischen Abschirmdienst **beschränkte Zugriffe auf Telekommunikationsdaten eingeräumt.**

In den Bundesländern der ersten Gruppe ist eine polizeiliche, der **Gefahrenabwehr dienende Überwachung der Telekommunikation ausgeschlossen.** Sie lässt sich weder auf die polizeiliche Generalklausel noch auf die allgemeine Ermächtigung zur Datenerhebung stützen. Ebenso wenig kann sie mit einer entsprechenden Anwendung der Vorschriften über die Wohnraumüberwachung begründet werden[568].

Nicht zu beanstanden ist jedoch auch in den Bundesländern der ersten Gruppe die Aufzeichnung von Notrufen[569]. In solchen Fällen ist in der Regel davon auszugehen, dass der Anrufer mit der Aufzeichnung einverstanden ist, so dass ein Eingriff in Art. 10 GG fehlt. Darüber hinaus ist auch in diesen Bundesländern über die bundesrechtliche Norm des § 101 TKG eine Installation von Fangschaltungen mit Einwilligung des Inhabers zulässig.

Kein Eingriff in Art. 10 GG liegt in der isolierten Ermittlung des Standorts oder der Geräte- und Kartennummer eines Mobiltelefons, die unabhängig von einem tatsächlich stattfindenden Kommunikationsvorgang erfolgt[570]. Die Standortermittlung, welche die Erstellung eines Bewegungsprofils ermöglicht, greift allerdings schwerwie-

---

567 Vgl *BVerfG*, NJW 2003, 1787. Nicht in den Schutzbereich des Art. 10 GG fällt es dagegen, wenn nach Abschluss des Übertragungsvortrags auf die Verbindungsdaten zugegriffen wird, die beim Telekommunikationsteilnehmer gespeichert sind (s. *BVerfG*, DVBl 2006, 503 ff und Rn 343).

568 In diese Richtung aber *Pieroth/Schlink/Kniesel*, § 14, Rn 130. Deren Auffassung stehen Art. 19 I 2 GG, die tatbestandlichen Unterschiede zwischen Art. 13 GG und Art. 10 GG sowie – vor allem – der grundrechtliche Gesetzesvorbehalt entgegen, der solche Analogien verbietet.

569 Entsprechende Regelungen enthalten § 46a BerlASOG; § 27 IV MVSOG; § 24 V NWPolG.

570 *BVerfG*, NJW 2007, 351 ff; krit. hierzu *Nachbaur*, NJW 2007, 353 ff; **aA** *BGH*, NJW 2003, 2034, 2035; s. auch Rn 343.

gend in das informationelle Selbstbestimmungsrecht ein, weswegen sie einer speziellen Ermächtigungsgrundlage bedarf (Rn 50, 197g).

In den Bundesländern der ersten Gruppe behalf sich die Praxis früher vielfach dadurch, dass die mittels einer strafprozessualen Telekommunikationsüberwachung (vgl §§ 100a, 100b StPO) gewonnenen Daten für Zwecke der Gefahrenabwehr genutzt wurden (zur Datenverarbeitung s. unten Rn 205 ff). Diese Nutzung scheidet aber nach der Rechtsprechung des *BVerfG* aus, weil die **Verwendung** strafprozessual gewonnener Daten für Zwecke der Gefahrenabwehr ebenfalls **in Art. 10 GG eingreift**[571], Art. 10 GG aber – wie ausgeführt – in den Polizei- und Ordnungsgesetzen der betroffenen Bundesländer nicht als einschränkbares Grundrecht zitiert wird[572]. Dies führt dazu, dass die Polizei zur Tatenlosigkeit verurteilt ist, wenn sie zwar aus einer strafprozessualen Telekommunikationsüberwachung weiß, dass schwerwiegende Verletzungen der öffentlichen Sicherheit (insbesondere Straftaten von erheblicher Bedeutung) drohen, sie aber strafprozessual nicht einschreiten darf, weil eine verfolgbare Straftat noch fehlt (zB weil das Versuchsstadium noch nicht erreicht ist). Für die Gefahrenabwehr dürfen die strafprozessual erlangten Erkenntnisse dann nämlich – wie ausgeführt – mangels Rechtsgrundlage nicht verwertet werden Die allgemeinen Rechtfertigungsgründe stellen dafür keine Rechtsgrundlage dar (Rn 40 und *Schenke*, JZ 2001, 997, 1003). Dieses Ergebnis ruft gravierende verfassungsrechtliche Bedenken unter dem Gesichtspunkt der dem Staat obliegenden grundrechtlichen Schutzpflichten hervor (dazu *Schenke*, JZ 2001, 997, 1003 f; s. zur Schutzpflicht des Gesetzgebers auch ThürLT-Drucks. 3/218, S. 34).

cc) Polizeigesetze mit speziellen Ermächtigungsgrundlagen. Die zweite, größere Gruppe von Polizei- und Ordnungsgesetzen benennt **Art. 10 GG als einschränkbares Grundrecht** (Rn 343) und stellt eine Ermächtigungsgrundlage für die Erhebung und Verwertung solcher Daten zur Verfügung, die durch Eingriffe in die Telekommunikation gewonnen wurden. Hier wird vielfach eine **Telekommunikationsüberwachung und -aufzeichnung**[573], sowie eine **Abfrage von Telekommunikations- und Telemediendaten** (s Rn 197h) vorgesehen. Diese Maßnahmen sind an qualifizierte **verfahrensrechtliche und materiellrechtliche Voraussetzungen** gebunden[574]. Da der Bundesgesetzgeber eine der Strafverfolgungsvorsorge dienende Telekommunikationsüberwachung bereits in der StPO (s. §§ 100a ff StPO) abschließend geregelt hat, sind landespolizeirechtliche Regelungen der Telekommunikationsüberwachung zum

197c

197d

---

571 *BVerfG*, NJW 2000, 55 LS 1.
572 Zutreffend ThürLT-Drucks. 3/2128, S. 34. Zur Verwendung personenbezogener Daten, die durch strafprozessuale Telekommunikationsüberwachung gewonnen wurden, zur Gefahrenabwehr, s. näher *Schenke*, JZ 2001, 997 ff. **AA** *Haurand/Vahle*, NVwZ 2003, 513, 515, die die sich hier stellende Problematik nicht erkennen. S. auch Rn 209.
573 Art. 34a-c BayPAG; § 33b BrandPolG; §§ 10b-d HambPolDVG; § 15a HessSOG; § 34a MVSOG; § 33a NdsSOG; §§ 31 ff RhPfPOG; § 28b SaarPolG; § 17b SachsAnhSOG; §§ 185a, 186 SchlH-VwG; § 34a ThürPAG sowie §§ 20l, 20m BKAG.
574 Zu verfassungsrechtlichen Grenzen der Telekommunikationsüberwachung *BVerfG*, NJW 2005, 2603 ff sowie *Gusy*, NdsVBl. 2006, 65 ff; *Kutscha*, NVwZ 2005, 1231 ff; *Lepsius*, Jura 2006, 929 ff; Stephan, VBlBW 2005, 410 ff; zur Regelung von Eingriffen in die Telekommunikation in Brandenburg *Roggan*, NJ 2007, 199, 200 ff; zur Regelung und in Thüringen *P. Huber*, ThürVBl. 2005, 1, 3 ff.

Zwecke der Strafverfolgungsvorsorge aus kompetenzrechtlichen Gründen ausgeschlossen (Rn 30)[575].

197e Verfahrensrechtlich setzt eine Telekommunikationsüberwachung **grundsätzlich eine richterliche Anordnung voraus**[576]. Normiert werden ua auch **Berichtspflichten gegenüber dem Parlament** (s. zB § 20a VI NWPolG und Rn 189). Daten, die durch eine Telekommunikationsüberwachung zum Zweck der Gefahrenabwehr gewonnen wurden, dürfen für einen anderen Zweck nur dann verwendet werden, wenn sie auch zu diesem anderen Zweck hätten erhoben werden dürfen (sog. **hypothetischer Ersatzeingriff**)[577]. Dies ist zT spezialgesetzlich geregelt (zB § 33b IX BrandPolG), ergibt sich aber schon aus allgemeinen Grundsätzen. Um die zweckentsprechende Verwendung der Daten überprüfen zu können, müssen sie **gekennzeichnet** werden[578].

197f Wegen der Schwere des Eingriffs binden die Polizei- und Ordnungsgesetze – in Übereinstimmung mit Art. 10 GG – diesen an enge materiellrechtliche Voraussetzungen. Er kommt demgemäß nur als **Ultima Ratio** zur Abwehr besonders gravierender Gefahren für **hochwertige Rechtsgüter** in Betracht, so zur Abwehr gegenwärtiger Gefahren für **Leib, Leben oder Freiheit einer Person**[579] sowie zur Abwehr von Gefahren für den **Bestand oder die Sicherheit des Bundes oder eines Landes**[580] oder einer **gemeinen Gefahr**[581]. ZT ist eine Telekommunikationsüberwachung auch zulässig, wenn Tatsachen die Annahme rechtfertigen, dass Personen eine (näher bezeichnete) **schwerwiegende Straftat** begehen werden[582]. **Zu unbestimmt** und **unverhältnismäßig** soll es nach dem *BVerfG*[583] sein, wenn eine Telekommunikationsüberwachung zur Abwehr von (nicht näher bezeichneten) „Straftaten von erheblicher Bedeutung" zugelassen wird (s. auch Rn 197h).

Eingriffe in den Kernbereich privater Lebensgestaltung oder in besondere Vertrauensverhältnisse haben auch bei Eingriffen in die Telekommunikation zu unterbleiben. Diesbezüglich gewonnene Erkenntnisse dürfen nicht verwertet werden[584]. Dem tragen die landespolizeilichen Regelungen, die eine Telekommunikationsüberwachung zu-

---

575 Deshalb sah *BVerfG*, NJW 2005, 2603, 2606 § 33a I Nr 2 u. 3 NdsSOG aF als verfassungswidrig an
576 § 23a II BWPolG; Art. 34c I iVm Art. 34 IV BayPAG; § 33b V BrandPolG; § 10e I HambPolDVG; § 15a V HessSOG; § 34a IV I MVSOG; § 33a III NdsSOG; § 31 IV–V RhPfPOG (Zuständigkeit des OVG); § 17b II SachsAnhSOG; § 34a V ThürPAG. § 20a III NWPolG fordert für die Abfrage von Telekommunikations- und Telemediendaten eine Anordnung durch den Behördenleiter, § 8b I BVerfSchG eine Anordnung des Bundesministeriums des Inneren
577 Zur Rechtmäßigkeit eines hypothetischen Ersatzeingriffs s. Rn 207.
578 S. zB Art. 34c IV I BayPAG; § 10c III 1 HambPolDVG; § 20 VII HessSOG; § 31 VII RhPfPOG; s. auch *BVerfG*, NJW 2000, 55, 67 und Rn 208 ff; vgl ferner oben Rn 195.
579 So oder ähnlich Art. 34a I Nr 1 BayPAG; § 23a I 1 BWPolG; § 33b II, 33a I BrandPolG; § 10b I 1 HamPolDVG; § 15a I HessSOG; § 33a I Nr 1 NdsSOG; § 20a I Nr 3 S. 2 Nr 1 NWPolG. § 31 I RhPfPOG; § 17b I SachsAnhSOG.
580 So § 23a I 1 BWPolG; § 34a III 1 Nr 1 ThürPAG; ähnlich (bei dringenden Gefahren) Art. 34a I 1 Nr 1 BayPAG.
581 Art. 34a I Nr 1 BayPAG; § 23a I 1 BWPolG; § 20a I 2 Nr 2 NWPolG; § 34a III 1 Nr 1 ThürPAG.
582 So §§ 33b I, 33a I BrandPolG; ähnlich § 34a III 1 Nr 2 ThürPAG.
583 *BVerfG*, NJW 2005, 2603 ff.
584 *BVerfG*, NJW 2005, 2603, 2612; ebenso *Kutscha*, NVwZ 2005, 271, 273.

lassen, Rechnung[585]. Soweit eine Standortermittlung bei aktiv geschalteten Mobilfunkeinrichtungen geregelt und damit die **Erstellung eines lückenlosen Bewegungsprofils** ermöglicht wird (dazu unten Rn 197g), dürfte dies – abgesehen davon, dass dies bei Fehlen eines tatsächlich stattfindenden Kommunikationsvorgangs ohnehin nicht in Art. 10 GG eingreift (Rn 197b) – noch nicht ausreichen, um einen Eingriff in den „Kernbereich" zu bejahen. Die überwachte Person setzt sich nämlich bei Ortsveränderungen den Blicken und der Kontrolle anderer Menschen aus[586].

Meist ist schon in den Vorschriften über die Telekommunikationsüberwachung geregelt, gegen wen sich entsprechende Maßnahmen richten dürfen (s. zB § 33b II BrandPolG, § 31 I RhPfPOG). Wenn solche Regelungen fehlen, sind die allgemeinen polizeirechtlichen Vorschriften über die Adressaten polizeilicher Maßnahmen (§§ 4 ff MEPolG) anzuwenden.

dd) Standortbestimmungen und Verhinderung von Telekommunikationsverbindungen. Polizei- und Ordnungsgesetze sehen zT ausdrücklich vor[587], dass technische Mittel eingesetzt werden dürfen, um den **Standort eines aktiv geschalteten Mobilfunksendegeräts („Handy")** und/oder die Geräte- und Kartennummern mit Hilfe eines sog. „IMSI-Catchers" zu ermitteln. Art. 34a IV BayPAG, § 10b II HambPolDVG, § 33b II NdsSOG, § 31d RhPfPOG und § 34a IV ThürPAG erlauben es unter sehr eingeschränkten Voraussetzungen (so ua bei einer gegenwärtigen Gefahr für Leib oder Leben) zudem, eine Telekommunikationsverbindung zu unterbrechen oder zu verhindern.

197g

ee) Auskunft von Telekommunikationsanbietern über gespeicherte Daten, Probleme der Vorratsdatenspeicherung. Verschiedene Polizeigesetze regeln, dass die Polizei- und Ordnungsbehörden unter bestimmten Voraussetzungen von **Telekommunikationsdiensteanbietern Auskunft über die dort gespeicherten Daten** verlangen dürfen[588]. Bedeutsam ist dies insbesondere hinsichtlich Verkehrsdaten, die von den Anbietern erhoben und gespeichert werden (s. §§ 3 Nr 30, 113a I TKG). Sie geben zwar keine Auskunft über den Inhalt einer Telekommunikation, wohl aber über deren Zeitpunkt und deren Beteiligte sowie – bei Mobiltelefonen – über den Standort der Beteiligten.

197h

Diese Verbindungsdaten werden von den Anbietern in der Regel nur für einen kurzen Zeitraum gespeichert und stehen deswegen in der Regel schon nicht mehr zur Verfü-

585 S. dazu Art. 34a I 3 u. 4, Art. 34c IV 3 Nr 2 u 3 BayPAG; § 33b II 3 u. § 33b IX 1 BrandPolG; §§ 10a I 3, 10b I 3, 10 III 2–5 HambPolDVG; § 15a I 2 iVm § 15 IV HessSOG; § 34a I 4 iVm § 33 VI MVSOG; § 33a III NdsSOG; § 16 NWPolG; § 39a RhPfPOG; §§ 186a I 1, 3, II 1, 3 u. 186a III SchlHVwG; § 34b I u. II ThürPAG.

586 Zum ähnlichen Problem der Observation mit Hilfe des GPS-Systems s. *BVerfG*, NJW 2005, 1338; Rn 197a.

587 § 23a VI Nr 1 BWPolG; Art. 34a II 1 Nr 2 BayPAG; § 25 BerlASOG; § 33b III Nr 1 und 2 BrandPolG; § 15a III HessSOG; §§ 33a II Nr 3, 33b I NdsSOG; § 20b NWPolG; § 31a RhPfPOG; § 34a II 1 Nr 3 ThürPAG; s auch § 10b V Nr 1 HambPolDVG.

588 § 23a V BWPolG; Art. 34b II, III BayPAG; § 33b VI BrandPolG; § 10d HambPolDVG; § 15a I, II HessSOG; § 34a II Nr 2 MVSOG; § 33c NdsSOG; § 20a NWPolG; § 31 VI RhPfPOG; § 28b II SaarPolG; § 180a SchlHVwVG; §§ 28a, 34a I Nr 2, 3 ThürPAG; § 22a BPolG; § 8a ff BVerfSchG; § 2b BNDG; § 4a MADG.

gung, wenn den Polizei- und Ordnungsbehörden bekannt wird, dass sie erhoben werden müssten. Die §§ 113a, 113b TKG aF schrieben deswegen eine sechsmonatige, vorsorgliche, anlasslose Speicherung von Telekommunikationsverbindungsdaten durch private Dienstanbieter (sog. **Vorratsdatenspeicherung**) vor. Damit wurde die **Richtlinie 2006/24/EG** des Europäischen Parlaments und des Rates (ABlEU Nr L 105 vom 13.4.2006, S. 54) umgesetzt.

Das *BVerfG*[589] erklärte die §§ 113a, 113b TKG aF jedoch mit Urteil vom 2.3.2010 für **verfassungswidrig und nichtig**[590]. Nach seiner Auffassung sei eine Vorratsdatenspeicherung, wie sie die genannte Richtlinie verlange, zwar **nicht schlechthin unvereinbar mit Art. 10 I GG**. Deshalb komme es nicht darauf an, dass die Richtlinie gegenüber Art. 10 I GG vorrangig ist. Der Eingriff in Art. 10 GG sei aber nur dann verhältnismäßig, wenn die **gesetzliche Ausgestaltung der Vorratsdatenspeicherung** dem besonderen Gewicht des damit verbundenen **Grundrechtseingriffs angemessen Rechnung** trage. Erforderlich sei eine hinreichend anspruchsvolle und normenklare Regelung hinsichtlich der Datensicherheit, der Datenverwendung, der Transparenz und des Rechtsschutzes. Hinsichtlich der Datensicherheit müsse ein besonders hoher Sicherheitsstandard normenklar und verbindlich vorgegeben und laufend an den Stand der Fachdiskussion angepasst werden. Die §§ 113a, 113b TKG aF genügten diesen Anforderungen nicht.

Nach Auffassung des *BVerfG* sollen Abruf und unmittelbare Nutzung von Verbindungsdaten nur dann verfassungsmäßig sein, wenn sie einem **Richtervorbehalt** unterliegen und **überragend wichtigen Aufgaben des Rechtsgüterschutzes** dienten. Im Bereich der Strafverfolgung setzten Abruf und Nutzung einen durch bestimmte Tatsachen begründeten Verdacht einer schweren Straftat voraus. Im Bereich der Gefahrenabwehr (sowie im Bereich der Nachrichtendienste) erforderten Abruf und Nutzung tatsächliche Anhaltspunkte für eine gemeine Gefahr oder für eine konkrete Gefahr für Leib, Leben oder Freiheit einer Person, für den Bestand oder die Sicherheit des Bundes oder eines Landes[591]. Soweit die Daten nur mittelbar genutzt werden, um von einem Diensteanbieter Auskünfte über die Inhaber von Internetprotokolladressen zu erlangen, ist dies nach Ansicht des *BVerfG* unabhängig von begrenzenden Straftaten- oder Rechtsgüterkatalogen zulässig.

Bemerkenswert ist, dass das *BVerfG*[592] bei Vorschriften, die einen Zugriff auf Verbindungsdaten zum Zweck der Gefahrenabwehr regeln, eine **Bezugnahme auf Kataloge bestimmter drohender Straftaten** als **nicht ausreichend** ansieht. Eine solche Regelungstechnik nehme den Anforderungen an den Grad der Rechtsgutgefährdung ihre

589 *BVerfG*, NJW 2010, 833 ff; dazu näher *Darnstädt*, DVBl 2011, 263 ff; *Hornung/Schnabel*, DVBl 2010, 824 ff; *Möstl*, DVBl 2010, 808 ff; s. zur Frage der Schwere eines durch die Vorratsdatenspeicherung begründeten Grundrechtseingriffs auch *Gusy*, FS Schenke, 2011, S. 395, 403.

590 Zur Bedeutung dieser verfassungsgerichtlichen Nichtigkeitserklärung für den Strafprozess *Paeffgen*, FS Schenke, 2011, S. 427 ff.

591 Umstritten ist, ob das *BVerfG* eine konkrete Gefahr verlangt. S. dazu *Darnstädt*, DVBl 2011, 263 ff; *Möstl*, DVBl 2010, 808, 809.

592 *BVerfG*, NJW 2010, 833, 841, Abs. Nr 230; in derselben Richtung auch *ThürVerfGH*, DVBl 2013, 111, 115 f.

Klarheit. Stattdessen biete sich an, gesetzlich unmittelbar die zu schützenden Rechtsgüter sowie die Intensität der Gefährdung, die für Eingriffe erreicht sein müsse, in Bezug zu nehmen. Diese Auffassung des *BVerfG* vermag schwerlich zu überzeugen[593]. Sie steht im Widerspruch dazu, dass ein Verstoß gegen die öffentliche Sicherheit sowohl durch einen Schaden an einzelnen Rechtsgütern wie auch durch einen Verstoß gegen Rechtsnormen begründet werden kann, die im Übrigen ihrerseits Rechtsgüter konstituieren bzw näher ausgestalten. Das gilt gerade auch für Strafrechtsnormen. Soweit Strafrechtsnormen eine erhebliche Strafdrohung enthalten, indiziert dies, dass die Normen besonders bedeutsame Rechtsgüter schützen. Eine **Orientierung an einem Rechtsgut, das vom Strafgesetzgeber tatbestandlich näher ausgestaltet und umhegt ist**, hat überdies den Vorteil, dass sie eine weit **größere Rechtssicherheit** bietet als eine normunabhängige Bewertung einer drohenden Rechtsgutverletzung und deren Intensität durch Polizei und Judikative. Auch unter **funktionell-rechtlichen Gesichtspunkten** ist es überzeugender, die Schutzbedürftigkeit von Rechtsgütern anhand allgemein geltender, vom Parlament erlassener Gesetze zu bewerten, als die Konkretisierung des Rechtsgüterschutzes der Polizei und Judikative zu überlassen. Eine solche normunabhängige Konkretisierung bringt zudem die **Gefahr schwerwiegender Wertungswidersprüche** mit sich.

Eine Neuregelung der Vorratsdatenspeicherung, die den Vorgaben des *BVerfG* genügt, ist bisher nicht zustande gekommen.

d) Die sog. „Online-Durchsuchung"

Unter einer sog. „Online-Durchsuchung" wird eine **heimliche Infiltration** eines Computers oder eines anderen informationstechnischen Systems (zB durch einen sog. Trojaner) verstanden, mit deren Hilfe die Nutzung des Computers überwacht und seine Speichermedien ausgelesen werden können[594]. Das *BVerfG* stellte in einer Entscheidung, die das NWVerfSchG betraf, strenge Voraussetzungen für Online-Durchsuchungen auf[595]. Eine solche Maßnahme greife in das allgemeine Persönlichkeitsrecht (Art. 2 I iVm Art. 1 I GG) ein, das – so das BVerfG – ein **Grundrecht auf Gewährleistung der Vertraulichkeit und Integrität informationstechnischer Systeme**[596] umfasse.

197i

---

593 So auch *Möstl*, DVBl 2010, 809, 811.

594 Trotz der etwas irreführenden Begrifflichkeit unterscheidet sich die sog. „Online-Durchsuchung" wesensmäßig von der Durchsuchung von Personen und (körperlichen) Sachen iSd §§ 102 f StPO und entsprechender polizeirechtlicher Vorschriften. Auf die §§ 102 f StPO bzw entsprechende polizeirechtliche Vorschriften kann eine sog. „Online-Durchsuchung" deswegen nicht gestützt werden; s. dazu Rn 151.

595 *BVerfG*, NJW 2008, 822 ff = *BVerfGE* 120, 274 ff. S. zur sog. „Online-Durchsuchung" auch *Th. Böckenförde*, JZ 2008, 925 ff; *Britz*, DÖV 2008, 811 ff; *Eifert*, NVwZ 2008, 521 ff; *Glaser*, Jura 2009, 742, 747 f; *Hinz*, Jura 2009, 141 ff; *Hoeren*, MM 2008, 365; *Hoffmann-Riem*, JZ 2008, 1009 ff; *Hömig*, Jura 2009, 207 ff; *Käß*, BayVBl. 2010, 1 ff; *Kudlich*, JA 2008, 475 ff; *Kutscha*, NJW 2008, 1042 ff; *Lepsius*, in: Roggan (Hrsg.), Online-Durchsuchungen, 2008, S. 21 ff; *Möstl*, DVBl 2010, 808 ff; *Papier*, DVBl 2010, 801 ff; *Roßnagel/Schnabel*, NJW 2008, 3534 ff; *Sachs/Krings*, JuS 2008, 481 ff; *Sick*, VBlBW 2009, 85 ff; *Soiné*, NVwZ 2012, 1585 ff; *Volkmann*, DVBl 2008, 590 ff.

596 Es handelt sich nicht um ein neues Grundrecht, sondern nur um eine besondere Ausprägung des allgemeinen Persönlichkeitsrechte; so zutreffend *Hoffmann-Riem*, JZ 2008, 1009, 1014; **aA** *Lepsius*, in: Roggan (Hrsg.), Online-Durchsuchungen, 2008, S. 21 ff.

Der hierdurch begründete schwerwiegende Eingriff wird durch das BVerfG an das Vorliegen verschärfter **verfahrensrechtlicher** wie auch **materiellrechtlicher Voraussetzungen** gebunden.

197j Verfahrensrechtlich hat der Gesetzgeber die heimliche Infiltration eines informationstechnischen Systems danach grundsätzlich unter den **Vorbehalt einer richterlichen Anordnung** zu stellen. Nur bei Gefahr im Verzug können die Sicherheitsorgane die Anordnung treffen, sofern für die anschließende Überprüfung durch die neutrale Instanz gesorgt ist[597]. Außerdem muss das Gesetz verfahrensrechtliche Vorkehrungen treffen, um den Kernbereich privater Lebensgestaltung zu schützen und bestehen bezüglich erhobener Daten besondere Kennzeichnungspflichten (vgl zB Art. 34d V BayPAG). Materiellrechtlich fordert das BVerfG, dass „bestimmte Tatsachen auf eine im Einzelfall drohende Gefahr für ein überragend wichtiges Rechtsgut hinweisen"[598]. Eine Maßnahme könne dabei auch dann gerechtfertigt sein, wenn sich noch nicht mit hinreichender Wahrscheinlichkeit feststellen lasse, dass die Gefahr schon in näherer Zukunft eintreten werde. Es reiche aus, dass bestimmte Tatsachen auf eine im Einzelfall durch bestimmte Personen drohende Gefahr hinwiesen. Überragend wichtige Rechtsgüter seien Gesundheit, Leben oder Freiheit einer Person oder solche Güter der Allgemeinheit, deren Bedrohung die Grundlagen oder den Bestand des Staates oder die Grundlagen der Existenz der Menschen berührten.

197k Einen besonderen Schutz gewährt das Grundrecht auf Vertraulichkeit und Integrität informationstechnischer Systeme bei einem **Eingriff in den Kernbereich privater Lebensgestaltung**. Soweit eine Überwachungsmaßnahme diesen Kernbereich berühren kann, hat die gesetzliche Ermächtigung „so weitgehend wie möglich sicherzustellen, dass Daten mit Kernbereichsbezug nicht erhoben werden. Ist es – wie bei dem heimlichen Zugriff auf ein informationstechnisches System – praktisch unvermeidbar, Informationen zur Kenntnis zu nehmen, bevor ihr Kernbereichsbezug bewertet werden kann, muss für hinreichenden Schutz in der Auswertungsphase gesorgt sein. Insbesondere müssen aufgefundene und erhobene Daten mit Kernbereichsbezug unverzüglich gelöscht und ihre Verwertung ausgeschlossen werden"[599]. Diese Löschung muss dokumentiert werden.

197l Dem *BVerfG* ist iE zuzustimmen. Umstritten ist allerdings, ob es der Konstruktion eines Grundrechts auf Gewährleistung der Vertraulichkeit und Integrität informationstechnischer Systeme bedurfte. ZT wird angenommen[600], dass ein entsprechender Schutz schon über das Grundrecht auf informationelle Selbstbestimmung möglich gewesen sei. Dem lässt sich jedoch entgegenzuhalten, dass das Grundrecht auf informationelle Selbstbestimmung nur schwer in der Lage ist, den personenbezogenen Aussagen, die sich aus der Häufung von Daten in einem informationstechnischen System

---

597 BVerfGE 120, 274, 332.
598 Es ist umstritten, ob *BVerfGE* 120, 274, 326 damit eine konkrete Gefahr verlangt. Dies bejaht zu Recht *Hong*, NJW 2009, 1458, 1460; **aA** *Käß*, BayVBl. 2010, 1, 3; s. dazu ferner *Möstl*, DVBl 2010, 808, 809 ff; *Darnstädt*, DVBl 2011, 263 ff.
599 *BVerfGE* 120, 274, 337.
600 So zB *Eifert*, NVwZ 2008, 521, 522.

ergebend, in adäquater Weise Rechnung zu tragen. Die in einem informationstechnischen System gespeicherten Daten konstituieren in ihrer Gesamtheit ein **Persönlichkeitsbild neuartiger Tiefe und Breite**, das eines besonderen Schutzes bedürftig ist[601]. Überdies werden die **Funktionsfähigkeit des Systems** und das **Vertrauen hierauf beeinträchtigt**, wenn auf die gespeicherten Daten heimlich zugegriffen wird und die Gefahr einer Datenverfälschung besteht.

Soweit eine Ermächtigung sich auf eine staatliche Maßnahme beschränkt, durch welche die Inhalte und Umstände der laufenden Telekommunikation im Rechnernetz erhoben oder darauf bezogene Daten ausgewertet werden, bejaht das BVerfG einen **Eingriff in Art. 10 I GG**, der nur auf der Basis eines Gesetzes zulässig ist, das dem Zitiergebot des Art. 19 I 2 GG genügt. Wenn der Staat sich Kenntnis von Inhalten der Internetkommunikation auf dem dafür technisch vorgesehenen Weg verschaffe, so liege darin nur dann ein Eingriff in Art. 10 I GG, wenn die staatliche Stelle nicht durch Kommunikationsbeteiligte zur Kenntnisnahme legitimiert sei. Nehme der Staat im Internet öffentlich zugängliche Kommunikationsinhalte wahr oder beteilige er sich an öffentlich zugänglichen Kommunikationsinhalten, greife er grundsätzlich nicht in Grundrechte ein[602]. **197m**

Bei einem von außen kommenden Zugriff auf ein informationstechnisches System wird Art. 13 GG dann nicht berührt, wenn dieses sich innerhalb einer Wohnung befindet[603]. Art. 13 GG ist nur dann einschlägig, wenn der Zutritt damit verbunden ist, dass die Wohnung heimlich oder jedenfalls gegen den Willen des Betroffenen betreten wird (zB um einen „Trojaner" auf dem zu überwachenden Computer installieren zu können). **197n**

Auf der Grundlage der Entscheidung des *BVerfG* hat Bayern in dem sehr detaillierten, sich an den verfassungsgerichtlichen Vorgaben orientierenden **Art. 34d BayPAG einen verdeckten Zugriff auf informationstechnische Systeme** geregelt. Ebenso finden sich Rechtsgrundlagen in § 20k BKAG und § 31c RhPfPOG. Diese Vorschriften knüpfen an Gefahren für überragend wichtige Rechtsgüter und nicht an eine drohende Verletzung von Strafrechtsnormen an (vgl *BVerfG*, NJW 2010, 833, 841 und hierzu oben Rn 197f und h). Einen Eingriff in informationstechnische Systeme zum ausschließlichen Zweck der Telekommunikationsüberwachung sehen § 15b HessSOG, § 31 III RhPfPOG und § 34a II 2 ThürPAG vor. Damit können insbesondere Telefonate über das Internet (sog. „Voice over IP", zB über den Internet-Telefondienst Skype) überwacht werden, die mit den Mitteln einer „normalen" Telekommunikationsüberwachung nicht erfasst werden können. **197o**

---

601 So *Hoffmann-Riem*, JZ 2008, 1011, 1015 ff.
602 S. auch *Glaser*, Jura 2009, 742, 747.
603 BVerfGE 120, 274, 308.

e) Der Einsatz Verdeckter Ermittler

198 Spezielle Vorschriften regeln idR auch ausdrücklich den Einsatz **Verdeckter Ermittler**[604]. Verdeckte Ermittler sind **Polizeibeamte**, die unter **Geheimhaltung ihrer wahren Identität** (s. zB § 22 I Nr 3 BWPolG) polizeiliche Aufgaben wahrnehmen. Ihr Einsatz ist an besondere verfahrensrechtliche Voraussetzungen gebunden, indem er grundsätzlich nur von einem näher bestimmten qualifizierten Personenkreis (s. näher zB § 22 VI BWPolG), zT auch nur von einem Richter angeordnet werden darf (§ 35 III 1 BremPolG). Da sie Daten nicht offen erheben und zur Verdeckung ihrer Identität Täuschungs- und Fälschungshandlungen vornehmen, die sonst strafbar sind (s. unten Rn 198), erlauben die Polizeigesetze ihren Einsatz auch **nur bei qualifizierten Gefahrenlagen**. So gestattet zB § 22 I Nr 4, III BWPolG die Erhebung personenbezogener Daten durch den Einsatz Verdeckter Ermittler nur zur Abwehr einer Gefahr für den Bestand oder die Sicherheit des Bundes oder eines Landes oder für Leben, Gesundheit und Freiheit einer Person oder für bedeutende fremde Sach- und Vermögenswerte oder zur vorbeugenden Bekämpfung von Straftaten mit erheblicher Bedeutung, und zwar nur dann, wenn anderenfalls die Wahrnehmung von Aufgaben des Polizeivollzugsdienstes gefährdet oder erheblich erschwert würde. Auch der Personenkreis, von dem die Daten erhoben werden, wird beschränkt (s. dazu § 22 III iVm § 20 II, III Nr 1 u. 2 BWPolG). Soweit es zur Geheimhaltung der wahren Identität eines Verdeckten Ermittlers erforderlich ist, dürfen gem. § 24 I BWPolG[605] entsprechende Urkunden hergestellt, verändert und gebraucht werden (sog. **Legende**).

199 Vom Einsatz Verdeckter Ermittler zur Gefahrenabwehr, der in den Polizeigesetzen geregelt ist, ist der **Einsatz Verdeckter Ermittler zur Strafverfolgung** zu trennen, der in § 110a StPO normiert wird. Beide Rechtsgrundlagen haben unterschiedliche Zielsetzungen und stehen selbstständig nebeneinander. Sie schließen sich grundsätzlich nicht aus[606].

f) Der Einsatz von V-Leuten

200 Von den Verdeckten Ermittlern (getarnten Polizeibeamten) sind die **sog. V-Leute (Vertrauenspersonen)**[607] zu unterscheiden, die **nicht der Polizei angehören**. Der Einsatz von V-Leuten ist heute in den meisten Polizeigesetzen ebenfalls näher geregelt[608]. Ver-

---

604 § 8c II Nr 3 MEPolG; §§ 22 I Nr 3, 24 BWPolG; Art. 33 I Nr 3, 35 BayPAG; § 26 I Nr 2 BerlASOG; § 35 BrandPolG; § 35 BremPolG; § 12 HambPolDVG; § 16 II HessSOG; § 33 I Nr 4 MVSOG; § 36a NdsSOG; § 20 NWPolG; § 28 II Nr 3 RhPfPOG; § 28 II Nr 4 SaarlPolG; § 18 II SachsAnhSOG; § 39 SächsPolG; §§ 34 I Nr 3, 36 ThürPAG; § 20g II Nr 5 BKAG. Näher hierzu *Ring*, StrVert 1990, 372 ff; *Rachor*, in: L/D, E, Rn 252 ff.
605 Ebenso oder ähnlich Art. 35 I BayPAG; § 26 II BerlASOG; § 35 II BrandPolG; § 35 V BremPolG; § 12 II HambPolDVG; § 16 III 3 HessSOG; § 33 V MVSOG; § 36a II NdsSOG; § 20 II NWPolG; § 28 VII RhPfPOG; § 39 I SächsPolG; § 18 III SachsAnhSOG; § 36 I ThürPAG.
606 Zur Problematik doppelfunktionaler Handlungen und des entsprechenden Rechtsschutzes s. Rn 185 und Rn 422 ff.
607 Dazu eingeh. mwN *Waechter*, NdsVBl. 1996, 49 ff; s. hierzu auch *Friedrichs*, Der Einsatz von „V-Leuten" durch die Ämter für Verfassungsschutz, 1981.
608 § 8c II Nr 4 MEPolG; § 26 I Nr 1 BerlASOG; § 34 BrandPolG; § 34 BremPolG; § 22 I Nr 5 BWPolG; § 11 HambPolDVG; § 16 I HessSOG; § 33 I Nr 3 MVSOG; § 36 NdsSOG; § 19 NWPolG; § 28 II Nr 4 RhPfPOG; § 28 II Nr 3 SaarlPolG; § 18 I SachsAnhSOG; § 185 I Nr 3 SchlHVwG; § 34 I Nr 5 ThürPAG; § 20g II Nr 4 BKAG.

trauenspersonen sind nach der Legaldefinition des § 8c II Nr 4 MEPolG und vergleichbarer Vorschriften (zB § 36 I 1 NdsSOG) „Personen, deren Zusammenarbeit mit der Polizei Dritten nicht bekannt ist". Es handelt sich also um **Private**. Rechtlich begründet es dabei keinen Unterschied, ob die Initiative zur Zusammenarbeit von der Polizei oder den V-Leuten selbst ausging. Der Einsatz von V-Leuten ist ein besonderes Mittel der Datenerhebung. Er ist nach den einschlägigen gesetzlichen Regelungen idR an dieselben oder ähnliche verfahrensrechtliche[609] und inhaltliche[610] Voraussetzungen gebunden wie der Einsatz Verdeckter Ermittler.

In Bayern und Sachsen fehlt es an einer gesetzlichen Regelungen für den Einsatz von V-Leuten. **201** Angesichts der Rechtsprechung des *BVerfG* zum informationellen Selbstbestimmungsrecht[611] dürfte in diesen Bundesländern der Einsatz von V-Leuten **unzulässig** sein. Der Einsatz von V-Leuten greift nämlich faktisch in das informationelle Selbstbestimmungsrecht ein und bedarf deswegen einer **speziellen gesetzlichen Ermächtigungsgrundlage**. Ein faktischer Eingriff liegt vor, weil sich die Polizei der V-Leute als Werkzeuge bedient, weswegen die Datenerhebung durch die V-Leute der Polizei zuzurechnen ist. Der Einsatz von V-Leuten ist auch ein rechtsstaatlich und grundrechtlich wesentlicher Vorgang, der dem **Parlamentsvorbehalt unterfällt**[612]. Dabei ist insbesondere zu sehen, dass der Eingriff heimlich erfolgt und besondere, verfassungsrechtlich geschützte Vertrauensverhältnisse[613] beeinträchtigen kann, was spezifische grundrechtliche Probleme aufwirft. Die Gründe für die spezialgesetzliche Regelung des Einsatzes Verdeckter Ermittler treffen gleichermaßen für den Einsatz von V-Leuten zu. In der Praxis sind beide Ermittlungsmethoden ohnehin weitgehend austauschbar. Ohne Bedeutung ist es in diesem Zusammenhang, dass V-Leute keine hoheitlichen Befugnisse besitzen, denn auch der Verdeckte Ermittler macht idR keinen Gebrauch von seinen hoheitlichen Befugnissen, weil er sonst seine Identität preisgäbe.

Der hier vertretenen Auffassung entspricht es, dass das *BVerfG* den **Einsatz von V-Leuten in Strafverfahren ohne gesetzliche Grundlage** für **unzulässig** hält[614]. Gleiches muss für den Einsatz von V-Leuten zur Gefahrenabwehr gelten. Die Ansicht, ein solcher Einsatz könne im Polizeirecht auf die allgemeine Datenerhebungsermächtigung (zB § 20 BWPolG) gestützt werden[615], trägt den Besonderheiten des Einsatzes von V-Leuten nicht ausreichend Rechnung[616].

Personenbezogene Daten, die von V-Leuten ermittelt wurden, dürfen grundsätzlich **202** nur zu solchen Zwecken verwandt werden, zu denen der Einsatz der V-Leute angeordnet worden war. Eine Verwendung zu anderen Zwecken ist nur dann zulässig, wenn die Polizei hierzu ermächtigt ist. Der Einsatz von V-Leuten zum Zwecke der Strafverfolgung, der in der Praxis eine erhebliche Bedeutung hat, ist in der StPO – anders als der Einsatz Verdeckter Ermittler (s. § 110a StPO) – nicht geregelt und dürfte deshalb

---

609 Grundsätzlich Behördenleitervorbehalt, vgl zB § 22 VI BWPolG; § 36 II NdsSOG; § 19 II NWPolG.
610 Vgl zB § 22 I Nr Nr 5, III BWPolG; §§ 36 I, 34 I 1 NdsSOG; § 19 I NWPolG.
611 *BVerfGE* 65, 1 ff; s. zum Einsatz von V-Leuten im strafrechtlichen Ermittlungsverfahren *BVerfG*, NStZ 2000, 490.
612 So auch *Kugelmann*, 7. Kap., Rn 150; *Waechter*, NdsVBl. 1996, 49, 51; *Scherp*, in: Körner, BtMG, 5. Aufl. 2001, § 31, Rn 161; *Mußmann*, BW, Rn 409.
613 Dem Schutz solcher besonderer Vertrauensverhältnisse dient zB § 30 VI 2, VII 1 NdsSOG.
614 *BVerfG*, NStZ 2000, 490; s. auch *Roxin/Schünemann*, Strafverfahrensrecht, 27. Aufl. 2012, § 37, Rn 9.
615 So *Götz*, § 17, Rn 73.
616 Zur Frage, ob der Einsatz „virtuell verdeckter Ermittler" in sozialen Netzwerken und Internetboards zulässig ist, s. *Rosengarten/Römer*, NJW 2012, 1764 ff.

unzulässig sein[617]. Das *BVerfG* sieht in der Befragung einer Auskunftsperson zudem einen Verstoß gegen das Prinzip eines fairen Verfahrens, wenn die Auskunftsperson zu dem Beschuldigten in einem Vertrauensverhältnis steht, das dem § 52 StPO unterfällt[618].

g) Die längerfristige Observation

202a Alle Polizei-und Ordnungsbehörden sehen heute eine längerfristige Observation vor (s. Rn 187). Sie wird in den einzelnen Polizei- und Ordnungsgesetzen allerdings unterschiedlich beschrieben. Teilweise wird sie hier als die planmäßig angelegte Beobachtung einer Person beschrieben, die durchgehend länger als 24 Stunden oder an mehr als zwei Tagen[619] bzw durchgehend länger über einen Zeitraum von mehr als einer Woche[620] durchgeführt wird. Teilweise wird darauf abgestellt, ob sie innerhalb einer Woche länger als 24 Stunden oder über den Zeitraum einer Woche hinaus[621] bzw innerhalb eines Monats länger als 24 Stunden oder über den Zeitraum eines Monats hinaus dauern soll[622].

Die Observation erfolgt zwar idR heimlich. Eine **rechtliche Beschränkung auf heimliche Observationen** findet aber nur in den Bundesländern statt, die die Observation einer Person wie in § 32 I BremPolG und § 34 I NdsSOG als „verdeckte Personenbeobachtung" umschreiben oder wie § 28 II Nr 1 RhPfPOG als Mittel der „verdeckten Datenerhebung" qualifizieren[623]. Hier lassen sich offene längerfristige Observationen allenfalls auf die polizeiliche Generalermächtigung stützen und dies wegen der Schwere des Eingriffs jedenfalls nur für einen eng befristeten Zeitraum[624]. Bedeutsam ist dies vor allem hinsichtlich der Beobachtung als höchstgefährlich eingestufter Straftäter, bei denen auf Grund der Entscheidung des EGMR vom 13.1.2011[625] die Anordnung einer nachträglichen Sicherungsverwahrung nicht mehr in Betracht kommt. In den Bundesländern, in denen sich die Beschränkung der Observation auf verdeckte Beobachtungen weder aus dem Wortlaut der einschlägigen Bestimmungen noch aus deren systematischen Stellung ergibt, ist die Stützung offener längerfristiger Observationen auf die einschlägigen Normen zwar weniger problematisch[626]. Sie lässt sich jedenfalls nicht mit dem Argument in Frage stellen, dass der Tatbestand der Eingriffsbefugnis einen Sachverhalt mitumfasst, an den der Gesetzgeber bei der Schaffung der Vorschrift nicht gedacht hat[627] und dass der Datenerhebung

---

617 S. auch *Rachor*, in: L/D, E, Rn 274.
618 *BVerfG*, NStZ 2000, 490.
619 Art. 33 I Nr 1 BayPAG; § 25 I Nr 1 BerlASOG; § 32 I BrandPolG, § 32 I Nr 1 BremPolG; § 16 I NWPolG, § 34 I Nr 1 ThürPAG.
620 §33 I Nr 1 MVSOG; § 34 I NdsSOG; § 28 II Nr 1 RhPfPOG; §17 I Nr 1 SachsAnhSOG.
621 § 22 I Nr 1 BWPolG; § 15 I Nr 1 HessSOG.
622 § 38 I Nr 1 SächsPolG.
623 *Guckelberger*, VBlBW 2011, 209, 211.
624 *BVerfG*, LKV 2013, 30 f.
625 *EGMR*, NJW 2011, 3223 ff.
626 *Rachor*, in: L/D, E, Rn 279; s. auch *Guckelberger*, VBlBW 2011, 209, 210 ff und *VG Freiburg*, VBlBW 2011, 239, 240 mwN; **aA** *Eisenbarth/Ringhof*, DVBl 2013, 566 ff; *Linke*, DVBl 2013, 559 ff; *Lorenz*, FS Schenke, 2013, S. 415, 418 ff; Bedenken auch bei *Greve/Lucius*, DÖV 2012, 97, 99 ff.
627 *OVG Saarlouis*, Beschluss vom 16.12.2010, 3 B 284/10, Rn 24 (iuris); das konzedieren auch *Greve/ v. Lucius*, DÖV 2012, 97, 100.

keine weitere Datenverarbeitung folgt[628], sie vielmehr nur der Verhütung und Unterbindung von Straftaten des Überwachten dient[629]. Wegen der Schwere des Eingriffs, der die Betroffenen unter einen ständigen Beobachtungsdruck setzt, sich für diese diskriminierend auswirkt sowie die Aufnahme sozialer Kontakte erheblich einschränkt, ergibt sich aber aus dem Verhältnismäßigkeitsgrundsatz, dass solche offenen Observationen unter größtmöglicher Schonung Betroffener durchzuführen sind. Bei Durchführung für einen längeren Zeitraum ist zudem in regelmäßigen Abständen zu überprüfen, ob die Voraussetzungen einer Observation unter Berücksichtigung des Verhältnismäßigkeitsgrundsatzes noch vorliegen[630]. Überdies sprechen gute verfassungsrechtliche Gründe dafür, die Einhaltung dieses Erfordernisses einer richterlichen Überprüfung zu unterstellen[631]. Soweit polizeirechtliche Normen für eine Observation nicht ohnehin bereits einen Richtervorbehalt vorsehen, dürfte der Gesetzgeber jedenfalls zukünftig gehalten sein, einen solchen einzuführen[632].

h) Die polizeiliche Beobachtung (Ausschreibung)

Die **polizeiliche** Ausschreibung[633] zur polizeilichen Beobachtung wird nur früher in **203** Sachsen (so der frühere § 36 II Nr 4 SächsPolG) als besonderes Mittel der Datenerhebung eingeordnet. Die Polizeigesetze anderer Bundesländern (zB § 25 BWPolG) sehen sie – in Anlehnung an § 8c II MEPolG – nicht als besonderes Mittel der Datenerhebung, regeln sie aber spezialgesetzlich. So kann etwa nach § 25 BWPolG[634] der Polizeivollzugsdienst eine Person oder die Kennzeichen ihrer Kraftfahrzeuge zum Zwecke der Mitteilung über das Antreffen ausschreiben, wenn entweder die Gesamtwürdigung der Person und ihrer bisher begangenen Straftaten oder Tatsachen die Annahme rechtfertigen, dass die Person zukünftig Straftaten mit erheblicher Bedeutung begehen werde, und die Mitteilung zur vorbeugenden Bekämpfung dieser Straftaten erforderlich ist. Die **Erkenntnisse, die anlässlich einer polizeilichen Kontrolle gewonnen** werden, können auf Grund der Ausschreibung **an die ausschreibende Polizeidienststelle übermittelt** werden. Übermittelt werden können insbesondere Erkenntnisse über das Antreffen der Person, über Kontakt- und Begleitpersonen sowie

---

628 Auch aus diesem Grund geht *Lorenz*, FS Schenke, S. 419 von der Unanwendbarkeit der polizeirechtlichen Observationsvorschriften aus.

629 *Lorenz*, FS Schenke, S. 422 lehnt eine auf die landespolizeirechtlichen Observationsbestimmungen gestützte Überwachung überdies aus kompetenzrechtlichen Gründen ab, da sie eine strafrechtliche Regelung zum Gegenstand habe. Ein solcher Zusammenhang mit einem Strafverfahren muss bei einer offenen Observation aber keineswegs notwendigerweise bestehen (aA *Lorenz*, FS Schenke, S. 422).

630 *Greve/v. Lucius*, DÖV 2012, 97, 104 f.

631 So auch *Söllner*, DVBl 2013, 171, 173.

632 **AA** *Greve/v. Lucius*, DÖV 2012, 97, 104 mit dem wenig überzeugenden Argument, es stehe dem Betroffenen frei, um verwaltungsgerichtlichen Rechtsschutz nachzusuchen.

633 Die Ausschreibung erfolgt regelmäßig in einer Fahndungsdatei (zB INPOL-Datei Sach- oder Personenfahndung). Sie hat zur Folge, dass bei einer zufälligen polizeilichen Kontrolle eine Person die Daten dieser Person mit der Fahndungsdatei abgeglichen werden können und dann einen Treffer ergeben. Dies gewährleistet, dass die Erkenntnisse, die anlässlich der Kontrolle gewonnen werden, an die ausschreibende Polizeidienststelle übermittelt werden können.

634 Ähnlich § 8d MEPolG; Art. 36 BayPAG; § 36 BrandPolG; § 31 BremPolG; § 27 BerlASOG; § 13 HambPolDVG; § 17 HessSOG; § 35 MVSOG; § 37 NdsSOG; § 21 NWPolG; § 32 RhPfPOG; § 29 SaarlPolG; § 19 SachsAnhSOG; § 38 I Nr 4 SächsPolG; § 187 SchlHVwG; § 37 ThürPAG.

über mitgeführte Sachen. Die Ausschreibung ist an bestimmte verfahrensrechtliche Voraussetzungen geknüpft (s. zB § 25 II-IV BWPolG), die namentlich die Anordnungsbefugnis, Befristung und Löschungs- bzw Unterrichtungspflichten betreffen.

204 Die **Fahndung** ist in den Polizeigesetzen meist nur lückenhaft geregelt. Fahndung sind alle Maßnahmen, welche auf die Ermittlung unbekannter Personen, insbesondere Störer, Unbeteiligter und Zeugen, oder auf die Ermittlung des unbekannten Aufenthaltsorts bekannter Personen gerichtet sind[635]. Hierfür kommen Auskünfte oder sonstige Aufklärungseingriffe in Betracht[636]. Bremen, Niedersachsen und Rheinland-Pfalz regeln ausdrücklich eine der Gefahrenabwehr dienende **öffentliche Fahndung**. § 36g II BremPolG, § 44 II NdsSOG und § 34 VII RhPfPOG sehen vor, dass personenbezogene Daten und Abbildungen einer Person zum Zwecke der Ermittlung der Identität oder des Aufenthaltsorts oder zur Warnung öffentlich bekannt gegeben werden dürfen, wenn die Abwehr einer Gefahr für Leib oder Leben (in Rheinland-Pfalz: auch für die Freiheit) auf andere Weise nicht möglich erscheint oder – so Bremen und Niedersachsen – Tatsachen die Annahme rechtfertigen, dass diese Person eine Straftat von erheblicher Bedeutung begehen wird, und die Vorsorge für die Verfolgung oder die Verhütung dieser Straftat auf andere Weise nicht möglich erscheint. § 21 S. 1 HambPolDVG lässt eine Übermittlung personenbezogener Daten an Stellen außerhalb des öffentlichen Bereichs zu und schließt deren Verwendung für eine öffentliche Fahndung ein. Das *OVG Hamburg*[637] hat diese Vorschrift verfassungskonform so interpretiert, dass die Datenverwendung für eine öffentliche Fahndung nur zur Abwehr von konkreten Gefahren für Leib, Leben, Gesundheit oder persönliche Freiheit zulässig ist. In anderen Bundesländern, die eine Datenübermittlung an Private schon beim Vorliegen geringerer Voraussetzungen zulassen, dürfte eine Übermittlung zum Zwecke der öffentlichen Fahndung wegen der besonderen Schwere des damit verbundenen Grundrechtseingriffs nicht zulässig sein[638]. Die §§ 131 ff StPO, die eine Ausschreibung zur Festnahme bzw zur Aufenthaltsermittlung (früher: Steckbrief) regeln, gelten nur für die Strafverfolgung.

4. Die Datenverarbeitung

205 Neben den bisher erörterten Vorschriften über die Datenerhebung bilden die Regelungen über die **Datenverarbeitung** (zum Begriff s. oben Rn 177) einen Hauptbestandteil der polizeirechtlichen Datenschutzregelungen[639]. Da die Datenerhebung zu dem Zweck erfolgt, die gewonnenen Daten zu verarbeiten, enthalten die Vorschriften über die Datenverarbeitung eine notwendige **Ergänzung der Regelung der Datenerhebung**. Da die Möglichkeiten der modernen Datenverarbeitung das Grundrecht der in-

---

635   Dazu *Soiné*, ZRP 1992, 84 ff.
636   Zum Abgleich mit dem Fahndungsbestand und zur Rasterfahndung s. unten Rn 211 ff.
637   *OVG Hamburg*, NVwZ-RR 2009, 878 ff.
638   *Söllner*, DVBl 2009, 1120, 1121 f.
639   Vgl zB § 10a MEPolG; §§ 37 ff BWPolG; Art. 37 f BayPAG; §§ 42 f BerlASOG; §§ 37 ff BrandPolG; §§ 36a ff BremPolG; §§ 14 f HambPolDVG; § 20 HessSOG; §§ 36 ff MVSOG; §§ 38, 39 NdsSOG; §§ 22 ff NWPolG; §§ 30 ff SaarlPolG; §§ 22 ff SachsAnhSOG; §§ 43 ff SächsPolG; §§ 188 ff SchlHVwG; §§ 38 ff ThürPAG; §§ 29 ff BPolG; §§ 24 IV 2, 25 BKAG.

formationellen Selbstbestimmung in ganz spezifischer Weise gefährden, hat der Gesetzgeber bezüglich der Datenverarbeitung eine Fülle von Vorschriften geschaffen. Davon können hier nur einige Leitlinien herausgestellt werden.

a) Allgemeines zur Speicherung, Veränderung und Nutzung von Daten

Die Polizei kann personenbezogene Daten speichern, verändern und nutzen (zu den **206** Begriffen s. Rn 177), soweit und solange dies zur Wahrnehmung ihrer Aufgaben erforderlich ist (vgl zB § 10a I MEPolG; § 37 I 1 BWPolG)[640]. Einige Polizeigesetze binden die weitere Verarbeitung und Nutzung **ausdrücklich an die Rechtmäßigkeit der Datenerhebung**[641]. Soweit eine solche Regelung fehlt (vgl zB § 10a I MEPolG; § 37 I 1 BWPolG), dürfen grundsätzlich auch rechtswidrig erhobene Daten gespeichert, verändert und genutzt werden. Allerdings wird die rechtswidrige Erhebung vielfach dazu führen, dass der Ermessensspielraum eingeschränkt wird, über den die Polizei bei der Verwertung von Daten verfügt (näher unten Rn 215 ff).

b) Die Zwecke der Datenverarbeitung

Die Polizei darf Daten grundsätzlich **nur zu dem polizeilichen Zweck speichern,** **207** **verändern und nutzen, zu dem sie erhoben wurden**. Für die Speicherung von Daten enthalten die Polizei- und Ordnungsgesetze ergänzende Spezialregelungen (dazu Rn 210), ebenso für besondere Formen der Datenverarbeitung bzw -nutzung, insbesondere für den Datenabgleich (dazu Rn 211 ff) und die Datenübermittlung (dazu Rn 214).

Daten dürfen zu einem polizeilichen Zweck, zu dem sie nicht erhoben wurden, nur dann gespeichert, verändert oder genutzt werden, wenn die Polizei die Daten auch zu diesem Zweck hätte erheben dürfen (**Rechtmäßigkeit eines hypothetischen Ersatzeingriffs**; s. § 10a II MEPolG[642]). Dies gilt selbst für sog **Zufallsfunde**. Dies beruht darauf, dass nicht nur die Erhebung personenbezogener Daten in das Grundrecht auf informationelle Selbstbestimmung eingreift, sondern auch die weitere Verwendung dieser Daten. Erhebung und Verwendung der Daten sind deswegen an denselben grundrechtlichen Erfordernissen zu messen. Folglich können zB Daten, die bei einem sog. „Großen Lauschangriff" gewonnen wurden, nur zur Abwehr der dort angesprochenen dringenden Gefahren für die öffentliche Sicherheit genutzt werden (dazu näher Rn 194a). Gleiches gilt für die Telekommunikationsüberwachung (dazu näher Rn 197f). Um bei der Verwendung von Daten den Zweck ihrer Erhebung berücksichtigen zu können, existieren zT Kennzeichnungspflichten (dazu näher Rn 195 für den sog. „Großen Lauschangriff", Rn 197e für die Telekommunikation).

---

640 Ebenso oder ähnlich Art. 37 BayPAG; § 42 BerlASOG; § 39 I BrandPolG; § 36a I BremPolG; § 16 HambPolDVG; § 20 HessSOG; § 36 MVSOG; § 38 NdsSOG; § 24 NWPolG; § 33 RhPfPOG; § 30 SaarlPolG; § 22 SachsAnhSOG; § 43 SächsPolG; § 188 SchlHVwG; § 40 ThürPAG; § 29 BPolG.

641 § 42 I BerlASOG; § 39 I BrandPolG; § 38 I 1 NdsSOG; § 24 I NWPolG; § 40 ThürPAG.

642 Ebenso oder ähnlich § 37 II BWPolG; Art. 37 II BayPAG; § 42 II BerlASOG; § 38 I BrandPolG; § 36b BremPolG; § 14 I, II HambPolDVG; § 20 III HessSOG; § 36 I 3 MVSOG; § 39 I Nr 1 NdsSOG; § 23 I NWPolG; § 33 II RhPfPOG; § 30 I SaarlPolG; § 22 II SachsAnhSOG; § 43 I 2, 3 SächsPolG; § 191 I SchlHVwG; § 39 ThürPAG; § 29 I 3 u. 4 BPolG.

208 Ob und ggf. wie **Daten zum Zweck der Strafverfolgung** verwendet werden dürfen, die **zum Zweck der Gefahrenabwehr erhoben** wurden, hat grundsätzlich der **Bundesgesetzgeber zu entscheiden** (dazu oben Rn 31 f). Der Bundesgesetzgeber hat insoweit von seiner Gesetzgebungskompetenz Gebrauch gemacht, indem er in den §§ 161, 163 I 2, 483 StPO die Verwertung von Daten, die auf polizeigesetzlicher Grundlage erhoben wurden, für Zwecke der Strafverfolgung geregelt hat. Die Länder dürfen damit mangels Gesetzgebungskompetenz keine entsprechende Ermächtigungsgrundlage mehr schaffen. Die landesrechtlichen Vorschriften (zB §§ 21 V 2, 22 VII BWPolG[643]) gehen dementsprechend meist davon aus, dass polizeirechtlich erhobene Daten zur Verfolgung von Straftaten genutzt werden können, enthalten aber selbst keine Rechtsgrundlage für eine solche Nutzung. Die Länder sind allerdings dazu berechtigt, die Verwendung polizeirechtlich erhobener Daten zum Zweck der Strafverfolgung von vornherein ausschließen oder beschränken[644]. Zur strafprozessualen Verwertung von Zufallsfunden nach polizeirechtlichen Maßnahmen s. eingehend *Wolter*, FS Schenke, 2011, S. 541 ff.

209 **Daten, die zum Zweck der Strafverfolgung erhoben wurden, dürfen zum Zweck der Gefahrenabwehr** verwendet werden, soweit dies in den Polizeigesetzen ausdrücklich geregelt ist (s. zB § 38 I–III BWPolG[645]). Insoweit ergibt sich die Gesetzgebungskompetenz der Länder aus ihrer Gesetzgebungskompetenz für das allgemeine Polizeirecht (s. Rn 31). Sie wird vom Bundesgesetzgeber in § 481 StPO anerkannt, wonach die Polizeibehörden nach Maßgabe der Polizeigesetze personenbezogene Informationen aus Strafverfahren verwenden dürfen[646]. Die Verwertbarkeit personenbezogener Daten, die strafprozessual gewonnen wurden, kann allerdings durch spezielle Regelungen und/oder verfassungsrechtliche Vorgaben eingeschränkt werden. So enthält zB § 100d V StPO Einschränkungen für Daten, die durch eine strafprozessuale Wohnraumüberwachung gewonnen wurden. Zu einem Zweck, zu dem Daten nicht erhoben wurden, dürfen sie nur verwendet werden, wenn sie auch zu diesem anderen Zweck hätten erhoben werden dürfen (Rechtmäßigkeit eines hypothetischen Ersatzeingriffs; s. dazu oben Rn 207). Deswegen dürfen zB personenbezogene Daten, die durch eine strafprozessuale Telekommunikationsüberwachung (§ 100a StPO) gewonnen wurden, nur dann zur Gefahrenabwehr verwendet werden, wenn im Polizei- und Ordnungsgesetz des entsprechenden Landes eine Telekommunikationsüberwachung zum Zweck der Gefahrenabwehr vorgesehen ist (s. dazu näher Rn 197d).

---

643 Vgl ferner Art. 32 V, 34 V, VII BayPAG; §§ 24 II, 25 VI 3, 25 VIII 1, 25 IX BerlASOG; §§ 31 II 4, 33a VIII 2, 33b VIII 2, § 39 V 2 BrandPolG; §§ 29 IV, 36b IV 1 BremPolG; §§ 8 I 4, 10 III 9 HambPolDVG; §§ 14 VI 3 iVm I 2; 15 VI 4 HessSOG; §§ 32 II 2, 34 II 2, 34a VIII 2, 34b VII 2 MVSOG; § 39 VI NdsSOG; §§ 15 I, 17 IV 2, 17 VI, 18 IV 2, 18 VI NWPolG; § 33 II 3 RhPfPOG; § 27 V 3 SaarlPolG; §§ 16 IV 3, 17 VIII 1 SachsAnhSOG; § 37 III 1 SächsPolG; §§ 184 IV 3, 186 III 1, VI SchlHVwG; § 33 III 2 ThürPAG.
644 *MVVerfG*, LKV 2000, 345, 347 u. oben Rn 31.
645 Vgl auch § 10a III MEPolG; Art. 38 II BayPAG; § 42 III BerlASOG; § 39 II BrandPolG; § 16 II HambPolDVG; § 20 IV HessSOG; § 24 II NWPolG; § 33 IV RhPfPOG; § 23 SachsAnhSOG; § 43 II SächsPolG; § 40 II ThürPAG; s. auch § 29 II 1 BPolG und § 37 I MVSOG. Besondere Anforderungen stellen § 39 III NdsSOG, § 33 V RhPfPOG, § 30 II SaarlPolG und § 189 II SchlHVwG. S. auch *VGH Kassel*, DÖV 2005, 523 ff.
646 Zu der Problematik der Gesetzgebungskompetenz, die sich in diesem Zusammenhang stellt, s. Rn 31.

c) Speicherung

Bei der Speicherung in Dateien wird zT eine zusätzliche Kennzeichnung der gespei- **210**
cherten Daten dahingehend gefordert (s. zB § 37 I 2 BWPolG), dass erkennbar sein
muss, von welcher Personengruppe sie herrühren[647]. Zudem muss feststellbar sein, bei
welcher Stelle die Unterlagen geführt werden, die der Speicherung zu Grunde liegen
(s. zB § 37 I 3 BWPolG[648]). Soweit die Daten durch einen Eingriff in ein Grundrecht
gewonnen wurden, das nur unter qualifizierten Voraussetzungen beschränkt werden
darf, müssen sie aus verfassungsrechtlichen Gründen besonders **gekennzeichnet** werden. Dies gilt namentlich für Daten, die durch Wohnraumüberwachung (vgl Art. 13
GG; s. dazu Rn 195 und 207) und durch Telekommunikationsüberwachung (vgl
Art. 10 GG; s. dazu Rn 197e und 207) gewonnen wurden. Zur Speicherung in dem
elektronischen Informationssystem der Polizei INPOL, das von Bund und Ländern
gemeinsam betrieben wird, s. unten Rn 211.

d) Der Datenabgleich

Eine besondere Ausprägung der Zweckänderung von Daten beinhaltet der sog. Da- **211**
tenabgleich. Hierunter versteht man den gezielten Vergleich von Datenbeständen im
Hinblick auf bestimmte Merkmale der gespeicherten Personen oder Tatsachen.
Durch diesen Vergleich lassen sich neue Erkenntnisse gewinnen, die für die Gefahrenabwehr, aber auch für die Strafverfolgung bedeutsam sein können. Da die betroffenen Personen idR vom Datenabgleich zunächst nichts erfahren, handelt es sich um
keinen Verwaltungsakt (s. oben Rn 188 u. *Glaser*, Jura 2009, 742, 746; *Meister*, JA
2003, 83, 87).

Dem Datenabgleich dient insb die Errichtung von Dateien, die einen automatischen
Datenabruf ermöglichen (s. hierzu *Petri*, in: L/D G Rn 492 ff und unten Rn 214) und
die nur auf der Grundlage eines Gesetzes zulässig sind (s. zB § 26 HambPolDVG;
§ 41 RhPfPOG). Besondere Bedeutung kommt im Zusammenhang mit dem Datenabgleich dem elektronischen **Informationssystem der Polizei INPOL**[649] zu, das von
Bund und Ländern gemeinsam seit 1972 betrieben und beim **Bundeskriminalamt als
Zentralstelle für den elektronischen Datenverbund** (§§ 2 III, 11 I BKAG) geführt
wird. Die Teilnahme an dem Datensystem steht nach näherer Maßgabe des § 11 II
BKAG dem Bundeskriminalamt und den Landeskriminalämtern, sonstigen Polizeibehörden der Länder, der Bundespolizei sowie den mit der Wahrnehmung grenzpolizei-
licher Aufgaben betrauten Behörden der Zollverwaltung und des Zollkriminalamts zu,
die in automatischen Verfahren Daten eingeben und abrufen können (sog Verbund-

---

647 ZB von einem Störer oder Nichtstörer, einem potenziellen Straftäter, seinen Kontakt- und Begleitper-
     sonen, möglichen Opfern oder Gefährdeten einer Straftat, Fachleuten für die Bekämpfung bestimm-
     ter Gefahren.
648 Vgl auch § 38 II 1 BrandPolG; § 14 III 1 HambPolDVG; § 20 VI HessSOG; § 36 II MVSOG; § 23
     II 1 NWPolG; § 30 IV SaarlPolG; § 22 VI SachsAnhSOG; § 188 II SchlHVwG. Gem. § 38 I 3 Nds-
     SOG; § 34 VIII ThürPAG sind zu speichernde personenbezogene Daten mit der Zweckbestimmung
     zu kennzeichnen.
649 Dazu näher *Pieroth/Schlink/Kniesel*, § 15, Rn 23 ff.

datei). Die Einrichtung einer Verbunddatei[650] bedarf zB gem §§ 11 II 3, 7 VI BKAG einer Rechtsverordnung (*Arzt/Eier*, DVBl 2010, 816 ff; *BVerwG*, NJW 2011, 405). INPOL umfasst ua folgende Einzeldateien:

Personenfahndung: Dort werden insbesondere Daten zur strafprozessualen Festnahme auf Grund eines Haftbefehls, zur Ingewahrsamnahme vermisster Personen sowie zur Aufenthaltsermittlung und zur Ausweisung, Abschiebung oder Zurückweisung von Ausländern gespeichert;

Sachfahndung: Sie betrifft Informationen über Gegenstände, die zum Zweck der Beweissicherung, Einziehung oder Eigentumssicherung (zB bei Diebstahl von Kraftfahrzeugen) benötigt werden;

Kriminalaktennachweis KAN: Dort werden auf Bundesebene Kriminalaktennachweise über alle schweren und überregional bedeutsamen Straftaten geführt, welche durch die automatisierten Aktennachweissysteme der Länder (zB HEPOLIS in Hessen) ergänzt werden;

Haftdatei: In ihr werden alle Personen gespeichert, die derzeit oder innerhalb der letzten zwei Jahre in Haft sind bzw waren;

Erkennungsdienst: Sie beinhaltet zu präventiven Zwecken aufbewahrte Daten über alle erkennungsdienstlich behandelten Personen;

Daktyloskopie: Sie enthält die computerlesbaren Fingerabdrücke aller erkennungsdienstlich behandelten Personen;

DNA-Datenbank: In ihr sind die genetischen Fingerabdrücke gespeichert;

Datei Gewalttäter Sport: Sie betrifft die Speicherung von Personen, die im Zusammenhang mit Sportveranstaltungen Straftaten begangen haben oder Adressat polizeilicher Maßnahmen waren und bei denen Tatsachen die Annahme rechtfertigen, dass sie künftig anlassbezogene Straftaten begehen werden;

PIOS-Dateien: Hier werden über Personen, Institutionen, Objekte und Sachen Inhalte von Ermittlungsakten und Erkenntnisse aus der Datenerhebung zur vorbeugenden Bekämpfung von Straftaten gespeichert;

Spudok-Dateien: Sie beinhalten Spurendokumente (wie Zeugenaussagen, Hinweise);

Falldateien: Sie betreffen die Informationen der Polizei zu einem bestimmten Deliktsbereich aus bekannt gewordenen Straftaten.

§ 1 des Gesetzes zur Errichtung einer standardisierten zentralen Antiterrordatei von Polizeibehörden und Nachrichtendiensten von Bund und Ländern (ATDG) regelt, dass das Bundeskriminalamt, die Bundespolizeidirektion, die Landeskriminalämter, die Verfassungsschutzbehörden des

---

650 Geregelt wird die Vereinbarung einer Verbunddatei mit dem Bund und anderen Ländern zB in § 33 IV NWPolG.

Bundes und der Länder, der Militärische Abschirmdienst, der Bundesnachrichtendienst und das Zollkriminalamt (beteiligte Behörden) beim Bundeskriminalamt eine gemeinsame standardisierte zentrale Antiterrordatei führen, um ihre jeweiligen gesetzlichen Aufgaben zur Aufklärung und Bekämpfung des internationalen Terrorismus mit Bezug zur Bundesrepublik Deutschland zu erfüllen. Zur Teilnahme an der Antiterrordatei sind nach näherer Maßgabe des § 1 Abs. 2 ATDG weitere Polizeivollzugsbehörden berechtigt. Zum Inhalt der Antiterrordatei s. § 2 ATDG. Die beteiligten Behörden dürfen die gespeicherten Daten nach näherer Maßgabe des § 5 ATDG im automatisierten Verfahren nutzen. Die Datenübermittlung erfolgt mittels Abrufs durch den Empfänger, der nach § 8 I 2 ATDG die Verantwortung für die Zulässigkeit der Abfrage trägt[651]. In seinem Urteil vom 24.4.2013[652] hat das *BVerfG* zwar die Errichtung der Antiterrordatei als Verbunddatei in ihren Grundstrukturen als mit der Verfassung vereinbar angesehen. Es hat diese aber insoweit **beanstandet und als tlw verfassungswidrig angesehen**, als ihre gesetzliche Ausgestaltung dem aus dem Übermaßverbot abzuleitenden **Erfordernis einer hinreichenden Bestimmtheit** der zu erfassenden Daten und ihrer Nutzungsmöglichkeiten **nicht vollständig genüge**. Das betreffe die Bestimmung der beteiligten Behörden, die Reichweite der als terrorismusnah erfassten Personen, die Einbeziehung von Kontaktpersonen, der Nutzung von verdeckt bereitgestellten erweiterten Grunddaten, der Konkretisierungsbefugnis der Sicherheitsbehörden für die zu speichernden Daten und der Gewährleistung einer wirksamen Aufsicht. Bis zu einer Neuregelung, längstens jedoch bis zum 31.12.2014, dürfen die Vorschriften weiter angewendet werden. Das gilt allerdings nur „mit der Maßgabe, dass außerhalb des Eilfalls gem. § 5 II ATDG eine Nutzung der Antiterrordatei nur zulässig ist, sofern der Zugriff auf die Daten von Kontaktpersonen gem. § 2 S. 1 Nr 3 ATDG und auf Daten, die aus Eingriffen in das Telekommunikationsgeheimnis und das Grundrecht auf Unverletzlichkeit der Wohnung herrühren, ausgeschlossen und gewährleistet ist, dass bei Recherchen in den erweiterten Grunddaten im Trefferfall allein ein Zugang zu Informationen gem. § 3 I Nr 3 ATDG, nicht aber zu Informationen gem. § 3 I Nr 1a ATDG gewährt wird. Sobald die Möglichkeit des Zugriffs auf die Daten von Kontaktpersonen und auf Daten, die aus Eingriffen in das Telekommunikationsgeheimnis und das Grundrecht auf Unverletzlichkeit der Wohnung herrühren, ausgeschlossen werden kann, dürfen diese auch für die Nutzung der Datei im Eilfall gem. § 5 II ATDG nicht mehr genutzt werden"[653]

Nach § 10e I 1 MEPolG dürfen personenbezogene Daten von polizeirechtlich Verantwortlichen, von Personen, bei denen Anhaltspunkte bestehen, dass sie künftig Straftaten begehen werden, sowie – bei Vorliegen der Voraussetzungen des polizeilichen Notstands – von Nichtstörern abgeglichen werden[654]. Personenbezogene Daten sonstiger Personen darf die Polizei abgleichen, wenn dies auf Grund tatsächlicher Anhaltspunkte zur Erfüllung ihrer Aufgaben geboten erscheint. Die Polizei kann ferner im Rahmen ihrer Aufgabenerfüllung erlangte personenbezogene Daten mit dem Fahndungsbestand abgleichen (§ 10e I 2 MEPolG; s. auch Rn 204). Nach § 10f MEPolG kann die Polizei von öffentlichen oder nichtöffentlichen Stellen zur Abwehr einer gegenwärtigen Gefahr für den Bestand oder die Sicherheit des Bundes oder eines Landes oder für Leib, Leben oder Freiheit einer Person die Übermittlung personenbezo-

212

---

651 Durch die Antiterrordatei werden polizeiliche und nachrichtenbehördliche Daten vermengt. Nach einer zT vertretenen Auffassung verstößt dies gegen ein – von den Vertretern dieser Auffassung angenommenes – Trennungsgebot zwischen Polizeibehörden und Nachrichtendiensten. So zB *Roggan/ Bergemann*, NJW 2007, 876 ff.

652 *BVerfG*, NJW 2013, 1499 ff.

653 *BVerfG*, NJW 2013, 1499, 1518.

654 Ebenso oder ähnlich §§ 39 f BWPolG; Art. 43 BayPAG; § 40 BrandPolG; §§ 36h, 36i BremPolG; § 22 HambPolDVG; § 25 HessSOG; § 43 MVSOG; § 25 NWPolG; § 45 NdsSOG; §§ 37 f RhPf-POG; § 36 SaarlPolG; § 30 SachsAnhSOG; § 46 SächsPolG; §§ 195, 195a SchlHVwG; § 43 Thür-PAG; § 34 BPolG; § 28 BKAG.

gener Daten bestimmter Personengruppen aus Dateien zum Zwecke des Abgleichs mit anderen Datenbeständen verlangen, wenn tatsächliche Anhaltspunkte die Annahme rechtfertigen, dass dies zur Abwehr der Gefahr erforderlich ist. Vorschriften über ein Berufs- oder besonderes Amtsgeheimnis bleiben unberührt. Der Inhalt des Übermittlungsersuchens ist nach näherer Maßgabe des § 10f II MEPolG grundsätzlich auf Namen, Anschrift, Tag und Ort der Geburt sowie auf im Einzelnen festzulegende Merkmale beschränkt. Es gelten bestimmte Löschungs- und Vernichtungspflichten bei Zweckerreichung oder Nichterreichbarkeit des Zwecks sowie bestimmte Protokollierungspflichten; s. dazu näher § 10f II MEPolG.

213 Eine besondere Form des Datenabgleichs stellt die **Rasterfahndung** dar[655]. Die Polizei kann dabei nach näherer Maßgabe der landesrechtlichen Regelungen verlangen, dass ihr öffentliche und nichtöffentliche Stellen aus Dateien personenbezogene Daten übermitteln, die einem Personenprofil entsprechen, das vorher festgelegt und unter kriminalistischen Gesichtspunkten zusammengestellt wurde und für bestimmte Tätertypen charakteristisch ist. Die Übermittlung erfolgt dabei zu dem Zweck, die übermittelten Daten automatisiert (s. Rn 177)[656] mit anderen Datenbeständen abzugleichen[657]. Durch den automatisierten Datenabgleich können alle Personen, welche die betreffenden Eigenschaften aufweisen, bestimmt werden (sog. **positive Rasterfahndung**). Anschließend können gegen diese Personen nach Maßgabe anderer polizeirechtlicher Rechtsgrundlagen weitere Ermittlungen geführt werden. Diejenigen Personen, welche die betreffenden Eigenschaften nicht aufweisen, fallen aus dem Raster und werden nicht zum Ziel weiterer Ermittlungsmaßnahmen (sog. **negative Rasterfahndung**). Die Rasterfahndung ist damit eine Kombination von Datenerhebung, Datenübermittlung und (automatisiertem) Datenabgleich. Sie vollzieht sich in fünf Schritten. Es bedarf zunächst einer Erstellung des Täterprofils (Rasters), dann einer Sachanfrage, einer Recherche durch die ersuchte Stelle, einer Datenübermittlung und schließlich eines Datenabgleichs[658]. Solche personenbezogenen Daten, die ein Raster bildeten, waren nach den Terroranschlägen des 11.9.2001 zB männliche Person, Student oder ehemaliger Student, islamische Religionszugehörigkeit und Herkunft aus einem islamischen Land. Die Rasterfahndung stellt stets einen Eingriff in das informationelle Selbstbestimmungsrecht dar. Soweit hierbei erhobene Daten nicht weiter verwandt und unverzüglich gelöscht werden, liegt allerdings nur ein leicher Eingriff

---

655 S. zB § 40 BWPolG; Art. 44 BayPAG; § 47 BerlASOG; § 46 BrandPolG; § 36i BremPolG; § 23 HambPolDVG; § 26 HessSOG; § 44 MVSOG; § 45a NdsSOG; § 31 NWPolG; § 38 RhPfPOG; § 37 SaarlPolG; § 31 SachsAnhSOG; § 47 SächsPolG; §§ 195 f SchlHVwG; § 44 ThürPAG; § 20j BKAG.

656 Darunter versteht man den Datenabgleich unter Einsatz von Datenverarbeitungsanlagen, vgl § 3 II 1 BDSG.

657 Eingehend zu den sich hier stellenden Problemen *Bausback*, BayVBl. 2002, 713 ff; *Bull*, FS Selmer, 2004, S. 29, 34 ff; *Geis/Möller*, DV 2004, 431 ff; *Glaser*, Jura 2009, 742, 743; *Gusy*, KritV 2002, 474 ff; *ders*, FS Schenke, 2011, 395, 400 f; *Horn*, DÖV 2003, 746 ff; *Käß*, BayVBl. 2009, 360 ff (zu der an *BVerfGE* 115, 320 ff angepassten Novellierung des Art. 44 BayPAG); *Lisken*, NVwZ 2002, 513 ff; *Meister*, JA 2003, 83 ff; *Robrecht*, SächsVBl. 2007, 80 ff; *Schulze-Fielitz*, FS Schmitt Glaeser, 2003, S. 407, 419 ff; *Trute*, DV 2009, 85, 98 ff. Aus der Rechtsprechung s. *OLG Düsseldorf*, NVwZ 2002, 629 ff; *OLG Frankfurt*, NVwZ 2002, 626 und *OVG Koblenz*, NVwZ 2002, 1528 f.

658 *Brugger*, FS Jayme, 2004, S. 1037, 1038.

vor. Nach Ansicht des *BVerfG*[659] soll es sogar an einem Eingriff fehlen, sofern die Daten ungezielt und allein technikbedingt zunächst miterfasst, aber unmittelbar nach der Erfassung technisch wieder anonym, spurenlos und ohne Erkenntnisinteresse für die Behörden ausgesondert werden.

Das *BVerfG*[660] ist der Auffassung, dass eine Rasterfahndung nur dann mit dem Grundrecht der informationellen Selbstbestimmung vereinbar sei, wenn eine **konkrete Gefahr** für hochrangige Rechtsgüter wie den **Bestand oder die Sicherheit des Bundes oder eines Landes oder für Leib, Leben oder Freiheit einer Person** bestehe. In den meisten Polizeigesetzen entsprechen die Regelungen zur Rasterfahndung – die zT an die Rspr des *BVerfG* angepasst werden mussten – heute den Anforderungen des *BVerfG*[661].

213a

Probleme ergeben sich in der Praxis, wenn die einschlägigen gesetzlichen Regelungen die Rasterfahndung an eine **gegenwärtige Gefahr** binden (so § 47 I BerlASOG)[662] und damit eine besondere zeitliche Nähe der Gefahr fordern (s. hierzu Rn 78). Eine solche Nähe erscheint angesichts der weitreichenden (zT zu weitreichenden) Anforderungen, die an eine „gegenwärtige Gefahr" gestellt werden, in vielen Fällen zweifelhaft. Selbst wenn sie bejaht wird, bleibt immer noch fraglich, ob die sehr zeitaufwendige Rasterfahndung, die regelmäßig weitere Aufklärungsmaßnahmen erforderlich macht, überhaupt geeignet ist, eine gegenwärtige Gefahr rechtzeitig zu bekämpfen[663]. Dieser Problematik versuchen die Gerichte[664] teilweise dadurch Rechnung zu tragen, dass sie von einer Dauergefahr ausgehen, die sie als gegenwärtige Gefahr betrachten. Richtig hieran ist, dass insbesondere terroristische Aktivitäten[665] häufig einer längeren Vorbereitungsphase bedürfen, so dass bereits Vorbereitungsakte eine gegenwärtige Gefahr darstellen können, zumal idR schon in diesem Stadium strafbare Handlungen vorliegen (s. Rn 10). Allerdings bedarf es stets konkreter Anhaltspunkte, die eine hinreichende Wahrscheinlichkeit für entsprechende Aktivitäten begründen. Die Anforderungen dürfen dabei im Hinblick auf die besondere Wertigkeit der gefährdeten Rechtsgüter nicht überspannt werden. Allgemeine Vermutungen

---

659   *BVerfGE* 115, 320, 343 f unter Bezugnahme auf *BVerfGE* 100, 313, 366; 207, 299, 328.

660   *BVerfGE* 115, 320 ff (zu § 31 NWPolG aF). **Kritisch** zu dieser Rspr 5. Aufl., Rn 213c; *Hillgruber*, JZ 2007, 209, 212 ff; *Volkmann*, Jura 2007, 132, 135 f. Vgl ferner *Schewe*, NVwZ 2007, 174 ff.

661   Art. 44 BayPAG; § 46 BrandPolG; § 47 BerlASOG; § 36i BremPolG; § 23 HambPolDVG; § 44 MVSOG; § 26 HessSOG; § 45a I 1 NdsSOG; § 31 I NWPolG; § 37 SaarlPolG; § 47 I 1 SächsPolG; § 31 SachsAnhSOG; § 195a SchlHVwG; § 44 I ThürPAG; § 20j BKAG.

662   Deshalb verzichtet nunmehr der novellierte § 47 I 1 SächsPolG (ebenso wie vorher schon die novellierten § 46 I BrandPolG, § 26 I 1 HessSOG und § 31 I NWPolG) auf das Erfordernis der Gegenwärtigkeit der Gefahr.

663   S. *Gusy*, KritV 2002, 474, 489 f. Zu entsprechenden Problemen s. auch *Bausback*, BayVBl. 2002, 713 ff.

664   *OVG Koblenz*, DuD 2002, 307, 308; *VG Mainz* DuD 2002, 303, 305. Eine konkrete Dauergefahr hält auch *BVerfG*, JZ 2006, 906, 913 für möglich. Zur sehr unterschiedlichen Rechtsprechung zur Gegenwärtigkeit der Gefahr s. *Bausback*, BayVBl. 2002, 713, 717 ff; s. zB einerseits zu § 26 I 1 HessSOG aF *OLG Frankfurt*, DuD 2002, 238, 239, andererseits zu § 31 I NWPolG aF *OLG Düsseldorf*, NVwZ 2002, 629 ff.

665   In der Praxis stellte sich die Problematik insbesondere bei Rasterfahndungen, die nach den Terroranschlägen vom 11. September 2001 durchgeführt worden waren.

genügen freilich nicht. Das gilt selbstverständlich auch für diejenigen Landesgesetze, die eine Gegenwärtigkeit der Gefahr nicht verlangen. Zu beachten ist im Übrigen, dass der Schaden für Leib, Leben oder Freiheit nicht notwendigerweise im Inland drohen muss, sondern es bereits genügt, wenn er zwar im Ausland droht, die Rechtsgutsverletzung (zB die terroristischen Anschläge) aber im Inland vorbereitet werden. Ausgenommen von der Rasterfahndung sind alle Daten, die einem Berufs- oder Amtsgeheimnis unterliegen (s. zB § 40 I 2 BWPolG; § 31 II 1 NWPolG). Aus einer verfassungskonformen Auslegung folgt, dass zusätzlich solche Daten von der Rasterfahndung ausgenommen sind, bei denen der Bundesgesetzgeber die Übermittlungsbefugnis an die Polizei beschränkt hat.

213b   Bedenken werden gegen eine Rasterfahndung ferner erhoben, weil auch auf die personenbezogenen Daten solcher Personen zurückgegriffen wird, die in keiner Beziehung zu der Gefahr stehen, die bekämpft werden soll. Zwar ist es unrichtig, wenn hieraus bereits gefolgert wird, die Rasterfahndung sei eine gefahrenunabhängige Maßnahme[666], denn das Vorliegen einer Gefahr ist – wie auch sonst im Polizeirecht unerkannt wird – nicht davon abhängig, dass der Adressat der Maßnahme die Gefahr verursacht hat. Es bleibt aber das Problem, dass eine sehr große Anzahl von Personen Objekt staatlicher Ermittlungsmaßnahmen wird und das informationelle Selbstbestimmungsrecht durch das Abgleichen von Daten in einem Ausmaß beeinträchtigt wird, das über die Summierung von einzelnen Datenerhebungen hinausreicht. Schwer wiegt vor allem, dass eine Person, die in das polizeiliche Raster fällt, nun nach Maßgabe weiterer polizeirechtlicher Vorschriften zum Ziel staatlicher Ermittlungsmaßnahmen wird, obwohl sie möglicherweise nicht für die zu bekämpfende Gefahr verantwortlich ist. Das gilt umso mehr, als die Zahl der Personen, die das Raster erfasst, häufig noch beträchtlich sein wird. Insbesondere bei der Rasterfahndung zur Bekämpfung terroristischer Anschläge macht sich in diesem Zusammenhang bemerkbar, dass sich Terroristen im Vorfeld ihrer Anschläge idR möglichst unauffällig verhalten, um nicht zum Objekt polizeilicher Ermittlungsmaßnahmen zu werden. Deswegen sind die Personenmerkmale, die das Raster enthält, vielfach sehr allgemein und erfassen immer noch eine größere Personenzahl. Um rechtsstaatliche Einwände gegen Ermittlungsmaßnahmen zu mindern, die auf der Rasterfahndung aufbauen, dürfen Personen, die vom Raster erfasst werden, bei denen aber nur der Verdacht besteht, dass sie Störer sein könnten, (zunächst) nicht als Störer, sondern nur als Nichtstörer behandelt werden. Der Anschein oder der Verdacht, Störer zu sein, begründet allein noch nicht die Störereigenschaft, s. dazu Rn 252 ff.

213c   Rechtsstaatlichen Bedenken gegen die Rasterfahndung versucht der Gesetzgeber außerdem durch organisatorische und verfahrensrechtliche Ausgleichsmechanismen Rechnung zu tragen, so zB durch Behördenleitervorbehalte (zT auch Richtervorbehalte), die Pflicht, den Datenschutzbeauftragten zu unterrichten, oder die Pflicht, nicht mehr benötigte Daten alsbald zu löschen (s. zB § 40 III, IV BWPolG; § 26 III, HessSOG)[667]. Eine Verpflichtung, nachträglich alle Personen zu informieren, bei denen nur – ohne anschließende weitere Ermittlungsmaßnahmen – Daten abgeglichen wurden, kommt allerdings nicht in Betracht, schon weil die Zahl der Betroffenen zu groß und der Eingriff jeweils relativ geringfügig ist. Eine solche Information wäre zudem kontraproduktiv, da sie eine Individualisierung der in einer anonymen Datenmenge versteckten Personen voraussetzte und dadurch den Eingriff

---

666   So aber wohl *Schulze-Fielitz*, in: Festschrift für Schmitt Glaeser, 2003, S. 407, 421.
667   S. dazu näher *Horn*, DÖV 2003, 746, 755.

verstärkte[668]. Wenn sich dagegen an die Rasterfahndung weitere heimliche Datenerhebungen bei solchen Personen anschließen, die in das Raster fielen, müssen selbstverständlich diese Personen nachträglich benachrichtigt werden (so ausdrücklich § 40 V BWPolG; s. auch Rn 194 und 196).

Vorschriften, welche die **elektronische Erhebung von Kfz-Kennzeichen zum Zwecke des automatisierten Abgleichs mit Fahndungsbeständen** zulassen, finden sich heute in einer Vielzahl von Bundesländern[669]. Die diesbezüglichen früheren Regelungen in § 14 V HessSOG aF und § 184 V SchlHVwG aF erklärte das *BVerfG* allerdings für nichtig[670]. Es war der Auffassung, dass zum einen der in diesen Vorschriften benannte Zweck, das Kfz-Kennzeichen mit einem gesetzlich nicht näher definierten Fahndungsbestand abzugleichen, den Anforderungen an die **Normbestimmtheit nicht genüge**. Zum anderen **verstieße** die Vorschrift **gegen den Grundsatz der Verhältnismäßigkeit**, da die gesetzliche Ermächtigung die automatisierte Erfassung und Auswertung von Kfz-Kennzeichen ermögliche, ohne dass hierfür ein bestimmter Anlass, namentlich konkrete Gefahrenlagen oder allgemein gesteigerte Risiken von Rechtsgutgefährdungen oder -verletzungen, vorliegen müssten. Nicht unproblematisch ist an dieser Entscheidung allerdings, dass das *BVerfG* einen **Eingriff** in das informationelle Selbstbestimmungsrecht dann **verneint**, wenn ein **unverzüglicher Abgleich** keinen „Treffer" ergibt und die **Erfassung deshalb sofort und spurlos gelöscht** wird. Dagegen lässt sich kritisch einwenden, dass allein schon die Existenz einer Überwachungsanlage einschüchternd wirken und den Betroffenen in seiner Handlungsfreiheit beeinträchtigen kann. Zuzustimmen ist dem *BVerfG* aber darin, dass der Umstand, dass die Kennzeichen eines Autos für jedermann sichtbar und in diesem Sinn öffentlich sind, einem Grundrechtseingriffs durch die weitere Verwertung der Kennzeichen noch nicht entgegensteht. Für einen Eingriff spricht insbesondere, dass es die automatisierte Datenverarbeitung der Polizei ua ermöglicht, durch Verknüpfung mit anderen personenbezogenen Daten ein **Bewegungsprofil Betroffener zu erstellen**. Dies greift erheblich in das informationelle Selbstbestimmungsrecht ein, was nur bei konkreten Gefahren für gewichtige Rechtsgüter zulässig sein kann und jedenfalls nicht verdachtslos erfolgen darf. Die mit § 184 V SchlHVwVG weitgehend übereinstimmenden Regelung des § 8 VI HambPolDVG aF war ebenfalls verfassungswidrig[671] und ist inzwischen durch § 8a HambPolDVG ersetzt worden. Bedenken bestehen gegen § 8a II 2 Nr 3 HambPolDVG ebenso wie gegen Art. 33 II 3 Nr 2b BayPAG und § 22a II 2 BWPolG allerdings insoweit, als hiernach auch ein Abgleich mit polizeilichen Fahndungstatbeständen zugelassen wird, die aus Gründen der Straf-

213d

---

668   Nach der zweifelhaften Rspr des *BerlVerfGH* (NVwZ-RR 2004, 746 f) soll ein Rechtsschutzinteresse an der gerichtlichen Feststellung, dass die Anordnung einer Rasterfahndung rechtswidrig war, ohnehin nicht mehr bestehen, nachdem alle auf diesem Wege ermittelten personenbezogenen Daten zunächst Betroffener vernichtet bzw gelöscht worden sind.

669   Art. 33 I 2–5 BayPAG; § 22a BWPolG; § 36a BrandPolG; § 8a HambPolDVG; § 14a HessSOG, § 43a MVSOG; § 32 V NdsSOG; § 19a SächsPolG; § 27 III SaarPolG; § 33 VII ThürPAG.

670   *BVerfG*, NJW 2008, 1505 ff und dazu *Breyer*, NVwZ 2008, 824 ff; *Cornils*, Jura 2010, 443 ff; *Glaser*, Jura 2009, 741, 743; *Guckelberger*, NVwZ 2009, 352 ff; *Muckel*, JA 2009, 77 ff; *Roßnagel*, NJW 2008, 2547 ff.

671   Dazu näher *Roßnagel*, NJW 2008, 2547, 2550.

verfolgung erstellt wurden. Insoweit kommt ein Verstoß gegen das in § 6 EGStPO statuierte Kodifikationsprinzip in Betracht (s. auch § 111 StPO)[672]. Diesen Bedenken lässt sich aber durch eine verfassungskonforme Auslegung Rechnung tragen, nach der dieser polizeirechtlich geregelte Abgleich **ausschließlich dem Zweck der Gefahrenabwehr** – insbesondere also der Wiederbeschaffung der gestohlenen Fahrzeuge – dienen darf. Ausgeschlossen ist hingegen seine Nutzung zu Zwecken der Strafverfolgung. Soweit entsprechende Maßnahmen zur vorbeugenden Bekämpfung von Straftaten zugelassen werden (so § 22a I 1 BWPolG) sind sie iÜ verfassungskonform dahingehend auszulegen, dass sie nur zum Zwecke der Gefahrenvorsorge, nicht aber der Strafverfolgungsvorsorge zulässig sind (s. oben Rn 30; nicht überzeugend deshalb *Trurnit*, VBlBW 2011, 458, 461).

e) Die Datenübermittlung

214 In den Polizei- und Ordnungsgesetzen finden sich auch nähere Vorschriften über die **Datenübermittlung** (§§ 10c-10f MEPolG)[673]. Sie tragen dem Umstand Rechnung, dass die Vorschriften über die **Amtshilfe** (Art. 35 GG, §§ 4 ff VwVfG) sowie §§ 10 f BDSG und die entsprechenden landesrechtlichen Regelungen **keine Rechtsgrundlage für einen Eingriff in das informationelle Selbstbestimmungsrecht** liefern. Ein solcher Eingriff ist in einer Übermittlung von Daten zwischen öffentlichen Stellen zu sehen[674]. Zwischen Polizeibehörden/Dienststellen des Polizeivollzugsdienstes können personenbezogene Daten übermittelt werden, soweit dies zur Erfüllung polizeilicher Aufgaben erforderlich ist (§ 10c I MEPolG; § 42 BWPolG[675]). Ebenso kann die Polizei an andere Behörden oder Stellen, die für die Gefahrenabwehr zuständig sind, personenbezogene Daten übermitteln, soweit die Kenntnis dieser Daten zur Erfüllung von Aufgaben des Empfängers bzw Dritten, an den übermittelt wird, erforderlich ist (§ 10c II MEPolG; §§ 42 II, 43 BWPolG[676]). Eine Übermittlung ist grundsätzlich nur zu dem Zweck zulässig, zu dem die Polizei die Daten erlangt hat. Die Nutzung zu einem anderen Zweck ist nur zulässig, soweit die Polizei die Daten auch zu diesem Zweck erheben dürfte (§§ 10c I 2 iVm 10a II MEPolG; s. Rn 207). Die Regelungen über die Übermittlung personenbezogener Daten an andere innerstaatliche und ausländische Behörden und öffentliche Stellen sowie an über- und zwischenstaatliche

---

672 Aus diesem Grund wird die Verfassungswidrigkeit solcher Regelungen durch *Breyer*, NVwZ 2008, 824, 825 f; *Cornils*, Jura 2010, 443, 445; *Hornmann*, NVwZ 2007, 669; *Rossnagel*, NJW 2008, 2547, 2550 sowie in der Vorauflage befürwortet; **aA** *Glaser*, Jura 2009, 742, 745; *Guckelberger*, NVwZ 2009, 352, 355.

673 Ähnlich §§ 41 ff BWPolG; Art. 40 ff BayPAG; §§ 44 f BerlASOG; §§ 41 ff BrandPolG; §§ 36c ff BremPolG; §§ 18 ff HambPolDVG; §§ 21 ff HessSOG; §§ 39 ff MVSOG; §§ 40 ff NdsSOG; §§ 26 ff NWPolG; §§ 34 ff RhPfPOG; §§ 32 ff SaarlPolG; §§ 26 ff SachsAnhSOG; § 44 SächsPolG; §§ 191 ff SchlHVwG; § 41 ThürPAG; §§ 31a ff BPolG; § 20x BKAG; s. auch *Petri*, in: L/D, G, Rn 434 ff.

674 Wie hier *Lisken*, NJW 1982, 1481, 1482; grundlegend *Schlink*, Die Amtshilfe, 1982, S. 169 ff.

675 Vgl auch Art. 40 I 1 BayPAG; § 44 I 1 BerlASOG; § 42 I 1 BrandPolG; § 19 I HambPolDVG; § 22 I 1 HessSOG; § 40 I 1 MVSOG; § 41 I 1 NdsSOG; § 27 I NWPolG; § 34 I RhPfPOG; § 33 I 1 SaarlPolG; § 27 I 1 SachsAnhSOG; § 192 I 1 SchlHVwG; § 41 I 1 ThürPAG; § 32 I BPolG.

676 Vgl auch Art. 40 III BayPAG; § 43 II BrandPolG; § 20 II HambPolDVG; § 22 I 3 HessSOG; § 41 I 1 MVSOG; § 28 II PolGNW; § 34 I, II RHPfPOG; § 34 I 1 SaarlPolG; § 27 I 3 SachsAnhSOG; § 193 I 1 SchlHVwG; § 41 II 1 ThürPAG; § 32 II BPolG.

Einrichtungen sind sehr detailliert und können deswegen hier nicht im Einzelnen wiedergegeben werden[677]. Für die Übermittlung personenbezogener Daten an **Mitgliedstaaten der EU** sowie für deren Verarbeitung übermittelter Daten existieren zT Sondervorschriften (s. zB §§ 43a ff BWPolG). Hervorzuheben ist, dass eine Übermittlung von Daten zwischen öffentlichen Stellen, die mit einem Eingriff in das informationelle Selbstbestimmungsrecht verbunden ist und deshalb einer gesetzlichen Ermächtigungsgrundlage bedarf, sogar dann vorliegen kann, wenn die Daten innerhalb derselben Behörde übermittelt werden, deren Untergliederungen aber mit verschiedenen Aufgaben betraut sind[678]. Wenn die zu übermittelnden Daten einem Berufs- oder besonderen Amtsgeheimnis unterliegen, ist die Übermittlung zudem nur dann zulässig, wenn der Empfänger die Daten zur Erfüllung des gleichen Zwecks benötigt, zu dem sie die Polizei erhoben hat oder hätte erheben können (§ 10 VI MEPolG). Zur Datenübermittlung im Zusammenhang mit dem Datenabgleich und der Rasterfahndung s. oben Rn 212 ff.

Erheblich erleichtert wird die Datenübermittlung durch ein **automatisiertes Abrufverfahren** (s. dazu auch Rn 211). Die Einrichtung eines automatisierten Verfahrens, das die Übermittlung personenbezogener Daten durch polizeilichen Abruf ermöglicht, ist nach § 10d MEPolG[679] zulässig, soweit diese Form der Datenübermittlung unter Berücksichtigung der schutzwürdigen Belange der Betroffenen und der Erfüllung polizeilicher Aufgaben angemessen ist. Ein automatisiertes Verfahren, das einen Online-Zugriff auf personenbezogene Daten ermöglicht, schränkt freilich die Kontrolle der weiteren Verwendung von Daten durch die Behörde, welche bisher die Datenherrschaft besaß, erheblich ein. Das automatisierte Verfahren wirft damit spezifische datenschutzrechtrechtliche Probleme auf. Deshalb bedarf es besonderer organisatorischer und technischer Vorkehrungen, um den hierdurch erleichterten Datenfluss zu kontrollieren (§§ 10d II, 10h MEPolG; s. zB auch § 41a III, IV RhPfPOG). Die Einrichtung eines automatisierten Verfahrens ist an die Zustimmung des Innenministers/Innensenators gebunden; der Datenschutzbeauftragte muss informiert werden. Der automatisierte Datenabruf wird im Übrigen vielfach in Spezialregelungen des Melderechts, des Ausländerrechts (§ 2 II AZRG), des Sozialrechts (§§ 68, 73 SGB X) und des Straßenverkehrsrechts (§ 35 I, III, IV StVO) geregelt. Zum automatisierten Zugriff von Nachrichtendiensten auf polizeiliche Daten bei der Terrorismusbekämpfung s. Rn 211.

f) Die Verwertbarkeit rechtswidrig erlangter Daten

In Verbindung mit der Datenverarbeitung stellt sich auch die Frage, ob **rechtswidrig** **215** **erlangte Daten** verwertbar sind oder nicht, ob also die Rechtswidrigkeit der Datenerhebung grundsätzlich zu einem Verwertungsverbot führt, so dass auch die Verarbeitung solcher Daten rechtswidrig ist[680]. Nach zutreffender Auffassung folgt aus der

---

677   Vgl §§ 10c-10f MEPolG; ähnlich §§ 41 ff BWPolG; Art. 40 ff BayPAG; §§ 44 f BerlASOG; §§ 41 ff BrandPolG; §§ 36c ff BremPolG; §§ 18 ff HambPolDVG; §§ 21 ff HessSOG; §§ 39 ff MVSOG; §§ 40 ff NdsSOG; §§ 27 ff NWPolG; §§ 34 ff RhPfPOG; §§ 32 ff SaarlPolG; §§ 26 ff SachsAnh-SOG; § 44 SächsPolG; §§ 191 ff SchlHVwG; § 41 ThürPAG.
678   S. hierzu *Riegel*, S. 190; *Kniesel/Vahle*, DÖV 1989, 566, 572; *Scholler/Schloer*, S. 196 f.
679   Ähnliche Regelungen in § 42 III BWPolG; Art. 46 BayPAG; § 49 BrandPolG; § 46 BerlASOG; § 36e BremPolG; § 27 HambPolDVG; § 24 HessSOG; § 42 MVSOG; § 42 NdsSOG; § 33 V NW-PolG; §§ 36, 41 RhPfPOG; § 35 SaarlPolG; § 48 SächsPolG; § 194 SchlHVwG; § 42 ThürPAG; § 33 VII BPolG.
680   Dazu näher *Eberle*, GS Martens, 1987, S. 351 ff; *Erfmeyer*, VR 2000, 325 ff; *Hüsch*, Verwertungsverbote im Verwaltungsverfahren, 1991; *Hufen/Siegel*, Fehler im Verwaltungsverfahren, 5. Aufl. 2013, Rn 237 ff; *Clausen*, in: Knack/Henneke, VwVfG, § 26, Rn 16; *Macht*, Verwertungsverbote bei

Rechtswidrigkeit der Datenerhebung nicht zwingend, dass damit die Datenverarbeitung bzw -nutzung gleichfalls rechtswidrig sein muss, wie dies zT in spezialgesetzlichen Regelungen (so zB § 9a I 2 BWPolG) vorgesehen ist. Deutlich wird dies bei einem Blick auf die Parallelproblematik, die sich im Strafprozessrecht stellt. Dort besteht – bei allen Unterschieden im Einzelnen – Einigkeit darin, dass sich wegen des öffentlichen Interesse an der Strafverfolgung aus der Tatsache, dass Beweise rechtswidrig erhoben wurden, keineswegs notwendigerweise ableiten lässt, dass diese Beweise nicht verwendet werden dürfen[681]. Dies ist auf das Polizeirecht übertragbar, da den grundrechtlichen Schutzpflichten im Polizeirecht noch eine ungleich größere Bedeutung zukommt als im Strafprozessrecht. Ein Verwertungsverbot für rechtswidrig gewonnene Daten kann deswegen unter verfassungsrechtlichen Gesichtspunkten sogar gravierenden Bedenken begegnen. Bei einem sog. „Großen Lauschangriff" oder einer Telekommunikationsüberwachung, die in den Kernbereich der privaten Lebensgestaltung eingreifen, besteht allerdings nach dem *BVerfG*[682] ein absolutes Verwertungsverbot für die dadurch gewonnenen personenbezogenen Daten, die nicht einmal als Spurenansätze verwendet werden dürfen. Tlw enthält das einfache Gesetzesrecht spezielle Verwertungsverbote. So sehen zB § 9a I 2 BWPolG und § 5 III 2 ThürPAG vor, dass Erkenntnisse, die unter Verstoß gegen bestimmte Zeugnisverweigerungsrechte gewonnen wurden, nicht verwertet werden dürfen.

Im Übrigen binden manche Bundesländer die Speicherung, Veränderung oder Nutzung von Daten ausdrücklich an die Rechtmäßigkeit der Datenerhebung[683]. Nach diesen Vorschriften dürfen die Verwaltungsbehörden und die Polizei die von ihnen rechtmäßig erhobenen personenbezogenen Daten verwerten, wenn dies zu dem Zweck erforderlich ist, zu dem sie erhoben worden sind. Daraus ist im Umkehrschluss zu folgern, dass die Verwertung rechtswidrig erhobener Daten grundsätzlich ausgeschlossen ist. Dafür fehlte zudem eine rechtliche Grundlage. Allerdings erweckt dies dann Bedenken, wenn bei der Gefahrenabwehr überragend wichtige Gemeinschaftsgüter, insbesondere das Leben, zu schützen sind, für die den Staat besondere, aus Art. 2 II

---

rechtswidriger Informationserlangung im Verwaltungsverfahren, 1999; *Schenke*, FG Hilger, 2003, S. 225 ff; *Schumacher*, Verwertbarkeit rechtswidrig erhobender Daten im Polizeirecht, 2001; *Kallerhof*, in: Stelkens/Bonk/Sachs, VwVfG, § 24, Rn 32; *Würtenberger/Heckmann*, BW, Rn 655 ff. Ausführlich zu dem Parallelproblem im Strafprozessrecht *Amelung*, Informationsbeherrschungsrechte im Strafprozeß – Dogmatische Grundlagen individualrechtlicher Beweisverbote, 1990; *ders.*, NJW 1991, 2533 ff; *ders.*, GS Schlüchter, 2002, S. 417 ff; *Meyer-Goßner*, StPO, 54. Aufl. 2011, Einleitung, Rn 55 ff; *Wolter*, FS 50 Jahre BGH, 2000, 963 ff.

681 Vgl etwa *BGH*, NStZ 1989, 375 ff; *BVerfG*, NJW 1999, 273, 274, *Einmahl*, NJW 2001, 1393, 1395 f; *Nack*, in: Karlsruher Kommentar, StPO, 5. Aufl. 2003, § 94, Rn 20. Meinungsüberblick bei *Meyer-Goßner*, StPO, 54. Aufl. 2011, Einleitung, Rn 55a. Selbst Autoren wie *Amelung*, die unter Rückgriff auf den Folgenbeseitigungsanspruch ein weit reichendes Junktim zwischen der Rechtswidrigkeit der Beweiserhebung und der Nutzung so gewonnener Beweismittel herstellen, erkennen dies an, indem sie eine Beweisverwertung jedenfalls dann für zulässig halten, wenn ausschließlich das Verfahren der Beweiserhebung rechtlich missbilligt wird (*Amelung*, Informationsbeherrschungsrechte im Strafprozeß, 1990, S. 30 ff, 52 ff).

682 Zum sog. „Großen Lauschangriff" *BVerfG*, NJW 2004, 999, 1006 f u. oben Rn 193 ff; **aA** *Baldus*, JZ 2008, 218, 224 ff.

683 So § 42 I BerlASOG; § 39 I BrandPolG; § 36a I 1 BremPolG; § 38 I 1 NdsSOG; § 24 I NWPolG; § 40 I ThürPAG. Der Sache nach geht davon außerdem § 45 II 1 Nr 1 MVSOG aus, da nach dieser Vorschrift personenbezogene Daten, die rechtswidrig erhoben wurden, zu löschen sind.

iVm Art. 1 GG abzuleitende Schutzpflichten treffen. Wenn der Staat diese Schutzpflichten nur erfüllen kann, indem er rechtswidrig gewonnene Daten verwertet, muss dies zulässig sein. Wenn zB die Polizei durch rechtswidrige Datenerhebung erfährt, dass ein Gewerbetreibender Lebensmitteln, die er vertreibt, hochgiftige Substanzen beimischt, so ist sie zum Einschreiten verpflichtet[684]. Insoweit sind die Vorschriften über die Verwertung rechtswidrig erhobener Daten aus verfassungsrechtlichen Gründen einzuschränken. Dies dürfte allerdings im Wege verfassungskonformer Auslegung nicht mehr möglich sein. Vielmehr sind die entsprechenden Vorschriften teilweise nichtig. Zumindest muss es der Behörde möglich sein, die Daten, die sie durch rechtswidrige Erhebung gewann, zum Anlass einer neuen Datenerhebung zu nehmen[685]. Der verfassungsrechtlich garantierte Grundsatz der Folgenbeseitigung steht einer solchen **Verwertung von Spurenansätzen** nicht im Wege, zumal er sich ohnehin nicht auf die mittelbaren Folgen einer rechtswidrigen Datenerhebung bezieht. Zudem ist zu beachten, dass die grundrechtlichen Schutzpflichten ebenfalls Verfassungsrang haben, weswegen der Folgenbeseitigungsanspruch insoweit aus verfassungsrechtlichen Gründen eingeschränkt werden kann (s. auch Rn 216).

Schwieriger gestaltet sich die Rechtslage in den Bundesländern, in denen jedenfalls **216** eine ausdrückliche allgemeine Verknüpfung zwischen der Rechtmäßigkeit der Erhebung der Daten und ihrer weiteren Verarbeitung und Nutzung fehlt (vgl zB § 37 I 1 BWPolG[686]). Trotz funktionaler Zusammenhänge wird mit der Datenverarbeitung und -nutzung keineswegs notwendigerweise die Datenerhebung vollzogen. Die Rechtswidrigkeit der Verwertung rechtswidrig erhobener Daten lässt sich deswegen nicht bereits durch einen Rückgriff auf den verfassungsrechtlich verankerten Beseitigungsbzw Vollzugsfolgenbeseitigungsanspruch (dazu oben Rn 117) begründen. Vielmehr lässt sich nur vorsichtiger sagen, dass eine **uneingeschränkt zulässige Verwertung rechtswidrig erlangter Daten das Verbot rechtswidriger Datenerhebung aushöhlte** und das Prinzip der Gesetzmäßigkeit der Verwaltung (Art. 20 III GG) schwächte[687]. Allerdings überforderte man das Gesetzmäßigkeitsprinzip, wenn man aus ihm stets die Rechtswidrigkeit der Verwertung rechtswidrig erhobener Daten ableitete. Eine solche Argumentation beachtet das Spannungsverhältnis zwischen dem Prinzip der Gesetzmäßigkeit der Verwaltung einerseits und dem Erfordernis der Gefahrenabwehr andererseits, das durch grundrechtliche Schutzpflichten abgestützt wird, nicht ausreichend. Zwar kann der Gesetzgeber – wie in vielen Polizei- und Ordnungsgesetzen geschehen – die Fehlerhaftigkeit einer Datenerhebung für so gewichtig halten, dass er die Verwendung so gewonnener Daten zur Gefahrenabwehr grundsätz-

---

684 So auch *Hufen/Siegel*, Fehler im Verwaltungsverfahren, 5. Aufl. 2013, Rn 244; dahin tendierend wohl auch *ThürVerfGH*, DVBl 2013, 111, 114.

685 Zur Möglichkeit einer rechtmäßigen Bestätigung rechtswidrig gewonnener Daten *Hufen/Siegel*, Fehler im Verwaltungsverfahren, 5. Aufl. 2013, Rn 242; s. auch *Erfmeyer*, VR 2000, 325, 326 ff; *Kallerhof*, in: Stelkens/Bonk/Sachs, VwVfG, § 24, Rn 33.

686 Art. 37 I BayPAG; § 16 HambPolDVG; § 20 I HessSOG; § 33 RhPfPOG; § 30 I SaarlPolG; § 22 I SachsAnhSOG; § 43 I SächsPolG; § 188 I SchlHVwG.

687 Auf den Untersuchungsgrundsatz (§ 24 I 1 LVwVfG) lässt sich das Recht zur Verwertung solcher Daten schon deshalb nicht stützen, weil sich daraus keine Eingriffsermächtigung ableiten lässt, vgl auch *Erfmeyer*, VR 2000, 325.

lich ausschließt. Eine politische Entscheidung, die dem Datenschutz im Verhältnis zur Gefahrenabwehr einen so hohen Stellenwert beimisst, ist aber verfassungsrechtlich nicht geboten. Dem Charakter der Verfassung als Rahmenordnung[688] wird vielmehr auch eine andere politische Gewichtung gerecht, bei welcher der Gesetzgeber jedenfalls nicht generell von einem Junktim zwischen der Rechtmäßigkeit der Datenerhebung und der weiteren Nutzung ausgeht. Für diese Ansicht spricht es, wenn Regelungen wie § 37 I 1 BWPolG in bewusster Abkehr von anderen Polizei- und Ordnungsgesetzen für die Datenverwendung nicht generell die Rechtmäßigkeit der Datenerhebung fordern.

217 Dafür, dass die Verwertung rechtswidrig erhobener Daten nicht generell ausgeschlossen ist, spricht auch, dass in dem vom Opportunitätsprinzip beherrschten Polizeirecht strukturell auch auf andere Weise zwischen dem Schutz des informationellen Selbstbestimmungsrechts einerseits und der Aufgabe der Gefahrenabwehr andererseits abgewogen werden kann. Diese Abwägung kann nämlich **im Rahmen der polizeilichen Ermessensentscheidung in elastischer Weise** erfolgen. In vielen Fällen besteht allerdings kein Ermessensspielraum. So ist es häufig ermessensfehlerhaft, wenn rechtswidrig erhobene Daten verwertet werden. Eine solche Ermessensschrumpfung liegt jedenfalls dann vor, wenn die Datenerhebung an gravierenden Fehlern leidet, die gewonnenen Daten nur zur Abwehr von Gefahren für Rechtsgüter mit vergleichsweise geringem Stellenwert genutzt werden sollen und das verletzte Datenerhebungsverbot dem Schutz des Betroffenen dient. Umgekehrt ist es in manchen Fällen aber auch stets ermessensfehlerhaft, wenn rechtswidrig erhobene Daten nicht verwertet werden. So besteht zB – sofern nicht in den Kernbereich privater Lebensgestaltung eingegriffen wird (s. Rn 190, 194a und 215) – stets eine Verpflichtung, rechtswidrig erhobene Daten zu verwenden, wenn hochwertige Rechtsgüter wie Leib und Leben vor unmittelbar drohenden Gefahren geschützt werden müssen und dies nur unter Verwertung der rechtswidrig gewonnenen Daten möglich ist. Führt zB eine rechtswidrige Observation zur Erkenntnis, dass demnächst ein Mord durchgeführt werden soll, so ist es rechtlich nicht zu beanstanden, wenn die Polizei Maßnahmen trifft, um diesen Mord zu vereiteln[689]. Für die Frage, ob rechtswidrig gewonnene Daten verwertet werden dürfen, sind ferner Art und Schwere des Rechtsverstoßes bedeutsam. Wenn sich die Rechtswidrigkeit aus Verfahrensfehlern der in **§ 46 VwVfG** bezeichneten Art ergibt, dürfte ohnehin aus dem Rechtsgedanken, der dieser Vorschrift zu Grunde liegt, abzuleiten sein, dass die Verwendung der Informationen, die aus der verfahrensfehlerhaften Datenerhebung stammen, idR unbedenklich ist[690]. Darüber hinaus unterliegt zB

---

688 Vgl hierzu *Böckenförde*, NJW 1976, 2089, 2099; s. auch *Schenke*, Verfassungsgerichtsbarkeit und Fachgerichtsbarkeit, 1987, S. 32 ff.

689 In solchen Ausnahmefällen können sich in den Bundesländern, die eine Verwertung rechtswidrig erhobener Daten gesetzlich generell ausschließen, erhebliche Probleme im Hinblick auf die dem Staat obliegenden grundrechtlichen Schutzpflichten ergeben. Das staatliche Handeln kann nicht auf allgemeine Rechtfertigungsgründe gestützt werden (Rn 40). Das staatliche Handeln muss aber aus verfassungsrechtlichen Gründen zulässig sein. Die einzige Lösung besteht hier darin, das Verbot einer Verwendung rechtswidrig erhobener Daten in solchen Fällen nicht anzuwenden. Der Sache nach müssen damit die entsprechenden Regelungen als teilweise nichtig angesehen werden.

690 In der Tendenz ähnlich wie im Text *Würtenberger/Heckmann*, BW, Rn 655 ff.

eine Blutentnahme, die unter Verstoß gegen den Richtervorbehalt des § 81a II StPO von einem Polizeibeamten angeordnet wurde, wegen des Sicherheitsinteresses anderer Verkehrsteilnehmer keinem Beweisverwertungsverbot im Fahrerlaubnisrecht[691].

g) Löschung, Berichtigung und Sperrung von Daten sowie Auskunftsansprüche

Die polizeigesetzlichen Regelungen enthalten (ergänzt durch Datenschutzgesetze) auch Regelungen über die Löschung, Berichtigung und Sperrung von Daten (§ 10 MEPolG)[692] sowie hiermit im Zusammenhang stehende Auskunftsansprüche. **Rechtswidrig gespeicherte Daten sind zu löschen, die zugehörigen Unterlagen sind zu vernichten** (§ 10g II 1 Nr 1 MEPolG; zu Ausnahmen § 10g III MEPolG)[693]. Der Löschungs- und Vernichtungspflicht entspricht ein Anspruch der Personen, deren Daten gespeichert wurden. Sie setzt damit den verfassungsrechtlich gewährleisteten Beseitigungsanspruch einfachgesetzlich um (Rn 117 f). Wenn gespeicherte Daten zur Erfüllung der Aufgaben, die der Polizei gesetzlich zugewiesen sind, nicht mehr benötigt werden, sind sie ebenfalls zu löschen und die zugehörigen Unterlagen zu vernichten. Diese Verpflichtung ergibt sich bereits aus dem verfassungsrechtlichen Übermaßverbot. Sie wird in den Polizeigesetzen nochmals ausdrücklich statuiert (vgl § 10g II 1 Nr 2 MEPolG)[694]. Der Effektuierung entsprechender Pflichten dient die Festlegung von Terminen (Prüfungsterminen), zu denen spätestens überprüft werden muss, ob die Speicherung von Daten weiterhin erforderlich ist (vgl §§ 10g II 2, 10 h I Nr 8 MEPolG)[695]. Neben den allgemeinen Löschungsvorschriften existieren vielfach noch spezielle Regelungen (vgl zB in Baden-Württemberg §§ 21 III, 22 VII, 23 I 2, 25 III, 40 IV, aber auch §§ 38 I 1, II, III 2 BWPolG)[696].

Eine Pflicht zur **Berichtigung von Daten** und ein entsprechender Anspruch bestehen, wenn **personenbezogene Daten unrichtig** sind. Wenn bei personenbezogenen Daten

218

219

---

691   *VG Berlin*, NJW 2009, 245 mit Anm. *H.A. Wolff*, JA 2009, 556 ff; *VGH Mannheim*, DVBl 2010, 1058 f.

692   § 46 BWPolG; Art. 45 BayPAG; § 48 BerlASOG; § 47 BrandPolG; § 36k BremPolG; § 24 HambPolDVG; § 27 HessSOG; § 45 MVSOG; §§ 39a, 47 III NdsSOG; § 32 NWPolG; § 39 RhPf-POG; § 38 SaarlPolG; § 32 SachsAnhSOG (für Löschung und Sperrung); § 49 SächsPolG; § 196 SchlH-VwG; § 45 ThürPAG.

693   S. auch § 46 I Nr 1 BWPolG; Art. 45 II Nr 1 BayPAG; § 48 II Nr 1 BerlASOG; § 47 II Nr 2 Brand-PolG; § 36k II Nr 1 BremPolG; § 24 II Nr 2 HambPolDVG; § 27 II Nr 1 HessSOG; § 45 II 1 Nr 1 u. 2 MVSOG (bei unzulässiger Erhebung und Speicherung); § 32 II 1 Nr 2 NWPolG; § 39 II Nr 2 Rh-PfPOG; § 38 II 1 Nr 1 SaarlPolG; § 32 II 1 Nr 1 SachsAnhSOG; § 49 I SächsPolG iVm § 19 I Nr 1 SächsDSG; § 45 II Nr 1 ThürPAG; § 35 II BPolG; § 20v VI BKAG. Wenn eine ausdrückliche Regelung fehlt, ergibt sich die Löschungspflicht aus dem öffentlichrechtlichen Beseitigungsanspruch.

694   S. auch § 46 I Nr 2 BWPolG; Art. 37 III BayPAG; § 48 II Nr 2 BerlASOG; § 47 II Nr 3 BrandPolG; § 36k II Nr 1 BremPolG; § 24 II Nr 2 HambPolDVG; § 27 II Nr 2 HessSOG; § 45 II 2 Nr 2 MV-SOG; § 39a NdsSOG; § 32 II 1 Nr 3 NWPolG; § 39 II Nr 3 RhPfPOG; § 38 II 1 Nr 2 SaarlPolG; § 32 II 1 Nr 2 SachsAnhSOG; § 196 II 1 SchlHVwG; § 45 II Nr 2 ThürPAG.

695   S. auch § 46 I Nr 2 BWPolG; Art. 37 III 2–4 BayPAG; §§ 48 II Nr 2, IV; 49 I 3 BerlASOG; §§ 37 S. 2 u. 3; 39 II 3; 47 II Nr 3; 48 II BrandPolG; §§ 15 S. 2 u. 3; 16 II 4; 24 II Nr 3 HambPolDVG; § 27 II Nr 2; IV HessSOG; §§ 45 II 3, 46, 47 II MVSOG; §§ 39a, 47 I NdsSOG; §§ 22 S. 2 u. 3; 32 II 1 Nr 3 NWPolG; § 33 III-VI RhPfPOG; §§ 38 II 1 Nr 2 u. S. 3; 39 II Nr 8 SaarlPolG; §§ 43 III 2 u. 3; 49 SächsPolG; § 32 II 1 Nr 2, IV SachsAnhSOG; §§ 196 II 1; III; 197 II Nr 8 SchlHVwG; §§ 45 II Nr 2, 46 I Nr 8 ThürPAG.

696   Hierzu näher *Würtenberger/Heckmann*, BW, Rn 681.

in den Akten festgestellt wird, dass sie unrichtig sind, oder wenn ihre Richtigkeit von Betroffenen bestritten wird, so ist dies in der Akte zu vermerken oder auf sonstige Weise festzuhalten (§ 22 BWLDSG; s. auch § 20 I BDSG). Ein Anspruch auf **Sperrung personenbezogener Daten** besteht dann, wenn ihre Richtigkeit vom Betroffenen bestritten wird und sich weder die Richtigkeit noch die Unrichtigkeit feststellen lässt (außer im Falle des § 46 II BWPolG) oder wenn die Löschung unterbleibt, weil dadurch schutzwürdige Interessen des Betroffenen beeinträchtigt würden, oder wenn eine Löschung wegen der besonderen Form der Speicherung nicht oder nur mit unverhältnismäßigem Aufwand möglich ist.

220 Dem Datenschutz von Personen dienen auch Vorschriften, die ihnen ein Recht auf **Auskunft**[697] über die personenbezogenen Daten geben, die über sie gespeichert sind (vgl zB § 45 BWPolG iVm § 21 BWLDSG; § 50 BerlASOG; § 40 RhPfPOG). Wenn spezialgesetzliche Regelungen fehlen, ergibt sich ein solcher Anspruch aus Art. 2 I iVm Art. 19 IV GG jedenfalls dann, wenn die Auskunftserteilung die Erfüllung polizeilicher Aufgaben nicht erschwert oder gefährdet[698]. Ein Recht auf Auskunft kann mittels einer allgemeinen Leistungsklage[699] durchgesetzt werden (dazu auch Rn 663 ff). Ohne ein solches Hilfsrecht wäre das Grundrecht auf informationelle Selbstbestimmung nicht wirksam (gerichtlich) geschützt[700]. Der Auskunftsanspruch entfällt (notwendigerweise), wenn die Daten bereits wieder gelöscht sind[701]. In Betracht kommt dann allenfalls ein Anspruch auf Auskunft über den Zweck der Speicherung und etwaige Datenübermittlungen[702]. Die Auskunft kann ferner unterbleiben, wenn sie die polizeiliche Aufgabenerfüllung oder die öffentliche Sicherheit gefährdete oder sonst Nachteile für das Wohl des Bundes oder eines Landes herbeiführte oder wenn ein überwiegendes Geheimhaltungsinteresse besteht[703]. Die Auskunftsverweigerung muss begründet werden, es sei denn, dass hierdurch der mit ihr verfolgte Zweck gefährdet wird (vgl zB § 71 IV 1 BrandPolG). Die generelle Freistellung von einer Begründung, wie sie in Art. 48 III 1 BayPAG und in § 47 III 1 ThürPAG vorgesehen ist, dürfte mit Art. 19 IV GG nicht im Einklang stehen, der grundsätzlich eine Begründung verlangt[704]. Zudem erweckt sie bereits im Hinblick auf die subjektive Rechtsnatur des informationellen Selbstbestimmungsrechts Bedenken.

---

697   S. auch *Petri*, in: L/D, G, Rn 583 ff.
698   S. auch *Schenke*, DVBl 1996, 1392, 1393; *Scholler/Schloer*, S. 211; *MVVerfG*, LKV 2000, 345, 354, *SächsVerfGH*, LKV 1996, 273, 288; **aA** *BayVerfGH*, DVBl 1995, 347, 353.
699   Vgl hierzu auch *Schenke*, Verwaltungsprozessrecht, Rn 350, 506 ff; **aA** *VGH München*, NJW 1984, 2235, 2236 (dazu auch oben Rn 118).
700   *Schenke*, in: BK (Drittbearb.), GG, 19 IV, Rn 707 f.
701   Vgl *VGH Mannheim*, DVBl 1992, 1309, 1311.
702   S. *VGH Mannheim*, DVBl 1992, 1309, 1311.
703   Vgl Art. 48 II BayPAG; § 71 III BrandPolG; § 50 II BerlASOG; § 29 III 1 HessSOG; § 48 III MV-SOG; § 16 NdsDSG; § 18 III NWDSG; § 40 II RhPfPOG; § 40 II SaarlPolG; § 18 V 1 SächsDSG; § 198 III SchlHVwG; § 47 II ThüPAG; § 19 IV BDSG.
704   So richtig *Pieroth/Schlink/Kniesel*, § 15, Rn 80.

Lösung des Ausgangsfalles (Rn 175):

Wenn die Polizei im Rahmen eines strafrechtlichen Ermittlungsverfahrens Daten über Personen gewonnen hat, die verdächtig sind, eine Straftat begangen zu haben, dürfen diese Daten zwar grundsätzlich zur vorbeugenden Bekämpfung von Straftaten verwendet werden (§ 10a III MEPolG bzw § 38 I 1 BWPolG[705]). Dies gilt aber – wie sich zumindest im Wege verfassungskonformer Auslegung ergibt – für Daten, die durch einen Eingriff in das Fernmeldegeheimnis (Art. 10 GG) gewonnen wurden, nur dann, wenn das einschlägige Polizei- und Ordnungsgesetz Art. 10 GG als einschränkbares Grundrecht nennt (s. Rn 343). Wenn dies nicht der Fall ist, ist die Verwendung unzulässig, weil in der Verwendung zum Zwecke der Gefahrenabwehr durch Anordnung einer Observation (§ 8c I u. II Nr 1 MEPolG; § 22 I Nr 1 u. III BWPolG[706]) ein zusätzlicher Eingriff in das Fernmeldegeheimnis des R liegt. Unzulässig ist eine Verwendung damit nach § 4 MEPolG und den Polizei- und Ordnungsgesetzen einiger Bundesländern (s. näher Rn 343), in denen Art. 10 GG nicht als einschränkbares Grundrecht genannt wird und wo deswegen auch die Voraussetzungen für einen hypothetischen Ersatzeingriff nicht vorliegen. In den Bundesländern, die eine Überwachung der Telekommunikation zulassen (Rn 197d; s. zB § 23a BWPolG), können solche Informationen hingegen bei Vorliegen der Voraussetzungen für die Erhebung auch für Zwecke der Gefahrenabwehr genutzt werden (s. Rn 207, 209).

221

§ 4   Die polizeirechtlich Verantwortlichen (Störer)

Ausgangsfälle:

Fall 1: Der Zweckverband Z – eine juristische Person des öffentlichen Rechts – unterhält eine Müllverbrennungsanlage, deren Benutzung öffentlichrechtlich geregelt ist. Der Hauseigentümer Hauser (H), der in der Nachbarschaft der Müllverbrennungsanlage wohnt, fühlt sich durch die Geruchsemissionen, die davon ausgehen, in unerträglicher Weise beeinträchtigt. Er möchte wissen, von wem er die Unterbindung der Emissionen verlangen kann. **Rn 298**

222

Fall 2: Der Wanderprediger Wachauf (W) will auf einem ihm zur Verfügung gestellten freien Feld einen Bekehrungsgottesdienst veranstalten. Auf Grund vergleichbarer Gottesdienste des W in der Vergangenheit erwartet die zuständige Polizeibehörde einen enormen Andrang von Besuchern, der zu schweren Verkehrsbehinderungen auf den Zufahrtsstraßen führen wird. Sie will deshalb dem W, den sie als den polizeirechtlich Verantwortlichen für diese drohenden Störungen betrachtet, die Durchführung des Gottesdienstes untersagen. Zu Recht? **Rn 299**

223

---

705 Vgl auch Art. 38 II BayPAG; § 42 III BerlASOG; § 20 IV HessSOG; § 33 V RHPfPOG; § 23 Sachs-AnhSOG; § 43 II SächsPolG. Nach § 39 II BrandPolG, § 16 II HambPolDVG, § 24 II NWPolG und § 40 II ThürPAG wird gefordert, dass die weitere Verarbeitung der Gefahrenabwehr dient. Besondere Anforderungen werden in § 37 I MVSOG, § 39 III NdsSOG, § 30 II SaarlPolG und § 189 II SchlH-VwG gestellt.

706 Vgl auch Art. 33 I Nr 1 BayPAG; § 25 I Nr 1 BerlASOG; § 32 I 1 BrandPolG; § 9 I HambPolDVG; § 15 I Nr 1 HessSOG; § 33 I Nr 1 MVSOG; § 34 I NdsSOG; § 16a I NWPolG; § 28 I, II Nr 1 RhPf-POG; § 28 II Nr 1 SaarlPolG; § 17 II, III Nr 1 SachsAnhSOG; § 38 I Nr 1 SächsPolG; § 185 I Nr 1 SchlHVwG; § 34 I Nr 1 ThürPAG.

224   **Fall 3:** In der Großstadt S kam es in letzter Zeit wiederholt zu Bombenanschlägen. Die Bomben befanden sich meist in Autos und wurden mittels eines Zeitzünders zur Explosion gebracht. Der Polizeibeamte P, der sich am 1. April auf einer Streife befindet, sieht auf dem Rücksitz eines Kfz, das in der Innenstadt von M geparkt ist, ein Gebilde, das wie eine Bombe aussieht. Er veranlasst deshalb, dass die Umgebung abgeriegelt und anschließend unter Heranziehung eines Sprengstoffexperten das Kfz gewaltsam geöffnet wird, um die vermeintliche Bombe zu entschärfen. Die Bombe stellt sich als eine Attrappe heraus, in deren Innerem sich ein Zettel mit der Aufschrift „April, April" befindet. Spaßig (S), der Eigentümer des Kfz und Urheber dieses „Scherzes", hält die polizeiliche Aktion für rechtswidrig und verlangt den Ersatz des Schadens, der ihm durch das Aufbrechen des Kfz entstanden ist. Der Polizeiträger seinerseits macht gegen S einen Anspruch auf Ersatz der Kosten für die polizeiliche Aktion geltend.

a) Wie ist die Rechtslage? **Rn 300**

b) Wie änderte sich die der Rechtslage, wenn auf dem Rücksitz des Kfz nur ein in Silberpapier eingepackter Kuchen gelegen hätte, den P fälschlich als Bombe „identifiziert" hätte? **Rn 301**

225   **Fall 4:** Das Chemieunternehmen Capital (C) hat auf das benachbarte Grundstück des Giftig (G) giftige Flüssigkeiten abgeleitet. Das Grundstück ist dadurch erheblich kontaminiert. C ist nunmehr insolvent und kann deswegen nicht mehr auf Beseitigung der Kontaminierung in Anspruch genommen werden. Kann die zuständige Polizei- bzw Ordnungsbehörde von G verlangen, dass er auf seine Kosten die Kontaminierung beseitigt, obwohl dies mit einem erheblichen finanziellen Aufwand verbunden ist, der den Wert des Grundstücks deutlich übersteigt? Anmerkung: Der Fall ist unter Anwendung des allgemeinen Polizei- und Ordnungrechts zu lösen. **Rn 302**

226   **Fall 5:** Bei einem Verkehrsunfall kommt das Kfz des Unacht (U) von der Fahrbahn ab und prallt an einen Baum auf dem angrenzenden Grundstück des Grün (G). Der Baum wird schwer beschädigt und droht, demnächst auf die Fahrbahn zu stürzen. U flüchtet. Die zuständige Polizeibehörde kennt auf Grund der Beobachtungen eines Zeugen den Tathergang und weiß, dass der Schaden von U verursacht wurde. Sie fordert dennoch den G auf, den Baum unverzüglich fällen zu lassen, da sie den U nicht erreichen kann. Ist die Verfügung gegenüber dem G rechtmäßig? **Rn 303**

227   **Fall 6:** Infolge einer Unwetterkatastrophe droht sich ein Felsen zu lösen, der auf dem Grundstück des Landwirts Lot (L) steht. Der Felsen droht dadurch, auf das Wochenendhaus des Wohlig (W) zu rollen, das unterhalb des Grundstücks des L steht.

a) Kann die zuständige Polizei- bzw Ordnungsbehörde von L verlangen, dass er Sicherungsmaßnahmen trifft, die ein Abrutschen des Felsens verhindern, wenn diese Maßnahmen im Vergleich zum Wert seines Grundstücks nur relativ geringe Kosten verursachen würden? **Rn 304**

b) Angenommen, gegenüber L ergeht eine Verfügung, die ihn zu solchen Sicherungsmaßnahmen verpflichtet. Wirkt diese Verfügung auch gegenüber dem Kaspar (K), an den der L nach Erlass der Verfügung das Eigentum an dem landwirtschaftlich genutzten Grundstück veräußert? **Rn 305**

c) Wie wäre die Rechtslage dann, wenn L verstirbt und das Eigentum auf seinen Alleinerben Glücklich (G) übergeht? **Rn 306**

d) Hätte sich der L seiner Verantwortlichkeit dadurch entziehen können, dass er das Eigentum an dem Teil des Grundstücks, auf dem der Felsen steht, aufgibt? **Rn 307**

e) Könnte die zuständige Behörde dem W die weitere Benutzung seines Wochenendhauses untersagen, anstatt den L zu Sicherungsmaßnahmen zu verpflichten? **Rn 308**

f) Unterstellt, der L wäre nur Pächter des Grundstücks gewesen, das dem Krösus (K) gehört. Könnte dann K gegen die Verfügung vorgehen, die gegenüber L ausgesprochen wurde? **Rn 309**

I. Die Bedeutung des Störerbegriffs und die Arten der Störer

Soweit die Polizei- und Ordnungsbehörden in die Rechtssphäre von Personen eingrei- **228** fen, um Gefahren für die öffentliche Sicherheit oder Ordnung zu bekämpfen, müssen sie sich **in erster Linie an die hierfür polizeirechtlich Verantwortlichen, die Störer (Polizeipflichtigen), halten**[1]. Diese trifft die **Pflicht**, ihr Verhalten oder den Zustand einer ihnen zuzuordnenden Sache so einzurichten, dass daraus **keine Störungen oder Gefahren für die öffentliche Sicherheit (oder Ordnung)** entstehen[2].

Eine abweichende Ansicht, die insbesondere *Pieroth/Schlink/Kniesel*[3] vertreten, hält dagegen eine solche Polizeipflicht für entbehrlich, da das Schutzgut der öffentlichen Sicherheit das geltende Recht und damit auch die konkreten Pflichten enthalte, die das eigene Verhalten und die eigene Sache beträfen. Die Annahme einer Polizeipflicht verdoppele lediglich diese konkreten Pflichten und sei damit überflüssig. Diese Auffassung überzeugt nicht. Jemand kann nämlich auch dann als Störer verantwortlich sein, wenn er nicht gegen bereits anderweitig begründete Pflichten verstoßen hat (s. auch Rn 261). Die Bejahung polizeirechtlicher Pflichten verdoppelt deswegen nicht notwendig Pflichten. Unbestreitbar ist dies ohnehin bei Gefahren für die öffentliche Ordnung, denn jene begründet für sich gesehen eben gerade noch keine Rechtspflichten. Zudem schützt das Polizeirecht (in den Grenzen des Grundsatzes der Subsidiarität) auch vor der Verletzung privatrechtlicher Pflichten. Diese Pflichten können aber schon rechtslogisch nicht mit öffentlichrechtlichen Polizeipflichten gleichgesetzt werden. Die hier vertretene Ansicht zwingt schließlich – entgegen *Pieroth/Schlink/Kniesel* – keineswegs dazu, stets von einer Verhaltensverantwortlichkeit des Zustandsstörers auszugehen. Die Vorschriften, welche bei einem gefährlichen Zustand einer Sache eine Zustandsverantwortlichkeit begründen, sind vielmehr leges speciales im Verhältnis zu den Regelungen über die Verhaltensverantwortlichkeit (s. unten Rn 240). Für die Annahme materieller Polizeipflichten eines Störers spricht, dass eine Kostenausgleichspflicht zwischen Störern (dazu unten Rn 288 ff), die auch *Pieroth/Schlink/Kniesel* befürworten[4], eine verfügungsunabhängige Polizeipflicht voraussetzt. Bezeichnenderweise spricht das Gesetz dann, wenn es eine Kos-

---

1 Vgl hierzu *Hollands*, Gefahrenzurechnung im Polizeirecht, 2005; *v. Mutius*, Jura 1983, 298 ff; *Schnur*, DVBl 1962, 1 ff; *Selmer*, JuS 1992, 80 ff; *Spießhofer*, Der Störer im Allgemeinen und im Sonderpolizeirecht, 1989.

2 Vgl für die ganz hM *Drews/Wacke/Vogel/Martens*, § 19, 3; *Götz*, § 9, Rn 6; *Habermehl*, Rn 177 ff; *Hollands*, Gefahrenzurechnung im Polizeirecht, S. 121 ff; *Martensen*, DVBl 1996, 286, 287; *Prümm/Sigrist*, Rn 92 f; *Schoch*, Rn 171; *BVerwG*, JZ 2006, 1124, 1126; *OVG Lüneburg*, NdsVBl. 2004, 301, 303.

3 *Pieroth/Schlink/Kniesel*, § 9, Rn 4; im Ergebnis ebenso *Selmer*, FS Götz, S. 391 ff; *Griesbeck*, Die materielle Polizeipflicht des Zustandsstörers und die Kostentragungspflicht nach unmittelbarer Ausführung und Ersatzvornahme – dargestellt am Beispiel der Altlastenproblematik, 1991, S. 82 ff.

4 *Pieroth/Schlink/Kniesel*, § 25, Rn 18. Auf den hier bestehenden Widerspruch weist auch *Selmer*, FS Götz, S. 391, 398 Fn 31, 400. Nicht überzeugend ist ferner das Argument von *Poscher*, Jura 2007, 801, 810, der aus dem Opportunitätsprinzip ableiten will, dass vor der Ausübung des polizeilichen Ermessens keine Pflicht des Störers bestehen könne, die Gefahr zu beseitigen. Vor Ausübung des polizeilichen Ermessens steht es vielmehr im „Ermessen" des Polizeipflichtigen, auf welche Weise er die Gefahr beseitigt.

tenausgleichspflicht zwischen mehreren Störern ausdrücklich regelt (so in § 24 II 1 BBodSchG)[5], von „mehrere(n) Verpflichtete(n)"[6] sowie davon, dass auch Personen, die dazu nicht durch einen Verwaltungsakt verpflichtet sind, „sich so zu verhalten (haben), dass schädliche Bodenveränderungen nicht hervorgerufen werden". § 4 III 1 BBodSchG ordnet schließlich eine Gesamtrechtsnachfolge hinsichtlich solcher Pflichten an. Unabweisbar ist das Bestehen einer Polizeipflicht auch dann, wenn man als Kennzeichen einer polizeirechtlichen Verursachung ihre Rechtswidrigkeit ansieht (Rn 243), denn Rechtswidrigkeit ist nichts anderes als Pflichtwidrigkeit.

Die Inanspruchnahme von Störern hat grundsätzlich Vorrang vor eigenen behördlichen Bekämpfungsmaßnahmen[7] sowie der Inanspruchnahme von Nichtstörern (s. Rn 312 ff). Diese Prinzipien für die Inanspruchnahme von Störern gelten grundsätzlich nicht nur im allgemeinen Polizei- und Ordnungsrecht[8], sondern auch in spezialgesetzlich geregelten polizeilichen Materien, wie zB im Versammlungsrecht (vgl Rn 364), Luftverkehrsrecht[9] oder Baupolizeirecht[10]. Zu beachten ist hierbei freilich, dass bei speziellen Regelungen der **Kreis der Adressaten zT unmittelbar im Gesetz geregelt** ist und es deshalb auf die Frage, ob die betroffene Person nach allgemeinen Grundsätzen Störer ist, nicht mehr ankommt. Das trifft zB für einen Teil der polizeirechtlichen Standardmaßnahmen zu (vgl oben Rn 120 f). So kann etwa eine Identitätsfeststellung gem. § 9 I Nr 2–4 MEPolG grundsätzlich bei allen Personen vorgenommen werden, die sich an bestimmten Orten aufhalten. Ähnliches gilt zB für Videoüberwachungen im öffentlichen Raum, Bild- und Tonaufnahmen von öffentlichen Veranstaltungen, Schleier- und Rasterfahndung. Dasselbe trifft außerdem für einige spezialgesetzliche Maßnahmen zu, so zB für Sicherheitsmaßnahmen nach den §§ 3 ff LuftSiG[11] oder für seuchenpolizeiliche Maßnahmen nach dem IfSG, deren mögliche Adressaten sich aus den §§ 28 ff IfSG ergeben[12]. Wenngleich in diesen Fällen die Rechtmäßigkeit belastender Maßnahmen nicht entscheidend von der Störereigenschaft abhängt, unterliegen diese Maßnahmen doch dem Übermaßverbot[13], der letztlich der Abgrenzung von Störern und Nichtstörern (mit) zu Grunde liegt, insbesondere dem Verhältnismäßigkeitsgrundsatz (Rn 138 ff). Aus diesem Grundsatz können sich daher Einschränkungen des polizeilichen Handelns ergeben (so zB, wenn

---

5   Wenn ausdrückliche gesetzliche Regelungen (wie § 24 II BBodSchG) fehlen, ergeben sich aus dem Vorbehalt des Gesetzes möglicherweise Bedenken gegen eine Ausgleichspflicht zwischen mehreren Störern gem. § 426 BGB analog (dazu Rn 288 ff). Selbst wenn diese Bedenken berechtigt wären, stünden sie aber der Annahme von Polizeipflichten eines Störers nicht entgegen (nicht überzeugend deshalb *Selmer*, FS Götz, S. 391, 400). Das Bestehen von Polizeipflichten ist nämlich von solchen Ausgleichspflichten unabhängig.

6   Vgl auch die Überschrift des § 4 BBodSchG: „Pflichten zur Gefahrenabwehr".

7   Vgl *VGH München*, BayVBl. 1986, 590, 591.

8   Vgl §§ 6, 7 BWPolG; Art. 9 BayPAG, Art. 9 BayLStVG; §§ 13, 14 BerlASOG; §§ 16, 17 BrandOBG; §§ 5, 6 BrandPolG; §§ 5, 6 BremPolG; §§ 8, 9 HambSOG; §§ 6–7 HessSOG; §§ 68 ff MVSOG; §§ 6, 7 NdsSOG; §§ 4, 5 NWPolG; §§ 17, 18 NWOBG; §§ 4, 5 RhPfPOG; §§ 4, 5 SaarlPolG; §§ 7, 8 SachsAnhSOG; §§ 4, 5 SächsPolG; §§ 217–219 SchlHVwG; §§ 10, 11 ThürOBG; §§ 7, 8 ThürPAG; §§ 4, 5 MEPolG; §§ 17, 18 BPolG.

9   *BVerwG*, DVBl 1986, 360 ff m. Anm. *Schenke*.

10   Vgl zB *VGH Mannheim*, VBlBW 1984, 380.

11   Krit. hierzu *Alberts*, ZRP 1990, 147; iVm § 12a VersG *Riegel*, NVwZ 1990, 745 f. So verdrängen zB die Informationseingriffe regelnden §§ 19 ff BWPolG als leges speciales die §§ 6 ff BWPolG.

12   Nicht überzeugend daher *Seewald*, NJW 1987, 2271, 2273 f zu §§ 31 ff BSeuchG aF; krit. hierzu *Schenke*, DVBl 1988, 165, 167 f.

13   So auch *Götz*, NVwZ 1984, 211, 214.

eine Person offensichtlich kein Störer sein kann), sofern eine solche Einschränkung nicht aus der Natur der Sache heraus ausscheidet (wie zB bei der Videoüberwachung öffentlicher Räume). Einschränkungen des polizeilichen Handelns können sich ferner zB dann ergeben, wenn die Gefahr durch die Inanspruchnahme polizeirechtlich Verantwortlicher genauso wirksam bekämpft werden kann wie durch die Inanspruchnahme Nichtverantwortlicher (s. Rn 132). Allerdings reichen diese Einschränkungen nicht so weit wie bei einer unmittelbaren Anwendung der allgemeinen Grundsätze.

Störer sind zum einen diejenigen, die durch ihr Verhalten oder durch das Verhalten **229** von Personen, für die sie einzustehen haben, eine Gefahr für die öffentliche Sicherheit oder Ordnung verursacht haben (**Verhaltensstörer**). Zum anderen sind Störer diejenigen Personen, die Eigentümer, sonstiger Berechtigter oder Inhaber der tatsächlichen Gewalt bezüglich einer Sache[14] sind, von der Gefahren oder Störungen für die öffentliche Sicherheit oder Ordnung ausgehen (**Zustandsstörer**). Beide Störereigenschaften können nebeneinander – selbst bei derselben Person – vorliegen (**Doppelstörer**), so zB, wenn der Eigentümer mit einem PKW einen Unfall verursacht hat und das schrottreif gefahrene Fahrzeug nunmehr ein Verkehrshindernis bildet (vgl hierzu unten Rn 280).

Die Qualifikation als Störer ist vor allem deswegen bedeutsam, weil sich die Polizei- **230** und Ordnungsbehörden **in erster Linie an die Störer** zu halten haben, wenn sie bei der Bekämpfung von Gefahren Personen in Anspruch nehmen. Die Vorschriften über die Störereigenschaft bilden allerdings **keine selbstständige Rechtsgrundlage** für ein Vorgehen gegen die Störer. Vielmehr umschreiben sie **lediglich die Richtung** (die Adressaten) von polizei- und ordnungsbehördlichen Maßnahmen, die auf eine anderweitige Rechtsgrundlage gestützt werden. Über die Bestimmung des Adressatenkreises hinaus ist der Störerbegriff[15] auch deswegen bedeutsam, weil dem Störer für Aufwendungen und Schäden, die ihm aus seiner Inanspruchnahme erwachsen, prinzipiell kein Ausgleich zu gewähren ist (vgl Rn 679 ff). Ferner ist die Störereigenschaft relevant, weil nach den Polizei- und Ordnungsgesetzen der Träger der Polizeibehörde Ersatzansprüche gegen den Störer besitzt (vgl hierzu unten Rn 698 ff).

Bei polizeilichen Maßnahmen im **Vorfeld einer Gefahr** gibt es naturgemäß **keinen** **230a** **Störer**. Hier kann der Gesetzgeber aber vorsehen, dass Adressat solcher Gefahrenvorsorgemaßnahmen in erster Linie der Verdächtige, dessen Kontakt- und Begleitpersonen oder sonstige Personen sind, die eine besondere Beziehung zu der sich anbahnenden Gefahrenlage aufweisen[16]. Eine solche **Eingrenzung** kann – ähnlich wie beim Störerbegriff – vom **Prinzip der Verhältnismäßigkeit** geboten sein.

---

14 § 14 BerlASOG; § 17 I 2 BrandOBG u. § 6 I 2 BrandPolG; § 7 HessSOG; § 7 NdsSOG; § 5 I NWPolG; § 5 RhPfPOG; § 8 SachsAnhSOG; § 11 ThürOBG u. § 8 ThürPAG differenzieren in Anlehnung an § 90a BGB zwischen Tieren und Sachen, ohne dass sich damit inhaltlich etwas ändert.
15 S. hierzu näher *Kniesel*, DÖV 1997, 905, 906.
16 S. *Poscher*, DV 2008, 345, 349.

II. Potentiell polizeipflichtige Personen

231 Als Störer kommen zum einen **natürliche Personen** in Betracht. Dabei ist es gleichgültig, ob eine Person geschäfts- oder deliktsfähig ist, da für das Polizeirecht – seiner Zielsetzung entsprechend – das Verschulden ohne Bedeutung ist. Zu beachten ist allerdings, dass nicht geschäftsfähigen Personen die verwaltungsverfahrensrechtliche Handlungsfähigkeit (§ 12 VwVfG) fehlt, weswegen Verwaltungsakte grundsätzlich dem gesetzlichen Vertreter zuzustellen sind (vgl unten Rn 492).

232 Polizeipflichtig können zum anderen **juristische Personen des Privatrechts** sein. **Auch nichtrechtsfähige privatrechtliche Vereinigungen**, die ein Mindestmaß an Organisation aufweisen sowie auf eine gewisse Dauer angelegt sind (s. auch Rn 491), **können Störer sein**, so zB ein nicht eingetragener Verein[17], eine OHG, eine KG oder eine Gesellschaft des bürgerlichen Rechts[18]. Nicht polizeipflichtig sind hingegen eine Menschenansammlung, eine Versammlung oder ein Komitee, dessen Zweck sich in der Veranstaltung einer einzelnen Versammlung erschöpft, da solche Vereinigungen nicht auf eine gewisse Dauer angelegt sind; häufig fehlt es ihnen auch an einem Mindestmaß an Organisation. Eine an sie gerichtete polizeiliche Anordnung kann aber uU so zu interpretieren sein, dass sie sich an die einzelnen Mitglieder wendet.

233 Juristische Personen des öffentlichen Rechts sollten nach früher herrschender Auffassung keine Störer sein können. Inzwischen setzt sich aber zunehmend die Auffassung durch, dass **juristische Personen des öffentlichen Rechts sehr wohl als Polizeipflichtige bzw Störer in Betracht kommen**[19]. Allerdings gelten für sie Besonderheiten, weil sich aus der Wahrnehmung hoheitlicher Befugnisse **Modifikationen ihrer Pflichten** ergeben können. Dementsprechend kann ein bestimmtes Verhalten, das Privatpersonen verboten ist, hoheitlich handelnden juristischen Personen des öffentlichen Rechts kraft gesetzlicher Regelung gestattet sein[20]. Nach hM sollen **materielle Polizeipflichten** darüber hinaus auch dann **eingeschränkt** sein, wenn zwar ausdrückliche gesetzliche Regelungen fehlen, die Einschränkung jedoch geboten ist, um die Funktionsfähigkeit staatlicher Einrichtungen (und damit die öffentliche Sicherheit) sicherzustellen[21]. Insoweit seien jedoch strenge Anforderungen zu stellen[22]. Zur Bestimmung der materiellrechtlichen Polizeipflichten bedürfe es einer Abwägung zwischen dem Ziel der Gefahrenabwehr einerseits, den Zielen der Aufgabenerledigung des Hoheitsträgers andererseits[23]. Diese Auffassung ist aber aus demokratierechtlichen und rechtsstaatlichen Gesichtspunkten abzulehnen. In welchem Umfang Ho-

---

17 *OVG Lüneburg*, NJW 1979, 735.
18 Für partielle Rechtsfähigkeit und Parteifähigkeit einer Gesellschaft des bürgerlichen Rechts auch *BGH*, NJW 2001, 1056 ff u. dazu *K. Schmidt*, NJW 2001, 993 ff.
19 Vgl *Folz*, JuS 1965, 41 ff; *Gebhard*, DÖV 1986, 545 ff; *Götz*, § 9, Rn 76; *Scholz*, DVBl 1968, 732 ff; *BVerwGE* 29, 52, 56 ff; 44, 351 ff. Ausführlich zur Problematik *Borowski*, VerwArch Bd. 101 (2010), 58 ff; *Schultes*, Die Polizeipflicht von Hoheitsträgern, 1983.
20 Vgl zB § 35 StVO: Die Polizei ist von den Vorschriften der Straßenverkehrsordnung befreit, soweit das zur Erfüllung hoheitlicher Aufgaben dringend geboten ist.
21 Vgl für die hM *Drews/Wacke/Vogel/Martens*, § 19, 4b; *Britz*, DÖV 2002, 891 ff; **aA** *Borowski*, VerwArch Bd. 101 (2010), 58, 67 ff; *Gusy*, Rn 140; *Schoch*, JuS 1994, 852; *ders.*, Jura 2005, 324, 325.
22 *Britz*, DÖV 2002, 891, 898.
23 *v. Mutius*, Jura 1983, 298, 301.

heitsträger von materiellen Polizeipflichten zu befreien sind, ist eine Frage von wesentlicher Bedeutung, für die der Parlamentsvorbehalt gilt. Sie muss deswegen vom Gesetzgeber geregelt werden. Eine ungeschriebene, generalklauselartige Ermächtigung der Verwaltung, sich auf der Basis von Abwägungsentscheidungen von gesetzlichen Pflichten zu dispensieren, passt nicht mehr in die heutige Verfassungslandschaft. Damit ist nicht ausgeschlossen, dass bereits jetzt bei bestimmten materiellen Polizeipflichten einschlägige Bestimmungen unter systematisch-teleologischen Gesichtspunkten, möglicherweise auch mittels einer teleologischen Reduktion, einzuschränken sind. Für eine undifferenzierte allgemeine Einschränkung materieller Polizeipflichten von Hoheitsträgern ist aber kein Raum mehr.

Von der Frage nach der materiellen Polizeipflichtigkeit von Hoheitsträgern **234** **scharf zu trennen ist die Frage nach ihrer formellen Polizeipflichtigkeit.** Bei der formellen Polizeipflichtigkeit geht es darum, ob die Polizei- und Ordnungsbehörden gegen eine juristische Person des öffentlichen Rechts einschreiten dürfen, die in Wahrnehmung der ihr übertragenen hoheitlichen Aufgaben eine Gefahr für die öffentliche Sicherheit oder Ordnung verursacht hat. Dies ist idR **abzulehnen**. Etwas anderes gilt nur bei einer polizeilichen **Notzuständigkeit**, dh in den Fällen, in denen es die Wirksamkeit der Gefahrenbekämpfung gefährdete, wenn das Handeln des anderen Hoheitsträgers abgewartet würde[24]. Aus der staatlichen Kompetenzordnung ergibt sich, dass die hoheitlich handelnden juristischen Personen des öffentlichen Rechts nicht nur dazu berufen sind, Störungen ihrer Tätigkeit durch Dritte abzuwehren (vgl oben Rn 60), sondern auch dazu, selbst die Gefahren zu bekämpfen, die sich in ihrem Zuständigkeitsbereich ergeben[25]. Dafür spricht auch, dass Zwangsmittel gegenüber juristischen Personen des öffentlichen Rechts nach § 17 BVwVG und entsprechenden landesrechtlichen Regelungen nicht angewendet werden dürfen. Zudem gelangte man zu einer (partiellen) Überordnung der Polizei- und Ordnungsbehörden gegenüber anderen Hoheitsträgern bzw deren Organen, wenn man eine formelle Polizeipflicht dieser Hoheitsträger bejahte.

Die Polizei- und Ordnungsbehörden besitzen damit grundsätzlich keine Eingriffsbefugnisse gegenüber juristischen Personen des öffentlichen Rechts (so ausdrücklich § 85 MVSOG), soweit jene dadurch in ihrer hoheitlichen Tätigkeit tangiert werden[26]. Das gilt sowohl dann, wenn ein polizeiliches Einschreiten das „Ob" der hoheitlichen Tätigkeit des anderen Hoheitsträgers beeinflusste, als auch dann, wenn es sich auf das „Wie" dieser Tätigkeit auswirkte (sehr umstritten)[27]. Eine auch formelle Polizeipflichtigkeit besteht allerdings dann, wenn die polizeiliche Inanspruchnahme nicht die Erfüllung hoheitlicher Funktionen des Hoheitsträgers beeinträchtigt[28], sowie dann, wenn spezialgesetzlich vorgesehen ist, dass die für die Gefahrenabwehr zuständige Polizeibehörde auch gegenüber Hoheitsträgern einschreiten darf. Letzteres hat das *BVerwG*[29] hinsichtlich der Befugnisse der zuständigen Bundesimmissionsschutz-

---

24 S. auch *Oldiges*, JuS 1989, 616 ff; *Würtenberger/Heckmann*, BW, Rn 492; **aA** *Schoch*, Jura 2005, 324; dahin tendierend *Götz*, § 9, Rn 78. Zur Frage, ob in diesen Fällen Kostenersatzansprüche der Polizei bestehen, s. unten Rn 700.

25 S. dazu in Verbindung mit der Befugnis eines Hoheitsträgers, zum Schutz seiner hoheitlichen Tätigkeit öffentlichrechtliche Hausverbote auszusprechen, oben Rn 60 Fn.

behörde angenommen. Das lässt sich aber nicht verallgemeinern und ist durch die besonderen Fachkenntnisse gerechtfertigt, die für eine immissionsschutzrechtliche Beurteilung erforderlich sind.

Weil Hoheitsträger grundsätzlich nicht formell polizeipflichtig sind, kann zB der Nachbar einer öffentlichen Schule nicht von den Polizei- und Ordnungsbehörden verlangen, dass sie gegen gesundheitsschädlichen, durch den Schulbetrieb verursachten Lärm einschreiten[30]. Falls der Schulbetreiber tatsächlich materielle Polizeipflichten verletzt und durch sein Verhalten eine Gefahr für die öffentliche Sicherheit verursacht, besitzt der Nachbar – sofern einfachgesetzliche Abwehrrechte fehlen – nur einen aus den Grundrechten (hier aus Art. 2 II GG, evtl. auch aus Art. 14 GG) ableitbaren Anspruch, rechtswidrige fortdauernde Beeinträchtigungen zu unterlassen.

235 Dieser grundrechtlich fundierte **Unterlassungsanspruch** entsteht erst, wenn subjektive öffentliche Rechte rechtswidrig hoheitlich **gefährdet werden**[31]. Er ist ein relatives Recht. Deswegen kann er nicht mit dem gefährdeten subjektiven Recht gleichgesetzt werden, das vielfach (so bei den Freiheitsgrundrechten) ein absolutes, gegenüber jedem Hoheitsträger wirkendes subjektives öffentliches Recht ist. Der Unterlassungsanspruch und der Folgenbeseitigungsanspruch, der ihn ergänzt, sind sekundäre Hilfsrechte, die sich aus dem Wesen der absoluten Rechte ableiten lassen, die sie schützen. Der Unterlassungsanspruch besitzt – ebenso wie der Folgenbeseitigungsanspruch[32] – **Verfassungsrang**. Dies ergibt sich aus der umfassenden, zumindest über Art. 2 I GG gesicherten grundrechtlichen Subjektivierung der Rechtssphäre des Bürgers[33]. Einer analogen Anwendung des § 1004 BGB bedarf es nicht. Ebenso wenig muss auf einen Rechtsgedanken zurückgegriffen werden, der nur dem einfachen Gesetzesrecht zu entnehmen ist[34]. Letzteres relativierte die Grundrechte einfachgesetzlich, was bedenklich erschiene, und missachtete die Synchronität des Unterlassungsanspruchs mit dem

---

26 Vgl *BVerwGE* 29, 52, 59; *Knemeyer*, Rn 352; *Würtenberger*, Rn 218; *Friauf*, Rn 104; *Poscher*, Jura 2007, 801, 810; **aA** *Borowski*, VerwArch Bd. 101 (2010), 58, 73 ff; *Britz*, DÖV 2002, 891 ff; *Schoch*, Rn 175; *ders.*, JuS 1994, 852 f; s. auch *Beaucamp*, JA 2009, 285. An der fehlenden formellen Polizeipflichtigkeit scheitert auch ein Einschreiten der Polizei- und Ordnungsbehörden gegen das Kirchengeläute einer Kirchengemeinde, die eine juristische Person des öffentlichen Rechts ist. Nach der Rspr ist im Hinblick auf Art. 140 GG iVm Art. 137 V WRV das Kirchengeläute als öffentlichrechtlich zu qualifizieren (vgl *BVerwGE* 68, 62, 64 ff). Der Nachbar hat hier, wenn sich das Kirchengeläute nicht mehr innerhalb der durch § 22 BImSchG gesetzten Grenzen hält, nur einen Unterlassungsanspruch gegen die Kirchengemeinde (*BVerwGE* 68, 62, 67 ff). Das herkömmliche tägliche Glockengeläute ist idR zumutbar.
27 **AA** *Scholler/Schloer*, S. 267; wie hier dagegen *Denninger*, in: L/D, D, Rn 98.
28 *BVerwGE* 29, 52, 59 (Unterstellung eines Waldgrundstücks, das der Bundeswehr als Munitionsdepot dient, unter Forstpolizeihoheit); *BVerwG*, DVBl 2003, 1076, 1078; *OVG Lüneburg*, NdsVBl. 2004, 301, 304; *Denninger*, in: L/D, D, Rn 98.
29 *BVerwG*, NVwZ 2003, 346 f u. dazu krit. *Glöckner*, NVwZ 2003, 1207 ff; **aA** die Vorinstanz *VGH Kassel*, NVwZ 2002, 889 f.
30 *OVG Koblenz*, NVwZ 2012, 1347 und Schoch, JK 3/13; Allg. VerwR Öff.-rechtl. Unterlassungsanspruch/3; vgl auch *BVerwGE* 68, 62 ff (Glockengeläut); *BVerwGE* 79, 254 ff (Feuersirene); dazu *Sachs*, NVwZ 1988, 127 ff.
31 Vgl *Schenke*, AöR Bd. 95 (1970), 223, 229 ff und *Laubinger*, VerwArch. Bd. 80 (1989), 261, 290 ff.
32 Vgl hierzu *Schenke*, JuS 1990, 370, 371 ff.
33 *OVG Lüneburg*, NVwZ-RR 2010, 639, 642; *Schoch*, JK 3/13, Allg. VerwR Öff.-rechtl. Unterlassungsanspruch/3.
34 So aber *Laubinger*, VerwArch. Bd. 80 (1989), 293.

Folgenbeseitigungsanspruch, dessen verfassungsrechtliche Fundierung heute anerkannt ist. Privatrechtliche Vorschriften, aus welchen sich Duldungspflichten ergeben (so zB § 906 BGB bei Immissionen), sind aber analog auf das hoheitliche Handeln anzuwenden, soweit nicht spezifische öffentlichrechtliche Vorschriften bestehen.

Ausgeschlossen sein dürfte eine formelle Polizeipflichtigkeit juristischer Personen   **236**
des öffentlichen Rechts nicht nur bei hoheitlichem, sondern auch bei **verwaltungsprivatrechtlichem Handeln**[35]. Wenngleich insoweit privatrechtliche Mittel eingesetzt werden, rechtfertigt sich dies aus der besonderen öffentlichrechtlichen, insbesondere durch das Sozialstaatsprinzip gesteuerten Zielsetzung des Handelns. Demgemäß können die Polizei- und Ordnungsbehörden gegen eine Gemeinde auch dann nicht vorgehen, wenn jene Aufgaben der Daseinsvorsorge (zB die Wasserversorgung oder die Müllbeseitigung) mit Mitteln des Privatrechts bewältigt und sich hierbei materiell polizeipflichtwidrig verhält. Bedient sich eine juristische Person des öffentlichen Rechts privatrechtlicher Organisationsformen, um Verwaltungsaufgaben zu erfüllen – so zB, wenn eine von der Gemeinde beherrschte Aktiengesellschaft die Wasserversorgung übernimmt –, ist jedoch diese juristische Person des Privatrechts auch formell polizeipflichtig.

Soweit juristische Personen des öffentlichen Rechts nur im Rahmen einer rein fiskalischen Tätigkeit Gefahren verursachen[36], können sie von den Polizei- und Ordnungsbehörden genauso wie Private in Anspruch genommen werden[37]. Bei rein fiskalischer Tätigkeit – dh sowohl bei einer erwerbswirtschaftlichen staatlichen Tätigkeit als auch bei Hilfsgeschäften der Verwaltung – fehlt ein sachlicher Grund dafür, zwischen der formellen Polizeipflichtigkeit von Privatpersonen und der formellen Polizeipflichtigkeit juristischer Personen des öffentlichen Rechts zu differenzieren. Deshalb hat zB der Nachbar einer staatlichen Bierbrauerei, der durch die ruhestörende nächtliche Verladung von Bierkästen in seiner Gesundheit beeinträchtigt wird, gegen den Träger der zuständigen Polizei- und Ordnungsbehörde einen Anspruch auf ermessensfehlerfreie Entscheidung über ein Einschreiten.

Zulässig sein kann aber eine polizeiliche Tätigkeit, die die fiskalische oder hoheitliche   **238**
Tätigkeit einer juristischen Person des öffentlichen Rechts vor Dritten schützt (zB Schutz von Geldtransporten der Deutschen Bundesbank). Zur öffentlichen Sicherheit gehört nämlich auch das Funktionieren des Staates und seiner Einrichtungen (Rn 60). Das gilt aber nur dann, wenn der juristischen Person des öffentlichen Rechts keine Abwehrbefugnisse gegen Störer (wie zB ein Hausrecht) eingeräumt sind, die zu ihrem Schutz ausreichen.

---

35 Vgl *Wolff/Bachof*, Verwaltungsrecht III, § 127, Rn 29; *Ruthig*, RhPf, § 4, Rn 72; *Würtenberger*, Rn 221.
36 Zur Frage, ob Realakte der öffentlichen Hand eine Doppelnatur (hoheitlich und privatrechtlich) haben können, s. *Schenke*, FS 50 Jahre BGH III, 2000, S. 45, 57 ff; *Scherer*, NJW 1989, 2724 ff.
37 *BVerwG*, DÖV 1962, 142; *Friauf*, Rn 102; *Würtenberger/Heckmann*, BW, Rn 493; wohl auch *Möller/Warga*, Rn 123.

III. Der Verhaltensstörer

1. Das Verhalten

239 Verhaltensstörer ist diejenige (natürliche oder juristische) Person, die durch ihr Verhalten eine Gefahr für die öffentliche Sicherheit oder Ordnung verursacht[38]. Die **Verhaltensstörung kann nicht nur durch ein Handeln, sondern auch durch ein Unterlassen begründet werden**, sofern der Betroffene rechtlich dazu verpflichtet ist[39], zur Vermeidung von Gefahren zu handeln (zB öffentlichrechtliche Wegereinigungspflicht). Eine Handlungspflicht kann sich – entgegen der hM[40] – nicht nur aus öffentlichrechtlichen, sondern auch **aus privatrechtlichen Normen** ergeben. Zwar ist die materielle Polizeipflicht als solche eine öffentlichrechtliche Pflicht. Trotzdem kann sie an zivilrechtliche, dem Schutz des gleichen Rechtsguts dienende Handlungspflichten anknüpfen. Damit können die **zivilrechtlichen Risikozuweisungen** (unter Beachtung des Subsidiaritätsgrundsatzes, vgl oben Rn 54) mittelbar für das **öffentliche Recht Bedeutung** erlangen[41]. Deshalb darf die Polizei zB eine Person als Verhaltensstörer in Anspruch nehmen, wenn sie durch Verletzung ihrer zivilrechtlichen Verkehrssicherungspflichten Leib und Leben Dritter gefährdet. Dieses Ergebnis wird zusätzlich dadurch gestützt, dass die Verletzung der zivilrechtlichen Verkehrssicherungspflicht eine strafrechtliche Verantwortlichkeit des Pflichtigen begründen kann, soweit hierdurch die Rechtsgüter anderer Personen gefährdet werden (vgl zB §§ 222, 229 StGB).

240 Eine Rechtspflicht zum Handeln, die eine Verhaltensverantwortlichkeit begründet, lässt sich allerdings **nicht aus Art. 14 II GG** ableiten, da anderenfalls die Vorschriften über die Zustandsverantwortlichkeit des Eigentümers überflüssig wären. Deshalb überzeugt es nicht, dass das *OVG Münster*[42] den Eigentümer eines verwahrlosten Bauwerks, von dem eine gesundheitsgefährdende Rattenplage ausging, als Verhaltensverantwortlichen ansah, weil sich – so das *OVG Münster* – aus Art. 14 II GG eine Rechtspflicht des Eigentümers zum Handeln ergebe. Richtigerweise wäre nur eine Zustandsverantwortlichkeit zu bejahen gewesen. Praktisch bedeutsam ist dies deswegen, weil ein Eigentümer, der seine Pflichten als Zustandsstörer nicht erfüllte, nach Wegfall der Zustandsstörereigenschaft (zB nach Veräußerung der störenden Sache) nicht mehr als Verhaltensstörer in Anspruch genommen werden kann. Die Vorschrif-

---

38 § 6 BWPolG; Art. 7 BayPAG, Art. 9 I BayLStVG; § 13 BerlASOG; § 16 BrandOBG; § 5 BrandPolG; § 5 BremPolG; § 8 HambSOG; § 6 HessSOG; § 69 MVSOG; § 6 NdsSOG; § 4 NWPolG; § 17 NWOBG; § 4 RhPfPOG; § 4 SaarlPolG; § 7 SachsAnhSOG; § 4 SächsPolG; § 218 SchlHVwG; § 10 ThürOBG; § 7 ThürPAG; § 4 MEPolG; § 17 BPolG.
39 *Preuß* OVGE 55, 267, 270.
40 ZB *Drews/Wacke/Vogel/Martens*, § 20, 1; *Kugelmann*, 8. Kap., Rn 37; *Schoch*, JuS 1994, 853.
41 **AA** *Schoch*, JuS 1994, 853; zutreffend – wie hier – dagegen *Kluth*, SachsAnh, § 3, Rn 230; *Würtenberger/Heckmann*, BW, Rn 430 und *Pieroth/Schlink/Kniesel*, § 9, Rn 6 sowie *Poscher*, Jura 2007, 801. Der Sache nach teilt iÜ die hM die hier vertretene Auffassung insoweit, als sie bei Nichterfüllung einer zivilrechtlichen Forderung einen (nur durch das Subsidiaritätsprinzip eingeschränkten) Schutz des Gläubigers bejaht (Rn 54).
42 *OVG Münster*, DVBl 1971, 828 ff; *Hösch*, VBlBW 2004, 7, 13; zu Recht **aA** *Kluth*, SachsAnh, § 3, Rn 231.

ten, die die Spezialität der Zustandsverantwortlichkeit normieren, schließen dies aus (dazu unten Rn 280).

Eine Handlungspflicht, die eine Verhaltensverantwortlichkeit begründet, ergibt sich ferner noch **nicht** daraus, dass eine Person über ein **Mittel verfügt**, das zur Gefahrenbekämpfung geeignet ist. So ist zB der Besitzer einer leer stehenden Wohnung nicht dazu verpflichtet, einen Obdachlosen aufzunehmen. Der Obdachlose kann daher allenfalls im Wege des polizeilichen Notstands (vgl Rn 312 ff) gegen Entschädigung eingewiesen werden.

Keine Handlungsverpflichtung besteht idR auch für **gefährdete Personen**. Deshalb ist zB der Hauseigentümer, der durch einen von einem höher gelegenen Grundstück aus drohende Gerölllawine gefährdet wird, nicht gehalten, sein Haus zu räumen[43].

2. Der polizeirechtliche Verursacherbegriff

a) Die polizeirechtliche Verursachung

Die Störereigenschaft im Polizeirecht knüpft daran an, dass der Betroffene eine Gefahr **polizeirechtlich verursacht** hat. Die Verursachung ist – entsprechend der Zwecksetzung des Polizeirechts – **unabhängig** davon, dass den Störer ein **Verschulden** trifft und er verschuldensfähig ist. Bei der Bestimmung der polizeirechtlichen Verursachung kann allerdings nicht allein auf die naturwissenschaftliche Kausalität abgestellt werden. Dies würde die polizeirechtliche Verantwortlichkeit über Gebühr ausdehnen. So wäre dann zB ein Pkw-Hersteller für alle Gefahren verantwortlich, die seine Pkw irgendwann später hervorrufen, und zwar auch dann, wenn sie einwandfrei gefertigt wurden.

241

Ähnlichen Bedenken ist die **Äquivalenztheorie**[44] ausgesetzt. Die Äquivalenztheorie nimmt an, dass grundsätzlich jede Handlung, die nicht hinweggedacht werden kann, bzw jede unterlassene Handlung, die nicht hinzugedacht werden kann, ohne dass der Erfolg entfiele, ursächlich ist[45]. Die Äquivalenztheorie sieht damit alle Ursachen als gleichwertig (äquivalent) an. **Kausalität in diesem (normativen) Sinn ist zwar notwendige**[46]**, aber nicht hinreichende Bedingung** der polizeirechtlichen Verursa-

---

43 *OVG Koblenz*, NJW 1998, 625, 626; vgl auch *Drews/Wacke/Vogel/Martens*, § 20, 1.

44 Für die Bestimmung der polizeirechtlichen Verursachung nach der Äquivalenztheorie aber *Muckel*, DÖV 1998, 18, 21 ff. *Muckel* sieht sich freilich genötigt, die Heranziehung „äquivalenter Verursacher" zur Gefahrenbekämpfung unter dem Aspekt der Verhältnismäßigkeit in weitem Umfang einzuschränken, um einer Ausuferung der polizeirechtlichen Verantwortlichkeit entgegenzuwirken. Letztlich läuft dies doch wieder auf eine Einschränkung der Äquivalenztheorie unter wertenden Gesichtspunkten hinaus. Krit. auch *Poscher*, Jura 2008, 801, 802.

45 Zu dieser sog. conditio-sine-qua-non-Formel s. *Frisch*, FS Gössel, 2002, S. 51 ff. Dort wird zutreffend betont, dass es selbst hier um eine normativ fundierte, begrifflich-definitorische Aussage zur Kausalität von Verhaltensweisen geht.

46 So ist zB ein früherer Kraftfahrzeughalter, der entgegen § 13 IV FZV die Übereignung seines Kfz an einen neuen Eigentümer nicht an die Kraftfahrzeugzulassungsstelle meldet, nicht dafür verantwortlich, dass der neue Eigentümer verkehrswidrig parkt und deshalb sein Kfz abgeschleppt wird. Das Unterlassen der Meldung ist nämlich nicht äquivalent kausal für das Falschparken. So zum früheren § 27 III StVZO *OVG Bautzen*, NJW 1997, 2253, 2254; *OVG Hamburg*, NJW 2000, 2600; *VGH Kassel*,

chung. Sie wird daher auch im Zivil- und Strafrecht um **wertende Gesichtspunkte** ergänzt.

Die zivilgerichtliche Rechtsprechung verwendet hierfür die **Adäquanztheorie**, die solche Folgen eines Handelns ausgrenzt, die nach der Lebenserfahrung untypisch und nicht zu erwarten sind[47]. Die Adäquanztheorie passt für das Polizeirecht freilich nicht. Einerseits ist sie zu eng, weil das Gefahrenabwehrrecht auch auf atypische Sachverhalte reagieren muss[48]. Andererseits ist sie zu weit, weil nicht jede vorhersehbare Folge zu einer polizeirechtlichen Verantwortlichkeit führen kann. Wenn zB die heimkehrende Ehefrau ihren Ehemann beim Seitensprung mit der Hausangestellten ertappt, daraufhin mit ihren Kindern die gemeinsame Wohnung verlässt und obdachlos wird, so war das Verhalten des Ehemanns zwar sicher adäquat kausal für diese Folge. Dennoch ist der Ehemann in Bezug auf die Obdachlosigkeit nicht Störer[49].

242   Zur Bestimmung der polizeirechtlichen Verantwortlichkeit hat man deshalb versucht, einen **eigenen polizeirechtlichen Verursacherbegriff zu entwickeln**. Teilweise wird **nur eine rechtswidrige Verursachung**[50], teilweise nur eine **sozialinadäquate Verursachung**[51] als kausal im polizeirechtlichen Sinn angesehen. Die hM[52] geht heute im Einklang mit der Rechtsprechung des *PreußOVG*[53] von der **Theorie der unmittelbaren Verursachung** aus. Ein Verhalten ist demnach dann **ursächlich, wenn es für sich gesehen die polizeirechtliche Gefahrenschwelle überschreitet** und dadurch die hinreichende Wahrscheinlichkeit eines Schadenseintritts (mit-)begründet.

243   Die drei polizeirechtlichen Kausalitätstheorien unterscheiden sich im Ergebnis kaum[54]. Alle drei Theorien stimmen darin überein, dass die Bestimmung der polizeirechtlichen Verursachung ein **Wertungsproblem** ist. Dies gilt – was zT verkannt wird – auch für die Theorie der unmittelbaren Verursachung, die nicht so verstanden wer-

---

NJW 1999, 3650 f.; **aA** *OVG Münster*, NWVBl. 2003, 320 f; *VGH Mannheim*, DÖV 1996, 1055 f. Wenn sich die Veräußerung nicht nachweisen lässt, kommt aber eine Zustandsverantwortlichkeit des bisherigen Eigentümers in Betracht, s. dazu *OVG Hamburg*, NJW 2000, 2600.

47   Spätestens seit *BGHZ* 58, 162, 168 wird aber zusätzlich darauf abgestellt, „dass die Vorgänge, die für die Frage nach der Zurechnung erheblich sind, stets einer wertenden Betrachtung zu unterwerfen sind". Auch die Adäquanztheorie ist keine Kausalitätstheorie, s. etwa *Wagner*, in: Münchener Kommentar, BGB, 4. Aufl. 2004, § 823, Rn 302.

48   *Schoch*, JuS 1994, 932.

49   Vgl *Drews/Wacke/Vogel/Martens*, § 20, 3; unrichtig *Scholler/Schloer*, S. 247 f, die den Ehemann wegen der Verletzung seiner Pflichten aus § 1353 BGB als verantwortlich für die Obdachlosigkeit ansehen, damit aber zwei verschiedene Störungen miteinander vermengen.

50   So zB *Denninger*, in: L/D, D, Rn 81; *Erichsen*, VVDStRL Bd. 35 (1977), 171, 205 f; *Poscher*, Jura 2008, 801, 803 f; *Schmelz*, BayVBl. 2001, 550, 554; *Schnur*, DVBl 1962, 1, 3 ff; *Vollmuth*, VerwArch. Bd. 68 (1977), 45, 52 f; wohl auch *Scholler/Schloer*, S. 244 f, die ergänzend auf den Aspekt der Risikosphäre zurückgreifen; s. auch *Pietzcker*, DVBl 1984, 457 ff sowie *Hollands*, Gefahrenzurechnung im Polizeirecht, 2005, 130 ff.

51   So zB *Hurst*, AöR Bd. 83 (1958), 43, 75 ff und *Gusy*, Rn 339.

52   *Drews/Wacke/Vogel/Martens*, § 20, 3; *Götz*, § 9, Rn 11; *Rasch*, § 4 MEPolG, Rn 15 ff; *Riegel*, S. 97; *Schoch*, Rn 178 ff; *ders.*, JuS 1994, 933; *Wolff/Bachof*, Verwaltungsrecht III, § 127 Rn 10; *Würtenberger*, Rn 206 ff; *VGH Mannheim*, VBlBW 1982, 371 f; *VGH Kassel*, MDR 1970, 791; *OVG Münster*, DVBl 1973, 924 ff; mit Einschränkungen *Selmer*, JuS 1992, 99 ff.

53   *PreußOVGE* 31, 409 ff; 103, 139 ff.

54   So auch *Götz*, § 9, Rn 13.

den darf, dass nur die zeitlich letzte Ursache polizeirechtlich relevant sein kann[55]. Übereinstimmung besteht ferner darin, dass nach allen drei Theorien eine **polizeirechtliche Verursachung ausgeschlossen** ist, wenn das fragliche Verhalten ein **von der Rechtsordnung toleriertes Risiko** darstellt[56] oder wenn mit dem fraglichen Verhalten ein **Recht ausgeübt** wird, zB wenn der Vermieter dem Mieter kündigt und dies zur Obdachlosigkeit des Mieters führt oder wenn das fragliche Verhalten förmlich genehmigt und die Erteilung nachträglicher Auflagen ausgeschlossen ist. Das Verdienst der Theorie der rechtswidrigen Verursachung ist es, dies besonders deutlich ausgesprochen zu haben. Allerdings liefert diese Theorie allein kein Kriterium dafür, unter welchen Voraussetzungen ein Verhalten rechtswidrig ist, denn eine Verhaltensstörung kann nicht nur dann gegeben sein, wenn gegen ein ausdrückliches normatives Gebot oder Verbot verstoßen wird. In den Fällen, in denen ein Verhalten nicht gegen eine Norm verstößt, kann die Theorie der sozialinadäquaten Verursachung Gesichtspunkte beisteuern, die für die Bestimmung des polizeirechtlichen Verursacherbegriffs relevant sind. Freilich ist das Kriterium der sozialen Inadäquanz häufig zu vage, um allein damit die polizeirechtliche Verursachung trennscharf konturieren zu können. IÜ läuft die Theorie der sozialinadäquaten Verursachung im Ergebnis auf nichts anderes hinaus als auf eine andere Formulierung der Theorie der unmittelbaren Verursachung. Wenn ein Verhalten bereits die polizeiliche Gefahrenschwelle überschreitet, ist es eben sozialinadäquat. Wenn dagegen eine unmittelbare Verursachung fehlt – wie es zB bei dem Veranstalter einer Versammlung zutrifft, die durch politische Gegner gewaltsam gestört wird – so begründet die mittelbare Verursachung keine Gefahr im polizeirechtlichen Sinn. Die Gefahrenschwelle wird in dem genannten Beispiel erst durch das Verhalten derjenigen überschritten, die die Versammlung gewalttätig sprengen wollen. Diese sind Störer, nicht hingegen jene, deren Verhalten nur Anlass für die Störung bildet (die sog. Veranlasser).

b) Der Zweckveranlasser

Derjenige, der eine Gefahr zwar veranlasst, aber nicht unmittelbar verursacht hat, ist **244** – wie soeben dargelegt – kein Störer. Eine nur scheinbare Ausnahme von diesem Grundsatz bilden die Fälle, die unter dem Stichwort des **„Zweckveranlassers"** diskutiert werden[57]. Die hM geht davon aus, dass der Zweckveranlasser Störer ist. Typisch für die Fälle des Zweckveranlassers ist, dass **zwischen der Veranlassung der Gefahr und dem Verhalten Dritter, das die Gefahr letztlich herbeiführt, ein so enger innerer Zusammenhang besteht**, dass sich der Veranlasser die Gefahr selbst zurechnen lassen muss.

---

55 So zutreffend *Gusy*, Rn 335; *Ruthig*, RhPf, § 4, Rn 62 f; *Zeitler*, DÖV 1997, 373. Insoweit geht die Kritik von *Poscher*, Jura 2008, 801, 802 f fehl.

56 Zur Bedeutung der Risikozuweisung für die Bestimmung der polizeirechtlichen Verursachung *Pietzcker*, DVBl 1984, 457, 459; *Scholler/Schloer*, S. 244 f; s.a. *Kokott*, DVBl 1992, 749, 751 ff.

57 Vgl hierzu *Drews/Wacke/Vogel/Martens*, § 20, 3; *Scholler/Schloer*, S. 248 f; *Schmelz*, BayVBl. 2001, 550 ff; *Schoch*, Jura 2009, 360 ff; **krit.** gegenüber dieser Rechtsfigur *Beaucamp/Seifert*, JA 2007, 466 ff; *Erbel*, JuS 1985, 257, 261 ff; *Poscher*, Jura 2008, 801, 807; *Rühl*, NVwZ 1988, 577 ff; *Widder*, Die Polizeipflicht des Zweckveranlassens, 1997, S. 85 ff, 119. Zu der Kritik am Zweckveranlasser, die *Muckel*, DÖV 1998, 18 ff auf der verfehlten Basis der Äquivalenztheorie äußert, s. oben Rn 241.

Tatsächlich bedeutet dies keine Ausnahme von der Theorie der unmittelbaren Verursachung. Diese Theorie ist schließlich nicht so zu verstehen, dass nur die zeitlich letzte Ursache relevant ist. Vielmehr stellt sie neben der äquivalenten Verursachung, die auch bei der „Zweckveranlassung" besteht, auf wertende Gesichtspunkte ab (oben Rn 243). Ein Verstoß gegen das Analogieverbot liegt darin schon deswegen nicht, weil das Verhalten des Zweckveranlassers in diesem weiteren Sinn durchaus ursächlich für die Gefahr ist.

Umstritten ist, wie beim sog. „Zweckveranlasser" der Zusammenhang zu bestimmen ist, der die polizeirechtliche Verantwortlichkeit begründet. Die **subjektive Theorie** stellt insoweit auf die Absicht des Veranlassers ab. Sie fragt also danach, ob er zumindest billigend in Kauf nimmt, dass eine andere Person die Gefahr herbeiführt[58]. Nach der **objektiven Theorie** ist dagegen maßgeblich, ob die Gefahr aus der Sicht eines unbeteiligten Dritten typischerweise durch die Veranlassung herbeigeführt wird[59].

245 Beide Theorien liefern wichtige Gesichtspunkte für die Beantwortung der Frage, unter welchen Voraussetzungen eine Person polizeirechtlich verantwortlich ist, die nicht die letzte Ursache für eine Gefahr geschaffen hat[60].

Gegen die subjektive Theorie wird zT geltend gemacht, es stelle einen Fremdkörper im Polizeirecht dar, auf subjektive Gesichtspunkte abzuheben. Diese Bedenken überzeugen nicht. Das Polizeirecht muss vielfach ohnehin subjektive Elemente als relevant für die Zurechenbarkeit ansehen. Sie spielen etwa bei der Frage eine wichtige Rolle, ob ein Verhalten rechtswidrig ist[61]. Damit müssen sie zwangsläufig auch für die Frage erheblich werden, ob eine unmittelbare Verursachung vorliegt, denn das Polizeirecht bezweckt den Schutz der allgemeinen Rechtsordnung. Damit steht nicht im Widerspruch, dass die Frage der Schuldhaftigkeit eines Verhaltens für die polizeirechtliche Verantwortlichkeit irrelevant ist. Zu beachten ist iÜ, dass eine polizeirechtliche Verantwortlichkeit als sog. „Zweckveranlasser" dann ausscheidet, wenn zwar der oben beschriebene subjektive oder objektive Zusammenhang zwischen dem Verhalten des Zweckveranlassers und der Gefahr besteht, das Verhalten aber von der Rechtsordnung ausdrücklich oder konkludent erlaubt wird. Dies ist etwa dann der Fall, wenn es als Ausübung eines Grundrechts geschützt wird, wie es zB bei der Ausübung der Versammlungsfreiheit zutrifft (s. auch Rn 246; zu der durch eine rechtmäßige Kündigung verursachten Obdachlosigkeit s. oben Rn 243). Auch diese Einschränkung steht im Einklang mit der Theorie der unmittelbaren Verursachung.

Die Fälle des sog. „Zweckveranlassers" weichen damit nicht von der Theorie der unmittelbaren Verursachung ab, sondern umschreiben nur einen bestimmten Gesichts-

---

58 So zB *Knemeyer*, Rn 328 f; *Scholler/Schloer*, S. 248; *Selmer*, JuS 1992, 99 f; *Würtenberger*, Rn 209; *VGH Mannheim*, DÖV 1990, 346; *VGH Kassel*, NVwZ 1992, 1111, 1113.

59 So zB *Götz*, § 9, Rn 21; *Schoch*, Rn 190; *ders.*, Jura 2009, 360, 363; *OVG Lüneburg*, NVwZ 1988, 638, 639.

60 Für ein Nebeneinander der subjektiven und objektiven Theorie daher *VGH Mannheim*, DÖV 1996, 83 sowie *Trurnit*, Jura 2012, 365, 368.

61 So zB bei Straftatbeständen – s. hierzu näher *Schenke*, FS Friauf, 1996, S. 455, 482 ff – oder polizeirechtlichen Vorschriften wie zB § 5 Nr 3 VersG.

punkt, der bei der Beantwortung der Frage, ob eine Person eine Gefahr unmittelbar verursacht hat, Beachtung verdient.

Als Störer unter dem Aspekt der Zweckveranlassung sind deshalb zB anzusehen: **246**

– der Busunternehmer, der mittels einer Sonderfahrt eine Gruppe von Demonstranten zu einer Demonstration befördert, die – wie der Unternehmer weiß – verboten ist[62],
– der Repetitor, der eine Hausarbeit, die im Rahmen einer universitären Übung anzufertigen ist, vor dem Abgabetermin regelmäßig mit seinen Kursteilnehmern bespricht[63],
– der Geschäftsinhaber, der mit seiner marktschreierischen Schaufensterreklame einen Massenauflauf von Passanten vor dem Schaufenster seines Geschäfts veranlasst und damit Verkehrsbehinderungen herbeiführt[64],
– die Mitglieder einer Kapelle, die die Melodie eines Liedes intoniert, das einen Text mit volksverhetzendem Inhalt hat, der dann von Zuhörern gesungen wird[65].

Sehr zweifelhaft erscheint dagegen, ob auch der Organisator einer Sportgroßveranstaltung oder eines Pop-Konzerts als Zweckveranlasser für Ausschreitungen, die mit solchen Veranstaltungen typischerweise verbunden sind, angesehen werden kann[66]. ME ist dies unter Berücksichtigung der grundrechtlichen Ausstrahlungen der Art. 12 und 14 GG grundsätzlich abzulehnen. Anderenfalls müsste nämlich die Durchführung solcher Veranstaltungen regelmäßig als Störung angesehen werden. Es muss hier ähnliches gelten wie bei einer politischen Großdemonstration, die sich im Anwendungsbereich des Art. 8 GG bewegt und deren Veranstalter ebenfalls nicht als Störer qualifiziert werden können, wenn eine kleine Gruppe von Teilnehmern randaliert. Die Argumentation, mittels Art und Weise der Durchführung einer Versammlung könnten gewalttätige Auseinandersetzungen provoziert werden, weswegen der Veranstalter unter dem Aspekt der Zweckveranlassung Störer sein könne, überzeugt so allgemein nicht[67] (s. auch Rn 364 und Rn 384).

An den genannten Beispielen wird deutlich, dass die Entscheidung, ob eine **Zweckveranlassung vorliegt, in erster Linie ein Wertungsproblem beinhaltet**[68], bei dem der Grundsatz der Verhältnismäßigkeit schon bei der Bestimmung der Störereigenschaft bedeutsam wird.

Keine Störereigenschaft unter dem Aspekt der Zweckveranlassung kann ferner durch das Risiko   **247** begründet werden, dass eine **Anlage in rechtswidriger Weise von Dritten benutzt** wird und dadurch Gefahren entstehen. Der Betreiber der Anlage kann hier grundsätzlich nicht als Störer angesehen werden. Dies dürfte insbesondere dann ausscheiden, wenn bereits ein Spezialgesetz die Pflichten des Betreibers näher regelt. Hier würde es nämlich dem abschließenden Charakter der spezialgesetzlichen Regelungen nicht gerecht, wenn die sich daraus ergebenden Pflichten durch

---

62 Vgl hierzu *Zeitler*, DÖV 1997, 371 ff.
63 S. *Gromitsaris*, JuS 1997, 49, 51.
64 So auch *Möller/Warg*, Rn 133; *Schoch*, JuS 1994, 933, vgl *PreußOVGE* 85, 270 ff.
65 Im Sachverhalt anders lag der berühmte Fall des Borkumliedes, das als solches keinen antisemitischen Inhalt aufwies, vgl *PreußOVGE* 80, 176 ff.
66 Dafür *Broß*, DVBl 1983, 377, 380; *Götz*, DVBl 1984, 14, 17; *Lege*, VerwArch. Bd. 89 (1998), 71, 81 ff; **aA** *Schenke*, NJW 1983, 1882, 1883; *Schoch*, Jura 2009, 360, 365; *Siegel*, NJW 2013, 1035, 1038; *Möller/Warg*, Rn 132; *OVG Hamburg*, NJW 2012, 1975 – Inanspruchnahme eines Fußballvereins wegen randalierender Zuschauer. Zu Aufgaben und Befugnissen der Polizeibehörden bei Sportgroßveranstaltungen s. allgemein *Nolte*, NVwZ 2001, 147 ff; *Siegel*, NJW 2013, 1035 ff.
67 Bedenklich daher *OVG Lüneburg*, NVwZ 1988, 638; krit. hierzu *Götz*, NVwZ 1990, 731. *BVerfG*, NVwZ 2000, 1406, 1407 lässt die Frage offen, ob gegen die Rechtsfigur des Zweckveranlassers in einer Situation versammlungsrechtlicher Konfrontation von Demonstration und Gegendemonstration verfassungsrechtliche Bedenken bestehen. Allgemeine Bedenken gegen die Heranziehung der Rechtsfigur des Zweckveranlassers im Versammlungsrecht erheben *Laubinger/Repkewitz*, VerwArch. Bd. 93 (2002), 149, 183; *Enders*, Jura 2003, 103, 108; s. auch *BVerfG*, NJW 2001, 1413; *BVerwG*, NVwZ 1999, 991.
68 Dem folgend *Denninger*, in: L/D, D, Rn 80.

eine allgemeine Pflicht ergänzt würden, das Risiko einer Gefahrherbeiführung durch Dritte zu vermindern. Deshalb hat es das *BVerwG*[69] früher zu Recht abgelehnt, einen Flughafenunternehmer im Hinblick darauf, dass auf dem Flughafengelände die Gefahr terroristischer Anschläge besteht, als Störer anzusehen. (Heute sind entsprechende Sicherungspflichten in den §§ 8, 5 LuftSiG – zuvor §§ 19b, 29c LuftVG – geregelt.) Etwas anderes gilt selbstverständlich dann, wenn der Gesetzgeber einem Betreiber die Pflicht auferlegt, das Risiko einer Gefahrherbeiführung durch Dritte auszuschalten bzw zu mindern[70], der Betreiber diese Pflicht aber nicht beachtet. In diesen Fällen muss freilich nicht mehr auf die Rechtsfigur des Zweckveranlassers zurückgegriffen werden[71]. Folglich ist es zB nicht geboten, den Gastwirt unter dem Gesichtspunkt der Zweckveranlassung für den Lärm verantwortlich zu machen, den Gäste vor seiner Gaststätte verursachen, denn § 5 I Nr 3 GastG und vergleichbare landesrechtliche Vorschriften regeln ausdrücklich, dass dem Gastwirt insoweit Auflagen erteilt werden dürfen. Gleiches gilt für § 5 Nr 3 VersG, der das Verbot von Versammlungen regelt, bei denen der Veranstalter einen gewalttätigen oder aufrührerischen Verlauf anstrebt[72].

248   Ohne Rückgriff auf die Rechtsfigur des Zweckveranlassers lässt sich auch die Störereigenschaft einer Person erklären, die **Mittäter, Anstifter oder Gehilfe** einer rechtswidrigen, insbesondere **strafbaren Handlung** ist, die ein Dritter begangen hat. Hier ist auch das Verhalten des Mittäters, Anstifters oder Gehilfen rechtswidrig und beinhaltet deswegen eine Störung. Wenn zB ein Unternehmer seinen Abfall zur Beseitigung an eine Person weitergibt, von der er weiß, dass sie den Abfall in verbotener Weise ablagern wird, ist auch der Unternehmer Störer. Ähnliches gilt, wenn jemand durch die dauerhafte Überlassung von Räumen an Prostituierte strafbare Beihilfe zur Ausübung der verbotenen Prostitution iSd § 184e StGB leistet[73].

c) Der „latente Störer"

249   Schwierige Abgrenzungsprobleme bezüglich der polizeirechtlichen Verantwortlichkeit stellen sich in den Fällen der sog. „latenten Störung" (vgl oben Rn 79). Von einer latenten Störung spricht man, wenn ein Verhalten anfangs noch keine Gefahr verursacht, aber eine Gefahr später durch das Hinzutreten weiterer Umstände, die außerhalb des Einflusses des **„latenten Störers"** liegen, herbeigeführt wird. Das Paradebeispiel dafür liefert der berühmte **Schweinemästerfall**, der Rechtsprechung und Literatur gleichermaßen beschäftigt[74]: Ein Schweinemäster errichtete eine Schweinemästerei mit den dazugehörigen, baurechtlich genehmigten Stallungen, die mangels

---

69 *BVerwG*, DVBl 1986, 360 ff m. Anm. *Schenke*; *Denninger*, in: L/D, D, Rn 109; **aA** *VGH Mannheim*, JZ 1982, 102 ff m. Anm. *Karpen*; vgl dazu auch *Götz*, NVwZ 1984, 211, 214 sowie *Ronellenfitsch*, VerwArch. Bd. 77 (1986), 435 ff.

70 S. hierzu im Zusammenhang mit der Gefährdung von Industrieanlagen *Roßnagel*, ZRP 1983, 59 ff. Zur rechtlichen Problematik des Schutzes vor terroristischen Angriffen auf Kernkraftwerke und der Frage, inwieweit hier eine behördliche Befugnis besteht, deren Abschaltung anzuordnen, s. *Ossenbühl*, NVwZ 2002, 290 ff.

71 Zur Frage, inwieweit dem Gesetzgeber verfassungsrechtliche Grenzen dafür gesetzt sind, Privaten Eigensicherungspflichten aufzuerlegen, soweit es um die Abwehr allgemeiner Gefahren (zB Gefahr terroristischer Angriffe) geht, *Ronellenfitsch*, DVBl 2005, 65 ff (in Bezug auf Eisenbahnunternehmen) und *Rengeling*, DVBl 2004, 589 ff (in Bezug auf Seehäfen). Zur Befugnis, einen Werkschutz in Bezug auf gefährdete Anlagen gesetzlich vorzuschreiben, s. *BVerwG*, NVwZ 1989, 864.

72 Nicht überzeugend daher *Huber*, BayVBl. 1994, 513, 514.

73 Dazu *VGH Kassel*, NVwZ 1992, 1111, 1112.

74 Vgl hierzu *Drews/Wacke/Vogel/Martens*, § 21, 1b b; *Götz*, § 9, Rn 34 f; *Schenke*, JuS 1977, 789 ff; *OVG Münster*, OVGE 11, 250 ff; *VGH Kassel*, BRS 20, 284, 285 f.

einer Wohnbebauung in der Nachbarschaft niemanden beeinträchtigte und keine Gefahr verursachte. Später werden in der Nachbarschaft der Schweinemästerei Wohnhäuser errichtet[75]. Die Gesundheit der Bewohner dieser Häuser wird durch die Geruchs- und Ungezieferplage, die von der Schweinemästerei ausgeht, gefährdet. Die hM nimmt in diesem Fall an, dass sich der anfangs nur latent bestehende Gefahrenzustand durch das Heranrücken der Wohnbebauung aktualisiert habe, weswegen nunmehr dem Schweinemäster – soweit es sich nicht um eine nach § 4 BImSchG iVm § 2 I 1 Nr 1 lit. a 4. BImSchV (Anhang 7.1) genehmigungspflichtige Anlage handelt[76] – der weitere Betrieb der Schweinemästerei gem. § 25 II BImSchG entschädigungslos untersagt werden könne. Eine entschädigungspflichtige Enteignung gem. Art. 14 III GG liege nicht vor, weil der Schweinemäster nur in die Grenze seines Rechtes verwiesen werde, die sich ohnehin aus der Sozialbindung des Eigentums ergebe.

Dieser Argumentation kann in dieser Allgemeinheit nicht gefolgt werden. Aus ihr ergäbe sich sonst eine **offene Flanke des Eigentumsschutzes** des Schweinemästers. Aus Art. 14 GG iVm dem Übermaßverbot ist vielmehr abzuleiten, dass die **materielle Polizeipflicht des Schweinemästers eingeschränkt** sein kann, und zwar in den Fällen, in denen bei ihm ursprünglich zB durch Zusagen ein besonderes Vertrauen darauf begründet worden war, dass in seiner Nachbarschaft in absehbarer Zeit keine Wohnbebauung zugelassen werde, eine solche Wohnbebauung aber nun doch erfolgt und mittels Rechtsbehelfen nicht verhindert werden kann. In diesen Fällen ist die materielle Polizeipflicht dahingehend einzuschränken, dass eine Betriebsuntersagung gegen den Schweinemäster nach § 25 II BImSchG nur dann zulässig ist, wenn sich die **öffentliche Hand an den Kosten beteiligt und dies gleichzeitig mit der Betriebsuntersagung erklärt**. Wenn bei dem Schweinemäster ein schutzwürdiges Vertrauen darauf besteht, dass sein Betrieb fortgeführt werden kann, hat sich die Kostenbeteiligung an den Vertrauensschutzregelungen des § 21 IV BImSchG[77] und des § 49 VI VwVfG zu orientieren und muss bereits in der Untersagungsverfügung ihren Ausdruck finden (vgl näher unten Rn 276). Sonst ist die Untersagungsverfügung rechtswidrig (s. auch unten Rn 680).

Ähnlich dürfte der Fall zu lösen sein, in dem eine **Tankstelle**, die ursprünglich rechtmäßig errichtet und betrieben wurde, durch eine spätere Steigerung des Verkehrsaufkommens auf der Zufahrtsstraße zu Verkehrsbehinderungen durch Fahrzeuge führt, die zur Tankstelle abbiegen. Entgegen der Ansicht des *OVG Lüneburg*[78] ergibt sich hier aus den Grundsätzen der Zweckveranlassung, dass der Tankstelleninhaber zum

250

---

75 Über eine Nachbarklage (vgl *BVerwG*, DVBl 1969, 263 ff u. DVBl 1971, 746 ff) lässt sich die Bebauung nicht immer vermeiden, s. *Schenke*, DVBl 1976, 740, 744 f; *Lutz*, Eigentumsschutz bei „störender" Nutzung gewerblicher Anlagen, 1983, 21 ff; **aA** *Fröhler/Kormann*, WiVerw. 1978, 245 ff.

76 Hier ist § 21 IV BImSchG einschlägig, der allerdings bei einem ausnahmsweise enteignenden Widerruf wegen der dort vorgesehenen Begrenzung des Entschädigungsanspruchs auf den Vertrauensschaden im Hinblick auf Art. 14 III GG Bedenken hervorruft, vgl *Schenke*, JuS 1977, 789, 793 f.

77 Für eine analoge Anwendung des § 21 IV BImSchG früher *Schenke*, JuS 1977, 789, 794 und ihm folgend zB *Lutz*, Eigentumsschutz bei „störender" Nutzung gewerblicher Anlagen, 1983, S. 211; *Pieroth/Schlink/Kniesel*, § 4, Rn 28; *R. Schmidt*, Rn 675; **aA** *Drews/Wacke/Vogel/Martens*, § 33, 3a d.

78 *OVG Lüneburg*, OVGE 14, 396 ff.

Störer geworden ist[79], sodass ihm der weitere Betrieb der Tankstelle untersagt werden kann. Sofern er schutzwürdiges Vertrauen in den Fortbestand seines Betriebs genießt, muss ihm allerdings schon bei der Betriebsuntersagung eine Beteiligung an den hierdurch entstehenden Kosten angeboten werden. Die Höhe der Beteiligung kann sich auch hier an den Regelungen orientieren, die für den Ersatz des Vertrauensschadens bei Widerruf einer Baugenehmigung gelten.

d) Scheinstörer, „Anscheinsstörer" und „Verdachtsstörer"

251 Nach einhelliger Auffassung **kein Störer** ist der **Scheinstörer** (Putativstörer). Der Scheinstörer hat keine Gefahr verursacht. Die Polizei geht aber davon aus, er sei Störer, ohne dass dies aus ihrer ex-ante-Sicht bei vernünftiger Würdigung der Sachlage gerechtfertigt ist.

252 Sehr umstritten ist hingegen, inwieweit der **„Anscheinsstörer"** als Störer anzusehen ist. Eine Stellungnahme hierzu wird schon dadurch erschwert, dass der Begriff des „Anscheinsstörers" unterschiedlich verstanden wird. Damit eng zusammenhängend mach sich zudem nachteilig bemerkbar, dass die Problematik des „Anscheinsstörers" häufig mit der **Problematik der Anscheinsgefahr** (dazu bereits Rn 80 f) vermengt wird, obwohl diese beiden Problematiken durchaus unterschiedlich strukturiert sind. Daraus ergeben sich vielfach Brüche und Verwerfungen innerhalb des polizeirechtlichen Systems. Deutlich wird dies an der hM, die entgegen grammatischer Befunde sowie **systematischer und funktionaler Zusammenhänge** die Frage der Störereigenschaft des „Anscheinsstörers" auf der **primären Ebene** der polizeirechtlichen Verantwortlichkeit **anders beantworten** will als auf der **sekundären Ebene**, die die Entschädigungs- und Kostenersatzproblematik umfasst[80] (s. näher Rn 253 ff).

253 Die hM[81] versteht unter einem „Anscheinsstörer" ein als polizeipflichtig in Betracht kommendes Rechtssubjekt, bei dem es aus der ex-ante-Sicht der handelnden Polizei- und Ordnungsbehörde **bei verständiger Würdigung der Sachlage den Anschein hat, es sei Verhaltens- oder Zustandsstörer**. In diesem Sinn soll der Begriff im Folgenden zunächst als Arbeitshypothese benutzt werden. Zu beachten ist dabei allerdings, dass mit der Verwendung einer solchen Terminologie[82] selbstverständlich noch

---

79 So auch *Götz*, § 9, Rn 34 f.
80 Eingehend zur Problematik *Schenke*, FS Friauf, 1996, S. 455, 469 ff; *Schenke/Ruthig*, VerwArch. Bd. 87 (1996), 329 ff.
81 Vgl zB *Erichsen/Wernsmann*, Jura 1995, 219, 221; *Rachor*, in: L/D, M, Rn 42; *Schoch*, Jus 1994, 934; *Tettinger/Erbguth/Mann*, Rn 475; *Wolffgang/Hendrichs/Merz*, NW, Rn 367; *OVG Saarlouis*, DÖV 1984, 471; *VGH Mannheim*, DÖV 1991, 165.
82 Teilweise wird unter einem Anscheinsstörer auch jemand verstanden, der eine Anscheinsgefahr verursacht hat (so zB von *Knemeyer*, Rn 95 und 383; *Würtenberger/Heckmann*, BW, Rn 424). Diese Begriffsbildung erscheint freilich wenig sinnvoll, weil der Anschein, eine Person sei Störer, nicht nur in den Fällen einer Anscheinsgefahr bestehen kann, sondern auch in den Fällen, in denen tatsächlich ein Schaden droht, der aber in Wahrheit durch andere Personen verursacht wird (Rn 255). Zudem wird diese Ansicht von ihren Vertretern (vgl *Würtenberger/Heckmann*, BW, Rn 868) nicht konsequent durchgehalten. Auch sie differenzieren nämlich – wie die hM – zwischen primärer und sekundärer Ebene. Wenn eine – als echte Gefahr einzustufende (Rn 80 f) – Anscheinsgefahr verursacht wird, müssten sie aber unter Zugrundelegung des sonst anerkannten Verursachungsbegriffs sowohl auf der primären wie auch auf der sekundären Ebene von einer Störereigenschaft ausgehen. Haltbar ist die

keinerlei Aussage darüber getroffen wird, ob ein so verstandener „Anscheinsstörer" tatsächlich als Störer im polizeirechtlichen Sinn anzusehen ist. Wenn sich herausstellen sollte, dass ein so definierter „Anscheinsstörer" keineswegs immer als Störer zu qualifizieren ist, wäre im Übrigen ohnehin zu erwägen, auf den – dann irreführenden – Begriff des „Anscheinsstörers" zu verzichten (Rn 264).

Hinsichtlich der Frage, ob der „Anscheinsstörer" Störer ist, nimmt die hM einen differenzierenden Standpunkt ein. Sie unterscheidet beim „Anscheinsstörer" eine **primäre und eine sekundäre Ebene**. Die primäre Ebene betrifft die Polizeipflicht. Dort stellt die hM – wie bei der Anscheinsgefahr – auf den Kenntnisstand ex-ante ab und qualifiziert den „Anscheinsstörer" aus Gründen der Effektivität des polizeilichen Handelns als Störer. Die sekundäre Ebene betrifft eventuelle Entschädigungsansprüche und Kostenersatzpflichten des „Anscheinsstörers". Dort klassifiziert die hM den „Anscheinsstörer" auf der Basis einer ex-post-Betrachtung als Nichtstörer[83].

Diese Ansicht begegnet unter **grammatischen, systematischen und teleologischen Gesichtspunkten erheblichen Bedenken**. Grammatische Bedenken bestehen, weil das Gesetz sowohl auf der primären[84] wie auch auf der sekundären Ebene[85] die **Begriffe des Störers (Verantwortlichen) und des Nichtstörers verwendet** bzw an sie anknüpft. Angesichts der **Vermutung für einen einheitlichen Sprachgebrauch des Gesetzgebers** legt dies dasselbe Verständnis der Begriffe Störer und Nichtstörer sowie damit dieselbe Beurteilungsperspektive – nämlich die ex-ante-Sicht – nahe. Systematische Einwände resultieren daraus, dass die polizeilichen **Vorschriften über die Entschädigung und die Kostenersatzpflicht** (s. §§ 45 I, 50, 5a II MEPolG; §§ 55 I, 57 BWPolG) vielfach auf die **Definitionen des Störerbegriffs bzw des Nichtstörerbegriffs verweisen und mit diesen entsprechend verzahnt sind. Teleologische Bedenken** stützen sich schließlich darauf, dass die grundsätzliche Nichtentschädigung eines polizeilich in Anspruch genommenen Störers (s. Rn 679) darauf beruht, dass dieser seinen materiellen Polizeipflichten (Rn 228) nicht nachkommt und deshalb kein Grund besteht, ihn zu entschädigen und mit den Kosten polizeilicher Gefahrenabwehrmaßnahmen zu belasten (s. Rn 698 ff). Mit diesem den gesetzlichen Entschädigungs- und Kostenersatzregelungen zu Grunde liegenden Telos ist es aber unvereinbar, den „Anscheinsstörer" generell als Störer zu qualifizieren (s. zur Verfehltheit

254

Differenzierung nur unter der Voraussetzung, dass sie den Begriff der Verursachung in einem anderen als dem üblichen Sinn verstehen. Damit aber nähern sie sich dem Standpunkt der hM und setzen sich ähnlichen Einwänden aus.

83 So zB *Breuer*, GS Martens, 1987, S. 317, 336; *Erichsen/Wernsmann*, Jura 1995, 219, 221; *Musil*, JA 2003, 781, 784; *Pieroth/Schlink/Kniesel*, § 9, Rn 21; *Rachor*, in: L/D, M, Rn 42; *Martensen*, DVBl 1996, 286 ff; *Petri*, DÖV 1996, 443, 447; *Schoch*, Rn 182, 406 f; *Würtenberger/Heckmann*, BW, Rn 868; *BGHZ* 117, 303, 307 f; *BGH*, NJW 1996, 3151 f; JZ 1998, 515, 516; *OVG Berlin*, NVwZ-RR 2002, 632; *OVG Hamburg*, DVBl 1986, 734 f und wohl auch *VGH Mannheim*, VBlBW 1990, 469, 471; für Ausschluss selbst eines Entschädigungsanspruchs *Gerhardt*, Jura 1987, 521, 526; im Ansatz ähnlich wie hier *Classen*, JA 1995, 608, 613 f; *Friauf*, Rn 52a; *Hoffmann-Riem*, FS Wacke, 1972, S. 327, 337 f; *Kniesel*, DÖV 1997, 905, 908; *Mußmann*, BW, Rn 270, 525; *Nierhaus*, UTR 1994, 369, 389; *Ruthig*, RhPf, § 4, Rn 63 ff.

84 Vgl zB §§ 4–6 MEPolG; §§ 6, 7 und 9 BWPolG.

85 Vgl zB zum Kostenersatz §§ 5a II, 50 I MEPolG; § 8 II BWPolG; zum Entschädigungsanspruch § 45 I MEPolG.

einer solchen Annahme näher Rn 258 ff) und ihm damit eine Verletzung seiner materiellen Polizeipflichten anzulasten, ihn dennoch aber zu entschädigen und seine Kostenersatzpflicht zu verneinen.

255 Diese vielfältigen Ungereimtheiten und Widersprüche, die sich unter Zugrundelegung der hM ergeben, lassen vermuten, dass diese die Problematik des „Anscheinsstörers" rechtsdogmatisch nicht bewältigt hat. Richtigerweise kann die Problematik nur in enger **Anlehnung an die polizeigesetzlichen Regelungen über die Störereigenschaft** gelöst werden. Lediglich dann, wenn sich hierbei Lösungen ergäben, die mit der Verfassung nicht im Einklang stünden (insbesondere grundrechtlichen Schutzpflichten nicht genügten), wäre Raum für eine Korrektur der einschlägigen einfachgesetzlichen Rechtsvorschriften.

Der „Anscheinsstörer" kann auf der Basis dieser polizei- und ordnungsbehördlichen Regelungen nur dann als Verhaltensstörer angesehen werden, wenn er durch sein Verhalten eine Gefahr verursacht hat. Um die Störereigenschaft des „Anscheinsstörers" zu bejahen, ist damit stets das **Vorliegen einer Gefahr** tatbestandlich erforderlich. **Ausreichend** ist dabei eine **Anscheinsgefahr**, denn auch diese ist eine Gefahr (Rn 80 f). Die Gefahr braucht aber **nicht notwendigerweise eine Anscheinsgefahr** zu sein[86]. Der Anschein, dass eine Person durch ihr Verhalten eine Gefahr verursacht, kann auch dann bestehen, wenn tatsächlich ein Schaden droht und es den Anschein hat, der „Anscheinsstörer" habe die Gefahr verursacht, während die Gefahr tatsächlich durch andere Personen verursacht wurde. Dies ist zB dann der Fall, wenn bei einer Bodenkontaminierung die Polizei- bzw Ordnungsbehörde auf Grund von Beobachtungen Dritter annehmen muss, der „Anscheinsstörer" habe unerlaubt Stoffe in den Boden eingeleitet und ihn damit kontaminiert, während die Kontaminierung tatsächlich auf das Verhalten eines Dritten zurückzuführen ist.

256 Dass ein „Anscheinsstörer" Verhaltensstörer ist, setzt nach den Polizei- und Ordnungsgesetzen voraus, dass er die Gefahr durch sein Verhalten verursacht hat. Dies verlangt zunächst ein **Verhalten des Betroffenen** (s. schon Rn 239). Daran knüpft der klare Wortlaut des Gesetzes, der insoweit nicht beiseitegeschoben werden kann, die Verhaltensstörereigenschaft[87]. Wenn ein Verhalten des Betroffenen fehlt, scheidet seine Verantwortlichkeit von vornherein aus[88]. Wenn zB glaubhafte Zeugen der Polizei mitteilen, sie hätten den A bei einem Diebstahl beobachtet, so liegt zwar aus polizeilicher Sicht auch dann eine Gefahr vor, wenn dieser Vorwurf aus Schabernack oder aus Rache erhoben wurde und tatsächlich eine Handlung des A fehlt, die auf einen von ihm begangenen Diebstahl hindeutet. A ist in diesem Fall aber kein Störer. Ähnliches

---

86 **AA** aber *Knemeyer*, Rn 383, wonach „Anscheinsstörer" derjenige sein soll, der den Anschein einer Gefahr verursacht hat (krit. hierzu *Pieroth/Schlink/Kniesel*, § 9, Rn 21).

87 Vgl § 4 I MEPolG: „Verantwortlichkeit für das Verhalten von Personen (1) Verursacht eine Person eine Gefahr"; § 6 I BWPolG: „wird die öffentliche Sicherheit oder Ordnung durch das Verhalten von Personen bedroht".

88 Schon aus diesem Grund ist es nicht zutreffend, wenn *Poscher/Rusteberg*, JuS 2011, 1082, 1084 behaupten, unter Zugrundelegung des hier vertretenen Gefahrenbegriffs (s. Rn 69) korrespondiere mit den Begriffen der Anscheinsgefahr bzw des Gefahrenverdachts die Begriffe Anscheins- bzw Verdachtsstörer.

gilt in dem oben geschilderten Fall einer festgestellten Bodenkontaminierung, wenn glaubhafte Zeugen der Polizei- bzw Ordnungsbehörde mitteilen, sie hätten den Unternehmer U bei der Einleitung von Giftstoffen in das Erdreich beobachtet, während dies tatsächlich nicht geschehen ist. Beide Male sind A bzw U zweifellos „Anscheinsstörer" im Sinne der Begriffsbildung, die die hM zu Grunde legt. Ihre Störereigenschaft scheitert aber daran, dass die Polizei- und Ordnungsgesetze für die Verhaltensstörereigenschaft ein tatsächliches Verhalten und nicht nur den Anschein eines Verhaltens verlangen. Die Gesetze knüpfen insoweit an einen **empirischen Begriff** und **nicht** (wie beim polizeirechtlichen Gefahrenbegriff) an ein **prognostisches Urteil** an. Der in diesem Punkt eindeutige Wortlaut lässt sich nicht mit Effektivitätserwägungen überspielen. In Betracht käme allenfalls eine Ausdehnung der einschlägigen Vorschriften im Wege einer Analogie. Eine solche Analogie wirkte sich freilich zulasten des Bürgers aus und erweckte deswegen schon im Hinblick auf das **verfassungsrechtliche Prinzip des Vorbehalts des Gesetzes gravierende Bedenken**. Dies gilt zumindest dann, wenn man – wie das *BVerfG*[89] – diesem Prinzip ein verwaltungsrechtliches Analogieverbot zulasten des Bürgers entnimmt. In Anbetracht der **zentralen rechtsstaatlichen Bedeutung**, die der polizeirechtlichen **Unterscheidung zwischen Störer und Nichtstörer** zukommt und die eine abschließende Regelung der Vorschriften über die polizeirechtliche Verantwortlichkeit indiziert, spricht jedenfalls zumindest der **Vorrang des Gesetzes** gegen eine Ausdehnung der polizeirechtlichen Verantwortlichkeit auf die Fälle, in denen es bereits an einem Verhalten mangelt.

Wenn die polizeirechtliche Verantwortlichkeit auf solche Fälle ausgedehnt werden **257** soll, so bedarf dies einer gesetzlichen Regelung, die ausdrücklich ausreichen lässt, dass tatsächliche Anhaltspunkte für ein Verhalten vorliegen, durch das eine Gefahr verursacht wird. Solche Regelungen enthalten zT die polizeirechtlichen Vorschriften über die Datenerhebung. Der Gesetzgeber knüpft dort bei der Bestimmung der Adressaten zT gerade nicht an die im Polizeirecht sonst maßgebliche Differenzierung zwischen Störern und Nichtstören an, sondern lässt es zB genügen, wenn in Bezug auf die Person, über die Daten erhoben werden sollen, tatsächliche Anhaltspunkte dafür vorliegen, dass sie künftig Straftaten begehen wird (so zB § III Nr 1 BWPolG)[90]. Solche polizeirechtlichen Sondervorschriften lassen sich aber nicht verallgemeinern. Insbesondere können sie nicht über ihren unmittelbaren Anwendungsbereich hinaus zur Abgrenzung zwischen Störern und Nichtstörern herangezogen werden. Im Gegenteil indizieren sie, dass die Störereigenschaft sonst nach den allgemeinen Grundsätzen zu bestimmen ist. Für diese Auffassung spricht außerdem, dass die Polizei- und Ordnungsbehörden – anders als beim Fehlen einer Gefahr – nicht zur Untätigkeit verurteilt sind, wenn zweifelhaft ist, ob ein Verhalten eines möglichen Störers vorliegt. Die Person, die möglicherweise Störer ist, kann nämlich bei gravierenden Gefahren meist zunächst als Nichtstörer in Anspruch genommen werden. Wenn sich dann später herausstellt, dass sie tatsächlich Störer sind, können die entschädigungs- und kosten-

---

89 *BVerfG*, DVBl 1997, 351 mit Anm. *Schwabe.*
90 § 28 II Nr 1 BremPolG; § 6 Nr 6 HambDVPolG; § 13 II Nr 1 HessSOG; § 27 III Nr 1 MVSOG; § 31 II Nr 1 NdsSOG; § 26 II Nr 1 SaarlPolG; § 15 II Nr 1 SachsAnhSOG; § 179 II SchlHVwG.

rechtlichen Vorschriften, die für Störer gelten, auf sie unmittelbar angewendet werden (s. Rn 679 und 698).

258 Damit ein „Anscheinsstörer" Störer ist, muss sein Verhalten nach den gesetzlichen Regelungen für eine Gefahr polizeirechtlich **ursächlich** sein. Dies setzt ua voraus, dass sein Verhalten eine **conditio sine qua non** für das Bestehen einer Gefahr darstellt, also im **naturwissenschaftlichen Sinn kausal** ist. Daran fehlt es aber, wenn zwar der Anschein besteht, ein gefährliches Verhalten sei für eine Gefahr ursächlich, tatsächlich aber die Gefahr **völlig unabhängig von dem Verhalten des „Anscheinsstörers" ist.**

> **Beispiel:** Der Fabrikant F leitet unerlaubt Abwässer in das Erdreich ein. Später wird eine Kontaminierung des Bodens festgestellt. Die für die Gefahrenabwehr zuständige Behörde ist der Ansicht, die Kontaminierung des Bodens sei auf die Abwassereinleitungen zurückzuführen. In Wirklichkeit wurde die Kontaminierung aber – wie sich später herausstellt – von Dritten verursacht. – Hier ist F nur insofern Verhaltensstörer, als er unter Verstoß gegen öffentlichrechtliche Vorschriften Abwässer einleitete. In Bezug auf die Bodenkontaminierung ist er dagegen mangels einer naturwissenschaftlichen Kausalität zwischen Abwassereinleitung und Kontaminierung kein Verhaltensstörer, obwohl zunächst ein entsprechender Anschein bestand. (Allerdings kann er als Grundstückseigentümer nach dem BBodSchG Zustandsstörer sein; s. dazu Rn 263 und 270). F kann deswegen nicht als Verhaltensstörer auf Beseitigung der Bodenkontamination in Anspruch genommen werden. In Betracht kommt – sofern er nicht Zustandsstörer ist – lediglich, ihn als Nichtstörer unter der **Voraussetzung des polizeilichen Notstands** in Anspruch zu nehmen. Im Hinblick auf die rechtswidrige Einleitung der Abwässer ist ihm gegenüber aber **eine Gefahrerforschungsmaßnahme zulässig**, bei der untersucht wird, welche schädlichen Folgen sich aus der Einleitung ergeben, insbesondere, ob sie zu der Kontaminierung geführt haben kann.

259 Selbst wenn das Verhalten einer Person im naturwissenschaftlichen Sinn für eine Gefahr ursächlich ist, ist die Person nicht notwendigerweise Störer. Es kommt vielmehr dann noch zusätzlich darauf an, ob sie **auf der Basis der für die polizeirechtliche Verantwortlichkeit maßgeblichen Zurechnungskriterien Störer** ist. Ob dies der Fall ist, bestimmt sich nach der Theorie der **unmittelbaren Verursachung** (oben Rn 242 f)[91]. In der Literatur wird zwar zT angenommen[92], das Kriterium der unmittelbaren Verursachung passe nicht für den Fall der Anscheinsgefahr, da insoweit ein echter Schaden nicht eintrete und daher ein Verhalten logischerweise nicht ursächlich für einen solchen Schaden sein könne. Diese Argumentation verkennt aber, dass nicht ein **Schaden**, sondern eine **Gefahr**[93] zugerechnet wird[94]. Gerade weil die **Anscheinsgefahr eine echte Gefahr** darstellt, ist es unabweisbar, das zu einer Anscheinsgefahr führende Verhalten anhand **derselben Grundsätze zu bestimmen, die auch sonst gelten.** Das gilt umso mehr, als die Problematik des „Anscheinsstörers" (obschon sel-

---

91 Näher zur unmittelbaren Verursachung in Verbindung mit dem Anscheinsstörer s. *Schenke*, FS Friauf, 1996, S. 455 ff und ebenso *Kniesel*, DÖV 1997, 905, 908.
92 Davon geht der Sache nach letztlich *Schoch*, JuS 1994, 934 aus.
93 Deshalb scheitert auch außerhalb der Fälle der Anscheinsgefahr eine unmittelbare Verursachung nicht daran, dass sich die Gefahr später nicht realisiert.
94 Nicht überzeugend daher *Schoch*, JuS 1994, 934, der aus dem Umstand, dass bei der Anscheinsgefahr tatsächlich kein Schaden droht, folgert, dies müsse hier zu einer Modifikation des Störerbegriffs führen, obwohl auch in einem solchen Fall eine Gefahr vorliegt.

ten) auch in den Fällen bestehen kann (vgl Rn 255), in denen tatsächlich ein Schaden drohte.

Effizienzgesichtspunkte können – wie in anderen Fällen – nicht dazu führen, auf die **260** **Unmittelbarkeit der Verursachung zu verzichten**. Die Frage des sog. „Anscheinsstörers" stellt sich zwar nicht notwendig (vgl Rn 255), aber meist in Verbindung mit den Fällen der Anscheinsgefahr, bei denen – wie sich ex post zeigt – tatsächlich kein Schaden drohte. Unter dem Gesichtspunkt des effizienten Rechtsgüterschutzes erschiene es unverständlich, wenn man in solchen Fällen an die Störeigenschaft **geringere Anforderungen stellte als in den Fällen, in denen ein Schaden tatsächlich droht**. Das gilt umso mehr, als auch bei Verneinung einer unmittelbaren Verursachung durch den „Anscheinsstörer"[95] häufig die Möglichkeit zu dessen Heranziehung als Nichtstörer besteht. Die Polizei ist damit also keineswegs zur Tatenlosigkeit verurteilt und muss nicht auf eine mit Eingriffen verbundene Gefahrerforschung verzichten. Für die hier vertretene Auffassung spricht schließlich, dass sich die hM bei Entschädigungs- und Kostenersatzpflicht ohnehin an der Theorie der unmittelbaren Verursachung orientiert. Angesichts des oben aufgezeigten **Zusammenhangs zwischen primärer und sekundärer Polizeipflicht** (Rn 254) liegt es dann aber auf der Hand, den Störerbegriff bereits auf der primären Ebene entsprechend zu bestimmen.

Damit kann beim sog. „Anscheinsstörer" auf die allgemeinen Grundsätze der polizei- **261** rechtlichen Verursachung zurückgegriffen werden. Mit Hilfe dieser Grundsätze können Fallgruppen entwickelt werden, bei welchen ein sog. „Anscheinsstörer" als Störer anzusehen ist. Deswegen scheidet auch beim sog. „Anscheinsstörer" eine Bestimmung der Störereigenschaft nur anhand der Äquivalenztheorie aus. Ebenso verfehlt wäre es, auf das **Verschuldensprinzip** als Zurechnungsprinzip abzustellen. Diese Auffassung vertritt zwar der *BGH*[96]. Sie verbietet sich aber, weil das Verschuldensprinzip mit der objektiven, am Rechtsgüterschutz orientierten Zielsetzung des Polizeirechts nicht vereinbar ist, und zwar auch nicht beim sog. „Anscheinsstörer". In den Fällen, in denen der *BGH* nach dem Verschuldensprinzip eine polizeirechtliche Verantwortlichkeit bejaht hat, besteht zwar auch nach der hier vertretenen Ansicht stets eine polizeirechtliche Verantwortlichkeit. Dies beruht freilich darauf, dass ein Verschulden rechtslogisch die Rechtswidrigkeit des Verhaltens voraussetzt und bei einem rechtswidrigen Verhalten stets eine unmittelbare Verursachung zu bejahen ist (oben Rn 243). Nach der hier vertretenen Auffassung ist aber – abweichend vom *BGH* – neben der Rechtswidrigkeit nicht noch zusätzlich ein Verschulden für die Störereigenschaft erforderlich.

Die Rechtswidrigkeit des Verhaltens, die eine unmittelbare Verursachung begründet, setzt nicht notwendigerweise voraus, dass das Verhalten gegen Pflichten verstößt, die außerhalb der polizeirechtlichen Ermächtigungsnorm begründet werden. Ein Verstoß gegen solche Pflichten begründet zwar immer die Störereigenschaft. Eine unmittel-

---

95 Insoweit spricht ein wichtiges Argument, das für die Qualifikation der Anscheinsgefahr als Gefahr angeführt wird (s. Rn 80), gerade nicht für die Qualifikation des „Anscheinsstörers" als Störer.

96 *BGHZ* 5, 144, 152; treffend demgegenüber *Götz*, NVwZ 1984, 211, 214; s. auch *BGHZ* 117, 303, 308 mit krit. Stellungnahme *Schoch*, JuS 1993, 724, 727.

bare Verursachung, die die Zurechenbarkeit eines (drohenden oder bereits eingetretenen) Schadens und damit die Störereigenschaft begründet, kann sich aber auch aus anderen Gesichtspunkten ergeben. Beim sog. „Anscheinsstörer" (insbesondere bei einer Anscheinsgefahr) hat das **Risikoprinzip**[97] für die Zurechnung besondere Bedeutung. Auf das Risikoprinzip als Zurechnungsprinzip greift unsere Rechtsordnung der Sache nach häufig zurück, wenn „naturwissenschaftliche" Kausalitätsfragen durch Wertungen überlagert werden, wie es auch bei der polizeirechtlichen Theorie der unmittelbaren Verursachung der Fall ist (s. Rn 243)[98]. Auch die Diskussion, die sich um die Problematik des „Anscheinsstörers" rankt, versucht letztlich nur, **Fallgruppen** herauszuarbeiten, in denen der potentielle „Anscheinsstörer" ein **erhöhtes Risiko** geschaffen hat, das es rechtfertigt, ihn als Störer für eine Gefahr verantwortlich zu machen[99], welche in seine Risikosphäre fällt.

Ein solches erhöhtes Risiko schafft ein Betroffener zunächst dann, wenn er **Kenntnis vom Risiko** hat und dieses Risiko nicht durch die Rechtsordnung toleriert wird (Rn 77)[100]. So ist zB ein Betroffener Störer, wenn er sich wie ein Betrunkener aufführt und sich anschickt, in sein Auto einzusteigen, obwohl ihm bekannt ist, dass ihn ein Polizist dabei beobachtet. Der Betroffene weiß dann, dass der Polizist bei verständiger Würdigung annehmen muss, dass der Betroffene tatsächlich betrunken ist. Der „Schauspieler" trägt in diesem Beispiel außerdem das **Irreführungsrisiko**[101], das sich aus seinem Verhalten in der Öffentlichkeit ergibt. Soweit er eine Straftat vortäuscht (s. § 145d StGB), ist er ohnehin Störer[102]. Selbst wenn er keine Kenntnis davon hat, dass er von einem Polizisten oder von Privatleuten, die die Polizei verständigen, beobachtet wird, sondern lediglich zB mit Freunden auf dem Weg zum Auto Schabernack treibt, übernimmt er das Risiko, dass aus seinem Verhalten darauf geschlossen wird, er sei Störer. Ebenso ist zB Störer, wer mit einem Löwen durch die Stadt spaziert, selbst wenn dieser Löwe zahm wie ein Schoßhund ist[103]. In diesen Fällen ist der „Anscheinsstörer" im Rechtssinne ein „echter" Störer[104]. Allerdings ist bei der Auswahl der polizeilichen Maßnahme der Verhältnismäßigkeitsgrundsatz zu beachten, der dazu führen kann, dass zunächst nur Gefahrerforschungsmaßnahmen zulässig sind (s. bereits Rn 87).

262   **Kein Störer** ist dagegen derjenige „Anscheinsstörer", dessen Verhalten **kein erhöhtes Risiko** beinhaltet.

---

97   Statt aller *Canaris*, Vertrauenshaftung im Privatrecht, 1971, S. 479 f, auf dessen Fallgruppenbildung auch die nachfolgende Unterscheidung aufbaut.

98   Die Theorie der unmittelbaren Verursachung rezipiert – vor allem in Reaktion auf die Kritik von *Pietzcker*, DVBl 1984, 457, 459 – auch Elemente der Risikozurechnung, s. dazu *Götz*, § 9, Rn 14; *Schoch*, JuS 1994, 933.

99   Diese Diskussion wird allerdings zT nur auf der sekundären Ebene geführt, während die hier vertretene Ansicht eine solche Differenzierung ablehnt (s. oben Rn 253).

100   S. zur Bedeutung subjektiver Momente für die Bestimmung der unmittelbaren Verursachung auch oben Rn 245.

101   Zu einem solchen Fall s. auch *OLG Karlsruhe*, OLG Report 2001, 448 f („falsche Angabe gegenüber der Polizei, man sei ein gesuchter Straftäter").

102   S. auch *Thum*, BayVBl. 2003, 161 ff.

103   Vgl den Fall *OVG Hamburg*, NJW 1986, 2005.

104   Im Ergebnis ebenso *Knemeyer*, Rn 95; *Würtenberger*, Rn 198; *Schoch*, JuS 1993, 724, 725.

Beispiel: Die Polizei weiß aus zuverlässiger Quelle, dass Attentäter planen, während einer Wahlkampfveranstaltung von einem bestimmten Gebäude aus einen Anschlag auf den Bundeskanzler zu verüben, und dass sie die dafür benötigte Bombe in einem Musikinstrumentenkoffer transportieren wollen. Der ahnungslose Violinschüler S befindet sich auf dem Weg zu seinem Geigenunterricht, der in eben jenem Gebäude stattfindet, und nähert sich mit seinem Geigenkasten dem Gebäude. – Nach der hM ist S als „Anscheinsstörer" iS der von der hM verwandten Terminologie anzusehen. Nach richtiger Ansicht fehlt es dagegen an einem von S gesetzten erhöhten Risiko, das es rechtfertige, ihn als Störer anzusehen. Sein Verhalten ist zwar (mit-)kausal (iS der Äquivalenztheorie) für eine (Anscheins-)Gefahr. Gemäß den Grundsätzen, die für die polizeirechtliche Verantwortlichkeit sonst akzeptiert werden, kann ihm die Verursachung der Gefahr aber nicht zugerechnet werden, weswegen er mangels unmittelbarer Verursachung kein Störer ist. Unter Effektivitätsgesichtspunkten ergeben sich hier keine Probleme, weil S **als Nichtstörer in Anspruch genommen** werden kann[105].

Gerade dieses Beispiel zeigt, dass es bei der Problematik des sog. „Anscheinsstörers" letztlich um die Abgrenzung der Risikosphären des potenziellen Verantwortlichen und der Polizei geht. Es fällt in die Risikosphäre der Polizei (und nicht in die Risikosphäre des Betroffenen), wenn sie auf Grund ihrer Informationen (zu Recht) auf das Vorliegen einer Gefahr schließt.

Die Vorschriften über den Nichtstörer sind insbesondere dann heranzuziehen, wenn **263** die Polizei nur den **Verdacht** hat, eine Person könne für eine bestehende Gefahr verantwortlich sein, sie sich aber **bewusst** ist, dass ihre **Annahme zweifelhaft** ist und der Verdacht sich möglicherweise nicht bewahrheiten wird. In diesen Fällen, die zT unter dem Schlagwort des **„Verdachtsstörers"** diskutiert werden, muss die Polizei schon aus rechtsstaatlichen Gründen von der Alternative ausgehen, die für den Verdächtigen günstiger ist. Sie muss ihn deswegen bei der Erforschung der Gefahr und bezüglich der polizeirechtlichen Verantwortlichkeit zunächst als Nichtstörer behandeln (s. dazu auch iVm der Rasterfahndung Rn 213b). Es überzeugt deshalb nicht, wenn angenommen wird, hier müsse es zulässig sein, den vermuteten Störer jedenfalls vorläufig als Störer zu behandeln, um der Behörde die Gefahrenabwehr zu ermöglichen[106] (zur Problematik der Rechtsfigur des vorläufigen Verwaltungsakts s. oben Rn 89).

Die Gründe, die gegen eine generelle Qualifikation des „Anscheinsstörers" als Störer bestehen, sprechen in noch stärkerem Maße gegen eine (auch nur vorläufige) Behandlung des **„Verdachtsstörers"** als Störer. Sofern man diesen Begriff zusätzlich auch auf die Fälle bezieht, in denen nur ein Gefahrenverdacht (dazu Rn 83 ff) vorliegt, so steht der Bejahung einer Störereigenschaft zudem entgegen, dass bei einem Gefahrenverdacht – anders als bei einer Anscheinsgefahr – gerade keine Gefahr vorliegen muss. Wenn keine Gefahr vorhanden ist, kann es aber auch keinen Störer geben, selbst

---

105   Als Störer dürfte er hingegen anzusehen sein, wenn ihn die Polizei über den bestehenden Verdacht aufklärt, er sich aber dennoch ohne Angabe eines triftigen Grundes weigert, der polizeilichen Bitte nachzukommen, seinen Geigenkoffer zu öffnen. Hier liegt eine Obliegenheitsverletzung (s. § 26 II 1 u. 2 LVwVfG) vor, die es wertungsmäßig rechtfertigt, ihn als Störer zu qualifizieren, vgl hierzu näher *Schenke*, FS Friauf, 1996, S. 484.
106   So *v. Arnauld*, Jura 2003, 53, 56 unter Berufung auf *Di Fabio*, DÖV 1991, 629, 631 f u. Jura 1996, 566, 569 f; **krit** *Petri*, DÖV 1996, 443, 447 sowie *Weiß*, NVwZ 1997, 737, 739.

wenn für den Verdacht eine Person „verantwortlich" gemacht werden kann[107]. Selbstverständlich kann allerdings in spezialgesetzlichen Regelungen angeordnet werden, dass bestimmte Personen bereits bei einem Gefahrenverdacht polizeirechtlich in Anspruch genommen werden können (so zB § 9 II 1 BBodSchG).

264 Zusammenfassend kann damit festgestellt werden, dass die Fallgestaltungen, bei denen die hM von einem „Anscheinsstörer" ausgeht, **sehr unterschiedlich strukturiert** sind. Sie gebieten deswegen eine unterschiedliche rechtliche Bewertung der polizeirechtlichen Verantwortlichkeit. Nach richtiger Auffassung ist der sog. „Anscheinsstörer" dann – und nur dann – als Störer zu bewerten, wenn sich dies aus den allgemeinen Grundsätzen ergibt, die auch sonst für die Bestimmung der Störereigenschaft gelten. Es besteht kein Anlass, in den Fällen des sog. „Anscheinsstörers" von diesen allgemeinen Grundsätzen abzuweichen. Der sog. „Anscheinsstörer" kann demgemäß Störer sein, er muss es aber nicht sein.

Damit zeigt sich aber letztlich, dass der **Begriff des sog. „Anscheinsstörers" irreführend** ist, weil er eine falsche Parallele zur Anscheinsgefahr nahe legt. Er suggeriert, der „Anscheinsstörer" sei ein Störer – ebenso wie die Anscheinsgefahr eine Gefahr ist. Auf einem solchen Fehlschluss beruht letztlich auch die hM. Man sollte deswegen **auf den Begriff des „Anscheinsstörers" am besten ganz verzichten**[108]. Zwar ist es zu erwägen, den Begriff des Anscheinsstörers auf solche Fälle zu beschränken, in denen die betroffene Person nicht nur den Anschein erweckt, Störer zu sein, sondern tatsächlich als Störer zu qualifizieren ist. Ein solches Verständnis wurde noch in früheren Auflagen dieses Buches befürwortet. Es steigert aber – ähnlich wie die Differenzierung zwischen „echten" und „unechten" Anscheinsstörern – nur die babylonische Sprachverwirrung, die bei der Diskussion der hier behandelten Thematik vielfach anzutreffen ist. Zudem birgt es die (höchst reale) Gefahr in sich, aneinander vorbeizureden, was der Lösung der Problematik alles andere als förderlich ist. Wer sich dennoch nicht von dem Begriff des sog. „Anscheinsstörers" trennen will, muss jedenfalls beachten, dass er nur eine tatsächliche Problemlage umschreibt, nicht jedoch eine rechtliche Lösung liefert. Anders formuliert: Der Begriff des sog. „Anscheinsstörers", der vom Gesetzgeber ohnehin nicht verwendet wird, hat **keine rechtsdogmatische Bedeutung**.

---

107 **AA** *Schoch*, Rn 182. *Pieroth/Schlink/Kniesel*, § 9, Rn 24 (ähnlich *Poscher/Rusteberg*, JuS 2011, 1082, 1084) behandeln „Anscheinsstörer" und „Verdachtsstörer" gleich und behaupten, „bei Zugrundelegen eines subjektiven Gefahrenbegriffs" sei der Verdachtsstörer mit dem Störer gleichzusetzen. Diese Annahme beruht aber darauf, dass in sehr problematischer Weise der Begriff des Gefahrenverdachts mit dem Begriff der Gefahr gleichgesetzt wird (s. dazu näher Rn 83 ff). Dies belastet die Diskussion der Störerproblematik zusätzlich mit den terminologischen Unklarheiten, die in Verbindung mit dem Begriff des Gefahrenverdachts bestehen.

108 So im Ergebnis auch *Götz*, § 6, Rn 40.

3. Haftung für eigenes Verhalten und für das Verhalten anderer Personen (Zusatzverantwortlichkeit)

Neben der Verantwortlichkeit für eigenes Verhalten[109] sehen die Polizei- und Ordnungs- **265** gesetze eine **zusätzliche Verantwortlichkeit für das Verhalten anderer Personen vor**[110] (siehe hierzu näher *M. Peine*, Die Zusatzverantwortlichkeit im Gefahrenabwehrrecht). Bei minderjährigen Personen bis zu einem bestimmten Lebensalter[111] sowie bei Personen, für die wegen einer psychischen Krankheit oder einer körperlichen, geistigen oder seelischen Behinderung ein Betreuer bestellt ist, tritt neben die Verantwortlichkeit dieser Personen eine zusätzliche Verantwortlichkeit des Personensorgeberechtigten[112] bzw Aufsichtspflichtigen[113] oder des Betreuers. Ferner begründet das Verhalten eines Verrichtungsgehilfen eine Verantwortlichkeit des Geschäftsherrn, sofern der Verrichtungsgehilfe **in Ausführung einer Verrichtung** (und nicht nur bei deren Gelegenheit, dh ohne inneren Zusammenhang mit ihr) eine Gefahr verursacht. Voraussetzung dafür, dass jemand Verrichtungsgehilfe ist, ist die **Abhängigkeit vom weisungsbefugten Geschäftsherrn**; die Art des Rechtsverhältnisses spielt keine Rolle[114]. Ein Entlastungsbeweis des Geschäftsherrn scheidet – anders als im Zivilrecht – bei der verschuldensunabhängigen polizeirechtlichen Verantwortlichkeit naturgemäß aus.

Umstritten ist, inwieweit die **Zusatzverantwortlichkeit im Bereich des Boden-** **266** **schutzrechts** durch **§ 4 III BBodSchG** ausgeschlossen wird. Diese Vorschrift begründet eine Sanierungspflicht bezüglich schädlicher Bodenveränderungen oder Altlasten für den Verursacher sowie dessen Gesamtrechtsnachfolger, für den Eigentümer des Grundstücks und für den Inhaber der tatsächlichen Gewalt über das Grundstück sowie für weitere in § 4 III 4 BBodSchG genannte Personen. Zusatzverantwortlichkeiten, die sonst in allen Polizei- und Ordnungsgesetzen vorgesehen sind, werden nicht gesondert erwähnt. Nach richtiger Auffassung kann dies aber nicht dahingehend verstanden werden, dass der Gesetzgeber solche Zusatzverantwortlichkeiten ausschließen wollte[115]. Dies ließe nämlich vor allem bei Unternehmen, die sonst für

---

109 § 6 I BWPolG; Art. 7 I BayPAG, Art. 9 I BayLStVG; § 13 BerlASOG; § 16 I BrandOBG, § 5 I BrandPolG; § 5 I BremPolG; § 8 I HambSOG; § 6 I HessSOG; § 69 I MVSOG; § 6 I NdsSOG; § 4 I NWPolG, § 17 I NWOBG; § 4 I RhPfPOG; § 4 I SaarlPolG; § 7 I SachsAnhSOG; § 4 I SächsPolG; § 218 I SchlHVwG; § 10 I ThürOBG; § 7 I ThürPAG; § 4 MEPolG, § 17 I BPolG.

110 § 6 II, III BWPolG; Art. 7 II, III BayPAG, Art. 9 I 2, 3 BayLStVG; § 13 II, III BerlASOG; § 16 II, III BrandOBG, § 5 II, III BrandPolG; § 5 II BremPolG; § 8 II, III HambSOG; § 69 II, III MVSOG; § 6 II, III NdsSOG; § 4 II, III NWPolG, § 17 II, III NWOBG; § 4 II, III RhPfPOG; § 4 II, III Saarl-PolG; § 7 II, III SachsAnhSOG; § 4 II, III SächsPolG; § 218 II, III SchlHVwG; § 10 II, III ThürOBG, § 7 II, III ThürPAG; § 4 II, III MEPolG; § 17 II, III BPolG.

111 Meist erlischt die Zusatzverantwortlichkeit mit der Vollendung des 14. Lebensjahres, vgl zB § 13 II BerlASOG; § 16 II BrandOBG, § 5 II 1 BrandPolG; § 5 II BremPolG; § 6 II HessSOG; § 69 II MV-SOG; § 6 II NdsSOG; § 4 II NWPolG, § 17 II NWOBG; § 4 II RhPfPOG; § 4 II SaarlPolG; § 7 II SachsAnhSOG, § 4 II SächsPolG; § 10 II ThürOBG; § 7 II ThürPAG; § 4 II MEPolG; § 17 II 1 BPolG; nach § 6 II BWPolG mit der Vollendung des 16. Lebensjahres.

112 So in Baden-Württemberg, Mecklenburg-Vorpommern, Sachsen und Schleswig-Holstein.

113 So in den übrigen Bundesländern, nach dem MEPolG und dem BPolG.

114 *VGH Mannheim*, NJW 1993, 1543, 1544.

115 So auch *Schlabach/Heck*, VBlBW 2001, 46, 51 f mwN zum Streitstand in Fn 114; *OLG Celle*, NVwZ 2004, 379; **aA** *BVerwG*, NVwZ 2000, 1179; s. auch *BVerwG*, NVwZ 2004, 1505. Dazu *Schlabach/Heck*, VBlBW 2005, 214, 215 mwN. Die Problematik lässt sich nicht dadurch lösen, dass der Geschäftsherr als Zweckveranlasser qualifiziert wird (so aber *Steenbuck*, NVwZ 2005, 656 f).

das Verhalten ihrer Arbeitnehmer unter dem Gesichtspunkt der **Haftung für Verrichtungsgehilfen** polizeirechtlich einstehen müssen, eine **sachlich nicht zu rechtfertigende Verantwortlichkeitslücke** entstehen. Dies verlagerte die Verantwortung einseitig auf den Grundstückseigentümer und liefe der gesetzgeberischen Absicht zuwider, einen effektiven Bodenschutz sicherzustellen. Hinzu kommt, dass der Gesetzgeber **die polizeirechtliche Verantwortlichkeit** im Bereich des Bodenschutzes iÜ sogar noch **ausgeweitet** hat, indem er auch den Gesamtrechtsnachfolger eines Verursachers polizeipflichtig gemacht[116] und in § 4 III 4 BBodSchG **weitere**, dem allgemeinen Polizei- und Ordnungsrecht nicht bekannte **Haftungstatbestände geschaffen** hat.

267 Um zu einem vertretbaren Ergebnis zu kommen, bietet sich hier an, entweder den Geschäftsherrn bzw Aufsichtspflichtigen als Verursacher einer schädlichen Bodenveränderung zu qualifizieren oder von einem schlichten Redaktionsversehen auszugehen und es bei der Zusatzverantwortlichkeit zu belassen, die in allen Polizei- und Ordnungsgesetzen vorgesehen ist. Für die zweite Lösung spricht, dass in den Gesetzgebungsmaterialien jeglicher Hinweis dafür fehlt, dass der Gesetzgeber eine Zusatzverantwortlichkeit ausschließen wollte[117]. Auf jeden Fall sollte hier allerdings der Gesetzgeber im Interesse der Rechtsklarheit nachbessern.

IV. Der Zustandsstörer

1. Allgemeines

268 Die Zustandsverantwortlichkeit[118] geht häufig mit der Verhaltensverantwortlichkeit einher, zB bei einem Gewerbetreibenden, der einen störenden Gewerbebetrieb unterhält. Die Zustandsverantwortlichkeit knüpft primär an die **Sachherrschaft (tatsächliche Gewalt)** über eine störende Sache an, daneben aber auch an die **Rechtsstellung als Eigentümer**[119] und mitunter an die **Rechtsstellung als sonstiger Berechtigter**[120, 121].

---

116 Und zwar unabhängig davon, ob die Verantwortlichkeit des Verursachers bereits in einem Bescheid konkretisiert wurde.

117 Im Gegenteil sollte hier an die Regelung der polizeirechtlichen Verantwortlichkeit in den Ländern gerade angeknüpft werden, vgl BT-Drucks. 13/6701, S. 22.

118 § 7 BWPolG; Art. 8 I, II 1 BayPAG, Art. 9 II 1, 2 BayLStVG; § 14 BerlASOG; § 17 BrandOBG, § 6 BrandPolG; § 6 I, II 1 BremPolG; § 9 I HambSOG; § 7 I, II 1 HessSOG; § 70 MVSOG; § 7 I, II 1 NdsSOG; § 5 I, II 1 NWPolG, § 18 I, II NWOBG; § 5 I, II 1 RhPfPOG; § 5 SaarlPolG; § 8 SachsAnhSOG; § 5 SächsPolG; § 219 I, I 1 SchlHVwG; § 11 ThürOBG; § 8 II 1 ThürPAG; § 5 I, II 1 MEPolG; § 18 BPolG.

119 Maßgeblich ist dabei der zivilrechtliche Eigentumsbegriff. Ein Erbbaurecht genügt deswegen nicht, vgl *VGH Mannheim*, NJW 1998, 624. Die polizeirechtliche Verantwortlichkeit des Erbbauberechtigten kann sich aber daraus ergeben, dass er die Sachherrschaft innehat oder – sofern das Landesrecht insoweit eine Verantwortlichkeit vorsieht – sonstiger Berechtigter ist.

120 So Art. 8 II 1 BayPAG; § 14 III 1 BerlASOG; § 6 II 1 BrandPolG; § 6 II 1 BremPolG; § 7 II 1 HessSOG; § 7 II 1 NdsSOG; § 5 II 1 NWPolG; § 5 II 1 RhPfPOG; § 5 II 1 SaarlPolG; § 8 II 1 SachsAnhSOG; § 11 II ThürOBG; § 8 II 1 ThürPAG; § 5 II 1 MEPolG; § 18 II 1 BPolG. Sonstige Berechtigte sind dabei nicht nur dinglich Berechtigte (zB Nießbraucher). Vielmehr kann auch eine schuldrechtlich begründete Befugnis hierunter fallen, wenn nach Art der Gefahr eine Einwirkungsmöglichkeit

Wenn eine Person als Inhaber der tatsächlichen Gewalt verantwortlich ist, ist es **ohne Bedeutung, worauf die tatsächliche Gewalt beruht**. Auch ihr unrechtmäßiger Inhaber (zB ein Dieb) ist verantwortlich. Die tatsächliche Gewalt kann dabei nicht nur durch den Besitzer ausgeübt werden, sondern auch durch den Besitzdiener[122, 123].

Sachen sind bewegliche und unbewegliche Sachen. Tiere werden polizeirechtlich wie Sachen behandelt; § 90a BGB steht nicht entgegen[124]. Zustand der Sache sind sowohl ihre Beschaffenheit wie auch ihre Lage im Raum (zB als Verkehrshindernis auf der Straße).

Voraussetzung für die Verantwortlichkeit ist hier ebenfalls, dass die Sache die Gefahr verursacht. Ob dies der Fall ist, muss – ebenso wie bei der Verhaltensverantwortlichkeit – **mit Hilfe der Theorie der unmittelbaren Verursachung beantwortet werden**[125]. Deswegen ist zB der Besitzer eines Waldgrundstücks, das rechtlich und tatsächlich frei zugänglich ist, nicht verantwortlich für Abfälle, die von unbekannten Personen auf seinem Grundstück deponiert wurden[126]. Soweit sich Gefahren aus einem Recht ergeben, das durch das Eigentum gewährt wird, fehlt ebenfalls eine unmittelbaren Verursachung (s. auch *Hösch*, VBlBW 2004, 7, 12).

Beispiel: Ein Baum steht auf einem Grundstück. Später wird eine Kreuzung an dem Grundstück so umgebaut, dass der Baum nunmehr die Übersichtlichkeit dieser Kreuzung beeinträchtigt und damit die Sicherheit des Straßenverkehrs gefährdet[127]. – Die Bepflanzung ist ein Recht, das aus dem Eigentum an dem Grundstück abzuleiten ist. Sofern gesetzliche Regelungen bezüglich der Bepflanzung (zB bezüglich des Grenzabstands) eingehalten wurden, fehlt deswegen hier nicht nur eine Verhaltens-, sondern auch eine Zustandsverantwortlichkeit.

Die Problematik, die unter dem (wenig glücklichen) Etikett des „latenten Störers" **269** diskutiert wird, ergibt sich nicht nur bei der Verhaltensstörung (vgl dazu Rn 79, 249 f), sondern auch bei der Zustandsstörung. Deswegen kann zB im bereits erörterten Schweinemäster-Fall der Schweinemäster nicht nur als Verhaltens-, sondern auch als Zustandsstörer in Anspruch genommen werden, wenn auf Nachbargrundstücken später Wohnbebauung geschaffen wird. Das gilt jedenfalls dann, wenn er nicht auf

besteht (vgl *Heise/Riegel*, Begr. zu § 5 II MEPolG). Der Unterschied zu den Ländern, die eine Verantwortlichkeit sonstiger Berechtigter nicht regeln (s. zB § 7 BWPolG), ist iÜ nicht groß, da die sonstigen Berechtigten meist Inhaber der tatsächlichen Gewalt sind.

121 Spezialgesetze wie § 4 III 4 Alt. 1 BBodSchG, der im Bereich des Bodenschutzrechts eine Durchgriffs- und Konzernverantwortlichkeit für denjenigen begründet, der aus handels- oder gesellschaftsrechtlichem Grund für eine juristische Person einzustehen hat, erweitern diese Verantwortlichkeit noch, s. dazu *Kahl*, DV 2000, 29, 48 ff.

122 Umgekehrt muss der Besitzer nicht zwingend immer der Inhaber der tatsächlichen Gewalt sein. So ist es zB möglich, dass ein Erbenbesitzer (§ 857 BGB) keine tatsächliche Gewalt ausübt.

123 Vgl *Drews/Wacke/Vogel/Martens*, § 21, 3a.

124 Vgl zB ausdrücklich § 6 I 2 BrandPolG; § 7 I HessSOG; § 5 I NWPolG; § 18 I NWOBG; § 5 I Saarl-PolG, § 18 I BPolG.

125 So auch *Götz*, § 9, Rn 10; *Ruthig*, RhPf, § 4, Rn 57; *Schoch*, JuS 1994, 936 f; zu Gemeinsamkeiten von Verhaltens- und Zustandsverantwortlichkeit ferner *Hollands*, Gefahrenzurechnung im Polizeirecht, 2005, 37 ff; **aA** *Friauf*, Rn 83 u. *Scholler/Schloer*, S. 259, nach denen die Kausalitätstheorien hier keine Rolle spielen sollen.

126 *OVG Münster*, NWVBl. 2007, 26 ff.

127 Vgl dazu *OVG Lüneburg*, OVGE 17, 447 ff; zust. *Götz*, § 9, Rn 36; *v. Mutius*, Jura 1983, 298, 306.

Grund besonderer behördlicher Zusicherungen darauf vertrauen durfte, dass die Nachbargrundstücke von einer solchen Bebauung frei bleiben. Ebenso zu behandeln ist der Fall, bei dem in der Nähe eines Friedhofs später ein Wasserwerk errichtet wurde, dessen Wasser durch die von dem Friedhof ausgehenden Verwesungsgifte verunreinigt wurde (**„Ahnenbrühe"**). Die Zustandsverantwortlichkeit des Friedhofseigentümers konnte deshalb – entgegen dem *OVG Münster*[128] – nicht **allein mit der Begründung ausgeschlossen** werden, dass die Friedhofsanlage „nicht dadurch polizeiwidrig werden (könne), dass in der Nachbarschaft eine andere Anlage errichtet wird und diese von jener irgendwelche der Abwehr bedürftige Gefahren zu erwarten hat".

270 Eine **Zustandsverantwortlichkeit** kann **auch bei einer Anscheinsgefahr** bestehen. Das trifft dann zu, wenn der Zustand einer Sache den Anschein einer Gefahr verursacht. So ist zB der Eigentümer einer defekten Alarmanlage für einen Fehlalarm verantwortlich, den diese Anlage auslöst, und zwar unabhängig davon, ob ihn insoweit ein Verschulden trifft. Hiervon zu trennen ist die Frage, ob eine **Verantwortlichkeit** auch dann gegeben ist, wenn nur der **Anschein besteht, von einer Sache gehe eine Gefahr aus**. Insoweit geht es um die Problematik des **„Anscheinszustandsstörers"** (s. dazu im Zusammenhang mit dem „Anscheinsstörer" oben Rn 251 ff). Sie stellt sich beispielsweise, wenn die Polizei auf Grund glaubhafter Hinweise annehmen muss, die Speisen in einem Lokal seien durch Dritte vergiftet worden, dies aber, wie sich später herausstellt, tatsächlich nicht zutrifft. Nach dem allgemeinen Polizei- und Ordnungsrecht fehlt die Verantwortlichkeit des Eigentümers der Speisen, da **von der Sache tatsächlich keine Gefahr ausgeht**. Der Eigentümer kann nur unter den Voraussetzungen des polizeilichen Notstands als **Nichtstörer** zu Gefahrerforschungsmaßnahmen herangezogen werden. In manchen Fallgruppen ergeben sich freilich Besonderheiten aus **spezialgesetzlichen Regelungen**. So sieht insbesondere **§ 9 II BBodSchG** vor, dass bei einem auf Grund konkreter Anhaltspunkte bestehenden hinreichenden Verdacht einer schädlichen Bodenveränderung oder einer Altlast[129] angeordnet werden kann, dass die in § 4 III, V u. VI BBodSchG genannten Personen die notwendigen Untersuchungen zur Gefahrenabschätzung durchzuführen haben. Adressat einer solchen Verfügung können damit, wie sich aus der Verweisung auf § 4 III BBodSchG ergibt, auch der Grundstückseigentümer und der Inhaber der tatsächlichen Gewalt über ein Grundstück sein, ohne dass es darauf ankommt, ob die Gefahr tatsächlich von der Sache ausgeht. Allerdings normiert § 24 I 2 BBodSchG für die herangezogenen Personen einen Kostenerstattungsanspruch, wenn sich die Verdachtsmomente nicht bestätigen und sie die den Verdacht begründenden Umstände nicht zu vertreten haben.

---

128 *OVG Münster* v. 30.5.1952, abgedruckt bei *Th. Vogel*, Gerichtsentscheidungen zum Polizeirecht, 1971, S. 123 ff; **aA** zutreffend *Götz*, § 9, Rn 37 und *Drews/Wacke/Vogel/Martens*, § 21, 1b b.

129 Zum Kampfmittelbeseitigungsrecht als einem Sonderfall des Gefahrenabwehrrechts s. *Peine*, FS Schenke, 2011, S. 447 ff.

2. Einschränkungen der Zustandsverantwortlichkeit unter dem Aspekt des Übermaßverbots

Für die Zustandsverantwortlichkeit ist es zwar grundsätzlich ohne Bedeutung, wie die Sache in einen Zustand versetzt wurde, der die Gefahr verursacht. Dass der Eigentümer oder eigentumsähnlich Berechtigte die Sache nutzen und über sie verfügen darf, rechtfertigt es, ihm nach Art. 14 I 2 u. II GG idR die Lasten aufzuerlegen, die mit der Zustandsverantwortlichkeit verbunden sind. Deshalb spielt es **prinzipiell keine Rolle**, ob er den **gefährlichen Zustand** der Sache **selbst verursacht** hat und ob dies ggf. **schuldhaft** geschah. Aus dem **Übermaßverbot**, insbesondere aus dem Grundsatz der Verhältnismäßigkeit im engeren Sinne (Rn 338 ff), können sich aber **Einschränkungen der Zustandsverantwortlichkeit** ergeben, wenn jene in bestimmten Fallkonstellationen **den Eigentümer unzumutbar belastete**. Zwar ändert sich dadurch nichts am grundsätzlichen Bestehen der Zustandsverantwortlichkeit. Insbesondere wird die betroffene Person nicht – wie dies früher häufig vertreten wurde[130] – zum Nichtstörer. Wohl aber werden ihre **materiellen Polizeipflichten** durch **verfassungskonforme Auslegung der Vorschriften über die Zustandsverantwortlichkeit begrenzt** (näher Rn 276)[131].

271

Das *BVerfG*[132] hat dies bezüglich der Haftung eines Grundstückseigentümers für Altlasten in einem Fall anerkannt, in dem die Kosten für die Sanierung des Grundstücks dessen Verkehrswert überschritten und dem Eigentümer beim Erwerb des Grundstücks dessen – bereits vorher bestehende – Kontaminierung nicht bekannt war. Eine Begrenzung der Zustandsverantwortlichkeit schied dabei nach Ansicht des *BVerfG* – entgegen der Rspr des *BVerwG*[133] – nicht schon deshalb aus, weil der Eigentümer die Belastung des Grundstücks hätte erkennen müssen, ihm also Fahrlässigkeit[134] vorzuwerfen war. Zudem betonte das *BVerfG*, dem Eigentümer sei es **nicht zuzumuten**, mit **Vermögen, das in keinem Zusammenhang mit dem sanierungsbedürftigen Grundstück stehe**, für die den Verkehrswert überschreitenden Sanierungskosten **einzustehen**[135]. Das *BVerfG* hob ferner hervor, dass bei der Entscheidung, ob die Zustandsverantwortlichkeit des Eigentümers uneingeschränkt bejaht werden könne, zahlreiche weitere Umstände bedeutsam werden könnten. So verbiete sich eine uneingeschränkte Zustandsverantwortlichkeit insbesondere dann, wenn die Gefahr aus Na-

272

---

130 So früher *Schenke*, in: Steiner, BesVerwR, 5. Aufl. 1995, Rn 173 f mwN.
131 Vgl grundlegend *BVerfGE* 102, 1 ff und dazu *Hösch*, VBlBW 2004, 7 ff; *P. Huber/Unger*, VerwArch Bd. 96 (2005), 139 ff; *Klüppel*, Jura 2001, 26 ff; *Lepsius*, JZ 2001, 22 ff; *Müggenborg*, NVwZ 2001, 39 ff; *Sachs*, JuS 2000, 1219 f; *Schoch*, JK 01, Pol u. OrdR Störer/10; s. auch *BVerfG*, NVwZ 2001, 65 f. Ansätze zu einer verfassungskonformen Restriktion der Zustandsverantwortlichkeit gab es bereits früher vor allem bei *Friauf*, FS Wacke, 1972, S. 293 ff; *ders.*, Rn 92 f; ferner bei *Baur*, JZ 1964, 354, 356; *Gornig/Jahn*, 174 f; *Papier*, NWVBl. 1989, 322, 326; *Schenke*, JuS 1977, 789 ff und – allerdings nicht weit genug gehend – bei *BVerwG*, NVwZ 1991, 475; **aA** *Drews/Wacke/Vogel/Martens*, § 21, 1b a; *Schumann*, Berl. S. 46 f; *BVerwGE* 10, 282, 283.
132 *BVerfGE* 102, 1 ff = NJW 2000, 2573 ff und dazu näher *Klüppel*, Jura 2001, 26 ff.
133 *BVerwG*, NVwZ 1991, 475; NJW 1998, 3582.
134 Der Grad der Fahrlässigkeit ist von Bedeutung, vgl *BVerfGE* 102, 1, 22; *Müggenborg*, NVwZ 2001, 39, 41.
135 Eingeh. *BVerfGE* 102, 1.

turereignissen, aus der Allgemeinheit zuzurechnenden Ursachen oder von nicht nutzungsberechtigten Dritten herrühre. Andernfalls würden dem Eigentümer Risiken aufgebürdet, die auf Umständen beruhten, die losgelöst von der Sachherrschaft über das Grundstück seien und **jenseits seiner Verantwortungssphäre** lägen[136]. Selbst eine finanzielle Belastung des Zustandsverantwortlichen, die **unterhalb des Verkehrswerts des Grundstücks** liegt, kann nach dieser Judikatur unzumutbar sein, wenn das zu sanierende Grundstück den wesentlichen Teil des Vermögens des Pflichtigen und die **Grundlage seiner privaten Lebensführung** bildet. In einem solchen Fall wird die Grenze der zumutbaren Belastung uU bereits dann überschritten, wenn der Eigentümer eines Eigenheims das Grundstück unter Berücksichtigung seiner wirtschaftlichen Lage nicht mehr halten kann[137]. Kein Anlass für eine (vollständige oder teilweise) Freistellung von Sanierungskosten besteht hingegen zB dann, wenn der Grundeigentümer eine störende Nutzung des Grundstück selbst ermöglicht hat, indem er es zB zu gewerblichen Zwecken vermietet hat, und die Sanierungskosten vergleichsweise niedrig sind (zB 10 % des Verkehrswerts)[138].

273 Auf der Basis dieser Rechtsprechung lassen sich viele Fälle lösen, bei denen Umfang und Grenzen der Zustandsverantwortlichkeit zuvor umstritten waren. Vor Inkrafttreten der Spezialregelung des § 4 II, V 1 BBodSchG (dazu näher Rn 274) war eine Begrenzung der Zustandsverantwortlichkeit zB für einen Grundstückseigentümer bedeutsam, dessen Grundstück durch einen verunglückten fremden **Tankwagen verseucht** wird, denn in solchen Fällen fallen oft immense Kosten für die Sanierung des Grundstücks an[139].

Weitere Beispiele, in denen eine kostenmäßige Begrenzung der Zustandsverantwortlichkeit in Betracht zu ziehen ist: Ein Dieb stiehlt ein Auto, verursacht damit einen Unfall und flüchtet. Dabei lässt er das Autowrack zurück, das eine Straße blockiert. Der Halter wird auf Beseitigung des Autowracks in Anspruch genommen[140]. – Ein Auto wird rechtmäßig geparkt. Später wird ein Halteverbotszeichen aufgestellt, das Halter und Fahrer beim Abstellen des Pkw weder kannten noch vor dem Abschleppen des Autos kennen konnten[141].

Einschränkungen der Zustandsverantwortlichkeit eines Eigentümers können sich außerdem bei **außergewöhnlichen Schäden** an Sachen ergeben, die auf außergewöhnliche Ereignisse zurückzuführen sind, die **außerhalb der Risikosphäre**[142] des Eigentümers liegen, so zB, wenn ein Bauwerk auf einem Grundstück durch eine Na-

---

136 *BVerfGE* 102, 18 ff.
137 *BVerfGE* 102, 21.
138 Zur Zustandshaftung eines Unternehmens s. *Vöneky*, DÖV 2003, 400 ff.
139 Zu diesem Fall s. *OVG Münster*, DVBl 1964, 683.
140 Vgl *Denninger*, in: L/D, D, Rn 108. Die Zustandsverantwortlichkeit des Eigentümers bleibt dagegen vollständig erhalten, wenn er das Auto einer anderen Person überlassen hat und diese Person einen Unfall verursacht, vgl *BVerwG*, NJW 1992, 1908. Dann hat sich nämlich eine Gefahr verwirklicht, die in die Risikosphäre des Eigentümers fällt. Allerdings kann es ermessensfehlerhaft sein, den Eigentümer heranzuziehen, wenn der Fahrer bekannt ist (vgl Rn 285 ff).
141 Vgl dazu unten Rn 716; *VGH Mannheim*, NJW 1991, 1698; *BVerwG*, NJW 1997, 1021.
142 Zur Risikosphäre *Kokott*, DVBl 1992, 749, 751 ff; *Scholler/Schloer*, S. 260; s. ferner *Hollands*, Gefahrenzurechnung im Polizeirecht, 2006, S. 130 ff.

turkatastrophe[143] oder durch Kriegseinwirkung[144] zerstört (und dadurch in einen gefährlichen Zustand versetzt) wird. Diese inhaltlichen Begrenzungen der Zustandsverantwortlichkeit ändern allerdings nichts daran, dass der Eigentümer grundsätzlich Zustandsstörer bleibt[145].

Die Zustandsverantwortlichkeit kann ferner durch die **Legalisierungswirkung** einer (insbesondere gewerberechtlichen) Genehmigung eingeschränkt sein. Die Reichweite der Legalisierungswirkung hängt dabei von Inhalt und Umfang der behördlichen Genehmigung ab[146]. Ein Rückgriff auf das allgemeine Polizei- und Ordnungsrecht ist innerhalb der Reichweite der Legalisierungswirkung unzulässig. Wenn eine Genehmigung rechtswidrig erteilt wurde, weil die Gefährlichkeit eines Verhaltens oder einer Sache zunächst nicht erkennbar war, und deshalb gem. § 48 VwVfG (oder vergleichbaren Vorschriften) zurückgenommen wird, entfällt damit zugleich im Umfang der Rücknahme (und damit uU sogar rückwirkend) die Legalisierungswirkung. Soweit gem. § 49 VwVfG (oder vergleichbaren Vorschriften) nur ein Widerruf mit Wirkung ex nunc möglich ist, entfällt erst mit dem Widerruf die Legalisierungswirkung. Wenn wegen einer nachträglich erkannten Gefahr eine Auflage erteilt wird, entfällt die Legalisierungswirkung im Umfang dieser Auflage[147]. Keine Legalisierungswirkung tritt ferner ein, wenn sich die Genehmigung nicht auf das gefährliche Verhalten bezieht. Die bloße behördliche **Duldung** löst keine Legalisierungswirkung aus, kann sich aber entsprechend dem **Rechtsgedanken des § 254 BGB** auf die Ermessensentscheidung über Art und Weise („Wie") des Einschreitens auswirken[148]. Außerdem kann es von Bedeutung sein, dass mehrere Personen verantwortlich sind[149] und zwischen ihnen eine interne Ausgleichspflicht besteht (dazu Rn 288 ff).

Die vom *BVerfG* entwickelten Grundsätze gelten iÜ auch für die Pflichten eines Grundstückseigentümers, die sich aus § 4 II, V 1 BBodSchG ergeben. Dementsprechend nimmt das BBodSchG, das als lex specialis dem allgemeinen Polizei- und Ordnungsrecht vorgeht, ausdrücklich auf den Grundsatz der Verhältnismäßigkeit Bezug. Die kostenmäßige Begrenzung der Polizeipflicht des Eigentümers, die in § 25 II des Gesetzentwurfs der Bundesregierung[150] zunächst vorgesehen war, wurde zwar nicht Gesetz. Dies steht einer verfassungskonformen Auslegung aber nicht im Wege. **274**

---

143 Vgl *OVG Koblenz*, NJW 1998, 625. Nach der Rspr des *BGH*, NJW 1985, 1773 f, scheidet bei Naturereignissen eine zivilrechtliche Verantwortlichkeit aus. Hier besteht ein funktionaler Zusammenhang, s. dazu *Köpfer/Kaltenegger*, BayVBl. 1992, 260, 261 f; **krit.** *Beinhofer/Heimrath*, BayVBl. 1992, 748 ff.

144 So *BadVGH*, DVBl 1953, 145 ff; **aA** *BVerwGE* 10, 282, 283 u. (eingeschränkt) BayVBl. 1986, 590, 592.

145 *BVerwG*, NJW 1999, 231 (Felssturz); *OVG Hamburg*, DÖV 1983, 101 (Sturmflut); *BVerwG*, JZ 1998, 903 m. Anm. *Frenz/Bönning* (Hochwasser).

146 Dazu *Fluck*, VerwArch. Bd. 79 (1988), 406 ff; *Kloepfer*, Umweltrecht, 3. Aufl. 2004, § 12, Rn 157 ff mwN; *VGH Mannheim*, NVwZ 1990, 781, 783.

147 Die Ansicht, dass die Legalisierungswirkung generell nur solche Gefahren erfasst, die bei Erteilung der Genehmigung bereits erkennbar waren, geht daher zu weit. So aber noch die 5. Aufl. und *Denniger*, in: L/D, D, Rn 74; *Pieroth/Schlink/Kniesel*, § 9, Rn 64; **aA** – wie nunmehr hier vertreten – *Papier*, NVwZ 1986, 256, 257.

148 Zur polizeirechtlichen Verantwortlichkeit einer Gemeinde wegen fehlerhafter Bauleitplanung s. *VG Gelsenkirchen*, NVwZ 1988, 1061 ff.

149 Wenn mehrere Personen verantwortlich sind, kann daraus nicht abgeleitet werden, dass jede Person nur anteilig in Anspruch genommen werden darf, s. dazu unten Rn 284.

150 Vgl BT-Drucks. 13/6701, S. 14 u. 46.

Dem Gesetzgeber war bekannt, dass eine unbegrenzte kostenmäßige Heranziehung des Grundstückseigentümers nicht mehr auf die Sozialbindung des Eigentums (Art. 14 II GG) gestützt werden kann, wenn der Eigentümer weder Verhaltensstörer ist noch die Bodenbelastung kannte[151].

275 Zum Teil wird die Auffassung vertreten, der Eigentümer sei zwar hinsichtlich der Gefahren, die von einer Sache ausgingen, stets uneingeschränkt (zustands-)verantwortlich; seine Kostenersatzpflicht für eine Ersatzvornahme (oder unmittelbare Ausführung) durch die Polizei sei jedoch höhenmäßig zu begrenzen[152] oder sogar ganz auszuschließen[153]. Dies ist jedoch unhaltbar[154]. Eine solche Lösung widerspricht den Normen, die die Kostenersatzpflicht regeln (s. Rn 698 u. 703)[155], und trägt der **Konnexität zwischen primärer (materieller) Polizeipflicht und sekundärer Haftung** (Kostenersatzpflicht) nicht ausreichend Rechnung. Zudem belastete sie den Betroffenen, der die Gefahr nicht allein beseitigt, mit dem Makel eines polizeirechtswidrigen, gegen seine Pflichten (dazu Rn 228) verstoßenden Unterlassens.

276 Wenn die materielle Polizeipflicht des Zustandsverantwortlichen als Konsequenz des Übermaßverbotes beschränkt ist, muss dies vielmehr bereits **bei seiner polizeilichen Inanspruchnahme berücksichtigt werden** und zum Ausdruck kommen. Dies ermöglicht rechtpolitisch befriedigende Lösungen, die über die Alternative „Alles oder Nichts" hinausführen. Die Polizei hat deswegen schon in der Verfügung, mit der sie den Eigentümer verpflichtet, auszusprechen, dass seine Kostenersatzpflicht begrenzt wird[156]. Wenn die Polizei in dem Zeitpunkt, in dem sie den Zustandsverantwortlichen in Anspruch nimmt, über die Kostentragungspflicht noch nicht abschließend entscheiden kann, weil ihr die Gründe für eine mögliche Unzumutbarkeit noch nicht vollständig bekannt sind, so muss sie die **Verfügung mit dem Vorbehalt verbinden, dass über die Kostentragung gesondert entschieden wird**[157]. Den Zustandsverantwortlichen uneingeschränkt in Anspruch zu nehmen, ist rechtswidrig. Wenn eine Verfügung, die keinen Vorbehalt enthält, angefochten wird, ist sie (zumindest teilweise) aufzuheben. Wenn eine solche Verfügung nicht angefochten wird, kann der Zustandsverantwortliche dagegen eine Begrenzung seiner Kostenbelastung grundsätzlich nicht mehr geltend machen und auch nicht verlangen, dass ihm bereits gezahlte Kosten erstattet werden[158].

---

151 BT-Drucks. 13/6701, S. 46. *P. Huber/Unger*, VerwArch. Bd. 96 (2005), 139, 170 f halten § 25 II BBodSchG für verfassungswidrig.

152 So zB *Griesbeck*, Die materielle Polizeipflicht des Zustandsstörers und die Kostentragungspflicht nach unmittelbarer Ausführung und Ersatzvornahme – dargestellt am Beispiel der Altlasten-Problematik, 1991, S. 105 ff; *Hohmann*, DVBl 1984, 997, 998 ff; *Spannowsky*, DVBl 1994, 560, 562 ff.

153 So *VGH Mannheim*, NJW 1991, 1698; *Kästner*, JuS 1994, 361, 366.

154 So richtig *BVerfGE* 102, 1, 18 f.

155 So regelt zB § 8 II BWPolG – was *VGH Mannheim*, NJW 1991, 1698 und *Mußmann*, BW, Rn 347 verkennen – die kraft Gesetzes bestehende Verpflichtung des Störers, bei unmittelbarer Ausführung Kostenersatz zu leisten.

156 *OVG Lüneburg*, NVwZ-RR 2006, 397; *OVG Münster*, DVBl 2013, 657.

157 *BVerfGE* 102, 1, 24; *OVG Münster*, DVBl 2013, 657. Etwas anderes dürfte allerdings dann gelten, wenn derjenige, der in Anspruch genommen wird, die Umstände, aus denen die Unzumutbarkeit resultiert, zunächst nicht erkennen konnte. Hier muss er aufgrund der neuen Sachlage auf (uU tlw) Rücknahme eines bestandskräftigen Verwaltungsakts klagen können.

158 *BVerfGE* 102, 1, 24.

Die Lösung des *BVerfG* überlässt der Verwaltung die Bestimmung der Kostenvertei-   **277**
lung unter Rückgriff auf den verfassungsrechtlichen Grundsatz des Übermaßverbots.
Dies könnte Bedenken im Hinblick auf den Parlamentsvorbehalt hervorrufen. Solche
Bedenken schlagen aber letztlich nicht durch. Eine gesetzliche Regelung, welche die
Zustandsverantwortlichkeit begrenzt, könnte nämlich angesichts der Vielzahl relevan-
ter Gesichtspunkte ohnehin nur auf die Unzumutbarkeit verweisen, die der einzige gemeinsame Nenner aller Umstände ist, die zur Einschränkung der Zustandsverantwortlichkeit nötigen. Das Verbot unzumutbarer Belastungen ist aber als Bestandteil des
Übermaßverbots ohnehin schon allen Polizei- und Ordnungsgesetzen immanent. Da
diese Gesetze die Rechtsfolgen polizeilichen Handelns offen lassen und das gewählte
Mittel lediglich zur Gefahrenabwehr tauglich sein muss, bestehen auch von hierher
keine durchschlagenden Bedenken gegen eine verfassungskonforme Auslegung der
einschlägigen polizeirechtlichen Regelungen[159]. IÜ bietet sich bei der Ausgestaltung
der Kostenbeteiligung eine Anknüpfung an vergleichbare Kostenregelungen an (vgl
Rn 250).

3. Die Beendigung der Zustandsverantwortlichkeit, insbesondere bei Dereliktion

Die Zustandsverantwortlichkeit des Inhabers der tatsächlichen Gewalt endet zu dem   **278**
Zeitpunkt, zu dem er diese tatsächlichen Gewalt aufgibt[160]. Der Zeitpunkt, zu dem die
Zustandsverantwortlichkeit des Eigentümers oder sonst Berechtigten erlischt, ist unterschiedlich geregelt. Meist erlischt sie dann, wenn der Inhaber der tatsächlichen Gewalt diese ohne den Willen des Eigentümers oder sonst Berechtigten ausübt (vgl § 5 II
2 MEPolG). Wenn der Inhaber der tatsächlichen Gewalt diese jedoch später verliert,
so lebt grundsätzlich wieder die Haftung des Eigentümers oder sonst Berechtigten
auf[161]. Die Zustandsverantwortlichkeit des Eigentümers **endet** ferner grundsätzlich[162]
mit der Übereignung[163]**, der Dereliktion**[164] **und der Insolvenz**[165]. Eine Haftung des
früheren Eigentümers lässt sich insoweit nicht auf eine Verhaltensverantwortlichkeit

---

159   So auch *Klüppel*, Jura 2001, 26, 29.
160   *VGH Mannheim*, NVwZ-RR 1991, 27.
161   Vgl *OVG Koblenz*, NJW 1998, 625; *BVerwG*, Buchh 402.41 Allg. Polizeirecht Nr 60; *BVerwG*, RdL
       1998, 237; *BVerwG*, Buchh 402.41, Nr 65; *Schoch*, JuS 1994, 932 ff. Einschränkungen können sich
       aber aus dem Verhältnismäßigkeitsgrundsatz ergeben (vgl oben Rn 276). Dies kann zB von Bedeu-
       tung sein, wenn der Dieb die Sachherrschaft an einem gestohlenen Kfz aufgibt und der Eigentümer
       hiervon nichts weiß (vgl *Stollenwerk*, VR 1996, 378, 379).
162   Vorbehaltlich abweichender Regelungen wie § 4 III 4 Alt. 2, VI BBodSchG (dazu Rn 279).
163   Das gilt selbst dann, wenn an einen mittellosen Käufer veräußert wird, vgl *VGH Mannheim*, VBlBW
       1995, 486, 487; s. auch *Pischel*, VBlBW 1999, 166, 167, Fn 12. Die Zustandsverantwortlichkeit en-
       det allerdings dann nicht, wenn die Übereignung nur zu dem Zweck erfolgte, die Beseitigung der Stö-
       rung zu vereiteln, vgl *VGH Mannheim*, VBlBW 1998, 312 f; *VGH München*, NVwZ 2002, 364 f.
164   So auch *Drews/Wacke/Vogel/Martens*, § 21, 2c; *Rasch*, § 5 MEPolG, Rn 20; *Schoch*, JuS 1994, 1027;
       Würtenberger/Heckmann, BW, Rn 436 ff; *BVerwG*, NJW 2003, 2255 u. dazu *Ehlers*, JK 01/04,
       PolGBW §§ 6, 7/2; *VGH Mannheim*, NVwZ-RR 1991, 27; eingehend *Pischel*, VBlBW 1999, 166 ff.
165   Zustandsstörer ist dann der Insolvenzverwalter (*Matthes/Henke*, SächsVBl. 2011, 73, 78 ff). Seine
       Verpflichtung ist eine Masseverbindlichkeit iS des § 55 I Nr 1 InsO (*BVerwG*, DVBl DVBl 2004,
       1564 ff). Bedenklich ist die Auffassung des *BVerwG*, der Insolvenzverwalter dürfe die gefährliche
       Sache aus der Insolvenzbefangenheit freigeben und dadurch wieder den (leistungsunfähigen) Ge-
       meinschuldners verantwortlich machen. **Krit.** dazu *Gusy*, Rn 366 mwN.

stützen. Insbesondere kann sie nicht mit dem Argument begründet werden, der frühere Eigentümer habe in der Vergangenheit seine Pflichten als Zustandsstörer nicht erfüllt, weswegen eine Verhaltensstörung durch Unterlassen vorliege. Die Vorschriften, die eine Zustandsstörerhaftung begründen, sind nämlich *leges speciales* im Verhältnis zu den Bestimmungen über die Verhaltensstörerhaftung. Die Pflichten eines Zustandsstörers bilden deswegen keinen tauglichen Anknüpfungspunkt für eine Verhaltensstörung durch Unterlassen (s. auch Rn 240)[166]. Die Veräußerung (bzw Dereliktion) der störenden Sache ist kein Verhalten, das eine Gefahr unmittelbar verursacht und den früheren Eigentümer zum Verhaltensstörer werden lässt[167]. Etwas anderes gilt nur dann, wenn die Verantwortlichkeit des früheren Eigentümers ausdrücklich spezialgesetzlich normiert ist (so zB § 4 VI 1 BBodSchG)[168], wobei auch dann die verfassungsrechtlichen Grenzen aus dem Übermaßverbot zu beachten sind[169].

Eine polizeirechtliche Verantwortlichkeit des früheren Eigentümers lässt sich grundsätzlich selbst dann nicht rechtfertigen, wenn er schon vor dem Verlust des Eigentums mit einem polizeilichen Verwaltungsakt als Zustandsstörer in Anspruch genommen worden war. Der Verlust des Eigentums führt zwar noch nicht zur Unwirksamkeit bzw Erledigung des Verwaltungsakts. Wohl aber hat der frühere Eigentümer einen Anspruch auf dessen behördliche Rücknahme. Wenn ein Verwaltungsakt, der gegenüber dem früheren Eigentümer ergangen war, allerdings bereits vor dem Eigentumsübergang bzw der Dereliktion zwangsweise durchgesetzt worden war, so hat der frühere Eigentümer weiterhin für die Kosten der Ersatzvornahme (dazu unten Rn 698 f) einzustehen. Dasselbe gilt hinsichtlich der Kosten für eine unmittelbare Ausführung (dazu näher unten Rn 703 ff), die bereits vor dem Eigentumsverlust stattfand[170]. Bei späterem Eigentumsübergang findet hinsichtlich der Kostentragungspflicht keine Rechtsnachfolge statt, s. unten Rn 295.

279 Nach einer in Literatur und Rechtsprechung teilweise vertretenen Auffassung[171] soll die Verantwortlichkeit des früheren Eigentümers generell auch nach Dereliktion fortgelten. Dieser Ansicht kann de lege lata in dieser Generalität nicht gefolgt werden. Es entspricht zwar in der Tat nicht dem gesetzgeberischen Zweck der Zustandshaftung[172], dem früheren Eigentümer – der bisher die Vorteile der Sache genossen hatte – zu gestatten, nunmehr entstehende Nachteile (Kosten der Gefahrenbekämpfung) durch Dereliktion auf die Allgemeinheit abzuwälzen. Mit dieser rechtspolitischen Erwägung lässt sich aber der **eindeutige Wortlaut** der polizeirechtlichen Vorschriften, die an die Eigentümerstellung anknüpfen, **nicht beiseiteschieben**. Dieser Gesichtspunkt kann

---

166 **AA** *VGH München*, BayVBl. 1996, 437, 438, der eine solche Verantwortlichkeit für „sehr nahe[liegend]" hält; ebenso *Trute*, DV 1999, 73, 80 f.

167 Ebenso *VGH Mannheim*, NVwZ 1996, 1036, 1038; *Trute*, DV 1999, 73, 80.

168 Nach § 4 VI 1 BBodSchG ist der frühere Eigentümer eines Grundstücks zur Sanierung verpflichtet, wenn er sein Eigentum nach dem 1.3.1999 übertragen hat und die schädlichen Bodenveränderungen oder Altlasten hierbei kannte oder kennen musste. Diese Vorschrift, die offensichtlich die Verantwortlichkeit des früheren Eigentümers ausdehnen will, ist nur unter der Voraussetzung sinnvoll, dass ohne sie eine Verantwortlichkeit des früheren Eigentümers nicht bestünde.

169 Im Falle des § 4 VI BBodSchG kann diesen verfassungsrechtlichen Grenzen wohl noch durch eine verfassungskonforme Auslegung Rechnung getragen werden; vgl dazu *Grzeszick*, NVwZ 2001, 721, 728. *Spieth/Wolfers*, NVwZ 1999, 355, 356 f halten dagegen die Regelung für verfassungswidrig.

170 S. auch *VGH Mannheim*, VBlBW 2002, 161 f und *OVG Hamburg*, NVwZ 2001, 215, 217 f.

171 *Friauf*, Rn 89; *Riegel*, S. 99; *Schmidt-Jortzig*, FS Scupin, 1983, S. 819, 828 f; *Wolff/Bachof*, Verwaltungsrecht III, § 127, Rn 24; *VG Freiburg*, DVBl DVBl 1967, 787, 788.

172 So *Friauf*, Rn 89; *OVG Bremen*, DVBl DVBl 1989, 1008 f mwN.

nur den Anlass für den Gesetzgeber bieten, die Zustandsverantwortlichkeit nicht mit der Dereliktion enden zu lassen. In Anlehnung an § 5 III MEPolG ist dies heute in fast allen Ländern[173] und – für die bodenschutzrechtliche Haftung – in § 4 III 4 Alt. 2 BBodSchG geschehen.

In besonders gelagerten Fällen kann eine Dereliktion allerdings sittenwidrig und damit gem.   **280**
§ 138 BGB nichtig sein[174]. Dies kann zB uU der Fall sein, wenn aus einer Sache zunächst Nutzen gezogen wurde, die Dereliktion nach Erlass eines polizeilichen Verwaltungsakts nur zu dem Zweck erfolgt, sich der polizeirechtlichen Verantwortlichkeit zu entziehen, und Gefahren für besonders hochwertige Rechtsgüter bestehen[175]. Hier sind aber die Besonderheiten des Einzelfalles zu berücksichtigen, aus denen sich ergeben kann, dass die Sittenwidrigkeit zu verneinen ist.

Selbstverständlich wird iÜ eine **Verhaltensverantwortlichkeit des früheren Eigentümers durch die Aufgabe des Eigentums nicht berührt**[176]. Wenn zB ein Eigentümer sein Auto bei einem Unfall zu Schrott fährt und das Auto nunmehr ein Verkehrshindernis auf der Straße bildet, so kann sich der Eigentümer seiner Verhaltensverantwortlichkeit nicht dadurch entziehen, dass er das Eigentum an dem Auto aufgibt[177].

4. Zustandsverantwortlichkeit und zivilrechtliche Verfügungsbefugnis

Die Verantwortlichkeiten des Inhabers der tatsächlichen Gewalt und des sonst Berech-   **281**
tigten wird dadurch eingeschränkt, dass sie nur zu solchen Handlungen verpflichtet werden dürfen, zu denen sie tatsächlich in der Lage und rechtlich befugt sind. Problematisch ist dies dann, wenn der Störer mittels Verwaltungsakts zu einem Handeln verpflichtet wird, **für das er aus zivilrechtlichen Gründen auf die Mitwirkung Dritter angewiesen** ist.

Beispiele: Ein Grundstück gehört mehreren Miteigentümern. Eine Anordnung, ein auf dem Grundstück stehendes Bauwerk abzureißen, ergeht nur gegenüber einem Miteigentümer. – Dem Pächter eines Gewerbebetriebes wird auferlegt, an dem Betriebsgebäude bauliche Veränderungen vorzunehmen. Gegenüber dem Verpächter ergeht eine solche Anordnung nicht.

---

173   Art. 8 III BayPAG; § 14 IV BerlASOG; § 17 III BrandOBG, § 6 III BrandPolG; § 6 III BremPolG; § 9 I 2 HambSOG; § 7 III HessSOG; § 70 III MVSOG; § 7 III NdsSOG; § 5 III NWPolG; § 18 III NWOBG; § 5 III RhPfPOG; § 5 III SaarlPolG; § 8 III SachsAnhSOG; § 219 III SchlHVwG; § 11 III ThürPAG. Keine entsprechende Regelung enthält § 7 BWPolG.
174   So *BVerwG*, NJW 2003, 2255; *Pischel*, VBlBW 1999, 166, 167 f; *Spannowsky*, DVBl 1994, 560, 564; *Stöckle/Röckeisen*, NJ 1993, 67 ff. S. zum entsprechenden Problem bei einer Übereignung, die die Kosten der Gefahrenbeseitigung auf die Allgemeinheit abwälzen soll, *VGH Mannheim*, VBlBW 1998, 312 f (offen gelassen von *VGH Mannheim*, VBlBW 1998, 19, 20). Unabhängig von der hier vertretenen Auffassung führt die Dereliktion jedenfalls nicht dazu, dass die polizeirechtliche Verantwortlichkeit rückwirkend beseitigt wird. Der zunächst polizeipflichtige Eigentümer muss daher für die Kosten der Ersatzvornahme (oder unmittelbaren Ausführung) eintreten, soweit jene noch vor der Dereliktion erfolgten, vgl *Würtenberger/Heckmann*, BW, Rn 437; *VGH Mannheim*, VBlBW 1998, 19, 20; zum entsprechenden Problem bei einer Übereignung *OVG Hamburg*, NVwZ 2001, 215 ff.
175   Nach *BVerwG*, NVwZ 1997, 577, verstößt ein Rechtsgeschäft, dessen Zweck sich darin erschöpft, Kostenlasten zum Nachteil Dritter zu verschieben, regelmäßig gegen § 138 BGB; ebenso *VGH Mannheim*, VBlBW 1998, 312; *VGH München*, NVwZ 2002, 364 f.
176   *OVG Lüneburg*, NdsVBl. 1997, 212.
177   Die Dereliktion eines alten Pkw am Straßenrand verstößt zudem gegen §§ 61 I Nr 1, 27 I KrW-/AbfG und gegen §§ 1 II, 32, 49 I StVO (*Würtenberger/Heckmann*, BW, Rn 436).

Früher wurde vielfach angenommen, in den Beispielsfällen sei der Verwaltungsakt gegenüber dem in Anspruch genommenen Störer rechtswidrig, da von ihm etwas rechtlich Unmögliches verlangt werde. Die heute hM hat diesen Standpunkt aufgegeben[178]. Dem ist zuzustimmen, da die auferlegte Verpflichtung jedenfalls dann erfüllt werden kann, wenn sich der andere zivilrechtlich Berechtigte (also in den Beispielen die Miteigentümer bzw der Verpächter) damit einverstanden erklärt oder ihm gegenüber eine Verfügung ergeht, die ihn zur Duldung verpflichtet[179]. Es ist dabei – vorbehaltlich abweichender landesrechtlicher Regelungen – **nicht erforderlich, dass gleichzeitig mit der Verfügung gegen einen Störer eine Duldungsverfügung gegen die anderen zivilrechtlich Berechtigten ergeht.** Für diese Ansicht – die auf Parallelen im Zivilprozessrecht verweisen kann[180] – spricht die Verfahrensökonomie. Sie verkürzt den Rechtsschutz des anderen zivilrechtlich Berechtigten nicht, da ohne dessen Zustimmung bzw ohne eine ihm gegenüber erlassene Duldungsverfügung **der polizeiliche Verwaltungsakt gegen den in Anspruch genommenen Störer nicht vollstreckt werden darf.** Die Rechte Dritter bilden insoweit ein Vollstreckungshindernis. Die Duldungsverfügung muss bereits vorliegen, wenn die vorgesehene Vollstreckungsmaßnahme angedroht wird[181]. Diese Androhung bildet nämlich eine Voraussetzung für die Rechtmäßigkeit der angedrohten Vollstreckungsmaßnahme (und ist als Verwaltungsakt zu qualifizieren; s. Rn 546). Sie stellt deswegen bereits den ersten Akt der Verwaltungsvollstreckung dar.

V. Verjährung und Verwirkung der polizeirechtlichen Verantwortlichkeit

282 Die polizeirechtliche Verantwortlichkeit verjährt nach hM grundsätzlich nicht. Es ist für sie ohne Bedeutung, wie lange das sie begründende Verhalten bzw der sie begründende Zustand einer Sache schon andauern[182]. Das wird bei der Zustandsverantwortlichkeit besonders deutlich. Es überzeugte hier schwerlich, wenn der Eigentümer zwar unbegrenzt den Nutzen aus einer Sache ziehen, sich aber gleichzeitig mit Hilfe der Verjährung den hiermit verbundenen polizeirechtlichen Verpflichtungen entziehen könnte. Für den Verhaltensstörer muss dies ebenso gelten. Dessen Verantwort-

---

178 Vgl *BVerwG*, BauR 1972, 298 f; *OVG Münster*, BRS 24 Nr 194; *VGH Kassel*, NJW 1983, 2282; *VGH Mannheim*, VBlBW 1982, 405, 406; *Kühling*, BauR 1972, 264 ff; **aA** *Scholler/Schloer*, S. 250.

179 Zur Duldungsverfügung näher *v. Kalm*, DÖV 1996, 463 ff; s. auch *VGH München*, NVwZ-RR 2006, 389.

180 Vgl *RGZ* 68, 221.

181 So auch *Erichsen/Rauschenberg*, Jura 1998, 31, 38; *v. Kalm*, DÖV 1996, 463, 466; *Wehser*, VR 2000, 340, 341; *OVG Lüneburg*, BRS 44 Nr 208; *VGH Kassel*, BRS 44 Nr 210; **aA** *OVG Münster*, BRS 24 Nr 194.

182 So – wie hier – die hM, vgl *VGH Mannheim*, NVwZ-RR 1996, 387, 390; *OVG Münster*, NWVBl. 1997, 175, 180; *Becker*, DVBl 1999, 134, 142; *Erbguth/Stollmann*, DVBl 2001, 601, 607; *Götz*, § 9, Rn 48; *Kugelmann*, 8. Kap., Rn 70; *Lange*, Die verwaltungsrechtliche Verjährung, 1984, S. 21 mwN; *Poscher*, Jura 2007, 801, 808; *Schink*, DÖV 1999, 797, 804; wohl auch *Trute*, DV 1999, 73, 82 f; *Würtenberger/Heckmann*, BW, Rn 470 ff; **aA** *Kügel*, NJW 2000, 107, 112; *Martensen*, NVwZ 1997, 442 ff; *Ossenbühl*, NVwZ 1995, 547 ff; *ders.*, Zur Haftung des Gesamtrechtsnachfolgers für Altlasten, 1995, S. 74 ff.

lichkeit entspricht nach den Polizei- und Ordnungsgesetzen auch sonst der Verantwortlichkeit des Zustandsstörers, und häufig wird sogar für eine vorrangige Inanspruchnahme des Verhaltensstörers (dazu Rn 285) plädiert[183]. Eine Verjährung der polizeirechtlichen Verantwortlichkeit schränkte zudem eine der wichtigsten staatlichen Funktionen erheblich ein. Dies erschiene um so bedenklicher, als sich die entsprechenden Schutzpflichten zT aus den Grundrechten ergeben. Zudem gilt im öffentlichen Recht der Grundsatz, dass nichtvermögensrechtliche Ansprüche prinzipiell nicht verjähren.

Von den Befürwortern einer Verjährung wird teilweise die Auffassung vertreten, nach **283** Eintritt der Verjährung könne die Person, die die Gefahr ursprünglich verursacht habe, als Nichtstörer herangezogen werden[184]. Dies zerstreut aber Bedenken gegen eine Verjährung nicht. Zum einen ist die Inanspruchnahme als Nichtstörer an einschränkende Voraussetzungen gebunden, so dass jedenfalls die Effektivität des polizeilichen Handelns eingeschränkt wird. Zum anderen ist eine solche Inanspruchnahme mit einer Entschädigungspflicht gekoppelt und „sozialisiert" zudem die – uU erheblichen – Kosten für die Gefahrenabwehr, obwohl derjenige, der die Gefahr verursacht hat, uU aus seinem Verhalten bereits Vorteil gezogen hat. Mitunter wird auch die Ansicht vertreten[185], der Störer könne trotz Verjährung weiterhin als Störer in Anspruch genommen werden, habe aber einen Entschädigungsanspruch, wenn er die Gefahr beseitige. Diese Auffassung ist inkonsequent und abzulehnen. Sie sprengte den Zusammenhang zwischen der polizeirechtlichen Verantwortlichkeit und der Entschädigungspflicht (s. auch oben Rn 230). Wenn man – wie hier – davon ausgeht, dass eine Rechtsnachfolge bezüglich der polizeirechtlichen Verantwortlichkeit grundsätzlich nicht stattfindet (s. unten Rn 292 ff), die Verantwortlichkeit vielmehr jeweils originär bei einem Polizeipflichtigen begründet wird, so nimmt dies dem Problem iÜ ohnehin viel von seiner Brisanz.

Zu bejahen sein dürfte allerdings die **Verjährung eines öffentlichrechtlichen Kostenersatzanspruchs** der Polizei nach drei Jahren entsprechend dem durch die Schuldrechtsmodernisierung 2002 neugefassten **§ 195 BGB**[186], da es sich um einen vermögensrechtlichen Anspruch der öffentlichen Hand handelt und zudem die Pflicht bereits konkretisiert wurde, die über die allgemeine Polizeipflicht hinausreicht[187]. Da sich die Analogie zu Gunsten des Pflichtigen auswirkt, bestehen unter dem Aspekt des Vorbehalts des Gesetzes keine Bedenken[188].

Wenn die Polizei in Kenntnis einer Gefahrenlage lange Zeit untätig bleibt und bei dem Betroffenen durch zusätzliche Umstände den Eindruck verstärkt, er werde nicht als Polizeipflichtiger in Anspruch genommen werden, kann die Befugnis **verwirkt**

---

183 *Erbguth/Stollmann*, DVBl 2001, 601, 607; *Schink*, DÖV 1999, 797, 804.

184 So *Ossenbühl*, NVwZ 1995, 547, 549 f.

185 So *Martensen*, NVwZ 1997, 442, 444 f.

186 Wie hier *Würtenberger/Heckmann*, BW, Rn 470; s. allgemein zu den Auswirkungen der Schuldrechtsreform auf die Verjährung öffentlichrechtlicher Ansprüche *Kellner*, NVwZ 2002, 395 ff.

187 Insoweit zutreffend *Martensen*, NVwZ 1997, 442, 444.

188 Anders als bei einer Verjährung von Entschädigungsansprüchen des Nichtstörers, dazu Rn 689.

sein, diesen Betroffenen in Anspruch zu nehmen[189]. Die Verwirkung setzt allerdings voraus, dass das Verhalten der Polizei bei dem Betroffenen einen **besonderen Vertrauenstatbestand** erzeugt hat. Zu weit reicht dagegen die Ansicht, eine Verwirkung von Polizeipflichten sei generell ausgeschlossen (so aber VGH Mannheim, NVwZ 2008, 896 ff). Diese Ansicht übersieht, dass eine solche Verwirkung eine polizeiliche Inanspruchnahme keineswegs völlig ausschließt. Vielmehr kann der Betroffene weiterhin als **Nichtstörer in Anspruch genommen** werden – dann allerdings gegen Entschädigung.

VI. Die Auswahl zwischen mehreren Störern

1. Keine nur anteilige Verantwortlichkeit der Störer

284 Häufig haben mehrere Störer eine Gefahr verursacht. In diesen Fällen fragt es sich, nach welchen Gesichtspunkten zu entscheiden ist, wer als Störer in Anspruch genommen wird.

In der Literatur wird mitunter die Auffassung vertreten, dass dann, wenn mehrere Personen unabhängig voneinander eine polizeiliche Gefahr verursacht haben, diese Personen von vornherein **nur anteilig verantwortlich** sein sollen[190]. Das steht aber im Widerspruch dazu, dass jeder Störer die volle Gefahr verursacht hat. Auch in dem – strukturell verwandten – Haftungsrecht (s. zB die §§ 830, 840 BGB) ist die Verantwortlichkeit im Außenverhältnis nicht anteilig begrenzt, wenn mehrere Personen für einen Schaden verantwortlich sind. Es besteht kein Anlass, im Polizeirecht hiervon abzuweichen (s. auch § 50 II MEPolG). Dies ginge zudem zwangsläufig auf Kosten der Effizienz des polizeilichen Handelns. Außerdem bietet das Polizeirecht (wie das Zivilrecht) die Möglichkeit, mit Hilfe eines internen Ausgleichsanspruchs die Lasten in einer gerechten, dem Übermaßverbot (vgl Rn 331 ff) Rechnung tragenden Art und Weise zwischen den Störern zu verteilen (vgl Rn 289 f). Aus entsprechenden Gründen kann von der Polizei nicht verlangt werden, dass sie sich an den Regelungen zum internen Ausgleich innerhalb einer Störergemeinschaft orientiert, wenn sie einen der Störer in Anspruch nimmt[191]. Zu beachten ist allerdings, dass der **Verhältnismäßigkeitsgrundsatz** im Einzelfall die **polizeirechtliche Verantwortlichkeit einschränken** kann. Dies ist zB dann möglich, wenn mehrere Personen an der Herbeiführung eines Schadens mitgewirkt haben und bei der Inanspruchnahme einer dieser Personen feststeht, dass ein – gesetzlich (s. § 24 BBodSchG) oder in Analogie zu § 426 BGB begründeter – Rückgriffsanspruch (dazu Rn 291) gegen andere Störer wegen deren

189 Vgl hierzu *Ossenbühl*, NVwZ 1995, 547, 549 f und *VG Köln*, NVwZ 1994, 927, 930; zur Verwirkung und Verjährung der Polizeipflichten s. auch *Trute*, DV 1999, 73, 82 f.

190 So *Giesberts*, Die gerechte Lastenverteilung unter mehreren Störern, 1990, S. 79 ff; *Jochum*, NVwZ 2003, 526, 529 ff; *Würtenberger/Heckmann*, BW, Rn 514; **aA** – zutreffend – *Gornig/Hokema*, JuS 2002, 21, 22; *Kloepfer/Thull*, DVBl 1989, 1121 ff; *Kugelmann*, 8. Kap., Rn 79; *Murswiek*, JuS 2004, 640, 642; *Ruthig*, RhPf, § 4, Rn 88; *Schoch*, Jura 2012, 685; *Scholler/Schloer*, S. 265; *BayVerfGH*, NVwZ-RR 2004, 97; vgl oben Rn 275.

191 *VGH München*, NVwZ 2001, 458.

Insolvenz nicht durchsetzbar ist. Eine solche Konstellation kann jedenfalls bei Zustandsstörern zu einer (kostenmäßigen) Beschränkung materieller Polizeipflichten führen. Dies ist eine Konsequenz der neueren bundesverfassungsgerichtlichen Judikatur zu den verfassungsrechtlichen Grenzen materieller Polizeipflichten[192]. Anderenfalls würde das Risiko, dass nicht in Anspruch genommene Störer in Insolvenz fallen, vollumfänglich auf denjenigen Störer abgewälzt, der von der Polizei herangezogen wird[193]. Eine Haftungsbeschränkung kommt auch dann in Betracht, wenn nicht in Anspruch genommene Störer erst nach Bestandkraft der Verfügung insolvent werden und deren Insolvenz nicht vorausiehbar war. Die Haftungsbeschränkung kann dann nachträglich noch im Wege einer Verpflichtungsklage prozessual durchgesetzt werden. Die Ablehnung einer Verantwortlichkeit pro rata gilt selbstverständlich nicht, wenn mehrere Personen verschiedene Gefahren verursacht haben, die nur äußerlich zusammenfallen.

2. Gleichzeitige Verantwortlichkeit mehrerer Störer für eine Gefahr

a) Ermessensleitende Gesichtspunkte bei der Auswahl

Wenn mehrere Personen in vollem Umfang für eine polizeiliche Gefahr verantwortlich sind, fragt sich, ob die Behörde gegen alle Störer vorgehen darf oder ob ihr Auswahlermessen, das ihr sonst prinzipiell zusteht, eingeschränkt ist. Diskutiert wird dies insbesondere, wenn eine Gefahr sowohl durch einen Verhaltensstörer als auch durch einen Zustandsstörer verursacht wurde[194]. Hier kann sich zunächst bereits aus dem Grundsatz des geringsten Eingriffs ergeben, dass einer der Störer nicht in Anspruch genommen werden darf, weil ein anderer Störer bei seiner Heranziehung die Gefahr mit einem geringeren Aufwand genauso wirksam beseitigen kann. Ansonsten regelt das Gesetz nicht ausdrücklich, gegen welchen Störer einzuschreiten ist. Aus der Teleologie polizei- und ordnungsrechtlicher Ermächtigungsgrundlagen folgt allerdings, dass **grundsätzlich derjenige Störer in Anspruch zu nehmen ist, der die Gefahr oder Störung am schnellsten und wirksamsten beseitigen kann**[195]. Dies lässt sich auch mit der Formel ausdrücken, prinzipiell sei derjenige heranzuziehen, der zeitlich und örtlich der Gefahr am nächsten stehe. Wenn diese Formel in dem genannten Sinne verwendet wird, ist sie nicht zu beanstanden. Früher wurde freilich darüber hinaus vielfach angenommen[196], dass **prinzipiell der Verhaltensstörer vor dem Zustandsstörer in Anspruch zu nehmen sei. Dies erscheint zweifelhaft**[197]. Zwar wollte der

285

---

192 *BVerfGE* 102, 1 ff und dazu oben Rn 272 ff.
193 Dazu *Würtenberger/Heckmann*, BW, Rn 515. Mit ihrer These, es verstieße generell gegen den Grundsatz eines rechtsstaatlichen Haftungsrechts, wenn dem (pro rata-) Störer die Haftungsbeiträge anderer (pro rata-) Störer zugerechnet werden dürften, gehen sie allerdings zu weit.
194 Vgl hierzu zB *Drews/Wacke/Vogel/Martens*, § 19, 6c; *Rasch*, § 5 MEPolG, Rn 21.
195 So zB auch *Garbe*, DÖV 1998, 632 ff; *Gornig/Hokema*, JuS 2002, 21, 22 f; *Poscher/Rusteberg*, JuS 2011, 1082, 1087; *Tettinger/Erbguth/Mann*, Rn 534; *Würtenberger*, Rn 229.
196 So *Rasch*, § 5 MEPolG, Rn 21; *Schoch*, Jura 2012, 685, 688; *OVG Hamburg*, DVBl 1953, 542 f; *OVG Münster*, OVGE 19, 101, 104; *VGH München*, BayVBl. 1979, 307, 309.
197 So auch *Bickel*, NVwZ 2004, 1210, 1211; *Schoch*, Rn 230 f; *VGH Mannheim*, NVwZ-RR 1991, 27.

Bundesgesetzgeber[198] im Zusammenhang mit dem Bodenschutz in § 4 III BBodSchG ursprünglich eine Reihenfolge anordnen, in der Störer im Regelfall in Anspruch zu nehmen sind. Zunächst sollte der Verhaltensstörer, dann dessen Gesamtrechtsnachfolger, dann der Eigentümer und erst zuletzt der Inhaber der tatsächlichen Gewalt herangezogen werden. Dieser gesetzgeberische Wille hat jedoch im Gesetz keinen ausreichenden Anhaltspunkt gefunden[199]. Zudem trüge eine solche Regelvermutung der Notwendigkeit einer effizienten Gefahrenbekämpfung und der Vielfalt der Fallgestaltungen, die sich hier stellen können, nicht ausreichend Rechnung. Ohnehin könnte eine bundesgesetzliche Vorschrift schon aus kompetenzrechtlichen Gründen den Landesgesetzgeber bei der Ausgestaltung des allgemeinen Polizei- und Ordnungsrechts nicht binden.

286 Allerdings kann es im Einzelfall ein Gebot materieller Gerechtigkeit sein, primär den Verhaltensstörer heranzuziehen, insbesondere wenn jener die Gefahr schuldhaft verursacht hat. Wenn zB ein Autofahrer mit einem Auto, das ihm nicht gehört, schuldhaft einen Unfall verursacht und dadurch eine Gefahr herbeiführt, ist primär der Fahrer (und nicht der Eigentümer) zu deren Beseitigung heranzuziehen. Zu beachten ist jedoch, dass für die ermessensfehlerfreie Auswahl zwischen Störern **noch eine Reihe anderer Gesichtspunkte relevant werden**[200], so zB die Aufwendungen, die der jeweilige Störer für die Gefahrenbekämpfung zu erbringen hat, seine persönliche und sachliche Leistungsfähigkeit[201], seine zivilrechtliche Verfügungs- und Nutzungsbefugnis[202], ferner allgemein die Wirksamkeit der Gefahrenbekämpfung. Wenn zB der Verhaltensstörer (zB der Fahrer eines Unfallautos) den Polizei- bzw Ordnungsbehörden nicht bekannt ist oder sie ihn aus sonstigen tatsächlichen Gründen nicht zur Gefahrenbeseitigung heranziehen können, dürfen sie grundsätzlich sehr wohl den Zustandsstörer in Anspruch nehmen. Unter Effektivitätsgesichtspunkten kann es ferner für eine Heranziehung des Zustandsstörers sprechen, dass der Verhaltensstörer aus zivilrechtlichen Gründen nicht in der Lage ist, allein die Gefahr zu beseitigen, hierfür vielmehr noch der Zustandsstörer[203] mittels einer Duldungsverfügung in Anspruch genommen werden muss (s. Rn 281).

287 Der Ermessensspielraum kann außerdem dadurch verengt sein, dass von mehreren Personen, die als Störer in Anspruch genommen werden können, eine Person sowohl Zustandsstörer wie auch Verhaltensstörer ist. Möglicherweise ist dann nur die Inanspruchnahme des „Doppelstörers" ermessensfehlerfrei. Ein Ermessensfehler liegt vor, falls die Behörde nicht berücksichtigt hat, dass sie mehrere Personen als Störer in Anspruch nehmen könnte[204] oder dass sie selbst für die Gefahr mitverantwortlich ist. Wenn der Träger der Polizeibehörde mitverantwortlich ist, kann es nach dem Rechts-

---

198 Vgl BT-Drucks. 13/6701, S. 35.
199 So auch *Würtenberger/Heckmann*, BW, Rn 507.
200 Dazu iVm dem Bodenschutzrecht *Erbguth/Stollmann*, DVBl 2001, 601, 608.
201 *OVG Lüneburg*, NVwZ 1990, 786 f; *Schoch*, Jura 2012, 685, 689.
202 S. auch *BVerwG*, NVwZ 1990, 474, 475.
203 S. auch *Gornig/Hokema*, JuS 2002, 21, 23 f; zu wenig beachtet dies *VGH München*, NVwZ 2001, 458 f.
204 *VGH Mannheim*, NVwZ 1990, 179 f; *OVG Magdeburg*, NVwZ-RR 2008, 615.

gedanken des § 254 BGB ermessensfehlerhaft sein, nur den Störer zur Gefahrenbekämpfung heranzuziehen. Teilweise wird darüber hinaus vertreten, dass die Polizei dazu verpflichtet sei, bei mehreren Störern die Auswahl daran zu orientieren, welcher der Störer letztlich zivilrechtlich verpflichtet sei, die Kosten zu tragen[205]. Dies geht in dieser Allgemeinheit zu weit. Im Einzelfall kann es allerdings ermessensfehlerhaft sein, wenn die Behörde bei der Auswahl zwischen mehreren Störern die Regelungen des internen Ausgleichs, sofern sie ihr bekannt und unstreitig sind, völlig unberücksichtigt lässt[206]. Zu beachten ist überdies, dass der Verhältnismäßigkeitsgrundsatz die polizeirechtliche Verantwortlichkeit einschränken kann, wenn ein Rückgriffsanspruch des in Anspruch genommenen Störers gegen andere Störer nicht durchsetzbar wäre, weil jene insolvent sind (dazu auch oben Rn 284).

b) Gesamtschuldnerische Haftung und Rückgriffsmöglichkeiten der in Anspruch genommenen Person

Umstritten ist, ob ein Störer, der polizeilich in Anspruch genommen wurde, einen **288** Ausgleichsanspruch analog § 426 BGB gegenüber Störern besitzt, die nicht in Anspruch genommen wurden. Der *BGH*[207] hat dies verneint. Richtigerweise ist jedoch jedenfalls dann von einem **Gesamtschuldverhältnis** auszugehen, wenn mehrere Personen als Störer inhaltlich in gleicher Weise verpflichtet sind, eine Gefahr zu beseitigen[208]. Hinsichtlich der materiellen Polizeipflicht, die kraft Gesetzes besteht und nicht erst durch den Erlass des Verwaltungsakts begründet wird, liegt nämlich genau jene Situation vor, welche durch den Begriff des Gesamtschuldverhältnisses in § 421 S. 1 BGB umschrieben wird (s. auch §§ 830, 840 BGB) und an welchen die in §§ 421 ff BGB geregelten Rechtsfolgen anknüpfen[209]. Zwar ist die Regelung, dass der Gläubiger die Leistung nach seinem Belieben von jedem der Schuldner ganz oder zum Teil fordern kann (§ 421 S. 1 BGB), auf das Polizeirecht nicht übertragbar, da das polizeiliche Ermessen – anders als das Ermessen des Gläubigers in § 421 S. 1 BGB – durch ermessensleitende Gesichtspunkte, insbesondere die Effizienz des polizeilichen Handelns, eingeschränkt wird. Dies hindert aber nicht daran, § 426 BGB, der den Innenausgleich betrifft, auf das Innenverhältnis zwischen mehreren Störern entsprechend anzuwenden. Im Bodenschutzrecht sieht § 24 II BBodSchG einen solchen Ausgleich ausdrücklich vor[210].

Nur durch eine analoge Anwendung des § 426 BGB lässt sich eine **gerechte Lasten-** **289** **verteilung** zwischen mehreren Störern ermöglichen, die vor dem Gleichheitssatz und

205 So *Garbe*, DÖV 1998, 632, 633; *Gornig/Hokema*, JuS 2002, 21, 23; *VGH München*, NVwZ 2001, 458; *VGH Mannheim*, VBlBW 1993, 298, 301 gegen *VGH München*, NVwZ 1986, 942, 946 u. *Fleischer*, Die Auswahl unter mehreren Polizeipflichtigen als Rechtsfrage, 1980, S. 91, 97.
206 So *BVerwG*, NVwZ 1990, 474, 475; *Schoch*, Jura 2012, 685, 689; *Würtenberger*, Rn 230.
207 *BGH*, DÖV 1981, 843 f; *VGH Mannheim*, VBlBW 2008, 137, 138; ebenso zB *Schwachheim*, NVwZ 1988, 255 ff; *Möller/Warg*, Rn 145.
208 S. auch *Gornig/Hokema*, JuS 2002, 21, 23; *Kloepfer/Thull*, DVBl 1989, 1121 ff; *Kluth*, SachsAnh, § 3, Rn 293; *Kugelmann*, 8. Kap., Rn 80; *Oldiges*, NW, S. 274; *Schoch*, JuS 1994, 1029; *Seibert*, DÖV 1983, 964 ff; *Schwabe*, UPR 1984, 9 ff; *Tettinger/Erbguth/Mann*, Rn 536; *VGH München*, BayVBl. 1989, 467, 470.
209 S. auch *Schoch*, JuS 1994, 1029.
210 Dazu näher *Schlette*, VerwArch. Bd. 91 (2000), 41 ff.

dem materiellen Rechtsstaatsprinzip Bestand hat[211]. Für eine solche Analogie spricht zusätzlich, dass der Gesichtspunkt der Effizienz des Handelns, der für das polizeiliche Ermessen primär maßgeblich ist, sich wesentlich von dem Gesichtspunkt des Ausmaßes der Verantwortlichkeit unterscheidet, der unter dem Aspekt der Lastengerechtigkeit relevant ist, und dem durch die **analoge Anwendung der §§ 426, 254 BGB** Rechnung getragen werden kann. Mit Hilfe der Analogie lässt sich damit auch rechtsdogmatisch befriedigend erklären, dass derjenige, der ganz überwiegend für eine Gefahr verantwortlich ist, idR keinen Rückgriff bei anderen Störern nehmen kann. Soweit bereits die materielle Polizeipflicht eines Störers begrenzt ist (etwa aus verfassungsrechtlichen Gründen, vgl oben Rn 271 ff), scheidet für andere Störer, die weitergehend polizeirechtlich verantwortlich sind und in Anspruch genommen werden, hinsichtlich der „überschießenden" Polizeipflicht ohnehin ein Rückgriff analog § 426 BGB aus, da es insoweit (partiell) an einem Gesamtschuldverhältnis iSd § 421 S. 1 BGB fehlt.

Die analoge Anwendung des § 426 BGB auf Fälle, in welchen mehrere Personen für eine polizeiliche Gefahr verantwortlich sind, führt also zu dogmatisch stimmigen und rechtspolitisch befriedigenden Ergebnissen.

290 Für diese Lösung sprechen zusätzlich die Vorschriften[212], die bei Ersatzvornahme und unmittelbarer Ausführung eine gesamtschuldnerische Haftung der Polizeipflichtigen und damit einen Rückgriffsanspruch ausdrücklich vorsehen. Es wäre nämlich widersinnig, dem Polizeipflichtigen einen Rückgriffsanspruch zuzugestehen, wenn er einen polizeilichen Verwaltungsakt missachtet und es zu einer Vollstreckung kommen lässt, ihm einen solchen Rückgriffsanspruch aber vorzuenthalten, wenn er sich pflichtgemäß verhält und den polizeilichen Verwaltungsakt befolgt. Für die hier vertretene Analogie spricht außerdem § 50 II MEPolG, der es einem Polizeiträger, der einen Nichtstörer entschädigt hat, ermöglicht, mehrere Störer gesamtschuldnerisch heranzuziehen.

Unter dem Aspekt des Vorbehalts des Gesetzes bestehen gegenüber einer solchen Analogie keine Bedenken, da sie unmittelbar nur das Verhältnis der Störer untereinander betrifft. Da ohnehin alle Störer materiell zur Beseitigung der Gefahr verpflichtet sind, erweitert die Analogie nicht die öffentlichrechtliche Haftung. Insbesondere begründet sie keine Haftung für einen Verursachungsanteil Dritter bzw für eine Risikohaftung, die nur durch förmliches Parlamentsgesetz angeordnet werden könnten[213].

291 Bezüglich des Ausgleichsanspruchs sind sowohl § 426 I 1 BGB wie auch § 426 II BGB analog anwendbar. Der interne Ausgleichsanspruch analog § 426 I 1 BGB besteht bereits vor der Befriedigung des Gläubigers. Mit der Erfüllung der Gesamtschuld geht die Forderung analog § 426 II BGB über. Dem steht nicht entgegen, dass die übergehende Forderung öffentlichrechtlichen Charakter hat. Mit dem Übergang auf den ausgleichsberechtigten Gesamtschuldner büßt die Forderung nämlich diesen öffentlichrechtlichen Charakter ein und wird zu einem bürgerlichrechtlichen

---

211 Eine nur partielle polizeirechtliche Verantwortlichkeit mehrerer Störern scheidet, wie bereits gezeigt wurde, grundsätzlich aus.

212 Vgl zB zur unmittelbaren Ausführung § 15 II 2 BerlASOG; § 9 II 2 SachsAnhSOG; § 9 II 2 ThürPAG; s. iÜ *Seibert*, DÖV 1983, 964, 966 ff.

213 Nicht überzeugend daher *Würtenberger/Heckmann*, BW, Rn 512 (krit. hierzu auch *Spannowsky*, DVBl 1994, 560, 563 f). Jene gehen allerdings davon aus, es bestehe von vornherein nur eine anteilige Polizeipflicht. Bei einer solchen Annahme stellt sich die Problematik eines internen Ausgleichs aber gerade nicht.

Anspruch[214]. Dies wird auch in anderem Zusammenhang anerkannt[215]. Zudem spricht dafür die Praktikabilität. Die Analogien sowohl zu § 426 I 1 BGB wie auch zu § 426 II BGB lassen Raum für eine interne Lastenausgleichspflicht, die dem Maß der jeweiligen Verantwortlichkeit entspricht, indem § 254 BGB jeweils analog anzuwenden ist.

Eine abweichende Auffassung möchte dagegen einen Lastenausgleich zwischen mehreren Störern mittels eines (partiellen) Aufwendungsersatzanspruchs bewerkstelligen, der sich aus den Grundsätzen der Geschäftsführung ohne Auftrag (§§ 683, 679, 670 BGB) ergeben soll. Dies überzeugt schon deswegen nicht, weil der in Anspruch genommene Polizeipflichtige nicht (auch) das Geschäft eines anderen führt. Ähnliches gilt für die Auffassung, die einen Lastenausgleich über einen Bereicherungsanspruch[216] wegen rechtsgrundloser Vermögensverschiebung herbeiführen möchte. Auch die Tatbestandsvoraussetzungen eines solchen Anspruchs sind nicht gegeben[217].

VII. Rechtsnachfolge in polizeiliche Pflichten

Die früher ganz hM nahm an, dass sowohl die Verhaltens- als auch die Zustandsverantwortlichkeit **höchstpersönliche Pflichten des Störers** begründe. Ein Verwaltungsakt, der gegenüber einem bestimmten Störer erlassen worden war, wirkte damit grundsätzlich – vorbehaltlich abweichender gesetzlicher Regelungen – weder gegenüber seinem Einzel- noch gegenüber seinem Gesamtrechtsnachfolger, also zB nicht gegenüber dem Erben. Seit langer Zeit zeichnet sich aber in Rechtsprechung[218] und Literatur[219] insbesondere bei der **Zustandsverantwortlichkeit** eine Tendenzwende ab. Zwar entspricht es auch heute noch der hM, dass eine Rechtsnachfolge in eine Zustandsverantwortlichkeit, die noch nicht durch eine Polizeiverfügung konkretisiert wurde, ausscheidet[220]. Wenn aber gegen den Zustandsverantwortlichen bereits eine Polizeiverfügung erlassen worden ist, soll sie grundsätzlich auch dessen Rechtsnachfolger binden. Gegen jenen müsse nicht erneut ein Verwaltungsakt erlassen werden, der die Polizeipflicht aktualisiert. | **292**

Begründet wird diese Lösung insbesondere damit, dass es sich bei dem Verwaltungsakt, der die Zustandshaftung aktualisiere, um einen dinglichen Verwaltungsakt handele. Für diese Lösung spräche außerdem die Verfahrensökonomie. | **293**

---

214 Dementsprechend sieht die spezialgesetzliche Regelung des § 24 II 6 BBodSchG für den dortigen Ausgleichsanspruch den Rechtsweg zu den ordentlichen Gerichten vor.

215 Vgl *BGH*, NJW 1979, 2198 f mwN.

216 So ansatzweise *BGH*, NJW 1987, 187, 188 f.

217 Krit. zu diesen Lösungsansätzen *Kloepfer/Thull*, DVBl 1989, 1123 ff.

218 Vgl zB *BVerwG*, NJW 1971, 1624 ff; *OVG Münster*, NJW 1980, 415; NVwZ-RR 1997, 70; NVwZ 1997, 507; *VGH Mannheim*, NJW 1979, 1564 f; *OVG Koblenz*, DÖV 1980, 654 f; **aA** *VGH Kassel*, DVBl 1977, 255.

219 Vgl zB *Denninger*, in: L/D, D, Rn 125; *Drews/Wacke/Vogel/Martens*, § 19, 5a; *Musil*, JA 2003, 781 ff; *Wolff/Bachof*, Verwaltungsrecht III, § 127 Rn 28; **krit.** hierzu *Schenke*, GewArch. 1976, 1 ff. Allgemein zur Rechtsnachfolge im Verwaltungsrecht *Dietlein*, Nachfolge im Öffentlichen Recht, 1999; *Nolte/Niestedt*, JuS 2000, 1071 ff; *Rau*, Jura 2000, 37 ff; *Stadie*, DVBl 1990, 501 ff; *Würtenberger/Heckmann*, BW, Rn 452 ff; *Zacharias*, JA 2001, 720, 722 f.

220 *Schoch*, JuS 1994, 1026, 1030; *ders.*, Rn 162 f; *Papier*, NVwZ 1986, 256, 262; *ders.*, DVBl 1996, 125, 127; *VGH München*, NVwZ 1986, 942, 946; **aA** *Stadie*, DVBl 1990, 501, 504.

Diese Argumente überzeugen nicht. Die Verantwortlichkeit des Rechtsnachfolgers des Zustandsstörers ergibt sich nicht daraus, dass er die Verpflichtung seines Vorgängers übernimmt. Vielmehr folgt sie daraus, dass er mit Eintritt der Rechtsnachfolge nunmehr selbst den Tatbestand erfüllt, an den die Zustandsverantwortlichkeit anknüpft. Diese **Verantwortlichkeit** entsteht bei ihm also **originär**. Der Hinweis auf einen **dinglichen Verwaltungsakt** ist eine reine **petitio principii**. Gegen die neuere Auffassung spricht außerdem, dass die Rechtmäßigkeit eines polizeilichen Verwaltungsakts nicht nur von Umständen abhängen kann, die in der Sache begründet sind, sondern auch von Umständen, die in der Person des Pflichtigen begründet sind. Damit kann ein Verwaltungsakt, der gegenüber dem ursprünglichen Adressaten rechtmäßig war, **gegenüber seinem Rechtsnachfolger rechtswidrig** sein.

294 Auch die **Verfahrensökonomie streitet nicht** für die neuere Auffassung. Wenn ein Verwaltungsakt auf den Rechtsnachfolger erstreckt würde, müssten die Polizei- und Ordnungsbehörden nämlich prüfen, ob in der Person des Rechtsnachfolgers Umstände vorliegen, die seiner Heranziehung durch den Verwaltungsakt entgegenstehen. Ebenso wenig spricht es für die neuere Auffassung, dass es bei der Einzelrechtsnachfolge Fälle geben kann, in denen zB der frühere und der neue Eigentümer kollusiv zusammenwirken, um ihren polizeirechtlichen Pflichten zu entgehen. Diese Fälle lassen sich nämlich nach den **Grundsätzen des Rechtsmissbrauchs** zufriedenstellend lösen, ohne dass dies eine allgemeine Nachfolge in die durch den Verwaltungsakt begründeten Pflichten rechtfertigte. Eine solche Nachfolge in polizeiliche Pflichten bedürfte außerdem nach dem Grundsatz des Gesetzesvorbehalts einer gesetzlichen Grundlage, weil die Bejahung einer solchen Nachfolge in die grundrechtlich geschützte Rechtsstellung des Nachfolgers eingreift[221].

295 Nach richtiger Auffassung kommt eine Nachfolge in polizeiliche Pflichten damit nur dann in Betracht, wenn dies ausdrücklich gesetzlich geregelt ist[222]. Keine ausreichende Rechtsgrundlage liefert dabei eine unmittelbare oder analoge Anwendung der prozessrechtlichen Vorschriften der §§ 121 VwGO, 325 ZPO, wie sie verschiedentlich befürwortet wird[223]. Diese Vorschriften, die auf das Verwaltungsverfahren ohnehin nicht unmittelbar anwendbar sind, setzen eine anderweitig begründete materiellrechtliche Pflichtennachfolge voraus. Sie können eine solche Nachfolge aber nicht selbst konstituieren. Deshalb binden zB polizeiliche Verfügungen, die gegen den Eigentümer eines Grundstücks erlassen worden sind, den Rechtsnachfolger des Eigentümers (zB den Erwerber des Grundstücks) grundsätzlich – vorbehaltlich der im Folgenden genannten spezialgesetzlichen Regelungen – nicht.

---

221 Vgl hierzu eingehend (und im Wesentlichen wie hier) *Dietlein*, Nachfolge im Öffentlichen Recht, 1999, S. 192 ff, 276; s. ferner *Kluth*, SachsAnh, § 3 Rn 304; *Nolt/Niestedt*, JuS 2000, 1172, 1173; *Rau*, Jura 2000, 37, 39, 42; *Volkmann*, JuS 1999, 544, 547; *Zacharias*, JA 2001, 720, 726 f; zur Problematik auch *Ammermann*, FG Knemeyer, 2012, S. 297 ff.

222 So auch *Kugelmann*, 8. Kap., Rn 68; *Ruthig*, RhPf, § 4, Rn 75; s. ferner *Würtenberger/Heckmann*, BW, Rn 455; *OVG Münster*, NVwZ-RR 1997, 70, die aber eine Gesamtrechtsnachfolge in analoger Anwendung der §§ 1922, 1967 BGB bejahen, s. dazu unten im Text. Allgemein zur Rechtsnachfolge im öffentlichen Recht *Reimer*, DVBl 2011, 201 ff.

223 So aber zB *Stadie*, DVBl 1990, 501, 508; **krit.** – zu Recht – *Dietlein*, Nachfolge im Öffentlichen Recht, 1999, S. 273 ff.

Ausdrückliche gesetzliche Regelungen einer Nachfolge in polizeiliche Pflichten enthalten die Landesbauordnungen. So regeln zB § 89 II 3 NdsBauO und Art. 60 II 3 BayBO eine solche Nachfolge bezüglich aller bauaufsichtsbehördlichen Anordnungen. Alle Landesbauordnungen sehen zudem eine Rechtsnachfolge bezüglich einer Baugenehmigung vor (vgl zB § 58 II BWLBO). Dies gilt dann auch für die Auflagen, die mit der Baugenehmigung verbunden sind[224].

Eine Nachfolge in polizeiliche Pflichten regelt ferner **§ 4 III 1 BBodSchG**, jedoch nur für den Gesamtrechtsnachfolger des Verhaltensverantwortlichen, **nicht** dagegen **für den Rechtsnachfolger des Zustandsverantwortlichen**[225]. Im Falle der (Einzel- oder Gesamt-) Rechtsnachfolge in das Eigentum wird damit die Zustandsverantwortlichkeit für den neuen Eigentümer jeweils originär begründet. Jener wird nicht durch eine Verfügung verpflichtet, die gegen seinen Rechtsvorgänger ergangen war.

Selbst wenn man – entgegen der hier vertretenen Auffassung – eine Rechtsnachfolge in die Zustandsverantwortlichkeit bejahte, müsste der neue Eigentümer jedenfalls nicht für die Kosten einer Ersatzvornahme, einer unmittelbaren Ausführung oder eines Sofortvollzugs (dazu unten Rn 698 ff und 703 ff) einstehen, die vor dem Eigentumsübergang stattfanden[226]. Dies bildet ein zusätzliches Argument dafür, eine Rechtsnachfolge grundsätzlich – vorbehaltlich ausdrücklicher gesetzlicher Regelungen – nicht nur auf der sekundären, sondern auch auf der primären Ebene abzulehnen.

Bezüglich der **Verhaltensverantwortlichkeit** scheidet eine Nachfolge in polizeiliche   **296** Pflichten aus den bereits dargelegten Gründen erst recht aus. Es überzeugt nicht, dass hier vielfach gleichwohl eine Gesamtrechtsnachfolge befürwortet wird[227] und dies teilweise sogar in solchen Fällen, in denen die Pflicht des Rechtsvorgängers nicht einmal durch eine Polizeiverfügung konkretisiert worden war, also nur eine abstrakte Polizeipflicht vorlag[228]. Eine überzeugende Begründung bleiben die Anhänger dieser Auffassung[229] jedenfalls schuldig. Insbesondere kann aus dem Umstand, dass das einem Verhaltensstörer abverlangte Verhalten vertretbar ist, noch nicht gefolgt wer-

---

224   Vgl *Schoch*, JuS 1994, 1031.

225   Vgl *Knopp*, DÖV 2001, 441, 446.

226   *VGH Mannheim*, VBlBW 2002, 161; *OVG Hamburg*, NVwZ 2002, 215, 218.

227   Für Gesamtrechtsnachfolge hier zB *OVG Lüneburg*, NJW 1998, 97 f; s. auch *OVG Münster*, NVwZ-RR 1997, 70 f; **aA** zB *Dietlein*, Nachfolge im öffentlichen Recht, 1999, S. 227 ff, 276; *Rasch*, § 5 MEPolG, Rn 25; zur Problematik eingehend *Peine*, JuS 1997, 984 ff.

228   Vgl hierzu kritisch *Ossenbühl*, Zur Haftung des Gesamtrechtsnachfolgers für Altlasten, 1995, S. 39 ff.

229   *BVerwG*, JZ 2006, 1124, 1126 f; *Durner*, JA 2006, 910, 912; *Palme*, NVwZ 2006, 1130 ff; *Schink*, VerwArch. 82 (1991), 357, 386 f; *Stadie*, DVBl 1990, 501, 504; *Erbguth*, ThürVBl. 1996, 97, 104; *Vierhaus/Marx*, NVwZ 2006, 45 ff; **offen** *OVG Münster*, NVwZ 1997, 507, 508; **aA** – wie hier – *Dietlein*, Nachfolge im Öffentlichen Recht, 1999, 228 ff; *Papier*, NVwZ 1986, 256, 262; *ders.*, DVBl 1996, 125, 127; *Rau*, Jura 2000, 37, 42 f; *Rixen*, JZ 2007, 171 ff; *Schoch*, Rn 218 f, 223; *Zacharias* JA 2001, 720, 722 ff; *VGH München*, NVwZ-RR 2004, 648; *VGH Mannheim*, NVwZ-RR 2002, 16; zu gesellschaftsrechtlicher Nachfolge *Pieroth/Schlink/Kniesel*, § 9, Rn 58 ff; s. ferner *Nolte/Niestedt*, JuS 2000, 1071, 1074. Die Ausdehnung einer Pflichtennachfolge, wie sie in § 4 III BBodSchG vorgesehen ist (dazu *Schink*, DÖV 1999, 797, 801 ff), auf die Zeit vor Inkrafttreten des BBodSchG liefe auf eine rechtsstaatlich höchst problematische Rückwirkung eines Gesetzes hinaus (aA *BVerwG*, JZ 2006, 1124, 1126); s. dazu *Hünnekens/Arnold*, NJW 2006, 3388 ff.

den, dieses Verhalten sei nicht höchstpersönlich[230]. Die Verhaltensverantwortlichkeit wurde seit jeher als höchstpersönlich angesehen. Soweit eine Nachfolge in öffentlich-rechtliche Pflichten stattfindet, ordnet der Gesetzgeber dies regelmäßig an (s. zB § 45 AO 1977; § 4 III 1 BBodSchG). Die §§ 1922 ff BGB können nach ganz hM im öffentlichen Recht nicht unmittelbar angewendet werden. Eine Analogie wirkte sich zu Lasten des Gesamtrechtsnachfolgers aus und erweckte Bedenken unter dem Aspekt des Gesetzesvorbehalts[231]. Dies lässt eine Gesamtrechtsnachfolge ebenfalls fragwürdig erscheinen. Eine solche Nachfolge wäre darüber hinaus auch deswegen problematisch, weil nach hM polizeirechtliche Pflichten nicht verjähren. Die Verursachung einer unmittelbaren Gefahr hätte damit zeitlich praktisch unbegrenzte Konsequenzen für die Rechtsnachfolger des Verursachers[232]. Gegen die Annahme, eine Gesamtrechtsnachfolge komme bereits bei einer sog. abstrakten Polizeipflicht in Betracht, spricht zusätzlich, dass der Umfang der Pflicht wesentlich durch persönliche Umstände bestimmt wird, weswegen es problematisch ist, die Pflicht im Wege der Gesamtrechtsnachfolge von einer Person zu lösen.

297 Selbst wenn man – entgegen der hier vertretenen Ansicht – eine generelle Rechtsnachfolge in polizeiliche Verfügungen bejaht, ist es iÜ aus rechtsstaatlichen Gründen unerlässlich, dem Rechtsnachfolger den Inhalt der Verfügung mitzuteilen[233]. Gleiches gilt selbstverständlich dann, wenn eine solche Nachfolge gesetzlich angeordnet ist. § 84 I MVSOG sieht ausdrücklich vor, dass der Vollzug gegen den Rechtsnachfolger grundsätzlich erst beginnen darf, nachdem er von dem Verwaltungsakt Kenntnis erlangt hat und darauf hingewiesen worden ist, dass der Verwaltungsakt ihm gegenüber vollzogen werden kann.

Allgemein anerkannt ist, dass Vollstreckungsakte – wie die Androhung oder Anordnung eines Zwangsmittels – wegen ihrer Höchstpersönlichkeit nicht gegenüber dem Rechtsnachfolger[234] wirken.

Lösung der Ausgangsfälle (Rn 222 ff):

298 **Fall 1:** Da der Zweckverband Z die Abfallentsorgung öffentlichrechtlich durchführt, ist er nicht formell polizeipflichtig (Rn 234). Die sonst zuständige Polizei- bzw Ordnungsbehörde darf ihn deswegen grundsätzlich nicht zur Abwehr von ihm ausgehender Störungen in Anspruch nehmen. Prinzipiell unberührt davon bleibt die materielle Polizeipflicht (Rn 233) des Z. Falls tatsächlich unzulässige Geruchsemissionen von der Anlage ausgehen, stehen deshalb dem H Unterlassungsansprüche gegen den Z zu (Rn 235).

---

230 Ausführlicher zur Problematik der Rechtsnachfolge s. *Schenke*, GewArch. 1976, 1 ff.
231 Vgl *BVerfG*, DVBl 1997, 351 m. Anm. *Schwabe*.
232 Deshalb befürwortet *Ossenbühl*, NVwZ 1995, 548 ff eine Verjährung.
233 Vgl *Pieroth/Schlink/Kniesel*, § 9, Rn 54; *Gusy*, Rn 364; *VGH Kassel*, NVwZ 1985, 281 f. Dabei wird davon ausgegangen (so *Gusy*, Rn 364), dass die Mitteilung ein eigenständiger Verwaltungsakt sei, der ausschließlich den Übergang des mitgeteilten Verwaltungsakts regele und bei dem auf personale Aspekte abgestellt werde. Damit unterscheidet sich diese Ansicht aber nicht wesentlich von der hier vertretenen Auffassung. Insbesondere büßt sie die verfahrensökonomischen Vorteile, welche für eine Rechtsnachfolge angeführt werden, in erheblichem Umfang ein.
234 Vgl *OVG Münster*, BauR 1980, 162.

Fall 2: Dem W könnte die Durchführung des Gottesdienstes gem. §§ 1, 8 MEPolG bzw §§ 1, 3 BWPolG[235] untersagt werden, wenn er Störer gem. § 4 MEPolG bzw § 6 BWPolG[236] wäre. Sein Verhalten ist zwar im naturwissenschaftlichen Sinn für die zu erwartenden Verkehrsbehinderungen ursächlich. Es fragt sich jedoch, ob er diese Störungen durch sein Verhalten auch unmittelbar verursacht, was für die Bejahung einer Verhaltensstörung erforderlich wäre (Rn 242 ff). Von einer unmittelbaren Verursachung wäre dann auszugehen, wenn W Zweckveranlasser wäre (Rn 244 ff). Bei der Entscheidung, ob dies der Fall ist, kommt – wie allgemein bei der Frage, ob eine unmittelbare Verursachung vorliegt – den grundrechtlichen Wertungen eine ausschlaggebende Bedeutung zu (Rn 246). Dies gilt unabhängig davon, ob man bei der Feststellung einer Zweckveranlassung der subjektiven oder der objektiven Theorie oder einer Kombination beider Theorien folgt (dazu Rn 244). Da die hier betroffenen Grundrechte der freien Religionsausübung (Art. 4 II GG) und der Bekenntnisfreiheit (Art. 4 I GG) nur verfassungsimmanente Schranken aufweisen und damit einen besonders starken Schutz genießen (sie dürfen nur zum Schutz anderer in der Verfassung anerkannter Rechtsgüter von mindestens demselben Rang eingeschränkt werden), rechtfertigen es kurzfristige Verkehrsbeeinträchtigungen, die sich bei der Durchführung des Gottesdienstes ergeben, nicht, von einer unmittelbaren Verursachung bzw Zweckveranlassung auszugehen. Der Gottesdienst darf deswegen nicht untersagt werden.

299

Fall 3: a) Ein Entschädigungsanspruch des S für den polizeilichen Sofortvollzug (§ 28 II MEPolG[237]) bzw die unmittelbare Ausführung (§ 8 BWPolG[238]) käme gem. § 45 I MEPolG bzw § 55 I BWPolG[239] nur dann in Betracht, wenn S Nichtstörer wäre. S hat die (Anscheins-)Gefahr hier aber unmittelbar verursacht (Rn 258 ff), indem er die Polizei bewusst in die Irre geführt hat (Rn 261). Er ist deswegen als Störer anzusehen. Wegen des ihm zuzurechnenden Irreführungsrisikos hat er darüber hinaus gem. § 30 MEPolG[240] bzw § 8 II BWPolG[241] die Kosten zu ersetzen, die der Polizei durch den Einsatz entstanden sind.

300

b) Wenn auf dem Rücksitz nur ein in Silberpapier eingepackter Kuchen lag, war das Verhalten des P dagegen rechtswidrig. Dann lag nämlich nur eine Scheingefahr (Rn 82) vor, deren Verursachung nach einhelliger Ansicht den Scheinstörer nicht zum Störer macht (Rn 251). In diesem Fall hat S in analoger Anwendung des § 45 I MEPolG bzw des § 55 I BWPolG[242] – neben einem Amtshaftungsanspruch gem. § 839 BGB iVm Art. 34 GG – einen Entschädigungsanspruch (dazu näher Rn 690). Kostenersatzansprüche des Trägers der Polizei scheiden aus, weil die Maßnahme rechtswidrig und S nicht Störer war (dazu näher Rn 703).

301

---

235 Vgl auch Art. 2 I, 11 I BayPAG; §§ 1 I, 17 I BerlASOG; §§ 1 I, 10 I BrandPolG; §§ 1 I, 10 I BremPolG; § 3 I HambSOG; §§ 1 I, 11 HessSOG; §§ 1, 13 MVSOG; §§ 1 I, 11 NdsSOG; §§ 1 I, 14 I NWOBG; §§ 1 I, 9 I RhPfPOG; §§ 1 II, 8 I SaarlPolG; §§ 1 I, 13 SachsAnhSOG; §§ 1, 3 SächsPolG; §§ 2 I, 5 I ThürOBG.

236 Vgl auch Art. 7 BayPAG, Art. 9 BayLStVG; § 13 BerlASOG; § 16 BrandOGB; § 5 BremPolG; § 8 HambSOG; § 6 HessSOG; § 69 MVSOG; § 6 NdsSOG; § 17 NWOBG; § 4 RhPfPOG; § 4 SaarlPolG; § 7 SachsAnhSOG; § 4 SächsPolG; § 218 SchlHVwG; § 10 ThürOBG.

237 Vgl auch Art. 53 II BayPAG; § 47 II HessSOG; § 81 I MVSOG; § 64 II NdsSOG; § 50 II NWPolG; § 44 II SaarlPolG; § 53 II SachsAnhSOG; § 230 I SchlHVwG; § 51 II ThürPAG.

238 Vgl auch § 15 I BerlASOG; § 7 I HambSOG; § 6 I RhPfPOG; § 6 I SächsPolG.

239 Vgl auch Art. 70 BayPAG; Art. 11 BayLStVG; § 59 BerlASOG; § 38 BrandOBG iVm § 70 BrandPolG; § 56 BremPolG; § 10 III HambSOG; § 64 HessSOG; § 72 MVSOG; § 80 NdsSOG; § 67 NWPolG iVm § 39 NWOBG; § 68 RhPfPOG; § 68 SaarlPolG; § 69 SachsAnhSOG; § 52 SächsPolG; § 221 SchlHVwG; § 68 ThürPAG.

240 Vgl Art. 55 BayPAG; § 49 HessSOG; § 89 MVSOG; § 66 NdsSOG; § 52 NWPolG; § 46 SaarlPolG; § 55 SachsAnhSOG; § 238 SchlHVwG; § 53 ThürPAG.

241 Vgl § 15 II BerlASOG; § 7 III HambSOG; § 6 II RhPfPOG; § 6 II SächsPolG.

242 S. oben Rn 300.

302   **Fall 4:** G ist für den ordnungsgemäßen Zustand seines Grundstücks grundsätzlich gem. § 5 MEPolG bzw § 7 BWPolG[243] polizeilich verantwortlich (ebenso § 4 II BBodSchG). Aufgrund der Kontaminierung des Grundstücks ist er damit Zustandsstörer. Dem steht nicht entgegen, dass er die Kontaminierung, die auf das Verhalten eines Dritten (nämlich der C) zurückzuführen ist, nicht verschuldet hat. Allerdings begrenzt der Verhältnismäßigkeitsgrundsatz die materielle Polizeipflicht des G (vgl Rn 271 ff). Insoweit ist es in der Tat von Bedeutung, dass die Kontaminierung nicht auf einem Verhalten des G beruht. Das allein reichte freilich noch nicht aus, um die materielle Polizeipflicht zu begrenzen. Hinzu kommt allerdings vorliegend, dass die Kosten ungewöhnlich hoch ausfallen und sogar den Wert des Grundstücks deutlich übersteigen. Zudem besteht für G keine Möglichkeit, bei der insolventen C Rückgriff zu nehmen. Unter diesen Umständen ist es G nicht zuzumuten, die Kosten für die Sanierung des Grundstücks alleine zu übernehmen. Vielmehr kann von ihm nur eine angemessene Beteiligung an den Sanierungskosten verlangt werden. IÜ müssen die Kosten vom Träger der Polizei- bzw Ordnungsbehörde übernommen werden.

303   **Fall 5:** Für die Gefahr, die von dem Baum ausgeht, sind sowohl U als Verhaltensstörer (§ 4 MEPolG; § 6 BWPolG[244]) wie auch G als Zustandsstörer verantwortlich. Ob U ein Verschulden trifft, ist ohne Bedeutung. Da die Kosten für das Fällen des Baumes, gemessen am Grundstückswert, relativ gering ausfallen und außerdem dem G ein interner Ausgleichsanspruch gegen den U zusteht (Rn 288 ff), ergeben sich hier aus dem Verhältnismäßigkeitsgrundsatz keine Beschränkungen der materiellen Polizeipflicht des G. Fraglich ist nur, ob die zuständige Polizei- bzw Ordnungsbehörde ihr Auswahlermessen in rechtlich nicht zu beanstandender Weise ausgeübt hat. Insoweit könnten Bedenken daraus ergeben, dass die Behörde nicht den Verhaltensstörer, sondern den Zustandsstörer in Anspruch genommen hat. Der verschiedentlich behauptete Grundsatz, dass sich die Behörde primär an den Verhaltensstörer zu wenden habe, findet aber im Gesetz keine ausreichende Stütze. Grundsätzlich hat sie vielmehr denjenigen Störer in Anspruch zu nehmen, welcher die Gefahr am schnellsten und wirksamsten beseitigen kann (Rn 285). Da der U hier nicht zeitnah erreicht werden konnte, eine zeitnahe Bekämpfung der Gefahr aber geboten war, ist es nicht zu beanstanden, dass sich die Behörde an G wandte. G kann seinerseits bei U Rückgriff nehmen.

304   **Fall 6: a)** Der L ist als Zustandsstörer (§ 5 MEPolG; § 7 BWPolG[245]) für die Beseitigung der Gefahren verantwortlich, die von dem Felsen ausgehen. Zwar kann die materielle Polizeipflicht inhaltlich beschränkt sein, wenn eine Gefahr auf ein Naturereignis (Rn 273) zurückzuführen ist. Hier kann die Gefahr aber mit relativ geringen Kosten behoben werden. Deswegen ergeben sich hier aus dem Verhältnismäßigkeitsgrundsatz keine Beschränkungen der Verantwortlichkeit des L. Die polizeiliche Anordnung ist rechtmäßig.

305   **b)** Die Pflicht, die mit Verfügung gegenüber L begründet wurde, wirkte nur dann gegenüber dem K, wenn man eine Nachfolge in die durch die Verfügung begründete Verpflichtung bejahte. Dies bedürfte im Hinblick auf den Vorbehalt des Gesetzes jedoch einer gesetzlichen Grundlage. Daran fehlt es. Eine entsprechende Nachfolge lässt sich insbesondere nicht aus der „Dinglichkeit" des Verwaltungsakts gegenüber dem Voreigentümer ableiten, denn dies bedürfte einer Norm, die eine solche „Dinglichkeit" konstituierte. Eine solche Norm gibt es nicht. Zudem sind für die Beurteilung der Rechtmäßigkeit einer Verfügung auch persönliche Umstände des Pflichtigen von Bedeutung, was mit einer Nachfolge nicht in Einklang zu brin-

---

243   Vgl auch Art. 8 BayPAG, Art. 9 BayLStVG; § 14 BerlASOG; § 17 BrandOBG; § 6 BremPolG; § 9 HambSOG; § 7 HessSOG; § 70 MVSOG; § 7 NdsSOG; § 18 NWOBG; § 5 RhPfPOG; § 5 Saarl-PolG; § 8 SachsAnhSOG; § 5 SächsPolG; § 219 SchlHVwG; § 11 ThürOBG.
244   S. auch die Nachw. in Rn 239.
245   S. Nachw. in Rn 268.

gen wäre (zu weiteren Argumenten gegen eine Rechtsnachfolge Rn 293 f). Selbst wenn man eine Rechtsnachfolge bejahte, müsste die Behörde den Nachfolger über den Verwaltungsakt informieren (Rn 297). Daran fehlt es vorliegend. Damit entsteht gegenüber dem K die Zustandsverantwortlichkeit neu. Zu einer – notfalls zwangsweisen – Durchsetzung der für ihn bestehenden Polizeipflichten bedarf es eines erneuten Verwaltungsakts.

c) Ob eine Nachfolge in polizeiliche Pflichten bei einer Gesamtrechtsnachfolge (wie vorliegend bei Eintritt des Erbfalls) zu bejahen ist, ist gleichfalls umstritten. Die hM befürwortet dies aber. Neben anderen Bedenken (dazu Rn 296) bleibt auch hier der Einwand, dass eine gesetzliche Vorschrift fehlt, welche die Nachfolge bezüglich polizeirechtlicher Pflichten regelt. Die §§ 1967 ff BGB sind nicht unmittelbar anwendbar, da sie nur privatrechtliche Rechte und Pflichten zum Gegenstand haben. Eine analoge Anwendung, wie sie verschiedentlich erwogen wird, verbietet sich jedenfalls dann, wenn man (mit der neueren Rechtsprechung des *BVerfG*) auch im Verwaltungsrecht eine Analogie zulasten des Bürgers als unvereinbar mit dem Vorbehalt des Gesetzes ansieht. G ist allerdings als neuer Eigentümer des Grundstücks unter dem Gesichtspunkt der Zustandsverantwortlichkeit (§ 5 II MEPolG; § 7 BWPolG[246]) polizeipflichtig. Zur Durchsetzung der sich daraus ergebenden Pflichten bedarf es freilich eines erneuten Verwaltungsakts. | **306**

d) Soweit ausdrücklich gesetzlich geregelt ist, dass sich der Eigentümer durch Dereliktion seiner Zustandsverantwortlichkeit nicht entziehen kann (so § 5 III MEPolG[247]), ist L unproblematisch weiterhin als Zustandsstörer anzusehen. Umstritten ist die Verantwortlichkeit hingegen dann, wenn – wie im BWPolG – eine solche Vorschrift fehlt. Hier wird man grundsätzlich davon auszugehen haben, dass die Dereliktion die Zustandsverantwortlichkeit beendet (Rn 278 f). Voraussetzung ist allerdings, dass die Dereliktion zivilrechtlich wirksam ist. Zu erwägen ist hier eine Unwirksamkeit wegen Sittenwidrigkeit gem. § 138 BGB. Dass L sein Eigentum nur aufgab, um sich einer polizeirechtlichen Verantwortlichkeit zu entziehen, und dass Gefahren für besonders hochwertige Rechtsgüter bestehen, bildet zwar gewichtige Indizien für die Sittenwidrigkeit. Allerdings bestehen hier insofern Besonderheiten, als es sich um einen außergewöhnlichen Schadensfall handelt und L aus seinem Felsgrundstück bisher kaum Nutzen gezogen haben dürfte. Deshalb dürfte eine Sittenwidrigkeit abzulehnen sein (**aA** vertretbar). Eine Polizeipflicht des L ist auch unter dem Gesichtspunkt der Verhaltensverantwortlichkeit nicht zu begründen. Insbesondere kann in der Eigentumsaufgabe kein Verhalten gesehen werden, das eine Gefahr unmittelbar verursacht hat (Rn 278). | **307**

e) W kann grundsätzlich nicht in Anspruch genommen werden, weil er die Gefahr nicht unmittelbar verursacht hat und sie nicht von seinem Grundstück ausgeht (Rn 240). Lediglich dann, wenn eine Inanspruchnahme des Störers L nicht effektiv wäre, insbesondere zu viel Zeit in Anspruch nähme, könnte W unter den Voraussetzungen des polizeilichen Notstands (§ 6 MEPolG, § 9 BWPolG[248]; dazu Rn 310 ff) vorübergehend in Anspruch genommen werden. | **308**

---

246 S. Nachw. in Rn 302.
247 Art. 8 III BayPAG; § 14 IV BerlASOG; § 17 III BrandOBG, § 6 III BrandPolG; § 6 III BremPolG; § 9 I 2 HambSOG; § 7 III HessSOG; § 70 III MVSOG; § 7 III NdsSOG; § 5 III NWPolG, § 18 III NWOBG; § 5 III RhPfPOG; § 5 III SaarlPolG; § 8 III SachsAnhSOG; § 219 III SchlHVwG; § 11 III ThürOBG; § 8 III ThürPAG.
248 Art. 10 BayPAG, Art. 9 III BayLStVG; § 16 BerlASOG; § 18 BrandOBG, § 7 BrandPolG; § 7 BremPolG; § 10 HambSOG; § 9 HessSOG; § 71 MVSOG; § 8 NdsSOG; § 6 NWPolG, § 19 NWOBG; § 7 RhPfPOG; § 6 SaarlPolG; § 10 SachsAnhSOG; § 7 SächsPolG; § 220 SchlHVwG; § 13 ThürOBG; § 10 ThürPAG.

309   **f)** Die Rechtmäßigkeit der Verfügung gegenüber L hängt nicht davon ab, ob er die Maßnahme, zu der er verpflichtet wird, zivilrechtlich vornehmen darf (Rn 281). K kann sich deswegen gegen die Verfügung nicht mit Erfolg zur Wehr setzen. Da ihn die Verfügung nicht in seinen Rechten verletzen kann, fehlt es ihm bereits an der – nach § 42 II VwGO erforderlichen – Klagebefugnis. Zwar darf der Verwaltungsakt gegen den Willen des K nur dann zwangsweise durchgesetzt werden, wenn zuvor eine Duldungsverfügung gegen K ergeht. K kann das Fehlen einer solchen Duldungsverfügung aber erst geltend machen, wenn die Behörde mit der Vollstreckung der Verfügung gegenüber L beginnt. Dann kann K die Vollstreckungsakte gegenüber L anfechten (Rn 281).

§ 5   Der polizeiliche Notstand

Ausgangsfälle:

310   **Fall 1:** Die rechtsextremistische R-Partei beabsichtigt, in X eine Kundgebung durchzuführen, die sie bereits Wochen vorher anmeldet und mit der sie gegen angebliche politische Fehlentwicklungen in der Bundesrepublik demonstrieren will. Politische Gegner der Partei kündigen an, dass sie eine solche Veranstaltung auf keinen Fall zulassen und sie notfalls gewaltsam verhindern wollen. Die zuständige Polizeibehörde befürchtet deshalb gewaltsame Ausschreitungen. Sie verbietet die Versammlung, da es ihr nur unter erheblichem Einsatz von Polizeibeamten möglich wäre, die Sicherheit der Versammlung zu gewährleisten. Sie ist der Auffassung, dass ihr dies angesichts der verfassungswidrigen Zielsetzungen der R-Partei nicht zugemutet werden könne. Ist das Verbot rechtmäßig? **Rn 324**

311   **Fall 2:** Die zuständige Polizei- bzw Ordnungsbehörde stellt die leer stehende Wohnung des Garstig (G) sicher und weist den obdachlosen Ohnedach (O) und seine Familie in diese Wohnung ein. G hält das für rechtswidrig, da – was zutrifft – im gemeindlichen Obdachlosenheim noch ausreichend Raum für die Unterbringung des O und seiner Familie bestehe. Zudem stünden in der Gemeinde noch andere private Räume zur Verfügung, die für die Unterbringung geeignet seien. Außerdem sei die Unterbringung des O für ihn unzumutbar, da O ihn früher schwer beleidigt habe und sogar gegen ihn tätlich geworden sei. Darüber hinaus sei die Einweisung rechtswidrig, weil sie nicht zeitlich befristet worden sei. Nach erfolglosem Vorverfahren klagt G gegen den Träger der Polizei- bzw Ordnungsbehörde auf Aufhebung der Einweisungsverfügung sowie auf Erlass einer Räumungsverfügung.

a) Ist seine Klage begründet? **Rn 325**

b) Variante: O war bisher Mieter des G. G erwirkte ein zivilgerichtliches Räumungsurteil. Vor Vollstreckung dieses Urteils verpflichtet nunmehr die Behörde den G, O und seine Familie weiter in den Räumen zu belassen. Änderte sich dadurch etwas an der Rechtslage? **Rn 327**

312   Die allgemeinen Polizei- und Ordnungsgesetze[1] sehen übereinstimmend vor, dass zur Bekämpfung von Gefahren für die öffentliche Sicherheit oder Ordnung ausnahms-

---

1   § 9 BWPolG; Art. 10 BayPAG, Art. 9 III BayLStVG; § 16 BerlASOG; § 18 BrandOBG, § 7 BrandPolG; § 7 BremPolG; § 10 HambSOG; § 9 HessSOG; § 71 MVSOG; § 8 NdsSOG; § 6 NWPolG, § 19 NWOBG; § 7 RhPfPOG; § 6 SaarlPolG; § 10 SachsAnhSOG; § 7 SächsPolG; § 220 SchlHVwG; § 13 ThürOBG; § 10 ThürPAG; § 6 MEPolG; § 20 BPolG.

weise auch solche Personen herangezogen werden können, die keine Störer im polizeirechtlichen Sinne sind und die deshalb keine materiellen Polizeipflichten treffen. Wenn solche unbeteiligten Personen (sog. Nichtstörer) in Anspruch genommen werden, spricht man von einem „polizeilichen Notstand"[2]. **Die Inanspruchnahme eines Nichtstörers ist an strengere Voraussetzungen gebunden** als die Inanspruchnahme eines Störers und ist auch inhaltlich weiter beschränkt (s. Rn 320 ff). Ferner ist der Nichtstörer für den Schaden, der ihm durch die Inanspruchnahme entsteht, **angemessen zu entschädigen** (vgl unten Rn 684 ff).

Bei bestimmten polizeilichen Maßnahmen kommt es ausnahmsweise nicht darauf an, ob die betroffenen Personen Störer oder Nichtstörer sind. S. dazu ausführlich oben Rn 228.

I. Die Tatbestandsvoraussetzungen des polizeilichen Notstands

Nach den Polizei- und Ordnungsgesetzen, die insoweit im Wesentlichen übereinstimmen, setzen Maßnahmen gegenüber Nichtstörern Folgendes voraus: **313**

(1) Es muss bereits eine Störung eingetreten sein oder eine Gefahr unmittelbar bzw gegenwärtig bevorstehen (dazu Rn 78), dh in besonderer zeitliche Nähe gerückt sein[3]. Aus dem Verhältnismäßigkeitsgrundsatz ist ferner abzuleiten, dass die zu bekämpfenden **Gefahren erheblich sein müssen,** dh ein bedeutsames Rechtsgut wie Leben, Gesundheit, Freiheit, wesentliche Vermögenswerte oder den Bestand des Staates betreffen müssen[4] (s. auch Rn 78). **314**

(2) Die Abwehr der Gefahr bzw Störung darf **nicht durch Maßnahmen gegen den Störer möglich sein.** Ob eine solche Möglichkeit besteht oder nicht, ist anhand der Sachlage zu beurteilen, wie sie sich im Zeitpunkt des polizeilichen Handelns bei vernünftiger Betrachtungsweise aus der Sicht der Behörde darstellt[5]. An der Rechtmäßigkeit des polizeilichen Handelns ändert sich daher nichts, wenn sich später herausstellt, dass es – was zunächst nicht erkennbar war – durchaus möglich gewesen wäre, die Gefahr mittels eines Vorgehens gegen einen Störer zu bekämpfen. Eine Gefahrenabwehr durch ein Vorgehen gegen einen Störer ist unmöglich, wenn Störer nicht vorhanden oder nicht greifbar sind, wenn Maßnahmen gegen Störer zu spät kämen oder wenn solche Maßnahmen aus rechtlichen Gründen ausgeschlossen sind, zB weil sie gegen das Übermaßverbot verstießen. Ein Nichtstörer kann selbstverständlich auch dann als solcher in Anspruch genommen werden, wenn es der Polizei im Moment ihres Handelns sogar möglich erscheint, dass der Betroffene die Gefahr unmittelbar verursacht hat (s. Rn 252 ff). **315**

Beispiele: Bei einem Fußballspiel entstehen innerhalb von Fangruppen gewaltsame Ausschreitungen. Die Polizei kann in der Eile nicht feststellen, wer hierfür verantwortlich ist. – Hier darf die Polizei alle Mitglieder der Fangruppen in Anspruch nehmen, zB, indem sie alle auffordert,

---

2   S. hierzu näher *Schoch*, Jura 2007, 676 ff.
3   Zu weit geht es aber, wenn *Würtenberger/Heckmann*, BW, Rn 474 verlangen, dass die Störung mit an Sicherheit grenzender Wahrscheinlichkeit eintreten muss.
4   S. *Schoch*, Jura 2007, 676, 678, unter Bezug auf die Legaldefinitionen in einigen Polizeigesetzen.
5   Vgl auch *OVG Saarlouis*, DÖV 1973, 863, 864.

auseinanderzugehen[6]. Wegen der Möglichkeit der Polizei, Gefahrenabwehrmaßnahmen gegenüber Hooligans zu ergreifen, ist es hingegen unzulässig, den Stadionbetreibern den Kartenverkauf an Hooligans zu untersagen (*Siegel*, NJW 2013, 1035, 1038).

316 Ein Nichtstörer darf auch dann noch in Anspruch genommen werden, wenn die Nachteile, welche ihm daraus erwachsen, so gering sind, dass die Nachteile, die ein Störer durch seine Inanspruchnahme hätte, dazu in krassem Missverhältnis stünden[7]. Bei einer solchen Fallkonstellation, die zT (wenig glücklich) als sog. „unechter polizeilicher Notstand"[8] bezeichnet wird, könnte die Gefahr zwar faktisch durch ein Vorgehen gegen den Störer ebenfalls bekämpft werden. Rechtlich dürfte dies aber durch das Übermaßverbot ausgeschlossen sein – von daher fehlt es in dieser Fallkonstellation auch objektiv an der Möglichkeit einer anderweitigen Gefahrenbekämpfung.

Beispiel: Auf einem Grundstück brennt es. Um den Brand zu bekämpfen, muss entweder das betroffene Grundstück oder dessen Nachbargrundstück durch ein Löschfahrzeug befahren werden. Um das betroffene Grundstück befahren zu können, müsste eine Einfriedungsmauer abgerissen werden. Das Nachbargrundstück kann dagegen befahren werden, ohne dort nennenswerte Schäden zu verursachen. – Hier darf der Eigentümer des Nachbargrundstücks als Nichtstörer herangezogen werden. Er kann sich nicht darauf berufen, dass die Gefahr auch durch das Befahren des betroffenen Grundstücks (d.h. durch die Inanspruchnahme des Störers) bekämpft werden könnte.

317 (3) Den Polizei- und Ordnungsbehörden muss es **unmöglich sein, selbst oder durch Beauftragte die Gefahr rechtzeitig abzuwenden**. Daher ist es zB unzulässig, privaten Wohnraum zwecks Einweisung eines Obdachlosen zu beschlagnahmen, wenn die Polizei den Obdachlosen in einem polizeieigenen Obdachlosenheim oder in von ihr angemieteten Räumen unterbringen kann[9]. Die Kosten einer Maßnahme spielen dabei grundsätzlich keine Rolle. Dass die Inanspruchnahme eines Nichtstörers kostengünstiger wäre als andere Maßnahmen, rechtfertigt es deswegen grundsätzlich nicht, den Nichtstörer heranzuziehen[10]. Deshalb ist es prinzipiell – vorbehaltlich spezialgesetzlicher Regelungen (zB § 7 II Nr 5 AtomG) – unzulässig, wenn die Polizei einen Unternehmer verpflichtet, durch private Sicherheitskräfte dauernd den Schutz seines Werkes sicherzustellen[11]. Dass bei rechtzeitigem polizeilichen Handeln die Notstandssituation nicht eingetreten wäre, steht der Inanspruchnahme als Nichtstörer nicht entgegen[12]. Deshalb lässt sich zB die Einweisung eines Obdachlosen bei einem Nichtstörer nicht mit dem Argument in Frage stellen, es sei früher versäumt worden, eine öffentliche Obdachlosenunterkunft zu schaffen (s. auch Rn 315).

318 (4) Der Nichtstörer muss in Anspruch genommen werden können, **ohne dass er sich dabei erheblich selbst gefährdet oder höherwertigere Pflichten verletzt**. Wenn zB die Inanspruchnahme die Gesundheit des Nichtstörers gefährdet, zB wenn ein Herz-

---

6 *Deusch*, Die Polizei 2006, 145, 149 ff.
7 S. hierzu *PreußOVGE* 78, 279, 282; *Schmidt-Jortzig*, JuS 1970, 507, 509.
8 So zB *Schmidt-Jortzig*, JuS 1970, 507, 509.
9 Vgl *Erichsen/Biermann*, Jura 1998, 371, 377; *Schoch*, Jura 2007, 676, 680.
10 *Rasch*, § 6 MEPolG, Rn 5; *OVG Münster*, OVGE 14, 265, 270; *Götz*, § 10, Rn 6; abgeschwächt durch *Schoch*, Jura 2007, 676, 680.
11 Vgl auch *Ehlers*, FS Lukes, 1989, S. 337, 345 f.
12 *Schmidt-Jortzig*, JuS 1970, 507, 509.

kranker für eine körperlich anstrengende Tätigkeit herangezogen wird, so ist die Inanspruchnahme unzumutbar und rechtswidrig.

Die genannten Voraussetzungen sind im Wesentlichen bereits durch die Verfassung vorgegeben. Sie **gelten entsprechend für Gefahrenabwehrmaßnahmen, die nicht im allgemeinen Polizei- und Ordnungsrecht normiert sind**. Deswegen dürfen zB – wie die Rechtsprechung wiederholt entschieden hat – öffentliche Versammlungen unter freiem Himmel[13] grundsätzlich nicht mit dem Argument verboten werden, dass Gewalttätigkeiten durch Gegendemonstranten zu befürchten seien. Nur wenn polizeiliche Maßnahmen gegen die Gegendemonstranten auch unter Einsatz aller Kräfte, die der Polizei zur Verfügung stehen, nicht ausreichen, darf im äußersten Fall im Wege des polizeilichen Notstands die Versammlung verboten werden[14]. Unzulässig ist auf jeden Fall ein Verbot mit dem Argument, dass der Polizei durch den Schutz der Versammlung erhebliche Kosten entstehen. Bei öffentlichen Versammlungen in geschlossenen Räumen ist ein Verbot sogar wegen der speziellen Norm des § 5 VersG (bzw entspr landesrechtlicher Vorschriften) gänzlich ausgeschlossen, sofern von dem Veranstalter oder seinem Anhang keine Störungen ausgehen. Nach Beginn der Versammlung kommt aber eine Auflösung gem. § 13 VersG in Betracht[15]. Im Bereich des Bodenschutzrechts ist umstritten, inwieweit § 4 III BBodSchG noch Raum dafür lässt, Nichtstörer heranzuziehen. Dies dürfte aber zu bejahen sein (s. auch Rn 266; **aA** *Steenbuck*, NVwZ 2005, 656, 657 f).

II. Der Umfang der Inanspruchnahme

Unter den oben genannten Voraussetzungen ist eine Inanspruchnahme durch einen Verwaltungsakt oder durch einen Realakt möglich. Auch der Erlass von Polizeiverordnungen, die an Nichtstörer adressiert sind, ist in besonderen Krisensituationen nicht ausgeschlossen[16]. Inhaltlich ist die Inanspruchnahme des Nichtstörers im Hinblick auf das Übermaßverbot **auf die Maßnahmen zu beschränken, die sachlich und zeitlich unbedingt erforderlich** sind. Letzteres bedeutet, dass die Inanspruchnahme grundsätzlich von vornherein **zeitlich eng befristet sein muss**[17]. So wäre zB die unbefristete Beschlagnahme einer Wohnung zur Unterbringung eines Obdachlosen unzulässig[18], und zwar auch dann, wenn sich die Notwendigkeit einer zeitlichen

319

320

---

13 Auf nichtöffentliche Versammlungen ist das allgemeine Polizei- und Ordnungsrecht unmittelbar anzuwenden, s. *v. Coelln*, NVwZ 2001, 1234 ff; *BVerwG*, NVwZ 1999, 991, 992; *OVG Saarlouis*, DÖV 1973, 863 f und näher unten Rn 343.
14 S. *VGH Mannheim*, VBlBW 1987, 183 ff; *VG Köln*, NJW 1971, 210 ff mit Anm. von *Pappermann*; *VG Gelsenkirchen*, NJW 1971, 213; *Schmidt-Jortzig*, JuS 1970, 507 ff. Nicht überzeugend *OVG Saarlouis*, JZ 1970, 283 ff mit krit. Anm. von *Pappermann*, das der Polizei zu weitreichende Befugnisse einräumt.
15 Vgl *Rühl*, NVwZ 1988, 576, 579 ff.
16 Vgl *Drews/Wacke/Vogel/Martens*, § 22, 3a.
17 *Schoch*, Jura 2007, 676, 681; *Wolff/Bachof*, Verwaltungsrecht III, § 128, Rn 20.
18 Allgemein zu Maßnahmen zur Bekämpfung von Obdachlosigkeit *Eckstein*, VBlBW 1994, 306 ff; *Enders*, DV 1997, 29 ff u. *Erichsen/Biermann*, Jura 1998, 371 ff; *Ewer/v. Detten*, NJW 1995, 353 ff; *Günther/Traumann*, NVwZ 1993, 130 ff; *Kohl*, NVwZ 1991, 620 ff.

Befristung nicht bereits aus gesetzlichen Regelungen (wie § 33 III 2 BWPolG; s. oben Rn 159) ergibt[19]. Wenn eine Maßnahme wiederholt wird, ist sie zeitlich noch kürzer zu befristen[20]. Trotz der Befristung bleibt die Behörde iÜ weiter verpflichtet, sich um eine vorzeitige anderweitige Behebung der Gefahr zu bemühen.

321 Nachdem die Voraussetzungen wegfallen sind, unter denen ein Nichtstörer in Anspruch genommen werden konnte, ist die Behörde **rechtlich verpflichtet, die Inanspruchnahme aufzuheben**. Wenn sie dies zunächst rechtswidrig unterlassen hat, so ist sie unter dem Aspekt der Folgenbeseitigung rechtlich gehalten, nach Aufhebung der Inanspruchnahme deren **unmittelbare tatsächliche Folgen zu beseitigen**, zB den bei einem Nichtstörer eingewiesenen Obdachlosen zur Räumung zu verpflichten. Gleiches gilt selbstverständlich, wenn die Inanspruchnahme von Anfang an rechtswidrig war.

Umstritten ist allerdings, auf welche Rechtsgrundlage die Beseitigung der rechtswidrigen Vollzugsfolgen gestützt werden kann, wenn – wie im Fall der Einweisung eines Obdachlosen – durch den Vollzug eines (von Anfang an rechtswidrigen oder später rechtswidrig gewordenen) Verwaltungsakts ein Dritter begünstigt wurde.

Nach heute wohl hM[21] biete allein der Folgenbeseitigungsanspruch der Behörde noch keine Rechtsgrundlage dafür, den begünstigten Dritten zur Beseitigung des rechtswidrigen Vollzugs des Verwaltungsakts zu verpflichten. Nach dieser Ansicht begründete der Folgenbeseitigungsanspruch im Beispielsfall keine Rechtsgrundlage für eine Räumungsverfügung gegen den eingewiesenen Obdachlosen. Soweit die Behörde allerdings eine anderweitige Ermächtigung besitzt, um den Vollzug ihres Verwaltungsakts rückgängig zu machen – zB die polizeiliche Generalklausel oder eine Spezialermächtigung –, wäre sie auch nach dieser Ansicht auf jeden Fall unter dem Gesichtspunkt der Folgenbeseitigung[22] rechtlich **verpflichtet**, von dieser Ermächtigung Gebrauch zu machen. Nach richtiger Auffassung ergibt sich **die Handlungsermächtigung** allerdings **bereits allein aus dem Gesichtspunkt der Folgenbeseitigung**. Es gibt nämlich keine Anhaltspunkte dafür, dass der grundrechtlich fundierte Folgenbeseitigungsanspruch bei Verwaltungsakten mit Drittwirkung nicht zum Tragen kommen soll. Dies genügt den Erfordernissen des Gesetzesvorbehalts und war früher allgemein angenommen worden. Wenn man für die Beseitigung der Begünstigung eine zusätzliche Ermächtigungsgrundlage forderte, stellte man iÜ den **verfas-**

---

19 Dazu *VGH Mannheim*, NVwZ-RR 1990, 476.
20 *OVG Münster*, OVGE 35, 303 ff.
21 Vgl hierzu *Drews/Wacke/Vogel/Martens*, § 22, 3c; *Knemeyer*, JuS 1988, 696 ff; *Schoch*, Jura 2007, 676, 683; aA *Schenke*, DVBl 1990, 328 ff; *Friauf*, Rn 117; *Horn*, DÖV 1990, 864 ff; *Kugelmann*, 8. Kap., Rn 93; *Muckel*, S. 146; *T. Schneider*, Folgenbeseitigung im Verwaltungsrecht, 1994, S. 150 ff; *OVG Koblenz*, AS 9, 88; s. auch *Götz*, VBlBW 1987, 424 f.
22 So zB *Bumke*, JuS 2005, 22, 26. Dagegen überzeugt es rechtsdogmatisch nicht, wenn man hier auf die Folgenbeseitigungslast zurückgreift, die auf eine ganz andere Fallkonstellation (rechtswidriges Unterlassen der Verwaltung) zugeschnitten ist (so aber *Weyreuther*, Empfiehlt es sich, die Folgen rechtswidrigen hoheitlichen Verwaltungshandelns gesetzlich zu regeln [Folgenbeseitigung, Folgenentschädigung]?, Gutachten für den 47. DJT, 1968, S. 115 ff; ihm folgend zB *VGH Mannheim*, NVwZ 1987, 1101; vgl dazu *Schenke*, DVBl 1990, 332).

sungsrechtlich garantierten Folgenbeseitigungsanspruch zur Disposition des einfachen Gesetzgebers[23].

Dass der dogmatische Ansatz der hM problematisch ist, wird gerade an dem Folgenbeseitigungsanspruch nach rechtswidriger **Einweisung eines Obdachlosen** deutlich. Wenn nämlich der Folgenbeseitigungsanspruch selbst keine Rechtsgrundlage für ein Vorgehen der Behörde gegen Dritte bildete, stünde hier eigentlich der **Grundsatz der Subsidiarität** (s. dazu Rn 54) einem polizeilichen Handeln entgegen. Nach diesem Grundsatz dürfte die Behörde keine **Räumungsverfügung** erlassen[24], weil der Eigentümer gegen den Obdachlosen zivilgerichtlich vorgehen könnte, notfalls im Wege des vorläufigen Rechtsschutzes. Die hM befürwortet hier zwar – im Ergebnis zutreffend – dennoch einen Anspruch des Eigentümers auf Erlass einer Räumungsverfügung. Dies lässt sich aber nur dann zwanglos dogmatisch rechtfertigen, wenn man – wie die hier vertretene Auffassung – bereits allein im Folgenbeseitigungsanspruch die Rechtsgrundlage für die Räumungsverfügung sieht.

322

Zweifelhaft kann nur sein, ob der Folgenbeseitigungsanspruch auch in den Fällen anzuwenden ist, in denen der Hauseigentümer mittels eines rechtmäßig befristeten Verwaltungsakts in Anspruch genommen worden war, sich der Eingewiesene aber nach Ablauf der Befristung weigert, die ihm zugewiesene Wohnung zu räumen. Hier lässt sich die Anwendung des Folgenbeseitigungsanspruchs nur mit dem Argument rechtfertigen, dass mit Ablauf der Frist ein rechtswidriger Zustand entsteht[25], da die Verwaltung verpflichtet ist, (spätestens) nach Ablauf der Frist die beschlagnahmte Wohnung zurückzugeben. Das rechtswidrige Verhalten des Eingewiesenen ist der Behörde analog § 278 BGB zuzurechnen und kann sie deswegen nicht von ihrer Verpflichtung befreien.

Nach zutreffender, aber umstrittener Auffassung ist der Folgenbeseitigungsanspruch in den Fällen nicht anzuwenden, in denen der Obdachlose die sichergestellten Räume aufgrund eines (nunmehr beendeten) Mietverhältnisses schon vor der Sicherstellung (s. dazu auch oben Rn 162 f) bewohnt hatte. In diesen Fällen lässt sich eine Räumungsverfügung schon deswegen nicht auf den Folgenbeseitigungsanspruch stützen, weil nach Ablauf der befristeten Sicherstellung kein rechtswidriger Zustand vorliegt, den der Träger der Polizei verursacht hat. Darüber hinaus wäre der Folgenbeseitigungsanspruch nur auf die Wiederherstellung des status quo ante gerichtet. Vor der Sicherstellung hatte der Eigentümer aber gerade keinen unmittelbaren Besitz an der Wohnung[26].

323

---

23 Eingehend hierzu *Horn*, DÖV 1990, 864 ff; *Schenke*, DVBl 1990, 328 ff mwN; *T. Schneider*, Folgenbeseitigung im Verwaltungsrecht, 1994, S. 150 ff.

24 So zutreffend *Lübbe*, VBlBW 1994, 180; *Enders*, DV 1997, 29, 47. Sie erkennen aber nicht, dass sich diese Probleme dann nicht ergeben, wenn man allein im Folgenbeseitigungsanspruch die Rechtsgrundlage sieht.

25 Für Anwendung des Folgenbeseitigungsanspruchs hier zB auch *Schlick/Rinne*, NVwZ 1997, 1171, 1182.

26 S. hierzu eingeh. *Roth*, DVBl 1996, 1401 ff; ihm folgend *Erichsen/Biermann*, Jura 1998, 371, 379; *Masing*, DÖV 1999, 573, 576 f; **aA** – nicht überzeugend – *BGH*, DVBl 1996, 561; *OVG Münster*, NVwZ 1991, 905; *Bumke*, JuS 2005, 22, 26; *Götz*, NVwZ 1994, 652, 658 und *Schoch*, Jura 2007, 676, 682, die einen Folgenbeseitigungsanspruchs bejahen.

Aus dem Folgenbeseitigungsanspruch ergibt sich nach zutreffender, aber umstrittener Auffassung kein Anspruch auf Ersatz der Schäden, die eine rechtswidrig eingewiesene Person an den Räumen verursacht hat, s. dazu näher Rn 690. Ein solcher Anspruch kann sich aber aus der Verletzung des quasivertraglichen Verwahrungsverhältnis ergeben, in dessen Rahmen sich der Träger der Polizei- und Ordnungsbehörde das Verhalten des Eingewiesenen analog § 278 BGB zurechnen lassen muss (Rn 160). Zudem kommt ein Entschädigungsanspruch in Betracht, s. dazu näher Rn 689 f.

Lösung der Ausgangsfälle (Rn 310 f):

324   **Fall 1:** Ein Verbot der Versammlung gem. § 15 I VersG wegen unmittelbarer Gefährdung der öffentlichen Sicherheit kann grundsätzlich nur gegenüber Störern (Rn 319) ausgesprochen werden. Die R-Partei ist kein Störer, da sie von ihrem Recht auf Versammlungsfreiheit Gebrauch macht. Solange sie nicht vom *BVerfG* gem. Art. 21 II 2 GG iVm §§ 43 ff BVerfGG verboten wurde, lässt sich ihre Störereigenschaft nicht daraus ableiten, dass sie möglicherweise verfassungswidrige Ziele verfolgt. Eine Verbotsverfügung, die gegen die R-Partei als Nichtstörer gerichtet ist, darf nur unter den Voraussetzungen des § 6 MEPolG bzw § 9 BWPolG[27] ausgesprochen werden. Vorliegend können aber Maßnahmen gegenüber den Störern ergriffen werden, welche die Versammlung verhindern wollen. Dadurch ließe sich die Gefahr wirksam abwehren. Eine Inanspruchnahme der R-Partei als Nichtstörer ist daher ausgeschlossen. Die Polizei kann sich grundsätzlich nicht darauf berufen, dass ein Vorgehen gegen die Störer einen kostenaufwendigen Einsatz zahlreicher Polizeibeamter verlangte (Rn 319).

325   **Fall 2: a)** G klagt auf Aufhebung der Sicherstellungsverfügung (§ 113 I 1 VwGO) und auf Erlass einer Räumungsverfügung, womit er einen Vollzugsfolgenbeseitigungsanspruch gem. § 113 I 2 VwGO geltend macht. Diese Klage wäre dann begründet, wenn die Sicherstellungsverfügung rechtswidrig wäre und den G in einem Recht verletzte und wenn ein Vollzugsfolgenbeseitigungsanspruch bestünde.

Die Inanspruchnahme des G stellt nach richtiger Ansicht eine Sicherstellung (§ 21 Nr 1 MEPolG[28]) bzw eine Beschlagnahme (§ 33 I Nr 1 BWPolG[29]) dar, da sie zunächst zur Begründung eines polizeilichen Gewahrsams führte. Dieser Gewahrsam wurde O und seiner Familie zur Ausübung überlassen (Rn 162). Ein Rückgriff auf die polizeiliche Generalklausel verbot sich wegen der Spezialität des § 21 MEPolG bzw des § 33 BWPolG. Die Tatbestandsvoraussetzungen der Sicherstellung bzw Beschlagnahme lagen vor, da sie der Abwehr einer gegenwärtigen Gefahr bzw einer unmittelbar bevorstehenden Störung der öffentlichen Sicherheit und Ordnung diente. Durch die Obdachlosigkeit waren jedenfalls die Gesundheit und die Menschenwürde des O und seiner Familie bedroht. Zweifelhaft ist hingegen, ob die Polizei zur Bekämpfung der Obdachlosigkeit auch unter dem Gesichtspunkt einer Störung der öffentlichen Ordnung berechtigt wäre (dazu Rn 66). Wegen der Reservefunktion der öffentlichen Ordnung ist dies abzulehnen (Rn 63). Da G kein Störer war, durfte er nur unter den Voraussetzungen des polizeilichen Notstands gem. § 6 MEPolG bzw § 9 BWPolG[30] in Anspruch genommen werden. Eine gegenwärtige erhebliche Gefahr (§ 6 I Nr 1 MEPolG) bzw eine unmittelbar bevorstehende Störung (§ 9 I BWPolG) waren gegeben. Jedoch hätte die Behörde den O in dem ge-

---

27   Art. 10 BayPAG; Art. 9 III BayLStVG; § 16 BerlASOG; § 18 BrandOBG; § 7 BrandPolG; § 7 BremPolG; § 10 HambSOG; § 9 HessSOG; § 71 MVSOG; § 8 NdsSOG; § 6 NWPolG; § 19 NWOBG; § 7 RhPfPOG; § 6 SaarlPolG; § 10 SachsAnhSOG; § 7 SächsPolG; § 220 SchlHVwG; § 13 ThürOBG; § 10 ThürPAG.

28   Vgl Art. 25 BayPAG; § 38 BerlASOG; § 25 BrandPolG; § 23 BremPolG; § 14 HambSOG; § 40 HessSOG; § 61 MVSOG; § 26 NdsSOG; § 24 NWOBG; § 22 RhPfPOG; § 21 SaarlPolG; § 45 SachsAnhSOG; § 210 SchlHVwG; § 22 ThürOBG.

29   Vgl auch § 27 SächsPolG. S. zu den Begriffen „Sicherstellung" und „Beschlagnahme" auch Rn 158.

30   S. oben Rn 324.

meindlichen Obdachlosenheim unterbringen können. Die Inanspruchnahme des G war mithin nicht erforderlich und bereits aus diesem Grund rechtswidrig (Rn 317). Zudem war sie auch deswegen rechtswidrig, weil G als Nichtstörer nicht unbefristet zur Gefahrenbekämpfung herangezogen werden durfte (Rn 320; vgl § 6 II MEPolG[31]). ZT ist für eine Beschlagnahme ohnehin generell eine Befristung vorgesehen (§ 33 III 2 BWPolG[32]). Darüber hinaus war die Sicherstellungsverfügung rechtswidrig, weil die Behörde ihr Auswahlermessen fehlerhaft ausübte. Dem G war es wegen der Tätlichkeiten und Beleidigungen des O nämlich nicht zuzumuten, O in seinen Räumen zu beherbergen.

G hat auch einen Anspruch darauf, dass die Behörde eine Räumungsverfügung gegen O erlässt. Dieser Anspruch ergibt sich bereits allein aus dem grundrechtlich fundierten Folgenbeseitigungsanspruch. Wenn man – wie die hM – eine zusätzliche Ermächtigungsgrundlage forderte, so käme hierfür zwar grundsätzlich die polizeiliche Generalklausel in Betracht. Es ergäben sich aber Probleme unter dem Gesichtspunkt der Subsidiarität des polizeilichen Handelns (dazu näher Rn 321 f).

326

b) In der Fallvariante befand sich O bereits vorher in den Räumen des G, und die Obdachlosigkeit drohte nur infolge der Vollstreckung des Räumungsurteils. G könnte damit als Störer für die Gefahr für die öffentliche Sicherheit und Ordnung verantwortlich sein, weil er durch das Erwirken des Räumungsurteils eine conditio sine qua non für den Eintritt der Gefahr gesetzt hatte. G nahm dabei aber Rechte wahr, die ihm zustehen. Deswegen fehlt hier eine unmittelbare Verursachung der Gefahr, die für die Bejahung seiner Störereigenschaft erforderlich wäre (Rn 243). G kann deshalb auch in diesem Fall nur als Nichtstörer in Anspruch genommen werden. Insoweit ergeben sich zunächst dieselben Bedenken gegen die Rechtmäßigkeit der Verfügung, wie sie bereits in Verbindung mit dem Grundfall (Rn 325) erörtert wurden. Der O hätte nämlich im gemeindlichen Obdachlosenheim untergebracht werden können. Darüber hinaus könnten sich weitere Bedenken daraus ergeben, dass der Sicherstellungsverfügung möglicherweise die Rechtskraft des zivilgerichtlichen Urteils entgegensteht. Dies ist freilich nicht der Fall, weil die polizeirechtliche Verfügung anhand ganz anderer Kriterien zu beurteilen ist als das zivilgerichtliche Urteil. Wohl aber ist die Existenz des Räumungsurteils für die Ausübung des behördlichen Auswahlermessens relevant. Sie spricht zusätzlich gegen die Inanspruchnahme des G, weil dadurch das Räumungsurteil ohne Not entwertet würde (Rn 320).

327

Im Ergebnis ist die Anfechtungsklage des G damit auch in der Fallvariante begründet. Ein Folgenbeseitigungsanspruch, der auf den Erlass einer Räumungsverfügung gerichtet ist, steht dem G in der Fallvariante allerdings nicht zu. Ein Folgenbeseitigungsanspruch ist inhaltlich nämlich nur auf die Wiederherstellung des Zustands gerichtet, der vor der rechtswidrigen behördlichen Verfügung bestand. Auch davor war O aber schon im Besitz der Wohnung des G (Rn 323).

---

31 Vgl auch § 9 II BWPolG; Art. 10 II BayPAG; § 16 II BerlASOG; § 18 II BrandOBG; § 7 II BremPolG; § 9 II HessSOG; § 8 II NdsSOG; § 19 II NWOBG; § 7 II RhPfPOG; § 6 II SaarlPolG; § 10 II SachsAnhSOG; § 7 II SächsPolG; § 220 I SchlHVwG; § 13 II ThürOBG.
32 S. auch die Sonderregelung des § 27 III 2 SächsPolG.

§ 6 Verfassungsrechtliche Begrenzungen der Polizeibefugnisse

Ausgangsfälle:

328 **Fall 1:** Mehrere Personen sind in einem bestimmten Abschnitt des B-Sees wegen gefährlicher Strömungen ertrunken, obwohl sie gute Schwimmer waren. Die zuständige Behörde spricht deswegen für den B-See generell ein Badeverbot aus. Der Badefreund B hält dieses Verbot für rechtswidrig, da – was zutrifft – auf dem weitaus größten Teil des Sees keine gefährlichen Strömungen bestünden und der ungefährliche Teil durch eine Seeverengung von dem gefährlichen Teil räumlich genau abzugrenzen ist. Wie ist die Rechtslage? **Rn 349**

329 **Fall 2:** Auf dem Grundstück des Arglos (A), das nicht abgezäunt ist, wachsen hochgiftige Zierpflanzen. Die Berührung dieser Pflanzen kann zu schweren Hautverätzungen führen. Mehrere Kinder, die auf dem Grundstück spielten, verletzten sich dadurch erheblich. Die zuständige Behörde gibt dem A deshalb auf, sein Grundstück mit einem Zaun zu umgeben. A bietet stattdessen an, die Pflanzen zu vernichten.

a) Welche Auswirkungen hat dieses Angebot auf die Rechtmäßigkeit der polizeilichen Verfügung? Spielt es eine Rolle, ob die polizeiliche Verfügung zu dem Zeitpunkt, zu dem A das Angebot macht, bereits bestandskräftig war? **Rn 350**

b) Welche Konsequenzen hat es, wenn A nach Eintritt der Bestandskraft der Verfügung die Pflanzen vernichtet? **Rn 351**

c) Welche Möglichkeiten des Rechtsschutzes bestehen für A in diesem Fall, wenn sein Antrag auf Aufhebung der Verfügung abgelehnt wird? **Rn 352**

330 **Fall 3:** Verschiedene Personen, die der rechtsextremistischen Szene zuzuordnen sind, wollen sich am 20. April (Hitlers Geburtstag) auf dem Privatgrundstück des Unverbesserlich (U) treffen, um dort auf einer Kundgebung des „Führers" zu gedenken. Da dieses „Gedenken" in der Öffentlichkeit auf allgemeine Empörung stößt, verbietet die zuständige Behörde die nichtöffentliche Versammlung zum Schutze der öffentlichen Ordnung. Ist das Verbot rechtmäßig? **Rn 353**

I. Rechtliche Bindungen durch das Übermaßverbot

331 Eine wichtige rechtliche Schranke für das polizeiliche Handeln ergibt sich aus dem Übermaßverbot (Grundsatz der Verhältnismäßigkeit im weiteren Sinne). Es begrenzt sowohl das Entschließungs- wie auch das Auswahlermessen. Das Übermaßverbot ist in allen Polizei- und Ordnungsgesetzen (deklaratorisch) geregelt. Es gilt aber schon kraft Verfassungsrechts[1], da es ein Bestandteil des Rechtsstaatsprinzips ist. Soweit es um Eingriffe in Freiheitsgrundrechte geht, dürfte es bereits in diesen Grundrechten verankert sein. Bei Grundrechten mit Gesetzesvorbehalt ist es speziell in Art. 19 II GG zu verorten. Ihm kommt gerade im Polizei- und Ordnungsrecht, bei dem es um die

---

1 Vgl grundlegend *Lerche*, Übermaß und Verfassungsrecht, 1961; ferner *Wittig*, DÖV 1968, 817 ff; *Lücke*, DÖV 1974, 769 ff.

Austarierung des Spannungsverhältnisses von Freiheit und Sicherheit[2] geht, eine ganz besondere Bedeutung zu.

Das Übermaßverbot umfasst die **Grundsätze der Geeignetheit des Mittels, des ge-** **332** **ringsten Eingriffs sowie der Verhältnismäßigkeit im engeren Sinn.** Die Beachtung dieser Grundsätze ist in vollem Umfang justitiabel, obwohl bei ihrer Anwendung Prognoseentscheidungen zu treffen sind (vgl oben Rn 51).

1. Der Grundsatz der Geeignetheit des Mittels

Gemäß dem Grundsatz der Geeignetheit des Mittels dürfen nur solche Mittel einge- **333** setzt werden, **die zur Gefahrenbekämpfung geeignet sind.** Dies ergibt sich, soweit es im Gesetz nicht ausdrücklich erwähnt wird[3], daraus, dass die Polizei- und Ordnungsgesetze „erforderliche" bzw „notwendige" Maßnahmen verlangen[4]. Ob ein Mittel geeignet ist, muss aus der **ex-ante-Sicht** der handelnden Behörde bestimmt werden[5]. Insoweit ist zu berücksichtigen, dass der Behörde im Interesse einer effizienten Gefahrenbekämpfung oft nur wenig Zeit zur Prüfung bleibt (vgl oben Rn 77). Wenn die Behörde im Zeitpunkt ihres Handelns bei **verständiger Würdigung** der Sachlage davon ausgehen durfte, dass die von ihr gewählte Maßnahme **tauglich** ist, berührt es deswegen die Rechtmäßigkeit dieser Maßnahme nicht, wenn sich im Einzelfall später herausstellt, dass sie tatsächlich untauglich war. Untauglich sind Mittel, die auf ein Verhalten gerichtet sind, das tatsächlich oder rechtlich unmöglich ist.

Beispiele: Ein Obdachloser wird aufgefordert, sich innerhalb einer bestimmten Frist eine Wohnung zu beschaffen. – Den Teilnehmern einer Demonstration in der Innenstadt wird auferlegt, „jede Beeinträchtigung des Fußgänger- und Fahrzeugverkehrs zu vermeiden"[6].

Nicht verlangt wird dagegen, dass das gewählte Mittel die Gefahr völlig beseitigt. Es ist vielmehr schon dann geeignet, wenn es die Gefahr mindert.

Soweit sich später erweist, dass die gewählte polizeiliche Maßnahme untauglich war **334** und weiterhin die Rechte von Personen beeinträchtigt, besteht allerdings ein Beseitigungsanspruch von dem Moment an, in dem die Untauglichkeit für die Behörde erkennbar war. Dieser Anspruch, der in den Grundrechten verankert ist, verpflichtet die Polizei, den Eingriff und seine Vollzugsfolgen – soweit dies noch möglich ist – aufzuheben bzw zu beseitigen. Die Aufhebung eines zunächst rechtmäßig erlassenen Verwaltungsaktes richtet sich dabei nicht (nur) nach § 49 VwVfG, sondern (auch) **nach** **§ 48 VwVfG**, da er **nachträglich rechtswidrig** geworden ist[7].

---

2   S. hierzu näher *Papier*, FS Schenke, 2011, S. 263 ff; *Voßkuhle*, FS Würtenberger, 2013, S. 1101 ff.
3   S. Art. 4 BayPAG, Art. 8 I BayLStVG; § 11 I BerlASOG; § 14 I BrandOBG, § 3 I BrandPolG; § 3 I
    BremPolG; § 4 I HambSOG; § 4 I HessSOG; § 15 I 1 MVSOG; § 4 I NdsSOG; § 2 I NWPolG, § 15 I
    NWOBG; § 2 I RhPfPOG; § 2 1 SaarlPolG; § 5 I SachsAnhSOG; § 3 II SächsPolG; § 73 SchlHVwG;
    § 6 I ThürOBG; § 4 I ThürPAG; § 2 I MEPolG; § 15 I BPolG.
4   S. § 3 BWPolG; §§ 171, 173 I SchlHVwG; § 20a I BKAG.
5   S. auch *VGH Mannheim*, DVBl 1987, 153, 154; *Ossenbühl*, Jura 1997, 617, 618.
6   *VGH München*, NJW 1984, 2116 f.
7   Näher *Schenke*, DVBl 1989, 433 ff; *Schenke/Baumeister*, JuS 1991, 547 ff; *BVerwGE* 84, 111 ff; **aA**
    Kopp, BayVBl. 1990, 524 f.

2. Der Grundsatz des geringsten Eingriffs

335 Der Grundsatz des geringsten Eingriffs wird auch als Grundsatz des mildesten Mittels bzw als Grundsatz der Erforderlichkeit bezeichnet. Er verlangt, dass die Behörde zur Bekämpfung einer Gefahr oder Störung unter mehreren gleichermaßen geeigneten Mitteln **dasjenige aussucht, das zu der voraussichtlich geringsten Beeinträchtigung der Allgemeinheit und derjenigen Person, die zur Bekämpfung der Gefahr in Anspruch genommen wird, führt**[8]. Wenn sich zB Gefahren, die aus einer gewerblichen Betätigung resultieren, bereits durch eine Auflage beseitigen lassen, so darf das Gewerbe nicht untersagt werden. Wenn ein Verstoß gegen ein Parkverbot bereits durch ein Versetzen des verbotswidrig geparkten Kfz behoben werden kann, darf es nicht zur Polizei abgeschleppt werden (s. auch Rn 720). Der Grundsatz des geringsten Eingriffs gebietet außerdem, dass polizeiliche Maßnahmen auf das zeitlich Unumgängliche zu beschränken sind[9]. Zu beachten ist, dass gegen den Grundsatz des geringsten Eingriffs dann nicht verstoßen wird, wenn zur Gefahrenbekämpfung zwar ein anderer Eingriff in Betracht käme, der die in Anspruch genommene Person weniger belastete, dieser Eingriff aber die Allgemeinheit gravierender beeinträchtigte[10]. Ein solches Mittel wäre nicht in derselben Weise geeignet.

336 Ob eine Maßnahme weniger beeinträchtigend wirkt, ist grundsätzlich nach objektiven Maßstäben zu beurteilen. Soweit allerdings die in Anspruch genommene Person darauf besteht, ein bestimmtes (gleich geeignetes) Mittel einzusetzen (**Angebot eines Austauschmittels**), ist nur die Anordnung dieses Mittels rechtmäßig, selbst wenn es bei objektiver Betrachtung gravierender in die Rechtssphäre des Betroffenen eingreift.

Beispiel: Ein Betroffener, dem aufgegeben wird, sein Haus instand zu setzen, kann stattdessen anbieten, sein Haus abzureißen. Die Polizei- oder Ordnungsbehörde darf dann nach diesem Angebot nicht mehr auf der Instandsetzung bestehen, sondern muss das Austauschmittel annehmen. Wenn sie dies nicht tut und ihre Verfügung, mit der sie die Instandsetzung anordnete, nicht zurücknimmt, so ist ihr Handeln rechtswidrig.

Die meisten Polizei- und Ordnungsgesetze regeln ausdrücklich das Angebot eines Austauschmittels[11]. Es ergibt sich aber schon aus dem Grundsatz des geringsten Eingriffs und gilt deswegen auch dann, wenn es im einschlägigen Polizei- oder Ordnungsgesetz nicht ausdrücklich vorgesehen ist, so zB im Geltungsbereich des BW-PolG[12]. Umstritten ist, welche Konsequenzen es für das festgesetzte Mittel hat, wenn die Behörde in ihrer Verfügung das Austauschmittel ausdrücklich oder konkludent

---

8 Vgl § 5 I BWPolG; Art. 4 I BayPAG, Art. 8 I BayLStVG; § 11 I BerlASOG; § 14 I BrandOBG, § 3 BrandPolG; § 3 I BremPolG; § 4 II HambSOG; § 4 I HessSOG; § 15 I 1 MVSOG; § 4 I NdsSOG; § 2 I NWPolG, § 15 I NWOBG; § 2 I RhPfPOG; § 2 I SaarlPolG; § 5 I SachsAnhSOG; § 3 II Sächs-PolG, § 9 II SächsSWG; § 73 III SchlHVwG; § 6 I ThürOBG; § 4 I ThürPAG; § 2 I MEPolG; § 15 I BPolG.

9 AA *Knemeyer*, Rn 310, der hier auf den Grundsatz der Verhältnismäßigkeit ieS abstellen will.

10 Vgl *Pieroth/Schlink/Kniesel*, § 10, Rn 25.

11 Art. 5 II 2 BayPAG; § 12 II 2 BerlASOG; § 4 II 2 BrandPolG; § 4 II 2 BremPolG; § 4 IV 1 Hamb-SOG; § 5 II 2 HessSOG; § 14 II 1 MVSOG; § 5 II 2 NdsSOG; § 3 II 2 NWPolG, § 21 S. 2 NWOBG; § 3 II 2 RhPfPOG; § 3 II 2 SaarlPolG; § 6 II 2 SachsAnhSOG; § 3 II MEPolG; § 16 II 2 BPolG.

12 S. hierzu näher *Grupp*, VerwArch. Bd. 69 (1978), 125, 142 ff.

ausschließt[13]. Nach richtiger Auffassung bemisst sich dies in analoger Anwendung des § 44 IV VwVfG. Da die Polizei bei Erlass eines Verwaltungsakts, der der Gefahrenabwehr dient, idR ein Ermessen besitzt; infiziert der rechtswidrige Ausschluss des Austauschmittels idR den Rest des Verwaltungsakts und macht ihn damit insgesamt rechtswidrig (ebenso *Kluth*, SachsAnh, § 3, Rn 193).

Sofern der Zeitraum, innerhalb dessen ein Austauschmittel angeboten werden darf, **337** nicht kraft Gesetzes befristet ist bzw befristet werden darf[14], kann das Austauschmittel grundsätzlich – sofern nicht die Effektivität der Gefahrenbekämpfung beeinträchtigt wird – solange angeboten werden, bis der Verwaltungsakt bestandskräftig geworden ist[15]. Auch nach Ablauf einer etwaigen Frist bleibt dem Betroffenen das Recht, die Gefahr durch **Anwendung** eines Mittels, das nicht im Verwaltungsakt vorgesehen ist, zu beseitigen. Nach Beseitigung der Gefahr hat er dann einen Anspruch auf Aufhebung des Verwaltungsakts. Nach Eintritt der formellen Bestandskraft des Verwaltungsakts kann dieser Anspruch auf Aufhebung im Wege der Verpflichtungsklage durchgesetzt werden.

3. Der Grundsatz der Verhältnismäßigkeit im engeren Sinn

Der Grundsatz der Verhältnismäßigkeit im engeren Sinn (Grundsatz der Angemessen- **338** heit) fordert, dass die **Beeinträchtigungen**, die sich aus dem anzuwendenden Mittels ergeben, **nicht außer Verhältnis zu dem bezweckten Erfolg stehen**[16]. Die Verhältnismäßigkeit einer polizeilichen Maßnahme, die auf einer rechtmäßigen Ermächtigungsgrundlage beruht, wird in **drei Stufen** überprüft[17]. Auf einer **ersten Stufe** sind die **Interessen zu ermitteln**, auf die sich die polizeiliche Maßnahme **im konkreten Einzelfall auswirkt**. Dazu gehören neben den Interessen der belasteten und der begünstigten Personen auch die öffentlichen Sicherheitsinteressen, die durch die Gefahrenabwehr geschützt werden. Grundsätzlich zu berücksichtigen sind außerdem Auswirkungen, die sich für unbeteiligte Dritte sowie für die Allgemeinheit im konkreten Fall ergeben. Auf einer **zweiten Stufe** sind die **betroffenen Interessen** anhand der Wertungen der Rechtsordnung **zu gewichten**. Diese Wertungen der Rechtsordnung ergeben sich zum einen aus der Verfassung, vor allem aus den Grundrechten und sonstigen verfassungsrechtlich anerkannten Gemeinschaftsgütern, zum anderen auch aus unterverfassungsrechtlichen Bestimmungen und den hierdurch konstituierten Rechtsgütern. Auf einer **dritten Stufe** sind schließlich die betroffenen **Interessen unter Be-**

---

13 Für die Rechtswidrigkeit nur des Ausschlusses *PreußOVGE* 106, 74; **aA** *Grupp*, VerwArch. Bd. 69 (1978), 125, 129 f.

14 Entsprechende Regelungen enthalten § 4 IV 2 HambSOG; § 14 II 2 MVSOG; § 21 S. 3 NWOBG.

15 So *Grupp*, VerwArch. Bd. 69 (1978), 145; *Gusy*, Rn 400; **aA** (unbefristetes Angebot des Austauschmittels) *OVG Bremen*, DÖV 1986, 704, 705 und wohl *Rasch*, § 3 MEPolG, Rn 14.

16 Vgl § 5 II BWPolG; Art. 4 II BayPAG, Art. 8 II BayLStVG; § 11 II BerlASOG; § 14 II BrandOBG, § 3 II BrandPolG; § 3 II BremPolG; § 4 III HambSOG; § 4 II HessSOG; § 15 II MVSOG; § 4 II Nds-SOG; § 2 II NWPolG, § 15 II NWOBG; § 2 II RhPfPOG; § 2 II SaarlPolG: § 5 II SachsAnhSOG; § 3 III SächsPolG, § 9 III SächsSWG; § 73 II SchlHVwG; § 6 II ThürOBG; § 4 II ThürPAG; § 2 II MEPolG; § 15 II BPolG.

17 S. dazu *Reuter*, Jura 2009, 511, 513 ff.

rücksichtigung ihres rechtlichen Stellenwerts und ihrer konkreten Betroffenheit (Art und Umfang der Auswirkungen) gegeneinander **abzuwägen**.

Nach hM sollen die Gerichte polizeiliche Maßnahmen **nur bei einer evident fehlerhaften Abwägung als** unverhältnismäßig beanstanden können[18]. Der sich daraus ergebende behördliche Abwägungsspielraum wird damit gerechtfertigt, dass der Polizei ein Ermessensspielraum eingeräumt ist. Eine vollumfängliche gerichtliche Kontrolle nähme der Behörde faktisch diesen Ermessensspielraum, weil dann der Richter seine Bewertung der Angemessenheit an die Stelle der behördlichen Bewertung setze. Für eine gelockerte Kontrolldichte spreche außerdem, dass das Interesse an einer effektiven Gefahrenabwehr häufig ein schnelles polizeiliches Handeln gebiete.

Diese Einschränkung der gerichtlichen Kontrolle vermag jedoch nicht zu überzeugen. Es ist nicht einzusehen, weshalb die Angemessenheit einer polizeilichen Maßnahme im Gegensatz zu den gleichfalls im Übermaßverbot enthaltenen Grundsätzen der Geeignetheit des Mittels und des geringsten Eingriffs nur beschränkt justiziabel sein soll. Der **prognostische Gehalt** dieses unbestimmten Rechtsbegriffs vermag auch hier die Einschränkung der gerichtlichen Kontrolle **nicht zu legitimieren** (s Rn 332). Das **polizeiliche Ermessen** wird durch die uneingeschränkte Kontrolle der Angemessenheit einer polizeilichen Maßnahme **nicht beschnitten**, da die Frage der Angemessenheit (Verhältnismäßigkeit) einer Maßnahme nicht mit der ihr nachgeordneten Frage vermengt werden darf, ob die Polizei bei Angemessenheit der Maßnahme ein Ermessensspielraum zusteht, was im Regelfall zu bejahen ist. Da bei der richterlichen Beurteilung des polizeilichen Einschreitens (zunächst) auf den Zeitpunkt des Handelns der Polizei abzustellen ist, lässt sich selbst bei uneingeschränkter Justiziabilität der Verhältnismäßigkeit ieS dem Gesichtspunkt Rechnung tragen, dass die Polizei im Moment ihres Handelns oftmals unter erheblichem Zeitdruck steht und es deshalb nur darauf ankommen kann, ob sie zu diesem Zeitpunkt in vertretbarer Weise von der Verhältnismäßigkeit ihres Einschreitens ausgehen durfte. Stellt sich die objektive Unverhältnismäßigkeit einer hieraus resultierenden Beeinträchtigung erst später heraus, ist die Polizei erst von dem Zeitpunkt an zu deren Beseitigung verpflichtet. Konsequenterweise kann ihr Verhalten erst von diesem Zeitpunkt an gerichtlich beanstandet werden Die funktionellrechtlichen Gründe, aus denen heraus die Gerichte bei der Kontrolle der Verhältnismäßigkeit gesetzlicher Regelungen beschränkt sind und grundsätzlich nur evidente Verletzungen beanstanden können, gelten iÜ nicht für die Kontrolle des Verwaltungshandelns.

Der Grundsatz der Verhältnismäßigkeit ieS wird zB dann verletzt, wenn bei einem nicht behebbaren, aber geringfügigen Verstoß gegen baurechtliche Vorschriften, der öffentliche Interessen aber auch Nachbarinteressen nicht oder nicht nennenswert beeinträchtigt, der Abbruch eines Hauses verfügt wird. Gegen den Grundsatz der Verhältnismäßigkeit ieS verstößt es zB ferner, wenn in einer Allgemeinverfügung undifferenziert „allen Angehörigen der Drogenszene" der Aufenthalt in bestimmten Bereichen einer Gemeinde verboten wird[19].

---

18   *Götz*, § 13, Rn 46; *Ossenbühl*, Jura 1997, 617, 619; *Reuter*, Jura 2009, 511, 515.
19   *VGH Mannheim*, VBlBW 1997, 116, 117; *Haseloff-Grupp*, VBlBW 1997, 161, 162.

Besondere Bedeutung kommt der Verhältnismäßigkeit beim Abschleppen eines Kfz **339** zu. Hier stellt sich die Frage, ob das Abschleppen eines Kfz, das unter Verstoß gegen straßenverkehrsrechtliche Bestimmungen abgestellt wurde, auch dann verhältnismäßig ist, wenn durch den Verstoß keine anderen Verkehrsteilnehmer behindert oder gefährdet werden (dazu näher Rn 721). Das wird aus **generalpräventiven Gründen** heute zunehmend bejaht.

Bei der Beurteilung der Verhältnismäßigkeit von Maßnahmen, mit denen Straftaten unterbunden werden sollen, sind nicht nur die Interessen des Opfers und des Straftäters abzuwägen, sondern auch das **strafrechtlich geschützte öffentliche Interesse an der Wahrung der Rechtsordnung**[20], dem ein hoher Stellenwert zukommt.

Der Verhältnismäßigkeitsgrundsatz wird auch im Bereich der **Gefahrenvorsorge** **340** (dazu näher Rn 10) relevant. Allerdings liegt hier seine Bedeutung vor allem in den **Bindungen des Gesetzgebers**, die er erzeugt. Wenn der Gesetzgeber zu polizeilichen Eingriffen in grundrechtlich geschützte Rechtspositionen im Vorfeld einer Gefahr ermächtigt, so bedarf diese gesetzliche Regelung einer besonderen Überprüfung, die dem Verhältnismäßigkeitsgrundsatz standhalten muss[21]. Solche Eingriffe dürfen grundsätzlich nur dann gesetzlich zugelassen werden, wenn sie hochwertige Rechtsgüter schützen. Eine strukturelle Schwäche weist der Verhältnismäßigkeitsgrundsatz allerdings bei der Feinabstimmung des auf gesetzliche Gefahrenvorsorgeregelungen gestützten polizeilichen Handelns im Einzelfall auf[22]. Bei diesen Konstellationen fehlt nämlich typischerweise die Möglichkeit, eine auf den Einzelfall bezogene Abwägung der betroffenen Rechtsgüter durchzuführen. Diese Möglichkeit besteht sonst bei der Bekämpfung einer konkreten Gefahr und wirkt dann als zusätzliches Korrektiv polizeilichen Handelns. Der Gesetzgeber muss sich deswegen bei Gefahrenvorsorgemaßnahmen bemühen, diese Schwäche **verfahrensrechtlich auszugleichen**, zB durch einen Behördenleitervorbehalt[23]. Zudem kommt dem Gleichheitssatz insoweit eine besondere Bedeutung zu. Er zwingt die Polizei- und Ordnungsbehörden bei Eingriffen im Vorfeld einer Gefahr in verstärktem Maße zu **planmäßigem Handeln** (s. auch Rn 121).

II. Sonstige Begrenzungen durch die Grundrechte

Über das Übermaßverbot hinaus ergeben sich aus den Grundrechten weitere Bindun- **341** gen polizeilichen Handelns. Von diesen Bindungen kann **selbst der (einfache) Gesetzgeber nicht dispensieren** (vgl Art. 1 III GG). Bezüglich der Grundrechtsbin-

---

20 Dies beachtet *OLG Brandenburg*, NJ 1996, 590, 592 m. Anm. *Artkämper* im Zusammenhang mit einer Hausbesetzung zu wenig.

21 Zu undifferenziert *Enders*, VVDStRL Bd. 64, 7, 48, der dem Verhältnismäßigkeitsgrundsatz hier keinerlei Bedeutung zukommen lassen will und der der Ansicht ist, Vorsorgemaßnahmen – wie die verdachts- und anlassunabhängige Identitätskontrolle – seien verfassungswidrig, „nicht weil sie unverhältnismäßig, sondern weil sie stets verhältnismäßig sind".

22 Dazu auch *Schulze-Fielitz*, FS Schmitt Glaeser, 2003, S. 407, 423; *Möstl*, S. 229 ff; *Trute*, GS Jeand'Heur, 1999, S. 403, 408 ff.

23 S. zu diesen Ausgleichsmechanismen *Kugelmann*, DÖV 2003, 781, 787 ff; *Poscher*, DV 2008, 345, 350; *Schulze-Fielitz*, FS Schmitt Glaeser, S. 407, 429 ff.

dungen – die hier nicht im Detail behandelt werden können – empfiehlt es sich, zwischen Freiheitsgrundrechten mit Gesetzesvorbehalt (1), Freiheitsgrundrechten, die nicht ausdrücklich einschränkbar sind (2), und sonstigen Grundrechten (3) zu differenzieren.

1. Begrenzungen durch Freiheitsgrundrechte mit Gesetzesvorbehalt

342   Grundrechte mit Gesetzesvorbehalt können nach ihrem Wortlaut durch Gesetz oder auf Grund eines Gesetzes eingeschränkt werden, s. zB Art. 2 II, 8 II, 10, 11 GG. Bei solchen Grundrechten ist – neben zT qualifizierten Voraussetzungen für einen Eingriff (s. zB Art. 11 II GG) – eine **Einschränkung durch die Polizei- und Ordnungsgesetze an Art. 19 I und II GG zu messen**.

Das Zitiergebot des Art. 19 I 2 GG[24] erstreckt sich allerdings naturgemäß nur auf nachkonstitutionelle Gesetze. Nach der – bedenklichen – Rechtsprechung des *BVerfG*[25] soll sich aus seinem Zweck darüber hinaus ergeben, dass das Zitiergebot auch für solche Eingriffe nicht gelte, die schon vor Schaffung des Grundgesetzes bekannt waren. Die Polizei- und Ordnungsgesetze, die nach Inkrafttreten des Grundgesetzes erlassen wurden, zitieren allerdings ohnehin weitgehend die Grundrechte mit Gesetzesvorbehalt, die durch sie eingeschränkt werden, so insbesondere Art. 2 II GG[26], zT sogar solche Grundrechte, die Art. 19 I GG gar nicht unterfallen[27]. Die Bedeutung des Zitiergebots ist dadurch gewachsen, dass es nach der neueren Rechtsprechung des *BVerfG* auch dann gelten soll, wenn ein bereits existierendes Polizeigesetz, das ein eingeschränktes Grundrecht mit Gesetzesvorbehalt benennt, durch ein neues Gesetz ergänzt wird, das zusätzliche, weiter reichende Eingriffe in dieses Grundrecht vorsieht. Auch dieses neue Gesetz müsse dann das eingeschränkte Grundrecht benennen (*BVerfG*, NJW 2005, 2603, 2604 f). Auf mittelbare (faktische) Grundrechtsbeeinträchtigungen ist Art. 19 I 2 GG nicht anwendbar[28], wenn diese Beeinträchtigung nicht gezielt (final) herbeigeführt wird (s. auch Rn 343).

343   Die meisten neueren Polizei- und Ordnungsgesetze nennen auch **Art. 10 GG als ein einschränkbares Grundrecht**[29]. In Berlin, Bremen und Sachsen fehlen aber solche Regelungen. Damit sind dort sowohl eine Überwachung der Telekommuni-

---

24   Zum Einfluss des Zitiergebots auf das Landespolizeirecht *Wuttke*, Polizeirecht und Zitiergebot.
25   *BVerfGE* 16, 194, 199 f; 15, 288, 293; vgl auch *BVerwG*, NJW 1970, 908, 909 f; ausführlicher zum Zitiergebot *Rasch*, DVBl 1987, 194 ff sowie *Selk*, JuS 1992, 816 ff.
26   Vgl § 4 BWPolG; Art. 74 BayPAG, Art. 58 BayLStVG; § 66 BerlASOG; § 43 BrandOBG, § 8 BrandPolG; § 9 BremPolG; § 31 HambSOG; § 10 HessSOG; §§ 78, 98, 113 MVSOG; § 10 NdsSOG; § 7 NWPolG, § 44 NWOBG; § 8 RhPfPOG; § 7 SaarlPolG; § 11 SachsAnhSOG; § 79 SächsPolG, § 17 SächsSWG; §§ 227, 247, 261 SchlHVwG;§ 14 ThürOBG; § 11 ThürPAG; § 7 MEPolG; § 70 BPolG.
27   S. zB § 4 Nr 5 BWPolG, Art. 58 BayLStVG und §§ 227, 247, 261 SchlHVwG bzgl Art. 14 GG; § 79 Nr 4 SächsPolG bzgl Art. 2 I iVm Art. 1 I GG.
28   Dazu *Krebs*, in: v. Münch/Kunig, GG, Bd. I, 5. Aufl. 2000, Art. 19, Rn 16, der – noch weitergehend – mittelbare Beeinträchtigungen generell vom Zitiergebot ausnehmen will; vgl auch *Wuttke*, S. 17 ff.
29   § 4 Nr 3 BWPolG; Art. 74 BayPAG; § 8 Nr 3 BrandPolG; § 28 HambPolDVG; § 10 HessSOG; § 78 MVSOG, § 10 NdsSOG; § 7 NWPolG; § 8 Nr 4 RhPfPOG; § 7 SaarlPolG; § 11 Nr 6 SachsAnhSOG; § 11 ThürPAG; § 70 BPolG; §38 BKAG; s. auch § 2b S. 2 BNDB; § 8c BVerfSchG; § 4a MADG.

kation als auch eine **Verwertung von Daten**, die aus einer strafprozessualen Telekommunikationsüberwachung herrühren, für gefahrenabwehrrechtliche Zwecke **verboten** (Rn 197b, 209). Ein Eingriff in die Telekommunikationsfreiheit (Art. 10 GG) liegt unabhängig davon vor, auf welche Weise die Nachrichtenübertragung erfolgte (Kabel, Funk, analoge oder digitale Vermittlung). Sie umfasst damit auch neuartige Übertragungstechniken[30]. Solange der Kommunikationsvorgang andauert, schützt Art. 10 GG nicht nur vor dem Zugriff auf den Inhalt der Telekommunikation, sondern auch vor dem Zugriff auf die Umstände der Telekommunikation, insbesondere auf die Verbindungsdaten (Gesprächsteilnehmer, Häufigkeit und Zeitpunkt der Verbindungen, Standort der Kommunizierenden bei Mobiltelefon). Nach Abschluss des Kommunikationsvorgangs werden die bei einem Telekommunikationsteilnehmer gespeicherten Verbindungsdaten[31] jedoch nicht durch Art. 10 I GG, sondern durch das Grundrecht auf informationelle Selbstbestimmung (Art. 2 I GG iVm Art. 1 I GG) und durch Art. 13 GG geschützt[32]. Deswegen kann zB die Sicherstellung eines Mobiltelefons (Handys) zum Zwecke der Gewinnung hier gespeicherter personenbezogenen Daten, insbesondere Verkehrsdaten iS des § 3 Nr 21 TKG, selbst dann zulässig sein, wenn das einschlägige Polizeigesetz eine Einschränkung des Art. 10 GG nicht vorsieht. Art. 10 GG ist hier nicht anzuwenden, weil er nur vor den besonderen Gefährdungen schützt, die sich daraus ergeben, dass der Betroffene iVm der Telekommunikationen auf Dritte angewiesen ist. Nach der Rspr des *BVerfG* greift es ferner nicht in Art. 10 GG ein, wenn der Standort des Besitzers eines empfangsbereiten Mobiltelefons unabhängig von einem Kommunikationsvorgang bestimmt wird[33].

Schwierigkeiten bereitet das Zitiergebot ferner iVm Art. 8 GG bei nichtöffentlichen Versammlungen unter freiem Himmel[34]. Das VersG (und entspr landesrechtliche Vorschriften) gilt nämlich grundsätzlich – mit Ausnahme der §§ 3, 21, 28 VersG – nur für öffentliche Versammlungen, und die meisten Landespolizeigesetze – ausgenommen Art. 74 BayPAG, § 10 NdsSOG, § 8 Nr 3 RfPfPOG, § 11 Nr 7 SachsAnhSOG – benennen Art. 8 GG nicht als einschränkbares Grundrecht. Teilweise wird versucht, bei nichtöffentlichen Versammlungen die Vorschriften des VersG, insbesondere § 13 VersG, analog anzuwenden und so eine Ermächtigungsgrundlage für polizei- und ordnungsbehördliches Handeln zu begründen[35]. Dieser Versuch überzeugt schon deswegen nicht, weil sich eine solche Analogie zulasten des Betroffenen auswirkte. Darüber hinaus fehlt eine Regelungslücke, die für eine Analogie notwendig wäre. **Tatbestandlich sind die polizei- und ordnungsrechtlichen Generalklauseln nämlich sehr**

---

30 *BVerfG*, DVBl 2006, 503, 504.
31 Anderes gilt für die E-Mails auf dem Mailserver des Providers, s. *BVerfG*, NJW 2009, 2431; *O. Klein*, NJW 2009, 2996.
32 *BVerfG*, DVBl 2006, 503, 504; NJW 2008, 822, 825 f; *Käß*, BayVBl 2007, 135 ff.
33 *BVerfG*, NJW 2007, 351 ff; s. auch oben Rn 197b mwN.
34 Art. 8 GG schützt die Teilnehmer bereits im Vorfeld der Versammlung, insbesondere auf dem Weg zum Versammlungsort, vgl *OVG Hamburg*, NVwZ 1987, 829, 830.
35 So zB *Drews/Wacke/Vogel/Martens*, § 11, 2g b; *Pieroth/Schlink/Kniesel*, § 20, Rn 15; *Rühl*, NVwZ 1988, 581 ff. § 21 VersG bildet keine Rechtsgrundlage für das Verbot einer Versammlung. Er enthält nur einen Straftatbestand.

wohl auf nichtöffentliche Versammlungen anwendbar[36]. Eine abschließende Regelung in einem Spezialgesetz, die einen Rückgriff auf die Generalklauseln ausschlösse, existiert nicht[37]. Insbesondere regelt das VersG nichtöffentliche Versammlungen gerade nicht abschließend. Freilich können polizeiliche Maßnahmen nur eingeschränkt auf die Generalklauseln gestützt werden, nämlich nur insoweit, als sie Eingriffe in nichtöffentliche Versammlungen zum Schutz solcher Rechtsgüter zulassen, die in der Verfassung anerkannt sind. Bezüglich nichtöffentlicher Versammlungen in geschlossenen Räumen folgt dies schon aus Art. 8 I GG, der als vorbehaltlos gewährtes Grundrecht nur immanente Schranken aufweist (vgl hierzu Rn 345), denen durch verfassungskonforme Interpretation Rechnung zu tragen ist[38]. Es muss auf der Basis der meisten Landespolizeigesetze – ausgenommen Bayern, Niedersachsen und Rheinland-Pfalz – aber auch für nichtöffentliche Versammlungen unter freiem Himmel gelten, die nach Art. 8 II GG unter Gesetzesvorbehalt stehen[39]. Art. 19 I 2 GG ist insoweit teleologisch zu reduzieren. Da Art. 8 I GG Versammlungen in geschlossenen Räumen in weitergehendem Umfang schützt als jene unter freiem Himmel, müssen nämlich Versammlungen unter freiem Himmel zumindest unter den gleichen Voraussetzungen einschränkbar sein wie jene in geschlossenen Räumen. Bei Eingriffen, die sich auf verfassungsimmanente Schranken stützen, kann darum Art. 19 I 2 GG von seiner ratio her auf Versammlungen unter freiem Himmel genauso wenig angewendet werden wie auf Versammlungen in geschlossenen Räumen. Eingriffe in nichtöffentliche Versammlungen, die sich nicht auf verfassungsimmanente Schranken stützen können, sind dagegen auf der Grundlage der meisten Landespolizeigesetze – ausgenommen Bayern, Niedersachsen und Rheinland-Pfalz – unzulässig. Das folgt hinsichtlich der Versammlungen unter freiem Himmel, die dem Gesetzesvorbehalt des Art. 8 II GG unterliegen, daraus, dass Art. 8 GG in den meisten Polizei- und Ordnungsgesetzen nicht unter den einschränkbaren Grundrechten aufgezählt ist. Art. 13 VII Alt. 1 GG bietet insoweit keine Rechtsgrundlage[40] – und zwar auch nicht für Maßnahmen gegen nichtöffentliche Versammlungen in geschlossenen Räumen –, da er nur den Eingriff in die Wohnungsfreiheit, nicht aber zugleich den Eingriff in die Versammlungsfreiheit rechtfertigt.

344 Gemäß Art. 19 II GG dürfen die Polizei- und Ordnungsgesetze die Grundrechte **nicht in ihrem Wesensgehalt einschränken**. Diese Vorschrift gilt nach heute hM nicht nur für die Grundrechte mit Gesetzesvorbehalt, sondern zumindest entsprechend für alle Grundrechte, also auch nicht ausdrücklich einschränkbare Grundrechte (Rn 345) so-

---

36 So auch *BVerwG*, NVwZ 1999, 991, 992; *VGH Mannheim*, VBlBW 1987, 183 f; *OVG Lüneburg*, NVwZ 1988, 638 *v. Coelln*, NVwZ 2001, 1234 ff; *Kötter/Nolte*, DÖV 2009, 399, 405; *Schoch*, JuS 1994, 479, 481; *Würtenberger/Heckmann*, BW, Rn 293; *Wuttke*, S. 152; *Zeitler*, Versammlungsrecht, 1994, Rn 286; s. auch *Ketteler*, DÖV 1990, 954 ff; **aA** *Groepl*, Jura 2002, 18, 21; *Scholler/Schloer*, S. 223.

37 **AA** *Krüger*, DÖV 1997, 13, 18.

38 So auch *Kötter/Nolte*, DÖV 2009, 399, 405. Nicht überzeugend *Rühl*, NVwZ 1988, 581, der die Anwendung des allgemeinen Polizeirechts für nicht mit Art. 8 GG vereinbar hält.

39 Wie hier *Gusy*, Rn 421 u. *Kniesel/Poscher*, in: L/D, K, Rn 22 und wohl auch *Würtenberger/Heckmann*, BW, Rn 293; zur Problematik näher *Kniesel*, NJW 2000, 2857, 2865. Zu beachten ist allerdings, dass es geschlossene Versammlungen unter freiem Himmel nur sehr selten gibt, weil eine Versammlung schon dann nicht mehr „unter freiem Himmel" (iSd Art. 8 GG) stattfindet, wenn eine seitliche Begrenzung vorliegt, welche eine Zugangskontrolle ermöglicht, vgl *Kötter/Nolte*, DÖV 2009, 399, 405.

40 Abzulehnen daher *Krüger*, DÖV 1993, 658, 661 u. *ders.*, DÖV 1997, 13, 18.

wie sonstige Grundrechte (Rn 346)[41]. Dabei ist allerdings umstritten, was unter diesem Wesensgehalt zu verstehen ist. Nach der **relativen Theorie**[42] soll es keinen Kernbereich eines Grundrechts geben, der von vornherein für den Gesetzgeber unantastbar ist. Über die Zulässigkeit eines Eingriffs gemäß Art. 19 II GG sei vielmehr ausschließlich mittels einer Abwägung zwischen dem durch den Eingriff zu schützenden Rechtsgut und dem durch das Grundrecht verkörperten Rechtsgut zu entscheiden. Nach der **Theorie vom absoluten Wesensgehalt**[43] soll dagegen Art. 19 II GG einen **Kernbereich des Grundrechts vor jedem staatlichen Eingriff schützen**. Für diese Ansicht sprechen der Wortlaut des Art. 19 II GG sowie der Umstand, dass die relative Theorie die Wesensgehaltsgarantie auf das Übermaßverbot reduziert und dadurch leer laufen lässt, weil sich das Übermaßverbot bereits zumindest aus dem Rechtsstaatsprinzip ableitet. Die Garantie des Kernbereichs darf allerdings **nicht so interpretiert** werden, dass für jeden **einzelnen Grundrechtsträger noch ein Mindestbestand an Grundrechtsschutz übrig bleiben muss**. Wenn man dieser Auffassung wäre, so müsste man zB die lebenslängliche Freiheitsstrafe, die lebenslängliche Sicherungsverwahrung oder einen der Rettung von Geiseln dienenden Todesschuss (Rn 560) konsequenterweise als verfassungswidrig ansehen. Der Garantie des Kernbereichs genügt vielmehr eine objektivierende Sicht, wonach für die Grundrechtsträger insgesamt noch ein Mindestschutz gewährleistet sein muss[44].

2. Begrenzungen durch nicht ausdrücklich einschränkbare Freiheitsgrundrechte

Für Grundrechte ohne Gesetzesvorbehalt (wie zB Art. 4 I, 5 III GG oder die durch Art. 8 I GG geschützte Versammlungsfreiheit in geschlossenen Räumen) gelten zwar weder Art. 19 I noch Art. 19 II GG[45]. Dies bedeutet jedoch nicht, dass diese Grundrechte ohne Schranken ausgeübt werden dürfen[46]. Vielmehr ergibt sich aus den Prinzipien der Einheit der Verfassung und der praktischen Konkordanz die Notwendigkeit, dass auch diese Grundrechte durch immanente Schranken begrenzt werden. Die Bestimmung dieser immanenten Schranken ist allerdings umstritten. Das *BVerwG*[47] sah die Grundrechte ohne Gesetzesvorbehalt früher durch die Rechtsgüter einschränkbar, die für den Bestand der Gemeinschaft notwendig sind. Das *BVerfG*[48] stellt stattdessen – zutreffend – darauf ab, dass die Einschränkung dem **Schutz anderer in der Verfassung anerkannter Rechtsgüter** diesen muss. Diese anderen Rechtsgüter müssen – unabhängig davon, ob es sich um Individual- oder Gemeinschaftsgüter handelt – der Ausübung scheinbar schrankenlos gewährter Grundrechte zumindest dann Grenzen

345

---

41 So zB *Dreier*, Grundgesetz-Kommentar, Bd. I, 2. Aufl. 2004, Art. 19 II Rn 9 mwN.
42 Für sie zB *Hufen*, Staatsrecht II, 3. Aufl. 2011.
43 Für sie zB *Stern*, Das Staatsrecht der Bundesrepublik Deutschland, Bd. III/2, S. 865 ff; *Sachs*, Grundgesetz, 6. Aufl. 2011, Art. 19, Rn 41; *BVerfG* 6, 32, 7. 377. 411: 41; 34, 238, 245; 109, 279, 319 f: s. aber auch BVerfGE 27, 344, 352.
44 S. hierzu *Jarass*, in: Jarass/Pieroth, GG, Art. 19, Rn 9.
45 **AA** bezüglich Art. 19 II GG *BVerwGE* 47, 330, 357.
46 Vgl hierzu *v. Pollern*, JuS 1977, 644 ff.
47 *BVerwGE* 2, 85, 87; 6, 13, 17.
48 *BVerfGE* 30, 173, 193; 49, 24, 55 ff.

setzen können, wenn sie dem durch das Grundrecht geschützten Rechtsgut normaliter gleichwertig sind. Deshalb ist es unter grundrechtlichen Aspekten nicht zu beanstanden, wenn es die Polizei- und Ordnungsgesetze der Polizei zB gestatten, eine Prozession in einem Seuchengebiet zu verbieten, eine Versammlung in einem einsturzgefährdeten Haus zu versagen oder es einem Künstler zu verbieten, fremdes Sacheigentum als „Spray-Kunst-Arbeitsfläche" zu benutzen[49]. Nicht zu folgen ist aber der Annahme, wonach die Polizei- und Ordnungsgesetze allgemein Schranken für Grundrechte ohne Gesetzesvorbehalt bildeten. Solche Grundrechte können daher **nicht zum Schutz der öffentlichen Ordnung eingeschränkt werden**[50]. Zu Recht hat deshalb das *BVerwG*[51] ein Filmaufführungsverbot, das aus Gründen der öffentlichen Ordnung angeordnet worden war, wegen Art. 5 III GG als unzulässig angesehen. Ein Verstoß gegen Strafgesetze wie § 166 StGB beeinträchtigt dagegen die öffentliche Sicherheit und rechtfertigt deswegen zB das Verbot einer Theateraufführung[52].

Bei Einschränkungen des Grundrechts der Religionsfreiheit ist zu beachten, dass insoweit zT Spezialgesetze einschlägig sind. In diesen Fällen lassen sich Eingriffe selbst dann nicht auf die allgemeinen Polizei- und Ordnungsgesetze stützen, wenn sie den Schutz anderer in der Verfassung anerkannter Rechtsgüter bezwecken. So enthält zB § 3 I 1 VereinsG eine spezialgesetzliche Ermächtigung für das Verbot von Personenzusammenschlüssen, die auch für das **Verbot religiöser Vereinigungen** gilt.

3. Begrenzungen durch sonstige Grundrechte

346 **Freiheitsgrundrechte mit Schrankenvorbehalt** (zB Art. 2 I GG, 5 I u. II GG), **Ausgestaltungsvorbehalt** (zB Art. 14 I GG) und **Regelungsvorbehalt** (zB Art. 12 I GG u. Art. 4 III 2 GG)[53] fallen nicht unter die oben 1. und 2. genannten Fallgruppen. Für diese Grundrechte gilt Art. 19 I GG nicht. Umstritten ist, ob Art. 19 II GG auf sie ebenfalls nicht anwendbar ist[54]. Dessen systematische Stellung scheint zwar dafür zu sprechen, ihn nur auf Grundrechte mit Gesetzesvorbehalt anzuwenden. Sachlich ist eine solche Beschränkung aber schwerlich zu rechtfertigen. Der Streit besitzt iÜ dann keine Bedeutung, wenn man Art. 19 II GG mit der relativen Theorie nur als Ausprägung des Übermaßverbots interpretiert.

347 Allgemein anerkannt ist, dass die durch Art. 2 I GG geschützte **allgemeine Handlungsfreiheit** grundsätzlich durch die Polizei- und Ordnungsgesetze eingeschränkt werden kann. Diese Gesetze gehören zur verfassungsmäßigen Ordnung iSd Art. 2 I GG, dh zu jenen Normen, die formell und materiell mit der Verfassung im Einklang stehen. Auch bestehen keine prinzipiellen Bedenken gegen eine Einschränkung des **Grundrechts auf informationelle Selbstbestimmung**, das Art. 2 I iVm Art. 1 I GG

---

49 Vgl *BVerfG*, NJW 1984, 1293, 1294 f.
50 Vgl auch *Martens*, DÖV 1982, 89, 91.
51 *BVerwGE* 1, 303 ff.
52 *BVerwG*, NJW 1999, 304 f.
53 S. zu dieser Unterscheidung *Schwerdtfeger*, Öffentliches Recht in der Fallbearbeitung, 14. Aufl. 2012, Rn 449.
54 Dafür *Jarass*, in: Jarass/Pieroth, GG Art. 19, Rn 8.

zu entnehmen ist (vgl oben Rn 176). Voraussetzung hierfür ist aber eine bereichsspezifischen gesetzliche Regelung; die polizeiliche Generalermächtigung genügt nicht.

Ebenso können die in Art. 5 I GG genannten Grundrechte durch die Polizei- und Ordnungsgesetze beschränkt werden. Sie sind nicht generell „polizeifest"[55]. Allerdings enthält Art. 5 I 3 GG, der die **Vorzensur verbietet**, eine **absolute Schranke** für polizeiliche Maßnahmen. Einen besonderen Schutz genießt zudem das Vertrauensverhältnis zwischen Presse und privaten Informanten (*BVerfGE* 20, 162, 176 ff). Dies ergibt sich aus der institutionellen Garantie der Pressefreiheit, die Art. 5 I 2 GG immanent ist. Deshalb sind Durchsuchungen und Beschlagnahmen grundsätzlich unzulässig, wenn sie ausschließlich oder vorwiegend dem Zweck dienen, die Identität eines Informanten der Presse zu ermitteln (*BVerfG*, NJW 2007, 1117 ff und Rn 152). Aus der institutionellen Garantie der Pressefreiheit folgt zudem, dass das Fotografieren von Polizeieinsätzen durch Presseangehörige grundsätzlich zulässig ist. Soweit Anhaltspunkte dafür bestehen, dass die Lichtbilder unter Missachtung einer im Einzelfall höher zu bewertenden Funktionsfähigkeit der Polizei oder (soweit überhaupt anwendbar, s. Rn 61) von Rechten der Polizeibeamten am eigenen Bild veröffentlicht werden sollen, rechtfertigt dies nicht ein Fotografierverbot, sondern nur die (vorläufige) Sicherstellung von Aufnahmen[56]. Bei Eingriffen in die **Pressefreiheit** ist zudem die Anwendung der allgemeinen Polizei- und Ordnungsgesetze **teilweise durch Spezialgesetze ausgeschlossen** ist. So ist in den Landespressegesetzen die präventivpolizeiliche Sicherstellung von Presseerzeugnissen (nicht hingegen die Sicherstellung von Informationsmaterial) abschließend geregelt[57]. Die Landespressegesetze betreffen jedoch **nur den geistigen Inhalt der Presseerzeugnisse** und die davon ausgehenden Gefahren für die öffentliche Sicherheit[58]. Sie entfalten deshalb auch nur insoweit abschließende Wirkung (s. etwa § 1 V BWLPresseG). Beschränkungen, die den äußeren Rahmen der Pressetätigkeit betreffen, sind nach Polizeirecht zulässig, so zB ein Platzverweis, wenn Rettungsarbeiten durch die Tätigkeit von Pressevertretern behindert werden[59].

Auch Art. 14 GG und Art. 12 GG (jedenfalls bezüglich der Berufsausübung) können durch die Polizei- und Ordnungsgesetze grundsätzlich – vorbehaltlich Spezialregelungen – eingeschränkt werden. Begrenzungen für polizeiliche Eingriffe können sich jedoch auch hier aus der Güterabwägung im Einzelfall ergeben, die der Verhältnismäßigkeitsgrundsatz fordert und der durch verfassungskonforme Auslegung der Polizei- und Ordnungsgesetze Rechnung zu tragen ist.

---

55 Dh auf der Basis der allgemeinen Polizei- und Ordnungsgesetze nicht einschränkbar; s. dazu näher *Pieroth*, AfP 2006, 305 ff; *ders.*, in: Kegelmann, Polizei unter dem Grundgesetz, 2010, S. 55 ff.

56 *BVerwG*, NJW 2012, 2676 ff; *Schoch*, Jura 2013, 468, 476.

57 Vgl *VGH München*, NJW 1983, 1339; s. auch *OVG Frankfurt/Oder*, NJW 1997, 1387; *Gornig*, JuS 1999, 1167 ff mwN, *Würtenberger/Heckmann*, BW, Rn 303 mwN. Zulässig ist hingegen etwa die Sicherstellung von Fotografien, bei denen die Gefahr besteht, dass Journalisten sie unter rechtswidriger Gefährdung der Funktionfähigkeit der Polizei oder unter Verletzung des § 22 S. 1 KunstUrhG veröffentlichen werden, s. dazu BVerwG, NJW 2012, 2676 ff; *VGH Mannheim*, VBlBW 2001, 102 ff; DVBl 2010, 1569, 1571 sowie *Eckstein*, VBlBW 2001, 97 ff. Kritisch gegenüber der Heranziehung des KunstUrhG *Jarass*, JZ 1983, 280, 282 ff; *Pieroth*, AfP 2006, 304, 309.

58 Vgl *BVerwG*, NJW 2012, 2676, 2677; *Löffler*, Presserecht, 4. Aufl. 1997, § 1 LPG, Rn 193.

59 S. dazu *Degenhart*, in: Bonner Kommentar, GG, Art. 5 I u. II, Rn 502 ff; *Rasch*, DVBl 1987, 194, 198.

Beispiel: Der Inhaber eines Betriebs, der Emissionen verursacht, durfte auf Grund besonderer Zusagen darauf vertrauen, dass es in seiner Nachbarschaft keine Wohnbebauung geben wird. Später wird die Nachbarschaft doch mit Wohngebäuden bebaut, wodurch dieses Vertrauen enttäuscht wird. Aufgrund der Wohnbebauung wird der Betrieb untersagt. – Diese Untersagung ist zwar nicht schon eine Enteignung, wohl aber eine entschädigungspflichtige Sozialbindung des Eigentums.

Ähnlich verwehrt es Art. 14 GG dem Gesetzgeber, den Eigentümer einer Sache unter dem Gesichtspunkt der Zustandsverantwortlichkeit uneingeschränkt für außergewöhnliche, außerhalb seiner Risikosphäre liegenden Gefährdungen einstehen zu lassen, die von seinem Eigentum ausgehen (s. oben Rn 271 ff). Anderenfalls könnte das Eigentumsgrundrecht durch den einfachen Gesetzgeber stark relativiert werden.

348 Polizeiliches Handelns kann ferner durch Grundrechte, die nicht Freiheitsgrundrechte sind, begrenzt sein. Darauf kann hier nicht eingegangen werden. Größere Bedeutung hat insoweit nur das **Gleichheitsgrundrecht**, aus dem sich **bei Ermessensentscheidungen** der Polizei- und Ordnungsbehörden (s. oben Rn 97) deren **Selbstbindung** ergeben kann. Eine solche Selbstbindung verbietet es, im Einzelfall von einer bisher geübten rechtmäßigen Verwaltungspraxis abzuweichen.

Lösung der Ausgangsfälle (Rn 328 ff):

349 **Fall 1:** Die Erstreckung des Badeverbots auf den gesamten See verletzt den Grundsatz des geringsten Eingriffs (mildesten Mittels), der in den Polizei- und Ordnungsgesetzen (§ 2 I ME-PolG; § 5 I BWPolG[60]) meist ausdrücklich geregelt ist (dazu Rn 335). Dabei spielt es keine Rolle, ob es sich bei dem Badeverbot um einen Verwaltungsakt (Allgemeinverfügung) oder um eine Polizeiverordnung (dazu später Rn 616 ff) handelt.

350 **Fall 2: a)** In den meisten Polizei- und Ordnungsgesetzen ist das Angebot eines Austausch- bzw Ersatzmittels ausdrücklich geregelt (dazu näher Rn 336). Soweit hierbei – wie in § 3 II ME-PolG – keine Fristen normiert sind[61], innerhalb derer das Austauschmittel angeboten werden kann, muss dies jedenfalls spätestens bis zum Eintritt der Bestandskraft des Verwaltungsakts erfolgen[62]. Falls die Annahme des Angebots dazu führte, dass die Gefahrenbekämpfung verzögert würde, ist ein Anspruch auf Gestattung des Austauschmittels sogar schon früher ausgeschlossen. Da die Vernichtung der Pflanzen im vorliegenden Fall schneller zu bewerkstelligen ist als eine Umzäunung des Grundstücks, besteht ein Rechtsanspruch auf Gestattung des Austauschmittels. Nach Gestattung ist die ursprüngliche behördliche Verfügung zurückzunehmen; ihre weitere Aufrechterhaltung wäre rechtswidrig. Dasselbe gilt, wenn – wie in Baden-Württemberg – ein Rechtsanspruch auf Gestattung des Austauschmittels nicht ausdrücklich gesetzlich geregelt ist. Er ergibt sich dann unmittelbar aus dem Grundsatz des geringsten Eingriffs.

351 **b)** Nach Beseitigung der Gefahr hat A – unabhängig von der Bestandskraft des Verwaltungsakts – einen Anspruch darauf, dass die Verfügung aufgehoben wird, da dann für das auf Errichtung eines Zaunes gerichtete behördliche Verlangen keine sachliche Rechtfertigung mehr besteht.

---

60 Vgl Art. 4 I BayPAG; § 11 I BerlASOG; § 14 I BrandOBG; § 3 I BremPolG; § 4 II HambSOG; § 4 I HessSOG; § 15 I 1 MVSOG; § 4 I NdsSOG; § 15 I NWOBG; § 2 I RhPfPOG; § 2 I SaarlPolG; § 5 I SachsAnhSOG; § 3 II SächsPolG; § 73 III SchlHVwG; § 6 I ThürOBG.

61 Regelungen zu Fristen enthalten § 14 II 2 MVSOG; § 21 S. 3 NWOBG.

62 Vgl auch § 21 S. 3 NWOBG; § 4 IV 2.

c) A kann zunächst einen Antrag auf behördliche Aufhebung stellen. Nach Ablehnung dieses Antrags kann er ein Widerspruchsverfahrens nach Maßgabe des § 68 II VwGO durchführen. Wenn auch dies erfolglos bleibt, kann er seinen Anspruch mittels einer auf Rücknahme des Verwaltungsakts gerichteten Verpflichtungsklage durchsetzen.

352

Fall 3: Das Verbot der Versammlung kann nicht auf § 15 I VersG gestützt werden, weil sie nichtöffentlich ist. Ein Verbot kann auch nicht auf eine analoge Anwendung des § 15 I VersG (oder anderer Vorschriften des VersG) gestützt werden, weil dies gegen die Grundsätze des Vorbehalts und des Vorrangs des Gesetzes verstieße (Rn 343). Rechtsgrundlage für ein Verbot ist vielmehr die polizeirechtliche Generalklausel (§§ 1, 8 MEPolG; §§ 1, 3 BWPolG[63]). Dass Art. 8 GG in den meisten Polizei- und Ordnungsgesetzen nicht als einschränkbares Grundrecht genannt wird (s. § 7 MEPolG; § 4 BWPolG[64]), steht einem auf die Generalklausel gestützten Vorgehen nicht entgegen. Die Nichterwähnung des Art. 8 GG hat allerdings die Konsequenz, dass gegen eine nichtöffentliche Versammlung nur zum Schutz anderer in der Verfassung anerkannter Rechtsgüter (Rn 343), welche immanente Schranken des Art. 8 GG bilden, vorgegangen werden darf. Die öffentliche Ordnung, auf die das Verbot vorliegend gestützt wurde, bildet keine solche immanente Schranke (Rn 345). Das Verbot ist deswegen rechtswidrig.

353

§ 7 Spezialgesetzliche Befugnisse der Polizei- und Ordnungsbehörden zur Gefahrenabwehr außerhalb der allgemeinen Polizei- und Ordnungsgesetze

Ausgangsfälle:

Fall 1: Die NATO greift militärisch in dem ausländischen Staat S ein. Als dies bekannt wird, strömt eine größere Menschenmenge auf dem Marktplatz der Großstadt G zusammen, um dagegen zu demonstrieren. Die zuständige Behörde verbietet die Versammlung, weil die nach § 14 VersG erforderliche Anmeldung fehlt. Ist das Verbot rechtmäßig? **Rn 401**

354

Fall 2: Die Polizei durchsucht einen Bus und seine Insassen, die zu einer vorher angemeldeten Großdemonstration fahren, da die Polizei konkrete Anhaltspunkte dafür hat, dass sich in dem Bus gewalttätige Demonstranten befinden, die Schlagwerkzeuge mit sich führen. In der Tat werden Schlagwerkzeuge bei der Durchsuchung gefunden und sichergestellt. Der in dem Bus mitfahrende Demonstrationsteilnehmer D ist der Ansicht, das polizeiliche Vorgehen verstoße gegen die verfassungsrechtlich verankerte Versammlungsfreiheit sowie das Versammlungsgesetz. Wie ist die Rechtslage? **Rn 402**

355

---

63 Art. 2 I, 11 I BayPAG; §§ 1 I, 17 I BerlASOG; §§ 1 I, 13 I BrandOBG; §§ 1 I, 11 HessSOG; §§ 1, 13 MVSOG; §§ 1 I, 11 NdsSOG; §§ 1, 14 I NWOBG; §§ 1 I, 9 I I RhPfPOG; §§ 1 I, 13 SachsAnhSOG; §§ 1, 3 SächsPolG; §§ 2 I, 5 I ThürOBG. §§ 1, 10 I BremPolG sehen allerdings kein Eingreifen zur Abwehr von Gefahren für die öffentliche Ordnung vor.
64 Vgl § 66 BerlASOG; § 8 BrandPolG; § 43 BrandOBG; § 9 BremPolG; § 31 HambSOG; § 10 HessSOG; § 78 MVSOG; § 7 NWPolG; § 44 NWOBG; § 7 SaarlPolG; § 11 SachsAnhSOG; § 79 SächsPolG; § 227 SchlHVwG; § 11 ThürPAG; § 14 ThürOBG.

356 **Fall 3:** Der rechtsradikale Verein „Deutschland den Deutschen" ruft im Internet zu einer rechtsradikalen Demonstration in der Großstadt G auf. Kann der Oberbürgermeister der Stadt G als zuständige Ortspolizeibehörde die weitere Verbreitung der entsprechenden Webseite verbieten? **Rn 403**

357 **Fall 4:** Auf der Webseite des Unternehmers U mit Sitz in der Stadt S wird ein neuartiges Schlankheitsmittel angeboten, das eine drastische Gewichtsreduzierung innerhalb weniger Wochen ermöglichen soll. U bezeichnet das Mittel selbst als „Verkaufsschlager", kann aber keine wissenschaftlichen Nachweise für seine Wirksamkeit anführen.

Als in der Presse zunehmend von Fällen berichtet wird, in denen die Einnahme dieses Mittels zu schweren Gesundheitsschäden geführt haben soll, will die zuständige Ortspolizeibehörde die weitere Internetwerbung für dieses Produkt untersagen. Zu Recht?

Spielte es für die Rechtmäßigkeit der Untersagung eine Rolle, wenn sich später auf der Grundlage wissenschaftlicher Gutachten herausstellt, dass das Präparat tatsächlich wirksam ist? Kann gegenüber Zugangsanbietern angeordnet werden, dass die Webseite des U zu sperren ist? **Rn 404**

358 Eine Fülle von Gesetzen enthält spezielle Regelungen zur Gefahrenabwehr. Solche Regelungen finden sich zB im Straßenverkehrsrecht, wonach die Straßenverkehrsbehörden ua für die Zulassung von Personen und Fahrzeugen zum Straßenverkehr (§ 68 StVZO) sowie für die Regelung der Straßenbenutzung zuständig sind, während die Vollzugspolizei für Verkehrsregelungen (§ 44 II 1 StVO) zuständig ist und in diesem Rahmen Weisungen erteilen (§ 36 StVO) und Verkehrskontrollen (§ 36 V StVO) vornehmen kann[1]. Spezielle gesetzliche Vorschriften für Gefahrguttransporte beinhaltet das Gesetz über die Beförderung gefährlicher Güter (Gefahrgutbeförderungsgesetz – GGBefG)[2]. Regelungen zur Gefahrenabwehr finden sich darüber hinaus zB im Bauordnungsrecht, im Bodenschutzrecht, im Immissionsschutzrecht[3], im Gesundheitswesen, im Presserecht, im Versammlungsrecht[4] und im Ausländerrecht, obschon diese Materien nicht notwendigerweise ausschließlich polizei- und ordnungsrechtliche Zwecke verfolgen. **Für die Anwendung der polizeilichen Generalklausel ist kein Raum**, wenn und soweit die speziellen Normen eine abschließende Regelung enthalten. Es gilt der Grundsatz „lex specialis derogat legi generali". Deshalb können zB Maßnahmen, die der AIDS-Bekämpfung dienen, nicht auf landespolizeigesetzliche Regelungen, sondern nur auf die §§ 24 ff IfSG gestützt werden[5]. Teilweise führen spezielle Normen dazu, dass **bestimmte polizeiliche Maßnahmen unzulässig** sind. So hat zB bei der Warnung vor gefährlichen Produkten nach § 8 IV GPSG die Warnung des Herstellers Vorrang vor polizeilichen Maßnahmen. Aus diesem Grund ist es im Regelfall unzulässig, dass die Behörde selbst eine Warnung ausspricht (dazu näher Rn 653). Zuweilen bereitet die Bestimmung der Reichweite von Spezialregelungen

---

1 *Gusy*, Rn 156 ff.
2 Zur Gefahrenabwehr bei Gefahrguttransporten s. näher *Grupp*, FS Schenke, 2011, S. 377 ff.
3 Zum abschließenden Charakter des BImSchG vgl *VGH Mannheim*, NVwZ 1998, 764, 765.
4 Zum abschließenden Charakter des VersG bei öffentlichen Versammlungen s. *VGH Mannheim*, NVwZ 1998, 761, 763 u. näher oben Rn 343.
5 Eingehender hierzu *Schenke*, DVBl 1988, 165 ff.

und ihres Verhältnisses insbesondere zu polizeirechtlichen Generalermächtigungen allerdings erhebliche Schwierigkeiten[6].

Dogmatisch orientieren sich die spezialgesetzlichen Vorschriften iÜ ohnehin meist an den Konstellationen und Kategorien, die aus dem allgemeinen Polizei- und Ordnungsrecht bekannt sind[7]. Sie beruhen häufig auf vergleichbaren gefahrenabwehrrechtlichen bzw letztlich allgemein rechtsstaatlichen Grundsätzen, so zB hinsichtlich der Verhältnismäßigkeit der Maßnahme und der Störerauswahl. Insoweit kann sowohl bei der Auslegung der spezialgesetzlichen Vorschriften als auch bei der Schließung von Lücken auf die allgemeinen polizeirechtlichen Grundsätze zurückgegriffen werden. Im Folgenden wird exemplarisch das Versammlungsrecht behandelt (dazu I.).

In vielen Fällen regeln die Spezialgesetze die Gefahrenabwehrmaßnahmen nicht abschließend, sodass sich eine schwierige, klausurrelevante **Mischung aus der Anwendung solcher Spezialgesetze und der polizeilichen Generalklausel** ergibt. Einen aktuellen Anwendungsfall stellt die Gefahrenabwehr im Internet dar (dazu unten II.). **359**

I. Das Versammlungsrecht

Die **Veranstaltung öffentlicher Versammlungen und Aufzüge** ist im **Versammlungsgesetz (VersG)** näher geregelt[8]. Das Gesetz zur Änderung des Grundgesetzes v. 28.8.2006 (BGBl. I S. 2034 – sog. „Föderalismusreform") hat die Gesetzgebungskompetenz für das Versammlungsrecht zwar auf die Länder übertragen. Das VersG des Bundes gilt jedoch bis zum Erlass landesgesetzlicher Regelung gem. Art. 125a I GG als Bundesrecht fort. **360**

Von der Möglichkeit, ein neues Versammlungsgesetz zu erlassen, haben bisher Bayern[9], Niedersachsen[10], Sachsen[11] und Sachsen-Anhalt[12] Gebrauch gemacht[13]. Diese Gesetze lehnen sich an das

---

6 S. hierzu iVm der nuklearen Nachsorge zB *Hollenbach*, NVwZ 2008, 1065 ff.

7 § 8 IV 2 Nr 5 GPSG orientiert sich zB erkennbar an dem Gefahrerforschungseingriff, der im allgemeinen Polizei- und Ordnungsrecht entwickelt wurde, s. auch *Klindt*, ProdSG, 2001, § 7, Rn 19 (zum früheren § 7 II Nr 2 ProdSG). Dies schließt allerdings nicht aus, dass zB die spezialgesetzlichen Regelungen der Verantwortlichkeit von den allgemeinen polizei- und ordnungsrechtlichen Lösungen abweichen. S. zB zum BBodSchG oben Rn 263, 274, 278.

8 Ausführlich zu den zahlreichen Problemen, die sich in diesem Zusammenhang stellen, insbesondere *Battis/Grigoleit*, NVwZ 2001, 121 ff; *v. Coelln*, NVwZ 2001, 1234 ff; *Enders*, Jura 2003, 103 ff; *ders.*, SächsVBl. 2012, 166 ff; *Gröpl*, Jura 2002, 18 ff; *Höfling/Krohne*, JA 2012, 734 ff; *Hoffmann-Riem*, NVwZ 2002, 257 ff; *Hong*, NJW 2009, 1458 ff; *Kniesel*, NJW 2000, 2857 ff; *Kniesel/Poscher*, NJW 2004, 422 ff; *Kötter/Nolte*, DÖV 2009, 399 ff; *Laubinger/Repkewitz*, VerwArch Bd. 92 (2001), 585 ff u Bd. 93 (2002), 149 ff; *Meßmann*, JuS 2007, 524 ff; *A. Roth*, VBlBW 2003, 41 ff; *Rühl*, NVwZ 2003, 531 ff; *Schenke*, FS Riedel, 2013, 473 ff; *Schörnig*, NVwZ 2001, 1246 ff; *Tölle*, NVwZ 2001, 153 ff; *K. Weber*, SächsVBl 2002, 25 ff; *Wiefelspütz*, DÖV 2001, 21 ff; *BVerfG*, NJW 2001, 2459 ff.

9 BayVersG vom 22.7.2009, GVBl. 321, zuletzt geändert am 1.6.2010, GVBl. 190.

10 NdsVersG vom 7.10.2010, GVBl. 465, 532.

11 SächsVersG vom 20.1.2010, GVBl. 3, wegen formeller Mängel aber durch die Entscheidung des SächsVerfGH vom 19.4.2011 (NVwZ 2011, 936 ff) für nichtig erklärt (zusätzliche materiellrechtliche Bedenken bei *Poscher/Rusteberg*, SächsVBl. 2011, 172 f). S. nunmehr aber das G vom 25.1.2012 (GVBl. S. 54).

12 SachsAnhVersG vom 3.12.2009, GVBl. 558.

13 Die Versammlung bei und auf historisch bedeutsamen Grabstätten regelt das brandenburgische Grabstättenversammlungsgesetz vom 30.10.2006 (GVBl I S 114).

VersG an, enthalten aber auch weiterreichende Vorschriften. Besonders weitreichende Verpflichtungen, die das BayVersG ursprünglich enthielt, wurden vom *BVerfG*[14] im Wege einer einstweiligen Anordnung gem. § 32 BVerfGG tlw vorläufig außer Kraft gesetzt bzw modifiziert. Den Bedenken des *BVerfG* hat der bayerische Gesetzgeber inzwischen durch Gesetz vom 1.6.2010 (GVBl. 190) Rechnung getragen. So dürfen zB nach dem neuen Art. 9 I 1 BayVersG Bild- und Tonaufnahmen von Teilnehmern nur offen und nur dann angefertigt werden, wenn tatsächliche Anhaltspunkte die Annahme rechtfertigen, dass von ihnen erhebliche Gefahren für die öffentliche Sicherheit oder Ordnung ausgehen.

Der folgenden Darstellung wird das VersG zu Grunde gelegt, da es in den meisten Bundesländern noch gilt und auch in naher Zukunft jedenfalls grundsätzlich noch gelten dürfte. Außerdem wurde das Grundrecht der Versammlungsfreiheit (Art. 8 GG[15]) in Verbindung mit dem VersG insbesondere durch die bundesverfassungsgerichtliche Rechtsprechung näher konkretisiert.

Das VersG unterscheidet zwischen verschiedenen Formen einer Versammlung. Die §§ 5 ff VersG betreffen Versammlungen in geschlossenen Räumen, die §§ 14 ff VersG Versammlungen und Aufzüge unter freiem Himmel. Ein Aufzug ist eine sich fortbewegende Versammlung und damit ein Sonderfall einer Versammlung unter freiem Himmel. Nur für Versammlungen unter freiem Himmel gilt der Gesetzesvorbehalt des Art. 8 II GG.

361 Eine **Versammlung**[16] ist die Zusammenkunft von mindestens zwei Personen[17] zur gemeinschaftlichen, auf die Teilhabe an der öffentlichen Meinungsbildung gerichteten Erörterung oder Kundgabe[18, 19]. Nicht erforderlich ist, dass die Versammlung geplant oder organisatorisch vorbereitet ist (s. zu den sog. Spontanversammlungen unten

---

14 *BVerfG*, NVwZ 2009, 441 ff.

15 Dieses Grundrecht kann nicht nur natürlichen Personen zukommen, sondern auch (selbst nicht rechtsfähigen) Vereinigungen, die Versammlungen veranstalten können, s. dazu *BVerfG*, NVwZ 2009, 441.

16 Zum Begriff der Versammlung ebenso eingehend *Laubinger/Repkewitz*, VerwArch. Bd. 92 (2001), 585, 593 ff; ebenso die Legaldefinition des § 2 NdsVersG.

17 So zB auch Art. 2 I BayVersG; *Kniesel*, NJW 2000, 2857; *VGH Kassel*, NJW 2013, 555; *VGH Mannheim*, ESVGH 57, 197; offen *Laubinger/Repkewitz*, VerwArch. Bd. 92 (2001), 585, 615. **AA** – nicht überzeugend – *BVerfG*, NJW 1987, 3245, wonach bereits eine Einzelmahnwache eine Versammlung sein soll. Die Anwendbarkeit des Art. 8 GG und des VersG lässt sich insoweit aber dann rechtfertigen, wenn der Betreffende andere Personen zur Teilnahme an der Mahnwache bewegen will, was auch konkludent geschehen kann.

18 *BVerfG*, NJW 2001, 2459, 2460; NJW 2002, 1031, 1032. Gegenstand einer Versammlung können nicht nur öffentliche, sondern auch private Angelegenheiten sein, wenn das Interesse der Öffentlichkeit auf diese gerichtet werden soll. Nicht überzeugend ist es, wenn *Kniesel*, NJW 2000, 2857 („Mehrheit von Personen, die für eine gewisse Zeit zu einem gemeinsamen Zweck zusammengekommen ist") und *Höfling/Krohne*, JA 2012, 734, 736 auf das Merkmal der Erörterung bzw Kundgabe ganz verzichten wollenl (ähnlich aber auch *Kniesel/Poscher*, in: L/D, K, Rn 48 f). Dann müsste zB auch eine Theateraufführung oder ein Konzert als Versammlung angesehen werden (dagegen zu Recht *VGH Mannheim*, NVwZ-RR 1995, 271).

19 Nicht unter den Schutz des Art. 8 GG fallen Blockadeaktionen, die der zwangsweisen oder sonstwie selbsthilfeähnlichen Durchsetzung eigener Forderungen dienen, so zB die Sperrung eines Autobahngrenzübergangs mittels auf der Fahrbahn abgestellter Fahrzeuge, um die Einreise in ein anderes Land zu erzwingen (*BVerfG*, NJW 2002, 1031, 1032; **aA** *Kniesel/Poscher*, NJW 2004, 422, 423). Einen Grundrechtsschutz von Sitzblockaden auf Straßen durch Art. 8 GG bejaht *BVerfGE* 73, 206, 248 f. Nicht unter den Schutzbereich des Art. 8 fällt hingegen das Blockieren von Gleisen, die im Eigentum der Bahn stehen und auf denen ein Aufenthalt nicht gestattet ist (*OVG Lüneburg*, NVwZ-RR 2004, 575).

Rn 368). Eine Versammlung iSd Art. 8 GG und des VersG verlangt den **gemeinsam verfolgten Zweck der Teilhabe an der öffentlichen Meinungsbildung**[20]. Dies unterscheidet sie von einer bloßen (unorganisierten) Ansammlung[21] (s. § 113 OWiG) sowie von einer organisierten, aber nicht der öffentlichen Meinungsbildung dienenden Veranstaltung[22] wie zB einem Konzert[23]. Unter den Versammlungsbegriff können auch sog. **Flashmobs** fallen, bei denen sich eine Gruppe von Personen mittels modernen Kommunikationsmittel und sozialer Netzwerke zu einer gemeinsamen, für Außenstehende oft überraschenden Aktion verbindet, die so plötzlich beginnt, wie sie wieder endet[24]. Voraussetzung hierfür ist aber, dass diese Aktionen auf die öffentliche Meinungsbildung Einfluss nehmen wollen, wie das bei den sog. **Smartmobs** der Fall ist, die auf politische Missstände aufmerksam machen wollen. Auf verbale Kommunikation kommt es nicht an („Gesicht zeigen" auf Gegendemonstration durch bloße Anwesenheit)[25]. Auch eine öffentliche Versammlung, bei der gewaltfrei und ohne Begehung von Straftaten für eine friedliche, zeitlich nur unerheblich andauernde Blockade einer anderen zulässigen Versammlung (zB von Rechtsextremisten) trainiert wird, kann als Beitrag zur öffentlichen Meinungsbildung von Art. 8 GG geschützt sein[26]. Nicht auf den Schutz des Art. 8 GG berufen, können sich hingegen „angemietete" Demonstranten, die sich aus rein pekuniären Gründen versammeln, um für eine zur Schau gestellte fremde Meinung entlohnt zu werden. Solche Demonstrationen sind nicht mehr vom Schutzzweck des Art. 8 GG und des VersG gedeckt[27].

Der gemeinsam verfolgte Zweck der Teilhabe an der öffentlichen Meinungsbildung **fehlt regelmäßig** vor allem **bei unterhaltenden und kommerziellen Veranstaltungen**[28]. Eine Sportveranstaltung[29] oder ein Konzert sind deswegen in der Re-

---

20 Zum verfassungsrechtlichen Versammlungsbegriff s. *BVerfG*, NVwZ 2005, 80; *Jarass*, in: Jarass/Pieroth, GG, Art. 8, Rn 3 mwN; *Höfling/Krohne*, JA 2012, 734, 736 f sowie *Schenke*, FS Riedel, 2013, S. 473 ff. Der Versammlungsbegriff des VersG ist in Anlehnung an den verfassungsrechtlichen Versammlungsbegriff zu deuten, s. dazu *BVerfGE* 69, 315, 343; *BVerfG*, DVBl 2001, 901; NJW 2001, 2459, 2460. Ein zentrales Argument dafür ist, dass Versammlungen vor anderen Veranstaltungen bevorzugt werden (indem zB die Anmeldung sonstige Genehmigungen oder Erlaubnisse der allgemeinen Rechtsordnung ersetzt, s. unten Rn 383) und Rechte Dritter (Anwohner, Gewerbetreibende, Verkehrsteilnehmer) in stärkerem Umfang zurücktreten müssen. Es ist gerechtfertigt, diesen verfassungsrechtlich geforderten Schutz nicht einfachrechtlich auf andere Veranstaltungen auszudehnen, s. *BVerfG*, NJW 2001, 2459, 2460.
21 Zum Vorgehen der Polizei gegen störende Ansammlungen *Deger*, VBlBW 2004, 96 ff.
22 Zur Gefahrenabwehr in Verbindung mit Großveranstaltungen s. *Henkel*, DVBl 2012, 1393 ff.
23 Zu Eingriffsbefugnissen bei solchen Veranstaltungen s. näher *Trurnit*, Jura 2012, 365 ff; zu einem auf die Generalklausel gestützten Verbot einer solchen Versammlung s. Rn 50.
24 S. hierzu näher *Höfling/Krohne*, JA 2012, 734, 736 f.
25 *BVerfG*, NVwZ 2011, 422; zustimmend *Muckel*, JA 2011, 555.
26 *OVG Münster*, NVwZ-RR 2013, 38 mit zustimmender Anmerkung von *Hufen*, JuS 2013, 575 ff; krit. *Schwabe/Knape*, DVBl 2013, 116 ff. Verboten werden kann aber auf jeden Fall eine „Blockupy-Versammlung" mit mehrstündiger Belagerung von Verkehrswegen und Gebäuden (*VGH Kassel*, NVwZ-RR 2012, 805; *Schoch*, JK 3/13, VersG § 15 I/7), bei der es iÜ bereits am Vorliegen einer Versammlung iS des Art. 8 GG fehlen dürfte.
27 *Höfling/Krohne*, JA 2012, 734, 737.
28 *Jarass*, in: Jarass/Pieroth, GG, Art. 8, Rn 3 mwN. Solche Veranstaltungen können aber unter den Schutz anderer Grundrechte wie des Art. 12 GG, uU auch des Art. 5 III GG fallen; bei fehlender Einschlägigkeit spezieller Freiheitsgrundrechte ist jedenfalls Art. 2 I GG heranzuziehen.
29 Zu Aufgaben und Befugnissen der Polizei bei Sportgroßveranstaltungen s. *Nolte*, NVwZ 2001, 147 ff.

gel[30] keine Versammlung. Entsprechendes gilt für Musik- und Tanzveranstaltungen wie die frühere **Love-Parade**[31], bei denen zumindest der Schwerpunkt auf Unterhaltung liegt[32] sowie für Facebook-Partys[33]. Keine Versammlung bilden ferner Personen, die ausschließlich **eine Versammlung anderer Personen verhindern** möchten[34]. **Unfriedliche Versammlungen** schützt Art. 8 GG ebenso wenig. Unfriedlich ist eine Versammlung aber erst dann, wenn Handlungen von einiger Gefährlichkeit durch aggressive Ausschreitungen gegen Personen oder Sachen oder sonstige Gewalttätigkeiten stattfinden[35]. Zulässig sind selbstverständlich (friedliche)[36] **Gegenversammlungen**, mit welchen – idR gleichzeitig – gegen die Ziele demonstriert wird, die in einer anderen Versammlung verfolgt werden[37]. Nach der allerdings problematischen Auffassung des *BVerfG*[38] soll sogar eine Versammlung auf privaten Grundstücken, welche öffentlich zugänglich sind und sich im Eigentum der öffentlichen Hand befinden, durch Art. 8 GG geschützt werden. Ein Schutz durch die Versammlungsfreiheit muss aber jedenfalls dann ausscheiden, wenn die öffentlich zugänglichen Räumen (wie zB Einkaufszentren) im Eigentum von Privaten stehen, die ihrerseits den Schutz des Art. 14 GG genießen und mit der Nutzung ihres Eigentums zur Durchführung einer Versammlung nicht einverstanden sind[39]. Kurzfristige **Sitzblockaden** auf öffentlichen Straßen mit symbolhaftem Charakter, die auf die öffentliche Meinungsbildung Einfluss zu nehmen suchen, sind noch durch das Grundrecht der Versammlungsfreiheit geschützt, auch wenn sich hieraus Einschränkungen des Verkehrs und der widmungsmäßigen Nutzung von öffentlichen Straßen ergeben[40]. Werden Sitzblockaden jedoch über einen längeren Zeitraum in einer Weise durchgeführt, die andere Verkehrsteilnehmer in erheblicher Weise an der widmungsmäßigen Nutzung der Straße hindert und wurde den Versammlungsteilnehmern auch keine

---

30 Ausnahmen sind möglich. So kann zB ein Konzert rechtsextremistischer Bands eine Versammlung sein, wenn es typischerweise nicht nur dem Musikkonsum und der Unterhaltung dient, sondern auch der Rekrutierung neuer Anhänger und deren ideologischen Festigung (*VGH Mannheim*, VBlBW 2010, 468; *Führung*, NVwZ 2001, 157 ff). Wenn sich im Einzelfall nicht feststellen lässt, dass die nicht auf die Meinungsbildung zielenden Modalitäten der Veranstaltung überwiegen, ist das Konzert wie eine Versammlung zu behandeln (*VGH Mannheim*, VBlBW 2010, 468 unter Berufung auf BVerwGE 129, 42).
31 *BVerfG*, NJW 2001, 2459, 2460; ebenso *Deger*, NJW 1997, 923 ff; *Geis*, Rn 843; *Gröpl*, Jura 2002, 18, 19 f; *Laubinger/Repkewitz*, VerwArch. Bd. 92 (2001), 585 ff; **aA** *Deutelmoser*, NVwZ 1999, 240, 242; *Kniesel*, NJW 2000, 2857 f; *Kniesel/Poscher*, NJW 2004, 422, 423; *Wiefelspütz*, DÖV 2001, 21 ff, die für den Versammlungsbegriff des Grundgesetzes auf das Moment der Meinungskundgabe verzichten.
32 Zu den diesbezüglichen Abgrenzungsfragen *BVerfG*, NJW 2001, 2459, 2461.
33 Dazu *Levin/Schwarz*, DVBl 2012, 10, 11 ff, die auch allgemein auf die Möglichkeit eines polizeilichen Vorgehens gegen Facebook-Partys eingehen, durch die Gefahren verursacht werden.
34 *BVerfGE* 84, 203, 209 f.
35 *BVerfG*, NVwZ 2005, 80; dazu *Kment*, JA 2005, 492 ff.
36 S. hierzu *Schwabe*, NordÖR 2009, 199 ff und dazu kritisch *Krüger*, NordÖR 2009, 201 ff.
37 *BVerfG*, NVwZ 2011, 422.
38 *BVerfG*, NJW 2011, 1201, 1205; ebenso *VGH München*, NVwZ-RR 2012, 66; **aA** *Schenke*, FS Riedel, 2013, S. 473, 489 ff.
39 Näher *Schenke*, FS Riedel, S. 473, 491 ff; *Höfling/Krohne*, JA 2012, 734, 739 f; **aA** *H. Wendt*, NVwZ 2012, 606.
40 *Schenke*, FS Riedel, 2013, S. 473, 494 mwN; **aA** *Depenheuer*, in: Maunz/Dürig, GG, Art. 8, Rn 66, der eine Einbeziehung von Sitzblockaden in den Schutzbereich des Art. 8 GG generell ablehnt.

Sondernutzungserlaubnis erteilt, sind solche Sitzblockaden entgegen der hM nicht mehr durch Art. 8 GG gedeckt[41].

Öffentlich ist eine Versammlung, zu der jeder, dh nicht nur ein (namentlich oder in sonstiger Weise) individualisierter Personenkreis, zugelassen wird[42]. Dass die Teilnahme an bestimmte Bedingungen geknüpft wird, ist ohne Bedeutung. Das Merkmal der Öffentlichkeit entfällt nicht schon allein deshalb, weil für die Teilnahme an der Versammlung Eintrittskarten ausgegeben und Eintrittsgelder erhoben werden[43]. **Auf nichtöffentliche Versammlungen**, wie zB eine Versammlung, zu welcher nur die Mitglieder einer bestimmten politischen Partei Zutritt haben[44], **findet das VersG grundsätzlich keine Anwendung**. Allerdings enthält es einzelne Vorschriften, die auch für nichtöffentliche Versammlungen gelten[45]. Davon abgesehen, ist für nichtöffentliche Versammlungen das **allgemeine Polizei- und Ordnungsrecht** einschlägig (vgl Rn 343; s. auch Rn 319)[46].

362

Als **versammlungsrechtliche Maßnahmen** kommen ein Verbot oder eine Auflösung der Versammlung, der Ausschluss einzelner Teilnehmer sowie Auflagen in Betracht. Unter **Verbot** versteht man die Untersagung einer konkret geplanten Versammlung mit dem Ziel, ihre Durchführung zu verhindern. Es ist bis zum Beginn der Versammlung möglich, auch noch in der sog. Ansammlungsphase, dh bis zur Eröffnung der Versammlung durch den Leiter bzw bis zum Beginn der Diskussion oder Rede[47]. Nach dem Beginn kommen nur noch eine **Auflösung**[48] sowie ein **Ausschluss einzelner Teilnehmer** (Rn 376) in Betracht. Auflösung bzw Ausschluss können mit einem **Platzverweis** (Rn 132 ff) verbunden werden, wenn sich die Teilnehmer nicht entfernen. Zum Begriff der Auflage s. unten Rn 373.

363

---

41 Näher *Schenke*, FS Riedel, 2013, 473, 494 mwN; **aA** aber die hM, vgl zB *BVerfGE* 73, 206, 248; 87, 399, 406; 104, 92 (104); *Jarass*, in: Jarass/Pieroth, GG, Art. 8, Rn 8. Der insoweit bestehende Meinungsstreit hat aber einiges von seiner Brisanz verloren, nachdem *BVerfG*, NJW 2011, 3020 nunmehr ausdrücklich die verfassungsrechtliche Unbedenklichkeit der „Zweite-Reihe-Rechtsprechung" des *BGH* (*BGHSt* 41, 182; *BGH*, NJW 1994, 2862) anerkannt hat. Nach ihr kommt dort, wo durch die Teilnehmer einer Sitzblockade ein Fahrzeug an der Weiterfahrt gehindert wird und dieses damit die Straße für nachfolgende Fahrzeuge blockiert, der Tatbestand einer Nötigung gem. § 240 StGB in mittelbarer Täterschaft in Betracht. Auch das BVerfG konzediert iÜ immerhin, dass Blockadeaktion zur selbsthilfeähnlichen Durchsetzung eigener Forderungen uU aus dem Schutzbereich des Art. 8 GG herausfallen können (*BVerfG*, NJW 2002, 1031, 1032 f: Blockade einer Autobahn mit PKW, Wohnmobilen und Bussen; s. hierzu aber die – mE nicht überzeugende – Kritik von *Rusteberg*, NJW 2011, 2999, 3001).
42 *BVerwG*, NVwZ 1999, 991.
43 *VGH Mannheim*, NVwZ 1998, 761, 763.
44 *BayObLG*, DÖV 1995, 337.
45 So das Uniformverbot der §§ 3 I, 28 VersG und die Strafvorschrift des § 21 VersG.
46 *BVerwG*, NVwZ 1999, 991, 992; *VGH Mannheim*, NVwZ 1998, 761, 764; vgl auch *v. Coelln*, NVwZ 2001, 1234 ff; *Deger*, NVwZ 1999, 265 ff; *Schoch*, JuS 1994, 479, 482; *Würtenberger/Heckmann*, BW, Rn 293; *OVG Lüneburg*, NVwZ 1988, 638; *VGH Mannheim*, NVwZ-RR 1990, 602, 603; *VG Frankfurt*, NVwZ 1998, 770, 771; **aA** *Dietel/Gintzel/Kniesel*, Demonstrations- und Versammlungsfreiheit, 16. Aufl. 2011, § 1, Rn 221 ff; *Gröpl*, Jura 2002, 18, 21, die für eine analoge Anwendung des VersG plädieren.
47 *Dietel/Gintzel/Kniesel*, Demonstrations- und Versammlungsfreiheit, 16. Aufl. 2011, § 15, Rn 14; *Köhler/Dürig-Friedl*, Demonstrations- und Versammlungsrecht, 4. Aufl. 2001, § 5 VersG, Rn 2.
48 Zur Bedeutung der Auflösung s. Rn 375 (im Zusammenhang mit Versammlungen unter freiem Himmel).

364 Die **polizeirechtliche Verantwortlichkeit** ist im Versammlungsrecht nicht ausdrücklich geregelt. Sie folgt allgemeinen polizeirechtlichen Grundsätzen (vgl Rn 228). Das Verbot einer Versammlung sowie Auflagen gegen die Veranstalter bzw Teilnehmer einer Versammlung setzen also grundsätzlich voraus, dass die Betroffenen Störer sind[49]. Dass an Großdemonstrationen häufig einzelne gewalttätige Demonstranten teilnehmen, rechtfertigt grundsätzlich nur ein Vorgehen gegenüber diesen störenden Personen, nicht hingegen ein Verbot oder eine Auflösung der iÜ friedlichen Versammlung (vgl hierzu oben Rn 230). Erst recht werden Veranstalter bzw Teilnehmer einer rechtmäßigen Versammlung grundsätzlich nicht dadurch zu Störern, dass Dritte gewalttätig gegen die Veranstaltung vorgehen (dazu näher Rn 246). Die Veranstalter bzw Teilnehmer der rechtmäßigen Versammlung können in diesem Fall nur ausnahmsweise – bei Vorliegen der Voraussetzungen des polizeilichen Notstands[50] – in Anspruch genommen werden (dazu Rn 312 ff). Der Veranstalter der Versammlung kann in diesem Fall grundsätzlich auch nicht unter dem Gesichtspunkt der Zweckveranlassung als Störer qualifiziert werden[51] (s. auch Rn 246). Denkbar ist es aber, in besonders gelagerten Fällen dem Veranstalter als Nichtstörer die Versammlung zu verbieten, wenn der Polizei ausreichende Kräfte zur Bekämpfung der Gefahr fehlen und ihre Kräfte auch nicht in vertretbarer Weise durch Amts- und Vollzugshilfe externer Personen hinreichend verstärkt werden können[52].

365 Aus Gründen der Verhältnismäßigkeit sind bereits die versammlungsrechtlichen Begriffe „Veranstalter" und „Teilnehmer" im Lichte des Art. 8 GG[53] und unter Berücksichtigung der Grundsätze der polizeirechtlichen Verantwortlichkeit auszulegen. **Veranstalter** ist derjenige, der die Versammlung organisatorisch vorbereitet, plant oder zu ihr einlädt und so bewirkt, dass sie stattfindet. Veranstalter können nicht nur natürliche und juristische Personen, sondern – in Übereinstimmung mit Art. 19 III GG – **auch nichtrechtsfähige Personenvereinigungen** sein, sofern sie eine festgefügte Struktur haben und auf eine gewisse Dauer angelegt sind (*BVerfG*, NVwZ 2009, 441). Auch wer öffentlich (insbesondere durch Presse, Rundfunk und Fernsehen oder über das Internet) **zu einer Versammlung aufruft**, ist nach der Rechtsprechung (Mit-)Veranstalter, selbst wenn noch andere Gruppen teilnehmen oder sich eine Großveranstaltung entwickelt, die seiner Kontrolle entgleitet[54]. Dies entspricht den allgemeinen Grundsätzen

---

49 Zu einem ausnahmsweise zulässigen Verbot einer rechtmäßigen Versammlung *VGH Mannheim*, VBlBW 1993, 343 f.

50 Dazu *BVerfG*, NVwZ 2006, 1049; NVwZ-RR 2007, 641; *Brenneisen*, DÖV 2000, 275, 279 f; s. auch *Enders*, Jura 2003, 103, 108.

51 *Laubinger/Repkewitz*, VerwArch. Bd. 93 (2002), 149, 173 ff mit eingeh. Nachw und *Enders*, Jura 2003, 103, 108 machen hier zu Recht schwerwiegende Bedenken gegen die Heranziehung der Rechtsfigur des Zweckveranlassers geltend. *BVerfG*, NVwZ 2000, 1406 f lässt die Frage dagegen offen. S. zur Problematik ferner *K. Weber*, SächsVBl. 2002, 25, 36; *Tölle*, NVwZ 2001, 153, 155; *BVerwG*, NVwZ 1999, 991, 993.

52 *BVerfG*, NJW 2001, 2069; NJW 2001, 1411, 1412; NVwZ 2006, 1049; *Hoffmann-Riem*, NVwZ 2002, 257, 264.

53 Allg. zur Auslegung von Grundrechtsbeschränkungen nach Art. 8 II GG „im Lichte der grundlegenden Bedeutung des Art. 8 I GG" s. *BVerfGE* 69, 315, 348 f; *Jarass*, in: Jarass/Pieroth, GG, Art. 8, Rn 19.

54 *BGH*, NStZ 1984, 28; s. auch *Köhler/Dürig-Friedl*, Demonstrations- und Versammlungsrecht, 4. Aufl. 2001, § 1 VersG, Rn 9.

der polizeilichen Verantwortlichkeit als Störer, die ja weder eine alleinige Verursachung verlangt noch voraussetzt, dass der Betreffende die zeitlich letzte Ursache gesetzt hat (s. oben Rn 243). **Teilnehmer** ist jeder, der durch seine (uU auch passive) Teilhabe Anteil am Gegenstand der Versammlung nimmt[55]. Eine Anwesenheit von kurzer Dauer genügt. Nur bei Versammlungen in geschlossenen Räumen kann der Veranstalter den Teilnehmerkreis beschränken, s. § 6 I VersG. Auch Vertreter der Presse sind Teilnehmer, die der Veranstalter allerdings gem. § 6 II VersG auch bei Versammlungen in geschlossenen Räumen nicht von der Teilnahme ausschließen darf. Insoweit räumt das VersG dem Grundrecht der Pressefreiheit (Art. 5 I 2 GG) Vorrang ein.

1. Öffentliche Versammlungen in geschlossenen Räumen

Versammlungen in geschlossenen Räumen[56] sind **nicht anmeldepflichtig**. Ein **Verbot** lässt § 5 VersG insoweit **nur unter sehr eingeschränkten Voraussetzungen** zu, da die Versammlungsfreiheit keinem Gesetzesvorbehalt unterliegt und nur immanente Schranken aufweist. So kann ein Verbot dann ausgesprochen werden, wenn der Veranstalter eine verbotene Partei oder Vereinigung ist (§ 5 I Nr 1 VersG), wenn der Veranstalter oder Leiter der Versammlung Teilnehmern mit Waffen oder gefährlichen Gegenständen iSd § 2 III VersG Zutritt gewährt (§ 5 I Nr 2 VersG), wenn Tatsachen festgestellt sind, aus denen sich ergibt, dass der Veranstalter oder sein Anhang einen gewalttätigen oder aufrührerischen Verlauf der Versammlung anstreben (§ 5 Nr 3 VersG) bzw Ansichten vertreten oder Äußerungen dulden werden, die ein Verbrechen oder ein von Amts wegen zu verfolgendes Vergehen zum Gegenstand haben (§ 5 Nr 4 VersG)[57]. Ein Verbot zum Schutze der öffentlichen Ordnung konnte der Gesetzgeber schon aus verfassungsrechtlichen Gründen nicht normieren.

§ 12a VersG gestattet der Polizei, **Bild- und Tonaufnahmen von Teilnehmern** bei oder im Zusammenhang mit öffentlichen Versammlungen in geschlossenen Räumen anzufertigen, wenn tatsächliche Anhaltspunkte die Annahme rechtfertigen, dass von ihnen erhebliche Gefahren für die öffentliche Sicherheit ausgehen. Eine Anfertigung von Bild- und Tonaufnahmen zum Schutz lediglich der öffentlichen Ordnung verbietet sich – obschon durch den Wortlaut des § 12a I VersG gedeckt – aus verfassungsrechtlichen Gründen, weil dadurch in das Grundrecht der Versammlungsfreiheit eingegriffen wird, das insoweit nur verfassungsimmanente Schranken aufweist[58]. Zu diesen verfassungsimmanenten Schranken gehört die öffentliche Ordnung nicht[59] (näher Rn 345).

366

367

---

55 *BayObLG*, NJW 1979, 1985; *Köhler/Dürig-Friedl*, Demonstrations- und Versammlungsrecht, 4. Aufl. 2001, § 1 VersG, Rn 10.

56 Nach hM kommt es bei der Definition des Begriffs „Versammlung in geschlossenen Räumen" entgegen dem Wortlaut nicht auf die Überdachung an, sondern darauf, dass der Raum nach allen Seiten umschlossen und nur durch bestimmte Eingänge zugänglich ist, s. *Jarass*, in: Jarass/Pieroth, GG, Art. 8, Rn 17 mwN.

57 Voraussetzung ist, dass solche Äußerungen mit hoher Wahrscheinlichkeit zu erwarten sind, s. *BVerfGE* 90, 241; *OVG Weimar*, NVwZ-RR 1998, 497.

58 Vgl *BVerwG*, NVwZ 1998, 403, 404; zu einem möglichen Eingriff in Art. 8 GG s. auch *BVerfGE* 65, 1 (43).

59 Zum selben Ergebnis kommt man insoweit, wenn man § 12a VersG im Wege verfassungskonformer Auslegung nur in den Fällen des § 13 VersG anwendet (so etwa *Deger*, NVwZ 1999, 265, 267 mwN).

2. Öffentliche Versammlungen unter freiem Himmel

a) Anmeldung einer Versammlung

368 Versammlungen unter freiem Himmel sind gem. § 14 VersG anzumelden. Probleme ergeben sich insoweit bei sog. **Spontan- oder Eilversammlungen**[60]. **Spontanversammlungen** sind solche Versammlungen, die sich aus einem momentanen Anlass heraus ungeplant und **ohne Veranstalter** entwickeln. **Eilversammlungen** sind zwar geplant und haben einen **Veranstalter**, können aber ihren Zweck nur dann (voll) erfüllen, wenn sie **zeitnah durchgeführt werden**. Bei diesen Versammlungen kann das Erfordernis des § 14 I VersG, die geplante Versammlung spätestens 48 Stunden vor der Bekanntgabe der zuständigen Behörde anzumelden, nicht eingehalten werden. Es wäre jedoch verfassungswidrig, § 14 I VersG auf Spontan- und Eilversammlungen zu erstrecken, da die Versammlungsfreiheit gem. Art. 8 I GG grundsätzlich ohne Anmeldung ausgeübt werden darf und die Einschränkungen durch Gesetz, die Art. 8 II GG für Versammlungen unter freiem Himmel zulässt, das Grundrecht nicht in seinem Wesensgehalt antasten dürfen (Art. 19 II GG; vgl dazu Rn 344).

369 Bei **Spontanversammlungen** lässt sich dieses Problem dadurch lösen, dass sich § 14 VersG schon nach seinem **Wortlaut** („zu veranstalten") nicht auf Spontanversammlungen bezieht, da jene überhaupt **keinen Veranstalter** haben. § 14 VersG ist daher zumindest verfassungskonform so zu interpretieren, dass er kein (konkludentes) Verbot von Spontanversammlungen beinhaltet.

370 Bei **Eilversammlungen**, die einen Veranstalter haben, scheitert eine entsprechende verfassungskonforme Auslegung bereits am Wortlaut. Sie liefe der Sache nach auf eine **Teilnichtigkeit** der Vorschrift hinaus. Es überzeugt deswegen nicht, wenn das *BVerfG*[61] zwar die 48-Stunden-Frist entfallen lassen will, aber stattdessen eine Anmeldung fordert, sobald die Möglichkeit dazu besteht. Das *BVerfG* ersetzt dadurch ein (teil-)nichtiges Tatbestandsmerkmal durch ein anderes Tatbestandsmerkmal. Dies ist aber dem Gesetzgeber vorbehalten. Noch problematischer ist es, dass nach Auffassung des *BVerfG* die Nichtbeachtung des für Eilversammlungen richterrechtlich korrigierten § 14 VersG zu einer Strafbarkeit gem. § 26 Nr 2 VersG führt. Dies verstößt, wie das Minderheitsvotum[62] zu Recht moniert, gegen Art. 103 II GG.

371 Zum Teil wird vertreten, dass zwar auch bei Eilversammlungen grundsätzlich die 48-Stunden-Frist eingehalten werden müsse, bei Nichteinhaltung der Frist die Versammlung aber selbst bei drohenden Gefahren nach § 15 II VersG nicht verboten werden könne und eine Strafbarkeit gem. § 26 Nr 2 VersG ausscheide[63]. Begründet wird dies damit, dass ja eine – wenn auch nicht fristgemäße – Anmeldung vorliege. Diese Auffassung überzeugt nicht. Sie trägt dem systema-

---

60 S. hierzu zB *Frowein*, NJW 1985, 2376 ff; *Geis*, NVwZ 1992, 1025 ff; *Kniesel*, NJW 1992, 857 ff; *Ossenbühl*, Der Staat Bd. 10 (1971), 53 ff und *BVerfG*, JZ 1986, 27 ff m. Anm. *Schenke*; *BVerfG*, NJW 1992, 890 f.

61 *BVerfGE* 69, 315, 349 f; **krit** dazu *Jarass*, in: Jarass/Pieroth, GG, Art. 8, Rn 22; *Höfling*, in: Sachs, GG, 5. Aufl. 2009, Art. 8, Rn 58.

62 *BVerfGE* 85, 69, 77 f (abweichende Meinung *Seibert/Henschel*); **krit** auch *Geis*, NVwZ 1992, 1025, 1030.

63 *BGHSt* 23, 46, 60; **krit**. hierzu auch *Pieroth/Schlink/Kniesel*, § 21, Rn 5a.

tischen Zusammenhang zwischen § 14 VersG und den §§ 15 II, 26 Nr 2 VersG nicht ausreichend Rechnung. Konsequenterweise müsste sie die versammlungspolizeilichen Befugnisse gem. § 15 II VersG über den Bereich der Eilversammlungen hinaus bedenklich einschränken. Zudem verhielte sich nach dieser Auffassung derjenige, der das Fristerfordernis des § 14 VersG bei einer Eilversammlung nicht beachtet, jedenfalls formell rechtswidrig. Selbst wenn dies ohne Sanktionen bleiben soll, ist schon die Bejahung der Rechtswidrigkeit nicht mit Art. 8 GG vereinbar.

Nicht haltbar ist auch die verschiedentlich vertretene Ansicht, die §§ 14 ff VersG seien auf **Groß- 372 demonstrationen** nicht anwendbar. Das *BVerfG*[64] hat demgegenüber mit Recht eingewandt, dass gerade hier eine Anmeldung besonders wichtig ist. Ohne eine solche Anmeldung könne die Polizei nicht die organisatorischen Vorkehrungen treffen, die im Zusammenhang mit der Versammlung erforderlich sind. Eine möglichst frühzeitige **Kooperation** zwischen Veranstalter und Polizei liegt hier nicht zuletzt im Interesse der Veranstalter und der Versammlungsteilnehmer, weil dadurch die Eingriffsschwellen gem. § 15 VersG heraufgesetzt werden können[65]. Allein die mangelnde Kooperationsbereitschaft eines Veranstalters rechtfertigt aber noch keine versammlungspolizeilichen Maßnahmen[66]. Wenn es die zuständige Polizeibehörde ihrerseits an Kooperationsbereitschaft fehlen lässt, so erhöhen sich die Anforderungen an versammlungseinschränkende Maßnahmen[67].

b) Versammlungsverbot und Auflagen

Nach § 15 I VersG kann die zuständige Behörde Versammlungen verbieten oder von **373** bestimmten Auflagen abhängig machen[68], deren Durchführung nach den Umständen, die zur Zeit des Erlasses der Verfügung erkennbar sind, die öffentliche Sicherheit oder Ordnung unmittelbar gefährdet[69]. Der Begriff der Auflage ist dabei **nicht in einem rechtstechnischen Sinn** als Nebenbestimmung eines Verwaltungsakts (s. § 36 II Nr 4 VwVfG; s. dazu näher Rn 379) **zu verstehen**. Er umfasst vielmehr alle Anordnungen, die der Abwehr von Gefahren dienen, die sich im Zusammenhang mit einer Versammlung ergeben, und die die Versammlung noch nicht verbieten. Darunter fallen mithin alle Anordnungen, die regeln, wie die Versammlung durchzuführen ist[70]. Ein Verbot der Versammlung ist grundsätzlich unzulässig, wenn Gefahren bereits durch Auflagen

---

64 *BVerfGE* 69, 315, 354 f m. Anm. *Schenke*, JZ 1986, 35.

65 *BVerfGE* 69, 315, 355 ff; *BVerfG*, NJW 2001, 2078, 2079; *Muckel*, S. 222; *Schultze-Fielitz*, in: Dreier, GG, 2. Aufl. 2004, Art. 8, Rn 97; *Jarass*, in: Jarass/Pieroth, GG, Art. 8, Rn 23.

66 *BVerfG*, NVwZ 2002, 982; *Hoffmann-Riem*, NVwZ 2002, 257, 263; *Kniesel/Poscher*, NJW 2004, 422, 424.

67 *Kniesel/Poscher*, NJW 2004, 422, 424; *BVerfG*, NJW 2001, 1407, 1408; *OVG Weimar*, ThürVBl. 2003, 53 ff.

68 Zur Frage, ob eine Änderung von Zeit und Ort einer Versammlung noch im Wege einer Auflage möglich ist, s. *Schörnig*, NVwZ 2001, 1246 ff.

69 ZB wenn die Versammlung volksverhetzende oder ausländerfeindliche Ziele verfolgt, vgl *VGH Mannheim*, VBlBW 1994, 200 ff, oder wenn die (wöchentliche) Versammlung vor dem Wohnhaus eines ehemaligen Strafgefangenen diesen durch Zermürbung zur Aufgabe des von ihm gewählten Wohnsitzes zwingen soll, vgl *OVG Magdeburg*, NJW 2012, 2535.

70 ZB Anordnungen, die die Mitführung von Fahnen (*BVerfG*, NVwZ 2002, 983) oder die Organisation der Versammlung betreffen. Nicht verlangt werden kann hingegen, dass die auftretenden Redner und Gruppen angegeben oder gar Redetexte vorgelegt werden müssen, da dies auf eine nach Art. 5 I 3 GG unzulässige Zensur hinausliefe (*Kniesel/Poscher*, NJW 2004, 422, 426; *Wege*, NVwZ 2005, 900, 901; **aA** *OVG Bautzen*, SächsVBl. 2002, 216, 217). Die gesetzlich vorgesehene Erhebung von Gebühren für die Erteilung von Auflagen verstößt nicht gegen Art. 8 GG, s. dazu *OVG Koblenz*, NVwZ 2007, 236.

wirksam bekämpft werden können[71]. Auflagen sind nämlich im Verhältnis zum Verbot weniger beeinträchtigende Maßnahmen, weil sie nur das „Wie" der Versammlung betreffen. Zu beachten ist allerdings, dass Auflagen im Einzelfall die Versammlungsfreiheit so schwerwiegend beeinträchtigen können, dass sie wertungsmäßig weitgehend einem Verbot gleichzusetzen sind und deswegen ähnlichen rechtlichen Anforderungen genügen müssen. Dies gilt namentlich dann, wenn die Auflagen den spezifischen Charakter der Versammlung so verändern, dass die Verwirklichung des besonderen kommunikativen Anliegens wesentlich erschwert wird[72]. Bei Auflagen, die den Zeitpunkt[73] und den Ort der Versammlung betreffen, kommt es auf deren Bedeutung für die Versammlung an. Je höher ihre Bedeutung ist (zB wegen ihrer Symbolkraft), um so schwerer wiegt der Eingriff und umso stärker nähert er sich den Auswirkungen eines Versammlungsverbots, weswegen der Eingriff unter dem Gesichtspunkt der Verhältnismäßigkeit besonderer Gründe zu seiner Rechtfertigung bedarf[74].

Maßnahmen nach § 15 I VersG setzen neben einer besonderen zeitlichen Nähe auch eine besonders hohe Wahrscheinlichkeit des Schadenseintrittes voraus[75] (Rn 78). Das *BVerfG* war früher der Ansicht, ein Versammlungsverbot lasse sich nicht allein auf eine Gefährdung der öffentlichen Ordnung stützen, vielmehr kämen dann nur Auflagen in Betracht[76]. Nach seiner heutigen Rechtsprechung soll dagegen ein Verbot ausnahmsweise (als Ultima Ratio) zulässig sein, wenn die öffentliche Ordnung nicht nur durch Inhalt und Form der Meinungsäußerungen auf der Versammlung, sondern darüber hinaus durch die Art und Weise der Durchführung der Versammlung beeinträchtigt werde. Ein Verbot sei insbesondere möglich, wenn sich die Versammlungsteilnehmer einschüchternd verhielten und dadurch ein Klima der Gewaltdemonstration und potenzieller Gewaltbereitschaft erzeugten[77]. Der Wortlaut des § 15 I VersG und dessen systematischer Zusammenhang mit § 15 III VersG bieten in der Tat keine Anhaltspunkte dafür, dass ein Verbot einer Versammlung zum Schutz der öffentlichen Ord-

---

71 Zur Zulässigkeit eines an den Leiter einer öffentlichen Versammlung gerichteten Gebots, für die Einhaltung des gesetzlichen Verbots des Mitführens von Vermummungsgegenständen zu sorgen, s. *VGH Mannheim*, VBlBW 2012, 473.

72 *BVerfG*, NJW 2007, 2167; s. auch *Schörnig*, NVwZ 2001, 1246 ff und *Roth*, VBlBW 2003, 41, 45.

73 ZB wenn die Versammlung ihr Ziel, auf politische Entscheidungen Einfluss zu nehmen, nur erreichen kann, wenn sie zeitnah durchgeführt wird.

74 S. hierzu *Hoffmann-Riem*, NVwZ 2002, 257, 261; *ders.*, NJW 2004, 2777, 2781; *BVerfG*, NJW 2001, 1409 sowie NJW 2007, 2167. Schwerwiegend beeinträchtigt wird die Versammlungsfreiheit auch durch einen sog. „Wanderkessel", bei dem Polizeikräfte die Versammlungsteilnehmer einkesseln (dazu *van der Schroot*, Jura 2009, 382, 387 ff). Darin kann bei längerer Dauer sogar eine Freiheitsentziehung liegen (s. Rn 142).

75 Vgl *BVerfG*, NJW 2000, 3051; *Tölle*, NVwZ 2001, 153, 155. Soweit ein Mitführen von Gegenständen (zB von Flüssigkeiten, die als Brandsatz geeignet sind) bereits einen Straftatbestand erfüllt (s. § 27 I 2 VersG), liegt bereits eine Störung vor (*OLG Rostock*, NVwZ 2008, 240).

76 *BVerfGE* 69, 315, 352; *BVerfG*, JZ 2001, 651, 652; DVBl 2004, 235, 237; *Beljin*, DVBl 2002, 15 f; *Sachs*, JuS 2004, 243 f; *Sander*, NVwZ 2002, 831 ff; s. auch *Gröpl*, Jura 2002, 18, 24; *Sachs*, JuS 2001, 1117. *Enders*, JZ 2001, 652 ff hält eine Einschränkung der Versammlungsfreiheit unter dem Gesichtspunkt der öffentlichen Ordnung für generell unzulässig. *Battis/Grigoleit*, NVwZ 2001, 121, 125, 128; *dies.*, NJW 2001, 2051 ff; *Laubinger/Repkewitz*, VerwArch. Bd. 93 (2002), 149, 165 ff und *OVG Münster*, NJW 2001, 2111; NJW 2001, 2986, 2987 halten dagegen eine Einschränkung der Versammlungsfreiheit unter dem Gesichtspunkt der öffentlichen Ordnung für prinzipiell zulässig.

77 *BVerfG*, NJW 2004, 2814, 2815; *Schoch*, Jura 2006, 27, 28 f.

234

nung grundsätzlich unzulässig sein soll. Diese frühere Auffassung dürfte in dieser Allgemeinheit auch verfassungsrechtlich nicht zu rechtfertigen sein. Ein Verbot einer Versammlung, das mit der Gefährdung der öffentlichen Ordnung begründet wird, wird sich jedoch im Hinblick auf den Verhältnismäßigkeitsgrundsatz nur selten rechtfertigen lassen[78].

Ohnehin lassen sich Einschränkungen der Versammlungsfreiheit unter dem Gesichtspunkt der öffentlichen Ordnung nicht allein damit legitimieren, dass bei einer Versammlung Auffassungen kundgetan werden, die mit herrschenden politischen Anschauungen nicht vereinbar sind. Schon nach Art. 5 II GG sind Maßnahmen ausgeschlossen, die sich gegen eine bestimmte Meinung als solche richten. Dies muss erst recht für die qualifizierte Form der Meinungsäußerung auf Versammlungen gelten, die Art. 8 GG besonders schützt[79]. Ebenso wenig können versammlungspolizeiliche Maßnahmen unter dem Gesichtspunkt der öffentlichen Ordnung damit begründet werden, dass eine Versammlung mit der grundgesetzlichen Wertordnung nicht vereinbar ist (s. auch Rn 63)[80], denn die Wertvorstellungen des Verfassungsgebers lassen sich nicht automatisch mit den ethischen Wertvorstellungen gleichsetzen, welche die öffentliche Ordnung konstituieren[81]. Selbst wenn man dies anders sähe, wäre es primär die Aufgabe des Gesetzgebers, die rechtlichen Konsequenzen eines Verstoßes gegen verfassungsgesetzlich anerkannte Werte zu spezifizieren[82]. Auf keinen Fall lassen sich versammlungspolizeiliche Maßnahmen nach § 15 VersG allein darauf stützen, dass eine politische Partei, die die Versammlung veranstaltet, verfassungswidrige Ziele verfolgt, solange das *BVerfG* deren Verfassungswidrigkeit nicht gem. Art. 21 II 2 GG iVm §§ 43 ff BVerfGG festgestellt hat[83].

Soweit eine Versammlung nicht verboten werden darf, sind auch andere Maßnahmen unzulässig, die faktisch dieselben Auswirkungen haben wie ein Verbot. Es ist deswegen zB untersagt, die Entscheidung über das Verbot einer Versammlung solange hinauszuzögern, dass ein gerichtlicher Eilrechtsschutz gegen das dann tatsächlich ausge-

---

78 So auch *Laubinger/Repkewitz*, VerwArch. Bd. 93 (2002), 149, 165, die zu Recht betonen, dass die Prüfung der Verhältnismäßigkeit nicht ohne Not in das Tatbestandsmerkmal „öffentliche Ordnung" hineininterpretiert werden sollte.

79 Im Ergebnis auch *BVerfG*, NJW 2001, 2069, 2070; DVBl 2004, 235, 237; *Hoffmann-Riem*, NVwZ 2002, 257, 260, die aber unnötigerweise von einer Idealkonkurrenz zwischen Art. 5 I GG und Art. 8 GG ausgehen. Tatsächlich liegt Gesetzeskonkurrenz vor. Dass der Schutz des Art. 8 GG inhaltlich über Art. 5 I GG hinausreicht, steht nicht entgegen (**aA** *Kahl*, JuS 2004, 894, 898 f mwN; wie hier *Kniesel/Poscher*, NJW 2004, 422, 424).

80 So aber *Battis/Grigoleit*, NVwZ 2001, 121 ff und *OVG Münster*, NJW 2001, 2111; NJW 2001, 2114; **aA** – wie hier – *BVerfG*, NJW 2001, 2069; NJW 2001, 2072; NJW 2001, 2075. Die Kontroverse zwischen *BVerfG* und *OVG Münster* wurde allerdings später durch § 130 IV StGB entschärft, dessen drohende Verletzung ein Versammlungsverbot gem. § 15 I VersG wegen unmittelbarer Gefährdung der öffentlichen Sicherheit rechtfertigt (s. *BVerfG*, NJW 2010, 47 ff und dazu *Holzner*, DVBl 2010, 48 ff).

81 Dazu näher *Jestaedt*, Jura 2006, 127, 128; *Rühl*, NVwZ 2003, 531 ff; s. auch *A. Roth*, VBlBW 2003, 41, 43.

82 Zulässig ist ein Verbot hingegen, wenn eine Versammlung durch die Wahl eines besonders symbolträchtigen Datums provozieren soll (*BVerfG*, NJW 2001, 1409, 1410 – Tag der Befreiung von Auschwitz). Die zeitliche Nähe zu einem solchen Datum soll dagegen nicht ausreichen (*BVerfG*, NVwZ 2006, 586), ebenso wenig ein Aufmarsch an einem historisch belasteten Ort (*BVerfG*, NJW 2001, 2069, 2071; dazu *A. Roth*, VBlBW 2003, 41, 43 f).

83 S. auch *Hoffmann-Riem*, NVwZ 2002, 257, 260.

sprochene Verbot praktisch nicht mehr möglich ist. Ebenso wenig dürfen die Teilnehmer einer geplanten Versammlung durch polizeiliche Maßnahmen (zB durch exzessive Identitätsfeststellungen und Durchsuchungen, s. unten Rn 377 ff) bewusst solange aufgehalten werden, dass die Versammlung nicht mehr zu dem vorgesehenen Zeitpunkt stattfinden kann (s. dazu näher *Hoffmann-Riem*, NJW 2004, 2777, 2781).

Nach § 15 II VersG dürfen Versammlungen an Orten, die als Gedenkstätten von historisch herausragender, überregionaler Bedeutung an die Opfer der nationalsozialistischen Gewalt- und Willkürherrschaft erinnern, unter bestimmten Voraussetzungen verboten oder von bestimmten Auflagen abhängig gemacht werden[84].

c) Auflösung einer Versammlung

374 Eine Versammlung kann nach ihrem Beginn gem. **§ 15 III VersG** aufgelöst werden, wenn sie nicht angemeldet ist, wenn von den Angaben der Anmeldung abgewichen oder den Auflagen zuwidergehandelt wird oder wenn die Voraussetzungen für ein Verbot nach § 15 I oder II VersG gegeben sind. § 15 IV VersG enthält die Verpflichtung, verbotene Veranstaltungen aufzulösen. Die Entscheidung nach § 15 III VersG ist eine **Ermessensentscheidung**, in die vor allem auch die verfassungsrechtlichen Erwägungen einzufließen haben. Der bloße Verstoß gegen das Anmeldeerfordernis rechtfertigt deswegen nicht ohne weiteres eine Auflösung. Eine nur damit begründete Auflösung ist in der Regel ermessensfehlerhaft. Erforderlich ist vielmehr, dass tatsächlich Gefahren drohen[85]. Dem steht nicht entgegen, dass sich der Veranstalter schon allein wegen der fehlenden Anmeldung nach § 26 Nr 2 VersG strafbar macht.

375 Die **Auflösung** ist ein gestaltender Verwaltungsakt, der darauf gerichtet ist, die **Versammlung zu beenden**[86]. Wer als Veranstalter oder Leiter eine rechtmäßig aufgelöste öffentliche Versammlung fortsetzt, macht sich nach § 26 Nr 1 VersG strafbar[87]. Die Auflösung verpflichtet die Versammlungsteilnehmer kraft Gesetzes, sich sofort zu entfernen (§§ 18 I, 13 II VersG). Ein Teilnehmer, der sich nicht entfernt, begeht eine Ordnungswidrigkeit gem. § 29 I Nr 2 VersG. Wenn sich Teilnehmer nicht entfernen, kann gegen sie zwar nicht aus der Auflösungsverfügung vollstreckt werden, die als gestaltender Verwaltungsakt naturgemäß nicht vollstreckt werden kann[88]. Wohl aber können gegen solche Teilnehmer **vollstreckbare Platzverweise** (Rn 132) ausgespro-

---

84 **Krit.** gegenüber dieser Regelung *Enders/Lange*, JZ 2006, 105 ff; *Leist*, NVwZ 2005, 500 ff; s. ferner *Poscher*, NJW 2005, 1316 ff; *Scheidler*, BayVBl. 2005, 453 ff; *Schoch*, Jura 2006, 27 ff.

85 S. auch *BVerfGE* 69, 315, 351; *Jarass*, in: Jarass/Pieroth, GG, Art. 8, Rn 22 mwN. Wenn sich allerdings nicht ausschließen lässt, dass Gefahren drohen, trägt der Veranstalter insoweit die „Beweislast".

86 Zu den Folgen der Auflösung näher *Zeitler*, Versammlungsrecht, 1994, Rn 555 ff. Die verschiedentlich vertretene Ansicht (so zB *Gröpl*, Jura 2002, 18, 23), eine Versammlung dauere nur bis zu ihrer (rechtmäßigen) Auflösung, ist zumindest missverständlich. Solange sich nämlich die Teilnehmer trotz Auflösung noch nicht zerstreut haben, liegt begrifflich nach wie vor eine Versammlung iSd Art. 8 GG vor – nur greift hier der besondere Schutz des VersG gegenüber polizeilichen Maßnahmen nicht mehr.

87 So die verfassungskonforme Auslegung durch *BVerfG*, DVBl 1993, 150. Wenn man dem *BVerfG* nicht folgte, müsste man jedenfalls eine Anfechtung der Auflösung zulassen, welche die Sanktionen entfallen ließe (vgl Rn 582).

88 Ganz hM; **aA** aber *Gusy*, Rn 429.

chen werden[89], um die mit der Auflösung kraft Gesetzes gekoppelte Pflicht durchzusetzen, sich zu entfernen. Wenn sich die Teilnehmer zwar vom Versammlungsort entfernen, sich aber nicht zerstreuen, sondern beisammen bleiben, so kann gegen sie eine auf die polizeiliche Generalklausel gestützte vollstreckbare Verfügung ergehen, die sie zum Auseinandergehen verpflichtet. Vor der Auflösung sind weder ein auf die Generalklausel gestütztes Gebot, sich zu zerstreuen, noch ein Platzverweis[90] oder eine Ingewahrsamnahme[91] zulässig, da die Teilnehmer insofern noch von ihrem Versammlungsrecht Gebrauch machen können. Die Vorschriften des VersG entfalten bis zur Auflösung als leges speciales Sperrwirkung bezüglich solcher Maßnahmen, die sich auf das allgemeine Polizei- und Ordnungsrecht stützen und gegen die Versammlung als solche richten (s. auch Rn 377 ff). In einem Platzverweis kann grundsätzlich keine konkludente Auflösung einer Versammlung gesehen werden, da die Auflösung den Teilnehmern den Schutz des Art. 8 GG nimmt, so dass ihre Wirkungen weit über einen Platzverweis hinausreichen. Eine Auflösung muss vielmehr eindeutig und unmissverständlich ausgesprochen werden[92].

d) Maßnahmen unterhalb der Schwelle eines Verbots oder einer Auflösung

Unterhalb der Schwelle eines Verbots bzw einer Auflösung können **Beschränkungen** **376**
des Versammlungsrechts bei öffentlichen Versammlungen unter freiem Himmel auf jeden Fall nicht nur auf eine unmittelbare Gefährdung der öffentlichen Sicherheit, sondern auch auf eine unmittelbare Gefährdung der öffentlichen Ordnung gestützt werden[93]. Aus diesem Grunde sind hier – anders als bei Versammlungen in geschlossenen Räumen – bei erheblichen Gefahren für die öffentliche Ordnung (s. §§ 19a, 12a VersG) Bild- und Tonaufnahmen nicht ausgeschlossen[94]. Soweit die Gefahren durch **mildere Mittel** als ein Verbot oder eine Auflösung bekämpft werden können, sind nur diese milderen Mittel (s. dazu Rn 377) zulässig. Eine Pflicht des Versammlungsleiters die Personalien der eingesetzten Ordner in einer Liste zu erfassen, und diese auf Anforderung der Polizei vorzulegen, kann nur dann als Auflage festgesetzt werden, wenn eine unmittelbare Gefahr besteht (*VGH Mannheim*, VBlBW. 2012, 61 ff).

---

89 Vgl *Neuner*, Zulässigkeit und Grenzen polizeilicher Verweisungsmaßnahmen, 2003, S. 148 ff.
90 *BVerfG*, NVwZ 2005, 80, 81; *BVerwG*, NVwZ 1988, 250; *OVG Bremen*, NVwZ 1987, 235, 236; *VG Hamburg*, NVwZ 1987, 829, 831 (dazu *J. Hofmann*, NVwZ 1987, 769 ff); *VGH Mannheim*, VBlBW 1986, 299, 304.
91 *BVerfG*, NVwZ 2005, 80, 81; *Kniesel/Poscher*, NJW 2004, 422, 429 zur Einkesselung von Demonstranten.
92 *BVerfG*, NVwZ 2005, 80; *Würtenberger/Heckmann*, BW, Rn 288 und *OVG Bremen*, DÖV 1987, 253. Die Auflösung kann auch nicht konkludent, etwa durch die Bildung einer Polizeikette, die Aufstellung von Absperrgittern oder den Einsatz polizeilicher Schlagwerkzeuge, verfügt werden (*OVG Berlin*, NVwZ-RR 2003, 896).
93 *BVerfG*, NJW 2001, 1409, 1410: Zeitliche Verschiebung einer Versammlung der NPD, die zunächst am Jahrestag der Befreiung des Konzentrationslagers Auschwitz geplant war. Zu den besonderen Problemen bei neonazistischen Demonstrationen s. *Battis/Grigoleit*, NVwZ 2001, 121, 125 ff.
94 Ein militärischer Befehl, friedliche Teilnehmer einer Mahnwache auch außerhalb des Kasernengeländes zur Gefahrenabwehr und zur Dokumentation möglicher Straftaten zu fotografieren, ist unzulässig, *BVerwG*, NVwZ 1998, 403 ff.

3. Verhältnis des VersG zum allgemeinen Polizeirecht

377 Maßnahmen, die sich (zumindest faktisch) gegen eine öffentliche Versammlung als solche richten bzw **versammlungsspezifische Gefahren** bekämpfen, sind **grundsätzlich nur unter den Voraussetzungen des VersG zulässig.** Das VersG beinhaltet jedenfalls insoweit leges speciales gegenüber den Vorschriften des allgemeinen Polizei- und Ordnungsrechts, als es bei öffentlichen Versammlungen ausdrücklich zu bestimmten Gefahrenabwehrmaßnahmen ermächtigt, zB zu **Bild- und Tonaufnahmen** von Versammlungsteilnehmern (§§ 12a, 19a VersG), zur Auflösung oder zum Verbot von Versammlungen (§§ 5, 13, 15 VersG) sowie zu Anordnungen, die der Durchführung eines Versammlungsverbots oder eines Verbots der Mitführung von Schutzwaffen dienen (§ 17a IV VersG). Zulässig sind auch Maßnahmen, die im Verhältnis zu den ausdrücklich geregelten Maßnahmen ein **Minus darstellen.** Deswegen darf eine Versammlung zB räumlich[95], personell oder zeitlich beschränkt (s. auch § 13 I 2 VersG) oder ihre Durchführung sonst geregelt werden. Der **Ausschluss eines Teilnehmers** von einer bereits begonnenen Versammlung stellt ebenfalls eine Maßnahme dar, die im Verhältnis zur Auflösung weniger belastend ist. Ein solcher Ausschluss kann daher bei öffentlichen Versammlungen in geschlossenen Räumen auf § 13 II VersG („andere polizeiliche Maßnahmen"), bei öffentlichen Versammlungen unter freiem Himmel auf § 15 I („Auflage") gestützt werden. §§ 17a IV 2, 18 III und 19 IV VersG sehen einen Ausschluss bei öffentlichen Versammlungen außerdem vor, wenn Personen Anordnungen gem. § 17a I, II VersG zuwiderhandeln oder die Ordnung der Versammlung gröblich stören[96]. Ein solcher Ausschluss, der – wie eine Auflösung – zur Beendigung des versammlungsrechtlichen Schutzes des Teilnehmers führt, muss aber eindeutig und unmissverständlich formuliert sein. Nur wenn dies der Fall ist, kommt anschließend ein Platzverweis in Frage[97].

378 Schwieriger gestaltet sich die Bestimmung des Verhältnisses zwischen VersG und allgemeinen polizeirechtlichen Vorschriften[98] in Bezug auf solche **Maßnahmen, die im VersG jedenfalls nicht ausdrücklich vorgesehen sind,** solange noch keine Auflösung bzw kein Ausschuss von der Versammlung stattgefunden hat. Solche Maßnahmen können zB eine **Razzia** bei einer öffentlichen Versammlung rechtsextremistischer Kreise in geschlossenen Räumen, eine **polizeiliche Durchsuchung** der Teilnehmer oder eine Sicherstellung von Sachen sein, die die Teilnehmer mitführen. Zum Teil wird die Auffassung vertreten, allein das VersG enthalte insoweit bereits eine ausreichende Rechtsgrundlage[99]. Diese Ansicht findet aber weder im Wortlaut des § 13 I 2 VersG noch im Wortlaut des § 15 VersG eine ausreichende Stütze. Polizeiliche Standardmaßnahmen der angesprochenen Art stellen im Verhältnis zu den

---

95 Zur Versammlungsfreiheit gehört auch die Wahl des Orts, an dem die Versammlung durchgeführt werden soll, s. dazu *Battis/Grigoleit*, NVwZ 2001, 121, 129; *Wiefelspütz*, DÖV 2001, 21, 22 ff.
96 *BVerfG*, NVwZ 2005, 80; *Frenz*, JA 2007, 334, 335.
97 *BVerfG*, NVwZ 2005, 80, 81; *Kment*, JA 2005, 492, 493.
98 Zum Verhältnis von Versammlungsrecht und Polizeirecht allgemein *Frenz*, JA 2007, 334 ff; *Kötter/ Nolte*, DÖV 2009, 399 ff.
99 So zB *Deger*, NVwZ 1999, 265, 266; *Kötter/Nolte*, DÖV 2009, 399, 404; *Krüger*, Versammlungsrecht, 1994, S. 108 und *VGH Mannheim*, NVwZ 1998, 761, 763.

§§ 5, 12a, 13 oder 15, 19a VersG auch kein Minus dar[100], weil sie andere Grundrechtseingriffe beinhalten als die versammlungsrechtlich geregelten polizeilichen Befugnisse, die nur auf eine Einschränkung der Versammlungsfreiheit gerichtet sind. Maßnahmen der genannten Art können deshalb auch nicht allein auf die Befugnis zur
Anordnung von Auflagen gem. § 15 VersG gestützt werden[101]. Maßnahmen der genannten Art generell allein auf versammlungsrechtliche Ermächtigungsnormen zu
stützen, erweckte zudem Bedenken im Hinblick auf das verfassungsrechtliche
Bestimmtheitsgebot. Dies gilt insbesondere für Eingriffe in das informationelle
Selbstbestimmungsrecht. Wenn solche Eingriffe nur auf die §§ 13, 15 VersG gestützt
würden, genügte dies dem vom *BVerfG* postulierten Erfordernis einer bereichsspezifischen Ermächtigung nicht.

Allerdings enthalten § 13 I 2 VersG und § 15 VersG wichtige Hinweise darauf, dass **379**
das VersG polizeiliche Maßnahmen, die nicht auf das VersG, sondern auf das allgemeine Polizei- und Ordnungsrecht gestützt werden, nicht ausschließen will. Sonst ergäben sich entweder empfindliche Lücken bei der Bekämpfung von Gefahren[102], oder
die Gefahrenabwehrbehörden müssten häufig „überreagieren", weil ihnen bei einer
Beschränkung auf die Befugnisse des VersG Handlungsalternativen fehlten.

§ 15 I VersG ermöglicht es, die Durchführung öffentlicher **Versammlungen unter
freiem Himmel** von **Auflagen** abhängig zu machen. Das *BVerwG*[103] versteht den Begriff der „Auflagen" in dieser Vorschrift zu recht so, dass damit **auf Ermächtigungsgrundlagen außerhalb des VersG verwiesen wird.** Von diesen Ermächtigungsgrundlagen darf aber wegen § 15 I, III VersG nur dann Gebrauch gemacht werden,
wenn die öffentliche Sicherheit oder Ordnung unmittelbar gefährdet ist. Auf diese
Weise wird zugleich den verfassungsrechtlichen Anforderungen des Zitiergebots
(s. § 20 VersG u. Rn 343) Rechnung getragen[104]. Die polizeilichen Handlungsbefugnisse, die dadurch eröffnet werden, sind vor allem iVm sog. **Vorfeldmaßnahmen**[105]
von Bedeutung, dh Maßnahmen, die im Vorfeld einer Versammlung erfolgen und zB
die Anreise oder sonstige Vorbereitungsmaßnahmen betreffen. So können zB Meldeauflagen auf § 15 VersG und die polizeiliche Generalermächtigung gestützt werden, um eine Teilnahme an einer Versammlung (auch im Ausland) zu verhindern[106].

---

100 Ebenso *Dolderer*, VBlBW 2003, 222, 223; **aA** *Deger*, NVwZ 1999, 265, 266 mwN.
101 **AA** *Kötter/Nolte*, DÖV 2009, 399, 404.
102 S. auch *Butzer*, VerwArch. Bd. 93 (2002), 506, 532 ff.
103 *BVerwGE* 64, 55, 57 f; ähnlich *Brenneisen*, DÖV 2000, 275, 277; *Butzer*, VerwArch. Bd. 93 (2002),
     506, 532 ff; *Dolderer*, VBlBW 2003, 222, 223; *Enders*, Jura 2003, 34, 40; *Gröpl*, Jura 2002, 18, 24;
     Neumann, Jura 2013, 139, 144; *Wuttke*, S. 142 ff; **krit.** *Kötter/Nolte*, DÖV 2009, 399, 404.
104 **AA** *Trurnit*, NVwZ 2012, 1079, 1081 mwN, wonach ein Rückgriff auf das allgemeine Polizeirecht
     nur zulässig sein soll, wenn entweder ein versammlungsgesetzlicher Verweis auf das Landespolizei-
     gesetz oder die Zitierung von Art. 8 GG in den Landespolizeigesetzen erfolgt.
105 Zum Schutz der Anreise durch Art. 8 GG *BVerfGE* 84, 203, 209; *Höfling*, in: Dreier, GG, 2. Aufl.
     2004, Art. 8, Rn 32; zu Vorfeldkontrollen *Mayer*, JA 1998, 345 ff; *Kötter/Nolte*, DÖV 2009, 399,
     402 f; *Meßmann*, JuS 2007, 524, 527. Nach einer häufig vertretenen Ansicht (zB *Deger*, NVwZ 1999,
     265, 267; *Würtenberger/Heckmann*, BW, Rn 292; **aA** *Kötter/Nolte*, DÖV 2009, 399, 403) steht die
     Tatsache, dass Art. 8 GG in den Polizeigesetzen teilweise nicht zitiert wird, polizeilichen Vorfeld-
     maßnahmen entgegen, sofern jene sich sich nicht gegen die Versammlungsfreiheit als solche
     richten, sondern sie nur mittelbar beeinträchtigen.
106 *BVerwGE* 129, 142 ff.

Die Durchsuchung von anreisenden Versammlungsteilnehmern kann auf § 15 I VersG iVm den einschlägigen polizeirechtlichen Vorschriften gestützt werden (s. § 17 ME-PolG), wenn sich aus bestimmten Tatsachen die konkrete Gefahr ergibt, dass diese Teilnehmer Waffen mit sich führen. Allerdings ist es rechtswidrig, wenn polizeiliche Maßnahmen (wie zB Identitätsfeststellungen und Durchsuchungen) bewusst so schleppend durchgeführt werden, dass sie den Betroffenen die Teilnahme an einer Versammlung unmöglich machen[107]. Auf § 15 I VersG iVm der polizeilichen General-klausel kann ferner ein sog. polizeiliches **Gefährderanschreiben** gestützt werden (s. Rn 50, 484, 652), das dem Adressaten nahelegt, sich nicht an Demonstrationen zu beteiligen, um polizeiliche Gefahrenabwehrmaßnahmen gegen ihn zu vermeiden[108]. Auflagen gem. § 15 I VersG iVm dem allgemeinen Polizei- und Ordnungsrecht kom-men **auch nach Beginn einer Versammlung** in Betracht. Wenn ein Betroffener vor-her von der Versammlung ausgeschlossen wurde, lassen sich Gefahrenabwehrmaß-nahmen gegen ihn sogar allein auf das allgemeine Polizei- und Ordnungsrecht stützen (Rn 377).

380   Die §§ 5, 13 VersG regeln das Verbot oder die Auflösung von öffentlichen **Versamm-lungen in geschlossenen Räumen**. Zwar ist die Erteilung von Auflagen in diesen Vorschriften nicht vorgesehen, so dass sich eine Anwendung des allgemeinen Polizei-rechts auf diesem Wege nicht begründen lässt. Jedoch gestattet § 13 I 2 VersG eine Auflösung nur dann, wenn „andere polizeiliche Maßnahmen" nicht ausreichen. Diese Formulierung ist als eine Verweisung auf die Ermächtigungsgrundlagen des allgemei-nen Polizeirechts zu verstehen. Maßnahmen nach allgemeinen Polizeirecht dürfen da-nach (nur) unter den Voraussetzungen des § 13 I 1 VersG ergriffen werden[109]. Dies trägt zugleich dem Umstand Rechnung, dass Art. 8 I GG nur immanente Schranken aufweist (s. Rn 345).

381   **Nach Auflösung einer Versammlung** gem. §§ 13, 15 III VersG **entfaltet das VersG keine Sperrwirkung** mehr[110], weshalb dann zB eine (notfalls zwangsweise durch-setzbare) Platzverweisung ausgesprochen werden kann. Ohnehin keine Sperrwirkung entfaltet das VersG für Maßnahmen gegen Personen, die die ordnungsgemäße Durch-führung der Versammlung behindern möchten[111], sofern sie nicht eine öffentliche Ge-genversammlung bilden. Maßnahmen gegen solche Personen richten sich nach allge-meinem Polizeirecht.

382   Die Anwendung des allgemeinen Polizei- und Ordnungsrechts sowie von Normen des speziellen Polizeirechts (zB feuerpolizeilicher, baupolizeilicher oder gesundheitspoli-zeilicher Art) wird vom VersG **nicht gesperrt, soweit sie sich nicht gegen die Ver-sammlung als solche richtet**, sondern nur im Einzelfall Auswirkungen auf die Ver-

---

107   Vgl *Gusy*, Rn 431.
108   *OVG Lüneburg*, JW 2006, 391 ff; zur Rechtsnatur Rn 484 und 652. Ein solches Gefährderanschrei-ben greift bereits in Art. 8 GG ein.
109   So auch *VGH Mannheim* NVwZ1998, 761, 763 unter Bezug auf *OVG Bremen*, NVwZ 1987, 235.
110   Vgl zB *Würtenberger/Heckmann*, BW, Rn 290; *Kötter/Nolte*, DÖV 2009, 399, 404.
111   *VGH Mannheim*, NVwZ-RR 1990, 603, 604 (Vorgehen nach der Generalklausel); vgl auch *BVerfGE* 84, 203, 209 f: Der Schutz des Art. 8 GG erstreckt sich nicht auf Personen, die nicht an einer Ver-sammlung teilnehmen, sondern sie verhindern wollen (s. auch oben Rn 361).

sammlung hat[112]. So kann zB das Betreten eines Gebäudes, in dem gegen den Willen des zivilrechtlich Berechtigten eine öffentliche Versammlung stattfinden soll, auch dann verboten werden, wenn die Tatbestandsvoraussetzungen des § 13 VersG nicht vorliegen[113]. Das VersG berührt ferner nicht die Befugnis der Polizei, zum Zweck der Strafverfolgung gegen Versammlungsteilnehmer vorzugehen[114]. So ist es ihr zB erlaubt, Teilnehmer nach den §§ 127, 164 StPO festzunehmen[115].

4. Verhältnis des VersG zu anderen Vorschriften

Das **VersG** ist im **Verhältnis zu den Normen des Straßenrechts und des Straßenverkehrsrechts teilweise lex specialis.** Insbesondere ersetzen für Versammlungen unter freiem Himmel das Anmeldeerfordernis (§ 14 VersG) sowie die Möglichkeit, Auflagen zu erteilen (§ 15 VersG), sonstige Genehmigungsakte der allgemeinen Rechtsordnung, die der Gefahrenabwehr dienen[116]. Namentlich bedürfen öffentliche Versammlungen **weder nach § 29 II StVO**[117] **noch nach den Straßengesetzen**[118] **einer Erlaubnis**[119]. Eine solche Versammlung, insbesondere ein Aufzug, ist zwar typischerweise mit einer Benutzung der Straße verbunden, die über den Gemeingebrauch hinausreicht[120]. Der Gesetzgeber wollte aber – wie Art. 8 I GG indiziert – keine Beschränkungen von Versammlungen anordnen, die über das Anmeldeerfordernis hinausgehen. **383**

Aus verkehrspolizeilichen Gründen dürfen Versammlungen grundsätzlich – von eng begrenzten Ausnahmefällen abgesehen – **nicht untersagt werden**[121]. Dagegen schließen es Art. 8 GG und das VersG nicht von vornherein aus, den **Veranstalter für eine Straßenreinigung** nach § 7 III FStrG (bzw entsprechenden landesrechtlichen Vorschriften) **in Anspruch zu nehmen**[122]. Jedoch wird von einer unmittelbaren Verursachung (Zweckveranlassung, dazu Rn 244 ff) nur dann auszugehen sein, wenn der Veranstalter die Demonstrationsteilnehmer mit Speisen und Getränken versorgt und/oder Flugblätter verteilt[123], da andernfalls der Veranstalter einer Großdemonstration mit einem nicht mehr überschaubaren Risiko belastet wäre. **384**

---

112 Vgl *Schoch*, JuS 1994, 480. Anderes gilt für Maßnahmen, die unmittelbar gegen eine öffentliche Versammlung gerichtet sind, zB – so jedenfalls *VGH Mannheim*, NVwZ 1998, 761, 763 – eine polizeiliche Razzia.

113 Der Grundsatz der Subsidiarität des polizeilichen Handelns (s. dazu Rn 54) ist zu beachten.

114 Vgl etwa *Dietel/Gintzel/Kniesel*, Demonstrations- und Versammlungsfreiheit, 16. Aufl. 2011, § 12, Rn 7; *Deger*, NVwZ 1999, 265, 267; *Brenneisen*, DÖV 2000, 275, 281 f.

115 *Deger*, NVwZ 1999, 265, 267.

116 *BVerfG*, NJW 2001, 2459, 2460; *BVerwGE* 82, 34 (38 f).

117 Vgl *BVerwG*, NJW 1989, 2411 f; *Zeitler*, Versammlungsrecht, 1994, Rn 318 mwN.

118 Im Hinblick auf eine straßenrechtliche Sondernutzung; s. dazu *BVerfGE* 73, 206, 249.

119 Dagegen bedarf eine Versammlung auf einem Friedhof einer friedhofsrechtlichen Ausnahmegenehmigung, *OVG Frankfurt/O*, NVwZ-RR, 2004, 844 ff. Zur Unzulässigkeit einer Blockade von Bahngleisen *OVG Lüneburg*, NVwZ-RR 2004, 575.

120 Zur Frage der Zulässigkeit von Sitzblockaden auf öffentlichen Straßen s. näher Schenke, FS Riedel, 2013, S. 473, 493 ff mwN.

121 S. *VGH München*, NJW 1984. 2116 f.

122 *BVerwGE* 80, 158 ff; *Gröpl*, Jura 2002, 18, 22; *Wiefelspütz*, DÖV 2001, 21, 24 f; eingeh. *Zeitler*, Versammlungsrecht, 1994, Rn 710 ff.

123 Offengelassen von *BVerwGE* 80, 162; zur fehlenden Verantwortlichkeit des Versammlungsleiters *BVerwGE* 80, 164 ff. Näher zur Problematik *Kanther*, NVwZ 2001, 1239, 1241 ff.

II. Gefahrenabwehr im Internet

1. Allgemeines

385   Das Internet ist längst ein Bestandteil des täglichen Lebens geworden. Damit besteht ein Bedürfnis nach staatlichen Maßnahmen zum Schutz vor Gefahren, die vom Internet ausgehen[124]. Da die Gesetzgebungskompetenzen insoweit zum Teil beim Bund, zum Teil bei den Ländern liegen[125], sind die gesetzlichen Rahmenbedingungen in zwei verschiedenen Regelwerken niedergelegt. Dies sind heute das **Telemediengesetz (TMG)** vom 26.2.2007 sowie der **Rundfunk- und Telemedienstaatsvertrag (RStV)**[126]. Die beiden Gesetze sind mit den hier relevanten Normen am 1.3.2007 in Kraft getreten und haben das frühere Teledienstegesetz (TDG) sowie den früheren Mediendienstestaatsvertrag (MDStV) abgelöst[127]. Die früher ebenso problematische wie praktisch wichtige Differenzierung zwischen Mediendiensten, die im MDStV geregelt waren, und Telediensten, die im TDG normiert wurden, ist damit entfallen. Stattdessen kennen TMG und RStV nur noch den neuen, einheitlichen Begriff der Telemedien. Entsprechend den Gesetzgebungskompetenzen enthält das TMG dabei die „wirtschaftsbezogenen" Regelungen, der RStV dagegen die „inhaltsbezogenen" Normen (vgl § 1 IV TMG) sowie die Zuständigkeitsvorschriften.

Damit entspricht die Rechtslage für Telemedien seit dem 1.3.2007 einheitlich und allgemein der Rechtslage, die für den Teilbereich des Jugendschutzes im Internet schon seit dem 1.4.2003 galt. Innerhalb dieses Teilbereiches war schon mit dem Jugendmedienschutz-Staatsvertrag (JMStV) und dem novellierten Jugendschutzgesetz (JuSchG) ein einheitlicher Ordnungsrahmen für alle Onlinedienste geschaffen worden[128], der schon damals unter dem Oberbegriff der Telemedien (§ 3 II Nr 1 JMStV) für sämtliche Internet- und Kommunikationsdienste einheitliche Standards vorschrieb (§ 2 I JMStV).

a) Der Begriff der Telemedien

386   **Telemedien** sind nach der Legaldefinition des § 1 I 1 TMG und des § 2 I 3 RStV **grundsätzlich alle elektronischen Informations- und Kommunikationsdienste**. Vom Begriff der Telemedien abzugrenzen sind nach § 1 I 1 TMG lediglich noch **Tele-**

---

124   Speziell zum Polizei- und Ordnungsrecht im Zusammenhang mit dem Internet vgl *Germann*, Gefahrenabwehr und Strafverfolgung im Internet, 2000; *Greiner*, Die Verhinderung verbotener Internetinhalte im Wege polizeilicher Gefahrenabwehr, 2001; *Volkmann*, Der Störer im Internet, 2005, S. 193 ff; *Hornig*, ZUM 2001, 846; *Zimmermann*, NJW 1999, 3145.

125   Die Länder sind insbesondere für Presse und Rundfunk sowie das allgemeine Polizei- und Ordnungsrecht zuständig. Der Bund stützt seine Gesetzgebungskompetenz vor allem auf Art. 74 I Nr 11 GG (Recht der Wirtschaft) und – hinsichtlich der telekommunikationstechnischen Aspekte – auf Art. 73 Nr 7 GG.

126   In der Fassung des 9. Staatsvertrages zur Änderung rundfunkrechtlicher Staatsverträge, zuletzt geändert durch Art. 1 des 12. Staatsvertrags zur Änderung rundfunkrechtlicher Staatsverträge vom 18.12.2008 (vgl BWGBl 2009, S. 130).

127   S. zur Gesetzgebungsgeschichte ausf. *Hoeren*, NJW 2007, 801.

128   Beide Regelungen sind zum 1.4.2003 in Kraft getreten; JuSchG v. 23.7.2002 (BGBl. I S. 2730); JMStV (vgl ua NdsGVBl. 2002, 706). Zum JMStV vgl *Langenfeld*, MMR 2003, 303; *Bornemann*, NJW 2003, 287; zum JuSchG vgl *Liesching*, NJW 2002, 3281.

kommunikationsdienste und telekommunikationsgestützte Dienste iS des Telekommunikationsgesetzes (TKG) sowie **Rundfunk** iS des Rundfunkstaatsvertrags (RStV), also neben dem herkömmlichen Rundfunk insbesondere das Webcasting und das Live-Streaming von Rundfunkprogrammen (vgl BT-Drucks. 16/3078, S. 13).

b) Eingriffsbefugnisse und zuständige Behörden

Um Verstöße gegen die Bestimmungen für Telemedien iS des § 1 I 1 TMG (s. dazu Rn 386) zu bekämpfen, enthält **§ 59 III RStV** eine **ausdrückliche Ermächtigungsnorm** für die jeweils zuständige Aufsichtsbehörde[129], der gestattet wird, „die zur Beseitigung des Verstoßes erforderlichen Maßnahmen gegenüber dem Anbieter" zu treffen, insbesondere Angebote zu untersagen oder deren Sperrung anzuordnen. **387**

Wie sich aus der Systematik des § 59 RStV ergibt, ermächtigt § 59 III 1 RStV nur zu einem Vorgehen gegen den **Anbieter eigener Inhalte** (**Inhaltsanbieter** oder **Content-Provider**). Ausgenommen von der Ermächtigung sind nach § 59 III 1 RStV ua Verstöße gegen datenschutzrechtliche Bestimmungen (s. zu der insoweit bestehenden Aufsicht § 59 I RStV) sowie Verstöße gegen § 54 RStV. Dass **§ 54 RStV** vom Anwendungsbereich des § 59 III 1 RStV[130] **ausgenommen** wird, ist insofern von besonderer Bedeutung, als die Behörde, die für die Medienaufsicht nach § 59 III 1 RStV zuständig ist, Maßnahmen gegen einen Content-Provider, die auf einen **Verstoß gegen allgemeine gesetzliche Bestimmungen** (zB allgemeine Strafgesetze) sowie die gesetzlichen **Bestimmungen zum Schutz der persönlichen Ehre gestützt** werden (s. § 54 I 3 RStV), **nicht treffen darf**. Die Eingriffsbefugnisse der Medienaufsichtsbehörde gem. § 59 III 1 RStV werden ferner für solche Bestimmungen eingeschränkt, die Nähe zur Pressefreiheit aufweisen (Parallelproblem zur sog. Polizeifestigkeit der Presse[131]). Dies betrifft zB § 54 II RStV, der die Einhaltung „journalistischer Grundsätze" vorschreibt. Neben § 59 III 1 RStV tritt für den Bereich des Jugendschutzes gem. §§ 14, 20 JMStV eine Kompetenz der gemeinsamen Kommission für den Jugendmedienschutz (KJM). Danach kann die KJM Maßnahmen treffen, die zur Beseitigung eines Verstoßes gegen die Bestimmungen des JMStV erforderlich sind. Hierbei verweist § 20 IV JMStV für Telemedien auf § 59 II-IV RStV und beinhaltet insoweit

---

129   Zu den für die Aufsicht zuständigen Behörden in den einzelnen Bundesländern s. *Volkmann*, in: Spindler/Schuster, Recht der elektronischen Medien, 2. Aufl. 2011, § 59 RStV, Rn 33.

130   Der Auffassung von *Volkmann*, in: Spindler/Schuster, Recht der elektronischen Medien, RStV, § 59, Rn 39 und *VG Gelsenkirchen*, Urt. v. 20.11.2007 – 14 K 171/07, Rn 53, dass es sich bei der Herausnahme des § 54 RStV aus dem Anwendungsbereich des § 59 III 1 RStV um ein Redaktionsversehen handele, kann nicht gefolgt werden. Die Ausklammerung der in § 54 I 2 RStV genannten Bestimmungen ergibt durchaus Sinn, da es den allgemeinen Gesetzen und dem Recht der persönlichen Ehre an einem spezifischen telemedienrechtlichen Bezug fehlt, weswegen insoweit nach § 59 III 7 RStV die allgemeinen Polizeibehörden zuständig sein sollen. Wegen der Zuständigkeit der allgemeinen Polizeibehörden führt die Ausklammerung des § 54 RStV – entgegen der eingangs genannten Ansicht – keineswegs dazu, dass Verstöße gegen allgemeine Gesetze beim Betrieb von Telemedien sanktionslos bleiben. Wenn tatsächlich ein Redaktionsversehen vorgelegen hätte, hätte der Gesetzgeber in den drei Änderungen des RStV, die seit 2007 erfolgt sind, dieses Versehen iÜ mit Sicherheit längst behoben.

131   S. zur Polizeifestigkeit der Presse *Volkmann*, in: Spindler/Schuster, Recht der elektronischen Medien, RStV, § 59, Rn 45 sowie § 59 III 6 RStV.

eine Rechtsfolgeverweisung. Ermächtigungsgrundlage bleibt aber § 20 IV JMStV, der insoweit eine Spezialregelung gegenüber § 59 RStV beinhaltet[132]. Klarzustellen ist, dass nach § 20 JMStV nur Verstöße gegen den JMStV geahndet werden können. Dementsprechend normiert § 2 III JMStV, dass das TMG und die Bestimmungen des RStV für Telemedien unberührt bleiben.

Wenn sich die in § 59 III RStV genannten Maßnahmen gegen den verantwortlichen Inhaltsanbieter als nicht durchführbar oder nicht erfolgversprechend erweisen, können gem. § 59 IV RStV Maßnahmen zur Sperrung von Angeboten nach § 59 III RStV auch gegen den Diensteanbieter von fremden Inhalten gem. §§ 8–10 TMG, dh gegen Host-, Caching- und Access-Provider, getroffen werden. **Accessprovider** (s. § 8 TMG) sind **Zugangsanbieter**, die nur Leitungskapazitäten und die technischen Möglichkeiten bieten, Zutritt zum Internet zu erhalten. **Host-Provider** (s. § 10 TMG) sind Anbieter, die **fremde Informationen** für einen Nutzer **speichern**. **Caching-Provider** (s. § 9 TMG) sind Anbieter, die eine automatische, zeitlich begrenzte **Zwischenspeicherung von Informationen** ermöglichen, die dem alleinigen Zweck dient, die Übermittlung der Informationen an andere Nutzer auf deren Anfrage effizienter zu gestalten. Ein Einschreiten nach § 59 IV RStV liegt – anders als ein Einschreiten gem. § 59 III 1 RStV – auch hinsichtlich des „Ob" im Ermessen der zuständigen Aufsichtsbehörde.

Soweit die **Medienaufsichtsbehörde nach § 59 III, IV RStV zuständig** ist oder die Datenschutzbestimmungen des TMG und des § 57 RStV zu überwachen sind (§ 59 I RStV), die in den Zuständigkeitsbereich der nach den allgemeinen Datenschutzgesetzen zuständigen Kontrollbehörden fallen (§ 59 I RStV), scheidet **wegen der Spezialität dieser Regelungen** eine **Zuständigkeit der allgemeinen Polizei- und Ordnungsbehörden aus**.

388 Wenn keine Eingriffsbefugnisse gem. § 59 RStV I, III und IV RStV bestehen, bleibt es bei der Zuständigkeit der allgemein zuständigen Polizei- und Ordnungsbehörden. Bedeutsam ist dies insbesondere bei Verstößen gegen allgemeine Gesetze, die im Bereich der Telemedien drohen oder bereits eingetreten sind. Diese Verstöße sind gem. § 59 III 1 RStV von der Zuständigkeit der Medienaufsicht ausgenommen (s. oben Rn 387). § 59 III 7 RStV stellt dies ausdrücklich klar. Bei Verstößen gegen allgemeine Gesetze kommen damit – gestützt auf die polizeilichen Generalklauseln – dieselben Maßnahmen wie nach § 59 I 2 RStV in Betracht, also zB die Untersagung von Angeboten. § 59 III 1, 2 RStV entfaltet insoweit keine Sperrwirkung. Zuständig sind im Rahmen der Generalklausel in erster Linie die Ortspolizeibehörden, aber auch eine Eilzuständigkeit des Polizeivollzugsdienstes ist vorstellbar. Auf die Fragen des Polizei- und Ordnungsrechts und des Verhältnisses von Medien- bzw Internetrecht zum allgemeinen Polizeirecht konzentrieren sich die folgenden Überlegungen.

---

132 *Schulz*, in: Hahn/Vesting, Beck'scher Kommentar zum Rundfunkrecht, 2. Aufl. 2008, § 59 RStV, Rn 40; *Volkmann*, in: Spindler/Schuster, Recht der elektronischen Medien, RStV, § 59, Rn 40; *VG Köln*, MMR 2005, 399, 404.

c) Exkurs: Aus dem Ausland stammende Angebote

Dass deutsche Behörden für Sachverhalte mit Bezug zum Internet zuständig sind, bedeutet nicht zwangsläufig, dass sich ihre Zuständigkeit auch auf Angebot erstreckt, die aus dem Ausland stammen. Eine Auslegung der materiellrechtlichen Vorschriften hilft hier normalerweise nicht weiter. Allerdings lässt sich nach allgemeinen Grundsätzen **aus der örtlichen Zuständigkeit die internationale Zuständigkeit deutscher Behörden ableiten**. Die für Telemedien geltenden Bestimmungen des RStV folgen diesem Konzept und normieren in § 59 VI 2 RStV bei Anbietern von Telemedien ohne Sitz in der Bundesrepublik eine Zuständigkeit derjenigen Aufsichtsbehörde, „in deren Bezirk der Anlass für die Amtshandlung hervortritt" (ebenso § 20 VI JMStV). Entsprechend sehen die allgemeinen polizeirechtlichen Vorschriften eine Zuständigkeit an dem Ort vor, wo der Anlass einer Amtshandlung hervortritt[133], also regelmäßig (auch) am Ort, wo sich die Gefahr zu realisieren droht. Diese Zuständigkeit erstreckt sich dann auf solche Gefahren, die von ausländischen Störern verursacht werden[134]. **389**

Ob es allerdings in jedem Fall möglich ist, auf der Grundlage einer derart begründeten internationalen Zuständigkeit gegen ausländische Angebote einzuschreiten, hängt von Fragen des sog. „internationalen Verwaltungsrechts" und speziell den europarechtlichen Vorgaben der E-Commerce-Richtlinie ab[135]. Diese Fragen können hier nicht vertieft werden. Das Völkerrecht steht dem Erlass eines Verwaltungsakts oder einem Urteil gegen einen ausländischen Anbieter nicht entgegen, schließt jedoch eine Vollstreckung der Entscheidung (im Ausland) gegen den Willen des ausländischen Staates aus. **390**

2. Voraussetzungen für ein polizeiliches Einschreiten

Voraussetzung einer Maßnahme der allgemeinen Gefahrenabwehr, die auf die polizeiliche Generalklausel gestützt wird, ist – wie auch sonst – eine **(konkrete) Gefahr für die öffentliche Sicherheit und Ordnung** (s. Rn 69 ff). Ein präventivpolizeiliches Einschreiten gegen Telemedien setzt also nicht voraus, dass ein Telemedienangebot bereits tatsächlich im Internet verfügbar ist. Außerdem genügt nach allgemeinen Grundsätzen eine Anscheinsgefahr (s. allg. oben Rn 80 f). **391**

Diese Grundsätze gelten nicht bei der Überwachung der spezifisch telemedienrechtlichen Bestimmungen. Insoweit verdrängt die spezielle Vorschrift des § 59 III RStV das

---

133 Zu den einzelnen landesrechtlichen Regelungen vgl Rn 458 f. Diese Grundregel lässt sich bis zu § 22 I 2 PreußPVG zurückverfolgen; s. schon *Drews/Wacke/Vogel/Martens*, § 7, 2 sowie mit Bezug zum Internet *Germann*, Gefahrenabwehr und Strafverfolgung im Internet, 2000, S. 366; *Gounalakis/Ruthig*, Rechtshandbuch Electronic Business, 2003, § 14 Wirtschaftsverwaltungsrecht, Rn 32 ff.

134 Wenn deutsche Behörden tätig werden, können Betroffene aus dem Ausland vor den deutschen Gerichten gegen diese Maßnahmen unter den gleichen Voraussetzungen wie Deutsche vorgehen. Es müssen also die allgemeinen Zulässigkeitsvoraussetzungen, insbesondere die Klagebefugnis gem. § 42 II VwGO, vorliegen.

135 Vgl *Gounalakis/Ruthig*, Rechtshandbuch Electronic Business, 2003, § 14 Wirtschaftsverwaltungsrecht.

allgemeine Polizeirecht (s. Rn 387). § 59 III 1 RStV (ähnlich § 20 I JMStV) verlangt einen „Verstoß" gegen die einschlägigen Bestimmungen des RStV bzw des TMG. Nach seinem Wortlaut scheint er aktuell fortdauernde Störungen zu verlangen, eine wirkliche präventive „Gefahrenabwehr" dagegen nicht zuzulassen[136]. Dogmatisch überzeugt eine solche Abweichung von den allgemeinen Grundsätzen der Gefahrenabwehr nicht. Ihre praktische Bedeutung hält sich aber in Grenzen, da die Aufsichtsbehörden von einem Angebot regelmäßig erst durch dessen Verbreitung Kenntnis erlangen und einen solchen Verstoß zum Anlass für eine gegen zukünftige Zuwiderhandlungen gerichtete Untersagungsverfügung (§ 59 III 2 Alt. 1 RStV) nehmen werden[137].

392 Jedoch stellen sich auch bei der Anwendung der polizeirechtlichen Generalklausel schwierige, dogmatisch noch nicht abschließend geklärte Fragen. Ein wichtiger Unterschied zwischen § 59 III 1 RStV und der polizeilichen Generalklausel folgt nicht nur daraus, dass Letztere an die Verletzung anderer Bestimmungen als § 59 III 1 RStV anknüpft. Im Gegensatz zu § 59 III 1 RStV genügt für die Anwendung der polizeilichen Generalermächtigung bereits, dass die Gefahr einer Verletzung der hierdurch geschützten Bestimmungen bzw Rechtsgüter besteht. Bei der Beurteilung, ob eine Gefahr vorliegt, haben auch die Vorgaben des Europarechts in die Auslegung des Gefahrenbegriffes einzufließen und setzen beispielsweise einem Einschreiten gegen ein Produkt Grenzen, das im Herkunftsland zugelassen und damit von der dortigen Rechtsordnung als ungefährlich eingestuft wurde[138]. Der öffentlichen Ordnung dürfte im vorliegenden Zusammenhang keine praktische Relevanz zukommen[139].

3. Verantwortlichkeit

393 Mindestens genauso wichtig wie die Frage, ob eine Behörde gegen ein Internetangebot vorgehen kann, ist die Frage, wer der Adressat solcher Maßnahmen sein kann. Sie können sich rein tatsächlich gegen diejenigen richten, die **eigene Inhalte** im Internet bereitstellen (Inhaltsanbieter bzw Content-Provider, s. Rn 387), gegen diejenigen, die **fremde Inhalte** zur Nutzung im Netz bereithalten (Diensteanbieter bzw Host-Provider, s. Rn 387), und schließlich gegen diejenigen, die den **Zugang zur Nutzung** fremder Inhalte vermitteln (Zugangsanbieter bzw Access-Provider, s. Rn 387).

394 Für die polizeirechtliche Verantwortlichkeit der genannten Internetanbieter gelten **grundsätzlich die allgemeinen Vorschriften über Störer und Nichtstörer**, die aller-

---

136 Im Zusammenhang mit dem alten MDStV näher zu diesem Problem *Germann*, Gefahrenabwehr und Strafverfolgung im Internet, 2000, S. 377 ff; *Greiner*, Die Verhinderung verbotener Internetinhalte im Wege der Gefahrenabwehr, 2001, S. 86 ff.
137 So zu Recht auch *Greiner*, Die Verhinderung verbotener Internetinhalte im Wege der Gefahrenabwehr, 2001, S. 87.
138 Hierzu ausf. *Gounalakis/Ruthig*, Rechtshandbuch Electronic Business, 2003, § 14 Wirtschaftsverwaltungsrecht, Rn 68 ff.
139 S. auch *Greiner*, Die Verhinderung verbotener Internetinhalte im Wege der Gefahrenabwehr, 2001, S. 94 f. Allgemein zum Begriff der öffentlichen Ordnung oben Rn 62 ff.

dings durch die §§ 7 ff TMG[140] „ergänzt" werden. Diese Vorschriften stellen **besondere Regelungen für die Verantwortlichkeit der „Diensteanbieter"** auf. Nach § 7 II 2 TMG bleiben „Verpflichtungen zur Entfernung oder Sperrung der Nutzung von Informationen nach den allgemeinen Gesetzen … auch im Falle der Nichtverantwortlichkeit des Diensteanbieters nach den §§ 8 bis 10 unberührt". Die dogmatische Funktion dieser Regelung und vor allem ihr Verhältnis zu den allgemeinen Vorschriften über die polizeirechtliche Verantwortlichkeit ist umstritten. Die amtliche Begründung der ursprünglichen Fassung qualifizierte die heute in den §§ 8–10 TMG enthaltenen Vorschriften als Regelungen über die straf- und deliktsrechtliche Verantwortlichkeit, während § 7 II 2 TMG die verschuldensunabhängige Verpflichtung zum Gegenstand habe, Störungen der öffentlichen Sicherheit und Ordnung zu unterlassen[141]. Dies hätte zur Konsequenz, dass die dort enthaltenen Begrenzungen der Verantwortlichkeit für die Störerverantwortlichkeit polizeirechtlich keine Auswirkungen hätten[142]. Andererseits ist es auch sonst nichts Ungewöhnliches, im Rahmen der Theorie von der unmittelbaren Verursachung die spezialgesetzlichen Konkretisierungen der Verantwortlichkeit zu berücksichtigen. Ein näherer Blick auf die einzelnen Konstellationen zeigt allerdings, dass dieser dogmatische Streit für die Lösung der praktischen Fälle keine Rolle spielen dürfte.

a) Der Inhaltsanbieter als Verhaltensstörer

Derjenige, der **eigene Inhalte im Internet** anbietet, also beispielsweise eine **Homepage** unterhält, ist als Inhaltsanbieter (Content-Provider) gem. § 7 I TMG **nach den allgemeinen Vorschriften** verantwortlich[143]. Da er durch das Zugänglichmachen der Informationen und somit ein eigenes Verhalten die Gefahr schafft, ist er nach allgemeinem Polizei- und Ordnungsrecht **Verhaltensstörer** und kann als solcher zur Gefahrenabwehr herangezogen werden. Für die Abgrenzung seiner Verantwortlichkeit gelten die allgemeinen Grundsätze. An seiner Verantwortlichkeit ändert sich deswegen insbesondere dann nichts, wenn später andere an der Bereitstellung oder Bereithaltung seines Angebotes mitwirken[144].

395

---

140 Die §§ 7–10 TMG finden über die § 20 IV JMStV auch im Bereich des Jugendmedienschutzes Anwendung.

141 BT-Drucks. 13/7385, S. 20 f zum damaligen § 5 IV TDG.

142 So BT-Drucks. 14/6098, S. 23 (zum früheren § 8 II 2 TDG); *Zimmermann*, NJW 1999, 3145, 3148 (zum noch früheren § 5 IV TDG); aA *Gounalakis/Ruthig*, Rechtshandbuch Electronic Business, 2003, § 14 Wirtschaftsverwaltungsrecht, Rn 89 ff.

143 Zum Begriff der eigenen Inhalte *OLG Köln*, NJW-RR 2002, 1700; *OLG Düsseldorf*, NJW-RR 2002, 910; *Köhler/Arndt/Fetzer*, Recht des Internet, 6. Aufl. 2008, Rn 748 ff. Offen ist in diesem Zusammenhang, wie weit sich die Verantwortlichkeit auf Hyperlinks (Verweise auf die Angebote anderer Anbieter) erstreckt, s. hierzu *Germann*, Gefahrenabwehr und Strafverfolgung im Internet, 2000, S. 380 f; *Gounalakis/Ruthig*, Rechtshandbuch Electronic Business, 2003, § 14 Wirtschaftsverwaltungsrecht, Rn 89 ff mwN; *Köster/Jürgens*, MMR 2002, 420; *Zimmermann*, NJW 1999, 3145, 3149 mit dem zutreffenden Hinweis auf den Zusammenhang mit der Zweckveranlassung; s. ferner *BGH*, MMR 2004, 529, 530; aA *Köhler/Arndt/Fetzer*, Recht des Internet, Rn 787 ff.

144 *Germann*, Gefahrenabwehr und Strafverfolgung im Internet, 2000, S. 387. Die „unmittelbare" Verursachung stellt nicht notwendig auf die zeitlich letzte Handlung ab, s. dazu oben Rn 243.

b) Der Diensteanbieter als Zustandsstörer

396 Die **Diensteanbieter**[145] stellen dagegen lediglich die technischen Voraussetzungen zur Verfügung und können deswegen schon **nach allgemeinen polizeirechtlichen Grundsätzen idR nicht als Verhaltensstörer** qualifiziert werden[146], so dass sich das Problem einer möglichen Begrenzung der Verantwortlichkeit durch das TMG insoweit nicht stellt. Zwar kann grundsätzlich auch ein Unterlassen die Verhaltensverantwortlichkeit begründen (s. oben Rn 239). Dies setzt aber voraus, dass aufgrund spezieller Normen Handlungspflichten bestehen. Da jedoch den **Regelungen des TMG** lediglich eine (hier nicht näher zu untersuchende) „**Filter**"-Funktion zukommen soll, sie also lediglich als Korrektiv bei der Anwendung allgemeiner Verantwortlichkeitsregeln wirken[147], kann man die §§ 8–10 TMG gerade nicht als Begründung einer solchen Handlungspflicht und damit Verhaltensverantwortlichkeit begreifen[148]. Eine Verhaltensverantwortlichkeit ist nur in den Fällen denkbar, in denen der Verursachungsbeitrag über das bloße Anbieten der technischen Voraussetzungen des Internetzugangs hinausreicht, in denen also zB gezielt eine Plattform für rechtsradikale oder pornographische Inhalte angeboten oder mit der Möglichkeit geworben wird, solche Inhalte auf dem Server der Allgemeinheit zugänglich zu machen[149].

397 Allerdings kann der **Host-Provider** (Rn 387), der fremde Inhalte auf seinen Rechnern bereit hält, als Zustandsstörer in Anspruch genommen werden. Die polizeiliche Gefahr geht schließlich vom physischen Zustand der Rechneranlage des Host-Providers aus, die den Zugriff Dritter und damit die Verwirklichung der Gefahr ermöglicht[150]. Hier folgt bereits aus § 7 II TMG, dass die Verantwortlichkeit auf solche Fälle begrenzt ist, in denen der Diensteanbieter die Inhalte kennt und eine Sperrung technisch möglich und zumutbar ist. Somit ergeben sich keine Unterschiede zur Spezialregelung in § 8 I TMG, so dass der Streit um die Anwendung dieser Vorschrift auf die gefahrenabwehrrechtliche Verantwortlichkeit dahinstehen kann. Angesichts dieser Spezialregelungen ist ein Rückgriff auf die allgemeinen (verfassungsrechtlichen) Grenzen der Zustandsverantwortlichkeit unter den Gesichtspunkten von Zumutbarkeit bzw Übermaßverbot (dazu Rn 331 ff) nicht notwendig.

---

145 Darunter fallen sowohl Access- wie auch Host- und Caching-Provider (s. zu den Begriffen Rn 387).

146 Es ist generell ausgeschlossen, dem Betreiber einer Anlage ganz allgemein die Gefahren zuzurechnen, die aus der rechtswidrigen Nutzung durch Dritte entstehen, s. allg. oben Rn 247 sowie *BVerwG*, DVBl 1986, 360 m. zust. Anm. *Schenke*, DVBl 1986, 362; ebenso für den vorliegenden Fall *Germann*, Gefahrenabwehr und Strafverfolgung im Internet, 2000, S. 389 m. Fn 881.

147 So die Referenten des Regierungsentwurfes *Engel-Flechsing/Maennel/Tettenborn*, NJW 1997, 2984. Diese Deutung kritisiert insbesondere *Spindler*, MMR 1998, 639, 643, der darauf hinweist, dass diese Normen in den Tatbestand der allgemeinen Haftungs- bzw Strafnormen integriert werden müssen. Nach dieser – mE zutreffenden – Auffassung kommt man erst recht zu diesem Ergebnis. Die §§ 7 ff TMG dienen jedenfalls nur zur Begrenzung der Verantwortlichkeit, s. dazu *Köhler/Arndt/Fetzer*, Recht des Internet, Rn 746.

148 **AA** für § 5 II, III TDG aF *Vassilaki*, MMR 1998, 632 ff; wie hier *Gounalakis/Spindler*, Rechtshandbuch Electronic Business, 2003, E-Commerce-Richtlinie, Rn 175.

149 Vgl *Germann*, Gefahrenabwehr und Strafverfolgung im Internet, 2000, S. 391.

150 Ebenso *Zimmermann*, NJW 1999, 3145, 3148. Ausf. zur Zustandsverantwortlichkeit der Diensteanbieter *Germann*, Gefahrenabwehr und Strafverfolgung im Internet, 2000, S. 393 ff.

Die effektive Gefahrenabwehr wird durch die Anknüpfung der Verantwortlichkeit an   **398**
die Kenntnis nicht beeinträchtigt. Sobald nämlich die zuständige Behörde den Diensteanbieter über den Verstoß in Kenntnis setzt, wird er zum Störer und kann als Adressat von Beseitigungsverfügungen in Anspruch genommen werden.

c) Der Zugangsanbieter als Nichtstörer

§ 59 IV RStV regelt eine Verantwortlichkeit eines Zugangsanbieters (Access-Provi-   **399**
ders) speziell für den Fall, dass **gegen spezifisch telemedienrechtliche Bestimmungen des TMG und des RStV verstoßen wurde**. Bei solchen Verstößen scheidet deshalb ein Vorgehen gegen den Zugangsanbieter nach sonstigem Polizei- und Ordnungsrecht aus. Für die Rechtmäßigkeit einer Anordnung nach § 59 IV RStV gegen den Zugangsanbieter spielt es keine Rolle, ob er als Störer oder als Nichtstörer in Anspruch genommen wird. Die Qualifikation ist aber für das Bestehen eines Entschädigungsanspruchs bedeutsam, der (nur) dann in Betracht kommt, wenn der Zugangsanbieter Nichtstörer ist. Den Zugangsanbieter trifft jedenfalls grundsätzlich keine Pflicht, den Zugang zu fremden Inhalten, die gegen spezifisch telemedienrechtliche Bestimmungen verstoßen, zu unterlassen bzw zu unterbinden. Die Formulierung des § 59 IV RStV ist erkennbar an den Vorschriften über die Inanspruchnahme eines Nichtstörers orientiert. Dies spricht – obschon § 59 IV RStV keinen Entschädigungsanspruch regelt – dafür, einen Entschädigungsanspruch in analoger Anwendung polizeirechtlicher Bestimmungen oder jedenfalls nach Aufopferungsgrundsätzen zu gewähren[151].

Wenn hingegen Inhalte, die in Telemedien angeboten werden, **gegen allgemeine Gesetze** verstoßen, kann der Zugangsanbieter **nur auf der Basis der polizeirechtlichen Generalklausel als Nichtstörer in Anspruch genommen** werden, da er lediglich nicht verhindert (ohne hierzu verpflichtet zu sein), dass seine Leitungen bzw Caching-Server zur Durchleitung genutzt werden[152]. Liegen die Voraussetzungen für eine Inanspruchnahme als Nichtstörer vor – was nur dann in Betracht kommt, wenn gegen den polizeirechtlich verantwortlichen Inhaltsanbieter oder einen Host-Provider nicht vorgegangen werden kann – ergibt sich für den Zugangsanbieter (Access-Provider) ein Entschädigungsanspruch aus einer unmittelbaren Anwendung des allgemeinem Polizeirechts.

4. Adressatenauswahl und Verhältnismäßigkeit der Maßnahme

Maßnahmen gem § 59 III RStV und Maßnahmen, die auf die polizeiliche General-   **400**
klausel gestützt werden, haben den Grundsatz der Verhältnismäßigkeit zu beachten. Grundsätzlich ist das **mildeste Mittel** zu wählen. Zu denken ist insbesondere an die Durchsetzung von **Zugangsbeschränkungen** (zB für Minderjährige bei pornographischen Angeboten), die im Verhältnis zur kompletten Sperrung eines Angebotes das

---

151 So auch *Stadler*, MMR 2002, 343, 347; *Volkmann*, in: Spindler/Schuster, Recht der elektronischen Medien, § 59 RStV, Rn 73.
152 Ebenso *Zimmermann*, NJW 1999, 3145, 3149.

mildere Mittel darstellen[153]. Die Auswahl zwischen einzelnen Verantwortlichen hat den allgemeinen **Grundsätzen der Störerauswahl** zu folgen[154]. Danach kann der Zugangsanbieter als Nichtstörer nur dann in Anspruch genommen werden, wenn der Inhaltsanbieter und der Host-Provider nicht erreichbar sind. Im Verhältnis von Inhaltsanbieter (als Verhaltensstörer) und Host-Provider (im Regelfall als Zustandsstörer) lässt sich dagegen ein genereller Vorrang der Inanspruchnahme des Verhaltensstörers nicht annehmen[155]. Die Subsidiaritätsregelung des § 59 IV RStV ist hier weder unmittelbar noch analog anwendbar.

Lösung der Ausgangsfälle (Rn 354 ff):

401   **Fall 1:** Bei der Versammlung, die nicht angemeldet wurde, handelt es sich um eine sog. Spontanversammlung, die keinen Veranstalter hat (dazu Rn 368). Für sie gilt die Anmeldepflicht des § 14 VersG nicht, da diese Vorschrift schon nach ihrem Wortlaut nur Versammlungen mit einem Veranstalter erfasst und dessen Anmeldepflicht normiert.

402   **Fall 2:** Versammlungspolizeiliche Maßnahmen bezüglich öffentlicher Versammlungen unter freiem Himmel sind in § 15 VersG nur lückenhaft geregelt. Deshalb entfaltet § 15 VersG keine generelle Sperrwirkung gegenüber allgemeinen polizeirechtlichen Ermächtigungsnormen (dazu Rn 377 ff). Deutlich wird dies an den in § 15 VersG angesprochenen Auflagen, die sich nach allgemeinem Polizei- und Ordnungsrecht richten. Insbesondere können im Vorfeld einer Versammlung Standardmaßnahmen vorgenommen werden, die sich nicht gegen die Versammlung als solche richten, so zB Identitätsfeststellungen (§ 9 I Nr 1 MEPolG; § 26 I Nr 1 BW-PolG), Durchsuchungen von Personen (§ 17 I Nr 2 MEPolG; § 29 I Nr 2 BWPolG) und Sachen (§ 18 I Nr 3 MEPolG; § 30 I Nr 3 BWPolG) sowie Sicherstellungen bzw Beschlagnahmen von Waffen (§ 21 I Nr 1 MEPolG; § 33 I Nr 1 BWPolG). Da derartige Maßnahmen die Versammlung faktisch beeinträchtigen, setzen sie allerdings einen qualifizierten Gefahrentatbestand voraus, wie er nach § 15 I VersG erforderlich ist (Rn 379). Diese Anforderungen sind hier erfüllt, weswegen die Maßnahmen rechtmäßig sind. Die anreisenden Demonstranten, die Schlagwerkzeuge mit sich führen, können sich iÜ ohnehin nicht auf den Schutz der Versammlungsfreiheit berufen, da Art. 8 I GG nur die friedlichen Teilnehmer schützt. Der Schutz entfällt, wenn – wie hier – Waffen mitgeführt werden.

403   **Fall 3:** Der Verein ist in Bezug auf seine Webseite ein Inhaltsanbieter (Content-Provider) iS des § 7 I TMG. Ein Vorgehen gegen den Aufruf zu einer möglicherweise rechtswidrigen Versammlung kann jedoch nach der hier (Rn 387) vertretenen Auffassung von vorneherein nicht auf § 59 III 1 RStV gestützt werden. Die Webseite verstößt nämlich jedenfalls nicht gegen die von § 59 III 1 RStV umfassten spezifisch telemedienrechtlichen Bestimmungen, sondern allenfalls gegen allgemeine gesetzliche Bestimmungen. Ein Vorgehen gegen die Webseite (zB deren Sperrung) kommt damit – wenn überhaupt – nur auf der Grundlage der polizeilichen Generalklausel in Betracht. Auch dies scheidet aber aus, da die Polizeibehörde den Verein nicht als Inhaltsanbieter in Anspruch nehmen darf, solange die Voraussetzungen für ein Verbot der Versammlung gem. § 15 VersG nicht vorliegen. Ein solches Verbot kann nicht allein auf die

---

153   S. unter verfassungsrechtlichen Aspekten *Gounalakis/Ruthig*, Handbuch Electronic Business, 2003, § 5 Verfassungsrecht, Rn 26; *Degenhart*, in: Bonner Kommentar, GG, Art. 5 I und II, Rn 379, 387; *Grzeszick*, AöR Bd. 123 (1998), 174, 192 ff; vgl außerdem *Zimmermann*, NJW 1999, 3145, 3150.

154   Vgl *Zimmermann*, NJW 1999, 3145, 3149; *Germann*, Gefahrenabwehr und Strafverfolgung im Internet, 2000, S. 397 ff.

155   S. allgemein Rn 285 mwN; zust. *Germann*, Gefahrenabwehr und Strafverfolgung im Internet, 2000, S. 399.

Rechtsradikalität des Vereins gestützt werden, solange er nicht nach Art. 9 II GG iVm § 3 VereinsG verboten worden ist. Damit kann der Oberbürgermeister weder eine Sperrung der Webseite noch ein Verbot der geplanten Versammlung anordnen.

Fall 4: U verstößt hier gegen allgemeine, dem Gesundheitsschutz dienende Bestimmungen **404** (s. ua § 229 StGB). Ein Einschreiten gem. § 59 III 1 RStV (für das die Ortspolizeibehörde ohnehin nicht zuständig wäre, s. Rn 387 f) scheidet daher von vornherein aus. Solange es sich nicht um ein gewerbliches Angebot handelt[156], kommt auch ein Einschreiten auf gewerberechtlicher Grundlage nicht in Betracht. Damit ist mangels spezieller Bestimmungen die polizeirechtliche Generalklausel anwendbar und deshalb die Ortspolizeibehörde zuständig (Rn 388). Voraussetzung für eine rechtmäßige Untersagungsverfügung gegen U ist, dass U als Inhaltsanbieter eine konkrete Gefahr verursacht hat (dazu Rn 395). Es genügt eine sog Anscheinsgefahr. Das Einschreiten ist also dann rechtmäßig, wenn sich später herausstellt, dass das Schlankheitsmittel tatsächlich wirkt; nach zutreffender Ansicht kommt, wenn U den Anschein einer Gefahr verursacht hat, kein Entschädigungsanspruch in Frage (s. dazu unten Rn 705). Da die Zugangsanbieter grundsätzlich Nichtstörer sind (Rn 399) und hier gegen U als Störer vorgegangen werden kann, können die Zugangsanbieter auch auf der Basis der polizeirechtlichen Generalermächtigung nicht zu einer Sperrung verpflichtet werden.

§ 8 Polizeiliche Befugnisse außerhalb des Bereichs der Gefahrenabwehr

Ausgangsfälle:

Fall 1: Eine Gruppe von Studenten stört immer wieder massiv die Vorlesungen des Professors **405** P, der als sehr konservativ angesehen wird. Der Universitätspräsident U erteilt deswegen dem Studenten Störenfried (S) als einem der Haupträdelsführer Hausverbot. S hält sich aber nicht an das Hausverbot. U ersucht darum die Polizei, dieses Verbot zwangsweise durchzusetzen. S wird von der Polizei gewaltsam aus dem Universitätsgebäude gedrängt. Er hält diese Anwendung unmittelbaren Zwangs für rechtswidrig, da das Hausverbot gegen das Übermaßverbot verstoße. Er klagt deshalb gegen den Polizeiträger auf Feststellung, dass die Anwendung unmittelbaren Zwangs rechtswidrig war. Wird seine Klage Erfolg haben? **Rn 432**

Fall 2: a) Es liegen tatsächliche Anhaltspunkte dafür vor, dass Vapone (V) eine Straftat von **406** erheblicher Bedeutung begangen hat. Der Polizeibeamte P, der Ermittlungsperson der Staatsanwaltschaft ist, observiert deswegen ohne gerichtliche Anordnung an drei Tagen den V. Diese Observation soll der Erforschung von Straftaten dienen, die V begangen hat. Als V später Kenntnis von dieser Observation erlangt, will er deren Rechtswidrigkeit gerichtlich feststellen lassen. Mit Erfolg? **Rn 433**

b) Änderte sich an der Rechtslage etwas, wenn die Observation auch weitere Straftaten verhüten sollte? **Rn 434**

---

156 Zum Gewerbebegriff, insbesondere zur Dauerhaftigkeit, *Ruthig*, in: Ruthig/Storr, Öffentliches Wirtschaftsrecht, 3. Aufl. 2011, Rn 223; zur Abgrenzung vom allgemeinen Polizei- und Ordnungsrecht Rn 298 ff.

407 Den Polizeibehörden sind außer den Befugnissen im Rahmen der Gefahrenabwehr noch weitere Befugnisse eingeräumt. Zu nennen sind hier die Vollzugshilfe (dazu I), die sich nicht auf die Gefahrenabwehr beschränkt, sowie die Befugnisse bei der Verfolgung von Straftaten (dazu II) und Ordnungswidrigkeiten (dazu III). Daneben besitzt die Polizei weitere Aufgaben, die hier nicht im Einzelnen aufgeführt werden können, so zB auf dem Gebiet des Pass- und Meldewesens (vgl §§ 1, 2 NWMeldeG; §§ 1, 3 BWMeldeG).

I. Die Vollzugshilfe

408 Die Polizeigesetze der Länder regeln ausdrücklich oder jedenfalls sinngemäß die **Vollzugshilfe** als eine Aufgabe der Polizei[1]. Der Begriff wird **allerdings nicht einheitlich verwandt**. In Übereinstimmung mit den §§ 25 ff MEPolG verstehen die Polizei- und Ordnungsgesetze von Bayern, Berlin, Brandenburg, Bremen, Niedersachsen, Nordrhein-Westfalen, Rheinland-Pfalz, Sachsen und Sachsen-Anhalt unter Vollzugshilfe **die Anwendung unmittelbaren Zwangs durch die Polizei, die auf Ersuchen anderer Behörden erfolgt, um von jenen getroffene Maßnahmen durchzusetzen.** Demgegenüber spricht § 168 II Nrn. 1 u. 2 SchlHVwG in diesem Zusammenhang von Vollzugs- und Ermittlungshilfe. Weiterreichend verstehen § 60 IV BWPolG und ähnlich § 44 I Nr 1 HessSOG unter Vollzugshilfe die Ausführung jeglicher Vollzugshandlungen auf Ersuchen von Behörden und Gerichten, soweit hierfür die besonderen Fähigkeiten, Kenntnisse oder Mittel des Polizeivollzugsdienstes benötigt werden.

409 Die Vollzugshilfe weist **enge Verwandtschaft** mit der **Amtshilfe** auf, die in den §§ 4 ff VwVfG geregelt ist. Bei der Amtshilfe nimmt die Polizei allerdings **keine eigene Aufgabe** wahr (s. § 4 II Nr 2 VwVfG)[2]. Sowohl Vollzugshilfe als auch Amtshilfe (vgl § 4 II Nr 1 VwVfG) scheiden aus, wenn eine Behörde Weisungsbefugnisse gegenüber der sonst für die Vollzugshilfe kompetenten Polizei besitzt (zB Weisungsrecht der allgemeinen Polizeibehörden gegenüber den Polizeidienststellen gem. § 74 I BWPolG). Die Vollzugshilfe ist zu trennen vom polizeilichen Schutz für Vollstreckungshandlungen anderer Behörden (zB Schutz des Gerichtsvollziehers bei der Vornahme eines Vollstreckungsaktes) und von polizeilichen Maßnahmen des ersten Zugriffs, bei denen die Polizei im Eilfall für andere – eigentlich zuständige – Behörden handelt[3]. Ebenso wenig unterfallen dem Begriff der Vollzugshilfe reine Hilfstätigkeiten für andere Verwaltungsbehörden, wie zB Botendienste oder der Einzug von Gebühren.

---

1   § 60 IV BWPolG; Art. 50–52 BayPAG; §§ 52–54 BerlASOG; §§ 50–52 BrandPolG; §§ 37–39 BremPolG; §§ 30, 30a u. b HambSOG; §§ 44–46 HessSOG; § 7 II iVm §§ 82a ff MVSOG; §§ 51–53 NdsSOG; §§ 47–49 NWPolG, § 2 NWOBG; §§ 96–98 RhPfPOG; §§ 41–43 SaarlPolG; §§ 50–52 SachsAnhSOG; §§ 61–63 SächsPolG; § 168 II iVm §§ 33 II, V, 34 II, 35 II SchlHVwG; §§ 48–50 ThürPAG, § 3 ThürPOG; §§ 25–27 MEPolG; vgl hierzu näher *Martens*, JR 1981, 353 ff.

2   *Denninger*, in: L/D, D, Rn 223 f; *Würtenberger*, Rn 95; **aA** *Pieroth/Schlink/Kniesel*, § 5, Rn 8; *Rasch*, § 1 MEPolG, Rn 59, wonach die Vollzugshilfe einen Unterfall der Amtshilfe darstellt.

3   Vgl *Wolff/Bachof*, Verwaltungsrecht II, 4. Aufl. 1976, § 77 VI a 4.

Die Vollzugshilfe auf Ersuchen einer anderen Behörde kommt idR nur dann in Betracht, wenn die ersuchende Behörde unmittelbaren Zwang bzw eine Vollzugshandlung nicht selbst vornehmen kann. Sofern für die Zulässigkeit des Ersuchens um Vollzugshilfe keine Sonderregelungen bestehen[4], gelten die Grundsätze für das Amtshilfeersuchen gem. **§ 5 VwVfG entsprechend.**

410

Für die Rechtmäßigkeit der Maßnahme, die durch die Vollzugshilfe verwirklicht werden soll, gilt das Recht der ersuchenden Behörde. Für die Art und Weise der Durchführung der Vollzugshilfe ist das Recht der ersuchten Behörde maßgeblich. Dieser Differenzierung folgend, obliegt die Verantwortung für die Rechtmäßigkeit der zu vollziehenden Maßnahme ausschließlich der ersuchenden Behörde. Die ersuchte Behörde hat lediglich die Art und Weise der Durchführung zu verantworten (s. zB § 25 II 1 MEPolG und § 7 VwVfG analog)[5]. Soweit der Betroffene sich gegen die zu vollziehende Maßnahme wendet, hat er daher gegen den Träger der ersuchenden Behörde vorzugehen. Soweit er dagegen die Art und Weise der Durchführung der Vollzugshilfe beanstanden will, haben sich seine Rechtsbehelfe gegen den Träger der Polizei zu richten[6]. Deshalb kann zB bei der polizeilichen Anwendung unmittelbaren Zwangs zur Durchsetzung eines öffentlichrechtlichen Hausverbots[7] gegen die Polizei geltend gemacht werden, die Art und Weise der Anwendung unmittelbaren Zwangs sei übermäßig gewesen. Nicht hingegen können gegen die Polizei gerichtete Rechtsbehelfe darauf gestützt werden, dass das Hausverbot rechtswidrig war. Dies muss im Wege der Anfechtung des Hausverbots geltend gemacht werden.

411

II. Polizeiliche Befugnisse bei der Verfolgung von Straftaten

1. Die Tätigkeit der Polizei im Rahmen der Strafverfolgung

Wichtige Aufgaben sind der Polizei im Rahmen der Strafverfolgung zugewiesen. Gem. § 163 I 1 StPO haben die Behörden und Beamten des Polizeidienstes **Straftaten zu erforschen** und alle keinen Aufschub gestattenden Anordnungen zu treffen, um die Verdunkelung der Sache zu verhüten. Dieses polizeiliche Handeln **unterscheidet** sich in seiner **Zielsetzung** dadurch von der **Gefahrenabwehr**, dass es nach dem Willen der handelnden Polizeibediensteten unmittelbar nur der Strafverfolgung dient. An der Notwendigkeit einer klaren Unterscheidung ändert es nichts, dass sich die Strafverfolgung mittelbar auch spezial- und generalpräventiv auswirkt und häufig polizeiliche Maßnahmen (zB eine Durchsuchung oder eine Beschlagnahme) sowohl zur Gefahrenabwehr wie auch zur Strafverfolgung zulässig sind. Die Unterscheidung ist

412

---

4 Vgl Art. 50, 51 BayPAG; §§ 53, 54 BerlASOG; §§ 51, 52 BrandPolG; §§ 38, 39 I BremPolG; §§ 45, 46 HessSOG; §§ 52, 53 NdsSOG; §§ 48, 49 NWPolG; §§ 97, 98 RhPfPOG; §§ 42, 43 SaarlPolG; §§ 51, 52 I SachsAnhSOG; §§ 62, 63 SächsPolG; §§ 49, 50 ThürPAG; §§ 26, 27 I MEPolG.

5 Der ersuchten Behörde ist es wegen der Tatbestandswirkung des zu vollziehenden Verwaltungsakts grundsätzlich (anders nur bei Nichtigkeit) untersagt, die Rechtmäßigkeit oder gar Zweckmäßigkeit des zu vollziehenden Verwaltungsakts zu überprüfen.

6 *Drews/Wacke/Vogel/Martens*, § 10, 2c.

7 Zum Verhältnis von Hausrecht und polizeilichen Gefahrenabwehrmaßnahmen s. näher *Ramm*, DVBl 2011, 1506 ff.

notwendig, weil für die Strafverfolgung **andere Grundsätze** gelten als für die Gefahrenabwehr (vgl Rn 413), weil Abweichungen in der **organisatorischen Stellung** bestehen (Rn 413) und weil außerdem die **Tatbestandsvoraussetzungen** des polizeilichen Handelns (dazu Rn 414 ff) und der **Rechtsschutz** (Rn 419 ff) erheblich differieren.

413   Maßgeblich für die polizeiliche Strafverfolgung gem. § 163 I StPO ist nicht das Opportunitäts-, sondern das **Legalitätsprinzip**. Die Behörden und Bediensteten des Polizeidienstes sind im Rahmen der Strafverfolgung gem. § 161 I 2 StPO verpflichtet, dem Ersuchen oder Auftrag der Staatsanwaltschaft zu genügen[8]. Die in der Literatur zT vertretene Auffassung[9], die Weisungsbefugnis der Staatsanwaltschaft beziehe sich nur auf das „Ob" des polizeilichen Handelns, nicht hingegen auf das „Wie", findet im Wortlaut des § 161 I 2 StPO keine Stütze. Gleiches gilt für die Meinung, die Staatsanwaltschaft habe – anders als im Falle des § 152 GVG – grundsätzlich keine Weisungsbefugnis gegenüber den einzelnen Polizeibeamten, sondern müsse sich an die Polizeibehörde wenden. Die **Weisungsbefugnis der Staatsanwaltschaft im Rahmen der Strafverfolgung** wird auch dann nicht eingeschränkt, wenn die Polizei nicht nur zur Strafverfolgung, sondern auch zur Gefahrenabwehr tätig werden kann. Begrenzt ist die Weisungsbefugnis allerdings dann, wenn sich Weisungen auf die Vollstreckung von Strafverfolgungsmaßnahmen der Polizei beziehen, die nicht in der StPO geregelt sind, insbesondere wenn es um den Schusswaffengebrauch durch die Polizei geht, der in § 10 I Nr 2 UZwG und entsprechenden landesrechtlichen Regelungen normiert ist. Dabei handelt es sich – wie auch aus der Systematik dieser Vorschriften hervorgeht (s. näher unter Rn 417) – nicht um eine Ermittlungstätigkeit der Polizei iSd § 161 StPO, sondern um einen Vollstreckungsakt. Die Staatsanwaltschaft kann demgemäß nur – entsprechend den Grundsätzen über die polizeiliche Vollzugshilfe – die Polizei ersuchen, unmittelbaren Zwang anzuwenden. Wie der unmittelbare Zwang konkret angewendet wird, bleibt der Polizei überlassen. Die Staatsanwaltschaft kann der Polizei daher nur eingeschränkt einen Schießbefehl erteilen[10], da häufig verschiedene Möglichkeiten bestehen, wie unmittelbarer Zwang konkret angewendet werden kann. Eine Weisung der Staatsanwaltschaft darf iÜ nie auf die Abgabe eines Todesschusses gerichtet sein, da eine solche Maßnahme naturgemäß niemals der Strafverfolgung, sondern nur der Gefahrenabwehr dienen kann.

414   **§ 163 I 1 StPO stellt nur eine Aufgabennorm** dar, die der Polizei die Strafverfolgung zur Pflicht macht, ihr jedoch noch keine Befugnisse zuweist. Eine **Eingriffsermächtigung** enthält aber § 163 I 2 StPO. Nach dieser Vorschrift sind die Behörden und Beamten des Polizeidienstes im Rahmen ihres Aufgabenbereichs (§ 163 I 1 StPO) befugt, alle Behörden um Auskunft zu ersuchen, bei Gefahr im Verzug die Auskunft zu verlangen, sowie Ermittlungen jeder Art vorzunehmen, soweit nicht andere gesetzliche Vorschriften ihre Befugnisse besonders regeln. Die StPO beinhaltet eine Vielzahl solcher spezieller Befugnisnormen. Sie betreffen etwa die körperliche Untersuchung sowie die Blutentnahme und andere körperliche Eingriffe (§ 81a StPO)[11], die Durchführung erkennungsdienstlicher Maßnahmen[12], insbesondere die Aufnahme von Lichtbildern und Fingerabdrücken (§ 81b StPO), die Untersuchung anderer Personen (§ 81c StPO), molekulargenetische Untersuchungen (§ 81e StPO), DNA-Identitätsfeststellungen (§ 81g StPO), Reihengentests (§ 81h StPO), die Beschlagnahme (§§ 94 ff StPO), die Rasterfahndung (§§ 98a,

---

8   Zum Verhältnis von Polizei und Staatsanwaltschaft *Köhler*, BayVBl. 2005, 613 ff.
9   So zB *Kaiser*, NJW 1972, 14, 15.
10   *Jakobs*, DVBl 2006, 83, 87. Diese Probleme stellten sich zB in Verbindung mit dem „Gladbecker Geiseldrama" (dazu *Zuck*, MDR 1988, 920; *Schäfer*, Kriminalistik 1990, 58).
11   Diese Vorschrift bietet aber keine Rechtsgrundlage für den schwerwiegenden Eingriff, der mit einer Genomanalyse verbunden ist.
12   Soweit sie nicht zur Durchführung eines Strafverfahrens, sondern für die Zwecke des Erkennungsdienstes erfolgen, liegen freilich Maßnahmen der Gefahrenabwehr vor, die im Verwaltungsrechtsweg angreifbar sind, vgl *BVerwG*, NJW 1983, 772.

98b StPO), den Datenabgleich (§ 98c StPO), die Überwachung der Telekommunikation (§§ 100a, 100b StPO), Auskünfte über Telekommunikationsverbindungsdaten (§§ 100g, 100h StPO), die heimliche Herstellung von Bildaufnahmen und den Einsatz besonderer technischer Mittel für Observationszwecke außerhalb der Wohnung (§ 100f StPO), worunter auch der Einsatz von GPS fällt (§ 100f I Nr 2 StPO; s. auch Rn 187), das Abhören und Aufzeichnen des in einer Wohnung nichtöffentlich gesprochenen Wortes des Beschuldigten mit technischen Mitteln (§§ 100c-100e StPO), die Durchsuchung (§ 102 ff StPO), die Verdeckte Ermittlung (§§ 110a-110e StPO), die Einrichtung von Kontrollstellen auf Straßen und Plätzen (§ 111 StPO), die vorläufige Festnahme (§ 127 I u. II StPO), die Ausschreibung zur Festnahme (§ 131 StPO), die Ausschreibung zur Aufenthaltsermittlung (§ 131a StPO), die Vernehmung und Vorladung des Beschuldigten (§ 163a StPO), die Feststellung der Identität (§ 163b StPO) sowie die Freiheitsentziehung zur Feststellung der Identität (§ 163c StPO), die Schleppnetzfahndung (§ 163d StPO), die Ausschreibung zur polizeilichen Beobachtung (§ 163e StPO), die längerfristige polizeiliche Observation (§ 163f StPO) und die Festnahme von Störern (§ 164 StPO), die als Minus einen Platzverweis[13] in sich schließt. In den §§ 474 ff StPO finden sich ferner detaillierte Regelungen über die Erteilung von Auskünften und Akteneinsicht sowie die sonstige Verwendung von Informationen für verfahrensübergreifende Zwecke.

Die oben genannten polizeilichen Befugnisse stehen zT generell den Polizeibeamten zu (zB §§ 81b, 127 II StPO), zT nur solchen Polizeibeamten, die **Ermittlungspersonen der Staatsanwaltschaft** sind (so zB §§ 81a II, 81c V, 98 I 1, 105 I 1 StPO). Diese sind gem. § 152 I GVG verpflichtet, den Anordnungen der Staatsanwaltschaft ihres Bezirks und der dieser vorgesetzten Beamten Folge zu leisten. Welche Gruppen von Beamten oder Angestellten Ermittlungspersonen der Staatsanwaltschaft sind, bestimmen gem. § 152 II 1 GVG Rechtsverordnungen der Landesregierungen. Eine Besonderheit enthält das vorläufige Festnahmerecht des § 127 I StPO, das jedermann zum Zwecke der Strafverfolgung eine Festnahmebefugnis einräumt. Da diese Norm der Sache nach darauf hinausläuft, Privatpersonen mit staatlichen Aufgaben zu „beleihen", ergeben sich Begrenzungen aus dem verfassungsrechtlichen Übermaßverbot. Wegen der strukturellen Besonderheiten des § 127 I StPO bestehen dabei (anders als bezüglich sonstiger Rechtfertigungsgründe, vgl oben Rn 40) keine Bedenken, wenn sich staatliche Bedienstete (zB Fahrscheinkontrolleure in Bezug auf „Schwarzfahrer") auf § 127 I StPO stützen. **415**

Die polizeilichen Befugnisse zur Strafverfolgung können – anders als die Befugnisse zur Strafverfolgungsvorsorge (s. Rn 418) – vom Landesgesetzgeber nicht über den Umfang hinaus erweitert werden, der in der StPO vorgesehen ist. Die entsprechenden Normierungen der StPO sind nämlich, wie sich aus dem **in § 6 EGStPO enthaltenen Kodifikationsprinzip ergibt, abschließend**[14]. § 8 II 2 MEPolG begründet deshalb keine polizeilichen Befugnisse im Rahmen der Strafverfolgung (oben Rn 39). Es wäre iÜ systemwidrig, wenn der Landesgesetzgeber der Polizei umfassendere Eingriffsbefugnisse zur Strafverfolgung einräumen könnte, als sie nach dem Bundesrecht der Staatsanwaltschaft zustehen. Für einen solchen Ausbau der polizeilichen Befugnisse besteht iÜ kein praktisches Bedürfnis, zumal der Bundesgesetzgeber der Polizei heute ein sehr weit reichendes Handlungsinstrumentarium zur Verfügung stellt (s. Rn 414). Deshalb sind zB landesrechtliche Vorschriften, die eine Identitätsfeststellung zum Zwecke der Strafverfolgung vorsehen, verfassungswidrig. Allerdings lassen sich Vorschriften wie § 26 I Nr 5 BWPolG zT noch verfassungskonform auslegen (dazu Rn 119). **416**

Der Landesgesetzgeber ist allerdings befugt, die Anwendung unmittelbaren Zwangs zur Durchführung polizeilicher Strafverfolgungsmaßnahmen zu regeln (vgl zB § 54 I Nr 2 BWPolG). Dies steht nicht im Widerspruch dazu, dass die StPO die polizeilichen Befugnisse im Rahmen der **417**

---

13 *Pieroth/Schlink/Kniesel*, § 16, Rn 8; *Schenke*, JR 1970, 48, 50.
14 Vgl hierzu näher *Schenke*, JR 1970, 48 ff; *Schoch*, JuS 1994, 485; *Roxin*, Strafverfahrensrecht, 25. Aufl. 1998, § 31, Rn 23; *Schwan*, VerwArch. Bd. 70 (1979), 109, 115 ff; *BGH*, NJW 1962, 1020 f.

Strafverfolgung abschließend regelt. Bezüglich der zwangsweisen Durchsetzung polizeilicher Strafverfolgungsmaßnahmen enthält die StPO nämlich überwiegend keine Regelungen[15]. Es handelt sich vielmehr – wie auch sonst – um eine eigenständige Rechtsmaterie, nämlich das Vollstreckungsrecht. Der Bundesgesetzgeber geht ebenfalls davon aus, dass die StPO insoweit keine abschließende Normierung enthält. Dies wird an Vorschriften wie § 8 Nr 2 UZwG (Fesselung von Personen) oder § 10 UZwG (Schusswaffengebrauch gegenüber Flüchtigen) deutlich, die eindeutig zumindest auch der Durchsetzung von Strafverfolgungsmaßnahmen dienen.

418 Zu beachten ist ferner, dass die StPO die **Strafverfolgungsvorsorge**, für die eine Gesetzgebungszuständigkeit des Bundes unter dem Aspekt der Annexkompetenz besteht (dazu Rn 30), bisher nicht abschließend geregelt hat[16]. Die Ermächtigungsgrundlagen, die auf diesem Sektor geschaffen wurden (s. §§ 81b, 81g StPO; vgl auch § 484 IV StPO), lassen damit – außerhalb ihres Anwendungsbereichs – noch Raum für landesrechtliche Regelungen der Strafverfolgungsvorsorge (s. Rn 30). Landesrechtliche Regelungen der Gefahrenvorsorge bleiben ohnehin unberührt.

2. Rechtsschutz gegen Strafverfolgungsmaßnahmen der Polizei

419 Die Unterscheidung zwischen der polizeilichen Tätigkeit, die der Gefahrenabwehr dient, und der Tätigkeit, die die Strafverfolgung bezweckt, besitzt vor allem für den Rechtsschutz erhebliche Bedeutung. Der **Rechtsschutz gegen polizeiliche Gefahrenabwehrmaßnahmen** richtet sich nach den **§§ 40 ff VwGO**, während für den **Rechtsschutz gegen polizeiliche Strafverfolgungsmaßnahmen** nach heute herrschender, wenngleich umstrittener Auffassung **die §§ 23 ff EGGVG gelten**[17]. Bei der Polizei, die mit den Aufgaben der Strafverfolgung betraut ist (Kriminalpolizei), handelt es sich nämlich – obschon sie organisatorisch den Innenministerien zugeordnet und damit im organisatorischen Sinn keine Justizbehörde ist – um eine **Justizbehörde iSd § 23 EGGVG, da sie funktionell Justizaufgaben (Strafrechtspflege) wahrnimmt**. Der Begriff der Justizbehörde iSd § 23 EGGVG ist funktionell zu verstehen. Anderenfalls ergäben sich unterschiedliche Rechtswege für Strafverfolgungsmaßnahmen der Staatsanwaltschaft[18] einerseits, der Polizei andererseits. Dadurch entschiede häufig der Zufall über den zu beschreitenden Rechtsweg. Zudem wäre ein solches Ergebnis schwerlich mit dem in Art. 95 GG enthaltenen Rechtsgedanken vereinbar, dass sachlich zusammenhängende Rechtsstreitigkeiten (– die Rechtsgrundlagen für staatsanwaltschaftliche und polizeiliche Strafverfolgungsmaßnahmen sind im Regelfall identisch –) möglichst von derselben Gerichtsbarkeit zu entscheiden sind.

---

15 So zutreffend *Benfer*, NJW 2002, 2688 f; **aA** *OLG Dresden*, NJW 2001, 3643 f.
16 *BVerwG*, NVwZ 2012, 757; s. auch oben Rn 30.
17 Vgl hierzu ausführlich *Schenke*, VerwArch. Bd. 60 (1969), 332 ff; *ders.*, NJW 1976, 1816 ff und *ders.*, NJW 2011, 2838, 2839 ff; ebenso *Aulehner*, BayVBl. 1988, 709 ff; *Drews/Wacke/Vogel/Martens*, § 30, 1; *Heneka*, Rechtsschutz gegen polizeiliche Ermittlungstätigkeit zur Erforschung von Straftaten und Ordnungswidrigkeiten, 1993, S. 13 ff; *Rasch*, vor § 35 MEPolG, Rn 5 ff; *Roxin*, Strafverfahrensrecht, 25. Aufl. 1998, § 29, Rn 10; *BVerwGE* 47, 255 ff; **aA** *Markworth*, DVBl 1975, 575 ff. Missverständlich *Gusy*, Rn 484, der die Auffassung, die auf den Begriff der Justizbehörde im organisatorischen Sinn abstellt, als funktionelle Betrachtungsweise charakterisiert.
18 Insoweit gilt unbestreitbar § 23 EGGVG, weil die Staatsanwaltschaft dem Justizministerium untersteht und somit auch organisatorisch Justizbehörde ist.

Zwar kann es im Einzelfall für den Betroffenen schwer festzustellen sein kann, ob **420** eine polizeiliche Maßnahme der Gefahrenabwehr oder der Strafverfolgung dient[19]. Die sich daraus ergebenden Schwierigkeiten lassen sich aber – sofern die Maßnahme nicht ohnehin in direkter oder analoger Anwendung des § 39 I VwVfG begründet wurde – dadurch beheben, dass dem Betroffenen ein **Anspruch auf Mitteilung des Zwecks einer polizeilichen Maßnahme** eingeräumt wird, der aus dem Rechtsstaatsprinzip abzuleiten ist. Ohne eine solche polizeiliche Auskunftsverpflichtung würde der Betroffene nicht nur über den Rechtsweg im unklaren gelassen. Er wüsste auch nicht, anhand welcher Rechtsgrundlage er die Rechtmäßigkeit der Maßnahmen überprüfen kann.

Wenn die Polizei ihre Auskunftsverpflichtung nicht erfüllt, so ist ihre Maßnahme **421** schon deswegen **rechtswidrig**, weil ihr ein rechtsstaatswidriges **Begründungsdefizit** anhaftet. Ein entsprechender Mangel kann allerdings nach den Verwaltungsverfahrensgesetzen noch dadurch geheilt werden, dass eine Begründung während des gerichtlichen Verfahrens bis zum Abschluss der letzten Tatsacheninstanz (also nicht mehr in der Revisionsinstanz) nachgeholt wird (vgl die landesrechtlichen Regelungen, die den §§ 39, 45 I Nr 2, II VwVfG entsprechen).

Wenn die äußeren Umständen nicht ohne weiteres erkennen lassen, mit welcher Zielsetzung die Polizei handelt, und die Polizei ihrer Auskunftsverpflichtung nicht nachkommt, steht es dem Betroffenen frei, welchen der beiden Rechtswege, die in Betracht kommen, er beschreiten will. Es besteht keine Vermutung dafür, dass im Zweifel von einem Handeln zur Gefahrenabwehr auszugehen ist[20]. Wenn sich die Polizei erst während oder gar nach Abschluss des gerichtlichen Verfahrens darauf beruft, dass sie ihr Verhalten (auch) auf solche Gesichtspunkte gestützt habe, über welche das angerufene Gericht nicht befinden könne, so liegt hierin ein unbeachtliches treuwidriges Verhalten[21].

In Literatur und Rechtsprechung wird vielfach vertreten[22], für die Beurteilung der Rechtsnatur einer polizeilichen Maßnahme komme es entscheidend darauf an, wo ihr **Schwerpunkt** liege. Diese Auffassung ist nicht haltbar. Sie lässt nämlich im Unklaren, anhand welcher Gesichtspunkte dieser Schwerpunkt bestimmt werden soll und auf wessen Perspektive dabei abzustellen ist[23]. Un-

---

19 Wenn die Polizei ihre Ermittlungen an die Staatsanwaltschaft oder ein Gericht weitergeleitet hat, so liegt (jedenfalls auch) eine Strafverfolgungsmaßnahme vor.

20 **AA** *Pieroth/Schlink/Kniesel*, § 2, Rn 15 und *Muckel*, S. 23 mit der Begründung, dass Gefahrenabwehr wichtiger sei als Strafverfolgung.

21 Selbst wenn man ein solches Verhalten für prozessual beachtlich hielte, führte dies iÜ nicht zur Unzulässigkeit des prozessualen Begehrens des Klägers, sondern zu einer Verweisung von Amts wegen gem. § 17a II GVG an das Gericht des einschlägigen Rechtswegs. Eine solche Verweisung schiede allerdings aus, wenn die Polizei nunmehr ihre Maßnahme sowohl mit dem PolG wie auch der StPO rechtfertige.

22 So zB *Knemeyer*, Rn 122 und *VGH München*, BayVBl. 1986, 337 f; 2010, 220; *OVG Münster*, NWVBl. 2012, 364. Nach *VGH Mannheim*, NVwZ-RR 1990, 413 soll für die Rechtsnatur der Maßnahme „entscheidend zum einen das Schwergewicht der polizeilichen Maßnahme und zum anderen der damit verfolgte Zweck" sein. **Krit** zur Schwerpunkttheorie näher *Schenke*, FG Knemeyer, 2012, 383 ff sowie ders., NJW 2011, 2838, 2841 ff; *Schmidtbauer*, in: FS Steiner, 2009, S. 734, 744 ff.

23 So auch *Muckel*, S. 23.

klar bleibt insbesondere, ob es auf die Sicht der betroffenen Personen[24] oder auf den Willen der Polizei ankommt. Wenn es auf den Willen der Polizei ankäme, bliebe unklar, wie sich diese Auffassung von der Ansicht unterschiede, die die Ziele des polizeilichen Handelns für maßgeblich hält. Ohne einen solchen Unterschied wäre es aber sinnlos, den Topos des Schwerpunkts zu verwenden, der dann vom eigentlich entscheidenden Gesichtspunkt nur ablenkte. Darüber hinaus ist nicht einzusehen, warum es der Polizei nicht möglich sein soll, mit ihrem Handeln zweierlei Zielsetzungen (Gefahrenabwehr und Strafverfolgung) gleichzeitig nebeneinander zu verfolgen, ohne hier Prioritäten zu setzen. Angesichts dieser zahlreichen Probleme, die die (Leer-)Formel vom Schwerpunkt des polizeilichen Handelns nur aufwirft, aber nicht löst, verwundert es kaum, dass Literatur und Rechtsprechung den Schwerpunkt bestimmter polizeilicher Tätigkeiten durchaus unterschiedlich bestimmen[25].

Unter diesen Umständen scheint eine Rückbesinnung auf die gesetzlichen Regelungen der Polizeigesetze und der StPO dringender denn je. Sie qualifizieren eine polizeiliche Maßnahme **anhand der Ziele, denen sie bei ihrer Vornahme**[26] **jeweils dient**[27]. Ihre jeweiligen Aufgaben- und Befugnisnormen knüpfen also an die Finalität des polizeilichen Handelns an. Die Rechtmäßigkeit des polizeilichen Handelns ließe sich ohnehin nicht überprüfen, ohne die damit verfolgte Absicht zu ermitteln. Dann muss es aber möglich sein, dieser **Absicht bereits bei der Bestimmung des Rechtsweges Rechnung zu tragen**. Eine Betrachtungsweise, die von der subjektiven Zielsetzung abstrahiert und stattdessen darauf abstellt, ob objektiv die Voraussetzungen für ein Handeln zur Strafverfolgung und/oder zur Gefahrenabwehr gegeben sind, verwechselt letztlich die Frage, ob die Polizei zu einem bestimmten Zweck handeln durfte, mit der Frage, zu welchem Zweck sie tatsächlich handelte. Dies verkennt, dass eine Maßnahme zum Zwecke der Strafverfolgung selbst dann eine Maßnahme zu diesem Zweck bleibt, wenn der Betroffene strafrechtlich nicht verantwortlich ist und nur ein polizeirechtliches Vorgehen möglich ist. Die Schwerpunkttheorie beachtet zudem nicht, dass es der Polizei **nicht verwehrt** sein darf, sich bei bestimmten Maßnahmen **sowohl auf das Polizeirecht als auch auf die StPO zu berufen**[28]. Die Schwerpunkttheorie schränkt demgegenüber die materiellrechtlichen Handlungsbefugnisse der Polizei aus prozessrechtlichen Gründen ein, indem sie es ihr unmöglich macht, ihr Handeln (vorsichtshalber) auf zwei verschiedene Rechtsgrundlagen zu stützen[29]. Dies verkennt die instrumentale Funktion, die dem Prozessrecht im Verhältnis zum materiellen Recht zukommt. Zu Widersprüchen führt die Schwerpunkttheorie schließlich dadurch, dass ihre Anhänger sie zT nur bezüglich der Rechtswegfrage vertreten, iÜ aber anerkennen, dass die **Polizei gleichzeitig sowohl zur Gefahrenabwehr wie auch zur Strafverfolgung tätig sein kann**. So geht das

---

24 *Pieroth/Schlink/Kniesel*, § 2, Rn 15 halten die Sicht des Betroffenen zumindest auch für relevant; *Würtenberger/Heckmann*, BW, Rn 189 ff stellen auf einen objektiven Beobachter ab. In Zweifelsfällen könne ergänzend auf den „erkennbaren Willen" der Polizeibeamten zurückgegriffen werden.

25 Vgl zB einerseits *VGH München*, NJW 1984, 2235, andererseits *Schoreit*, NJW 1985, 169 ff; s. auch *BVerwG*, NJW 1984, 2233, 2234.

26 Insoweit trifft die Kritik von *Knemeyer*, Rn 123 an der hier vertretenen Auffassung nicht zu. Die hier vertretene Auffassung geht keineswegs davon aus, dass die Polizei nachträglich bestimmen könne, in welchem Aufgabenbereich sie tätig geworden sei.

27 Nicht überzeugend daher *Gusy*, Rn 155, wonach eine rechtliche Beurteilung unmöglich sei, wenn die Anwendbarkeit der jeweiligen Ermächtigungsgrundlage allein von der Absicht des Beamten abhänge. Unklar bleibt hier zudem, auf welche anderen Gesichtspunkte bei der Abgrenzung abzustellen ist.

28 S. schon früher *Schenke*, VerwArch. Bd. 60 (1969), 332, 345; *ders.*, NJW 2011, 2838 ff; ebenso *Erichsen*, Jura 1993, 45, 49; *Götz*, NVwZ 1984, 211, 215; *ders.*, NVwZ 1994, 652, 658; *Ruthig*, RhPf, § 4, Rn 179; *Schmidtbauer*, FS Steiner, 2009, S. 734, 755 ff; *Schmidtbauer/Steiner*, Bay, Art. 12 POG, Rn 21 ff; *Schoch*, FS Stree und Wessels, 1993, S. 1095, 1114 ff; s. auch *Würtenberger*, Rn 101 f und *BayObLG*, NVwZ 1990, 194, 195.

29 Es ist notwendig, dass sich die Polizei auf beide Rechtsgrundlagen berufen darf, s. *Wolter*, Jura 1992, 520, 526.

BVerwG[30] etwa zu Recht davon aus, dass vom Störer Kostenersatz nach Maßgabe der polizeirechtlichen Bestimmungen verlangt werden kann, wenn eine Maßnahme zwar auch der Strafverfolgung dient, damit aber eine Maßnahme der Gefahrenabwehr Hand in Hand geht. In seiner neueren Rechtsprechung vertritt das *BVerwG*[31] zudem zu Recht die Auffassung, dass polizeiliches Handeln **sowohl der Gefahrenvorsorge wie gleichzeitig auch der Strafverfolgungsvorsorge dienen** kann und greift insoweit nicht auf die Schwerpunkttheorie zurück. Dann ist aber nicht einzusehen, weshalb polizeiliches Handeln nicht gleichzeitig sowohl zum Zwecke der Gefahrenabwehr wie auch zum Zwecke der Strafverfolgung zu erfolgen vermag.

Wenn die Polizei ihr Handeln auf polizeirechtliche und auf strafprozessuale Normen stützt (sog. **424** **doppelfunktionale Maßnahmen der Polizei**)[32], muss der Betroffene **sowohl den Verwaltungsrechtsweg als auch den Rechtsweg zu den ordentlichen Gerichten** beschreiten[33]. Die Prüfungs- und Entscheidungskompetenz des Gerichts, das der Betroffene jeweils anruft, ist allerdings auf diejenigen Fragen beschränkt, die seiner Gerichtsbarkeit unterfallen. Wenn zB die gefahrenabwehrrechtlichen Normen eine polizeiliche Beschlagnahme nicht rechtfertigen, so ist jene vom Verwaltungsgericht insoweit aufzuheben, wie sie der Gefahrenabwehr dient. Wenn die Beschlagnahme zugleich der Strafverfolgung diente und auch auf die StPO gestützt wurde, bleibt ihre Wirksamkeit insoweit unberührt, solange das Oberlandesgericht die Beschlagnahme nicht gem. § 28 I 1 EGGVG aufhebt. Diese Doppelspurigkeit des Rechtswegs ist dadurch gerechtfertigt, dass hier in Wahrheit **zwei voneinander zu trennende polizeiliche Handlungen** – einerseits präventiver, andererseits repressiver Art – vorliegen, die nur äußerlich in einem einzigen Akt zusammenfielen.

Deshalb ändert § 17 II GVG – entgegen einer zT vertretenen Auffassung – nichts an der hier vertretenen Lösung. Wenn zeitlich getrennt erst ein Eingriff auf den Gesichtspunkt der Gefahrenabwehr und später ein weiterer Eingriff auf den Gesichtspunkt der Strafverfolgung gestützt wird (bzw umgekehrt), **steht einer Anwendung des § 17 II 1 GVG entgegen**, dass es sich um **zwei verschiedene Streitgegenstände** handelt. Nichts anderes kann aber dann gelten, wenn diese Maßnahmen scheinbar uno actu getroffen werden[34]. Dass § 17 II 1 GVG hier nicht herangezogen werden kann, zeigt sich außerdem an den Konsequenzen, die sich daraus ergäben. Wenn die Polizei ihr Handeln sowohl auf die StPO wie auch auf Polizeirecht stützt, aber nur die Voraussetzungen für ein Handeln auf einem dieser Sektoren vorliegen, müsste nach Auffassung derjenigen, die eine Anwendung des § 17 II 1 GVG befürworten, das Rechtsschutzbegehren eines Betroffenen in vollem Umfang als unbegründet abgewiesen und das polizeiliche Handeln uneingeschränkt aufrechterhalten werden[35]. Dadurch dürfte aber das polizeiliche Handeln Zwecke verfolgen, für die

---

30 *BVerwG*, DÖV 2001, 1003; *Schenke*, FG Knemeyer, 2012, S. 383, 396, *ders.*, NJW 2011, 2839, 2842; **aA** *VGH München* DVBl 1998, 840 f; *Würtenberger/Heckmann*, BW, Rn 923, wonach die polizeirechtliche durch die strafprozessuale Kostenregelung verdrängt werde. Dies überzeugt unter kompetenzrechtlichen Gesichtspunkten nicht, weil dem Bund die Gesetzgebungskompetenz für das Polizeirecht fehlt.

31 *BVerwG*, NVwZ 2012, 757, 760.

32 S. hierzu näher *Schenke*, FG Knemeyer, S. 383, 402 f; *ders.*, NJW 2011, 2838, 2843 und *Schmidtbauer*, FS Steiner, S. 734 ff.

33 Es überzeugt allerdings nicht, wenn *Schmidtbauer*, FS Steiner, S. 734, 748 annimmt, dass beim Vorliegen der Voraussetzungen für ein polizeiliches Handeln sowohl zur Gefahrenabwehr als auch zur Strafverfolgung stets – unabhängig vom Willen der Polizei – eine doppelfunktionale Maßnahme vorliege.

34 Abzulehnen ist es daher, wenn *Götz*, NVwZ 1994, 652, 658 u. *Schoch*, FS Stree und Wessels, 1993, S. 1095, 1116, hier § 17 II 1 GVG anwenden wollen. S. demgegenüber *Erichsen*, Jura 1993, 45, 49; *Schenke*, Verwaltungsprozessrecht, Rn 140; *ders,*, FG Knemeyer, S. 383, 401 ff; *ders.*, NJW 2011, 2839, 2843; *Schmidtbauer*, FS Steiner, S. 734, 755; *Schmidtbauer/Steiner*, Bay, Art. 12 POG, Rn 29; *Schoch*, Jura 2001, 628, 631; *OVG Schleswig*, NVwZ-RR 2007, 817, 818. *Knemeyer*, Rn 123 Fn 110 erkennt richtig, dass § 17 II 1 GVG nicht anwendbar ist, wenn man – entgegen seiner Auffassung – ein Handeln der Polizei, das sowohl auf die Polizeigesetze wie auch auf die StPO gestützt wird, als zulässig ansieht.

35 So zB *Wolffgang/Hendricks/Merz*, NW, Rn 45 und 108–110; *Würtenberger*, § 21, Rn 101; **aA** *Schenke*, in: FG Knemeyer, S. 383, 401 ff; *ders.*, NJW 2011, 2838, 2843.

das materielle Recht gerade keine polizeiliche Handlungsbefugnis vorsieht. Die Polizei könnte ihr Handeln insoweit idR auch nicht umwidmen, weil ein hypothetischer Ersatzeingriff nicht rechtmäßig vorgenommen werden könnte.

Zu beachten ist iÜ, dass die Ergebnisse einer polizeilichen Tätigkeit, die zunächst der Strafverfolgung diente (zB Abnahme von Fingerabdrücken gem. § 81b Alt. 1 StPO), uU später zur Gefahrenabwehr (zB für den Erkennungsdienst) genutzt werden darf. Gegen eine solche Verwendung ist dann der Rechtsweg zu den Verwaltungsgerichten eröffnet[36].

425 ZT wurde früher die Auffassung vertreten[37], Strafverfolgungsmaßnahmen der Polizei seien **Prozesshandlungen** und deswegen **nicht angreifbar**. Diese Auffassung ist unhaltbar, da sie mit der Rechtsschutzgarantie des **Art. 19 IV GG unvereinbar** ist[38]. Maßgeblich für den Rechtsschutz kann nicht sein, wie eine Maßnahme begrifflich eingeordnet wird. Entscheidend kann vielmehr nur sein, ob sie in die Rechtsstellung des Betroffenen eingreift. ZT wird schließlich versucht, den Rechtsschutz gem. § 23 I EGGVG mit der Begründung zu verneinen, dass gegen polizeiliche Maßnahmen (wie eine strafprozessuale Beschlagnahme oder Durchsuchung) in direkter oder analoger Anwendung des **§ 98 II 2 StPO** ein Rechtsweg bestehe[39], der gem. § 23 III EGGVG den Rechtsweg zu den ordentlichen Gerichten ausschließe. Diese Ansicht übersieht, dass der Richter, der nach § 98 II 2 StPO entscheidet, **nicht** (wie für einen Rechtsschutz erforderlich) **die Rechtmäßigkeit des polizeilichen Handelns kontrolliert**, sondern eine eigene Entscheidung über die Beschlagnahme trifft. Deutlich wird dies daran, dass er eine rechtswidrige polizeiliche Beschlagnahme aufrechterhalten kann, sofern bei seiner Entscheidung die Voraussetzungen für eine Beschlagnahme gegeben sind. Davon abgesehen, scheidet bei erledigten Strafverfolgungsmaßnahmen (gegen die nach § 28 I 4 EGGVG[40] ein Rechtsschutz möglich ist) eine Anrufung des Richters in direkter oder analoger Anwendung des § 98 II 2 StPO aus[41]. Soweit der Weg zum Richter in direkter oder analoger Anwendung des § 98 II 2 StPO offen steht, kann dies **allerdings das Rechtsschutzbedürfnis für einen Rechtsschutz** gegen die Strafverfolgungsmaßnahme **nach den §§ 23 ff EGGVG ausschließen**[42].

426 Der Rechtsweg zum *OLG* ist nicht nur gegen Justizverwaltungsakte gegeben, sondern auch gegen **Realakte**, die der Strafverfolgung dienen. Dies folgt aus einer erweiternden Auslegung der §§ 23 ff EGGVG. So kann zB ein Betroffener, der durch einen Fahndungsaufruf der Kriminalpolizei in seinem Persönlichkeitsrecht verletzt wurde, den entsprechenden Folgenbeseitigungsanspruch (s. Rn 117) vor dem *OLG* geltend machen[43]. Zwar spricht der Wortlaut der §§ 23, 28 I 1 EGGVG („Maßnahmen zur Regelung", „hebt das Gericht die Maßnahmen auf") für eine Beschränkung des Rechtsschutzes auf Justizverwaltungsakte. Jedoch regelt § 28 I 2 EGGVG die Durchsetzung eines Vollzugsfolgenbeseitigungsanspruchs, der typischerweise auf einen Realakt

---

36 S. auch *BVerwG*, NJW 1983, 772 ff; NJW 1990, 2765.

37 So zB *OLG Karlsruhe*, NJW 1976, 1417 ff mwN; **krit**. *Schenke*, NJW 1976, 1816 ff; *Rasch*, vor § 35 MEPolG, Rn 6; *Roxin*, Strafverfahrensrecht, 25. Aufl. 1998, § 29, Rn 11.

38 Vgl dazu *Schenke*, in: Bonner Kommentar (Drittbearb.), GG, Art. 19 IV, Rn 299 ff.

39 So *Amelung*, NJW 1978, 1013 f; *BGH*, DÖV 1978, 730 f; **krit**. *Schenke*, NJW 1976, 1816, 1820 f; *ders.*, DÖV 1978, 731 ff; *ders.*, NJW 2011, 2838, 2839 ff; *Aulehner*, BayVBl. 1988, 711 ff.

40 Das Rechtsschutzbedürfnis für eine solche Feststellung ergibt sich regelmäßig aus einem Rehabilitationsinteresse. Diesem Interesse wird durch den Rechtsschutz des Beschuldigten im strafrechtlichen Ermittlungsverfahren, der auf ein anderes Ziel gerichtet ist, jedenfalls nicht generell in gleicher Weise Rechnung getragen (**aA** *OLG Nürnberg*, BayVBl. 1987, 411, 412).

41 *Schenke*, DÖV 1978, 731 ff; NJW 2011, 2840; *Dörr*, NJW 1984, 2258, 2260 ff; *Heneka*, Rechtsschutz gegen polizeiliche Ermittlungstätigkeit zur Erforschung von Straftaten und Ordnungswidrigkeiten, 1993, S. 192 ff; *Schoch*, FS Stree und Wessels, 1993, S. 1095, 1111; *Würtenberger/Heckmann*, BW, Rn 205; *KG*, JR 1983, 304 f; **aA** *Amelung*, NJW 1978, 1013 f; *Götz*, JuS 1985, 869, 871; *BGH*, DÖV 1978, 730 f.

42 Vgl näher *Schenke*, NJW 1976, 1816, 1822 f; *Riegel*, S. 199; *Dörr*, NJW 1984, 2258 ff.

43 Vgl hierzu *Wasmuth*, NJW 1988, 1705; *VGH Mannheim*, NJW 1973, 214 sowie grundsätzlich auch *BVerwG*, NJW 1989, 413; s. schon früher allgemein *Schenke*, VerwArch. Bd. 60 (1969), 345 f.

gerichtet ist. Dies legt es – zumindest unter Beachtung des Rechtsgedankens des Art. 95 GG (oben Rn 419) – nahe, auch eine isolierte Geltendmachung des Folgenbeseitigungsanspruchs vor dem *OLG* zuzulassen. Für diese Ansicht spricht ferner, dass auch sonst der Rechtsweg nicht davon abhängt, dass ein Verwaltungsakt vorliegt (vgl § 40 VwGO), und dass überdies die Abgrenzung zwischen Verwaltungsakt und Realakt ohnehin fließend ist, wie die Rechtsfigur des Verwaltungsakts auf Duldung zeigt. Es erzeugte deshalb erhebliche Rechtsunsicherheit, wenn man die schwierige begriffliche Qualifikation über den Rechtsweg entscheiden ließe.

Nicht unter die §§ 23 ff EGGVG fallen die in der StPO geregelten polizeilichen Befugnisse, die der Gefahrenabwehr oder der Gefahrenvorsorge dienen, wie zB die Aufbewahrung von Lichtbildern oder Fingerabdrücken zu Zwecken des Erkennungsdienstes gem. § 81b StPO[44]. Schwieriger zu beantworten ist die Frage, welcher Rechtsweg gegen polizeiliche Maßnahmen der Strafverfolgungsvorsorge eröffnet ist. Soweit – wie meist – entsprechende Befugnisse in den Polizeigesetzen der Länder geregelt sind, spricht der Gesichtspunkt des Sachzusammenhangs für den **Rechtsweg gem. § 40 VwGO**[45], der auch sonst bei polizeilichen Gefahrenabwehrmaßnahmen eröffnet ist. Da die entsprechenden Befugnisse zur Strafverfolgungsvorsorge nicht für die Staatsanwaltschaft gelten, entfallen hier zudem wesentliche Gründe, welche sonst bei Strafverfolgungsmaßnahmen der Polizei für den Rechtsweg gem. § 23 EGGVG sprechen (vgl oben Rn 419)[46].

427

III. Polizeiliche Befugnisse bei der Verfolgung von Ordnungswidrigkeiten

Zu den Aufgaben der Polizei gehört es nach § 53 I 1 OWiG, Ordnungswidrigkeiten zu erforschen und dabei alle unaufschiebbaren Anordnungen zu treffen, um die Verdunkelung der Sache zu verhüten. Anders als im Bereich der Strafverfolgung gilt dabei das **Opportunitätsprinzip**; iÜ enthält § 53 I 1 OWiG keine Eingriffsgrundlage für die Polizei.

428

Soweit das OWiG nichts anderes bestimmt, hat die Polizei bei der Verfolgung von Ordnungswidrigkeiten dieselben **Rechte und Pflichten wie bei der Verfolgung von Straftaten** (§ 53 I 2 OWiG). Beamte des Polizeidienstes, die zu Ermittlungspersonen der Staatsanwaltschaft bestellt sind, können nach den für sie geltenden Vorschriften der StPO Beschlagnahmen, Durchsuchungen, Untersuchungen und sonstige Maßnahmen anordnen (§ 53 II OWiG). Der Katalog der polizeilichen Befugnisse darf auch insoweit nicht vom Landesgesetzgeber ergänzt werden. Insbesondere ließe sich dies nicht auf § 8 II 2 MEPolG stützen (oben Rn 39). Nach hM soll es gegen Eingriffe der Polizei bei der Verfolgung von Ordnungswidrigkeiten grundsätzlich – soweit nicht die in der StPO geregelten Rechtsbehelfe (§§ 98 II 2, 132 III 2 StPO) greifen – keinen Rechtsweg geben. Stattdessen wird auf Gegenvorstellung und Dienstaufsichtsbeschwerde verwiesen[47]. Diese Ansicht steht in eklatantem Widerspruch zu Art. 19 IV

429

---

44 Vgl zB *BVerwGE* 66, 192, 193 f, 196.
45 *Schenke*, JZ 2006, 707, 711 f; *Kruse/Bulling*, JuS 2007, 343; *Waszczynski*, JA 2013, 60, 61; *BVerwGE*, 69, 192, 196 f; *BVerwG*, NVwZ-RR 2011, 710 f; *OVG Schleswig*, NVwZ-RR 2007, 817 f; **aA** *Eisenberg/Puschke*, JZ 2006, 729, 732.
46 Vgl *BVerwG*, NJW 1990, 2768 f; s. auch *BVerwGE* 69, 192, 196 ff (Sperrerklärung nach § 96 StPO durch die Staatsanwaltschaft).
47 So zB *Göhler*, OWiG, 13. Aufl. 2002, § 53, Rn 29; *Rebmann/Roth/Herrmann*, OWiG, Bd. 1, 3. Aufl. 1998, § 53, Rn 16.

GG[48]. Daran ändert sich auch nichts, wenn man[49] einen Rechtsschutz gem. § 62 OWiG gegen die fachaufsichtliche Entscheidung befürwortet, die aufgrund einer solchen Beschwerde ergeht. Dadurch lässt sich nicht der verfassungsrechtlich gebotene Rechtsschutz gegen das polizeiliche Handeln sicherstellen, weil kein Anspruch auf fachaufsichtliche Überprüfung besteht. Deswegen führt die Rechtswidrigkeit des polizeilichen Handelns nicht zur Rechtswidrigkeit eines fachaufsichtlichen Verhaltens, das dieses Handeln nicht beanstandet. Nach richtiger Ansicht dürfte hier unmittelbar gegen das polizeiliche Handeln ein **Rechtsschutz analog § 62 OWiG** eröffnet sein[50].

430 Die Polizeibehörde kann ferner gem. §§ 35, 36 OWiG selbst die Verwaltungsbehörde sein, die zur Verfolgung und Ahndung von Ordnungswidrigkeiten berufen ist[51], soweit dies durch Gesetz oder Rechtsverordnung vorgesehen ist. Eine solche Regelung enthält zB § 26 StVG. Danach sind die Behörden oder Dienststellen der Polizei, die die Landesregierung durch Rechtsverordnung näher bestimmt, für die Verfolgung und Ahndung von Ordnungswidrigkeiten nach den §§ 24, 24a StVG zuständig. Der **Rechtsschutz** gegen solche Maßnahmen im Bußgeldverfahren richtet sich **nach § 62 OWiG**.

431 Eine weitere Befugnis der Polizei bei der Bekämpfung von Ordnungswidrigkeiten ergibt sich daraus, dass gem. § 57 II OWiG iVm § 56 I 1 OWiG die hierzu ermächtigten Beamten des Polizeidienstes bei geringfügigen Ordnungswidrigkeiten eine Verwarnung mit Verwarnungsgeld aussprechen können, das mindestens 5,– und höchstens 35,– Euro beträgt. Eine wirksame Verwarnung mit Verwarnungsgeld setzt nach § 56 II OWiG voraus, dass sich der Betroffene nach erfolgter Belehrung über sein Weigerungsrecht mit der Verwarnung einverstanden erklärt und das Verwarnungsgeld zahlt. Wenn der Betroffene von seinem Weigerungsrecht Gebrauch macht, so wird die Ordnungswidrigkeit möglicherweise mit einem Bußgeldbescheid geahndet (vgl § 65 OWiG). Eine wirksame Verwarnung mit Verwarnungsgeld schließt dagegen die weitere Verfolgung unter den tatsächlichen und rechtlichen Gesichtspunkten aus, unter denen die Verwarnung erteilt wurde (vgl § 56 IV OWiG). Eine gerichtliche Überprüfung, ob eine Ordnungswidrigkeit vorlag – wie sie etwa nach einem Einspruch gegen einen Bußgeldbescheid vorgesehen ist (§§ 67 ff OWiG) –, findet daher nicht mehr statt. **Gerichtlicher Rechtsschutz** gegen die Verwarnung mit Verwarnungsgeld **gem. § 62 OWiG** kommt nur noch dann in Betracht, wenn der Betroffene rügt, dass er entweder bei der Erteilung der gebührenpflichtigen Verwarnung **nicht über sein Weigerungsrecht belehrt worden sei oder sein Einverständnis nicht vorgelegen habe oder infolge Täuschung, Drohung oder Zwang erklärt worden sei.** Andere Einwendungen – wie zB, es habe keine Ordnungswidrigkeit vorgelegen oder die Entscheidung sei ermessensfehlerhaft gewesen – sind hingegen durch das Einverständnis mit der Verwarnung verwirkt[52].

---

48 Vgl *Schenke*, in: Bonner Kommentar (Drittbearb.), GG, Art. 19 IV, Rn 299 ff.
49 So *Knemeyer*, Rn 424.
50 So auch *Götz*, JuS 1985, 869, 872; *Heneka*, Rechtsschutz gegen polizeiliche Ermittlungstätigkeit zur Erforschung von Straftaten und Ordnungswidrigkeiten, 1993, S. 115 ff; *Schmidtbauer/Steiner*, Bay, Art. 12 POG, Rn 208; *Würtenberger/Heckmann*, BW, Rn 210; **aA** *BayObLG*, NVwZ 1990, 195, das hier – nicht überzeugend – § 23 EGGVG bejaht.
51 Der Bürger hat keinen Anspruch darauf, dass die Polizei Ordnungswidrigkeiten durch die Einleitung von Bußgeldverfahren oder die Erteilung von Verwarnungen ahndet, s. dazu *OVG Münster*, NVwZ 1983, 101.
52 Vgl *Drews/Wacke/Vogel/Martens*, § 29, 3c; *Göhler*, OWiG, 13. Aufl. 2002, § 56, Rn 31 ff.

Lösung der Ausgangsfälle (Rn 405 f):

Fall 1: Das Hausverbot wurde nicht von der Polizei, sondern von der Universität ausgesprochen. Einwendungen gegen seine Rechtmäßigkeit können deswegen nur im Rahmen einer verwaltungsgerichtlichen[53] Anfechtung des Hausverbots geltend gemacht werden, nicht hingegen im Rahmen einer Klage gegen die Anwendung unmittelbaren Zwangs durch polizeiliche Vollzugshilfe (§§ 25 ff MEPolG; § 60 IVBWPolG; s. Rn 408 u. 411). Eine verwaltungsgerichtliche Feststellungsklage gem § 43 VwGO[54], mit der die geltend gemacht wird, dass die Polizei zur Anwendung unmittelbaren Zwangs nicht berechtigt war, wäre zwar zulässig (zur Statthaftigkeit einer solchen Feststellungsklage s. Rn 667). Sie wäre jedoch nur dann begründet, wenn der Polizei bei der Anwendung unmittelbaren Zwangs Fehler unterlaufen wären.

432

Fall 2: a) Die Observation wurde gem. § 163f StPO zu dem Zweck durchgeführt, eine Straftat aufzuklären. Es handelt sich damit um eine Strafverfolgungsmaßnahme der Polizei. Da der Begriff der Justizbehörde nach § 23 EGGVG funktionell und nicht organisatorisch zu verstehen ist (näher Rn 419), ist hier nicht der Rechtsweg zu den Verwaltungsgerichten, sondern der Rechtsweg zum OLG gem. § 23 EGGVG eröffnet. Im Rahmen dieses Rechtswegs kann analog § 28 I 4 EGGVG auf die Feststellung geklagt werden, dass die Observation rechtswidrig war, denn der Begriff der „sonstigen Maßnahme" in § 28 EGGVG umfasst auch Realakte wie die Observation (Rn 426). Wenn man dies ablehnte und § 28 I 4 EGGVG nur auf sog. Justizverwaltungsakte bezöge, müsste jedenfalls wegen Art. 19 IV GG der Rechtsweg zum OLG ausgeweitet werden und eine allgemeine Feststellungsklage zugelassen werden, mit der – wie nach § 43 VwGO – festgestellt werden könnte, dass die Polizei zu dem Realakt nicht berechtigt war. Es besteht ein berechtigtes Interesse an dieser Feststellung, weil die Observation einen schwerwiegenden Grundrechtseingriff darstellt, von dem der Betroffene idR erst dann erfährt, wenn er sich erledigt hat. Die Klage ist begründet, da die Observation rechtswidrig war. Sie wurde nämlich ohne eine gerichtliche Anordnung durchgeführt, die nach § 163f III StPO grundsätzlich erforderlich ist. Gefahr im Verzug bestand jedenfalls nicht während der gesamten Dauer der Observation; außerdem wurde keine Bestätigung durch das zuständige Gericht (§ 163f III 2 StPO) herbeigeführt.

433

b) Wenn die Observation auch der Verhütung von Straftaten diente, handelte es sich insoweit um eine Maßnahme der Gefahrenabwehr (§ 8c II Nr 1 MEPolG; § 22 I Nr 1 u. III BWPolG; s. Rn 187 und 202a). Für die Überprüfung einer solchen Maßnahme ist der Verwaltungsrechtsweg eröffnet. Der Rechtscharakter der Maßnahme kann – entgegen der hM – nicht einheitlich nach ihrem Schwerpunkt bestimmt werden. Vielmehr liegen hier in Wahrheit zwei verschiedene Maßnahmen mit unterschiedlicher Zielsetzung vor, die nur äußerlich zusammenfallen (vgl näher Rn 422 ff). Für die beiden Maßnahmen sind unterschiedliche Rechtswege gegeben. Ein einheitlicher Rechtsweg kraft Sachzusammenhangs lässt sich angesichts der Unterschiedlichkeit der Maßnahmen nicht aus § 17 II 1 GVG ableiten (Rn 424). Die Observation, die der Gefahrenabwehr dient, ist mangels Bekanntgabe kein Verwaltungsakt, weshalb der Rechtsschutz über eine allgemeine verwaltungsgerichtliche Feststellungsklage gem. § 43 VwGO zu bewerkstelligen ist. Mit dieser Klage kann festgestellt werden, dass die Polizei zur Observation nicht berechtigt war. Für diese Feststellung besteht ein berechtigtes Interesse (s. oben). Da jedenfalls nicht während der gesamten Dauer der Maßnahme Gefahr im Verzug bestand, wurde die Observation nicht durch eine berechtigte Person angeordnet (s. § 8c I 3 MEPolG; § 22 VI BWPolG[55]), so dass die Feststellungsklage begründet ist.

434

---

53 Das Hausverbot dient dem Schutz einer öffentlichrechtlichen Tätigkeit und ist deshalb öffentlichrechtlich.

54 Die Anwendung unmittelbaren Zwangs ist ein Realakt, s. Rn 558.

55 Art. 33 V BayPAG; § 25 III BerlASOG; § 32 II 1 BrandPolG; § 9 II HambPolDVG; § 15 III HessSOG; § 34 I MVSOG; § 16a II NWPolG; § 28 III 4 SaarlPolG; § 17 II 3 SachsAnhSOG; § 38 IV 1 SächsPolG; § 34 VI 1 ThürPAG.

3. Abschnitt

Formelles Polizei- und Ordnungsrecht (Organisationsrecht und das polizeiliche Handlungsinstrumentarium)

§ 9   Die Polizei- und Ordnungsbehörden

Ausgangsfälle:

435   **Fall 1:** Aus Gründen der Entlastung ermächtigen

- in einem Bundesland mit Einheitssystem die Polizeibehörden den polizeilichen Vollzugsdienst (die Vollzugspolizei), im Namen der Polizeibehörden deren Kompetenzen auszuüben,

- in einem Bundesland mit Trennungssystem die Ordnungsbehörden (Sicherheitsbehörden) die Polizei, im Namen der Ordnungsbehörden deren Kompetenzen auszuüben.

Ist eine derartige öffentlichrechtliche Stellvertretung zulässig? **Rn 470**

436   **Fall 2:** Nach dem Baden im A-Fluss traten seit einigen Tagen bei verschiedenen Personen ungeklärte Krankheitsfälle auf. Verschiedene weitere gewichtige Indizien sprechen dafür, dass der Fluss mit Krankheitserregern verseucht ist. Die oberste Landespolizeibehörde weist deswegen die zuständige Ortspolizeibehörde an, bis zur Klärung der Sachlage ein Badeverbot für den A-Fluss auszusprechen. Die Ortspolizeibehörde ignoriert jedoch die Weisung. Die oberste Landespolizeibehörde verhängt deswegen schließlich selbst ein Badeverbot. Ist dies rechtmäßig? Welche Konsequenzen hätte es für das Badeverbot, wenn die oberste Landespolizeibehörde hierfür nicht zuständig wäre? **Rn 471**

437   Die Aufgaben der Gefahrenabwehr (Polizei im materiellen Sinn) werden von vielen unterschiedlichen Behörden, den Polizei- und Ordnungsbehörden, wahrgenommen. Sie lassen sich in allgemeine und besondere Polizei- und Ordnungsbehörden trennen. Die **allgemeinen Polizei- und Ordnungsbehörden** sind die Behörden, **die für alle Aufgaben der Gefahrenabwehr zuständig sind, soweit sie nicht** durch Rechtsvorschrift einer **besonderen Polizei- bzw Ordnungsbehörde übertragen sind. Besondere Polizei- bzw Ordnungsbehörden** sind solche Behörden, **deren Zuständigkeit sich auf einen Teilbereich der Gefahrenabwehr beschränkt und die eine eigene Behördenorganisation aufweisen.** Die allgemeinen Polizei- und Ordnungsbehörden sind stets Landesbehörden, während besondere Polizei- und Ordnungsbehörden sowohl Landes- wie auch Bundesbehörden sein können. Besondere Polizei- bzw Ordnungsbehörden sind zB die Berg-, Forst- und Gesundheitsämter, die Gewerbeaufsichtsämter und die Wasser- und Schifffahrtsämter. Manche dieser Behörden nehmen dabei auch Aufgaben wahr, die über den engeren Bereich der Gefahrenabwehr hinausreichen.

I. Gefahrenabwehrbehörden des Bundes

Nach der grundgesetzlichen Kompetenzverteilung ist die Ausübung der staatlichen Befugnisse und die Erfüllung der staatlichen Aufgaben Sache der Länder, soweit das Grundgesetz keine andere Regelung trifft oder zulässt (vgl Art. 30 GG). Die Verwaltungskompetenzen des Bundes reichen dabei weniger weit als seine Gesetzgebungskompetenzen. Der Bund verfügt im Bereich des Polizeirechts ohnehin nur über gewisse punktuelle Gesetzgebungszuständigkeiten. Daraus ergibt sich, dass **Bundesbehörden nur in Ausnahmefällen Aufgaben der Gefahrenabwehr wahrnehmen** (vgl § 1 III BKAG). Die Kompetenz, Gefahrenabwehrbehörden des Bundes einzurichten, ergibt sich insbesondere aus Art. 87 I 2 GG. Darauf gestützt wurden die Bundespolizei (früher Bundesgrenzschutz) und das Bundeskriminalamt errichtet. Ferner nehmen etliche andere Bundesbehörden sektoral begrenzte polizeiliche Aufgaben wahr.   **438**

Aufgaben der Gefahrenabwehr erfüllen ferner die Nachrichtendienste des Bundes. Deren Tätigkeit, die sich weitgehend im Verborgenen abspielt und insofern geheimdienstliche Züge aufweist, betrifft schwerpunktmäßig die Erhebung und Sammlung von Informationen (Nachrichten) im Vorfeld der Gefahrenabwehr. Ihnen stehen allerdings – im Gegensatz zur Polizei – keine Zwangsbefugnisse wie Durchsuchungen, Beschlagnahmen und ähnliche polizeiliche Exekutivmaßnahmen zu. Der Bundesgesetzgeber sieht sie deswegen nicht als Polizeidienststellen an und trennt sie – obwohl sie mit der Gefahrenabwehr im weiteren Sinn betraut sind – organisatorisch und funktionell von den Polizeibehörden[1]. Solche Nachrichtendienste, deren Errichtung ebenfalls durch Art. 87 I 2 GG gestattet wird, sind das Bundesamt für Verfassungsschutz (BfV), der Bundesnachrichtendienst (BND) und der Militärische Abschirmdienst (MAD).

Die Befugnisse der Bundesbehörden, die mit Gefahrenabwehr betraut sind, wurden in jüngerer Zeit durch verschiedene Gesetze zT erheblich erweitert[2].

1. Die Bundespolizei

Gem. **Art. 73 Nr 5 GG** besitzt der **Bund** die **ausschließliche Gesetzgebungskompetenz für den Grenzschutz.** Nach Art. 87 I 2 GG kann der Bund durch Bundesgesetz Bundesgrenzschutzbehörden einrichten. Erstmals machte der Bund von diesen Kompetenzen mit dem Bundesgrenzschutzgesetz vom 16.3.1951 (BGBl. I S. 201) Gebrauch. Die ursprünglich sehr begrenzten Zuständigkeiten des Bundesgrenzschutzes wurden später erheblich erweitert[3]. Durch Gesetz v. 21.6.2005 (BGBl. I S. 1818),   **439**

---

1 Zur Frage, ob das Grundgesetz eine Trennung zwischen Polizeibehörden und Nachrichtendiensten verlangt (sog. Trennungsgebot), s. unten Rn 444.
2 TerrorismusbekämpfungsG vom 9.1.2002 (BGBl. I S. 361); TerrorismusbekämpfungsergänzungsG vom 5.1.2007 (BGBl. I S. 2); Gemeinsame-Dateien-Gesetz vom 22.12.2006 (BGBl. I S. 3409); TerrorismusabwehrG v. 25.12.2008 (BGBl. I S. 3083). S. dazu näher Rn 444 ff.
3 Insbesondere durch die Notstandsverfassung, das BGSG v. 18.8.1972 sowie die Novellierungen des BGSG, insbesondere durch das Gesetz v. 19.10.1994 (BGBl. I S. 2978; vgl dazu *Pieroth*, VerwArch. 88 (1997), 568 ff sowie *Schreib*, NVwZ 1995, 521; *Riegel*, DÖV 1995, 317). Zuletzt geändert wurde das BGSG durch Art. 7 FGG-ReformG v. 17.12.2008 (BGBl. I S. 2586).

zuletzt geändert durch das Gesetz vom 20.6.2013 (BGBl. I S. 1602), wurde in Anbetracht der neuen Aufgabenvielfalt der Bundesgrenzschutz **in Bundespolizei umbenannt**[4]. Der Bundespolizei obliegen nunmehr neben der ursprünglichen Aufgabe des Grenzschutzes (§ 2 I, II BPolG) ua die folgenden weiteren Aufgaben[5]: Gefahrenabwehr im Bereich der Bahnanlagen (§ 3 BPolG)[6] und des Luftverkehrs (§ 4 BPolG iVm § 5 LuftsicherheitsG; § 4a BPolG), Schutz von Bundesorganen (§ 5 BPolG), Aufgaben auf hoher See (§ 6 BPolG)[7], Unterstützung anderer Bundesbehörden, zB des Bundeskriminalamtes (§ 9 I BPolG), Verfolgung bestimmter, mit seinen Präventionsaufgaben zusammenhängender Straftaten (§ 12 BPolG)[8] oder Ordnungswidrigkeiten (§ 13 BPolG), Unterstützung der Polizei eines Landes in Fällen von besonderer Bedeutung (Art. 35 II 1 GG iVm § 11 I Nr 1 BPolG), Hilfe bei Naturkatastrophen und besonders schweren Unglücksfällen (Art. 35 II 2 u. III GG iVm § 11 I Nr 2 BPolG), Abwehr einer drohenden Gefahr für den Bestand oder die freiheitliche demokratische Grundordnung des Bundes oder eines Landes (Art. 91 I GG iVm § 11 I Nr 3 BPolG); ferner der Einsatz auf Anordnung der Bundesregierung im Notstands- und Verteidigungsfall (Art. 91 II, 115 f I Nr 1 GG iVm § 7 BPolG) sowie die Verwendung der Bundespolizei im Ausland (§ 8 BPolG) und zur Unterstützung des Bundesamtes für Verfassungsschutz (unten Rn 443 f) auf dem Gebiet der Funktechnik (§ 10 BPolG)[9].

Bundespolizeibehörden sind gem. § 57 I BPolG das Bundespolizeipräsidium, die Bundespolizeidirektionen und die Bundespolizeiakademie. Dem Bundespolizeipräsidium als Oberbehörde unterstehen die Bundespolizeidirektionen als Unterbehörden und die Bundespolizeiakademie. Das Bundespolizeipräsidium untersteht unmittelbar dem Bundesinnenministerium (§ 57 II BPolG)[10]. Die Zuständigkeitsverteilung zwischen den Bundespolizeibehörden regelt die VO über die Zuständigkeit der Bundespolizeibehörden. Die polizeilichen Befugnisse regeln die §§ 14 ff BPolG in weitgehender Übereinstimmung mit den herkömmlichen Grundsätzen des allgemeinen Polizeirechts. Polizeivollzugsbeamte des Bundes dürfen gem. § 65 I BPolG im Zuständigkeitsbereich eines Landes tätig werden, wenn das jeweilige Landesrecht dies vorsieht. Die Tätigkeit außerhalb der Bundesrepublik regelt § 65 II BPolG.

---

4 Dazu *Scheuring*, NVwZ 2005, 903 f. S. zur Bundespolizei und deren Aufgaben näher *Wagner*, Jura 2009, 96 ff.
5 Die Bundespolizei darf nicht zu einer allgemeinen, mit den Landespolizeien konkurrierenden Polizei ausgebaut werden. Zu den diesbezüglichen verfassungsrechtlichen Grenzen einer Übertragung von Kompetenzen auf die Bundespolizei s. *BVerfG*, NVwZ 1998, 495 ff.
6 Zur Abgrenzung der Zuständigkeiten von Bundespolizei und Eisenbahnbundesamt *Schäling*, DÖV 2006, 295 ff.
7 S. zur Bekämpfung der Piraterie als Polizeiaufgabe, insbesondere durch die Bundespolizei, s. *Graulich*, FS Schenke, 2011, 355, 368 ff.
8 Zur Verfassungsmäßigkeit – jedenfalls auf dem Gebiet der Bahnanlagen (§ 12 I 1 Nr 5 BPolG) – vgl *BVerfG*, NVwZ 1998, 495 m. Anm. *Hecker*, NVwZ 1998, 707.
9 Vgl *Schreiber*, NVwZ 1995, 523.
10 Zur verfassungsrechtlichen Zulässigkeit dieser Organisation *Wagner*, DÖV 2009, 66 ff.

2. Das Bundeskriminalamt

Gestützt auf die **Kompetenzen, die Art. 73 Nr 10 und Art. 87 I 2 GG dem Bund** **440** **einräumen**, hat er ein **Bundeskriminalamt (BKA)** mit Sitz in Wiesbaden errichtet[11]. Die – späte – Umsetzung der verfassungsrechtlichen Vorgaben des Volkszählungsurteils[12] durch die Novellierung des BKAG v. 7.7.1997 (BGBl. I S. 1650), zuletzt geändert durch Art. 6 des Gesetzes vom 20.6.2013 (BGBl. I S. 1602), hat der Bundesgesetzgeber mit einer grundlegenden Neuregelung von Aufgaben und Befugnissen des BKA verbunden[13]. Es dient gem. § 1 I BKAG der Zusammenarbeit des Bundes und der Länder in kriminalpolizeilichen Angelegenheiten. Seine Aufgaben sind in den §§ 1–6 BKAG, seine Befugnisse zur Wahrnehmung dieser Aufgaben in den §§ 7 ff BKAG festgelegt. Seine Aufgaben und Befugnisse wurden durch jüngere Gesetze ebenfalls erweitert. Nach § 4a BKAG, der sich auf Art. 73 Nr 9a GG stützt, kann das BKA die Aufgabe der **Abwehr von Gefahren des internationalen Terrorismus** in Fällen wahrnehmen, in denen eine länderübergreifende Gefahr vorliegt, die Zuständigkeit einer Landespolizeibehörde nicht erkennbar ist oder die oberste Landesbehörde um eine Übernahme ersucht. Die §§ 20a ff BKAG räumen dem BKA zu diesem Zweck umfassende Befugnisse ein. Neben die allgemeine Befugnis zur Abwehr solcher Gefahren (§ 20a BKAG) treten eine Vielzahl von Spezialbefugnissen (§ 20b ff BKAG), die sowohl die herkömmlichen Standardmaßnahmen wie auch generelle und spezielle Befugnisse zur Datenerhebung umfassen. Besondere Mittel der Datenerhebung sind ua der **Einsatz technischer Mittel in oder aus Wohnungen** (§ 20h BKAG), **verdeckte Eingriffe in informationstechnische Systeme** (§ 20k BKAG) und die **Überwachung der Telekommunikation** (§§ 20l f BKAG). Daneben obliegt dem BKA die Strafverfolgung in Fällen von nationaler oder internationaler Bedeutung (§ 4 I Nr 1–4 BKAG), wobei es auch den Zeugenschutz zu gewährleisten hat (§ 6 iVm § 4 BKAG). Besondere Bedeutung hat das BKA als **nationale Zentralstelle für den Austausch strafverhütungs- und strafverfolgungsrelevanter Informationen** zwischen Bund und Ländern (§§ 2, 11 BKAG; zum Informationssystem INPOL vgl Rn 211) sowie auf überstaatlicher, insbesondere auf europäischer Ebene (vgl Rn 460 ff). Gem. § 1 I Antiterrordateigesetz (ATDG) wird beim BKA eine gemeinsame standardisierte zentrale Antiterrordatei geführt, um internationalen Terrorismus mit Bezug zur Bundesrepublik Deutschland aufzuklären und zu bekämpfen.

Neben der kriminalpolizeilichen Tätigkeit obliegt dem BKA gem. § 5 I BKAG der **441** persönliche Schutz der Mitglieder der Verfassungsorgane des Bundes sowie in besonderen Fällen der Schutz der ausländischer Gäste dieser Verfassungsorgane, ferner der innere Schutz der Dienst- und Wohnsitze sowie der jeweiligen Aufenthaltsräume des Bundespräsidenten, der Mitglieder der Bundesregierung und in besonderen Fällen ihrer ausländischen Gäste. Hierbei stehen dem BKA die **Befugnisse der §§ 21–25**

---

11 Vgl hierzu näher *Riegel*, DÖV 1982, 849 ff; *ders.*, DVBl 1982, 720 ff; *ders.*, BayVBl. 1983, 649 ff; *Dietel*, DVBl 1982, 939 f.

12 *BVerfGE* 65, 1 ff.

13 Vgl näher *Bäcker*, Terrorismusabwehr durch das Bundeskriminalamt, 2009; *H.A. Wolff*, DÖV 2009, 557 ff.

BKAG zu, die verschiedene **Vorschriften des BPolG** für **entsprechend anwendbar** erklären. Die Gesetzgebungs- und Verwaltungskompetenz des Bundes für diese Regelungen ergibt sich aus der Natur der Sache. Zur **Aufsicht über das BKA** durch das Bundesministerium des Inneren s. näher *Tellenbröker/Ebeling*, DVBl 2012, 1545 ff.

3. Sonstige Bundesbehörden mit polizeilichen Eingriffsbefugnissen

442 Nach Art. 40 II GG übt der Präsident des Deutschen Bundestages die Polizeigewalt im Gebäude des Bundestages aus. Die Bundesregierung hat unter den in Art. 35 III, 91 II und 115f I GG bezeichneten Voraussetzungen polizeiliche Zuständigkeiten. Ferner nehmen die (Bundes-)Behörden der Wasser- und Schifffahrtsverwaltung (s. Art. 89 II 1, 87 I 1 GG) polizeiliche Aufgaben wahr, namentlich die Strom- und Schifffahrtspolizei. Dabei umfasst die **Strompolizei** die Aufgabe, die Bundeswasserstraßen in einem für die Schifffahrt geeigneten Zustand zu erhalten (vgl §§ 24 ff WaStrG)[14]. Die **Schifffahrtspolizei** beinhaltet demgegenüber die Aufgabe, Gefahren abzuwehren, die die Sicherheit und Leichtigkeit der Schifffahrt bedrohen oder von der Schifffahrt ausgehen. Die Schifffahrtspolizei ist für den Bereich der Seeschifffahrt in § 1 Nr 2 SeeSchAufgG, für den Bereich der Binnenschifffahrt in § 1 I Nr 2 BinSchAufgG geregelt. Weitere Bundesbehörden mit zT polizeilichen Aufgaben sind zB das **Kraftfahrt-Bundesamt**[15], das **Bundesamt für Güterverkehr**[16], das **Eisenbahn-Bundesamt**[17] und die **Anstalt Deutscher Wetterdienst**[18].

443 Auch die **Bundesregierung bzw einzelne Mitglieder** sind nach Maßgabe der **§§ 13 ff LuftSiG** v. 11.1.2005 (BGBl. I S. 78), zuletzt geändert durch Art. 7 des Gesetzes vom 29.7.2009 (BGBl. I S. 2424), **befugt**, den Ländern bei der Gefahrenabwehr Unterstützung und Amtshilfe durch den Einsatz von Streitkräften zu leisten[19]. Wenn aufgrund eines erheblichen Luftzwischenfalls Tatsachen vorliegen, die im Rahmen der Gefahrenabwehr die Annahme begründen, dass ein besonders schwerwiegender Unglücksfall nach Art. 35 II 2 oder III GG bevorsteht, können die Streitkräfte zur Unterstützung der Polizeikräfte der Länder im Luftraum zur Verhinderung dieses Unglücksfalls eingesetzt werden, soweit der Einsatz der Streitkräfte zur wirksamen Bekämpfung der Gefahr erforderlich ist. Die Zuständigkeit für die Entscheidung regelt § 13 I und II LuftSiG. § 14 I LuftSiG sieht vor, dass zur Verhinderung eines besonders schweren Unglücksfalls die Streitkräfte im Luftraum Flugzeuge abdrängen, zur Landung zwingen, den Einsatz von Waffengewalt androhen und Warnschüsse abgeben dürfen. Darüber hinaus sollte gem. dem früheren **§ 14 III LuftSiG** sogar eine unmittelbare Einwirkung auf Luftfahrzeuge (also insbesondere deren Abschuss) zulässig sein, wenn davon auszugehen war, dass das Luftfahrzeug gegen Menschen eingesetzt werden sollte und die unmittelbare Einwirkung das einzige Mittel zur Abwehr dieser Gefahr darstellte.

---

14 Dazu näher *Schenke*, in: Kuhlen/Lorenz/Riedel/Schäfer/Schmidt/Wiese, Probleme des Binnenschifffahrtsrechts, Bd. XII, 2010, S. 1 ff.
15 S. Gesetz v. 4.8.1951 (BGBl. I, S. 488), zuletzt geändert durch Gesetz v. 31.10.2006 (BGBl. I S. 2407).
16 Vgl §§ 10 ff GÜKG.
17 Vgl § 5a I 2 Nr 1 AEG u. dazu *Schäling*, DÖV 2006, 295 ff; s. auch oben Rn 439.
18 S. Gesetz v. 18.9.1998 (BGBl. I, S. 2871), zuletzt geändert durch Art. 10 des Gesetzes vom 29.7.2009 (BGBl. I S. 2424).
19 S. zu den verfassungsrechtlichen Anforderungen an den Einsatz von Streitkräften im Inneren gem. Art. 35 II und III GG sowie nach Art. 87a II-IV GG näher *Schoch*, Jura 2013, 255 ff sowie *Schenke*, in: Bonner Kommentar zum GG (Zweitbearbeitung), 2011, Art. 65a, Rn 21 ff.

Das *BVerfG*[20] erklärte dies jedoch für **verfassungswidrig**. Es stützte sich dabei im Wesentlichen darauf, dass den Streitkräften im Einklang mit Wortlaut, Zweck und Entstehungsgeschichte des **Art. 35 II, III GG** nur solche Eingriffe gestattet seien, die der **Polizei nach den Landespolizeigesetzen erlaubt sind**. Dies treffe für den Einsatz spezifisch militärischer Waffen nicht zu. In der Plenarentscheidung des BVerfG vom 3.7.2012 vertritt das BVerfG allerdings nunmehr die Ansicht, dass Art. 35 II 2 und III GG eine Beschränkung des Streitkräfteeinsatzes auf diejenigen Mittel, die nach dem Gefahrenabwehrrecht des Einsatzlandes der Polizei zur Verfügung stünden, nicht zu entnehmen sei[21]. Der zweite Grund, den das BVerfG für die Verfassungswidrigkeit des § 14 III LuftSiG anführte, war, dass der Abschuss eines Luftfahrzeugs, in dem sich (auch) tatunbeteiligte Personen befinden, **gegen Art. 2 II 1 GG iVm der Menschenwürdegarantie des Art. 1 I GG verstoße**[22].

4. Das Bundesamt für Verfassungsschutz

Das Bundesamt für Verfassungsschutz (BfV)[23] hat seine Rechtsgrundlage im BVerfSchG vom **444** 20.12.1990 (BGBl. I S. 2954), das auf der Basis von Art. 73 Nr 10, 87 I 2 GG erlassen und zuletzt durch das Gesetz vom 20.6.2013 (BGBl. I S. 1602) geändert wurde. Das BfV ist ein Nachrichtendienst, der vor allem dem Schutz der Verfassung dient. Nach §§ 8 ff BVerfSchG hat er – ähnlich wie die Polizei – Befugnisse zu Informationseingriffen, die häufig bereits im Vorfeld von Gefahren stattfinden. In diesem Punkt unterscheidet sich das BfV heute nicht mehr grundlegend von polizeilichen Dienststellen, denen heute zunehmend auch Informationseingriffe im Vorfeld von Gefahren erlaubt sind, die zT sogar – ähnlich wie dies für Nachrichtendienste typisch ist – verdeckt erfolgen dürfen (Rn 1187 ff). Insoweit ist eine gewisse Annäherung zwischen Polizeibehörden und Nachrichtendiensten festzustellen[24]. Trotzdem bleiben dem BfV (und den anderen Nachrichtendiensten) wesentliche, notfalls zwangsweise durchsetzbare polizeiliche Eingriffsbefugnisse vorenthalten (s. oben Rn 438). Der Gesetzgeber sieht das BfV deswegen – obwohl es auch mit materiell polizeilichen Aufgaben betraut ist[25] – **nicht als eine Polizeidienststelle** an. Dafür sprechen zum einen § 8 III BVerfSchG, wonach polizeiliche Befugnisse oder Weisungsbefugnisse dem BfV nicht zustehen und das BfV die Polizei nicht im Wege der Amtshilfe zu Maßnahmen ersuchen kann, zu denen es selbst nicht befugt ist, zum anderen § 2 I 3 BVerfSchG, wonach das BfV nicht einer polizeilichen Dienststelle angegliedert werden darf. Diesen Vorschriften liegt offenbar die Vorstellung zu Grunde, dass Nachrichtendienste und Polizeibehörden strikt organisatorisch und funktionell zu trennen sind.

Umstritten ist, ob dieses einfachgesetzlich normierte Trennungsgebot, das anderen Staaten fremd ist, verfassungsrechtlich geboten ist. Ein Trennungsgebot war von den Alliierten bei Schaffung des GG gefordert worden[26]. Es wird zT heute noch aus Art. 87 I 2 GG abgeleitet, obwohl die alliierten Vorbehalte rechtlich nicht mehr verbindlich sind. Aus dem Umstand, dass nach Art. 87 I 2 durch Bundesgesetz ua Zentralstellen für das polizeiliche Auskunfts- und Nachrichtenwesen so-

20 *BVerfG*, NJW 2006, 751 ff; prinzipiell zustimmend *Schenke*, NJW 2006, 736 ff; *Baumann*, Jura 2006, 447 ff; *Merkel* JZ 2007, 373 ff; *Starck*, JZ 2006, 417 ff; *Winkler*, NVwZ 2006, 536 ff; **krit.** *Baldus* NVwZ 2006, 532, 534 f; *Gramm*, DVBl 2006, 653 ff; *Hillgruber*, JZ 2007, 209, 214 ff. Zur Problematik s. ferner *Baldus*, NVwZ 2004, 1278 ff; *Hartleb*, NJW 2005, 1397 ff; *Pieroth/Hartmann*, Jura 2005, 729 ff; *Schenke*, Burkhard Hirsch-FG 2006, 75 ff und 4. Aufl. Rn 445a.
21 *BVerfG*, NVwZ 2012, 1239, 1242; zustimmend *Schoch*, Jura 2013, 255, 265.
22 Auf verfassungsrechtliche Bedenken, die sich aus der fehlenden Zustimmung des Bundesrats gegen das gesamte LuftSiG ergeben (dazu *Schenke*, NJW 2006, 736 f), ging das *BVerfG* nicht ein.
23 Dazu näher *Kretschmer*, Jura 2006, 336, 339 f.
24 S. dazu auch *Mehde*, JZ 2005, 815, 817.
25 *Drews/Wacke/Vogel/Martens*, § 5, 3a möchten deshalb das BfV als Polizei qualifizieren. **AA** *Götz*, § 16, Rn 37.
26 Zur historischen Entwicklung des Trennungsgebots *Nehm*, NJW 2004, 3289 f.

wie zur Sammlung von Unterlagen für Zwecke des Verfassungsschutzes eingerichtet werden können, lässt sich jedoch noch nicht ableiten, dass den entsprechenden Zentralstellen keine polizeilichen Exekutivbefugnisse eingeräumt werden dürfen[27]. Ohnehin ergäbe sich aus Art. 87 I 2 GG
kein Trennungsgebot für die Bundesländer. Dort ergeben sich entsprechende Probleme im Verhältnis zwischen den Landespolizeibehörden und den Landesämtern für Verfassungsschutz[28].
Auch aus dem Rechtsstaatsprinzip, den Grundrechten und dem Bundesstaatsprinzip, die das
BVerfG[29] als mögliche Grundlage für ein Trennungsgebot nennt, lässt sich für den Bund **kein ver-
fassungsrechtliches Trennungsgebot** ableiten. Eine Trennung von Polizei und Nachrichtendiensten ist in anderen Rechtsstaaten nicht vorgeschrieben und deshalb für den Rechtsstaat nicht
essentiell. Die Grundrechte, insbesondere das informationelle Selbstbestimmungsrecht, lassen
sich auch ohne ein solches Trennungsgebot sichern. Aus dem Bundesstaatsprinzip ergibt sich nur,
dass die Gefahrenabwehr prinzipiell Ländersache ist. Wie die dem Bund verbleibenden polizeilichen Aufgaben und Befugnisse zwischen den Bundesbehörden zu verteilen sind, die Aufgaben
der Gefahrenabwehr wahrnehmen, beantwortet das Bundesstaatsprinzip nicht.

445   Nach § 3 I BVerfSchG wird das BfV tätig zur Sammlung und Auswertung von Informationen
über verfassungsfeindliche Bestrebungen, über nachrichtendienstliche Tätigkeiten für fremde
Mächte, über Bestrebungen, die durch Gewaltanwendung auswärtige Belange der Bundesrepublik gefährden sowie über Bestrebungen im Inland, die gegen den Gedanken der Völkerverständigung, insbesondere gegen das friedliche Zusammenleben der Völker, gerichtet sind. Ferner wirkt
es bei der Sicherheitsüberprüfung von Personen mit, die Zugang zu geheimhaltungsbedürftigen
Informationen haben oder erhalten sollen (§ 3 II Nr 1 BVerfSchG) oder die an sicherheitsemp-
findlichen Stellen von lebens- oder verteidigungswichtigen Einrichtungen beschäftigt sind oder
werden sollen (§ 3 II Nr 2 BVerfSchG). Schließlich ist seine Mitwirkung bei technischen Sicherheitsmaßnahmen zum Schutz geheimhaltungsbedürftiger Informationen vorgesehen (§ 3 II Nr 3
BVerfSchG).

445a Zur Erfüllung seiner Aufgaben übertragen die §§ 8 ff BVerfSchG dem BfV eine Reihe von Befugnissen, die dort näher ausgeführt und an spezielle Tatbestandsvoraussetzungen gebunden werden[30]. Nach näherer Maßgabe des § 8 BVerfSchG darf das BfV die zur Erfüllung seiner Aufgaben
erforderlichen Informationen einschließlich personenbezogener Daten erheben, verarbeiten und
nutzen, soweit nicht die anzuwendenden Bestimmungen des Bundesdatenschutzgesetzes oder besondere Regelungen im BVerfSchG entgegenstehen. Nach § 8 II BVerfSchG darf das BfV Metho-
den, Gegenstände und Instrumente zur heimlichen Informationsbeschaffung, wie den Einsatz von
Vertrauensleuten und Gewährspersonen, Observationen, Bild- und Tonaufzeichnungen, Tarn-
piere und Tarnkennzeichen anwenden. Nähere ergänzende Regelungen über besondere Formen
der Datenerhebung – wie zB den großen Lauschangriff – finden sich in § 9 II BVerfSchG. Hinsichtlich der in Art. 10 GG geschützten Rechte, insbesondere für heimliche Eingriffe in die Telekommunikation, ergeben sich Eingriffsbefugnisse außerhalb des BVerfSchG aus dem G 10
(s. dazu § 1 ff G 10 und oben Rn 439).

445b Durch § 8a BVerfSchG, der im Rahmen des Terrorismusbekämpfungsergänzungsgesetz vom
8.1.2007 (BGBl. I S. 2) neu geschaffen wurde, wurden die Befugnisse des BfV, Auskünfte zu ver-

---

27   So zutreffend *Nehm*, NJW 2004, 3289, 3290 ff; *Klee*, Neue Instrumente der Zusammenarbeit von Po-
     lizei und Nachrichtendiensten, 2010, S. 48 ff; *König*, Trennung und Zusammenarbeiten von Polizei
     und Nachrichtendiensten, 2005, 151 ff; *Pieroth/Schlink/Kniesel*, § 2, Rn 19; *H.A. Wolff*, DÖV 2009,
     597, 600 f; **aA** *Gusy*, Jahrbuch öffentliche Sicherheit 2008/2009, 177, 179 ff; *Kretschmer* Jura 2006,
     336, 337; *Denninger/Poscher*, in: L/D, B, Rn 110 ff; *Roggan/Bergemann*, NJW 2007, 876. Zur Proble-
     matik auch *Mehde*, JZ 2005, 815, 818 mwN.
28   *SächsVerfGH*, DVBl 1996, 1423, 1435 entnimmt Art. 83 III SächsVerf ein verfassungsgesetzliches
     Trennungsgebot. Alle Verfassungsschutzgesetze der Länder statuieren einfachgesetzlich ein Tren-
     nungsgebot, s. dazu *Baldus*, NVwZ 2003, 1289, 1293 mit umfassenden Nachw. in Fn 46.
29   *BVerfGE* 97, 198, 217.
30   Näher hierzu *Bäumler*, NVwZ 1991, 643, 644 f.

langen, noch weiter ausgedehnt. § 17 Abs. 3 BVerfSchG in der Fassung des Terrorismusbekämpfungsergänzungsgesetz gestattet dem BfV zudem, Personen im polizeilichen Informationssystem zur Mitteilung über das Antreffen auszuschreiben. Das BfV darf ferner automatisiert auf die Antiterrordatei (§§ 1, 5 I ATDG)[31] sowie auf projektbezogene gemeinsame Dateien gem. § 9a BNDG zugreifen. Dadurch wird das einfachgesetzlich normierte Trennungsgebot (§ 8 III BVerfSchG) weiter eingeschränkt.

5. Der Bundesnachrichtendienst

Der im BNDG v. 20.12.1990 (BGBl. I S. 2979), zuletzt geändert durch Gesetz vom 20.6.2013 **445c**
(BGBl I S. 1602), normierte **Bundesnachrichtendienst** ist eine Bundesoberbehörde im Geschäftsbereich des Chefs des Bundeskanzleramts, die zur Gewinnung von Erkenntnissen über das Ausland, die von außen- und sicherheitspolitischer Bedeutung für die Bundesrepublik Deutschland sind, die erforderlichen Informationen sammelt und auswertet (s. § 1 BNDG)[32]. Als Nachrichtendienst stellt er ebenfalls keine polizeiliche Dienststelle iS des Gesetzes dar (s. §§ 1 I 2, 2 III BNDG). Seine Befugnisse sind insbesondere in den §§ 2 ff BNDG geregelt. § 2a BNDG räumt dem BND Auskunftsbefugnisse ein, die dem § 8a BVerfSchG entsprechen (s. Rn 445b). § 3 BNDG, der besondere Formen der Datenerhebung zum Gegenstand hat, lehnt sich ebenfalls an das BVerfSchG an. Auch eine Ausschreibung zur Fahndung nach § 17 Abs. 3 BVerfSchG ist dem BND möglich. Ferner kann der BND nach § 5 ATDG auf die neu geschaffene Antiterrordatei (s. hierzu aber Rn 211) sowie nach § 22a BVerfSchG auf beim BfV geführte projektbezogene gemeinsame Dateien zugreifen (s. Rn 211). Nach § 9a BNDG kann der BND bei sich projektbezogene gemeinsame Dateien errichten. Eingriffe in Art. 10 GG, insbesondere eine heimliche Überwachung der Telekommunikation, sind im G 10 geregelt; insbesondere räumen hier die §§ 5 ff BNDG dem BND eine wichtige Funktion bei strategischen Beschränkungen der internationalen Telekommunikationsbeziehungen ein. Besondere Bedeutung kommt den Befugnissen zu, die der BND (ebenso wie der MAD) durch das G 10 vom 26.6.2001 (BGBl. I, S. 1254) erhalten hat. Dieses Gesetz zieht die Konsequenzen aus der Entscheidung des *BVerfG* vom 14.7.1999 (*BVerfGE* 100, 314 ff), die Teile des früheren G 10 als verfassungswidrig beurteilt hatte. Neue Kompetenzen des Bundesnachrichtendienstes wurden ferner durch das Terrorismusbekämpfungsgesetz vom 9.1.2002 (BGBl. I, S. 361) in § 2 Ia BNDG und § 8 IIIa BNDG geschaffen. Dieser Ausweitung der Kompetenzen steht jedenfalls kein grundgesetzlich verankertes Trennungsgebot entgegen (s. dazu oben Rn 444).

6. Der Militärische Abschirmdienst

Der **Militärische Abschirmdienst** (MAD) des Bundesministeriums der Verteidigung, der im **445d**
MADG v. 20.12.1990 (BGBl. I S. 2977), zuletzt geändert durch Gesetz vom 20.6.2013 (BGBl. I S. 1602), geregelt ist, nimmt auf einem beschränkten Sektor ebenfalls Aufgaben der Gefahrenabwehr mittels Informationsverarbeitung wahr. Auch der MAD ist keine Polizeidienststelle (§§ 1 IV, 4 II MADG). In seine Zuständigkeit fällt ua (s. § 1 MADG) die Sammlung und Auswertung von Informationen, insbesondere von Auskünften, Nachrichten und Unterlagen, über Bestrebungen, die sich gegen die freiheitlich demokratische Grundordnung, den Bestand oder die Sicherheit des Bundes oder eines Landes richten (§ 1 I 1 Nr 1 MADG), sowie über sicherheitsgefährdende oder geheimdienstliche Tätigkeiten im Geltungsbereich dieses Gesetzes für eine fremde Macht (§ 1 I 1 Nr 2 MADG), wenn sich diese Bestrebungen oder Tätigkeiten gegen Personen, Dienststellen oder Einrichtungen im Geschäftsbereich des Bundesministeriums der Vertei-

---

31 Dazu näher Rn 211.
32 Näher zum BND *Brenner*, Bundesnachrichtendienst im Rechtsstaat, 1990; s. ferner *Kretschmer*, Jura 2006, 336, 340 ff.

digung richten und von Personen ausgehen oder ausgehen sollen, die diesem Geschäftsbereich angehören oder in ihm tätig sind. Nach der Novellierung des MADG durch das TerrorismusbekämpfungsG[33] obliegt dem MAD ferner gem. § 1 I 2 MADG im Geschäftsbereich des Bundesministeriums der Verteidigung die Sammlung und Auswertung von Informationen über Bestrebungen, die sich gegen den Gedanken der Völkerverständigung, insbesondere das friedliche Zusammenleben der Völker, richten. Durch das TerrorismusbekämpfungsergänzungsG vom 5.1.2007 wurden auch die Auskunftsbefugnisse des MAD erweitert. Zudem ist der MAD an der Führung der Antiterrordatei (§ 1 ATDG) beteiligt und besitzt ein Zugriffsrecht auf diese Datei (s. hierzu aber Rn 211) sowie auf projektbezogene gemeinsame Dateien.

II. Die Polizei- und Ordnungsbehörden der Länder

1. Überblick über die Verteilung der allgemeinen Aufgaben der Gefahrenabwehr in den einzelnen Bundesländern

446 Die Bundesländer haben die allgemeinen Aufgaben der Gefahrenabwehr unterschiedlich auf die jeweils zuständigen Behörden bzw Stellen verteilt. Prinzipielle Unterschiede bestehen dabei zwischen den Ländern, die von einem Einheitssystem ausgehen, und den Ländern, die zwischen Polizei- und Ordnungsbehörden unterscheiden (Trennungssystem; vgl auch oben Rn 14 f).

a) Länder mit Einheitssystem

447 In Baden-Württemberg, Bremen, Sachsen und dem Saarland obliegt der Polizei die Aufgabe der Gefahrenabwehr sowie die Wahrnehmung der Aufgaben[34], die ihr durch andere Rechtsvorschriften übertragen sind. Dazu zählen insbesondere die Mitwirkung bei der Erforschung und Verfolgung von Straftaten und Ordnungswidrigkeiten nach den Bestimmungen der StPO und des OWiG sowie die Überwachung des Straßenverkehrs. Dabei gliedert sich die Polizei in **Polizeibehörden** (im Saarland: Polizeiverwaltungsbehörden) und **Polizeivollzugsdienst**[35] (im Saarland: Vollzugspolizei). Der Polizeivollzugsdienst wird – mit kleinen Abweichungen im Einzelnen – meist in Schutzpolizei, Kriminalpolizei und Bereitschaftspolizei unterteilt[36]. Schutz- und kriminalpolizeiliche Aufgaben werden freilich oft von denselben Dienststellen wahrgenommen. Die Aufgaben der Wasserschutzpolizei, die früher organisatorisch meist selbstständig war, obliegen heute dem allgemeinen Polizeivollzugsdienst (vgl zB § 23 III BWDVOPolG). Im Saarland können für bestimmte vollzugspolizeiliche Aufgaben Hilfspolizeibeamte und -beamtinnen bestellt werden (s. dazu näher § 84 SaarlPolG).

---

33 S. dazu näher *Denninger*, StV 2002, 96 ff; *Rublack*, DuD 2002, 202 ff; *Zöller*, Informationssysteme und Vorfeldmaßnahmen von Polizei, Staatsanwaltschaft und Nachrichtendiensten, 2002.

34 Vgl § 1 BWPolG; § 1 BremPolG; § 1 SaarlPolG; § 1 SächsPolG.

35 Vgl § 59 BWPolG; §§ 65 I, 70 I BremPolG; §§ 1 I, 75 ff SaarlPolG; § 59 SächsPolG. In Sachsen wird der Polizeivollzugsdienst von der Sicherheitswacht unterstützt, § 2 SächsSWG.

36 §§ 70 ff BWPolG iVm §§ 8 ff BWDVOPolG; §§ 70 ff BremPolG; § 73 SächsPolG iVm der Sächsischen Polizeiorganisationsverordnung (SächsPolOrgVO) vom 16.12.2004 (GVBl. S. 586); § 82 SaarlPolG iVm der Verwaltungsvorschrift über Organisation und Aufgabenverteilung der Behörden der Vollzugspolizei des Saarlandes vom 15.3.2001 (ABl. S. 1738), zuletzt geändert am 15.7.2005 (ABl. S. 185).

Falls gesetzlich nichts anderes bestimmt ist, erfüllen die Polizeibehörden alle polizei-   **448**
lichen Aufgaben, soweit sie nicht dem Polizeivollzugsdienst übertragen sind[37]. Damit
beschränkt sich die Aufgabe des Polizeivollzugsdienstes grundsätzlich – vorbehaltlich
abweichender gesetzlicher Regelungen – darauf, die polizeilichen Aufgaben wahrzunehmen, wenn bei Gefahr im Verzug die zuständige Behörde nicht rechtzeitig tätig
werden kann bzw unaufschiebbare Maßnahmen zu treffen sind, sowie darauf, Vollzugshilfe bzw Vollzugshandlungen zu leisten[38]. Vollzugshandlungen sind zB die Ingewahrsamnahme sowie die tatsächliche Vornahme (Durchführung) von Durchsuchung,
Sicherstellung, Beschlagnahme, Vernehmung und unmittelbarem Zwang. Ferner
wirkt der Polizeivollzugsdienst bei der Verfolgung von Straftaten und Ordnungswidrigkeiten mit[39]. Innerhalb des Polizeivollzugsdienstes **obliegt der Schutzpolizei der
allgemeine, mit der Gefahrenabwehr befasste Polizeivollzugsdienst. Die Kriminalpolizei ist mit der Aufklärung und Verfolgung strafbarer Handlungen beschäftigt. Die Bereitschaftspolizei stellt einen Polizeiverband dar**, der insbesondere in geschlossenen Einheiten zur Unterstützung anderer Teile der Polizei (als
Polizeireserve) herangezogen werden kann. Ferner hat die Bereitschaftspolizei aus
besonderem Anlass oberste Staatsorgane und Behörden sowie lebenswichtige Einrichtungen und Anlagen zu schützen sowie Katastrophenhilfe zu leisten. IÜ dient sie
der Ausbildung und Fortbildung von Polizeibeamten. Neben dieser grundsätzlichen
Aufgabenverteilung ist noch eine **außerordentliche sachliche Zuständigkeit für
Not- bzw Eilfälle** vorgesehen (sog. **Notzuständigkeit**)[40].

b)   Länder mit Trennungssystem

In den übrigen Bundesländern sind mit der sog. „Entpolizeilichung" die Aufgaben der   **449**
Gefahrenabwehr in unterschiedlicher Weise und mit unterschiedlicher Terminologie
auf jeweils zwei Behördengruppen verteilt worden. Dabei wird zT expressis verbis
klargestellt, dass beide Gruppen gemeinsam für die Aufgaben der Gefahrenabwehr
zuständig sind (zB § 1 I 1 HessSOG; § 1 I NdsSOG; § 1 I SachsAnhSOG). Trotz aller
terminologischen und sachlichen Unterschiede handelt es sich bei diesen beiden
Gruppen jeweils **auf der einen Seite um die „entpolizeilichten Ordnungsbehörden" und auf der anderen Seite um die Polizei im organisatorischen Sinn**. Dieser
Trennung haben Bayern, Brandenburg, Nordrhein-Westfalen und Thüringen auch gesetzestechnisch dadurch Ausdruck gegeben, dass sie für Polizei- und Ordnungsrecht
jeweils eine eigene Rechtsgrundlage geschaffen haben.

Die folgende Übersicht zeigt auf, wie die jeweiligen Behördengruppen in den einzel-   **450**
nen Bundesländern bezeichnet werden:

– Bayern: Sicherheitsbehörden/Polizei (Art. 6 BayLStVG, Art. 1 BayPAG),
– Berlin: Ordnungsbehörden/Polizei (§§ 1 I, 5 I BerlASOG),

---

37   Vgl § 60 I BWPolG; § 64 I BremPolG; §§ 80 I, 85 I 1 SaarlPolG; § 60 I SächsPolG.
38   § 60 II, IV BWPolG (anders aber im Bereich der Informationsverarbeitung, § 60 III BWPolG!);
     §§ 64 I 2, 37 BremPolG; § 85 SaarlPolG; § 60 II, III SächsPolG.
39   Zur Frage, inwieweit für Polizeibeamte eine Kennzeichnungspflicht besteht, s. *Barczak*, NVwZ 2011,
     852 ff. Eine Legitimations- und Kennzeichnungspflicht schreibt § 9 BrandPolG vor.
40   S. dazu näher §§ 2 I, 67 BWPolG; § 80 I BremPolG; § 85 II SaarlPolG; §§ 2 I, 69 SächsPolG.

- Brandenburg: Ordnungsbehörden/Polizei (§ 1 BrandOBG, §§ 1, 72 BrandPolG),
- Hamburg: Verwaltungsbehörden/Vollzugspolizei (§ 3 HambSOG),
- Hessen: Gefahrenabwehrbehörden (Verwaltungsbehörden, Ordnungsbehörden)/Polizeibehörden (§§ 82 ff, 1, 91 ff HessSOG),
- Mecklenburg-Vorpommern: Ordnungsbehörden/Polizei (§§ 2 I, 3 MVSOG),
- Niedersachsen: Verwaltungsbehörden/Polizei (§ 1 I NdsSOG),
- Nordrhein-Westfalen: Ordnungsbehörden/Polizei (§§ 1, 3 NWOBG, § 1 NWPolG, § 2 NWPOG)
- Rheinland-Pfalz: Ordnungsbehörden/Polizei (§§ 1 I, 88 I, 89, 76 ff RhPfPOG),
- Sachsen-Anhalt: Verwaltungsbehörden/Polizei (§§ 1 I, 3 Nr 7–10 SachsAnhSOG),
- Schleswig-Holstein: Ordnungsbehörden/Polizei (§ 163 I SchlHVwG),
- Thüringen: Ordnungsbehörden/Polizei (§ 1 ThürOBG, § 1 ThürPAG).

Auch im Trennungssystem findet sich iÜ die Untergliederung der Polizei in Schutzpolizei, Kriminalpolizei und Bereitschaftspolizei, die schon oben in Verbindung mit dem Einheitssystem angesprochen wurde (s. Rn 447). ZT gibt es daneben eine organisatorisch selbstständige Wasserschutzpolizei[41].

451   Eine wesentliche Gemeinsamkeit der Kompetenzverteilung zwischen Ordnungsbehörden und Polizei besteht in den Ländern mit Trennungssystem darin, dass die **Aufgaben der Polizei grundsätzlich nach dem Enumerationsprinzip bestimmt werden**: Wenn der Polizei eine Angelegenheit nicht ausdrücklich zugewiesen wird, sind die Ordnungsbehörden zuständig. Es besteht zwar zunächst eine **Not- bzw Eilzuständigkeit** der Polizei, die aber nur solange aufrechterhalten bleibt, bis die Ordnungsbehörde selbst eingreifen kann. Die Polizei darf also nur dann tätig werden, wenn die zuständige Behörde nicht oder nicht rechtzeitig zur Gefahrenabwehr tätig werden kann bzw unaufschiebbare Maßnahmen zu treffen sind. Daneben leistet die Polizei Vollzugshilfe[42] und erfüllt die Aufgaben, die ihr durch andere Rechtsvorschriften übertragen sind. Dazu zählen insbesondere die Mitwirkung bei der Ermittlung von Straftaten und Ordnungswidrigkeiten sowie die Überwachung des Straßenverkehrs. Dabei kann es sich allerdings im Einzelfall auch um Aufgaben der Ordnungsbehörden handeln[43]. IÜ obliegt die Aufgabe der Gefahrenabwehr den Ordnungsbehörden[44], denen zT noch andere Aufgaben zugewiesen sind[45]. Auf die zahlreichen landesspezifischen Besonderheiten kann hier nicht eingegangen werden. Eine Besonderheit in einzelnen Bundesländern sind Polizeibeiräte, die keine eigenen Entscheidungsbefugnisse haben. Sie

---

41 S. zB § 76 II RhPfPOG. IdR werden die Aufgaben der Wasserschutzpolizei aber auch in Ländern mit Trennungssystem von der allgemeinen Polizei wahrgenommen (s. zB §§ 91 II Nr 2 lit. c, 93 II HessSOG).

42 In Schleswig-Holstein wird noch gesondert von der Ermittlungshilfe gesprochen, § 168 II Nr 2 SchlHVwG.

43 Zu den Aufgaben der Polizei s. Art. 2, 3 BayPAG; §§ 1 I, 2 I, 4 BerlASOG; § 1 BrandPolG; § 3 II lit. a HambSOG; § 7 MVSOG; § 1 NdsSOG; § 1 NWPolG; § 1 I 1, 3, III-VIII RhPfPOG; § 2 SachsAnhSOG; §§ 163, 168 SchlHVwG; §§ 2, 12 III ThürPAG; §§ 1, 1a MEPolG.

44 Art. 6 BayLStVG; § 2 I BerlASOG; § 1 I BrandOBG iVm § 2 BrandPolG; § 3 I HambSOG; § 4 I MVSOG; § 1 NdsSOG; § 1 NWOBG; § 1 I, II RhPfPOG; § 2 SachsAnhSOG; §§ 162, 163 ff SchlHVwG; § 2 ThürOBG.

45 Zur Rechtslage in Hessen, die insoweit etwas abweicht, vgl §§ 1, 2, 82, 89 HessSOG.

sollen der Zusammenarbeit zwischen der Polizei und den Kommunen dienen, weswegen ihnen Mitwirkungsrechte beratender Art[46] eingeräumt werden. Zur Wahrnehmung bestimmer Aufgaben der Gefahrenabwehr können nach § 99 HessSOG auch Hilfspolizeibeamte bestellt werden.

2. Die Abgrenzung der Zuständigkeit der Polizei- und Ordnungsbehörden

Die Zuständigkeiten zwischen den einzelnen Polizei- und Ordnungsbehörden sind – wie allgemein im Organisationsrecht – unter den Gesichtspunkten der **sachlichen, örtlichen und instanziellen Zuständigkeit** abzugrenzen. **452**

a) Die sachliche Zuständigkeit

Unter **sachlicher Zuständigkeit ist die Berechtigung zu verstehen, einen bestimmten Aufgabenbereich wahrzunehmen.** Wenn gegen Bestimmungen verstoßen wird, welche die sachliche Zuständigkeit regeln, ist das polizeiliche Handeln rechtswidrig. **Verwaltungsakte**, die Vorschriften über die sachliche Zuständigkeit verletzen, sind zumindest aufhebbar, idR sogar **nichtig** (s. dazu **§ 44 VwVfG** und entspr landesrechtliche Vorschriften). **Rechtsverordnungen**, die gegen Regelungen über die sachliche Zuständigkeit verstoßen, sind stets **nichtig**. Wie die Aufgaben der Gefahrenabwehr zwischen den allgemeinen Polizei- und Ordnungsbehörden verteilt sind, ist dabei überwiegend in den allgemeinen Polizei- und Ordnungsgesetzen der Länder geregelt (s. dazu oben Rn 446 ff). Die Abgrenzung zu den Zuständigkeiten der besonderen Behörden der Gefahrenabwehr ergibt sich aus den Spezialgesetzen, welche die Aufgaben dieser Behörden umschreiben. Nach dem Rechtsgrundsatz, dass das speziellere Gesetz dem allgemeineren vorgeht, schließt eine Zuständigkeit der besonderen Behörden grundsätzlich eine Zuständigkeit der allgemeinen Behörden aus. Eine Doppelzuständigkeit wäre auch aus rechtsstaatlichen Gründen nicht begründbar, sofern sie nicht auf eng begrenzte Ausnahmefälle (zB Gefahr im Verzug) beschränkt wird[47]. Der Polizei wurden iÜ außerhalb des Sektors der Gefahrenabwehr weitere Aufgaben übertragen, so insbesondere bei der Verfolgung von Straftaten und Ordnungswidrigkeiten sowie der Vollzugshilfe (vgl oben Rn 408 ff). **453**

b) Die instanzielle Zuständigkeit

Die instanzielle (funktionelle) Zuständigkeit regelt die Verteilung der polizeilichen Aufgaben zwischen den sachlich zuständigen Polizei- und Ordnungsbehörden. Dieser Instanzenzug ist überwiegend in den Polizei- und Ordnungsgesetzen der Länder geregelt. Wenn die instanzielle Zuständigkeit nicht beachtet wird, ist das polizeiliche Handeln ebenfalls rechtswidrig. Ein Verwaltungsakt einer instanziell unzuständigen Behörde ist jedoch idR nur aufhebbar, nicht nichtig – anders als ein Verwaltungsakt einer sachlich unzuständigen Behörde. Rechtsverordnungen, die von einer instanziell unzuständigen Behörde erlassen wurden, sind dagegen nichtig. **454**

---

46 Dazu näher §§ 82, 84 ff BrandPolG; §§ 15 ff NWPOG; §§ 8 ff SchlHPOG.
47 S. hierzu *Schenke*, VerwArch. Bd. 68 (1977), 118, 142 ff.

455 Die höheren Polizei- und Ordnungsbehörden führen die Aufsicht über die nachgeordneten Behörden. Dabei ist **zwischen Dienst- und Fachaufsicht zu unterscheiden**[48]. Die allgemeine **Dienstaufsicht** erstreckt sich auf die **innere Ordnung, die allgemeine Geschäftsführung und die Personalangelegenheiten**. Die Fachaufsicht beschränkt sich dagegen auf die **Überprüfung der Rechtmäßigkeit und Zweckmäßigkeit der Wahrnehmung der einzelnen polizeilichen Aufgaben**[49]. Den Aufsichtsbehörden steht neben Informationsrechten insbesondere die Befugnis zu, allgemein oder im Einzelfall Weisungen zu erteilen. Die nachgeordneten Behörden unterliegen einer Unterrichtungspflicht gegenüber den weisungsbefugten Behörden[50]. Die Weisungen besitzen grundsätzlich keine unmittelbare Außenrechtsrelevanz (zu Ausnahmen s. unten Rn 485). Mittelbar sind sie freilich von Bedeutung, weil eine rechtswidrige Weisung eine Amtspflicht verletzt, was einen Amtshaftungsanspruch gem. § 839 BGB iVm Art. 34 GG begründen kann. Ein weisungsunterworfener Amtsträger, der eine rechtswidrige Weisung befolgt, verhält sich dagegen nicht amtspflichtwidrig.

456 Dass einer Aufsichtsbehörde ein Weisungsrecht zusteht, bedeutet nicht, dass sie selbst anstelle ihrer nachgeordneten Behörden handeln darf. Ein solches sog. **Selbsteintrittsrecht** besteht vielmehr nur dann, **wenn es gesetzlich ausdrücklich geregelt ist**. Solche Regelungen gibt es meist für Fälle, bei denen Gefahr im Verzug ist oder eine fachaufsichtliche Weisung nicht befolgt wurde[51]. Wenn eine Aufsichtsbehörde im Wege des Selbsteintrittsrechts handelt, so ist dieses Handeln dem Träger der Aufsichtsbehörde zuzurechnen. Wenn also zB bei Gefahr im Verzug das Landratsamt als Kreispolizeibehörde statt der eigentlich als Ortspolizeibehörde zuständigen Gemeinde einen Verwaltungsakt erlässt, so handelt es sich um einen Verwaltungsakt des Landratsamts bzw Landkreises, gegen den folglich eine Anfechtungsklage zu richten ist[52].

457 Umstritten ist, ob polizeiliche Aufgaben im Wege eines **organisationsrechtlichen Mandats** wahrgenommen werden dürfen. Es handelt sich hier um eine öffentlichrechtliche Stellvertretung, bei der ein Rechtssubjekt für ein anderes Rechtssubjekt in dessen Namen handelt.

Weitgehende Einigkeit besteht insoweit, als ein **innerbehördliches Mandat grundsätzlich erlaubt** ist. Dabei erteilt der Behördenleiter den Bediensteten seiner Behörde Vertretungsmacht, sodass sie Amtshandlungen vornehmen dürfen, die der Behörde zuzurechnen sind. Für die Zulässigkeit eines solchen Mandats sprechen schon die Verwaltungsökonomie und die Verwaltungseffizienz, da der Behördenleiter vielfach nicht in der Lage ist, alle behördlichen Entscheidungen

---

48 Vgl zB §§ 63, 64 BWPolG; § 68 BremPolG; §§ 86, 96 HessSOG; § 98 NdsSOG; §§ 5 f NWPOG; § 77 SaarlPolG; §§ 65 f SächsPolG; §§ 14 ff SchlHVwG.

49 S. zu den Begriffen der Dienst- und Fachaufsicht *Götz*, § 16, Rn 9 ff; *Kluth*, in: Wolff/Bachof/Stober, Verwaltungsrecht, Bd. 3, 5. Aufl. 2004, § 94, Rn 134 ff und 159 ff.

50 Vgl etwa § 65 BWPolG; § 69 III BremPolG; §§ 84, 87, 97 HessSOG; § 78 III SaarlPolG; § 67 III SächsPolG.

51 Vgl *OVG Berlin*, NJW 1977, 1166, 1167; s. auch *Schenke*, VBlBW 1990, 326 ff sowie eingeh. *Guttenberg*, Weisungsbefugnisse und Selbsteintritt, 1992; zum gesetzlich vorgesehenen Selbsteintrittsrecht s. zB §§ 65 II, 67 I BWPolG; Art. 3b BayVwVfG; § 10 III BerlASOG; § 10 BrandOBG iVm § 127 BrandGemO; § 69 II, 80 I BremPolG; § 88 HessSOG; § 4 III MVSOG; § 102 NdsSOG; § 10 NWOBG; § 93 II RhPfPOG; § 78 II SaarlPolG; § 90 SachsAnhSOG; §§ 67 II, 69 SächsPolG; §§ 165 III, 167 SchlHVwG; § 4 II ThürOBG.

52 So auch *Würtenberger/Heckmann*, BW, Rn 243.

selbst zu treffen. Ein innerbehördliches Mandat ist nur dann ausnahmsweise unzulässig, wenn ausdrücklich gesetzlich angeordnet ist, dass die Entscheidung vom Behördenleiter bzw von besonders qualifizierten Bediensteten selbst getroffen werden muss (so zB bei der Anordnung besonderer Mittel der Datenerhebung gem. § 22 VI BWPolG).

Bei einem **zwischenbehördlichen Mandat** erteilt eine Behörde einer anderen Behörde oder einem anderen Rechtssubjekt, das außerhalb der Behörde steht, ein Mandat. Ein solches Mandat bedarf einer **gesetzlichen Ermächtigung**[53]. Wenn eine solche Ermächtigung fehlt, ist es unzulässig. Deshalb darf eine höhere Behörde grundsätzlich nicht einer nachgeordneten Behörde erlauben, für sie in Vertretung zu entscheiden. Ebenso wenig darf eine Polizei- bzw Ordnungsbehörde dem Polizeivollzugsdienst bzw der Polizei ein zwischenbehördliches Mandat erteilen. Letzteres wäre iÜ mit der ratio der gesetzlichen Zuständigkeitsverteilung unvereinbar, wonach der Vollzugsdienst bzw die Polizei grundsätzlich nur über unaufschiebbare Maßnahmen der Gefahrenabwehr entscheiden sollen (zur Bedeutung dieser Problematik bei Platzverweisen s. näher oben Rn 137 f).

Unbedenklich ist hingegen eine **Botenschaft** bzw **Gehilfenschaft**. Dabei räumt die zuständige Behörde einer anderen Behörde keine eigene Entscheidungsbefugnis ein, sondern bedient sich der anderen Behörde nur, um ihre Entscheidung dem Adressaten zu überbringen.

c) Die örtliche Zuständigkeit

Die örtliche Zuständigkeit bezeichnet den **räumlichen Bereich,** innerhalb dessen eine **sachlich und instanziell zuständige Behörde handeln darf.** Ein **Verwaltungsakt,** der von einer örtlich unzuständigen Behörde erlassen wurde, ist grundsätzlich **nicht nichtig.** Darüber hinaus kann seine Aufhebung nicht schon deswegen beansprucht werden, weil er Vorschriften über die örtliche Zuständigkeit verletzt, sofern **offensichtlich** ist, dass dies **die Entscheidung in der Sache nicht beeinflusst** hat (vgl **§§ 44 II Nr 3 u. III Nr 1, 46 VwVfG** und die entspr landesrechtlichen Vorschriften). Eine Nichtigkeit kommt ausnahmsweise dann in Betracht, wenn die örtliche Unzuständigkeit auf der Belegenheit einer Sache oder eines Rechts im Bezirk einer anderen Behörde beruht. **Rechtsverordnungen** einer örtlich unzuständigen Behörde sind stets **nichtig.**

458

In den **Ländern mit Einheitssystem** bemisst sich die **örtliche Zuständigkeit** der Polizeibehörden grundsätzlich nach den sog. **Polizeibezirken**[54]. Örtlich zuständig ist dort die Polizeibehörde, in deren Bezirk eine polizeiliche Aufgabe wahrzunehmen ist[55]. In den **Ländern mit Trennungssystem** gilt meist – mit Ausnahme der Stadtstaaten Berlin und Hamburg – **derselbe Grundsatz für die Ordnungsbehörden.** Örtlich zuständig ist dort die Behörde, in deren Bezirk bzw Amtsbereich eine Aufgabe der Gefahrenabwehr wahrzunehmen ist[56] bzw die zu schützenden Interessen verletzt oder

459

---

53 S. dazu eingehend *Schenke*, VerwArch. Bd. 68 (1977), 118, 151; *Reinhardt*, Delegation und Mandat im öffentlichen Recht, 2006, S. 177 ff; ebenso etwa *Kluth*, in: Wolff/Bachof/Stober, Verwaltungsrecht, Bd. 3, 5. Aufl. 2004, § 84, Rn 78; *Ule/Laubinger*, Verwaltungsverfahrensrecht, § 10, Rn 19; *BDiszG*, DÖV 1985, 450 ff m. Anm. Schenke; *Horn*, NVwZ 1986, 808 ff; *VGH Mannheim*, VBlBW 1996, 418, 419; *VG Sigmaringen*, VBlBW 1995, 289, 290; **aA** *BVerwGE* 63, 258, 260; *Hufeld*, VBlBW 1999, 130, 132; *Rasch*, DVBl 1983, 617, 619.

54 Zum Gesetzesvorbehalt für die Zahl und die Standorte von Polizeidirektionen s. *Pieroth*, FS Schenke, 2011, S. 465 ff.

55 § 68 I BWPolG; §§ 78 I, 65 II BremPolG; § 81 I SaarlPolG; § 70 I, II SächsPolG.

56 § 100 I 2 HessSOG.

gefährdet werden[57]. Wenn nach diesen Grundsätzen mehrere Behörden zuständig sind, eine Aufgabe der Gefahrenabwehr jedoch zweckmäßig nur einheitlich wahrgenommen werden kann, so bestimmt grundsätzlich die übergeordnete Behörde die zuständige Behörde[58]. Bezüglich der polizeilichen Aufgaben sind in den Ländern mit Trennungssystem oftmals die Behörden oder zumindest die einzelnen Polizeivollzugsbeamten für das gesamte Land zuständig. Die Einzelheiten ergeben sich aus landesgesetzlichen Regelungen.

Die Wirkung einer Verfügung, die von einer Landespolizeibehörde erlassen wurde, beschränkt sich grundsätzlich auf den Hoheitsbereich des entsprechenden Bundeslandes. Dies ergibt sich aus dem Grundsatz, dass die Verwaltungshoheit eines Bundeslandes auf sein eigenes Gebiet beschränkt ist[59]. Dieser Grundsatz ist wiederum aus dem Bundesstaatsprinzip abzuleiten. Eine Verfügung, die den Adressaten zu einer Maßnahme verpflichtet, die sich auf einen in einem anderen Land befindlichen Gegenstand bezieht und nur in dem anderen Land umgesetzt werden kann, ist deswegen nur dann zulässig, wenn das andere Land oder das Bundesrecht dies gestattet[60].

III. Internationale Zusammenarbeit und Europäische Integration

460 Internationale polizeiliche Zusammenarbeit[61] war früher – auch in Europa[62] – schwerpunktmäßig auf die **Strafverfolgung** beschränkt. In jüngerer Zeit nehmen allerdings die Ansätze zur präventivpolizeilichen Zusammenarbeit zu[63]. Sie wurde in der Europäischen Union zunächst durch die Vorschriften des Titels VI EUV aF gefördert, der Bestimmungen über die polizeiliche und justitielle Zusammenarbeit enthielt. In Titel V AEUV, der mit **„Der Raum der Freiheit, der Sicherheit und des Rechts"** überschrieben ist, finden sich nunmehr in den Art. 67 ff AEUV nähere Vorschriften, welche den im Titel bezeichneten Zielen dienen (s. hierzu näher *Rengeling*, FG Knemeyer, 2012, S. 269, 275 ff). Die EU stellt nach Art. 67 II AEUV sicher, dass Personen an den **Binnengrenzen nicht kontrolliert werden**, und entwickelt eine **gemeinsame Politik in den Bereichen Asyl, Einwanderung und Kontrollen an den Außengrenzen**. Sie wirkt nach Art. 67 III 1 AEUV ua darauf hin, durch Maßnahmen zur Verhütung und Bekämpfung von Kriminalität sowie von Rassismus und Fremdenfeindlichkeit sowie zur Koordinierung und Zusammenarbeit von Polizeibehörden und

---

57 § 4 I BrandOBG; § 5 I MVSOG; § 100 NdsSOG; § 41 NWOBG; § 91 I RhPfPOG; § 88 I SachsAnh-SOG; § 166 I SchlHVwG; § 4 III 2 ThürPAG.

58 Vgl § 4 II BrandOBG; § 4 II HessSOG; § 5 II MVSOG; § 100 IV NdsSOG; § 4 II NWOBG; § 91 III iVm § 78 III RhPfPOG; § 88 III SachsAnhSOG; § 166 II SchlHVwG.

59 *BVerwG*, NVwZ 2002, 984.

60 *OVG Münster*, NVwZ-RR 2010, 463 mwN unter Hinweis auf *BVerwG*, NVwZ 2002, 984; *VGH München*, NVwZ-RR 2009, 202.

61 Vgl zum Folgenden ausführlich *Soria*, VerwArch. 89 (1998), 400 ff; *Mokros*, in: L/D, O, Rn 1 ff. Zur internationalen Terrorismusbekämpfung als Herausforderung für das Völkerrecht *Tomuschat*, DÖV 2006, 357 ff sowie *Kugelmann*, 15. Kap., Rn 39 ff. Zur Europäisierung der Polizeiarbeit *Kugelmann*, in: ders., Polizei unter dem Grundgesetz, 2010, S. 91 ff.

62 Dazu auch *Bull*, DRiZ 1998, 32 f; *Waechter*, ZRP 1996, 167; *Zieschang*, ZRP 1996, 428 f.

63 Dazu näher *Götz*, FS Rauschning, 2001, S. 185 ff; *Möstl*, S. 507 ff; *Pitschas*, NVwZ 2002, 519 ff.

Organen der Strafrechtspflege ein hohes Maß an Sicherheit zu gewährleisten. Nähere Vorgaben für Grenzkontrollen finden sich in Art. 77 AEUV. Art. 84 AEUV sieht vor, dass das Europäische Parlament und der Rat Maßnahmen festlegen können, um das **Vorgehen der Mitgliedstaaten im Bereich der Kriminalprävention zu fördern und zu unterstützen**. Die Art. 87 ff AEUV enthalten nähere Bestimmungen über die polizeiliche Zusammenarbeit. Die Union entwickelt nach Art. 87 I AEUV eine polizeiliche Zusammenarbeit zwischen allen zuständigen Behörden der Mitgliedstaaten. Für diesen Zweck kann das Europäische Parlament Maßnahmen erlassen (Einzelheiten: Art. 87 II, III AEUV). **Art. 88 AEUV** hat **Europol** zum Gegenstand (dazu näher Rn 465 ff).

1. Die Internationale kriminalpolizeiliche Organisation (IKPO – „Interpol")

Die **Internationale kriminalpolizeiliche Organisation (IKPO)**, die bereits 1923 ge- **461** gründet wurde, spielt trotz zahlreicher bi- und multilateraler völkerrechtlicher Abkommen zur internationalen Amts- und Rechtshilfe nach wie vor eine wichtige Rolle bei der grenzüberschreitenden Strafverfolgung. Für die IKPO hat sich die Bezeichnung **„Interpol"** allgemein eingebürgert.

Der IKPO wird heute auf Grund der normativen Kraft des Faktischen vielfach der Sta- **462** tus „Intergovernmental Organization" zugebilligt[64], die Völkerrechtssubjektivität besitzt.

Wichtigste Aufgabe von Interpol ist es, **Personen oder Sachen zur internationalen** **463** **Fahndung auszuschreiben**. Die Ausschreibung kann allerdings nur einen Anstoß dafür geben, dass die nationale Polizei der Mitgliedsstaaten tätig wird. Die Mitgliedsstaaten haben jeweils ein **Nationales Zentralbüro** eingerichtet. Es hat die Aufgabe, die Verbindung zu anderen nationalen Behörden des Landes, zu den Interpol-Zentralbüros anderer Staaten sowie zum **Generalsekretariat von Interpol in Lyon** – dem Verwaltungs- und Informationszentrum der Organisation seit 1989 – sicherzustellen, insbesondere ein- und ausgehende Rechts- und Amtshilfeersuchen zu übermitteln.

Nationales Zentralbüro der Bundesrepublik Deutschland, die Interpol seit 1952 ange- **464** hört, ist das **BKA** (§ 3 I BKAG).

2. Das Europäische Polizeiamt (Europol)

Das **Europäische Polizeiamt (Europol)** wurde nach der Ratifikation des Europol- **465** Übereinkommens (Europol-ÜK)[65] durch die Mitgliedstaaten der EU als rechtsfähige Organisation mit Sitz in Den Haag errichtet. Es ist heute im primären EU-Recht in Art. 88 AEUV verankert. Nähere Regelungen über Europol finden sich im Europol-Beschluss (Europol-B) vom 6.4.2009 (ABl. EG Nr I 121/37), der am 1.1.2010 das Eu-

---

64 Dazu *Soria*, VerwArch. Bd. 89 (1998), 402 f mwN.
65 ABl. EG 1995, Nr C 316/1 ff = BGBl. II 1997, S. 21153 ff.

ropol-ÜK ersetzte[66]. Europol ist danach eine Agentur der EU. Ziel von Europol ist es nach Art. 88 I AEUV, Art. 3 Europol-B, die Tätigkeit der zuständigen Behörden der Mitgliedstaaten sowie deren Zusammenarbeit bei der Prävention und Bekämpfung von organisierter Kriminalität, Terrorismus und anderen Formen schwerer Kriminalität (s. näher Anhang zum Europol-B) zu unterstützen und zu verstärken, wenn zwei oder mehr Mitgliedstaaten betroffen sind. Art. 4 Europol-B definiert die Zuständigkeit von Europol, Art. 5 Europol-B seine Aufgaben. Europol dient danach schwerpunktmäßig der **Bekämpfung grenzüberschreitender, insbesondere organisierter Kriminalität durch** die zentrale computergestützte **Sammlung, Auswertung und Übermittlung präventivpolizeilicher und strafverfolgungsrelevanter Informationen.** Zu diesem Zweck betreibt Europol **Informationsverarbeitungssysteme** (Art. 10 ff Europol-B), die sich aus dem Europol-Informationssystem (Einzelheiten: Art. 11 ff Europol-B), Arbeitsdateien zu Analysezwecken (Art. 14 Europol-B) sowie einer Indexfunktion (Art. 15 Europol-B) zusammensetzen. Die nationalen Stellen, die Verbindungsbeamten (Art. 9 Europol-B), der Direktor und seine Stellvertreter (Art. 38 Europol-B) sowie ordnungsgemäß ermächtigte Europol-Bedienstete haben das **Recht, unmittelbar Daten in das Europol-Informationssystem einzugeben und daraus abzurufen** (Art. 13 I 1 Europol-B). Europol kann nach Art. 13 I 2 Europol-B Daten abrufen, soweit dies im Einzelfall zur Erfüllung seiner Aufgaben erforderlich ist. Der Abruf durch nationale Stellen und Verbindungsbeamte richtet sich grundsätzlich nach den Rechts- und Verwaltungsvorschriften sowie den Verfahren der abrufenden Stelle (Art. 13 I 3 Europol-B).

466 **Hauptorgane** von Europol sind der **Direktor**, der das Polizeiamt leitet (Art. 38 Europol-B), und der **Verwaltungsrat** (Art. 37 Europol-B), der mit je einem Vertreter pro Mitgliedstaat und einem Vertreter der Kommission besetzt ist. Zur wirksamen Kooperation errichtet oder benennt jeder Mitgliedstaat eine nationale Stelle (Art. 8 Europol-B), die jeweils mindestens einen Verbindungsbeamten zu Europol entsendet (Art. 9 I Europol-B). In der Bundesrepublik Deutschland nimmt das **BKA** diese Funktion wahr[67].

Weitere (unabhängige EU-)Instanz ist die gemeinsame Kontrollinstanz (GKI) nach Art. 34 Europol-B, die formal allerdings kein Organ darstellt. Sie setzt sich aus höchstens zwei Mitgliedern oder Vertretern jeder nationalen Kontrollinstanz zusammen, die von jedem Mitgliedstaat für fünf Jahre ernannt werden, vgl für Deutschland § 6 II EuropolG. Der **Beschwerdeausschuss**, eine Ausschuss der GKI, der sich aus je einem Vertreter pro Mitgliedstaat zusammensetzt, fungiert als **„Rechtsschutzinstanz"**, die freilich schon wegen ihrer Zusammensetzung nicht den Status richterlicher Unabhängigkeit hat. Er entscheidet über die Beschwerden nach Art. 32 Europol-B, die jeder Betroffene einlegen kann, wenn er der Auffassung ist, Europol sei einem **Auskunfts-, Berichtigungs- und Löschungsbegehren** nicht ordnungsgemäß nachgekommen.

---

66 Näher dazu *Ruthig*, in: Böse (Hrsg), Europäisches Strafrecht und Polizeirecht (Enzyklopädie der Europarechts Bd. 9), § 20.
67 Art. 2 § 1 Nr 1 EuropolG vom 16.12.1997 (BGBl. II S. 2150), zuletzt geändert durch Gesetz vom 31.7.2009 (BGBl. I S. 2504).

Seine Entscheidungen sind nach Art. 34 VIII 4 Europol-B gegenüber den Beteiligten „endgültig". Dies kann jedoch aus primärrechtlichen Gründen Rechtsschutz nicht ausschließen. Bereits aus der Tatsache, dass Europol zu einer Regulierungsagentur geworden ist, folgt die Möglichkeit einer Nichtigkeitsklage nach Art. 263 IV AEUV; dem steht auch das Übergangsrecht nicht entgegen[68]. Dieser Rechtsschutz kann auch nicht durch die Gründungsrechtsakte beschränkt, sondern, wie sich aus Art. 263 IV 2 AEUV ergibt, lediglich um „Bedingungen und Einzelheiten für die Erhebung von Klagen" ergänzt werden. Die Gemeinsame Kontrollkommission behält aber gleichwohl ihre Berechtigung[69]. Als behördeninterne „Tatsacheninstanz" kann sie die europäischen Gerichte entlasten und diese auf eine Rechtskontrolle beschränken. Gleichwohl stellen sich auch nach einer grundsätzlichen Erstreckung des Rechtsschutzes auf die Akte von Europol **schwierige Rechtsfragen**. Die Nichtigkeitsklage nach Art. 263 IV AEUV beschränkt sich auf Handlungen, nimmt die rechtlich unverbindlichen Empfehlungen und Stellungnahmen aus und bedarf deswegen auch im Kontext der **Datenübermittlung** näherer Prüfung. Es gibt in der EuGH-Rechtsprechung sehr wohl Ansätze dafür, nicht auf die Verbindlichkeit der Handlungsform, sondern die potenzielle Rechtsbeeinträchtigung abzustellen[70]. Eine solche kann man den datenschutzrechtlichen Maßnahmen von Europol vor dem Hintergrund des Art. 8 (informationelle Selbstbestimmung) und Art. 47 GrCh (effektiver Rechtsschutz) jedenfalls nicht absprechen (zum Rechtsschutz gem. Art. 47 GrCh siehe *R. Schenke*, FS Schenke, 2011, S. 305 ff).

Allerdings hat Europol **keine eigenen Eingriffs- und Ermittlungsbefugnisse**, die über den (im Einzelnen festgelegten) **Umgang mit personenbezogenen Daten hinausgehen**. Auch an gemeinsamen Ermittlungsgruppen kann das Europol-Personal nach näherer Maßgabe des Art. 6 Europol-B nur in unterstützender Funktion **teilnehmen**. An Zwangsmaßnahmen nimmt das Europol-Personal jedoch nicht teil (Art. 6 I 2 Europol-B). Art. 6 Europol-B trägt damit Art. 88 III AEUV Rechnung. Zwangsmaßnahmen dürfen ausschließlich von den zuständigen einzelstaatlichen Behörden angewendet werden. Art. 7 I Europol-B ermächtigt Europol dazu, die Mitgliedstaaten um Einleitung, Durchführung und Koordinierung von Ermittlungsmaßnahmen zu ersuchen. Diese Ersuchen sind von den Mitgliedstaaten in angemessener Weise zu prüfen. Sie haben Europol darüber zu unterrichten, ob die Ermittlungen, die Gegenstand des Ersuchens sind, eingeleitet werden. Eine Bindung an das Ersuchen besteht nicht[71].

467

---

68 Dazu ausführlich *Ruthig*, in: Böse, Europäisches Straf- und Polizeirecht (Enzyklopädie des Europarechts Bd. 9), § 20, Rn 17 ff, ebenso *Suhr*, in: Callies/Ruffert, AEUV, Art. 88, Rn 25; mit anderer Begründung auch *Röben*, in: Grabitz/Hilf/Nettesheim, EU, Art. 88, Rn 27; aA *R. Schenke*, FG Knemeyer, 2012, S. 365, 380.

69 S. schon *Ruthig*, in: Wolter/Schenke/Hilger/Ruthig/Zöller, Alternativentwurf Europol und Europäischer Datenschutz, 2008, S. 116 ff.

70 Zu Beispielen insbesondere im Beihilferecht näher *Ruthig*, in: Der Staat als Wirtschaftssubjekt und – regulierer, 2013, S. 43, 75 f.

71 Zu neuen unionsrechtlichen Strafgesetzgebungskompetenzen nach dem Vertrag von Lissabon s. näher *Zöller*, FS Schenke, 2011, S. 579 ff.

3. Das Schengener Durchführungsübereinkommen (SDÜ)

468 Das sog. **Schengener Übereinkommen (SÜ)** sowie das sog. **Schengener Durchführungsübereinkommen (SDÜ)**[72], das der Umsetzung des SÜ dient, sollen den Gefahren für die innere Sicherheit begegnen, die durch den schrittweisen Abbau innereuropäischer Grenzkontrollen entstanden sind. Das SDÜ gilt uneingeschränkt für die EU-Mitgliedsstaaten Belgien, Dänemark, Deutschland, Estland, Finnland, Frankreich, Griechenland, Italien, Lettland, Litauen, Luxemburg, Malta, die Niederlande, Österreich, Polen, Portugal, Schweden, Slowenien, die Slowakei, Spanien, Tschechien und Ungarn, ferner für die Nicht-EU-Mitgliedsstaaten Island, Liechtenstein, Norwegen und die Schweiz. Die EU-Mitgliedsstaaten Irland und Vereinigtes Königreich nehmen zwar an der Zusammenarbeit bei polizeilicher Arbeit und Strafverfolgung teil, haben ihre Grenzkontrollen jedoch beibehalten. Die EU-Mitgliedsstaaten Bulgarien, Rumänien und Zypern wenden das SDÜ noch nicht voll an.

SÜ und SDÜ waren ursprünglich **völkerrechtliche Verträge**, die sich **außerhalb des Gemeinschaftsrechts** entwickelten. Seit dem Vertrag von Amsterdam ist der sog **Schengen-Besitzstand** jedoch primäres Recht der Europäischen Union (s. heute Art. 67 ff AEUV[73]). Der Schengen-Besitzstand besteht aus dem SÜ, dem SDÜ, den dazu gehörigen Beitrittsprotokollen und Beitrittsübereinkommen sowie den Beschlüssen und Erklärungen des Exekutivausschusses nach dem SDÜ. Da die Gefahrenabwehr in den Bereichen, die in Art. 67 ff AEUV genannt werden, vergemeinschaftet ist, darf die EU insoweit selbst Rechtsakte zur Gefahrenabwehr erlassen, so zB die Antiterrorismus-Verordnungen (VO 258072001/EG und VO 881/2002/EG) oder die Richtlinie zur Vorratsdatenspeicherung (RL 2006/24/EG; s. dazu *EuGH*, CR 2009, 151 ff und Rn 197d).

Die Verordnung (EG/Nr 562/2006) des Europäischen Parlaments und des Rates vom 15.3.2006 (ABl EG L 105/1) enthält den sog. Schengener Grenzkodex, der das Überschreiten der Grenzen durch Personen regelt. Um die Außengrenzen der Europäischen Union wirksam zu schützen, wurde durch die Verordnung (EG) Nr 2007/2004 vom 26.10.2004 (ABl EG L 349) eine **Europäische Agentur für die operative Zusammenarbeit an den Außengrenzen** errichtet. Diese Agentur, die eine eigene Rechtspersönlichkeit besitzt, koordiniert insbesondere verstärkt die operative Zusammenarbeit der Mitgliedstaaten beim Schutz der Außengrenzen (s. dazu auch Art. 16 Schengener Grenzkodex).

469 Als wichtige Regelungen des SDÜ sind zu nennen: die **grenzüberschreitende polizeiliche Verfolgung ("Nacheile")** einer Person, die auf frischer Tat betroffen oder aus der Haft entflohen ist (Art. 41 SDÜ), die **grenzüberschreitende Observation** (Art. 40

---

72 Durchführungsübereinkommen ("Schengen II") zum Übereinkommen betreffend den schrittweisen Abbau der Kontrollen an den gemeinsamen Grenzen vom 14.6.1985 ("Schengen I"), BGBl. II 1993, S. 1013 ff. Zu den Schengener Abkommen vgl ausführlich *Schreckenberger*, VerwArch. 88 (1997), 389 ff; *Soria*, VerwArch. 89 (1998), 407 ff; *Göppl*, VBlBW 2002, 1 ff.
73 Zu den wesentlichen Neuerungen des AEUV s. *Kotzur*, in: Geiger/Kham/Kotzur, Art. 67, Rn 4; s. ferner *v. Arnauld*, JA 2008, 327 ff.

SDÜ)[74] – jeweils unter engen Voraussetzungen und mit eingeschränkten Befugnissen der beteiligten Polizisten – sowie der Aufbau des **Schengener Informationssystems** (**SIS**; Art. 92 ff SDÜ), das als **reines Fahndungssystem** lediglich die **Daten gesuchter Personen** enthält, nicht – wie das Informationssystem von Europol (Art. 11 ff Europol-B) als aktives Recherchesystem – auch die Daten verdächtiger Personen[75].

Am 27.5.2005 haben Belgien, Deutschland, Frankreich, Luxemburg, die Niederlande, Österreich und Spanien den sog. **Prümer Vertrag** über die Vertiefung der grenzüberschreitenden Zusammenarbeit, insbesondere zur Bekämpfung des Terrorismus, der grenzüberschreitenden Kriminalität und der illegalen Migration, abgeschlossen. Dem Vertrag sind bisher Finnland, Slowenien, Ungarn und Norwegen beigetreten. Andere EU-Mitgliedstaaten können dem Vertrag beitreten. Er ist jedoch kein EU-Abkommen. Der Vertrag, der im November 2006 in Kraft getreten ist und zT als Schengen III-Übereinkommen bezeichnet wird, sieht einen Austausch von Informationen zwischen den Vertragsstaaten vor, ua, indem DNA-Analyse-Dateien (Art. 2 ff) sowie daktyloskopische Dateien (Art. 8 f) den anderen Vertragsstaaten zum automatischen Abruf zugänglich zu machen sind. Zudem ermächtigt Art. 14 dazu, personenbezogene Daten zu übermitteln, um Straftaten zu verhindern und Gefahren für die öffentliche Sicherheit und Ordnung im Zusammenhang mit Großveranstaltungen mit grenzüberschreitendem Bezug abzuwehren, insbesondere im Bereich des Sports (Bekämpfung von Hooligans). Art. 17 f sieht den Einsatz bewaffneter Flugsicherheitsbegleiter („Sky-Marshals") vor, Art. 24 ff den Einsatz gemeinsamer Streifen und andere gemeinsame grenzüberschreitende Einsatzformen[76]. Der Umsetzung des Prümer Vertrags dient das Gesetz vom 10.7.2006 (BGBl. I 1458).

Lösung der Ausgangsfälle (Rn 435 f):

Fall 1: Es liegt hier jeweils ein zwischenbehördliches öffentlichrechtliches Mandat vor, bei **470** dem eine Behörde eine andere Behörde dazu ermächtigt, ihre Kompetenzen in ihrem Namen auszuüben. Eine solche öffentlichrechtliche Stellvertretung ist grundsätzlich – sofern keine gesetzliche Ermächtigung besteht – unzulässig (Rn 457). Die gesetzlichen Zuständigkeitsregelungen sind nämlich regelmäßig so zu interpretieren, dass die zuständige Behörde ihre Zuständigkeiten selbst wahrnehmen soll. Keine gesetzliche Ermächtigung lässt sich daraus ableiten, dass die zuständige Behörde gegenüber der anderen Behörde weisungsbefugt ist. Hinzu kommt, dass alle Polizei- und Ordnungsgesetze die Aufgabe der Gefahrenabwehr grundsätzlich den Polizeibehörden (im Einheitssystem) bzw den Ordnungsbehörden (im Trennungssystem) zuweisen und die Zuständigkeiten des Vollzugsdienstes (im Einheitssystem) bzw der Polizei (im Trennungssystem) bewusst auf jene Fälle beschränken, in denen eine solche Zuständigkeit ausdrücklich gesetzlich angeordnet wird. Diese Entscheidung des Gesetzgebers würde konterkariert, wenn durch ein zwischenbehördliches Mandat die gesetzlichen Zuständigkeiten zwar nicht formal, wohl aber faktisch in der beschriebenen Weise verlagert werden könnten. Selbst wenn man dies anders sähe, müsste im vorliegenden Fall das Mandat jedenfalls in der Form einer Rechtsverordnung erteilt werden, weil es generell gelten soll.

---

74   Die Polizei- und Ordnungsgesetze der Länder nehmen auf diese Befugnisse Bezug, s. zB §§ 78 IV, 79 I 2 BWPolG.
75   Kritisch zum Schengener-Informationssystem *Leutheusser-Schnarrenberger*, ZRP 2004, 97 ff.
76   Näher dazu *Kugelmann*, 14. Kap., Rn 96 ff.

471 **Fall 2:** Die oberste Landespolizeibehörde hat hier ein Selbsteintrittsrecht für sich in Anspruch genommen (Rn 456). Ein derartiges Selbsteintrittsrecht besteht nur dann, wenn es gesetzlich vorgesehen ist. In den meisten Polizei- und Ordnungsgesetzen ist dies unter bestimmten Voraussetzungen der Fall. So regelt zB § 65 II BWPolG, dass jede Fachaufsichtsbehörde die erforderlichen Maßnahmen treffen kann, wenn die zuständige Behörde[77] eine ihr erteilte Weisung nicht befolgt[78]. Die Landespolizeibehörde als Fachaufsichtsbehörde (§§ 64 Nr 3, 62 II BWPolG) ist deshalb hier zuständig, da ihre Weisung nicht befolgt wurde. Zudem kann sie bei Gefahr im Verzug – wie hier – an Stelle einer zuständigen Behörde handeln, die ihrer Aufsicht untersteht (§ 67 I BWPolG[79]).

Wenn ein Selbsteintrittsrecht in Anspruch genommen wird, ohne dass dessen Tatbestandsvoraussetzungen gegeben sind, verstößt dies gegen die instanzielle Zuständigkeit und macht die betreffende Maßnahme rechtswidrig. Wenn das Verbot einen Verwaltungsakt darstellt – was angesichts seiner engen zeitlichen Begrenzung hier der Fall sein dürfte (vgl dazu unten Rn 616 f) –, führt eine Verletzung der instanziellen Zuständigkeit allerdings nicht zur Nichtigkeit des Verbots, sondern nur zu dessen Aufhebbarkeit (Rn 454). Wenn dagegen eine Rechtsverordnung vorläge, führte eine Verletzung der instanziellen Zuständigkeit durch ein zu Unrecht in Anspruch genommenes Selbsteintrittsrecht zur Nichtigkeit (Rn 454).

IV. Exkurs: Private Sicherheitsdienste

472 Nicht zu den Polizei- und Ordnungsbehörden gehören private Sicherheitsdienste[80, 81]. Deren Tätigkeit kommt heute eine immer größere Bedeutung zu. Wichtige Tätigkeitsfelder solcher Sicherheitsdienste bilden vor allem der **Personen-, Objekt- und Transportschutz**[82] **einschließlich des Werkschutzes** sowie die **Absicherung von Großveranstaltungen**, insbesondere von Sportveranstaltungen.

---

77 In Baden-Württemberg ist dies gem. §§ 66 II, 62 IV BWPolG grundsätzlich die Gemeinde als Ortspolizeibehörde.

78 Vgl auch Art. 3b BayVwVfG; § 10 III BerlASOG; § 10 BrandOBG iVm § 127 BrandGemO; § 69 II BremPolG; § 88 HessSOG; § 102 NdsSOG; § 10 NWOBG; § 93 II RhPfPOG; § 78 II SaarlPolG; § 90 SachsAnhSOG; § 67 II SächsPolG; § 167 SchlHVwG.

79 Vgl auch § 2 V BerlASOG; § 81 BrandPolG; § 80 BremPolG; § 88 HessSOG; § 4 III MVSOG; § 102 NdsSOG; § 6 I 1 NWPOG; § 14 I NWPOG; § 90 II RhPfPOG; § 78 II SaarlPolG; § 90 SachsAnhSOG; § 69 I SächsPolG; § 165 III SchlHVwG; § 4 II ThürOBG.

80 Näher hierzu *Schenke*, Rechtliche Zulässigkeit und Grenzen der allgemeinen und konkreten Übertragung von Sicherheits- und Ordnungsaufgaben auf private Sicherheitsdienste, in: *Stober/Peilert* (Hrsg.), Die Regelung der Zusammenarbeit zwischen Polizei- und privaten Sicherheitsdiensten als neue Herausforderung der Sicherheitsrechtsordnung, 2005, S. 1 ff; *Ehlers*, in: FS Lukes, 1989, S. 339 ff; *Gramm*, VerwArch. Bd. 90 (1999), 329 ff; *Gusy*, VerwArch. Bd. 92 (2001), 344 ff; *Jeand'Heur*, AöR Bd. 119 (1994), 107 ff; *Mahlberg*, Gefahrenabwehr durch gewerbliche Sicherheitsunternehmen, 1988; *Möstl*, S. 290 ff; *Peilert*, DÖV 2004, 231 ff; *Pitschas*, Polizei und Sicherheitsgewerbe, 2000; *ders.*, NVwZ 2002, 519, 521 ff; *ders.*, DÖV 2004, 231 ff; *ders.*, in: FS Schenke, 2011, 481 ff; *Pitschas/Stober*, Quo vadis Sicherheitsgewerbe? 1998; *dies.*, Kriminalprävention durch Sicherheitspartnerschaften, 2000; *Schulte*, DVBl 1995, 130 ff; *Schwabe*, ZRP 1978, 165 ff; *Stober*, NJW 1997, 889 ff; *ders.*, DÖV 2000, 261 ff; *ders.*, ZRP 2001, 260 ff; *Storr*, DÖV 2005, 101 ff.

81 Keinen privaten Sicherheitsdienst stellt die sächsische Wachpolizei dar, deren Angehörige Angestellte des Freistaates Sachsen sind (s. oben Rn 447).

82 Zur Seepirateriebekämpfung durch private Bewachungsunternehmen s. *Heller/Soschinka*, NVwZ 2013, 476 ff.

Die Tätigkeit solcher Sicherheitsdienste lässt sich nicht auf polizei- und ordnungsrechtliche Vorschriften stützen. Damit stehen ihren Bediensteten nicht die polizei- und ordnungsrechtlichen Ermächtigungsgrundlagen zur Verfügung. Sofern sie bei ihrer Tätigkeit in Rechte Dritter eingreifen, können sie sich nur auf die **allgemeinen strafrechtlichen (§§ 32 ff StGB) und bürgerlichrechtlichen Rechtfertigungsgründe (§§ 226 ff, 859 BGB) sowie das Festnahmerecht des § 127 StPO** berufen. Durch den organisierten Einsatz von Sicherheitsdiensten erlangt dieses Handeln allerdings eine andere Qualität als die punktuelle Inanspruchnahme von Rechtfertigungsgründen durch einzelne Bürger. Der organisierte Einsatz von Sicherheitsdiensten tangiert das staatliche Gewaltmonopol. Deshalb werden zT verfassungsrechtliche Bedenken gegen den Einsatz einer solchen „Privatpolizei" geäußert[83]. Dies dürfte zwar zu weit gehen. Es steht jedoch außer Frage, dass deren Aktivitäten schwierige rechtliche Fragen aufwerfen. **473**

Der Gesetzgeber hat die Problematik grundsätzlich gesehen und in § 34a GewO sowie der BewachV[84] angeordnet, dass die Tätigkeit privater Sicherheitsunternehmen erlaubnispflichtig ist. Diese Erlaubnis ist zu versagen, wenn der Antragsteller unzuverlässig ist (§ 34a I 3 Nr 1 GewO), wenn ihm die für den Gewerbebetrieb erforderlichen Mittel fehlen (§ 34a I 3 Nr 2 GewO) oder wenn er nicht nachweist, dass er über die für die Ausübung des Gewerbes notwendigen rechtlichen Vorschriften unterrichtet worden und mit ihnen vertraut ist (§ 34a I 3 Nr 3 GewO). Für bestimmte Tätigkeiten ist zudem der Nachweis einer Sachkundeprüfung erforderlich, die vor der Industrie- und Handelskammer abzulegen ist, so zB bei Kontrollgängen im öffentlichen Verkehrsraum oder beim Schutz vor Ladendiebstählen. § 34a V GewO stellt klar, dass dem Betreiber und den Beschäftigten eines privaten Sicherheitsdienstes gegenüber Dritten nur diejenigen Rechte zustehen, die Jedermann im Falle einer Notwehr, eines Notstandes oder einer Selbsthilfe hat, oder die die ihnen vertraglich vom jeweiligen Auftraggeber oder gesetzlich übertragen wurden. Nicht in § 34a V GewO genannt ist das Recht der vorläufigen Festnahme gem. § 127 I StPO, das privaten Sicherheitsdiensten aber dennoch zusteht[85]. Der Gesetzgeber hat es zwar nicht erwähnt – wohl, weil es hier nicht unmittelbar um den Schutz subjektiver Rechte des Auftraggebers geht –, aber es wird durch den Telos dieser Vorschrift erfasst, die lediglich bestätigen wollte, dass dem privaten Sicherheitsdienst (grundsätzlich nur) die Jedermann eingeräumten Rechtfertigungsgründe zur Verfügung stehen[86]. Es fehlte an einem sachlichen Grund dafür, einem privaten Sicherheitsdienst (trotz der Erlaubnispflichtigkeit seiner Tätigkeit) weniger Befugnisse als sonstigen Privaten zuzubilligen. Zudem wäre ein wirksamer Schutz vor Ladendieben (s. § 34a I 5 Nr 2 GewO), der zu den Aufgaben des Bewachungsgewerbes gehört, ohne ein vorläufiges Festnahmerecht nicht gewährleistet. Damit übereinstimmend, sprechen Anl. 2 Nr 3 und 3 Nr 3 der BewachV – die die Sachgebiete aufzählen, in denen Unterricht zu erteilen ist – ausdrücklich die vorläufige Festnahme an. Rechtliche Bedenken gegen einen Rückgriff auf allgemeine Rechtfertigungsgründe bestehen allerdings dann, wenn private Sicherheitsunternehmen mehrheitlich von **Hoheitsträgern** beherrscht werden, die mit **Aufgaben der Gefahrenabwehr betraut** sind. Hoheitsträger dürfen sich nämlich nicht durch Flucht in privatrechtliche Organisationsformen öffentlichrechtlicher Bindungen entziehen (s. Rn 40, 562; s. auch *Rixen*, DVBl 2007, 221, 230).

§ 34a GewO und die BewachV lösen freilich nicht alle Probleme, die sich aus dem Einsatz privater Sicherheitsdienste ergeben. **474**

---

83   So zB schon *Hoffmann-Riem*, ZRP 1977, 277 ff; *Bernhardt*, Die Polizei 1994, 55 mwN; *v. Danwitz*, KritV 2002, 347, 360 ff; s. auch *Rixen*, DVBl 2007, 221, 225; **krit.** *Schwabe*, ZRP 1978, 168 ff, *Götz*, in: Pitschas/Stober, Quo vadis Sicherheitsgewerbe?, 1998, S. 235 ff; *Stober*, NJW 1997, 889, 894.

84   Verordnung über das Bewachungsgewerbe (Bewachungsverordnung – BewachV) idF der Bekanntmachung vom 10.7.2003 (BGBl. I S. 1378), zuletzt geändert durch Art. 2a III des Gesetzes vom 4.3.2013 (BGBl. I S. 362).

85   So auch *Marcks*, in: Landmann/Rohmer, GewO, Loseblattkommentar, Stand 1.10.2004, § 34a Rn 42.

86   S. dazu BT-Dr. 14/8386 S. 11. Anhaltspunkte dafür, dass § 34a V GewO die allgemeinen Rechtfertigungsgründe einschränken wollte, lassen sich seiner Entstehungsgeschichte nicht entnehmen; s. dazu näher *Schenke*, in: Stober/Peilert (Hrsg.), Die Regelung der Zusammenarbeit, aaO, S. 1 (4 ff).

Wenn private Sicherheitsdienste **zum Schutz privater Rechte** tätig werden, bestehen dagegen keine prinzipiellen Bedenken. Das gilt auch, wenn hierdurch zugleich die öffentliche Sicherheit mittelbar geschützt wird. Der Staat wird dadurch aber nicht seiner Verantwortung enthoben, die öffentliche Sicherheit zu gewährleisten. Dies gilt selbst auf solchen Gebieten, auf denen der Staat einen Einsatz privater Sicherheitsdienste vorschreibt (s. zB §§ 8 f LuftSiG, § 7 II Nr 5 AtomG). Dadurch soll nicht die allgemeine Aufgabe der Gefahrenabwehr insoweit privatisiert werden. Vielmehr soll nur ein vorläufiger Schutz bis zum Eintreffen der Polizei gewährleistet werden. Der Polizei obliegt weiterhin primär die Gefahrenabwehr bei drohender Verletzung öffentlichrechtlicher Normen (insbesondere von Strafgesetzen)[87]. Eine andere Auffassung berücksichtigte nicht ausreichend, dass die Anwendung von Gewalt durch Private eine Ausnahme bleiben muss. Sonst wäre sie mit dem grundsätzlich bestehenden Gewaltmonopol des Staates nur schwer in Einklang zu bringen (s. Rn 54).

475 Wenn **private Sicherheitsdienste zum Schutz öffentlichrechtlich geschützter Rechtsgüter** der Allgemeinheit eingesetzt werden, so ist dies höchst problematisch[88]. Insoweit sind die allgemeinen Rechtfertigungsgründe tatbestandlich nicht einschlägig. Deswegen ist es insoweit grundsätzlich ausgeschlossen, dass private Sicherheitsdienste Gewalt und Zwang anwenden (sofern nicht zugleich private Rechte des Staates geschützt werden). Wenn der Staat den Sicherheitsdiensten hoheitliche Befugnisse einräumen will, so bedarf eine solche Beleihung jedenfalls in Konsequenz des institutionellen Gesetzesvorbehalts einer gesetzlichen Grundlage (s. zB § 5 V LuftSiG für den Einsatz privater Sicherheitsdienste an Flughäfen), setzt einen Beleihungsakt voraus und erfordert eine staatliche Aufsicht, die sowohl die Rechtmäßigkeit wie auch die Zweckmäßigkeit des Handelns der beliehenen Sicherheitsdienste umfassen muss[89]. Selbst wenn diese Voraussetzungen vorliegen, verbleiben verfassungsrechtliche Bedenken im Hinblick auf Art. 33 IV GG[90]. Danach ist die Ausübung hoheitsrechtlicher Befugnisse als ständige Aufgabe in der Regel Angehörigen des öffentlichen Dienstes zu übertragen, die in einem öffentlichrechtlichen Dienst- und Treueverhältnis stehen, also Beamten. Die Erfüllung dieser verfassungsrechtlichen Vorschrift, deren Inhalt und Reichweite iÜ umstritten sind, ist jedenfalls dort sehr ernst zu nehmen, wo es um die Erfüllung hoheitlicher Aufgaben geht, die den Kern der Staatlichkeit betreffen. Dies trifft bei der Gewährleistung der Sicherheit zweifellos zu. Eine Beleihung Privater kommt damit nur ausnahmsweise in Betracht, wenn es hierfür besondere sachliche Gründe gibt. Dies kann zB der Fall sein, wenn sich aus einem aktuellem Anlass kurzfristig ein gesteigertes Sicherheitsbedürfnis ergibt, dass durch den regulären Einsatz von Polizeibeamten nicht ausreichend erfüllt werden kann, oder wenn die Beleihung für einen sektoral eng begrenzten Aufgabenbereich erfolgt. Bezeichnenderweise finden sich nur ganz vereinzelt Rechtsvorschriften, die eine Beleihung Privater mit polizeilichen Hoheitsbefugnissen regeln. So sieht etwa § 1 III UZwGBw[91] vor, dass zivilen Wachpersonen die Aufgaben nach diesem Gesetz übertragen werden können[92].

476 Neben der Beleihung kommt es ferner in Betracht, Private bei der Erfüllung hoheitlicher Aufgaben in Dienst zu nehmen. Ein Beispiel hierfür liefert die Ersatzvornahme durch Private (sog. Fremdvornahme, dazu Rn 553), deren fehlerhafte Ausführung nach der Rechtsprechung des *BGH*[93] zur Amtshaftung führt (Rn 555). Darüber hinaus finden sich mannigfache andere Formen der Kooperation zwischen Polizei und Privaten, die unter den Bezeichnungen **Police Private**

---

87 *BVerwG*, NVwZ 1989, 664; *Ronellenfitsch*, DVBl 2005, 65, 69; zum Schutz von Kernkraftwerken vor terroristischen Angriffen *Dederer*, DÖV 2005, 621, 623 ff.
88 S. auch *Gusy*, VerwArch. Bd. 92 (2001), 344, 355 ff; *Kugelmann*, 5. Kap., Rn 208.
89 Vgl hierzu näher *Gusy*, Rn 163.
90 Dazu näher *Gramm*, VerwArch. Bd. 90 (1999), 329 ff; zur Sicherheitswacht in Bayern *Knemeyer*, Rn 16.
91 Gesetz über die Anwendung unmittelbaren Zwangs und die Ausübung besonderer Befugnisse durch Soldaten der Bundeswehr und verbündeter Streitkräfte sowie zivile Wachpersonen.
92 Vgl dazu *Peilert*, DVBl 1999, 282, 283 mit weiteren Beispielen.
93 Dazu *BGH*, JZ 1993, 1001 ff m. Anm. *Würtenberger* und ferner etwa *Detterbeck*, JuS 2000, 574, 575.

Partnership bzw **Sicherheitspartnerschaft** diskutiert werden und den modernen Polizeialltag prägen[94]. Soweit dabei insbesondere Daten ausgetauscht werden, ist die datenschutzrechtliche Problematik zu beachten, die sich bei einer solchen Kooperation in ganz spezifischer Weise stellt[95, 96]. Eine bedeutsame Grenze für eine Kooperation zwischen Polizei und privaten Sicherheitsdiensten ergibt sich iÜ daraus, dass sich die Polizei bei der Erfüllung ihrer Aufgaben nicht durch die Kooperation mit Privaten und den gezielten Einsatz der Rechtfertigungsgründe, die den Privaten zustehen, (faktisch) Befugnisse verschaffen darf, die ihr selbst aus rechtsstaatlichen Gründen verschlossen sind (dazu Rn 562)[97]. Zudem müssen bei Eingriffen in Rechte die geteilten Verantwortlichkeiten nach außen hin deutlich sichtbar gemacht werden[98]. Ausgeschlossen ist ferner zB, dass Private für die Polizei Parkverstöße im öffentlichen Verkehrsraum feststellen oder gar entsprechende Abschleppmaßnahmen veranlassen[99]. Vergleichbares gilt für Radarkontrollen[100]. Ein öffentlichrechtliches Mandat kann insofern ohne eine gesetzliche Ermächtigung nicht erteilt werden (dazu Rn 459; s. auch Rn 137).

§ 10 Der polizeiliche Verwaltungsakt

Ausgangsfälle:

Fall 1: a) Finsterling (F) feiert nächtelang Partys in seinem Garten, bei denen laute Musik die Nachbarn in ihrer Nachtruhe empfindlich stört. Wegen wiederholter Beschwerden der Nachbarn fordert die Polizei den F auf, die Musik deutlich leiser zu stellen, da die Polizei sonst gegen F einschreiten müsse. F hält diese Aufforderung für rechtswidrig und will wissen, ob er sich gegen sie gerichtlich zur Wehr setzen oder sonst eine gerichtliche Klärung herbeiführen kann. **Rn 592**

477

b) Variante 1: F wird in einem mit Rechtsmittelbelehrung versehenen, für sofort vollziehbar erklärten Bescheid aufgefordert, die Lautstärke der Musik auf ein „zumutbares Maß" zu beschränken. Kann er sich hiergegen gerichtlich wehren? **Rn 593**

c) Variante 2: Angenommen, es wäre zur Androhung des Zwangsgelds in Höhe von 100 Euro gekommen. Vermag der F diese allein mit der Begründung erfolgreich anzufechten, der ihr zu Grunde liegende Verwaltungsakt zur Beschränkung des Lärms sei rechtswidrig? **Rn 594**

d) Variante 3: Das angedrohte Zwangsgeld wird festgesetzt. Kann das Zwangsgeld auch dann noch beigetrieben werden, wenn sich F nach der Festsetzung ruhig verhält? Kann das Zwangsgeld mehrfach verhängt werden, wenn F weiterhin unzulässigen Lärm verursacht? Ist in diesem Fall eine erneute Festsetzung des Zwangsgelds auch dann zulässig, wenn das zuvor festgesetzte Zwangsgeld noch nicht beigetrieben wurde? **Rn 595**

---

94 Hierzu *Peilert*, DVBl 1999, 282 ff; *Pitschas*, DVBl 2000, 1805 ff; *Pitschas/Stober*, Kriminalprävention durch Sicherheitspartnerschaften, 2000; *Rixen*, DVBl 2007, 221 ff; *Stober*, DÖV 2000, 261 ff.
95 Dazu näher *Pitschas*, DVBl 2000, 1805 ff, *Peilert*, DVBl 1999, 282, 288 f und *Rixen*, DVBl 2007, 221, 226.
96 Dies berücksichtigt § 8 BewachV wenigstens partiell, indem er private Sicherheitsdienste tlw den Vorschriften des Bundesdatenschutzgesetzes unterwirft.
97 Dazu *Peilert*, DVBl 1999, 282, 287.
98 Dazu *Rixen*, DVBl 2007, 221, 225 ff.
99 S. hierzu zB *Peilert*, DVBl 1999, 282, 290 und aus der Rspr KG, NZV 1997, 48 ff.
100 *BayObLG*, NZV 1997, 296, 297.

478 **Fall 2:** Dem obdachlosen Ohnedach (O) wird mit schriftlichem Bescheid der zuständigen Behörde verboten, sich in den nächsten drei Monaten an einem bestimmten Platz der Stadt S aufzuhalten, der als Treffpunkt für Obdachlose, Drogenhändler und Drogensüchtige bekannt ist. Der Bescheid ist nicht begründet.

a) Ist er rechtmäßig? Falls nicht, hat O einen Rechtsanspruch auf Aufhebung des Verwaltungsakts? **Rn 596**

b) Variante 1: O erhebt nach erfolgloser Durchführung eines Vorverfahrens Klage gegen den Bescheid. Während des gerichtlichen Verfahrens begründet die Behörde den Bescheid in einem Schriftsatz damit, dass O – was zutrifft – drogensüchtig sei und er deshalb von dem Platz, an dem immer wieder Drogenhändler anzutreffen seien, fern gehalten werden müsse. Welche rechtlichen Konsequenzen hat dies für den Prozess? Angenommen, dem O wurde vor dem genannten Schriftsatz der Behörde ein Zwangsgeld angedroht. Wird die Rechtmäßigkeit dieser Androhung durch das verwaltungsgerichtliche Urteil beeinflusst? **Rn 597**

c) Variante 2: Der Bescheid wurde zunächst damit begründet, dass O die öffentliche Ordnung störe. Während des gerichtlichen Verfahrens wird der Bescheid nunmehr damit begründet, O müsse wegen seiner Drogensucht von dem Platz ferngehalten werden. Wie ist die Rechtslage? **Rn 598**

479 **Fall 3:** Kurz (K) hat sein Kfz an einer Straße geparkt, für die mittels eines Verkehrszeichens ein Parkverbot festgesetzt ist. Die zuständige Behörde lässt sein Kfz deshalb durch das private Abschleppunternehmen A in eine nur wenige Mwveter entfernte Seitenstraße abschleppen. K hält diese Maßnahme für rechtswidrig, da er sein Kfz nur ganz kurzfristig habe parken wollen und er bereits knapp zehn Minuten nach dem Abstellen zu dem Standort, an dem er das Kfz geparkt hätte, zurückgekehrt sei. Zu diesem Zeitpunkt sei es aber bereits abgeschleppt worden.

a) Kann K gerichtlich feststellen lassen, dass das Abschleppen rechtswidrig war? Ist K dazu verpflichtet, der Polizei die Kosten für das Abschleppen zu ersetzen? **Rn 599**

b) Hat K einen Schadensersatzanspruch gegen das Land als Polizeiträger, wenn sein Fahrzeug beim Abschleppen durch ein schuldhaftes Verhalten des A beschädigt wurde? **Rn 601**

c) Wie änderte sich die Rechtslage, wenn K auf dem Fahrradweg geparkt hätte? **Rn 602**

480 **Fall 4:** Im Anschluss an ein Fußballspiel der Bundesliga befürchtet die Polizei, dass es am Ausgang des Stadions zu einer Schlägerei zwischen den Anhängern der Vereine FC Kicker und SV Bolz kommen wird. Die Polizei fordert die Fans, die sich am Ausgang aufhalten, auf, sich zu entfernen und droht ihnen die Anwendung unmittelbaren Zwangs an. Die Fans entfernen sich jedoch nicht. Die Polizei trägt daraufhin die Fans weg und verlangt anschließend von ihnen eine Gebühr für den Abtransport. Der Fußballfan Immertreu (I) hält das polizeiliche Vorgehen für rechtswidrig, da es – was zutrifft – keine Anzeichen für eine drohende Schlägerei gab und sich die Fans nur deswegen am Ausgang des Stadions aufhielten, weil sie dort mit Vereinsbussen abgeholt werden sollten. I möchte wissen, wie er die Rechtslage gerichtlich klären lassen kann und wie er sich insbesondere gegen den Gebührenbescheid gerichtlich zur Wehr setzen kann. **Rn 603**

481 **Fall 5:** Polizist P beobachtet aus der Ferne, dass Elster (E) ein wertvolles Fahrrad stiehlt. Obwohl P ihn dazu auffordert anzuhalten, fährt E mit dem Fahrrad weg. P schießt daraufhin mit seiner Dienstwaffe auf die Beine des E und fügt ihm eine nicht unerhebliche Verletzung zu. Eine andere Möglichkeit, den Diebstahl zu unterbinden, gab es nicht. E hält das Verhalten des P für rechtswidrig. P ist der Ansicht, sein Schusswaffengebrauch sei zumindest unter dem Gesichtspunkt der Notwehr gerechtfertigt gewesen. Wie ist die Rechtslage? **Rn 604**

Der **polizeiliche Verwaltungsakt** ist ein wichtiges Instrument der Polizei- und Ord- **482**
nungsbehörden bei der Erfüllung der Aufgaben der Gefahrenabwehr. Der Verwaltungsakt wird allerdings in den Polizei- und Ordnungsgesetzen expressis verbis meist
nicht genannt. §§ 2, 3 MEPolG und die meisten Polizei- und Ordnungsgesetze (Ausnahme: zB § 16 II MVSOG) sprechen neutral von Maßnahmen. Darunter sind nicht
nur Verwaltungsakte zu verstehen, sondern auch schlichtes Verwaltungshandeln (Realakte)[1]. Der **Begriff der Polizeiverfügung**, der früher im Anschluss an § 40 Preuß-
PVG verwendet und näher definiert wurde, findet sich heute nur noch in § 16 I MV-
SOG (vgl auch § 176 SchlHVwG).

I. Die Abgrenzung polizeilicher Verwaltungsakte von anderen der Gefahrenabwehr dienenden Handlungen

Der polizeiliche Verwaltungsakt ist von schlichtem Verwaltungshandeln, von inner- **483**
dienstlichen Rechtsakten und von polizei- und ordnungsbehördlichen Verordnungen
abzugrenzen. Dies richtet sich nach § 35 VwVfG und den entsprechenden landesgesetzlichen Vorschriften. Für die Grenzziehung zur polizei- und ordnungsbehördlichen
Verordnung ist ferner deren Legaldefinition von Relevanz, die in einzelnen Polizei-
und Ordnungsgesetzen enthalten ist. Maßgeblich für das Vorliegen eines Verwaltungsaktes sind nach richtiger, aber sehr umstrittener Auffassung **prinzipiell inhaltliche Kriterien**. Der Form einer Maßnahme kommt nur dann Bedeutung zu, wenn sie
deren Inhalt beeinflusst[2].

Vom schlichten Verwaltungshandeln unterscheidet sich der polizeiliche Verwal- **484**
tungsakt durch seinen **Regelungscharakter**. Keine Verwaltungsakte, sondern **Realakte** (dazu näher Rn 652 ff) sind demnach **zB polizeiliche Streifengänge, Beobachtungen, Auskünfte, Berichte**[3], **Warnungen, Belehrungen, Ermahnungen, die
Androhung eines Verwaltungsakts**, zB einer Abrissverfügung[4], oder ein **polizeiliches Gefährderanschreiben** (Rn 379 und 652 f). Regelungscharakter haben allerdings die Androhung der Zwangsmittel der Ersatzvornahme, des Zwangsgelds oder
des unmittelbaren Zwangs (s. dazu unten Rn 546). Regelungscharakter hat ferner
eine Verwarnung mit Verwarnungsgeld. Jedoch unterliegt sie nicht der Anfechtung
vor dem Verwaltungsgericht (s. oben Rn 379), sondern kann nach § 62 OWiG überprüft werden, soweit der Betroffene nicht durch sein Einverständnis auf seinen
Rechtsschutz verzichtet hat[5].

---

1 Die Begriffe des schlichten Verwaltungshandelns und des Realakts werden hier synonym gebraucht
  (ebenso *Drews/Wacke/Vogel/Martens*, § 23, 1). ZT wird (so bei *Riegel*, S. 106) der Begriff des schlichten Verwaltungshandelns auf Tätigkeiten beschränkt, die keinen Eingriffscharakter haben.
2 Eingehend hierzu *Schenke*, NVwZ 1990, 1009 ff mwN; *Kopp/Schenke*, VwGO, Anh. § 42, Rn 5 ff; *Erfmeyer*, DÖV 1996, 629, 638; **aA** (abstellend auf die Form) *Pietzcker*, in: Schoch/Schneider/Bier,
  VwGO, vor § 42 I, Rn 32; vermittelnd *U. Stelkens*, in: Stelkens/Bonk/Sachs, VwVfG, § 35, Rn 15 ff.
3 Zum Verfassungsschutzbericht s. *Gusy*, NVwZ 1986, 6 ff.
4 *VGH Mannheim*, ESVGH 22, 114 ff.
5 Vgl *Göhler*, OWiG, 13. Aufl. 2002, § 56, Rn 31 ff; *BVerwGE* 24, 8, 11.

485   Von innerdienstlichen Rechtsakten unterscheidet sich der Verwaltungsakt dadurch, dass die getroffene Regelung auf **unmittelbare Rechtswirkung nach außen** gerichtet ist. Keinen Verwaltungsakt bildet deshalb die Weisung einer Polizeiaufsichtsbehörde an die nachgeordnete Polizeibehörde, gegen einen Störer eine bestimmte Maßnahme zu treffen. Hier kann der Störer grundsätzlich nur gegen die Maßnahme gerichtlich vorgehen, die auf Grund der Weisung getroffen wurde, da idR erst diese Maßnahme in seine Rechtssphäre eingreift. Nur ausnahmsweise kann bereits eine innerdienstliche Maßnahme faktische Außenwirkung entfalten. Dies traf zB in dem berühmten Baustoff-Fall[6] zu. Dort wurde die Weisung erteilt, gegen die Verwendung eines bestimmten Baustoffes wegen dessen angebliche Brandgefährlichkeit baupolizeilich einzuschreiten. Diese Weisung sprach sich herum, bevor sie umgesetzt werden konnte; bereits dadurch brach der Absatz dieses Baustoffs ein. Mithin beeinträchtigte bereits die Existenz der Weisung das Recht des Baustoffherstellers am eingerichteten und ausgeübten Gewerbebetrieb, ohne dass es eines Vollzugs durch die nachgeordnete Behörde bedurft hätte.

486   Eine Außenwirkung, allerdings ohne Regelungseffekt, entfaltet außerdem ein Austausch personenbezogener Daten zwischen Behörden. Das gilt insbesondere – wenn auch nicht ausschließlich –, wenn diese Daten hierbei für Zwecke benutzt werden, für die sie nicht erhoben worden waren (vgl oben Rn 214).

487   Mit der polizei- und ordnungsbehördlichen Verordnung hat der polizeiliche Verwaltungsakt zwar gemeinsam, dass er auf eine Regelung mit Außenwirkung gerichtet ist. Er unterscheidet sich jedoch dadurch, dass die Verordnung eine unbestimmte Vielzahl von Fällen regelt, der Verwaltungsakt dagegen einen Einzelfall (s. hierzu unten Rn 616 ff). Der Personenkreis, der vom Verwaltungsakt betroffen ist, soll nach der – insoweit nicht unproblematischen – Regelung des § 35 VwVfG ohne Relevanz sein[7]. Selbst bei einem Personenkreis, der nur nach allgemeinen Merkmalen bestimmt oder bestimmbar ist, liegt gem. § 35 S. 2 VwVfG ein Verwaltungsakt in Gestalt einer Allgemeinverfügung vor. Deshalb stellt zB ein zeitlich befristetes Aufenthaltsverbot für bestimmte Gemeindeteile, das sich an Mitglieder der Drogenszene wendet, einen Verwaltungsakt dar[8]. Schwierigkeiten bereitet früher die rechtliche Einordnung von **Verkehrszeichen**, die Gebote und Verbote enthalten. Sie sind heute **nach §35 S. 2 VwVfG** als **Verwaltungsakte zu qualifizieren** Keine Verwaltungsakte, sondern Realakte stellen Gefahr- und Hinweiszeichen dar, da ihnen der Regelungscharakter fehlt.

---

6 *WürttBadVGH*, DRZ 1950, 500 f; dazu näher *Schenke*, DÖV 1979, 622, 627 ff sowie *ders.*, Verwaltungsprozessrecht, Rn 221.

7 Mit § 35 VwVfG ist es unvereinbar, wenn *Drews/Wacke/Vogel/Martens*, § 23, 6 annehmen, für das Vorliegen eines Einzelfalls komme es allein auf die Bestimmbarkeit des Adressatenkreises an.

8 Vgl *Kopp/Schenke*, VwGO, Anh. § 42, Rn 61.

II. Die Rechtmäßigkeit eines der Gefahrenabwehr dienenden Verwaltungsakts (Prüfungsschema)

Ein polizeilicher Verwaltungsakt muss **formell und materiell rechtmäßig sein**. Bei der Prüfung muss vorab[9] geklärt werden, ob als Rechtsgrundlage eine Spezialermächtigung oder die Generalklausel in Betracht kommt. Nach Klärung dieser Frage empfiehlt sich im Regelfall die Überprüfung anhand des folgenden Schemas[10]:

1. Die formelle Rechtmäßigkeit

a) Die Zuständigkeit

Es muss die sachlich, instanziell und örtlich zuständige Polizei- bzw Ordnungsbehörde gehandelt haben (s. hierzu oben Rn 452 ff);

b) Die Verfahrensvorschriften

Der Verwaltungsakt muss unter **Beachtung der einschlägigen Form- und Verfahrensvorschriften erlassen worden sein**. Soweit die Polizei- und Ordnungsgesetze keine besonderen Vorschriften enthalten, ist auf die Form- und Verfahrensvorschriften der Landesverwaltungsverfahrensgesetze (bei bundespolizeilichem Handeln auf die entsprechenden Vorschriften des VwVfG) zurückzugreifen, die allgemein für den Erlass von Verwaltungsakten gelten und ua die **Beteiligungsfähigkeit** (§ 11 LVwVfG), die **Handlungsfähigkeit** (§ 12 LVwVfG), die **Beteiligten** (§ 13 LVwVfG), die **Anhörung** (§ 28 LVwVfG), die **Akteneinsicht** (§ 29 LVwVfG), die **Form** (§ 37 II-V LVwVfG), die **Begründung** (§ 39 LVwVfG) sowie die **Bekanntgabe** (§ 41 LVwVfG)[11] regeln. Zu beachten sind insoweit außerdem die Regelungen über die **Heilung verfahrensfehlerhafter Verwaltungsakte** (§ 45 LVwVfG) sowie über den **Ausschluss ihrer Aufhebung** (§ 46 VwVfG).

aa) Die Beteiligungsfähigkeit.
Der **Adressat des polizeilichen Verwaltungsakts** ist **Beteiligter** des Verwaltungsverfahrens (§ 13 I Nr 2 LVwVfG) und muss deswegen **beteiligungsfähig** sein. § 11 LVwVfG räumt die Beteiligungsfähigkeit allen natürlichen und juristischen Personen (Nr 1), Vereinigungen, soweit ihnen ein Recht zustehen kann (Nr 2), sowie Behörden ein (Nr 3). Beteiligungsfähig sind demnach auch **nichtrechtsfähige Vereinigungen**, die **polizeipflichtig** sind (dazu Rn 232), also zB ein nicht eingetragener Verein, eine OHG oder eine Gesellschaft des bürgerlichen

488

489

490

491

---

9   Dies ist unentbehrlich, weil die örtliche, sachliche und instanzielle Zuständigkeit für den Verwaltungsakt nur dann festgestellt werden kann, wenn die in Betracht kommende Rechtsgrundlage klar ist.

10   Ebenso *Schwerdtfeger/Schwerdtfeger*, Öffentliches Recht in der Fallbearbeitung, 14. Aufl. 2012, Rn 108 ff. Zum sog. „Bayerischen Aufbau" im Polizeirecht zu Recht kritisch *Heidebach*, BayVBl. 2010, 170 ff.

11   ZT verweist das Landesrecht auch auf die Vorschriften des VwVfG. Daraus ergeben sich aber keine inhaltlichen Unterschiede. Dynamische Verweisungen (auf die jeweils geltende Fassung des VwVfG) finden sich in § 1 des Gesetzes über das Verfahren der Berliner Verwaltung, § 1 I RhPfVwVfG und § 1 SächsVwVfG. Eine statische Verweisung enthält das VwVfG NW. Das SchlHVwG stimmt inhaltlich weitgehend mit den Vorschriften des VwVfG und der LVwVfGe überein.

Rechts[12]. Nicht beteiligungsfähig sind dagegen zB Demonstrationen, Menschenansammlungen und ihre Organisationskomitees. Sie sind auch nicht **grundrechtsfähig** nach Art. 19 III GG, der den Begriff der „juristischen Person" zwar nicht in einem rechtstechnischen Sinn versteht, aber voraussetzt, dass eine Vereinigung ein **Mindestmaß an Organisation** aufweist und auf eine **gewisse Dauer** angelegt ist[13].

492 **bb) Die Handlungsfähigkeit.** Die verwaltungsrechtliche Handlungsfähigkeit, die in **§ 12 LVwVfG** geregelt ist, umfasst nicht nur die **aktive**, sondern auch die **passive Handlungsfähigkeit**, dh die Fähigkeit, Verwaltungsakte entgegenzunehmen[14]. Deshalb sind polizeiliche Verwaltungsakte, mit denen **nicht geschäftsfähige Personen** in Anspruch genommen werden, grundsätzlich dem gesetzlichen **Vertreter** bekanntzugeben, obwohl die materielle Polizeipflicht die nicht geschäftsfähige Person betrifft. Im Interesse der effizienten Gefahrenbekämpfung wird allerdings zT angenommen, dass eine nicht geschäftsfähige Person ausnahmsweise dann handlungsfähig sei, wenn der gesetzliche Vertreter nicht rechtzeitig herangezogen werden könne[15]. Dogmatisch überzeugender erscheint es hier jedoch, die Vorschriften über die **unmittelbare Ausführung bzw den Sofortvollzug** (vgl hierzu Rn 564 ff) – zumindest entsprechend – heranzuziehen[16].

493 **cc) Die Anhörung Beteiligter.** Die Anhörung der Beteiligten (s. § 13 LVwVfG) ist in § 28 LVwVfG geregelt. Die Anhörung **entspricht der Gewährung rechtlichen Gehörs durch die Gerichte**. Das GG regelt zwar nicht ausdrücklich, dass die Verwaltungsbehörden rechtliches Gehör zu gewähren haben (s. dagegen für die Gerichte Art. 103 I GG). Dies ist aber dennoch in gewissem Umfang aus dem GG abzuleiten, und zwar aus dem **Rechtsstaatsprinzip**, insoweit insbesondere aus dem **status activus processualis**, der in den Grundrechten angelegt ist. § 28 LVwVfG sieht grundsätzlich vor, dass einem Beteiligten Gelegenheit zu geben ist, sich zu den für eine Entscheidung erheblichen Tatsachen zu äußern, bevor ein Verwaltungsakt erlassen wird, der in seine Rechte eingreift. Die Vorschrift gilt auf jeden Fall für **belastende Verwaltungsakte**. Sie dürfte über ihren engen Wortlaut hinaus auch auf Fälle anwendbar sein, in denen ein **begünstigender Verwaltungsakt**, den ein Beteiligter erstrebt hat, **abgelehnt** wird[17]. Nach § 28 II LVwVfG kann allerdings von der Anhörung abgese-

---

12 S. zur partiellen Rechtsfähigkeit und Parteifähigkeit einer Gesellschaft des bürgerlichen Rechts *BGH*, NJW 2001, 1056 ff.

13 Dazu näher *Bonk/Schmitz*, in: Stelkens/Bonk/Sachs, VwVfG, § 11, Rn 18.

14 Vgl *Bonk/Schmitz*, in: Stelkens/Bonk/Sachs, VwVfG, § 12, Rn 4.

15 Vgl *VGH München*, DÖV 1984, 433 ff (Bescheid über Entziehung der Fahrerlaubnis).

16 So auch *Poscher*, Jura 2007, 801. **AA** – nicht überzeugend – *Würtenberger/Heckmann*, BW, Rn 428, die davon ausgehen, § 6 II BWPolG, welcher die Zusatzverantwortlichkeit des Personensorgeberechtigten betrifft, regle (auch) die Verfahrenshandlungsfähigkeit. Dies ist mit der Gesetzessystematik nicht vereinbar und müsste zu dem – schwerlich überzeugenden – Ergebnis führen, dass Polizeiverfügungen auch gegen nicht geschäftsfähige Störer erlassen werden könnten, obwohl kein Anlass zu sofortigem Handeln besteht. Dies wäre mit der Schutzfunktion der Vorschriften über die verwaltungsrechtliche Handlungsfähigkeit unvereinbar und trüge den grundrechtlichen Schutzpflichten nicht ausreichend Rechnung.

17 Dazu näher *Kopp/Ramsauer*, VwVfG, § 28, Rn 26 ff; *Maurer*, AllgVerwR, § 19, Rn 20; *Schenke*, VBlBW 1982, 313, 320.

hen werden, wenn sie nach den Umständen des Einzelfalls nicht geboten ist, insbesondere in den Fällen des § 28 II Nr 1–5 LVwVfG. Im **Polizei- und Ordnungsrecht** ist vor allem **§ 28 II Nr 1 LVwVfG von Bedeutung**. Nach dieser Vorschrift kann von der Anhörung abgesehen werden, wenn eine sofortige Entscheidung wegen Gefahr im Verzug oder im öffentlichen Interesse notwendig erscheint. Nach § 28 II Nr 5 LVwVfG kann bei Maßnahmen in der Verwaltungsvollstreckung von der Anhörung abgesehen werden. Soweit eine Anhörung rechtlich geboten ist, darf der Verwaltungsakt nur auf solche Umstände gestützt werden, zu denen sich der Beteiligte vorher äußern konnte. Obwohl § 28 LVwVfG nur die für die Entscheidung erheblichen **Tatsachen** anspricht, muss der Betroffene nach überwiegend vertretener, zutreffender Auffassung aus rechtsstaatlichen Gründen auch die Gelegenheit haben, zu wesentlichen **Rechtsfragen** Stellung zu nehmen[18]. Zum Nachholen einer Anhörung und zur Bedeutung der §§ 45, 46 LVwVfG s. unten Rn 497 ff.

dd) Die Form des Verwaltungsakts. Ein polizeilicher Verwaltungsakt ist nach § 37 II LVwVfG in aller Regel (Ausnahme: nicht eilbedürftige Ordnungsverfügungen nach § 20 I NWOBG) **grundsätzlich formfrei**. Der Verwaltungsakt kann damit gem. § 37 II 1 LVwVfG grundsätzlich – vorbehaltlich abweichender gesetzlicher Regelungen – schriftlich, mündlich oder in anderer Weise erlassen werden. Eine elektronische Bekanntgabe ist nach § 3a LVwVfG ebenfalls zulässig, soweit der Empfänger hierfür einen Zugang eröffnet (näher *Schenke*, Verwaltungsprozessrecht, Rn 674). Nicht eilbedürftige Verwaltungsakte sollten schon aus Gründen der Rechtssicherheit und der ordnungsgemäßen Aktenführung schriftlich erlassen werden. Ein mündlicher Verwaltungsakt ist **schriftlich oder elektronisch zu bestätigen**, wenn hieran ein berechtigtes Interesse besteht und der Betroffene dies unverzüglich verlangt (§ 37 II 2 LVwVfG). Ein schriftlicher oder elektronischer Verwaltungsakt muss die erlassende Behörde erkennen lassen und die Unterschrift oder die Namenswiedergabe des Behördenleiters, seines Vertreters oder seines Beauftragten enthalten (§ 37 III LVwVfG; zum mit Hilfe automatischer Einrichtungen erlassenen Verwaltungsakt s. § 37 V LVwVfG).

494

ee) Die Begründung von Verwaltungsakten. Schriftliche oder elektronische sowie schriftlich oder elektronisch bestätigte Verwaltungsakte sind gem. **§ 39 I 1 LVwVfG grundsätzlich** (zu Ausnahmen s. § 39 II LVwVfG) **schriftlich bzw elektronisch zu begründen**. Dabei sind die **wesentlichen tatsächlichen und rechtlichen Gründe** mitzuteilen, die die Behörde zu ihrer Entscheidung bewogen haben (§ 39 I 2 LVwVfG). Besondere Bedeutung hat die Begründung bei Ermessensentscheidungen, die im Polizei- und Ordnungsrecht vorherrschen. Deshalb hebt § 39 I 3 LVwVfG hervor, dass die Begründung insoweit auch die Gesichtspunkte erkennen lassen soll, von denen die Behörde bei der Ausübung ihres Ermessens ausgegangen ist. Diese Vorschrift ist aus rechtsstaatlichen Gründen so zu interpretieren, dass dem Betroffenen bei einem

495

---

18 Vgl *Bonk/Kallerhoff*, in: Stelkens/Bonk/Sachs, VwVfG, § 28, Rn 39; *Kopp/Ramsauer*, VwVfG, § 28, Rn 30 f; *Maurer*, AllgVerwR, § 19, Rn 20; *Schenke*, VBlBW 1982, 313, 321.

schriftlichen Verwaltungsakt grundsätzlich **alle Erwägungen** mitzuteilen sind, die **erforderlich** sind, um die **Rechtmäßigkeit der Ermessensausübung zu überprüfen**.

Formell rechtswidrig ist ein Verwaltungsakt nicht nur dann, wenn **eine Begründung fehlt**, sondern auch dann, wenn die gegebene Begründung – gemessen an den Erfordernissen des § 39 I LVwVfG – **unvollständig** ist[19]. Das ist zB dann der Fall, wenn dem Betroffenen bei einem schriftlichen Verwaltungsakt, bei dessen Erlass der Behörde ein Ermessen zustand, die für die Ermessensentscheidung wesentlichen Gesichtspunkte in der Begründung nicht mitgeteilt werden. **§ 39 I LVwVfG fordert nicht**, dass die gegebene Begründung **inhaltlich zutreffend** ist und den Verwaltungsakt tragen kann. Dies kann vielmehr erst für die Frage von Bedeutung sein, ob ein Verwaltungsakt materiell rechtmäßig ist. In diesem Zusammenhang stellt sich das viel diskutierte Problem des **Nachschiebens von Gründen**, das strikt vom Problem des **Nachholens** einer formell fehlerfreien, den Anforderungen des **§ 39 I LVwVfG genügenden Begründung** zu trennen ist (s. dazu auch unten Rn 503). Wenn zB die Ermessenserwägungen, die die Behörde ihrer Entscheidung zu Grunde legte, fehlerhaft sind, weil sie sich von sachfremden Gesichtspunkten leiten ließ, die Behörde diese Gründe aber dem Adressaten ihres Verwaltungsakts mitteilt, so ist der Verwaltungsakt zwar materiell rechtswidrig, aber formell rechtmäßig. Dem § 39 LVwVfG ist nämlich schon dadurch genügt, dass die für den Verwaltungsakt maßgeblichen Gründe dem Adressaten eröffnet wurden. Wenn die Behörde ihre (ermessensfehlerhaften) Erwägungen dagegen nicht in die Begründung aufgenommen hätte, läge zusätzlich ein Verstoß gegen § 39 LVwVfG vor, und der Verwaltungsakt wäre auch formell rechtswidrig.

496 **ff) Die Bekanntgabe des Verwaltungsakts.** § 41 I 1 LVwVfG regelt die Bekanntgabe eines Verwaltungsakts. Der Verwaltungsakt ist demjenigen Beteiligten mitzuteilen, für den er bestimmt ist oder der von ihm betroffen wird. Neben dieser **individuellen Bekanntgabe** gestattet § 41 III LVwVfG eine **öffentliche Bekanntgabe**, wenn dies durch Rechtsvorschrift zugelassen ist. Die öffentliche Bekanntgabe ist ggf. nach Maßgabe des § 41 IV LVwVfG durchzuführen. Eine **Allgemeinverfügung** darf nach § 41 III 2 LVwVfG auch dann öffentlich bekannt gegeben werden, wenn eine Bekanntgabe an die Beteiligten **untunlich** ist. Dabei ist an Fälle gedacht, in denen der Kreis der Betroffenen sehr groß oder nicht von vornherein feststellbar ist oder die Anschriften der Betroffenen nicht bekannt sind oder nur mit unverhältnismäßigem Aufwand zu ermitteln wären. Zur Bekanntgabe von Verkehrszeichen s. Rn 716.

497 **gg) Die Heilung von Verfahrensfehlern.** Bestimmte Fehler, die einen Verwaltungsakt formell rechtswidrig machen, können nach Maßgabe des **§ 45 LVwVfG geheilt** werden. Bedeutsam wird dies im Polizeirecht vor allem bezüglich der **Anhörung** (§ 28 LVwVfG) und der **Begründung** (§ 39 LVwVfG). Nach § 45 I Nr 3 LVwVfG kann die erforderliche Anhörung eines Beteiligten nachgeholt werden. Nach § 45 I

---

19 Zur schriftlichen Begründung und Bestätigung eines Verwaltungsakts unter besonderer Berücksichtigung der vollzugspolizeilichen Praxis *Robrecht*, SächsVBl. 2005, 241 ff.

Nr 2 LVwVfG kann die erforderliche Begründung nachträglich gegeben werden. Dies kann nach **§ 45 II LVwVfG** bis zum **Abschluss der letzten Tatsacheninstanz eines verwaltungsgerichtlichen Verfahrens** geschehen. Eine Heilung scheidet allerdings naturgemäß dann aus, wenn sich der Verwaltungsakt inzwischen erledigt hat[20].

Im rechtswissenschaftlichen Schrifttum werden verfassungsrechtliche Bedenken gegen die weite **498** zeitliche Anwendbarkeit des § 45 II LVwVfG geltend gemacht. Eine zeitlich so weitreichende Heilungsmöglichkeit **entwerte verwaltungsverfahrensrechtliche Erfordernisse** weitgehend. Diese Bedenken sind zwar sehr ernst zu nehmen. Ihnen lässt sich aber durch eine verfassungskonforme Auslegung des § 45 II LVwVfG einiges von ihrem Gewicht nehmen. Anzusetzen ist dabei bei den Wirkungen der Heilung. Die Heilung, die zur **Rechtmäßigkeit des geheilten Verwaltungsakts** führt, tritt nämlich nicht – wie vielfach vertreten wird – rückwirkend zum Zeitpunkt des Erlasses des Verwaltungsakts, also mit Wirkung ex tunc, ein, sondern erst zum Zeitpunkt der heilenden Handlung also mit Wirkung ex nunc[21]. Eine rückwirkende Heilung wäre in der Tat gravierenden verfassungsrechtlichen Einwänden ausgesetzt, weil der Erlass eines formell rechtswidrigen, den Kläger in seinen Rechten verletzenden Verwaltungsakts einen **Beseitigungsanspruch** erzeugt, der sich aus der subjektiven Rechtsqualität der Grundrechte ergibt und damit **verfassungsrechtlich garantiert ist**[22]. Diesen Beseitigungsanspruch kann der einfache Gesetzgeber grundsätzlich nicht rückwirkend ausschließen. Wenn die Heilung aber erst mit Wirkung **ex nunc** eintritt, **berührt** dies den Beseitigungsanspruch **für die Vergangenheit nicht**, so dass der Verwaltungsakt insoweit aufzuheben ist. Bedeutsam wird dies insbesondere dann, wenn er schon vor der Heilung mittels **Vollstreckungsmaßnahmen** durchgesetzt oder durchzusetzen versucht wurde. Diesen Vollstreckungsmaßnahmen wird dann durch die Aufhebung des Verwaltungsakts für die Vergangenheit die Grundlage entzogen. Die Heilung mit Wirkung ex nunc erscheint im Hinblick auf den Beseitigungsanspruch weniger problematisch, weil es ohnehin möglich gewesen wäre, den Verwaltungsakt mit Wirkung ex nunc neu zu erlassen. Allerdings bleibt auch insoweit das Problem, dass eine Heilung während eines Prozesses zwar das Verwaltungshandeln effektiviert, aber den vorangegangenen verwaltungsverfahrensrechtlichen und verwaltungsgerichtlichen Rechtsschutzes abwertet. Das wirkt sich ungünstig auf die Beachtung verwaltungsverfahrensrechtlicher Erfordernisse aus. Es fördert zudem die Tendenz, bereits erlassene Entscheidungen durch formales Nachholen unterlassener Verfahrenshandlungen nur noch nachträglich zu „bemänteln", ohne den Verfahrenshandlungen einen echten Einfluss auf die Entscheidung einzuräumen.

hh) Der Ausschluss der Aufhebung durch § 46 LVwVfG. Die Aufhebung eines Verwal- **499** tungsakts, der verfahrensfehlerhaft zustande gekommen ist (und nicht nach § 45 LVwVfG geheilt wurde) kann grundsätzlich (Ausnahme: Nichtigkeit gem. § 44 LVwVfG) **nicht allein deshalb beansprucht** werden, weil **Vorschriften über das Verfahren, die Form oder die örtliche Zuständigkeit** verletzt wurden, wenn **offensichtlich** ist, dass die Verletzung die Entscheidung in der Sache nicht beeinflusst hat (§ 46 LVwVfG). Nach richtiger Ansicht ändert § 46 LVwVfG nichts daran, dass die entsprechenden Verwaltungsakte **rechtswidrig** sind (s. auch § 59 II Nr 2 LVwVfG) und den Betroffenen in **subjektiven Rechten verletzen**. Vielmehr **schließt** § 46 LVwVfG **nur** den **Beseitigungsanspruch (Rücknahmeanspruch) aus**, der sonst bei einer Verletzung von

---

20 S. auch *Pieroth/Schlink/Kniesel*, § 6, Rn 26. Entgegen ihrer Auffassung kann es aber nicht auf den Vollzug des Verwaltungsakts ankommen (s. § 113 I 2 VwGO). Zudem muss zwischen der Erledigung des Verwaltungsakts und der Erledigung der Hauptsache unterschieden werden.

21 *Schenke*, Verwaltungsprozessrecht, Rn 804a; *ders.*, VerwArch. Bd. 97 (2006), 592, 604 ff; *Baumeister*, Der Beseitigungsanspruch als Fehlerfolge des rechtswidrigen Verwaltungsakts, 2006, S. 375 ff; *Hufen*, JuS 1999, 313, 318; *Ule/Laubinger*, Verwaltungsverfahrensrecht, § 58, Rn 16; aA *Sachs*, in: Stelkens/Bonk/Sachs, VwVfG, § 45, Rn 21 (mit Einschränkungen); *Meyer*, in: Knack/Henneke, VwVfG, § 45, Rn 15.

22 Dazu näher *Schenke*, FS Maurer, 2001, S. 723, 733 ff.

Rechten besteht[23]. § 46 LVwVfG schließt unmittelbar nur die behördliche Aufhebung von Verwaltungsakten aus. Er ist aber **mittelbar auch für die verwaltungsgerichtliche Aufhebungsbefugnis bedeutsam.** Die verwaltungsgerichtliche Aufhebung eines Verwaltungsakts, der den Kläger in seinen Rechten verletzt, dient nämlich der Durchsetzung eines materiellrechtlichen Anspruchs auf behördliche Rücknahme (Aufhebung) des Verwaltungsakts. Deswegen muss – wie sich aus einer **teleologischen Reduktion** des § 113 I 1 VwGO ergibt – die **gerichtliche Aufhebung** dann **ausgeschlossen** sein, wenn materiellrechtliche Ansprüche auf eine behördliche Aufhebung nicht bestehen – wie in den Fällen des § 46 LVwVfG[24]. In diesen Fällen kommt nur (bei berechtigtem Interesse) eine Feststellung analog § 113 I 4 VwGO[25] in Betracht, dass der Verwaltungsakt rechtswidrig war (dazu auch Rn 525). Dass ein Aufhebungsanspruch in den Fällen des § 46 LVwVfG ausgeschlossen ist, rechtfertigt sich aus dem **fehlenden Rechtswidrigkeitszusammenhang**[26]. Ein solcher Zusammenhang kann nicht nur bei rechtlich gebundenen Verwaltungsakten fehlen, sondern auch bei Ermessensverwaltungsakten. Allerdings wird sich bei Ermessensverwaltungsakten nur selten nachweisen lassen, dass ein Verfahrensfehler die Entscheidung in der Sache nicht beeinflusst hat.

2. Die materielle Rechtmäßigkeit

a) Die Bestimmtheit des Verwaltungsakts

500 Ein rechtmäßiger Verwaltungsakt muss dem rechtsstaatlichen **Gebot der Bestimmtheit** (§ 37 I LVwVfG) genügen. Er muss danach erkennen lassen, **welche Behörde ihn erlassen hat, an wen er gerichtet ist und welchen Inhalt er besitzt.** Ausreichend inhaltlich bestimmt ist ein Verwaltungsakt nur dann, wenn er als Grundlage einer Verwaltungsvollstreckung dienen kann, ohne dass er noch weiterer konkretisiert werden muss[27]. Unzulässig sind demnach zB Verwaltungsakte, die den Adressaten verpflichten, „den polizeigemäßen Zustand einer Sache herzustellen", „die erforderlichen Instandsetzungsarbeiten vorzunehmen"[28], „den Nachbarn nicht in seiner Ruhe zu stören"[29] oder die „Lautstärke auf ein zumutbares Maß zu reduzieren", ferner die nicht näher konkretisierte „Anordnung erkennungsdienstlicher Maßnahmen" (*BVerwGE* 66, 192, 195; *OVG Lüneburg*, NVwZ-RR 2004, 346). Nicht ausreichend bestimmt ist es auch, wenn dem Eigentümer eines bissigen Hundes aufgegeben wird, ihn innerhalb der geschlossenen Ortslage an der Leine zu führen[30]. Als ausreichend bestimmt angesehen wird es hingegen, wenn für näher umschriebene Bereiche einer Gemeinde ein Aufenthaltsverbot ausgesprochen wird, das der Bekämpfung der Drogenkriminalität dient und sich an alle Personen richtet, die „der Drogenszene zuzurechnen sind oder zu ihr Kontakt suchen"[31]. Für die inhaltliche Bestimmtheit **genügt** es – vorbehaltlich

---

23 Dazu eingehend *Schenke*, DÖV 1986, 305 ff.
24 S. *Schenke*, Verwaltungsprozessrecht, Rn 809.
25 *Schenke*, Verwaltungsprozessrecht, Rn 327 mwN.
26 *Kopp/Schenke*, VwGO, § 113, Rn 56.
27 So zB *Drews/Wacke/Vogel/Martens*, § 25, 6c.
28 *Preuß* OVGE 79, 140, 142.
29 *VGH Mannheim*, NVwZ 1998, 764, 766 hält den Begriff des „ruhestörenden Lärms" für hinreichend bestimmt, da insoweit auf § 117 OWiG zurückgegriffen werden kann.
30 *OVG Münster*, NVwZ 1988, 659; s. aber auch *OVG Koblenz*, DÖV 2007, 82 und unten Rn 624.
31 Vgl *VGH Mannheim*, VBlBW 1997, 66, 67; *Haseloff-Grupp*, VBlBW 1997, 161, 162. Dort wird auch zu dem weiteren Problem Stellung genommen, ob solche undifferenzierten Aufenthaltsverbote ermessensfehlerhaft sind oder gegen das Übermaßverbot verstoßen, dazu auch Rn 98 u. 135.

abweichender Regelungen (wie zB § 16 II 1 BPolG) –, **wenn das von der Behörde verfolgte Ziel in dem Verwaltungsakt genannt wird** (zB Herabsetzung des Geräuschpegels an einer bestimmten Stelle auf eine genau bezeichnete Lautstärke). Das Mittel, mit dem das Ziel erreicht werden soll, muss nach hM nicht angegeben werden[32]. Der Bestimmtheitsgrundsatz gebietet es auch nicht, die Rechtsgrundlage eines Verwaltungsakts anzugeben oder seine Rechtsnatur näher zu bezeichnen[33].

Ein unbestimmter Verwaltungsakt kann nicht in einen zulässigen Rahmenbefehl umgedeutet werden[34]. Er ist nach § 44 I LVwVfG nichtig.

b) Die Rechtsgrundlage

Der polizeiliche Verwaltungsakt muss eine **Rechtsgrundlage in einer Spezialermächtigung oder in der Generalklausel** haben. Soweit die Generalklausel einschlägig ist, muss geprüft werden,   **501**

aa) ob die **öffentliche Sicherheit** (Rn 53 ff) **oder Ordnung** (Rn 62 ff) möglicherweise betroffen ist und

bb) ob sich diese mögliche Betroffenheit bereits zu einer **konkreten Gefahr oder sogar zu einer Störung** (Rn 69 ff) verdichtet hat.

c) Das Entschließungsermessen

Das Entschließungsermessen muss fehlerfrei ausgeübt worden sein. Daran fehlt es in den Fällen der **Ermessensüberschreitung, des Ermessensnichtgebrauchs und des Ermessensfehlgebrauchs** (Rn 95).   **502**

Problematisch ist, ob ein Verwaltungsakt, der zunächst mit einer ermessensfehlerhaften Begründung erlassen wurde, noch nach Rechtshängigkeit einer gegen ihn erhobenen Anfechtungsklage mit einer ermessensfehlerfreien Begründung versehen werden kann und welche materiellrechtlichen und prozessrechtlichen Konsequenzen dies ggf. hat. Diese Problematik wird unter dem Schlagwort des „**Nachschiebens von Gründen**" diskutiert. Das Verwaltungsverfahrensgesetz beantwortet diese Frage (jedenfalls unmittelbar) nicht. Es **regelt** nur das **Nachholen einer fehlenden oder (iSd § 39 I LVwVfG) unvollständigen Begründung** (dazu Rn 495). Die Rspr und die hM halten ein Nachschieben von Gründen auch während des gerichtlichen Verfahrens für **prinzipiell zulässig**. Das soll nur dann gelten, wenn dies den Verwaltungsakt in seinem **Wesen verändert und/oder die Rechtsverteidigung des Betroffenen beeinträchtigt**[35]. Das *BVerwG*[36] ging dabei zunächst davon aus, dass auf der Grundlage dieser Kriterien auch bei Er-   **503**

32 Vgl *BVerwGE*, 31, 15, 18; *VGH Mannheim*, VBlBW 1982, 97 ff; **aA** *VGH München*, BayVBl. 1967, 171 f; *OVG Münster*, NWVBl. 1993, 154, 155.
33 Vgl *VGH Mannheim*, NVwZ 1989, 163.
34 **AA** – für die Zulässigkeit eines solchen Rahmenbefehls – *OVG Hamburg*, MDR 1958, 61 f.
35 Vgl *BVerwGE* 1, 12, 13; 1, 311, 313; *Horn*, DV 1992, 203 ff; *R.P. Schenke*, VerwArch. Bd. 90 (1999), 232 ff; **krit.** dazu *Schenke*, NVwZ 1988, 1 ff; *Kopp/Schenke*, VwGO, § 113, Rn 63 ff mwN. Meines Erachtens macht eine fehlerhafte Begründung nicht nur Ermessensverwaltungsakte, sondern auch rechtlich gebundene Verwaltungsakte rechtswidrig. Bei rechtlich gebundenen Verwaltungsakten scheidet allerdings nach dem Grundsatz „dolo agit, qui petit, quod statim redditurus est" eine Aufhebung aus (dazu näher *Schenke*, Verwaltungsprozessrecht, Rn 814 mwN). Da bei polizeilichen Verwaltungsakten idR ein Ermessen besteht, braucht dies hier nicht näher vertieft zu werden.
36 So grundsätzlich *BVerwG*, NJW 1982, 1413.

messensverwaltungsakten keine grundsätzlichen Bedenken dagegen bestünden, Gründe noch während des gerichtlichen Verfahrens nachzuschieben. Dies überzeugte jedoch nicht, da ein ermessensfehlerfreier Verwaltungsakt im Verhältnis zu einem ermessensfehlerhaften Verwaltungsakt selbst dann ein rechtliches Aliud darstellt, wenn der Tenor übereinstimmt. Nach richtiger Auffassung ist deswegen bereits nach den allgemeinen Kriterien des *BVerwG* ein **Nachschieben von Ermessenserwägungen zur Heilung einer ermessensfehlerhaften Begründung ausgeschlossen**. Davon geht auch die neuere Rechtsprechung des *BVerwG* aus[37]. Dem ist im Ergebnis zuzustimmen. Wer durch einen ermessensfehlerhaften Verwaltungsakt in seinen Rechten verletzt wird, besitzt einen grundsätzlich verfassungsrechtlich garantierten **Anspruch auf dessen behördliche Beseitigung (Rücknahme)**. Wenn dieser **Anspruch** – und sei es nur partiell – **ausgeschlossen** werden soll, erfordert dies **zwingend eine gesetzliche Regelung**. Eine Norm, die entsprechend § 45 II LVwVfG einen ermessensfehlerhaft erlassenen Verwaltungsakt durch das Nachschieben einer ermessensfehlerfreien Begründung heilt, existiert jedoch nicht. Eine solche Norm dürfte iÜ eine Heilung ohnehin nur mit Wirkung ex nunc zulassen (vgl zum Parallelproblem bei § 45 II LVwVfG oben Rn 497 f). Für eine solche Norm besteht ferner kein Bedürfnis, da in dem Nachschieben von Gründen, die für die rechtliche Bewertung entscheidend sind, regelmäßig der **Neuerlass eines Verwaltungsakts und die Aufhebung des bisherigen Verwaltungsakts** zu sehen sind[38].

504 § 114 S. 2 VwGO erlaubt der Behörde, ihre Ermessenserwägungen hinsichtlich des Verwaltungsakts auch im gerichtlichen Verfahren noch zu ergänzen. Diese prozessrechtliche Vorschrift hat aber an der **materiellrechtlichen Problematik nichts geändert**. Sie kann aus **systematischen** und aus **kompetenzrechtlichen Gründen keine materiellrechtliche Bedeutung** besitzen[39]. Sie regelt vielmehr eine **gesetzliche Klageänderung**[40], durch die statt des ursprünglichen Verwaltungsakts der durch Ermessenserwägungen ergänzte Verwaltungsakt zum Gegenstand des verwaltungsgerichtlichen Verfahrens wird. § 114 S. 2 VwGO kann allerdings nur dann überhaupt angewendet werden, wenn die Ermessenserwägungen tatsächlich lediglich „ergänzt" werden. Das trifft **nicht** zu, wenn der Verwaltungsakt ursprünglich überhaupt **keine Ermessenserwägungen enthielt** oder wenn die Verwaltung **wesentliche Ermessenserwägungen unterlassen hat oder durch andere ersetzt**. Wenn das Nachschieben von Gründen über eine Ergänzung hinausgeht, wird dadurch der Sache nach ein neuer Verwaltungsakt erlassen. Dieser neu erlassene Verwaltungsakt kann nur unter den **Voraussetzungen des § 91 VwGO**, die auch sonst für eine **Klageänderung** gelten, zum Gegenstand der bereits anhängigen Klage gemacht werden.

d) Der richtige Adressat

505 Der polizeiliche Verwaltungsakt muss **an den richtigen Adressaten gerichtet sein**. In erster Linie hat er sich an den Störer (Verhaltens- oder Zustandsstörer) zu richten (Rn 228). Ein Nichtstörer darf nur ausnahmsweise unter eingeschränkten Voraussetzungen in Anspruch genommen werden (Rn 313 ff).

---

37 *BVerwGE* 85, 163, 165 f. Für Unzulässigkeit des Nachschiebens von Ermessenserwägungen schon früher *Schoch*, DÖV 1984, 401, 407 ff.

38 S. schon früher *Schenke*, NVwZ 1988, 1, 13; nunmehr auch *BVerwGE* 85, 163, 165 f; s. ferner *BVerwG*, Buchholz 316 § 76 VwVfG Nr 4, S. 2 f.

39 Dazu mit eingeh. Nachw. zu dieser inzwischen wohl hM *Kopp/Schenke*, VwGO, § 113, Rn 71; **aA** *Schmieszek*, NVwZ 1996, 1151, 1155.

40 *Kopp/Schenke*, VwGO, § 113, Rn 72 mwN.

e) Das Auswahlermessen

Das **Auswahlermessen,** dh die **Entscheidung über das Wie des Handelns,** muss **506** **fehlerfrei** ausgeübt worden sein (vgl Rn 503). Bedeutsam wird dies insbesondere bei mehreren Störern (dazu Rn 285 ff). Zum Nachschieben von Gründen s. oben Rn 503.

f) Verstoß gegen sonstiges Recht

Der Verwaltungsakt darf **nicht gegen sonstiges Recht verstoßen.** Zu beachten sind **507** dabei insbesondere das Übermaßverbot (Grundsatz der Geeignetheit des Eingriffs, Grundsatz des geringsten Eingriffs und Grundsatz der Verhältnismäßigkeit im engeren Sinn) sowie die Grundrechte (Rn 331 ff).

g) Umdeutung

Ein rechtswidriger Verwaltungsakt kann unter Umständen **gem. § 47 LVwVfG** in einen rechtmä- **508** ßigen Verwaltungsakt **umgedeutet** werden. § 47 LVwVfG bezieht sich – anders als die §§ 45, 46 LVwVfG – nicht nur auf **verfahrensfehlerhafte,** sondern auch auf **materiell rechtswidrige Verwaltungsakte.** Ein fehlerhafter Verwaltungsakt kann nach § 47 I LVwVfG in einen anderen Verwaltungsakt umgedeutet werden, wenn der andere Verwaltungsakt auf das **gleiche Ziel gerichtet** ist, von der erlassenden Behörde **im gleichen Verfahren mit der gleichen Form hätte erlassen werden können** und wenn die **Voraussetzungen für seinen Erlass vorliegen.** Eine Umdeutung scheidet allerdings nach § 47 II LVwVfG aus, wenn der andere Verwaltungsakt, in den der fehlerhafte Verwaltungsakt umzudeuten wäre, der **erkennbaren Absicht der erlassenden Behörde widerspräche** oder seine Rechtsfolgen **für den Betroffenen ungünstiger** wären als die Rechtsfolgen des fehlerhaften Verwaltungsakts. Außerdem ist die Umdeutung unzulässig, wenn der fehlerhafte Verwaltungsakt nicht zurückgenommen werden dürfte. Eine Entscheidung, die nur als gesetzlich gebundene Entscheidung ergehen kann, kann nach § 47 III LVwVfG nicht in eine Ermessensentscheidung umgedeutet werden. **Umstritten** ist, ob die Umdeutung **bereits kraft Gesetzes** eintritt, wenn ihre tatbestandsmäßigen Voraussetzungen gegeben sind[41], oder ob es hierzu eines **konstitutiven behördlichen Umdeutungsakts** bedarf, der im **Ermessen der Behörde steht**[42] und der wiederum als Verwaltungsakt zu qualifizieren ist. Für Letzteres sprechen insbesondere der **Wortlaut** des § 47 LVwVfG („kann ... umgedeutet werden") sowie **§ 47 IV LVwVfG,** da eine **Anhörung** vor der Umdeutung offensichtlich unmöglich wäre, wenn die Umdeutung kraft Gesetzes einträte. Ein Umdeutung kraft Gesetzes überzeugt schließlich auch unter Rechtsschutzgesichtspunkten nicht, weil sie dem Betroffenen einen Beseitigungsanspruch nimmt, der sonst bei subjektiven Rechtsverletzungen kraft Verfassungsrechts besteht. Dies entwertet zugleich den Rechtsschutz des Betroffenen. Nach der hier vertretenen Ansicht ist – anders als bei einer kraft Gesetzes eintretenden Umdeutung – eine **gerichtliche Umdeutung eines Verwaltungsakts ausgeschlossen,** da dies in den behördlichen Ermessensspielraum hinsichtlich der Umdeutung eingriffe.

---

41 So zB *BVerwG*, DVBl 1984, 431; NVwZ 1993, 976, 977; 2007, 210; *Laubinger*, VerwArch. Bd. 78 (1987), 207, 345 ff; *Kopp/Ramsauer*, VwVfG, § 47, Rn 8.

42 So zB *Meyer*, in: Knack/Henneke, VwVfG, § 47, Rn 27; *Schenke*, DVBl 1987, 641, 647 ff; *Wirth*, Umdeutung fehlerhafter Verwaltungsakte, 1991, S. 161; *Lüdemann/Winthorst*, BayVBl. 1995, 357, 359.

3.   Der Rechtsschutz bei Verwaltungsakten

a)   Die Rechtswegproblematik

509   Für Klagen gegen Gefahrenabwehrmaßnahmen der Polizei ist der **Verwaltungs-rechtsweg gem. § 40 VwGO** eröffnet, da es sich um öffentlichrechtliche Streitigkei-ten handelt[43]. Für Klagen gegen **Strafverfolgungsmaßnahmen der Polizei**, die eben-falls öffentlichrechtliche Streitigkeiten sind, ist dagegen nach heute hM durch die abdrängende **Sonderzuweisung der §§ 23 ff EGGVG** der Rechtsweg zu den ordent-lichen Gerichten (Oberlandesgerichten) begründet. Der Begriff der Justizbehörde in den §§ 23 ff EGGVG ist nämlich nicht im organisatorischen, sondern im funktionel-len Sinn zu verstehen ist, und die strafverfolgende Polizei (Kriminalpolizei) nimmt Funktionen der Justiz wahr (Rn 419 ff). Wenn sich eine polizeiliche Maßnahme als **doppelfunktional** darstellt, also sowohl der Strafverfolgung als auch der Gefahrenab-wehr dient, sind gegen sie **beide Rechtswege** eröffnet. Der Rechtsweg zu den Verwal-tungsgerichten ist einschlägig, soweit sich die Maßnahme auf das Polizeirecht stützt; der Rechtsweg zu den ordentlichen Gerichten ist gegeben, soweit sie sich auf das Strafprozessrecht stützt. Auf die Frage, wo der Schwerpunkt des polizeilichen Han-delns liegt, kommt es entgegen einer vielfach vertretenen Ansicht nicht an (Rn 423). Im Verwaltungsrechtsweg ist allerdings nur zu überprüfen, ob die Maßnahme unter polizeirechtlichen Gesichtspunkten rechtmäßig ist. Die Verwaltungsgerichte überprü-fen die Maßnahme dagegen nicht anhand der StPO; dies lässt sich auch **nicht aus § 17 II 1 GVG** ableiten (Rn 424). Der Rechtsschutz gegen polizeiliche Maßnahmen, die der **Verfolgung von Ordnungswidrigkeiten** dienen, ist **analog § 62 OWiG** durch die ordentlichen Gerichte zu gewähren (Rn 429). Wenn der falsche Rechtsweg ge-wählt wird, macht dies die Klage nicht unzulässig, sondern führt lediglich dazu, dass das angerufene Gericht den Rechtsstreit von Amts wegen an das zuständige Gericht des zulässigen Rechtswegs verweist (§ 173 VwGO iVm § 17a II 1 GVG).

b)   Der Rechtsschutz durch die Anfechtungsklage

510   **aa) Die Zulässigkeit der Klage.**   Der Rechtschutz gegen belastende polizeiliche Verwal-tungsakte erfolgt mittels einer **Anfechtungsklage gem. § 42 I Alt. 1 VwGO**, der regelmäßig ein **Widerspruchsverfahren** gem. §§ 68 ff VwGO vorgeschaltet ist. Ob ein Verwaltungsakt iSd § 42 VwGO vorliegt, bestimmt sich nach **§ 35 (Bundes-)VwVfG**[44]. Das gilt auch dann, wenn es sich um eine Maßnahme einer Landespolizeibehörde handelt, da für den prozessrechtlichen Begriff des Verwaltungsakts iS der bundesrechtlichen VwGO nur das Bundesrecht und nicht das Landes-recht maßgeblich sein kann. Sonst läge es in der Hand des Landesgesetzgebers, über die Zulässig-keit einer Anfechtungsklage zu disponieren. Auf die Frage, ob ein Verwaltungsakt vorliegt, ist vor allem bei **polizeilichen Standardmaßnahmen** (zB einer Durchsuchung) näher einzugehen, da bei ihnen zT sehr umstritten ist, ob es sich um Verwaltungsakte oder Realakte handelt (näher Rn 115 f).

511   Eine Anfechtungsklage ist nur zulässig, wenn sich der angefochtene Verwaltungsakt noch **nicht erledigt** hat (§ 113 I 4 VwGO). Von einer Erledigung ist dann auszugehen, wenn der Verwal-tungsakt keine unmittelbaren rechtlichen Wirkungen mehr besitzt und deshalb seine **Aufhebung**

---

43   Zum Rechtsschutz gegen polizeiliche Maßnahmen s. *Schoch*, Jura 2001, 628 ff.
44   Dazu näher *Schenke*, Verwaltungsprozessrecht, Rn 185 mwN.

sinnlos ist[45]. Zu beachten ist, dass **allein** der **Vollzug eines Verwaltungsakts noch nicht zu dessen Erledigung** führt. Wenn der Vollzug noch rückgängig gemacht werden, ist die Aufhebung eines rechtswidrigen Verwaltungsakts vielmehr gerade notwendige Voraussetzung dafür, dass ein Vollzugsfolgenbeseitigungsanspruch erfolgreich geltend gemacht werden kann. Dies ist im Wege einer Stufenklage zusammen mit dem Aufhebungsantrag möglich (**§ 113 I 2 VwGO**). So kann zB der Eigentümer die Herausgabe einer Sache, die die Polizei rechtswidrig sichergestellt hat, erst dann verlangen, wenn zuvor die Sicherstellung aufgehoben worden ist.

Wenn **Vollstreckungsakte** zur Durchsetzung eines polizeilichen Verwaltungsakts vorgenommen wurden, die den Vollstreckungsschuldner noch belasten, hat sich der Verwaltungsakt ebenfalls noch nicht erledigt, da seine Aufhebung Voraussetzung für einen wirksamen Rechtsschutz gegen Vollstreckungsakte ist. Ein Bürger, gegen den wegen Nichtbefolgung eines rechtswidrigen polizeilichen Verbotes ein Zwangsgeld verhängt wurde, kann das Zwangsgeld wegen der Rechtswidrigkeit des Verbots nur dann mit Erfolg angreifen, wenn das Verbot vorher aufgehoben worden ist. Gleiches gilt, wenn zur Durchsetzung eines rechtswidrigen Verwaltungsakts Ersatzvornahme oder unmittelbarer Zwang angewendet wurden und dafür Kostenersatz verlangt wird. Kostenersatzansprüche gegen den Vollstreckungsschuldner setzen nämlich nach den einschlägigen Vorschriften voraus, dass die Vollstreckung rechtmäßig war[46]. So fällt zB die Gebühr, die nach der Vollstreckungskostenordnung für Baden-Württemberg (BWVollstrKO) für die Ersatzvornahme (§ 6) bzw die Anwendung unmittelbaren Zwangs (§ 7) zu erheben ist, nur dann an, wenn diese Maßnahmen rechtmäßig waren. Die **Rechtmäßigkeit von Vollstreckungsakten** hängt in den genannten Beispielen aber **grundsätzlich nicht von der Rechtmäßigkeit** des vollstreckten **Verwaltungsakts**, sondern nur von dessen **Wirksamkeit** ab (dazu näher Rn 540 f). Diese Wirksamkeit wird erst durch dessen **verwaltungsgerichtliche Aufhebung** gem. § 113 I 1 VwGO beseitigt, die dann grundsätzlich **ex tunc wirkt**. Der Rechtsschutz gegen die Vollstreckungsakte kann im Wege einer Stufenklage mit dem Antrag auf Aufhebung des vollstreckten Verwaltungsakts verbunden werden. **§ 113 IV VwGO** ist insoweit unmittelbar (bei Realakten) oder analog (bei Verwaltungsakten) anzuwenden[47].

512

Für die Zulässigkeit einer Anfechtungsklage ist weiterhin erforderlich, dass der Kläger klagebefugt ist. Seine **Klagebefugnis** ist dann zu bejahen, wenn die Möglichkeit besteht, **dass er in seinen Rechten verletzt ist**[48]. Dies wiederum ist nach der sog. **Adressatentheorie** immer dann der Fall, wenn ein belastender Verwaltungsakt an den Kläger adressiert ist, dh für ihn ein Gebot oder Verbot beinhaltet.

513

Die Anfechtungsklage ist gegen die juristische Person bzw Behörde zu richten, die den Verwaltungsakt erlassen hat. Dies ergibt sich aus **§ 78 VwGO**. Diese Vorschrift regelt nach umstrittener, aber richtiger Ansicht die **passive Prozessführungsbefugnis** und nicht die Passivlegitimation, die erst im Rahmen der Begründetheit relevant wird[49]. Soweit eine Selbstverwaltungskörperschaft (zB eine Gemeinde oder ein Landkreis) vom **Land** Aufgaben der Gefahrenabwehr **übertragen** bekommen hat, ist die Anfechtungsklage nach § 78 I Nr 1 VwGO **nicht gegen das Land**, sondern **gegen die Selbstverwaltungskörperschaft** zu richten[50]. Die Aufgaben des **Polizeivollzugsdienstes** bzw der **Vollzugspolizei** werden idR von den **Ländern** selbst wahrgenommen (vgl zB § 70 I

514

---

45 Dazu *Schenke*, Verwaltungsprozessrecht, Rn 246, 309 ff; *Lorenz*, Verwaltungsprozessrecht, § 22, Rn 45.
46 So auch *BVerwG*, NVwZ 2009, 122; **aA** *Enders*, NwZ 2009, 958 ff; s. dazu näher Rn 542.
47 *Kopp/Schenke*, VwGO, § 113, Rn 176.
48 Näher *Schenke*, Verwaltungsprozessrecht, Rn 485 ff.
49 Ausführlich zu dieser Frage, die für den Aufbau einer Klausur wichtig ist, *Schenke*, Verwaltungsprozessrecht, Rn 543 ff.
50 Zu den sonstigen Zulässigkeitsvoraussetzungen einer Anfechtungsklage (insbesondere: ordnungsgemäße Durchführung eines Widerspruchsverfahrens, Einhaltung der Rechtsbehelfsfristen) s. eingehend *Schenke*, Verwaltungsprozessrecht, Rn 69 ff. Dort findet sich auch unter Rn 65 ff und 724a ein Prüfungsschema bezüglich der Zulässigkeitsvoraussetzungen einer Anfechtungsklage.

BWPolG). Deshalb ist zB die Klage gegen einen Verwaltungsakt des Mannheimer Polizeipräsidenten nicht gegen die Stadt Mannheim, sondern gegen das Land zu richten.

515 **bb) Die Begründetheit der Klage.** Eine Anfechtungsklage ist begründet, wenn der angefochtene Verwaltungsakt **rechtswidrig** ist (s. dazu das Prüfungsschema Rn 488 ff) und den Kläger in **seinen Rechten verletzt.** Der Verwaltungsakt ist dann grundsätzlich gem. § 113 I 1 VwGO vom Verwaltungsgericht **aufzuheben.** Der Kläger ist unproblematisch dann in subjektiven Rechten verletzt, wenn der Verwaltungsakt gegen Rechtsvorschriften verstößt, die zumindest auch seinem Schutz dienen. Eine subjektive Rechtsverletzung liegt darüber hinaus dann vor, wenn ein Verwaltungsakt, der ein an den Kläger gerichtetes Gebot oder Verbot enthält, unmittelbar nur gegen objektives Recht verstößt, das nicht dem Schutz des Klägers dient. Die Verletzung von subjektiven Rechten des Klägers ergibt sich in diesem Fall daraus, dass ein an ihn gerichtetes Gebot oder Verbot stets in seine Freiheitssphäre eingreift, die durch die Grundrechte (jedenfalls durch Art. 2 I GG) umfassend vor rechtswidrigen Eingriffen geschützt wird. Jeder rechtswidrige Eingriff in ein Freiheitsgrundrecht führt damit – gemäß der Elfes-Rechtsprechung des *BVerfG*[51] – zu einer **(mittelbaren) Grundrechtsverletzung.**

516 Trotz einer Verletzung von subjektiven Rechten des Klägers kann ein rechtswidriger Verwaltungsakt ausnahmsweise in den Fällen nicht gerichtlich aufgehoben werden, in denen dem **Verletzten kein materiellrechtlicher Anspruch auf verwaltungsbehördliche Rücknahme des Verwaltungsakts** zusteht (so zB im Falle des § 46 LVwVfG, dazu Rn 499). Dass ein Verwaltungsakt in diesen Fällen nicht gerichtlich aufgehoben werden kann, ergibt sich aus einer teleologischen Reduktion des § 113 I 1 VwGO, der voraussetzt, dass dem Verletzten ein materiellrechtlicher Beseitigungsanspruch (Rücknahmeanspruch) zusteht. In Betracht kommt aber, die Rechtswidrigkeit des Verwaltungsakts in analoger Anwendung des § 113 I 4 VwGO festzustellen (s. dazu unten Rn 525).

517 Sehr umstritten ist, auf welchen **Zeitpunkt es für die gerichtliche Beurteilung der Rechtmäßigkeit eines Verwaltungsakts** ankommt. Diese Frage ist gerade bei der Anfechtung polizeirechtlicher Verwaltungsakte von erheblicher praktischer Bedeutung. Nach richtiger Ansicht ist insoweit nicht der Zeitpunkt des Abschlusses des Verwaltungsverfahrens, sondern der **Zeitpunkt der letzten mündlichen Verhandlung** vor dem Verwaltungsgericht bzw (beim Fehlen einer mündlichen Verhandlung) der Zeitpunkt der verwaltungsgerichtlichen Entscheidung maßgeblich. Das legt schon der Wortlaut des § 113 I 1 VwGO („rechtswidrig und … verletzt **ist**") nahe. Dafür spricht außerdem, dass die Anfechtungsklage der Durchsetzung materiellrechtlicher Beseitigungsansprüche (Rücknahmeansprüche) dient. Zudem ist auch sonst im **Prozessrecht allgemein anerkannt**, dass grundsätzlich der Zeitpunkt der letzten mündlichen Verhandlung bzw der Entscheidung maßgeblich ist. Wenn man hier anderer Auffassung wäre, ergäben sich darüber hinaus Ergebnisse, die unter den Aspekten der **Rechtsschutzeffektivität** und der **Prozessökonomie** nicht befriedigten. Der Kläger wäre dann nämlich genötigt, zusätzlich zu seiner Anfechtungsklage noch eine Verpflichtungsklage zu erheben, wenn ein Verwaltungsakt zunächst möglicherweise rechtmäßig erlassen wurde, später (nach Klageerhebung) aber jedenfalls nachträglich rechtswidrig wird. Der Kläger müsste dann mit der Anfechtungsklage den möglicherweise von Anfang an bestehenden Rücknahmeanspruch, mit einer Verpflichtungsklage den möglicherweise erst nach Klageerhebung entstandenen Rücknahmeanspruch geltend machen.

518 Für die Frage des maßgeblichen Zeitpunkts kann nur entscheidend sein, ob eine Veränderung der Sach- oder Rechtslage nach Abschluss des Verwaltungsverfahrens noch die rechtliche Bewertung des Verwaltungsakts beeinflussen kann. Die Beantwortung dieser Frage richtet sich **nach materiellem Recht, nicht nach Prozessrecht**[52]. Dies erkennt mittlerweile auch das *BVerwG*[53] an. Nach

---

51 *BVerfGE* 6, 32 ff.
52 *Schenke*, Verwaltungsprozessrecht, Rn 786 mwN; eingeh. schon früher *Schenke*, NVwZ 1986, 522 ff.
53 *BVerwG*, NJW 1993, 1729, 1730.

materiellem Recht sind grundsätzlich Veränderungen der Sach- oder Rechtslage, die nach Erlass des Verwaltungsakts eintreten und die dazu führen, dass der Verwaltungsakt nunmehr nicht mehr erlassen werden dürfte, für seine Rechtmäßigkeit ohne Relevanz. Die Frage, ob ein Verwaltungsakt gegenwärtig noch erlassen werden dürfte, ist strikt von der Frage zu trennen, ob ein bereits erlassener Verwaltungsakt durch eine nachträgliche Veränderung der Sach- oder Rechtslage rechtswidrig wurde und deswegen zurückzunehmen ist. Praktische Bedeutung hat diese Differenzierung vor allem bei **Verwaltungsakten mit Dauerwirkung**, wie zB bei einem **polizeilichen Verbot**, einer **Beschlagnahme** oder einem **noch nicht vollzogenen polizeilichen Gebot**, das auf eine bestimmte Handlung gerichtet ist. Bei solchen Verwaltungsakten mit Dauerwirkung führt eine **Veränderung der Sach- oder Rechtslage** – insbesondere der Wegfall der Gefahr – idR dazu, dass ein zunächst rechtmäßiger Verwaltungsakt (bzw seine Aufrechterhaltung) rechtswidrig wird, so dass er **vom Zeitpunkt der Veränderung der Sach- oder Rechtslage an aufzuheben** ist. Bezüglich des Zeitraums vor der Veränderung bleibt der Verwaltungsakt dagegen rechtmäßig, so dass eine Anfechtungsklage, die auch auf seine rückwirkende Aufhebung gerichtet ist, **insoweit als teilweise unbegründet abzuweisen** ist[54]. So ist zB eine Beschlagnahme bzw Sicherstellung von Lebensmitteln, die auf eine Anscheinsgefahr – zB die mutmaßliche Verseuchung der Lebensmittel – gestützt wird, ab dem Zeitpunkt aufzuheben, zu dem deutlich wird, dass die angenommene Verseuchung tatsächlich fehlt. Das ist zT gesetzlich geregelt (s. zB § 24 I 1 MEPolG, § 33 III 1 BW-PolG), ergibt sich aber auch ohne eine solche Regelung unmittelbar aus dem **Übermaßverbot**.

c) **Der vorläufige Rechtsschutz gem. §§ 80 ff VwGO**

Die **§§ 80 ff VwGO** regeln den **vorläufigen Rechtsschutz** gegen belastende polizeiliche Verwaltungsakte. Soweit Widerspruch und Anfechtungsklage gegen einen Verwaltungsakt nicht bereits **kraft Gesetzes aufschiebende Wirkung haben** (§ 80 I VwGO), kann vorläufiger Rechtsschutz über **§ 80 V VwGO** begehrt werden, bei Verwaltungsakten mit Drittwirkung[55] über § 80a III iVm § 80 V VwGO. Zu beachten ist, dass bei **unaufschiebbaren Anordnungen und Maßnahmen von Polizeivollzugsbeamten** (nicht hingegen allgemein bei Maßnahmen von Polizei- und Ordnungsbehörden!) die aufschiebende Wirkung verwaltungsprozessualer förmlicher Rechtsbehelfe gem. **§ 80 II Nr 2 VwGO** kraft Gesetzes ausgeschlossen ist. Die Vorschrift ist **analog auf Verkehrszeichen anwendbar**, die ein Gebot oder Verbot beinhalten. Gem. § 80 V 1 Alt. 1 VwGO kann in den Fällen, in denen die sofortige Vollziehbarkeit eines Verwaltungsakts gesetzlich vorgesehen ist, die aufschiebende Wirkung ganz oder teilweise **angeordnet** werden. Ein Antrag auf gerichtliche Anordnung der aufschiebenden Wirkung ist auch dann zulässig, wenn vorher kein Antrag bei der Behörde gestellt wurde, die Vollziehung des Verwaltungsakts auszusetzen. Dies ergibt sich im Umkehrschluss aus § 80 VI VwGO. Ein vorheriger Antrag bei der Behörde kann auch nicht unter dem Gesichtspunkt des Rechtsschutzbedürfnisses verlangt werden[56].

519

Ob ein **Antrag** auf vorläufigen Rechtsschutz **begründet** ist, muss anhand einer **Abwägung** zwischen den Interessen des Antragstellers, dem öffentlichen Interesse an der sofortigen Vollziehung sowie gegebenenfalls den Interessen Dritter entschieden werden. Im Rahmen dieser Abwägung

520

---

54 Eingeh. dazu *Schenke*, Verwaltungsprozessrecht, Rn 782 ff.
55 In der gesetzlichen Terminologie: Verwaltungsakte mit Doppelwirkung.
56 Zu den Zulässigkeitsvoraussetzungen eines Antrags auf Anordnung bzw Wiederherstellung der aufschiebenden Wirkung s. näher *Schenke*, Verwaltungsprozessrecht, Rn 991 ff. Ein Prüfungsschema findet sich dort unter Rn 1024a.

sind die **Erfolgsaussichten des Hauptsacheverfahrens summarisch zu überprüfen**; das Ergebnis dieser Überprüfung ist bei der Abwägung zu berücksichtigen[57]. Wenn das Interesse des Antragstellers an der Anordnung der aufschiebenden Wirkung überwiegt, hat das Gericht eine entsprechende Anordnung zu treffen.

521 Wenn die **Polizei- oder Ordnungsbehörde die sofortige Vollziehung** eines Verwaltungsakts im öffentlichen Interesse oder im überwiegenden Interesse eines Beteiligten **anordnet** (§ 80 II Nr 4 VwGO), muss sie die Anordnung gem. **§ 80 III VwGO** grundsätzlich **schriftlich begründen**[58]. Floskelhafte Begründungen, die sich im Wesentlichen in der Wiederholung des Gesetzestexts erschöpfen („Vollziehung ist im öffentlichen Interesse geboten"), reichen dabei nicht aus. Wenn eine schriftliche Begründung, die den Erfordernissen des § 80 III VwGO genügt[59], fehlt, so ist einem **Antrag** des Betroffenen auf **Wiederherstellung der aufschiebenden Wirkung** gem. § 80 V 1 Alt. 2 VwGO (bei Verwaltungsakten mit Drittwirkung iVm § 80a III VwGO) stattzugeben[60].

d) Der Rechtsschutz bei Erledigung des Verwaltungsakts

522 Wenn sich der Verwaltungsakt, der den Kläger belastet, **nach Klageerhebung erledigt** (zur Erledigung Rn 511 f), wird die Anfechtungsklage unstatthaft. Der Kläger kann dann nur noch beantragen, die **Rechtswidrigkeit des Verwaltungsakts gem. § 113 I 4 VwGO festzustellen** (sog. **Fortsetzungsfeststellungsklage**)[61]. § 113 I 4 VwGO ist **analog anzuwenden**, wenn sich ein Verwaltungsakt schon **vor Klageerhebung erledigt** hat. Dies ist bei polizeilichen Verwaltungsakten häufig der Fall, so zB, wenn eine für einen bestimmten Tag geplante Versammlung kurzfristig verboten wird. Die analoge Anwendung des § 113 I 4 VwGO ist insoweit geboten, weil der zufällige Zeitpunkt der Erledigung keine ausschlaggebende Bedeutung für die statthafte Klageart haben kann. Ohne eine solche Analogie müsste Rechtsschutz über die allgemeine Feststellungsklage des § 43 VwGO gewährt werden, die aber abweichende Zulässigkeitsvoraussetzungen hat. Dies führte zu erheblichen **Wertungswidersprüchen** innerhalb des verwaltungsprozessualen Klagesystems. Allein die Analogie berücksichtigt die enge Verwandtschaft zwischen einer Klage, mit der (nur) die Rechtswidrigkeit eines Verwaltungsakts festgestellt wird („amputierte Anfechtungsklage"), und einer Anfechtungsklage, mit der zwar nicht nur, aber auch die Rechtswidrigkeit des Verwaltungsakts festgestellt wird[62].

---

57 Eingehend hierzu *Schenke*, Verwaltungsprozessrecht, Rn 1002 ff.
58 Zu den Rechtmäßigkeitsvoraussetzungen einer Anordnung gem. § 80 II Nr 4 VwGO s. *Schenke*, Verwaltungsprozessrecht, Rn 975 ff u. *ders.*, VerwArch, Bd. 91 (2000), 587, 589 ff.
59 Vielfach wird angenommen, dass es ein eigenständiges Verfahren zur Aufhebung der Vollziehungsanordnung geben müsse, um Rechtsschutz gegen eine formell fehlerhafte Anordnung gewähren zu können. Für ein solches Verfahren besteht jedoch kein Bedürfnis, weil ausreichender Rechtsschutz schon im Verfahren auf Wiederherstellung der aufschiebenden Wirkung gewährt werden kann (zum Streit mwN *Schenke*, Verwaltungsprozessrecht, Rn 992a). Zur sehr umstrittenen Problematik, ob eine formell oder materiell fehlerhafte Begründung nach Rechtshängigkeit des Antrags auf Wiederherstellung der aufschiebenden Wirkung nachgeholt werden kann, s. näher *Schenke*, Verwaltungsprozessrecht, Rn 982 f.
60 Näher *Schenke*, Verwaltungsprozessrecht, Rn 990 ff.
61 Ausführlich dazu *Schenke*, Verwaltungsprozessrecht, Rn 306 ff u. *ders.*, Jura 1980, 133 ff; *Ehlers*, Jura 2001, 415 ff; s. aber nunmehr das obiter dictum *BVerwG*, NVwZ 2000, 63, 64 und dazu **krit.** *R.P. Schenke*, NVwZ 2000, 1255, 1257.
62 Näher *Schenke*, Verwaltungsprozessrecht, Rn 322 ff.

Die Zulässigkeit einer Fortsetzungsfeststellungsklage **in direkter Anwendung des § 113 I 4** **523**
VwGO setzt ua voraus, dass die **allgemeinen Zulässigkeitsvoraussetzungen der Anfechtungs-**
klage vorliegen. Insbesondere muss der Kläger klagebefugt sein und ordnungsgemäß ein gem.
§ 68 VwGO gebotenes Widerspruchsverfahren durchgeführt haben. Bei der Zulässigkeit einer
Klage, mit der die Rechtswidrigkeit eines vor Klageerhebung erledigten Verwaltungsakts **analog**
§ 113 I 4 VwGO festgestellt werden soll, **ist umstritten, ob ein Vorverfahren durchgeführt**
werden muss[63]. Vor allem die Rspr lehnt dies ab, da ein erledigter Verwaltungsakt nicht aufgehoben werden könne und ein Vorverfahren deswegen sinnlos sei. Die Literatur weist demgegenüber zu Recht darauf hin, dass es durchaus noch Sinn ergibt, Rechtmäßigkeit und ggf Zweckmäßigkeit des erledigten Verwaltungsakts zu überprüfen. Insbesondere führt dies – wie sonst bei
einer Anfechtungsklage – zu einer **Entlastung der Verwaltungsgerichte**, die aus prozessökono-
mischen Gründen zu begrüßen ist, sowie zu einer **Selbstkontrolle der Verwaltung**. Ein Bescheid,
mit dem die Behörde die Rechtswidrigkeit eines erledigten Verwaltungsakts feststellt, entspricht
dem in **§ 44 V VwVfG vorgesehenen Bescheid, mit dem die Behörde die Nichtigkeit eines**
Verwaltungsakts feststellt. Zudem werden Wertungswidersprüche vermieden, denn bei unmittelbarer Anwendung des § 113 I 4 VwGO müssen – wie ausgeführt – nach einhelliger Auffassung
alle Zulässigkeitsvoraussetzungen der Anfechtungsklage (einschließlich der ordnungsgemäßen
Durchführung eines Vorverfahrens) vorliegen.

Eine Klage in direkter oder analoger Anwendung des § 113 I 4 VwGO ist nur dann zulässig, wenn **524**
ein **berechtigtes Interesse (Rechtsschutzbedürfnis)** an der gerichtlichen Feststellung der
Rechtswidrigkeit besteht[64]. Das berechtigte Interesse kann sich aus einer **Wiederholungsgefahr**
ergeben, außerdem aus dem **diskriminierenden Charakter** einer Maßnahme. Letzteres trifft bei
vollzugspolizeilichen Verwaltungsakten (wie zB einer Ingewahrsamnahme, Durchsuchung oder
Beschlagnahme) häufig zu. Ein berechtigtes Interesse kann sich ferner daraus ergeben, dass sich
der Verwaltungsakt **typischerweise kurzfristig** erledigt. Ein solcher Verwaltungsakt könnte nämlich nie gerichtlich überprüft werden, wenn die typischerweise kurzfristige Erledigung nicht ein
berechtigtes Interesse begründete. Das wäre im Hinblick auf die institutionelle Garantie des
Rechtsschutzes durch Art. 19 IV GG problematisch. Dies erkennen auch das *BVerfG* und die verwaltungsgerichtliche Rspr in den Fällen an, in denen ein sich kurzfristig erledigender Verwaltungsakt eine erhebliche Grundrechtsbeeinträchtigung herbeigeführt hat. Ein berechtigtes Interesse an der Feststellung der Rechtswidrigkeit kann sich bei einem Verwaltungsakt, der sich **nach**
Klageerhebung erledigt hat, schließlich daraus ergeben, dass die Feststellung **präjudizierende**
Wirkung für die zivilgerichtliche Geltendmachung von **Schadensersatzansprüchen aus Amts-**
haftung gem. § 839 BGB iVm Art. 34 GG sowie von **Entschädigungsansprüchen aus enteig-**
nungsgleichem Eingriff bzw aus aufopferungsgleichem Eingriff entfaltet, sofern die Geltendmachung solcher Ansprüche nicht offensichtlich aussichtslos ist. Gerechtfertigt wird dies damit, dass
bei einer Erledigung nach Klageerhebung der verwaltungsgerichtliche Aufwand, der typischerweise bereits entfaltet wurde, nicht entwertet werden soll. Folgerichtig kann bei einem Verwaltungsakt, der sich schon **vor Klageerhebung** erledigt hat, das berechtigte Interesse an der Feststellung seiner Rechtswidrigkeit nicht aus einer solchen präjudizierenden Wirkung ergeben, denn
insoweit ist noch kein verwaltungsgerichtlicher Aufwand entstanden. Hier müssen vielmehr die
ordentlichen Gerichten selbst vorfrageweise darüber befinden, ob der erledigte Verwaltungsakt
rechtswidrig war. **Kein berechtigtes Interesse** an der Feststellung der Rechtswidrigkeit lässt sich
allein daraus ableiten, dass der betreffende Verwaltungsakt **Grundrechte beeinträchtigt**. Dies ist
nämlich bei jedem belastenden Verwaltungsakt der Fall.

---

63 Für Vorverfahren *Schenke*, Verwaltungsprozessrecht, Rn 666; *Schoch*, Übungen im öffentlichen Recht,
    Bd. II, 1992, S. 247 ff; **aA** *BVerwGE* 26, 161, 165 ff; *Ehlers*, Jura 2001, 415, 420.
64 Zu den verschiedenen Fallgruppen, die hier relevant werden, ausführlicher *Schenke*, Verwaltungspro-
    żessrecht, Rn 579 ff; *Ehlers*, Jura 2001, 415, 421 f.

525 § 113 I 4 VwGO ist analog auf die seltenen Fälle anzuwenden, in denen sich ein Verwaltungsakt, der den Kläger in seinen Rechten verletzt, zwar nicht erledigt hat, in denen aber ausnahmsweise kein Rechtsanspruch auf seine behördliche Aufhebung besteht[65]. Bedeutsam ist dies etwa im Falle des § 46 VwVfG (Rn 499).

e) Der Rechtsschutz durch eine Verpflichtungsklage

526 Wenn ein Bürger den Erlass eines Verwaltungsakts begehrt, der ihn begünstigt, ist der Rechtsschutz über die **Verpflichtungsklage gem. § 42 I Alt. 2 VwGO** zu gewähren. Im Bereich des Polizeirechts kommt sie vornehmlich dann in Betracht, wenn der Bürger den Erlass eines **Verwaltungsakts gegenüber Dritten** erstrebt, der (auch) **seinem Schutz dient** (Rn 104). Eine Verpflichtungsklage kommt ferner in Betracht, wenn ein Bürger die **Rücknahme eines Verwaltungsakts** erreichen will, der **ihn belastet**, aber bereits bestandskräftig und damit nicht mehr anfechtbar ist, so zB, wenn sich **die Sach- und Rechtslage** nach Eintritt der Bestandkraft[66] eines Verwaltungsakts **verändert** hat und der Verwaltungsakt dadurch rechtswidrig geworden ist. Eine Verpflichtungsklage auf Rücknahme eines Verwaltungsakts ist aber auch ohne eine solche Veränderung der Sach- und Rechtslage statthaft[67]. Wenn der Kläger annimmt, einen Anspruch auf Erlass des Verwaltungsakts zu haben, empfiehlt es sich für ihn, eine Verpflichtungsklage in Form einer **Vornahmeklage** zu erheben, dh auf den Erlass des Verwaltungsakts zu klagen. Wenn der Kläger dagegen lediglich ein Recht darauf geltend machen will, dass die Behörde ermessensfehlerfrei über Erlass oder Nichterlass eines Verwaltungsakts entscheidet, empfiehlt es sich für ihn, eine Verpflichtungsklage in Form einer sog. **Bescheidungsklage**[68] zu erheben, dh auf eine ermessensfehlerfreie Entscheidung über Erlass oder Nichterlass zu klagen. Im Polizei- und Ordnungsrecht ist vor allem die Bescheidungsklage von Bedeutung, weil der Bürger idR nur einen Anspruch auf eine ermessensfehlerfreie Entscheidung über ein polizeiliches Handeln besitzt, das seinem Schutz dient.

527 Die Verpflichtungsklage setzt gem. §§ 68 II, 75 S. 1 VwGO einen Antrag bei der Behörde auf Erlass des begünstigenden Verwaltungsakts voraus. Wenn der Antrag abgelehnt wird (Fall der sog. **Versagungsgegenklage**), muss gem. § 68 II VwGO grundsätzlich zunächst ein Widerspruchsverfahren durchgeführt werden. Wenn es die Behörde unterlässt, über den Antrag zu entscheiden (Fall der sog. **Untätigkeitsklage**), so kann – unter Beachtung der Frist des § 75 VwGO – die Verpflichtungsklage unmittelbar erhoben werden.

528 Die Verpflichtungsklage verlangt weiterhin, dass der Kläger **klagebefugt** ist. Soweit er verlangt, dass die Polizei über ein Einschreiten zum **Schutz seiner Individualrechtsgüter** entscheidet,

---

65 Dazu näher *Schenke*, Verwaltungsprozessrecht, Rn 326 ff.

66 Eine Veränderung der Sach- oder Rechtslage, die nach Rechtshängigkeit einer Anfechtungsklage eintritt, ist noch im Rahmen dieser Anfechtungsklage zu berücksichtigen, s. dazu oben Rn 509.

67 S. näher *Schenke*, Verwaltungsprozessrecht, Rn 278. Eine solche Klagemöglichkeit muss zwingend bejaht werden. Dies ergibt sich schon daraus, dass der Verletzte auch nach Eintritt des Bestandskraft des Verwaltungsakts noch ein Recht darauf hat, dass ermessensfehlerfrei über die Rücknahme des Verwaltungsakts (§ 48 I 1 LVwVfG) entschieden wird (vgl *BVerfGE* 27, 297, 307 ff). Dieses Recht muss nach Art. 19 IV GG gerichtlich geschützt sein. Nicht überzeugend daher *Hufen*, Verwaltungsprozessrecht, § 15, Rn 8, der eine Verpflichtungsklage hier zwar als statthaft, aber ohne eine grundlegende Änderung der Sach- und Rechtslage als unzulässig ansieht.

68 Zu dieser *Schenke*, Verwaltungsprozessrecht, Rn 264.

steht ihm nach heute hM ein Recht auf eine ermessensfehlerfreie Entscheidung zu, das für die Klagebefugnis ausreicht (eingehend dazu Rn 103 f). Insoweit ist aus den **grundrechtlichen Schutzpflichten** abzuleiten, dass das Handeln der Polizei **nicht nur öffentlichen Interessen** dient, sondern auch den Interessen des Inhabers des Individualrechtsguts. Bei einer Verpflichtungsklage, die sich auf die Rücknahme eines bestandskräftigen belastenden Verwaltungsakts richtet, ist die Klagebefugnis auf jeden Fall dann zu bejahen, wenn der Kläger geltend macht, der Verwaltungsakt sei wegen einer nachträglichen Veränderung der Sach- oder Rechtlage rechtswidrig geworden. Die Klagebefugnis ergibt sich hier aus dem **möglichen Rücknahmeanspruch.** Eine Klagebefugnis besteht aber auch ohne eine nachträgliche Veränderung der Sach- oder Rechtslage, da der Betroffene nach Unanfechtbarkeit des Verwaltungsakts ein Recht darauf besitzt, dass die Behörde ermessensfehlerfrei über dessen Rücknahme entscheidet (§ 48 I 1 LVw-VfG). Dies reicht für die Klagebefugnis aus.

Die Verpflichtungsklage ist gegen die juristische Person oder – im Falle einer landesrechtlich vorgesehenen Beteiligungsfähigkeit von Behörden – gegen die Behörde zu richten, deren Entscheidung begehrt wird. (§ 78 VwGO). **529**

Eine Verpflichtungsklage, die sich auf den Erlass eines Verwaltungsakts richtet, ist **begründet,** wenn der Kläger darauf einen **Rechtsanspruch** hat. Maßgeblicher **Zeitpunkt** für die Entscheidung ist der **Zeitpunkt der letzten mündlichen Verhandlung** vor dem Verwaltungsgericht bzw – falls es keine mündliche Verhandlung gibt – der Zeitpunkt der **Entscheidung**[69]. Wenn ein Anspruch auf Erlass des Verwaltungsakts zunächst bestand, dieser Anspruch aber während des gerichtlichen Verfahrens wegen einer Veränderung der Sach- oder Rechtslage entfiel, ist die Klage **unbegründet.** Es besteht dann allerdings die Möglichkeit, analog § 113 I 4 VwGO auf Feststellung der früheren Existenz des Anspruchs zu klagen (s. dazu Rn 531). Wenn der Kläger auf Erlass eines Verwaltungsakts geklagt hat, ihm aber lediglich ein **Anspruch auf ermessensfehlerfreie Entscheidung** über Erlass oder Nichterlass des Verwaltungsakts zusteht, ist die Verpflichtungsklage nur **teilweise begründet.** Die Behörde wird deshalb sowohl im Falle ihrer Untätigkeit wie auch im Falle ermessensfehlerhafter Versagung des Verwaltungsakts dazu verurteilt, ermessensfehlerfrei (erneut) zu entscheiden (§ 114 S. 1 VwGO); iÜ wird die Klage abgewiesen. Um eine solche teilweise Klageabweisung zu vermeiden, empfiehlt sich, in solchen Fällen von vornherein nur eine Bescheidungsklage zu erheben. **530**

Wenn sich der **begehrte Verwaltungsakt** im Falles seines Erlasses bereits **erledigt** hätte, zB wegen Zeitablaufs, kann analog § 113 I 4 VwGO festgestellt werden, dass zu einem früheren Zeitpunkt ein Anspruch auf Erlass des Verwaltungsakts bestand, sofern an einer solchen Feststellung ein berechtigtes Interesse besteht. Dasselbe gilt, wenn ein zunächst bestehender Anspruch auf Erlass des Verwaltungsakts **wegen späterer Veränderung der Sach- oder Rechtslage entfallen** ist[70]. **531**

f) Der vorläufige Rechtsschutz durch eine einstweilige Anordnung

Wenn ein Anspruch auf Erlass eines begünstigenden Verwaltungsakts geltend gemacht wird, ist der vorläufige Rechtsschutz über eine **einstweilige Anordnung gem. § 123 VwGO** zu gewährleisten. In Betracht kommt in erster Linie eine Regelungsanordnung[71]. Bei der Entscheidung hat das Verwaltungsgericht zunächst zu prüfen, ob ein **Anordnungsanspruch** vorliegt. Dies bedarf einer **summarischen Überprüfung der Erfolgsaussichten des Hauptsacheverfahrens.** Weiterhin muss ein **Anordnungsgrund** gegeben sein. Dies ist grundsätzlich anhand einer **Interessenabwägung** zu entscheiden. Dabei ist auf die Vor- und Nachteile abzustellen, die sich für Antrag- **532**

---

69 *Schenke*, Verwaltungsprozessrecht, Rn 849 f.
70 Vgl *Schenke*, Verwaltungsprozessrecht, Rn 330 ff mit Beispielsfällen.
71 Dazu näher *Schenke*, Verwaltungsprozessrecht, Rn 1025 ff.

steller bzw Antragsgegner durch Ablehnung bzw Erlass der begehrten Anordnung ergeben. Der Erlass der einstweiligen Anordnung darf **grundsätzlich nicht die Hauptsache vorwegnehmen**. Anderes gilt nur ausnahmsweise dann, wenn sich ohne Vorwegnahme der Hauptsache für den Antragsteller **schlechthin unzumutbare Nachteile** ergäben und für ihn außerdem **eindeutig überwiegende Erfolgsaussichten in der Hauptsache** bestehen.

g) Der vorbeugende Rechtsschutz durch eine allgemeine Leistungsklage

533 In Sonderfällen kommt ein Rechtsschutz gegen polizeiliche Verwaltungsakte durch eine **allgemeine Leistungsklage** in Betracht. Eine solche Klage ist namentlich eine **vorbeugende Unterlassungsklage**, die sich gegen den konkret drohenden Erlass[72] eines Verwaltungsakts richtet. Sie ist jedoch idR **unzulässig**, da der Rechtsschutz gegen Verwaltungsakte nach der VwGO prinzipiell repressiv ausgestaltet und über die Anfechtungsklage zu bewerkstelligen ist. Deren spezifische Zulässigkeitsvoraussetzungen, insbesondere das vorgeschaltete Widerspruchsverfahren, würden ausgehöhlt, wenn eine vorbeugende Unterlassungsklage gegen drohende Verwaltungsakten unbegrenzt zulässig wäre. Eine solche Klage ist deshalb nur dann zulässig, wenn ein **nachträglicher Rechtsschutz durch die Anfechtungsklage** die verfassungsrechtlich geforderte **Effektivität des Rechtsschutzes nicht gewährleistete**. Deshalb ist eine vorbeugende Unterlassungsklage dann statthaft, wenn der drohende **Verwaltungsakt mit Strafe oder Geldbuße bewehrt** (dazu Rn 582) ist. Ein nachträglicher Rechtsschutz unter dem Damoklesschwert einer solchen Sanktion ist nicht zumutbar. Ferner ist eine vorbeugende Unterlassungsklage dann zulässig, wenn die Gefahr besteht, dass durch den drohenden Verwaltungsakt und seine Vollziehung **vollendete Tatsachen geschaffen werden**. Dies kann vor allem bei Verwaltungsakten zutreffen, die sich typischerweise kurzfristig erledigen, wie zB bei dem Verbot einer Versammlung. Außerdem kann eine vorbeugende Unterlassungsklage zulässig sein, wenn der **Erlass eines Verwaltungsakts verzögert** wird, denn dann kann der Betroffene ein nur so zu befriedigendes Interesse daran besitzen, Rechtsklarheit herbeizuführen[73]. Soweit eine vorbeugende Unterlassungsklage statthaft ist, gelten für sie die Zulässigkeitsvoraussetzungen einer allgemeinen Leistungsklage.

h) Der Rechtsschutz durch eine allgemeine Feststellungsklage gem. § 43 VwGO

534 Rechtsschutz gegen Verwaltungsakte mittels einer **allgemeinen Feststellungsklage gem. § 43 VwGO** kommt zum einen in Form einer negativen Feststellungsklage in Betracht, mit der das **Nichtbestehen eines Rechtsverhältnisses** festgestellt werden soll. Gegenstand einer solchen Klage ist die Feststellung, dass die Verwaltung nicht berechtigt ist, einen Verwaltungsakt gegen den Kläger zu erlassen. Nachdem der Verwaltungsakt bereits erlassen worden ist, scheidet eine solche Feststellungsklage jedoch aus, da sie gem. **§ 43 II 1 VwGO subsidiär** gegenüber der Anfechtungsklage (als einer Gestaltungsklage) ist. Bevor der Verwaltungsakt erlassen worden ist, soll nach der Rspr des *BVerwG*[74] eine sog. **vorbeugende Feststellungsklage** zulässig sein, wenn dem Kläger die Verweisung auf den nachträglichen Rechtsschutz durch eine Anfechtungsklage nicht zumutbar ist, weil der dadurch gewährte Rechtsschutz nicht effektiv wäre. Die Klage ist dann auf die Feststellung gerichtet, dass die Verwaltung den Verwaltungsakte nicht erlassen darf. Diese Rspr überzeugt freilich nicht. Ein vorbeugender Rechtsschutz ist in dem genannten Fall

---

72 Ohne einen konkret drohenden Erlass scheidet ein Unterlassungsanspruch von vornherein aus (s. Rn 235), sodass es bereits an der analog § 42 II VwGO erforderlichen Klagebefugnis (Rn 663) fehlt.

73 Zu den verschiedenen Fallgruppen, in denen eine vorbeugende Unterlassungsklage gegen drohende Verwaltungsakte zulässig ist, s. *Schenke*, Verwaltungsprozessrecht, Rn 356 ff.

74 *BVerwG*, NJW 1967, 996 f.

nämlich durch eine **vorbeugende Unterlassungsklage** möglich, die ein Unterfall der allgemeinen Leistungsklage ist (Rn 533) und **gem. § 43 II 1 VwGO die vorbeugende Feststellungsklage ausschließt**[75].

Die Statthaftigkeit einer verwaltungsgerichtlichen **Feststellungsklage**, die das durch **den Verwaltungsakt begründete Rechtsverhältnis zum Gegenstand** hat, wird durch die Subsidiaritätsregelung des § 43 II 1 VwGO nicht berührt. Einer solchen Feststellungsklage kommt vor allem im Vollstreckungsrecht Bedeutung zu, wenn umstritten ist, ob eine durch einen Verwaltungsakt verpflichtete Person ihre Verpflichtung erfüllt hat (dazu unten Rn 577), und die Behörde Vollstreckungsmaßnahmen ergreifen will, weil das ihrer Meinung nach nicht der Fall ist.

535

Eine Klage auf Feststellung der **Nichtigkeit eines polizeilichen Verwaltungsakts** ist grundsätzlich zulässig. Sie ist gegenüber der Anfechtungsklage **nicht subsidiär** (§ 43 II 2 VwGO). Der Adressat eines Verwaltungsakts ist grundsätzlich klagebefugt. Um dieses Ergebnis zu begründen, bedarf es keiner analogen Anwendung des § 42 II VwGO, wie sie die Rspr befürwortet. Vielmehr ergibt sich bereits aus der Teleologie der Feststellungsklage, dass sie nur solche Klagen erfassen kann, bei denen der Verwaltungsakt für ein Rechtsverhältnis bedeutsam ist, an dem der Kläger entweder unmittelbar rechtlich beteiligt ist oder das jedenfalls mittelbar für ein solches Rechtsverhältnis bedeutsam ist[76]. Für eine solche Feststellungsklage muss ein **Vorverfahren nicht durchgeführt** werden. Ein vorheriger erfolgloser Antrag, die Nichtigkeit des Verwaltungsakts gem. **§ 44 V LVwVfG** behördlich festzustellen, ist nicht erforderlich. Er ist insbesondere **nicht unter dem Aspekt des Rechtsschutzbedürfnisses** geboten, da sonst – entgegen der gesetzgeberischen Absicht – doch ein Vorverfahren für die Nichtigkeitsfeststellungsklage eingeführt würde[77]. IÜ ist das berechtigte Interesse an der Feststellung der Nichtigkeit jedenfalls dann grundsätzlich zu bejahen, wenn der belastende Verwaltungsakt an den Kläger adressiert ist[78].

536

Eine Klage auf Feststellung der Nichtigkeit eines polizeilichen Verwaltungsakts wird jedoch nur **selten begründet** sein, da rechtswidrige Verwaltungsakte, wie § 44 VwVfG deutlich macht, idR **rechtswirksam** sind. Nichtig sind sie nur in Ausnahmefällen, zB dann, wenn sie zu **unbestimmt** sind (Rn 500), oder grundsätzlich dann, wenn sie von einer **sachlich unzuständigen Behörde** erlassen wurden (§ 44 I LVwVfG; s. oben Rn 453).

537

III. Die Zwangsmittel zur Durchsetzung polizeilicher Verwaltungsakte

1. Allgemeines

Wenn die Ge- und Verbote nicht beachtet werden, die in einem polizeilichen Verwaltungsakt enthalten sind, können sie von der Polizei- bzw Ordnungsbehörde **zwangsweise durchgesetzt werden**. Die Vollstreckung solcher Verwaltungsakte richtet sich zT nach den allgemeinen Regelungen, die für die Verwaltungsvollstreckung des Bundes[79] und der Länder gelten; zT finden sich in den Polizei- und Ordnungsgesetzen

538

---

75 Eingehend hierzu mwN *Schenke*, Verwaltungsprozessrecht, Rn 420.

76 Näher *Schenke*, Verwaltungsprozessrecht, Rn 409 f.

77 *Schenke*, Verwaltungsprozessrecht, Rn 415 u. 594.

78 Zu den Zulässigkeitsvoraussetzungen der Feststellungsklage s. näher *Schenke*, Verwaltungsprozessrecht, Rn 65 ff, 433.

79 VwVG und UZwG, soweit es sich um Maßnahmen von Bundespolizeibehörden handelt.

Spezialvorschriften[80], die ausdrücklich anordnen, welche allgemeinen vollstreckungs-rechtlichen Vorschriften auf die Vollstreckung polizeilicher Verwaltungsakte anzu-wenden sind (s. § 57 I RhPfPOG). Diese Gesetze sehen für die Vollstreckung von Ver-waltungsakten, die auf ein Handeln, Dulden oder Unterlassen gerichtet sind, die **Zwangsmittel der Ersatzvornahme, des Zwangsgelds und der Anwendung un-mittelbaren Zwangs vor.** Für die Vollstreckung wegen Geldforderungen gelten ande-ren Regeln, die im Bereich des Polizei- und Ordnungsrechts aber idR nicht relevant sind.

2. Die Rechtmäßigkeitsvoraussetzungen für die Anwendung der Zwangsmittel

539 Die erwähnten Zwangsmittel dürfen von den zuständigen Polizei- und Ordnungsbe-hörden grundsätzlich unter den folgenden Voraussetzungen angewendet werden:

540 (a) Es muss ein **wirksamer** Verwaltungsakt ergangen sein[81], der auf die Vornahme ei-ner Handlung, Duldung oder Unterlassung gerichtet ist[82]. Die **Rechtmäßigkeit** des zu vollstreckenden Verwaltungsakts (Grundverwaltungsakts) ist dagegen grundsätzlich – vorbehaltlich abweichender vollstreckungsrechtlicher Regelungen (vgl Rn 548) – keine Voraussetzung dafür, dass Zwangsmittel angewendet werden dürfen. Das Ver-waltungsvollstreckungsrecht wird vielmehr von dem Grundsatz beherrscht, dass **Rechtsfehler des Grundverwaltungsakts unbeachtlich** sind[83], soweit jener nicht nichtig oder auf Grund der Rechtswidrigkeit aufgehoben worden ist.

541 *Knemeyer*[84] vertritt allerdings teilweise die gegenteilige Auffassung. Seines Erachtens soll die Rechtswidrigkeit eines vollzugspolizeilichen Grundverwaltungsakts dazu führen, dass auch Zwangsmittel zu seiner Vollstreckung rechtswidrig sind, da insoweit eine Konnexität beste-he. Diese Ansicht überzeugt freilich nicht. Im Wortlaut der einschlägigen Vorschriften (s. zB § 28 MEPolG) findet sie keine ausreichende Stütze. Sie ist außerdem nicht damit vereinbar, dass *Knemeyer* bezüglich der Verwaltungsakte anderer Polizeibehörden (Ordnungsbehörden, Sicher-heitsbehörden) anerkennt, dass insoweit die Rechtmäßigkeit des Grundverwaltungsakts keine Vo-raussetzung für die Rechtmäßigkeit von Vollstreckungsakten ist, obwohl bei solchen Verwal-

---

80 S. dazu §§ 49 f BWPolG; Art. 53 ff BayPAG; §§ 53 ff BrandPolG; §§ 40 ff, 86 BremPolG; §§ 17 ff HambSOG; §§ 44 ff HessSOG; §§ 79 ff MVSOG; §§ 64 ff NdsSOG; §§ 50 ff NWPolG; §§ 57 ff Rh-PfPOG; §§ 44 ff SaarlPolG; §§ 53 ff SachsAnhSOG; §§ 30 ff SächsPolG; § 9 I 2 SächsSWG; §§ 51 ff ThürPAG; §§ 28 ff MEPolG; § 19 BPolG; s. ferner §§ 228 ff SchlHVwG.

81 An der Wirksamkeit fehlt es, wenn der Verwaltungsakt inhaltlich unbestimmt ist (*VGH Mannheim*, NVwZ-RR 2013, 451; s. auch Rn 500).

82 § 18 BWVwVG; Art. 53 I BayPAG; § 5a S. 1 BerlVwVfG iVm § 6 I VwVG; § 53 I BrandPolG; § 11 BremVwVG; § 14 HambVwVG; § 47 I HessSOG; § 79 I MVSOG; § 64 I NdsSOG; § 50 I NWPolG; § 57 I RhPfPOG; § 44 I SaarlPolG; § 53 I SachsAnhSOG; § 228 SchlHVwG; § 51 I ThürPAG; § 28 I MEPolG; § 6 I VwVG.

83 Vgl näher *Schenke/Baumeister*, NVwZ 1993, 1, 2 ff; ferner *Brenneisen*, DÖV 2000, 275, 282; *Geis*, Rn 339 ff; *Gornig/Jahn*, 291; *Kugelmann*, Kap. 11, Rn 11; *Muckel*, JA 2012, 272, 277; *Mußmann*, BW, Rn 479; *Pietzner*, VerwArch. Bd. 84 (1993), 261, 268; *Poscher*, VerwArch. Bd. 89 (1998), 111, 121; *Poscher/Rusteberg*, JuS 2012, 26, 28; *R. Schmidt*, Rn 906; *Selmer/Gersdorf*, Verwaltungsvollstre-ckungsverfahren, 1996, S. 34 ff; *Wehser*, VR 2001, 340, 341; *Weiß*, DÖV 2001, 275, 280 ff; *Werner*, JA 2000, 902, 903 f; *BVerfG*, NVwZ 1999, 290, 292; *OVG Münster*, NVwZ 2001, 231; *VGH Kassel*, NVwZ-RR 1995, 118 f; *OVG Lüneburg*, NVwZ 1984, 323.

84 Vgl *Knemeyer*, Rn 358.

tungsakten ebenfalls ein Interesse an einer sofortigen Vollziehung bestehen kann. Eine weitere, weniger weitreichende Auffassung[85] geht davon aus, dass bei der Anfechtung der Vollstreckung eines noch nicht bestandskräftigen, sofort vollziehbaren Grundverwaltungsakts geltend gemacht werden könne, jener sei rechtswidrig. Auch diese Ansicht ist freilich abzulehnen. Ihr ist entgegenzuhalten, dass schon der Wortlaut der Vollstreckungsgesetze keine Anhaltspunkte für eine unterschiedliche Behandlung von bestandskräftigen und nicht bestandskräftigen, sofort vollziehbaren Verwaltungsakten bieten. Der Vollstreckungsschuldner kann einen nicht bestandskräftigen, rechtswidrigen Grundverwaltungsakt anfechten und gem. § 113 I 1 VwGO aufheben lassen. Dadurch kann er die Rechtswidrigkeit entsprechender Vollstreckungsakte herbeiführen, die analog § 113 IV VwGO[86] prozessual vereinfacht zusammen mit der Anfechtung des Grundverwaltungsakts geltend gemacht werden kann. Deswegen sprechen weder die Rechtsschutzgarantie noch die rechtsstaatlichen Grundsätze der Verhältnismäßigkeit und der Gesetzmäßigkeit der Verwaltung gegen die hier vertretene Lösung. Selbst wenn man – entgegen der hier vertretenen Auffassung – eine (ggf. partielle) Konnexität zwischen der Rechtmäßigkeit des Grundverwaltungsakts und der Rechtmäßigkeit von Vollstreckungsakten bejahte, dürfte ein Betroffener, der gegen einen rechtswidrigen Grundverwaltungsakt nicht fristgerecht vorging, auf keinen Fall bei der Anfechtung von Vollstreckungsakten noch Einwendungen gegen den Grundverwaltungsakt erheben. Dies höhlte das Institut der formellen Bestandskraft von Verwaltungsakten aus.

Würtenberger/Heckmann[87] wollen bei Vollstreckungsakten zwei Ebenen unterscheiden. Nach ihrer Ansicht sei die Rechtmäßigkeit des vollstreckten Verwaltungsakts zwar für die Rechtmäßigkeit des Vollstreckungsakts (die primäre Ebene) ohne Bedeutung. Die Rechtmäßigkeit sei aber Voraussetzung dafür, dass ein entsprechender Kostenersatzbescheid rechtmäßig ist. Diese Auffassung überzeugt ebenso wenig. Die vollstreckungskostenrechtlichen Regelungen enthalten keine Anhaltspunkte für ein ungeschriebenes Tatbestandsmerkmal dahingehend, dass der Grundverwaltungsakt materiell fehlerlos sein muss. Sie setzen vielmehr lediglich die Rechtmäßigkeit des Vollstreckungsakts voraus. Eine teleologische Reduktion dieser Regelungen ist methodisch nicht vertretbar, da das positive Recht – wie gezeigt – bereits ausreichende Vorkehrungen getroffen hat, um den Vollstreckungsschuldner gegen die Abwälzung von Kosten zu schützen, wenn der Grundverwaltungsakt rechtswidrig ist. Zudem sehen sich *Würtenberger/Heckmann*[88] zur Sicherung der Bestandskraft von Verwaltungsakten genötigt, die Rechtswidrigkeit des Grundverwaltungsakts für unbeachtlich zu erklären, wenn es der Betroffene versäumt hat, sich dagegen fristgemäß zur Wehr zu setzen.

Eine weitere Ansicht[89] vertritt, dass eine Vollstreckung dann unzulässig sein sei, wenn die Behörde bei einer Zwangsmaßnahme wisse, dass die Grundverfügung rechtswidrig sei. Dieser Auffassung ist ebenso wenig zu folgen. In dem genannten Fall ist die Behörde nämlich verpflichtet, den Grundverwaltungsakt – jedenfalls solange er noch nicht bestandskräftig ist – zurückzunehmen[90]. Damit stellt sich die Frage seiner Vollstreckung gar nicht mehr.

Der *VGH Mannheim*[91] schließlich vertritt die Auffassung, dass unter bestimmten Voraussetzungen Einwendungen gegen den Grundverwaltungsakt auch gegen Vollstreckungsmaßnahmen geltend gemacht werden dürfen. Dies soll dann der Fall sein, wenn der Grundverwaltungsakt (hier: **542**

---

85 So aber *Heckmann*, VBlBW 1993, 41, 42 ff; *Möller/Warg*, Rn 211 f; *Pietzcker*, FS Schenke, 2011, S. 1045 ff; **krit.** *Kopp/Schenke*, VwGO, § 167, Rn 19 f.
86 Dazu näher *Schenke*, Verwaltungsprozessrecht, Rn 502h.
87 *Würtenberger/Heckmann*, BW, Rn 757 und 913; s. auch *Pietzcker*, FS Schenke, 1045, 1058 f.
88 *Würtenberger/Heckmann*, BW, Rn 912.
89 So *Pieroth/Schlink/Kniesel*, § 24, Rn 33.
90 Dazu näher *Schenke*, FS Maurer, 2001, S. 723 ff.
91 Vgl *VGH Mannheim*, VBlBW 1986, 299, 303; zust. *Heckmann*, VBlBW 1993, 41, 42 Fn 10; *Enders*, NVwZ 2009, 958 ff; **aA** *BVerwG*, NVwZ 2009, 122; *VGH Mannheim*, VBlBW 1993, 298, 300; *Kopp/Schenke*, VwGO, § 113, Rn 99 und 102; *Neuner*, S. 243 ff; vgl auch *OVG Münster*, NWVBl. 2007, 26, 27.

ein Platzverweis) bereits vollstreckt worden war und sich (nach der – unzutreffenden, s. unten – Auffassung des *VGH Mannheim*) erledigt hatte, bevor die Rechtsmittelfrist verstrichen war, und nach Erledigung, aber vor Ablauf der Rechtsmittelfrist ein Zahlungsbescheid erlassen wird, mit dem Kostenersatz für die Anwendung eines Zwangsmittels geltend gemacht wird. Dem ist entgegenzuhalten, dass nicht einzusehen ist, warum die Erledigung des Grundverwaltungsakts eine Verbindung zwischen seiner Rechtmäßigkeit und der Rechtmäßigkeit von Vollstreckungsakten herstellen soll, die es sonst nicht gibt. Gründe der Prozessökonomie können diesen Zusammenhang schon aus systematischen Gründen nicht konstituieren. Vor allem aber verkennt der *VGH Mannheim*, dass in dem von ihm entschiedenen Fall **der Grundverwaltungsakt** in Wahrheit **gar nicht erledigt** war. Von einer Erledigung kann nämlich nur dann ausgegangen werden, wenn die Aufhebung des Grundverwaltungsakts sinnlos ist[92]. Dies traf gerade nicht zu, denn die Aufhebung war hier wegen des noch nicht bestandskräftigen Vollstreckungskostenbescheids sehr wohl noch sinnvoll. Vollstreckungskosten können nämlich nach §§ 6, 7 BWVollstrKO nur für rechtmäßige Vollstreckungsakte verlangt werden[93]. Rechtswidrig sind diese Vollstreckungsakte aber nicht allein deswegen, weil der Grundverwaltungsakt rechtswidrig ist. Die Vollstreckungsakte werden – sofern sie iÜ nicht zu beanstanden sind – erst dadurch rechtswidrig, dass der Grundverwaltungsakt rückwirkend gem. § 113 I 1 VwGO verwaltungsgerichtlich aufgehoben wird. Die Klage auf Aufhebung der Grundverfügung kann im Wege einer Stufenklage analog § 113 IV VwGO mit der Klage auf Aufhebung des Vollstreckungskostenbescheids verbunden werden (s. Rn 541). Rechtsschutzlücken ergeben sich damit nicht (unzutreffend daher *Vahle*, DVP 2003, 470).

543 Zweifelhaft ist, inwieweit Gründe, die den Grundverwaltungsakt erst nachträglich rechtswidrig werden lassen[94] und im Rahmen einer Anfechtungsklage gegen den Grundverwaltungsakt nicht mehr zu berücksichtigen sind, wenigstens im Rahmen einer Anfechtungsklage gegen die Vollstreckungsakte geltend gemacht werden können. Das wird zT unter Hinweis auf den Rechtsgedanken des § 767 II ZPO befürwortet[95]. Es überzeugt aber nicht, weil die **nachträgliche Rechtswidrigkeit** des Grundverwaltungsakts der Rechtmäßigkeit des Vollstreckungsakts ebenso wenig entgegensteht wie die anfängliche Rechtswidrigkeit des Grundverwaltungsakts. In beiden Fällen soll das Vollstreckungsverfahren nicht mit der Frage belastet werden, ob der Grundverwaltungsakt rechtmäßig ist – was für die Vollstreckungsbehörde oft nur schwer zu beurteilen ist. Die ohnehin problematische Analogie zu § 767 II ZPO spräche iÜ allenfalls dafür, Einwendungen gegen den Titel (Grundverwaltungsakt) geltend machen zu dürfen, nicht dagegen dafür, Einwendungen gegen einzelne Vollstreckungsakte erheben zu können. Deshalb kann der Vollstreckungsschuldner bei einem nachträglich rechtswidrig gewordenen Grundverwaltungsakt nur durch eine verwaltungsgerichtliche Verpflichtungsklage[96] darauf hinwirken, dass dieser Grundverwaltungsakt von der Behörde aufgehoben und damit die Rechtswidrigkeit darauf gestützter Vollstreckungsakte herbeigeführt wird.

544 (b) Der Verwaltungsakt muss **unanfechtbar oder** kraft Gesetzes (vgl § 80 II 1 Nr 1–3 VwGO) oder behördlicher Anordnung (§ 80 II 1 Nr 4 VwGO) **sofort voll-**

---

92 Vgl hierzu *Schenke*, FS Menger, 1985, S. 461 ff. Die Kritik von *Vahle*, DVP 2003, 470 beachtet dies nicht.

93 Aus *BVerfG*, NVwZ 2010, 1482 ff, wonach in Niedersachsen ein polizeilicher Kostenbescheid wegen einer polizeilichen Ingewahrsamnahme die (durch die VGe zu überprüfende) Rechtmäßigkeit der Ingewahrsamnahme voraussetzt, lässt sich nichts Gegenteiliges entnehmen (so auch *Muckel*, JA 2011, 239, 240)., Hier ergab sich das insoweit zwischen der Rechtmäßigkeit der Ingewahrsamnahme und der Rechtmäßigkeit des Kostenbescheids bestehende Junktim bereits aus § 11 I NdsVerwKostG.

94 Vgl zum Rechtswidrigwerden von Verwaltungsakten näher *Schenke/Baumeister*, JuS 1991, 547 ff mwN.

95 So *VGH Mannheim*, VBlBW 1983, 142, 143; **aA** *VGH Kassel*, Deutscher Gemeindetag 1972, 391, 392; *Schenke/Baumeister*, NVwZ 1993, 1, 3 ff; *Kopp/Schenke*, VwGO, § 167, Rn 19a.

96 Zum Rechtsschutz bei Einwendungen gegen den zu vollstreckenden Anspruch, die nach formeller Bestandskraft entstanden sind, näher Rn 577 f.

ziehbar sein[97]. Von besonderer Bedeutung ist in diesem Zusammenhang, dass gem. § 80 II 1 Nr 2 VwGO bei unaufschiebbaren Anordnungen und Maßnahmen von Polizeivollzugsbeamten (s. auch Rn 519) die aufschiebende Wirkung entfällt. Wegen der Funktionsgleichheit von Verkehrszeichen mit unaufschiebbaren Anordnungen der Polizeivollzugsbeamten ist **§ 80 II 1 Nr 2 VwGO analog auf Verkehrszeichen** anwendbar (vgl näher Rn 714)[98]. Soweit zwar ein Verwaltungsakt vorliegt, dieser aber nicht bestandskräftig und nicht sofort vollziehbar ist, muss dessen zwangsweise Durchsetzung aber auch **ohne Anordnung der sofortigen Vollziehbarkeit zulässig** sein, wenn für eine solche Anordnung aus Gründen einer effizienten Gefahrenabwehr **keine ausreichende Zeit mehr verbleibt**. In diesem Fall kann von dem gestreckten Verwaltungsvollstreckungsverfahren auf die Anwendung des Sofortvollzugs gem. § 28 II MEPolG (Rn 564) umgewechselt werden. § 28 II MEPolG ist insoweit (trotz Vorliegens eines Verwaltungsakts) teleologisch zu reduzieren[99].

(c) Das konkrete Zwangsmittel muss **grundsätzlich vorher angedroht**[100] werden. 545
Dem Vollstreckungsschuldner muss dabei eine **angemessene**[101] **Frist** zur Erfüllung seiner Verpflichtung **eingeräumt werden**[102]. Die Frist muss hinreichend konkret bestimmt werden. Die Aufforderung, die Handlung unverzüglich vorzunehmen, ist nicht hinreichend konkret und daher unwirksam[103]. Die Androhung kann mit dem zu vollstreckenden Verwaltungsakt verbunden werden. Nach § 34 II 2 MEPolG soll sie mit ihm verbunden werden, wenn ein Rechtsmittel keine aufschiebende Wirkung hat. Soweit Zwangsgeld angedroht wird, ist es in einer bestimmten Höhe anzudrohen[104]. Bei

---

97 § 2 BWVwVG; Art. 53 I HS 2 BayPAG; § 5a S. 1 BerlVwVfG iVm § 6 I VwVG; § 53 I BrandPolG; § 11 I 2 BremVwVG; § 18 I HambVwVG; § 47 I HessSOG; § 80 I MVSOG; § 64 I NdsSOG; § 50 I NWPolG; § 57 RhPfPOG iVm § 2 RhPfVwVG; § 44 I SaarlPolG; § 53 I SachsAnhSOG; § 2 Sächs-VwVG; § 229 I SchlHVwG; § 51 I ThürPAG; § 28 I MEPolG; § 6 I VwVG.

98 Vgl *BVerwG*, NJW 1978, 656 f; *BVerwG*, DÖV 1988, 694 f; *Jahn*, NZV 1990, 377.

99 *Muckel*, JA 2012, 355, 358; iE ebenso *Pieroth/Schlink/Kniesel*, § 24, Rn 38.

100 § 20 I BWVwVG und § 52 II BWPolG; Art. 54 II BayPAG; § 5a S. 1 BerlVwVfG iVm § 13 I VwVG; § 59 BrandPolG; § 17 BremVwVG; § 20 HambSOG, § 18 II HambVwVG; §§ 48 II, 53 I HessSOG; § 87 MVSOG; § 65 II NdsSOG; § 51 II NWPolG; § 57 I RhPfPOG iVm § 66 RhPf-VwVG; § 45 II SaarlPolG; § 59 SachsAnhSOG; § 20 SächsVwVG; § 236 SchlHVwG; § 57 Thür-PAG; § 29 II MEPolG; § 13 I VwVG. ZT wird für die Androhung Schriftlichkeit verlangt, vgl zB § 20 I BWVwVG; § 66 I RhPfVwVG; schwächer § 59 I 1 BrandPolG; § 53 I 2 HessSOG; § 50 I 1 SaarlPolG und § 34 I 1 MEPolG („möglichst schriftlich anzudrohen“). ZT muss sogar zugestellt werden, vgl § 23 VI BrandVwVG; § 66 VI RhPfVwVG; § 59 VI SachsAnhSOG. Soweit der Zweck eines Zwangsmittels durch dessen Androhung unmöglich gemacht wird (zB gewaltsame Befreiung von Geiseln), sind die entsprechenden Vorschriften teleologisch zu reduzieren (vgl *Krey/Meyer*, ZRP 1973, 1, 4), soweit der Gesetzgeber diesen Fall nicht geregelt hat (vgl dazu zB § 52 II BWPolG).

101 Vgl *BVerwGE* 16, 289 ff, 17, 83 ff (zu kurze Frist für den Abbruch eines Gebäudes); s. auch *Weber*, DVBl 2012, 1130, 1131: Dem Verpflichteten ist soviel Zeit zu gewähren, wie die Erfüllung nach allgemeiner Lebenserfahrung gewöhnlich bedarf.

102 Nach § 34 I 2 MEPolG bedarf es keiner Fristsetzung, wenn ein Dulden oder Unterlassen erzwungen werden soll; ebenso § 59 I 2 2. HS BrandPolG; § 87 II 2 MVSOG; § 66 I 3 RhPfVwVG; § 20 I 2 SächsVwVG; § 57 I 1 2. HS ThürPAG.

103 *Wehser*, VR 2001, 340, 344; *VGH Mannheim*, NVwZ-RR 1995, 506 ff; *OVG Greifswald*, NVwZ-RR 1997, 762.

104 § 20 IV BWVwVG; Art. 59 V BayPAG; § 5a S. 1 BerlVwVfG iVm § 13 V VwVG; § 59 V Brand-PolG; § 17 IV BremVwVG; § 53 V HessSOG; § 87 V MVSOG; § 70 V NdsSOG; § 56 V NW PolG; § 66 V RhPfVwVG; § 50 V SaarlPolG; § 59 V SachsAnhSOG; § 20 IV SächsVwVG; § 236 V Schl-HVwG; § 57 V ThürPAG, § 34 V MEPolG; § 13 V VwVG. In Hamburg dürfte dies entsprechend gelten.

Androhung der Ersatzvornahme sollen die voraussichtlichen Kosten angegeben werden[105]. Bei der Androhung unmittelbaren Zwangs hält es die Rspr nicht für notwendig, dessen konkrete Anwendungsform (zB Wasserwerfer, Schlagstock, Tränengas) vorher anzukündigen[106]. Soweit die Polizei aber ein ganz bestimmtes Zwangsmittel androht, muss sie sich daran halten.

546 Die Androhung stellt grundsätzlich eine Voraussetzung für die weitere Durchführung des Vollstreckungsverfahrens dar. Sie beinhaltet deswegen eine **rechtsverbindliche Regelung und ist als Verwaltungsakt zu qualifizieren**[107]. Rechtswidrig ist eine Androhung, welche nicht die gesetzlich geforderte Fristsetzung enthält[108] oder eine zu kurze Frist einräumt. Rechtswidrig ist ferner die Androhung eines unzulässigen Zwangsmittels[109]. Problematisch ist die Androhung von Zwangsmitteln „auf Vorrat", dh die gleichzeitige Androhung mehrerer oder gar unbestimmt vieler Zwangsmittel. Einige Gesetzen untersagen ausdrücklich die gleichzeitige Androhung mehrerer Zwangsmittel[110]. Wenn sie zugelassen ist[111], muss jedenfalls eine genau feststehende Anzahl bestimmter Zwangsmittel festgelegt und die Reihenfolge ihrer Anwendung angegeben werden[112]. Wenn der zu vollstreckende Verwaltungsakt eine Unterlassungspflicht betrifft, so ist die Androhung von Zwangsgeld „für jeden Fall der Zuwiderhandlung" ebenfalls unzulässig[113]. Ein derartiges Zwangsmittel gliche dem in § 890 ZPO vorgesehenen Ordnungsgeld und hätte auch sühnenden oder strafenden Charakter[114], da es repressiv jeweils an eine konkrete Zuwiderhandlung anknüpft. Es stellte damit ein Zwangsmittel dar, das in den Verwaltungsvollstreckungsgesetzen nicht vorgesehen und deshalb unzulässig ist[115]. Eine erneute Androhung des Zwangsmittels ist erst zulässig, wenn das zunächst angedrohte Zwangsmittel erfolglos geblieben ist (vgl § 13 VI 2 VwVG). Dies ist aber nicht erst dann der Fall, wenn das Zwangsgeld festgesetzt oder gar beigetrieben ist[116]. Eine erneute Androhung ist vielmehr bereits dann zulässig, wenn die Frist, die dem Betroffenen zur Erfüllung seiner

---

105 § 20 V BWVwVG; Art. 59 IV BayPAG; § 5 II BerlVwVfG iVm § 13 IV VwVG; § 59 IV Brand-PolG; § 17 V BremVwVG; § 53 IV HessSOG; § 87 VI MVSOG; § 70 IV NdsSOG; § 56 IV NWPolG; § 66 IV RhPfVwVG; § 50 IV SaarlPolG; § 59 IV SachsAnhSOG; § 20 V SächsVwVG; § 57 IV ThürPAG; § 34 IV MEPolG; § 13 IV VwVG. In Hamburg dürfte dies entsprechend gelten.
106 *BGH*, MDR 1975, 1006; offen gelassen vom *OVG Münster*, NVwZ-RR 1991, 242.
107 *VGH Mannheim*, ESVGH 24, 105, 107.
108 *VGH Kassel*, NVwZ 1982, 514 ff.
109 *Hans*, Jura 1985, 431, 435.
110 § 13 III 2 VwVG; Art. 36 III BayVwZVG; § 5a S. 1 BerlVwVfG iVm § 13 III VwVG; vgl auch § 71 II HessVwVG.
111 § 20 III 2 BWVwVG; Art. 59 III BayPAG; § 59 III BrandPolG; § 53 III HessSOG; § 87 IV 2 MV-SOG; § 70 III NdsSOG; § 56 III NWPolG; § 63 III NWVwVG; § 66 III 2 RhPfVwVG; § 50 III SaarlPolG; § 20 III SächsVwVG; § 236 IV SchlHVwG; § 57 III 2 ThürPAG; vgl auch § 34 III 2 ME-PolG.
112 *VGH Mannheim*, VBlBW 1982, 97, 99; vgl § 87 IV 2 MVSOG; § 70 III 2 NdsSOG; § 50 III 2 Saarl-PolG; § 20 III 2 SächsVwVG; § 236 IV 2 SchlHVwG; § 66 III 2 RhPfVwVG; § 57 III 2 ThürPAG.
113 *BVerwG*, NVwZ 1998, 393; *VGH München*, NVwZ 1987, 512; *VGH Mannheim*, VBlBW 1982, 97 ff; *OVG Magdeburg*, DÖV 1995, 385; *Drews/Wacke/Vogel/Martens*, § 28, 5b; *Wehser*, VR 2001, 340, 344; **aA** *OVG Münster*, OVGE 22, 141, 146 f.
114 So zu § 890 ZPO *BVerfGE* 20, 323, 332; 58, 159, 162.
115 Ähnlich *VGH Mannheim*, VBlBW 1982, 97, 99.
116 So aber *Rasch*, DVBl 1980, 1017, 1021; *OVG Koblenz*, NVwZ 1988, 652.

314

Verpflichtung auferlegt wurde, erfolglos abgelaufen ist[117]. Nach einzelnen vollstreckungsrechtlichen Regelungen hindert allerdings die neue Androhung die Festsetzung des zuvor angedrohten Zwangsgelds, da diese Regelungen (s. zB § 13 VI 2 VwVG) die Kumulation verschiedener Zwangsgelder verbieten[118].

Soweit der Vollstreckung eines Verwaltungsakts Rechte eines Dritten im Wege stehen, **547** ist die Androhung der Vollstreckung erst dann rechtmäßig, wenn zuvor eine Duldungsverfügung gegenüber dem Dritten erlassen worden ist[119]. Die Androhung einer Ersatzvornahme ist außerdem rechtswidrig, wenn die Behörde deren voraussichtliche Kosten in vorwerfbarer Weise unrichtig angibt[120]. Dass sich die Kosten der Ersatzvornahme im Nachhinein als höher erweisen als zunächst veranschlagt, macht die Androhung aber allein noch nicht rechtswidrig (vgl § 87 VI 2 MVSOG). Wenn die Behörde nach der Androhung feststellt, dass sie die Kosten zu niedrig veranschlagt hat, trifft sie jedoch – soweit dies die Effektivität der Gefahrenbekämpfung nicht einschränkt – grundsätzlich die Pflicht, den Vollstreckungsschuldner auf die höheren Kosten hinzuweisen[121].

Die Androhung eines Vollstreckungsmittels ist ein Verwaltungsakt und kann selbst- **548** ständig angefochten werden. Einwendungen gegen die **Rechtmäßigkeit des Grundverwaltungsakts** können allerdings **nicht** im Rahmen der **Anfechtung der Androhung** geltend gemacht werden[122], da die Rechtmäßigkeit des Grundverwaltungsakts grundsätzlich keine Voraussetzung für die Rechtmäßigkeit von Vollstreckungsakten ist (vgl oben Rn 540).

Von einer Androhung kann nach § 34 I 3 MEPolG[123] dann abgesehen werden, wenn **549** die Umstände sie nicht zulassen, insbesondere wenn die sofortige Anwendung des Zwangsmittels zur Abwendung einer Gefahr notwendig ist.

(d) Soweit in der Androhung eine Frist gesetzt wurde, muss die **Frist abgelaufen** **550** **sein**.

(e) Die Anwendung des Zwangsmittels ist nur rechtmäßig, soweit sie erforderlich ist, **551** um den zu vollstreckenden Verwaltungsakt zwangsweise durchzusetzen. Auch iÜ muss sie mit dem Übermaßverbot vereinbar sein. Dies bedeutet insbesondere, dass

---

117 *Götz*, § 13, Rn 22; *Weber*, DVBl 2012, 1130, 1131; *OVG Frankfurt/O*, LKV 1999, 151; *VGH Kassel*, NVwZ-RR 1996, 361.

118 *Engelhardt/App*, VwVG, 6. Aufl. 2004, § 13, Rn 12; **aA** für Hessen *VGH Kassel*, NVwZ-RR 1996, 361, 363.

119 Der Grundverwaltungsakt darf demgegenüber schon vor der Duldungsverfügung erlassen werden, vgl dazu oben Rn 281 u. *Rasch*, DVBl 1980, 1017, 1019 mwN; *v. Kalm*, DÖV 1996, 463, 466; *Wehser*, VR 2001, 340, 341. *OVG Münster*, BRS 24 Nr 194; *Oldiges*, NW, S. 279 halten wohl auch die Androhung noch für rechtmäßig und erst die Festsetzung des Zwangsmittels für rechtswidrig.

120 *OVG Berlin*, DVBl 1981, 788.

121 *BVerwG*, DVBl 1984, 1172, 1173.

122 Das gilt auch im Falle des § 18 I 3 VwVG, der nur prozessrechtliche Bedeutung hat, vgl *Pietzner*, VerwArch. Bd. 84 (1993), 268.

123 Ebenso § 21 BWVwVG; Art. 59 I 3 BayPAG; § 59 I 3 BrandPolG; § 17 I 1 BremVwVG; § 53 I 4 HessSOG; § 87 I MVSOG; § 70 I 2 NdsSOG; § 56 I 2 NWPolG; § 66 I 2 RhPfVwVG; § 50 I 3 SaarlPolG; § 59 I 4 SachsAnhSOG; § 21 SächsVwVG; § 236 I 2 iVm §§ 229 I Nr 2, II, 230 SchlHVwVG; § 34 I 2 MEPolG; ähnlich § 5a S. 1 BerlVwVfG iVm § 13 I 1 VwVG; § 13 I 1 VwVG.

dasjenige Zwangsmittel anzuwenden ist, das den Betroffenen am wenigsten beeinträchtigt, und dass der Nachteil, der dem Betroffenen durch die Anwendung des Zwangsmittels entsteht, nicht außer Verhältnis zum Zweck der Vollstreckung stehen darf (s. zB § 19 II u. III BWVwVG und § 9 II BVwVG).

552 (f) Es müssen die Voraussetzungen für die Anwendung des jeweiligen Zwangsmittels gegeben sein (s. dazu unter Rn 553 ff).

a) Die Ersatzvornahme

553 Die Ersatzvornahme[124] kommt **nur in Betracht,** wenn der Betroffene **zu einer vertretbaren Handlung verpflichtet ist.** Bezüglich Duldungen oder Unterlassungen scheidet eine Ersatzvornahme naturgemäß aus. Eine vertretbare Handlung ist dann anzunehmen, wenn die zuständige Behörde oder ein Dritter sie vornehmen kann und es für den Berechtigten rechtlich und tatsächlich gleichgültig ist, ob der Pflichtige oder ein Dritter die Handlung vornimmt[125]. Die Art und Weise der Herbeiführung des Erfolgs muss zudem mit der dem Pflichtigen obliegenden Handlung identisch sein. Eine Ersatzvornahme liegt demzufolge vor, wenn eine verschlossene Tür statt durch den Pflichtigen durch einen von der Vollstreckungsbehörde beauftragten Schlüsseldienst aufgeschlossen wird. Dagegen liegt in dem durch die Vollstreckungsbehörde veranlassten gewaltsamen Aufbrechen der Tür durch den Schlüsseldienst eine Anwendung unmittelbaren Zwangs[126]. Die Ersatzvornahme kann nach den einschlägigen Vorschriften meist sowohl **durch die Behörde selbst (Selbstvornahme)** als auch durch einen von **dieser beauftragten Dritten (Fremdvornahme)** vorgenommen werden[127]. Teilweise wird der Begriff der Ersatzvornahme jedoch auf die Fremdvornahme beschränkt (so etwa § 10 VwVG). In diesem Fall stellt sich die Vornahme der geschuldeten Handlung durch die Vollstreckungsbehörde selbst als Anwendung unmittelbaren Zwangs dar[128].

Mitunter ist in den Vollstreckungsgesetzen vorgesehen, dass der Ausführung der Ersatzvornahme grundsätzlich eine Festsetzung voranzugehen hat (so etwa in § 14 VwVG; § 64 NWVwVG). Dann ist in dieser Festsetzung ein Verwaltungsakt zu sehen, da sie eine Voraussetzung für die Rechtmäßigkeit der Ersatzvornahme darstellt[129].). Die meisten Bundesländer (so zB Baden-Württemberg) schreiben eine Festsetzung der Ersatzvornahme vor ihrer Ausführung dagegen nicht vor. Wenn dennoch eine Festsetzung erfolgt, so ist sie kein Verwaltungsakt, da ihr die Regelungswirkung

---

124 § 25 BWVwVG; Art. 55 BayPAG; § 5a S. 1 BerlVwVfG iVm § 10 VwVG; § 55 BrandPolG; § 15 BremVwVG; § 14 lit. a HambVwVG; § 49 HessSOG; § 89 MVSOG; § 66 NdsSOG; § 52 NWPolG; § 57 RhPfPOG iVm § 63 RhPfVwVG; § 46 SaarlPolG; § 24 SächsVwVG; § 238 SchlHVwG; § 53 ThürPAG; § 30 MEPolG; § 10 VwVG.

125 Ähnlich *Rasch*, § 30 MEPolG, Rn 1.

126 *Erichsen/Rauschenberg*, Jura 1998, 31, 34; *Gusy*, JA 1990, 296, 299; *Pieroth/Schlink/Kniesel*, § 24, Rn 14 f; **aA** *Muckel*, JA 2012, 272, 278.

127 So zB § 25 BWVwVG; Art. 55 I 1 BayPAG; § 55 I 1 BrandPolG; § 49 I 1 HessSOG; § 89 I MVSOG; § 66 I NdsSOG; § 52 I 1 NWPolG; § 46 I 1 SaarlPolG; § 24 I SächsVwVG; § 238 I SchlHVwG; § 53 I ThürPAG; § 30 I MEPolG.

128 *R. Schmidt*, Rn 918.

129 Dazu *Malmendier*, VerwArch. Bd. 94 [2003], 25, 34 f.

fehlt. Das gilt selbst dann, wenn sie dem Vollstreckungsschuldner mitgeteilt wird[130]. **Die Ersatzvornahme selbst stellt** – was allerdings umstritten ist – **keinen Verwaltungsakt dar**[131] Auch bei ihr fehlt die Regelungswirkung, die für einen Verwaltungsakt essenziell ist. Die Ersatzvornahme ist vielmehr grundsätzlich nur ein ein Realakt. Da heute Rechtsschutz auch gegenüber Realakten verfassungsrechtlich gewährleistet ist, besteht kein Bedürfnis mehr, die Ersatzvornahme als einen auf Duldung gerichteten Verwaltungsakt zu konstruieren (vgl zum Rechtsschutz Rn 575).

Die Anforderung der Kosten der Ersatzvornahme ist allerdings ein Verwaltungsakt. Die Berechtigung, einen solchen Verwaltungsakt zu erlassen, ergibt sich konkludent aus den Vorschriften, die die Beitreibung der Kosten im Verwaltungszwangsverfahren vorsehen. Dass die Kosten der Ersatzvornahme höher ausfallen als veranschlagt, führt jedenfalls dann nicht zur Rechtswidrigkeit der Kostenfestsetzung, wenn die Erhöhung nicht vorhersehbar war. Die Rechtmäßigkeit des Kostenersatzanspruchs hängt prinzipiell von der Rechtmäßigkeit der Ersatzvornahme ab (näher Rn 699).   **554**

Wenn die Ersatzvornahme durch einen von der Behörde beauftragten Privaten erfolgt (Fremdvornahme), so handelt es sich um ein hoheitliches Handeln eines Verwaltungshelfers[132], das dem Träger der Polizeibehörde zuzurechnen ist und für das § 839 BGB iVm Art. 34 GG gilt. Dass das Rechtsverhältnis zwischen dem Träger der Polizeibehörde und dem Privaten (zB einem Abschleppunternehmer) regelmäßig privatrechtlicher Natur ist, ändert daran nichts[133]. Die Behörde kann sich nicht ihrer öffentlich-rechtlichen Haftung – die weiter reicht als die privatrechtliche Haftung – dadurch entziehen, dass sie sich bei der Fremdvornahme Privater bedient (zB beim Verwahren oder Abschleppen eines Kfz, s. dazu Rn 727)[134]. Soweit die Behörde den Privaten nicht sorgfältig aussucht bzw überwacht, handelt sie ohnehin bereits amtspflichtwidrig[135]. Die Anwendung des § 839 BGB iVm Art. 34 GG führt dazu, dass die persönliche Haftung des zur Fremdvornahme eingesetzten Privaten gegenüber dem Geschädigten entfällt. Der Private ist nur noch bei Vorsatz und grober Fahrlässigkeit Rückgriffsansprüchen des Polizeiträgers gem Art. 34 S. 2 GG ausgesetzt.   **555**

---

130   **AA** *VGH Mannheim*, VBlBW 1980, 325; wie hier *Werner Schneider*, VwVG für Bad-Württ, 1974, § 25, Rn 3. Erfolgt sie allerdings in Form eines Verwaltungsakts mit Rechtsmittelbelehrung, so liegt ein (wenn auch rechtswidriger) Verwaltungsakt vor (vgl *Schenke*, VerwArch. Bd. 72 (1981), 185, 194; s. zu einer ähnlichen Problematik auch *OVG Koblenz*, DVBl 1984, 1185 f).

131   So auch *Möller/Warg*, Rn 220; *Belz/Mußmann*, BWPolG, § 49, Rn 60; *BVerwG*, DÖV 1964, 171.

132   *BGH*, NJW 1996, 2431, 2432 spricht hier von einem Verwaltungshelfer (im weitesten Sinn).

133   **AA** *Burmeister*, JuS 1989, 256 ff.

134   *BGH*, JZ 1993, 1001 ff m. Anm. *Würtenberger*; *BGH*, NJW 2006, 1804 f; *Detterbeck*, JuS 2000, 574, 575. *BGH*, NJW 1996, 2431 f führt die Rspr weiter und erweitert sie auf die Leistungsverwaltung; dazu *Meysen*, JuS 1998, 404 ff. Entgegen der früheren Rspr des *BGH* (*BGHZ* 48, 98, 103; *BGH*, NJW 1971, 2220; krit dazu *Maurer*, Allg VerwR, § 26, Rn 13) setzt die Haftung danach nicht mehr voraus, dass der Private nur ein „Werkzeug" ist und in einem besonderen Abhängigkeitsverhältnis zur Verwaltung steht.

135   *Wehser*, VR 2001, 340, 342.

b) Das Zwangsgeld

556 Das **Zwangsgeld**[136] dient der **Durchsetzung unvertretbarer Verpflichtungen des Vollstreckungsschuldners**. Es ist daneben aber auch grundsätzlich zulässig, **um vertretbare Verpflichtungen zu erzwingen**[137]; allerdings schränken insoweit einige Verwaltungsvollstreckungsgesetze seine Anwendung ein (s. zB § 11 I 2 VwVG). Die zulässige Höhe des Zwangsgelds ist in den einzelnen Gesetzen unterschiedlich geregelt. Das Zwangsgeld stellt **keine Geldstrafe, sondern ein Beugemittel** dar. Wegen dieses Charakters darf ein Zwangsgeld nicht mehr festgesetzt und beigetrieben werden, wenn die Verpflichtung, auf deren Erzwingung es gerichtet war, inzwischen erfüllt worden ist oder nicht mehr erfüllt werden kann, so zB, wenn die durchzusetzende Verpflichtung ein zeitlich befristetes Gebot oder Verbot war und die Befristung inzwischen verstrichen ist[138]. ZT ist dies sogar ausdrücklich geregelt (vgl § 31 III 2 MEPolG)[139]. Als Beugemittel kann das Zwangsgeld mehrfach festgesetzt werden. Es kann also (nach vorheriger Androhung) erneut festgesetzt werden, und zwar grundsätzlich – vorbehaltlich abweichender gesetzlicher Regelungen (s. zB § 13 VI 2 VwVG) – auch dann, wenn das zunächst festgesetzte Zwangsgeld noch nicht beigetrieben worden ist[140]. Der späteren Festsetzung und Beitreibung des zunächst angedrohten Zwangsgeldes steht es nicht entgegen, wenn die Behörde wegen der Erfolglosigkeit dieser Androhung inzwischen nochmals ein Zwangsgeld angedroht hat (dazu auch Rn 546)[141].

557 Soweit die Festsetzung des Zwangsgelds neben der Androhung des Zwangsgelds gesetzlich vorgesehen ist, ist sie als Verwaltungsakt zu qualifizieren. Einwendungen gegen den Grundverwaltungsakt und gegen die Androhung können, insbesondere wenn jene bestandskräftig sind, nicht im Rahmen der Anfechtung des Zwangsgelds geltend gemacht werden. Das festgesetzte Zwangsgeld kann nach den Grundsätzen für die Vollstreckung von Geldforderungen (s. zB §§ 1 ff VwVG) vollstreckt werden. **Wenn die Geldforderung uneinbringlich ist**, kann auf Antrag der Vollstreckungsbehörde nach näherer Maßgabe der gesetzlichen Regelungen unter strenger Beachtung des Verhältnismäßigkeitsgrundsatzes[142] **Ersatzzwangshaft angeordnet werden**. Der zu-

---

136 § 23 BWVwVG; Art. 56 BayPAG; § 5a S. 1 BerlVwVfG iVm § 11 VwVG; § 56 BrandPolG; § 14 BremVwVG; § 20 HambVwVG; § 50 HessSOG; § 88 MVSOG; § 67 NdsSOG; § 53 NWPolG; § 57 RhPfPOG iVm § 63 RhPfVwVG; § 47 SaarlPolG; § 56 SachsAnhSOG; § 22 SächsVwVG; § 237 SchlHVwG; § 54 ThürPAG; § 31 MEPolG; § 11 VwVG.

137 *VGH Mannheim*, VBlBW 2004, 226 ff (Zwangsgeld kann höher sein als Kosten der Ersatzvornahme).

138 *Wehser*, VR 2001, 340, 346; *VGH Mannheim*, DÖV 1996, 792 f; *OVG Greifswald*, NVwZ-RR 1997, 762; grds. *Dünchheim*, NVwZ 1996, 117 ff; **aA** *OVG Münster*, NVwZ-RR 1992, 517; *OVG Magdeburg*, DÖV 1996, 926 f; bei einem zeitlich befristeten Gebot bzw Verbot *Würtenberger/Heckmann*, BW, Rn 754 mwN. *VGH Kassel*, NVwZ-RR 1995, 118 f hält dagegen die Beitreibung des Zwangsgelds noch für zulässig, da mit der Festsetzung des Zwangsgelds bereits die Vollstreckung beendet sei.

139 Vgl Art. 56 III 2 BayPAG; § 56 III BrandPolG; § 50 III 2 HessSOG; § 67 II 2 NdsSOG; § 53 III 2 NWPolG; § 56 III 2 SachsAnhSOG; § 54 III 2 ThürPAG.

140 *OVG Bautzen*, LKV 2004, 180; **aA** *Rasch*, § 34 MEPolG, Rn 11.

141 *VGH Kassel*, NVwZ-RR 1996, 361, 363; *VGH Mannheim*, NVwZ-RR 1995, 120, 121 f, *OVG Schleswig*, NuR 2001, 350 mit Nachw. zur Gegenauffassung.

142 *OVG Münster*, NVwZ-RR 2004, 786.

lässige Rahmen ist unterschiedlich gesetzlich geregelt. Für die Anordnung der Ersatz-zwangshaft sind zT die Verwaltungsgerichte[143], zT die Amtsgerichte[144] zuständig.

c) Die Anwendung unmittelbaren Zwangs

Unter unmittelbarem Zwang[145] versteht man die **Einwirkung auf Personen oder Sachen durch einfache körperliche Gewalt, Hilfsmittel körperlicher Gewalt oder Waffengebrauch**[146]. Unmittelbarer Zwang durch die Polizei kommt nicht nur in Betracht, um polizeiliche, der Gefahrenabwehr dienende Verwaltungsakte durchzusetzen. Die Polizei kann vielmehr **im Rahmen der Vollzugshilfe** (s. oben Rn 408 ff) **auch auf Ersuchen anderer Behörden** unmittelbaren Zwang anwenden, um Maßnahmen dieser anderen Behörden durchzusetzen, wenn jene ihre Maßnahmen nicht selbst durchsetzen können, zB nicht über die erforderlichen Dienstkräfte verfügen (§ 25 I MEPolG). Die Anwendung unmittelbaren Zwangs ist ein Realakt[147]. Dessen vorherige Festsetzung, die in den meisten Bundesländern grundsätzlich vorgeschrieben ist[148], ist ein Verwaltungsakt. **558**

Generell untersagt ist es, zur Erzwingung einer Aussage unmittelbaren Zwang anzuwenden[149]. Insbesondere scheidet der **Einsatz von Folter** aus[150]. Eine solche Form unmittelbaren Zwangs wird bereits auf der Verfassungsebene durch Art. 104 I 2 GG ausgeschlossen, wonach festgehaltene Personen weder seelisch noch körperlich misshandelt werden dürfen. Art. 3 EMRK verbietet ebenfalls die Folter sowie un- **558a**

---

143 So zB § 24 I BWVwVG; Art. 57 I BayPAG; § 5a S. 1 BerlVwVfG iVm § 16 I VwVG; § 20 III BremVwVG; § 25 I HambVwVG; § 51 I 1 HessSOG; § 91 I 1 MVSOG; § 54 I NWPolG; § 67 I Rh-PfVwVG; § 48 I 1 SaarlPolG; § 57 I SachsAnhSOG; § 240 I 1 SchlHVwG; § 55 I ThürPAG; § 32 I MEPolG; § 16 I VwVG.

144 § 68 I NdsSOG.

145 S. hierzu §§ 49 II, 50–54 BWPolG; Art. 52, 60–69 BayPAG; BerlUZwG; §§ 58, 60–69 BrandPolG; §§ 40–47 BremPolG; §§ 17–26 HambSOG; §§ 52, 54–63 HessSOG; §§ 90, 101–113 MVSOG; §§ 69, 71–79 NdsSOG; §§ 55, 57–66 NWPolG; §§ 58 ff RhPfPOG; §§ 49, 51–58 SaarlPolG; § 58 SachsAnhSOG; §§ 30–34 SächsPolG; §§ 239, 250–261 SchlHVwG; §§ 56, 58–67 ThürPAG; § 33 MEPolG; § 12 VwVG; UZwG.

146 Vgl § 50 BWPolG; Art. 61 I BayPAG; § 2 I BerlUZwG; § 61 I BrandPolG; § 41 BremPolG; § 18 I HambSOG; § 55 I HessSOG; § 102 I Nr 3 MVSOG; § 69 I NdsSOG; § 58 I NWPolG; § 58 I RhPf-POG; § 49 II SaarlPolG; § 58 I SachsAnhSOG; § 31 I SächsPolG; § 251 SchlHVwG; § 59 I Thür-PAG; § 2 I UZwG.

147 **AA** *BVerwGE* 26, 161, 164, das unmittelbaren Zwang als Verwaltungsakt betrachtet. Wie hier zB *Maurer*, AllgVwR, § 20, Rn 24; *Möller/Warg*, Rn 220; *Rasch*, DVBl 1980, 1017, 1022; *Renck*, JuS 1970, 113 ff; *Schoch*, JuS 1995, 218; *Wolff/Bachof*, Verwaltungsrecht III, § 160, Rn 31. Maßnahmen wie einen Knüppeleinsatz der Polizei als Verwaltungsakt auf Duldung anzusehen (so *BVerwGE* 26, 161, 164), erscheint reichlich gekünstelt und ist unter Rechtsschutzgesichtspunkten nicht erforderlich (s. Rn 575; *Schenke*, Verwaltungsprozessrecht, Rn 337).

148 ZB § 64 NWVwVG; weit. Nachw. bei *Malmendier*, VerwArch. Bd. 94 [2003], 25, 26 f.

149 § 35 I BWPolG; Art. 58 II BayPAG; § 15 IV BrandPolG; § 13 IV BremPolG; § 52 II HessSOG; § 12 IV 2 NdsSOG; § 55 II NWPolG; § 18 VIII SächsPolG; § 17 IV ThürPAG; ebenso unter Verweisung auf § 136a StPO § 18 VI BerlASOG; § 3 HambDVPolG; § 28 II 2 MVSOG; § 12 IV RhPfPOG; § 11 I 3 SaarlPolG; § 14 V SachsAnhSOG; § 180 II 2 SchlHVwG. Zur Anwendung anderer Zwangsmittel näher *Stohrer*, BayVBl. 2005, 489 ff.

150 S. dazu *Ellbogen*, Jura 2005, 339 ff; *Gebauer*, NVwZ 2004, 1405 ff; *Guckelberger*, VBlBW 2004, 121 ff; *Haurand/Vahle*, NVwZ 2003, 513, 518; *Hilgendorf*, JZ 2004, 331 ff; *Merten*, JR 2003, 404 ff; *Schulze-Fielitz*, FS Schmitt Glaeser, 2003, S. 407, 416 f; **aA** *Brugger*, JZ 2000, 165 ff; *Erb*, Jura 2005, 24; s. auch *Herzberg*, JZ 2005, 321 ff.

menschliche und erniedrigende Behandlung. Dieses Verbot gilt auch dann, wenn zB in Entführungsfällen durch die Folterung des Entführers möglicherweise das Leben des Entführungsopfers gerettet werden könnte. Die Gegenauffassung, die in diesen Fällen Folter ausnahmsweise für zulässig hält, überzeugt nicht. Insbesondere lässt sich eine teleologische Reduktion der Vorschriften, welche die Folter verbieten, weder damit begründen, dass die dem Staat obliegenden grundrechtlichen Schutzpflichten (Art. 2 II GG) hier überwögen, noch damit, dass in vergleichbaren Ausnahmesituationen sogar ein Todesschuss (Rn 560 ff) zulässig sei[151]. Die Argumentation, dass die Folter erst recht als letztes Mittel zur Abwehr einer gegenwärtigen Gefahr für das Leben Dritter erlaubt sein müsse, wenn sogar ein Todesschuss als Ultima Ratio zur Abwehr einer solchen Gefahr zulässig sei, übersieht nämlich, dass beide Maßnahmen wesensmäßig verschieden sind, weswegen ein Erst-Recht-Schluss unzulässig ist. Der Gesetzgeber hat gute Gründe, einen Todesschuss zuzulassen, die Folter aber trotzdem auszuschließen. Selbst die bloße Androhung der Folter ist verboten, da nur zulässige Mittel angedroht werden dürfen[152]. Eine Anwendung unmittelbaren Zwangs, insbesondere der Folter, lässt sich iÜ nicht durch den Rückgriff auf allgemeine Rechtfertigungsgründe legitimieren[153] (dazu auch unten Rn 562). Selbst wenn man jene fälschlicherweise für anwendbar hielte, dispensierten sie nicht vom Folterverbot des Art. 104 I 2 GG[154].

559 Nähere Regelungen über die Anwendung unmittelbaren Zwangs finden sich in den Polizei- und Ordnungsgesetzen, in den Gesetzen über die Anwendung unmittelbaren Zwangs[155] und in den Verwaltungsvollstreckungsgesetzen (vgl zB § 12 VwVG). Unmittelbarer Zwang kann **zur Durchsetzung sowohl vertretbarer wie auch unvertretbarer Verpflichtungen** angewendet werden. Die Anwendung unmittelbaren Zwangs ist **Ultima Ratio** und daher gegenüber den anderen Zwangsmitteln (Ersatzvornahme und Zwangsgeld) **subsidiär**. Das ist bereits verfassungsrechtlich vorgegeben (Übermaßverbot) und wird zudem in den einschlägigen gesetzlichen Bestimmungen mit Unterschieden im Detail festgelegt (vgl zB § 12 VwVG und § 33 I 1 MEPolG). Soweit unmittelbarer Zwang gegen Personen oder Sachen in Betracht kommt, ist unmittelbarer Zwang gegen Personen, der idR zu einer schwerwiegenderen Beeinträchtigung führt, nur dann zulässig, wenn der polizeiliche Zweck durch unmittelbaren Zwang gegen Sachen nicht erreichbar erscheint (so zB ausdrücklich § 52 I 2 BWPolG). Die Formen des unmittelbaren Zwangs (zB Fesselung, Schusswaffengebrauch) sind detailliert geregelt (vgl §§ 36 ff MEPolG)[156]. Die Bestimmung der Mittel des unmittelbaren Zwanges, insbesondere der zulässigen Waffe, in geset-

151 So aber *Brugger*, JZ 2000, 165, 167 ff.
152 So auch *Haurand/Vahle*, NVwZ 2002, 513, 518.
153 So auch *Brugger*, JZ 2000, 165, 167 f; *Guckelberger*, VBlBW 2004, 121 ff; *Stohrer*, BayVBl. 2005, 489, 491; **aA** *Erb*, Jura 2005, 24, 29; *Herzberg*, JZ 2005, 321 ff.
154 S. auch *Norouzi*, JA 2005, 306, 309 f; *LG Frankfurt*, NJW 2005, 692 u. dazu *Kudlich*, JuS 2005, 377 ff.
155 Vgl BerlUZwG; UZwG.
156 Eine neue Form der Anwendung unmittelbaren Zwangs beinhaltet der in § 18 IV HambSOG vorgesehene Einsatz von Distanz-Elektroimpulsgeräten.

zesgleich wirkenden Verwaltungsvorschriften[157] begegnet demgegenüber erheblichen verfassungsrechtlichen Zweifeln im Hinblick auf den grundrechtlichen Gesetzesvorbehalt (Art. 2 II 3 GG)[158]. Der Schusswaffengebrauch ist gem. § 41 IV MEPolG[159] unzulässig, wenn Unbeteiligte mit hoher Wahrscheinlichkeit gefährdet werden und dies für den Polizeibeamten erkennbar ist, es sei denn, dass der Schusswaffengebrauch das einzige Mittel zur Abwehr einer gegenwärtigen Lebensgefahr ist. Soweit diese Vorschrift beachtet wird, ist ein Schusswaffeneinsatz selbst dann rechtmäßig, wenn auf Grund eines unglücklichen Zufalls im Einzelfall Unbeteiligte verletzt werden[160].

Sehr umstritten ist die Zulässigkeit des sog. finalen Todesschusses[161]. Die entsprechende Problematik stellt sich insbesondere bei Geiselnahmen. § 41 II 2 MEPolG und viele Polizeigesetze regeln den sog. finalen Todesschuss ausdrücklich. Danach ist ein Schuss, der mit an Sicherheit grenzender Wahrscheinlichkeit tödlich wirkt, **nur zulässig, wenn er das einzige Mittel zur Abwehr einer gegenwärtigen Lebensgefahr oder der gegenwärtigen Gefahr einer schwerwiegenden Verletzung der körperlichen Unversehrtheit ist**[162]. Unter dem Aspekt des Art. 102 GG (Verbot der Todesstrafe) erweckt diese Regelung keine Bedenken, da ein Todesschuss, der der Gefahrenabwehr dient, einen gänzlich anderen Rechtscharakter aufweist als eine Kriminalstrafe. Trotz der Zulässigkeit eines finalen Todesschusses kann angesichts des mehrdimensionalen Abwägungsproblems, das sich hier stellt, idR nicht davon ausgegangen werden, dass ein Polizeibeamter zu seiner Abgabe verpflichtet ist[163]. **560**

In einigen Polizeigesetzen ist der Todesschuss dagegen nicht expressis verbis geregelt. Vielmehr sehen diese Polizeigesetze nur vor, dass Schusswaffen gegen Personen nur gebraucht werden dürfen, um sie **angriffs- oder fluchtunfähig** zu machen[164]. Der Wortlaut dieser Vorschriften legt nahe, dass sie einen Todesschuss ausschließen. Von einer Angriffs- oder Fluchtunfähigkeit kann nämlich sinnvollerweise nur bei einer lebenden Person gesprochen werden. Zudem gewinnt die Formulierung „nur angriffs- oder fluchtunfähig" lediglich dadurch einen Sinn, dass sie den Schusswaffengebrauch einschränken und somit den Todesschuss ausschließen soll. Deshalb ist ein Todesschuss hier selbst dann unzulässig, wenn er die einzige Möglichkeit darstellt, um eine **561**

---

157 So zB § 50 II BWPolG iVm den Verwaltungsvorschriften des Innenministeriums zur Durchführung des Polizeigesetzes – VwV PolG – v. 18.7.1997, GABl. 406.

158 Vgl hierzu mwN *Rasch*, § 36 MEPolG, Rn 5.

159 Ebenso oder ähnlich § 53 II BWPolG; Art. 66 IV BayPAG; §§ 66 IV, 68 I BrandPolG; § 46 IV BremPolG; § 24 II 2 HambSOG; § 60 IV 1 HessSOG; § 108 II MVSOG; § 76 IV NdsSOG; § 63 IV NWPolG; § 63 IV RhPfPOG; § 56 II 1 SaarlPolG; § 65 IV SachsAnhSOG; § 33 II SächsPolG; §§ 257 ff SchlHVwG; § 64 IV ThürPAG; § 12 II 2 UZwG.

160 S. hierzu *Schenke*, VBlBW 1988, 194, 195.

161 Zu Grenzen des Tötungsverbots *Dreier*, JZ 2007, 261, 264 ff. Zum Schusswaffengebrauch s. näher *Sundermann*, Schusswaffengebrauch im Polizeirecht, 1984; *Beisel*, JA 1998, 721 ff.

162 Ebenso § 54 II BWPolG; Art. 66 II BayPAG; § 66 II BrandPolG; § 46 II 2 BremPolG; § 25 II HambSOG; § 60 II 2 HessSOG; § 76 II 2 NdsSOG; § 63 II 2 NWPolG; § 63 II 2 RhPfPOG; § 65 II 2 SachsAnhSOG und § 64 II 2 ThürPAG.

163 Treffend *Weßlau/Kutscha*, ZRP 1990, 169 ff; **aA** *Sundermann*, NJW 1988, 3192, 3193.

164 S. § 9 II 1 BerlUZwG; § 109 I MVSOG; § 258 I SchlHVwG; § 12 II 1 UZwG.

Person „angriffsunfähig" zu machen[165]. Das ist nicht zuletzt aus dem Vorbehalt des Gesetzes[166] abzuleiten, da der Gesetzgeber bei einer so schwerwiegenden Maßnahme wie einem Todesschuss dessen Zulässigkeit **eindeutig und unmissverständlich zum Ausdruck** bringen muss. Er darf die Entscheidung dieser Rechtsfrage nicht mittels einer sibyllinischen Formel der Polizei auflasten[167]. Ohne eine eindeutige gesetzliche Regelung erweckt ein Todesschuss zusätzlich Bedenken unter dem Aspekt des Art. 2 EMRK[168].

562 Umstritten ist, ob die Anwendung unmittelbaren Zwangs, insbesondere der Schusswaffengebrauch, unter Rückgriff auf die allgemeinen Rechtfertigungsgründe, insbesondere die zivil- und strafrechtlichen Vorschriften über Notwehr und Notstand, legitimiert werden kann. § 8 III SaarlPolG schließt dies ausdrücklich aus. Die anderen Polizeigesetze enthalten einen solchen Ausschluss dagegen nicht. Einzelne Polizeigesetze[169] bestimmen insoweit: „Das Recht zum Gebrauch von Schusswaffen auf Grund anderer gesetzlicher Vorschriften bleibt unberührt". Eine solche Bestimmung führt mE nicht dazu, dass die **Rechtfertigungsgründe der Notwehr und des Notstands**[170] unbesehen **als Rechtsgrundlage für das polizeiliche Handeln herangezogen werden können**[171]. Dies machte nämlich die einschränkenden Voraussetzungen weitgehend obsolet, die das Vollstreckungsrecht für die Anwendung unmittelbaren Zwangs bzw für den Schusswaffengebrauch verlangt. Zudem höhlte es den verfassungsrechtlichen Grundsatz des Übermaßverbots, vornehmlich das Prinzip der Verhältnismäßigkeit, aus. Dessen Beachtung gewährleistet insbesondere § 32 StGB nicht in dem Maß, das die Verfassung für das Verhältnis Staat-Bürger vorschreibt (s. auch Rn 40). Die genannte Formulierung in einzelnen Polizeigesetzen kann daher verfassungskonform nur als Klarstellung dahingehend interpretiert werden, dass die zivil- und strafrechtliche (nicht aber die disziplinarrechtliche) **persönliche Verantwortung eines Polizeibeamten ausgeschlossen** ist, der zB unter den Voraussetzungen der Notwehr (auch der Nothilfe[172]) oder des Notstands **handelt**[173]. Die Länder besäßen iÜ ohnehin keine Kompetenz, die insoweit einschlägigen Regelungen des BGB und des StGB außer Kraft zu setzen. Ob ein Polizeibeamter von einem

---

165 Ebenso *Buschmann/Schiller*, NWVBl. 2007, 249; *Denninger*, Hess, S. 347 f; *Gloria/Dischke*, NWVBl. 1989, 37, 41 f; *R. Krüger*, NJW 1973, 1, 2; *Pieroth/Schlink/Kniesel*, § 24, Rn 20; *Rasch*, § 41 MEPolG, Rn 4; *Weichert*, VBlBW 1991, 249, 250; **aA** *Drews/Wacke/Vogel/Martens*, § 28, 8b; *Götz*, § 13, Rn 50; *Jakobs*, DVBl 2006, 83 f; *Lerche*, FS v.d. Heydte, 1977, S. 1033 ff; *Riegel*, ZRP 1978, 73 ff; *Roewer*, NWVBl. 1989, 366 f; *Schöne/Klaes*, DÖV 1996, 992 ff; *Wolff/Bachof*, Verwaltungsrecht III, § 160, Rn 22. *Merten*, FS Doehring, 1989, S. 579, 604, plädiert hier für eine eindeutige Regelung, damit der Polizeieinsatz nicht in „Extremsituationen zu einem polizeirechtlichen Seminar entartet".

166 S. auch *Pieroth/Schlink/Kniesel*, § 24, Rn 20; *Rachor*, in: L/D, E, Rn 950; *Seebode*, StrV 1991, 80, 85.

167 Näher zum Todesschuss *Merten*, FS Doehring, 1989, S. 579 ff; *F. Mußgnug*, Das Recht des polizeilichen Schusswaffengebrauchs; *Schenke*, VBlBW 1988, 194 ff; *Weichert*, VBlBW 1991, 249 (zu §§ 39, 40 BWPolG aF).

168 So zu Recht *Arzt*, DÖV 2005, 230, 235 ff, unter Hinweis auf die Entscheidung des *EGMR* vom 20.12.2004 (Makaratzkis/Griechenland), NJW 2005, 3405.

169 § 54 IV BWPolG; § 8 III, 9 IV BerlUZwG; § 10 III UZwG.

170 Auf sie verweisen ausdrücklich Art. 60 II BayPAG; § 40 IV BremPolG; § 54 II HessSOG; § 101 II MVSOG; § 71 II NdsSOG; § 57 II NWPolG; § 57 IV RhPfPOG; § 250 II SchlHVwG; § 58 II ThürPAG; § 35 II MEPolG.

171 Ebenso *Amelung*, NJW 1977, 833 ff u. *ders.*, JuS 1986, 329 ff; *Götz*, § 13, Rn 51; *Gornig/Jahn*, 83 f; *Heise/Riegel*, Allg. Begr., Rn 3.44 mwN; *Kirchhof*, in: Merten, Aktuelle Probleme des Polizeirechts, Schriftenreihe der Hochschule Speyer Bd. 64, 1977, S. 67, 77; *Würtenberger*, Rn 348; **aA** *Petersohn*, JA 2005, 91; *Schwabe*, Die Notrechtsvorbehalte des Polizeirechts, 1979, S. 37 ff; *BGH*, Kriminalistik 2004, 572 und wohl auch *Brugger*, VBlBW 1995, 446, 454.

172 *Würtenberger*, Rn 348 mwN.

173 *Beisel*, JA 1998, 721, 723; *Jakobs*, DVBl 2006, 83, 86 f.

Rechtfertigungsgrund Gebrauch macht, der ihm als Privatperson zusteht, obliegt prinzipiell seiner persönlichen Entscheidung. Eine entsprechende Anweisung durch den Vorgesetzten ist ausgeschlossen[174]. Ebenso scheidet insoweit eine staatliche Haftung aus[175].

Aus einem ungeschriebenen Notrecht des Staates lässt sich keine Rechtsgrundlage für einen poli- **563** zeilichen Todesschuss ableiten (vgl oben Rn 42).

3. Unmittelbare Ausführung und Sofortvollzug

Ersatzvornahme und unmittelbarer Zwang können ausnahmsweise ohne vorherigen **564** Erlass eines vollstreckbaren Verwaltungsakts und ohne Einhaltung der oben unter 2 (a)-(d) genannten Voraussetzungen angewandt werden, und zwar im Wege der unmittelbaren Ausführung bzw des Sofortvollzugs[176] (s auch R 544). Gem. § 5a MEPolG[177] ist die Polizei befugt, eine Maßnahme selbst oder durch einen Beauftragten unmittelbar auszuführen, wenn der Zweck der Maßnahme durch Inanspruchnahme des Störers nicht oder nicht rechtzeitig erreicht werden kann (unmittelbare Ausführung). Der von der Maßnahme Betroffene ist dann unverzüglich zu unterrichten. Nach § 28 II ME-PolG[178] kann Verwaltungszwang ohne vorhergehenden Verwaltungsakt angewendet werden, wenn dies zur Abwehr einer Gefahr notwendig ist, insbesondere Maßnahmen gegen Personen nach den §§ 46 ff MEPolG nicht oder nicht rechtzeitig möglich sind oder keinen Erfolg versprechen, und die Polizei hierbei innerhalb ihrer Befugnisse handelt (Sofortvollzug). Es bestehen keine Bedenken dagegen, unmittelbare Ausführung und Sofortvollzug gleich zu behandeln[179]. Deswegen bedürfte es Vorschriften über die unmittelbare Ausführung neben den Vorschriften über den Sofortvollzug eigentlich nicht. § 5a MEPolG geht aber offensichtlich davon aus, dass der im 4. Abschnitt des MEPolG (Abschnittsüberschrift „Zwang") angesprochene Sofortvollzug wegen seines systematischen Zusammenhangs mit den dortigen verwaltungsvollstreckungsrechtlichen Regeln nur solche polizeilichen Maßnahmen zum Gegenstand hat, mit welchen der Betroffene nicht einverstanden ist oder die jedenfalls seinem mut-

---

174 Ein Vorgesetzter kann den Beamten aber anweisen, von seinem Nothilferecht keinen Gebrauch zu machen. Die Nichtbeachtung dieser Weisung verletzt Dienstpflichten (s. hierzu *Haurand/Vahle*, NVwZ 2003, 513, 519). An der strafrechtlichen Rechtfertigung des Verhaltens ändert sich aber nichts.

175 S. auch *Gusy*, Rn 178. Die hier vertretene Lösung verzichtet nicht auf ein einheitliches Rechtswidrigkeitsurteil (**aA** *Würtenberger*, Rn 348), da sich der Bezugspunkt für ein Rechtswidrigkeitsurteil, das sich auf den Staat bezieht, ohnehin von dem Bezugspunkt für ein Rechtswidrigkeitsurteil unterscheidet, das sich auf den Polizeibeamten bezieht.

176 Dazu näher *Hormann*, Die Anwendung von Verwaltungszwang unter Abweichung vom Regelvollstreckungsverfahren, 1988; *Kästner*, JuS 1994, 361 ff; *Sadler*, DVBl 2009, 292 ff.

177 Ebenso § 8 I BWPolG; Art. 9 I BayPAG; § 53 II BrandPolG; § 15 I BerlASOG; § 7 I HambSOG; § 8 I HessSOG; § 70a MVSOG; § 6 I RhPfPOG; § 6 I SächsPolG; § 9 SachsAnhSOG; § 12 I ThürOBG; § 9 I ThürPAG.

178 Ebenso oder ähnlich § 6 II VwVG; Art. 53 II BayPAG; § 5a S. 1 BerlVwVfG iVm § 6 II VwVG; § 47 II HessSOG; § 81 I MVSOG; § 64 II NdsSOG; § 50 II NWPolG; § 44 II SaarlPolG; § 53 II SachsAnhSOG; § 230 SchlHVwG.

179 S. *Gusy*, Rn 439 f; *Rasch*, § 28 MEPolG, Rn 8 u. ausführl. *Leinius*, Anwendung von Zwangsmitteln ohne vorausgehenden Verwaltungsakt (sofortiger Vollzug und unmittelbare Ausführung), 1976, S. 91 ff.

maßlichen Willen widersprechen[180]. Nach dem MEPolG und den gesetzlichen Regelungen, die dem MEPolG folgen (wie Art. 9 I BayPAG und Art. 53 II BayPAG), sind die Anwendungsbereiche von unmittelbarer Ausführung und Sofortvollzug folglich so abzugrenzen, dass ein Sofortvollzug vorliegt, wenn ein (auch mutmaßlicher) entgegenstehender Willen des Betroffenen gebrochen werden soll, während iÜ eine unmittelbare Ausführung gegeben ist (so zB bei der polizeilichen Rettung eines um sein Leben kämpfenden Ertrinkenden)[181]. Soweit landesrechtliche Regelungen (wie etwa § 8 I BWPolG) nicht zwischen unmittelbarer Ausführung und Sofortvollzug unterscheiden, sind die Begriffe in einem umfassenden Sinn zu verstehen, der die Maßnahmen sowohl nach § 5a MEPolG als auch nach § 28 II MEPolG abdeckt[182].

565 Sofortvollzug und unmittelbare Ausführung dürfen **nicht mit der Anwendung unmittelbaren Zwangs gleichgesetzt werden.** Unmittelbarer Zwang ist ein Zwangsmittel zur Durchsetzung eines Verwaltungsaktes, der zuvor erlassen wurde (vgl Rn 558 ff). Sofortvollzug und unmittelbare Ausführung dürfen ferner **nicht mit der Anordnung der sofortigen Vollziehung eines Verwaltungsakts** gem. § 80 II 1 Nr 4 VwGO verwechselt werden, die eine Voraussetzung für die zwangsweise Durchsetzung eines (noch nicht bestandskräftigen und nicht dem § 80 II 1 Nr 1–3 VwGO unterfallenden) Verwaltungsakts darstellt (vgl Rn 544).

566 Vielfach wird angenommen[183], dass bei unmittelbarer Ausführung und Sofortvollzug der zu vollstreckende Verwaltungsakt, die Androhung des Zwangsmittels, die Fristsetzung sowie Festsetzung und Anwendung des Zwangsmittels in einem Akt zusammenfallen. Diese Annahme beruht aber auf einer **Fiktion**, die im **Wortlaut** der heutigen Vorschriften über die unmittelbare Ausführung (§ 5a MEPolG) und den Sofortvollzug (§ 28 II MEPolG) **keinerlei Stütze** findet, ihm sogar zuwiderläuft (anders früher § 44 I 2 PreußPVG). Darüber hinaus nötigte diese Annahme dazu, **adressatenlose Verwaltungsakte** anzuerkennen. Gegen eine solche Konstruktion bestehen aber erhebliche Einwände. Diese Einwände werden nicht dadurch gemindert, dass man die Pflicht, den von der Maßnahme Betroffenen nach der unmittelbaren Ausführung unverzüglich zu unterrichten (vgl zB § 5a I 2 MEPolG), als Bekanntgabe des Verwal-

---

180   S. *Heise/Riegel*, Begr. zu § 5a, 38; ebenso *Beaucamp*, JA 2009, 279, 285; *Denninger*, in: L/D, D, Rn 157; *Musil*, JA 2003, 781, 783; **aA** *Kugelmann*, DÖV 1997, 153, 157, der mE aber nicht ausreichend zwischen der (maßgeblichen) Frage, ob der Betroffene den hypothetischen Grundverwaltungsakt befolgen würde, und der Frage, ob die tatsächliche Durchführung seinem Willen entspricht, trennt.

181   So auch *Denninger*, in: L/D, D, Rn 157; *Knemeyer*, Rn 359. Nach *Pieroth/Schlink/Kniesel*, § 24, Rn 42 soll die unmittelbare Ausführung nur die Fälle der Abwesenheit des Handlungspflichtigen betreffen. In den Fällen des Sofortvollzugs ist der Handlungspflichtige aber ebenfalls abwesend. *Wehser*, LKV 2001, 293 ff hält eine sinnvolle Abgrenzung von unmittelbarer Ausführung und Sofortvollzug für unmöglich.

182   Nicht überzeugend ist die Ansicht *Kugelmanns*, DÖV 1997, 153, 159, der davon ausgeht, dass es bei Rettungsmaßnahmen keiner Heranziehung des § 5a MEPolG bzw entsprechender Bestimmungen bedürfe. Dabei werden aber mE die kostenrechtlichen Konsequenzen des § 5a II MEPolG zu wenig beachtet. Abzulehnen deshalb auch *Stephan*, VBlBW 1985, 121, 123.

183   So zB *Rasch*, § 5a MEPolG, Rn 4 mwN; *VGH Kassel*, NVwZ 2008, 784; *OVG Münster*, DVBl 1973, 924, 925; **aA** – wie hier – *Drews/Wacke/Vogel/Martens*, § 25, 7b; *Kästner*, JuS 1994, 361, 363; *Ruthig*, RhPf, § 4, Rn 77; *Schoch*, JuS 1995, 218 und (sehr instruktiv) vor allem *Pietzner*, VerwArch. Bd. 82 (1991), 291 ff.

tungsakts ansieht, der angeblich gleichzeitig mit der unmittelbaren Ausführung erlassen wurde[184]. Immerhin wird damit zugestanden, dass vor der Bekanntgabe von einem Verwaltungsakt noch gar keine Rede sein kann, da die Bekanntgabe für das Vorliegen eines Verwaltungsakts essenziell ist.

Die Fiktion, mit der unmittelbaren Ausführung sei zugleich der zu vollstreckende Verwaltungsakt verbunden, ist darüber hinaus überflüssig. Diese Konstruktion diente ursprünglich dazu, einen Rechtsschutz gegen die unmittelbare Ausführung sicherzustellen, den es nach dem früheren Verwaltungsprozessrecht sonst nicht gegeben hätte. Im Zeichen der Rechtsschutzgarantie des Art. 19 IV GG und der **verwaltungsgerichtlichen Generalklausel bedarf es dieser Konstruktion nicht mehr.** Sie ist sinnlos geworden und macht den Rechtsschutz unnötig kompliziert, indem sie die Beseitigung der Beeinträchtigung, die sich aus der unmittelbaren Ausführung ergibt, davon abhängig macht, dass gleichzeitig der fiktive bzw nachträglich konstruierte vollstreckte Verwaltungsakt angefochten wird. Nach der hier vertretenen Konzeption müssen dagegen für die unmittelbare Ausführung einer Maßnahme ua all jene Voraussetzungen gegeben sein, die für den rechtmäßigen Erlass eines zu vollstreckenden Verwaltungsakts erforderlich wären. Deswegen kann nach der hier vertretenen Konzeption das Fehlen solcher Rechtmäßigkeitsvoraussetzungen unmittelbar im Rahmen einer Klage gegen unmittelbare Ausführung bzw Sofortvollzug geltend gemacht werden. **567**

Unmittelbare Ausführung bzw Sofortvollzug kommen zum einen in Betracht, wenn vertretbare Handlungen durchgesetzt werden sollen. Sie sind zum anderen anwendbar, wenn ein Verwaltungsakt auf die Duldung von Maßnahmen gerichtet ist. Unmittelbare Ausführung bzw Sofortvollzug stellen sich damit hier zugleich als Anwendung unmittelbaren Zwangs dar. Deshalb ist auch eine unmittelbare Ausführung polizeilicher Standardmaßnahmen, die den Betroffenen zu einer Duldung verpflichten (vgl oben Rn 115 f), statthaft[185]. **568**

Die unmittelbare Ausführung ist nach richtiger, aber umstrittener Auffassung nicht nur gegenüber Störern, sondern **auch gegenüber Nichtstörern** zulässig[186]. § 5a MEPolG sieht zwar – im Einklang mit seiner systematischen Stellung – vor, dass eine unmittelbare Ausführung subsidiär ist gegenüber einer unmittelbaren Inanspruchnahme (nur) des Störers. Dieser Grundsatz der Subsidiarität gilt aber selbstverständlich erst recht im Verhältnis zwischen einer unmittelbaren Ausführung und der unmittelbaren Inanspruchnahme eines Nichtstörers. Auch die Kostenersatzregelung des § 5a II MEPolG macht bei einer Inanspruchnahme eines Nichtstörers sehr wohl Sinn. Wenn ein Polizeigesetz zwischen unmittelbarer Ausführung und Sofortvollzug nicht trennt, erweist es sich ohnehin aus Gründen der Effizienz der Gefahrenabwehr als unumgänglich, Vorschriften, die mit § 5a MEPolG fast wörtlich übereinstimmen, so zu verstehen, dass sie auch Nichtstörer erfassen[187]. Dies legt es ebenfalls nahe, Gleiches für § 5a MEPolG anzunehmen. Mit einem Rückgriff auf § 28 II MEPolG[188] durchbräche man dagegen die Grundsätze, die sonst für die Abgrenzung zwischen unmittelbarer Ausführung und Sofortvollzug gelten. Dass ein Nichtstörer nur dann im Wege der unmittelbaren Ausführung in Anspruch genommen werden darf, wenn der polizeiliche Zweck nicht durch eine an ihn adressierte Verfügung erreicht werden kann, ergibt sich bereits aus dem Übermaßverbot[189]. **569**

---

184 So aber *OVG Münster*, DVBl 1973, 924 ff (Entfernung giftiger Substanzen aus einem Grundwassersee); **krit.** demgegenüber *Dietlein*, NWVBl. 1991, 81, 83 ff.

185 So zB auch *VGH München*, NVwZ 1990, 180 f; **aA** *Knemeyer*, Rn 344; *Kugelmann*, DÖV 1997, 153, 158; *Perrey*, BayVBl. 2000, 609, 612.

186 Vgl zB *Drews/Wacke/Vogel/Martens*, § 25, 7b; *Enders*, Jura 1998, 365, 368; *Rasch*, § 5a MEPolG, Rn 7; tlw **aA** *Kugelmann*, DÖV 1997, 153, 157.

187 Vgl zu § 8 BWPolG zB *Deger*, in: Wolf/Stephan/Deger, BWPolG, § 8, Rn 25.

188 So *Kugelmann*, DÖV 1997, 153, 156.

189 *Gersdorf*, NVwZ 1995, 1086, 1088.

570 Voraussetzung für die Rechtmäßigkeit von unmittelbarer Ausführung bzw Sofortvollzug ist, dass der ihnen zu Grunde liegende fiktive Verwaltungsakt rechtmäßig wäre[190]. Bei einer rechtmäßigen unmittelbaren Ausführung bzw einem rechtmäßigen Sofortvollzug besteht ein Kostenersatzanspruch gegenüber dem Störer, s. dazu Rn 703 ff.

571 Die Vorschriften über die unmittelbare Ausführung bzw den Sofortvollzug spielen in der polizeilichen Praxis, insbesondere **in Verbindung mit dem Abschleppen von verkehrswidrig geparkten Kraftfahrzeugen**, eine erhebliche Rolle[191]. Wenn zB ein Kraftfahrzeug an einer zu engen Straßenstelle abgestellt und dadurch der Straßenverkehr behindert oder gar blockiert wird, so kann die Polizei grundsätzlich nicht warten, bis der Fahrer, dessen Aufenthaltsort ihr unbekannt ist, zurückkehrt, um ihn dann erst aufzufordern, sein Kraftfahrzeug wegzufahren. Die Polizei muss hier vielmehr im Interesse einer effektiven Gefahrenbekämpfung die Möglichkeit besitzen, das Fahrzeug im Wege der unmittelbaren Ausführung bzw des Sofortvollzugs abschleppen zu lassen (vgl dazu eingehend Rn 710 ff). Kein Fall der unmittelbaren Ausführung bzw des Sofortvollzugs liegt allerdings dann vor, wenn ein Verkehrszeichen nicht beachtet wurde (vgl Rn 714).

4. Der Rechtsschutz gegen die Vollstreckung polizeilicher Verwaltungsakte sowie die unmittelbare Ausführung und den Sofortvollzug

a) Der Rechtsschutz gegen als Verwaltungsakte zu qualifizierende Vollstreckungsmaßnahmen

572 Der Rechtsschutz gegen einzelne Vollstreckungsmaßnahmen, die der Durchsetzung polizeilicher Verwaltungsakte dienen, hängt von ihrer **Rechtsnatur** ab. Die **Androhung von Zwangsmitteln** (Rn 546) oder die **Festsetzung eines Zwangsgelds** (Rn 557) sind Verwaltungsakte, sodass der Rechtsschutz gegen Verwaltungsakte gegeben ist (dazu Rn 510 ff), also insbesondere die **Anfechtungsklage gem. § 42 VwGO** und – bei **Erledigung des Verwaltungsakts** – die **Fortsetzungsfeststellungsklage** in **direkter** oder (häufiger) **analoger Anwendung des § 113 I 4 VwGO**.

573 Zu beachten ist, dass die Anfechtung eines Vollstreckungsakts nicht auf die Rechtswidrigkeit des Grundverwaltungsakts gestützt werden kann, da die **Rechtmäßigkeit von Vollstreckungsakten** grundsätzlich **nicht von der Rechtmäßigkeit, sondern nur von der Wirksamkeit des Grundverwaltungsakts** abhängt (Rn 540 f). Wenn der Vollstreckungsschuldner den Vollstreckungsakt angreifen will, weil er den Grundverwaltungsakt für rechtswidrig hält, so muss er deshalb zunächst auf dessen Aufhebung klagen. Er kann allerdings mit diesem Klageantrag im Wege einer **Stufenklage analog § 113 IV VwGO**[192] den Antrag auf Aufhebung des Vollstreckungsakts verbinden. Auch sonst ist zu beachten, dass wegen der **Stufung** des **Vollstreckungsverfahrens** die Anfechtung eines Vollstreckungsakts **nur auf solche Rechtsverletzungen** gestützt werden kann, **die spezifisch gerade diesem Vollstreckungsakt anhaften**, **nicht** hingegen auf die **Rechtswidrigkeit vorangegangener Vollstreckungsakte**. So wird zB eine Anfechtungsklage gegen die Festsetzung eines Zwangsgelds idR keinen Erfolg haben, wenn sie lediglich darauf gestützt wird, dass die vorherige Androhung dieses Zwangsgelds rechtswidrig war. Die Rechtmäßigkeit der Festsetzung setzt nämlich nicht die Rechtmäßigkeit, sondern nur die Wirksamkeit der Androhung voraus (Rn 557). Auch hier besteht aber die Möglichkeit, analog § 113 IV VwGO die Anfechtung der Androhung mit der Anfechtung der Festsetzung zu verbinden. Da die Wirksamkeit (und nicht die Rechtmäßigkeit) vorangegangener Vollstreckungsakte regelmäßig Vor-

---

190   Statt vieler *Poscher/Rusteberg*, JuS 2012, 26, 29.

191   Vgl hierzu *Kottmann*, DÖV 1983, 493 ff; *Steckert*, DVBl 1971, 243 ff.

192   *Kopp/Schenke*, VwGO, § 113, Rn 176.

aussetzung für die Rechtmäßigkeit der auf ihnen aufbauenden Vollstreckungsakte ist, haben sich vorangegangene Vollstreckungsakte **noch nicht erledigt**, solange sie noch eine **Grundlage für weitere, den Vollstreckungsschuldner belastende Vollstreckungsakte** bilden. Die Androhung eines Zwangsgelds erledigt sich deswegen nicht mit der anschließenden Festsetzung des Zwangsgelds.

Der **vorläufige Rechtsschutz** gegen Vollstreckungsakte, die als Verwaltungsakte zu qualifizieren sind, erfolgt nach Maßgabe der **§§ 80 ff VwGO**. Die Vollstreckungsgesetze schließen – in Ausführung der bundesrechtlichen Ermächtigung des **§ 80 II 1 Nr 3, II 2 VwGO** – idR die **aufschiebende Wirkung von Widerspruch und Anfechtungsklage gegen Vollstreckungsverwaltungsakte** aus. Deswegen ist der vorläufige gerichtliche Rechtsschutz insoweit idR über einen Antrag auf Anordnung der aufschiebenden Wirkung gem. **§ 80 V 1 Alt. 1 VwGO** zu realisieren.   **574**

b) Der Rechtsschutz gegen als Realakte zu qualifizierende Vollstreckungsmaßnahmen

Vollstreckungsakte, die sich als **Realakte** darstellen, sind zB die **Ersatzvornahme** (Rn 553) und die **Anwendung unmittelbaren Zwangs** (Rn 558). Insoweit ist der Rechtsschutz gegen noch **fortdauernde rechtliche Beeinträchtigungen** mittels einer **allgemeinen Leistungsklage** zu gewähren (s. dazu näher Rn 663 ff). Wenn sich die Vollstreckungsakte in dem Sinn **erledigt** haben, dass sich aus ihnen keine fortdauernden rechtlichen Beeinträchtigungen mehr ergeben, die rückgängig zu machen sind, besteht bei berechtigtem Interesse die Möglichkeit, im Rahmen einer **allgemeinen verwaltungsgerichtlichen Feststellungsklage gem. § 43 VwGO** feststellen zu lassen, dass der Träger der Vollstreckungsbehörde zu den Vollstreckungsakten nicht berechtigt war (s. dazu näher Rn 667 ff).   **575**

c) Der Rechtsschutz zur generellen Verhinderung der Verwaltungsvollstreckung

Umstritten ist, ob die **generelle Unzulässigkeit einer Vollstreckung** zum Gegenstand eines gerichtlichen Verfahrens gemacht werden kann, wenn nachträglich Einwendungen gegen einen vollstreckbaren Verwaltungsakt entstehen. Soweit in den Landesverwaltungsvollstreckungsgesetzen (s. Art. 21 BayVwZVG; § 16 II RhPfVwVG) vorgesehen ist, dass die Behörde bei nachträglich entstandenen Einwendungen gegen den Grundverwaltungsakt die Unzulässigkeit der Vollstreckung auszusprechen hat, kann der Betroffene auf einen solchen Ausspruch **mittels einer Verpflichtungsklage** – unter Beachtung des § 68 II VwGO – gerichtlich hinwirken[193]. Soweit ein solcher Ausspruch in den Vollstreckungsgesetzen nicht vorgesehen ist, wird teilweise **eine Vollstreckungsgegenklage** (Vollstreckungsabwehrklage) gem. § 167 I VwGO iVm § 767 ZPO **für zulässig gehalten**[194], da sich sonst eine Rechtsschutzlücke ergebe. Dies trifft jedoch nicht zu, da bereits die in der **VwGO ausdrücklich vorgesehenen Klagearten einen ausreichenden Rechtsschutz sicherstellen**. Dabei sind **drei Fallgestaltungen zu unterscheiden**:   **576**

(1) Wenn der Kläger geltend macht, dass der in dem Verwaltungsakt **titulierte Anspruch inzwischen wegen Erfüllung erloschen sei**, so bietet sich eine **verwaltungsgerichtliche Feststellungsklage gem § 43 VwGO** an, mit der geltend gemacht wird, das Recht des Trägers der Behörde bestehe nicht mehr fort (dazu oben Rn 535). Das kommt zB in Betracht, wenn zwischen einem Grundstückseigentümer und der Polizei- bzw Ordnungsbehörde umstritten ist, ob der Eigentümer ein Gebot zur Sanierung seines Grundstücks, das ihm durch polizeilichen Verwaltungs-   **577**

---

193   Vgl *Schenke*, Verwaltungsprozessrecht, Rn 368 und *Kopp/Schenke*, VwGO, § 167, Rn 19b.
194   So zB *OVG Berlin*, NVwZ-RR 1989, 510; *Kleinlein*, VerwArch. Bd. 81 (1990), 149, 177.

akt auferlegt wurde, (voll) erfüllt hat. Bei Erfolg der Feststellungsklage steht bindend fest, dass eine rechtliche Voraussetzung für Vollstreckungsakte fehlt. Mit der Feststellungsklage kann im Wege einer objektiven Klagehäufung (§ 44 VwGO) der Rechtsschutz gegen einzelne Vollstreckungsakte verbunden werden. Vorläufiger Rechtsschutz wird über § 123 VwGO gewährt.

578 (2) Wenn der Vollstreckungsschuldner hingegen behauptet, die Aufrechterhaltung eines bestandskräftigen Verwaltungsakts sei wegen einer nachträglichen Veränderung der Sach- oder Rechtslage rechtswidrig geworden, so kann er eine Verpflichtungsklage auf Rücknahme des Verwaltungsakts erheben (oben Rn 526)[195]. Dadurch kann er auf den Wegfall des Vollstreckungstitels hinwirken. Diese Rechtsschutzmöglichkeit bietet sich zB an, wenn eine Gefahr, die ein polizeiliches Gebot rechtfertigte, nachträglich entfallen ist, zB die Schadstoffe, die den Anlass für eine Sanierungsanordnung bildeten, sich inzwischen selbst abgebaut haben. Mittels einer Stufenklage analog § 113 IV VwGO lässt sich mit der Verpflichtungsklage auf Rücknahme des Grundverwaltungsakts die Klage auf Aufhebung einzelner Vollstreckungsakte verbinden. Vorläufiger Rechtsschutz wird über § 123 VwGO gewährt (dazu auch Rn 532).

579 (3) Wenn sich die Sach- oder Rechtslage **vor Eintritt der Bestandskraft** des Verwaltungsakts verändert hat, so ist dies noch **im Rahmen einer Anfechtungsklage gegen den Verwaltungsakt zu berücksichtigen** (oben Rn 517 f). Vorläufiger Rechtsschutz wird hier über die §§ 80 ff VwGO sichergestellt (oben Rn 519).

d) Der Rechtsschutz gegen die unmittelbare Ausführung und den Sofortvollzug

580 **Unmittelbare Ausführung und Sofortvollzug** sind nach richtiger, wenngleich umstrittener Ansicht **Realakte** (Rn 566 f). Der Rechtsschutz ist daher bei noch fortdauernden Beeinträchtigungen mittels einer **allgemeinen Leistungsklage** zu bewerkstelligen (dazu näher unten Rn 663 ff). Damit wird der **öffentlichrechtliche Beseitigungsanspruch** durchgesetzt, der bei Rechtswidrigkeit dieser Maßnahmen besteht und aus den Freiheitsgrundrechten abzuleiten ist.

581 § 18 II VwVG, der unmittelbar nur für die Bundesverwaltung gilt, legt in Verbindung mit dem Sofortvollzug fest, dass gegen ihn die Rechtsmittel zulässig sind, die gegen Verwaltungsakte allgemein gegeben sind. Diese Vorschrift enthält **keinen allgemeinen Rechtsgedanken**, der auf das Landesrecht übertragbar wäre[196]. Wenn sich keine fortdauernden Beeinträchtigungen mehr ergeben, kann bei Bestehen eines berechtigten Interesses im Wege einer **allgemeinen verwaltungsgerichtlichen Feststellungsklage gem. § 43 VwGO** festgestellt werden (dazu näher unten Rn 667 ff), dass die Behörde nicht zur unmittelbaren Ausführung bzw zum Sofortvollzug berechtigt war. Vorläufiger Rechtsschutz wird über § 123 VwGO gewährt.

---

195 So die heute hM, vgl *BVerwGE* 27, 141, 143; *Schenke/Baumeister*, NVwZ 1993, 1 ff; *Schenke*, Verwaltungsprozessrecht, Rn 369.

196 **AA** *OVG Münster*, BRS 55 Nr 207. § 18 II VwVG beruht jedoch auf der Vorstellung, der Sofortvollzug beinhalte einen Verwaltungsakt. Dieser Vorstellung kann im Bereich des Landesrechts gerade nicht gefolgt werden (s. Rn 566 f). Auf die analoge Anwendung von Bundesrecht lässt sich die Fiktion eines Verwaltungsakts schon aus kompetenzrechtlichen Gründen nicht stützen.

IV. Die Bewehrung polizeilicher Verwaltungsakte

Die Nichtbeachtung polizeilicher Pflichten ist in den entsprechenden Spezialgeset-   **582**
zen überwiegend mit Strafe[197] oder Geldbuße[198] bedroht. Zur Effektuierung polizeilicher Verwaltungsakte ist darüber hinaus verschiedentlich vorgesehen, dass auch
die Nichtbeachtung sofort vollziehbarer Verwaltungsakte mit Strafe[199] oder Geldbuße[200] geahndet werden kann[201]. Diese Straf- bzw Bußgeldbewehrung knüpft idR
nicht an die Rechtmäßigkeit der Verwaltungsakte an, sondern nur an ihre Existenz,
die grundsätzlich Tatbestandswirkung entfaltet (Ausnahme: Nichtigkeit)[202]. Umstritten ist hierbei, ob die Strafe bzw Geldbuße entfällt, wenn ein rechtswidriger
straf- bzw bußgeldbewehrter Verwaltungsakt verwaltungsgerichtlich aufgehoben
wird. **Wegen der Rückwirkung der verwaltungsgerichtlichen Aufhebung wird
man dies – entgegen der in der Rspr herrschenden Auffassung**[203] **– anzunehmen haben.** Es überzeugte wenig, hinsichtlich der Vollzugsfolgen eines rechtswidrigen Verwaltungsakts einen verfassungsrechtlich (grundrechtlich) garantierten
Vollzugsfolgenbeseitigungsanspruch anzunehmen[204], zugleich aber die – für den
Einzelnen weit gravierenderen – strafrechtlichen Folgen als durch die Aufhebung
des Verwaltungsakts nicht berührt anzusehen[205]. Soweit gegen die hier vertretene
Auffassung der Vorwurf erhoben wird[206], sie habe die unmögliche Konsequenz, dass
ein Widerstand gegen die Staatsgewalt bei der Durchsetzung des sofort vollziehbaren Verwaltungsakts straffrei bleiben müsste, wenn der Verwaltungsakt nachträglich
als rechtswidrig aufgehoben wird, überzeugt dies nicht. Das Nichtbefolgen eines
Verwaltungsakts und das aktive Widerstandleisten gegen diesen Verwaltungsakt
können nicht gleichgesetzt werden. Deshalb stellt zB § 113 StGB nicht etwa die
Nichtbefolgung einer Anordnung eines Vollstreckungsbeamten, sondern nur das
Leisten von Widerstand[207] unter Strafe.

---

197 Vgl zB §§ 74 f IfSG; §§ 148, 148a, 148b GewO; §§ 58, 59 LFGB.
198 Vgl zB § 62 BImSchG; § 73 IfSG; §§ 144–147b GewO; § 60 LFGB.
199 Vgl zB § 75 I Nr 1 IfSG.
200 Vgl zB § 62 I Nr 3, 5–8 BImSchG; § 73 I Nr 6 IfSG; §§ 144 II Nr 3, 145 I Nr 3, 145 II Nr 7, 146 I,
     II Nr 8 GewO.
201 Vgl hierzu ausführlich *Berg*, WiVerw. 1982, 169 ff; *Arnhold*, Die Strafbewehrung rechtswidriger
     Verwaltungsakte, 1978.
202 So näher *Schenke*, FS Wolter, 2013, S. 215, 223 ff; **aA** *Berg*, WiVerw. 1982, 169 ff; *Arnhold*, Die
     Strafbewehrung rechtswidriger Verwaltungsakte, 1978, passim; *BVerfG*, DVBl 1993, 150 ff (zu
     § 29 I Nr 2 VersG); *BVerfGE* 92, 191 (zu § 111 OwiG).
203 Vgl zB *BGH*, NJW 1969, 2023 ff; *OLG Karlsruhe*, NJW 1978, 116 f; *OLG Hamburg*, NJW 1980,
     1007 f; *BayObLG*, VRS 35, 195 ff; **aA** – wie hier – *OLG Frankfurt*, NJW 1967, 262.
204 Vgl hierzu *Schenke*, JR 1970, 449 ff.
205 Vgl hierzu *Schenke*, JR 1970, 449 ff und nunmehr ausführlich Schenke, FS Wolter, 2013, S. 215 ff.
206 So zB *Eyermann/Fröhler*, VwGO, 9. Aufl. 1988, § 80, Rn 53b.
207 Vgl *BGHSt*, 18, 133 ff; *Lackner/Kühl*, StGB, 24. Aufl. 2001, § 113, Rn 5.

V. Erlaubnis und Dispens

1. Allgemeines

583 **Erlaubnisse und Dispense stellen wichtige polizeiliche Verwaltungsakte dar**[208]. Insbesondere polizeirechtliche Sondergesetze wie die GewO, das BImSchG, das GastG und die Gaststättengesetzen der Länder sowie die Landesbauordnungen sehen Verbote mit Erlaubnisvorbehalt und Verbote mit Dispensmöglichkeiten vor. Dabei wird jeweils die **Rechtmäßigkeit eines bestimmten Verhaltens davon abhängig gemacht, dass die Behörde vorher zustimmt.** Die Zustimmung ist an bestimmte Voraussetzungen gebunden. Dabei handelt es sich zT um persönlichkeitsbezogene Voraussetzungen (wie zB Zuverlässigkeit oder Sachkunde, so zB §§ 34c II, 57 GewO), zT um sachbezogene Voraussetzungen (so zB bei einer Baugenehmigung), zT um eine Kombination beider Arten von Voraussetzungen (so zB bei der Gaststättenerlaubnis gem. §§ 3 f GastG oder der Konzession einer Privatkrankenanstalt gem. § 30 GewO). Verbote mit Erlaubnisvorbehalt oder Dispensmöglichkeit enthalten **weitergehende Beschränkungen als eine gesetzliche Erlaubnis mit Verbotsvorbehalt oder eine Anzeigepflicht mit Verbotsvorbehalt** (s. zB § 14 VersG). Bei dem (präventiven) Verbot mit Erlaubnisvorbehalt wird ein prinzipiell zulässiges Verhalten nur zu Kontrollzwecken einer vorherigen Prüfung unterzogen, um die Unbedenklichkeit des Verhaltens festzustellen. Bei dem (repressiven) Verbot mit Dispensmöglichkeit wird demgegenüber ein Verhalten, das grundsätzlich sozialschädlich ist, im Hinblick auf die Besonderheiten des Einzelfalls ausnahmsweise für zulässig erklärt. **Die Erlaubnis aktualisiert** – anders als der Dispens – **nur eine schon vorher latent vorhandene Berechtigung.** Deren Ausübung wird lediglich aus Gründen der Prävention aufgeschoben, bis die Erlaubnis erteilt ist. Dieser Umstand ist ua deswegen bedeutsam, weil bei einem Verbot mit Erlaubnisvorbehalt grundsätzlich nicht verlangt werden kann, dass die Folgen eines materiell erlaubnisfähigen, aber formell nicht erlaubten Verhaltens beseitigt werden. So dürfen zB die Baupolizeibehörden nicht den Abbruch eines Baus anordnen, der zwar ohne Bauerlaubnis (Baugenehmigung) errichtet wurde, der aber auf Antrag zu genehmigen wäre[209]. Zulässig ist es allerdings, bei einer solchen formellen Illegalität eine genehmigungspflichtige Nutzung zu untersagen.

584 Die Betroffenen haben bei Verboten mit Erlaubnisvorbehalt einerseits, Verboten mit Dispensmöglichkeit andererseits unterschiedliche Rechtsstellungen. Soweit bei einem Verbot mit Erlaubnisvorbehalt die Tatbestandsvoraussetzungen der Erlaubnis gegeben sind, besteht **idR ein Rechtsanspruch auf Erteilung der Erlaubnis**. Dies muss jedenfalls bei rein polizeirechtlichen Erlaubnissen gelten, die lediglich dem Schutz der öffentlichen Sicherheit oder Ordnung dienen[210]. Wenn das erlaubnispflichtige Verhalten nicht polizeiwidrig ist, hat die zuständige Behörde die Erlaubnis grundsätzlich zu erteilen[211]. Dies ist schon durch die Grundrechte vorgegeben. Bei einem Verbot mit Dispensmöglichkeit hat der Betroffene dagegen selbst dann, wenn die Tatbestandsvoraussetzungen des Dispenses vorliegen, idR **nur einen Anspruch darauf, dass ermessensfehlerfrei über dessen Erteilung entschieden wird**. Mit dem Dispens soll den Besonderheiten des Einzelfalls Rechnung getragen werden[212]. Damit weist das Verbot mit Dispensmöglichkeit eine

---

208 Vgl hierzu eingehender *Friauf*, JuS 1962, 422 ff; *Gusy*, JA 1981, 80 ff; *Mußgnug*, Der Dispens von gesetzlichen Vorschriften, 1964; *Schoch*, JuS 1995, 219; *Schwabe*, JuS 1973, 133 ff.

209 Vgl zB *Drews/Wacke/Vogel/Martens*, § 26, 2; *BVerwGE* 3, 351 ff; 19, 162 ff; *Schenke*, Bauordnungsrecht, in: Achterberg/Püttner/Würtenberger, Besonderes Verwaltungsrecht, 2. Aufl. 2000, Rn 240.

210 Vgl hierzu *BVerwG*, DVBl 1965, 768 ff; *BVerwGE* 2, 295, 299.

211 Dass ein Verbot mit Erlaubnisvorbehalt in polizeirechtlich relevanten Materien prinzipiell verfassungsrechtlich zulässig ist, steht heute außer Frage. Das Prüfungsverfahren muss allerdings der Gefahr angepasst sein, der das Verbot begegnen soll; vgl dazu *BVerfGE* 20, 150, 155.

212 Beispiele für Dispense finden sich etwa in den Landesbauordnungen bezüglich der Befreiung von nachbarschützenden Abstandsvorschriften oder in § 18 GastG und entsprechenden landesrechtlichen Vorschriften bezüglich der Verlängerung der Polizeistunde.

enge Verbindung zum Übermaßverbot auf; es wird dadurch vielfach gefordert. Die Erteilung eines Dispenses kann im Polizeirecht dadurch begründet sein, dass ein bestimmtes, typischerweise gefährliches Verhalten sich in atypischen, nicht generalisierungsfähigen Fällen als ungefährlich (oder weniger gefährlich) erweist. Zudem können auch andere geschützte Rechtsgüter es rechtfertigen, ein Verhalten trotz seiner Gefährlichkeit ausnahmsweise zuzulassen. Für einen Dispens können dabei sowohl die Interessen des einzelnen Betroffenen wie auch öffentliche Interessen streiten. Wenn bei der Ausübung des Ermessens öffentliche Interessen nicht berücksichtigt werden, verletzt dies – in Konsequenz der Rspr des *BVerfG*[213] – das Recht auf ermessensfehlerfreie Entscheidung über die Erteilung des Dispenses[214]. Im Einzelfall kann das Ermessen der Behörde auf Null reduziert sein. Ein gesetzlich generell begründeter Anspruch auf Erteilung des Dispenses ist hingegen nicht denkbar. Soweit ein solcher Anspruch im Einzelfall bejaht wird, handelt es sich in Wahrheit nicht um ein Verbot mit Dispensmöglichkeit, sondern um ein Verbot mit Erlaubnisvorbehalt.

Sowohl beim Verbot mit Erlaubnisvorbehalt wie auch beim Verbot mit Dispensmöglichkeit sehen die spezialgesetzlichen Vorschriften iÜ vielfach vor, dass über die Erlaubnis- bzw Dispensfähigkeit eines Verhaltens im Voraus **mittels eines Vorbescheids entschieden werden kann** (s. zB § 9 BImSchG). Steigender Beliebtheit erfreut sich zudem – insbesondere bei technischen Großvorhaben – **eine Aufteilung der Erlaubnis bzw des Dispenses in mehrere Teilverwaltungsakte** (s. zB § 8 BImSchG). Eine solche Abschichtung des Verfahrens weist unter den Aspekten des Rechtsschutzes und der Verwaltungseffizienz viele Vorteile gegenüber einer einheitlichen Erteilung auf[215]. Erlaubnisse sind mitwirkungsbedürftige Verwaltungsakte. Sie können **nach Maßgabe der gesetzlichen Vorschriften mit Nebenbestimmungen** (Befristungen, Bedingungen, Widerrufsvorbehalte, Auflagen, Auflagenvorbehalte) **versehen werden**.

585

2. Der Rechtsschutz im Zusammenhang mit Erlaubnissen und Dispensen

Wenn ein Antrag auf Erteilung einer Erlaubnis oder eines Dispenses abgelehnt wird, so kann der Antragsteller (ggf unter Beachtung des § 68 II VwGO) gerichtlichen Rechtsschutz mittels einer **Verpflichtungsklage gem. § 42 VwGO** zu erlangen. Wenn ein Dispens beantragt wurde, empfiehlt es sich, nur auf **Bescheidung**, dh auf ermessensfehlerfreie Entscheidung über den Antrag, **zu klagen** (Bescheidungsklage). Bei einem Dispens besteht nämlich grundsätzlich nur ein Recht auf ermessensfehlerfreie Entscheidung, weswegen eine Klage auf Erteilung des Dispenses grundsätzlich (Ausnahme: Ermessensschrumpfung auf Null) selbst dann teilweise unbegründet wäre, wenn der Dispens in ermessensfehlerhafter Weise abgelehnt wurde[216]. Maßgeblicher Zeitpunkt für die Entscheidung über die Verpflichtungsklage ist der **Zeitpunkt der letzten mündlichen Verhandlung** vor dem Verwaltungsgericht – beim Fehlen einer mündlichen Verhandlung – der Zeitpunkt der Entscheidung. Deshalb ist die Verpflichtungsklage selbst dann als unbegründet abzuweisen, wenn zunächst ein Anspruch auf den beantragten Verwaltungsakt (zB die Erlaubnis) bestand, dieser Anspruch aber später wegen einer Veränderung der Sach- oder Rechtslage entfiel (Rn 530). Es besteht dann nur noch die Möglichkeit, analog § 113 I 4 VwGO feststellen zu lassen, dass die Ablehnung oder das Unterlassen des Verwaltungsakts vor Eintritt der Veränderung rechtswidrig war.

586

Umstritten ist, wie der Rechtsschutz zu bewerkstelligen ist, wenn eine Erlaubnis oder ein Dispens zwar erteilt, aber mit einer **Nebenbestimmung** versehen wird, die den Antragsteller belastet. **Die**

587

---

213   Vgl *BVerfGE* 6, 32, 41.
214   **AA** *Gusy*, JA 1981, 80, 84.
215   Zur Präklusionsproblematik in gestuften Verwaltungsverfahren ausführlich *Schenke*, Verwaltungsprozessrecht, Rn 502f mwN.
216   Zum Rechtsschutz durch die Verpflichtungsklage s. näher oben Rn 526.

frühere Rspr[217] und heute noch ein Teil der Literatur[218] **differenzieren hier danach**, um welche **Art von Nebenbestimmung** es sich handelt. In der **Auflage** sah man einen selbstständigen Verwaltungsakt, weswegen grundsätzlich eine **Anfechtungsklage** auf Aufhebung der Auflage für statthaft gehalten wurde. Eine Anfechtung anderer Nebenbestimmungen (insbesondere einer Bedingung oder Befristung) wurde hingegen als unstatthaft angesehen, weil jene Bestandteile des Verwaltungsakts und deswegen keiner isolierten Aufhebung zugänglich seien. Der Rechtsschutz sollte insoweit nur mittels einer Verpflichtungsklage auf uneingeschränkte Erteilung des begünstigenden Verwaltungsakts möglich sein.

588 Die mittlerweile hM[219] geht davon aus, dass über die **Anfechtungsklage prinzipiell ein Rechtsschutz gegen alle belastenden Nebenbestimmungen** möglich ist. Alle Nebenbestimmungen sind Teile des Verwaltungsakts und können deshalb vom Verwaltungsgericht gem. **§ 113 I 1 VwGO** („**Soweit** der Verwaltungsakt rechtswidrig ist") **isoliert** aufgehoben werden, wenn und soweit der Verwaltungsakt teilbar ist Deshalb muss der Kläger seinen Klageantrag von vornherein auf die Nebenbestimmung beschränken können, die er für rechtswidrig hält (**Teilanfechtungsklage**). Ob der Verwaltungsakt teilbar ist, wird grundsätzlich erst im Rahmen der Begründetheit einer Teilanfechtungsklage relevant. Die Teilbarkeit bestimmt sich in **analoger Anwendung des § 44 IV VwVfG**. Von einer Teilbarkeit ist jedenfalls dann auszugehen, wenn der Kläger einen **Anspruch darauf besitzt, dass der beantragte begünstigende Verwaltungsakt uneingeschränkt erteilt wird**. Eine Teilbarkeit ist hingegen dann **ausgeschlossen**, wenn der Verwaltungsakt, der nach Aufhebung der Nebenbestimmung verbliebe, **rechtswidrig** wäre[220], wenn also zB eine Erlaubnis, die mit einer rechtswidrigen Nebenbestimmung versehen wurde, uneingeschränkt gar nicht hätte erlassen werden dürfen.

589 Umstritten ist die Behandlung der Fälle, in denen der Betroffene nur ein **Recht auf eine ermessensfehlerfreie Entscheidung** über die Begünstigung besitzt. Dies wird vor allem bei der Erteilung eines Dispenses relevant. Hier darf eine Nebenbestimmung nur dann aufgehoben werden, wenn feststeht, dass die **Behörde dann, wenn sie die Rechtswidrigkeit der Nebenbestimmung gekannt hätte, den begünstigenden Verwaltungsakt so erlassen hätte, wie er sich nach Aufhebung der Nebenbestimmung darstellte**[221]. Wenn dagegen nicht ersichtlich ist, wie die Behörde bei Kenntnis der Rechtswidrigkeit der Nebenbestimmung entschieden hätte, drängte eine gerichtliche Aufhebung der Nebenbestimmung der Behörde unter **Missachtung ihres Ermessenspielraums und damit unter Verletzung des Gewaltenteilungsprinzips** einen Verwaltungsakt auf, den sie so möglicherweise gar nicht erlassen hätte. Dies ist deswegen nicht zulässig.

590 Das *BVerwG*[222] spricht sich demgegenüber – nach mehrfacher Änderung seiner Rspr – dafür aus, auch bei Ermessensverwaltungsakten eine Aufhebung einer fehlerhaften Auflage zuzulassen. Dies überzeugt nicht. Der Ermessensspielraum der Behörde lässt sich nicht durch die vom *BVerwG* behauptete Möglichkeit wahren, den Verwaltungsakt gem. **§ 49 II Nr 2 VwVfG zu widerrufen**,. § 49 II Nr 2 VwVfG ist – was das *BVerwG* verkennt – nach Aufhebung der Auflage **nicht unmittelbar anwendbar**, zumal er sich ohnehin nur auf rechtmäßige (wirksame) Auflagen bezieht. Allenfalls eine **analoge Anwendung des § 49 II Nr 2 VwVfG** wäre zu erwägen. Sie **verbietet** sich jedoch, weil die Vorschrift nur das rechtswidrige Verhalten desjenigen sanktioniert, der einer rechtmäßigen behördlichen Auflage nicht folgt. Bei der hier untersuchten Fallgestaltung verhält es sich aber gerade umgekehrt, denn hier hat sich die Behörde rechtswidrig verhalten und der Bürger, welcher der aufgehobenen Auflage nicht folgt, rechtmäßig. Ohnehin schiede eine An-

---

217 *BVerwG*, DÖV 1974, 380.
218 *Peine*, AllgVerwR, Rn 527; *Pietzcker*, NVwZ 1995, 15 f; *Störmer*, DVBl 1996, 81 ff.
219 *BVerwGE* 60, 269; *BVerwG*, BayVBl. 2001, 632 f; *Brenner*, JuS 1996, 281, 286; *Jahndorf*, JA 1999, 676; *Laubinger*, VerwArch. Bd. 73 (1982), 345, 357 ff; *Lorenz*, Verwaltungsprozessrecht, § 17 Rn 54 ff; *Schenke*, JuS 1983, 182 ff und Verwaltungsprozessrecht, Rn 287 ff.
220 *Schenke*, Verwaltungsprozessrecht, Rn 329 und 807.
221 *Schenke*, Verwaltungsprozessrecht, Rn 329.
222 *BVerwG*, NJW 1982, 2269; krit. *Schenke*, JuS 1983, 182, 185; *Pietzcker*, NVwZ 1995, 15, 19.

wendung des § 49 II Nr 2 VwVfG bei Nebenbestimmungen, die keine Auflagen sind, von vornherein aus. Bei Ermessensverwaltungsakten besteht daher nur die Möglichkeit, die **Rechtswidrigkeit der Nebenbestimmung analog § 113 I 4 VwGO gerichtlich feststellen** zu lassen[223]. Zudem kann der Betroffene im Wege einer Bescheidungsklage beanspruchen, dass über den Neuerlass einer uneingeschränkten Begünstigung ermessensfehlerfrei entschieden wird[224].

Soweit der Rechtsschutz gegen die Nebenbestimmung im Wege einer **(Teil-)Anfechtungsklage möglich** ist, **schließt** diese speziellere und rechtsschutzintensivere Klage **eine Verpflichtungsklage aus**, mit welcher die Behörde nur zum Erlass eines uneingeschränkt begünstigenden Verwaltungsakts verpflichtet werden könnte.

Wenn ein **Dritter** durch eine Erlaubnis oder einen Dispens in seiner Rechtsstellung beeinträchtigt wird, so kann er – nach Durchführung eines Widerspruchsverfahrens (§§ 68 ff VwGO) – grundsätzlich Rechtsschutz durch eine **Anfechtungsklage** erlangen. Voraussetzung für die **Klagebefugnis des Dritten** ist dann, dass bei Erlass des Verwaltungsakts Rechtsvorschriften zu beachten waren, die jedenfalls **auch seinem Interesse** dienen und damit für ihn subjektive Rechte begründen. Subjektive Rechte können sich in diesem Zusammenhang auch aus **Grundrechten** ergeben. Soweit einfachgesetzliche Vorschriften, die ihrerseits verfassungsmäßig sind, Grundrechte konkretisieren, **verdrängen sie jene als speziellere Vorschriften**, weswegen sich dann ein unmittelbarer Rückgriff auf die Grundrechte grundsätzlich verbietet[225]. Bei **einer gestuften Erlaubnis bzw einem gestuften Dispens** kann die Klagebefugnis naturgemäß nur auf die Verletzung solcher Normen gestützt werden, die für den **Erlass des jeweiligen Teilverwaltungsakts bedeutsam** sind. Wenn Vorschriften, die subjektive Rechte Dritter begründen, bereits für vorangegangene Teilentscheidungen bedeutsam waren, muss ihre Verletzung grundsätzlich bereits durch **Anfechtung der vorangegangenen Teilentscheidungen** geltend gemacht werden. Wenn diese Entscheidungen nicht angefochten werden, ist der Dritte mit diesen **Rechten präkludiert**[226]. Eine Anfechtung nachfolgender Verwaltungsakte, die auf der entsprechenden Teilentscheidung aufbaut, lässt sich nicht auf die Verletzung solcher präkludierter Rechte gründen. Wenn zB ein Bauvorbescheid über die planungsrechtliche Zulässigkeit eines Bauvorhabens befindet (sog. Bebauungsgenehmigung), so kann die Verletzung drittschützender planungsrechtlicher Normen nur durch die Anfechtung der Bebauungsgenehmigung, nicht hingegen durch die Anfechtung der nachfolgenden Baugenehmigung geltend gemacht werden[227].

591

Lösung der Ausgangsfälle (Rn 477 ff):

Fall 1: a) Die Aufforderung, sich ruhiger zu verhalten, da die Polizei sonst einschreite, ist noch kein Verwaltungsakt, sondern nur die Androhung eines Verwaltungsakts (Rn 484). Die Aufforderung enthält damit keine rechtsverbindliche Regelung und ist deswegen ein Realakt. Rechtsschutz kommt nur mittels einer allgemeinen Leistungsklage in Betracht, die auf Rücknahme der Aufforderung gerichtet ist. Die prinzipielle Statthaftigkeit einer solchen allgemeinen Leistungsklage lässt sich aus § 40 VwGO iVm § 43 II 1 VwGO ableiten (s. Rn 663). Um Popularklagen auszuschalten, ist auch für eine allgemeine Leistungsklage eine Klagebefugnis analog § 42 II VwGO zu fordern (näher Rn 663). Sie ist damit nur dann zulässig, wenn die Möglichkeit besteht, dass F einen Anspruch auf Rücknahme der Aufforderung hat. Die Aufforderung greift jedoch noch nicht in die Rechtsstellung des F ein, weswegen ein öffentlich-rechtlicher Beseitigungsanspruch als Rechtsgrundlage eines solchen Anspruchs (Rn 117 f)

592

---

223   *Schenke*, Verwaltungsprozessrecht, Rn 329; **aA** *Jahndorf*, JA 1999, 676, 679.
224   *Schenke*, Verwaltungsprozessrecht, Rn 299.
225   Dazu näher *Schenke*, Verwaltungsprozessrecht, Rn 498.
226   Vgl *Schenke*, Verwaltungsprozessrecht, Rn 502g.
227   Ausführlich dazu *Schenke*, DÖV 1990, 489 ff; tlw (bei nicht bestandskräftiger Bebauungsgenehmigung) abweichend *BVerwG*, DVBl 1989, 673 ff.

ausscheidet. Auch sonst ist ein solcher Anspruch nicht ersichtlich. Eine vorbeugende Unterlassungsklage (dazu Rn 533), die auf die Unterlassung einer zukünftigen polizeilichen Verfügung gerichtet ist, ist – von den allgemeinen Bedenken gegen die Statthaftigkeit einer solchen Klage abgesehen (dazu Rn 533) – mangels einer Klagebefugnis analog § 42 II VwGO ebenfalls unzulässig. Ein Unterlassungsanspruch ist nämlich nur dann möglich, wenn eine bestimmte oder bestimmbare Verfügung droht (s. auch Rn 235). Daran fehlt es hier, da das angedrohte polizeiliche Vorgehen nicht konkretisiert wurde. Zulässig wäre allerdings eine verwaltungsgerichtliche Feststellungsklage gem. § 43 VwGO, mit welcher der F geltend machen könnte, dass er berechtigt ist, die Musik in der bisherigen Lautstärke laufen zu lassen.

593 **b)** Der Bescheid ist ein Verwaltungsakt, der allerdings inhaltlich nicht hinreichend bestimmt (§ 37 I LVwVfG; dazu Rn 500) und deswegen rechtswidrig ist. F könnte gegen den Bescheid – nach Durchführung eines Vorverfahrens – im Wege einer Anfechtungsklage (Rn 510) mit Erfolg vorgehen. Daneben käme eine Klage auf Feststellung der Nichtigkeit des Verwaltungsakts in Betracht, die gem. § 43 II 2 VwGO durch die Möglichkeit einer Anfechtungsklage nicht verdrängt wird und die ein Vorverfahren nicht verlangt (s. näher Rn 536). Die Feststellungsklage wäre ebenfalls begründet, da ein inhaltlich nicht hinreichend bestimmter und deshalb nicht vollstreckbarer Verwaltungsakt gem. § 44 I LVwVfG nichtig (Rn 500) ist.

594 **c)** Die Androhung des Zwangsgelds ist ein Verwaltungsakt, der – nach Durchführung eines Vorverfahrens – im Wege einer Anfechtungsklage angegriffen werden kann (Rn 546). Die Androhung hat nämlich Regelungscharakter, weil sie eine rechtliche Voraussetzung für die weitere Durchführung der Verwaltungsvollstreckung darstellt. Die Anfechtung der Androhung kann mit der Anfechtung der Grundverfügung analog § 113 IV VwGO verbunden werden (Rn 573). Eine isolierte Anfechtung der Androhung, die lediglich mit der Rechtswidrigkeit des Grundverwaltungsakts begründet wird, hätte idR keinen Erfolg, da die Rechtmäßigkeit von Vollstreckungsakten grundsätzlich nicht von der Rechtmäßigkeit des Grundverwaltungsakts, sondern nur von dessen Wirksamkeit abhängt (Rn 540 f). Die erfolgreiche Anfechtung der Androhung setzt deshalb prinzipiell die vorherige Aufhebung des Grundverwaltungsakts voraus. Im vorliegenden Fall bedürfte es allerdings ausnahmsweise einer solchen Anfechtung des Grundverwaltungsakts nicht, da jener mangels hinreichender inhaltlicher Bestimmtheit nichtig (und damit nicht wirksam) ist (Rn 540). Aus diesem Grund ist es hier ausnahmsweise möglich, bei der Anfechtung der Androhung die Rechtswidrigkeit des Grundverwaltungsakts mit Erfolg geltend zu machen, die aus seiner mangelnden Bestimmtheit resultiert.

595 **d)** Nach überwiegender Meinung ist eine Beitreibung des festgesetzten Zwangsgelds nicht mehr möglich, wenn die Pflichten aus dem Grundverwaltungsakt erfüllt wurden. In einem solchen Fall bedarf es nämlich keines Zwanges mehr, um die Befolgung des Grundverwaltungsakts zu erzwingen (Rn 556). – Bei Nichtbefolgung des Grundverwaltungsakts ist die mehrfache Festsetzung des Zwangsgeldes zulässig, weil es sich bei der Festsetzung eines Zwangsgelds nicht um eine Kriminalstrafe, sondern nur um ein Beugemittel handelt (Rn 556). Einer erneuten Festsetzung steht es grundsätzlich – vorbehaltlich abweichender gesetzlicher Regelungen – nicht entgegen, dass das zunächst verhängte Zwangsgeld noch nicht beigetrieben wurde.

596 **Fall 2: a)** Die Verfügung kann grundsätzlich auf die Vorschriften über Aufenthaltsverbote bzw – bei Fehlen solcher Vorschriften – auf die polizeiliche Generalklausel gestützt werden. (Dies gilt allerdings dann nicht, wenn gesetzlich nur ein Platzverweis vorgesehen ist, vgl Rn 134). Die Verfügung ist aber rechtswidrig, weil es an der erforderlichen schriftlichen Begründung fehlt. Eine solche Begründung ist insbesondere dann unentbehrlich, wenn es sich – wie hier – um einen Ermessensverwaltungsakt handelt (§ 39 I 3 LVwVfG). Dieser formelle Fehler, der dem Verwaltungsakt anhaftet, verletzt zugleich den O in subjektiven Rechten, weswegen er einen Anspruch auf Rücknahme des Aufenthaltsverbots besitzt (Rn 495).

b) Die Begründung kann nach der (nicht unproblematischen) Heilungsvorschrift des § 45 I Nr 2 u. II LVwVfG noch bis zum Abschluss der letzten Tatsacheninstanz des verwaltungsgerichtlichen Verfahrens mit heilender Wirkung nachgeholt werden (Rn 497 f). Die Heilung wirkt allerdings aus rechtsstaatlichen Gründen nur ex nunc (Rn 498). Der Verwaltungsakt wird also erst ab dem Zeitpunkt rechtmäßig, zu dem die Begründung nachgeholt wird. Für den Zeitraum vor der Nachholung der Begründung bleibt der Verwaltungsakt rechtswidrig, sodass er aufgrund der Anfechtungsklage für diesen Zeitraum aufzuheben ist. Insoweit ist die Anfechtungsklage teilweise begründet (Rn 498). Die Androhung eines Zwangsgelds wird durch die teilweise Aufhebung des Grundverwaltungsakts insgesamt rechtswidrig, weil die Androhung vor dem Nachholen der Begründung ausgesprochen wurde und für diesen Zeitraum der Grundverwaltungsakt insgesamt wegfällt. Hieran wird deutlich, welche Bedeutung es hat, dass der formell fehlerhafte Verwaltungsakt bis zum Zeitpunkt der Nachholung der Begründung (mit Wirkung ex tunc) aufzuheben ist.

597

c) Ein Aufenthaltsverbot, dass nur mit dem Schutz der öffentlichen Ordnung begründet wurde, ist rechtswidrig, da es in den Schutzbereich des Art. 11 GG (Freizügigkeit) eingreift, Art. 11 GG aber nicht zum Schutz der öffentlichen Ordnung eingeschränkt werden darf (Rn 135). Zudem ist es zweifelhaft, ob die freiwillige Obdachlosigkeit überhaupt gegen die öffentliche Ordnung verstößt (s. Rn 66). Dagegen ist es prinzipiell zulässig, ein befristetes Aufenthaltsverbot damit zu begründen, dass es strafbare Rauschgiftdelikte verhüten soll. Fraglich ist allerdings, ob das hier erfolgte Nachschieben von Gründen noch während des gerichtlichen Verfahrens mit heilender Wirkung zulässig ist (dazu Rn 503). Das ist jedenfalls bei Ermessensverwaltungsakten – wie hier – grundsätzlich abzulehnen. Insoweit fehlt eine Norm, die eine Heilung eines zunächst rechtswidrig erlassenen Verwaltungsakts mit Wirkung ex nunc (s. oben) ermöglicht. Die Heilungsnorm des § 45 LVwVfG betrifft nur das Nachholen einer fehlenden oder formell unvollständigen Begründung, nicht jedoch den Austausch einer vorhandenen, formell rechtmäßigen, aber materiell rechtswidrigen Begründung. Die prozessrechtliche Vorschrift des § 114 S. 2 VwGO enthält keine Heilungsnorm (Rn 504). Die Tatbestandsvoraussetzungen des § 114 S. 2 VwGO lägen im konkreten Fall ohnehin nicht vor, da hier nicht nur Ermessenserwägungen des Verwaltungsakts ergänzt wurden, sondern der Verwaltungsakt auf vollständig neue Ermessenserwägungen gestützt wurde. Im Nachschieben von Ermessenserwägungen liegt allerdings der Neuerlass eines Verwaltungsakts. Mangels Vorliegens der Tatbestandsvoraussetzungen des § 114 S. 2 VwGO kann dieser neue Verwaltungsakt jedoch nicht im Wege der dort geregelten gesetzlichen Klageänderung zum Gegenstand des bereits anhängigen gerichtlichen Verfahrens gemacht werden. Hierzu bedürfte es vielmehr einer gewillkürten Klageänderung, die nur unter den Voraussetzungen des § 91 VwGO (Einwilligung des Beklagten bzw Einwilligungsfiktion gem. § 91 II VwGO oder Sachdienlichkeit der Klageänderung) zulässig wäre (dazu Rn 504).

598

Fall 3: a) Die Polizei hat hier eine Ersatzvornahme angeordnet, bei der es sich mangels Regelungscharakters nicht um einen Verwaltungsakt, sondern um einen Realakt handelt (Rn 553). Ihre Rechtswidrigkeit kann daher nicht mittels einer Fortsetzungsfeststellungsklage analog § 113 I 4 VwGO, sondern nur mittels einer allgemeinen Feststellungsklage gem. § 43 VwGO geltend gemacht werden. K kann auf Feststellung klagen, dass der Träger der Polizeibehörde nicht berechtigt war, sein Kfz abschleppen zu lassen. Auch ein vergangenes Rechtsverhältnis kann Gegenstand einer Feststellungsklage sein, sofern an der Feststellung noch ein berechtigtes Interesse besteht (Rn 579). Das berechtigte Interesse des K lässt sich hier auf ein Rehabilitationsinteresse stützen. Vertretbar ist ferner, es auf Wiederholungsgefahr zu stützen bzw darauf, dass es sich um eine sich typischerweise kurzfristig erledigende Maßnahme handelt. Nicht stützen lässt es sich dagegen auf eine präjudizielle Bedeutung einer verwaltungsgerichtlichen Feststellung für eine vor den Zivilgerichten anzustrengende Amtshaftungs- oder

599

Entschädigungsklage, da sich der Realakt hier bereits vor Rechtshängigkeit der verwaltungsgerichtlichen Klage erledigt hat. Die Feststellungsklage ist auch begründet. Die Ersatzvornahme diente zwar der Durchsetzung des in dem Parkverbot liegenden, analog § 80 II 1 Nr 2 VwGO sofort vollziehbaren Wegfahrgebots (Rn 714). Sie war aber unverhältnismäßig. Da hier nur ein sehr kurzer Verstoß gegen ein Parkverbot vorlag, gilt dies selbst dann, wenn man die Nichtbeachtung eines Verkehrszeichens grundsätzlich bereits aus generalpräventiven Gründen – ohne eine weitere Beeinträchtigung des Verkehrs – für das Abschleppen eines Kfz ausreichen lässt (dazu Rn 339, s. auch Rn 721).

600   Da die Ersatzvornahme rechtswidrig war, ist K der Polizei nicht zum Kostenersatz verpflichtet (Rn 554).

601   **b)** Wenn durch ein schuldhaftes Verhalten des Abschleppunternehmers ein Schaden an dem abgeschleppten Kfz entsteht, haftet der Träger der Polizei hierfür nach § 839 BGB iVm Art. 34 GG (Rn 555). Daneben kommt ein verschuldensunabhängiger Entschädigungsanspruch des K wegen enteignungsgleichen Eingriffs in Betracht, s. Rn 683.

602   **c)** Das Abschleppen erfolgte hier im Wege der unmittelbaren Ausführung bzw des Sofortvollzugs, da ein Verkehrszeichen (als vollstreckbarer Grundverwaltungsakt) fehlte (dazu Rn 564 ff). An der Rechtslage ändert sich dadurch aber nichts Wesentliches. Die unmittelbare Ausführung bzw der Sofortvollzug stellen nach richtiger, aber umstrittener Ansicht mangels Bekanntgabe an den Betroffenen keinen Verwaltungsakt, sondern einen Realakt dar. Deswegen ist auch hier der Rechtsschutz des R über eine allgemeine Feststellungsklage gem. § 43 VwGO zu realisieren. Diese ist aus den bereits dargelegten Erwägungen heraus begründet. In den Ländern, in denen das Abschleppen als unmittelbare Ausführung zu qualifizieren ist (so etwa nach § 8 BWPolG[228]; dazu näher Rn 564), kann sich ein Kostenersatzanspruch allerdings nur auf die insoweit geltenden Spezialregelungen (s. § 8 II BWPolG[229]) stützen, nicht dagegen auf die Vorschriften, die den Kostenersatzanspruch bei einer Ersatzvornahme zum Gegenstand haben. Auch ein Kostenersatzanspruch in Verbindung mit einer unmittelbaren Ausführung setzt deren Rechtmäßigkeit voraus (Rn 703). Deswegen fehlt auch im vorliegenden Fall ein Kostenersatzanspruch. Bezüglich der Haftung für die beim Abschleppen entstandenen Schäden gilt dasselbe wie bei der Ersatzvornahme.

603   **Fall 4:** Hier bestand keine Gefahr für die öffentliche Sicherheit oder Ordnung. Der Platzverweis war deswegen rechtswidrig (s. Rn 132). Für die Frage, welche Klageart statthaft ist, kommt es darauf an, ob sich der Platzverweis bei Klageerhebung bereits erledigt hat. Im Falle der Erledigung ist eine Fortsetzungsfeststellungsklage des I analog § 113 I 4 VwGO die richtige Klageart, im Falle der Nichterledigung eine Anfechtungsklage. Von einer Erledigung eines Verwaltungsakts kann nur dann ausgegangen werden, wenn seine verwaltungsgerichtliche Aufhebung sinnlos ist (vgl Rn 511). Hier ist aber die Aufhebung des vollstreckten Verwaltungsakts Voraussetzung für einen wirksamen Rechtsschutz gegen den Vollstreckungskostenbescheid (Rn 542). Deswegen hat sich der Platzverweis noch nicht erledigt, sodass gegen ihn – nach Durchführung eines Vorverfahrens – Anfechtungsklage erhoben werden kann. Nach der (rückwirkenden) verwaltungsgerichtlichen Aufhebung des Platzverweises (§ 113 I VwGO) verspricht auch ein Vorgehen gegen den Vollstreckungskostenbescheid Erfolg. Der Kostenbescheid setzt die Rechtmäßigkeit der Vollstreckung (hier: der Anwendung unmittelbaren Zwangs) voraus, die ihrerseits von der Wirksamkeit (nicht der Rechtmäßigkeit) des vollstreckten Verwaltungsakts abhängt. Im Wege einer Stufenklage analog § 113 IV VwGO (dazu Rn 573) kann mit der Klage auf Aufhebung des Platzverweises die Klage auf Aufhebung des Vollstreckungskostenbescheids verbunden werden.

---

228   Vgl auch § 15 I BerlASOG; § 7 I HambSOG; § 6 I RhPfPOG; § 6 I SächsPolG.
229   Vgl auch § 15 II BerlASOG; § 7 III HambSOG; § 6 II RhPfPOG; § 6 II SächsPolG.

336

Fall 5: Die polizeirechtlichen Vorschriften über die Anwendung unmittelbaren Zwangs erlauben bei einem Diebstahl nicht den Einsatz von Schusswaffen gegen Personen (s. § 42 MEPolG; § 54 BWPolG; Rn 558 ff). Zur Rechtfertigung des polizeilichen Handelns kommt damit nur ein Rückgriff auf allgemeine Rechtfertigungsgründe in Betracht, insbesondere die Nothilfe, die ein Unterfall der Notwehr ist (§ 32 StGB). Die Vorschriften in den Polizeigesetzen, nach denen die zivil- und strafrechtlichen Vorschriften über Notwehr und Notstand unberührt bleiben (§ 35 II MEPolG, s. Rn 562), rechtfertigen aber schon nach ihrem Wortlaut kein öffentlichrechtliches Verhalten von Hoheitsträgern. Anderenfalls würden die Vorschriften über den Einsatz von Schusswaffen durch Polizeibeamte, die der Gesetzgeber in Konkretisierung des Verhältnismäßigkeitsgrundsatzes erließ, weitgehend ausgehöhlt. Die Vorschriften über Notwehr und Notstand stellen nämlich weniger strenge Anforderungen an die Anwendung unmittelbaren Zwangs als die Polizeigesetze. Rechtfertigungsgründe wie die Notwehr genügen außerdem nicht in vollem Umfang den Anforderungen des verfassungsrechtlich verankerten Verhältnismäßigkeitsgrundsatzes, die für hoheitliches Handeln gelten (Rn 562). Aus den zuletzt genannten Gründen ist auch eine Vorschrift wie § 54 IV BWPolG, wonach das Recht zum Gebrauch von Schusswaffen auf Grund anderer gesetzlicher Vorschriften unberührt bleibt, keine taugliche Rechtsgrundlage für ein polizeiliches Handeln. Die Bedeutung solcher Regelungen erschöpft sich vielmehr in der Klarstellung, dass eine persönliche, insbesondere strafrechtliche Verantwortlichkeit des handelnden Polizeibeamten ausgeschlossen wird, wenn die Voraussetzungen eines Rechtfertigungsgrundes vorliegen. Das dem Land zurechenbare Verhalten des P war damit (aus polizeirechtlicher Sicht) rechtswidrig.

604

§ 11 Polizei- und ordnungsbehördliche Verordnungen

Ausgangsfälle:

Fall 1: Die zuständige Polizei- bzw Ordnungsbehörde erlässt eine Verordnung, die vorschreibt, dass für das Fahren mit Motorbooten auf dem über 20 qkm großen, teils im Landkreis A und teils im Landkreis B gelegenen X-See eine Erlaubnis erforderlich ist. Die Zahl der zu vergebenden Erlaubnisse wird zahlenmäßig eng begrenzt. Auf diese Weise soll der starken Verschmutzung des Sees entgegengewirkt werden, durch die seltene Fischarten stark gefährdet werden, die in dem See leben. Nautilus (N) ist Eigentümer eines Motorboots und besitzt keine Erlaubnis zum Fahren auf dem See. Er hält die Verordnung für rechtswidrig und nichtig, da es für sie keine ausreichende Rechtsgrundlage gebe und in der Verordnung auch keine Rechtsgrundlage angegeben sei. Zudem sei in der Verordnung nicht vermerkt, wann sie in Kraft trete. Außerdem regle sie nicht, nach welchen Kriterien eine Erlaubnis zu erteilen sei.

605

a) Wie ist die Rechtslage? **Rn 643**

b) Welche Möglichkeiten des Rechtsschutzes bestehen für N, um sich gegen die Verordnung zur Wehr zu setzen? **Rn 645**

Fall 2: a) Die Gemeinde G (als Polizei- bzw Ordnungsbehörde) erlässt eine Verordnung, die bestimmt, dass ab dem 1.1.2013 in ihrem Gebiet für alle frei laufenden Hunde Maulkorbzwang besteht. Anlass für diese Verordnung sind verschiedene Vorfälle, bei denen Personen durch

606

Angriffe von Hunden schwer verletzt wurden. Ist diese Verordnung rechtswirksam? Hundel (H) ist Halter eines Dackels und hält die Verordnung für nichtig. Welche Möglichkeiten hat er, dies allgemein verbindlich gerichtlich feststellen zu lassen? **Rn 648**

b) Variante: Die Regelung wird nicht in der für Verordnungen vorgeschriebenen Form bekannt gemacht. Stattdessen wird sie in der Form, die § 41 III LVwVfG für Allgemeinverfügungen anordnet, bekannt gemacht (Variante 1) bzw den einzelnen Hundehaltern individuell eröffnet (Variante 2). Welche Auswirkungen hat das auf die Form des gerichtlichen Rechtsschutzes? **Rn 649**

I. Allgemeines

607   Die **Aufgabe der Gefahrenabwehr** kann auch mit dem Instrument der **Rechtsverordnung wahrgenommen werden**[1]. § 24 PreußPVG bezeichnete solche Verordnungen als Polizeiverordnungen. Diese Begrifflichkeit wurde in Baden-Württemberg (§ 10 I BWPolG), in Bremen (§ 48 BremPolG), im Saarland (§ 59 SaarlPolG) und in Sachsen (§ 9 SächsPolG) beibehalten. In Berlin (§ 56 I 1 BerlASOG) und Hamburg (§ 1 II HambSOG) wird die Bezeichnung „Verordnung zur Gefahrenabwehr" verwendet, in Hessen (§§ 71 ff HessSOG), Rheinland-Pfalz (§§ 43 ff RhPfPOG) und Sachsen-Anhalt (§§ 93 ff SachsAnhSOG) der Begriff „Gefahrenabwehrverordnungen", in Schleswig-Holstein (§ 175 SchlHVwG) und (ähnlich) in Mecklenburg-Vorpommern (§ 17 MVSOG) der Begriff „Verordnungen über die öffentliche Sicherheit oder Ordnung", in Brandenburg (§ 24 BrandOBG), Nordrhein-Westfalen (§ 25 I NWOBG) und Thüringen (§ 27 I ThürOBG) die Bezeichnung „Ordnungsbehördliche Verordnung". In Bayern (vgl zB Art. 12 ff BayLStVG) und Niedersachsen (§ 54 NdsSOG) spricht das Gesetz schlicht von „Verordnungen".

608   Polizei- und ordnungsbehördliche Verordnungen regeln polizeiliche Gebote oder Verbote, die für eine unbestimmte Anzahl von Fällen an eine unbestimmte Anzahl von Personen gerichtet sind[2]. Ihr Erlass ist in das behördliche Ermessen (Rn 626) gestellt und an das Vorliegen einer **abstrakten Gefahr** (zum Begriff Rn 70; s. auch Rn 613, 625) gebunden.

609   Die Polizei- und Ordnungsgesetze enthalten **meist eine Generalermächtigung zum Erlass von Verordnungen, die der Gefahrenabwehr dienen**[3]. In Bayern können die Sicherheitsbehörden dagegen Verordnungen nur dann erlassen, wenn dafür das BayLStVG oder andere Rechtsvorschriften eine Spezialermächtigung enthalten

---

1   Zu Verordnungen zur Gefahrenabwehr s. *Schoch*, Jura 2005, 600 ff.
2   S. § 10 I BWPolG; § 24 BrandOBG; § 48 BremPolG; § 71 HessSOG; § 25 NWOBG; § 43 RhPfPOG; § 59 II SaarlPolG; § 9 I SächsPolG; § 27 I ThürOBG; sinngemäß ferner § 175 iVm § 53 SchlHVwG. Bayern, Berlin, Hamburg, Mecklenburg-Vorpommern, Niedersachsen und Sachsen-Anhalt haben auf eine Definition verzichtet.
3   Vgl § 10 I BWPolG; § 55 BerlASOG; § 25 I BrandOBG; § 49 BremPolG; § 1 I HambSOG; §§ 72 I, II, 73, 74 HessSOG; § 17 I MVSOG; § 55 NdsSOG; §§ 26 I, 27 I NWOBG; § 43 I RhPfPOG; § 59 I SaarlPolG; § 9 I SächsPolG; § 175 I SchlHVwG; § 27 I ThürOBG.

(Art. 42 BayLStVG)[4]. Keine Ermächtigung zum Erlass von Polizeiverordnungen enthalten das BPolG und der MEPolG. Soweit in Landes- oder Bundesgesetzen Spezialermächtigungen zum Erlass polizei- und ordnungsbehördlicher Verordnungen vorhanden sind, gehen diese als leges speciales der Generalermächtigung vor[5]. Verdrängt wird die Generalermächtigung außerdem, wenn Spezialvorschriften bestimmte Bereiche abschließend regeln. So sind zB Maßnahmen zur Verhütung und Bekämpfung übertragbarer Krankheiten im Infektionsschutzgesetz (§§ 16 ff, 24 ff IfSG) abschließend normiert. Ein verordnungsrechtliches Taubenfütterungsverbot kann deswegen auf polizeirechtliche Generalermächtigungen nur insoweit gestützt werden, als es Gesundheitsgefahren, die nicht von übertragbaren Krankheiten iS des IfSG ausgehen, oder Schäden durch Taubenkot an Gebäuden abwehren will[6]. In Teilbereichen finden sich auch in Gesetzen, die nicht spezifisch der Gefahrenabwehr dienen, Regelungen, die keinen Raum mehr für den Erlass polizei- und ordnungsbehördlicher Verordnungen lassen. Dies gilt insbesondere bezüglich der Festsetzung eines Anschluss- und Benutzungszwangs sowie der Benutzungsbedingungen für gemeindliche Einrichtungen (Wasserversorgung, Müllabfuhr), die nach den (insoweit übereinstimmenden) Gemeindeordnungen der Länder durch Satzung zu regeln ist. Der Erlass von Polizeiverordnungen scheidet insoweit aus[7]. Wenn eine näher konkretisierte gesetzliche Ermächtigung fehlt, bestehen gegenüber Polizeiverordnungen, die mit besonders schweren Grundrechtsbeeinträchtigungen verbunden sind, unter dem Aspekt des Parlamentsvorbehalts schwerwiegende Bedenken. Deswegen dürfte es unzulässig sein, in einer Polizeiverordnung eine Ausgangssperre anzuordnen[8].

Die Bedeutung polizei- und ordnungsbehördlicher Verordnungen ist in den letzten **610** Jahrzehnten immer stärker zurückgegangen. Dies hängt wesentlich damit zusammen, dass der Gesetzgeber viele Materien selbst normiert hat, die früher in polizei- und ordnungsbehördliche Verordnungen geregelt worden waren. So sind etwa heute baupolizeiliche Vorschriften vorwiegend in den Landesbauordnungen niedergelegt; an die Stelle gewerbepolizeilicher Verordnungen sind die GewO und das BImSchG getreten; lebensmittelpolizeiliche Vorschriften finden sich im LFGB usw. In Hessen ist das Halten gefährlicher Tiere in § 43a HessSOG geregelt. Trotzdem bleibt in Teilbereichen nach wie vor Raum für polizei- und ordnungsbehördliche Verordnungen. Zu denken ist hier zB an Zeltplatzverordnungen, Ski- und Rodelverordnungen, Tierhalterverordnungen oder Taubenfütterungsverbotsverordnungen[9]. Zulässig ist zB auch eine Polizeiverordnung, die es den „Freiern" in einem Sperrgebiet verbietet, Kontakte mit Frauen aufzunehmen, um auf diese Weise unbeteiligte Frauen in ihrer Ehre und sexuellen Selbstbestimmung vor zudringlicher Kontaktaufnahme zu schützen[10].

---

4   Zur Zulässigkeit einer Kampfhundeverordnung s. *BayVerfGH*, NVwZ-RR 1995, 262.
5   Vgl etwa für den Bereich des Wasserrechts § 28 II BWWassG, dazu *VGH Mannheim*, NVwZ 1988, 168 f.
6   *Schoch*, Jura 2005, 600, 602 mit weiteren Beispielen; *VGH Mannheim*, NVwZ-RR 1992, 19.
7   *VGH Mannheim*, DVBl 2012, 1311 und *Schoch*, JK 3/13, Pol. u OrdR PolVO/3.
8   *Herzmann*, DÖV 2006, 678, 681.
9   *VGH Mannheim*, NVwZ-RR 2006, 398; vgl auch *VGH Kassel*, NVwZ 2008, 762 ff.
10 *VGH Mannheim*, DÖV 2001, 213 f.

611 Umstritten ist, ob und ggf. in welchen Grenzen polizei- und ordnungsbehördliche **Hundeverordnungen** zulässig sind, die den Schutz vor gefährlichen Hunden bezwecken[11]. Dieser Schutz soll insbesondere dadurch erreicht werden, dass Hundehalter[12] (in mehr oder weniger weitem Umfang) dazu verpflichtet werden, ihre Hunde außerhalb des befriedeten Besitztums anzuleinen oder ihnen einen Maulkorb anzulegen sowie innerhalb des befriedeten Besitztums ein Warnschild anzubringen. Außerdem wird zT von den Haltern bestimmter Hunderassen (im Wege eines präventiven Verbots mit Erlaubnisvorbehalt, dazu Rn 583) verlangt, dass sie ihre Sachkunde und Zuverlässigkeit nachweisen, eine Haftpflichtversicherung abschließen und ihre Hunde durch einen Mikrochip kennzeichnen. Zudem wird zT das Halten besonders gefährlicher Hunde untersagt und vorgesehen, dass solche Hunde in einem Tierheim unterzubringen oder einzuschläfern sind[13]. Auch ein Zuchtverbot wird zT vorgesehen (*BVerfG*, NVwZ 2004, 597, 602 f), ebenso wie zT eine Unfruchtbarmachung besonders gefährlicher Hunde (*BVerfG*, NVwZ 2004, 975).

612 An der **kompetenzrechtlichen Zulässigkeit** solcher landesrechtlicher Polizeiverordnungen bestehen idR keine Bedenken. Es handelt sich um Vorschriften, die Menschen vor gefährlichen Hunden schützen sollen und damit allgemeines Gefahrenabwehrrecht darstellen[14]. Sie unterliegen nicht der konkurrierenden Gesetzgebungskompetenz des Bundes gem Art. 74 I Nr 20 GG für den Tierschutz, der dem Schutz der Tiere dient. Das *BVerfG* (NVwZ 2004, 597, 602) erklärte deswegen mangels Gesetzgebungskompetenz des Bundes eine bundesrechtliche Regelung für nichtig, die das Züchten von Hunden regelte, um Nachkommen mit erblich bedingten Aggressionssteigerungen zu vermeiden. Dagegen betrachtet das *BVerfG* (NVwZ 2004, 597, 599 f) das Einfuhr- und Verbringungsverbot in § 2 I 1 des Hundeverbringungs- und -einfuhrbeschränkungsG vom 12.4.2001 (BGBl. I 530) als zulässig, soweit es sich auf die dort genannten gefährlichen Hunderassen bezieht. Dieses Verbot stützt sich auf die ausschließliche Bundeskompetenz für den Warenverkehr mit dem Ausland gem. Art. 73 Nr 5 GG. Polizeirechtliche Vorschriften, die die Hundehaltung zum Gegenstand haben, darf der Bund zwar grundsätzlich mit Strafe bewehren. Angesichts der erheblichen Unterschiede zwischen den jeweiligen landesrechtlichen Bestimmungen scheitert der Erlass einer entsprechenden Strafnorm aber daran, dass die Voraussetzungen des Art. 72 II GG fehlen (*BVerfG*, NVwZ 2004, 597, 604; *Möstl*, Jura 2005, 48, 54).

---

11 Dazu näher *Albers/Roetting*, Jura 2007, 218 ff; *Caspar*, DVBl 2000, 1580 ff; *Felix/Hoffmann*, NordÖR 2000, 341 ff; *Fliegauf*, VBlBW 1998, 165 ff; *Gängel/Gansel*, NVwZ 2001, 1208 ff; *Gassner*, VBlBW. 2011, 376 ff; *Helmert*, SächsVBl. 2005, 33 ff; *Kaltenborn*, NWVBl. 2001, 249 ff; *Kunze*, NJW 2001, 1608 ff; *Nolte/Tams*, Jura 2001, 253 ff; *Scheidler*, BayVBl. 2004, 715 ff; *BayVerfGH*, BayVBl. 2004, 535; *BVerwG*, DVBl 2002, 1562; *VGH Mannheim*, VBlBW 2002, 292 ff; *OVG Lüneburg*, NVwZ-RR 2001, 742 ff; *OVG Schleswig*, NVwZ 2001, 1300 ff; *VGH Kassel*, VR 2002, 249 ff.
12 Die Hundehaltereigenschaft knüpft dabei an die tatsächliche Sachherrschaft und die daraus folgenden gefahrenrelevanten Einwirkungsmöglichkeiten an (*VGH Mannheim*, NVwZ-RR 2011, 725).
13 Eingeh. zur Problematik *Caspar*, DVBl 2000, 1580 ff; *Fliegauf*, VBlBW. 1998, 165 ff; *Gängel/Gansel*, NVwZ 2001, 1208 ff sowie *Felix/Hoffmann*, NordÖR 2000, 341 ff.
14 Zur prinzipiell ausschließlichen Gesetzgebungszuständigkeit der Länder für solche Regelungen s. *BVerfG*, NVwZ 2004, 597, 602; *OVG Lüneburg*, NVwZ 2001, 742, 743.

Die Polizei- und Ordnungsgesetze bilden eine hinreichend bestimmte gesetzliche Ermächtigungsgrundlage für Rechtsverordnungen, die den Schutz vor gefährlichen Hunden bezwecken. Es bedarf deshalb keiner besonderen gesetzlichen Ermächtigungsgrundlage[15]. Eine solche findet sich dennoch in § 71a HessSOG, § 25a IV BrandOBG, § 12 I des Hundegesetzes für das Land NRW v. 18.12.2002 (GV NRW, S. 656) und § 59a SaarPolG.

Materiellrechtliche Probleme ergeben sich allerdings, wenn Rechtsverordnungen allgemeine **613** Regelungen für alle Hunde einer bestimmten Rasse aufstellen, weil der Verordnungsgeber alle Hunde dieser Rasse für gefährlich hält. Das *BVerwG*[16] lehnte eine solche Typisierung ab, weil allein aus der Zugehörigkeit zu einer bestimmten Hunderasse noch nicht darauf geschlossen werden könne, dass im Regelfall ein Schadenseintritt hinreichend wahrscheinlich sei. Es liege deswegen keine abstrakte Gefahr vor (dazu Rn 625), die für den Erlass einer Polizeiverordnung erforderlich ist. Vielmehr sei nur ein – nicht ausreichender – Gefahrenverdacht gegeben (Rn 70). Das *BVerfG*[17] nimmt dagegen an, dass nach dem heutigen Erkenntnisstand – der einer ständigen Überprüfung bedürfe – bei bestimmten Hunderassen immer eine abstrakte Gefahr bestehe. Freilich stellt sich dann die weitere Frage, ob der Gleichheitssatz gebietet, dass die entsprechenden Vorschriften für alle Hunderassen gelten müssen, bei denen die Beißgefährlichkeit gleich hoch ist, oder ob zulässig ist, bestimmte Hunderassen aus Gründen, die außerhalb der Gefahrenabwehr liegen, zu privilegieren[18]. Die Rspr[19] hält Letzteres überwiegend für zulässig und beanstandet es deswegen nicht, wenn zB Deutsche Schäferhunde nicht denselben Vorschriften unterworfen werden wie andere Hunderassen, die nicht beißgefährlicher sind[20]. Begründet wird dies bei Deutschen Schäferhunden damit, dass sie schon seit langem als Schutz- und Gebrauchshunde eingesetzt und deswegen sozial stärker akzeptiert würden. Zu beachten ist überdies, dass Regelungen, die die Halter bestimmter Hunderassen schwerwiegend belasten (zB eine weitere Hundehaltung verbieten oder eine Einschläferung des Hundes verlangen), im Hinblick auf das Übermaßverbot dann Ausnahmen ermöglichen müssen[21], wenn bei einem Hund im Einzelfall die Gefährlichkeit fehlt, die sonst für seine Rasse typisch ist. Bei vergleichsweise geringen Eingriffen (zB Anleinpflicht oder Maulkorbzwang außerhalb des befriedeten Besitztums, Warnschildpflicht) müssen dagegen keine Ausnahmen zugelassen werden[22].

Verordnungen können erlassen werden, um Gefahren sowohl für die öffentliche Si- **614** cherheit als auch für die öffentliche Ordnung abzuwehren. In der Literatur[23] werden zwar allgemein verfassungsrechtliche Einwände gegen Verordnungen erhoben, die die öffentliche Ordnung schützen. Diese Bedenken schlagen aber nicht durch (s. auch

---

15   *VGH Mannheim*, VBlBW 2002, 292 f mwN; **aA** *Caspar*, DVBl 2000, 1580. Bedenken im Hinblick auf das Bestimmtheitsgebot auch bei *Kaltenborn*, NWVBl. 2001, 249, 253.

16   *BVerwG*, DVBl 2002, 1562; s. auch *OVG Greifswald*, DÖV 2005, 121, 122.

17   *BVerfG*, NVwZ 2004, 597, 600; NVwZ 2004, 975; *BayVGH*, BayVBl. 2004, 719, 720; zustimmend *Möstl*, Jura 2005, 48, 51 f; s. auch *Pestalozza*, NJW 2004, 1840 ff. Nach *BayVGH*, NVwZ-RR 2005, 35 ff soll schon die Tatsache, dass ein Bullterrier ohne Maulkorb frei herumläuft, eine konkrete Gefahr begründen, weil diese Angst bei Passanten verursache.

18   Dazu näher *Kunze*, NJW 2001, 1608, 1610 ff mwN.

19   So *BVerwG*, NVwZ 2000, 929, 932; *VGH München*, NVwZ-RR 1995, 262, 266; s. auch *Kunze* NJW 2001, 1608, 1611 ff; **aA** *VGH Mannheim*, NVwZ 1999, 1016, 1018; *VGH Kassel*, VR 2002, 209, 210; **krit.** auch *Kaltenborn*, NWVBl. 2001, 249, 251 mwN.

20   Abgesehen von der rechtlichen Bewertung, sind dabei freilich schon die Tatsachen umstritten. So nimmt zB *BVerfG*, NVwZ 2004, 975 an, dass Deutsche Schäferhunde weniger beißgefährlich seien als andere, in einschlägigen Regelungen als gefährlich eingestufte Hunderassen (wie zB Bullterrier).

21   *Caspar*, DVBl 2000, 1580, 1588; *VGH Kassel*, NVwZ 1438, 1439.

22   **AA** hinsichtlich Maulkorbzwang und Warnschildpflicht *OVG Bremen*, NVwZ 2000, 1435, 1437.

23   Dahin tendierend *Finger*, DV 2007, 105, 112 ff.

Rn 65). Solche Verordnungen besitzen gerade eine Konkretisierungsfunktion, die rechtsstaatlich zu begrüßen ist. Bestimmte Verordnungen, die früher Gefahren für die öffentliche Ordnung bekämpften, dürfen allerdings heute aufgrund geänderter Wertvorstellungen nicht mehr erlassen werden. So ist zB eine Polizeiverordnung, die das „stille" Betteln auf öffentlichen Straßen und Plätzen verbietet, unter dem Gesichtspunkt der öffentlichen Ordnung nicht mehr zu rechtfertigen[24]. Weiterhin zulässig ist dagegen eine Verordnung, die „aggressives" Betteln verbietet, bei dem Passanten angesprochen werden.

615 Bestimmungen einer Verordnung können mit einer Geldbuße bewehrt sein. Sie beinhalten dann zugleich Ordnungswidrigkeitentatbestände. So sieht etwa § 18 I BWPolG vor, dass ordnungswidrig handelt, wer vorsätzlich oder fahrlässig einer auf Grund des BWPolG erlassenen Polizeiverordnung zuwiderhandelt, soweit die Polizeiverordnung für einen bestimmten Tatbestand auf diese Bußgeldvorschrift verweist. § 18 II BWPolG legt den Rahmen für eine zu verhängende Geldbuße fest[25].

II. Die Abgrenzung polizei- und ordnungsbehördlicher Verordnungen von polizeilichen Verwaltungsakten

616 Die Abgrenzung zwischen polizeilichen Verordnungen einerseits, polizeilichen Verwaltungsakten andererseits ist von großer Bedeutung für die Zulässigkeit des polizeilichen Handelns, für die insoweit zu beachtenden Formerfordernisse, für die Konsequenzen einer eventuellen Rechtswidrigkeit[26] und für die Art und Weise des Rechtsschutzes[27]. Soweit die Polizei- und Ordnungsgesetze Legaldefinitionen für polizei- und ordnungsbehördliche Verordnungen enthalten, ist anhand dieser Regelungen zu entscheiden, ob eine Verordnung vorliegt. § 35 VwVfG bzw die entsprechenden landesrechtlichen Vorschriften, die sonst für die Abgrenzung zwischen Verwaltungsakten und Rechtsnormen bedeutsam sind, treten insoweit zurück.

Eine Verordnung liegt nach den einschlägigen polizei- und ordnungsrechtlichen Bestimmungen dann vor, wenn zwei Kriterien erfüllt sind. Zum einen muss eine **unbestimmte Vielzahl von Fällen geregelt** werden. Zum anderen muss eine **unbestimmte Vielzahl von Personen betroffen** sein. Folglich kommt es für die Abgrenzung nur **auf inhaltliche, materielle Kriterien** an. Wie eine Maßnahme bezeichnet wird, ist für ihre Rechtsnatur grundsätzlich ohne Bedeutung. Gleiches gilt für die rechtliche Qualifikation einer Maßnahme durch die Behörde. Allerdings kann die Form, die die Behörde wählt, zugleich auf den Inhalt ausstrahlen und damit die Rechtsnatur der Maßnahme beeinflussen. Deshalb hat zB das *BVerwG*[28] – im Ergebnis zu Recht – angenommen, dass die Festsetzung eines Wasserschutzgebietes einen Verwaltungsakt beinhaltet, wenn sie in der

---

24 *VGH Mannheim*, DÖV 1998, 1015, 1016 f. Ebenso wenig liegt ein Verstoß gegen die öffentliche Sicherheit vor; insbesondere wird § 118 OWiG nicht verletzt (*Schoch*, Jura 2005, 600, 604).
25 S. auch Art. 4, 12 ff BayLStVG; § 57 BerlASOG; § 30 BrandOBG; § 54 BremPolG; § 1 II HambSOG; § 77 II HessSOG; § 19 MVSOG; § 59 NdsSOG; § 31 NWOBG; § 48 RhPfPOG; § 63 SaarlPolG; § 98 SachsAnhSOG; 17 SächsPolG; § 175 SchlHVwG; § 50 ThürOBG.
26 Rechtswidrige Verordnungen sind stets nichtig bzw unwirksam.
27 Vgl zur Abgrenzung von Verwaltungsakt und Rechtsnorm allgemein *v. Mutius*, FS H.J. Wolff, 1973, S. 167 ff; *Volkmar*, Allgemeiner Rechtssatz und Einzelakt, 1962.
28 Vgl *BVerwGE* 18, 1 ff; s. allgemein zur Beeinflussung des Inhalts einer Maßnahme durch deren Form *Kopp/Schenke*, VwGO, Anh. § 42, Rn 5.

Form eines Verwaltungsakts (durch Einzelbekanntmachung) erfolgt[29]. Das gilt ungeachtet des Umstands, dass die Festsetzung bei ordnungsgemäßer Bekanntgabe als Rechtsverordnung zu qualifizieren gewesen wäre.

Der Begriff der Regelung einer unbestimmten Vielzahl von Fällen (abstrakte Regelung) lässt sich am Besten über seinen Gegenbegriff, den Begriff der Regelung eines Einzelfalls (konkrete Regelung), erfassen. Von einer Einzelfallregelung ist immer dann auszugehen, wenn eine Rechtsfolge entweder an einen ganz bestimmten Sachverhalt oder an mehrere Sachverhalte, die aber von vornherein bestimmt sind, anknüpft. Dabei kann es **nicht maßgeblich sein, ob der Kreis der Betroffenen von vornherein bestimmt ist**, denn dann wäre das zweite Kriterium sinnlos, das an den Adressatenkreis anknüpft. Deswegen liegt zB stets eine Einzelfallregelung vor, wenn eine für einen bestimmten Tag an einem bestimmten Ort vorgesehene Versammlung verboten wird. Dies gilt selbst dann, wenn die Zahl der hiervon betroffenen Betroffenen beim Erlass des Verbots nicht feststand. Umgekehrt ist es stets als Regelung einer unbestimmten Vielzahl von Fällen zu bewerten, wenn Versammlungen generell untersagt werden, bei denen Fahnen gezeigt werden sollen. Die dadurch erfassten Sachverhalte können nämlich im Vorhinein weder zeitlich noch räumlich konkretisiert werden. Die Frage, ob eine polizeiliche Regelung aus Anlass einer konkreten Gefahr getroffen wurde, kann dagegen nicht entscheidend für die Abgrenzung zwischen abstrakter und konkreter Regelung sein. Dies wird vielfach nicht ausreichend beachtet[30]. Maßgeblich ist vielmehr ausschließlich, ob die Beschränkung auf diesen konkreten Fall in der Regelung zum Ausdruck kommt, ob sie also auf vergleichbare andere Sachverhalte übertragbar ist oder nicht.

Bei bestimmten Fallgestaltungen kann es sehr schwierig sein, festzustellen, ob eine Regelung einen Einzelfall oder eine unbestimmte Vielzahl von Fällen betrifft, weil dies zT sehr von der gewählten Perspektive abhängt. Wenn zB einer bestimmten Person aufgegeben wird, auf dem Straßenabschnitt vor ihrem Haus immer dann zu streuen, wenn Glatteisgefahr besteht, so kann dies je nach der gewählten Perspektive sowohl als Regelung eines Einzelfalls als auch als Regelung einer unbestimmten Vielzahl angesehen werden. Unter dem zeitlichen Aspekt wird eine unbestimmte Vielzahl von Fällen (bei jedem Glatteis) geregelt. Der räumliche Aspekt[31] spricht dagegen für die Regelung eines Einzelfalls, da die Verpflichtung immer an einem bestimmten Ort zu erfüllen ist. Teleologische, insbesondere auch praktische Gesichtspunkte sprechen dafür, eine solche räumlich eng begrenzte Anordnung als Einzelfallregelung anzusehen[32].

Das zweite Kriterium für eine polizei- und ordnungsbehördliche Verordnung stellt auf den Adressatenkreis einer Norm ab. Seine praktische Anwendung bereitet geringere Schwierigkeiten. Maßgeblich ist, ob die Personen, die von einer Regelung betroffen sind, zum Zeitpunkt des Erlasses dieser Regelung zumindest bestimmbar sind. Wenn dies nicht der Fall ist, so betrifft die Regelung eine unbestimmte Vielzahl von Personen und stellt damit eine Verordnung dar. Soweit ein bestimmter Einzelfall für eine unbestimmte Vielzahl von Personen geregelt wird, ist allerdings ein Verwaltungsakt anzunehmen, weil dann bereits das erste (unentbehrliche) Kriterium für eine Verordnung fehlt. Dementsprechend ist der Begriff des Verwaltungsakts dadurch gekennzeichnet, dass jener einen Einzelfall regelt[33]; insoweit wird also gerade nicht auf den Adressatenkreis abgestellt. Diese Definition harmoniert darüber hinaus mit § 35 VwVfG und entsprechenden landesrechtlichen Vorschriften, nach denen eine Regelung, die sich an einen unbestimmten Personenkreis wendet, dann keine Rechtsnorm darstellt, wenn sie einen Einzelfall zum Gegenstand hat.

617

618

29 Vgl zum Rechtsschutz bei Formenmissbrauch allg. *Schenke*, VerwArch. Bd. 72 (1981), 185 ff; zum Problem eines formellen oder materiellen Verwaltungsaktsbegriffs s. auch *Schenke*, NVwZ 1990, 1009 ff.
30 ZB von *BVerwGE* 12, 87, 89; **krit.** hierzu *Drews/Wacke/Vogel/Martens*, § 23, 4.
31 Das *BVerwG* (NVwZ 1985, 39 f) hat eine Schutzbereichsanordnung ua wegen ihres räumlichen Bezugspunkts als Verwaltungsakt qualifiziert.
32 Dazu *Kopp/Schenke*, VwGO, Anh. § 42, Rn 60.
33 S. auch Art. 7 II BayLStVG; § 3 I HambSOG; § 14 I NWOBG; vgl auch § 176 I Nr 2 SchlHVwG.

Aus dem Verfassungsrecht ergeben sich bei solchen Regelungen, die im Grenzbereich zwischen Verwaltungsakt und Rechtsnorm liegen, keine Einwände gegen eine gesetzliche Qualifikation als Rechtsverordnung oder Verwaltungsakt. Eine solche gesetzliche Definition dient insbesondere der Rechtssicherheit. Allerdings muss immer dem rechtsstaatlichen Publizitätsgebot Rechnung getragen werden (s. dazu § 41 III und IV VwVfG)[34].

III. Die Rechtmäßigkeit einer polizei- und ordnungsbehördlichen Verordnung (Prüfungsschema)

619   Zunächst muss die **Ermächtigungsgrundlage** (Spezialermächtigung oder Generalermächtigung) geklärt werden, die für den Erlass der Verordnung in Betracht kommt. Danach empfiehlt sich idR die Überprüfung anhand folgenden Schemas:

1. Die formelle Rechtmäßigkeit

620   (a) Es muss die **örtlich, sachlich und instanziell zuständige Behörde gehandelt haben** (vgl hierzu oben Rn 453 ff). Bezüglich der sachlichen Zuständigkeit gibt es nicht unerhebliche Abweichungen zwischen den einzelnen Ländern. Grundsätzlich sind hier meist Kompetenzen für alle Polizei- und Ordnungsbehörden – vom zuständigen Ministerium bis zur unteren Polizei- bzw Ordnungsbehörde – vorgesehen[35]. Im Einzelfall können sich iÜ konkurrierende Zuständigkeiten höherer und unterer Behörden für Verordnungen in einem bestimmten Gebiet ergeben. Die Rangordnung der Verordnungen bestimmt sich dann nach der Stellung, die die erlassende Behörde innerhalb der staatlichen Verwaltungshierarchie einnimmt.

621   (b) Die einschlägigen Form- und Verfahrensvorschriften müssen eingehalten worden sein.

622   (aa) Bezüglich der Formerfordernisse beim Erlass polizei- und ordnungsbehördlicher Verordnungen stimmen die Polizei- und Ordnungsgesetze weitgehend überein. Dabei wird zT zwischen Muss- und Sollvorschriften differenziert[36]. **Der Verstoß gegen Mussvorschriften führt idR zur Nichtigkeit bzw Unwirksamkeit, der Verstoß gegen Sollvorschriften nicht.** Die folgenden Formerfordernisse werden dabei (als Muss- oder Sollvorschrift) vorgesehen sein:

– die Angabe der Rechtsgrundlage[37],
– die Bezeichnung der erlassenden Behörde (zwingend),
– ein Hinweis darauf, dass eine evtl. erforderliche Zustimmung vorhanden ist,

---

34   Zur Rechtsnatur von Verkehrszeichen, die heute überwiegend als Verwaltungsakt qualifiziert werden, s. *Drews/Wacke/Vogel/Martens*, § 23, 7; *BVerfG*, NJW 1965, 2395; *BVerwG*, NJW 1980, 1640; oben Rn 487.

35   § 13 BWPolG; § 49 BremPolG; §§ 72–74 HessSOG; § 17 I MVSOG; § 55 I NdsSOG; §§ 26, 27 NWOBG; § 43 II, III RhPfPOG; § 60 S. 1 SaarlPolG; § 94 I SachsAnhSOG; § 12 SächsPolG; § 175 SchlHVwG; in Berlin und Hamburg ist der Senat zuständig (§ 55 BerlASOG u. § 1 I HambSOG); zu Bayern s. Art. 42 BayLStVG.

36   S. zB § 12 BWPolG; § 53 BremPolG; § 62 SaarlPolG; § 11 SächsPolG; § 56 SchlHVwG.

37   Nach umstrittener, aber zutreffender Auffassung ist dies verfassungsrechtlich grundsätzlich nicht geboten; insbesondere ergibt es sich nicht aus dem Rechtsstaatsprinzip. ZT enthalten freilich die Landesverfassungen entsprechende Regelungen, die Art. 80 I 3 GG ähneln.

– die Bezeichnung als „Polizeiverordnung", „ordnungsbehördliche Verordnung" oä,
– eine den Inhalt kennzeichnende Überschrift,
– die Bestimmung des örtlichen Geltungsbereichs (zwingend),
– zT die Angabe des Datums des Erlasses, des Inkrafttretens und der Geltungsdauer der Verordnung. Soweit die Geltungsdauer nicht angegeben ist und auch nicht gesetzlich begrenzt wird, gilt die Verordnung vom Moment ihres Erlasses an zeitlich unbegrenzt.

Gemäß allgemeinen rechtsstaatlichen Erfordernissen müssen die Verordnungen zudem **publiziert** werden. Dies schreiben meist auch die Landesverfassungen näher vor. Eine Verweisung auf Texte außerhalb der staatlichen Publikationsorgane[38] ist nur dann zulässig, wenn (1) die Verordnung erkennbar zum Ausdruck bringt, dass sie die außenstehende Anordnung zu ihrem Bestandteil macht, wenn (2) der externe Text für den Betroffenen zugänglich ist und (3) der externe Text nach seinem Charakter für amtliche Anordnungen geeignet ist[39]. Eine **sog. dynamische Verweisung** auf die jeweilige Fassung technischer Bekanntmachungen privater Sachverständigengremien (wie zB des Verbands Deutscher Elektriker) ist **verfassungsrechtlich unzulässig**[40].

(bb) Polizei- und ordnungsbehördliche Verordnungen sind häufig **genehmigungs- bzw vorlage-pflichtig**. So müssen zB Verordnungen, die von den Repräsentativorganen einer Gemeinde oder eines Landkreises erlassen wurden, zT von den staatlichen Aufsichtsbehörden genehmigt werden[41]. Die aufsichtsbehördliche Kontrolle beschränkt sich dabei nicht nur auf eine Überprüfung der Rechtmäßigkeit des Erlasses, da die Gefahrenabwehr keine Selbstverwaltungsaufgabe ist[42]. Verordnungen, die nicht von kommunalen Repräsentativorganen erlassen werden, bedürfen zT[43] der Zustimmung des Gemeinderats oder Kreistags. Auf der Ministerialebene erlassene Verordnungen sind in einigen Bundesländern dem Landtag vorzulegen und auf dessen Verlangen aufzuheben[44]. **623**

2. Die materielle Rechtmäßigkeit

(a) Die Verordnung muss hinreichend bestimmt sein[45] (s. dazu auch Rn 500). **624**

(b) Die Verordnung muss ihre **Rechtsgrundlage in einer gesetzlichen Spezialer-mächtigung oder der gesetzlichen Generalermächtigung haben**. Soweit sich eine Verordnung auf eine polizei- bzw ordnungsgesetzliche Generalermächtigung stützt, **625**

---

38 ZB auf technische Bekanntmachungen. Dies sehen § 56 II 3 BerlASOG, § 76 II 1 HessSOG, § 29 II 2 NWOBG u. § 58 III 1 SchlHVwG vor.
39 S. *BVerwG*, NJW 1962, 506.
40 S. hierzu näher *Schenke*, NJW 1980, 743 ff. Nach *BVerfGE* 64, 208, 215 ist sie zwar zulässig, aber nur, soweit der Inhalt des Verweisungsziels im Wesentlichen feststeht; s. auch *BVerfGE* 47, 285, 311 ff.
41 § 20 III MVSOG; § 55 IV SchlHVwG; in abgeschwächter Form auch § 44 RhPfPOG.
42 *Geis*, Rn 796. Ob und in welchem Umfang die Kommunen Rechtsschutz gegen die Ablehnung der aufsichtsbehördlichen Genehmigung erlangen können, bestimmt sich nach der Rechtsstellung, die den Kommunen im Bereich der staatlich übertragenen Angelegenheiten zukommt (dazu *Schenke*, Verwaltungsprozessrecht, Rn 209 u. 502d).
43 S. zB § 15 BWPolG; § 50 II BremPolG; § 43 III RhPfPOG.
44 § 26 III NWOBG; § 50 I BremPolG (der zusätzlich ein Abänderungsrecht begründet).
45 Als inhaltlich zu unbestimmt und damit rechtsstaatswidrig hat zB der *VGH Mannheim*, VBlBW 1983, 302 ff eine Polizeiverordnung angesehen, die es verbot, sich auf öffentlichen Straßen „nach Art eines Land- oder Stadtstreichers herumzutreiben". Zu unbestimmt ist nach *VGH Mannheim*, VBlBW 2010, 33 ff ferner eine Polizeiverordnung, die auf öffentlichen Straßen, in öffentlichen Anlagen und öffentlichen Einrichtungen das dauernde Verweilen ausschließlich oder überwiegend zum Zweck des Alkoholgenusses untersagt, wenn dessen Auswirkungen geeignet sind, Dritte erheblich zu belästigen. Hinreichend bestimmt soll hingegen eine Verordnung sein, die den Anleinzwang für Hunde „innerhalb bebauter Ortslagen" vorschreibt (*OVG Koblenz*, DÖV 2007, 82). Vgl auch § 18 I MVSOG, der das Bestimmtheitsgebot ausdrücklich normiert.

sind grundsätzlich die gleichen Voraussetzungen zu prüfen wie bei einem polizeilichen Verwaltungsakt, der auf der Generalermächtigung beruht (s. Rn 501 ff). Allerdings reicht für den Erlass einer Verordnung – anders als für den Erlass eines Verwaltungsakts – **eine abstrakte Gefahr** aus. Es genügt also, dass die Sachverhalte, an welche die Regelung anknüpft, nach der Lebenserfahrung geeignet sind, im Regelfall Gefahren zu verursachen. Geboten ist damit eine typisierende, prognostische Beurteilung der Gefahrenlage. Insoweit steht dem Verordnungsgeber nach der Rspr der Verfassungsgerichte ein Einschätzungs- und Prognosespielraum zu[46]. Eine Polizeiverordnung, die es **verbietet**, auf öffentlichen Straßen alkoholische Getränke zu konsumieren[47], ist deswegen nur dann zulässig, wenn hinreichende Anhaltspunkte dafür vorliegen, dass das verbotene Trinkverhalten regelmäßig und typischerweise zu Gewaltdelikten führt, was aber idR nicht der Fall sein wird[48]. Auch ein Verbot des stillen Bettelns auf öffentlichen Straßen kann nicht durch eine Polizeiverordnung statuiert werden[49]. Dass ein Sachverhalt im konkreten Einzelfall nicht mit einer Gefahrenlage verknüpft ist, steht der Rechtmäßigkeit bzw Anwendbarkeit einer Verordnung dagegen nicht im Wege (s. Rn 70)[50]. Der Unterschied zwischen abstrakter und konkreter Gefahr besteht dabei nicht in einer Steigerung der Gefahr[51]. Vielmehr liegt er darin, dass der Prognose im Falle einer abstrakten Gefahr eine typisierende, im Falle einer konkreten Gefahr eine auf den konkreten Einzelfall abstellende Betrachtungsweise zu Grunde gelegt wird. Zum Bestehen einer **abstrakten Gefahr** durch die Haltung bestimmter **Hunderassen** s. Rn 613.

626 (c) Über den Erlass (das „Ob") der Verordnung muss **ermessensfehlerfrei** entschieden worden sein[52]. Nicht mehr durch den Zweck der Gefahrenabwehr gedeckt und damit **unzulässig** sind polizei- und ordnungsbehördliche Verordnungen, die lediglich den **Zweck haben, den Polizeibehörden die ihnen obliegende Aufsicht zu erleich-**

---

46 *BVerfG*, NVwZ 2004, 975; *BerlVerfGH*, NVwZ 2001, 1266, 1268; *Schoch*, Jura 2005, 600, 603.
47 Eine spezielle gesetzliche Rechtsgrundlage für Polizeiverordnungen, die ein örtlich und zeitlich begrenztes Alkoholkonsumverbot beinhalten, findet sich in § 9a SächsPolG.
48 *VGH Mannheim*, VBlBW 2010, 29 ff; *OVG Weimar*, ThürVBl. 2013, 8 ff; und *Schoch*, Jura 2012, 858, 860 f. Auch eine auf Straßenrecht und Kommunalrecht gestützte Satzung, die den Konsum von Alkohol auf öffentlichen Straßen verbietet, ist grundsätzlich unzulässig, da ein solcher Alkoholgenuss noch innerhalb des Gemeingebrauchs liegt (näher hierzu *Schoch*, Jura 2012, 861 ff; s. zum öffentlichen Raum als kommunale Einrichtung auch näher *Lenski*, JuS 2012, 984 ff). Wegen Fehlens einer abstrakten Gefahr wurde auch eine Polizeiverordnung der Stadt Konstanz als unzulässig angesehen, die eine Mitführen von Glasflaschen, Gläsern uä im frei zugänglichen Uferbereich des Bodensees grundsätzlich verbot (*VGH Mannheim*, VBlBW 2013, 12 ff; **krit.** *Kibele*, VBlBW 2013, 89 ff). Dagegen ist es zulässig, das Mittragen von Glasflaschen auf zu Karnevalsumzügen genutzten Straßen während des Karnevals wegen der von den Scherben ausgehenden Gefahren durch eine Allgemeinverfügung zu verbieten (*Heckel*, NVwZ 2012, 88; *Schoch*, Jura 2012, 861; *Scharpf*, JuS 2011, 528, 531 f; *OVG Münster*, NWVBl. 2011, 108). Zur Zulässigkeit eines durch ein formelles Gesetz angeordneten nächtlichen Alkoholverkaufsverbot *Becker/Brunner*, NdsVBl. 2012, 81 ff.
49 Näher *Schoch*, Jura 2012, 858, 863 ff; dort auch näher zum Verbot der Straßennutzung durch Partybikes.
50 S. zB *Friauf*, Rn 190.
51 S. auch *Möstl*, Jura 2005, 48, 52; *BVerwG*, DVBl 2002, 1562.
52 Bei der Kontrolle des Ermessens des Verordnungsgebers bestehen allerdings gewisse – hier nicht näher ausführbare – Besonderheiten, vgl hierzu *Schenke*, in: Bonner Kommentar (Drittbearb.), GG, Art. 19 IV, Rn 594 ff; s. auch *Schoch*, JuS 1995, 220.

tern. Dies ist vielfach ausdrücklich normiert[53]. Es ergibt sich aber bereits aus den allgemeinen Grundsätzen über den Ermessensfehlgebrauch[54].

(d) Die **Grundsätze über die polizeiliche Verantwortlichkeit**, die hier entsprechend gelten, **müssen beachtet worden sein.** Adressaten der Verordnung dürfen daher grundsätzlich nur solche Personen sein, die für die (abstrakte) Gefahr verantwortlich sind. Unbeteiligte bzw Nichtstörer dürfen nur in ganz seltenen Ausnahmefällen in Anspruch genommen werden[55]. So dürfte zB für den Fall einer Katastrophensituation jeder Haus- und Wohnungseigentümer dazu verpflichtet werden, unter bestimmten Voraussetzungen Obdachlose aufzunehmen. Diese Verpflichtung müsste dann aber – gemäß den Grundsätzen, die allgemein für die Inanspruchnahme von Nichtstörern gelten – jedenfalls von vornherein auf das unumgänglich Notwendige beschränkt werden.

627

(e) Über den Inhalt (das „Wie") der Verordnung muss ermessensfehlerfrei entschieden worden sein.

628

(f) Die Verordnung darf **nicht gegen höherrangiges Recht, insbesondere das Übermaßverbot und die Grundrechte, verstoßen.** Die meisten Polizei- und Ordnungsgesetze enthalten zudem verbindliche Regelungen über die zulässige Geltungsdauer polizei- und ordnungsbehördlicher Verordnungen[56].

629

IV. Rechtsschutz gegen Polizeiverordnungen und ordnungsbehördliche Verordnungen[57]

1. Rechtsschutz durch eine oberverwaltungsgerichtliche Normenkontrolle

Die meisten Bundesländer haben von der **Ermächtigung des § 47 I Nr 2 VwGO Gebrauch gemacht**[58]. Soweit dies der Fall ist, kann gegen polizei- und ordnungsbehördliche Verordnungen ein **oberverwaltungsgerichtliches** Normenkontrollverfahren an-

630

---

53 Vgl schon § 31 I PreußPVG. S. heute § 56 I 1 BerlASOG; § 52 I BremPolG; § 29 I 2 NWOBG; § 45 I RhPfPOG; § 60 S. 2 SaarlPolG; § 58 IV SchlHVwG.

54 Zu Bedenken gegen eine unbesehene Übernahme der für Verwaltungsakte geltenden Ermessensgrundsätze und ihrer Justiziabilität auf untergesetzliche Rechtsvorschriften s. aber *Kopp/Schenke*, VwGO, § 47, Rn 115 ff.

55 Für die Inanspruchnahme auch von Nichtstörern ebenfalls *Pieroth/Schlink/Kniesel*, § 11, Rn 17; **aA** wohl *Götz*, § 22, Rn 6.

56 Bis zu 20 Jahre gem. § 17 BWPolG; Art. 50 II BayLStVG; § 31 I BrandOBG; § 55 BremPolG; § 2 HambSOG; § 22 I MVSOG; § 61 NdsSOG; § 32 NWOBG; § 46 II RhPfPOG; § 66 S. 2 SaarlPolG; § 62 II SchlHVwG; § 34 II ThürOBG; bis zu 10 Jahre gem. § 58 BerlASOG; § 100 SachsAnhSOG; § 16 SächsPolG; bis zu 30 Jahre gem. § 79 S. 2 HessSOG.

57 Dazu eingehend *Schenke*, Rechtsschutz bei normativem Unrecht, 1979 sowie *ders.*, Verwaltungsprozessrecht, Rn 871 ff und 1059 ff.

58 § 4 BWAGVwGO; Art. 5 BayAGVwGO; § 4 I BrandVwGG; Art. 7 BremAGVwGO; § 15 I HessAGVwGO; § 13 MVAGGStrukG; § 7 NdsAGVwGO; § 4 RhPfAGVwGO; § 24 SächsJG; § 18 I SächsVerfAG; § 10 SachsAnhAGVwGO; § 5 SchlHAGVwGO; § 4 ThürAGVwGO. Berlin, Hamburg und Nordrhein-Westfalen haben keinen Gebrauch von der Ermächtigung gemacht.

hängig gemacht werden. Der Gegenstand eines solchen Verfahrens ist die **Gültigkeit der Norm**. Es wird deswegen als ein **prinzipales Normenkontrollverfahren** bezeichnet.

a) Die Zulässigkeit der Normenkontrolle

631 Die Normenkontrolle[59] nach § 47 I VwGO wird den Oberverwaltungsgerichten nur **im Rahmen ihrer Gerichtsbarkeit** eingeräumt. Deswegen können nur solche Bestimmungen einer Polizeiverordnung statthafter Gegenstand eines Normenkontrollverfahrens sein, aus deren **Anwendung sich öffentlichrechtliche Streitigkeiten iSd § 40 VwGO** ergeben können. Das trifft für die Regelungen in einer Polizeiverordnung grundsätzlich zu. Insbesondere schadet es nicht, wenn Gebote oder Verbote, die von der Verordnung angeordnet werden, mit Strafe oder Geldbuße bewehrt sind. Die in der Verordnung enthaltenen **Straf- und Bußgeldbestimmungen selbst** sind allerdings der Jurisdiktion der Verwaltungsgerichte entzogen. Sie selbst bilden **keinen tauglichen Gegenstand einer Normenkontrolle** gem. § 47 VwGO[60].

632 Die angegriffene Maßnahme muss tatsächlich eine Polizeiverordnung sein. Maßgeblich sind dabei die entsprechenden **inhaltlichen Kriterien** (dazu Rn 608, 616 ff). Auf die Form kommt es grundsätzlich nicht an, es sei denn, sie beeinflusst zugleich den Inhalt (Rn 616). Ohne Bedeutung ist insbesondere, wie die Polizei- bzw Ordnungsbehörde ihre angegriffene Maßnahme bezeichnet hat. Die Polizeiverordnung muss ferner **grundsätzlich noch gelten**. Eine Polizeiverordnung, die bereits außer Kraft getreten ist, kann nur dann noch Gegenstand einer Normenkontrolle sein, wenn und soweit sie noch **Auswirkungen auf Rechtsbeziehungen in der Gegenwart** hat, insbesondere noch für die Beurteilung gegenwärtiger Rechtsverhältnisse bedeutsam sein kann[61].

633 Antragsbefugt ist gem. § 47 II 1 Alt. 1 VwGO jede natürliche oder juristische Person, die geltend macht, durch die Rechtsvorschrift oder deren Anwendung in ihren Rechten verletzt zu sein oder in absehbarer Zeit verletzt zu werden. Wie bei der Klagebefugnis der Anfechtungsklage genügt es, wenn die geltend gemachte Rechtsverletzung möglich erscheint. Davon ist immer dann auszugehen, wenn die Polizeiverordnung oder ein auf sie gestützter Vollzugsakt an den Antragsteller adressiert ist, dh für ihn ein Verbot oder Gebot statuiert. Nach § 47 II 1 Alt. 2 VwGO kann außerdem jede Behörde den Antrag stellen. Insoweit wird allerdings als ungeschriebenes Tatbestandsmerkmal ein sog. Kontrollinteresse verlangt. Ein solches Interesse ist nur dann zu bejahen, wenn die den Antrag stellende Behörde mit dem Vollzug der Norm betraut ist oder sie jedenfalls im Hinblick auf ihr übertragene Funktionen (zB als Aufsichtsbehörde) ein Interesse daran besitzt, die Unwirksamkeit der Norm gerichtlich feststellen zu lassen[62].

634 Der Normenkontrollantrag ist gegen die Körperschaft, Anstalt oder Stiftung des öffentlichen Rechts zu richten, **welche die Rechtsvorschrift erlassen** hat. Dies ergibt sich aus **§ 47 II 2 VwGO**, der die **passive Prozessführungsbefugnis** regelt. Dass auf der Basis der Norm bereits Vollzugsakte erlassen wurden, schließt das **Rechtsschutzbedürfnis**, das für den Normenkontrollantrag einer natürlichen oder juristischen Person erforderlich ist, grundsätzlich nicht aus. Das folgt schon daraus, dass bei einer erfolgreichen Normenkontrolle die rechtswidrige Norm generell

---

59 Ein Prüfungsschema für eine Normenkontrolle findet sich bei *Schenke,* Verwaltungsprozessrecht, Rn 924.
60 Vgl *BVerwGE* 99, 88; *Kopp/Schenke,* VwGO, § 47, Rn 20 mwN.
61 Dazu mwN *Kopp/Schenke,* VwGO, § 47, Rn 26.
62 *Schenke,* Verwaltungsprozessrecht, Rn 898 und 912; *Lorenz,* Verwaltungsprozessrecht, § 26, Rn 59.

für unwirksam erklärt wird (§ 47 V 2 VwGO)[63]. Eine erfolgreiche Anfechtung eines Vollzugsakts führt dagegen nur zur Aufhebung dieses Vollzugsakts. Das Normenkontrollverfahren muss gem. **§ 47 II 1 VwGO innerhalb eines Jahres nach Bekanntmachung der Rechtsnorm anhängig** gemacht werden. Diese Regelung ist problematisch[64].

b) Die Begründetheit der Normenkontrolle

Die Normenkontrolle ist dann begründet, wenn die Polizeiverordnung mit **höherrangigem**   **635** **Recht, das dem OVG als Prüfungsmaßstab zur Verfügung** steht, **nicht vereinbar** ist. Prüfungsmaßstab der Normenkontrolle sind grundsätzlich **Bundesrecht** und **höherrangiges Landesrecht**. Die Vereinbarkeit mit höherrangigem Landesrecht darf allerdings nicht geprüft werden, wenn gesetzlich vorgesehen ist, dass ausschließlich das Verfassungsgericht des Landes die Polizeiverordnung überprüfen darf (§ 47 III VwGO)[65]. Auch **EG-Recht** ist nach richtiger, aber umstrittener Auffassung als Prüfungsmaßstab heranzuziehen[66].

Ob der **Antragsteller in seinen Rechten verletzt** wird, ist für die Begründetheit der Normenkontrolle **ohne Bedeutung**. Wenn das OVG bei seiner Überprüfung zum Ergebnis kommt, dass die angegriffene Verordnung gegen höherrangiges Recht verstößt, stellt es gem. **§ 47 V 2 VwGO** fest, dass die Norm **unwirksam** ist. Bei Verordnungen, die schon außer Kraft getreten sind, stellt es fest, dass sie unwirksam waren[67]. Wenn die Verordnung (nur) **mit EG-Recht unvereinbar** ist, wird (nur) festgestellt, dass die Verordnung **unanwendbar** ist[68]. Die Entscheidung, die der Normenkontrolle stattgibt, ist nach § 47 V 2 VwGO **allgemein verbindlich**. Die Entscheidungsformel ist in derselben Art und Weise zu veröffentlichen, in der die Polizeiverordnung bekanntzumachen wäre. Die Wirksamkeit bereits erlassener Verwaltungsakte, die auf die Polizeiverordnung gestützt wurden, wird durch die Unwirksamerklärung nicht berührt. Noch nicht bestandskräftige Verwaltungsakte, die dem Vollzug der nichtigen Norm dienen sollten, sind zurückzunehmen[69]. Die Vollstreckung aus Verwaltungsakten ist unabhängig von ihrer Bestandskraft gem. § 47 V 3 iVm § 183 VwGO unzulässig[70].

c) Vorläufiger Rechtsschutz durch eine einstweilige Anordnung

Vorläufiger Rechtsschutz gegen eine Polizeiverordnung kann gem. **§ 47 VI VwGO** auf Antrag   **636** mittels einer einstweiligen Anordnung gewährt werden, wenn dies zur **Abwehr schwerer Nachteile oder aus anderen wichtigen Gründen dringend geboten** ist. Es hat eine **Interessenabwägung** stattzufinden. Zu vergleichen ist dabei die Lage, die sich ergäbe, wenn die Norm rechtswidrig wäre, eine einstweilige Anordnung aber nicht erginge, mit der Lage, die sich ergäbe, wenn eine einstweilige Anordnung erlassen würde, sich aber später herausstellte, dass die angegriffene Norm rechtmäßig und gültig war. Für die Interessenabwägung ist eine **summarische Überprü-**

---

63 Zum Rechtsschutzbedürfnis bei einer Normenkontrolle gegen außer Kraft getretene Normen s. näher *Kopp/Schenke*, VwGO, § 47, Rn 90.
64 Zur rechtlichen Problematik dieses Fristerfordernisses s. *Kopp/Schenke*, VwGO, § 47, Rn 84.
65 Zur umstrittenen Auslegung dieser Bestimmung, insbesondere zum Streit, ob bei § 47 III VwGO eine konkrete oder (richtigerweise) eine abstrakte Betrachtung zu Grunde zu legen ist, s. *Schenke*, Verwaltungsprozessrecht, Rn 918 f und ausführlich *Kopp/Schenke*, VwGO, § 47, Rn 100 ff, insbesondere Rn 103 ff.
66 Dazu näher *BVerwG*, NVwZ-RR 1995, 358, 359 und *Kopp/Schenke*, VwGO, § 47, Rn 99 mit eingeh. Nachw.
67 *Schenke*, Verwaltungsprozessrecht, Rn 922a.
68 *Kopp/Schenke*, VwGO, § 47, Rn 99.
69 *Kopp/Schenke*, VwGO, § 47, Rn 145. Anderes gilt grundsätzlich für bestandskräftige Verwaltungsakte, deren Rücknahme in das behördliche Ermessen gestellt ist; dazu näher *Gerhard*, Die Rechtsfolgen prinzipaler Normenkontrollen für Verwaltungsakte, 2008 sowie *ders.*, FS Schenke, 2011, S. 721 ff.
70 *Kopp/Schenke*, VwGO, § 47, Rn 145.

fung der Erfolgsaussichten im Hauptsacheverfahren ebenfalls von Bedeutung. Mittels einer einstweiligen Anordnung kann nach richtiger, aber sehr umstrittener Ansicht **der Normvollzug nicht nur generell, sondern auch (nur) individuell ausgesetzt werden**[71].

2. Inzidenter Rechtsschutz durch die Anfechtung von Normvollzugsakten

637 Wer sich durch eine Polizeiverordnung in seinen Rechten verletzt fühlt, hat meist neben der prinzipalen Normenkontrolle des § 47 I Nr 2 VwGO noch weitere Rechtsschutzmöglichkeiten. Ihm stehen idR auch **inzidente Normenkontrollen offen.** Unter einer **inzidenten** Normenkontrolle ist ein Verfahren zu verstehen, bei dem das Gericht nur **vorfrageweise über die Gültigkeit der Norm** entscheidet. Die Gültigkeit der Norm ist also – anders als bei einer prinzipalen Normenkontrolle – nicht unmittelbarer Gegenstand der Entscheidung, sondern nur als Vorfrage von Bedeutung.

Bei **vollziehbaren Normen**, die zum Erlass belastender Verwaltungsakte ermächtigen, besteht eine solche inzidente Normenkontrolle darin, dass gegen einen derartigen Verwaltungsakt eine **Anfechtungsklage** gem. § 42 VwGO erhoben wird. Das Verwaltungsgericht hat dann bei seiner Entscheidung grundsätzlich – sofern der Verwaltungsakt nicht schon aus anderen Gründen rechtswidrig ist – zu überprüfen, ob der Verwaltungsakt sich auf eine wirksame Rechtsgrundlage stützt. Dies ist idR dann nicht der Fall, wenn die entsprechende Norm rechtswidrig ist. Der durch Art. 19 IV GG verfassungsrechtlich gebotene Rechtsschutz lässt sich bei vollziehbaren Normen meist bereits durch eine solche Anfechtungsklage realisieren. Das gilt jedenfalls dann, wenn sich die Beeinträchtigung, die sich aus der Norm ergibt, nur durch den angegriffenen Verwaltungsakt konkretisiert und sich hierin erschöpft.

3. Inzidenter Rechtsschutz durch eine verwaltungsgerichtliche Feststellungsklage

638 Wenn es sich bei der Polizeiverordnung, die den Betroffenen in seinen Rechten verletzt, um eine sog. **Vollzugsnorm (self-executing-Norm)** handelt, hilft eine Anfechtungsklage nicht weiter. Eine Norm, die sich selbst vollzieht, bedarf nämlich keiner Vollzugsakte, mit denen sie umgesetzt wird, so dass insoweit keine Verwaltungsakte existieren, die angefochten werden könnten. Der Rechtsschutz kann in solchen Fällen jedoch durch eine **Feststellungsklage gem. § 43 VwGO** realisiert werden. Mit einer solchen Klage ist die Feststellung zu beantragen, dass dem Kläger das **Verhalten erlaubt** ist, das eine Polizeiverordnung verbietet. Dies ermöglicht insoweit ebenfalls eine inzidente Normenkontrolle. Die vom Staat bestrittene Berechtigung eines Verhaltens betrifft ein subjektives öffentliches Recht und damit ein Rechtsverhältnis iSd § 43 VwGO. Die Feststellung, dass das subjektive Recht besteht, setzt voraus, dass das Verwaltungsgericht vorfrageweise die Gültigkeit der Polizeiverordnung überprüft, die dem Kläger das Verhalten verbietet, und bei dieser **Prüfung zum Ergebnis gelangt, dass die Polizeiverordnung rechtswidrig und nichtig bzw unwirksam ist.** Wenn zB eine Polizeiverordnung für einen See ein allgemeines Badeverbot verhängt, so kann ein Bürger seinen Rechtsschutz dadurch realisieren, dass er auf Feststellung klagt, zum Baden im See berechtigt zu sein. Wenn eine Polizeiverordnung bestimmte Tätigkeiten zu Unrecht von der Erteilung einer behördlichen Erlaubnis abhängig macht, kann ein Bürger Rechtsschutz erlangen, indem er verwaltungsgerichtlich feststellen lässt, er sei zu dieser Tätigkeit ohne Erlaubnis befugt[72]. Der **vorläufige Rechtsschutz wird über § 123 VwGO** sichergestellt.

---

71 Dazu näher *Schenke*, Verwaltungsprozessrecht, Rn 1046 ff.
72 Die Norm ist hier zwar vollziehbar. Ein mittelbarer Rechtsschutz gegen Vollzugsakte (zB eine Verpflichtungsklage auf Erteilung der Erlaubnis) würde aber dem Rechtsschutzanliegen des Betroffenen nicht gerecht, wenn er bereits die allgemeine Notwendigkeit einer Erlaubnis (und nicht nur die Versagung einer Erlaubnis im konkreten Einzelfall) für rechtswidrig hält.

4. Rechtsschutz durch eine Verfassungsbeschwerde

Außerdem besteht noch eine **außerordentliche Möglichkeit des Rechtsschutzes** gegen polizei- **639**
und ordnungsbehördliche Verordnungen, nämlich die **Verfassungsbeschwerde des § 90
BVerfGG**. Dabei wird prinzipal darüber entschieden, ob die (unmittelbar) angegriffene Norm mit
den Grundrechten vereinbar ist. Mit der Verfassungsbeschwerde kann eine **Verletzung von
Grundrechten oder grundrechtsähnlichen, in § 90 I BVerfGG genannten Rechten** geltend
gemacht wird. Sie ist jedoch gem. § 90 II 1 BVerfGG **subsidiär gegenüber einer prinzipalen
Normenkontrolle gem. § 47 VwGO**[73]. Eine solche Normenkontrolle stellt nämlich einen anderen Rechtsweg dar, der gegen die Verordnung eingeräumt ist. Soweit das Landesrecht eine solche
Normenkontrolle zulässt, ist deswegen eine Verfassungsbeschwerde erst nach erfolgloser Durchführung der Normenkontrolle gem. § 47 VwGO statthaft. Die Normenkontrollentscheidung des
OVG kann dann innerhalb der Frist des § 93 I BVerfGG mit einer Verfassungsbeschwerde angegriffen werden[74].

Soweit das Landesrecht eine prinzipale Normenkontrolle gem. § 47 VwGO nicht zulässt, kann **640**
eine Verfassungsbeschwerde trotzdem meist nicht unmittelbar gegen die polizei- bzw ordnungsbehördliche Verordnung erhoben werden, weil meist auch eine **inzidente Normenkontrolle** möglich ist. Soweit eine solche inzidente Normenkontrolle einen wirksamen Rechtsschutz sichert,
stellt sie **ebenfalls einen Rechtsweg gegen die Verordnung** dar, so dass hier § 90 II 1 BVerfGG
gleichfalls einschlägig ist[75]. Zumindest spricht – so das *BVerfG*[76] – der allgemeine Gedanke der
Subsidiarität, der § 90 II 1 BVerfGG zu entnehmen ist, dafür, den Betroffenen zunächst auf diese
Möglichkeit zu verweisen, Rechtsschutz gegen die sich aus der Norm ergebenden Beeinträchtigungen zu erlangen. Die Erhebung einer Verfassungsbeschwerde gegen die Norm ist iÜ daran gebunden, dass die **Frist des § 93 III BVerfGG (ein Jahr seit Inkrafttreten der Polizeiverordnung)** noch nicht abgelaufen ist. Wenn diese Frist nicht eingehalten wird – was wegen der
zeitlichen Dauer eines inzidenten Rechtsschutzes durch mehrere Instanzen häufig der Fall sein
wird –, so besteht nur die Möglichkeit, die **letztinstanzliche verwaltungsgerichtliche Entscheidung im Wege einer Urteilsverfassungsbeschwerde** anzugreifen. Dafür gilt die **Fristenrege-
lung des § 93 I BVerfGG**, die an die Zustellung der Entscheidung bzw an die formlose Mitteilung der in vollständiger Form abgefassten Entscheidung anknüpft.

Wenn eine Polizeiverordnung, die einen Bürger belastet, gegen höherrangiges Recht verstößt, be- **641**
inhaltet sie stets eine (zumindest mittelbare) Grundrechtsverletzung[77], sodass eine gegen die Polizeiverordnung gerichtete Verfassungsbeschwerde begründet ist[78]. Das *BVerfG* hat dann gem.
§ 95 I 1 BVerfGG festzustellen, welche **Vorschrift des GG durch die Verordnung verletzt
wurde**, und die Verordnung gem. **§ 95 III 1 BVerfGG** (grundsätzlich) für **nichtig zu erklären**.
Gleiches gilt gem. **§ 95 III 2 BVerfGG** bei einer Urteilsverfassungsbeschwerde. Die Entscheidung, die die **Nichtigkeit der Norm** feststellt, hat gem. **§ 31 II 2 BVerfGG Gesetzeskraft**.

Vorläufiger verfassungsgerichtlicher Rechtsschutz wird über **§ 32 BVerfGG** gewährt. **642**

---

73 *BVerfGE* 70, 35, 54; *Schenke*, Verwaltungsprozessrecht, Rn 1084.
74 Dazu *Kopp/Schenke*, VwGO, § 47, Rn 86.
75 Vgl näher *Schenke*, NJW 1986, 1451 ff; *ders.*, FS Steiner, 2009, 682, 705 ff; *Detterbeck*, DÖV 1990,
    558, 562 ff.
76 *BVerfGE* 68, 325 f; 69, 122, 125; 71, 305, 334 ff.
77 Dazu näher *Schenke*, Verwaltungsprozessrecht, Rn 1080. Dadurch können Rechtsschutzlücken in den
    Fällen geschlossen werden, in denen ausnahmsweise ein effektiver Rechtsschutz gegen eine Verord-
    nung nur mittels einer prinzipalen Normenkontrolle möglich ist, s. dazu *Schenke*, Verwaltungsprozess-
    recht, Rn 1077 ff.
78 Eine solche mittelbare Grundrechtsverletzung muss das *BVerfG* bei einer rechtswidrigen Polizeiver-
    ordnung selbst dann feststellen, wenn sie nicht auf der Verletzung „spezifischer Verfassungsrechte"
    beruht, *Schenke*, Verfassungsgerichtsbarkeit und Fachgerichtsbarkeit, 1987, S. 58 ff; *BVerfGE* 7, 11,
    118 f; 9, 3, 12; 45, 400, 413; 53, 366, 390; **aA** wohl *BVerfG*, NVwZ 1998, 169, 170.

Lösung der Ausgangsfälle (Rn 605 f):

643 **Fall 1: a)** Die Regelung ist eine polizei- bzw ordnungsbehördliche Verordnung[79], da sie für eine unbestimmte Vielzahl von Fällen gilt und an eine unbestimmte Zahl von Personen gerichtet ist (vgl zB § 10 I BWPolG; § 25 I 1 NWOBG[80]). Davon ist jedenfalls angesichts der Größe des Sees auszugehen. (Abweichendes könnte ggf.bei einem kleinen Gewässer gelten.)

Bedenken gegen die formelle Rechtmäßigkeit der Verordnung könnten sich zunächst daraus ergeben, dass ihre Rechtsgrundlage sowie der Zeitpunkt ihres Inkrafttretens nicht genannt werden. Die Angabe der Rechtsgrundlage ist zT gesetzlich zwingend vorgesehen (so zB in § 12 I Nr 1 BWPolG[81]). Ein Verstoß gegen entsprechende Vorschriften führt zur Rechtswidrigkeit und Nichtigkeit bzw Unwirksamkeit der Verordnung. Soweit die Angabe der Ermächtigungsgrundlage gesetzlich nicht verlangt wird, ist die Rechtsverordnung unter diesem Gesichtspunkt nicht zu beanstanden. Insbesondere ist allein aus dem grundgesetzlichen Rechtsstaatsprinzip (Art. 28 I 1 GG) noch nicht abzuleiten, dass die gesetzliche Ermächtigungsgrundlage angegeben werden muss (Rn 622).

644 Dass der Zeitpunkt, zu dem die Verordnung in Kraft tritt, nicht angegeben ist, führt nur zur Rechtswidrigkeit der Norm (und damit zu ihrer Nichtigkeit bzw Unwirksamkeit), soweit eine solche Angabe gesetzlich zwingend vorgesehen ist. In einigen Bundesländern ist dies der Fall[82]. Soweit eine solche Angabe gar nicht oder nur in Form einer Soll-Vorschrift verlangt wird, macht dagegen ihr Fehlen die Verordnung nicht rechtswidrig. So verlangt zB § 12 II Nr 3 BWPolG[83] die Benennung des Tages, zu dem eine Polizeiverordnung in Kraft tritt, nur in Form einer Sollvorschrift. § 12 III BWPolG[84] regelt, dass beim Fehlen einer diesbezüglichen Angabe die Polizeiverordnung mit dem vierzehnten Tag nach Ablauf des Tages in Kraft tritt, an dem sie amtlich bekannt gemacht worden ist. § 34 S. 1 NWOBG geht ebenfalls davon aus, dass der Zeitpunkt des Inkrafttretens nicht angegeben werden muss. Wohl aber muss in Nordrhein-Westfalen zwingend das Datum genannt werden, an dem die Verordnung erlassen worden ist (§ 30 Nr 6 NWOBG[85]); ein diesbezüglicher Verstoß macht die Verordnung rechtswidrig.

Inhaltlich ist die Verordnung insoweit nicht zu beanstanden, als sie dem Schutz gefährdeter Tierarten und damit der öffentlichen Sicherheit dient. Die Zulassung von Motorbooten durch Einführung einer Erlaubnispflicht zu beschränken und die erteilten Erlaubnisse zahlenmäßig zu begrenzen, stellt auch ein taugliches Mittel dar, dieses Ziel zu erreichen. Inhaltlich fehlerhaft ist aber, dass die Verordnung die Kriterien nicht definiert, anhand derer über die Erteilung einer Erlaubnis zu entscheiden ist. Die Verordnung ist dadurch nicht hinreichend inhaltlich bestimmt und deswegen rechtswidrig und nichtig.

---

79 Zur unterschiedlichen Terminologie in den einzelnen Bundesländern s. näher Rn 607.

80 Vgl auch § 24 BrandOBG; § 48 BremPolG; § 71 HessSOG; § 25 NWOBG; § 43 I RhPfPOG; § 59 II SaarlPolG; § 9 I SächsPolG; § 27 I ThürOBG; ähnlich § 175 iVm § 53 SchlHVwG. Bayern, Berlin, Hamburg, Mecklenburg-Vorpommern, Niedersachsen und Sachsen-Anhalt verzichten auf eine Definition.

81 Vgl auch § 53 I Nr 3 BremPolG; § 78 Nr 3 HessSOG; § 21 I Nr 2 MVSOG; § 58 Nr 4 NdsSOG; § 30 Nr 3 NWOBG; § 46 I Nr 3 RhPfPOG; § 62 Nr 4 SaarlPolG; § 97 Nr 4 SachsAnhSOG; § 11 I Nr 1 SächsPolG; § 32 Nr 3 ThürOBG.

82 So zB in § 78 Nr 7 HessSOG; § 97 Nr 6 SachsAnhSOG; § 11 I Nr 4 SächsPolG; § 32 Nr 6 ThürOBG.

83 Vgl auch § 53 II 1 BremPolG; § 62 II 1 SaarlPolG.

84 Vgl die ähnlichen Regelungen in § 53 II 2 BremPolG; § 24 MVSOG; § 60 NdsSOG; § 46 II RhPfPOG; § 62 II 2 SaarlPolG.

85 Ebenso oder ähnlich § 53 I Nr 5 BremPolG; § 78 Nr 7 HessSOG; § 21 I Nr 4 MVSOG; § 58 Nr 6 NdsSOG; § 46 I Nr 6 RhPfPOG; § 62 Nr 3 SaarlPolG; § 97 Nr 7 SachsAnhSOG; § 32 Nr 6 ThürOBG.

b) Soweit das betreffende Land von der Ermächtigung des § 47 I Nr 2 VwGO Gebrauch gemacht hat (wie zB Baden-Württemberg, § 4 BWAGVwGO[86]), kann N die Polizeiverordnung im Wege einer Normenkontrolle gem. § 47 VwGO überprüfen lassen. Die von N behauptete Rechtswidrigkeit und Nichtigkeit bzw Unwirksamkeit der Norm ist dann als solche Gegenstand des Verfahrens (sog. prinzipale Normenkontrolle). N ist antragsbefugt iSd § 47 II 1 Alt. 1 VwGO. Zu beachten ist allerdings, dass der Antrag nach dem – problematischen (dazu Rn 634) – § 47 II 1 VwGO innerhalb eines Jahres nach Bekanntmachung der Verordnung zu stellen ist. Nach einem erfolglosen Antrag (s. § 90 II 1 BVerfGG) kann N gegen die Normenkontrollentscheidung eine Verfassungsbeschwerde erheben, mit der er die Verletzung des Art. 2 I GG rügt (zur Subsidiarität der Verfassungsbeschwerde s. Rn 639).

645

N kann außerdem Rechtsschutz durch eine inzidente Normenkontrolle erlangen, bei der über die von ihm behauptete Rechtswidrigkeit und Nichtigkeit bzw Unwirksamkeit der Norm mittelbar (als Vorfrage) zu entscheiden ist. Im konkreten Fall kann N gem. § 43 VwGO die Feststellung begehren, dass er befugt ist, auf dem X-See mit seinem Motorboot ohne Erlaubnis zu fahren.

646

Eine solche inzidente Normenkontrolle hat in denjenigen Ländern besondere Bedeutung, die von der Ermächtigung des § 47 I Nr 2 VwGO keinen Gebrauch gemacht haben (wie zB Nordrhein-Westfalen; vgl Rn 638)[87]. Vor Erhebung einer Verfassungsbeschwerde muss dort inzidenter Rechtsschutz über § 43 VwGO in Anspruch genommen werden. Solange dies nicht geschehen ist, stehen § 90 II 1 BVerfGG bzw der Grundsatz der Subsidiarität der Zulässigkeit einer Verfassungsbeschwerde entgegen (Rn 640).

647

Fall 2: a) Eine Polizeiverordnung, die generell für alle Hunde (unabhängig von ihrer Rasse oä) einen Maulkorbzwang vorsieht, ist rechtswidrig, weil es hier typischerweise an einer hinreichenden Wahrscheinlichkeit eines Schadenseintritts und damit einer abstrakte Gefahr fehlt (vgl Rn 613 u Rn 70). Soweit das betreffende Bundesland eine prinzipale Normenkontrolle gem. § 47 VwGO gestattet (wie zB Baden-Württemberg), kann H mittels einer solchen Normenkontrolle gem. § 47 V 2 VwGO allgemein verbindlich feststellen lassen, dass die Verordnung unwirksam ist. Soweit das betreffende Bundesland eine solche Normenkontrolle nicht gestattet, kann er seinen Rechtsschutz mittels einer verwaltungsgerichtlichen Feststellungsklage gem. § 43 VwGO realisieren und feststellen lassen, dass er berechtigt ist, seinen Hund ohne einen Maulkorb frei laufen zu lassen. Diese Feststellung ist dann aber nicht allgemein verbindlich. Die Unwirksamkeit der Polizeiverordnung ist nicht Klagegegenstand und kann schon deswegen nicht gem. § 121 VwGO rechtskräftig festgestellt werden. Zudem wirkt das Feststellungsurteil nach § 121 VwGO nur zwischen den Beteiligten. Nur dann, wenn die Verwaltungsgerichte (fälschlich) die Feststellungsklage des H als unbegründet abwiesen, könnte er anschließend eine Verfassungsbeschwerde gegen die Norm (unter Beachtung des § 93 III BVerfGG) oder gegen das letztinstanzliche Urteil (unter Beachtung des § 93 I BVerfGG) erheben. Dadurch könnte er dann über § 95 III 1 oder 2 BVerfGG herbeiführen, dass die Polizeiverordnung allgemein verbindlich für nichtig erklärt wird (Rn 639).

648

b) Variante 1: Für den Rechtsschutz spielt es keine Rolle, ob die Verordnung in der für Verordnungen vorgeschriebenen Weise oder in der für Allgemeinverfügungen vorgesehenen Weise öffentlich bekannt gemacht worden ist. Maßgeblich für die rechtliche Qualifikation ist nämlich nicht die Form des Erlasses, sondern der Inhalt (Rn 616).

649

---

86 Ebenso oder ähnlich Art. 5 BayAGVwGO; § 4 I BrandVwGG; Art. 7 BremAGVwGO; § 15 I HessAGVwGO; § 13 MVAGGStrukG; § 7 NdsAGVwGO; § 4 RhPfAGVwGO; § 18 SaarlAGVwGO; § 24 SächsJG; § 10 SachsAnhAGVwGO; § 5 SchlHAGVwGO; § 4 ThürAGVwGO.

87 Ebenso Berlin und Hamburg.

Variante 2: Bei einer individuellen Bekanntgabe an die einzelnen Hundehalter wirkt die Regelung nicht mehr gegenüber einer unbestimmten Zahl von Personen. Vielmehr wirkt sie dann nur gegenüber den Personen, denen sie bekannt gemacht wurde. Deswegen hat hier die Form ausnahmsweise (mittelbare) Bedeutung für die rechtliche Qualifikation, weil in diesem Fall die Form den Inhalt beeinflusst. Damit wird freilich nicht in Frage gestellt, dass vorrangig der Inhalt maßgeblich ist. Bei einer individuellen Bekanntgabe an die einzelnen Hundehalter wird nur für diese eine gesonderte Regelung getroffen, so dass gerade keine unbestimmte Vielzahl von Fällen geregelt wird und damit ein essenzielles Kriterium für das Vorliegen einer Rechtsnorm fehlt. Vielmehr wird eine Vielzahl einzelner Verwaltungsakte erlassen, die (nach Durchführung eines Widerspruchsverfahrens) jeweils mit einer Anfechtungsklage angegriffen werden können.

§ 12 Sonstige polizeiliche undordnungs-behördliche Handlungsinstrumente

Ausgangsfälle:

650 **Fall 1:** Die zuständige Behörde warnt vor den Geschäftspraktiken des Gerissen (G), die sie für betrügerisch hält. G ist der Meinung, diese Warnung sei rechtswidrig. Er macht geltend, dass – was zutrifft – seine Praktiken rechtlich nicht zu beanstanden seien und die Warnung der Behörde darauf beruhe, dass sie sich ungenügend über seine Tätigkeit informiert habe. Dies hätte sich leicht vermeiden lassen, wenn er vorher zu den Vorwürfen, die gegen ihn erhoben werden, angehört worden wäre. Dazu bestand ausreichend Zeit.

a) Wie ist die Rechtslage? **Rn 672**

b) Kann sich G gegen die Warnung mit Erfolg gerichtlich zur Wehr setzen? **Rn 674**

651 **Fall 2:** Die zuständige Behörde beanstandet die Geschäftspraktiken des G. Sie erklärt sich aber dazu bereit, diese Geschäftspraktiken noch für drei Monate zu dulden, wenn G sich im Gegenzug vertraglich verpflichtet, nach Ablauf dieser drei Monate seine Geschäfte einzustellen. Um Zeit zu gewinnen, erklärt sich G in einer schriftlichen Vereinbarung mit diesem Vorschlag einverstanden. Bei einer späteren Beratung mit einem Rechtsanwalt erfährt er, dass die beanstandeten Praktiken rechtlich unbedenklich sind. Deswegen hält er sich nicht mehr an die Vereinbarung gebunden. Wie ist die Rechtslage? **Rn 675**

I. Realakte

652 Realakte[1] bilden – neben Verwaltungsakten und Rechtsverordnungen – ein bedeutsames öffentlichrechtliches Handlungsinstrument der mit der Gefahrenabwehr befassten Behörden. Realakte unterscheiden sich von Verwaltungsakten und Rechtsverordnungen dadurch, dass sie nicht auf eine rechtliche Regelung mit Außenwirkung

---

1 ZT werden Realakte auch als Tathandlungen oder schlichtes Verwaltungshandeln bezeichnet.

gerichtet sind[2]. Realakte können sowohl **Verrichtungen wie auch Wissenserklärungen** sein. Verrichtungen sind zB eine Dienstfahrt, eine heimliche Observation oder Videoaufnahme, ebenso die Beseitigung eines Hindernisses auf einer Straße, das eine Gefahr hervorruft. Nach freilich umstrittener Auffassung stellen auch die unmittelbare Ausführung bzw der Sofortvollzug Verrichtungen dar und sind deshalb nicht als Verwaltungsakte zu qualifizieren (Rn 566 f), ebenso die Ersatzvornahme (Rn 553) sowie die Anwendung unmittelbaren Zwangs (Rn 558). Standardmaßnahmen sind hingegen grundsätzlich als Verwaltungsakte zu qualifizieren, auch wenn sie zugleich eine Ermächtigung zu tatsächlichen Ausführungshandlungen mitbeinhalten (Rn 115 ff). Wissenserklärungen sind zB Presseerklärungen[3], Auskünfte[4], Warnungen[5], Gefährderansprachen[6] oder Gefährderanschreiben[7].

Mit **Gefährderansprachen** oder **Gefährderanschreiben** weist die Polizei einzelne Betroffene darauf hin, dass sie mit polizeilichen Maßnahmen rechnen müssen, wenn sie an einer bestimmten Veranstaltung (zB einem Fußballspiel) bzw an einer bestimmten Versammlung (zB einer Demonstration) teilnehmen. Hintergrund einer Gefährderansprache bzw eines Gefährderanschreibens ist idR, dass der Betroffene in der Vergangenheit bereits in entsprechendem Zusammenhang polizeilich aufgefallen ist, zB an gewalttätigen Ausschreitungen bei einem Fußballspiel oder bei einer Demonstration beteiligt war. Gefährderansprache bzw Gefährderanschreiben können bereits diskriminierenden Charakter haben und damit in das durch **Art. 2 I iVm Art. 1 I GG geschützte allgemeine Persönlichkeitsrecht eingreifen**[8]. Der Eingriff in subjektive Rechte kann sich aber auch aus der **einschüchternden Wirkung**[9] solcher Gefährderansprachen und –anschreiben ergeben, die die Betroffenen veranlassen können, auf die Teilnahme an einer Veranstaltung zu verzichten und oftmals auch bewusst zu diesem Zweck eingesetzt werden. Darin liegt dann ein **faktischer Eingriff in das Grundrecht**, dessen Ausübung verhindert bzw zumindest beeinträchtigt wird[10]. Bezieht sich die Gefährderansprache bzw das Gefährderanschreiben auf die Teilnahme an einer Demonstration wird zB in das Grundrecht der Versammlungsfreiheit eingegriffen (zu Konsequenzen s. unten Rn 653). Beim Fehlen einschlägiger spezieller

---

2 S. dazu näher *Brohm*, DVBl 1994, 133 ff; *Leidinger*, DÖV 1993, 925 ff; *Remmert*, Jura 2007, 736 ff; *Rachor*, in: L/D, E, Rn 35 ff; *Rasch*, DVBl 1992, 207 ff; *Robbers*, DÖV 1987, 272 ff; *Schoch*, JuS 1995, 218.
3 Dazu eingeh. *Schmidbauer*, BayVBl. 1988, 257 ff.
4 Vgl zB *BVerwGE* 31, 301 ff.
5 Vgl zB *LG Stuttgart*, NJW 1989, 2257 ff; *OLG Stuttgart*, NJW 1990, 2690 ff (Produktwarnung im Lebensmittelrecht).
6 *Deusch*, Die Polizei 2006, 145 f; *Arzt*, Die Polizei 2006, 156 ff.
7 Näher hierzu *Hebeler*, NVwZ 2011, 1364 ff; *Kießling*, DVBl 2012, 1211 f und *Kleinbauer*, NdsVBl. 2006, 206 ff.
8 Das trifft insbesondere dann zu, wenn eine Gefährderansprache vor Dritten durchgeführt wird, s. *Kießling*, DVBl 2012, 1210, 1212.
9 Dass ein Einschüchterungseffekt einen Grundrechtseingriff begründen kann, wird in vergleichbaren Fällen auch in der bundesverfassungsgerichtlichen Rechtsprechung anerkannt (vgl zB *BVerfGE* 113, 29, 46; 115, 320, 354 f).
10 S. zu diesen Grundrechtseingriffen auch *OVG Lüneburg*, NJW 2006, 391 ff; *Kießling*, DVBl 2012, 1211 f und *Kleinbauer*, NdsVBl. 2006, 206 ff.

Grundrechte liegt jedenfalls ein Eingriff in Art. 2 I GG vor. Soweit ein Gefährderan-schreiben mit Geboten oder Verboten einhergeht, sind diese Verwaltungsakte[11].

653 Belastende Realakte bedürfen jedenfalls dann einer gesetzlichen Ermächtigungsgrundlage, wenn der mit ihnen verbundene Eingriff in subjektive Rechte voraussehbar ist und gezielt herbeigeführt wird. Dies ergibt sich aus dem Vorbehalt des Gesetzes. Die Ausdehnung des Grundrechtsschutzes gegen faktische Eingriffe[12] führt damit hier zu einer **Ausdehnung grundrechtlich fundierter Gesetzesvorbehalte**. Warnungen[13] insbesondere mit Individualbezug[14] können folglich nicht al-lein auf die polizei- und ordnungsbehördliche Aufgabennorm gestützt werden[15], sondern nur auf polizei- und ordnungsrechtliche **Eingriffsermächtigungen**. Aus der Zuweisung von Aufgaben kann keine Eingriffsermächtigung abgeleitet werden[16]. Ebenso wenig kann eine Eingriffsermäch-tigung aus grundrechtlichen Schutzpflichten deduziert werden[17] (s. auch oben Rn 41). Letztere müssen vielmehr angesichts ihrer Weite und Unbestimmtheit schon aus funktionellrechtlichen Gründen vom Gesetzgeber konkretisiert werden[18]. Da spezielle Rechtsgrundlagen für Realakte meist fehlen, bleibt oft nur der Rückgriff auf polizei- und ordnungsbehördliche Generalermächti-gungen. Sie meinen mit dem Begriff der Maßnahmen (vgl zB §§ 1, 3 BWPolG nicht nur Verwal-tungsakte, sondern auch Realakte (Rn 50a). Ihre Anwendung setzt (anders als die Aufgabennorm, s. Rn 71) eine **konkrete Gefahr** voraus. Prinzipielle Einwände gegen die Anwendung der polizei- und ordnungsrechtlichen Generalermächtigungen bestehen nicht. Das gilt auch für Gefährderan-sprachen und Gefährderschreiben. Da diese mit keinen besonders schweren Grundrechtseingrif-fen verbunden sind, bedürfen sie **keiner speziellen gesetzlichen Ermächtigungsgrundlage**[19], zumal sie relativ neue Handlungsinstrument der Polizei darstellen (s. Rn 49 f). Es genügt deshalb der Rückgriff auf die polizeilichen Generalermächtigungen. Einschränkungen in Bezug auf die (alleinige) Anwendung der Generalermächtigungen können sich allerdings dort ergeben, wo die Gefährderansprachen bzw -schreiben in **spezielle Grundrechte eingreifen**. Soweit sich solche Maßnahmen auf öffentliche Versammlungen unter freiem Himmel beziehen, müssen deshalb ne-ben den Voraussetzungen der Generalklauseln zusätzlich die Voraussetzungen des § 15 VersG vorliegen (s. Rn 379, **aA** offenbar *Hebeler*, NVwZ 2011, 1364, 1365). Beziehen sich die Maßnah-men auf die Teilnahme an Versammlungen in geschlossenen Räumen ergeben sich zusätzliche Beschränkungen daraus, dass Art. 8 GG insoweit nur immanente Schranken aufweist. Fehlt es am Vorliegen einer konkreten Gefahr und sollen die Gefährderansprachen bzw -schreiben nur der Ge-

---

11 Dazu *OVG Lüneburg*, NVwZ-RR 2012, 720.
12 Vgl *Gallwas*, Faktische Beeinträchtigungen im Bereich der Grundrechte, 1970; *Ramsauer*, Die fakti-schen Beeinträchtigungen des Eigentums, 1980; *ders.*, VerwArch. Bd. 72 (1981), 89 ff; *BVerwGE* 71, 183 ff.
13 Vgl dazu zB *Gröschner*, DVBl 1990, 619 ff; *Heintzen*, VerwArch. Bd. 81 (1990), 532 ff; *Lübbe/Wolff*, NJW 1987, 2708 ff; *Ossenbühl*, Umweltpflege durch behördliche Warnungen und Empfehlungen, 1986.
14 Ein Individualbezug liegt zB vor, wenn vor dem Verzehr eines von einer bestimmten Firma hergestell-ten Produktes, vor dem Geschäftsgebaren eines bestimmten Unternehmens oder vor den Praktiken ei-ner bestimmten Sekte gewarnt wird. Bei einem solchen Individualbezug liegt regelmäßig ein Grund-rechtseingriff vor. Allerdings geht es zu weit, wenn *Pieroth/Schlink/Kniesel*, § 2, Rn 46 nur bei einem Individualbezug von einem Grundrechtseingriff ausgehen. Auch Warnungen, die an einen abs-trakt umschriebenen Sachverhalt anknüpfen und deren Betroffene im Moment der Warnung noch nicht abschließend feststehen und individualisierbar sind, können in ihren Grundrechten (zB in Art. 12 GG und Art. 14 GG) schwerwiegend beeinträchtigt werden, so dass auch insoweit Grundrechtsschutz ge-boten ist.
15 Zur Aufgabennorm als Grundlage für polizeiliche Realakte, die nicht in Rechte eines Bürgers eingrei-fen, s. *VGH Mannheim*, NVwZ 1989, 279, 280.
16 Dazu näher auch oben Rn 36 f.
17 Bedenklich daher *BVerfG*, NJW 1989, 3269, 3270; **krit.** *Leidinger*, DÖV 1993, 925, 930.
18 Grundlegend hierzu *Wahl/Masing*, JZ 1990, 553 ff.
19 *Hebeler*, NVwZ 2011, 1364, 1366; **aA** aber neuerdings *Kießling*, DVBl 2012, 1213 f.

fahrenvorsorge dienen, sind sie bei einem mit ihnen verbundenen Grundrechtseingriff wegen Fehlens einer gesetzlichen Ermächtigungsgrundlage generell unzulässig.

Soweit sich ein belastender Realakt nur auf bestimmte Personen bezieht, verlangt er in Konsequenz des vorher Gesagten das Vorliegen einer konkreten Gefahr. Soweit es sich allerdings um einen „generellen" Realakt handelt, der für eine unbestimmte Vielzahl von Personen subjektivrechtlich relevant ist[20], wird hingegen idR – sofern nicht im Einzelfall gesetzliche Regelungen ausdrücklich eine konkrete Gefahr fordern – bereits eine abstrakte Gefahr[21] genügen. Hierfür spricht auch, dass solche Realakte (zB Warnungen) häufig ein milderes Mittel zB gegenüber einer Polizeiverordnung, die ein Verbot anordnet, darstellen. Jedoch verstößt es gegen das Übermaßverbot, in denjenigen Fällen mit „generellen" Realakten zu arbeiten, in denen die Gefahr konkret eingegrenzt und dann ebenso wirksam bekämpft werden kann.

Nähere Regelungen über das „Wie" polizeilicher Realakte enthalten weder die Polizei- und Ordnungsgesetze noch die Verwaltungsverfahrensgesetze. Allerdings können diejenigen verwaltungsverfahrensrechtlichen Bestimmungen, die zwar unmittelbar nur für Verwaltungsakte gelten, aber **rechtsstaatliche Prinzipien konkretisieren** (zB über Anhörung und Begründung)[22], **analog** auf Realakte angewendet werden, die in die Rechtssphäre des Bürgers eingreifen[23]. Insbesondere bei regelungsersetzenden Realakten – wie zB einer unmittelbaren Ausführung – dürfte eine solche Analogie prinzipiell angebracht sein[24]. Es ist nicht notwendig, hierfür statt des Realakts einen auf Duldung gerichteten Verwaltungsakt zu konstruieren[25]. So ist es zB bei behördlichen Warnungen grundsätzlich – sofern nicht Gefahr im Verzug besteht – rechtlich geboten, die Betroffenen vorher anzuhören; bei Gefahr im Verzug muss die Anhörung später nachgeholt werden. **654**

Die Prüfung der formellen und materiellen Rechtmäßigkeit von Realakten kann sich grundsätzlich an dem Prüfungsschema für Verwaltungsakte orientieren (vgl oben Rn 488 ff)[26]. Der Rechtsschutz gegen Realakte, die subjektive Rechte verletzen (und ggf. einen Folgenbeseitigungsanspruch auslösen), ist mittels einer **allgemeinen Leistungsklage** oder – bei „Erledigung" des Realakts – durch eine **allgemeine Feststellungsklage** zu realisieren (s. näher Rn 663 ff). **655**

II. Öffentlichrechtliche Verträge

Ein mögliches polizeiliches Handlungsinstrument stellen ferner öffentlichrechtliche Verträge dar, die zwischen Staat und Bürger abgeschlossen werden. Auf solche Verträge sind die §§ 54 ff VwVfG anzuwenden. Sie sind in der Praxis zwar nicht sehr häufig, aber vom Gesetzgeber anerkannt. Einwände, die in der Literatur[27] zT gegen öffentlichrechtliche Verträge erhoben werden, greifen daher nicht durch. **656**

Im Polizei- und Ordnungsrecht spielten solche Verträge zwar in der Vergangenheit keine große Rolle. Dabei mögen prinzipielle Bedenken, die in der Verwaltungsrechts-

20 Bei fehlendem Bezug auf bestimmte Personen kann allerdings uU ein Grundrechtseingriff fehlen, vgl (aber zu weitgehend) *Leidinger*, DÖV 1993, 930 u. oben Rn 653 Fn 14.
21 Vgl *BVerwG*, NJW 1989, 2272, 2274.
22 Vgl *Robrecht*, SächsVBl. 2005, 241, 248.
23 S. auch *Brohm*, DVBl 1994, 133, 136.
24 Vgl hierzu näher *Robbers*, DÖV 1987, 277 ff.
25 So aber *BVerwGE* 26, 161, 164 (Schlag mit Hiebwaffe); *VG Frankfurt*, NJW 1981, 2372 (Wegnahme eines belichteten Films).
26 Vgl auch *Mußmann*, BW, Rn 388.
27 *Burmeister*, JuS 1989, 262; Drews/Wacke/Vogel/Martens, § 23, 2b (7).

lehre lange gehegt wurden, nachgewirkt haben[28] – obwohl der Gesetzgeber in §§ 54 ff VwVfG den öffentlichrechtlichen Vertrag als legales Handlungsinstrument anerkannt hat, das im Verhältnis zum Verwaltungsakt den Vorteil **größerer Flexibilität** für sich in Anspruch nehmen kann. In jüngerer Zeit befindet sich aber der öffentlichrechtliche Vertrag gerade im Umweltrecht, das durch sehr komplexe Strukturen gekennzeichnet ist, eindeutig im Vormarsch. Dies wird zB im Bereich des Bodenschutzrechts am **Sanierungsvertrag gem. § 13 IV BBodSchG** deutlich[29]. Darüber hinaus besitzen die Vorschriften über den öffentlichrechtlichen Vertrag eine nicht zu unterschätzende Bedeutung für die rechtliche Bewertung eines kooperativen informalen Verwaltungshandelns, das in der Verwaltungswirklichkeit zunehmend anzutreffen ist (dazu unten Rn 660 ff) und dem durch die genannten Vorschriften wenigstens in gewissem Umfang Grenzen gesetzt werden. Es liegt jedenfalls auf der Hand, dass rechtliche Bindungen, die für einen öffentlichrechtlichen Vertrag nach den §§ 54 ff VwVfG bestehen, nicht beliebig dadurch ausgehöhlt werden dürfen, dass in ein informales Handeln von Staat und Bürger ausgewichen wird.

657 Ein öffentlichrechtlicher Vertrag kann nach § 54 S. 2 LVwVfG **an die Stelle eines Verwaltungsakts** treten (sog. **subordinationsrechtlicher öffentlichrechtlicher Vertrag**). Für subordinationsrechtliche öffentlichrechtliche Verträge, die einen Vergleich zum Gegenstand haben (**Vergleichsverträge**), finden sich spezielle Regelungen in § 55 LVwVfG, für **Austauschverträge** in § 56 LVwVfG. Die Begriffe des Vergleichsvertrages iSd § 55 LVwVfG sowie des Austauschvertrages iSd § 56 LVwVfG umschreiben den möglichen Inhalt öffentlichrechtlicher Verträge **nicht abschließend**, sondern lassen Raum für andere Vertragstypen. Der Vergleichsvertrag setzt erstens eine bei beiden Vertragsparteien bestehende Ungewissheit bezüglich tatsächlicher Umstände oder rechtlicher Gesichtspunkte voraus, die zweitens nicht oder nicht ohne erheblichen Aufwand behoben werden kann und die drittens durch gegenseitiges Nachgeben beseitigt wird[30]. Ein Austauschvertrag nach § 56 LVwVfG ist ein gegenseitig verpflichtender Vertrag, bei dem sich der Vertragspartner der Behörde zu einer Gegenleistung verpflichtet, die erstens für einen bestimmten Zweck vereinbart sein, zweitens der Erfüllung einer öffentlichen Aufgabe der Behörde dienen (§ 56 I 1 LVwVfG), drittens angemessen sein und viertens im sachlichen Zusammenhang mit der vertraglichen Leistung der Behörde stehen muss (§ 56 I 2 LVwVfG)[31]. Ergänzend bestimmt § 56 II LVwVfG, dass dann, wenn auf die Leistung der Behörde ein Rechtsanspruch besteht, nur eine solche Gegenleistung vereinbart werden darf, die bei Erlass eines Verwaltungsakts Inhalt einer Nebenbestimmung nach § 36 LVwVfG sein könnte.

658 Auch bei öffentlichrechtlichen Verträgen ist zwischen formeller und materieller Rechtmäßigkeit zu unterscheiden. **Formell rechtmäßig** ist ein Vertrag, wenn übereinstimmende wirksame Willenserklärungen der Vertragsparteien vorliegen und die Willenserklärung des Trägers öffentlicher Gewalt durch die (sachlich, örtlich und instanziell) zuständige Behörde abgegeben wurde. Der Vertrag bedarf nach § 57 LVwVfG der Schriftform oder – nach Maßgabe des § 3a LVwVfG – der elektronischen Form. Soweit der Vertrag in Rechte Dritter eingreift, bedarf er deren Zustimmung (§ 58 I LVwVfG). Wenn der Verwaltungsakt, an dessen Stelle der Vertrag treten soll, die Zustimmung einer Behörde erfordert, muss diese Behörde auch dem Vertrag zustimmen. Zur **materiellen Rechtmäßigkeit** des Vertrages gehört, dass er inhaltlich hinreichend bestimmt sein

---

28 So hielt *O. Mayer*, AöR Bd. 3 (1888), 3, 42, einen öffentlichrechtlichen Vertrag zwischen Staat und Bürger bereits für denkgesetzlich nicht möglich. Bedenken aus jüngerer Zeit zB bei *Burmeister*, JuS 1989, 262 und *Drews/Wacke/Vogel/Martens*, § 23, 2b (7).
29 S. dazu zB *Frenz*, BBodSchG, 2000, § 13, Rn 86.
30 *Maurer*, AllgVerwR, § 14, Rn 16.
31 *Maurer*, AllgVerwR, § 14, Rn 17.

muss und zwingendem, der Disposition der Vertragsparteien entzogenem Recht nicht widersprechen darf. In diesem Zusammenhang kommt den Bindungen der §§ 55 f LVwVfG besondere Bedeutung zu.

Zu beachten ist, dass sich aus der formellen und/oder materiellen Rechtswidrigkeit eines subordinationsrechtlichen öffentlichrechtlichen Vertrag **nicht notwendig dessen Nichtigkeit** ergibt. Nichtig ist der Vertrag vielmehr nur in den Fällen des **§ 59 LVwVfG**. **§ 59 II LVwVfG** ordnet die Nichtigkeit an, wenn ein Verwaltungsakt mit entsprechendem Inhalt nichtig wäre (§ 59 II Nr 1 LVwVfG), wenn ein Verwaltungsakt mit entsprechendem Inhalt nicht nur wegen eines Verfahrens- oder Formfehlers iSd § 46 LVwVfG rechtswidrig wäre und dies den vertragsschließenden Parteien bekannt war (§ 59 II Nr 2 LVwVfG), wenn die Voraussetzungen zum Abschluss eines Vergleichsvertrags nicht vorlagen und ein Verwaltungsakt mit entsprechendem Inhalt nicht nur wegen eines Verfahrens- oder Formfehlers iSd § 46 LVwVfG rechtswidrig wäre (§ 59 II Nr 3 LVwVfG) oder wenn sich die Behörde eine nach § 56 LVwVfG unzulässige Gegenleistung versprechen lässt (§ 59 II Nr 4 LVwVfG). Die Nichtigkeit kann außerdem aus **§ 59 I LVwVfG** folgen, nach dem ein öffentlichrechtlicher Vertrag nichtig ist, wenn sich dies aus der **entsprechenden Anwendung von Vorschriften des BGB** ergibt. § 59 II LVwVfG wollte nämlich, wie sich aus der Formulierung „ist ferner nichtig" ergibt, die allgemeinen Nichtigkeitsgründe, die nach § 59 I LVwVfG für jeden öffentlichrechtlichen Vertrag gelten, nicht einschränken, sondern erweitern. Damit ist die Streitfrage, ob § 134 BGB auch auf subordinationsrechtliche öffentlichrechtliche Verträge anzuwenden ist, entgegen der gesetzgeberischen Absicht[32] zu bejahen[33]. Wenn § 134 BGB nicht herangezogen werden könnte, ergäben sich verfassungsrechtliche Bedenken gegen § 59 LVwVfG, weil dann ein gesetzeswidriger subordinationsrechtlicher Vertrag sanktionslos bliebe. Dies wäre sowohl unter dem Gesichtspunkt der Gesetzmäßigkeit der Verwaltung (Art. 20 III GG) wie auch unter grundrechtlichen Gesichtspunkten problematisch[34].

659

III. Informelles konsensuales Verwaltungshandeln

Neben förmlichen Rechtsakten spielt **informelles (informales) Verwaltungshandeln**[35] im Bereich der Gefahrenabwehr eine nicht unerhebliche Rolle. Der Inhalt dieses Begriffs ist allerdings unklar; er wird in unterschiedlicher Bedeutung gebraucht. Wenn man ihn nur zur Kennzeichnung einseitigen nichtförmlichen Handelns benutzt, deckt er sich mit dem Begriff des hoheitlichen Realakts. Sinnvoller ist es, ihn als **Oberbegriff** zu verwenden, der **neben dem einseitigen hoheitlichen Realakt** auch die Kooperation von Staat und Bürger umfasst, die unterhalb der Schwelle eines öffentlichrechtlichen Vertrags mittels nicht rechtsverbindlicher Absprachen und Arrangements erfolgt. Zur Kennzeichnung dieser Form des Zusammenwirkens soll hier der Begriff des **konsensualen Verwaltungshandelns** verwandt werden. Dieses ist nicht unmittelbar darauf gerichtet, Verpflichtungen der Beteiligten rechtlich zu begründen, entfaltet aber im Regelfall eine **faktische Bindung**. Im praktischen Ergebnis bleibt eine solche Bindung kaum hinter der Wirkung eines öffentlichrechtlichen Vertrags zurück. Für konsensuales Verwaltungshandeln existieren aber – anders als für den öffentlichrechtlichen Vertrag – keine rechtlichen Regelungen, die unmittelbar anwend-

660

32 BT-Drucks. 7/910, S. 81.
33 Vgl hierzu näher *Bonk*, in: Stelkens/Bonk/Sachs, VwVfG, § 59, Rn 49 ff; *Schenke*, JuS 1977, 281, 287 ff.
34 Dazu *Schenke*, JuS 1977, 281, 283 ff.
35 Dazu auch *Maurer*, AllgVerwR, § 15, Rn 14 ff.

bar sind. Ein solches rechtliches Vakuum ist unter rechtsstaatlichen Gesichtspunkten höchst problematisch. Es muss jedenfalls ausgeschlossen sein, durch eine Flucht in das konsensuale Verwaltungshandeln rechtliche Bindungen umgehen zu können, die bei einem öffentlichrechtlichen Vertrag zu beachten wären und die zumindest partiell rechtsstaatliche Prinzipien konkretisieren.

661 Eine Verrechtlichung konsensualen Verhaltens ist in gewissem Umfang unumgänglich. In unserer Rechtsordnung ist auch sonst eine zunehmende rechtliche Sensibilisierung für die faktischen Auswirkungen staatlichen Handelns festzustellen, so zB bei dem heute grundsätzlich anerkannten Grundrechtsschutz gegen faktische Eingriffe. Ohne eine solche Verrechtlichung könnte konsensuales Verwaltungshandeln leicht zu rechtsfreien Räumen führen und sich damit zu einem trojanischen Pferd der Rechtsstaatlichkeit auswachsen. Die Gegner einer solchen Verrechtlichung weisen zwar darauf hin, dass konsensuales Verhalten begriffsnotwendig ein Einverständnis des beteiligten Bürgers voraussetze, weswegen der Grundsatz „volenti non fit iniuria" gelten müsse. Dies vermag rechtsstaatliche, insbesondere grundrechtliche Bedenken aber nicht zu zerstreuen, weil zwischen Staat und Bürger typischerweise ein Machtgefälle besteht und zudem nicht nur die Interessen der Beteiligten, sondern auch öffentliche Interessen und – vor allem – Interessen Dritter zu berücksichtigen sind[36]. Freilich kann eine Verrechtlichung nicht bedeuten, dass die Bindungen, die für den öffentlichrechtlichen Vertrag gelten, unbesehen analog auf konsensuales Verwaltungshandeln übertragen werden. Eine derartige **Formalisierung des Informalen** liefe letztlich darauf hinaus, konsensuales Verwaltungshandeln gänzlich abzuschaffen. Es trüge damit dem praktischen Bedürfnis, das für ein solches Handeln in gewissem Umfang durchaus existiert, nicht ausreichend Rechnung.

662 Eine rechtliche Grenze muss allerdings dahingehend gezogen werden, dass konsensuales Verwaltungshandeln nicht eingesetzt werden darf, um Ergebnisse zu erzielen, die die Rechtsordnung missbilligt und denen die Rechtsordnung die Anerkennung versagt. Das trifft grundsätzlich dann zu, wenn konsensuales Verhalten auf die Missachtung eines Verbotsgesetzes hinausläuft oder wenn öffentlichrechtliche Verträge mit vergleichbarem Inhalt nichtig wären (zB nach § 59 II Nrn. 3 oder 4 LVwVfG) oder sich zu Lasten Dritter auswirkten (s. den Rechtsgedanken des § 58 I LVwVfG). Zwar passt die Sanktion der Nichtigkeit, die in § 59 LVwVfG vorgesehen ist, nicht auf konsensuales Verhalten, weil jenes gerade nicht auf die Rechtsverbindlichkeit der getroffenen Abreden zielt. Die Rechtswidrigkeit des konsensualen Verhaltens kann aber zB für Folgemaßnahmen relevant werden. So sind zB polizei- und ordnungsbehördliche Ermessensverwaltungsakte, mit denen ein rechtswidriges konsensuales Verhalten vollzogen wird, schon allein wegen der Rechtswidrigkeit dieses Verhaltens ihrerseits rechtswidrig und aufzuheben. Hier ist freilich Vieles noch ungeklärt.

IV. Rechtsschutz gegen sonstige polizeiliche und ordnungsbehördliche Handlungsinstrumente

1. Der Rechtsschutz gegen Realakte mittels einer allgemeinen Leistungsklage

663 Der Rechtsschutz gegen Realakte, aus denen sich unmittelbar für den Betroffenen **fortdauernde Beeinträchtigungen** ergeben (zB Warnung vor den Praktiken einer Sekte, Gefährderansprachen und -schreiben, Videoüberwachungen; s. auch Rn 186), ist mittels einer **allgemeinen**

---

36 Zum entsprechenden Problem iVm einem öffentlichrechtlichen Vertrag s. *Maurer*, AllgVerwR, § 14, Rn 34.

Leistungsklage zu bewerkstelligen, die auf die Beseitigung des Realakts gerichtet ist. Die Zulässigkeit der allgemeinen Leistungsklage ergibt sich aus den **§§ 40, 43 II 1 VwGO**[37]. Wenn solche Realakte drohen, kommen **vorbeugende Unterlassungsklagen** in Betracht, die – anders als bei drohenden Verwaltungsakten (Rn 533) – durch die erst später eröffnete Möglichkeit, repressiven Rechtsschutz zu erlangen, nicht eingeschränkt werden. Insoweit besteht nämlich nicht die Gefahr, dass die spezifischen Zulässigkeitsvoraussetzungen der Anfechtungsklage umgangen werden.

Voraussetzung für die Zulässigkeit einer allgemeinen Leistungsklage[38] ist ua, dass eine **Klagebefugnis analog § 42 II VwGO** besteht[39]. Die Analogie ist geboten, weil die ratio des § 42 II VwGO, **Popularklagen auszuschließen**, auch für die allgemeine Leistungsklage zutrifft. Neuere Prozessordnungen fordern dementsprechend für die allgemeine Leistungsklage ausdrücklich eine Klagebefugnis (s. § 40 II FGO, ähnlich § 54 V SGG). Die Klagebefugnis ist gegeben, wenn der geltend gemachte **Anspruch auf Beseitigung der Beeinträchtigungen**, die sich unmittelbar aus dem Realakt ergeben, **möglich erscheint**. Wenn ein polizeilicher Realakt in die **Rechtssphäre des Klägers eingreift** und zu fortdauernden unmittelbaren Beeinträchtigungen führt, ist ein aus den Grundrechten ableitbarer **öffentlichrechtlicher Beseitigungsanspruch jedenfalls nicht offensichtlich ausgeschlossen** und daher die Klagebefugnis zu bejahen. Ob der Realakt tatsächlich rechtswidrig ist und den Kläger in seinen Rechten verletzt, ist erst für die Begründetheit der Klage relevant. Wenn ein (konkreter) Realakt erst in der Zukunft droht, kommen aus den **Grundrechten ableitbare Unterlassungsansprüche** in Betracht (Rn 234 f), so dass insoweit die Klagebefugnis für eine allgemeine Leistungsklage in Form einer vorbeugenden Unterlassungsklage besteht.

Eine allgemeine Leistungsklage setzt – anders als eine Verpflichtungsklage (§§ 68 II, 75 S. 1 VwGO) – **keinen Antrag auf Vornahme der begehrten Amtshandlung** (dh auf Beseitigung der geltend gemachten Beeinträchtigung) **voraus**. Ein solcher **Antrag** kann insbesondere nicht unter dem allgemeinen Aspekt des Rechtsschutzbedürfnisses verlangt werden[40]. Bei der allgemeinen Leistungsklage gibt es grundsätzlich **kein Widerspruchsverfahren**.   **664**

Die allgemeine Leistungsklage ist aufgrund des **öffentlichrechtlichen Beseitigungsanspruchs** (dazu näher Rn 117) dann begründet, wenn der Realakt den Kläger in seinen **Rechten verletzt** und ihn noch **unmittelbar und fortdauernd rechtswidrig beeinträchtigt**. Der Anspruch muss noch im Zeitpunkt der **letzten mündlichen Verhandlung** vor dem Verwaltungsgericht – bei Fehlen einer mündlichen Verhandlung im Zeitpunkt der Entscheidung – gegeben sein. Wenn ein ursprünglich bestehender Anspruch vor diesem Zeitpunkt weggefallen ist, indem zB eine rechtswidrige polizeiliche Warnung zurückgenommen worden ist, so kommt – bei Bestehen eines berechtigten Interesses – eine auf § 43 VwGO gestützte Klage auf Feststellung in Betracht, dass die Polizei den Realakt nicht vornehmen durfte bzw ein Anspruch auf Beseitigung seiner Folgen bestand (s. dazu sogleich Rn 667).   **665**

Der vorläufige Rechtsschutz wird über die einstweilige Anordnung des § 123 VwGO sichergestellt.   **666**

---

37   Die Statthaftigkeit einer allgemeinen Leistungsklage lässt sich nicht mit der Begründung in Frage stellen, das Unterlassen einer begehrten hoheitlichen Handlung enthalte zugleich eine konkludente Regelung und damit einen Verwaltungsakt; s. dazu näher *Schenke*, Verwaltungsprozessrecht, Rn 347.

38   Zu den Zulässigkeitsvoraussetzungen einer allgemeinen Leistungsklage s. das Prüfungsschema bei *Schenke*, Verwaltungsprozessrecht, Rn 724a. Zum Verwaltungsrechtsweg bereits oben Rn 509.

39   Dazu eingeh. *Schenke*, Verwaltungsprozessrecht, Rn 492.

40   *Schenke*, Verwaltungsprozessrecht, Rn 363; **aA** *Schmitt Glaeser/Horn*, Verwaltungsprozessrecht, Rn 388.

2. Der Rechtsschutz gegen Realakte mittels einer allgemeinen verwaltungsgerichtlichen Feststellungsklage gem. § 43 VwGO

667   Wenn der Bürger durch einen Realakt in seinen Rechten verletzt wird, sich seine daraus unmittelbar resultierenden Beeinträchtigungen aber nicht mehr beseitigen lassen, scheidet eine allgemeine Leistungsklage aus. Eine **Klage auf Feststellung der Rechtswidrigkeit des Realakts analog § 113 I 4 VwGO**[41], die verschiedentlich befürwortet wird, ist **abzulehnen**. Die in § 113 I 4 VwGO geregelte Fortsetzungsfeststellungsklage kann auf Realakte nicht übertragen werden, weil sie eng mit der Anfechtungsklage zusammenhängt, die nur gegen Verwaltungsakte statthaft ist. Es besteht zudem **keine Rechtsschutzlücke**. Der Rechtsschutz gegen einen „erledigten" Realakt ist bereits durch die **allgemeine Feststellungsklage des § 43 VwGO**[42] gewährleistet. Die Berechtigung des Trägers der Polizei- bzw Ordnungsbehörde, den belastenden Realakt vorzunehmen, stellt ein subjektives Recht[43] dar und begründet ein Rechtsverhältnis. Der Bürger kann deswegen im Wege einer negativen Feststellungsklage gem. § 43 VwGO feststellen lassen, dass die Polizei **ihm gegenüber zur Vornahme des Realakts nicht berechtigt war**. Auch vergangene Rechtsverhältnisse können zum Gegenstand einer Feststellungsklage gemacht werden. Sofern der Realakt zunächst rechtmäßig war und erst später seine Aufrechterhaltung wegen einer Veränderung der Sach- oder Rechtslage rechtswidrig geworden ist, kann auch festgestellt werden, dass ab dem Zeitpunkt der Veränderung die Aufrechterhaltung des Realakts rechtswidrig war bzw ein **Anspruch auf seine Beseitigung** bestand. Allerdings gilt dies wegen § 43 II 1 VwGO nur dann, wenn dieser Anspruch später erloschen ist und deshalb nicht mehr mit einer allgemeinen Leistungsklage durchgesetzt werden kann.

Beispiel: Die Polizei warnt zunächst rechtmäßig vor den Geschäftspraktiken eines Unternehmens. Nachdem dieser auf Rücknahme der Warnung klagt, stellt die Polizei aber fest, dass tatsächlich kein Schaden droht und die Praktiken rechtlich nicht zu beanstanden sind. Dennoch nimmt sie ihre Warnung nicht sofort zurück. Dem Unternehmen entsteht wegen der verspäteten Rücknahme ein erheblicher Schaden. – Hier kann das Unternehmen nunmehr mit Erfolg auf Feststellung klagen, dass die Polizei ab dem Zeitpunkt der Veränderung der Sach- oder Rechtslage nicht mehr berechtigt war, die Warnung aufrecht zu halten.

668   Nur wer durch einen Realakt in seinen Rechten beeinträchtigt sein kann, ist auch **klagebefugt**. Zur Begründung dieses Ergebnisses bedarf es **keiner Analogie zu § 42 II VwGO**, wie sie die Rspr[44] befürwortet. Vielmehr ergibt sich dies bereits aus dem **Zweck** der Feststellungsklage. Nicht klagebefugt ist deswegen zB ein Verbraucher, der eine Warnung vor einem Produkt für ungerechtfertigt hält.

669   Es muss außerdem ein **berechtigtes Interesse an der begehrten Feststellung** bestehen. Der Begriff des berechtigten Interesses ist bei einer Feststellungsklage nach § 43 VwGO **genauso auszulegen** wie bei einer Fortsetzungsfeststellungsklage in **direkter oder analoger Anwendung des § 113 I 4 VwGO**[45]. Damit kann an die Fallgruppen angeknüpft werden, in denen bei einer Fortsetzungsfeststellungsklage ein Rechtsschutzinteresse anzuerkennen ist (vgl Rn 524). Ein berechtigtes Interesse besteht deshalb bei **Wiederholungsgefahr**, bei **diskriminierendem Charakter des Realakts** sowie bei dessen **typischerweise kurzfristiger Erledigung**. Darüber hinaus besteht ein berechtigtes Interesse bei Realakten, die zunächst **heimlich vorgenommen** worden wa-

---

41 Für sie aber *Hufen*, Verwaltungsprozessrecht, § 18, Rn 44; *Redeker*, in: Redeker/v. Oertzen, VwGO, 13. Aufl., 2000, § 113, Rn 36.
42 Vgl für die hM zB *Ehlers*, Jura 2001, 415, 419; *Kopp/Schenke*, VwGO, § 113, Rn 116 mwN.
43 Zu subjektiven Rechten des Staates s. *Schenke*, Verwaltungsprozessrecht, Rn 387 ff.
44 *BVerwG*, NVwZ 1991, 470 f; DVBl 1995, 1250; **krit.** *Laubinger*, VerwArch. Bd. 82 (1991), 459, 480 ff; *Schenke*, Verwaltungsprozessrecht, Rn 410.
45 Näher *Schenke*, Verwaltungsprozessrecht, Rn 579; **aA** – nicht überzeugend – *BVerwGE* 81, 226, 228.

ren[46]. Solche Realakte haben sich jedenfalls dann, wenn sie dem Betroffenen nachträglich bekannt gemacht werden (zB nach einer längerfristigen heimlichen Observation), bereits in dem Sinn erledigt, dass die Beeinträchtigungen, die sich aus ihnen ergeben, idR nicht mehr rückgängig gemacht werden können. Ohne Bejahung eines berechtigten Interesses könnten sie deshalb nie gerichtlich überprüft werden. Ein berechtigtes Interesse besteht außerdem grundsätzlich dann, wenn der **Feststellung präjudizielle Bedeutung für zivilgerichtlich geltend zu machende, nicht offensichtlich aussichtslose Schadensersatz- bzw Entschädigungsansprüche zukommt**. Dies gilt allerdings nur dann, wenn zunächst eine allgemeine Leistungsklage auf Beseitigung der sich aus dem Realakt ergebenden Beeinträchtigungen erhoben worden war und der Anspruch auf Beseitigung nach Rechtshängigkeit dieser Klage entfiel, denn nur dann lässt sich ein berechtigtes Interesse mit dem bereits entfalteten prozessualen Aufwand begründen (vgl Rn 524).

3. Der Rechtsschutz im Zusammenhang mit öffentlichrechtlichen Verträgen

Bei öffentlichrechtlichen Verträgen, die rechtswidrig und nach Maßgabe des § 59 LVwVfG nichtig sind, kann das **Nichtbestehen des Vertrages Gegenstand einer negativen Feststellungsklage** gem. § 43 VwGO sein. Die prozessuale Durchsetzung einzelner Ansprüche aus einem wirksamen öffentlichrechtlichen Vertrag hängt davon ab, welchen Rechtscharakter die Leistung aufweist, auf die ein vertraglicher Anspruch besteht. Wenn es sich um einen **Realakt** handelt, kann der Rechtsschutz im Wege einer **allgemeinen Leistungsklage** erlangt werden. Bei einem **Verwaltungsakt** ist hingegen eine **Verpflichtungsklage** statthaft. Der **Hoheitsträger** kann vertragliche Ansprüche gegen den Bürger **prinzipiell nur mittels einer allgemeinen Leistungsklage** geltend machen. Eine Durchsetzung mittels eines Verwaltungsakts scheidet aus, weil sich der Hoheitsträger dadurch, dass er eine vertragliche Vereinbarung eingegangen ist, der **Möglichkeit begeben hat, seine öffentlichrechtlichen Ansprüche mittels Verwaltungsakts durchzusetzen**. Der Bürger kann sich allerdings nach § **61 LVwVfG** der sofortigen Vollstreckung aus dem Vertrag öffentlichrechtlich unterwerfen. Wenn dies geschehen ist, kann die Behörde nach Maßgabe des § 61 II LVwVfG die Verwaltungsvollstreckung betreiben. In einem solchen Fall **fehlt** für eine allgemeine Leistungsklage des Hoheitsträgers grundsätzlich das **Rechtsschutzbedürfnis**.

670

4. Der Rechtsschutz im Zusammenhang mit informellem konsensualem Verwaltungshandeln

Soweit das informelle konsensuale Verwaltungshandeln Rechte des Bürgers verletzen kann, kommt für ihn derselbe Rechtsschutz in Betracht, der auch sonst gegenüber **Realakten einschlägig** ist (dazu oben Rn 663 f).

671

Lösung der Ausgangsfälle (Rn 650 f):

Fall 1: a) Die Warnung ist mangels rechtsverbindlicher Regelung ein Realakt (Rn 652). Sie ist sowohl formell wie auch materiell rechtswidrig.

672

Die formelle Rechtswidrigkeit ergibt sich daraus, dass G nicht angehört wurde, obwohl die Warnung in sein durch Art. 14 GG geschütztes Recht am eingerichteten und ausgeübten Gewerbetrieb eingriff. Zwar ist § 28 LVwVfG, der eine Anhörung verlangt, unmittelbar nur auf Verwaltungsakte anwendbar. Aus dem Rechtsstaatsprinzip, speziell aus dem den Grundrechten immanenten status activus processualis, ergibt sich aber, dass bei regelungsersetzenden

---

46 Vgl zur Überprüfung einer heimlichen (allerdings fälschlich als Verwaltungsakt qualifizierten) Überwachung *BVerwGE* 87, 23, 25.

Realakten, die eine ähnliche Wirkung wie ein belastender Verwaltungsakt entfalten, grundsätzlich in analoger Anwendung des § 28 LVwVfG eine vorherige Anhörung geboten ist. Eine vorherige Anhörung kann nur bei Gefahr im Verzug unterbleiben. Gefahr im Verzug bestand hier nicht. Selbst wenn sie vorgelegen hätte, hätte die Anhörung iÜ jedenfalls nachgeholt werden müssen, was ebenfalls nicht geschah.

673   Die materielle Rechtswidrigkeit ergibt sich daraus, dass die Tatbestandsvoraussetzungen der polizei- bzw ordnungsbehördlichen Generalklausel (§§ 1, 8 MEPolG; §§ 1, 3 BWPolG[47]) nicht vorlagen. Es drohte tatsächlich kein Schaden für die öffentliche Sicherheit. Die Warnung könnte deswegen allenfalls unter dem Gesichtspunkt einer zunächst bestehenden Anscheinsgefahr gerechtfertigt werden. Eine Anscheinsgefahr lag aber nicht vor. Aus ex-ante-Sicht der Behörde bestand nämlich bei verständiger Würdigung der Sachlage keine hinreichende Wahrscheinlichkeit für einen Schadenseintritt, denn die Behörde hätte eine solche Einschätzung erst nach einer Anhörung des G abgeben dürfen. Zuvor hatte sie noch keine ausreichende Basis für eine solche Einschätzung (s. auch Rn 77). Der Verfahrensfehler (fehlende Anhörung) führt damit zugleich zu einem materiellrechtlichen Fehler. Selbst wenn man (fälschlicherweise) zunächst von einer Anscheinsgefahr ausginge, wäre die Aufrechterhaltung der Warnung spätestens in dem Moment auch inhaltlich rechtswidrig geworden, in dem die Behörde erkannte, dass die Geschäftspraktiken des G nicht zu beanstanden waren.

674   **b)** G kann mit einer allgemeinen Leistungsklage auf Rücknahme der Warnung klagen (Rn 663). Die analog § 42 II VwGO erforderliche Klagebefugnis ist zu bejahen, da der geltend gemachte Anspruch auf Rücknahme unter dem Gesichtspunkt eines öffentlich-rechtlichen Beseitigungsanspruchs (Folgenbeseitigungsanspruchs) möglich erscheint (Rn 117 u. 663). Die allgemeine Leistungsklage ist begründet, da die Tatbestandsvoraussetzungen eines solchen Beseitigungsanspruchs vorliegen. G ist durch die Warnung in seinem Eigentumsgrundrecht verletzt. Bis zur Rücknahme der Warnung führt sie für ihn zu einer fortdauernden rechtswidrigen Beeinträchtigung.

675   **Fall 2:** G wäre nur dann weiter verpflichtet, die Geschäftspraktiken zu unterlassen, wenn er immer noch durch die getroffene Vereinbarung gebunden wäre. Die Vereinbarung ist ein öffentlichrechtlicher Vertrag gem. § 54 LVwVfG, der ein öffentlichrechtliches Verhalten der Behörde zum Gegenstand hat. Da sich der Vertrag auf den Erlass eines Verwaltungsakts bezieht, liegt ein subordinationsrechtlicher Vertrag iSd § 54 S. 2 LVwVfG vor (Rn 657); der Vertragstypus ist als Austauschvertrag iSd § 56 LVwVfG zu qualifizieren. Ein Vergleichsvertrag iSd § 55 LVwVfG lag nicht vor, weil keine beiderseitige Ungewissheit der Vertragsparteien über die Rechtslage bestand. Der Austauschvertrag ist rechtswidrig und gem. § 59 II Nr 4 LVwVfG nichtig, weil sich die Behörde eine nach § 56 LVwVfG unzulässige Leistung versprechen ließ. Die Behörde war nämlich nicht berechtigt, die geschäftliche Tätigkeit des G zu verbieten. G hatte deswegen auch ohne den Vertrag einen Rechtsanspruch darauf, dass die Behörde nicht gegen ihn vorgeht – wozu sich die Behörde in dem Vertrag (für drei Monate) verpflichtete. Die Behörde hätte sich deswegen nach § 56 II LVwVfG nur dann eine Gegenleistung von G versprechen lassen dürfen, wenn diese Gegenleistung bei Erlass eines Verwaltungsakts Inhalt einer Nebenbestimmung hätte sein dürfen. Da dies hier hinsichtlich der von G eingegangenen Verpflichtung nicht zutraf, handelt es sich um eine unzulässige Gegenleistung. Auf die umstrittene (richtigerweise zu bejahende) Frage, ob § 134 BGB über § 59 I LVwVfG auf subordinationsrechtliche öffentlichrechtliche Verträge anwendbar ist (dazu Rn 659), kommt es damit nicht mehr an.

---

47   Vgl auch Art. 2 I, 11 I BayPAG; §§ 1 I, 17 I BerlASOG; §§ 1 I, 13 I BrandOBG; §§ 1, 10 I BremPolG; §§ 1 I, 11 HessSOG; §§ 1, 13 MVSOG; §§ 1 I, 11 NdsSOG; §§ 1 I, 14 I NWOBG; §§ 1 I, 9 I 1 RhPf-POG; §§ 1 II, 8 I SaarlPolG; §§ 1 I, 13 SachsAnhSOG; §§ 1, 3 SächsPolG; §§ 2 I, 5 I ThürOBG.

4. Abschnitt

Entschädigungs- und Ersatzansprüche bei polizeilichem Handeln

Ausgangsfälle:

Fall 1: Ein Baum, der auf dem Grundstück des Grünzweig (G) steht, ragt mit einem Ast in   676
den Straßenraum hinein. Dieser Ast droht nach einem Sturm abzubrechen. Dadurch besteht die
Gefahr, dass Passanten verletzt werden. G befindet sich im Urlaub und ist nicht erreichbar. Die
zuständige Behörde lässt deswegen selbst den Baum fällen. G hält dies für rechtswidrig, da es
– was zutrifft – genügt hätte, wenn der in den Straßenraum ragende Ast abgesägt worden wäre.
Er verlangt deshalb Wertersatz für den gefällten Baum. Ferner fordert er Ersatz für den Schaden, der ihm dadurch entstanden ist, dass er die Früchte des Baumes, der kurz vor der Ernte
stand, zu einem besonders günstigen, über dem üblichen Marktpreis liegenden Preis hätte ver-
kaufen können. Stehen dem G Schadensersatz- bzw Entschädigungsansprüche zu? **Rn 695**

Fall 2: Durch die defekte Alarmanlage des Unsicher (U) wird bei der Polizei ein Fehlalarm   677
ausgelöst. Die Polizei vermutet, dass in das Haus des U, der sich im Urlaub befindet, eingebro-
chen wird. Sie rückt deshalb sofort an und bricht die Tür des Hauses auf, weil sie vermutet,
dass sich darin noch der Einbrecher befindet. Kann U den Ersatz der Kosten verlangen, die ihm
durch das gewaltsame Aufbrechen der Tür entstanden ist?

Variante: Verschiedene Nachbarn teilen der Polizei mit, sie hätten gesehen, wie sich Personen
Eingang in das Haus verschafft hätten. Die Polizei schenkt dieser Schilderung Glauben, zumal
in letzter Zeit in der unmittelbaren Nachbarschaft des Hauses verschiedene Einbruchsdieb-
stähle stattgefunden hatten. Wie ist die Rechtslage? Könnte U in diesem Fall den Ersatz der
Kosten verlangen, die ihm durch das Aufbrechen der Tür erwuchsen? **Rn 696.**

§ 13 Entschädigungsansprüche Betroffener

I. Entschädigungsansprüche des Störers

Für Entschädigungsansprüche des Bürgers gegen den Polizeiträger (dazu unter   678
Rn 679 ff) und für Ersatzansprüche des Polizeiträgers gegen den Bürger (dazu unter
Rn 697 ff) ist es von grundlegender Bedeutung, ob der Bürger ein Störer oder ein
Nichtstörer ist. Dies ist schon durch die Verfassung vorgezeichnet

Für den Schaden, der einem Störer durch die polizeiliche Inanspruchnahme erwächst,   679
ist nach den insoweit übereinstimmenden Polizei- und Ordnungsgesetzen **grundsätzlich keine Entschädigung zu gewähren**. Dies ist auch unter dem Aspekt des Art. 14
GG unbedenklich, da hier der Störer nur in die von vornherein bestehenden Grenzen
seines Eigentums verwiesen bzw dessen Sozialpflichtigkeit geltend gemacht wird[1].

---

1 Vgl auch *BGHZ* 45, 23 ff; *BVerwGE* 38, 209 ff.

Eine analoge Anwendung von Vorschriften, die Entschädigungsansprüche im Fall des polizeilichen Notstands regeln, kommt bei der Inanspruchnahme von Störern nicht in Betracht. Sie wird zwar zT in bestimmten Fällen erwogen[2]. Dies überzeugt jedoch nicht. Eine Analogie verbietet sich schon deshalb, weil der Gesetzgeber im allgemeinen Polizei- und Ordnungsrecht ganz bewusst eine Entschädigung **nur dann gewähren** wollte, wenn der Betroffene **Nichtstörer** ist. Einer Analogie steht darum bereits der **Vorrang des Gesetzes** entgegen. Darüber hinaus verbietet sie sich, weil sowohl bei einer Enteignung als auch bei einer ausgleichspflichtigen Sozialbindung des Eigentums der Gesetzgeber die Entschädigungsregelung selbst zu treffen hat. Dies ergibt sich aus **Art. 14 III 2 GG** bzw aus dem **Vorbehalt des Gesetzes**[3]. Zudem **passt** die **ratio legis**, die hinter den Entschädigungsvorschriften steht, **nicht**, wenn ein **Störer eine materielle Polizeipflicht nicht erfüllt** und die Behörde ihn deswegen dazu anhalten muss, diese Pflicht zu erfüllen, und ihm daraus eine Belastung erwächst. Bezeichnenderweise wird in einem Teil der Fälle, bei denen die Gegenauffassung eine Entschädigungspflicht bejaht, in Wahrheit ein Nichtstörer in Anspruch genommen. Wenn zB aus der Sicht der Behörde der Anschein besteht, eine Person sei Störer, obwohl sie eine Gefahr nicht unmittelbar verursacht hat, so ist diese Person – wie oben gezeigt (Rn 254 ff) – Nichtstörer.

680 Um zu vermeiden, dass ein Störer uneingeschränkt mit den Kosten einer Gefahrenabwehrmaßnahme belastet wird, bieten sich daher de lege lata nur zwei Möglichkeiten an: Zum einen könnten die Vorschriften über die Störereigenschaft verfassungskonform dahingehend ausgelegt werden, dass in bestimmten Fällen die **unmittelbare Verursachung verneint** wird, obwohl das Verhalten des Betroffenen oder der Zustand einer Sache im naturwissenschaftlichen Sinn eine Gefahr kausal verursacht haben. Dann ginge es freilich nicht mehr um die Entschädigung eines Störers, sondern um die Entschädigung eines Nichtstörers. Zum anderen kommt in Betracht, die materielle Polizeipflicht des Störers im Hinblick auf den Verhältnismäßigkeitsgrundsatz im Wege verfassungskonformer Auslegung inhaltlich kostenmäßig zu beschränken. Auch insoweit setzt die verfassungskonforme Auslegung freilich nicht erst bei den Entschädigungsansprüchen, dh auf der Sekundärebene, sondern **bereits auf der Primärebene** an (vgl Rn 275).

681 Dies hat durchaus praktische Bedeutung. Wenn zB in dem früher angesprochenen Tanklastwagenfall (Rn 273) die Behörde den Grundstückseigentümer zur Bodensanierung anhält, die Kosten für die Sanierung aber den Verkehrswert des Grundstücks übersteigen (und kein durchsetzbarer Rückgriffsanspruch gegen Halter und Fahrer des Tanklastwagens besteht), so muss sich die Behörde zugleich dazu bereit erklären, sich an den Kosten der Sanierung zu beteiligen. Bei dieser Kostenbeteiligung handelt es sich aber nicht um eine Entschädigung. Wenn eine solche Erklärung der Behörde unterbleibt, so ist der **Verwaltungsakt rechtswidrig. Entschädigungsansprüche** kommen deswegen nur **unter den Aspekten des enteignungsgleichen Eingriffs bzw der Aufopferung in Betracht**, und zwar nur dann, wenn es dem Störer nicht möglich war, seine rechtwidrige Inanspruchnahme durch Einlegung von Rechtsbehelfen abzuwehren (s. dazu Rn 683). Wenn der Grundstückseigentümer eine Sanierungsmaßnahme wegen ihrer Eilbedürftigkeit bereits selbst durchgeführt hat, bevor die Behörde ihn hierzu angehalten hat, so kann er gegenüber der Behörde einen **öffentlichrechtlichen Erstattungsanspruch** bezüglich der Kosten geltend machen, die der

---

2 Vgl *Menger*, VerwArch. Bd. 50 (1959), 77, 83, 86; *Götz*, § 15, Rn 15 f; *Schoch*, JuS 1993, 724, 727; s. auch *Scholler/Broß*, DÖV 1976, 472 ff sowie *Sydow*, Jura 2007, 7, 9 f.

3 Vgl hierzu näher *Schenke*, FS Friauf, 1996, S. 455, 495. Vom Erfordernis einer gesetzlichen Regelung der Entschädigungspflicht auch bei den außerhalb des Anwendungsbereichs des Art. 14 III GG liegenden entschädigungspflichtigen Sozialbindungen des Eigentums gehen auch *BGHZ* 100, 136; 102, 350, 359 f; *BVerwGE* 94, 1, 8 und *Maurer*, AllgVerwR, § 27, Rn 81 aus.

Träger der Behörde hätte übernehmen müssen. Dieser Erstattungsanspruch kann aber rechtsdogmatisch nicht als Entschädigungsanspruch qualifiziert werden.

Selbstverständlich ist der Gesetzgeber iÜ nicht gehindert, in bestimmten Fallgestaltungen auch **682** dem Störer spezialgesetzlich Entschädigungsansprüche einzuräumen. Dies ist zB in § 56 I IfSG, §§ 66 ff TierSG[4] geschehen. Es handelt sich dann aber um keine Entschädigungsansprüche iSd Art. 14 III GG, für deren Durchsetzung durch Art. 14 III 4 GG kraft Verfassungsrechts der Rechtsweg zu den ordentlichen Gerichten eröffnet wäre.

Entschädigungsansprüche des Störers kommen immer dann in Frage, wenn **ihm** **683** **durch rechtswidrige Maßnahmen** gegen ihn ein Schaden entsteht[5]. Dies ist zT ausdrücklich normiert[6]. Soweit eine ausdrückliche Regelung fehlt, dürfte es aus dem Gesichtspunkt des **enteignungsgleichen Eingriffs bzw der Aufopferung** abzuleiten sein. Insoweit muss es sich freilich der Betroffene **analog § 254 BGB**[7] entgegenhalten lassen, wenn er es in von ihm zu vertretender Weise versäumte, den Schaden durch Gebrauch eines Rechtsmittels abzuwenden[8]. Bei einem schuldhaften Eingriff besteht außerdem ein Schadensersatzanspruch gem. § 839 BGB iVm Art. 34 GG. Dieser Anspruch wird nicht durch das gleichzeitige Bestehen eines Entschädigungsanspruchs berührt; § 839 I 2 BGB ist insoweit teleologisch zu reduzieren[9]. Entschädigungsansprüche sind ferner zu bejahen, wenn Polizeiverordnungen rechtswidrig erlassen wurden[10]. Ansprüche aus Amtshaftung sollen dagegen nach der – nicht überzeugenden – Rspr[11] beim rechtswidrigen Erlass von Polizeiverordnungen daran scheitern, dass den Amtspflichten des die Norm erlassenden Amtswalters der Drittbezug fehlt. Dies soll selbst dann gelten, wenn die Norm in subjektive Rechte Betroffener eingreift.

II. Der Entschädigungsanspruch des Nichtstörers

Ein Betroffener, der im Wege des polizeilichen Notstands in Anspruch genommen **684** wurde, kann nach den insoweit übereinstimmenden Polizei- und Ordnungsgesetzen[12]

---

4 Die §§ 66 ff TierSG, die den allgemeinen polizeirechtlichen Entschädigungsregelungen vorgehen, unterscheiden nicht zwischen Störern und Nichtstörern, s. *BGH*, DVBl 1998, 521 f.
5 Dazu und zum Folgenden näher *Treffer*, Staatshaftung im Polizeirecht, 1993, S. 33 ff.
6 Vgl § 59 II BerlASOG; § 38 I lit. b BrandOBG, ggf iVm § 70 BrandPolG; § 56 I 2 BremPolG; § 64 I 2 HessSOG; § 80 I 2 NdsSOG; § 39 I lit. b NWOBG u. § 67 NWPolG; § 68 I 2 RhPfPolG; § 68 I 2 SaarlPolG; § 69 I 2 SachsAnhSOG. ZT sehen Landesgesetzes auch einen Schadensersatzanspruch bei unzulässiger oder unrichtiger Verarbeitung personenbezogener Daten vor, vgl zB § 48 BWPolG iVm § 25 BWLDSG, dazu *Sydow*, Jura 2007, 7, 11.
7 Vgl *BGHZ* 90, 17, 31 ff.
8 So auch *Sydow*, Jura 2007, 7, 11.
9 Zur Haftung der Polizei für einen Unternehmer, den sie bei der Ersatzvornahme herangezogen hat, s. oben Rn 555.
10 Vgl *BGH*, NJW 1987, 1875, 1878; *Schenke*, NJW 1988, 857 ff; *ders.*, NJW 1991, 1777, 1789 (zum Aufopferungsanspruch).
11 *BGHZ* 56, 40, 46; **krit.** *Schenke*, DVBl 1975, 121 ff; *Schenke/Guttenberg*, DÖV 1991, 945 ff mwN.
12 §§ 55–58 BWPolG; Art. 70–73 BayPAG, Art. 11 BayLStVG; §§ 59–65 BerlASOG; §§ 38 ff BrandOBG, ggf iVm § 70 BrandPolG; §§ 56–62 BremPolG; § 10 III–V HambSOG; §§ 64–70 HessSOG; §§ 72–77 MVSOG; §§ 80–86 NdsSOG; § 67 NWPolG iVm §§ 39–43 NWOBG; §§ 68–74 RhPfPOG; §§ 68–74 SaarlPolG; §§ 69–75 SachsAnhSOG; §§ 52–58 SächsPolG; §§ 221–226 SchlHVwG; § 52 ThürOBG iVm §§ 68–74 ThürPAG; §§ 68–74 ThürPAG; §§ 45–51 MEPolG; §§ 51–56 BPolG.

grundsätzlich eine angemessene Entschädigung für den Schaden verlangen, der ihm dadurch entstanden ist. **Ohne Bedeutung** für den Entschädigungsanspruch ist dabei die **Rechtsform** der Maßnahme, die den Nichtstörer belastete. Zur Entschädigungspflicht kann damit nicht nur ein Verwaltungsakt, sondern auch ein Realakt[13] führen. So kann zB eine falsche Auskunft eine Entschädigungspflicht auslösen, wenn und solange der auskunftsuchende Bürger auf ihre Richtigkeit vertrauen durfte[14]. Keine entschädigungspflichtige Maßnahme kann aber allein in der Bitte der Behörde gesehen werden, von einem bestimmten Handeln vorläufig abzusehen, soweit die Behörde dadurch auf den Betroffenen keinen (auch keinen faktischen) Zwang ausgeübt hat[15]. Wenn man es für denkbar hält, dass ausnahmsweise auch Nichtstörer durch eine Polizeiverordnung verpflichtet werden können (Rn 627), kann auch eine solche Verpflichtung zu einer Entschädigungspflicht führen.

685   Anspruchsberechtigt ist derjenige, der nach den polizeirechtlichen Vorschriften, die die Inanspruchnahme regeln, Nichtstörer ist. Der Begriff des Nichtstörers ist – entgegen der hM – auf der sekundären Ebene (dh bei der Entschädigung) genauso zu interpretieren wie auf der primären Ebene (dh bei der Inpflichtnahme). Dies wird schon an § 45 I 1 MEPolG deutlich, in dem es heißt: „Erleidet jemand infolge einer rechtmäßigen Inanspruchnahme nach § 6 einen Schaden ...“ (s. näher Rn 254). In den besonders problematischen Fällen, in denen eine Anscheinsgefahr vorliegt und gegen einen Betroffenen Maßnahmen zu deren Bekämpfung getroffen werden, ist damit maßgeblich, ob der **Betroffene die Anscheinsgefahr unmittelbar verursacht** hat. Wenn es daran fehlt, so ist der Betroffene als Nichtstörer zu entschädigen, und zwar auch dann, wenn aus der Sicht der handelnden Polizei ausreichende Anhaltspunkte für seine Störereigenschaft vorlagen. Im Ergebnis erkennt dies auch die hM an. Ein Entschädigungsanspruch ist damit zB dann zu gewähren, wenn die Behörde anhand zureichender tatsächlicher Anhaltspunkte (zB auf Grund von Aussagen sonst glaubwürdiger Zeugen) vom Vorliegen eines bestimmten gefährlichen Verhaltens ausging, es ein solches Verhalten aber in Wahrheit gar nicht gab (Beispiel Rn 256), oder wenn die Behörde ein tatsächlich vorliegendes Verhalten in vertretbarer Weise als gefährlich einstufte, es aber tatsächlich ungefährlich war. Letzteres ist zB dann der Fall, wenn die Polizei auf Grund eines von ihr nicht zu verantwortenden Messfehlers davon ausgeht, die Einleitung von Abwässern durch einen Unternehmer sei gefährlich, obwohl jener dazu befugt war[16]. Entgegen der hM[17] muss umgekehrt derjenige, welcher eine Anscheinsgefahr unmittelbar verursacht hat, entschädigungsrechtlich als Störer angesehen werden. Damit scheitert ein Entschädigungsanspruch bei einer solchen Fallkonstellation (wie zB im Löwenfall, s. oben Rn 261) bereits daran, dass der Betroffene

---

13 *BGH*, NJW 1978, 1522, 1523; s. auch NJW 1996, 3151 f: ordnungsrechtlich weiter Maßnahmenbegriff.
14 *BGH*, NJW 1994, 2087, 2090 f; JZ 1998, 515, 517.
15 Vgl *BGH*, JZ 1998, 515 ff, 517 m. Anm. *Gusy*.
16 Wenn die Polizei erkennen konnte, dass ihre Messinstrumente fehlerhaft waren, liegt schon keine Gefahr vor, so dass der „Einleiter“ schon aus diesem Grund nicht als Störer angesehen werden kann.
17 Vgl hierzu *Schenke/Ruthig*, VerwArch. Bd. 87 (1996), 329, 354 und im Ergebnis auch *Knemeyer*, Rn 383; s. demgegenüber aber *Schoch*, JuS 1993, 724, 727; *Würtenberger/Heckmann*, BW, Rn 868.

Störer ist, und nicht etwa – wie dies die Gegenauffassung[18] annimmt – erst an § 46 V MEPolG, weil der angebliche „Nichtstörer" den Schaden zu vertreten habe.

Die hM ist nicht nur **rechtsdogmatisch bedenklich**, sondern führt auch zu problematischen **praktischen Konsequenzen**. So führt die Anwendung des § 46 V MEPolG nicht notwendig dazu, dass ein Entschädigungsanspruch völlig ausgeschlossen wird. Dessen genereller Ausschluss lässt sich nur überzeugend erklären, wenn die Störereigenschaft der betreffenden Person bejaht wird. Die Gegenauffassung führt zudem im Kostenrecht zu einem höchst unbefriedigenden, mit den Wertungen der Rechtsordnung nicht übereinstimmenden Ergebnis. Wenn nämlich im Kostenrecht derjenige, der die Anscheinsgefahr unmittelbar verursacht hat, als Nichtstörer behandelt würde, könnten Kostenersatzansprüche (s. § 5a II MEPolG u. § 28 II MEPolG iVm § 30 ME-PolG) gegen ihn nicht geltend gemacht werden. Dem Eigentümer des Löwen im genannten Beispielsfall (Rn 261) könnten also nicht die Kosten des Polizeieinsatzes auferlegt werden, die durch seinen „Bummel" verursacht wurden. **686**

Eine teleologische Reduktion der Entschädigungsregelungen ist in den Fällen zu bejahen, in denen zwar der Verdacht bestand, dass der Betroffene Störer ist, er aber vorsichtshalber nur als Nichtstörer in Anspruch genommen wurde und sich dann später herausstellt, dass er tatsächlich von Anfang an Störer war (vgl oben Rn 263). Hier steht dem Betroffenen deshalb keine Entschädigung zu. Die rechtsstaatlichen Gründe, aus denen heraus der Störer hier zunächst wie ein Nichtstörer behandelt wurde, rechtfertigen es nicht, ihn nach Feststellung seiner Störereigenschaft auch noch entschädigungsrechtlich zu privilegieren. **687**

Die Vorschriften, die eine Entschädigung des Nichtstörers normieren, tragen dem Art. 14 GG bzw dem Aufopferungsanspruch, der insbesondere bei Eingriffen in nichtvermögenswerte Rechte heute verfassungsgewohnheitsrechtlich anerkannt ist[19], Rechnung. Sie sind zwar nach der Rspr des *BVerfG*[20] idR nicht als Vorschriften anzusehen, die die Entschädigung für eine Enteignung iSd Art. 14 III GG regeln. Sie beziehen sich aber auf ausgleichspflichtige Sozialbindungen des Eigentums. Dieser Anspruch wird nach den meisten Polizei- und Ordnungsgesetzen nur dann gemindert bzw ausgeschlossen, wenn die Inanspruchnahme des Nichtstörers dem **Schutz seiner eigenen Person oder seines eigenen Vermögens** dient[21]. Diese Begrenzung, die dem Rechtsgedanken der **Vorteilsausgleichung** Rechnung trägt, ist im Lichte des Art. 14 GG bzw des Aufopferungsanspruchs verfassungskonform dahingehend auszulegen, dass sie jedenfalls dann nicht zu einem völligen Ausschluss des Entschädigungsanspruchs führen kann, wenn das polizeiliche Handeln überwiegend dem öffentlichen Interesse dient[22]. **688**

Aus dem Charakter des Entschädigungsanspruchs ergibt sich, dass er **nicht auf vollen Schadensersatz** gerichtet[23] ist. Hinsichtlich des Anspruchs auf Entschädigung für eine Enteignung gem. Art. 14 III 3 GG ist dies anerkannt. Es muss erst recht für einen Entschädigungsanspruch aus einer ausgleichspflichtigen Sozialbindung des Eigen- **689**

---

18 So zB *Muckel*, S. 96.
19 Zum Aufopferungsanspruch näher *Schenke*, NJW 1991, 1777 ff.
20 *BVerfGE* 58, 300 ff.
21 Vgl § 55 I 2 BWPolG; Art. 70 IV BayPAG, Art. 11 I 1 BayLStVG; § 60 V 1 BerlASOG; § 38 II lit b BrandOBG; § 56 I 3 BremPolG; § 10 III 2 HambSOG; § 64 II HessSOG; § 72 II Nr 2 MVSOG; § 81 V 2, 3 NdsSOG; § 67 NWPolG iVm § 39 II lit. b NWOBG; § 69 V 1 RhPfPOG; § 69 V 1 Saarl-PolG; § 70 V SachsAnhSOG; § 52 I 2 SächsPolG § 221 II Nr 2 SchlHVwG; vgl § 69 V 1 ThürPAG; § 46 V 1 MEPolG.
22 Noch weitergehend früher *Schenke*, VBlBW 1988, 194, 198; *Wöhrle/Belz*, BWPolG, 4. Aufl. 1985, § 42, Rn 6; ähnlich wie im Text *Ruthig*, RhPf, § 4, Rn 242; *Treffer*, SächsVBl. 1995, 225 f; *Würtenberger/Heckmann*, BW, Rn 850; *OLG Stuttgart*, NJW 1992, 1396.
23 Zur Höhe der Entschädigung s. näher § 55 I 2 u. 3 BWPolG.

tums und für einen Aufopferungsanspruch gelten. Mittelbarer Schaden, insbesondere entgangener Gewinn, braucht deshalb nicht in vollem Umfang ersetzt zu werden. Nach den meisten Polizei- und Ordnungsgesetzen ist deshalb für entgangenen Gewinn, der über den Ausfall des gewöhnlichen Verdienstes oder Nutzungsentgelts hinausgeht, und für Vermögensnachteile, die nicht in einem unmittelbaren Zusammenhang mit der zu entschädigenden Maßnahme stehen, eine Entschädigung nur zu leisten, wenn und soweit dies zur Abwendung unbilliger Härten geboten erscheint[24]. In denjenigen Bundesländern, in denen – wie in BW – die Polizei- und Ordnungsgesetze den Umfang der Entschädigung nicht näher konkretisieren, dürfte nichts anderes gelten.

Ob ein Schaden unmittelbar durch die Inanspruchnahme eines Nichtstörers entstanden ist, ergibt sich aus einer wertenden Zurechnung der Schadensfolgen nach Verantwortlichkeiten und Risikosphären. Dies darf deshalb nicht formal verstanden werden. Nötig ist ein innerer Zusammenhang des Schadens mit der Maßnahme, dh es muss sich eine besondere Gefahr verwirklichen, die bereits in der Maßnahme selbst angelegt ist. Dies hat der *BGH* in einem Fall angenommen, in dem eine durch eine Kündigung obdachlos werdenden Person in ihre frühere Mietwohnung wieder eingewiesen wurde, obwohl ihr Verhältnis zum Eigentümer durch die Kündigung besonders belastet war und diese Person nunmehr die Wohnung bewusst beschädigte[25].

Ein Ersatz immaterieller Schäden scheidet im Rahmen des Entschädigungsanspruchs grundsätzlich – vorbehaltlich abweichender gesetzlicher Regelungen[26] – aus[27]. Der Entschädigungsanspruch ist auf Geld gerichtet. Er schließt einen Amtshaftungsanspruch nicht aus, wie sich aus einer teleologischen Reduktion des § 839 I 2 BGB ergibt[28]. Ansprüche mittelbar Geschädigter sind analog § 844 BGB[29] ersatzfähig. In zahlreichen Bundesländern ist dies in Anlehnung an § 47 MEPolG ausdrücklich geregelt[30]; es gilt aber allgemein. Ersatzpflichtig ist grundsätzlich entweder die Körperschaft, bei welcher der handelnde Beamte angestellt ist[31], oder der Träger der Polizeikosten[32]. Der Anspruch ist gem. Art. 14 III 4 GG, § 40 II VwGO vor den ordentlichen Gerichten geltend zu machen[33]. Er verjährt nach der wegen des Gesetzesvorbehalts nicht unproblematischen

---

24 §§ 70 BrandPolG, 39 I 2 BrandOBG; § 60 I 2 BerlASOG; § 57 I 1 BremPolG; § 65 I 1 HessSOG; § 74 I 2 MVSOG; § 81 I 2 NdsSOG; §§ 67 NWPolG, 40 I 2 NWOBG; § 69 I 2 RhPfPOG; § 69 I 2 SaarlPolG; § 53 I 2 SächsPolG; § 70 I 2 SachsAnhSOG; § 223 I 2 SchlHVwG; §§ 69 I 2 ThürPAG, 52 ThürOBG; § 52 I 2 BPolG.
25 *BGH*, NJW 1996, 315 ff.
26 Vgl § 60 II BerlASOG; § 57 I 2 BremPolG; § 65 II HessSOG; § 81 II NdsSOG; § 69 II RhPfPOG; § 69 II SaarlAnhSOG; § 70 II SachsAnhSOG; § 69 II ThürPAG; § 46 II MEPolG. Ausdrücklich abgelehnt wird ein Entschädigungsanspruch durch § 39 I 1 BrandOBG.
27 **AA** *Würtenberger/Heckmann*, BW, Rn 848.
28 *BGHZ* 13 88, 105; 49, 267, 275.
29 *Würtenberger/Heckmann*, BW, Rn 848; *Deger*, in: Wolf/Stephan/Deger, BWPolG, § 55, Rn 12; *Drews/Wacke/Vogel/Martens*, § 33, 3b; *BGHZ* 18, 286, 289 ff; 34, 23 ff.
30 Art. 70 III BayPAG; § 61 BerlASOG; § 66 HessSOG; § 82 NdsSOG; § 70 RhPfPOG; § 70 SaarlPolG; § 54 SächsPolG; § 71 SachsAnhSOG; § 70 ThürPAG.
31 S. § 56 BWPolG; Art. 70 VI BayPAG; § 63 I, II BerlASOG; § 60 I BremPolG; § 10 III HambSOG; § 68 I HessSOG; § 75 I MVSOG; § 84 I NdsSOG; § 72 I RhPfPOG; § 72 I SaarlPolG; § 73 I SachsAnhSOG; § 56 SächsPolG; § 224 SchlHVwG; § 72 I ThürPAG; § 49 I MEPolG; § 55 I 1 BPolG.
32 Vgl § 41 I BrandOGB; § 67 NWPolG iVm § 42 I NWOBG.
33 So § 58 BWPolG; Art. 73 I BayPAG, Art. 11 I 1 BayLStVG; § 65 Alt. 1 BerlASOG; § 42 I BrandOBG; **modifizierend** § 62 BremPolG; § 70 HessSOG; § 77 MVSOG; § 86 NdsSOG; § 67 NWPolG iVm § 43 I NWOBG; § 74 Alt. 1 SaarlPolG; § 75 SachsAnhSOG; § 58 SächsPolG; § 226 SchlHVwG; § 74 Alt. 1 ThürPAG; § 51 MEPolG; § 56 BPolG.

hM grundsätzlich – vorbehaltlich abweichender gesetzlicher Regelungen[34] – analog § 195 BGB in drei Jahren[35].

Ein Entschädigungsanspruch des Nichtstörers besteht **grundsätzlich nur bei recht- 690 mäßigen Maßnahmen.** Gesetzliche Regelungen – wie § 45 I 2 MEPolG[36] – erstrecken den Entschädigungsanspruch allerdings zT auch auf rechtswidrige Maßnahmen.

ZT wird die Auffassung vertreten[37], auch ohne gesetzliche Regelung müssten rechtmäßige und rechtswidrige Inanspruchnahme eines Nichtstörers entschädigungsrechtlich gleichgestellt und ein Entschädigungsanspruch erst recht auch bei rechtswidrigen Maßnahmen bejaht werden. Dies überzeugt nicht. Es besteht nämlich insoweit eine **unterschiedliche Interessenlage**, weil sich der Nichtstörer gegen seine rechtswidrige Inanspruchnahme häufig im Klagewege wehren kann. Der Grundsatz „dulde und liquidiere", der der Entschädigungsregelung zu Grunde liegt, passt daher hier nicht. Allerdings können sich in einem solchen Fall Entschädigungsansprüche aus den inzwischen gewohnheitsrechtlich[38] anerkannten Rechtsinstituten des enteignungsgleichen Eingriffs (bei Eingriffen in vermögenswerte Rechte) und des Aufopferungsanspruchs[39] (bei Eingriffen in nichtvermögenswerte Rechte) ergeben (s. auch Rn 683). Die Höhe der Entschädigung hat sich dann an den einfachgesetzlichen polizeirechtlichen Vorschriften zu orientieren[40]. **§ 254 BGB gilt analog.** Dadurch verliert der Streit, ob hier die polizeirechtlichen Entschädigungsregelungen analog anzuwenden sind[41] oder ob auf die Grundsätze der Aufopferung bzw des enteignungsgleichen Eingriffs zurückzugreifen ist[42], an Schärfe. Keine Entschädigungsansprüche bei polizeilichem Handeln ergeben sich aus dem **Folgenbeseitigungsanspruch,** da jener bei rechtswidrigen fortdauernden Beeinträchtigungen nur auf die Wiederherstellung des früheren Zustands, nicht aber auf Geldersatz bzw Ersatz von Folgeschäden gerichtet ist[43].

Problematisch ist eine Entschädigung außerdem bei **Unbeteiligten,** die – anders als Nichtstörer – 691 nicht gezielt durch gegen sie gerichtete polizeiliche Maßnahmen, sondern nur **unbeabsichtigt** und **zufällig betroffen** werden. So können zB bei einem Schusswechsel mit Verbrechern zufällig vorbeikommende Passanten durch die Polizei verletzt werden oder durch einen Wasserwerfer, der gegen Teilnehmer einer verbotenen Versammlung eingesetzt wird, die Tische eines Straßencafés

---

34 Für dreijährige Verjährungsfrist § 62 BerlASOG; § 40 BrandOBG, ggf iVm § 70 BrandPolG; § 59 BremPolG; § 67 HessSOG; § 83 NdsSOG; § 67 NWPolG iVm § 41 NWOBG; § 41 NWOBG; § 71 RhPfPOG; § 71 SaarlPolG; § 55 SächsPolG; § 72 SachsAnhSOG; § 71 ThürPAG; § 52 ThürOBG; § 54 BPolG.
35 *Kellner,* NVwZ 2002, 395 ff; *Sydow,* Jura 2007, 7, 12; vgl aber auch BVerwGE 132, 324, wonach es bis zu einem klärenden Wort des Gesetzgebers bei der 30-jährigen Verjährungsfrist bleiben soll.
36 § 59 II BerlASOG; § 38 I lit. b BrandOBG, ggf iVm § 70 BrandPolG; § 56 I 2 BremPolG; § 64 I 2 HessSOG; § 80 I 1 NdsSOG; § 39 I lit. b NWOBG; § 68 I 2 RhPfPOG; § 68 I 2 SaarlPolG; § 69 I 2 SachsAnhSoG; § 68 I 2 ThürPAG, ggf iVm § 52 ThürOBG.
37 Vgl für viele *Riegel,* S. 202; *Drews/Wacke/Vogel/Martens,* § 33, 3a.
38 Vgl zur Fortgeltung dieses Instituts *Ossenbühl,* Staatshaftungsrecht, 5. Aufl. 1998, S. 213 ff und 216 f; *Schenke,* NJW 1991, 1777, 1778 f; BGHZ 90, 17 ff.
39 Dazu eingeh. *Schenke,* NJW 1991, 1777 ff; *Kunig,* Jura 1992, 554 ff.
40 Dazu eingeh. *Schenke,* NJW 1991, 1777, 1781 ff.
41 So zB *Mußmann,* BW, Rn 526.
42 So *Würtenberger/Heckmann,* BW, Rn 859; offen gelassen von *Sydow,* Jura 2007, 7, 8.
43 Vgl *Kopp/Schenke,* VwGO, § 113, Rn 80, 89; *Pieroth/Schlink/Kniesel,* § 26, Rn 5; *VGH München,* DÖV 2001, 1052 f; **aA** *VGH München,* BayVBl. 1995, 758, 760.

„abgeräumt" werden. ZT sehen hier bereits die polizeigesetzlichen Vorschriften einen Entschädigungsanspruch vor[44]. Soweit dies nicht der Fall ist, muss ein Entschädigungsanspruch jedenfalls unter den Aspekten der **Aufopferung bzw des enteignenden oder enteignungsgleichen Eingriffs** anerkannt werden[45]. Bei der konkreten Ausgestaltung dieses Anspruchs ist wiederum an die Entschädigungsansprüche anzuknüpfen, die für Nichtstörer gelten. Da ein Unbeteiligter sich idR nicht mit Rechtsbehelfen gegen die schädigenden Maßnahmen wehren kann, führt eine analoge Anwendung des § 254 BGB idR nicht zu einer Einschränkung der Entschädigungsansprüche. Damit sind im praktischen Ergebnis die Entschädigungsregelungen, die für Nichtstörer gelten, analog anzuwenden[46].

692 Von der Inanspruchnahme eines Nichtstörers und von dem Betroffensein eines Unbeteiligten ist die Konstellation zu unterscheiden[47], in der die polizeiliche Maßnahme auf einer Norm beruht, die **tatbestandlich für „jedermann" gilt**, und in der die polizeiliche Maßnahme nur auf Grund besonderer Umstände des Einzelfalls ein Sonderopfer für einen Adressaten (vgl die Beispiele oben Rn 121 und 131) oder für sonstige Personen begründet. Hier ist ein **Aufopferungsanspruch** zu befürworten, wenn in ein Freiheitsgrundrecht eingegriffen wird, bei einem Eingriff in das Eigentumsrecht kommt ein Anspruch aus enteignendem Eingriff[48] in Betracht. Für dessen Ausgestaltung besitzen die polizeirechtlichen Vorschriften über die Entschädigung des Nichtstörers Modellcharakter und sind deshalb entsprechend anwendbar[49]. Soweit gegen einen derartigen Anspruch der Einwand erhoben wird, in solchen Fällen verwirkliche sich nur das allgemeine Lebensrisiko, überzeugt dies nicht. So besteht zB auch bei einer gesetzlich angeordneten allgemeinen Impfpflicht nach allgemeiner Ansicht ein Aufopferungsentschädigungsanspruch, wenn eine Impfung in einem Einzelfall zu einem Gesundheitsschaden führt[50].

693 In denjenigen Konstellationen, in denen die hM auf der Primärebene die (Anscheins-) Störereigenschaft bejaht, obwohl es an der unmittelbaren Verursachung fehlt, und eine analoge Anwendung der polizeirechtlichen Entschädigungsvorschriften befürwortet[51], sind diese Vorschriften – wie oben ausgeführt (Rn 685; s. auch Rn 252 ff) – nach richtiger Auffassung bereits **unmittelbar anwendbar**. ZT ergibt sich ein Ent-

44   So Art. 70 II BayPAG; § 59 I Nr 2, II BerlASOG; § 222 SchlHVwG; § 51 II Nr 2 BPolG; vgl auch § 73 MVSOG.
45   So auch *BGH*, NJW 2011, 3157, 3158, *Rachor*, in: L/D, M, Rn 56; wohl auch *Ehlers*, JK 8/12, Nds-SOG, § 80 I/1; **aA** *Poscher/Rusteberg*, JuS 2012, 26, 32; *Sydow*, Jura 2007, 7, 9; *Würtenberger/Heckmann*, BW, Rn 870: analoge Anwendung der Entschädigungsregelungen für den Nichtstörer. IE dürften sich die verschiedenen Lösungsansätze aber iE nicht unterscheiden (s. *Poscher/Rusteberg*, JuS 2012, 26, 32).
46   Im Ergebnis zutreffend *Würtenberger/Heckmann*, BW, Rn 870 u. *Mußmann*, BW, Rn 527. Sie beachten aber zu wenig, dass es sich bei der Frage, ob hier eine Analogie zu befürworten ist oder ob auf die allgemeinen Institute zurückgegriffen werden muss, letztlich nur um eine Scheinalternative handelt; s. auch *Ruthig*, RhPf, § 4, Rn 237.
47   *Waechter*, DÖV 1999, 138, 147 beachtet den hier bestehenden Unterschied nicht ausreichend, wenn er in diesem Zusammenhang § 51 II Nr 2 BPolG für einschlägig hält.
48   *BGH*, NJW 2013, 1736 in Bezug auf ein Sonderopfer des Vermieters bei Schäden nach polizeilicher Durchsuchung der Mieterwohnung.
49   So auch *Möller*, NVwZ 2000, 382, 386; *Mußmann*, BW, Rn 527; *Pieroth/Schlink/Kniesel*, § 26, Rn 12; *Waechter*, DÖV 1999, 138, 147; **aA** *Würtenberger*, Rn 374.
50   *BGHZ* 9, 83 ff und jetzt §§ 56 ff InfSG.
51   So etwa *Schoch*, JuS 1993, 724, 727; *Sydow*, Jura 2007, 7, 10; *BGH*, NJW 1996, 3151; JZ 1998, 515, 516.

schädigungsanspruch auch aus Spezialvorschriften, wenn ein Betroffener zur Gefahr-erforschung herangezogen wurde, weil bei ihm der Anschein oder jedenfalls der Verdacht bestand, er sei Störer, es sich aber später herausstellt, dass tatsächlich kein Schaden drohte und er den Anschein auch nicht zu vertreten hatte (s. zB §§ 9 II, 24 I 2 BBodSchG). Der Betroffene ist hier insgesamt (nicht nur auf der Sekundärebene) von Anfang an Nichtstörer (vgl oben Rn 254).

In der Literatur[52] wird mitunter vertreten, dass der Entschädigungsanspruch des Nichtstörers auch auf jene Fälle auszuweiten sei, in denen zur Behebung einer gegenwärtigen Gefahr oder Störung ein Unbeteiligter freiwillig (dh ohne einen ihn verpflichtenden polizeilichen Verwaltungsakt) Hilfe leistet und ihm dadurch ein Schaden entsteht. Insbesondere dann, wenn die Tatbestandsvoraussetzungen der unterlassenen Hilfeleistung (§ 323c StGB[53]) vorlägen, sei nicht einzusehen, warum derjenige, der ohne polizeiliche Aufforderung Hilfe leiste (und damit seiner gesetzlichen Verpflichtung genüge), entschädigungsrechtlich schlechter zu stellen sei als jener, der dazu erst polizeilich verpflichtet werden müsse. Diese Argumentation überzeugt nicht. Sie geht von falschen Prämissen aus. Derjenige, der trotz Vorliegens der Tatbestandsvoraussetzungen des § 323c StGB erst Hilfe leistet, nachdem er dazu polizeilich verpflichtet worden ist, besitzt nämlich nach den polizei- und ordnungsrechtlichen Vorschriften **keinen Entschädigungsanspruch**[54]. Er wird nämlich nicht als Nichtstörer, sondern als **Störer** in Anspruch genommen. Dass er Störer ist, ergibt sich schon daraus, dass er das strafrechtliche Handlungsgebot des § 323c StGB nicht beachtet. Da einem Störer kein Entschädigungsanspruch zusteht, kann es **auch nicht beanstandet werden, dass derjenige, der im Falle des § 323c StGB ohne polizeiliche Verpflichtung hilft, ebenfalls keinen polizei- und ordnungsrechtlichen Entschädigungsanspruch besitzt**[55]. Keine Entschädigungsansprüche unter dem Aspekt des polizei- und ordnungsrechtlichen Notstands bestehen auch dann, wenn jemand außerhalb der durch § 323c StGB erfassten Fälle freiwillig Hilfe zur Beseitigung polizeilicher Gefahren leistet. Freiwilligkeit liegt hierbei dann vor, wenn der (nicht störende) Helfer nicht durch eine Polizeiverfügung in Anspruch genommen wurde und die Hilfestellung auch nicht auf Grund eines Vertrages mit der Polizei erfolgte. Bei freiwilliger Hilfe sehen allerdings einzelne Polizei- und Ordnungsgesetze vor[56], dass ein Schadensausgleich zu gewähren ist, wenn der Betroffene mit Zustimmung[57] der Polizei- bzw Ordnungsbehörde bei der Erfüllung polizeilicher Aufgaben mitgewirkt oder Sachen zur Verfügung gestellt und dabei einen Schaden erlitten hat. IÜ kann der freiwillige Helfer uU einen Anspruch auf Ersatz seiner Aufwendungen aus Geschäftsführung ohne Auftrag oder aus einem Auftragsverhältnis besitzen. Eine **Geschäftsführung ohne Auftrag** von Privaten für die Polizei kommt dann in Betracht, wenn an der Erfüllung einer der Polizei obliegenden Pflicht in Notfällen ein öffentliches Interesse besteht.

694

---

52 So zB *Samper/Honnacker*, BayPAG, 16.Aufl 1995, Art. 10, Rn 16.

53 Ausdrücklich gewährt § 59 I Nr 3 BerlASOG auch in diesem Fall eine Entschädigung. Diese Vorschrift wird dabei – da hier ein Entschädigungsanspruch gem. § 59 I Nr 2 BerlASOG (vgl hierzu im Folgenden) ausscheidet – auch auf jene Fallgestaltung zu erstrecken sein, bei der erst nach Erlass eines polizeilichen Verwaltungsakts der Hilfeleistungspflicht des § 323c StGB genügt wurde.

54 S. auch *Götz*, § 15, Rn 30; *Sydow*, Jura 2007, 7, 9; eingeh. *M. Fischer*, Unterlassene Hilfeleistung und Polizeipflichtigkeit, 1989.

55 IÜ bestehen in beiden Fällen der Hilfeleistung sozialversicherungsrechtliche Leistungsansprüche nach § 2 I Nr Nr 13 lit. a SGB VII iVm §§ 8, 13, 26 ff SGB VII.

56 Vgl im Einzelnen § 59 III BerlASOG; § 56 II BremPolG; § 10 V HambSOG; § 80 II NdsSOG; § 68 II RhPfPOG; § 69 III SachsAnhSOG; § 68 II ThürPAG; § 45 II MEPolG; § 51 III Nr 1 BPolG.

57 Das Wort „Zustimmung" umfasst im juristischen Sprachgebrauch (s. §§ 183 f BGB) auch die (nachträgliche) Genehmigung. Freilich bedeutete dies vorliegend, dass es vom Willen der Polizei abhinge, ob ein Anspruch gegen sie besteht. Um dieses befremdliche Ergebnis zu vermeiden, ist entweder der Begriff der Zustimmung teleologisch so zu reduzieren, dass er nur die (vorherige) Einwilligung erfasst, oder es ist – was mir überzeugender erscheint – ein Anspruch auf Genehmigung zu befürworten, wenn die Hilfe sachlich gerechtfertigt war.

Eine solche Geschäftsführung ist entgegen der hM privatrechtlich[58] und begründet Aufwendungsersatzansprüche gem. §§ 683, 670 BGB[59].

Lösung der Ausgangsfälle (Rn 676 f):

695   **Fall 1:** Das Fällen des Baumes erfolgte im Wege der unmittelbaren Ausführung (§ 8 BWPolG[60]) bzw des Sofortvollzugs (§ 28 II MEPolG[61]; zur Abgrenzung zwischen unmittelbarer Ausführung und Sofortvollzug s. näher Rn 546). Es war rechtswidrig, da hier die Gefahr durch ein milderes Mittel (§ 5 I BWPolG bzw § 2 I MEPolG[62]), nämlich das Absägen des Astes, hätte beseitigt werden können. Für den dadurch entstandenen, schuldhaft verursachten Schaden kann G gem. § 839 BGB iVm Art. 34 GG Schadensersatz verlangen. Dies gilt unabhängig davon, ob die Polizei den Baum selbst gefällt oder einen Unternehmer damit beauftragt hat (s. Rn 555). Der Schadensersatzanspruch umfasst auch den Gewinn, der dem G durch den unmöglich gewordenen Verkauf der Früchte zu einem besonders günstigen Preis entgangen ist (§ 252 BGB). Daneben steht G ein verschuldensunabhängiger Entschädigungsanspruch aus enteignungsgleichem Eingriff zu. Dies gilt auch dann, wenn dies im einschlägigen Polizei- und Ordnungsgesetz nicht ausdrücklich normiert ist (ausdrückliche Regelung zB in § 45 I 2 MEPolG[63]). Die Ausgestaltung dieses Anspruchs orientiert sich an den nicht unmittelbar anwendbaren Vorschriften über die Entschädigung von Nichtstörern (§ 55 BWPolG; § 45 MEPolG[64]; s. näher Rn 690). Der Entschädigungsanspruch reicht inhaltlich nicht so weit wie ein Schadensersatzanspruch. Er erfasst nur den Substanzverlust. Entgangener Gewinn ist grundsätzlich nicht zu ersetzen. Der Entschädigungsanspruch ist nicht in analoger Anwendung des § 254 BGB zu mindern, da für den abwesenden G keine Möglichkeit bestand, den Schaden zu mindern.

696   **Fall 2:** Ein Schadensersatzanspruch des U gem. § 839 BGB iVm Art. 34 GG scheitert daran, dass der Polizei keine schuldhafte Amtspflichtverletzung vorzuwerfen ist. Ein Entschädigungsanspruch wegen polizeilichen Notstands (§ 45 MEPolG; § 55 BWPolG[65]) scheidet aus, weil U die als Gefahr zu qualifizierende Anscheinsgefahr als Zustandsstörer unmittelbar verursacht hat (Rn 270).

Bei der Fallvariante steht U ein Entschädigungsanspruch als Nichtstörer zu. Die Anscheinsgefahr wurde hier nicht von ihm, sondern von seinen Nachbarn unmittelbar verursacht. Er kann deshalb verlangen, dass er für die Kosten, die für die Beseitigung der Aufbruchschäden aufzubringen sind, entschädigt wird.

---

58   *Schenke*, FS Bartlsperger, 2006, 529, 554 ff; *Bamberger*, JuS 1998, 706, 710; *Staake*, JA 2004, 800, 802; **aA** *BGH* NVwZ 2004, 764; *BVerwG* 80, 170, 172; *Kischel*, VerwArch. Bd. 90 (1999), 391, 400 ff; *Schoch*, Jura 1994, 241, 247.
59   *Schenke*, FS Bartlsperger, 529, 568 f.
60   Vgl § 15 I BerlASOG; § 7 I HambSOG; § 6 I RhPfPOG; § 6 I SächsPolG.
61   Vgl Art. 53 II BayPAG; § 47 II HessSOG; § 81 I MVSOG; § 64 II NdsSOG; § 50 II NWPolG; § 44 II SaarlPolG; § 53 II SachsAnhSOG; § 230 I SchlHVwG; § 51 II ThürPAG.
62   Vgl Art. 4 I BayPAG, Art. 8 I BayLStVG; § 11 I BerlASOG; § 14 I BrandOBG; § 3 I BremPolG; § 4 II HambSOG; § 4 I HessSOG; § 15 I 1 MVSOG; § 4 I NdsSOG; § 15 I NWOBG; § 2 I RhPfPOG; § 2 I SaarlPolG; § 5 I SachsAnhSOG; § 3 II SächsPolG; § 73 III SchlHVwG; § 6 I ThürOBG.
63   Vgl § 59 II BerlASOG; § 38 I lit. b BrandOBG, ggf iVm § 70 BrandPolG; § 56 I 2 BremPolG; § 64 I 2 NdsSOG; § 80 I 2 NdsSOG; § 39 I lit. b NWOBG u. § 67 NWPolG; § 68 I 2 RhPfPolG; § 68 I 2 SaarlPolG; § 69 I 2 SachsAnhSOG; § 52 ThürOBG iVm § 68 I 2 Thür PAG.
64   Vgl Art. 70 I BayPAG; Art. 11 BayLStVG; § 59 BerlASOG; § 38 BrandOBG, ggf iVm § 70 BrandPolG; § 56 BremPolG; § 10 III HambSOG; § 64 HessSOG; § 72 MVSOG; § 80 NdsSOG; § 67 NWPolG iVm § 39 NWOBG; § 68 RhPfPOG; § 68 SaarlPolG; § 69 SachsAnhSOG; § 52 SächsPolG; § 221 SchlHVwG; § 68 ThürPAG.
65   Vgl Art. 70 I BayPAG; Art. 11 BayLStVG; § 59 BerlASOG; § 38 BrandOBG, ggf iVm § 70 BrandPolG; § 56 BremPolG; § 10 III HambSOG; § 64 HessSOG; § 72 MVSOG; § 80 NdsSOG; § 67 NWPolG iVm § 39 NWOBG; § 68 RhPfPOG; § 68 SaarlPolG; § 69 SachsAnhSOG; § 52 SächsPolG; § 221 SchlHVwG; § 68 ThürPAG.

§ 14 Ersatzansprüche des Polizeiträgers

Ausgangsfall:

In dem X-See, der bisher als Badesee genutzt wurde, ist in jüngerer Zeit eine starke gesund- **697**
heitsschädliche Wasserverschmutzung festzustellen. Der zuständigen Behörde wird bekannt,
dass der Unrat (U) unerlaubt Industrieabfälle in den See leitet. Sie vermutet, dass U für die
Verschmutzung des Sees verantwortlich ist, die inzwischen mit großem Kostenaufwand für die
Behörde behoben wurde. Sie untersucht deshalb die von U eingeleiteten Stoffe. Dies hat freilich zum Ergebnis, dass die Verschmutzung nicht durch diese Stoffe verursacht wurde. Kann
die Behörde von U den Ersatz der Kosten für die Untersuchung sowie den Ersatz der Kosten
für die Reinigung des Sees verlangen? Wie ist die Rechtslage, wenn sich später herausstellt,
dass die Verschmutzung durch das Unternehmen des Leichtfuß (L) verursacht wurde? Anm.:
Der Fall soll nach allgemeinem Polizei- und Ordnungsrecht gelöst werden. **Rn 709**

I. Ersatzansprüche bei Ersatzvornahme

Ersatzansprüche für die Kosten, die den Polizei- und Ordnungsbehörden bei der Er- **698**
satzvornahme entstehen, sind in allen Bundesländern vorgesehen. Diese Regelungen,
die sowohl die Selbstvornahme durch die Behörde[1] als auch die Fremdvornahme zum
Gegenstand haben (vgl Rn 553), entsprechen § 30 MEPolG[2]. Sie betreffen alle Personen, die ihre Verpflichtung nicht erfüllen, eine vertretbare Handlung vorzunehmen.
Sie erfassen auch den Fall, dass ein (ausnahmsweise) in Anspruch genommener
Nichtstörer einen Verwaltungsakt nicht befolgt, weswegen er zwangsweise durchgesetzt wird[3]. Praktisch weit bedeutsamer sind jedoch die Kostenersatzansprüche gegenüber Störern, insbesondere beim Sofortvollzug[4] (§§ 28 II, 30 MEPolG). Auch derjenige, der eine Anscheinsgefahr (unmittelbar) verursacht hat (Rn 259 ff), kann
kostenersatzpflichtig sein[5]. Der **Kostenersatzanspruch entsteht bereits kraft Ge-**
setzes; ein **polizeiliches Ermessen besteht nicht** (s. auch Rn 275 u. Rn 703)[6]. Soweit

---

1 S. dazu *OVG Hamburg*, DÖV 1987, 257 ff.
2 Vgl Art. 55 BayPAG; § 55 BrandPolG; § 49 HessSOG; § 89 MVSOG; § 66 NdsSOG; § 52 NWPolG;
   § 46 SaarlPolG; § 55 SachsAnhSOG; § 238 I SchlHVwG; § 53 I, II ThürPAG. In anderen Bundesländern gelten die allgemeinen Vorschriften: §§ 25, 31 BWVwVG; § 5a S. 1 BerlVwVfG iVm § 10
   VwVG; § 15 BremVwVG; § 19 I HambVwVG; § 10 VwVG; § 63 RhPfVwVwVG. Spezialregelungen
   gibt es zT bezüglich der Kosten für die Sicherstellung von Sachen (zB § 24 III 1 MEPolG).
3 Nicht überzeugend daher *Finger*, DVBl 2007, 798, 799, wonach die Kosten der Vollstreckung gegen einen Nichtstörer idR von der Allgemeinheit zu tragen seien. Dies verkennt, dass sich auch ein Nichtstörer, der einen ihn verpflichtenden Verwaltungsakt nicht beachtet, rechtswidrig verhält. Die Ersatzpflicht
   des Nichtstörers kann nur im Hinblick auf Entschädigungsansprüche, die ihm ggf. zustehen, gemindert
   sein.
4 Zum Umfang des Kostenersatzanspruchs vgl Rn 705.
5 *OVG Berlin*, NVwZ-RR 2002, 623; *VGH Mannheim*, DVBl 2011, 626; zur kostenrechtlichen Inanspruchnahme sog. „Trittbrettfahrer" s. *Thum*, BayVBl. 2003, 161 ff.
6 § 30 II 2 MEPolG sieht bei nicht fristgerechter Zahlung vor, dass die Kosten der Ersatzvornahme im
   Wege des Verwaltungszwangs beigetrieben werden können. Dadurch wird nur die Befugnis begründet,
   eine Ersatzforderung, die schon de lege besteht und als solche vorausgesetzt wird, in einem Verwaltungsakt festzusetzen (zur Erstreckung des Vorbehalts des Gesetzes auf die Geltendmachung von Forderungen mittels Verwaltungsakts s. *Schenke*, Fälle zum Beamtenrecht, 2. Aufl. 1990, S. 106 ff) und sie

mehrere Personen für eine Gefahr verantwortlich sind, steht es allerdings im Ermessen der Polizei, welche Person sie in Bezug auf die Kosten in Anspruch nimmt. Ihre Ermessenserwägungen haben sich hier vorrangig am Gebot der gerechten Lastenverteilung auszurichten[7]. Die Grundsätze, welche auf der primären Ebene bei der Heranziehung von Störern gelten (s. Rn 285), finden insoweit keine Anwendung. Hat die Polizei bei einer Mehrheit von Störern eine Ersatzvornahme gem. § 30 MEPolG getätigt, kann dem in Anspruch genommenen Polizeipflichtigen ein interner Ausgleichsanspruch gegen einen anderen Polizeipflichtigen zustehen (vgl oben Rn 288 ff). Der Kostenersatzanspruch verjährt nach hM grundsätzlich – vorbehaltlich anderweitiger gesetzlicher Regelungen – analog § 195 BGB in drei Jahren (s. hierzu oben Rn 283).

699 Der Ersatzanspruch setzt nach ganz hM[8] voraus, dass die **Ersatzvornahme rechtmäßig** ist[9]. Ohne Bedeutung ist dagegen, ob die Maßnahmen, die der Ersatzvornahme vorausgingen, rechtmäßig waren. Insbesondere spielt die Rechtmäßigkeit des vollstreckten Verwaltungsakts keine Rolle[10], solange er rechtswirksam ist und nicht rückwirkend aufgehoben worden ist (s. Rn 540 f). Eine Abweichung der tatsächlichen Kosten von den voraussichtlichen Kosten, die dem Vollstreckungsschuldner mitgeteilt worden waren, steht einem höheren Kostenersatzanspruch jedenfalls dann nicht entgegen, wenn die Erhöhung nicht voraussehbar war (vgl Rn 554). Der Ersatzanspruch kann in einem Verwaltungsakt festgesetzt werden (§ 30 II 2 MEPolG), dessen Anfechtung aufschiebende Wirkung gem. § 80 I VwGO eintreten lässt[11]. Die Möglichkeit, den Anspruch auf diese vereinfachte Art und Weise geltend zu machen, schließt eine klageweise Geltendmachung grundsätzlich aus, weil insoweit idR das Rechtsschutzbedürfnis fehlt. Dies gilt allerdings dann nicht, wenn der Be-

---

damit zwangsweise durchzusetzen. Die gesetzliche Kostenersatzpflicht wird iÜ bereits im Begriff der Ersatzvornahme („auf Kosten") vorausgesetzt und entspricht der durch den Gesetzgeber begründeten Kostenersatzpflicht bei der unmittelbaren Ausführung nach § 5a II MEPolG (dazu Rn 703).

7   *VGH Mannheim*, NVwZ-RR 2012, 387 mit Anmerkung von *Waldhoff*, JuS 2012, 863 f.

8   Vgl für viele *Mertens*, Die Kostentragung bei der Ersatzvornahme im Verwaltungsrecht, 1976, S. 52 mwN; *Rasch*, § 30 MEPolG, Rn 9.

9   Vgl zB *Poscher/Rusteberg*, JuS 2012, 26, 31. Dieser Grundsatz ist allerdings in den – seltenen – Fällen (vgl *Hurst*, DVBl 1965, 757 ff) einzuschränken, in denen ein Zusammenhang zwischen der Rechtswidrigkeit der Ersatzvornahme und dem Entstehen der Kosten ausgeschlossen werden kann, in denen es also auch bei rechtmäßigem Verhalten der Polizei- bzw Ordnungsbehörden zu der kostenaufwendigen Ersatzvornahme gekommen wäre (s. schon *Schenke*, NJW 1983, 1882, 1883). Hier wäre ein Ausschluss der Kostenerstattung wegen fehlenden Rechtswidrigkeitszusammenhangs sachlich nicht gerechtfertigt. Für diese Lösung sprechen auch ein Seitenblick auf vergleichbare Fallgestaltungen in anderen Rechtsgebieten (s. zum sog. Alternativverhalten im Zivilrecht *Larenz*, Schuldrecht AT I, 14. Aufl. 1987, S. 527 ff) sowie der Rechtsgedanke, der dem § 46 VwVfG zu Grunde liegt. ZT ist die hier vertretene Lösung sogar ausdrücklich gesetzlich normiert (s. Art. 55 I 3 BayPAG iVm Art. 16 V BayKG; verfehlt deshalb *Geiger*, BayVBl. 1983, 10, 11. Damit wird hier auch der (untaugliche) Versuch entbehrlich, Unbilligkeiten des von der hM angenommenen Ausschlusses des Kostenersatzanspruchs durch den Rückgriff auf die allgemeinen Rechtsinstitute der öffentlichrechtlichen Geschäftsführung ohne Auftrag und des Erstattungsanspruchs zu korrigieren.

10 S. oben Rn 542.

11 Es handelt sich nicht um Kosten iSd § 80 II Nr 1 VwGO, s. *Heckmann*, Der Sofortvollzug staatlicher Geldforderungen, 1992, S. 135 ff; *Kopp/Schenke*, VwGO, § 80, Rn 63; *Schell*, BayVBl. 2005, 746, 749; *VGH Mannheim*, NVwZ 1986, 933; *aA VGH München*, BayVBl. 1994, 372. Der Landesgesetzgeber kann aber nach § 80 II Nr 3 Alt. 2 VwGO vorsehen, dass Widerspruch und Anfechtungsklage keine aufschiebende Wirkung haben (*OVG Berlin-Brandenburg*, NVwZ-RR 2006, 376, 377).

troffene den Kostenersatzanspruch bestreitet und es voraussichtlich ohnehin zu einem Prozess käme[12].

Neben dem öffentlichrechtlichen Ersatzanspruch besteht kein privatrechtlicher **Aufwendungsersatzanspruch gem. §§ 683, 670 BGB.** Letzterer **scheitert** bei einem öffentlichrechtlichen Handeln der Polizei bereits daran, dass jene **nicht zugleich öffentlichrechtlich und privatrechtlich agieren** kann[13] und überdies **nicht „ohne Auftrag"**, sondern auf Grund gesetzlicher Verpflichtung tätig wird. Dagegen lässt sich ein solcher Anspruch nicht mit der Begründung in Frage stellen, dass ihm die abschließenden polizeirechtlichen Regelungen über einen Kostenersatz entgegenstünden (so aber *Staake*, JA 2004, 800, 803; *BGH*, NJW 2004, 513, 514). Dieses Argument ist nach den Prämissen der *BGH*-Rspr inkonsequent und zeigt auf, dass die Konstruktion einer Doppelnatur verfehlt ist. Der für das Polizeirecht zuständige Landesgesetzgeber wäre nämlich aus kompetenzrechtlichen Gründen gar nicht in der Lage, einen bürgerlichrechtlichen Aufwendungsersatzanspruch auszuschließen. Richtig ist jedoch, dass ein allenfalls in analoger Anwendung der §§ 683, 670 BGB in Betracht kommender Aufwendungsersatzanspruch durch die speziellen polizeirechtlichen Kostenersatzregelungen ausgeschlossen wird[14]. Einer solchen Analogie stünde ohnehin bereits der Vorbehalt des Gesetzes entgegen. Zudem wäre eine polizeiliche Geschäftsführung ohne Auftrag ohne eine gesetzliche Ermächtigungsgrundlage rechtswidrig (Rn 40 u. 562) und könnte schon aus diesem Grund (s. auch Rn 700) keinen Aufwendungsersatzanspruch legitimieren. Ein Anspruch des polizeilichen Hoheitsträgers aus den §§ 683, 670 BGB scheidet im Übrigen selbst dann aus, wenn die Polizei den Störer nicht zu einem Handeln aufgefordert hat[15], denn auch in einem solchen Fall liegt ein in Ausführung eines gesetzlichen Auftrags erfolgendes öffentlichrechtliches Handeln in Form einer unmittelbaren Ausführung bzw eines Sofortvollzugs vor, so dass bei **rechtmäßigem Handeln Kostenersatzansprüche** (Rn 703) bestehen. Es kann der Polizei nicht gestattet werden, eine ihr zugewiesene öffentlichrechtliche Aufgabe teilweise zu privatisieren und damit zugleich über einen ihr zustehenden Kostenersatz- bzw Aufwendungsanspruch zu disponieren. Das gilt umso mehr, als der Umfang eines privatrechtlichen Aufwendungsersatzanspruchs weiter reichen kann als der Umfang des öffentlichrechtlichen Kostenersatzanspruches (s. dazu auch *BGH*, NJW 2004, 513, 514).

700

Erst recht scheidet ein Aufwendungsersatzanspruch aus Geschäftsführung ohne Auftrag dann aus, wenn eine rechtswidrige Ersatzvornahme, eine rechtswidrige unmittelbare Ausführung bzw ein rechtswidriger Sofortvollzug vorliegen. Die Regelungen, die einen polizeirechtlichen Kostenersatzanspruch für rechtswidrige Maßnahmen verneinen (Rn 699, 703), dürfen nicht durch Rückgriff auf bürgerlichrechtliche Regelungen ausgehöhlt werden[16]. Es führte zu einem unhaltbaren Wertungswiderspruch, wenn ein rechtswidriges Handeln der Polizei durch einen Aufwendungsersatzanspruch prämiert würde, der inhaltlich weiter reichte als der gesetzliche Kostenersatzanspruch, der bei einem rechtmäßigen Handeln besteht. Durch die speziellen gesetzlichen Kostenersatzregelungen wird auch ein auf den Ersatz von Kosten gerichteter öffentlichrechtlicher Erstattungsanspruch ausgeschlossen[17].

---

12 Hierzu *Schenke*, Verwaltungsprozessrecht, Rn 592.
13 *Schenke*, FS Bartlsperger 2006, S. 529, 531 ff; *Scherer*, NJW 1989, 2724, 2728 f; *Schoch*, DV 38 (2005), 91, 100 f; *Staake*, JA 2004, 800, 801.
14 **AA** *OLG Hamm*, NJW 2012, 1088 unter Hinweis darauf, dass in NRW die polizeirechtlichen Regelungen über Kostenersatzansprüche nicht abschließend seien.
15 *Schenke*, FS Bartlsperger, S. 529, 531 ff; *Schoch*, JK 11/04, öff.-rechtl. GoA § 677/I; **aA** *Linke*, DVBl 2006, 148, 150 f.
16 So aber zB *Baur*, JZ 1964, 357 f; **krit.** hierzu *Götz*, § 14, Rn 8; *Kischel*, VerwArch. Bd. 90 (1999), 391 ff; *Maurer*, JuS 1970, 561 ff; *Schenke*, VersR 2001, 533, 537 ff; *Schoch*, Jura 1994, 241, 242 ff.
17 Für einen solchen Anspruch aber *Mertens*, Die Kostentragungspflicht bei der Ersatzvornahme im Verwaltungsrecht, 1976, S. 78 ff; *Chr. Wollenschläger*, Geschäftsführung ohne Auftrag im öffentlichen Recht, 1977, S. 82 ff.

In einem anderen Fall, in dem ein Kostenersatzanspruch aus Geschäftsführung ohne Auftrag diskutiert wird, lässt sich ein solcher Anspruch schon aus den gesetzlichen Kostenersatzregelungen begründen. Dies betrifft den Fall, in dem die Polizei im Wege einer Not- bzw Eilzuständigkeit zur Abwehr von Gefahren tätig wird, die sich im Zuständigkeitsbereich einer anderen Behörde bzw juristischen Person des öffentlichen Rechts ergeben (s. hierzu Rn 234). Hier sind die Kostenersatzvorschriften, die für eine unmittelbare Ausführung (dazu Rn 703 ff) gelten, bereits unmittelbar (zumindest aber entsprechend) anzuwenden[18]. Der Hoheitsträger, der die ihm obliegende Aufgabe der Gefahrenabwehr nicht (rechtzeitig) erfüllen kann, ist materiell polizeipflichtig (Rn 234) und damit Störer. Die Zuerkennung eines Kostenersatzanspruchs greift nicht rechtswidrig in den Zuständigkeitsbereich der anderen Behörde ein, sofern die Voraussetzungen für eine Not- bzw Eilzuständigkeit der Polizei vorliegen.

701 Zur schwierigen Problematik des Kostenersatzanspruchs iVm dem Abschleppen eines Kfz s. unten Rn 722 ff. Zur – im Ergebnis zu verneinenden – Frage, ob Kostenersatzansprüche gegen den Rechtsnachfolger eines ursprünglich Zustandsverantwortlichen bestehen, s. Rn 278.

II. Ersatzansprüche bei unmittelbarem Zwang

702 Für die Erhebung von **Kosten, die bei der rechtmäßigen Anwendung unmittelbaren Zwangs** zur Durchsetzung polizeilicher Verwaltungsakte entstanden sind, bestehen **nur vereinzelt Rechtsgrundlagen**. So sehen zB §§ 7 f BWVollstrKO[19] vor, dass für die rechtmäßige[20] Anwendung unmittelbaren Zwangs Gebühren und Auslagen zu erheben sind[21]. Entgegen in der Literatur verschiedentlich geäußerter Kritik[22] sind solche Regelungen weder im Hinblick auf die – ganz anders motivierten – bundesrechtlichen Kostenregelungen der StPO[23] noch im Hinblick auf Art. 3 GG bzw andere Grundrechte bedenklich[24], sofern sie sich auf die Erhebung von Kosten für die Anwendung unmittelbaren Zwangs gegenüber dem jeweiligen Vollstreckungsschuldner beschränken[25]. Sie verstoßen auch nicht gegen die insoweit angeblich abschließenden Regelungen des VersG und entspr landesrechtlicher Vorschriften (vgl oben Rn 381).

---

18 Im Ergebnis ebenso *Friauf*, Rn 104; *Oldiges*, JuS 1989, 616, 618 ff; s. auch *Schoch*, Jura 1995, 241, 243 f; *Würtenberger/Heckmann*, BW, Rn 492; *VGH Kassel*, DÖV 1992, 752 f. Für einen Kostenersatzanspruch aus Geschäftsführung ohne Auftrag dagegen *BGH*, DVBl 1970, 499, 500; *BVerwG*, NJW 1986, 524. *OVG Münster*, NJW 1986, 2526 lehnt einen Ersatzanspruch gänzlich ab.

19 Diese Vorschriften sind über § 52 IV BWPolG iVm § 31 IV BWVwVG anwendbar. Vgl zB auch Art. 58 III BayPAG iVm § 1 Nr 6, 7 BayPolKV.

20 Vgl *VGH Mannheim*, VBlBW 1986, 299, 302; *Poscher/Rusteberg*, JuS 2012, 26, 31.

21 Eingehend hierzu *Erdmann*, Die Kostentragung bei Maßnahmen des unmittelbaren Zwangs, 1987.

22 Vgl zB *Kühling*, DVBl 1981, 315, 317; s. auch *Kilian*, VBlBW 1984, 52 ff.

23 Die §§ 7 f BWVollstrKO begründen keine Kostenersatzansprüche wegen der Anwendung unmittelbaren Zwangs allein zu Zwecken der Strafverfolgung, s. dazu *VGH Mannheim*, NVwZ 1989, 163, 164.

24 Vgl ausführlich *Schenke*, NJW 1983, 1882, 1888 ff; ferner *Broß*, DVBl 1983, 377, 383; *Kränz*, JuS 1987, 451 ff; *Würtenberger*, NVwZ 1983, 192, 199; *v. Brünneck*, NVwZ 1984, 273 ff; *VGH Mannheim*, DÖV 1984, 517 ff u. VBlBW 1986, 299 ff.

25 Einem Hausbesetzer oder Demonstranten dürfen zB nur die Kosten für die Anwendung unmittelbaren Zwangs gegen ihn, nicht aber die Kosten für die Anwendung unmittelbaren Zwangs gegen andere Personen auferlegt werden (vgl *Schenke*, NJW 1983, 1882, 1890 und *Seibert*, DÖV 1983, 964, 970; *Kränz*, JuS 1987, 451, 455; **aA** *OVG Lüneburg*, DVBl 1977, 832 ff; *Broß*, DVBl 1983, 377, 383; offen gelassen von *OVG Lüneburg*, DVBl 1984, 57, 59). Dies ergibt sich schon daraus, dass nur er selbst einer Räumungsverfügung Folge leisten kann.

Sie stellen ferner keine unzulässige Zeitgebühr[26] dar. Entgegen der Auffassung des *VGH München*[27] steht es dem Kostenersatzanspruch nicht entgegen, wenn die Anwendung unmittelbaren Zwangs nicht nur der Durchsetzung von Gefahrabwehrmaßnahmen, sondern zugleich auch der Strafverfolgung diente[28] (vgl auch oben Rn 419).

III. Ersatzansprüche bei unmittelbarer Ausführung

Fast alle Polizei- und Ordnungsgesetze regeln iÜ die **Kostenerstattung für die unmittelbare Ausführung einer polizeilichen Maßnahme ohne vorherigen Verwaltungsakt.** Die dabei entstandenen Kosten sind vom polizeirechtlich Verantwortlichen zu tragen. § 5a II MEPolG sieht dies ausdrücklich vor[29]. Die Kostenersatzpflicht ist angesichts des eindeutigen Wortlauts des § 5a II MEPolG („sind die nach den §§ 4 oder 5 Verantwortlichen verpflichtet") obligatorisch und lässt prinzipiell keinen Raum für eine behördliche Ermessensentscheidung[30]. Der Kostenersatzanspruch ist nach ganz hM an die Rechtmäßigkeit der unmittelbaren Ausführung gebunden[31]. Er kann, wie sich aus § 5a II MEPolG ergibt, mittels eines Verwaltungsakts geltend gemacht werden. Der Begriff des polizeirechtlich Verantwortlichen ist auch hier in derselben Weise zu interpretieren wie auf der Primärebene (vgl Rn 254, 685).

703

Der Umfang des Kostenersatzanspruchs deckt sich – vorbehaltlich abweichender gesetzlicher Regelungen – mit dem Umfang der Kostenersatzansprüche bei der Ersatz-

704

---

26 *VGH Mannheim*, VBlBW 1985, 385; **aA** *Würtenberger/Rommelfanger*, VBlBW 1986, 41 ff.
27 *VGH München*, BayVBl. 1986, 338; ebenso *Würtenberger/Heckmann*, BW, Rn 923; *Rieger*, Die Abgrenzung doppelfunktionaler Maßnahmen der Polizei, 1994, S. 157; **aA** – wie hier – *BVerwG*, DÖV 2001, 1003.
28 Kein Kostenersatzanspruch besteht dagegen, wenn nur eine strafprozessuale Zielsetzung verfolgt wurde. Ein solcher Fall lag *VGH München*, DVBl 1998, 840 f zu Grunde.
29 Ebenso § 8 II BWPolG; Art. 9 II BayPAG; § 15 II, III BerlASOG; § 53 II iVm § 55 BrandPolG; § 7 III HambSOG; § 8 II HessSOG; §§ 81 I 1 Alt. 1, III, 89 bzw § 81 I 1 Alt. 2, 114 MVSOG; § 6 II RhPfPOG; § 9 II SachsAnhSOG; § 6 II SächsPolG; § 230 III iVm § 238 I bzw 239, 249 II SchlHVwG; § 12 II ThürOBG; § 9 II ThürPAG; § 19 II BPolG. Ausnahmsweise kann allerdings die Heranziehung des Polizeipflichtigen unverhältnismäßig und damit rechtswidrig sein, vgl *VGH Mannheim*, NJW 1991, 1698. Zur ausnahmsweisen Kostenerstattungspflicht eines Hoheitsträgers s. oben Rn 700.
30 Ebenso *Belz/Mußmann*, BW, § 8, Rn 6; **aA** *VG Chemnitz*, SächsVBl. 2012, 311; zu § 8 II BWPolG *VGH Mannheim*, NJW 1991, 1698; VBlBW 2011, 153, 154; *Mußmann*, BW, Rn 347; *Würtenberger/Heckmann*, BW, Rn 804. Der frühere § 81 I BWPolG, auf den sich der *VGH Mannheim* – unter Verkennung seiner Bedeutung – berief, ist inzwischen aufgehoben. § 20 BWGebG aF (heute vergleichbar § 22 BWGebG), aus dem *Mußmann*, BW, Rn 347 die Möglichkeit ableitet, aus Billigkeitsgründen von der Erhebung von Kosten abzusehen, ist bereits von seinem Anwendungsbereich her (s. § 1 S. 1 BWGebG) nicht einschlägig. Er kann mangels Regelungslücke auch nicht analog herangezogen werden (so aber *Würtenberger/Heckmann*, BW, Rn 804), zumal es nicht angeht, den Störer, der seiner materiellen Polizeipflicht nicht genügt, durch einen Billigkeitserlass noch zu prämieren (s. auch Rn 254). Jedenfalls liegt es weit näher, den verfassungsrechtlichen Wertungen bereits im Rahmen des polizeirechtlichen Verursacherbegriffs Rechnung zu tragen (vgl hierzu Rn 271 ff, 275 f). Bezeichnenderweise begründet *VGH Mannheim*, VBlBW 1991, 434, 435 das Entfallen einer Kostenersatzpflicht mit Argumenten, die sonst für die Bestimmung der polizeirechtlichen Verursachung herangezogen werden.
31 *Rasch*, § 5a MEPolG, Rn 8 mwN; zu Einschränkungen dieses Grundsatzes s. oben Rn 699. Bei rechtswidriger unmittelbarer Ausführung lassen sich Kostenersatzansprüche grundsätzlich weder aus öffentlichrechtlicher Geschäftsführung ohne Auftrag noch aus dem Institut der Erstattung begründen (s. auch oben Rn 700).

vornahme bzw der Anwendung unmittelbaren Zwangs[32]. Nur so lässt sich erklären, dass die einschlägigen Polizei- und Ordnungsgesetze meist keine näheren Vorschriften über die Höhe des Kostenersatzanspruchs enthalten. Zudem wird dies dem Umstand gerecht, dass der Sofortvollzug bzw die unmittelbare Ausführung der Sache nach ein verkürztes Vollstreckungsverfahren beinhalten.

Zu erstatten sind iÜ nach richtiger Auffassung nicht nur die Kosten für Maßnahmen, die unmittelbar der Abwehr von Gefahren dienen, sondern auch die Kosten für **Gefahr- und Störererforschungsmaßnahmen**. Die Gegenmeinung[33], nach der es sich hier nicht um der Gefahrenabwehr dienende Maßnahmen handele, überzeugt nicht. Sie verkennt, dass es nicht möglich ist, Maßnahmen zur Gefahrenabwehr zu ergreifen, ohne vorher aufgeklärt zu haben, ob tatsächlich ein Schaden droht (Gefahrerforschung) und wer ggf. der Verantwortliche für die Gefahr ist (Störererforschung). Diese Erforschungsmaßnahmen sind für die Art und Weise des weiteren Vorgehens maßgeblich und deswegen bereits ein **erster Schritt der Gefahrenabwehr**. Das Argument der Gegenmeinung, der Untersuchungsgrundsatz (§ 24 VwVfG) verpflichte die Behörde, von Amts wegen den Sachverhalt zu erforschen, weswegen sie insoweit keine Kosten erheben dürfe[34], schlägt schon deswegen nicht durch, weil die Polizei- und Ordnungsgesetze spezielle Kostenersatzregelungen enthalten. IÜ regeln die §§ 24 ff VwVfG gerade nicht, wer für die Kosten der Sachverhaltsaufklärung aufzukommen hat. Vielmehr ergibt sich dies – vorbehaltlich spezieller polizei- und ordnungsrechtlicher Regelungen – aus den Kostengesetzen der Länder bzw des Bundes (vgl zB § 10 I Nr 5 BWVwKostG). Eine Person, bei der die Polizei zunächst nur den Verdacht hat, sie sei Störer und ihn deshalb zunächst nur als Nichtstörer heranzieht, ist deswegen auch für Erforschungsmaßnahmen kostenpflichtig, wenn sich später herausstellt, dass sie tatsächlich Störer ist[35] (vgl auch zu dem sich im Entschädigungsrecht stellenden Parallelproblem Rn 687).

705 Dasselbe gilt auch für Personen, die durch ihr Verhalten oder den Zustand einer ihrer Sachen den Anschein einer Gefahr (unmittelbar) verursacht haben, obwohl – wie die behördlichen Untersuchungen nachträglich zeigen – tatsächlich gar kein Schaden droht. Ebenso besteht ein Kostenersatzanspruch bei der unmittelbaren Ausführung einer Gefahrerforschungsmaßnahme, die sich auf die Spezialregelung des § 9 II BBodSchG stützt, wenn auf Grund konkreter Anhaltspunkte zunächst der Verdacht einer schädlichen Bodenveränderung oder Altlast besteht, dieser Verdacht sich aber später nicht bewahrheitet, und die ihn begründenden Umstände von einer der Personen zu vertreten sind, die in § 4 III, V und VI BBodSchG genannt werden (s. dazu § 24 I 2 BBod-

---

32 So auch *Würtenberger/Heckmann*, BW, Rn 802; *Mußmann*, BW, Rn 347 und der Sache nach wohl *BVerwG*, NJW 1981, 1571, 1572; **aA** *Deger*, in: Wolf/Stephan/Deger, BWPolG, § 8, Rn 29 und *Ruder/Schmitt*, BW, Rn 750, wonach nur die Mehrausgaben zu ersetzen sind, die der Polizei durch die unmittelbare Ausführung entstanden. Letzteres bedeutete, dass die Gebühren, die für die Ersatzvornahme bzw die Anwendung unmittelbaren Zwangs nach den Vollstreckungskostenregelungen (zB §§ 6, 7 BWVollStrKO) erhoben werden, bei der unmittelbaren Ausführung entfielen. Für eine solche Privilegierung des durch eine unmittelbare Ausführung Betroffenen fehlt aber eine sachliche Rechtfertigung.

33 So für Störererforschungsmaßnahmen zB *Schink*, DVBl 1989, 1182 ff mwN; **aA** wie im Text *VGH Mannheim*, VBlBW 1990, 232, 233; *OVG Hamburg*, NVwZ 2001, 215, 217, 219 mwN; *Pietzcker*, JuS 1986, 719, 722 f.

34 So *Breuer*, NVwZ 1987, 754; *Papier*, NVwZ 1986, 256, 257; *Schink*, DVBl 1989, 1182 ff; **aA** – wie hier – *Kloepfer*, NuR 1987, 7, 19.

35 *Wapler*, DVBl 2012, 86, 92; iE ebenso *Sailer*, in: L/D, N, Rn 53; *OVG Münster*, NVwZ 2001, 1314.

SchG). Schwierig zu beurteilen sind die Fälle, in denen tatsächlich ein Schaden droht und in denen eine Person den Anschein verursacht hat, dass die entsprechende Gefahr von ihr ausgeht, während tatsächlich die Gefahr von anderen Personen verursacht wurde. In diesen Fällen kann derjenige, der vermeintlich für die Gefahr verantwortlich war, **nur für die Kosten der Maßnahmen zur Erforschung des Störers** herangezogen werden, nicht hingegen für die Kosten der Beseitigung der Gefahr. Der tatsächlich drohende Schaden ist dem Anscheinsstörer nicht zurechenbar. Wenn zB eine Person verunreinigtes Gewässer rechtswidrig auf ihrem Grundstück in das Erdreich eingeleitet hat und das Nachbargrundstück kontaminiert ist, so kann der Anschein bestehen, die Person sei für die auf dem Nachbargrundstück entstandenen Schäden verantwortlich. Sie ist deshalb in Bezug auf Gefahrerforschungsmaßnahmen kostenpflichtig. Wenn sich dann aber später herausstellt, dass die Verunreinigung des Nachbargrundstücks eine andere Ursache hat, so kann von dem vermeintlichen Störer nicht die Erstattung der Kosten für die Reinigung des Nachbargrundstücks verlangt werden. Darüber hinaus ist hier allgemein zu beachten, dass von einem Betroffener nur insoweit die Erstattung der Kosten einer Maßnahme verlangt werden kann, als jene der Abwehr von Gefahren dient, bezüglich derer der Betroffene polizeipflichtig ist. Keine Kostenersatzpflicht besteht hingegen für solche Maßnahmen, bezüglich derer der Betroffene nur als Nichtstörer hätte in Anspruch genommen werden können.

Wenn keine speziellen Vorschriften für die Kostenerstattung bei unmittelbarer Ausführung bzw Sofortvollzug bestehen – wie zB in Bremen, Niedersachsen, Nordrhein-Westfalen und im Saarland –, so gelten die jeweiligen allgemeinen Regelungen über den Kostenersatz bei der Anwendung von Vollstreckungsmitteln. Die Kosten können durch Verwaltungsakt geltend gemacht werden. Dies stellt, auch wenn gemeindliche Organe polizeiliche Aufgaben wahrnehmen, keine Selbstverwaltungsaufgabe dar[36]. **706**

IV. Rückgriffsansprüche

Neben den genannten Ersatzansprüchen kann gem. § 50 MEPolG auf den Verantwortlichen zurückgegriffen werden. Ein **Rückgriff** der ausgleichspflichtigen Körperschaft auf den Verantwortlichen ist nach § 50 I iVm § 45 I 1 MEPolG dann **möglich, wenn einem Nichtstörer für seine rechtmäßige Inanspruchnahme ein Schadensausgleich gewährt** wurde. Diese Ausgleichszahlung kann dann vom Störer zurückgefordert werden[37]. Darüber hinaus kommt ein Rückgriff in den meisten Bundesländern in weiteren Fällen in Betracht, zumeist in Anlehnung an § 50 I iVm § 45 II MEPolG dort, wo solchen Personen ein Ausgleich gewährt wurde, die mit Zustimmung der Polizei bei der Erfüllung polizeilicher Aufgaben freiwillig mitgewirkt oder Sachen zur Verfügung gestellt und dadurch einen Schaden erlitten haben[38]. Soweit ein Rückgriff **707**

---

36 Zur zuständigen Widerspruchsbehörde *VGH Mannheim*, VBlBW 1986, 22.
37 Vgl auch § 57 iVm §§ 56, 55, 9 I BWPolG; Art. 72 iVm Art. 70 I BayPAG; § 64 iVm §§ 59, 64 BerlASOG; §§ 41 II, 38 I lit a BrandOBG, ggf iVm § 70 BrandPolG; § 61 I iVm § 56 I BremPolG; § 10 IV HambSOG; § 69 I iVm § 64 I 1 HessSOG; § 75 II iVm §§ 72, 73, 75 I MVSOG; § 85 I iVm § 80 NdsSOG; § 67 NWPolG iVm §§ 42 II, 39 I lit. a NWOBG; § 73 iVm § 68 I 1 RhPfPOG; § 73 iVm § 68 I 1 SaarlPolG; § 74 I 1 iVm § 69 I 1, III SachsAnhSOG; § 52 I 1 iVm §§ 56, 57 SächsPolG; § 224 II iVm §§ 221, 222 SchlHVwG; § 52 ThürOBG; § 73 I iVm §§ 72, 68 ThürPAG; § 55 II 1 iVm § 51 I oder II Nr 2 BPolG.
38 Vgl § 64 iVm § 59 III BerlASOG; § 61 I iVm § 56 II BremPolG; § 10 V HambSOG; § 69 I iVm § 64 III HessSOG; § 85 I iVm § 80 II NdsSOG; § 73 I iVm § 68 II RhPfPOG; § 73 I iVm § 68 II SaarlPolG; § 73 I iVm §§ 72 I, 68 II ThürPAG; anders bzw weiter Art. 72, 71 70 VI, 70 II BayPAG; § 55 II 1 iVm § 51 III Nr 1 BPolG.

zum Zuge kommt, ist zT ausdrücklich normiert, dass mehrere Personen, die nebeneinander verantwortlich sind, als Gesamtschuldner haften[39]. Bei Streitigkeiten über Rückgriffsansprüche ist in einigen Bundesländern der Rechtsweg zu den Zivilgerichten[40], in anderen Bundesländern der Rechtsweg zu den Verwaltungsgerichten[41] eröffnet. Wenn der ordentliche Rechtsweg gegeben ist, wird damit konkludent ausgeschlossen, dass der **Rückgriffsanspruch mit einem Verwaltungsakt geltend gemacht wird**[42]. Die entsprechende Anwendung der BGB-Vorschriften über die Geschäftsführung ohne Auftrag, die zB in § 57 BWPolG[43] angeordnet wird, kann sinnvollerweise nur als eine Rechtsfolgenverweisung angesehen werden[44]. Der Rückgriffsanspruch setzt – wie sich aus der gesetzlichen Systematik ergibt (s. zB die Verweisung des § 56 BWPolG auf § 55 BWPolG) – voraus, dass der Nichtstörer rechtmäßig in Anspruch genommen wurde[45]. Bei rechtswidrigen Eingriffen können die Vorschriften, die den Rückgriff regeln, nicht analog angewendet werden. Einer solchen Analogie stehen nicht nur der Vorbehalt des Gesetzes, sondern auch die durchaus andere Interessenlage im Wege. Wenn die Polizei die Gefahr unter Einsatz eigener Mittel bekämpft, bestehen Ersatzansprüche gegen einen Störer nach den Vorschriften über die unmittelbare Ausführung (s. Rn 703 ff).

708 Außer bei Vollstreckungsmaßnahmen (Ersatzvornahme, unmittelbarer Zwang) kann der Nichtstörer grundsätzlich nicht zu den Kosten eines polizeilichen Einsatzes herangezogen werden. Dies gilt selbst dann, wenn der Einsatz auch den Interessen des Nichtstörers dient – so zB bei Sportveranstaltungen, bei denen der Polizeieinsatz idR dem Veranstalter nützt. Vereinzelt finden sich aber in den Ländern abweichende Regelungen[46]. Die bundesgesetzliche Regelung des § 3 II BPolG verpflichtet die Bahnverkehrsunternehmen, der Bundespolizei für die Erfüllung der Aufgaben der Gefahrenabwehr, die ihr in Bezug auf Bahnanlagen durch § 3 I BPolG übertragen sind, wegen der dadurch erlangten Vorteile einen angemessenen Ausgleich zu leisten[47].

---

39 Vgl § 64 II BerlASOG; § 61 II BremPolG; § 69 II HessSOG; § 85 II NdsSOG; § 73 II RhPfPOG; § 73 II SaarlPolG; § 74 II SachsAnhSOG; § 57 II SächsPolG; § 73 II ThürPAG; § 50 II MEPolG; zur analogen Anwendung des § 426 BGB s. oben Rn 288 ff.

40 So § 58 BWPolG; § 77 MVSOG; § 58 SächsPolG.

41 So Art. 73 II BayPAG; § 65 Alt. 2 BerlASOG; § 42 II BrandOBG; § 62 S. 2 BremPolG; § 70, Alt. 2 HessSOG; § 86 Alt. 2 NdsSOG; § 67 NWPolG iVm § 43 II NWOBG; § 74 Alt. 2 RhPfPOG; § 74 Alt. 2 SaarlPolG; § 75 Alt. 2 SachsAnhSOG; § 74 HS 2 ThürPAG; § 51 Alt. 2 MEPolG; § 56 HS 2 BPolG. Gleiches gilt –mangels gegenteiliger Bestimmungen – für Hamburg. § 10 IV HambSOG schreibt allerdings – ebenso wie § 75 II MVSOG, § 85 I 2 NdsSOG, § 224 II SchlHVwG – eine Festsetzung durch Verwaltungsakt vor, wenn ein Rückgriff erfolgt. Dies schließt ein Rechtsschutzbedürfnis für eine klageweise Geltendmachung aus.

42 *Deger*, in: Wolf/Stephan/Deger, BWPolG, § 58, Rn 5; *Würtenberger/Heckmann*, BW, Rn 896, Fn 29.

43 Ebenso oder ähnlich § 41 II BrandOBG; § 75 II MVSOG; § 67 NWPolG iVm § 42 II NWOBG; § 224 II SchlHVwG.

44 Vgl *Mußmann*, BW, Rn 526; *Würtenberger/Heckmann*, BW, Rn 897.

45 So auch *Würtenberger/Heckmann*, BW, Rn 898; **aA** *Belz/Mußmann*, BWPolG, § 57, Rn 5.

46 So etwa Art. 2 I BayKG iVm Anl. KR-Pol und in § 1 ff NdsVwKostG iVm der Anlage zur Niedersächsischen Allgemeinen Gebührenordnung (s. dazu *OVG Lüneburg*, NJW 2012, 1898); eine Nichterhebung von Kosten kommt aber gem. Art. 3 I Nr 10 BayKG in Betracht; vgl hierzu *Sailer*, in: L/D, N, Rn 56 ff mit ausführlicher Darstellung länderspezifischer Besonderheiten; s. auch *Knemeyer*, Rn 391 mwN und *Gusy*, DVBl 1996, 722 ff. Die ähnliche Regelung des § 81 II BWPolG aF ist schon lange aufgehoben; zur früheren Rechtslage vgl *Schenke*, NJW 1983, 1882 ff.

47 Verfassungsrechtliche Bedenken insoweit bei *Ronellenfitsch*, DVBl 2005, 65, 71 f.

Lösung des Ausgangsfalles (Rn 697):

U hat durch die Einleitung der Abfälle und damit durch ein rechtswidriges Verhalten den An- **709**
schein verursacht, für die Verschmutzung des Sees verantwortlich zu sein. U muss deswegen
für die Kosten der Gefahrerforschungsmaßnahmen aufkommen, die ihm gegenüber veranlasst
wurden (Rn 704). Den realen Schaden hat er dagegen durch sein Verhalten nicht verursacht, da
dieses Verhalten für die gesundheitsschädliche Verschmutzung des Sees nicht einmal im naturwissenschaftlichen Sinn ursächlich war. Deshalb können ihm die Kosten für die unmittelbare
Ausführung gem. § 5a II MEPolG[48] bzw den Sofortvollzug gem. §§ 28 II, 30 I MEPolG[49] nicht
auferlegt werden (Rn 705). Dagegen kann von L, der für die gesundheitsschädliche Verschmutzung des Sees als Verhaltensstörer verantwortlich ist (§ 6 BWPolG; § 4 I MEPolG[50]),
Kostenersatz verlangt werden (§ 5a II MEPolG; §§ 28 II, 30 MEPolG).

§ 15 Exkurs: Das polizeiliche Abschleppen von Kraftfahrzeugen

Ausgangsfälle:

Fall 1: a) Rüpel (R) hat sein Kfz auf dem Bürgersteig geparkt. Vergleichbare Verkehrsver- **710**
stöße haben sich an der betreffenden Stelle in letzter Zeit gehäuft. Der Bürgersteig wird allerdings kaum benutzt, und für Passanten bleibt noch ausreichend Raum, um die fragliche Stelle
zu passieren, ohne die Fahrbahn betreten zu müssen. Darf die Polizei anordnen, dass das Kfz
durch das private Abschleppunternehmen Ausnutz (A) abgeschleppt und auf dem Werksge-
lände dieses Unternehmens abgestellt wird? **Rn 728**

b) Kann die Polizei einen Kostenersatzanspruch im Klagewege geltend machen, den sie für
gegeben hält, den R aber bestreitet? **Rn 729**

c) R verlangt die Herausgabe seines Kfz von A. Dies verweigert A, weil R die Kosten, die
durch das Abschleppen und die Verwahrung des Kfz entstanden sind, noch nicht beglichen hat.
Wie ist die Rechtslage? **Rn 730**

Fall 2: a) Asam (A) erschwert mit seinem Kfz in verkehrswidriger Weise die Zufahrt zu einer **711**
nur schwach befahrenen Straße. Der von der Polizei beauftragte Abschleppunternehmer Un-
geist (U) schleppt deshalb auf polizeiliche Anordnung das Kfz ab und stellt es in seinem mehrere Kilometer entfernten Betriebshof ab. A hält die Maßnahme für rechtswidrig, da es – was
zutrifft – möglich gewesen wäre, das Kfz um wenige Meter zu versetzen und es dadurch ordnungsgemäß zu parken, insbesondere die Behinderung zu beseitigen. Außerdem hatte A an der

---

48   Vgl § 8 II BWPolG; Art. 9 II BayPAG; § 15 II, III BerlASOG; § 7 III HambSOG; § 8 II HessSOG;
      § 70a II MVSOG; § 6 II RhPfPOG; § 9 II SachsAnhSOG; § 6 II SächsPolG; § 9 II ThürPAG; § 19 II
      BPolG.
49   Art. 53 II, 55 BayPAG; §§ 53 II, 55 BrandPolG; §§ 47 II, 49 HessSOG; §§ 81, 89 MVSOG; §§ 64 II,
      66 NdsSOG; §§ 50 II, 52 NWPolG; §§ 44 II, 46 SaarlPolG; §§ 53 II, 55 SachsAnhSOG; §§ 230, 238
      SchlHVwG; §§ 51 II, 53 ThürPAG.
50   Vgl Art. 7 BayPAG; § 13 BerlASOG; § 16 BrandOBG; § 5 BremPolG; § 8 HambSOG; § 6 HessSOG;
      § 69 MVSOG; § 6 NdsSOG; § 17 NWOBG; § 4 RhPfPOG; § 4 SaarlPolG; § 7 SachsAnhSOG; § 4
      SächsPolG; § 218 SchlHVwG; § 10 ThürOBG.

Windschutzscheibe einen Zettel angebracht, auf dem vermerkt war, wo er telefonisch zu erreichen war und dass er bei einem Anruf innerhalb von einer Minute an dem Kfz sein und dieses wegfahren kann. War das Verhalten der Polizei rechtmäßig und kann sie von A Ersatz der Abschleppkosten verlangen? **Rn 731**

b) A will vom Land als Träger der Polizei den Schaden ersetzt bekommen, der ihm dadurch entstanden ist, dass U beim Abschleppen sein Kfz beschädigte. Wie ist die Rechtslage? **Rn 732**

c) Variante: Das Abschleppen wurde lediglich deshalb veranlasst, weil A sein Kfz an einer Stelle parkte, für die durch ein Verkehrszeichen ein Parkverbot angeordnet ist. Wie ändert sich dadurch die Rechtslage? **Rn 733**

712 Beim Abschleppen von Kraftfahrzeugen durch die Polizei stellt sich eine Reihe schwieriger Rechtsprobleme[1]. Zu klären ist zunächst die Rechtsgrundlage für das Abschleppen eines Kfz, die eng mit der rechtlichen Qualifikation einer derartigen Maßnahme zusammenhängt (dazu I). In diesem Zusammenhang ist auf die Begrenzungen einzugehen, die sich aus dem Übermaßverbot für das polizeiliche Handeln ergeben. (dazu II). Außerdem ist die Frage zu beantworten, wer für die Abschleppkosten aufzukommen hat (dazu III). Schließlich ist zu klären, ob und ggf. inwieweit die Polizei für Schäden einstehen muss, die sie oder ein von ihr beauftragtes Unternehmen beim Abschleppen des Kfz verursacht haben (dazu IV).

I. Die Rechtsgrundlage für das Abschleppen

713 Die Rechtsgrundlage richtet sich danach, ob sich der Rechtsverstoß, der zu dem Abschleppen führte, aus der Nichtbeachtung eines Verkehrszeichens oder allein aus der Verletzung rechtlicher (insbesondere straßenverkehrsrechtlicher) Bestimmungen ergab.

1. Nichtbeachtung eines Verkehrszeichens

714 Ein Verkehrszeichen stellt eine Allgemeinverfügung iSd § 35 S. 2 LVwVfG dar. Gegen ein Verkehrszeichen ist jeder Verkehrsteilnehmer widerspruchs- bzw klagebefugt, der bereits mit ihm konfrontiert wurde. Eine gewisse regelmäßige oder nachhaltige tatsächliche Betroffenheit ist nicht erforderlich (*BVerwG*, DÖV 2004, 166 f). Die **Widerspruchsfrist** beginnt nicht bereits mit dem Aufstellen des Verkehrsschildes zu laufen, sondern erst in dem Moment, in dem der Verkehrsteilnehmer dies wahrnehmen konnte[2]. Wenn ein Verkehrszeichen ein Halte- oder Parkverbot oder vergleichbare Beschränkungen für das Abstellen eines Kfz anordnet, gebietet es damit zugleich das

---

1 Eingehend dazu *K. Fischer*, JuS 2002, 446 ff; *Schieferdecker*, Die Entfernung von Kraftfahrzeugen als Maßnahme staatlicher Gefahrenabwehr, 1998; ferner *B. Klein*, JA 2004, 544 ff; *Gaul*, VBlBW 1996, 1 ff; *Hong*, Jura 2012, 473 ff; *Klenke*, NWVBl. 1994, 288 ff; *Kottmann*, DÖV 1983, 493 ff; *Perrey*, BayVBl. 2000, 609 ff; *Remmert*, NVwZ 2000, 642 ff.

2 *BVerwG*, NJW 2011, 246; *Maurer*, FS Schenke, 2011, S. 1013, 1022; *Hong*, Jura 2012, 473, 480; **aA** früher *VGH Mannheim*, JZ 2009, 738 f.

Wegfahren eines verbotswidrig abgestellten Kfz. Dieses Wegfahrgebot ist **analog § 80 II 1 Nr 2 VwGO**[3] **kraft Gesetzes sofort vollziehbar**[4]. Wenn ein Kfz an einen Standort in unmittelbarer Nähe des bisherigen Abstellorts versetzt wird, wird das Wegfahrgebot grundsätzlich im Wege der Ersatzvornahme[5] durch die Polizei oder durch ein von der Polizei beauftragtes Unternehmen durchgesetzt. Falls die Ersatzvornahme nach den einschlägigen landesrechtlichen Regelungen nur die Fremdvornahme durch ein beauftragtes Unternehmen[6] umfasst (dazu Rn 553), handelt es sich bei einem Abschleppen durch die Polizei um die Anwendung unmittelbaren Zwangs – was allerdings nur sehr selten vorkommt.

Wenn keine Möglichkeit besteht, das Kfz an einen Standort in unmittelbarer Nähe des bisherigen Abstellorts zu versetzen, und es deshalb zu einer Polizeidienststelle oder zum Betriebshof des Abschleppunternehmens transportiert wird, lässt sich diese Maßnahme **nicht mehr allein auf das Verkehrszeichen stützen**. Vielmehr handelt es sich dann um die **unmittelbare Ausführung bzw den Sofortvollzug** (Rn 564 ff) eines auf der polizeilichen **Generalklausel beruhenden hypothetischen Verwaltungsakts**, die sich an die Durchsetzung des Wegfahrgebots anschließen. Verschiedentlich wird zwar die Ansicht vertreten, eine solche Maßnahme stelle eine Sicherstellung bzw Beschlagnahme dar. Dies scheitert jedoch – wie oben gezeigt (Rn 164; s. aber nunmehr § 14 I 2 HambSOG) – im Regelfall daran, dass hier **keine alleinige hoheitliche Sachherrschaft begründet** wird, was für Sicherstellung bzw Beschlagnahme aber **essenziell** wäre. **715**

Ein Sonderfall liegt vor, wenn das Verkehrszeichen erst aufgestellt wurde, nachdem das Kfz bereits (zunächst ordnungsgemäß) abgestellt worden war. Der Fahrer bzw Kfz-Halter kann in diesem Fall das Verkehrszeichen nicht kennen. Deswegen kann in diesem Fall das Versetzen des Kfz **nicht auf das Verkehrszeichen gestützt** werden, da es dem Betroffenen nicht bekannt gegeben wurde[7]. Hier kommen nur ein Sofortvollzug bzw eine unmittelbare Ausführung eines auf die polizeiliche Generalklausel **716**

---

3   *BVerwG*, NJW 1978, 656 f zu einem Park- bzw Halteverbot. Entsprechendes gilt zB für einen Schwerbehindertenparkplatz (bezüglich nicht behinderter Verkehrsteilnehmer), einen markierten Fußgängerüberweg und eine abgelaufene oder nicht betätigte Parkuhr, vgl *Götz*, NVwZ 1990, 725, 732 mwN.

4   Voraussetzung ist, dass das Verkehrszeichen erkennbar ist, s. dazu *OVG Münster*, NWVBl. 2005, 176 f.

5   Zuständig für die Vollstreckung ist in Baden-Württemberg die für die Anordnung und das Anbringen zuständige untere Straßenverkehrsbehörde (*VGH Mannheim*, VBlBW 2004, 213 f; *Remmert*, VBlBW 2005, 41 ff; **aA** *Würtenberger/Heckmann*, BW, Rn 828).

6   Das Unternehmen darf aber nicht selbstständig über das Abschleppen entscheiden und damit das polizeiliche Ermessen ausüben (s. *VG München*, NVwZ 1988, 667 f; *VGH München*, NVwZ 1990, 180, 181 u. BayVBl. 1991, 443 ff); zur speziellen Problematik der polizeilichen Gefahrenabwehr in Bayern durch kommunale Parküberwachung s. *Pitschas/Aulehner*, BayVBl. 1990, 417 ff; *Jahn*, BayVBl. 1990, 424 ff.

7   *VGH Mannheim*, NJW 1991, 1698; *Koch/Niebaum*, JuS 1997, 312 ff; *Schieferdecker*, Die Entfernung von Kraftfahrzeugen als Mittel staatlicher Gefahrenabwehr, 1998, S. 39 ff; **aA** *BVerwG*, NJW 1997, 1021, das in der Aufstellung des Verkehrsschildes eine Bekanntgabe nach bundesrechtlichen Vorschriften der StVO (vgl insbesondere §§ 39 II, IIa; 45 IV StVO) sieht; ähnlich *OVG Münster*, NJW 1990, 2835 ff und *Klenke*, NWVBl. 1994, 288, 289; zu einem Sonderfall – verklebtes Verkehrsschild – *VGH Mannheim*, VBlBW 1991, 434. Nicht wirksam wird das Verkehrszeichen gegenüber dem nicht selbst fahrenden Fahrzeugeigentümer oder -halter, vgl *OVG Hamburg*, NJW 1992, 1909, so dass im Verhältnis zu diesem ebenfalls nur ein Sofortvollzug bzw eine unmittelbare Ausführung im Hinblick auf dessen etwaige Zustandsverantwortlichkeit (dazu Rn 268 ff) möglich ist.

stützbaren hypothetischen Verwaltungsakts in Betracht[8]. Dabei ergibt sich aber aus dem Verhältnismäßigkeitsgrundsatz, dass zwischen dem Aufstellen des Verkehrszeichens und dem kostenpflichtigen Abschleppen grundsätzlich – sofern die Aufstellung des Verkehrszeichens nicht schon vor dem Abstellen des Kfz sichtbar angekündigt oder zu erwarten war – eine angemessene Zeit liegen muss, um eine Verhaltensverantwortlichkeit des Fahrers durch Unterlassen der Nachschau zu begründen[9]. Eine Zustandsverantwortlichkeit des Eigentümers bzw Kraftfahrzeughalters, der gleichfalls keine Kenntnis von dem Schild hat, besteht hier zwar schon vorher. Sie ist aber insoweit begrenzt, als ein Abschleppen nur bei Übernahme der Kosten durch die Polizei zulässig ist (s. auch Rn 273). Sie beschränkt sich damit auf eine Duldung.

2. Verstoß gegen sonstige Rechtsvorschriften

717 Wenn der Rechtsverstoß nicht aus einer Nichtbeachtung von Verkehrszeichen resultiert, so kommen als Rechtsgrundlage sowohl für ein Versetzen des Kfz als auch für ein Abschleppen und Verwahren idR lediglich ein **Sofortvollzug bzw eine unmittelbare Ausführung** in Frage (Rn 564 ff). Der zu Grunde liegende hypothetische Verwaltungsakt stützt sich auf die polizeiliche Generalermächtigung und **nicht auf eine Sicherstellung bzw Beschlagnahme** (Rn 164). Die Störung der öffentlichen Sicherheit ergibt sich bereits aus dem Verstoß gegen öffentlichrechtliche Verkehrsvorschriften[10]. Sie ist unabhängig davon, ob das Abstellen des Kfz andere Verkehrsteilnehmer beeinträchtigt oder nicht. Das Fehlen einer solchen Beeinträchtigung kann nur im Zusammenhang mit der Verhältnismäßigkeit des Abschleppens Bedeutung erlangen (dazu näher Rn 721)[11].

718 § 44 II 2 StVO scheidet als Rechtsgrundlage für ein Abschleppen aus, weil er nur zu vorläufigen Maßnahmen ermächtigt, das Abschleppen aber eine endgültige Maßnahme darstellt[12].

II. Der Adressat der polizeilichen Maßnahme

718a Die Entscheidung über das polizeiliche Einschreiten muss ermessensfehlerfrei sein. Wenn mehrere Personen für eine Gefahr polizeirechtlich verantwortlich sind und die Polizei sich zum Handeln entschließt, muss sie diejenige Person wählen, durch deren Inanspruchnahme die Gefahr am schnellsten und wirksamsten bekämpft werden kann.

---

8 *VGH Mannheim*, DÖV 1996, 84 f; *VGH Kassel*, NJW 1997, 1023; *OVG Hamburg*, DÖV 1995, 783.
9 *VGH Mannheim*, NJW 2007, 2058 (ab dem vierten Tag nach Aufstellen eines mobilen Halteverbotsschilds); *OVG Hamburg*, NordÖR 2009, 156; wohl auch *BVerwGE* 102, 316, 320.
10 Das Blockieren einer privaten Grundstückseinfahrt beeinträchtigt nicht nur private subjektive Rechte (Eigentum, Besitz), sondern verstößt zugleich gegen §§ 12 III Nr 3, 49 I Nr 12 StVO, so dass der Grundsatz der Subsidiarität polizeilichen Handelns (§ 2 II MEPolG; Rn 55) hier nicht gilt.
11 Zur Sicherstellung zum Schutz vor Verlust oder Beschädigung eines Kfz s. *Bertrams*, NWVBl. 2003, 289, 291: Entscheidend ist, ob das Abschleppen dem mutmaßlichen Willen des Eigentümers entspricht.
12 S. auch *Würtenberger/Heckmann*, BW, Rn 816 mwN.

Dies ist idR der Fahrer, soweit er der Polizei bekannt ist, sonst der Eigentümer bzw Halter. Wenn allerdings zB eine Straße durch Kfz blockiert wird, die auf beiden Seiten parken, so sind Fahrer und Eigentümer bzw Halter des zuerst und ordnungsgemäß geparkten Fahrzeugs polizeirechtlich nicht verantwortlich[13], und es dürfen nur Fahrer und Eigentümer bzw Halter des zuletzt parkenden Kfz in Anspruch genommen werden. Wenn die Polizei den zeitlichen Ablauf nicht kennt, empfiehlt es sich, den Halter des Kfz, das abgeschleppt wird, vorsichtshalber als Nichtstörer in Anspruch zu nehmen. Dasselbe gilt, wenn ein Kfz von zwei Seiten zugeparkt wird[14].

III.   Rechtliche Begrenzungen durch das Übermaßverbot

Begrenzungen für das Abschleppen eines Kfz ergeben sich aus dem Übermaßverbot, insbesondere aus dem Grundsatz des geringsten Eingriffs (Rn 335 ff) und dem Grundsatz der Verhältnismäßigkeit im engeren Sinn (Rn 338 ff).   **719**

1.   Begrenzungen durch den Grundsatz des geringsten Eingriffs

Gegen den Grundsatz des geringsten Eingriffs verstößt es zB, wenn die Polizei das Abschleppen eines im Geltungsbereich eines Parkverbots abgestellten Kfz veranlasst, obwohl sie den Aufenthaltsort des in der Nähe befindlichen Fahrers kennt und ihn zu einem alsbaldigen Wegfahren des Kfz veranlassen könnte[15]. Gegen den Grundsatz des geringsten Eingriffs verstößt es ferner, wenn der Verkehrsverstoß durch ein geringfügiges Versetzen des Kfz behoben werden kann, die Polizei aber ein Abschleppen zur polizeilichen Dienstelle oder zum Abschleppunternehmen anordnet.   **720**

2.   Begrenzungen durch den Verhältnismäßigkeitsgrundsatz

Die Rspr bejaht die Verhältnismäßigkeit von Abschleppmaßnahmen heute prinzipiell bereits, wenn die Funktion einer Verkehrseinrichtung beeinträchtigt wird, zB eines Schwerbehindertenparkplatzes[16], einer Fußgängerzone, eines Busparkplatzes[17], einer innerstädtischen Haltebucht/Ladezone, einer Kreuzung[18] sowie einer Parkuhr[19]. Ohne Bedeutung ist, ob andere Verkehrsteilnehmer konkret behindert oder gefährdet wurden. Die konkrete Gefahr ergibt sich schon aus dem Verkehrsverstoß. Das Abschleppen eines Kfz, das verkehrswidrig, aber ohne Beeinträchtigung auf dem Gehsteig geparkt ist, wurde früher noch als unverhältnismäßig angesehen[20]. Heute tendiert die Rspr[21] wegen der negativen Vorbildwirkung eines solchen Verhaltens grundsätzlich –   **721**

---

13   *OVG Münster*, NWVBl. 2001, 142; *Bertrams*, NWVBl. 2003, 289.
14   *OVG Münster*, NWVBl. 1993, 351; *Bertrams*, NWVBl. 2003, 289.
15   S. auch *BVerwGE* 102, 313, 319 f; *OVG Hamburg*, NJW 2001, 3647 (Angabe einer Handynummer).
16   *OVG Koblenz*, DÖV 2005, 528 f.
17   *OVG Münster*, NWVBl. 1999, 311; *Bertrams*, NWVBl. 2003, 289, 290.
18   *Bertrams*, NWVBl. 2003, 289, 290.
19   Vgl *Jahn*, NZV 1990, 377 ff mwN.
20   So zB *OVG Münster*, MDR 1980, 874; wohl auch *Götz*, NVwZ 1994, 652, 661.
21   *BVerwG*, NJW 1990, 931; *Schoch*, JuS 1994, 758; anders aber wieder *BVerwG*, NJW 1993, 870.

anders etwa bei einem kurzfristigem Verstoß oder bei einem Verstoß während der Nachtstunden[22] – dazu, die Verhältnismäßigkeit zu befürworten. Damit wird anerkannt, dass auch generalpräventive Gesichtspunkte berücksichtigt werden können.

IV. Kostenersatzansprüche des Trägers der Polizeibehörde und ihre Durchsetzung

1. Rechtsgrundlage für Kostenersatzansprüche

722 Die Frage, ob der Polizei Ersatzansprüche zustehen, stellt sich sowohl bezüglich der Abschleppkosten als auch bezüglich der Verwahrungskosten, die anfallen, wenn das Kfz nach dem Abschleppen bei der Polizeidienststelle oder bei einem Unternehmen abgestellt wird. Aus dem Gesichtspunkt der Ersatzvornahme ergibt sich ein Kostenersatzanspruch gegen den Fahrer, wenn ein Kfz unter Nichtbeachtung eines Verkehrszeichens abgestellt und deswegen abgeschleppt wurde (s. Rn 698). Bei Fehlen eines vollstreckbaren Verwaltungsakts bestehen zudem unter dem Aspekt der unmittelbaren Ausführung bzw des Sofortvollzugs Kostenersatzansprüche gegen den Kraftfahrzeughalter bzw Eigentümer, die Zustandsstörer sind (vgl § 5 II MEPolG und dazu Rn 268 ff). Dabei bietet es sich häufig an, primär den Fahrer in Anspruch zu nehmen. Wenn der Fahrer nicht ermittelt werden kann, weil Halter bzw Eigentümer ihn nicht benennen, so können Halter bzw Eigentümer in Anspruch genommen werden. Voraussetzung für den Kostenersatzanspruch ist stets, dass Ersatzvornahme bzw unmittelbare Ausführung rechtmäßig waren. Bei dem Sonderfall des Anbringens eines Verkehrszeichens nach Abstellen des Kfz besteht kein Kostenersatzanspruch, wenn dem Fahrer das Verkehrszeichen nicht bekannt sein konnte und er keine Nachschaupflicht verletzte (s. Rn 716).

723 Weder das Abschleppen noch die anschließende Begründung von Mitbesitz durch die Polizei können als Sicherstellung qualifiziert werden. Ein Kostenersatzanspruch hinsichtlich der Verwahrungskosten lässt sich deswegen nicht auf § 24 III 1 MEPolG[23] stützen. Unter dem Aspekt des Gesetzesvorbehalts sehr problematisch[24] und deswegen abzulehnen ist es ferner, einen Kostenersatzanspruch analog § 693 BGB zu begründen[25]. Eine Haftung für die Verwahrungskosten ist jedoch zT ausdrücklich geregelt (so zB §§ 1 S. 1, 4 II BWGebG iV mit Nr 57.4 GebVerz)[26]. Soweit entsprechende Regelungen fehlen, kommt ein Rückgriff auf die Kostenersatzansprüche in Betracht, die in Verbindung mit der unmittelbaren Ausführung bestehen[27].

---

22 *OVG Lüneburg*, NVwZ-RR 1989, 647 f.
23 Art. 28 III BayPAG; § 41 III BerlASOG; § 28 III BrandPolG; § 14 III HambSOG; § 43 III HessSOG; § 29 III NdsSOG; § 46 III NWPolG; § 25 III RhPfPOG; § 24 III SaarlPolG; § 48 III SachsAnhSOG; § 227a SchlHVwG; § 25 III ThürOBG, § 30 III ThürPAG; § 50 III BPolG.
24 Vgl *BVerfG*, DVBl 1997, 351 m. Anm. *Schwabe*.
25 So aber *VGH Kassel*, NVwZ 1988, 657.
26 Zur Rechtslage in Rheinland-Pfalz s. *OVG Koblenz*, NVwZ-RR 2006, 252.
27 **AA** *Schieferdecker*, Die Entfernung von Kraftfahrzeugen als Maßnahme staatlicher Gefahrenabwehr, 1998, S. 254 f mwN.

Grundsätzlich ausgeschlossen ist es, dass ein früherer Kfz-Eigentümer für die Kosten **724** haftet. Dies gilt selbst dann, wenn er entgegen § 13 IV FZV der Zulassungsstelle den Namen und die Anschrift des Erwerbers des Kfz nicht mitgeteilt hat. Der Verstoß gegen § 13 IV FZV ist nämlich nicht kausal für das verbotswidrige Abstellen des Kfz, sodass es diesbezüglich an der Verantwortlichkeit fehlt, die für einen Kostenersatzanspruch gem. § 5a II MEPolG erforderlich ist[28] (vgl auch Rn 241). Anderes gilt allerdings dann, wenn sich der Veräußerer nicht über Namen und Anschrift des Käufers eines schrottreifen Kfz informiert hat und der Käufer dieses Kfz später im öffentlichen Straßenraum verkehrswidrig abstellt, um es auf diese Weise zu „entsorgen"[29].

2. Die Durchsetzung des Kostenersatzanspruchs

Der Kostenersatzanspruch kann mittels eines **Leistungsbescheids geltend gemacht** **725** werden. Im Wege einer Klage kann er nur geltend gemacht werden, wenn der Betroffene deutlich macht, dass er den Kostenersatzanspruch bestreitet und es zu einer gerichtlichen Auseinandersetzung kommen wird. Ansonsten fehlt das Rechtsschutzbedürfnis (Rn 699).

3. Polizeiliches Zurückbehaltungsrecht wegen bestehender Kostenersatzansprüche

Wie bereits ausgeführt, kann in dem Abschleppen des Kfz und seiner anschließenden **726** Verwahrung idR keine Sicherstellung gesehen werden[30]. Der Polizei steht deswegen hinsichtlich ihrer Kostenersatzansprüche grundsätzlich – vorbehaltlich ausdrücklicher gesetzlicher Regelungen (wie § 83a BWPolG; § 34a SächsPolG) – entgegen der hM[31] **kein Zurückbehaltungsrecht** zu[32]. Gleiches gilt für private Unternehmer, die von der Polizei beauftragt wurden (s. auch Rn 161). Ein solches Zurückbehaltungsrecht kann insbesondere nicht mit einer Analogie zu § 273 BGB begründet werden, denn dies wäre mit dem Prinzip des Gesetzesvorbehalts (Art. 20 III GG) unvereinbar. Gerade deswegen regeln ja § 24 III MEPolG und entsprechende landesrechtliche Vorschriften ausdrücklich ein Zurückbehaltungsrecht für den – hier nicht vorliegenden – Fall der Sicherstellung (vgl dazu Rn 161). Überdies wäre die Ausübung eines nicht gesetzlich geregelten Zurückbehaltungsrechts nicht mit dem abschließenden Charakter der verwaltungsvollstreckungsrechtlichen Regelungen in Einklang zu bringen. Außerdem besteht kein Bedürfnis für eine analoge Anwendung des § 273 BGB, weil der Träger der Polizei – anders als der Bürger – die Möglichkeit besitzt, seine Kostenforderung selbst zwangsweise durchzusetzen.

---

28 So zutreffend *OVG Bautzen*, NJW 1997, 2253, 2254; **aA** *VGH Mannheim*, DÖV 1996, 1055.
29 So zutreffend *OVG Münster*, NWVBl. 2003, 320 f.
30 Wenn man – entgegen der hier vertretenen Auffassung – eine Sicherstellung bejahte, ergäbe sich ein Zurückbehaltungsrecht aus § 24 III 3 MEPolG und entsprechenden landesrechtlichen Vorschriften.
31 Dazu näher *Jäckel*, SächsVBl. 2012, 53, 54 ff.
32 *Jäckel*, SächsVBl. 2012, 53 f; *Würtenberger*, DAR 1983, 155 ff; Bedenken auch bei *Götz*, § 14, Rn 36. Dies gilt ebenso beim Fehlen einer gesetzlichen Regelung des Zurückbehaltungsrechts in Verbindung mit der unmittelbaren Ausführung und mit dem Sofortvollzug; **aA** die hM, vgl zB *Schieferdecker*, aaO, S. 269 ff; *Stober*, DVBl 1973, 351 ff.

V. Schadensersatz- und Entschädigungsansprüche gegen den Träger der Polizeibehörde bei Beschädigung des Fahrzeugs

727 Wenn ein Unternehmer, den die Polizei zum Abschleppen bzw für die anschließende Verwahrung herangezogen hat, das Kfz beschädigt, stehen dem Eigentümer gegen den Polizeiträger nicht nur ein Amtshaftungsanspruch gem. § 839 BGB iVm Art. 34 GG (s. dazu Rn 555), sondern auch ein Schadensersatzanspruch wegen Verletzung quasi-vertraglicher Pflichten (analog § 280 I BGB) aus dem Verwahrungsverhältnis zu. Im Rahmen des Verwahrungsverhältnisses muss sich der Polizeiträger analog § 278 BGB das Verhalten des Unternehmers zurechnen lassen[33]. Das Verschulden wird entsprechend § 280 I 2 BGB vermutet. Daneben kommt – vorbehaltlich spezialgesetzlicher Regelungen – ein verschuldensunabhängiger Entschädigungsanspruch (aus enteignungsgleichem Eingriff in Betracht (Rn 683; s. auch Rn 690).

Lösung der Ausgangsfälle (Rn 710 f):

728 **Fall 1: a)** Als Rechtsgrundlage für das Abschleppen kommen hier die Regelungen über den Sofortvollzug bzw die unmittelbare Ausführung in Betracht. Das Verhalten des R stört die öffentliche Sicherheit, da das Parken auf dem Bürgersteig gegen straßenverkehrsrechtliche Bestimmungen (§ 12 IV 1 u. 2 HS 2 iVm § 49 I Nr 12 StVO) verstößt. Für diesen Verstoß spielt es keine Rolle, dass dadurch im vorliegenden Fall keine anderen Verkehrsteilnehmer konkret beeinträchtigt wurden (vgl Rn 70). Dieser Gesichtspunkt kann nur für die Verhältnismäßigkeit eines polizeilich angeordneten Abschleppens von Bedeutung sein. Die Rechtsprechung tendiert freilich dabei dazu, das Abschleppen eines verkehrswidrig abgestellten Kfz aus general-präventiven Gründen auch dann zuzulassen, wenn konkrete Verkehrsbeeinträchtigungen fehlen (Rn 721). Wenn man dieser Ansicht folgt, ist hier das Abschleppen im Hinblick auf das wiederholte rechtswidrige Parken an dieser Stelle rechtmäßig (**aA** vertretbar).

729 **b)** Hier ist grundsätzlich eine allgemeine Leistungsklage des Trägers der Polizei statthaft (vgl §§ 40, 43 II 1 VwGO). Zweifel an der Zulässigkeit einer solchen Klage könnten sich allerdings insoweit ergeben, als hier ein Rechtsschutzbedürfnis fehlen könnte. Die Polizei hätte nämlich den Kostenersatzanspruch mittels eines vollstreckbaren Verwaltungsakts geltend machen können (§ 30 II 2 MEPolG; §§ 25, 31 BWVwVG[34]). Diese Möglichkeit schließt es aber dann nicht aus, den Anspruch klageweise geltend zu machen, wenn der Betroffene deutlich macht, dass er gegen einen Kostenbescheid ohnehin gerichtlich vorginge (Rn 699). Dies ist hier geschehen, weswegen die Leistungsklage zulässig ist. Sie ist jedoch unbegründet, da der Sofortvollzug bzw die unmittelbare Ausführung (Rn 564) gegen den Verhältnismäßigkeits-grundsatz (§ 2 II MEPolG; § 5 II BWPolG; s. auch Rn 338 f) verstießen und deswegen rechts-widrig waren. Ein Kostenersatzanspruch gem. § 30 II MEPolG bzw §§ 25, 31 BWVwVG setzt aber grundsätzlich die Rechtmäßigkeit der Ersatzvornahme voraus (Rn 699).

730 **c)** A dürfte die Herausgabe des Kfz dann verweigern, wenn das Kfz von der Polizei sicherge-stellt bzw beschlagnahmt worden wäre. Eine Sicherstellung bzw Beschlagnahme liegt jedoch – wie oben gezeigt (Rn 717) – nicht vor. A dürfte die Herausgabe außerdem verweigern, wenn

---

33   Vgl hierzu auch *H.-J. Cremer*, VBlBW 1996, 241, 244 ff.
34   Vgl auch Art. 55 II 2 BayPAG; § 5a S. 1 BerlVwVfG iVm § 10 VwVG; § 55 II 2 BrandPolG; § 15 BremVwVG; § 14 lit. a HambVwVG; § 49 II 2 HessSOG; § 89 MVSOG; § 66 II 2 NdsSOG; § 52 II 2 NWPolG; § 46 SaarlPolG; § 24 SächsVwVG; § 238 SchlHVwG; § 53 II 2 ThürPAG.

er ein öffentlichrechtliches Zurückbehaltungsrecht wegen der nicht beglichenen Kosten geltend machen könnte. Für ein solches Zurückbehaltungsrecht fehlt aber in den meisten Bundesländern die Rechtsgrundlage. Eine Analogie zu § 273 BGB scheidet aus (Rn 726). Außerdem wäre A nicht berechtigt, ein Zurückbehaltungsrecht des Trägers der Polizei auszuüben. R kann deswegen, gestützt auf § 985 BGB, die Herausgabe des Kfz verlangen.

Fall 2: a) Die polizeiliche Maßnahme war rechtswidrig, weil es der Polizei möglich gewesen wäre, den Störer A durch einen Anruf selbst zum Wegfahren seines Fahrzeugs zu veranlassen. Des Abschleppens hätte es damit überhaupt nicht mehr bedurft. Die Voraussetzungen eines Sofortvollzugs bzw einer unmittelbaren Ausführung lagen deshalb schon tatbestandsmäßig nicht vor. Darüber hinaus war die Maßnahme auch nicht erforderlich (und verstößt damit gegen den Grundsatz des geringsten Eingriffs), weil bereits eine geringfügige Versetzung des Kfz genügt hätte, um den Verkehrsverstoß zu beseitigen (Rn 720). **731**

b) Für die Beschädigung, die U beim Abschleppen des Kfz schuldhaft verursachte, haftet das Land nach der heutigen Rspr des *BGH* aus § 839 BGB iVm Art. 34 GG (Rn 160) und aus der Verletzung quasivertraglicher Pflichten analog §§ 280 I, 278 BGB (Rn 727). Zudem bestehen Entschädigungsansprüche wegen enteignungsgleichen Eingriffs (Rn 727). **732**

c) Die Rechtslage ändert sich im Ergebnis nicht. A hat zwar ein analog § 80 II Nr 2 VwGO sofort vollziehbares Verkehrszeichen nicht beachtet. Die Ersatzvornahme und der sich anschließende Sofortvollzug bzw die sich anschließende unmittelbare Ausführung verstoßen aber gegen den Grundsatz des geringsten Eingriffs. **733**

Anhang

Musterentwurf eines einheitlichen Polizeigesetzes des Bundes und der Länder in der Fassung des Vorentwurfs zur Änderung des MEPolG

Vermerk: Der Vorentwurf zur Änderung des MEPolG (Stand: 12.3.1986) ist (ohne Alternativen) in den Musterentwurf eines einheitlichen Polizeigesetzes des Bundes und der Länder (Stand: 25.11.1977) eingefügt und durch Kursivdruck kenntlich gemacht.

Inhaltsübersicht

Sechster Abschnitt. Schlußbestimmungen

Erster Abschnitt. Aufgaben und allgemeine Vorschriften

§ 1 Aufgaben der Polizei

(1) Die Polizei hat die Aufgabe, Gefahren für die öffentliche Sicherheit oder Ordnung abzuwehren. *Sie hat im Rahmen dieser Aufgabe auch für die Verfolgung von Straftaten vorzusorgen und Straftaten zu verhüten (vorbeugende Bekämpfung von Straftaten) sowie Vorbereitungen zu treffen, um künftige Gefahren abwehren zu können (Vorbereitung auf die Gefahrenabwehr).*

(2) Der Schutz privater Rechte obliegt der Polizei nach diesem Gesetz nur dann, wenn gerichtlicher Schutz nicht rechtzeitig zu erlangen ist und wenn ohne polizeiliche Hilfe die Verwirklichung des Rechts vereitelt oder wesentlich erschwert würde.

(3) Die Polizei leistet anderen Behörden Vollzugshilfe (§§ 25 bis 27).

(4) Die Polizei hat ferner die Aufgaben zu erfüllen, die ihr durch andere Rechtsvorschriften übertragen sind.

§ 1a Verhältnis zu anderen Behörden

Die Polizei wird *außer in den Fällen des § 1 Abs. 1 Satz 2 nur* tätig, soweit die Abwehr der Gefahr durch eine andere Behörde nicht oder nicht rechtzeitig möglich erscheint. *Sie unterrichtet die anderen Behörden unverzüglich von allen Vorgängen, deren Kenntnis für die Aufgabenerfüllung der anderen Behörden bedeutsam erscheint; § 10c Abs. 2 bleibt unberührt.*

§ 2 Grundsatz der Verhältnismäßigkeit

(1) Von mehreren möglichen und geeigneten Maßnahmen hat die Polizei diejenige zu treffen, die den Einzelnen und die Allgemeinheit voraussichtlich am wenigsten beeinträchtigt.

(2) Eine Maßnahme darf nicht zu einem Nachteil führen, der zu dem erstrebten Erfolg erkennbar außer Verhältnis steht.

(3) Eine Maßnahme ist nur solange zulässig, bis ihr Zweck erreicht ist oder sich zeigt, daß er nicht erreicht werden kann.

§ 3 Ermessen, Wahl der Mittel

(1) Die Polizei trifft ihre Maßnahmen nach pflichtgemäßem Ermessen.

(2) Kommen zur Abwehr einer Gefahr mehrere Mittel in Betracht, so genügt es, wenn eines davon bestimmt wird. Dem Betroffenen ist auf Antrag zu gestatten, ein anderes ebenso wirksames Mittel anzuwenden, sofern die Allgemeinheit dadurch nicht stärker beeinträchtigt wird.

§ 4 Verantwortlichkeit für das Verhalten von Personen

(1) Verursacht eine Person eine Gefahr, so sind die Maßnahmen gegen sie zu richten.

(2) Ist die Person noch nicht 14 Jahre alt, entmündigt oder unter vorläufige Vormundschaft gestellt, können Maßnahmen auch gegen die Person gerichtet werden, die zur Aufsicht über sie verpflichtet ist.

(3) Verursacht eine Person, die zu einer Verrichtung bestellt ist, die Gefahr in Ausführung der Verrichtung, so können Maßnahmen auch gegen die Person gerichtet werden, die die andere zu der Verrichtung bestellt hat.

§ 5 Verantwortlichkeit für den Zustand von Sachen

(1) Geht von einer Sache eine Gefahr aus, so sind die Maßnahmen gegen den Inhaber der tatsächlichen Gewalt zu richten.

(2) Maßnahmen können auch gegen den Eigentümer oder einen anderen Berechtigten gerichtet werden. Das gilt nicht, wenn der Inhaber der tatsächlichen Gewalt diese ohne den Willen des Eigentümers oder Berechtigten ausübt.

(3) Geht die Gefahr von einer herrenlosen Sache aus, so können die Maßnahmen gegen denjenigen gerichtet werden, der das Eigentum an der Sache aufgegeben hat.

§ 5a Unmittelbare Ausführung einer Maßnahme

(1) Die Polizei kann eine Maßnahme selbst oder durch einen Beauftragten unmittelbar ausführen, wenn der Zweck der Maßnahme durch Inanspruchnahme der nach den §§ 4 oder 5 Verantwortlichen nicht oder nicht rechtzeitig erreicht werden kann. Der von der Maßnahme Betroffene ist unverzüglich zu unterrichten.

(2) Entstehen der Polizei durch die unmittelbare Ausführung einer Maßnahme Kosten, so sind die nach den §§ 4 oder 5 Verantwortlichen zum Ersatz verpflichtet. Die Kosten können im Verwaltungszwangsverfahren beigetrieben werden.

§ 6 Inanspruchnahme nicht verantwortlicher Personen

(1) Die Polizei kann Maßnahmen gegen andere Personen als die nach den §§ 4 oder 5 Verantwortlichen richten, wenn
1. eine gegenwärtige erhebliche Gefahr abzuwehren ist,
2. Maßnahmen gegen die nach §§ 4 oder 5 Verantwortlichen nicht oder nicht rechtzeitig möglich sind oder keinen Erfolg versprechen,
3. die Polizei die Gefahr nicht oder nicht rechtzeitig selbst oder durch Beauftragte abwehren kann und
4. die Personen ohne erhebliche eigene Gefährdung und ohne Verletzung höherwertiger Pflichten in Anspruch genommen werden können.

(2) Die Maßnahmen nach Absatz 1 dürfen nur aufrechterhalten werden, solange die Abwehr der Gefahr nicht auf andere Weise möglich ist.

§ 7 Einschränkung von Grundrechten

Aufgrund dieses Gesetzes können die Grundrechte auf Leben und körperliche Unversehrtheit (Art. 2 Abs. 2 Satz 1 des Grundgesetzes), Freiheit der Person (Art. 2 Abs. 2 Satz 2 des Grundgesetzes) und auf Unverletzlichkeit der Wohnung (Art. 13 des Grundgesetzes) eingeschränkt werden.

Zweiter Abschnitt. Befugnisse der Polizei

§ 8 Allgemeine Befugnisse

(1) Die Polizei kann die notwendigen Maßnahmen treffen, um eine im einzelnen Falle bestehende Gefahr für die öffentliche Sicherheit oder Ordnung (Gefahr) abzuwehren, soweit nicht die §§ 8a bis 24 die Befugnisse der Polizei besonders regeln.

(2) Zur Erfüllung der Aufgaben, die der Polizei durch andere Rechtsvorschriften zugewiesen sind (§ 1 Absatz 4), hat sie die dort vorgesehenen Befugnisse. Soweit solche Rechtsvorschriften Befugnisse der Polizei nicht regeln, hat sie die Befugnisse, die ihr nach diesem Gesetz zustehen.

§ 8a Datenerhebung

(1) Die Polizei kann personenbezogene Daten von

1. den in den §§ 4 oder 5 und unter den Voraussetzungen des § 6 von den dort genannten Personen,

2. geschädigten, hilflosen oder vermißten Personen sowie deren Angehörigen, gesetzlichen Vertretern oder Vertrauenspersonen,

3. gefährdeten Personen oder

4. Zeugen, Hinweisgebern oder sonstigen Auskunftspersonen

erheben, soweit dies zur Abwehr einer Gefahr oder bei Einzelmaßnahmen zur Wahrnehmung einer der in § 1 Abs. 2 und 3 zugewiesenen Aufgaben erforderlich ist.

(2) Die Polizei kann personenbezogene Daten von

1. Personen, bei denen Anhaltspunkte bestehen, daß sie künftig Straftaten begehen,

2. Kontakt- oder Begleitpersonen einer der in Nr 1 genannten Personen,

3. Personen, bei denen Anhaltspunkte bestehen, daß sie Opfer von Straftaten werden, oder

4. Zeugen, Hinweisgebern oder sonstigen Auskunftspersonen

erheben, soweit dies auf Grund tatsächlicher Anhaltspunkte erfahrungsgemäß zur vorbeugenden Bekämpfung von Straftaten erforderlich ist.

§ 8b Datenerhebung bei öffentlichen Veranstaltungen, Ansammlungen und Versammlungen

(1) Die Polizei kann personenbezogene Daten bei oder im Zusammenhang mit öffentlichen Veranstaltungen und Ansammlungen, die nicht dem Versammlungsgesetz unterliegen, erheben, soweit tatsächliche Anhaltspunkte die Annahme rechtfertigen, daß Gefahren für die öffentliche Sicherheit oder Ordnung entstehen. Die Unterlagen sind spätestens zwei Monate nach Ablauf der Veranstaltung oder Ansammlung zu vernichten, soweit sie nicht im Einzelfall zur vorbeugenden Bekämpfung von Straftaten mit erheblicher Bedeutung erforderlich sind.

(2) Die Polizei kann personenbezogene Daten bei oder im Zusammenhang mit öffentlichen Veranstaltungen erheben, wenn tatsächliche Anhaltspunkte die Annahme rechtfertigen, daß erhebliche Gefahren für die öffentliche Sicherheit oder Ordnung entstehen. Ist die Störung der öffentlichen Sicherheit oder Ordnung nicht eingetreten, sind die Unterlagen nach Beendigung der Versammlung unverzüglich zu vernichten.

(3) §§ 10a Abs. 6 und 10g Abs. 4 bleiben unberührt.

§ 8c Besondere Formen der Datenerhebung

(1) Die Polizei kann personenbezogene Daten von den in § 8a Abs. 1 Nr 1 und Abs. 2 Nr 1 genannten Personen sowie deren Kontakt- oder Begleitpersonen mit Mitteln nach Absatz 2 nur erheben, soweit dies

1. zur Abwehr einer erheblichen Gefahr oder

2. zur vorbeugenden Bekämpfung

* a) der in § 100a der Strafprozeßordnung oder der in den §§ 176 bis 181a, 243, 244, 260, 263 bis 265, 266 oder 324 bis 330a des Strafgesetzbuches genannten Straftaten, wenn tatsäch-*

397

liche Anhaltspunkte die Annahme rechtfertigen, daß eine dieser Straftaten begangen werden soll, oder

b) *anderer Straftaten, wenn tatsächliche Anhaltspunkte die Annahme rechtfertigen, daß die Straftat gewerbsmäßig, gewohnheitsmäßig oder von Banden begangen werden soll,*

erforderlich ist und die Datenerhebung ohne Gefährdung der Aufgabenerfüllung auf andere Weise nicht möglich ist und die Maßnahme nicht außer Verhältnis zur Bedeutung des aufzuklärenden Sachverhalts steht. Brief-, Post- und Fernmeldegeheimnis bleiben unberührt. Außer bei Gefahr im Verzug erfolgt die Anordnung der Maßnahme durch den Behördenleiter/Leiter der Dienststelle oder einen von ihm beauftragten Beamten.

(2) Mittel nach Absatz 1 sind

1. *die längerfristige Observation,*

2. *der verdeckte Einsatz technischer Mittel, insbesondere zur Anfertigung von Bildaufnahmen oder -aufzeichnungen sowie zum Abhören oder Aufzeichnen des gesprochenen Wortes auf Tonträger,*

3. *der Einsatz von Polizeivollzugsbeamten unter einer Legende (verdeckte Ermittler) und*

4. *der Einsatz sonstiger Personen, deren Zusammenarbeit mit der Polizei Dritten nicht bekannt ist.*

(3) In oder aus Wohnungen (§ 19 Abs. 1 Satz 2) kann die Polizei personenbezogene Daten mit den in Absatz 2 genannten Mitteln nur erheben, wenn dies zur Abwehr einer gegenwärtigen Gefahr für Leib oder Leben oder Freiheit einer Person oder erhebliche Sach- oder Vermögenswerte unerläßlich ist. Datenerhebungen mit Mitteln nach Absatz 2 Nr 2 dürfen in oder aus Wohnungen außer bei Gefahr im Verzug nur durch den Richter angeordnet werden, es sei denn, daß der Einsatz ausschließlich zur Abwehr einer Gefahr für Leib oder Leben der bei einem polizeilichen Einsatz in der Wohnung tätigen Person erfolgt, wenn das technische Mittel mitgeführt wird und keine Aufzeichnung erfolgt. Für das Verfahren gilt § 20 Abs. 1 entsprechend.

(4) Wird bei der Observation ein selbständiges Aufzeichnungsgerät eingesetzt, sind die Aufzeichnungen über andere als die in Absatz 1 genannten Personen unverzüglich zu vernichten.

(5) Nach Abschluß der in den Absätzen 1 und 3 genannten Maßnahmen ist der Betroffene zu unterrichten, sobald dies ohne Gefährdung des Zwecks der Maßnahme geschehen kann. Die Unterrichtung ist dann nicht geboten, wenn keine Aufzeichnungen mit personenbezogenen Daten erstellt oder sie unverzüglich nach Beendigung der Maßnahme vernichtet worden sind. Eine Unterrichtung nach Satz 1 unterbleibt, wenn sich an den auslösenden Sachverhalt ein strafrechtliches Ermittlungsverfahren gegen den Betroffenen anschließt.

§ 8d Polizeiliche Beobachtung

(1) Die Polizei kann zur vorbeugenden Bekämpfung von Straftaten die Personalien einer der in § 8a Abs. 2 Nr 1 genannten Personen oder das amtliche Kennzeichen des von einer solchen Person genutzten oder eingesetzten Kraftfahrzeuges in einer Datei zur Polizeilichen Beobachtung speichern, damit andere Polizeibehörden/Dienststellen des Polizeivollzugsdienstes das Antreffen der Person oder des Fahrzeuges bei Gelegenheit einer Überprüfung aus anderem Anlaß melden (Ausschreibung zur Polizeilichen Beobachtung), soweit

1. *die Gesamtwürdigung der Person und ihre bisherigen Straftaten erwarten lassen, daß sie auch künftig Straftaten von erheblicher Bedeutung begehen wird, oder*

2. *tatsächliche Anhaltspunkte dafür vorliegen, daß die Person in nicht unerheblichem Umfang Straftaten im Sinne von § 8c Abs. 1 Satz 1 Nr 2a) oder nach § 47a des Ausländergesetzes begehen[1] wird.*

(2) Die Anordnung der Ausschreibung zur Polizeilichen Beobachtung ist nur zulässig, wenn Tatsachen die Annahme rechtfertigen, daß die auf Grund der Ausschreibung gemeldeten Erkennt-

---

1   Vgl nunmehr § 96 AufenthG.

nisse über das Antreffen der Person und etwaiger Begleitpersonen sowie über die von diesen mitgeführten Sachen oder Kraftfahrzeuge für die vorbeugende Bekämpfung von Straftaten im Sinne des Absatzes 1 erforderlich sind. Die Anordnung der Maßnahme erfolgt durch den Behördenleiter/Leiter der Dienststelle/einen Beamten des höheren Dienstes; sie ist aktenkundig zu machen.

(3) Die Anordnung ist auf höchstens ein Jahr zu befristen. Spätestens nach Ablauf von sechs Monaten ist zu prüfen, ob die Voraussetzungen für die Anordnung noch bestehen; das Ergebnis dieser Prüfung ist aktenkundig zu machen. Zur Verlängerung der Laufzeit bedarf es einer neuen Anordnung.

(4) Liegen die Voraussetzungen für die Anordnung nicht mehr vor, ist der Zweck der Maßnahme erreicht oder zeigt sich, daß er nicht erreicht werden kann, ist die Ausschreibung zur Polizeilichen Beobachtung unverzüglich zu löschen.

§ 9 Identitätsfeststellung und Prüfung von Berechtigungsscheinen

(1) Die Polizei kann die Identität einer Person feststellen,
1. zur Abwehr einer Gefahr,
2. wenn sie sich an einem Ort aufhält,
   a) von dem aufgrund tatsächlicher Anhaltspunkte erfahrungsgemäß anzunehmen ist, daß dort
      aa) Personen Straftaten verabreden, vorbereiten oder verüben,
      bb) sich Personen ohne erforderliche Aufenthaltserlaubnis treffen oder
      cc) sich Straftäter verbergen, oder
   b) an dem Personen der Prostitution nachgehen,
3. wenn sie sich in einer Verkehrs- oder Versorgungsanlage oder -einrichtung, einem öffentlichen Verkehrsmittel, Amtsgebäude oder einem anderen besonders gefährdeten Objekt oder in unmittelbarer Nähe hiervon aufhält und Tatsachen die Annahme rechtfertigen, daß in oder an Objekten dieser Art Straftaten begangen werden sollen, durch die in oder an diesen Objekten befindliche Personen oder diese Objekte selbst unmittelbar gefährdet sind, oder
4. an einer Kontrollstelle, die von der Polizei eingerichtet worden ist, um Straftaten im Sinne von § 100a der Strafprozeßordnung oder § 27 des Versammlungsgesetzes zu verhindern.

(2) Die Polizei kann zur Feststellung der Identität die erforderlichen Maßnahmen treffen. Sie kann den Betroffenen insbesondere anhalten, ihn nach seinen Personalien befragen und verlangen, daß er mitgeführte Ausweispapiere zur Prüfung aushändigt. Der Betroffene kann festgehalten werden, wenn die Identität auf andere Weise nicht oder nur unter erheblichen Schwierigkeiten festgestellt werden kann. Unter den Voraussetzungen von Satz 3 können der Betroffene sowie die von ihm mitgeführten Sachen durchsucht werden.

(3) Die Polizei kann verlangen, daß ein Berechtigungsschein zur Prüfung ausgehändigt wird, wenn der Betroffene auf Grund einer Rechtsvorschrift verpflichtet ist, diesen Berechtigungsschein mitzuführen.

§ 10 Erkennungsdienstliche Maßnahmen

(1) Die Polizei kann erkennungsdienstliche Maßnahmen vornehmen, wenn
1. eine nach § 9 zulässige Identitätsfeststellung auf andere Weise nicht oder nur unter erheblichen Schwierigkeiten möglich ist oder
2. dies zur vorbeugenden Bekämpfung von Straftaten erforderlich ist, weil der Betroffene verdächtig ist, eine Tat begangen zu haben, die mit Strafe bedroht ist und wegen der Art und Ausführung der Tat die Gefahr der Wiederholung besteht.

(2) Ist die Identität festgestellt, sind in den Fällen des Absatzes 1 Nr 1 die im Zusammenhang mit der Feststellung angefallenen Unterlagen zu vernichten, es sei denn, ihre weitere Aufbewahrung ist nach Absatz 1 Nr 2 oder anderen Rechtsvorschriften zulässig.

(3) Erkennungsdienstliche Maßnahmen sind insbesondere
1. die Abnahme von Finger- und Handflächenabdrücken,

2. die Aufnahme von Lichtbildern,
3. die Feststellung äußerer körperlicher Merkmale,
4. Messungen.

§ 10a Datenspeicherung, -veränderung und -nutzung

(1) Die Polizei kann personenbezogene Daten in Akten oder Dateien speichern und verändern sowie sonst nutzen, soweit dies zur Erfüllung ihrer Aufgaben erforderlich ist.

(2) Die Nutzung personenbezogener Daten von anderen als den in § 8a Abs. 1 Nr 1 und Abs. 2 Nr 1 genannten Personen ist nur zu dem Zweck zulässig, zu dem die Polizei die Daten erlangt hat. Die Nutzung zu einem anderen polizeilichen Zweck ist zulässig, soweit die Polizei die Daten zu diesem Zweck erheben dürfte.

(3) Die Polizei kann personenbezogene Daten, die sie im Rahmen von Strafermittlungsverfahren über Personen gewonnen hat, die verdächtig sind, eine Straftat begangen zu haben, in Dateien speichern und verändern sowie sonst nutzen, soweit dies zur vorbeugenden Bekämpfung von Straftaten erforderlich ist.

(4) Die Polizei kann im Rahmen der vorbeugenden Bekämpfung von Straftaten personenbezogene Daten von den in § 8a Abs. 2 Nrn. 2 bis 4 genannten Personen in Dateien nur speichern und verändern sowie sonst nutzen, soweit dies zur vorbeugenden Bekämpfung der in § 138 des Strafgesetzbuches genannten Straftaten sowie Straftaten nach den §§ 84 bis 89 oder § 129 des Strafgesetzbuches oder gewerbs- oder bandenmäßig begangener Straftaten nach

1. den §§ 243, 244, 260, 264 oder 324 bis 330a des Strafgesetzbuches,

2. den §§ 52a oder 53 Abs. 1 Satz 1 Nrn. 1 oder 2 des Waffengesetzes,

3. § 16 Abs. 1 bis 4 des Gesetzes über die Kontrolle von Kriegswaffen,

4. § 29 Abs. 3 Nrn. 1 oder 4 oder § 30 Abs. 1 Nrn. 1, 2 oder 4 des Betäubungsmittelgesetzes oder

5. § 47a des Ausländergesetzes[2]

unerläßlich ist. Die Speicherungsdauer darf drei Jahre nicht überschreiten. Nach jeweils einem Jahr, gerechnet vom Zeitpunkt der letzten Speicherung, ist zu prüfen, ob die Voraussetzungen nach Satz 1 noch vorliegen; die Entscheidung trifft der Behördenleiter/Leiter der Dienststelle oder ein von ihm beauftragter Beamter.

(5) Werden Bewertungen in Dateien gespeichert, muß feststellbar sein, bei welcher Stelle die Unterlagen geführt werden, die der Bewertung zu Grunde liegen.

(6) Die Polizei kann gespeicherte personenbezogene Daten zur polizeilichen Aus- oder Fortbildung nutzen oder zu statistischen Zwecken auswerten. Die Absätze 2 bis 4 finden insoweit keine Anwendung.

§ 10b Vorgangsverwaltung und Dokumentation

Die Polizei kann zur Vorgangsverwaltung oder zur befristeten Dokumentation polizeilichen Handelns personenbezogene Daten speichern und ausschließlich zu diesem Zwecke nutzen. § 10a findet insoweit keine Anwendung.

§ 10c Datenübermittlung

(1) Zwischen Polizeibehörden/Dienststellen des Polizeivollzugsdienstes können personenbezogene Daten übermittelt werden, soweit dies zur Erfüllung polizeilicher Aufgaben erforderlich ist. § 10a Abs. 2 gilt entsprechend.

(2) Sind andere Behörden oder öffentliche Stellen für die Gefahrenabwehr zuständig, kann die Polizei diesen Behörden oder öffentlichen Stellen die bei ihr vorhandenen personenbezogenen

---

2   Vgl nunmehr § 96 AufenthG.

Daten übermitteln, soweit die Kenntnis dieser Daten zur Erfüllung der Aufgaben des Empfängers erforderlich erscheint.

(3) Im übrigen kann die Polizei personenbezogene Daten an Behörden oder öffentliche Stellen übermitteln, soweit dies zur

1. Erfüllung polizeilicher Aufgaben,

2. Abwehr einer Gefahr durch den Empfänger oder

3. Verhütung oder Beseitigung erheblicher Nachteile für das Gemeinwohl oder für die schutzwürdigen Belange einzelner

erforderlich ist. Unter den Voraussetzungen des Satzes 1 Nrn. 1 oder 3 kann die Polizei personenbezogene Daten an nichtöffentliche Stellen oder Personen übermitteln.

(4) Die Polizei kann personenbezogene Daten an ausländische öffentliche Stellen sowie an über- oder zwischenstaatliche Stellen übermitteln, soweit dies zur

1. Erfüllung einer Aufgabe der übermittelnden Polizeibehörde/Dienststelle des Polizeivollzugs-dienstes oder

2. Abwehr einer erheblichen Gefahr durch den Empfänger

erforderlich ist. Die Übermittlung unterbleibt, soweit Grund zu der Annahme besteht, daß dadurch gegen den Zweck eines deutschen Gesetzes verstoßen würde oder schutzwürdige Belange des Betroffenen beeinträchtigt würden. Der Empfänger ist darauf hinzuweisen, daß die übermittelten Daten nur zu dem Zweck genutzt werden dürfen, zu dessen Erfüllung sie ihm übermittelt wurden.

(5) Die Polizei kann personenbezogene Daten nach den Absätzen 2 bis 4 nur zu dem Zweck übermitteln, zu dem sie die Daten erhoben oder gespeichert hat. Abweichend von Satz 1 kann die Polizei personenbezogene Daten, die sie zur vorbeugenden Bekämpfung von Straftaten nach § 8a Abs. 2 Nr 1 erhoben oder nach § 10a Abs. 3 gespeichert hat, nach Maßgabe der Absätze 2 bis 4 ermitteln, soweit dies für die Erfüllung dort genannter Aufgaben durch den Empfänger unerläßlich ist und dieser die Daten auf andere Weise nicht oder nicht rechtzeitig oder nur mit unverhältnismäßig hohem Aufwand erlangen kann. Unbeschadet des Satzes 1 kann die Polizei nach § 10a Abs. 4 gespeicherte personenbezogene Daten nur an andere Polizeibehörden/Dienststellen des Polizeivollzugsdienstes übermitteln.

(6) Unterliegen die von der Polizei zu übermittelnden Daten einem Berufs- oder besonderen Amtsgeheimnis, ist für die Zulässigkeit der Übermittlung durch die Polizei ferner erforderlich, daß der Empfänger die Daten zur Erfüllung des gleichen Zwecks benötigt, zu dem sie die Polizei erhoben hat oder hätte erheben können.

(7) Andere Behörden und sonstige öffentliche Stellen können personenbezogene Daten an die Polizei übermitteln, soweit dies zur Erfüllung polizeilicher Aufgaben erforderlich erscheint. Auf Ersuchen sind die Daten zu übermitteln. Die Polizei darf entsprechende Übermittlungsersuchen nur stellen, wenn die Voraussetzungen für die Datenerhebung vorliegen.

(8) Die übermittelnde Polizeibehörde/Dienststelle des Polizeivollzugsdienstes prüft die Zulässigkeit der Übermittlung. Erfolgt die Übermittlung auf Grund eines Ersuchens des Empfängers, hat die übermittelnde Stelle lediglich zu prüfen, ob das Übermittlungsersuchen im Rahmen der Aufgaben des Empfängers liegt. Die Zulässigkeit der Übermittlung im übrigen prüft sie nur, wenn hierfür im Einzelfall besonderer Anlaß besteht. Der Empfänger hat der übermittelnden Stelle die zur Prüfung erforderlichen Angaben zu machen.

(9) Der Empfänger darf die übermittelten personenbezogenen Daten, soweit gesetzlich nichts anderes bestimmt ist, nur zu dem Zweck nutzen, zu dem sie ihm übermittelt worden sind.

(10) Anderweitige besondere Rechtsvorschriften über die Datenübermittlung bleiben unberührt.

§ 10d Automatisiertes Abrufverfahren

(1) Die Einrichtung eines automatisierten Verfahrens, das die Übermittlung personenbezogener Daten durch Abruf ermöglicht, ist zulässig, soweit diese Form der Datenübermittlung unter Berücksichtigung der schutzwürdigen Belange der Betroffenen und der Erfüllung polizeilicher Aufgaben angemessen ist. Der Abruf durch andere als Polizeibehörden/Dienststellen des Polizeivollzugsdienstes ist ausgeschlossen.

(2) Die nach § 6 des Bundesdatenschutzgesetzes/entsprechende Vorschrift des Landesdatenschutzgesetzes erforderlichen technischen und organisatorischen Maßnahmen sind schriftlich festzulegen. § 10h bleibt unberührt.

(3) Die Einrichtung des Abrufverfahrens bedarf der Zustimmung des Innenministers/Innensenators. Dieser unterrichtet den Bundesbeauftragten/Landesbeauftragten für den Datenschutz unter Übersendung der Festlegung nach Absatz 2 einschließlich der Errichtungsanordnung.

§ 10e Datenabgleich

(1) Die Polizei kann personenbezogene Daten der in § 8a Abs. 1 Nr 1 und Abs. 2 Nr 1 genannten Personen mit dem Inhalt polizeilicher Dateien abgleichen. Personenbezogene Daten sonstiger Personen kann die Polizei abgleichen, wenn dies auf Grund tatsächlicher Anhaltspunkte zur Erfüllung polizeilicher Aufgaben geboten erscheint. Die Polizei kann ferner im Rahmen ihrer Aufgabenerfüllung erlangte personenbezogene Daten mit dem Fahndungsbestand abgleichen.

(2) Rechtsvorschriften über den Datenabgleich in anderen Fällen bleiben unberührt.

§ 10f Besondere Formen des Datenabgleichs

(1) Die Polizei kann von öffentlichen oder nichtöffentlichen Stellen zur Abwehr einer gegenwärtigen Gefahr für den Bestand oder die Sicherheit des Bundes oder eines Landes oder für Leib, Leben oder Freiheit einer Person die Übermittlung von personenbezogenen Daten bestimmter Personengruppen aus Dateien zum Zwecke des Abgleichs mit anderen Datenbeständen verlangen, wenn tatsächliche Anhaltspunkte die Annahme rechtfertigen, daß dies zur Abwehr der Gefahr erforderlich ist. Vorschriften über ein Berufs- oder besonderes Amtsgeheimnis bleiben unberührt.

(2) Das Übermittlungsersuchen ist auf Namen, Anschrift, Tag und Ort der Geburt sowie auf im einzelnen Falle festzulegende Merkmale zu beschränken. Werden wegen technischer Schwierigkeiten, die mit angemessenem Zeit- oder Kostenaufwand nicht beseitigt werden können, weitere Daten übermittelt, dürfen diese nicht verwertet werden.

(3) Ist der Zweck der Maßnahme erreicht oder zeigt sich, daß er nicht erreicht werden kann, sind die übermittelten und im Zusammenhang mit der Maßnahme zusätzlich angefallenen Daten auf dem Datenträger zu löschen und die Unterlagen, soweit sie nicht für ein mit dem Sachverhalt zusammenhängendes Verfahren erforderlich sind, zu vernichten. Über die getroffene Maßnahme ist eine Niederschrift anzufertigen. Diese Niederschrift ist gesondert aufzubewahren, durch technische und organisatorische Maßnahmen zu sichern und am Ende des Kalenderjahres, das dem Jahr der Vernichtung der Unterlagen nach Satz 1 folgt, zu vernichten.

(4) Die Anordnung der Maßnahme erfolgt durch den Behördenleiter. Sie bedarf der Zustimmung des Innenministers/Innensenators.

§ 10g Berichtigung, Löschung und Sperrung von Daten

(1) In Dateien gespeicherte personenbezogene Daten sind zu berichtigen, wenn sie unrichtig sind. Wird festgestellt, daß in Akten gespeicherte personenbezogene Daten unrichtig sind, ist dies in der Akte zu vermerken oder auf sonstige Weise festzuhalten.

(2) In Dateien gespeicherte personenbezogene Daten sind zu löschen und die dazugehörigen Unterlagen sind zu vernichten, wenn
1. ihre Speicherung unzulässig war,

2. *bei der nach bestimmten Fristen vorzunehmenden Überprüfung (§ 10h Abs. 1 Satz 1 Nr 8) oder aus Anlaß einer Einzelfallbearbeitung festgestellt wird, daß ihre Kenntnis für die speichernde Stelle zur Erfüllung der in ihrer Zuständigkeit liegenden Aufgaben nicht mehr erforderlich ist.*

Die Fristen für die Überprüfung regelt der Innenminister/Innensenator durch Verwaltungsvorschrift.

(3) Stellt die Polizei fest, daß unrichtige oder nach Absatz 2 Nr 1 zu löschende personenbezogene Daten übermittelt worden sind, und ist der Empfänger bekannt, ist ihm die Berichtigung oder Löschung mitzuteilen, es sei denn, daß die Mitteilung für die Beurteilung der Person oder des Sachverhalts nicht oder nicht mehr wesentlich ist.

(4) Löschung und Vernichtung unterbleiben, wenn
1. *Grund zu der Annahme besteht, daß schutzwürdige Belange des Betroffenen beeinträchtigt würden,*
2. *die Daten zur Behebung einer bestehenden Beweisnot unerläßlich sind oder*
3. *die Nutzung der Daten zu wissenschaftlichen Zwecken erforderlich ist. In diesen Fällen sind die Daten zu sperren und mit einem Sperrvermerk zu versehen. Sie dürfen nur zu den in Satz 1 genannten Zwecken oder sonst mit Einwilligung des Betroffenen genutzt werden.*

(5) Anstelle der Löschung und Vernichtung nach Absatz 2 Satz 1 Nr 2 können die Datenträger an ein Staatsarchiv abgegeben werden, soweit archivrechtliche Regelungen dies vorsehen.

§ 10h Errichtungsanordnung

(1) Für jede automatisierte Datei des Polizeivollzugsdienstes sind in einer Errichtungsanordnung mindestens festzulegen:
1. *Bezeichnung der Datei,*
2. *Rechtsgrundlage und Zweck der Datei,*
3. *Personenkreis, über den personenbezogene Daten in der Datei gespeichert werden,*
4. *Arten der zu speichernden personenbezogenen Daten,*
5. *Arten der personenbezogenen Daten, die der Erschließung der Datei dienen,*
6. *Anlieferung oder Eingabe der zu speichernden personenbezogenen Daten,*
7. *Voraussetzungen, unter denen in der Datei gespeicherte personenbezogene Daten an welche Empfänger und in welchem Verfahren übermittelt werden,*
8. *Fristen nach deren Ablauf zu prüfen ist, ob die weitere Speicherung der Daten zur Aufgabenerfüllung erforderlich ist, wobei nach Art und Schwere des Sachverhalts und Alter des Betroffenen zu unterscheiden ist.*

Der Innenminister/Innensenator regelt das Nähere durch Verwaltungsvorschrift. Er übersendet die Errichtungsanordnung dem Bundesbeauftragten/Landesbeauftragten für den Datenschutz.

(2) Die Speicherung personenbezogener Daten ist auf das erforderliche Maß zu beschränken. In angemessenen Abständen ist die Notwendigkeit der Weiterführung oder Änderung der Dateien zu überprüfen.

§ 11 Vorladung

(1) Die Polizei kann eine Person schriftlich oder mündlich vorladen, wenn
1. Tatsachen die Annahme rechtfertigen, daß die Person sachdienliche Angaben machen kann, die für die Erfüllung einer bestimmten polizeilichen Aufgabe erforderlich sind, oder
2. das zur Durchführung erkennungsdienstlicher Maßnahmen erforderlich ist.

(2) Bei der Vorladung soll deren Grund angegeben werden. Bei der Festsetzung des Zeitpunkts soll auf den Beruf und die sonstigen Lebensverhältnisse des Betroffenen Rücksicht genommen werden.

(3) Leistet ein Betroffener der Vorladung ohne hinreichenden Grund keine Folge, so kann sie zwangsweise durchgesetzt werden,

1. wenn die Angaben zur Abwehr einer Gefahr für Leib, Leben oder Freiheit einer Person erforderlich sind, oder
2. zur Durchführung erkennungsdienstlicher Maßnahmen.

(4) § 136a der Strafprozeßordnung gilt entsprechend.

(5) Für die Entschädigung von Personen, die auf Vorladung als Zeugen erscheinen oder die als Sachverständige herangezogen werden, gilt das Gesetz über die Entschädigung von Zeugen und Sachverständigen entsprechend.

§ 12 Platzverweisung

Die Polizei kann zur Abwehr einer Gefahr eine Person vorübergehend von einem Ort verweisen oder ihr vorübergehend das Betreten eines Ortes verbieten. Die Platzverweisung kann ferner gegen Personen angeordnet werden, die den Einsatz der Feuerwehr oder von Hilfs- oder Rettungsdiensten behindern.

§ 13 Gewahrsam

(1) Die Polizei kann eine Person in Gewahrsam nehmen, wenn
1. das zum Schutz der Person gegen eine Gefahr für Leib oder Leben erforderlich ist, insbesondere weil die Person sich erkennbar in einem die freie Willensbestimmung ausschließenden Zustand oder sonst in hilfloser Lage befindet oder
2. das unerläßlich ist, um die unmittelbar bevorstehende Begehung oder Fortsetzung einer Straftat oder einer Ordnungswidrigkeit von erheblicher Gefahr zu verhindern.

(2) Die Polizei kann Minderjährige, die sich der Obhut der Sorgeberechtigten entzogen haben, in Gewahrsam nehmen, um sie den Sorgeberechtigten oder dem Jugendamt zuzuführen.

(3) Die Polizei kann eine Person, die aus dem Vollzug von Untersuchungshaft, Freiheitsstrafen oder freiheitsentziehenden Maßregeln der Besserung und Sicherung entwichen ist oder sich sonst ohne Erlaubnis außerhalb der Justizvollzugsanstalt aufhält, in Gewahrsam nehmen und in die Anstalt zurückbringen.

§ 14 Richterliche Entscheidung

(1) Wird eine Person auf Grund von § 9 Abs. 2 Satz 3, § 11 Abs. 3 oder § 13 festgehalten, hat die Polizei unverzüglich eine richterliche Entscheidung über Zulässigkeit und Fortdauer der Freiheitsentziehung herbeizuführen. Der Herbeiführung der richterlichen Entscheidung bedarf es nicht, wenn anzunehmen ist, daß die Entscheidung des Richters erst nach Wegfall des Grundes der polizeilichen Maßnahmen ergehen würde.

(2) Für die Entscheidung nach Absatz 1 ist das Amtsgericht zuständig, in dessen Bezirk die Person festgehalten wird. Das Verfahren richtet sich nach den Vorschriften des Gesetzes über das gerichtliche Verfahren bei Freiheitsentziehungen.

§ 15 Behandlung festgehaltener Personen

(1) Wird eine Person auf Grund von § 9 Abs. 2 Satz 3, § I 1 Abs. 3 oder § 13 festgehalten, ist ihr unverzüglich der Grund bekanntzugeben.

(2) Der festgehaltenen Person ist unverzüglich Gelegenheit zu geben, einen Angehörigen oder eine Person ihres Vertrauens zu benachrichtigen, soweit dadurch der Zweck der Freiheitsentziehung nicht gefährdet wird. Unberührt bleibt die Benachrichtigungspflicht bei einer richterlichen Freiheitsentziehung. Die Polizei soll die Benachrichtigung übernehmen, wenn die festgehaltene Person nicht in der Lage ist, von dem Recht nach Satz 1 Gebrauch zu machen und die Benachrichtigung ihrem mutmaßlichen Willen nicht widerspricht. Ist die festgehaltene Person minderjährig, entmündigt oder unter vorläufige Vormundschaft gestellt, so ist in jedem Falle unverzüglich derjenige zu benachrichtigen, dem die Sorge für die Person obliegt.

(3) Die festgehaltene Person soll gesondert, insbesondere ohne ihre Einwilligung nicht in demselben Raum mit Straf- oder Untersuchungsgefangenen untergebracht werden. Männer und Frauen sollen getrennt untergebracht werden. Der festgehaltenen Person dürfen nur solche Beschränkungen auferlegt werden, die der Zweck der Freiheitsentziehung oder die Ordnung im Gewahrsam erfordert.

§ 16 Dauer der Freiheitsentziehung

Die festgehaltene Person ist zu entlassen,
1. sobald der Grund für die Maßnahme der Polizei weggefallen ist,
2. wenn die Fortdauer der Freiheitsentziehung durch richterliche Entscheidung für unzulässig erklärt wird,
3. in jedem Falle spätestens bis zum Ende des Tages nach dem Ergreifen, wenn nicht vorher die Fortdauer der Freiheitsentziehung auf Grund eines anderen Gesetzes durch richterliche Entscheidung angeordnet ist.

§ 17 Durchsuchung von Personen

(1) Die Polizei kann außer in den Fällen des § 9 Abs. 2 Satz 4 eine Person durchsuchen, wenn
1. sie nach diesem Gesetz oder anderen Rechtsvorschriften festgehalten werden kann,
2. Tatsachen die Annahme rechtfertigen, daß sie Sachen mit sich führt, die sichergestellt werden dürfen,
3. sie sich erkennbar in einem die freie Willensbestimmung ausschließenden Zustand oder sonst in hilfloser Lage befindet,
4. sie sich an einem der in § 9 Abs. 1 Nr 2 genannten Orte aufhält oder
5. sie sich in einem Objekt im Sinne des § 9 Abs. 1 Nr 3 oder in dessen unmittelbarer Nähe aufhält und Tatsachen die Annahme rechtfertigen, daß in oder an Objekten dieser Art Straftaten begangen werden sollen.

(2) Die Polizei kann eine Person, deren Identität nach diesem Gesetz oder anderen Rechtsvorschriften festgestellt werden soll, nach Waffen, anderen gefährlichen Werkzeugen und Explosivmitteln durchsuchen, wenn dies nach den Umständen zum Schutz des Polizeibeamten oder eines Dritten gegen eine Gefahr für Leib oder Leben erforderlich ist.

(3) Personen dürfen nur von Personen gleichen Geschlechts oder Ärzten durchsucht werden; dies gilt nicht, wenn die sofortige Durchsuchung zum Schutz gegen eine Gefahr für Leib oder Leben erforderlich ist.

§ 18 Durchsuchung von Sachen

(1) Die Polizei kann außer in den Fällen des § 9 Abs. 2 Satz 4 eine Sache durchsuchen, wenn
1. sie von einer Person mitgeführt wird, die nach § 17 durchsucht werden darf,
2. Tatsachen die Annahme rechtfertigen, daß sich in ihr eine Person befindet, die
   a) in Gewahrsam genommen werden darf,
   b) widerrechtlich festgehalten wird oder
   c) hilflos ist,
3. Tatsachen die Annahme rechtfertigen, daß sich in ihr eine andere Sache befindet, die sichergestellt werden darf,
4. sie sich an einem der in § 9 Abs. 1 Nr 3 genannten Orte befindet oder
5. sie sich in einem Objekt im Sinne des § 9 Abs. 1 Nr 3 oder in dessen unmittelbarer Nähe befindet und Tatsachen die Annahme rechtfertigen, daß Straftaten in oder an Objekten dieser Art begangen werden sollen,
6. es sich um ein Land-, Wasser- oder Luftfahrzeug handelt, in dem sich eine Person befindet, deren Identität nach § 9 Abs. 1 Nr 4 festgestellt werden darf; die Durchsuchung kann sich auch auf die in dem Fahrzeug enthaltenen Sachen erstrecken.

(2) Bei der Durchsuchung von Sachen hat der Inhaber der tatsächlichen Gewalt das Recht, anwesend zu sein. Ist er abwesend, so sollen sein Vertreter oder ein anderer Zeuge hinzugezogen werden. Dem Inhaber der tatsächlichen Gewalt ist auf Verlangen eine Bescheinigung über die Durchsuchung und ihren Grund zu erteilen.

§ 19 Betreten und Durchsuchung von Wohnungen

(1) Die Polizei kann eine Wohnung ohne Einwilligung des Inhabers betreten und durchsuchen, wenn

1. Tatsachen die Annahme rechtfertigen, daß sich in ihr eine Person befindet, die nach § 11 Abs. 3 vorgeführt oder nach § 13 in Gewahrsam genommen werden darf,

2. Tatsachen die Annahme rechtfertigen, daß sich in ihr eine Sache befindet, die nach § 21 Nr 1 sichergestellt werden darf, oder

3. das zur Abwehr einer gegenwärtigen Gefahr für Leib, Leben oder Freiheit einer Person oder für Sachen von bedeutendem Wert erforderlich ist. Die Wohnung umfaßt die Wohn- und Nebenräume, Arbeits-, Betriebs- und Geschäftsräume sowie anderes befriedetes Besitztum.

(2) Während der Nachtzeit (§ 104 Abs. 3 der Strafprozeßordnung) ist das Betreten und Durchsuchen einer Wohnung in den Fällen des Absatzes 1 nur zur Abwehr einer gegenwärtigen Gefahr für Leib, Leben oder Freiheit einer Person oder für Sachen von bedeutendem Wert zulässig.

(3) Wohnungen dürfen jedoch zur Abwehr dringender Gefahren jederzeit betreten werden, wenn
1. aufgrund tatsächlicher Anhaltspunkte erfahrungsgemäß anzunehmen ist, daß dort
    a) Personen Straftaten verabreden, vorbereiten oder verüben,
    b) sich Personen ohne erforderliche Aufenthaltserlaubnis treffen oder
    c) sich Straftäter verbergen, oder
2. sie der Prostitution dienen.

(4) Arbeits-, Betriebs- und Geschäftsräume sowie andere Räume und Grundstücke, die der Öffentlichkeit zugänglich sind oder zugänglich waren und den Anwesenden zum weiteren Aufenthalt zur Verfügung stehen, dürfen zum Zwecke der Gefahrenabwehr (§ 1 Abs. 1) während der Arbeits-, Geschäfts- oder Aufenthaltszeit betreten werden.

§ 20 Verfahren bei der Durchsuchung von Wohnungen

(1) Durchsuchungen dürfen, außer bei Gefahr im Verzug, nur durch den Richter angeordnet werden. Zuständig ist das Amtsgericht, in dessen Bezirk die Wohnung liegt. Für das Verfahren gelten die Vorschriften des Gesetzes über die Angelegenheiten der freiwilligen Gerichtsbarkeit entsprechend.

(2) Bei der Durchsuchung einer Wohnung hat der Wohnungsinhaber das Recht, anwesend zu sein. Ist er abwesend, so ist, wenn möglich, sein Vertreter oder ein erwachsener Angehöriger, Hausgenosse oder Nachbar zuzuziehen.

(3) Dem Wohnungsinhaber oder seinem Vertreter ist der Grund der Durchsuchung unverzüglich bekanntzugeben, soweit dadurch der Zweck der Maßnahmen nicht gefährdet wird.

(4) Über die Durchsuchung ist eine Niederschrift zu fertigen. Sie muß die verantwortliche Dienststelle, Grund, Zeit und Ort der Durchsuchung und das Ergebnis der Durchsuchung enthalten. Die Niederschrift ist von einem durchsuchenden Beamten und dem Wohnungsinhaber oder der zugezogenen Person zu unterzeichnen. Wird die Unterschrift verweigert, so ist hierüber ein Vermerk aufzunehmen. Dem Wohnungsinhaber oder seinem Vertreter ist auf Verlangen eine Abschrift der Niederschrift auszuhändigen.

(5) Ist die Anfertigung der Niederschrift oder die Aushändigung einer Abschrift nach den besonderen Umständen des Falles nicht möglich oder würde sie den Zweck der Durchsuchung gefährden, so sind dem Betroffenen lediglich die Durchsuchung unter Angabe der verantwortlichen Dienststelle sowie Zeit und Ort der Durchsuchung schriftlich zu bestätigen.

§ 21 Sicherstellung

Die Polizei kann eine Sache sicherstellen,

1. um eine gegenwärtige Gefahr abzuwehren,
2. um den Eigentümer oder den rechtmäßigen Inhaber der tatsächlichen Gewalt vor Verlust oder Beschädigung einer Sache zu schützen, oder
3. wenn sie von einer Person mitgeführt wird, die nach diesem Gesetz oder anderen Rechtsvorschriften festgehalten wird, und die Sache verwendet werden kann, um
   a) sich zu töten oder zu verletzen,
   b) Leben oder Gesundheit anderer zu schädigen,
   c) fremde Sachen zu beschädigen oder
   d) die Flucht zu ermöglichen oder zu erleichtern.

§ 22 Verwahrung

(1) Sichergestellte Sachen sind in Verwahrung zu nehmen. Läßt die Beschaffenheit der Sachen das nicht zu oder erscheint die Verwahrung bei der Polizei unzweckmäßig, sind die Sachen auf andere geeignete Weise aufzubewahren oder zu sichern. In diesem Falle kann die Verwahrung auch einem Dritten übertragen werden.

(2) Dem Betroffenen ist eine Bescheinigung auszustellen, die den Grund der Sicherstellung erkennen läßt und die sichergestellten Sachen bezeichnet. Kann nach den Umständen des Falles eine Bescheinigung nicht ausgestellt werden, so ist über die Sicherstellung eine Niederschrift aufzunehmen, die auch erkennen läßt, warum eine Bescheinigung nicht ausgestellt worden ist. Der Eigentümer oder der rechtmäßige Inhaber der tatsächlichen Gewalt ist unverzüglich zu unterrichten.

(3) Wird eine sichergestellte Sache verwahrt, so hat die Polizei nach Möglichkeit Wertminderungen vorzubeugen. Das gilt nicht, wenn die Sache durch den Dritten auf Verlangen eines Berechtigten verwahrt wird.

(4) Die verwahrten Sachen sind zu verzeichnen und so zu kennzeichnen, daß Verwechslungen vermieden werden.

§ 23 Verwertung, Vernichtung

(1) Die Verwertung einer sichergestellten Sache ist zulässig, wenn

1. ihr Verderb oder eine wesentliche Wertminderung droht,
2. ihre Verwahrung, Pflege oder Erhaltung mit unverhältnismäßig hohen Kosten oder Schwierigkeiten verbunden ist,
3. sie infolge ihrer Beschaffenheit nicht so verwahrt werden kann, daß weitere Gefahren für die öffentliche Sicherheit oder Ordnung ausgeschlossen sind,
4. sie nach einer Frist von einem Jahr nicht an einen Berechtigten herausgegeben werden kann, ohne daß die Voraussetzungen der Sicherstellung erneut eintreten würden, oder
5. der Berechtigte sie nicht innerhalb einer ausreichend bemessenen Frist abholt, obwohl ihm eine Mitteilung über die Frist mit dem Hinweis zugestellt worden ist, daß die Sache verwertet wird, wenn sie nicht innerhalb der Frist abgeholt wird.

(2) Der Betroffene, der Eigentümer und andere Personen, denen ein Recht an der Sache zusteht, sollen vor der Verwertung gehört werden. Die Anordnung sowie Zeit und Ort der Verwertung sind ihnen mitzuteilen, soweit die Umstände und der Zweck der Maßnahmen es erlauben.

(3) Die Sache wird durch öffentliche Versteigerung verwertet; § 979 Abs. 1 des Bürgerlichen Gesetzbuches gilt entsprechend. Bleibt die Versteigerung erfolglos, erscheint sie von vornherein aussichtslos oder würden die Kosten der Versteigerung voraussichtlich den zu erwartenden Erlös übersteigen, so kann die Sache freihändig verkauft werden. Der Erlös tritt an die Stelle der verwerteten Sache. Läßt sich innerhalb angemessener Frist kein Käufer finden, so kann die Sache einem gemeinnützigen Zweck zugeführt werden.

(4) Sichergestellte Sachen können unbrauchbar gemacht oder vernichtet werden, wenn

1. im Falle einer Verwertung die Gründe, die zu ihrer Sicherstellung berechtigen, fortbestehen oder Sicherstellungsgründe erneut entstehen würden, oder

2. die Verwertung aus anderen Gründen nicht möglich ist.

Abs. 2 gilt sinngemäß.

§ 24 Herausgabe sichergestellter Sachen oder des Erlöses, Kosten

(1) Sobald die Voraussetzungen für die Sicherstellung weggefallen sind, sind die Sachen an denjenigen herauszugeben, bei dem sie sichergestellt worden sind. Ist die Herausgabe an ihn nicht möglich, können sie an einen anderen herausgegeben werden, der seine Berechtigung glaubhaft macht. Die Herausgabe ist ausgeschlossen, wenn dadurch erneut die Voraussetzungen für eine Sicherstellung eintreten würden.

(2) Sind die Sachen verwertet worden, ist der Erlös herauszugeben. Ist ein Berechtigter nicht vorhanden oder nicht zu ermitteln, ist der Erlös nach den Vorschriften des Bürgerlichen Gesetzbuches zu hinterlegen. Der Anspruch auf Herausgabe des Erlöses erlischt drei Jahre nach Ablauf des Jahres, in dem die Sache verwertet worden ist.

(3) Die Kosten der Sicherstellung und Verwahrung fallen den nach den §§ 4 oder 5 Verantwortlichen zur Last. Mehrere Verantwortliche haften als Gesamtschuldner. Die Herausgabe der Sache kann von der Zahlung der Kosten abhängig gemacht werden. Ist eine Sache verwertet worden, können die Kosten aus dem Erlös gedeckt werden. Die Kosten können im Verwaltungszwangsverfahren beigetrieben werden.

(4) § 983 des Bürgerlichen Gesetzbuches bleibt unberührt.

Dritter Abschnitt. Vollzugshilfe

§ 25 Vollzugshilfe

(1) Die Polizei leistet anderen Behörden auf Ersuchen Vollzugshilfe wenn unmittelbarer Zwang anzuwenden ist und die anderen Behörden nicht über die hierzu erforderlichen Dienstkräfte verfügen oder ihre Maßnahmen nicht auf andere Weise selbst durchsetzen können.

(2) Die Polizei ist nur für die Art und Weise der Durchführung verantwortlich. Im übrigen gelten die Grundsätze der Amtshilfe entsprechend.

(3) Die Verpflichtung zur Amtshilfe bleibt unberührt.

§ 26 Verfahren

(1) Vollzugshilfeersuchen sind schriftlich zu stellen; sie haben den Grund und die Rechtsgrundlage der Maßnahme anzugeben.

(2) In Eilfällen kann das Ersuchen formlos gestellt werden. Es ist jedoch auf Verlangen unverzüglich schriftlich zu bestätigen.

(3) Die ersuchende Behörde ist von der Ausführung des Ersuchens zu verständigen.

§ 27 Vollzugshilfe bei Freiheitsentziehung

(1) Hat das Vollzugshilfeersuchen eine Freiheitsentziehung zum Inhalt, Ist auch die richterliche Entscheidung über die Zulässigkeit der Freiheitsentziehung vorzulegen oder in dem Ersuchen zu bezeichnen.

(2) Ist eine vorherige richterliche Entscheidung nicht ergangen, hat die Polizei die festgehaltene Person zu entlassen, wenn die ersuchende Behörde diese nicht übernimmt oder die richterliche Entscheidung nicht unverzüglich nachträglich beantragt.

(3) Die §§ 15 und 16 gelten entsprechend.

Vierter Abschnitt. Zwang

Erster Unterabschnitt. Erzwingung von Handlungen, Duldungen und Unterlassungen

§ 28 Zulässigkeit des Verwaltungszwanges

(1) Der Verwaltungsakt, der auf die Vornahme einer Handlung oder auf Duldung oder Unterlassung gerichtet ist, kann mit Zwangsmitteln durchgesetzt werden, wenn er unanfechtbar ist oder wenn ein Rechtsmittel keine aufschiebende Wirkung hat.

(2) Der Verwaltungszwang kann ohne vorausgehenden Verwaltungsakt angewendet werden, wenn das zur Abwehr einer Gefahr notwendig ist, insbesondere weil Maßnahmen gegen Personen nach den §§ 4 bis 6 nicht oder nicht rechtzeitig möglich sind oder keinen Erfolg versprechen, und die Polizei hierbei innerhalb ihrer Befugnisse handelt.

§ 29 Zwangsmittel

(1) Zwangsmittel sind:
1. Ersatzvornahme (§ 30),
2. Zwangsgeld (§ 31),
3. unmittelbarer Zwang (§ 33).

(2) Sie sind nach Maßgabe der §§ 34 und 39 anzudrohen.

(3) Die Zwangsmittel können auch neben einer Strafe oder Geldbuße angewandt und solange wiederholt und gewechselt werden, bis der Verwaltungsakt befolgt worden ist oder sich auf andere Weise erledigt hat.

§ 30 Ersatzvornahme

(1) Wird die Verpflichtung, eine Handlung vorzunehmen, deren Vornahme durch einen anderen möglich ist (vertretbare Handlung), nicht erfüllt, so kann die Polizei auf Kosten des Betroffenen die Handlung selbst ausführen oder einen anderen mit der Ausführung beauftragen.

(2) Es kann bestimmt werden, daß der Betroffene die voraussichtlichen Kosten der Ersatzvornahme im voraus zu zahlen hat. Zahlt der Betroffene die Kosten der Ersatzvornahme oder die voraussichtlich entstehenden Kosten der Ersatzvornahme nicht fristgerecht, so können sie im Verwaltungszwangsverfahren beigetrieben werden. Die Beitreibung der voraussichtlichen Kosten unterbleibt, sobald der Betroffene die gebotene Handlung ausführt.

§ 31 Zwangsgeld

(1) Das Zwangsgeld wird auf mindestens zehn und höchstens fünftausend Deutsche Mark schriftlich festgesetzt.

(2) Mit der Festsetzung des Zwangsgeldes ist dem Betroffenen eine angemessene Frist zur Zahlung einzuräumen.

(3) Zahlt der Betroffene das Zwangsgeld nicht fristgerecht, so wird es im Verwaltungszwangsverfahren beigetrieben. Die Beitreibung unterbleibt, sobald der Betroffene die gebotene Handlung ausführt oder die zu duldende Maßnahme gestattet.

§ 32 Ersatzzwangshaft

(1) Ist das Zwangsgeld uneinbringlich, so kann das Verwaltungsgericht auf Antrag der Polizei die Ersatzzwangshaft anordnen, wenn bei Androhung des Zwangsgeldes hierauf hingewiesen worden ist. Die Ersatzzwangshaft beträgt mindestens einen Tag, höchstens zwei Wochen.

(2) Die Ersatzzwangshaft ist auf Antrag der Polizei von der Justizverwaltung nach den Bestimmungen der §§ 904 bis 910 der Zivilprozeßordnung zu vollstrecken.

§ 33 Unmittelbarer Zwang

(1) Die Polizei kann unmittelbaren Zwang anwenden, wenn andere Zwangsmittel nicht in Betracht kommen oder keinen Erfolg versprechen oder unzweckmäßig sind. Für die Art und Weise der Anwendung unmittelbaren Zwanges gelten die § § 35 ff.

(2) Unmittelbarer Zwang zur Abgabe einer Erklärung ist ausgeschlossen.

§ 34 Androhung der Zwangsmittel

(1) Zwangsmittel sind möglichst schriftlich anzudrohen. Dem Betroffenen ist in der Androhung zur Erfüllung der Verpflichtung eine angemessene Frist zu bestimmen; eine Frist braucht nicht bestimmt zu werden, wenn eine Duldung oder Unterlassung erzwungen werden soll. Von der Androhung kann abgesehen werden, wenn die Umstände sie nicht zulassen, insbesondere wenn die sofortige Anwendung des Zwangsmittels zur Abwehr einer Gefahr notwendig ist.

(2) Die Androhung kann mit dem Verwaltungsakt verbunden werden, durch den die Handlung, Duldung oder Unterlassung aufgegeben wird. Sie soll mit ihm verbunden werden, wenn ein Rechtsmittel keine aufschiebende Wirkung hat.

(3) Die Androhung muß sich auf bestimmte Zwangsmittel beziehen. Werden mehrere Zwangsmittel angedroht, ist anzugeben, in welcher Reihenfolge sie angewandt werden sollen.

(4) Wird Ersatzvornahme angedroht, so sollen in der Androhung die voraussichtlichen Kosten angegeben werden.

(5) Das Zwangsgeld ist in bestimmter Höhe anzudrohen.

(6) Die Androhung ist zuzustellen. Das gilt auch dann, wenn sie mit dem zu Grunde liegenden Verwaltungsakt verbunden ist und für ihn keine Zustellung vorgeschrieben ist.

Zweiter Unterabschnitt. Ausübung unmittelbaren Zwanges

§ 35 Rechtliche Grundlagen

(1) Ist die Polizei nach diesem Gesetz oder anderen Rechtsvorschriften zur Anwendung unmittelbaren Zwanges befugt, gelten für die Art und Weise der Anwendung die §§ 36 bis 44 und, soweit sich aus diesen nichts Abweichendes ergibt, die übrigen Vorschriften dieses Gesetzes.

(2) Die zivil- und strafrechtlichen Wirkungen nach den Vorschriften über Notwehr und Notstand bleiben unberührt.

§ 36 Begriffsbestimmung

(1) Unmittelbarer Zwang ist die Einwirkung auf Personen oder Sachen durch körperliche Gewalt, ihre Hilfsmittel und durch Waffen.

(2) Körperliche Gewalt ist jede unmittelbare körperliche Einwirkung auf Personen oder Sachen.

(3) Hilfsmittel der körperlichen Gewalt sind insbesondere Fesseln, Wasserwerfer, technische Sperren, Diensthunde, Dienstpferde, Dienstfahrzeuge, Reiz- und Betäubungsstoffe sowie zum Sprengen bestimmte explosionsfähige Stoffe (Sprengmittel).

(4) Als Waffen sind Schlagstock, Pistole, Revolver, Gewehr, Maschinenpistole, Maschinengewehr und Handgranate zugelassen.

§ 37 Handeln auf Anordnung

(1) Die Polizeibeamten sind verpflichtet, unmittelbaren Zwang anzuwenden, der von einem Weisungsberechtigten angeordnet wird. Dies gilt nicht, wenn die Anordnung die Menschenwürde verletzt oder nicht zu dienstlichen Zwecken erteilt worden ist.

(2) Eine Anordnung darf nicht befolgt werden, wenn dadurch eine Straftat begangen würde. Befolgt der Polizeibeamte die Anordnung trotzdem, so trifft ihn eine Schuld nur, wenn er erkennt oder wenn es nach den ihm bekannten Umständen offensichtlich ist, daß dadurch eine Straftat begangen wird.

(3) Bedenken gegen die Rechtmäßigkeit der Anordnung hat der Polizeibeamte dem Anordnenden gegenüber vorzubringen, soweit das nach den Umständen möglich ist.

(4) § (Angabe der Vorschrift über das Remonstrationsrecht im jeweiligen Beamtengesetz) ist nicht anzuwenden.

§ 38 Hilfeleistung für Verletzte

Wird unmittelbarer Zwang angewendet, ist Verletzten, soweit es nötig ist und die Lage es zuläßt, Beistand zu leisten und ärztliche Hilfe zu verschaffen.

§ 39 Androhung unmittelbaren Zwanges

(1) Unmittelbarer Zwang ist vor seiner Anwendung anzudrohen. Von der Androhung kann abgesehen werden, wenn die Umstände sie nicht zulassen, insbesondere wenn die sofortige Anwendung des Zwangsmittels zur Abwehr einer Gefahr notwendig ist. Als Androhung des Schußwaffengebrauchs gilt auch die Abgabe eines Warnschusses.

(2) Schußwaffen und Handgranaten dürfen nur dann ohne Androhung gebraucht werden, wenn das zur Abwehr einer gegenwärtigen Gefahr für Leib oder Leben erforderlich ist.

(3) Gegenüber einer Menschenmenge ist die Anwendung unmittelbaren Zwanges möglichst so rechtzeitig anzudrohen, daß sich Unbeteiligte noch entfernen können. Der Gebrauch von Schußwaffen gegen Personen in einer Menschenmenge ist stets anzudrohen; die Androhung ist vor dem Gebrauch zu wiederholen. Bei Gebrauch von technischen Sperren und Dienstpferden kann von der Androhung abgesehen werden.

§ 40 Fesselung von Personen

Eine Person, die nach diesem Gesetz oder anderen Rechtsvorschriften festgehalten wird, darf gefesselt werden, wenn Tatsachen die Annahme rechtfertigen, daß sie
1. Polizeibeamte oder Dritte angreifen, Widerstand leisten oder Sachen beschädigen wird,
2. fliehen wird oder befreit werden soll oder
3. sich töten oder verletzen wird.

§ 41 Allgemeine Vorschriften für den Schußwaffengebrauch

(1) Schußwaffen dürfen nur gebraucht werden, wenn andere Maßnahmen des unmittelbaren Zwanges erfolglos angewendet sind oder offensichtlich keinen Erfolg versprechen. Gegen Personen ist ihr Gebrauch nur zulässig, wenn der Zweck nicht durch Schußwaffengebrauch gegen Sachen erreicht werden kann.

(2) Schußwaffen dürfen gegen Personen nur gebraucht werden, um angriffs- oder fluchtunfähig zu machen. Ein Schuß, der mit an Sicherheit grenzender Wahrscheinlichkeit tödlich wirken wird, ist nur zulässig, wenn er das einzige Mittel zur Abwehr einer gegenwärtigen Lebensgefahr oder der gegenwärtigen Gefahr einer schwerwiegenden Verletzung der körperlichen Unversehrtheit ist.

(3) Gegen Personen, die dem äußeren Eindruck nach noch nicht 14 Jahre alt sind, dürfen Schußwaffen nicht gebraucht werden. Das gilt nicht, wenn der Schußwaffengebrauch das einzige Mittel zur Abwehr einer gegenwärtigen Gefahr für Leib oder Leben ist.

(4) Der Schußwaffengebrauch ist unzulässig, wenn für den Polizeibeamten erkennbar Unbeteiligte mit hoher Wahrscheinlichkeit gefährdet werden. Das gilt nicht, wenn der Schußwaffengebrauch das einzige Mittel zur Abwehr einer gegenwärtigen Lebensgefahr ist.

§ 42 Schußwaffengebrauch gegen Personen

(1) Schußwaffen dürfen gegen Personen nur gebraucht werden,

1. um eine gegenwärtige Gefahr für Leib oder Leben abzuwehren,

2. um die unmittelbar bevorstehende Begehung oder Fortsetzung eines Verbrechens oder eines Vergehens unter Anwendung oder Mitführung von Schußwaffen oder Explosivmitteln zu verhindern,

3. um eine Person anzuhalten, die sich der Festnahme oder Identitätsfeststellung durch Flucht zu entziehen versucht, wenn sie

   a) eines Verbrechens dringend verdächtig ist oder

   b) eines Vergehens dringend verdächtig ist und Tatsachen die Annahme rechtfertigen, daß sie Schußwaffen oder Explosivmittel mit sich führt,

4. zur Vereitelung der Flucht oder zur Ergreifung einer Person, die in amtlichem Gewahrsam zu halten oder ihm zuzuführen ist

   a) aufgrund richterlicher Entscheidung wegen eines Verbrechens oder aufgrund des dringenden Verdachts eines Verbrechens oder

   b) aufgrund richterlicher Entscheidung wegen eines Vergehens oder aufgrund des dringenden Verdachts eines Vergehens, sofern Tatsachen die Annahme rechtfertigen, daß sie Schußwaffen oder Explosivmittel mit sich führt,

5. um die gewaltsame Befreiung einer Person aus amtlichem Gewahrsam zu verhindern.

(2) Schußwaffen dürfen nach Abs. 1 Nr 4 nicht gebraucht werden, wenn es sich um den Vollzug eines Jugendarrestes oder eines Strafarrestes handelt oder wenn die Flucht aus einer offenen Anstalt verhindert werden soll.

§ 43 Schußwaffengebrauch gegen Personen in einer Menschenmenge

(1) Der Schußwaffengebrauch gegen Personen in einer Menschenmenge ist unzulässig, wenn für den Polizeibeamten erkennbar Unbeteiligte mit hoher Wahrscheinlichkeit gefährdet werden. Dies gilt nicht, wenn der Schußwaffengebrauch das einzige Mittel zur Abwehr einer gegenwärtigen Lebensgefahr ist.

(2) Unbeteiligte sind nicht Personen in einer Menschenmenge, die Gewalttaten begeht oder durch Handlungen erkennbar billigt oder unterstützt, wenn diese Personen sich aus der Menschenmenge trotz wiederholter Androhung nach § 39 Abs. 3 nicht entfernen.

§ 44 Besondere Waffen, Sprengmittel

(1) Maschinengewehre und Handgranaten dürfen gegen Personen nur in den Fällen des § 42 Abs. 1 Nrn. 1, 2 und 5 und nur mit Zustimmung des Innenministers (-senators) oder eines von ihm im Einzelfall Beauftragten angewendet werden, wenn

1. diese Personen von Schußwaffen oder Handgranaten oder ähnlichen Explosivmitteln Gebrauch gemacht haben und

2. der vorherige Gebrauch anderer Schußwaffen erfolglos geblieben ist.

(2) Maschinengewehre und Handgranaten dürfen nur gebraucht werden, um angriffsunfähig zu machen. Handgranaten dürfen gegen Personen in einer Menschenmenge nicht gebraucht werden.

(3) Im übrigen bleiben die Vorschriften über den Schußwaffengebrauch unberührt.

(4) Sprengmittel dürfen gegen Personen nicht angewendet werden.

Fünfter Abschnitt. Schadensausgleich, Erstattungs- und Ersatzansprüche

§ 45 Zum Schadensausgleich verpflichtende Tatbestände

(1) Erleidet jemand infolge einer rechtmäßigen Inanspruchnahme nach § 6 einen Schaden, ist ihm ein angemessener Ausgleich zu gewähren. Das gleiche gilt, wenn jemand durch eine rechtswidrige Maßnahme der Polizei einen Schaden erleidet.

(2) Der Ausgleich ist auch Personen zu gewähren, die mit Zustimmung der Polizei bei der Erfüllung polizeilicher Aufgaben freiwillig mitgewirkt oder Sachen zur Verfügung gestellt haben und dadurch einen Schaden erlitten haben.

(3) Weitergehende Ersatzansprüche, insbesondere aus Amtspflichtverletzung, bleiben unberührt.

§ 46 Inhalt, Art und Umfang des Schadensausgleichs

(1) Der Ausgleich nach § 45 wird grundsätzlich nur für Vermögensschaden gewährt. Für entgangenen Gewinn, der über den Ausfall des gewöhnlichen Verdienstes oder Nutzungsentgeltes hinausgeht, und für Nachteile, die nicht in unmittelbarem Zusammenhang mit der polizeilichen Maßnahme stehen, ist ein Ausgleich nur zu gewähren, wenn und soweit dies zur Abwendung unbilliger Härten geboten erscheint.

(2) Bei einer Verletzung des Körpers oder der Gesundheit oder bei einer Freiheitsentziehung ist auch der Schaden, der nicht Vermögensschaden ist, angemessen auszugleichen; dieser Anspruch ist nicht übertragbar und nicht vererblich, es sei denn, daß er rechtshängig geworden oder durch Vertrag anerkannt worden ist.

(3) Der Ausgleich wird in Geld gewährt. Hat die zum Ausgleich verpflichtende Maßnahme die Aufhebung oder Minderung der Erwerbsfähigkeit oder eine Vermehrung der Bedürfnisse oder den Verlust oder die Beeinträchtigung eines Rechtes auf Unterhalt zur Folge, so ist der Ausgleich durch Entrichtung einer Rente zu gewähren. § 760 des Bürgerlichen Gesetzbuches ist anzuwenden. Statt der Rente kann eine Abfindung in Kapital verlangt werden, wenn ein wichtiger Grund vorliegt. Der Anspruch wird nicht dadurch ausgeschlossen, daß ein anderer dem Geschädigten Unterhalt zu gewähren hat.

(4) Stehen dem Geschädigten Ansprüche gegen Dritte zu, so ist, soweit diese Ansprüche nach Inhalt und Umfang dem Ausgleichsanspruch entsprechen, der Ausgleich nur gegen Abtretung dieser Ansprüche zu gewähren.

(5) Bei der Bemessung des Ausgleichs sind alle Umstände zu berücksichtigen, insbesondere Art und Vorhersehbarkeit des Schadens und ob der Geschädigte oder sein Vermögen durch die Maßnahme der Polizei geschützt worden ist. Haben Umstände, die der Geschädigte zu vertreten hat, auf die Entstehung oder Verschlimmerung des Schadens eingewirkt, so hängt die Verpflichtung zum Ausgleich sowie der Umfang des Ausgleichs insbesondere davon ab inwieweit der Schaden vorwiegend von dem Geschädigten oder durch die Polizei verursacht worden ist.

§ 47 Ansprüche mittelbar Geschädigter

(1) Im Falle der Tötung sind im Rahmen des § 46 Abs. 5 die Kosten der Bestattung demjenigen auszugleichen, dem die Verpflichtung obliegt, diese Kosten zu tragen.

(2) Stand der Getötete zur Zeit der Verletzung zu einem Dritten in einem Verhältnis, auf Grund dessen er diesem gegenüber kraft Gesetzes unterhaltspflichtig war oder unterhaltspflichtig werden konnte, und ist dem Dritten infolge der Tötung das Recht auf den Unterhalt entzogen, so kann der Dritte im Rahmen des § 46 Abs. 5 insoweit einen angemessenen Ausgleich verlangen, als der Getötete während der mutmaßlichen Dauer seines Lebens zur Gewährung des Unterhalts verpflichtet gewesen wäre. § 46 Abs. 3 Satz 3 bis 5 ist entsprechend anzuwenden. Der Ausgleich kann auch dann verlangt werden, wenn der Dritte zur Zeit der Verletzung gezeugt, aber noch nicht geboren war.

§ 48 Verjährung des Ausgleichsanspruches

Der Anspruch auf den Ausgleich verjährt in drei Jahren von dem Zeitpunkt an, in welchem der Geschädigte, im Falle des § 47 der Anspruchsberechtigte, von dem Schaden und dem zum Ausgleich Verpflichteten Kenntnis erlangt, ohne Rücksicht auf diese Kenntnis in dreißig Jahren von dem Eintritt des schädigenden Ereignisses an.

§ 49 Ausgleichspflichtiger, Erstattungsansprüche

(1) Ausgleichspflichtig ist die Körperschaft, in deren Dienst der Polizeibeamte steht, der die Maßnahme getroffen hat.

(2) Hat der Polizeibeamte für die Behörde einer anderen Körperschaft gehandelt, so ist die andere Körperschaft ausgleichspflichtig.

(3) Ist in den Fällen des Abs. 2 ein Ausgleich nur wegen der Art und Weise der Durchführung der Maßnahme zu gewähren so kann die ausgleichspflichtige Körperschaft von der Körperschaft, in deren Dienst der Polizeibeamte steht, Erstattung ihrer Aufwendungen verlangen, es sei denn, daß sie selbst die Verantwortung für die Art und Weise der Durchführung trägt.

§ 50 Rückgriff gegen den Verantwortlichen

(1) Die nach § 49 ausgleichspflichtige Körperschaft kann von den nach den §§ 4 oder 5 Verantwortlichen Ersatz ihrer Aufwendungen verlangen, wenn sie aufgrund des § 45 Abs. 1 Satz 1 oder Abs. 2 einen Ausgleich gewährt hat.

(2) Sind mehrere Personen nebeneinander verantwortlich, so haften sie als Gesamtschuldner.

§ 51 Rechtsweg

Für Ansprüche auf Schadensausgleich ist der ordentliche Rechtsweg, für die Ansprüche auf Erstattung und Ersatz von Aufwendungen nach den §§ 49 Abs. 3 oder 50 der Verwaltungsrechtsweg gegeben.

Sechster Abschnitt. Schlußbestimmungen

§ 52 Amtshandlungen von Polizeivollzugsbeamten anderer Länder und des Bundes

(1) Polizeivollzugsbeamte eines anderen Landes können im Lande … Amtshandlungen vornehmen

1. auf Anforderung oder mit Zustimmung der zuständigen Behörde,
2. in den Fällen der Artikel 35 Abs. 2 und 3 und Artikel 91 Abs. 1 des Grundgesetzes,
3. zur Abwehr einer gegenwärtigen erheblichen Gefahr, zur Verfolgung von Straftaten auf frischer Tat sowie zur Verfolgung und Wiederergreifung Entwichener, wenn die zuständige Behörde die erforderlichen Maßnahmen nicht rechtzeitig treffen kann,
4. zur Erfüllung polizeilicher Aufgaben bei Gefangenentransporten,
5. zur Verfolgung von Straftaten und Ordnungswidrigkeiten und zur Gefahrenabwehr in den durch Verwaltungsabkommen mit anderen Ländern geregelten Fällen.

In den Fällen der Nummern 3 bis 5 ist die zuständige Polizeibehörde unverzüglich zu unterrichten.

(2) Werden Polizeibeamte eines anderen Landes nach Absatz 1 tätig, haben sie die gleichen Befugnisse wie die des Landes … Ihre Maßnahmen gelten als Maßnahmen derjenigen Polizeibehörde, in deren örtlichem und sachlichem Zuständigkeitsbereich sie tätig geworden sind; sie unterliegen insoweit deren Weisungen.

(3) Die Abs. 1 und 2 gelten für Polizeivollzugsbeamte des Bundes entsprechend.

414

§ 53 Amtshandlungen von Polizeivollzugsbeamten außerhalb des Zuständigkeitsbereiches des Landes ...

(1) Die Polizeivollzugsbeamten des Landes ... dürfen im Zuständigkeitsbereich eines anderen Landes oder des Bundes nur in den Fällen des § 52 Abs. 1 Satz 1 und des Artikels 91 Abs. 2 des Grundgesetzes und nur dann tätig werden, wenn das jeweilige Landesrecht oder das Bundesrecht es vorsieht.

(2) Einer Anforderung von Polizeivollzugsbeamten durch ein anderes Land ist zu entsprechen, soweit nicht die Verwendung der Polizei im eigenen Land dringender ist als die Unterstützung der Polizei des anderen Landes. Die Anforderung soll alle für die Entscheidung wesentlichen Merkmale des Einsatzauftrages enthalten.

Sachverzeichnis

Die Angaben beziehen sich auf die Randnummern.

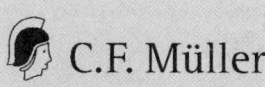

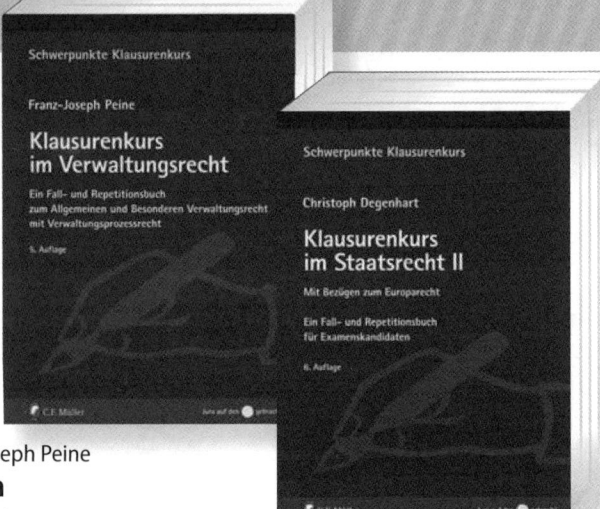
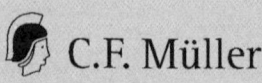
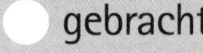